D1722523

BROCKHAUS · DIE BIBLIOTHEK

DIE WELTGESCHICHTE · BAND 3

BROCKHAUS

DIE BIBLIOTHEK

MENSCH · NATUR · TECHNIK

DIE WELTGESCHICHTE

KUNST UND KULTUR

LÄNDER UND STÄDTE

GRZIMEKS ENZYKLOPÄDIE
SÄUGETIERE

DIE WELTGESCHICHTE

DIE WELTGESCHICHTE · BAND 3

Um Glaube und Herrschaft
(600–1650)

Herausgegeben von der Brockhaus-Redaktion

F.A. BROCKHAUS
Leipzig · Mannheim

Redaktionelle Leitung:
Mathias Münter-Elfner

Redaktion:

Vera Buller	Jutta Lange M.A.
Ursula Butzek	Klaus M. Lange
Dr. Olaf Dräger	Beatrix Schneider-Nicolay
Ulrike Emrich M.A.	Barbara Schuller
Heinrich Kordecki M.A.	Ruth Thiessen
Peter Kratzmaier M.A.	Dr. Karl Henning Wolf
Heike Krüger	Eleonore Zimmer

Typographische Beratung:
Friedrich Forssman, Kassel,
und Manfred Neussl, München

Die Deutsche Bibliothek – CIP-Einheitsaufnahme

Brockhaus · Die Bibliothek
hrsg. von der Brockhaus-Redaktion.
Leipzig; Mannheim: Brockhaus

Die Weltgeschichte
[red. Leitung: Mathias Münter-Elfner].
ISBN 3-7653-7400-8
Bd. 3. Um Glaube und Herrschaft (600–1650)
[Red.: Vera Buller ...]. – 1998
ISBN 3-7653-7421-0

© F. A. Brockhaus GmbH, Leipzig · Mannheim 1998
Satz: Bibliographisches Institut & F. A. Brockhaus AG,
Mannheim (PageOne Siemens Nixdorf)
Papier: 120 g/m² holzfreies, alterungsbeständiges, chlorfrei gebleichtes
Offsetpapier der Papierfabrik Torras Domenech, Barcelona
Druck: ColorDruck GmbH, Leimen
Bindearbeit: Großbuchbinderei Lachenmaier, Reutlingen
Printed in Germany

ISBN für das Gesamtwerk: 3-7653-7400-8

ISBN für Band 3: 3-7653-7421-0

Inhalt

VII. Aufbruch zu neuen Horizonten 420

VIII. Das Ringen um den rechten Glauben 480

Die Autorinnen und Autoren
dieses Bandes

Dr. Arnold Bühler, Frankfurt

Stephan Conermann, Kiel

Prof. Dr. Hans A. Dettmer, Bochum

Prof. Dr. Ulf Dirlmeier, Siegen

Dr. Harald Ehrhardt, Oberursel

Prof. Dr. Franz-Reiner Erkens, Leipzig

Prof. Dr. Klaus Flessel, Erlangen

Dr. Bernd Fuhrmann, Siegen

Dr. Axel Gotthard, Erlangen

Dr. Xaver Götzfried, Regensburg

Dr. Gerd Gräber, Mannheim

Prof. Dr. Horst Gründer, Münster

Dr. Eva-Maria Hanebutt-Benz, Mainz

Prof. Dr. Wilfried Hartmann, Tübingen

Prof. Dr. Edgar Hösch, München

Dr. Uri R. Kaufmann, Heidelberg

Prof. Dr. Klaus Kreiser, Bamberg

Prof. Dr. Bernhard R. Kroener, Potsdam

Prof. Dr. Manfred Kropp, Mainz

Prof. Dr. Kersten Krüger, Rostock

Prof. Dr. Dierk Lange, Bayreuth

Wolfgang Müller, Neu-Anspach

Prof. Dr. Tilmann Nagel, Göttingen

Prof. Dr. Helmut Neuhaus, Erlangen

Dr. Thomas Nicklas, Erlangen

Dr. Brigitte Reinwald, Hamburg

Dr. Peer Schmidt, Ingolstadt

Prof. Dr. Hans-Rudolf Singer, Germersheim

Prof. Dr. Veronika Veit, Bonn

Dr. Oskar Weggel, Hamburg

Von Dorf und Stamm zu Stadt und Staat – Zur Sozialgeschichte Europas

Adalbero, Bischof von Laon, beschreibt um 1025 die Gesellschaft als das »Haus Gottes«:

Dreigeteilt ist das Haus Gottes, das als eines geglaubt wird:
Die einen beten, die anderen kämpfen, und wieder andere arbeiten.
Diese drei sind eins, und eine Spaltung ertragen sie nicht.
Durch das Wirken des einen funktionieren die beiden anderen,
sie unterstützen sich alle in gegenseitigem Wechsel.

Christus segnet die drei Stände und weist jedem seine Aufgabe zu; Papst und Klerus: Tu supplex ora (Du bete demütig); Kaiser und Fürsten: Tu protege (Du beschütze); Bauern: Tuque labora (Und du arbeite). – Holzschnitt, 1492.

Geistige Grundlagen mittelalterlicher Ordnung

Gottes Haus sind wir«, heißt es beim Apostel Paulus (Hebräer 3, 5), und im frühen Mittelalter gehört das Bild vom »Haus Gottes« zu den Grundmustern, die immer wieder ausgebreitet werden, um die von Gott gefügte menschliche Sozialordnung zu beschreiben. Kurz nach der Jahrtausendwende wird die paulinische Haus-Metapher häufig um ein dreigliedriges Ordnungsschema erweitert: Bischof Adalbero von Laon unterteilt das Haus Gottes in die Betenden, die Kämpfenden und die Arbeitenden. »Es gibt drei Stände in der Kirche Gottes: Arbeiter, Krieger, Beter«, weiß auch der Angelsachse Aelfric, und andere Autoren stoßen fast gleichzeitig in das gleiche Horn. Die ständische Dreiteilung der Gesellschaft in Klerus, Adel und Bauern bleibt eine gängige Vorstellung bis in das späte Mittelalter und darüber hinaus. Noch am Vorabend der Französischen Revolution enthielt die berühmte Frage des Abbé Sieyès »Was ist der dritte Stand?« politische Sprengkraft. Dass dies so sein konnte, beweist die Zählebigkeit, aber auch die offenkundige Plausibilität der mittelalterlichen Vorstellung.

Es spricht manches dafür, dass die Polemik des französischen Pamphletisten bei den Zeitgenossen Adalberos und Aelfrics ins Leere gegangen wäre. Deutlicher als manchem Aristokraten des Ancien Régime bewusst sein mochte, sahen sie das Eigengewicht jedes der drei Stände und seinen Wert für das Ganze der Gesellschaft. Die Aufgaben greifen ineinander. Jeder Stand ist auf den anderen angewiesen, hat seinen festen Platz und seine klar umrissene Funktion im Haus Gottes. Die Wertschätzung selbst für die vermeintlich niedere Arbeit kann in der Zuspitzung Adalberos die Hierarchien geradezu auf den Kopf stellen. »Kein Freier kann ohne Knechte leben ... Es wird der Herr vom Knecht versorgt, den er zu versorgen meint.« Aber der Bischof beschönigt nicht, zu deutlich stehen ihm die realen Lebensverhältnisse der unfreien Bauern vor Augen: »Wer könnte mit dem Abakus errechnen oder mit Worten aufzählen die Mühe, die Anstrengungen, die schweren Plagen der Unfreien? Das Weinen und Seufzen der Knechte hat nie ein Ende.« Also doch wie bei Abbé Sieyès im 18. Jahrhundert: Der Stand der Bauern ist eigentlich alles, gilt aber in Wirklichkeit nichts?

Jedenfalls müssen wir uns davor hüten, das geistige Modell einer ständisch gegliederten, arbeitsteiligen Gesellschaft mit der sozialen Wirklichkeit gleichzusetzen. Die schematische Deutung der Gesellschaft gründet auf den allgemeinen gelehrten Ordnungsvorstellungen, wie sie Augustinus (354–430) auf die für das ganze Mittelalter verbindlichen Begriffe gebracht hat. »Ordnung ist die Verteilung gleicher und ungleicher Dinge, die jedem den ihm gebührenden Platz zuweist.« Der augustinische Ordogedanke gilt allumfassend und unbegrenzt. Menschen, Tiere, Pflanzen, Gesteine und Gestirne, alle beseelten Wesen und alle unbeseelten Dinge haben ihren festen Platz in Gottes Schöpfungsordnung. Jedes Einzelne ist dadurch definiert und erhält dadurch seinen Daseinszweck, dass es anderen im rechten Maß gleich-, über- oder untergeordnet ist, die Sonne über den Mond, die Engel über die Menschen, die Seele über den Leib.

Nichts ist überflüssig oder zufällig im von Gott geschaffenen Bau der Welt, und nichts wird ohne Folgen für das Ganze von seinem Platz gerückt.

Die Ordnungsprinzipien, von Augustinus auf der Grundlage der spätantiken Philosophie formuliert, gehören zum Kernbestand gelehrter Traditionen im frühen Mittelalter, und sie gelten selbstverständlich auch, wenn sie auf die menschliche Gesellschaft übertragen werden. Auch hier füllt jeder den ihm von Gott zugewiesenen Platz, wirken die Glieder zusammen in einem geordneten gemeinschaftlichen Ganzen.

Gottesstaat und weltlicher Staat nach Aurelius Augustinus. Während die sechs Zeitalter des »weltlichen Staats« von einem mit Medaillons römischer Gottheiten belegten Mauerring eingefasst werden (oben), steht Christus »hinter« allem Geschehen im »Gottesstaat« (links). Sein Haupt, seine Hände und Füße werden in kreuzförmig angeordneten Kreisausschnitten sichtbar. Miniaturen aus einer um 1180 im Benediktinerkloster Bosau bei Zeitz entstandenen Handschrift (Bibliothek der Landesschule Pforta).

Es ist eine hierarchische Vorstellung der Gesellschaft, gewiss – anderes wäre im Mittelalter nicht denkbar –, aber die Abstufung nach relativen Wertigkeiten impliziert auch den absoluten Wert und die gleiche Daseinsnotwendigkeit jedes Einzelnen an dem für ihn vorgesehenen Ort. So hat selbst noch der Bettler am Rande der Gesellschaft seine unverzichtbare Aufgabe im Hause Gottes.

Noch einmal sei betont: Dies alles sind gelehrte Deutungen der Gesellschaft, keine Abbildungen der Wirklichkeit. Wir werden darauf zu achten haben, inwieweit in den mentalen Konzepten sich doch soziale Realitäten spiegeln.

Göttliche Ordnung auf Erden? – Familie, Haus, Grundherrschaft

Die siedlungstopographischen und herrschaftlichen Bedingungen im frühmittelalterlichen Europa scheinen sich einem systematisierenden Ordnungsbegriff zu entziehen. Zu unzusammenhängend sind die durch Siedlung erschlossenen Landschaften, zu

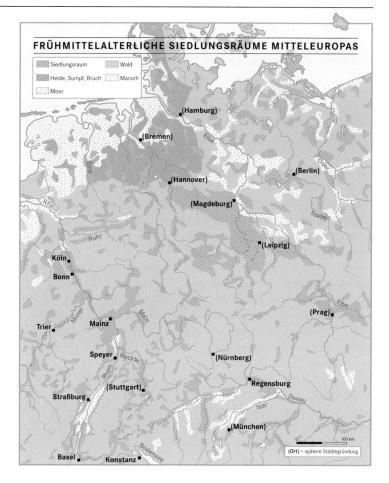

uneinheitlich die herrschaftlich erfassten Räume. Die natürliche Umwelt besteht überwiegend aus unzugänglichem Wald und Sumpfland, sodass weite Regionen, insbesondere im Norden und Osten Europas, von menschlichem Leben kaum oder nicht berührt sind. In Mittel- und Westeuropa geben lediglich die Flusstäler mit ihren fruchtbaren Böden Raum für Siedlung und Ackerbau. Die antiken Stadtlandschaften Galliens und Italiens gehören auch nach der Völkerwanderung noch zu den dichtest besiedelten Gebieten. Die Siedlungszentren der Karolingerzeit an Rhône, Loire und Seine, im Rhein-Main-Gebiet und in der Oberrheinebene, zwischen Niederrhein und Maas bleiben bis ins hohe Mittelalter weitgehend konstant.

Bevölkerung und Siedlung im frühen Mittelalter

D ie Siedlungsräume liegen isoliert wie Oasen in einer dem Menschen feindlichen Naturlandschaft. »Wo Land zur Rodung geeignet ist, soll man roden und verhindern, dass die Felder wieder vom Wald überwuchert werden; und wo Wälder nötig sind, soll man nicht zulassen, dass sie zu stark ausgeholzt und geschädigt werden«, mahnt Karl der Große. Das der Natur mühsam abgerungene Siedlungsland ist nicht auf Dauer gewonnen; es muss ständig gehegt und vor dem schnell wachsenden »wüsten Wald« bewahrt werden. Ausbauphasen und »Wüstungsphasen« können in einer Region innerhalb weniger Generationen wechseln. Andererseits, wo Menschen auf Dauer sesshaft werden und wirtschaften, wird der Bestand an Wild und Holz rasch dezimiert – Waldsterben durch Menschenhand schon im frühen Mittelalter!

Es ist unmöglich, für diese Zeit verlässliche Bevölkerungszahlen anzugeben. Wenn frühmittelalterliche Chronisten überhaupt einmal eine Zahl nennen – viele Tausend Tote in einer Hungersnot! –, wollen sie das Ausmaß der Katastrophe illustrieren, keine Opferstatistik erstellen. Eine in der Bibel gefundene Zahl kann dafür aussagekräftiger sein als eine exakte Zählung. Die wenigen schriftlichen Zeugnisse, die genaueres Zahlenmaterial enthalten, die Besitzverzeichnisse der geistlichen Grundherrschaften, repräsentieren jeweils nur einen kleinen Ausschnitt der Bevölkerung. Andere Anhaltspunkte für Bevölkerungsberechnungen liefern Gräberfelder mit Skelettfunden, vereinzelte Siedlungsreste und die Ortsnamenforschung. Alle diese Befunde ergeben nur Momentaufnahmen, beziehen sich auf eine bestimmte Region, auf einen begrenzten Zeitraum. Angesichts solcher Unsicherheiten sind sämtliche Versuche, die spärlichen Daten zu einer Gesamtbevölkerungszahl hochzurechnen, mit Vorbehalten zu betrachten. Vielleicht kann man – eher hoch geschätzt – von rund vierzig Millionen Menschen ausgehen, die um das Jahr 1000 in Europa gelebt haben, fast die Hälfte, 17 Millionen, in den Mittelmeerländern, 6 Millionen in Frankreich, 4 Millionen in Deutschland und Nordeuropa, knapp 10 Millionen in den slawischen Ländern und in Ungarn.

Begrenzte Horizonte

Die Siedlungs- und Kommunikationsbedingungen im frühen Mittelalter begrenzen die räumliche Erfahrung auf die unmittelbare Umgebung. Der Lebensraum der allermeisten Menschen bleibt zeitlebens das Dorf, der Weiler, das Gehöft, wo sie geboren wurden. Jenseits des Waldes liegt die unbekannte Ferne. Von dort haben die meisten nur ungewisse Kunde vom Hörensagen, und was man erzählen hört, von Dämonen, bösen Geistern, Zauberei, macht Angst. Gut, wer in finsterer Nacht einen mächtigen Zauberspruch weiß: »Die höchste göttliche Macht, der heilige Heilige Geist, das Heil, der heilige Herr, alle sollen mich noch heute Nacht schützen vor den bösen Nachtfahrern, vor den Wegeschreitern, vor den Zaunreitern. Truden und Mahren, ihr sollt heraus zum Dachfirst fahren!« Das »Raunen der Wälder« klingt in mancherlei Weise bedrohlich.

Eng wie der Lebensraum ist auch der soziale Horizont. Wo Erfahrungen auf kleine Räume beschränkt sind, bieten überregionale, ethnische oder nationale Kategorien keine identitätsstiftenden Merkmale. Wenn die Quellen von »Aquitaniern« und »Burgundern« sprechen, sind dies Herkunftsnamen; sie bezeichnen die Leute aus Aquitanien oder aus Burgund. Ein gentiles Bewusstsein, eine Volks-

Wichtige Entscheidungen eines Adelshauses – wie hier eine Brautwerbung –
wurden gemeinsam beraten. Je nach
Rang hatten die Familienmitglieder
unterschiedliches Gewicht in der Beratung (Ruodlieb 16, 24–38):

*Boten wurden abgesandt, und die Freunde
versammelten sich. Als sie zu ihm
gekommen und von ihm freundlich aufgenommen worden waren, wies Ruodlieb die
Sitze zu, ... wobei er ... der Mutter einen
höheren Sitz bereitstellen ließ, damit sie
alle, die dort saßen, überblicken und allein
speisen könnte und auf diese Weise als die
Herrin erkennbar wäre ... Als er gegessen
hatte, befahl er die Tafeln aufzuheben. Die
Türen wurden geschlossen, die zwei kräftige
Männer bewachten, die keinen hinein- oder
hinausgehen ließen, bis diese Beratung
beendet wäre.*

identität ist kaum zu erkennen. Als »Völker« verstehen sich im frühen Mittelalter die Franken, Alamannen, Bayern, Sachsen, nicht aber
»Deutsche« und »Franzosen«. Der »deutsche« König Otto der Große
wurde vom »Volk der Franken und Sachsen« erhoben; sein Reich
war wie das Karls des Großen fränkisch.

Der persönliche soziale und rechtliche Status wird nicht durch
eine gentile oder regionale Bindung bestimmt. Ausschlaggebend ist
die Verwandtschaft. Dabei ist von einem weiteren Verwandtschafts-
begriff auszugehen als im späten Mittelalter oder in der Neuzeit.
Noch umfasst er nicht nur die Vater-Sohn-Folge, die agnatische Linie
(der lediglich im Erbrecht schon früh eine gewisse Exklusivität zukommt), sondern – im Sinne eines Clan- oder Sippenverständnisses –
sämtliche (kognatischen) Seitenverwandten und weiblichen Familienangehörigen. Mit der gesamten »Sippe« ist zu rechnen, fragt man
nach dem gesellschaftlichen Rang und dem Selbstbewusstsein einer
Familie oder eines ihrer Angehörigen. Das Versepos »Ruodlieb«,
im späten 11. Jahrhundert entstanden, berichtet vom Verfahren
einer Brautwerbung: Die »Blutsverwandten« und – noch umfassender – die »Freunde«, also auch die Verschwägerten und andere Vertraute der Familie versammeln sich nach Rang und Namen im Haus
der Herrin und beraten über eine geeignete Gemahlin für ihren
Sohn.

Adel verpflichtet

E s versteht sich von selbst, dass für den Besitzstand einer Familie
so bedeutsame Entscheidungen wie eine Eheschließung nicht
Privatsache der Eheleute sind. Ehen werden von Verwandten gestiftet, sind das Ergebnis bewussten Kalküls, nicht emotionaler Affekte.
Denn der soziale Rang einer Familie ist ja nicht für alle Zeiten festgelegt; er hängt ab von Umfang und Qualität ihres Besitzes, der zwar
seit Generationen gewachsen, aber doch auch ständig gefährdet ist.
Mit dem Besitz, d. h. dem Reichtum an Grundbesitz, sind Macht und
Ansehen veränderlich, steht der soziale Status zur Disposition, der je
nach Erfolg erhöht oder gemindert wird. Den einmal erworbenen
Besitz zu bewahren oder besser noch zu mehren, ist daher höchste
Adelspflicht, Schmälerung des Besitzes entsprechend stets mit Ehr-
verlust und Machtminderung verbunden. Die greise Mutter Ruod-
liebs spricht von ihrer steten Sorge um würdige Nachkommen, damit das Familiengut erhalten bleibt: »Wenn du ohne Kinder stirbst,
sag, mein Sohn, was wird dann sein? Um unsre Güter wird es großen
Streit geben.« Sie wünscht ihrem Sohn eine Gattin, »von der du
weißt, dass ihre Verwandtschaft in beiden Linien von der Art ist, dass
wiederum eure Nachkommenschaft auf keiner Seite hinkt, und deren Betragen deine Ehre nicht schmälert.«

Jeder adlige Herr steht unter dem sozialen Erwartungsdruck,
seinen Grundbesitz zu vermehren und zu sichern, vergleichbar dem
Erfolgsdruck eines modernen Spitzenmanagers. Doch anders als für
diesen hängt für den frühmittelalterlichen Grundherrn vom Erfolg
seiner Herrschaft das physische Überleben seiner selbst und seines

Hauses ab. Denn der glücklos Herrschende wird rasch zur Beute seiner Genossen, die demselben Ethos verpflichtet und demselben Erfolgsdruck ausgesetzt sind. Dieser besteht ja nicht nur als soziale Konvention unter Gleichgestellten (deren Kehrseite »nur« der Gesichtsverlust des Versagers wäre); Druck entsteht auch als Forderung von unten: Die abhängigen (unfreien) Menschen einer Grundherrschaft haben Anspruch auf »Schutz und Schirm«, auf Wahrung ihres Rechts. Kommt ein Herr – aus Unvermögen oder Versäumnis – dieser Herrenpflicht nicht nach, läuft er Gefahr, dass seine Hörigen schutzlos fremdem Zugriff ausgeliefert sind und von einem anderen Herrn vereinnahmt werden, der sie wirksamer »schützen« kann.

Adelsstolze Prachtentfaltung und christliche Tugendpflicht waren keine Gegensätze im Leben des Fürsten. Schenkungen und die Demonstration gesicherter Herrschaft dienten dem Wohl aller, die unter seinem Schutz und von seinen Gütern lebten (Welfenchronik, nach 1191):

Nach dem Tode seines Sohnes bedachte der ältere Welf (Herzog 1152–91), dass er von seiner Gattin keinen Erben mehr empfangen würde …, und sein ganzes Bestreben war, in großem Gepränge zu leben, der Jagd zu frönen, sich Festgelagen und Vergnügungen hinzugeben und in Festlichkeiten und verschiedenen Schenkungen sich großzügig zu erweisen … Den Rittern und Gefolgsleuten seines Hofes stellte er zu angemessenen Zeiten glänzende Waffen und kostbare Kleider; Verfolgte und alle, die bei ihm Zuflucht suchten, nahm er überaus gnädig auf; oft suchte er Zerstreuung in der Liebe zu Dirnen; nicht weniger eifrig kümmerte er sich um Almosen und die Sorge für die Armen, besonders für die Blinden und Aussätzigen.

Das Selbstbewusstsein der fürstlichen Dynastien fand seit dem 12. Jahrhundert zunehmend auch literarisch Ausdruck. Der Welfenchronik (um 1190) ist dieser Stammbaum beigegeben. Deutlich werden die königlichen Verwandtschaften der Welfen hervorgehoben: unten rechts Judith zwischen ihrem Vater Welf I. und ihrem Sohn, dem Karolinger Karl dem Kahlen, sowie oben rechts die gleichnamige Welfentochter Judith als Mutter Kaiser Friedrich Barbarossas (sein Bild fehlt in der vorgesehenen Ranke).

Über die Sicherung der eigenen materiellen Existenz hinaus ist die Wahrung des Grundbesitzes im Mittelalter also auch eine soziale Verpflichtung. Was einer besitzt, solle er so besitzen, als gehörte es ihm nicht, gibt um die Mitte des 9. Jahrhunderts die hochadlige Dhuoda ihrem Sohn mit auf den Weg, denn: »Manch einer streitet und sagt: Mein ist das Land, und er achtet nicht das Wort des Psalmisten: Dem Herrn gehört das Land (Ps. 23, 1).« Adel verpflichtet, weil Besitz verpflichtet.

Herrschaft über Land und Leute

Grundbesitz bedeutet »Herrschaft über Land und Leute« (Walter Schlesinger). Als Mittel der Rechtswahrung nach außen dient dem Herrn die Fehde. Sie ist das Recht des Freien, notfalls mit Gewalt für die Wahrung seines Rechts zu sorgen. In einer Zeit, die ein staatliches Gewaltmonopol (des Königs oder einer anderen übergeordneten Exekutive) nicht kennt, kommt der Fehde eine rechtsstiftende Funktion zu. Dass sie freilich auch missbräuchlich angewandt werden konnte und in manchen Epochen – etwa im Frankreich des 11. Jahrhunderts oder im spätmittelalterlichen Deutschland – vielfach zum regellosen Fehdeunwesen eskalierte, soll damit nicht geleugnet werden.

Innerhalb der Grundherrschaft wirkt die Hausgewalt des Herrn. Das Haus (*domus,* davon *dominus,* der »Herr«) gilt seit alters als Sonderfriedensbezirk. Die Tradition des römischen *pater familias* mit seiner uneingeschränkten Gebotsgewalt gegenüber allen Mitgliedern des Hauses ist offenkundig. Aber auch das germanische Recht kannte die herausgehobene, kultisch begründete Stellung des Hausherrn. Im Mittelalter erstreckt sich das Herrenrecht – wie schon im römischen Haus – nicht nur auf die biologische Familie des Herrn, sondern ebenso auf alle anderen Hausgenossen sowie überhaupt auf alle freien und unfreien Angehörigen der Grundherrschaft. *Familia* bezeichnet den gesamten Personenverband einer Grundherrschaft, ungeachtet der im Einzelnen sehr verschiedenen Rechtsbeziehungen zum Herrn. In jedem Falle umfasst die Herrengewalt die Pflicht zur Friedenswahrung im Innern, zu Schutz und Haftung nach außen, zum Erhalt von Herrschaft und Besitz und – ein grundlegender Unterschied zum antiken Herrenrecht – zum Schutz und Unterhalt aller unter dem Recht des Grundherrn (Hofrecht) lebenden Menschen. Das vom Herrn zu sichernde Recht auf Leben und Auskommen – und vielleicht weniger seine konkrete Lebenswirklichkeit – erhebt den mittelalterlichen Leibeigenen über den Sklaven der antiken Gesellschaften. Die grundherrliche *familia* bildet außerhalb der Verwandtschaft den weiteren sozialen Raum, in den der Mensch des frühen Mittelalters hineingeboren wird und dem er sich verbunden weiß.

Ein grundherrliches Hofgut

Grundherrschaften größerer Ausdehnung bestehen aus mehreren Gütern *(villae),* die geographisch weit gestreut liegen können. Zur Abtei Saint-Germain-des-Prés bei Paris gehören im 9. Jahrhundert 25 solcher Güter, die meisten im Umkreis von 50 km um die Abtei gelegen, einzelne aber 150 km entfernt an der Seinemündung oder westlich im waldreichen Perche. Zusammengenommen umfasst die Grundherrschaft über 30 000 ha Land (Ackerland, Weinberge, Wiesen, Wald), auf den Gütern leben insgesamt 1 600 Fami-

BESITZUNGEN DES KLOSTERS PRÜM

Arnheim
Emmerich
Münster
Nimwegen
(Düsseldorf)
Köln
Lüttich
Aachen
Bonn
Koblenz
Prüm
Frankfurt am Main
Mainz
Luxemburg
Trier
Metz
(Heidelberg)

Besitz des Klosters Prüm
(Ende des 9. Jahrhunderts)
(Ort) = spätere Städtegründung

0   100 km

lien (d. h. rund 10 000 Personen). Jede *villa* setzt sich zusammen aus Herrenland mit einem Herrenhof (Fronhof) und Hufenland, das an abhängige Bauern (Hörige) ausgegeben ist. Auf einem Hofgut – wir nehmen als Beispiel die *villa* Palaiseau, südwestlich von Paris, mit etwa 1200 ha Land – leben unfreie Familien auf 117 Bauernstellen, also etwa 500 Menschen. Die ausgegebenen »Hufen« sind so bemessen, dass sich jeweils eine Familie vom Ertrag einer Hufe *(mansus)* ernähren kann; entsprechend schwanken die Hufengrößen je nach Anbau und Bodenergiebigkeit stark (allein in Palaiseau zwischen 3 und 20 ha).

Dafür, dass sie eine Bauernstelle innehaben, die sie bewirtschaften und von der sie ihren Unterhalt bestreiten, leisten die Hufenbauern Abgaben und Dienste. »Für jede Hufe entrichtet er in jedem zweiten Jahr einen Ochsen, im andern Jahr ein Schwein, zur Ablösung vom Holzschlag vier Pfennige, für die Weideerlaubnis zwei Fässer Wein,

Die Miniatur aus Queen Mary's Psalter, Anfang des 14. Jahrhunderts entstanden, zeigt Bauern bei der Fronarbeit.

ein Mutterschaf mit einem Lamm, ferner drei Hühner, fünfzehn Eier«, wird für Walafred, seine Frau und seine beiden Kinder bestimmt. Seine Abgaben sind höher bemessen, denn er ist – obwohl nur Halbfreier (Kolone) – Verwalter des Gutes Palaiseau und hält allein zwei Hufen, die mit je 10 ha Ackerland, dazu noch Weinberge und Wiesen, ergiebiger sind als die anderen Hofstellen. Belastender als die Abgaben sind die zu leistenden (häufig ungemessenen) Frondienste: Mit ihren »Hand- und Spanndiensten« bearbeiten die Hufenbauern das Herrenland ihrer *villa,* dessen Erträge unmittelbar dem Herrn zufließen. Neben den weitgehend selbstständig wirtschaftenden hörigen Bauern gibt es noch die »Leibeigenen«, die als Gesinde der Herrengewalt unmittelbar ausgeliefert sind.

Gestreute Herrschaften – mobile Herren

Typisch für die Grundherrschaft ist die Streulage der Güter über weite Strecken. Es fällt schwer, sich vorzustellen, wie unter den Kommunikations- und Verkehrsbedingungen der Zeit weit entlegener Besitz verwaltet und geschützt werden kann. Nicht nur dass die Strassen schlecht sind oder überhaupt fehlen, Nachrichten über größere Distanzen wochenlang unterwegs sind, es gibt eben auch keine kontinuierlichen Aufzeichnungen über Besitzverhältnisse und Ein-

Als Fürst von hohem Rang war **Heinrich der Löwe,** Herzog von Sachsen und Bayern, mit wechselnden, meist kurzen Aufenthalten im ganzen Reich präsent, teils in der Wahrnehmung eigener Herrschaft, teils im Gefolge des Königs oder in dessen Auftrag. Eine Ausnahme bilden die Stationen seines unfreiwilligen Exils seit 1181 in England. Grundlage für die Kartierung von Herrscheraufenthalten sind die mit Ortsangabe und Datum ausgestellten Urkunden.

Die Königin oder Kaiserin führte ein eigenes Siegel. Erhalten ist dieses Thronsiegel Mathildes, der Tochter des englischen Königs Heinrich I., 1114-25 Gemahlin Kaiser Heinrichs V.; es kopiert die männlichen Herrschersiegel in Bild und Umschrift.

künfte. Nicht einmal der König weiß genau, mit welchen Erträgen er rechnen kann: »Auch von unseren Königsgütern sollen Aufstellungen gemacht werden, damit wir wissen können, wie viel uns von unseren eigenen Gütern zusteht«, fordert Karl der Große, ohne dass eine Reaktion erkennbar wäre. Wer aus heutiger Sicht den mittelalterlichen Zeitgenossen die Häufigkeit und Heftigkeit ihrer – bei weitem nicht immer gewaltsam ausgetragenen – Auseinandersetzungen um Besitz und Herrschaft ankreidet, bei ihnen Hitzköpfigkeit und naive Streitlust diagnostiziert, der unterschätzt das systembedingte Konfliktpotenzial, dem sie ausgesetzt waren.

Grundherrschaft ist also nicht territorial, nicht auf ein fest umrissenes Gebiet bezogen, sondern punktuell auf die Wahrnehmung bestimmter, im Einzelfall schwer beweisbarer Rechte an verschiedenen Orten. Herrschaft müsste unter diesen Umständen allgegenwärtig sein. Tatsächlich zeichnet sich der Adel des frühen und hohen Mittelalters durch eine erstaunliche Mobilität aus (im Gegensatz zu dem oben betonten kleinräumigen Horizont der in grundherrlicher Abhängigkeit lebenden Menschen). Die Streulage ihres Besitzes zwingt die Großen zum ständigen Reisen. Für den König – dessen Herrschaft zum großen Teil ja ebenfalls auf grundherrlichen Rechten basiert – ist die »Reiseherrschaft« ohne feste Residenz gut belegt. Wie der König ziehen auch alle anderen Grundherren, die Bischöfe, die Äbte und ihre Prioren, die großen und kleineren Herren, unablässig durch die Lande, besuchen ihre verstreuten Besitzungen, nehmen vor Ort ihre Rechte wahr, prüfen und nutzen ihre Einkünfte, inspizieren den Zustand der Güter, kontrollieren und maßregeln die Dienstleute, entscheiden Streitfälle, sprechen Recht und verschaffen sich Recht gegenüber benachbarten Herrschaften.

Die schon erwähnte Dhuoda, Gemahlin des Grafen Bernhard von Septimanien, verfasste 842/843 ein »Handbuch« für ihren damals sechzehnjährigen Sohn Wilhelm. Ihre Verhaltensregeln für den Sohn enthüllen Lebensumstände adliger Herrschaft im frühen Mittelalter. Geheiratet hat Dhuoda 824 in der Pfalz in Aachen. Während sie das Handbuch schreibt, lebt sie in Uzès (im Languedoc), wo sie im Auftrag ihres Mannes die Familiengüter verwaltet, während sich Bernhard selbst in Aquitanien aufhält. Sie berichtet von der Geburt ihres jüngsten Sohnes in Uzès, sagt aber nicht, wo Wilhelm geboren ist. Er wird irgendwo unterwegs zur Welt gekommen sein, vielleicht auf der langen Reise von Aachen nach Südfrankreich. Dhuoda gibt ihrem Sohn genaue Anweisungen, wie sie einmal ihr Begräbnis wünscht, selbst den Grabspruch hat sie schon verfasst, aber wo ihre Grabstätte sein wird, weiß sie nicht. Die Situation Dhuodas ist typisch für den Adel ihrer Zeit: Die Güter liegen über weite Regionen verstreut, der Herr und die Vertrauten seiner Familie sind fast ohne Pause unterwegs, um den Besitz zusammenzuhalten. Ein herrschaftliches Zentrum, ein Familiensitz, wo man Hochzeit feiert, wo die Kinder geboren und die verstorbenen Angehörigen betrauert werden, überhaupt ein lokaler Lebensmittelpunkt kann unter diesen

Umständen ebenso wenig entstehen wie für das Reich – die Herrschaft des Königs – eine Hauptstadt. Die vielen Burgen und Herrensitze, die wir rückschauend so selbstverständlich als typische Relikte mittelalterlicher Herrschaft verstehen, wurden unter herrschaftlichen und sozialen Bedingungen errichtet, die das Mittelalter selbst erst spät hervorgebracht hat.

Herrscherinnen

Das Selbstzeugnis Dhuodas wirft auch ein Licht auf die Rolle der Frau im frühen Mittelalter. Gewiss trifft es zu, dass die Frau gegenüber dem Mann allgemein einen minderen Rechtsstatus hat; sie benötigt in Rechtsgeschäften den Beistand eines Mannes (des Ehemannes, Vaters oder Bruders). Dennoch dürfen wir sie uns nicht als entmündigt vorstellen. Für Dhuoda ist es selbstverständlich, dass sie in Abwesenheit des Herrn selbst Herrschaft wahrnimmt, zwar im Auftrag ihres Mannes, gleichwohl mit eigenem Entscheidungsspielraum und Risiko: Sie setzt ihr eigenes Vermögen ein, um den gefährdeten Familienbesitz zu retten. Dhuoda ist »Herrin« im wörtlichen Sinne. Wir wissen von bedeutenden Königinnen, die für ihre minderjährigen Söhne bzw. Enkel die Regentschaft führten, Theophano und Adelheid für Otto III., Agnes für Heinrich IV. Aber auch zu Lebzeiten des Herrschers ist die Königin mehr als schmückendes Beiwerk an seinem Thron. Die Urkunden nennen sie mehrfach *consors regni,* »Partnerin im Königtum«, mit eigener Hofhaltung, eigenem Itinerar, also mit herrschaftlichen Aufgaben nicht nur an der Seite des Königs. Am karolingischen Hof ist die Königin dem Kämmerer unmittelbar vorgesetzt und damit für die Repräsentation des Hofes und den königlichen Schatz zuständig. Die »familiären«, letztlich auf der Hausherrschaft gründenden Strukturen der Herrschaft binden die Frau gerade nicht an das Haus im engeren Sinne, sondern in größerem Maße als in späteren Jahrhunderten in herrschaftliche Funktionen ein. Die Dame, die auf den Zinnen ihrer Burg entsagungsvoll nach dem Geliebten schmachtet, ansonsten aber süßes Nichtstun pflegt, ist eine schöne Erfindung der Romantik. Mit der Lebenswirklichkeit und dem Selbstverständnis einer mittelalterlichen Herrin hat sie nichts gemein.

AUFENTHALTE HEINRICHS DES LÖWEN

• durch Quellen belegte Aufenthaltsorte

Christus krönt Kaiser Heinrich III. und seine zweite Gemahlin Agnes von Poitou (Goslarer Evangeliar Heinrichs III., um 1050). Die Bildsymmetrie stellt den Kaiser und die Kaiserin gleichrangig vor den Thron Christi. Nach dem Tod Heinrichs III. 1056 regierte Agnes bis 1062 für ihren minderjährigen Sohn Heinrich IV.

Im ausgehenden Mittelalter litt die Landbevölkerung vielerorts unter Bedrückung und Gewalt. Die Not der Bauern war eine Folge der Existenzkrise kleinadliger Herrschaften. Bauernverachtung und Bauernfurcht mischte ein Spruchdichter des 15. Jahrhunderts zu einer zweifelhaften »Edelmannslehre«:

Wiltu dich erneren,
du junger Edelmann,
folg du miner Lere,
sitz uf, drab zum Ban!
halt dich zu dem grunen Wald,
wann der bur ins Holz fert,
so renn in freislich an!
Derwüsch in bi dem Kragen,
erfreuw das Herze din,
nim im, was er habe,
span uß di Pferdelin sin!
bis frisch und darzu unverzagt,
wann er nummen Pfenning hat
so riß im dGurgel ab!
Heb dich bald von dannen,
bewar din Lib, din Gut,
daß du nit werdest zu Schannen
halt dich in stäter Hut!
der Buren Haß ist also groß,
wann der Bur zum Danze gat,
so dunkt er sich Fürsten Genoß.

Die Skulptur eines Abgaben leistenden Bauern steht in einem Raum vor dem Überlinger Rathaussaal.

»Nichts ohne Mühsal« – Das Leben der Landbevölkerung

Das frühe Mittelalter kennt zunächst keine Bezeichnung für die »Bauern«. Das mag überraschen in einer Gesellschaft, die ganz agrarisch geprägt ist. Doch gerade weil alle unmittelbar von der Scholle leben, ist der funktionale Begriff zu unspezifisch und daher entbehrlich. Denn wer sollte mit »Bauer« gemeint sein: der Hörige, der auf dem grundherrlichen Hof das geliehene Land bebaut? Oder der Grundherr, der vielleicht nicht selbst hinter dem Pflug geht, dem aber das Land gehört und der es von abhängigen Leuten bearbeiten lässt? Dann wäre auch noch der König, auch er Grundherr und agrarischer Großunternehmer, ein »Bauer«? Die Quellen unterscheiden bis ins 11. Jahrhundert nicht nach Funktion, sondern nach Recht, wenn sie Freie, Hörige und Leibeigene benennen.

Freiheit und Unfreiheit

Versteht man unter »Bauer« den körperlich arbeitenden, Ackerbau treibenden Landmann, dann gab es seit der Karolingerzeit kaum noch freie Bauern, die frei von grundherrschaftlichen Bindungen den eigenen Erbbesitz bewirtschafteten. Die großen Grundherrschaften hatten die ehemals freien Bauern nach und nach aufgesogen. Dabei war durchaus nicht immer Gewalt im Spiel. Mancher kleine Grundbesitzer verzichtete in freier Entscheidung und zu seinem Vorteil auf Besitz und Freiheit, indem er sich einem größeren Grundherrn »übergab« (kommendierte). Er gehörte jetzt zur *familia* dieses Herrn, lebte und wirtschaftete als unfreier Hufenbauer auf demselben Hof, den er zuvor zu freiem Eigen besessen hatte, und leistete Dienst für seinen Herrn. Durch den Verzicht auf seine Freiheit entzog er sich aber der Pflicht eines Freien zum Kriegsdienst. Je stärker das expandierende Frankenreich in langwierige Kriege verstrickt und auf verfügbare Truppen angewiesen war, dadurch aber besonders die kleinbäuerlichen Freien bedrückte, umso mehr häuften sich die Kommendationen. Verbote des Königs blieben wirkungslos.

Der in existenzielle Bedrängnis geratene Freie kann also seine soziale Lage verbessern, indem er auf seine Freiheit verzichtet. Der Hörige im Dienst eines mächtigen Herrn, der womöglich das Vertrauen des Herrn genießt und an dessen Hof besondere Aufgaben wahrnimmt, ist sozial besser gestellt als der freie Bauer, der auf der eigenen Scholle ein kümmerliches Dasein fristet. Freiheit und Unfreiheit sind im Mittelalter Rechtsqualitäten; sie entscheiden über die Fähigkeit, Grundbesitz zu erwerben und zu vererben, über den Grad der persönlichen Freizügigkeit und rechtlichen Selbstbestimmung (etwa bei Eheschließung). Freiheit und Unfreiheit markieren indessen kaum, jedenfalls nicht zwingend und unverrückbar, soziale Positionen.

Es ist wichtig, sich die Ausgangslage des frühen Mittelalters bewusst zu machen, will man die Umbrüche begreifen, die seit dem 11. Jahrhundert allmählich, im 12. Jahrhundert dramatisch die Gesellschaft Europas umgestalteten. In den drei Jahrhunderten von 1000 bis 1300 verdoppelte sich die Bevölkerung Europas; sie wuchs in manchen Teilen geradezu explosionsartig, in Mittel- und Westeuropa (Frankreich, England, Deutschland) auf fast das Dreifache, von

ABGABEN DER BAUERN

Die mittelalterlichen Bauern waren überwiegend »halbfreie« Pächter mit Eigenwirtschaft (Hufe) oder arbeiteten als »Unfreie« auf dem

in unmittelbarem Besitz des Grundherrn verbliebenen Land. Während die Letzteren rechtlich und wirtschaftlich völlig unselbstständig waren, mussten die hörigen Pächter für das Recht der Bewirtschaftung des ihnen über-

lassenen Bodens Abgaben und Dienste an die Grundherren leisten. Neben den zu bestimmten Tagen des Jahres (z. B. Martinstag) fälligen Abgaben, die in der Regel in Naturalien (Anteil an der Ernte und/oder am Viehbestand) anfielen (Bild unten), belasteten die Bauern vor allem die Frondienste, die sie für ihre Herren verrichten mussten. Man unterschied dabei zwischen Spanndiensten (z. B. Ackerbestellung, Baufuhren) und Handdiensten (Verrichtungen auf dem Gutshof, Ernte-, Drescharbeiten, Jagdfronden u. a.), deren Dauer zwischen wenigen Tagen im Jahr und mehreren Tagen in der Woche schwanken konnte.

12 Millionen auf knapp 36 Millionen. Damals wurden die bisher kaum erschlossenen Landstriche systematisch besiedelt und kultiviert, die See- und Flussmarschen, die Mittelgebirgsregionen, der Alpenrand, und dadurch die landwirtschaftliche Nutzfläche erheblich erweitert. Die vereinzelten Siedlungsinseln in den Wäldern und Sümpfen des frühen Mittelalters öffneten sich im 12. Jahrhundert allmählich zu ausgedehnten Kulturlandschaften. Gleichzeitig griff der Landesausbau in die Gebiete östlich von Elbe und Saale.

Die Folgen für die Lebensbedingungen der Menschen können nicht hoch genug eingeschätzt werden. In welchem Maße die »bäuerliche« Bevölkerung Anteil an der gesamtgesellschaftlichen Entwicklung hatte, mag man daran ermessen, dass jetzt eigentlich der »Bauer« und das »Dorf« in der bis heute gültigen Bedeutung in das Licht der Geschichte traten.

Der Hörige wird »Bauer«

Drei Bauern im Gespräch, Kupferstich von Albrecht Dürer.

Die Anfänge sind in den Quellen wiederum nur undeutlich zu greifen. Um 1070 kam es zum Streit zwischen dem Bischof Benno von Osnabrück und den Bauern von Iburg im Teutoburger Wald. Die »Bauern« – hier mit *rustici* tatsächlich so bezeichnet – hatten ihre Schweine zur Mast in die bischöflichen Wälder getrieben und in großen Mengen Eicheln aus den Wäldern geholt. Als der Verwalter des Bischofs versuchte, dagegen einzuschreiten, zwangen sie ihn unter Gewalt zum Rückzug. Dem Bischof erklärten sie, dass sie ihren Rechtsanspruch durch Eid verteidigen wollten. Gegen den Rat seiner Ritter verzichtete Benno auf eine Bestrafung mit Waffengewalt. Stattdessen berief er sich auf altes Gewohnheitsrecht und ließ das strittige Waldstück seinerseits durch die eidliche Aussage seines Vogtes zu seinem Sonderrechtsbezirk erklären. Interessant ist nicht so sehr der Inhalt des Konfliktes – Reibereien um Rechtsansprüche waren in einer Grundherrschaft wohl an der Tagesordnung –, auch dass die Bauern schließlich unterlagen, war kaum anders zu erwarten. Bemerkenswert ist, wie die Beteiligten den Konflikt austrugen: Die Bauern traten nicht wie Abhängige, sondern als genossenschaftliche Gruppe selbstbewusst und – nach einer besonders reichen Ernte, wie der Chronist betont – in wirtschaftlich gestärkter Position ihrem Herrn gegenüber. Und der Bischof berief sich nicht kurzerhand auf seine grundherrliche Gewalt, die er nur durchzusetzen hätte; er anerkannte das Recht der Bauern zur eidlichen Verteidigung, die sonst nur Freien möglich ist, und ließ sich darauf ein, seinen Anspruch mit Rechtsmitteln zu beweisen.

Der hier geschilderte Konflikt ist kein Einzelfall. »Nicht nur die Großen und Adligen bekamen Lust, die Ruhe zu stören und Streit und Aufruhr zu entfesseln, auch das nichtadlige Volk und die Bauern bewaffneten sich gegen ihre Herren und wurden, wie es ihre Art ist, begierig nach Neuem«, schreibt der Biograph Bennos von Osnabrück, und man spürt, wie schwer es ihm fällt, das Neue einzuordnen. Die Bauern beginnen, sich wie Herren aufzuführen, und die Herren reagieren vorsichtig ohne grundherrliche Zwangsmaßnahmen. Denn anders als in früheren Konflikten zwischen Grundherrn und Hörigen eröffnen sich jetzt den aufbegehrenden Bauern Ausweichräume in den eben entstehenden Städten oder in den Rodungsgebieten, wo menschliche Arbeitskraft benötigt und mit besserem Recht als im Altsiedelland belohnt wird.

»Weil das Land verlassen war, schickte Graf Adolf Boten in alle Länder, nämlich nach Flandern und Holland, Utrecht, Westfalen und Friesland, dass alle, die durch den Mangel an Land eingeschränkt seien, mit ihren Familien kämen, um bestes und weites Land, reich an Früchten, überfließend an Fisch und Fleisch und Weidegründen, zu empfangen.« Was bei dem geistlichen Chronisten Helmold von Bosau wie der biblische Ruf in das Gelobte Land erklingt, hat Graf Adolf II. von Holstein gewiss prosaischer formuliert, als er 1143 um Siedler für seine slawischen Gebiete warb. Die blumigen Worte geben aber doch ganz handfeste soziale und wirtschaftliche Motive zu erkennen: Für die Flamen und Holländer in ihrer dicht besiedelten Heimat musste das Land jenseits der Elbe in der Tat wie ein Eldorado, ein Land der unbegrenzten Möglichkeiten erscheinen. Freilich musste das Land erst trockengelegt, gerodet und kultiviert werden; die Niederländer verfügten wie niemand sonst über das nötige technische Know-how. Der Graf bot ihnen dafür eine materielle Existenz und Freiheiten, von denen sie zu Hause nur träumen konnten. Einige Tausend Familien werden dem Ruf in das unbekannte Land gefolgt sein. Es war der Beginn der deutschen Ostsiedlung.

Grundherrschaften öffnen sich – Dörfer entstehen

Bäuerliche Gemeinden ohne grundherrliche Bindungen begegnen nicht zufällig zuerst in den hochmittelalterlichen Rodungsgebieten. Sie wirken aber zurück auf die Grundherrschaften im Altsiedelland, indem sie den Bauern dort bessere Lebenschancen und höhere Rechtsqualitäten als auf der heimischen Scholle greifbar vor Augen stellen. Sofern sie massenhafte Abwanderungen verhindern wollen, müssen die Grundherren zu rechtlichen Konzessionen bereit sein, zumal die alten Grundherrschaften, auf Selbstversorgung und Subsistenzwirtschaft angelegt, in der entstehenden Marktwirtschaft nicht mehr konkurrenzfähig sind. Die Umwandlung der Grundherrschaften in rechtlich attraktivere und wirtschaftlich effizientere Organisationsformen vollzieht sich so verschiedenartig und uneinheitlich wie die wirtschaftliche Entwicklung insgesamt, mit vielen Rückschlägen und erheblichen regionalen Unterschieden. Nicht überall werden Herrenhöfe sofort und vollständig aufgelöst. Überall aber geraten die starren grundherrschaftlichen Strukturen in Bewegung und laufen in der langfristigen Tendenz vom 12. zum 13. Jahrhundert auf eine Minderung der bäuerlichen Unfreiheit und der grundherrlichen Eigenwirtschaft und auf Verselbstständigung der bäuerlichen Wirtschaft zu. Die *villa,* jetzt mit »Dorf« zu übersetzen, löst sich von der Grundherrschaft ab und wird zur bäuerlichen Siedlungsgemeinschaft mit örtlich unterschiedlich entwickelten Merkmalen einer Rechtsgemeinde. An ihrer Spitze steht der Schultheiß, Schulze oder *burmester* (Bauernmeister), meist vom Dorfherrn eingesetzt oder zumindest bestätigt; er repräsentiert die Dorfgemeinde nach außen, auch gegenüber dem Dorfherrn, und hat den Vorsitz in der Gemeindeversammlung und im Dorfgericht.

Die Dorfformen, die jetzt entstehen, spiegeln die gesellschaftlichen und siedlungsgeschichtlichen Prozesse. Die ehemals grundherrlichen Gehöfte bilden die typischen unregelmäßigen Haufendörfer des Altsiedellandes. Wo Siedland durch Rodung oder Trockenlegung neu gewonnen wird, werden Dörfer planmäßig

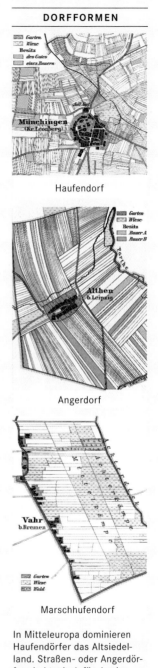

DORFFORMEN

Haufendorf

Angerdorf

Marschhufendorf

In Mitteleuropa dominieren Haufendörfer das Altsiedelland. Straßen- oder Angerdörfer sind typisch für das im Hochmittelalter durch Binnenkolonisation neu gewonnene Siedland, während in den nord- und ostdeutschen Kolonisationsgebieten Marschhufen- und Waldhufendörfer vorherrschen.

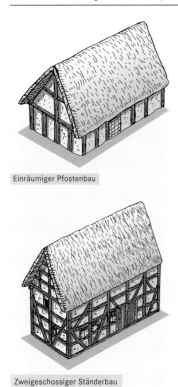

Einräumiger Pfostenbau

Zweigeschossiger Ständerbau
mit Schwellenfundament

angelegt: lang gezogene Straßendörfer oder Angerdörfer um einen zentralen Platz, um den die Straße sich gabelt. Die Felder der einzelnen Bauern liegen hier abseits der Gehöfte im Gemenge. In den Marschhufen- und Waldhufendörfern der nord- und ostdeutschen Kolonisationsgebiete schließen die Felder streifenförmig an die Gehöfte an; zum Wald bzw. zum Marschland hin offen, werden die Hufen von jedem Kolonisten weiter in die unkultivierte Landschaft getrieben. Solche Reihendörfer entstehen vereinzelt auch in den schmalen Tälern des Schwarzwaldes, wo sonst wie im Allgäu und im Alpenraum Einzelhöfe vorherrschen.

Bauernhäuser – Dorfgesellschaft

L andschaftliche Bedingungen bestimmen Form und Bauweise der Bauernhäuser. Das eingeschossige Holzpfostenhaus mit Strohbedachung und ohne Fenster ist schon in der Karolingerzeit bekannt und bleibt noch lange der vorherrschende Haustyp in Mitteleuropa. Die Wände bestehen aus Flechtwerk, das mit Lehm abgedichtet ist, oder – im slawischen Nordosten schon im 11. Jahrhundert – aus soliden Holzbohlen (Blockbauweise). Eine wesentliche technische Erweiterung bringt im 12. und 13. Jahrhundert der Übergang vom Pfosten- zum Ständerbau. Die tragenden Holzteile sind nun nicht mehr in die Erde eingegraben (und damit rascher Verrottung ausgesetzt), sondern ruhen auf Fundamentsteinen und Schwellen. Der stabilere Ständerbau ermöglicht den Aufbau eines zweiten Geschosses, eine bessere Aufgliederung der Innenräume und des Dachbodens und kann Jahrhunderte überdauern, erfordert aber das professionelle Können von Zimmerleuten. In Landschaften, wo das Vieh über lange Winter vor Kälte und Nässe geschützt und häufig feuchtes Getreide eingefahren und nachgetrocknet werden muss, entsteht im hohen Mittelalter das Wohnstallhaus: Das niederdeutsche Hallenhaus oder im Süden das Schwarzwaldhaus vereint Wohnbereich, Stall und Tenne unter einem Dach. Wohnstallhäuser in Holz-Lehm-Bauweise (Fachwerk) sind auch in England, Nord-

Hakenpflug   Beetpflug

1 Pflugsterz
2 Pflugbaum (Grindel)
3 Streichbrett
4 Pflugschar
5 Pflugmesser (Sech)
6 Radvorgestell

Anders als der frühmittelalterliche Hakenpflug mit Ochsengespann sorgt der Schollen wendende Räderpflug (Beetpflug), der seit dem 11. Jahrhundert weiter verbreitet ist, für eine bessere Lockerung und Durchlüftung der schweren Böden.

Fortschritte in der Pflugtechnik

frankreich, Mitteldeutschland und im Zuge der Ostsiedlung bis nach Osteuropa verbreitet, während in Nordeuropa und in den Alpen kleinere Holzblockbauten, in den waldarmen südeuropäischen Ländern Steinhäuser überwiegen. Waren im Frühmittelalter um das

Haupthaus regellos die Nebengebäude gruppiert, Scheune, Speicher, Stall, Backhaus, so bilden sich seit dem 13. Jahrhundert regelmäßige drei- oder vierseitige Gehöftanlagen aus. Jedes Gehöft ist mit einem Zaun umgeben (»umfriedet«), der den Friedensraum des Hauses begrenzt. 40 oder 50 Häuser mit vielleicht 200 Bewohnern mögen zu einem Dorf gehört haben; die meisten dörflichen Siedlungen waren eher kleiner, umfassten zehn oder fünfzehn Höfe, auf denen weniger als 100 Menschen lebten. Die dicht bewohnten Dörfer, die für das Spätmittelalter vereinzelt bezeugt sind, mit bis zu 100 Bauernstellen und 500 oder 600 Einwohnern, dürfen nicht als Regel genommen werden.

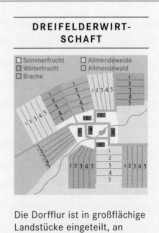

Blick in ein norddeutsches Bauernhaus: Dieser »Einhaustyp«, ein Fachwerkständerbau mit Wohnraum, Stall und Speicherboden, wurde im späten Mittelalter aus dem Hallenhaus entwickelt und war bis ins 19. Jahrhundert weit verbreitet. Die Wandfüllungen bestanden im Mittelalter in der Regel aus Flechtwerk und Lehm, ganz selten aus steinernem Mauerwerk.

Eine homogene Gesellschaft bilden die Bewohner eines Dorfes freilich nicht. Hier gibt es Hoch und Niedrig, Arm und Reich, angesehene Familien und Randständige wie überall, freie Großbauern, kleine Häusler, Leibeigene, Gesinde, Tagelöhner. Das Alter der Familie, Umfang und Qualität des Landbesitzes, die rechtlichen Abhängigkeiten entscheiden über soziale Positionen auch im Dorf, und die Unterschiede sind für jedermann sichtbar. Neben dem stolzen Meierhof duckt sich die armselige Kate, die bunte Tracht hebt sich ab von den Lumpen des ländlichen Proletariats. Von einer Sozialidylle ist das Dorf so weit entfernt wie jeder Lebensraum im Mittelalter.

Bedrohte Existenz

So gewiss die Landbevölkerung an der allgemeinen wirtschaftlichen Expansion des 12. und 13. Jahrhunderts partizipierte und die rechtliche Besserstellung erstmals ein spezifisch »bäuerliches« Selbstbewusstsein zutage treten ließ, so richtig ist doch auch, dass der rechtliche Fortschritt nicht automatisch und in jedem Falle bessere Lebensbedingungen und mehr Lebensqualität bedeutete. Die bäuerliche Arbeit war eingebettet in den natürlichen Rhythmus des Jahreslaufs, wie ihn die Monatsbilder in den Handschriften illustrieren. Im Juni wurde gepflügt, im Juli das Heu geerntet, im August das Getreide, im September erfolgte bereits die Winteraussaat, im Oktober war die Weinlese, im November und Dezember Schlachtzeit. Die stereotype Abfolge kennt nur gute Jahre; sie verschweigt die ständige Bedrohung durch Naturkatastrophen und Unglücksfälle, Missernten und Hunger. Die insgesamt stabilere Ernährungslage im 12. und 13. Jahrhundert darf nicht darüber hinwegtäuschen, dass die bäuerliche Wirtschaft doch störanfällig und extremen Gefährdungen ausgesetzt blieb. Vorräte für Notzeiten gab es so gut wie keine. Fiel die Ernte eines Jahres aus, durch natürliche Unbill oder weil die Horden eines Fehdeherrn die Felder vernichtet hatten, stand das Überleben ganzer Dörfer auf dem Spiel.

Die Chronisten, sofern bäuerliches Leben überhaupt ihr Interesse findet, berichten meist nur summarisch; Einzelschicksale werden

DREIFELDERWIRT-SCHAFT

☐ Sommerfrucht ☐ Allmendeweide
☐ Winterfrucht ☐ Allmendewald
☐ Brache

Die Dorfflur ist in großflächige Landstücke eingeteilt, an denen jeder der fünf Bauern seinen Anteil hat. Jährlich wechselt die Nutzung zwischen Sommerfrucht, Winterfrucht und Brache. Die Allmende (Wald, Weiden, Gewässer), von allen Bauern gemeinsam genutzt, ist die wichtigste Grundlage der kleinbäuerlichen Viehwirtschaft.

fast nie plastisch greifbar. Eine Ausnahme bildet der holsteinische Bauer Gottschalk. Im Frühjahr 1190 versetzte er seine Dorfgenossen in helle Aufregung, als er nach einer Vision von seiner Reise durch das Jenseits erzählte. Auch zwei Geistliche der Gegend wurden aufmerksam und schrieben seinen Bericht auf: Gottschalk ist Kolonist in der zweiten Generation, vielleicht fünfzig Jahre alt, ein freier Bauer im nordelbischen Rodungsland. Die Feldarbeit verrichtet er sommers wie winters mit bloßen Füßen oder nur mit dürftiger Fußbekleidung, denn Schuhe besitzt er nicht. Seine Frau, altersschwach und halb erblindet, und sein schwachsinniger Sohn sind ihm kaum

Monatsbilder mit den jahreszeitlichen Bauernarbeiten (Salzburg, Anfang 9. Jahrhundert). Bezeichnend ist die Heumahd mit der Sense (Juli), während das Getreide mit der schonenderen Sichel geerntet wird (August).

eine Hilfe. Als auch noch sein altes Pferd stirbt, ist er ganz auf seine eigene Arbeitskraft angewiesen, und die ist fast aufgezehrt; denn sein Leben lang leidet er immer wieder an schweren Krankheiten. Trotzdem »ist er unermüdlich tätig, Buchen, Eichen und die anderen Bäume nicht nur kurz zu halten, sondern mitsamt den Stubben zu roden, und so erweitert er seine Felder, die Saat zu streuen. Indem er diese Felder bestellt, isst er sein Brot im Schweiße seines Angesichts«. Dies ist kein Land, wo Milch und Honig fließen; Leben im Rodungsland heißt Plackerei wie zu Adams Zeiten. Vielleicht waren die Lebensbedingungen hier noch extremer, die Knochenarbeit noch härter als in den schon länger kultivierten westlichen Siedlungsräumen. Aber überall war bäuerliches Leben zuallererst Angst und Kampf um die Existenz. »Dieser geschlagene Stand hat nichts ohne Mühsal«, befand Adalbero von Laon zu Beginn des 11. Jahrhunderts; der Satz hat noch Jahrhunderte später nichts an Gültigkeit verloren.

Wahrnehmung des Wandels

Haben die Zeitgenossen die Veränderungen ihrer Umwelt überhaupt wahrgenommen, die sozialen Erschütterungen, den Wandel der Rechtsverhältnisse, das Verschwinden der Wälder, die Umgestaltung ganzer Landschaften? Dies alles waren ja Prozesse von langer Dauer, die sich über mehrere Menschenalter hinzogen. War das Neue dem Einzelnen erfahrbar?

Wohin sind meine Jahre entschwunden, fragt Walther von der Vogelweide am Ende seines Lebens (um 1230), vielleicht habe ich geschlafen und weiß es nur nicht? Nun bin ich aufgewacht und kenne mich nicht mehr aus: *liut unde lant, dar inn ich von kinde bin erzogen, die sint mir worden fremde ... bereitet ist daz velt, verhouwen ist der walt, wan daz daz wazzer fliuzet als ez wilent floz.* Das Feld ist bestellt, der Wald ist gerodet, nur das Wasser fließt noch wie immer. Der Dichter blickt voller Wehmut auf den Wandel der Zeiten; neue Horizonte in einer weiter und lichter gewordenen Welt vermag er nicht zu erkennen.

Betont derbe, »bäuerische« Züge und ungestüme Vitalität gehören im späten Mittelalter zu den stereotypen Kennzeichen von Bauer und Bäuerin. Die Federzeichnung »Das verliebte Paar« stammt von Albrecht Dürer; 1502/03.

Andere registrieren genauer die neuen sozialen Kräfte. Die Literatur des 13. Jahrhunderts entdeckt den Bauern, zuerst als grobschlächtigen Dorftölpel, bald aber auch schon als standesbewussten Landmann. Seitdem bestimmen Dichter, Sänger und Spielleute immer wieder, mal scherzhaft, mal belehrend, seinen Standort in der sich wandelnden Gesellschaft. Ein Volkslied aus dem 15. Jahrhundert lässt einen Bauern zum Streitgespräch mit einem Ritter antreten. Der Ritter prahlt mit seiner edlen Herkunft, seinem Erfolg bei den Frauen, seinen Heldentaten in fernen Ländern. Doch der Bauer hält dagegen: »Was hilft dein Stechen und dein Tanz?« Daran könne er nichts Besonderes finden. Seine harte Arbeit sei es schließlich, die die Welt voranbringe. Wäre der Bauer nicht, wäre es mit dem Ritterleben bald vorbei. Und was den Krieg für die Christenheit angehe, auf den der Ritter so stolz sei: Er habe es doch nur ihm, dem Bauern, zu verdanken, dass er in den Kampf ziehen könne: *ich Pauman tu dich senden / mit meinem Gut, das ich dir gib, / mein Silber und mein Gold, / darumb so lass mich haben tail / der deinen Eren Sold!* – Wenigstens hier, in der volkstümlichen Dichtung des späten Mittelalters, steht der Bauer selbstbewusst neben dem Edelmann. Eine Fiktion ganz gewiss, doch indem sie dem Bauern unübersehbar literarische Gestalt verleiht, ist sie auch ein Reflex des realen Wandels, durch den die Gesellschaft den Bauern ernst zu nehmen lernte.

Vom Krieger zum Edelmann –
Rittertum und höfische Kultur

Der Reichsritter und Humanist Ulrich von Hutten schildert sein Ritterleben:

Die Burg, ob sie auf dem Berg oder in der Ebene liegt, ist nicht als angenehmer Aufenthalt, sondern als Festung gebaut. Sie ist von Mauer und Gräben umgeben, innen ist sie eng und durch Stallungen für Vieh und Pferde zusammengedrängt ... Überall stinkt es nach Schießpulver; und dann die Hunde und ihr Dreck, auch das – ich muss schon sagen - ein lieblicher Duft! Der ganze Tag bringt vom Morgen an Sorge und Plage, ständige Unruhe und dauernden Betrieb. Äcker müssen gepflügt und umgegraben werden, Weinberge müssen bestellt, Bäume gepflanzt, Wiesen bewässert werden; man muss eggen, säen, düngen, mähen, dreschen; jetzt steht die Ernte bevor, jetzt die Weinlese. Wenn aber ein schlechtes Ertragsjahr kommt, wie in dieser mageren Gegend meistens, dann haben wir fürchterliche Not und Armut.

U ns ist in alten maeren / wunders vil geseit / von helden lobebaeren / von grôzer arebeit, / von vreude und hôchgezîten / von weinen und von klagen, / von küener recken strîten / muget ir nu wunder hoeren sagen.« – Vom Kampf der kühnen Recken und von ruhmreichen Helden kündet das Nibelungenlied um 1200, von *vil stolziu rîterschaft* und hoher Festlichkeit, und so hören wir es gerne. Wohl keine Figur verkörpert im allgemeinen Bewusstsein so selbstverständlich mittelalterliches Leben wie der edle Ritter, kaum ein Ort gilt als so typisch mittelalterlich wie die stolze Burg, die sich noch heute malerisch über manchem Tal erhebt. Und doch sind beide, der Ritter und seine Burg, erst relativ spät entstanden, im 11. und 12. Jahrhundert, und sie hatten nur eine vergleichsweise kurze Blütezeit von gut hundert Jahren.

ENTSTEHUNG DER WAPPEN

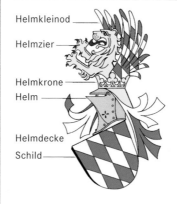

Helmkleinod

Helmzier

Helmkrone

Helm

Helmdecke

Schild

Die linke Abbildung zeigt die wesentlichen Bestandteile eines Vollwappens, wie sie sich im Hochmittelalter herausgebildet hatten. Auf der rechten, aus der Manessischen Handschrift (2. Hälfte des 12. Jahrhunderts) stammenden Abbildung lässt sich die ursprüngliche, praktische Verwendung des Wappenbildes auf Schild, Pferdedecke, Banner und als Helmzier des gewappneten Ritters gut erkennen.

Schwache Könige und neue Herren

D ie Anfänge des europäischen Ritters waren alles andere als edel und stolz. Es waren rohe, unzivilisierte Haudegen, denen es im 9. und 10. Jahrhundert gelang, die Schwäche des westfränkischen Königtums zu nutzen und sich selbst zu Herren aufzuschwingen. Gegen die sarazenischen und die normannischen Räuber, die von Spanien oder von den Flussmündungen der Loire und Seine her immer

wieder ins Landesinnere vordringen, Dörfer und Klöster niederbrennen und Beute fortschleppen, ist der König machtlos. An eine
koordinierte Abwehr ist nicht zu denken. Im allgemeinen Chaos bedeutet es schon viel, wenn einer wenigstens ein kleines Stück Land
verteidigen kann, einen hölzernen Turm und einen Palisadenzaun
errichtet, der bei Gefahr auch den Bauern der Umgebung Schutz
bietet. Keiner fragt, wer die Schutzherren sind, Grafen aus altem
Adel oder frühere Pferdeknechte; was zählt, ist die Macht des Stärkeren, die schiere Gewalt. Die verängstigten Dorfbewohner und
Klosterleute schließen sich in ihrer Not den neuen Herren dankbar
an, erfahren aber auch bald, wie die Beschützer zu Unterdrückern
werden, die sich ihren Schutz teuer bezahlen lassen, indem sie
Dienste und Abgaben erpressen. Ihre Methoden sind nicht anders als
die der fremden Räuberhorden. Die frühen Ritter waren Abenteurer
ohne jede Romantik, Gewaltmenschen ohne jede Ritterlichkeit.

Es war eine Herrenschicht entstanden, eine kriegerische Elite zumal, die mit Pferd, Schwert und Lanze gleichsam in einem rechts-
freien Raum operierte. Sie musste auf gesellschaftliche Anerkennung
und auf rechtliche Fundierung ihrer Herrschaft drängen, sollte die
einmal errungene Position auf Dauer erhalten werden. Der soziale
Ort, der zur Identifikation einlud, war der Adelshof, die Rechtsform,
die Macht und Lebensweise legitimieren konnte, war die Vasallität.
Die neuen Herren drängten an den Hof, strebten nach Lehen aus
Fürstenhand, stellten sich als Vasallen in fürstliche Dienste. Zur
Herrschaft kam der Dienst; durch ihn erst wurde der Krieger eigentlich zum Ritter. Während das deutsche Wort die Funktion des Rei-
terkriegers betont, haftet dem englischen *knight* – eigentlich der
»Knecht« – noch die ursprüngliche Bedeutung des unfreien Dienst-
mannes an.

Es liegt auf der Hand, dass der Adel seinerseits daran interessiert
war, die hochgerüsteten und kampferprobten Aufsteiger an sich zu
binden. Während in Frankreich die Fürsten die usurpierten Burg-
herrschaften in der Normandie und in Flandern, in der Provence und
in Burgund in Lehnsbindungen umwandelten, besetzten in Deutschland die salischen und staufischen Könige von sich aus herrschaftliche Positionen mit unfreien Dienstleuten. Da diese Ministerialen
ohne den Dienstauftrag ihres Herrn – in Form eines Lehens – keine
eigene Machtbasis hatten, war von ihnen mehr Loyalität zu erwarten
als von edelfreien Vasallen. Je mehr ein selbstbewusster fürstlicher
Adel im 11. und frühen 12. Jahrhundert den Handlungsspielraum des
deutschen Königs einzuengen drohte, umso mehr zog dieser als
Gegengewicht (ministerialische) Ritter in seinen Dienst.

Waffendienst als Gottesdienst

Der Ritter war ein hoch spezialisierter Berufskrieger. Der
Kampf zu Pferde mit der Stoßlanze, der wohl erst im 11. Jahrhundert entwickelt wurde und sich dann rasch in Europa verbreitete,
erforderte spezielle Ausbildung und ständiges Training für Reiter
und Pferd. Aber ohne verbindliche Verhaltensregeln war der Ritter

Sizilische Ritter bestürmen die von
Truppen Kaiser Heinrichs VI. besetzte
Stadt Capua (aus dem »Buch zu Ehren
des Kaisers« des Petrus von Eboli,
1195/97). – Die Ritter König Tankreds
(mit roten Schilden) und die
kaiserlichen Ritter (grün) reiten in
geordneten Verbänden oder wie im
turniermäßigen Zweikampf (Tjost)
gegeneinander, mit »eingelegten«
(unter die rechte Achselhöhle
geklemmten) Stoßlanzen. Diese
Kampftechnik erfordert
Sattelfestigkeit, die hohe Sattelwülste
und Steigbügel bieten. Kettenhemd,
Helm mit eisernem Nasenband und
Schild schützen den Reiter. Verstreute
Leichenteile auf dem Schlachtfeld
weisen auf die Brutalität des Kampfes
hin.

gefährlich. Als Bernhard von Clairvaux 1146 zum Kreuzzug aufrief, prangerte er die selbstzerstörerische Kriegslust der Ritter an: »Aufhören soll jene Ritterart, nein, Ritterunart von ehedem, nach der ihr einander niederzuwerfen, einander zu verderben pflegt und einer den anderen umbringt ... Wahnsinn ist es, nicht Mut, solch einem Unrecht zu frönen; nicht als Kühnheit, vielmehr als Schwachsinn muss man es bezeichnen!« Unter sozialgeschichtlichem Aspekt war die bewaffnete Pilgerfahrt ins Heilige Land auch ein Beschäftigungsmanöver für die Ritter, das die Gesellschaft vor ihren Übergriffen schützen sollte, indem es ihr aggressives Potenzial nach außen lenkte.

Die im Mittelalter beliebte Alexanderdichtung zeigt Alexander den Großen im Kampf mit dem Perserkönig Dareios III. im ritterlichen Gewand (flämische Handschrift, um 1300).

Im Innern versuchten Gottesfrieden, zuerst in Südfrankreich und Burgund, die verheerendsten Auswüchse einzudämmen. Sie geboten unter Androhung der Exkommunikation Waffenruhe für bestimmte heilige Wochentage (von Mittwochabend bis Montagmorgen) und Jahreszeiten (Advent und Weihnachten, Fastenzeit, Ostern und Pfingsten). Kirchen und Klöster, Bauern und Kaufleute, aber auch Vieh, Weiden, Äcker, Weinberge und Ackergerät wurden unter besonderen Friedensschutz gestellt. Weniger moralische Skrupel als die Sorge um den Erhalt ihrer materiellen Ressourcen motivierte die Fürsten und Bischöfe zu kollektiven Friedensmaßnahmen. Dies konnte freilich nur dann gelingen, wenn auch der Adel für sich selbst die Fehde einschränkte und festen Regeln unterwarf.

Das heißt nicht, dass die adlig-kriegerische Umwelt des hohen Mittelalters mit einem Mal friedlich geworden wäre. Aber die Erfahrungen mit der ungebändigten Kriegslust hatten die Herren die Vorteile des Friedens oder zumindest befristeter Waffenruhen schätzen gelehrt und zum Verzicht auf hemmungslosen Fehdegebrauch bewegen können. Es war das Verdienst insbesondere der Cluniazenser und der Zisterzienser, dass sie den Gottesfrieden – wie auch den bewaffneten Kreuzzug gegen die Heiden – als Dienst für Gott und für Christus geistlich begründeten. Dadurch wurde der Dienst aus der Sphäre der unfreien Knechtschaft herausgehoben und gesellschaftlich akzeptabel, sodass selbst der hohe Adel bereit war, sich zu »ritterlichem« Dienst zu verpflichten.

Leitfigur der höfischen Gesellschaft

D ie Nähe zum Hof, die Indienstnahme durch den Adel verschaffte dem Ritter die gesellschaftliche Anerkennung, die er suchte. Der Preis, den er dafür zahlen musste, war die Bindung an das Recht und die soziale Domestizierung. Gleichzeitig aber faszinierte das – zunächst theologisch begründete – Ethos des Dienens, das sozusagen für die Ritter entwickelt worden war, bis in die höchsten Schichten der Gesellschaft: Es galt als vornehm, ritterlich zu leben. Kaiser Friedrich Barbarossa ließ zu Pfingsten 1184 auf einem glanzvollen Hoffest in Mainz seine beiden Söhne, König Heinrich und Herzog Friedrich, zu Rittern weihen. 70000 Ritter sollen dabei gewesen sein; sie waren aus allen Teilen des Reiches gekommen, aber auch aus Flandern und Burgund, Frankreich und England. Der Kaiser führte das ritterliche Turnier an, an dem mehr als 20000 Ritter teilnahmen. Die Zahlen sind gewiss übertrieben, deutlich aber ist: Rittertum ist international und ständeübergreifend. Ritter sind alle, von den Kaisersöhnen und hohen Fürsten bis zu den kleinen Herren, die im Gefolge eines Herzogs oder Grafen zum Hoftag gekommen waren, ja der Kaiser selbst präsentierte sich im Kreise der Ritter.

Der Ritter war zur Leitfigur der höfischen Gesellschaft geworden. Der staufische Kaiserhof, wie andere Fürstenhöfe in Europa auch, war die Bühne, auf der ritterliche Lebensart sich wirkungsvoll in Szene setzen konnte. Hier trat der »gewappnete« Ritter so auf, wie ihn die Dichter beschrieben und wie er noch heute in unserer Vorstellung weiterlebt, mit geschmücktem Waffenrock, mit Wappen, Wimpel und Helmzier, auf prächtig aufgezäumtem Streitross, so wie einst der junge Siegfried mit seinen Rittern nach Worms gezogen war: »Sein Vater hieß ihn zieren sein ritterlich Gewand, / Und ihre lichten Panzer, die wurden auch bereit, / Auch ihre festen Helme, die Schilde schön und breit. / Schön waren ihre Rosse, ihr Zaumzeug goldesrot. / Die langen Schwerter reichten bis nieder auf die Sporen, / Es führten scharfe Speere die Ritter auserkoren. / Goldfarbene Zäume führten sie in der Hand; / Der Brustgurt war von Seide. So kamen sie ins Land.«

Alter und neuer Adel

W ie jede Bühne war auch diese der Wirklichkeit entrückt. Die stilisierte Ritterlichkeit der Hoffeste war nicht der Alltag. Aber der Ritter zehrte vom höfischen Glanz, den er zugleich bereicherte. Denn indem er in adligem Dienst Herrschaft ausübte und zu Hoftagen und auf Turnieren an der Seite fürstlicher Herren ritt, übernahm der Ritter nach und nach auch Standesattribute und Selbstbewusstsein des Adels. Wie dieser seit dem 12. Jahrhundert begann, lokale Herrschaftszentren auszubilden und sich nach diesen Stammsitzen zu benennen (»von Zähringen«, »von Staufen«), so

Schild derer von Nordeck zu Rabenau. Neben der Schutzfunktion dienten Schilde mit ihren aufgemalten Wappen als Erkennungszeichen der in voller Panzerung sonst »unkenntlichen« Ritter. Lindenholz mit Pergamentlederbezug. Um 1300, Marburg, Sankt-Elisabeth-Kirche (deponiert im Universitätsmuseum Marburg).

Der fürstliche Herr präsentiert sich auf seinem Siegel als Ritter, wie hier Graf Otto I. von Anhalt (Siegel von 1291), mit Wappenschild, Helmzier und Lanzenfahne.

wurden Burgen auch namengebend für ritterliche Familien. Aber mehr als die Adelsfamilie, deren Stammburg – teils als bevorzugte, aber nicht ausschließliche Residenz – lediglich ein aus vielen Quellen gespeistes dynastisches Bewusstsein repräsentierte, bezog die ritterliche Familie aus ihrer (zumeist einzigen) Burg selbst soziale Identität. Der Ritter war »Herr« durch seine Burg. Manche, wie die Herren von Bolanden, von Annweiler, von Münzenberg (die sich nach ihren Burgen in der Pfalz und der Wetterau nannten), führten Wappen wie edelfreie Herren, heirateten adlige Töchter; ihre Burgen, ursprünglich zu Lehen gegeben, gingen bald in erblichen Besitz über.

Veste Coburg in Oberfranken, eine Höhenburg des 13. Jahrhunderts; im 16./17. Jahrhundert zur Landesfestung ausgebaut, bis ins 19. Jahrhundert aus- und umgebaut.

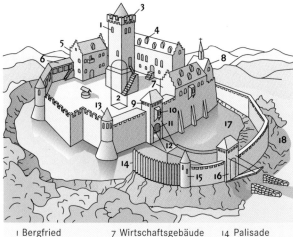

Schematische Darstellung einer Burganlage

1 Bergfried	7 Wirtschaftsgebäude	14 Palisade
2 Verlies	8 Burgkapelle	(Pfahlzaun)
3 Zinnenkranz	9 Torhaus	15 Wartturm
4 Palas	10 Pechnase	16 Burgtor
5 Kemenate	11 Fallgitter	17 Ringgraben
(Frauenhaus)	12 Zugbrücke	18 Torgraben
6 Vorratshaus	13 Wachtturm	

Gewiss gelang nicht allen Rittern der Schulterschluss mit dem fürstlichen Adel. Der Herr einer kleinen Burg konnte sich nicht mit dem Reichsritter messen, der am Kaiserhof verkehrte und zu den Beratern des Kaisers gehörte. Doch unter dem Druck der aufsteigenden Ritter formierte sich der alte Adel insgesamt neu. Wo die Funktionen und Verhaltensmuster, sogar die Statussymbole sich angeglichen hatten, achteten die fürstlichen Herren nun genauer darauf, wer aus ministerialisch-ritterlicher und wer aus edelfreier Familie stammte. Jetzt erst, im späten 12. und 13. Jahrhundert, begann der hohe Adel, die Reichsaristokratie, sich nach unten gegenüber dem niederen Adel und den Rittern abzuschließen. Eine vergleichbare Entwicklung nahmen der französische und der englische Adel. Hier hoben sich die Barone zunehmend von den Rittern ab, in England mit der bis heute nachwirkenden Differenzierung von (hochadliger) *nobility* und (ritterlicher) *gentry*.

Ritterliche Tugenden und höfische Kultur

Die Dichter und die geistlichen Autoren der Zeit wussten genau, wie ein guter Ritter zu sein habe. Sie wurden nicht müde, die Tugenden des Ritters zu preisen oder mahnend einzuklagen, denn: »Ohne Tugend ist Adel nichts wert« (Freidank, um 1220/30). Besitz und Herrschaft verpflichten zu einem bestimmten ethischen Verhalten, zur umsichtigen Nutzung des Besitzes, zu Freigebigkeit und zu maßvoller Herrschaft. Was seit jeher für den Adel galt – wenn auch freilich nur selten realisiert –, wird auch für die Ritter verbindlich. Indem sie adelige Lebensformen angenommen haben, müssen sie sich auch an den ethischen Normen des Adels messen lassen.

An der Spitze der ritterlichen Tugenden steht die *triuwe*. »Treue« meint ursprünglich weniger eine ethische als eine konkret rechtliche Verpflichtung, die Bindung des Vasallen an seinen Herrn. In einem weiteren Sinne erstreckt sich die Treuepflicht aber auf alle Bindungen zwischen Menschen, allgemein auf das gegebene Wort, auch auf die beständige Liebe zu Gott. Schon hier wird der Zusammenhang mit den christlichen Tugenden greifbar, die in besonderem Maße das Verhalten des Ritters bestimmen sollen: die *staete*, die Beständigkeit, das beharrliche Festhalten am Guten und Richtigen; sie wird ergänzt und gegebenenfalls korrigiert durch die *mâze*, das maßvolle Handeln unter Vermeidung von Extremen. Diese Tugenden verpflichten den christlichen Ritter zur Wahrung von Frieden und Recht, zum Schutz der Armen und Schwachen, zur Schonung des besiegten Gegners im Turnier wie in der Schlacht, zum Dienst für Gott und seine Kirche.

Im äußeren Auftreten zeichnen den Ritter bestimmte Umgangsformen aus, die *hövescheit* (*courtoisie*, »Höfischkeit«). Es sind die Konventionen der vornehmen Gesellschaft, festliche Kleidung, gesittetes Speisen und Trinken, Tanz und Spiel, geistreiches Gespräch, auch die respektvolle Haltung zur Frau, das verehrende, dienende Werben um ihre Gunst. Die Minne, die »höfische Liebe«, ist ein gesellschaftliches Spiel zwischen Mann und Frau, wie das Turnier ein Spiel unter Männern ist. Waffendienst und Minne haben eine gemeinsame Wurzel in der Idee des Dienens – hier gegenüber der (oft höher stehenden) Frau, dort gegenüber dem Herrn –, und in beiden konnte der Ritter sein vorbildliches, »höfisches« Verhalten demonstrieren. Durch den selbstbewussten Umgang mit der (durchaus nicht nur platonisch verstandenen) Liebe wurde diese von der sündhaften Fleischeslust zur gottgefälligen Tugend aufgewertet. »Wer behauptet, dass Liebe Sünde sei, der soll sich das vorher gut überlegen. Sie besitzt hohes Ansehen, das man mit Recht genießen soll« (Walther von der Vogelweide). Es sind die Dichter und Troubadoure, die im 12. Jahrhundert die weltliche Liebe entdecken und im wörtlichen Sinne hoffähig machen. In ihren Liedern zelebrieren sie eine geradezu kultische Verehrung der Frau, und nicht zufällig finden sie für ihre Angebetete ähnliche Worte wie für die Gottesmutter in der

Solche »Minnetaschen« wurden am Gürtel befestigt. Als Minnegeschenk dienten sie auch zur Aufnahme der für Almosen bestimmten Münzen, darum wurden sie auch als Almosentaschen bezeichnet. Diese entstand um 1340 vermutlich in einer Pariser Werkstatt (Hamburg, Museum für Kunst und Gewerbe).

Höfische Liebe ist Dienst: Der Liebende kniet mit gefalteten Händen vor der geliebten Herrin wie der Lehnsmann vor seinem Herrn. Der Ritter in Kettenhemd und Waffenrock ist zum Aufbruch gerüstet. Der Pfau und der gerade entfliegende Falke, Symbol des Geliebten, spiegeln die Szene (Der Schenk von Limburg, Große Heidelberger Liederhandschrift, Codex Manesse, Anfang 14. Jahrhundert).

Der Abschied der Liebenden ist ein beliebtes Thema der Minnelyrik (Dietmar von Aist, Mitte 12. Jahrhundert):

»Slafst du, friedel ziere?
man weckt uns leider schiere:
ein vogellin so wol getan
daz ist der linden an daz zwi gegan.«
»Ich was vil sanfte entslafen:
nu rüefstu kint Wafen.
liep ane leit mac niht gesin.
swaz du gebiutst, daz leiste ich, friundin
min.«
Diu frouwe begunde weinen.
»di ritst und last mich eine.
wenne wilt du wider her zuo mir?
owe du füerst min fröide sament dir!«

ICH SAZ UF EIME STEINE...

Ich saz uf eime steine,
und dachte bein mit beine:
dar uf satzte ich den ellenbogen:
ich hete in mine hant gesmogen
daz kinne und ein min wange.
do dachte ich mir vil ange,
wie man zer welte solte leben:
deheinen rat kond ich gegeben,
wie man driu dinc erwurbe,
der deheines nicht verdurbe.
diu zwei sint ere und farnde guot,
daz dicke ein ander schaden tuot:
daz dritte ist gotes hulde,
der zweier übergulde.
die wolte ich gerne in einen schrin.
ja leider des mac nicht gesin,
daz guot und weltlich ere
und gotes hulde mere
zesamene in ein herze komen.
stig unde wege sint in benomen:
untriuwe ist in der saze,
gewalt fert uf der straze:
fride unde recht sint sere wunt.
diu driu enhabent geleites nicht,
diu zwei enwerden e gesunt.

Die Miniatur aus der Großen Heidelberger Liederhandschrift, Codex Manesse, Anfang 14. Jahrhundert, zeigt Walther von der Vogelweide so, wie er sich in seinem Gedicht beschrieben hat.

Die Deutung des Bamberger Reiters, des vermutlich frühesten erhaltenen Reiterstandbilds seit der Antike, war lange Zeit umstritten. Nach neueren Forschungen ist in ihm weder Heinrich II. noch Konstantin der Große zu sehen, sondern vielleicht der in Jerusalem einziehende Endzeitkaiser.

gleichzeitigen Mariendichtung. Ob unerfüllte, selbstlose Liebe oder erotischer Genuss, die höfische Liebe verändert das Bild der Frau.

Ideal und Wirklichkeit

Natürlich steht die Wirklichkeit wieder im krassen Widerspruch zum postulierten Ideal. Gewalt bis zur Vergewaltigung und nicht poetische Anbetung bestimmt das alltägliche Verhalten gegenüber Frauen selbst in höchsten gesellschaftlichen Kreisen. In der dynastisch fixierten Adelsgesellschaft ist die Ehe ein Familienbündnis und dient der Sicherung des Erbes. Ehebruch ist eine Katastrophe, die Rache fordert, kein kokettes Spiel. Dennoch sollte man das Ideal nicht als leere Formel abtun; es ist der Entwurf einer anderen Wirklichkeit, eine gedachte Alternative immerhin: »Ich schelte die Dichtung nicht, auch wenn sie uns Lügen vorführt, denn sie enthält Sinnbilder des Anstandes und der Wahrheit. Sind die Geschichten auch nicht wahr, sie bezeichnen doch sehr deutlich, was jeder Mensch tun soll, der ein vorbildliches Leben führen will.« Der italienische Domherr Thomasin von Zerclaere (bald nach 1200) war vom didaktischen Wert des Vorbildes überzeugt: Es gebe heute keinen Erec und keinen Gawain mehr, »weil es nirgends im Land einen Artus gibt«. Dem Grund besitzenden Ritter lagen Landwirtschaft und Viehzucht näher als die Tafelrunde, und eine Fehde mit dem Burgnachbarn war eher lästig und kostspielig, als dass sie ritterlichen Ruhm eintrug.

Was ritterliche Lebensform versuchte, war nicht weniger als der Brückenschlag zwischen der traditionellen geistlichen Lehre und einer neuen weltlichen Hofkultur. Denn der Ritter entscheidet sich nicht entweder für weltlichen Ruhm oder für geistlichen Lohn, sondern er strebt bewusst nach beidem: Der höfische Ritter will zugleich Gott und der Welt gefallen. Walther von der Vogelweide hat das Dilemma wie kein anderer auf den Punkt gebracht: »Ich saß auf einem Stein, die Beine übereinander geschlagen, das Kinn in die Hand gestützt, und dachte lange nach, wie man drei Dinge vereinbaren könnte, ohne eines davon zu schmälern. Zwei sind Ansehen und Besitz *(ere und varnde guot);* das dritte ist die Gnade Gottes *(gotes hulde),* die weit mehr gilt als die beiden anderen ... Aber leider kann es nicht sein, dass Besitz und weltlicher Ruhm und dazu noch Gottes Gnade zusammen in ein Herz kommen.« Und warum nicht? Die Verhältnisse, sie sind nicht so: *untriuwe ist in der saze, / gewalt fert uf der straze: / fride unde recht sint sere wunt.* – Wo Treulosigkeit und Verrat herrschen, hat der Ritter ausgedient.

Walther schrieb seine Verse 1198, mitten in der Blütezeit des Rittertums, und sie klingen schon wie ein Abgesang. Je mehr im späten Mittelalter Söldnerheere und neue Waffentechnik (die im 14. Jahrhundert verbesserte Armbrust, noch nicht die Feuerwaffe!) den schwer bewaffneten Panzerreiter ins Hintertreffen setzten, umso deutlicher wurde der Ritter zur Karikatur seines Ideals. In der Stadt ließen sich reiche Patrizier mit dem Ritterschlag schmücken; Ritter zu werden, war eine Kostenfrage. Gleichzeitig gab es immer mehr Rittersöhne, deren Erbbesitz für ein rittergemäßes Leben zu gering geworden war und für die es kaum noch Aufgaben in fürstlichen Diensten gab. Diese verarmten und sozial heimatlos gewordenen Ritter »spezialisierten« sich unter dubioser Ausnutzung des Fehderechts auf Raubzüge gegen Kaufleute und Reisende. Die Ritter endeten im 15. und 16. Jahrhundert, wie sie begonnen hatten: als Raubkrieger. Die Ursachen waren ähnlich wie in den Anfängen sechshundert Jahre zuvor. Auch jetzt ging es um das Überleben, und weil die Ritter nichts anderes gelernt hatten, blieb ihnen wieder nur die nackte Gewalt.

»Stirb, Götz! – Du hast dich selbst überlebt, die Edeln überlebt«, lässt Goethe seinen sterbenden Ritter Götz von Berlichingen sagen. Es starb nicht eine hehre Ritterherrlichkeit; sie hat es nie gegeben, es sei denn in der Dichtung oder in der romantischen Verklärung des 19. Jahrhunderts. Gegeben aber hat es eine höfische Kultur der Ritter. Sie lebt weiter in vielen Formen der kultivierten Geselligkeit und des sozialen Umgangs und als Aufforderung zu einer menschlichen Haltung, für die der Ritter steht, »der in persönlicher Freiheit die Bindung an Gemeinschaft sucht; der über dem Dienst an einer geliebten Sache nicht die gelassene Großmut vergisst ... Gegen das Trennende, gegen das Chaos der Realitäten und den Fanatismus der Macht, setzt er das Verbindende, das geregelte Spiel« (Arno Borst). Rittertum ist mehr als »höfliche« Etikette und

Das Ritter-Aquamanile (Gießgefäß in Form eines Ritters) ist nach dem Vorbild eines zum Turnier gerüsteten Ritters aus Bronze gegossen, 13. Jahrhundert (Kopenhagen, Nationalmuseet).

mehr als blasse *political correctness*. Rittertum ist humane Gesinnung und noble Lebensart, ist inszeniertes Spiel mit dem Tod und mit der Liebe, ist Recht durch Gewalt und oft genug Gewalt ohne Recht, ist höchster Anspruch und banaler Alltag. Wer urteilen mag, sollte die Ritter nicht nur daran messen, wie ihnen zu leben gelang, sondern auch daran, wie sie zu leben beanspruchten und woran sie scheiterten.

Stadtluft macht frei – Stadtentwicklung und Stadtgesellschaft

Ein Leben ohne urbane Strukturen können wir uns heute kaum mehr vorstellen. Die Unterschiede zwischen Stadt und Land sind längst verwischt. Auch unsere Dörfer haben heute gepflasterte Straßen, die Lebensbedingungen sind hier nicht grundsätzlich anders als in der Stadt, wenngleich man in der »Provinz« auf manche kulturellen Annehmlichkeiten der Stadt noch immer verzichten muss. Aber überall gilt dasselbe Recht, und auf dem Lande ist das Leben heute sogar eher sicherer als in der Stadt. Ohne dass es uns ständig bewusst wäre: Die europäische Stadt ist das Modell, nach dem sich unsere Zivilisation geformt hat. Und diese Stadt ist ein Kind des Mittelalters.

Blick in eine Stadt am Markttag um 1300 (Rekonstruktion nach archäologischen und urkundlichen Zeugnissen): »Der Fremde betrat die Stadt durch ein Stadttor – oft ein Doppeltor –, das Torburg und schmückendes Symbol zugleich war. Gotisch gekrümmte Gassen boten ihm überraschende Ausblicke auf Häusergruppen oder Großbauten und führten ihn zum Rathaus und zu den Kirchen, deren Türme er schon von weither erblickt hatte« (Edith Ennen, Die europäische Stadt des Mittelalters, 1979).

Natürlich gab es im Süden und Westen Europas Städte seit der Römerzeit. In Deutschland waren dies die alten Bischofsstädte wie Köln, Mainz, Trier, Worms, Speyer, Straßburg, Basel; dichtere Stadtlandschaften bestanden in der Lombardei, im mittleren Frankreich zwischen Seine und Loire, in Nordfrankreich und in Flandern. »Stadt« bedeutete aber nur, dass hier mehr Menschen auf engerem Raum zusammenlebten als in ländlichen Siedlungen. Die römische Infrastruktur war kaum noch intakt. Die antiken Mauern lagen lose wie ein zu weiter Gürtel um die geschrumpfte mittelalterliche Stadt, verfielen oder wurden abgetragen, die Steine für den Kirchenbau genutzt oder für die wenigen Steinhäuser in der Stadt. Unser Bild von der mittelalterlichen Stadt mit ihren Mauern und Türmen, den geschäftigen Gassen und Plätzen, den Patrizierhäusern und Palästen war um die Jahrtausendwende allenfalls in schwachen Konturen vorgezeichnet.

Städte erheben sich gegen ihre Herren

Die mittelalterliche Stadt mit ihren spezifischen Rechten und Freiheiten ist das Produkt langfristiger Gärungsprozesse über gut zwei Jahrhunderte und mit erheblichen regionalen Unterschieden. Allerdings konnten einzelne Ereignisse in einer Stadt für sich genommen wie plötzliche Eruptionen erscheinen, die von den Chronisten oft mit Empörung und Unverständnis wahrgenommen wurden. Haltlosigkeit des Pöbels und niedere Rachsucht sah Lampert von Hersfeld am Werk, als die Kölner sich in der Osterwoche 1074 gegen ihren Erzbischof erhoben. Um seinen Amtsbruder, den Bischof von Münster, der mit ihm das Osterfest gefeiert hatte, standesgemäß nach Hause zu geleiten, ließ der Erzbischof Anno von Köln das Schiff eines reichen Kölner Kaufmanns requirieren und die Fracht kurzerhand von Bord nehmen. Der Sohn des Kaufmanns und andere junge Männer vertrieben die Diener des Erzbischofs vom Schiff, und als der Stadtvogt mit Bewaffneten anrückte, jagten sie auch diese davon. Der Erzbischof drohte mit hohen Strafen. Nun eskalierte der Konflikt zu einem allgemeinen Aufruhr, der die gesamte Kölner Bevölkerung mitriss und die Stadt drei Tage lang in fürchterliche Gewaltexzesse stürzte. Der bischöfliche Palast wurde geplündert, ein Mann, den man fälschlich für den Erzbischof hielt, von der aufgebrachten Menge erschlagen. Anno selbst entkam nur knapp dem Tode, indem er bei Nacht und Nebel aus seiner Stadt floh.

Die Kölner Ereignisse stehen nicht vereinzelt. Nur wenige Monate zuvor, im Dezember 1073, hatten die Wormser Bürger ebenfalls ihren bischöflichen Stadtherrn vertrieben, um König Heinrich IV., der von einer mächtigen Fürstenopposition bedrängt und auf jeden Verbündeten angewiesen war, ihre Stadt zu öffnen. 1077 nutzten die Bürger von Cambrai die Abwesenheit ihres Bischofs, um sich zu einer Schwurgemeinschaft zusammenzuschließen und unter Eid zu verpflichten, dem Bischof die Rückkehr in die Stadt zu verwehren, falls er ihre »Kommune« nicht anerkenne. Mit dem Kampfruf »Kommune, Kommune!« stürmte im April 1112 eine Volksmenge den bischöflichen Palast in Laon; der Bischof wurde ermordet, seine Leiche blieb nackt und mit zertrümmertem Schädel auf der Straße liegen. Zu gewaltsamen Kommunebildungen kam es am Ende des 11. und zu Beginn des 12. Jahrhunderts auch in Le Mans, Beauvais, Noyon, Amiens, Brügge, Gent und war es schon 1031 in Cremona, 1045 in Mailand gekommen.

Kommunale Bewegung

So verschieden die Anlässe, so unterschiedlich die Konflikte in ihrer Intensität und Wirkung waren, so deutlich ist doch ihre gemeinsame Stoßrichtung zu erkennen und das weitgehend übereinstimmende Profil der Konfliktparteien. Es waren ja nicht die sozial Schwachen, die sich in spontanen Verzweiflungsrevolten gegen ihre Stadtherren erhoben. Die blindwütigen Haufen, die mancherorts brennend und mordend durch die Straßen zogen, verzerren das Bild; sie waren instrumentalisiert von Interessen und Initiativen, die ganz woanders lagen. Was sich in den Bischofsstädten Oberitaliens, Nordfrankreichs und des Rheinlandes so machtvoll regte – und bezeichnenderweise gerade hier, in den blühendsten Stadtlandschaften –, waren neue soziale Kräfte, die mit politischem Durchsetzungswillen,

Der heilige Petrus thront in den Mauern der Stadt: Das Kölner Siegel (1114/19) – wahrscheinlich das älteste Stadtsiegel in Europa – war das Ergebnis langer Kämpfe zwischen Stadtherrn und Bürgern, die mit dem Osteraufstand 1074 begonnen hatten.

Erzbischof Anno von Köln (1056-75) inmitten der von ihm gegründeten Kirchen (Titelbild des »Lebens Annos«, um 1183). Selbst der ihm wohlgesonnene Chronist Lampert von Hersfeld bescheinigte Anno ein jähzorniges Temperament, sodass die Bestrafung der aufständischen Kölner 1074 härter gewesen sei, »als mit dem Ruf eines so hohen Kirchenfürsten vereinbar war«.

wirtschaftlicher Potenz und meist mit einem überlegten rechtlichen Konzept an den bestehenden herrschaftlichen Strukturen rüttelten. Die Kaufleute, denen die Städte – und folglich die Stadtherren – Macht und Reichtum verdankten, waren in eine Stellung aufgestiegen, in der sie grundherrliche Abhängigkeiten nicht länger zu akzeptieren bereit waren. Ein Stadtherr wie Anno von Köln konnte nicht mehr nach Herrenart und mit Berufung auf altes Herrenrecht Kaufmannseigentum für sich beschlagnahmen, ohne Widerstand zu provozieren. Wirtschaftliches Gewicht und gesellschaftliches Ansehen hatten den Kaufmann längst selbst in eine Herrenrolle gestellt, freilich ohne ihm – und genau darum ging es – eine seinem Sozialstatus angemessene Rechtsstellung zuzubilligen.

Die Stadtherren verhielten sich gegenüber den Kommunen ganz uneinheitlich, wie ein Vergleich der Urkunden für Saint-Omer in Flandern 1127 (I) und für Trier 1161 (II) zeigt:

(I) *Ihre Kommune aber, wie (die Bürger von Saint-Omer) sie beschworen haben, befehle ich (Graf Wilhelm) zu bewahren, und lasse nicht zu, dass sie von irgendjemandem aufgelöst wird.*
(II) *Die Kommune der Trierer Bürger, die auch Schwureinung genannt wird, die wir (Kaiser Friedrich I.) in der Stadt selbst, als wir dort weilten, zerschlagen und kraft unserer Autorität ganz und gar verboten haben ..., wird durch kaiserlichen Befehl aufgehoben und für nichtig erklärt.*

«Kommune« hieß das Reizwort der Zeit. Für die einen war sie Ideal und Kampfparole – wie 1112 in Laon –, für die anderen ein »neumodisches, scheußliches Wort«, das doch nur bedeute, dass »sich die Knechte gegen Recht und Pflicht gewaltsam dem Herrenrecht entziehen« (Abt Guibert von Nogent). Sie spürten die Vitalität der neuen Bewegung, missverstanden aber deren soziale Ursachen und langfristige Formkraft. Die Chronisten berichten mit Vorliebe von den Kämpfen, die mit spektakulärem Pathos und blutiger Gewalt ausgetragen wurden. Wo Stadtherren die Zeichen der Zeit früh erkannten und von sich aus Zugeständnisse machten, bevor Konflikte offen ausbrachen, schweigen unsere Quellen. Auch solcher friedliche Umbau gehört in die »kommunale Bewegung«, die im 11. und 12. Jahrhundert die Städte Europas umgestaltete. Indem städtische Eliten sich politisch artikulierten, durch Schwurverband eine rechtliche Form gaben und aus herrschaftlichen Bindungen zu lösen begannen, wenn auch nicht überall und sofort mit dem erhofften Erfolg, bereiteten sie den Boden für das europäische Bürgertum.

Stadt und Land

Ob die Kölner schon 1074 eine Kommune bildeten, ist fraglich. Lampert von Hersfeld, der über den Aufstand ausführlich berichtet, weiß nichts von einem Eid. Im Übrigen macht er keinen Hehl daraus, dass er die Kölner nicht mag. »Von Jugend auf in den Genüssen des Stadtlebens aufgewachsen«, schwadronieren sie »bei Wein und Schmaus« von Kriegstaten und haben doch keine Ahnung. Wie anders dagegen die Leute vom Lande: Sie stellen sich tapfer und ohne aufgesetztes Getue an die Seite ihres vertriebenen Bischofs, »Schafe für den Hirten, Söhne für den Vater«; sie wissen, was Recht ist, und auch, wenn es darauf ankommt, das Recht durchzusetzen.

Schon im 11. Jahrhundert – kaum dass die Stadt ihren eigenen Platz in der sozialen Topographie eingenommen hat – klingen die bis weit in die Neuzeit vertrauten Stereotypen an: hier der Landbewohner, der Bauer, Mönch oder niederadlige Herr, der voll Neid und Argwohn, allenfalls mit dem Gefühl unverbildeter Rechtschaffenheit auf die Stadtmenschen blickt, deren Dünkel ihm zuwider ist, deren Geschäfte ihm dubios erscheinen; dort der Städter, der die vom Lande spüren lässt, wofür er sie hält, für »Provinzler« eben, ohne Bildung und feine Lebensart und ärmlich. Der Bericht des Hersfelder Mönchs über den Kölner Aufstand von 1074 ist ein frühes, im mittelalterlichen Europa vielleicht das früheste Zeugnis für die mentale Differenzierung zwischen Stadt und Land und die divergierenden Identitäten ihrer Bewohner.

Kaufleute prägen die Stadt

Die Kaufleute formierten sich mit Beteiligung des Stadtherrn oder gegen ihn zur sozialen Führungsschicht und bestimmten das Klima und den Charakter der Stadt, lange bevor die gewerblichen Zünfte auf das städtische Leben Einfluss nehmen konnten. Das Milieu des Kaufmanns, der Markt und der Handel wurden zu Wesensmerkmalen der Stadt, die sich dadurch funktional vom Umland abhob, zugleich aber auch zum Anziehungs- und Mittelpunkt für das umliegende Land wurde. Wo es alte Städte nicht gab, die Marktfunktionen hätten übernehmen können, entstanden neue Märkte, so insbesondere in Deutschland östlich des Rheins, wohin das römerzeitliche Städtenetz nicht reichte, und mit fortschreitendem Landesausbau auch jenseits der Elbe. Zahlreiche Städte, die im Laufe des 12. und 13. Jahrhunderts Gestalt angenommen haben, hatten im 11. Jahrhundert in einer Marktsiedlung ihre Keimzelle.

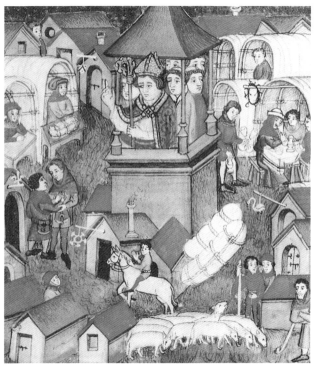

Segnung des Lendit-(Juni-)Marktes in Saint-Denis. Die kirchliche Segnung des Handels war ein fester Bestandteil in der Durchführung des berühmten Marktes. Diese Illustration stammt aus der liturgischen Ordnung der Handlung. Typisch sind die namengebenden Hausschilder (»Schwan«, »Stern«) wie heute nur noch bei Wirtshäusern üblich.

Die Fürsten haben dieser Entwicklung nicht teilnahmslos zugesehen. »Ich habe an dem Ort, der mein Eigengut ist, einen Markt gegründet im Jahre des Herrn 1120«, verkündete Konrad von Zähringen. Er habe von überall angesehene Kaufleute angeworben und ihnen Grundstücke zugeteilt, damit sie sich ansiedelten. Allen Marktbesuchern sagt er Geleitschutz zu, die niedergelassenen Kaufleute sollen von allen Zöllen und Steuern befreit sein. Die Bürger dürfen ihren Besitz frei vererben oder veräußern sowie den Vogt und den Priester durch eigene Wahl bestimmen. Streitfälle sind nicht nach Gutdünken des Marktherrn, sondern nach anerkanntem Kaufmannsrecht zu entscheiden. Die Bürger sind auch nicht verpflichtet, ihren Herrn zu beherbergen oder zu beköstigen.

Was der Zähringer einen »Markt« nannte und mit Rechten großzügig ausstattete, war tatsächlich auf dem besten Weg zur Stadt: Freiburg im Breisgau. Die Interessen sind klar: Am Beginn des 12. Jahrhunderts konnte eine Stadt bereits ein lukratives Unternehmen sein; der Stadtgründer und Marktherr profitierte von den Einnahmen des prosperierenden Ortes. Damit aber eine Stadt als Handelsort florieren konnte und Kaufleute anzog, bedurfte es außer einer günstigen Verkehrslage und dem Schutz eines mächtigen Herrn – sozusagen als Vorleistung des Gründers – der rechtlichen Begünstigung ihrer ansässigen Kaufleute und Bürger. Gerade die neu gegründeten Städte lockten mit Rechtsvorteilen, um gegenüber den alten Städten mit ihren gewachsenen Kaufleuteeliten und Marktanteilen konkurrenzfähig zu sein. »Stadtluft macht frei« – nicht im Sinne einer modernen individuellen Freiheit (dies wäre eine gänzlich »unmittelalterliche« Vorstellung), sondern frei von grundherrlichen Abhängigkeiten. Die Bürger einer Stadt sind nicht alle gleich, aber sie genießen das gleiche Recht, Eigentum zu erwerben und zu vererben, Freiheit von grundherrlichen Ehebeschränkungen, Schutz und Frieden der Stadtgemeinde. Wem es gelang, sich aus grundherrschaftlicher Bindung zu befreien und unbehelligt durch den Grundherrn in der Stadt zu leben, der konnte »nach Jahr und Tag« als Bürger in den Rechtsverband der Stadt aufgenommen werden. Während im 11. und 12. Jahrhundert die ländlichen Grundherrschaften sich aufzulösen oder umzuformen begannen und Menschen in großer Zahl aus ihren rechtlichen und sozialen Bindungen entließen, wirkte die Stadtluft wie ein Sog. Nicht dass die Stadt gesellschaftlichen Aufstieg hätte garantieren können; aber sie bildete einen besonderen Rechtsraum, in dem mehr als irgendwo sonst soziale Mobilität und individuelles Glücksstreben möglich waren.

Alte und neue Städte – Größe der Städte

Siegel der Stadt Freiburg im Breisgau in seiner vierten, seit 1255 nicht mehr veränderten Form. Schon das erste, ab 1218 vorkommende Siegel wies eine symbolische Wiedergabe der ältesten Stadtbefestigung auf. Von 1255 an erschienen daneben Sterne und Lilie als Symbole der städtischen Gerichtshoheit.

Freiburg im Breisgau steht am Anfang eines Stadtentwicklungsbooms, der seit dem 12. Jahrhundert die Städtelandschaft Europas geradezu explosionsartig erweiterte. Rechnet man um 1150 in Mitteleuropa zwischen Brügge und Wien, Schleswig und Genf mit etwa 200 Städten, so gab es hier hundert Jahre später rund 1500 Städte; bis zum Ende des Mittelalters wuchs die Zahl auf etwa 5000 Städte an. Freilich waren die wenigsten davon wirkliche Neugründungen, unter ihnen immerhin so erfolgreiche wie Lübeck (1143/1159), München (1158) und Leipzig (um 1165). Vielmehr waren es meist ältere Siedlungen an einer Burg oder einer Abtei, die nach jahrhundertelanger Vorlaufzeit durch den sukzessiven Erwerb von Markt-, Münz-, Zoll- und Befestigungsrechten (Stadtmauer) im 13. oder 14. Jahrhundert städtische Qualität erlangt hatten und sich jetzt selbstbewusst *civitas* – »Stadt« – nannten, wie früher nur die altehrwürdigen Bischofsstädte.

Der weitaus größte Teil der mittelalterlichen Städte, mindestens zwei Drittel, waren Kleinstädte mit weniger als 2000 Einwohnern. Selbst die »Großstädte« mit über 10 000 Einwohnern auf mindestens 100 ha ummauerter und bebauter Fläche waren nach modernen Maßstäben zumeist beschauliche Städtchen. In Deutschland gab es im späten Mittelalter vielleicht 15 Großstädte. Von ihnen hatten manche wie Straßburg, Nürnberg, Wien und Lübeck mehr als 20000, Köln, schon im 12. Jahrhundert die größte deutsche Stadt, nahezu 40000 Einwohner. Die deutschen Städte lagen damit weit hinter den italienischen Metropolen Venedig, Mailand, Genua, Florenz und Neapel mit 60000 bis 100000 Einwohnern. Nördlich der Alpen war Paris die bevölkerungsreichste Stadt (80000 Einwohner um 1300). Erst mit beträchtlichem Abstand folgten Brügge, Gent (50000–60000 Einwohner) und selbst London (30000 Einwohner), der »kosmopolitische Treffpunkt des Spätmittelalters« (Edith Ennen). Im 15. Jahrhundert lebte fast ein Viertel aller Menschen in Europa in Städten, in den Ballungsräumen Flanderns, Brabants und der Lombardei sogar erheblich mehr. An der Schwelle zur Neuzeit hatte die Verstädterung Europas die Gesellschaft von Grund auf verwandelt.

Bürger und Nichtbürger – Reiche und Arme

Nicht jeder, der in der Stadt lebt, ist auch »Bürger« dieser Stadt. Bürger wird er durch den Eid. »Den Bürgermeistern, Schöffen und dem Rat zu Frankfurt treu und gehorsam zu sein und Beistand zu leisten und ihnen und der Stadt Frankfurt Schaden abzuwenden, ihr Bestes zu fördern und in keiner Weise gegen sie zu handeln«, schworen die Bürger der Messestadt am Main am Ende des 14. Jahrhunderts. Für ihre Pflicht, Steuern zu zahlen und die Stadt im Notfall zu verteidigen, genossen die Bürger den Schutz und den Rechtsbeistand ihrer Stadt. Es versteht sich, dass die Stadt an möglichst vermögenden Bürgern interessiert war und das Bürgerrecht an den Nachweis eines Mindestvermögens und eine nicht geringe Aufnahmegebühr knüpfte. In Frankfurt waren daher von den knapp 10000

Der Holzschnitt (von Michael Wolgemut in Hartmann Schedels Weltchronik) zeigt Nürnberg 1493: von Süden den doppelten Mauerring, die Hauptkirchen Sankt Lorenz und Sankt Sebald, die Burg sowie die Papiermühle an der Pegnitz vor der Mauer. Auf dem mehrstöckig dicht bebauten Stadtareal von 160 ha lebten knapp 30000 Menschen.

Das Altarbild verlegt die Enthauptung Johannes' des Täufers auf den Richtplatz vor der mittelalterlichen Stadt (um 1490; Nürnberg, Germanisches Nationalmuseum). Die Mode des gehobenen Bürgertums ist höfisch; der Henker, als Außenseiter der Gesellschaft, hebt sich durch extravagante Kleidung ab.

Bei Pestepidemien kam es vielfach zu Massenbestattungen, wie rechts auf einer Miniatur von 1350 aus den »Annalen« von Giles de Mussis dargestellt (Brüssel, Königliche Bibliothek).

Einwohnern nur gut ein Drittel im Besitz des Bürgerrechts. Von diesen waren im 14. Jahrhundert fast ein Viertel, um 1500 sogar über 40 Prozent »nichthäbige« Bürger, deren Vermögen unterhalb des steuerbaren Minimums lagen. In Augsburg gehörten 1475 zwei Drittel der rund 20 000 Einwohner zur vermögenslosen Unterschicht der kleinen Handwerker, Tagelöhner und Bettler. Rechnet man die Bürger mit geringen Vermögen (unter 100 Gulden) hinzu, so waren es sogar über 80 Prozent der Bevölkerung, die in Armut oder doch in existenzbedrohten Verhältnissen lebten. Ihnen stand eine dünne Oberschicht gegenüber, vielleicht ein Dutzend Familien, die rund 40 Prozent des Gesamtvermögens der Stadt in ihren Händen hielten.

Eine wachsende Kluft zwischen der Masse der Bettelarmen und den wenigen schwerreichen Patriziern und Handelsherren bestimmte das soziale Gefüge in allen Städten. Versetzt man sich in die Mauern der spätmittelalterlichen Stadt, so drängen sich Bilder der Enge, der Not, des Elends, kaum solche der bürgerlichen Freiheit auf. In der drangvollen Enge, den lichtlosen Gassen gerade der armen Quartiere in der Stadt waren die hygienischen Zustände katastrophal. Als sich seit dem Jahresende 1347 von Genua und Marseille aus die Pest über ganz Europa ausbreitete und in vier Jahren (1348–51)

von Süditalien bis Nordengland und Skandinavien rund ein Drittel der Bevölkerung (über 20 Millionen Menschen) dahinraffte, waren die Städte weit stärker betroffen als die ländlichen Gebiete. Berühmt ist die Schilderung Boccaccios vom Peststerben in Florenz 1348: Von den 90 000 Einwohnern wurden vermutlich 50 000 Opfer der Seuche. Das dichte Zusammenleben nivellierte mancherorts die sozialen Unterschiede im Angesicht des Schwarzen Todes: In Hamburg starben in einem Jahr 16 der 21 Ratsherren.

Stadtluft macht frei?

D er Alltag der meisten Stadtbewohner ist eingeengt durch die Bedürftigkeit ihrer Existenz. Aber auch die wohl situierten Bürger bis in die mächtigen Patrizierfamilien spüren den Zwang der

Statuten und Verordnungen, ungeschriebenen Konventionen und Gewohnheiten, die ihren Alltag bis ins Kleinste regeln und tief in das Leben des Einzelnen eingreifen. Bestimmender als ein bürgerliches Freiheitsideal ist für das städtische Patriziat das Vorbild des Adels. Patrizier führen Wappen und Siegel, kleiden sich nach höfischer Mode, verheiraten ihre Töchter mit Rittersöhnen und suchen auch sonst in Lebensstil und Selbstdarstellung die Nähe zum Adel. Die Geschlechtertürme der spätmittelalterlichen Städte sind die steinernen Zeugnisse ihrer Ambitionen, wenig komfortable, zum Wohnen

Die Silhouette der Toskanastadt San Gimignano wirkt mit ihren Geschlechtertürmen (befestigten Wohntürmen des mittelalterlichen Stadtadels) wie die Skyline einer modernen Großstadt.

Boccaccio schildert in der Einleitung seines »Decamerone« das Wüten der Pest in Florenz 1348:

Die Leute starben ..., und nur ganz wenigen wurden die mitleidigen Klagen und bitteren Tränen ihrer Verwandten zuteil. Stattdessen hörte man meist Gelächter, Witze und gesellige Kurzweil; auch die Frauen hatten es um ihrer Gesundheit willen gründlich gelernt, daran teilzunehmen und weibliches Mitgefühl großenteils zurückzustellen ... Tag und Nacht verendeten zahlreiche Menschen auf offener Straße, und viele, die wenigstens in ihren Häusern umkamen, machten erst durch den Gestank ihrer verwesenden Körper die Nachbarn darauf aufmerksam, dass sie tot waren ... Für die große Menge Leichen, die täglich und fast stündlich bei jeder Kirche zusammengetragen wurden, reichte der geweihte Boden zur Beerdigung nicht aus ... Deshalb hob man auf den Kirchhöfen, als alles belegt war, ganz große Gruben aus und warf die hinzukommenden Leichen zu Hunderten hinein.

ungeeignete Prestigebauten, in denen patrizische Familien die Burgen des landsässigen Adels nachbildeten (auch dann noch, als dieser seine Wohnsitze zum Teil schon in bequemere Stadthäuser verlegt hatte). Eine eigene urbane Kultur hat die städtische Gesellschaft des späten Mittelalters kaum hervorgebracht, vielmehr in der bewussten, oftmals angestrengten Nachahmung adeliger Lebensformen ähnliche Merkmale der Erstarrung und ständischen Selbstabschließung entwickelt wie der feudale Adel außerhalb der Stadt.

Anders als die freiheitsfixierte Stadtgeschichtsforschung des 19. Jahrhunderts wird man daher heute die fortschrittlichen, gar »liberalen« Tendenzen der mittelalterlichen Stadt weniger betonen und eher ihre adelsanalogen Strukturen und quasiadligen Stilformen hervorheben. Der Gegensatz zwischen Stadt und Adel, zwischen dem Bürger und dem Ritter ist keineswegs so scharf, wie man lange Zeit unter dem Motto »Stadtluft macht frei« zu erkennen meinte. So gewiss die europäische Stadt des Mittelalters »im politischen Bereich eine Entscheidung gegen die adlige Herrschaft und für die genossenschaftliche Freiheit« war – und als solche immer wieder gewürdigt wurde –, so eindeutig war sie »im sozialen Bereich eine Entscheidung gegen die Freiheit des Individuums und für die ständische Schichtung« (Arno Borst).

Bete und arbeite – Das abendländische Mönchtum

Wer sich heute dem mittelalterlichen Mönchtum nähert, tut dies meist mit der Reserve des modernen Zeitgenossen. Spirituelle Inbrunst, Selbstkasteiung und Abtötung der leiblichen Bedürfnisse, Selbstentsagung und freiwilliger Verzicht, Weltferne um der Gottesnähe willen – was das Mönchsleben ausmacht, ist unsere Sache nicht. Im heutigen Straßenbild wirkt die Kutte des Mönchs, der Schleier der Nonne fremd und befremdlich. Im Unverständnis, ja Unbehagen gegenüber monastischen Denkweisen und Lebensformen spüren wir wie kaum irgendwo sonst unsere Distanz zur mittelalterlichen Gesellschaft und ihren Mentalitäten.

Schon der mittelalterliche Mönch war ein Selbstdarsteller. Durch Habit und Lebensweise stellte er sich sichtbar außerhalb der weltlichen Gemeinschaft und wollte doch aller Welt demonstrieren, dass er auf dem Weg zu Gott ein Stück weiter sei als die anderen. Kritik an der bestehenden christlichen Gesellschaft, Protest gegen ihre materielle Daseinsorientierung ist seit seinen Anfängen ein Wesenszug des abendländischen Mönchtums. Schon der Kirchenvater Hieronymus rief zur Flucht aus den Städten in die ländliche Einsamkeit, wo keine Übersättigung vom Gebet abhielt. Je mehr sich seit dem 4. und 5. Jahrhundert in den Städten Italiens und Galliens das Christentum etablierte und die Gemeinden feste Organisationsformen ausbildeten, desto dringlicher wurde das Bedürfnis nach anspruchsvolleren Formen des Gottesdienstes, nach spontaner Spiritualität. Wenn das formale Bekenntnis zu Christus, durch die Taufe und den Empfang der Sakramente ritualisiert, die Norm war, bedurfte es neuer Wege, um sich persönlich für das Heil zu qualifizieren. Diese Wege beschritten Männer und Frauen durch striktere Askese, intensiveres Gebet und entschiedenere Weltabkehr, als die allgemeine Kirche ihren Gläubigen abverlangte.

Damit fassen wir ein zweites Wesensmerkmal des christlichen Mönchtums. Mönchsein bedeutet nicht nur Zivilisationskritik und Weltentsagung, sondern – eben dadurch – auch Kritik an der Kirche. Weil die Kirche durch Verkündung und Seelsorge den Menschen in der Welt dienen will, trifft auch sie die Weltverachtung des Mönchs. Der Mönch muss »die Frauen und den Bischof fliehen«, forderte der gallische Mönchsvater Johannes Cassianus, d. h. das sündhafte Leben und die kirchliche Hierarchie. Vom Standpunkt der hierarchischen Kirche mit ihrem exklusiven Heilsanspruch birgt das Mönchtum stets ein anarchisches Potenzial. Es ist daher nicht verwunderlich, dass die schärfsten Kirchenkritiker und die entschlossensten Kirchenreformer im Mittelalter – bis hin zu dem Augustinereremiten Martin Luther – Mönche waren.

Das Dedikationsbild aus dem Codex Benedictus, entstanden 1071 im Kloster Montecassino, zeigt Benedikt, den Gründer und vornehmsten Heiligen der Abtei von Montecassino, wie er vom Abt Desiderius Bücher und Ländereien entgegennimmt (Rom, Vatikanische Bibliothek).

Benedikt von Nursia

Auch wenn sich jede Mönchsgemeinschaft einer mehr oder weniger festen Regel unterwarf, meist inspiriert von einem Gründer, war für das frühe Mönchtum doch gerade die Vielfalt und Uneinheitlichkeit der Lebensformen kennzeichnend: so viele Gemeinschaften, so viele Regeln. Was die wild gewachsenen Kommunitäten miteinander verband, waren das Ideal der Askese, die Weltflucht in die »Einöde« und das gemeinschaftliche Leben in der Nachfolge der Apostelgemeinde, in der alle »ein Herz und eine Seele« waren, und wo »keiner etwas von dem, was er besaß, sein eigen nannte, sondern ihnen alles gemeinsam war« (Apostelgeschichte 4, 32). Weltentsagung und gemeinschaftliches Leben im Geiste der Apostel sind die Säulen des monastischen Selbstverständnisses, die das abendländische Mönchtum durch seine Geschichte trugen. Aus der Spannung zwischen beiden Säulen bezog das Mönchtum seine Dynamik und die Kraft, gegen Erstarrung und Routine sich immer wieder selbst zu erneuern. Je nachdem, auf welcher Säule das Hauptgewicht lastete, erhielt das monastische Leben eine jeweils andere Richtung, ein zeittypisches und zeitgemäßes Gepräge.

In einer Felsgrotte in den Simbruinischen Bergen bei Subiaco lebte Benedikt drei Jahre lang als Einsiedler, bevor er um 520 (?) Lehrer einer Mönchsgemeinschaft wurde. Über der Höhle wurde im 13. Jahrhundert das Kloster San Benedetto errichtet (oben). Montecassino (links) wurde um 529 von Benedikt von Nursia an der Stelle eines alten Apolloheiligtums gegründet. Die alles beherrschende Lage auf dem Berg und sein Festungscharakter wurde Vorbild für viele Benediktinerklöster.

Als Benedikt von Nursia vor der Mitte des 6. Jahrhunderts nach mehrjährigem Einsiedlerleben zuerst in Subiaco (östlich von Rom) und später auf dem Monte Cassino Brüder um sich scharte und unter eine eigene Regel stellte, waren dies Mönchssiedlungen neben vielen anderen in der damals überaus lebendigen und vielgestaltigen Mönchslandschaft Mittelitaliens. Dass Benedikt einmal zur Leitfigur des lateinischen Mönchtums schlechthin werden sollte, war weder von ihm selbst beabsichtigt noch zu seinen Lebzeiten absehbar. Ein auf breite Wirkung bedachter Reformer war Benedikt nicht, eher ein Suchender nach Gott neben anderen und in seiner Zeit kaum erfolgreicher als andere.

Erst in der Rückschau wird jedoch deutlich, welchen besonderen Qualitäten die Benediktregel ihre Durchschlagskraft verdankte. Entschiedener als andere Mönchsväter verpflichtete Benedikt seine

Brüder zum beständigen Leben in der Gemeinschaft und wandte sich damit gegen die Bindungslosigkeit und selbstbezogene Weltabkehr des Einsiedlers. Die »Ortsbeständigkeit«, d. h. die lebenslange Zugehörigkeit zur Gemeinschaft ein und desselben Klosters, ist so wesentlich, dass der Benediktiner sie in seiner Profess zusammen mit dem »Tugendwandel« und dem »Gehorsam« feierlich gelobt. Es entspricht dieser Verpflichtung auf die Gemeinschaft, dass die Regel vom Mönch nicht nur das kontemplative Gebet, sondern in gleicher Weise auch Fürsorge für die Armen und Arbeit fordert: *ora et labora* – Bete und arbeite! – steht zwar nicht wörtlich in der Regel, die erst im Spätmittelalter aufgekommene Losung trifft aber den Geist des benediktinischen Mönchtums.

Mönchsein bedeutete für Benedikt das lebenslange beharrliche Bemühen um Vollkommenheit, und es kam ihm darauf an, die »Kleinmütigen« und Schwachen nicht durch extreme Härten zu entmutigen. Die Vorschriften der Regel bezüglich des Tagesablaufs, der Kleidung, des Essens, der Arbeit, der Gebetszeiten nahmen Rücksicht auf die unterschiedlichen klimatischen, örtlichen und individuellen Bedingungen. Es ist diese Flexibilität der Benediktregel, bemüht um das rechte Maß und fern von jedem asketischen Rigorismus, die sie vor allen anderen monastischen Normen so attraktiv machte, der gelungene Kompromiss zwischen dem eremitischen Ideal der alten Mönche und den pragmatischen Erfordernissen der doch im Diesseits verwurzelten und fehlbaren Gläubigen.

Benedikt empfängt eine Gruppe von Mönchen. Fresko von 1505 des Malers Sodoma im Kreuzgang des Klosters Monte Oliveto Maggiore bei Siena.

Benediktinisches Mönchtum im frühen Mittelalter

Nicht immer in wortwörtlicher Erfüllung der Benediktregel, aber durchaus im benediktinischen Geist entstand im frühen Mittelalter eine blühende Klosterlandschaft, die sich über ganz Europa ausdehnte: Saint-Omer in Flandern, Saint-Wandrille und Jumièges an der unteren Seine, Saint-Denis und Saint-Germain-des-Prés vor Paris, Corbie bei Amiens, Saint-Martin in Tours, Luxeuil in den Vogesen, Sankt Gallen, Reichenau, Lorsch, Echternach, Prüm, Fulda, Sankt Emmeram bei Regensburg, Bobbio in Oberitalien, um nur wenige bedeutende Namen zu nennen. Diese Klöster waren erfolgreich, weil es ihnen gelang, spirituelle Ausstrahlung und wirtschaftliche Leistungsfähigkeit miteinander zu verbinden. Nur für den heutigen Beobachter tut sich hier ein Widerspruch auf zwischen Glauben und Geld, Kapital und Charisma. Es ist indessen eher ein modernes als ein mittelalterliches Dilemma: Den Stiftern wie den Mönchen war bewusst, dass eine Mönchsgemeinschaft nur dann wirksame Gebetshilfe und Fürsorge leisten und damit ihren frommen Daseinszweck erfüllen konnte, wenn sie über eine solide mate-

Aus der Regel des Benedikt von Nursia (um 530):

48. Der Müßiggang ist der Feind der Seele; deshalb sollen sich die Brüder zu bestimmten Zeiten mit Handarbeit und wieder zu bestimmten Stunden mit göttlicher Lesung beschäftigen ... Denn dann erst sind sie wahre Mönche, wenn sie wie unsere Väter und die Apostel von der Arbeit ihrer Hände leben. Doch geschehe wegen der Kleinmütigen alles mit Maß ... Der Abt muss auf ihre Schwäche Rücksicht nehmen. 53. Alle Gäste, die kommen, sollen wie Christus aufgenommen werden, denn er wird einmal sagen: Ich war Gast, und ihr habt mich aufgenommen.

rielle Ausstattung verfügte. Die überaus erfolgreiche Abtei Lorsch kam allein in den ersten acht Jahren nach ihrer Gründung (764 –771) in den Genuss von 725 Schenkungen; bis an den Niederrhein und bis zum Bodensee reichte der Besitz der rasch anwachsenden Klostergrundherrschaft.

Nicht alle Gründungen nahmen einen so rasanten Aufschwung, manche kamen über eine bescheidene Existenz nicht hinaus. Aber insgesamt beeindruckt, mit welcher Freigebigkeit der weltliche Adel über Jahrhunderte die Klöster ausstattete. Auch wenn man in Rechnung stellt, dass die Klostergründer meist nicht völlig auf ihre Herrschaftsrechte verzichteten, ihre Gründungen dem Ausbau ihrer Grundherrschaften zugute kamen, indem sie die Mönche das Land kultivieren und wirtschaftlich nutzen ließen, mancher Stifter sich die Nutzung der übereigneten Güter auf Lebenszeit vorbehielt und sich – als Altersversorgung – den späteren Eintritt in das

Die Gesamtanlage ist auf 214 × 148 m ausgelegt, die Kirche allein auf eine Länge von 360 Fuß (ca. 124 m). Der Idealplan, obwohl so nirgendwo realisiert, zeigt die funktionale Strenge vieler karolingischer Klosteranlagen.

Modellzeichnung nach dem Klosterplan von St. Gallen, ca. 820

Kloster sicherte, erklärt dies alles doch nicht die Flut der geistlichen Stiftungen. Wir müssen schon ernst nehmen, was die Stifter in Tausenden von Urkunden als einhelliges Motiv ihrer Schenkungen nennen: »für das Heil meiner Seele«. Die Schenkung an ein Kloster – richtiger: an den Heiligen, dessen Reliquien hier ruhten – war ein Vertrag auf Gegenseitigkeit. Sie verpflichtete die Mönche, das zu tun, was jeder Christ seinem Seelenheil schuldet, aber im sündigen Erdendasein nur unvollkommen leistet: Dienst am Nächsten und Bitte um Erlösung. Die materiellen Zuwendungen setzten die Klöster in die Lage, durch Armenspeisungen und Gebetsfürsprache die versäumten Christenpflichten ihrer Begünstiger zu erfüllen, oder weniger respektvoll ausgedrückt: Die adligen Herren kümmerten sich wenig um ein gottgefälliges Christenleben; sie konnten es sich leisten, die Sorge für ihr Seelenheil professionellem Beistand anzuvertrauen.

Gemeinschaft der Lebenden und der Toten – Die Cluniazenser

Die saloppe Formulierung soll nicht den Glaubensernst der Zeitgenossen infrage stellen – auch wenn sie ihrem Glauben in anderen Formen Ausdruck gaben, als wir für uns zu akzeptieren bereit wären –, und noch weniger soll sie die spirituelle und karitative Leistung des mittelalterlichen Mönchtums schmälern. Sie wurde noch intensiviert durch die Reformklöster des 10. Jahrhunderts. Als Herzog Wilhelm von Aquitanien 910 im burgundischen Cluny ein Kloster errichten ließ, befreite er es von jeglichem Laieneinfluss und definierte die Gebetszuständigkeit der Mönche umfassend. Sie sollten nicht nur für ihn selbst, seinen Lehnsherrn, seine Familie und Verwandten beten, sondern ebenso, »weil wir Christen alle durch das Band einer Liebe und eines Glaubens verbunden sind, für alle Rechtgläubigen der Vergangenheit, Gegenwart und Zukunft«; täglich sollten sie Armen, Bedürftigen, Fremden und Pilgern, die in das Kloster kämen, barmherzige Hilfe zuteil werden lassen.

Die Cluniazenser haben diese Aufgaben mit spiritueller Energie und organisatorischem Perfektionismus erfüllt. Sie führten Totenbücher (Nekrologien) mit den Namen und Todestagen der verstorbenen Stifter und Mönche, um am Jahrestag jedes Toten individuell gedenken zu können. Dies geschah in der Liturgie und durch die Speisung eines Armen, der stellvertretend für den Verstorbenen dessen Tagesration erhielt. In den Bedürftigen waren die Toten gegenwärtig. Weil aber solche Nekrologien nicht nur für Cluny oder unabhängig für andere Klöster aufgezeichnet, sondern innerhalb des cluniazensischen Klosterverbandes unter den Häusern ausgetauscht und in das eigene Totengedenken eingeschlossen wurden, wuchsen die Verzeichnisse und damit die Zahl der Armenspeisungen sprunghaft an. Die cluniazensischen Nekrologien nennen insgesamt über 90 000 Namen, an manchen Tagen waren von einem Kloster hundert oder mehr Bedürftige zu verköstigen. Hinzu kamen besondere Totengedächtnisse, an Pfingsten und am (von Cluny eingeführten) Allerseelentag, bei denen in jedem Kloster so viele Arme versorgt wurden, wie dort Mönche lebten. Insbesondere für kleinere Gemeinschaften hatten die aufwendigen Fürsorgeverpflichtungen ruinöse Folgen – manchmal speisten hier die Bettler besser als die Klosterbrüder –, aber auch für den Cluniazenserverband insgesamt waren die karitativen Leistungen in solchem Umfang auf Dauer nicht aufrechtzuerhalten. Um 1150 ließ der Abt Petrus Venerabilis die täglichen Nekrologeinträge auf 50 beschränken, »damit nicht im Laufe der Zeit die ins Unermessliche wachsenden Toten die Lebenden verdrängen«. Die Cluniazenser verbanden in einzigartiger Weise praktizierte Caritas mit liturgischer Prachtentfaltung und trafen damit den religiösen Nerv der Zeit, sodass Cluny über Burgund hinaus zu einem mächtigen Klosterverband expandierte. Bis zum Ende des 11. Jahrhunderts umfasste er wohl über tausend Klöster von Kastilien bis an den Rhein, von Südengland bis nach Mittelitalien. Andere Reformzentren verblassten im Schatten Clunys. Manche von ihnen, wie Gorze, Dijon, Fleury und Hirsau, übernahmen die cluniazensische Observanz. Die geistige Wirkung Clunys strahlte somit weit über seine eigenen Klöster hinaus. Was die Zeitgenossen mit Bewunderung erfüllte, beeindruckt noch heute. In einer Gesellschaft, die gewohnt war, ihre Konflikte durch Faustrecht zu regulieren, und die soziale Sicherungen für die zu kurz Gekommenen nicht kannte, leisteten die Mönche zivilisatorische Schwerstarbeit. Dass sie dies tun konnten, verdankten sie der Faszination ihres monastischen Ideals, die sie gerade auch auf den weltlichen Adel ausübten, sodass er bereit war, ihr Wirken hinter den Klostermauern zu fördern und zu schützen.

Cluny III. Die Klosterkirche Saint-Pierre-et-Paul. Ostansicht der Kirche im 16. Jahrhundert. Der dritte Bau, 1088 begonnen, war die größte abendländische Kirche des Mittelalters. Doch schon 1258 wandelte man das einst mächtige Kloster in eine Kommende (Ordenspfründe ohne Amtsverpflichtung) um. 1790 aufgehoben, wurde es 1798 auf Abbruch verkauft. Lithographie von Émile Sagot (nach 1789, Paris, Bibliothèque Nationale).

Neue Frömmigkeit – neue Orden

Die beherrschende Stellung der Cluniazenser blieb unangefochten bis zum Beginn des 12. Jahrhunderts. Dann mussten sie sich der wachsenden Konkurrenz neuer monastischer Strömungen stellen. Damit durchlief das cluniazensische Mönchtum das Schicksal aller monastischen Bewegungen im Mittelalter. Eine Reform, die erfolgreich ist, schleift sich allmählich ab. Das heisst nicht, dass die alten Klöster sofort in Bedeutungslosigkeit versinken. Aber der Reformeifer hat sich erschöpft, der innovative Schwung erlahmt, was als fromme Vision begonnen hat, gerinnt mit der Zeit zum monastischen »Establishment«.

In Cluny erstarrte die spontane Spiritualität in der Routine des tagtäglichen Psalmodierens. Der materielle Reichtum und die soziale Exklusivität seiner Adelsklöster wurden zunehmend als anstößig empfunden. Der Massenbetrieb der Großklöster, das herrscherliche Auftreten der Äbte, die Pracht der Klosterbauten musste die Sehnsucht nach eremitischer Abgeschiedenheit und Einkehr wecken. Seit der Mitte des 11. Jahrhunderts waren überall neue Gruppen aufgetaucht, von denen jede für sich christliche Vollkommenheit beanspruchte. Wenn sie von der »cluniazensischen Kirche« sprachen, klang darin weniger Bewunderung als vielmehr Skepsis und Kritik. Sie forderten ein neues Mönchtum, das nicht auf Adelsmacht gegründet war, sondern das zu den Vätern in die »Wüste« zurückkehrte. »Ich will nicht in den Städten verweilen, sondern lieber in verlassenen und unbewohnten Gegenden«, entschied Norbert von Xanten, der Gründer des Prämonstratenserordens, ähnlich wie schon einmal 700 Jahre zuvor der heilige Hieronymus.

Der Kampf gegen die Laxheit des Glaubens und des religiösen Lebens war ja seit jeher die Hauptantriebskraft des Mönchtums gewesen, jetzt wurde er wieder mit neuem Elan aufgenommen. Die Reformorden setzten dem Monopol Clunys eine Vielfalt monastischer Lebensformen entgegen, wie es sie seit den Anfängen des abendländischen Mönchtums nicht mehr gegeben hatte. Was die Kartäuser und Zisterzienser, die Prämonstratenser und Augustinerchorherren aller Verschiedenheit, ja Rivalität zum Trotz miteinander verband, war der eremitische Gegenkurs gegen das etablierte Mönchtum. Waren die alten Abteien zu geschäftigen Marktsiedlungen, zum Teil schon beinahe zu Städten ausgewachsen, die großen Cluniazenserklöster von weltlichen Adelshöfen kaum mehr zu unterscheiden, dann musste das Heil wieder in der Einsamkeit der Wälder gesucht werden. Was Wunder, dass die Stifter sich mehr und mehr den neuen Gruppen zuwandten, die mit unverbrauchtem spirituellem Schwung die Menschen begeisterten und die besseren Heilschancen versprachen.

Zurück in die Wüste – Die Zisterzienser

1098 verließ Robert, der Abt des Klosters Molesme (in der Diözese Langres), mit zwanzig Brüdern seine Abtei. Molesme war unter sei-

Die Sitte, der Verstorbenen des eigenen und des befreundeten Konvents jährlich am Todestag zu gedenken, war vornehmlich in den Klöstern Deutschlands und Frankreichs verbreitet. Nekrolog aus dem 13. Jahrhundert.

Bernhard von Clairvaux kritisiert die Prunksucht der Cluniazenser (Apologie 12, 28; um 1125):

Ich störe mich nicht so sehr an den gewaltigen Ausmaßen der Kirchen, den maßlosen Weiten der Räume, den verschwenderischen Fresken und seltsamen Malereien ... Aber ich frage als Mönch die Mönche: Was ist das Gold dort zu schaffen?... Die Kirche erstrahlt in ihren eigenen Wänden und ist ärmlich gegenüber den Armen. Sie kleidet ihre Steine in Gold, ihre Kinder lässt sie unbekleidet. Auf Kosten der Armen bedient man die Augen der Reichen. Die Neugierigen strömen herbei, um sich zu ergötzen, es kommen nicht die Bedürftigen, um gespeist zu werden ... Was sollen im Kreuzgang ... die wüsten Affen, die wilden Löwen, die gewaltigen Zentauren, die Halbmenschen, die gefleckten Tiger, die kämpfenden Krieger, die Missgestalten mit einem Kopf und vielen Körpern, dann wieder solche mit einem Körper und vielen Köpfen?... Bei Gott! Wenn man sich schon nicht der Albernheiten schämt, warum reuen einen nicht wenigstens die Kosten?

ner Leitung in kurzer Zeit zu einer angesehenen Abtei mit eigenen Tochtergründungen angewachsen, entsprach damit aber nicht mehr den strengen Vorstellungen Roberts von einem Mönchsleben in Askese und Abgeschiedenheit. In dem kleinen Ort Cîteaux (Cistercium) an der alten Römerstraße zwischen Langres und Chalon wollte er mit seinen Gefährten ganz von vorn beginnen. *Novum monasterium,* das »Neue Kloster«, nannten sie ihre Gründung schlicht und zugleich im Bewusstsein eines engagierten Neubeginns.

Aus den bescheidenen Anfängen entstanden innerhalb eines halben Jahrhunderts 350 Zisterzienserklöster. Um 1300 waren es etwa 700 Männer- und vielleicht noch mehr Frauenklöster in ganz Europa. Schon in der Mitte des 12. Jahrhunderts konnte der staufische Chronist und Bischof Otto von Freising, selbst Zisterzienser, feststellen, dass »die Welt zisterziensisch« geworden sei. Der Erfolg der Zisterzienser beruhte auf der überzeugenden Verbindung von Armut, Weltabgeschiedenheit, asketischer Lebensführung und Arbeit. Diese Mönche beteten nicht nur, sie rodeten auch Wälder und legten Sümpfe trocken. Anders als die Cluniazenser wollten die Zisterzienser nicht die bestehenden Klöster reformieren, sondern gründeten neue Mönchsgemeinschaften und zwar dort, wo asketisches Leben nicht bloße Stilübung, sondern tatsächlich gefordert war. Ihre Klöster bauten sie in die unberührte Wildnis, sofern es sie noch gab, oder zumindest in abgelegene Gegenden; darum herum kultivierten

Die Initialen der Handschrift von Cîteaux (12. Jahrhundert; oben) schildern auf humorvolle Weise die Tätigkeiten der Mönche und Laienbrüder. Zwei Brüder, die einen Baumstamm spalten, sind zum Buchstaben Q zusammengebogen. Rechts die ehemalige Zisterzienserabtei Fontfroide (Languedoc). Die Architektur der Zisterzienser ist betont nüchtern und schmuckarm. Dazu gehört der (ursprünglich meist hölzerne) Dachreiter anstelle eines hochragenden Kirchturms.

und bewirtschafteten sie das Land, sodass ihre Abteien zu agrarischen Musterbetrieben wurden. Sie waren Pioniere bei der Erschließung neuer Landschaften wie in der Anwendung neuer Techniken der Landgewinnung und der Bodenverbesserung. Der hochmittelalterliche Landesausbau wäre ohne die Zisterzienser schwerfälliger verlaufen.

Damit aber gestalteten die »weißen Mönche« die Welt außerhalb ihrer Klostermauern in einer Weise, wie es in der Geschichte des abendländischen Mönchtums bisher noch keiner Gemeinschaft gelungen war. Dass sie der weltliche Erfolg wieder – wie schon andere

Orden vor ihnen – in Konflikte mit ihren selbst auferlegten Normen stürzte und von ihrem Ideal entfernte, war den Zisterziensern durchaus bewusst. Bernhard von Clairvaux, der große Zisterzienserabt, Theologe und Prediger, der jede mönchische Zurückhaltung ablegen konnte, wenn es darum ging, auf die Mächtigen seiner Zeit Einfluss zu nehmen und deren Politik aktiv mitzugestalten, lebte und spürte wie kein anderer die Widersprüche seines Mönchslebens: »Zu euch

Links die Außenansicht der ehemaligen Zisterzienserabtei in Maulbronn. Im Stifterbild von 1450 (oben) sind Zisterzienser beim Bau der Klosterkirche von Maulbronn dargestellt. Die »weißen Mönche« tragen helle Kutten mit schwarzem Skapulier.

schreit mein ungetümes Leben, mein belastetes Gewissen«, schrieb er an einen befreundeten Kartäuserkonvent: »Ich bin gewissermaßen eine Chimäre meines Jahrhunderts, verhalte mich weder wie ein Kleriker noch wie ein Laie. Das Leben eines Mönchs habe ich schon lange abgelegt, nicht den mönchischen Habit.«

Mit dem Zisterzienserorden war der Höhepunkt und zugleich Endpunkt einer monastischen Tradition erreicht. Vom 13. Jahrhundert an sind berühmte Klöster wie die Reichenau oder Lorsch, Cluny oder Cîteaux, in denen Mönche in ländlicher Abgeschiedenheit von der Welt und den Mitmenschen lebten, nicht mehr entstanden. Die Zukunft gehörte den Bettelorden, die mitten im Trubel der Städte dem Mönchtum des späten Mittelalters eine ganz neue Form und Richtung gaben.

Nackt dem nackten Christus folgen – Armutsbewegung und Bettelorden

So hat der Herr mir, dem Bruder Franziskus, gegeben, das Leben in Buße zu beginnen: Denn als ich in Sünden war, schien es mir unerträglich bitter, Aussätzige anzusehen. Und der Herr selbst hat mich unter sie geführt, und ich habe ihnen Barmherzigkeit erwiesen. Und als ich fortging von ihnen, wurde mir das, was mir bitter vorkam, in süße Freude der Seele und des Leibes verwandelt. Und danach hielt ich eine Weile inne und ging aus der Welt hinaus.«

Es ist ein Lebensweg von radikaler Konsequenz, den Franz von Assisi in seinem Testament 1226 in schlichter Sprache beschrieb. Den

Bernhard von Clairvaux predigt auf dem Rathausplatz von Siena. Im Hintergrund der Palazzo Pubblico. Darstellung von Sano di Pietro im Dom von Siena, 15. Jahrhundert.

Franziskus »entkleidet« sich vor seinem Vater seiner irdischen Güter. – Fresko von Giotto in der Oberkirche von San Francesco, Assisi, 1295–1300. Nach der Inschrift des Bildes soll Franziskus zu seinem Vater gesagt haben: »Von jetzt an kann ich mit Gewissheit sagen: ›Vater unser, der du bist im Himmel‹, da Pietro Bernardone mich verstoßen hat«.

Im »Sonnengesang« des heiligen Franziskus (1224) ist der Mensch mit der beseelten Natur zum Lobpreis Gottes verschwistert:

Gelobt seist du, mein Herr, mit allen deinen
*   Geschöpfen,*
besonders Herrn Bruder Sonne;
Der ist Tag, und du gibst uns Licht durch
*   ihn,*
Und schön ist er und strahlend mit großem
*   Glanze;*
Von dir, Höchster, gibt er Eindruck.
Gepriesen seist du, mein Herr,
*   für Schwester Mond und die Sterne:*
Am Himmel hast du sie geschaffen,
*   hell, kostbar und schön.*
Gelobt seist du, mein Herr,
*   für Bruder Wind*
Und für Luft und Wolke und heiteres und
*   jedes Wetter,*
Durch das du deinen Geschöpfen Erhaltung
*   gibst …*
Gelobt seist du, mein Herr,
*   für unsere Schwester Mutter Erde,*
Die uns erhält und leitet
Und mannigfache Früchte hervorbringt und
*   bunte Blumen und Kräuter …*
Gepriesen seist du, mein Herr,
*   für unsere Schwester leiblichen Tod,*
Vor der kein lebender Mensch entrinnen
*   kann.*
Weh denen, die in den Todsünden sterben!
Selig, die sie in deinem allerheiligsten
*   Willen findet,*
Denn der zweite Tod wird ihnen nichts
*   anhaben.*

Bruch mit der Welt hatte Franz von Assisi 1207 in einer spektakulären Szene vollzogen, als er sich vor dem Palast des Bischofs von Assisi in aller Öffentlichkeit nackt ausgezogen und seinem Vater Kleider und Geld vor die Füße gelegt hatte. Was ihn, den Sohn eines wohlhabenden Tuchhändlers und alles andere als ein asketischer Schwärmer, bewogen haben mochte, die durchaus hoffnungsvollen Anfänge im väterlichen Geschäft und die Dolce Vita der Stadtschickeria hinter sich zu lassen und alle irdischen Karrierechancen über Bord zu werfen, bleibt letztlich unklar: die Kriegsgefangenschaft in Perugia oder die schwere Krankheit danach oder doch die tägliche Begegnung mit dem Elend derer, die vom Wohlstand der neureichen Großstadt ausgeschlossen waren. Nachdem er mit Elternhaus und Gesellschaft gebrochen hatte, lebte der damals 25-jährige Franziskus zunächst zurückgezogen als Eremit und kümmerte sich um den Aufbau verfallener Kirchen in Assisi. Im Tagesevangelium des 24. Februar 1208, der Aussendung der Apostel durch Jesus, hörte er die Anweisung für seine künftige Lebensform: »Geht und verkündet: Das Himmelreich ist nahe. Heilt Kranke, weckt Tote auf, macht Aussätzige rein, treibt Dämonen aus! Umsonst habt ihr empfangen, umsonst sollt ihr geben. Steckt nicht Gold, Silber und Kupfermünzen in euren Gürtel. Nehmt keine Vorratstasche mit auf den Weg, kein

zweites Hemd, keine Schuhe, keinen Wanderstab; denn wer arbeitet, hat ein Recht auf seinen Unterhalt« (Matth. 10, 7–10). Fortan trug Franz von Assisi in buchstabengetreuer Erfüllung des Evangeliums nur noch eine Kutte aus grobem Stoff und einen Strick, keine Schuhe, keine Tasche, und mied jeden Besitz.

Gewiss war die Berufung auf die Heilige Schrift als die von Gott offenbarte Lebensnorm nicht originell. Alle Mönche hatten seit jeher in der Apostelgemeinschaft das Modell ihres eigenen Lebens gesehen. Und auch die Armut musste Franz von Assisi nicht neu entdecken. Seit gut hundert Jahren waren überall Eremiten und Wanderprediger aufgetreten, die zur persönlichen Nachfolge des Gekreuzigten in Armut und Besitzlosigkeit aufriefen und die Gläubigen in Massen anzogen. Manche dieser Gruppen formten sich zu Orden mit päpstlicher Anerkennung, wie die Dominikaner, die Predigergemeinschaft des Kastiliers Dominikus; andere widersetzten sich hartnäckig der kirchlichen Ordnung und wurden als Ketzer bekämpft, wie die »Armen von Lyon« (Waldenser) um den Lyoneser Kaufmann Waldes. Die Ketzer des 12. und 13. Jahrhunderts hatten ebenso Anteil an der religiösen Armutsbewegung wie die aus demselben Strom entstehenden Bettelorden.

Die schlichte Bronzefigur aus dem Rheinland (links) voll Würde und Menschlichkeit ist Ausdruck einer neuen Christusfrömmigkeit im 12. Jahrhundert. Der Gekreuzigte von San Damiano, von dem Franziskus den Auftrag erhält, die einstürzende Kapelle zu retten (Assisi, Santa Chiara; oben).

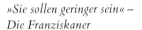

»Sie sollen geringer sein« –
Die Franziskaner

Im religiösen Klima des frühen 13. Jahrhunderts entsprach die Entscheidung des Franz von Assisi also durchaus dem »Zeitgeist«. Was die franziskanische Bewegung von anderen abhob, war die charismatische Persönlichkeit ihres Gründers, seine bis zur totalen Selbstentäußerung gesteigerte ekstatische Frömmigkeit. Dass er nach dem (autosuggestiven?) Durchleiden der Passion Christi am Ende seines Lebens selbst die Wundmale des Gekreuzigten trug, ist von Zeitgenossen glaubhaft bezeugt. Viele waren ergriffen von seiner Begeisterung für die »geliebte Frau Armut«, seiner Bußpredigt, seiner Hingabe an die Armen und Aussätzigen und schlossen sich Franziskus an.

Die Darstellung des heiligen Franziskus auf einem Fresko von Cimabue in der Basilika San Francesco in Assisi (um 1280) stimmt mit den Beschreibungen früher Biographien nahezu überein und zeigt die Stigmata an den Händen.

Bis zum Ende des Jahrhunderts breitete sich der »Orden der geringeren Brüder« (Minoriten), wie Franziskus selbst seine Bruderschaft nannte, über ganz Europa aus. Missionsreisen führten Franziskaner aber auch bis nach Ägypten und ins Heilige Land, nach Persien und in das Mongolenreich bis nach Peking (1294). Die Franziskaner waren somit Wegbereiter der Kulturbegegnung zwischen Asien und Europa. Um 1300 zählte der Orden etwa 30 000 Mitglieder. In jeder größeren europäischen Stadt gab es einen Franziskanerkonvent (wohl schon 1219 in Paris, nach 1221 in den rheinischen Bischofsstädten), bedeutende Franziskanerschulen entstanden in Paris, Oxford und Köln. Die Brüder überzeugten durch engagierte Seelsorge insbesondere für die unteren Schichten und durch volksnahe Predigt, häufig in Konkurrenz zum Ortsklerus und von diesem nur ungern gelitten, während sie selbst ihren Unterhalt von Almosen bestritten. Der italienische Franziskaner Johannes von Capestrano predigte 1452 auf dem Magdeburger Markt so eindringlich, dass die Zuhörer erst gebannt seiner gut zweistündigen Predigt lauschten, dann noch einmal so lange der Übersetzung eines deutschen Mitbruders und schließlich, von spontaner Bußfertigkeit überwältigt, »alle Spielbretter, Brettspiele, Würfel, Kartenspiele, Narrensäcke und die Frauen ihre Bänder und ihr künstliches Haar, das sie sich einzuflechten pflegten, alle brachten und auf dem neuen Markt verbrannten«.

Franziskus predigt den Vögeln und segnet sie. – Das Fresko des Franziskusmeisters in der Unterkirche von San Francesco in Assisi entstand um 1260.

Die Bettelorden hatten einen völlig neuen Mönchstyp hervorgebracht. Die Franziskaner und Dominikaner, die Karmeliten und Augustinereremiten (die wenig später hinzukamen) wirkten nicht in der »weltfernen« Abgeschiedenheit von Klöstern, sondern ohne Ortsbindung als Wanderprediger unterwegs oder an den sozialen Brennpunkten der spätmittelalterlichen Städte. Ihre Aufgabe war nicht in erster Linie das stille Gebet, sondern der – manchmal marktschreierische – Aufruf der ganzen Welt zu Umkehr und Buße, und ihr Platz war neben den Schwächsten der Gesellschaft, denen sie sich wie Christus und die Apostel brüderlich verbanden, indem sie ihre »mindere« Existenz bewusst und demonstrativ teilten. So lebten sie mitten in der Gesellschaft und sonderten sich doch radikaler als je die alten Mönche von dieser Welt ab, deren Werte, Geld, Reichtum und Prestige, für den heiligen Franziskus schlicht »Scheißdreck« waren.

Charisma und Institution – Ketzer und Heilige

Die Bettelmönche gehörten in die Stadt, in das Milieu des Kaufmanns und des Bürgers, auf dessen Almosen sie angewiesen waren und der wie niemand sonst nach neuen Ausdrucksformen seiner Religiosität suchte. Denn die zunehmend institutionalisierte Papstkirche ließ mit ihren Dogmen und Rechtsvorschriften wenig Raum für das persönliche Glaubenserlebnis und hatte sich von den geistlichen Bedürfnissen insbesondere der gebildeten städtischen

Laienbevölkerung weit entfernt. Hier waren die Bettelorden eine überzeugende Alternative zum normalen und normierten Heilsangebot der Kirche, freilich auch eine gefährliche Konkurrenz. Es war das Verdienst des Papstes Innozenz III., die spirituelle Kraft der Franziskaner früh erkannt und in kirchliche Bahnen gelenkt zu haben, indem er ihnen Predigt und Lebensform erlaubte (1209/10).

Franziskus selbst hatte sich zeitlebens schwer getan, seine Brüder an eine feste Regel und Ordnung zu binden. Daher stürzte sein Tod (1226) die Minoriten in eine tiefe Krise. Im Streit um das wahre Erbe des Heiligen spalteten sich die Brüder in zwei Lager: Die »Spiritualen« ließen nur Franziskus selbst als Lebensnorm gelten und hielten kompromisslos an dem von ihm gelebten Armutsideal fest; die gemäßigtere Mehrheit bewegte sich auf eine Ordensverfassung zu, die bei prinzipieller Armut wenigstens den einfachen Gebrauch lebensnotwendiger Dinge (für Lebensunterhalt, Kleidung, Kult und Studium), nicht aber deren Eigentum zuließ. Die Armutsfrage belastete die Franziskaner noch lange, und sie rüttelte am Selbstverständnis der Kirche: Wenn »Christus und die Apostel einzeln und gemeinsam nichts zu eigen besessen haben«, wie der Franziskanergeneral Michael von Cesena behauptete, mit welchem Recht konnte sich dann die reiche Kirche auf Christus berufen? Zu Beginn des 14. Jahrhunderts spitzte sich der Konflikt zu. Papst Johannes XXII. erklärte 1323 die franziskanische Armutsauffassung für »irrig und häretisch«; ihre Anhänger wurden als Ketzer verfolgt.

In der Geschichte der Bettelorden zeigt sich noch einmal in besonderer Schärfe das grundsätzliche Dilemma aller monastischen Gemeinschaften – und auch der Kirche insgesamt – zwischen der Freiheit des Charismas und dem Zwang der Institution. Welcher institutioneller Fixierungen durch Ordensregeln, Organisation und Rechtsformen bedarf das Charisma, um über die spontane Inspiration hinaus dauerhaft wirken zu können? Wieviel davon ist ihm zuzumuten, um das freie Wehen des Heiligen Geistes nicht in starre Passformen zu pressen? Die Franziskaner haben einen befriedigenden Weg aus diesem Dilemma so wenig gefunden wie andere Orden vor ihnen. Dabei erfuhren sie, wie gefährlich schmal in der spätmittelalterlichen Kirche der Grat geworden war zwischen Orthodoxie und Häresie, Verehrung und Verfolgung. »Es gibt eine innere Verwandtschaft zwischen Heiligen und Ketzern, beide Berei-

Der Ausschnitt aus dem Freskenzyklus »Das Leben des heiligen Franziskus« von Giotto und seinen Helfern in der Oberkirche von San Francesco, Assisi (1295–1300), zeigt die Traumvision des Papstes Innozenz III., in der Franziskus die wankende Kirche vor dem Einsturz bewahrt.

Ketzerverbrennung; Holzschnitt aus
Hartmann Schedels Weltchronik von
1493.

Der englische Franziskaner Wilhelm
von Ockham, selbst als Ketzer exkommuniziert, im Armutsstreit ein scharfer
Gegner des Papstes, schreibt über die
Kirche (I Dialogus 6,100; 1332/34):

*Es wäre völlig unsinnig, wenn die Sache des
Glaubens oder Gottes in keiner Weise
einem weltlichen Richter oder überhaupt
Laien zukäme. Das ist nämlich eine
Aussage herrschsüchtiger und hochmütiger
Kleriker, die die Laien deshalb aus der
Kirche Gottes auszuschließen versuchen,
damit sie selbst, wenn sie ausgeschlossen
sind, als Herren über die Laien in der
Kirche gelten können ... Überall in der
Heiligen Schrift umfasst der Begriff
»Kirche« Männer und Frauen und auch die
Laien ... Wie Gott nämlich ein Gott der
Kleriker ist, so ist er auch ein Gott der
Laien.*

che konvergieren ... Ketzer sind verhinderte Heilige; Heilige sind
verkappte Ketzer« (Alexander Patschovsky). Dann wäre Franz von
Assisi am Ende ein verkappter Ketzer, wären Jan Hus und Martin
Luther verhinderte Heilige? Nur hierokratische Autorität, nicht jedoch der gelebte Glaube vermag scharfe Trennlinien zu ziehen und
hat sie in der Geschichte der Kirche bis heute immer wieder gezogen.

»Zwerge auf den Schultern von Riesen« – Von der Klosterschule zur Universität

Weiteste Bereiche des privaten und öffentlichen Lebens kamen im Mittelalter ganz ohne Schrift aus. Ein an Schriftlichkeit und Literatur geformter Bildungsbegriff ist auf mittelalterliche
Verhältnisse also nur bedingt anzuwenden. Karl der Große mühte
sich bis ins hohe Alter vergeblich, seine schwertgeübte Hand an die
Feder zu gewöhnen. Ungebildet war er deswegen nicht, der die besten Gelehrten an seinem Hof versammelte, um sich von ihnen be-
lehren und beraten zu lassen. »Er pflegte die Wissenschaften mit
großer Hingabe«, rühmte sein Biograph: der Kaiser, ein gebildeter
Analphabet. Noch der gewiss wortgewaltige Wolfram von Eschen-
bach konnte (kurz nach 1200) ohne Peinlichkeit mit seinem Mangel
an Buchgelehrsamkeit kokettieren: *swaz an den buochen stet geschriben,
des bin ich künstelos beliben.* Die Bildung des adeligen Herrn, und sei
er auch Dichter, war nicht aus Büchern zu holen.

Antike Bildung und Christentum

Dennoch gründete die christlich-mittelalterliche Kultur Europas
ganz wesentlich auf Buchwissen und Schrifttradition. Denn die
christliche Kirche als Hüterin einer Buch- und Offenbarungsreli-
gion, deren Wahrheit allein durch die Schrift überliefert ist und im

Ritual der heiligen Messe durch das gesprochene, aber natürlich schriftlich fixierte Wort immer wieder aufs Neue lebendig wird, benötigt schriftkundige Priester und Theologen. Die Sprache der Bibel und der Kirchenväter, das spätantike Latein, für die meisten Menschen im frühen Mittelalter eine Kunstsprache und fast nur auf den liturgischen Gebrauch reduziert, war zum hoch geachteten und unverzichtbaren Spezialwissen geworden. Mit der Sprache aber ist auch das Wissen der antiken Autoren weitergegeben worden. Cicero, Sallust, Martianus Capella, Boethius, selbst Komödienschreiber und Satiriker wie Terenz und Juvenal und sogar der »Liebesdichter« Ovid wurden ja nicht nur stumpfsinnig abgeschrieben, um ihre Sprache zu lernen; auch ihre Gedanken drangen in die Köpfe der mittelalterlichen Leser ein und forderten zur Auseinandersetzung auf. Die Kirche wurde zur Kulturvermittlerin zwischen der heidnischen, schriftlich gebildeten Antike und der christlichen, genuin schriftlosen Welt des Mittelalters.

Die entscheidenden Weichen hatte schon der Kirchenvater Augustinus gestellt. »Die Ägypter hatten nicht nur Götzenbilder und schwere Bürden, vor denen das Volk Israel mit Abscheu floh. Sie hatten auch Gefäße und Zierrat aus Gold und Silber, dazu Kleidung, die das Volk beim Auszug aus Ägypten zur besseren Nutzung heimlich für sich in Anspruch nahm«, so kommentierte er den biblischen Bericht (Exodus 12, 35–36), um dann grundsätzlich festzustellen: »Genauso enthalten sämtliche Lehren der Heiden nicht nur Einbildungen und abergläubische Wahnideen und die Last unnützer Mühen, die wir alle, von Christus geleitet, beim Aufbruch von der heidnischen Gemeinschaft verabscheuen und meiden müssen, sondern auch die freien Wissenschaften, die sich besser eignen zur Erkenntnis der Wahrheit.« Gewiss, die Ägypter waren verblendete Heiden, sie vergeudeten ihr Wissen für Unnützes. Aber die geistigen Schätze der Heiden können den Christen auf ihrem Weg zur Gotteserkenntnis hilfreich sein, so wie die Israeliten auf ihrem Marsch durch die Wüste die Schätze der Ägypter nutzten. Von dem Kölner Erzbischof Bruno I., dem Bruder und Kanzler Kaiser Ottos I., wissen wir, dass er in seiner Reisebibliothek stets auch heidnische Bücher mit sich führte, um an ihnen Sprache und Stil zu schulen. Die Gelehrten des frühen und hohen Mittelalters verhielten sich zur antiken Kultur weit weniger feindlich oder verkrampft, als spätere Jahrhunderte ihnen manchmal unterstellt haben. Berührungsängste waren ihnen fremd, aber auch zum Übermut hatten sie selten Anlass, zu bewusst war ihnen ihre

Synthese von antiker Bildung und christlichem Glauben. Die Gottesmutter mit Christus thront in himmlischer Sphäre, umgeben von Frauengestalten – Allegorien der antiken Wissenschaften – und Gelehrten des Altertums: (im äußeren Bogen, von links unten nach oben) Aristoteles und die Dialektik, Cicero und die Rhetorik, Euklid und die Geometrie, (weiter von oben nach rechts unten) die Arithmetik und Boethius, die Astronomie und Ptolemäus, die Grammatik und Priscianus oder Donatus, daneben (im inneren Bogen) Pythagoras und die Musik mit Glockenspiel und Harfe. – Kathedrale von Chartres, Tympanon und Archivolten des rechten Portals der Westfassade, Mitte des 12. Jahrhunderts.

geistige Abhängigkeit von den Vorleistungen der Alten. »Wir sind wie Zwerge, die auf den Schultern von Riesen sitzen«, soll Bernhard von Chartres (†um 1130) gesagt haben, und die Zeitgenossen haben dieses Bild gerne zitiert. Nur weil die Riesen des Altertums sie trugen, konnten sie schließlich doch in stolzer Bescheidenheit von sich behaupten, mehr und weiter zu sehen als diese.

Bildungskrise und karolingische Bildungsreform

In den ersten Jahrhunderten des Mittelalters war geistige Bildung freilich kaum mehr als ein frommer Wunsch. »Wenn uns in den letzten Jahren von manchen Klöstern Briefe zugesandt wurden, so erkannten wir in den meisten von ihnen zwar den Sinn als richtig, die Sprache aber als ungepflegt. Denn was die fromme Andacht aufrichtig diktierte, vermochte die ungebildete Zunge nicht fehlerfrei auszudrücken, weil das Lernen vernachlässigt war. So begannen wir zu fürchten, dass vielleicht, wenn schon im Schreiben zu wenig Klugheit war, noch viel weniger, als nötig wäre, in ihrem Verständnis der heiligen Schriften sei.« Karl der Große, der in einem Rundschreiben (vor 800) an die Bischöfe und Äbte des Reiches so unverblümt die Bildungsdefizite seiner Geistlichen anprangerte, hat gewiss nicht übertrieben. Bonifatius hatte seine liebe Not mit einem Priester, der mit einer eigenwilligen Formel die Taufe spendete: »Im Namen das Vaterland und die Tochter ...« *(In nomine patria et filia*, statt *patris et filii)*. War da nicht zu befürchten, dass dieser Priester selbst nicht verstand, was er betete und predigte? Und er war kein Einzelfall: Die noch erhaltenen Handschriften aus dem 8. Jahrhundert verraten eine notorische Unkenntnis in Sprache und Schrift.

Die Mühsal des Schreibens (aus einer frühmittelalterlichen Handschrift):

O glücklichster Leser, wasche deine Hände und fasse so das Buch an, wende die Blätter behutsam, halte die Finger weit ab von den Buchstaben. Denn wer nicht schreiben kann, meint, dies sei keine Arbeit. O wie schwer ist das Schreiben: Es trübt die Augen, quetscht die Nieren und schlägt auf alle Glieder zugleich. Drei Finger schreiben, der ganze Körper leidet. Wie der Seemann sich nach dem heimatlichen Hafen sehnt, so wünscht sich der Schreiber die letzte Zeile herbei.

DIE HERSTELLUNG EINES BUCHES

Das Vervielfältigen von Büchern fand bis zum 12. Jahrhundert überwiegend in Klöstern statt. Dabei war die Arbeit der Schreiber und Kopisten jedoch nur ein Glied in der Kette des Herstellungsprozesses. Zunächst einmal musste der Beschreibstoff hergestellt werden.

Im Mittelalter handelte es sich hierbei überwiegend um Pergament, d.h. um enthaarte, geglättete und häufig mit Kreideschlamm behandelte, ungegerbte Tierhäute, die unter Spannung getrocknet wurden.

Der eigentliche Prozess der Buchherstellung begann mit dem Einritzen eines Konzeptes in eine Wachstafel mithilfe eines Griffels (große Abbildung). Dieses Konzept wurde dann in Schönschrift mit einer Gänsefeder auf das Pergament übertragen und meist mit Buchmalereien verziert. Die beschriebenen und bemalten Blätter wurden zu Lagen gefalzt (links oben) und in einer Buchbinderlade zu einem Buchblock zusammengeheftet (rechts oben). Es folgte die Herstellung des hölzernen Buchdeckels, der mit einem Beil zurechtgehauen und anschließend mit

Leder überzogen wurde (links unten). Abschließend wurden noch die Schließen und Beschläge gefertigt (rechts unten), bevor Buchblock und Buchdeckel verbunden wurden und das Werk vollendet war.

Es ging nicht um hohe Theologie, sondern um einfachste Grundlagen. Zunächst waren zuverlässige Texte zu beschaffen. Denn die Evangelien, Sakramentare, Messbücher, Kirchenrechtssammlungen, Grammatiken, die es gab, waren fehlerhaft, bis zur Unverständlichkeit verstümmelt und widersprüchlich. Geschulte Kopisten mussten die korrigierten Texte vervielfältigen, qualifizierte Lehrer für ihre inhaltliche Verbreitung und Aneignung sorgen. Auf Initiative des Königs und unter der Anleitung von Gelehrten, die aus allen Teilen der lateinischen Welt an den Karolingerhof gekommen waren, wie der Angelsachse Alkuin, der Ire Dungal, der Westgote Theodulf, der Langobarde Paulus Diaconus, wurden die Klöster zu Trägern einer erneuerten Schriftbildung. In

manchen von ihnen entstanden berühmte Schreibschulen, so in Tours, Fulda und Sankt Gallen, deren Handschriften noch heute von ihrem geistigen und künstlerischen Rang zeugen. Große Klosterbibliotheken mit mehreren Hundert Bänden, wie in Lorsch, Reichenau, Sankt Gallen und Bobbio, bargen Schätze auch von hohem materiellem Wert. Die Bücher wurden unter den Klöstern zur Abschrift ausgeliehen und sorgten so für gelehrten Austausch und Breitenwirkung über das einzelne Kloster hinaus. Die geistige Kultur Europas wurde im frühen Mittelalter hinter Klostermauern geformt; selbst was die Antike beitrug, ist durch die Feder der Mönche vermittelt.

In dem berühmten Skriptorium von Tours entstand 845/846 die (nach dem touronischen Abt und Auftraggeber benannte) Vivian-Bibel mit kostbaren Illuminationen wie diesen Szenen aus dem Leben des heiligen Hieronymus (oben). Die von ihm übersetzte Vulgata ist bis heute die maßgebliche Textgrundlage der lateinischen Bibel. Zwei Schreiber, ein Mönch und ein Laie, im Skriptorium des Klosters Echternach (Evangelistar Kaiser Heinrichs III., Mitte des 11. Jahrhunderts; links).

Altes Wissen in neuer Anwendung

Auch die Fächer, die an den Klosterschulen gelehrt wurden, waren an den antiken Schuldisziplinen ausgerichtet, den sieben Freien Künsten *(artes liberales)*. Dazu gehörte das *trivium:* Grammatik, Rhetorik und Dialektik, d.h. die sprachliche Ausbildung im Lateinischen, das Einpauken der Formen und Stilfiguren, aber auch deren Anwendung in stilistisch versierter Rede und Argumentation. Originalität war nicht gefragt, sondern die möglichst perfekte Annäherung an die klassischen Vorbilder, an deren Schriften man sich übte. Dasselbe galt für die Fächer des *quadrivium:* Arithmetik, Geometrie, Astronomie, Musik. Es wurde das Buchwissen der antiken Autoritäten rezipiert. Astronomie handelte selten vom beobachteten Sternenhimmel, vielmehr von den Planetenbahnen, wie sie in den Büchern standen, Musik nicht in erster Linie vom Musizieren, sondern von der Harmonielehre und den kosmischen Sphärenklängen, Arithmetik und Geometrie von Zahlentheorie und von perfekten Ordnungen nach Zahl und Maß.

Sechs der »septem artes liberales«: Dialektik (Frauengestalt mit Aristoteles), Rhetorik (Lehrmeisterin mit Cicero), Geometrie (mit Euklid), Arithmetik (mit Pythagoras), Musik (mit Timotheus von Milet), Astronomie (mit Ptolemäus). Kolorierte Federzeichnungen zu »Der wälsche Gast« von Thomasin von Zerklaere. Bayern, um 1250–60 (Heidelberg, Universitätsbibliothek).

Dennoch waren die Lehrer der Kloster- und Domschulen nicht nur Epigonen des Altertums, die sich im bloßen Nachvollzug des tradierten Lehrstoffes erschöpften. Was sie interessierte, war das intellektuelle Training, das formale Instrumentarium, an dem sie Sprachverständnis und Deutungsmethoden schulen konnten, um die offenbarte Wahrheit umso vollkommener zu verstehen. Gott hatte den Menschen das Wissen geschenkt – und sei es in den Büchern der Heiden –, sie mussten es nur erkennen und nutzen. Zuerst waren die biblischen Schriften Wort für Wort zu verstehen, die wörtlichen und spirituellen Bedeutungen jedes einzelnen Wortes auszuloten, bevor man im 12. Jahrhundert zu selbstständigeren, theologisch anspruchsvolleren Kommentaren schreiten konnte. Die biblische Exegese steht am Anfang der systematischen Wissenschaft im christlichen Europa. Bis in die Universitäten des späten Mittelalters wird die Theologie die Königin der Wissenschaften bleiben.

Karriere durch Gelehrsamkeit

Schulbildung im frühen und hohen Mittelalter war jedenfalls in der Zielsetzung geistliche Bildung. Mit sieben Jahren – dem zweiten Lebensabschnitt, *pueritia*, nach der üblichen Einteilung der Lebensalter – begann für die Jungen und Mädchen der Unterricht in der Klosterschule. Die Kinder waren von den Eltern als »Oblaten« in die Klosterobhut gegeben worden. Durch die Erziehung und Ausbildung im Kloster war der spätere Lebensweg meist vorgezeichnet; erwachsen geworden, legten die Oblaten in aller Regel die Gelübde ab und wurden Mönche und Nonnen. Dass jemand, nachdem er Kindheit und Jugend im Kloster verbracht hatte, eine weltliche Laufbahn anschloss, wie Einhard, der Baumeister und Biograph Karls des Großen, nach erster Ausbildung im Kloster Fulda, war die ganz seltene Ausnahme. Ansonsten war Geistlicher, wer schriftkundig und literarisch gebildet war (aber keineswegs jeder Geistliche war solchermaßen qualifiziert!), während die Laien allenfalls über rudimentäre Schriftkenntnis verfügten. Begabten Schülern konnte das Kloster einen geistigen Entfaltungsraum bieten, gerade wenn die sozialen oder persönlichen Bedingungen einer weltlichen Karriere entgegenstanden. Hermann, zwar aus adligem Hause, aber von Kindheit an spastisch gelähmt, hätte in der auf Selbstbehauptung und herrschaftlicher Gewalt beharrenden Adelswelt des 11. Jahrhunderts schwerlich eine würdige Existenz finden können. Im Schutz des Inselklosters Reichenau und gefördert von einfühlsamen Lehrern, wurde Hermann von Reichenau, auch Hermann der Lahme genannt, zum gefeierten Gelehrten, der von weit her Schüler an die Reichenauer Schule zog.

Bildung war zum gesellschaftlichen Wert geworden, der selbst das Manko minderer Herkunft kompensieren konnte. Die Bischofskarrieren des 10. und 11. Jahrhunderts bieten zahlreiche Beispiele für sozialen Aufstieg aufgrund intellektueller Qualifikation, und immer bildeten Kloster- und Kathedralschulen die entscheidenden Stufen auf der Karriereleiter. Gerbert aus unbekannter südfranzösischer Familie erhielt seine erste Erziehung im Kloster Aurillac in der

Auvergne. Dort wurde man auf seine mathematische Begabung aufmerksam und schickte ihn in die weitere Ausbildung zu Bischof Hatto von Vich nach Katalonien; nach kurzer Lehrtätigkeit in Rom im Dienst des Kaisers ging er zum Studium der Logik nach Reims. Er wurde selbst Leiter der Domschule, später Erzbischof von Reims (991) und von Ravenna (998), Lehrer des jugendlichen Kaisers Otto III. und bestieg schließlich als Papst Silvester II. den Stuhl Petri (999–1003).

So außergewöhnlich Gerberts atemberaubender Aufstieg insgesamt verlief, bezeichnend ist der Radius seiner Bildungskarriere mit Stationen in Frankreich, Spanien und Italien. Eine fundierte akademische Lehre war nicht an einem Ort, von einer Schule zu vermitteln. Wer sich umfassend bilden und damit seine akademischen und kirchlichen Karrierechancen verbessern wollte, von dem war höchste Mobilität gefordert. Die Lehrer und Schüler des hohen Mittelalters führten ein Wanderleben, zum Teil umherziehend wie fahrendes Volk und ähnlichen Konflikten ausgesetzt wie dieses. Die Schulen der Bischofskirchen waren offener für solche Fluktuationen als die zu Ortsbeständigkeit und Weltabgeschiedenheit verpflichtenden Klöster. Daher überflügelten die Kathedralschulen zunehmend die älteren Klosterschulen. Die großen

Lehrer des späten 11. und 12. Jahrhunderts wirkten an den Domschulen in Reims, Chartres, Laon und besonders in Paris, wo sich schon die ersten Konturen der werdenden Universität abzeichneten.

Selbstbewusste Wissenschaften und neue Schulen

Das 12. Jahrhundert war in vielerlei Hinsicht eine Umbruchzeit, in der sich die Gesellschaft neuen Horizonten öffnete. Das geistige Leben konnte davon nicht unberührt bleiben. Peter Abaelardus verkörperte den neuen selbstbewussten Gelehrtentyp, ohne Respekt vor den überlieferten Autoritäten, sofern sie nicht kritischer Vernunftprüfung standhielten. Seine Schrift *Sic et non* (»Ja und Nein«, um 1122) stellte die Unvereinbarkeiten in Kirchenlehre und Kirchenrecht gegeneinander und erhob den methodischen Zweifel zum Erkenntnisprinzip. Mehr als alles andere bereicherte der seit dem 12. Jahrhundert in verschiedenen Schüben wieder entdeckte und rezipierte Aristoteles – im Mittelalter schlicht »der Philosoph« genannt – Philosophie und Denkrichtung der westlichen Gelehrten. Aristoteles lieferte ein in sich geschlossenes Lehrgebäude unabhängig von der christlichen Überlieferung, das diese substanziell heraus-

Anselm, Lehrer im Kloster Bec (Normandie) und später Erzbischof von Canterbury (1033-1109), äußert sich kritisch zur Erziehung in den Klosterschulen (Eadmer, Leben Anselms):

Sage mir, hochwürdiger Abt, wenn du einen jungen Baum in deinen Garten pflanztest und ihn alsbald auf allen Seiten so einschlössest, dass er seine Zweige nicht ausstrecken könnte, und ihn nach Jahren befreitest, was für ein Baum würde da herauskommen? Gewiss ein unfruchtbarer, mit krummen, verbogenen Zweigen. Und daran wärst nur du mit deinem maßlosen Einschließen schuld. Ganz so handelt ihr an euren Knaben. Sie sind im Garten der Kirche gepflanzt und sollen wachsen und Gott Frucht tragen. Ihr aber engt sie mit Schrecken, Drohungen, Schlägen überall so ein, dass sie sich überhaupt nicht der Freiheit bemächtigen können ... Und weil sie an euch nichts von Liebe, Güte, Wohlwollen, Zärtlichkeit für sie merken, glauben sie dann auch an nichts Gutes in euch.

Hugo von Sankt Viktor war in Deutschland geboren und erzogen worden, trat 1116 in das bedeutende Augustinerkloster von Sankt Viktor in Paris ein und wurde einer der angesehensten Lehrer seiner Zeit. Seine Werke hatten tiefgreifenden Einfluss auf die Entwicklung der Scholastik und Theologie.

Nach mehreren Umbettungen wurden Abaelardus und Héloise, die seine Schülerin, Geliebte und heimliche Gemahlin war, 1817 auf dem Friedhof Père-Lachaise in Paris beigesetzt.

forderte und zugleich methodisch stützte. Ähnlich wie Abaelardus, aber mehr an praktischen juristischen Fragen interessiert, sortierte der Bologneser Magister Gratian die Widersprüche der kirchlichen Rechtstexte zu einer systematischen Kirchenrechtssammlung; das *Decretum Gratiani* (um 1140) bildete den Grundstock des seither fortgeschriebenen Rechts der katholischen Kirche. Um dieselbe Zeit und ebenfalls in Bologna erwachte das Interesse am gelehrten weltlichen Recht. Das spätantike römische Recht, das jetzt neu gelesen und kommentiert, in Teilen auch erst bekannt wurde, bot dem Kaiser die gesuchte Legitimationshilfe in seiner Auseinandersetzung mit dem Papst.

In Bologna entstand im 12. Jh. die bedeutendste Jesuitenschule. Das Relief vom Grabmal des Giovanni da Legnano, im 14. Jahrhundert Professor an der Universität Bologna, zeigt Scholaren bei einer Vorlesung (Bologna, Museo Civico).

Die Lehrer und Schüler selbst sprengten die alten Formen. Wo Abaelardus und andere auftraten, scharten sie Massen von Schülern um sich. In Paris machten mehrere »Schulen« einander Konkurrenz, die Domschule von Notre-Dame, auf dem linken Seineufer bei Sainte-Geneviève der Kreis um Abaelardus und noch andere; um 1200 lebten hier etwa 5000 Studenten. Wie sich Paris im Laufe des 12. Jahrhunderts zum Hauptsitz der gelehrten Theologie entwickelte, so wurde Bologna die führende Rechtsschule in Europa. Die Schulen in Paris und Bologna und auch schon Oxford waren auf dem Weg zu Universitäten; was ihnen noch fehlte, war eine rechtliche Verfassung ihrer Lehrenden und Lernenden.

Vorlesung des Magisters Henricus de Alemania, Miniatur, 2. Hälfte des 14. Jahrhunderts (Berlin, Kupferstichkabinett).

Universitäten überziehen Europa

Universitas magistrorum et scholarium wurde die Pariser Schule seit 1221 genannt, »Genossenschaft der Magister und Studenten«. Einen eigentlichen Gründungsakt hatte diese »Universität« so wenig erlebt wie die anderen hohen Schulen des 12. Jahrhunderts. Sie alle sind in einem langen Gärungsprozess und unter günstigen lokalen Bedingungen entstanden. Die unklare Rechtssituation der vielen ortsfremden Magister und Scholaren war auf die Dauer unhaltbar. Päpstliche und königliche Privilegien regelten Lehrbefugnisse, Lehrangebote und rechtliche Zuständigkeiten und entzogen damit die Universität dem Recht des Bischofs, der das Monopol über seine Domschule gehabt hatte, stellten sie aber auch außerhalb der weltlichen städtischen Gerichtsbarkeit. Es wuchs ein neues, weitgehend autonomes Rechtsgebilde heran, eine Korporation der Lehrer und Schüler, vergleichbar einer handwerklichen Zunft, wo die qualifizierten Mitglieder ebenfalls Magister, »Meister« hießen. Erst im 13. und 14. Jahrhundert wurden nach den verehrten Vorbildern Paris und Bologna neue Universitäten förmlich gegründet: 1218 in Salamanca, 1224 in Neapel durch Friedrich II., 1229 in Toulouse, später in rascher Folge in Prag (1348), Florenz (1349), Pavia (1361), Krakau (1364), Wien (1365), Heidelberg (1386) und Köln (1388).

Die Lehre der Universität zielte, wie schon die Kloster- und Domschulen, auf mündlich reproduzierbares Wissen. In der Vorlesung *(lectura)* musste der Magister die vorgeschriebenen Bücher »Wort für Wort verständlich und vernehmbar den Studenten vorlesen« (so eine Bestimmung der Heidelberger Juristen am Ende des 14. Jahrhunderts); selbstständige Lektüre oder gar der Besitz eigener Bücher wurde nicht vorausgesetzt. Mittelalterliche Gelehrsamkeit blieb in erster Linie Gedächtnisleistung. Das Studium begann für alle Studenten mit den philosophischen Fächern *(artes),* d. h. vor allem mit Latein und Logik. Nur wer zum *Magister artium* promoviert war, mit etwa zwanzig Jahren, konnte das Studium an einer der »höheren Fakultäten«, Theologie, Jurisprudenz oder Medizin, fortsetzen.

Der Bedarf der Fürstenhöfe und Städte an akademisch, vor allem juristisch qualifizierten Beratern hatte im späten Mittelalter deutlich, aber noch nicht sprunghaft zugenommen. Ein Universitätsstudium allein war noch keine Garantie für den Aufstieg in eine soziale oder berufliche Spitzenposition. Die Bilderbuchkarriere des Konrad von Soest vom mittellosen Studenten, der 1387 in Heidelberg unentgeltlich immatrikuliert wurde, zum Rektor seiner Universität, Berater des Pfalzgrafen und Königs und zum Bischof von Regensburg zeigt zwar eindrucksvoll, welche Aufstiegschancen eine akademische Ausbildung eröffnen konnte, war aber gewiss eine Ausnahme. Eine satirische Aufzählung nennt am Ende des 15. Jahrhunderts als »Berufschancen« für Universitätsabgänger Glücksspieler, Zuhälter, Landsknecht, Narr, Henker, Abdecker, Schornsteinfeger, Wahrsager

DIE EUROPÄISCHEN UNIVERSITÄTEN BIS 1500

und immerhin noch den fahrenden Schüler. Der mittelalterliche Student gehörte so wenig wie sein heutiger Kommilitone automatisch zur geistigen Elite.

Ohnehin darf von der Vielzahl der neu gegründeten Universitäten im späten Mittelalter nicht auf eine allgemeine Akademisierung der Gesellschaft geschlossen werden. Sie waren ja nicht wie im 12. Jahrhundert aus dem lebendigen Diskurs der Gelehrten erwachsen, sondern eher fürstlicher Prestigesucht entsprungen. Manche Gründung hatte daher auch nicht lange Bestand, und keine erreichte die geistige und räumliche Ausstrahlung der alten Universitäten, auf die sie sich in ihren Urkunden feierlich beriefen. Kleinräumige Territorialisierung, nationale Gegensätze und das Abendländische Schisma des späten Mittelalters konnten und sollten die Universitäten nicht überbrücken, im Gegenteil. Von der landesherrlichen Politik in den Dienst genommen, trugen sie selbst zu ihrer Provinzialisierung bei. Die Aufgabe der spätmittelalterlichen Universität, »zwischen dem Anspruch der Gesellschaft und der politischen Autoritäten einerseits und dem geistigen Imperativ andererseits ihren eigenen Weg zu finden« (Peter Classen), bleibt aktuell, solange die Universität einen Rest ihrer mittelalterlichen Freiheit bewahren kann.

Das Wissen um die Vergänglichkeit alles Irdischen und das Bewusstsein, dem ewigen Richter dereinst Rechenschaft ablegen zu müssen über das Tun und Treiben auf Erden, begleitete den mittelalterlichen Menschen auf Schritt und Tritt. Das Memento mori, die Mahnung, sich stets den Tod vor Augen zu halten, darauf gefasst und vorbereitet zu sein, galt dabei für Hoch und Niedrig, für Könige wie für Bettler gleichermaßen, wie dieses Bild aus einem Totentanz des frühen 14. Jahrhunderts drastisch verdeutlicht.

Individuum und Gesellschaft – Auf dem Weg zum modernen Staat

Der Schweizer Kulturhistoriker Jacob Burckhardt (1818–97) hat den Unterschied zwischen Mittelalter und Moderne auf die bündige Formulierung gebracht: »Unser Leben ist ein Geschäft, das damalige war ein Dasein.« Geschäfte werden von Einzelnen gemacht, von jedem auf eigene Rechnung; »Dasein« bedeutet soziale Heimat, setzt die Einbindung in eine Gemeinschaft voraus, die den Einzelnen trägt und ihm Identität verschafft. Mittelalterliches Sozialleben wäre das Gegenteil von moderner Vereinzelung, die menschlichere Alternative zur Ellenbogengesellschaft? Nostalgische Projektionen fordern die nüchterne Bestandsaufnahme heraus.

Die mittelalterliche Gesellschaft schlechthin gibt es nicht, und auch nationale Gesellschaften formieren sich erst allmählich. Als die französischen Fürsten sich 1124 unter dem Eindruck der drohenden Invasion des »deutschen« Kaisers Heinrich V. unter dem Banner ihres Königs vereinten, als sich 1160 der Engländer Johannes von Salisbury über Weltherrschaftsattitüden des Stauferkaisers Friedrich I. empörte und fragte: »Wer hat die Deutschen zu Richtern über die Völker bestellt?«, waren dies frühe Regungen von Nationalgefühlen und nationalen Ressentiments. Aber es blieben singuläre Ereignisse und Einzelstimmen in besonders zugespitzter Situation, die noch nicht bis in die Tiefen der Gesellschaft wirkten. Bis in das späte Mittelalter fühlten und handelten die Menschen in erster Linie als Genossen ihres Dorfes, als Gefolgsleute ihres Herrn, als Verwandte ihrer Familie, als Brüder und Schwestern ihrer Ordensgemeinschaft, als Bürger ihrer Stadt, jedenfalls nicht als Angehörige einer Nation.

Freiheit ist Bindung an Gemeinschaft

D ie Menschen werden hineingeboren in die sozialen und rechtlichen Bindungen einer Gemeinschaft, in den dynastischen Verband eines Adelshauses, den Personenverband einer Grundherrschaft, in eine Dorfgenossenschaft oder Stadtgemeinde. Oder sie treten aufgrund eigener Willensentscheidung und besonderer Qualifikationen einer elitären Standesgemeinschaft bei, in die sie durch einen feierlichen Ritus aufgenommen werden, als Mönche, Kleriker oder Ritter. In jedem Falle setzt die Gemeinschaft die konkreten Normen für den Alltag und den persönlichen Lebensentwurf, für das Verhalten gegenüber den Genossen wie gegenüber anderen, für das Erscheinungsbild nach außen in Kleidung und Auftreten.

Der Einzelne hat seinen festen Platz im Gefüge der Gemeinschaft, das aus den vielschichtigen Beziehungen zu den Genossen, zum Herrn und letztlich zu Gott zusammengesetzt ist. Es ist bezeichnend, dass der rechtliche und ethische Inhalt dieses Beziehungsgefüges, *fides*, zugleich »Treue« und »Glaube« bedeutet, also die Verpflichtung gegenüber dem Herrn und den Genossen wie die Bindung an Gott umfasst. Solche Bindung steht nicht im Gegensatz zur Freiheit, im Gegenteil. Der rechtliche und soziale Status des Einzelnen, die Qualität seiner Freiheit wird gerade durch die Bindung an Herrschaft bestimmt: Je angesehener und mächtiger der Herr, umso höher ist der Sozialstatus seiner Getreuen. Auch der Fürst, und sei er der König, misst seinen Herrschaftsraum im Verhältnis und im Verhalten zu seinen fürstlichen Standesgenossen aus, auf deren Konsens er angewiesen ist. Absolute Herrschaft ist dem Mittelalter ebenso fremd wie uneingeschränkte Freiheit. Sooft in mittelalterlichen Urkunden Freiheiten (*libertates*, im Plural!) übertragen werden, handelt es sich um einzelne konkrete Rechte und nie um die vollständige Auflösung aller Rechtsbindungen, schon deshalb nicht, weil ja diese Freiheiten nicht voraussetzungslos, sondern immer von einer Herrschaft verliehen sind und auch wieder entzogen werden können. Absolute Freiheit des Einzelnen wäre Bindungslosigkeit, wie sie der Friedlose,

Anselm wehrt sich gegen seine Erhebung zum Erzbischof von Canterbury (Eadmer, Leben Anselms):

Er (König Wilhelm II. von England) erklärte, dass Anselm der Würdigste für dieses Amt wäre. Alle stimmten zu, Klerus und Volk lobten alle das Wort des Königs, nirgends regte sich ein Widerspruch. Als aber Anselm davon erfuhr, widersetzte und wehrte er sich mit aller Kraft fast bis zur tödlichen Erschöpfung. Aber es siegte der Konvent der Kirche Gottes. Er wurde gepackt und mit Gewalt unter Hymnen und Lobgesängen in die nächste Kirche mehr geschleift als geführt. Dies geschah im Jahre der Menschwerdung des Herrn 1093, am 6. März, dem ersten Fastensonntag.

der aus der Gesellschaft Ausgestoßene erlebt; solche Freiheit ist nicht erstrebenswert. Mittelalterliches Leben – insofern ist Jacob Burckhardt zuzustimmen – ist Leben in der Gemeinschaft.

Individuelle Verwirklichung im mittelalterlichen Sinne war am ehesten in der Ordensgemeinschaft zu erfahren. Der Mönch hatte tatsächlich alle Bindungen dieser Welt abgelegt – jedenfalls nach der Idee – zugunsten der einen, wesentlichen Beziehung zu Gott, war ganz auf sich und Gott gestellt. Dafür freilich hatte er sich zu einem besonders intensiven gemeinschaftlichen Leben im strengen Rhythmus einer Ordensregel verpflichtet. Das Ziel der monastischen Selbstheiligung erforderte die extreme Selbstbindung. Nirgendwo tritt die mittelalterliche Ambivalenz von Freiheit und Gemeinschaft deutlicher zutage als im Ideal des Ordenslebens.

Typus und Individuum – Wahrnehmungen des Menschen

Mittelalterliche Gemeinschaften geben dem Individuum wenig Raum. Die Selbstverwirklichung des Einzelnen, der »Egotrip« als gewollte Selbstabkapselung vom sozialen Umfeld, wäre gewiss eine unmittelalterliche Vorstellung. Die eigene Person, die eigene Leistung ins Rampenlicht zu rücken, gilt als unschicklich. Gewählte Bischöfe und Äbte werden manchmal mit brachialer Gewalt zum Altar geschleppt, weil sie sich – aus demonstrativer Bescheidenheit – mit Händen und Füßen gegen ihre Weihe wehren. Wer gierig nach Würden strebt, macht sich unmöglich, wie der ungeschickte »Gegenpapst« Viktor IV., als er 1159 nach tumultuarischer Wahl in einem Handgemenge den purpurnen Papstmantel an sich riss. Die großen autobiographischen Werke stehen am Anfang und am

Von Gislebert stammt die Skulpturengruppe »Jüngstes Gericht« im Bogenfeld des Mittelportals der Kathedrale Saint-Lazare in Autun (1120–32). Das Detail (oben) zeigt die Seelenwägung.

Ende des Mittelalters, die »Bekenntnisse« des heiligen Augustinus (397/401) und der Lebensbericht Kaiser Karls IV. (um 1350), auch wenn dazwischen, insbesondere seit dem 12. Jahrhundert, schon vereinzelt Selbstzeugnisse entstehen und auch Künstler allmählich aus der bescheidenen Anonymität herauszutreten beginnen, indem sie ihre Werke selbstbewusst »signieren« (wie um 1130 der Skulpturenmeister Gislebert in Autun).

Nicht dass die Zeitgenossen keine Wege gefunden hätten, persönliche Leistungen herauszustellen; die polternde Selbstoffenbarung gehörte jedoch kaum zu den gesellschaftlich akzeptierten Wegen. Gewiss war man auch nicht um Vorbilder verlegen, deren Leben und Leistungen man in leuchtenden Farben zu schildern wusste, wie die unzähligen Lebensbeschreibungen von Herrschern und Heiligen bezeugen. Aber in allen diesen Viten geht es selten um unverwechselbare Individualität. Man bevorzugt das Stereotype, das typisch Herrscherliche, das typisch Heilige der Figur. Es werden viele Genrebilder gemalt und wenige Porträts, weil der Typus interessiert, kaum das Individuum. Wie der gute König, der von Gott ausgezeichnete Heilige zu sein hatte, wusste man im 8. so gut wie im 15. Jahrhundert. Die Namen wechselten, manche zeittypischen Details kamen hinzu, andere fielen weg, die Grundzüge blieben weitgehend identisch. Das Mittelalter war nicht die Zeit für Individualisten. Umso mehr ragen diejenigen Persönlichkeiten hervor, meist Heilige, die ihr ganz eigenes Charisma durchaus wirkungsvoll zu inszenieren verstanden und manchmal – wie Franz von Assisi – selbst einen neuen Typus formten.

Vom nationalen Königtum zum monarchischen Staat

Eva am Türsturz des ehemaligen Nordquerhausportals der Kathedrale Saint-Lazare in Autun. Figur von Gislebert, um 1130 (Autun, Musée Rolin).

Die Wahrnehmung des Fremden und die Reflexion über das Eigene, einschließlich des eigenen Ichs, sind Ausflüsse desselben Bewusstseinswandels. Es ist also kein Zufall, dass das Individuum in der ersten Hälfte des 12. Jahrhunderts entdeckt wurde, gerade als auch ein nationales Bewusstsein heraufdämmerte. Aber selbst wenn die Untertanen eines Königs, zunächst freilich vor allem die Fürsten, sich allmählich als Nation begreifen lernten, viel »Staat« war damit noch nicht zu machen. Denn natürlich bestand weiterhin in allen Reichen eine Vielzahl partikularer Gewalten, Grundherren, Großvasallen und Städte, die ganz unterschiedlich und zum Teil nur lose auf die monarchische Spitze hin geordnet waren. Für die Ausbildung staatlicher Strukturen kam es entscheidend darauf an, wie weit es dem Herrscher gelang, autonome Adelsrechte, besonders das Recht auf Selbsthilfe durch die Fehde, auszuschalten und seinem Recht zu unterwerfen. Die Entwicklung zum staatlichen Gewaltmonopol verlief in den europäischen Königreichen sehr uneinheitlich und wurde in den meisten bis zum Beginn der Neuzeit gerade erst eingeschlagen.

Verhältnismäßig weit waren die westlichen Königreiche England und Frankreich fortgeschritten. Hier konnten die Könige seit dem hohen Mittelalter ihre Lehnsoberhoheit festigen und die Fürsten in eine königliche Rechtsordnung einbinden. Königliche Exekutivbeamte – in England die *sheriffs*, in Frankreich die *baillis* – sorgten für die Durchsetzung des Königsrechts in allen Landesteilen, der Hof in Westminster bzw. auf der Pariser Cité war zur zentralen Verwaltungs- und Finanzbehörde geworden; hier saß auch das Königsgericht, das allein für alle größeren Rechtsfälle, wie Kapital- und Eigentumsdelikte, zuständig war. Die Rationalisierung von Recht und

Das Grabbild Rudolfs von Habsburg (1273–91) im Dom zu Speyer gilt als das erste lebensechte Porträt eines deutschen Königs.

Die geistlichen Kurfürsten (die Erzbischöfe von Mainz, Köln und Trier) fordern eine Reform des Reiches (um 1450):

Erstens, dass der Kaiser in eine reiche Stadt komme, die etwa in der Mitte liege, mit der Absicht und dem Willen, längere Zeit persönlich zu bleiben ... Ferner, dass ein Gericht eingesetzt werde mit einer bestimmten Zahl von Personen aus jedem Stand, die regelmäßig alle Rechtsangelegenheiten erledigen sollen, ebenso wie im Parlament von Paris ... Ferner sollen die Kanzlei und die Kammer des Reiches errichtet werden, und sie sollen ebenso wie am Hof von Rom geführt werden ... Für alle diese Dinge braucht man Geld. Aber das Reich hat so geringe Einkünfte, dass der Kaiser die Last dieser Ordnung nicht tragen könnte ... Es ist notwendig, dass man nach Wegen sucht, Geld zu haben, wie das mit der geringsten Belastung sein kann.

Kaiser Friedrich I. Barbarossa mit
seinen Söhnen, König Heinrich VI. und
Herzog Friedrich von Schwaben.
Dargestellt ist der Typus des
Herrschers mit Ornat und Insignien.
(Miniatur aus der Welfenchronik, um
1190).

Fürstenpolitik ist Familienpolitik:
Kurfürst Albrecht III. Achilles von
Brandenburg verwahrt sich gegen
überzogene Versorgungsansprüche
einer seiner Töchter (um 1480):

*Eure Liebe schreibt, wir hätten Euch ins
Elend gegeben. Wir hätten Euch dem
Herzog von Sachsen versprochen. Doch
sahen auf beiden Seiten die Verwandten
von Sachsen und Brandenburg, dass es
ehrenvoller sei, ihm die Tochter eines
Königs zu geben, und dass es für Uns ehrenvoller sei, Unsere Tochter dem Sohn eines
Königs zu geben. So wurde die Heiratsab-
rede geändert, und zwar zum Besseren und
nicht zum Schlechteren ... Wir sind einer
Tochter nicht mehr als 10 000 Gulden zu
geben verpflichtet, wogegen sie auf väterliches, mütterliches und brüderliches Erbe ...
verzichtet. Wir haben Euch 20 000 Gulden
gegeben ... Ihr müsst aber auch bedenken,
dass Wir zwölf lebende Kinder haben,
unter ihnen vier weltliche unversorgte
Töchter, und innerhalb und außerhalb des
Landes gegen 200 000 Gulden Schulden ...
und dass Wir und Unsere beiden Söhne drei
Gemahlinnen haben, die auch Bedürfnisse
haben und Uns täglich mehr Kinder
gebären können.*

Herrschaft darf freilich nicht darüber hinwegtäuschen, dass die spätmittelalterlichen Reiche noch mehr als zuvor in der Person des Herrschers gipfelten. Das bis zur Manieriertheit verfeinerte höfische Zeremoniell, zunächst besonders in Frankreich, aber auch in Burgund
und Spanien, und von dort auf andere Höfe in ganz Europa ausstrahlend, steigerte den Herrscher zur sakralen Figur, die Persönlichkeit
zur abstrakten Institution. Der Erfolg der »Jungfrau von Orléans«,
ihre Begeisterung für das von Gott begnadete Königtum finden hier
ebenso eine Erklärung wie die Entwicklung zum absolutistischen
Staat der frühen Neuzeit, die schon hier eingeleitet wurde.

Viele Fürsten machen keinen Staat

Im deutschen Reich sind solche Ansätze moderner Staatlichkeit allenfalls punktuell zu fassen. Da nach dem Untergang der Staufer
um 1250 eine wirksame königliche Zentralgewalt weitgehend fehlte,
konnten staatliche Strukturen auf Reichsebene so gut wie nicht entstehen. Schon die Tatsache, dass das Reich bis zu seinem Ende 1806
nie zu einer Hauptstadt gefunden hat, ist bezeichnend genug für den
Abstand zu den westeuropäischen Nachbarn. Die Kaiser des 14. und
15. Jahrhunderts pendeln wie im tiefen Mittelalter zwischen verschiedenen Höfen, und dass sie sich zumeist zwischen den Reichsstädten im deutschen Südwesten bewegen, zeigt nur, wie eng auch
ihr politischer Wirkungsraum geworden war. Alle Reformversuche,
das Reich mit mehr »staatlichen« Kompetenzen auszustatten, scheiterten an zu vielen divergierenden Interessen. Die Fürsten waren
Herren eigenen Rechts und nicht bereit, ihre Rechtsautonomie zugunsten des Reiches beschneiden zu lassen.

Quasistaatliche Strukturen sind in Deutschland zuerst in den
Städten erkennbar. Die Bürger der Stadt bildeten – anders als die
Untertanen im Reich und in den Territorien – eine homogene
Rechtsgemeinde. Der Rat hatte das Monopol der Gesetzgebung und
der legitimen Gewaltanwendung in der Stadt; seine Gesetze galten
allgemein für alle Bürger, er erzwang und kontrollierte ihre Beachtung und ahndete Verstöße kraft obrigkeitlicher Gewalt. Die Kriterien des modernen Staates – die Einheit von Staatsgewalt, Staatsvolk
und Staatsgebiet – waren in der spätmittelalterlichen Stadt am weitesten verwirklicht. In der Enge der ummauerten Stadt entstand das
Modell, von dem der frühneuzeitliche Territorialstaat lernen sollte.

Nur zaghaft beginnt sich am Ende des Mittelalters die Herrschaft
von der Person des Herrschers zu lösen. Auf dem Weg zum Staat ist
die Feder langfristig wichtiger als das Schwert: Schriftlichkeit und
Bürokratisierung sind die Kennzeichen moderner Herrschaft. In der
fürstlichen Kanzlei werden Züge transpersonaler, institutioneller
Herrschaft greifbar. Aber wir dürfen sie nicht überstrapazieren, wie
es die ältere Forschung, überzeugt von der staatsbildenden Kraft des
spätmittelalterlichen Fürstentums, gerne getan hat. Der deutsche
Fürst und Landesherr herrschte im 15. und frühen 16. Jahrhundert so
wenig wie der Kaiser über einen territorial definierten Untertanen-
verband. Er gebot über Menschen nicht kraft obrigkeitlicher Ge-

setze, die einheitlich für alle Untertanen verbindlich waren, sondern noch immer aufgrund ganz verschiedener personaler Rechte von der Vasallität bis zur grundherrlichen Gewalt, die seinem Haus seit Generationen zugewachsen waren und die er wie seine Vorfahren durch geschickte oder auch rücksichtslose Erwerbspolitik zu erweitern und zu bündeln suchte.

Das Hauptmotiv der fürstlichen Politik war nach wie vor die Sicherung der Dynastie. Dabei spielten biologische Zufälle oftmals eine größere Rolle als politisches Augenmaß. Weil mächtige Familien des alten Adels ausstarben, wie 1248 die Grafen von Andechs, konnten etwa die Wittelsbacher ihr bayerisches Herzogtum nahezu konkurrenzlos zur Landesherrschaft ausbauen und sich als herrschende Dynastie bis in die Neuzeit behaupten. Die zielbewusste Territorialpolitik mit modern anmutenden Formen der Zentralisierung im Finanz- und Militärwesen, die man in manchen Fürstenstaaten zu beobachten meint, gehorchte simplem Erwerbsstreben und nicht einem höheren Staatszweck. Die bedeutendste politiktheoretische Schrift der Renaissance von Niccolò Machiavelli (1469–1527) handelt vom »Fürsten« *(Il principe),* nicht vom Staat.

Die Renaissance hat nicht sogleich den modernen Staat hervorgebracht. Wo die herrschaftlichen Strukturen noch nicht dafür geschaffen waren, änderte auch der geweitete Blick der Humanisten nichts. Wenn sie die Gesellschaft beschrieben, unterschieden die mittelalterlichen Autoren Lebensformen, Rechtskreise, Stände, also abgegrenzte menschliche Gemeinschaften; die Humanisten sehen jetzt den einzelnen Menschen oder im kühnen Entwurf die gesamte Menschheit. Im universalen Menschenbild aber lösen sich die sozialen Konturen auf. »Denn der eigentliche, ganze Mensch ist gottähnlich und unsichtbar. An der einen Menschennatur, die sich zwischen Kosmos und Individuum dehnt, haben lebende Menschen nur mutmaßlich mehr oder weniger teil. Wenn sich das Allgemeine nur noch in Fragmenten sehen lässt, nicht mehr im Verhalten von Menschen zueinander verkörpert, ist das Mittelalter vorbei« (Arno Borst). Die Gewissheit, Wesentliches zu wissen und im Glauben das Ganze zu erfahren, ist mit dem Mittelalter abhanden gekommen. Die Verflüchtigung der Gewissheiten und die Fragmentierung des Daseins werden zum Signum der neuen Zeit.

Arnold Bühler

Der Weltenschöpfer und Lenker der Zeiten thront in himmlischer Herrlichkeit, umgeben von sechs Medaillons, welche die sechs Schöpfungstage der Genesis abbilden. Zugleich verweisen die Umschriften auf die sechs Zeitalter, in die sich die gesamte Heilsgeschichte gliedert, von der Erschaffung Adams im ersten Zeitalter bis zur Wiederkunft Christi am Ende der Zeiten. Evangeliar Heinrichs des Löwen, Ende 12. Jahrhundert.

Vorindustrielle Agrarwirtschaft

Die Gesellschaften Europas im Mittelalter und in der frühen Neuzeit waren nahezu ausschließlich Agrargesellschaften. So selbstverständlich diese Feststellung erscheint, so schwer fällt es doch, gewöhnt an die Vielfalt des heutigen Nahrungsangebots in den westlichen Industrieländern, uns die Dürftigkeit der Nahrungsversorgung, die Beschränkungen in Menge und Qualität, die Beschwerlichkeit der Produktionsbedingungen, die Abhängigkeit von Klima und Wetter in früheren Jahrhunderten wirklich vorzustellen.

Erschwert wird der Zugang dadurch, dass die Quellen für diesen Bereich nicht sehr auskunftsfreudig sind. Der chronische Mangel ist nur dann eine Nachricht wert, wenn er in Zeiten besonders schwerer Missernten und Hungersnöte das alltägliche Maß überschreitet: »In diesem Jahr (820) hatten die anhaltenden Regengüsse und die überaus feuchte Luft große Übel im Gefolge. Unter Mensch und Vieh wütete weit und breit eine Seuche mit solcher Heftigkeit, dass es kaum einen Strich Landes gab im ganzen Frankenreich, der von ihr verschont geblieben wäre. Auch das Getreide und das Gemüse ging bei dem andauernden Regen zugrunde und konnte entweder nicht geerntet werden oder es verfaulte in den Scheuern. Nicht besser stand es mit dem Wein, der in diesem Jahr einen höchst spärlichen Ertrag gab und dabei noch wegen fehlender Wärme herb und sauer wurde. In einigen Gegenden aber war, da das Wasser von den ausgetretenen Flüssen noch in der Ebene stand, die Herbstsaat ganz unmöglich, sodass vor dem Frühjahr gar kein Korn in den Boden kam.« Noch im folgenden Jahr 821 – so berichten die Fränkischen Reichsannalen weiter – hielt die feuchte Witterung an, sodass die Herbstsaat in vielen Gegenden wiederum ausfallen musste. Die Situation ist typisch für die frühmittelalterliche Landwirtschaft. Angesichts der spärlichen Erträge schon in guten Jahren bedeutete eine Nässe- oder Dürreperiode gleich über Jahre andauernde Not. »Von Pest, Hunger und Krieg erlöse uns, o Herr« – der Hunger zählte zu den schrecklichsten Heimsuchungen der Menschen, die sie in ihren Gebeten immer wieder beschworen.

Nachrichten über Hungerkatastrophen werden im hohen Mittelalter seltener. Das heißt nicht, dass der Hunger allgemein besiegt war. Aber das stetige, bald sprunghafte Wachstum der Bevölkerung in Europa von knapp 40 Millionen auf über 70 Millionen wäre nicht erklärbar ohne eine einigermaßen stabile Ernährungslage vom 11. bis zum 13. Jahrhundert. Pollenanalysen und Jahresringmessungen ergaben für diesen Zeitraum optimale klimatische Bedingungen in West- und Mitteleuropa. Sie begünstigten die Fortschritte durch Landesausbau und neue Agrartechniken und ermöglichten einen Produktionszuwachs, der Wirtschaft und Gesellschaft nachhaltig veränderte. Aber selbst am Ende des Mittelalters, nach der Erschließung weiter Kulturlandschaften, dem Ausbau der Städte, der Differenzierung der Wirtschaftsräume, lebten noch immer über 80 Prozent der Bevölkerung, einschließlich großer Teile des kleinstädtischen Bürgertums, unmittelbar von der Landwirtschaft. Dies entspricht etwa dem Anteil in der heutigen Türkei. Der Pflug und nicht das Werkzeug des Handwerkers oder das Rechenbrett des Kaufmanns prägte das Leben des Europäers bis weit in die Neuzeit.

Der schollenwendende Pflug

Fortschritte in der Pflugtechnik waren es auch, die eine intensivere Bodenbearbeitung und dadurch eine Steigerung der Ernteerträge ermöglichten. Zwar wurde der Räderpflug mit eiserner Pflugschar und Streichbrett schon in karolingischer Zeit vereinzelt eingesetzt; aber erst im Hochmittelalter erfuhr der technisch aufwendige Eisenpflug eine allgemeinere Verbreitung und verdrängte allmählich den antiken Hakenpflug. Dieser – mehr Grabstock als Pflug – hatte den Ackerboden nur an der Oberfläche aufgerissen, was auf den trockenen Böden Südeuropas ausreichend und nützlich war, da Furchen mit geringer Tiefe eine Austrocknung des Bodens verhinderten. Um die schweren, feuchten Böden in West- und Mitteleuropa intensiv zu bearbeiten, war der hölzerne Pflug zu schwach. Die eiserne Pflugschar grub den Boden tief auf, die Scholle wurde gewendet und neben der Furche aufgeworfen; der Boden wurde auf diese Weise gründlich aufgelockert, durchlüftet und die Nässe abgeleitet. Zu voller Wirkung kam der schollenwendende Pflug durch das entsprechende Gespann. Während der Hakenpflug von zwei Ochsen gezogen wurde, kamen beim schweren Räderpflug vier bis acht Ochsen zum Einsatz. Das Pferd wurde erst als Zugtier genutzt, als mit dem Kummet (ebenfalls schon im Frühmittelalter bekannt, aber erst seit dem 12. Jahrhundert verbreitet) eine artgerechte Anschirrung möglich war. Jetzt allerdings war die Arbeitskraft des Pferdes, auch aufgrund seiner höheren Wendigkeit und Schnelligkeit, der des Ochsen weit überlegen. In den reichen Agrarlandschaften Nordfrankreichs wurden wohl zuerst im 13. Jahrhundert Pferde vor den Pflug gespannt. Freilich waren sie in der Haltung erheblich kostspieliger. Während die Ochsen das Brachland oder die Stoppelfelder abweideten, musste für die Pferde Hafer angebaut werden, und sie mussten beschlagen werden, um die nässeempfindlichen Hufe zu schonen. Wegen der aufwendigen Haltung hat das Pferd den Ochsen in der Landwirtschaft bis in die Neuzeit nicht völlig verdrängt.

Beim alten Hakenpflug kam es auf die Pflugrichtung nicht an; der Acker wurde mehrmals kreuz und quer durchpflügt. Der schollenwendende Pflug verlangte, dass jede Furche gerade neben der anderen gezogen wurde. Es gab nur Längsfurchen, an den Querseiten des Ackers wurde der Pflug umgewendet. Dadurch entstanden anstelle unregelmäßiger Ackerflächen die lang gezogenen Streifenfluren, die noch heute viele Agrarlandschaften prägen. Manchmal haben die Flurstreifen eine S-förmige Krümmung: So wurde zu den Schmalseiten hin schon im Pflügen die Biegung eingeleitet, um dem schweren Gespann – zumal mit Ochsen – eine scharfe Wendung zu ersparen. Nach zwei- oder dreimaligem Pflügen mussten die Schollen vor der Aussaat in einem zusätzlichen Arbeitsgang mit der Egge eingeebnet werden. Die Egge, die auch zur Unkrautbekämpfung benutzt wurde, erforderte mehr als der Pflug eine gleichmäßig zügige Gangart des Gespanns, wie sie Pferde besser leisten konnten.

Dreifelderwirtschaft

Dank der effizienteren Pflugtechnik konnte der Bauer in der gleichen Zeit eine größere Ackerfläche bearbeiten. Die Antike kannte die Zweifelderwirtschaft, die durch die Römer auch nördlich der Alpen verbreitet war. Angebaut wurde nur auf einer Hälfte der Ackerfläche, im Mittelmeerraum Wintergetreide, im kälteren Norden Sommergetreide. Nach der Ernte wurden die Stoppelfelder abgebrannt oder vom Unkraut überwuchert und blieben unter mehrfachem Pflügen ein Jahr lang brach liegen. Inzwischen wurde die zweite Hälfte des Ackerlandes bestellt. Die Zweifelderwirtschaft blieb im Süden und Norden Europas das vorherrschende, weil dem Klima angemessene Anbausystem.

Im gemäßigten Klima Mitteleuropas waren zwei Ernten im Jahr möglich. Schon die großen karolingischen Klostergrundherrschaften arbeiteten, wo die natürlichen Bedingungen es zuließen, mit dem fortschrittlichen Dreifeldersystem. Aber wieder erst im hohen Mittelalter konnte diese Anbaumethode mithilfe der verbesserten Geräte flächendeckend praktiziert werden. Das Ackerland wurde in drei Fluren unterteilt, für Wintersaat, Sommersaat und Brache. Im Dreijahresturnus wurde im ersten Jahr im Herbst Winterfrucht (Roggen oder Weizen) gesät und im nächsten Frühsommer geerntet; im dritten Jahr trug dasselbe Feld Sommerfrucht (Hafer oder Flachs oder Ölfrüchte wie Lein, Raps, Mohn) – Aussaat im Frühjahr, Ernte im Spätsommer – und blieb dann ein gutes Jahr unbebaut bis zur nächsten Wintersaat im vierten Jahr. Die Vorteile der Dreifelderwirtschaft sind offensichtlich: 1) Die jeweils genutzte Anbaufläche wurde von der Hälfte auf zwei Drittel des Ackerlandes erhöht, der Ertrag entsprechend gesteigert. 2) Die Feldarbeit wurde gleichmäßig über das ganze Jahr verteilt. 3) Zwei Reifeperioden im Jahr verminderten das Risiko von Missernten; ging die Wintersaat infolge schlechter Witterung nicht auf, konnte der Bauer sie unterpflügen und zusätzlich Sommergetreide säen. 4) Der Fruchtwechsel und die lange Brachzeit verbesserten die Qualität des Bodens und damit auch der Ernte. In den besonders fruchtbaren Landschaften der Toskana, der Lombardei und in Flandern verzichtete man seit dem 13. Jahrhundert auf die Brache, indem man auf dem dritten Feld systematisch Weideflächen anlegte oder Futterpflanzen anbaute.

Das Dreifeldersystem erforderte genaue Absprachen unter den Bauern über die Einteilung und eine koordinierte Bearbeitung der Felder. Die

Bauernversammlung setzte die Flurordnung fest und sorgte für deren Einhaltung, »dass ein Nachbar mit den andern solle pflügen, säen, ernten, keiner vor den andern, bevor ein Tag gesetzt, in der Brake zu pflügen anfangen, und endlich derjenige, welcher nachpflüget, seines Nachbarn Acker schone und darauf nicht ohne Not mit Pflug und Wagen kommen« (so noch 1700 im holsteinischen Dorf Langwedel); streng verboten war es, Pferde oder Vieh zu weiden, solange noch eine einzige Garbe auf dem Feld stand. Bei Verstößen gegen die Flurordnung drohten empfindliche Strafen, Bußen im Wert von einer Tonne Bier. Die Verfassungshistoriker betonen zu Recht, dass die Dreifelderwirtschaft mit ihrem Zwang zur Einigung und Kooperation (Flurzwang) die Entwicklung zur selbst verwalteten Dorfgemeinde im späten Mittelalter entscheidend gefördert hat.

Der Wandel der hochmittelalterlichen Agrartechnik und Bodenbewirtschaftung brachte komplexe Umgestaltungen der Agrarlandschaft mit sich. Die Ertragssteigerungen waren deutlich spürbar. Auf den karolingischen Gütern betrug das Verhältnis von Aussaat zu Ernte etwa 1:2, im günstigsten Falle bis zu 1:3. Man war also froh, wenn der Ertrag des Vorjahres erreicht wurde und für die Aussaat wieder dieselbe Saatmenge zur Verfügung war. Mit der intensiveren Bodenbearbeitung stiegen die Erträge immerhin auf 1:3–5; in Nordfrankreich wurde im 14. Jahrhundert beim Hafer fast das Siebenfache der Aussaat erzielt. (Eine ergiebige Ernte liegt heute nicht unter 1:30; der Ertrag pro Hektar Anbaufläche lag 1996 in Deutschland bei 62, im Mittelalter bei etwa 5 Doppelzentnern.) Geerntet wurde mit der Sichel, nicht mit der Sense, die nur in der Heumahd verwendet wurde. Denn der Schwung der Sense hätte die spärlichen Körner aus den Ähren gelöst. Das Korn wurde zumeist kurz unterhalb der Ähren geschnitten; die Halme blieben stehen und wurden abgeweidet oder zur Düngung untergepflügt. Erst im späten Mittelalter bevorzugte man – ähnlich wie heute und zum Teil schon mit der Sense – den bodennahen Schnitt, um das Stroh mit einzubringen. Es wurde als Winterfutter benötigt, mit Mist zu Strohdung vermengt oder als Strohlehm im Hausbau verarbeitet. Durch den tiefen Halmschnitt ging dem Boden viel Biomasse verloren, sodass jetzt vermehrt Dünger zugesetzt werden musste.

Expansive Getreidewirtschaft

Nicht die intensivere Wirtschaftsweise allein, sondern mehr noch die Ausdehnung der bebaubaren Flächen durch die Kultivierung neuen Ackerlandes brachte den nötigen Ertragszuwachs, um den seit dem 11. Jahrhundert steigenden Nahrungsbedarf zu decken. Freilich waren die Bauern erst durch die effizientere Technik des hohen Mittelalters in der Lage, mehr Land als früher unter den Pflug zu nehmen. Jetzt wurden die schwer zugänglichen Mittelgebirgsregionen, die Küstensümpfe und die Schwemmgebiete der großen Flüsse für Siedlung und Landwirtschaft erschlossen: im Poitou, in der Bretagne und der Normandie, im Zentralmassiv, im Schwarzwald und im Alpenvorland, in Holland und Friesland, an Weser und Elbe, in Cornwall und im Fennland von Cambridgeshire und Lincolnshire im Osten Englands. Die deutschen Siedlungen in Ost- und Südosteuropa haben in diesem Zusammenhang besondere Bedeutung. Überall wurde Ackerland für den Getreideanbau neu gewonnen, durch Rodung, Trockenlegung und Eindeichung, sodass man die hochmittelalterliche Ausbauperiode als »Vergetreidung« beschrieben hat. Sie verwandelte die Landschaften Europas in einer Weise wie nie zuvor durch Menschenhand und erst viel später noch einmal im Zuge der Industrialisierung im 19. und 20. Jahrhundert.

Vorherrschend war der Roggen, nur auf besseren Böden konnte der empfindlichere Weizen gedeihen. Durch den extensiv betriebenen Roggenanbau trat besonders in Mangeljahren immer wieder Mutterkornvergiftung (»Antoniusfeuer«, Ergotismus) auf. Mutterkorn befällt hauptsächlich Roggen und verursacht bei längerem Verzehr von mutterkornhaltigem Mehl Krampfanfälle, brennende Schmerzen (»Mutterkornbrand«) bis zum Schwarzwerden und Abfallen der Glieder. Gelangte Mutterkorn ins Saatgut, konnte die Vergiftung bei Pflanze und Mensch rasch epidemische Ausmaße annehmen. Die spezialisierte Landwirtschaft war schon früh den Anfälligkeiten der Monokultur ausgesetzt, freilich ohne dass der Zusammenhang zwischen Ernährung und Krankheit erkannt worden wäre.

Die verbreiteten Getreidesorten, neben Roggen und Weizen vor allem Dinkel, Gerste und Hafer, in den Mittelmeerländern auch Hirse, bildeten die Hauptnahrungsgrundlage. Die Ausdehnung des Getreideanbaus drängte im 12. und 13. Jahrhundert die Viehwirtschaft zurück. Hülsenfrüchte wie Bohnen, Erbsen und Linsen ergänzten das Nahrungsangebot. Pflanzenöl aus Raps und Mohn, aber auch aus Walnüssen gepresst, fand nicht nur als Speiseöl Verwendung, sondern auch als Leuchtstoff und Schmiermittel. Die kapitalintensive Olivenwirtschaft in Italien und Spanien lieferte teures Olivenöl, das im Norden als Luxus galt. Flachs und Hanf, zur Verarbeitung im Textilgewerbe und in der Seilerei, gediehen in jedem Klima und wurden in ganz Europa angebaut. Ebenfalls in der Tuchherstellung wurden Farbpflanzen gebraucht, Waid (für Blau) aus Nordfrankreich und dem Rheinland, Krapp (Färberröte) aus Flandern, Safran (für Gelb), auch als Gewürzpflanze, aus dem Mittelmeerraum.

Die wichtigste regionale Sonderkultur stellte gewiss der Wein dar. Überall als Messwein benötigt und als Genussmittel geschätzt, wurde er schon im frühen Mittelalter über weite Entfernungen gehandelt. Besonders beliebt und teuer waren süße Weine aus Spanien und Griechenland. Erschwinglicher und seit dem 11. Jahrhundert kommerziell verbreitet waren italienische, französische und deutsche Weine. Durch Terrassenanbau und Veredelung der Reben wurden die Anbauflächen erweitert und hochwertige Sorten kultiviert. Berühmt waren schon im 12. Jahrhundert die französischen Weinbaugebiete in der Champagne, in Burgund, an der Loire sowie im Südwesten um Bordeaux; zu Beginn des 14. Jahrhunderts wurden jährlich 20000 Fässer Wein von Bordeaux nach England verschifft.

Agrardepression und Wüstung

Die europäische Landwirtschaft des 12. und 13. Jahrhunderts zeichnete sich durch ein geradezu boomartiges Wachstum aus. Um 1300 waren die Grenzen des Ausbaus erreicht. Die große Pest, die 1347 bis 1352 in ganz Europa wütete, war nicht allein Ursache für die Agrardepression des 14. Jahrhunderts; allerdings verschärfte sie dramatisch die seit der Jahrhundertwende schleichende Krise. Erosion und Erschöpfung der Böden und auch schon Mangel an den natürlichen Ressourcen waren die Folgen der extensiven Bodennutzung auf Kosten von Wald, Gras- und Torfland. Lange Winter und kalte, nasse Sommer kündigten das Ende der günstigen Klimaperiode an. Ein allgemeiner Temperaturabfall um ungefähr 1,5° Celsius im Jahresmittel brachte langfristig erhebliche Verschiebungen im Vegetationsgefüge und in der Landwirtschaft. Schlechte Ernten in den Jahren 1315 bis 1317 und infolgedessen Nahrungsknappheit in weiten Teilen Mitteleuropas waren noch Vorboten. Bezeichnender ist, dass im 14. Jahrhundert der Weinanbau in England praktisch aufgegeben wurde, an der Nordseeküste der ansteigende Meeresspiegel besiedeltes Land auf Dauer überspülte und die alpine Besiedelung sich in gemäßigtere Lagen zurückzog.

Der Bevölkerungsschwund durch die Pest traf zwar die ländlichen Gebiete nicht in gleichem Maße wie die Städte. Weil aber der Getreideabsatz von der städtischen Nachfrage abhing, brach der Getreidemarkt zusammen (während gleichzeitig die Preise für die gewerbliche Produktion stiegen), mit katastrophalen Folgen für die bäuerliche Bevölkerung. Höfe und Fluren, ganze Dörfer wurden verlassen. Von etwa 170000 Dörfern im deutschen Siedlungsraum (in den Grenzen von 1937) existierten am Ende des 15. Jahrhunderts 40000 nicht mehr. In anderen Ländern, insbesondere dort, wo im 12. und 13. Jahrhundert der Landesausbau energisch vorangetrieben worden war, ist das Bild ähnlich. Gerade die jungen Siedlungen, die in schwierigem Sumpf- und Rodungsland neu gegründet worden und nicht immer rentabel waren, wurden zuerst wieder aufgegeben. In Frankreich trafen zudem die Kriege des 14. und 15. Jahrhunderts die Landwirtschaft schwer. Im fruchtbaren Pariser Becken fielen die Erträge um mehr als die Hälfte. In vielen Landschaften Europas mündete der Siedlungsprozess des hohen Mittelalters in den Wüstungsprozess des Spätmittelalters. Entsprechend breitete sich in den Wüstungszonen der Wald wieder aus (während im Umland der großen Städte durch verordnete Aufforstungs- und Hegemaßnahmen dem Raubbau am Wald gegengesteuert werden musste).

Felder werden zu Weiden

Die spätmittelalterliche Landwirtschaft passte sich an die veränderte Konjunkturlage an. Der Getreideanbau wurde stark eingeschränkt; an seine Stelle traten lohnendere Spezialkulturen oder weniger arbeitsintensive Weidewirtschaft. Denn die Städte, die aus der demographischen Katastrophe wirtschaftlich gestärkt hervorgingen, hatten enormen Bedarf an anspruchsvolleren Nahrungsprodukten wie Fleisch und Milcherzeugnissen und an Rohprodukten zur gewerblichen Weiterverarbeitung. Der Flachsanbau zog sich von Irland über Nordwestfrankreich und Flandern bis nach Westfalen und Sachsen, in den Moselraum und nach Schwaben. Gemüse und Obst wurden vermehrt angebaut, ebenso wie Futterpflanzen (Wicken, Futterrüben), da bei intensivierter Viehzucht die natürliche Weide nicht ausreichte.

Radikal, ja zum Teil gewaltsam war der Strukturwandel in der englischen Landwirtschaft. Das profitable Wollgeschäft veranlasste die Grundherren, nicht nur verlassene Fluren, sondern sogar Gewinn bringendes Ackerland rücksichtslos in Weideland für Schafe umzuwandeln. Ganze Siedlungen verschwanden in den Midlands, in Yorkshire und Lincolnshire, ein Viertel aller Dörfer in England. »Die Schafe fressen die Menschen auf«, hieß es im 16. Jahrhundert nicht ohne Polemik: *Sheep have eaten up our meadows and our downs, / Our corn, our wood, whole villages and towns.* Tatsächlich konnten die Millionen von Schafen – an Zahl das Dreifache der Bevölkerung Englands – die durch sie mittellos gewordenen und entwurzelten Ackerbauern in Angstzustände versetzen. Im Zuge der expansiven Schafwirtschaft entstanden die Einhegungen der Weiden und Felder mit Hecken, Mauern und Gräben *(enclosures),* die in den ländlichen Gebieten Englands bis heute zum typischen Bild gehören. England, dessen Wolle schon im 12. Jahrhundert in Flandern und Brabant verarbeitet wurde, blieb das Hauptexportland für Wolle und belieferte die gesamte europäische Tuchindustrie. Erst danach folgte Spanien, das dank des Merinoschafs im 14. Jahrhundert ebenfalls Wollausfuhrland wurde. Auch hier waren die hohen Wollpreise ausschlaggebend dafür, dass die Schafzucht den Ackerbau zurückdrängte.

Differenzierung der Getreidenachfrage –
Fruchtwechselwirtschaft

Umstürzende Veränderungen erfuhr die frühneuzeitliche Agrartechnik bis zur Industrialisierung nicht mehr. Wohl aber wurden die im Mittelalter angeeigneten Methoden und Techniken weiterentwickelt und verfeinert, und natürlich blieb die Landwirtschaft auch weiterhin an die allgemeine Konjunktur gekoppelt. Das Preisniveau des Getreides reagierte stets unmittelbar auf die Bevölkerungszu- oder -abnahme. Um nur die gesamteuropäischen Entwicklungen zu nennen, wobei viele regionale Besonderheiten unberücksichtigt bleiben: Ab dem späten 15. Jahrhundert bis nach 1600 nahm die Bevölkerung zu, die Getreidepreise stiegen schneller als die Preise für tierische Produkte und die Löhne. In der 2. Hälfte des 17. Jahrhunderts kam es zu Preisverfall und Agrardepression infolge des Bevölkerungsschwundes. Seit etwa 1750 nahm die Landwirtschaft analog zur steil ansteigenden Bevölkerungskurve wieder rasanten Aufschwung. Die Viehwirtschaft verhielt sich in der Regel antizyklisch zum Getreideanbau: Der spätmittelalterliche Trend zu Viehzucht und Spezialkulturen – extrem ist der »Tulpenboom« in Holland – hielt im Ganzen bis ins 18. Jahrhundert an; erst dann konnte die Getreidewirtschaft wieder an Boden gewinnen.

Es gab stets nur relative Nachfrageschwankungen. Getreide blieb das Hauptnahrungsmittel auch in der frühen Neuzeit. Roggen und Weizen für Brot, Gerste für Bier, das in Nordeuropa ein wichtiger Bestandteil der täglichen Ernährung war, und Hafer als Pferdefutter. Roggen wurde hauptsächlich in Nord- und Osteuropa angebaut, während im Süden der Weizen vorherrschte. Überall aber bevorzugten der Adel und allgemein die gehobenen Schichten das hellere Weizenbrot, sodass der Weizen geradezu zum sozialen Indikator wurde. In England überwog der Weizenverbrauch in den Städten, in großbäuerlichen Familien und im Süden des Landes, während der ärmere Norden und insbesondere die kleinbäuerliche Bevölkerung sich in der Hauptsache von Roggen und Gerste (von Letzterer auch als Brotgetreide) ernährten. Wenn um 1700 der Weizenanteil gegenüber Roggen, Gerste und Hafer nur 38 Prozent ausmachte, am Ende des Jahrhunderts aber über 60 Prozent, so ist dies ein Indiz für den Aufschwung der englischen Landwirtschaft im 18. Jahrhundert. Im agrarwirtschaftlich rückständigen Schottland war noch bis ins 19. Jahrhundert der Hafer das Hauptnahrungsmittel für den größten Teil der Bevölkerung.

Angebaut wurde in einem verbesserten Dreifeldersystem, bei dem die Brache durch Futteranbau ersetzt wurde, oder im komplizierteren Fruchtwechsel, der sich von Flandern und Brabant über ganz Europa ausbreitete. In vierjähriger Rotation, besonders erfolgreich in England betrieben (Norfolk-System), folgten nacheinander Weizen oder Roggen, Rüben, Gerste und Klee als Grünfutter, oder im sechsjährigen Wechsel Weizen, Gerste, Rüben, Hafer, Futterklee bis zum Sommer, danach Winterweizen. Da die Brache entfiel, musste mit Mist oder Mergel gedüngt werden. Weniger belastend für den Boden war es, wenn nach jedem Zyklus ein Brachjahr eingeschoben wurde.

Internationaler Agrarmarkt

Mit dem Ausbau der europäischen Städtelandschaften im hohen Mittelalter war Getreide zur bedeutenden Handelsware geworden, die zunächst kleinräumig vom Umland in die nächste Stadt, bald aber schon über große Entfernungen aus Überschussgebieten in Mangelgebiete geliefert wurde. Dies galt nicht nur in Zeiten akuter Nahrungskrise, wie 1590/91 in Norditalien, als Getreide kurzfristig aus Holland, England und Danzig geordert werden musste. Die großen Städte in den Ballungsgebieten Flanderns und der Lombardei führten regelmäßig, zumeist auf dem Seeweg, Getreide ein. Die Hauptachse des Handels verlief von den Anbauregionen der Ostseeländer zu den Märkten in West- und Südeuropa, von Danzig nach Amsterdam. Die Zollregister protokollieren von 1497 bis 1660 im Jahresdurchschnitt 2500 Schiffspassagen durch den Sund, bis zum Ende des 18. Jahrhunderts sogar über 4000 Durchfahrten im Jahr. Amsterdam war die Hauptdrehscheibe des Getreidehandels; hier wurden im 17. und 18. Jahrhundert die europäischen Getreidepreise »gemacht«. Gemessen am Gesamtbedarf der Bevölkerung war das Handelsvolumen freilich eher gering; der Import baltischen Getreides ernährte weniger als eine Million Menschen. Hauptlieferanten waren also nach wie vor die lokalen Erzeuger. Amsterdam selbst bezog mehr Getreide aus seinem »Hinterland«, aus Flandern, Nordfrankreich und dem Rheinland, als über den Ostseehandel.

Dagegen hing die Fleischversorgung der Städte ganz wesentlich von ausländischen Importen ab. Seit dem späten Mittelalter wurden Rinder aus den Aufzuchtgebieten in Dänemark, Südschweden, Schleswig-Holstein, Polen, Böhmen und Ungarn zu den westlichen Märkten getrieben. Über viele Hundert Kilometer kamen die Viehtriften in jedem Jahr aus den nördlichen Erzeugerländern in die Niederlande und nach Norddeutschland bis nach Köln, aus den südöstlichen Gebieten nach Frankfurt und weiter nach Süden bis in die oberitalienischen Städte. Um 1600 wanderten jährlich allein 40 000 dänische Mastochsen auf die norddeutschen und niederländischen Märkte.

Die Verflechtung der Agrarmärkte ließ die regionalen Profile umso deutlicher hervortreten. Von flandrischen Viehzüchtern profitierten die nördlichen Mast- und Milchwirtschaften, von holländischen Gartenbauexperten die Gemüsegärtnereien im Umland der Großstädte; berühmt waren die Gemüseplantagen vor Amsterdam und Paris sowie die südenglischen Gärtnereien, die den Londoner Gemüsemarkt (seit 1671 am Covent Garden) mit einer einzigartigen Produktvielfalt belieferten. In einigen Gegenden wurden im späten 18. Jahrhundert, ausgehend von Irland, schon Kartoffeln angepflanzt. Als Konkurrenz zum Getreide zunächst abgelehnt, wurde der Kartoffelanbau in Deutschland durch die Hungersnot 1771/72 beschleunigt.

Die wachsende Produktivität der Landwirtschaft und der international ausgreifende Handel mit Agrargütern trugen insgesamt dazu bei, dass seit der Mitte des 18. Jahrhunderts der Hunger in Europa allmählich seinen früheren Schrecken verlor. England war zum modernsten, schon kapitalistisch geprägten Agrarland aufgestiegen. Hier waren vor 1800 die ersten Sämaschinen im Einsatz, die Mäh- und die Dreschmaschine eben in der Entwicklung, Vorboten eines neuen Zeitalters, in dem die Maschine auch die Landwirtschaft revolutionieren würde.

Arnold Bühler

Religion auf drei Kontinenten

Im Namen Allahs – Mohammed und die Anfänge des Islam

Damals wiesen wir Ibrahim den Ort des Hauses zu: Geselle mir nichts bei! Halte mein Haus rein für die, die es umkreisen, für die, die beim Gebet stehen, sich beugen, sich niederwerfen! Rufe unter den Menschen die Pilgerfahrt aus! Zu Fuß sollen sie dann zu dir kommen und auf ausgemergelten Kamelen jeglicher Art, die aus jedem erdenklichen tiefen Bergeinschnitt herantraben! Sie sollen selber teilhaben an dem, was ihnen höchsten Nutzen bringt, und sollen an festgelegten Tagen den Namen Allahs (beim Schlachten des Viehs) ausrufen, das er ihnen als Nahrung beschert – Esst davon und speiset den notleidenden Armen! – Dann sollen sie sich vom Schmutz befreien, ihre Gelübde erfüllen und das ehrwürdige Haus umkreisen!« In Sure 22, Vers 27 und 29 finden sich diese Sätze. Wahrscheinlich wurden sie Mohammed offenbart, noch bevor er 622 Mekka verlassen und in Medina Zuflucht suchen musste.

Auf einer persischen Karte aus dem 16. Jahrhundert ist die Kaaba als der Mittelpunkt der Erde dargestellt. Die Karte ist nach Süden ausgerichtet.

Koran, Sure 2, Verse 127–129:

Damals führte Abraham zusammen mit Ismael die Fundamente des Hauses auf: »Unser Herr! Nimm dies von uns an! Du bist es, der alles hört und weiß! Unser Herr! Mach, dass wir uns zu dir wenden! Mach aus unserer Nachkommenschaft eine zu dir gewandte (»muslimische«) Gemeinschaft! Und zeig uns unsere Riten, und wende dich uns zu! Du bist es, der sich barmherzig zuwendet! Unser Herr! Berufe unter ihnen einen Gesandten aus ihrer Mitte, der ihnen deine Verse vorträgt, sie die Schrift und die Weisheit lehrt und sie läutert! Du bist der Mächtige und Weise!«

Wurzeln des Islam

Wovon ist in diesen Versen die Rede? Das Haus schlechthin ist im Koran die Kaaba, der wichtigste Kultbau des Islam: Sie ist unverletzlich, denn sie ist Mittelpunkt eines heiligen Bezirks, aus

Die Kaaba, ein fensterloses, leeres Gebäude im Mittelpunkt der Großen Moschee in Mekka, war schon in vorislamischer Zeit Stadtheiligtum von Mekka. Die Kaaba ist Ziel der Wallfahrt, zu der jeder Muslim einmal im Leben verpflichtet ist; sie wird von den Pilgern siebenmal umrundet.

Die Große Moschee in Mekka mit der Kaaba im Mittelpunkt; Darstellung auf einer osmanischen Fayence des 17. Jahrhunderts (London, Victoria and Albert Museum).

dem das profane Treiben ausgeschlossen sein soll. Der Ort, an dem sie steht, ist Ibrahim – dem Abraham des Alten Testaments – einst von Gott gezeigt worden; zusammen mit Ismael, seinem Sohn, hat er sie dort errichtet, wie in Sure 2, Vers 127 erzählt wird. Die Kaaba hat also nach muslimischer Auffassung eine Geschichte, die lange vor Mohammed beginnt und Mekka mit der religiösen Überlieferung des Alten Testaments verknüpft. Abraham/Ibrahim erhält den Befehl, die Pilgerfahrt einzurichten, an der Menschen aus ganz Arabien teilnehmen sollen. Sie hat an bestimmten Tagen des Jahres nach einem festliegenden Ritual zu erfolgen, das ein Schlachtopfer und die Speisung der Armen einschließt.

Zur Zeit Mohammeds galt es allen Mekkanern als eine historische Tatsache, dass die ergiebigste Quelle ihres Ansehens und ihres Lebensunterhalts auf Ibrahim zurückgehe. Der Kaabakult sei freilich nach dem Tode Ibrahims und Ismaels eine Zeit lang durch Angehörige jemenischer Stämme usurpiert gewesen, doch der Koraischite Kusaij habe schließlich die rechtmäßigen Verhältnisse wiederhergestellt, indem er jene unterworfen und den Kultdienst seinem Klan gesichert habe. Mohammed steht in der überlieferten Genealogie des Stammes der Koraisch fünf Geschlechter unter Kusaij; er gehörte mithin zu den führenden Familien Mekkas. Dass jener Kusaij als der legitime Erbe Ibrahims angesehen wurde, hatte der fiktive Stammbaum der Koraisch zu belegen, den man zu Ismael hinaufführte. Die jemenischen Araber hingegen, die man keineswegs nur im Süden der Halbinsel antraf, sondern z. B. auch im Gebiet des heutigen Syrien und im Westen des Zweistromlandes, leiteten sich nicht von Ismael her, eine Tatsache, die bald erhebliches Gewicht erlangen sollte.

Indem sich die Koraisch auf Ibrahim und Ismael als die Stifter des Kaabakultes beriefen, schufen sie für sich und die ihnen hierin folgenden Araber ein Band, das insofern neuartig war, als es die nach Arabien hineinströmende hochreligiöse Überlieferung nutzbar machte. Geweiht war der Kaabakult Allah, »dem Gott«, wie dieses Wort zu verdeutschen ist. Allah galt den vorislamischen Arabern freilich nicht als der einzige, sondern nur als der höchste Gott; andere Gottheiten wurden an vielen Orten auf der Halbinsel verehrt, unter anderem auch in der unmittelbaren Nähe des mekkanischen Heiligtums. Den dort vollzogenen Riten pflegten die Koraisch freilich nicht beizuwohnen. Sie waren bestrebt, ihren Kult zu fördern; die Mitglieder fremder Stämme wurden während ihres Aufenthaltes im heiligen Bezirk an der Kaaba von den Angehörigen eines koraischitischen Männerbundes in Obhut genommen, zu dem auch Mohammed zählte. So war es den Koraisch gelungen, Einfluss in verschiedenen Landstrichen der Halbinsel zu gewinnen, und es war inzwischen bei ihnen üblich, die Stämme Arabiens in solche einzuteilen, die das Heiligtum respektierten, und andere, die es missachteten. Diese Einteilung hatte zudem eine durchaus politische Bedeutung; denn der Wohlstand, der es der Sage nach Kusaij als erstem Koraischiten ermöglicht hatte, in Mekka ein Haus aus Stein zu bauen, beruhte nicht nur auf den Einkünften aus dem Kaabakult, sondern auch auf der Ausrichtung von Handelskarawanen zwischen dem Jemen und Palästina. Infolge fortwährender Kriege zwischen dem Byzantinischen Reich und dem sassanidischen Iran hatte sich seit dem ausgehenden 5. Jahrhundert ein Teil des Warenverkehrs aus Asien in den Mittelmeerraum, der über das Zweistromland abgewickelt worden war, weiter nach Westen verlagert, ein Umstand, der den Aufstieg Mekkas verstehen hilft. Um die Handelswege freizuhalten, mussten sich die Koraisch die Gewogenheit der Stämme bewahren, deren Streifgebiete von den Karawanen durchzogen wurden. Es war mithin eine eigentümliche Verquickung von kultischen, politischen und wirtschaftlichen Belangen, die die führenden Koraisch zu beachten hatten.

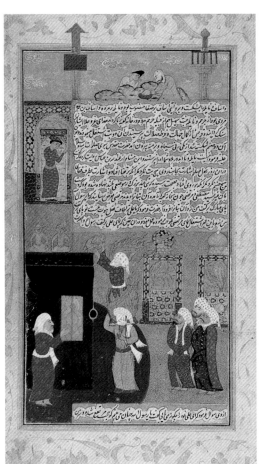

Diese Miniatur aus der Universalgeschichte »Rausat os-Safa« (Garten der Lauterkeit) des persischen Historikers Mirchand zeigt Mohammed und, auf seinen Schultern stehend, seinen Schwiegersohn Ali beim Entfernen der Idole anderer Götter von der Kaaba. Beide sind durch feurige Aureolen gekennzeichnet. Ende des 16. Jahrhunderts (Berlin, Museum für Islamische Kunst).

Dass sie dies recht gut verstanden, fand nicht jeder lobenswert. Der hochreligiöse Einfluss, der die religiös-politisch begründete Sonderstellung der Koraisch ermöglichte, lieferte auch die Ideen, mit denen eben diese Sonderstellung angefochten werden konnte. Bereits vor Mohammed identifizierten einzelne Gottsucher jenen Allah, der Ibrahim den Befehl zur Stiftung des Kaabakultes erteilt hatte, mit dem Schöpfer und Erhalter der Welt, der diese am Ende aller Tage vernichten und dann über die Menschen zu Gericht sitzen werde; die Toten würden auferweckt werden, um ihm Rede und Antwort zu stehen. Gerade diese letzte Aussage stieß bei den heidnischen Arabern auf entschiedene Ablehnung; sie glaubten, mit dem Tod sei alles ein für alle Mal vorbei. Vor allem aber reizte sie das mit der Auferstehung angekündigte Gericht zum Widerspruch: Wenn dies wahr sein sollte, dann war ein jeder aufgefordert, sein irdisches Handeln sehr genau zu bedenken! Mit anderen Worten, der Religion wuchs eine weit über das Kultische hinausreichende eigene Bedeutung zu, die die eingespielte Verbindung von Geschäft, Politik und Verehrung der Gottheiten fragwürdig erscheinen ließ. Verfehlungen wie das Protzen mit Reichtum oder der Betrug bei Kauf und Verkauf wurden nun als heilsgefährdend wahrgenommen und als Verstoß gegen die Gesetze des Schöpfers gedeutet.

Beginn des Wirkens Mohammeds

Mohammeds Geburt, der Überlieferung nach im Jahr 570 in Mekka; Miniatur in einer Weltchronik des persischen Gelehrten Raschid od-Din, Anfang des 14. Jahrhunderts (Edinburgh, Universitätsbibliothek).

Gerade die Frivolität, mit der die meisten Mekkaner solche Gedanken beiseite schoben und sich darüber hinwegsetzten, dass sie als Geschöpfe Gottes diesem zu Dank verpflichtet und gehalten seien, in Anbetracht des drohenden Endgerichts ein sittliches Leben zu führen, gerade diese Leichtsinnigkeit war es, die Mohammed zutiefst aufwühlte. Auf dem Berg Hira in der Nähe Mekkas suchte er bisweilen Ruhe vor dem Getriebe der Stadt. Dort hatte er eines Tages – etwa im Jahre 610 – sein erstes Berufungserlebnis. Zu Tode erschrocken, von panischer Furcht ergriffen, allein darauf aus, das abzuwehren, was ihm widerfuhr, stürzte er nach Hause und rief seiner Gattin Chadidja entgegen: »Hüllt mich ein! Hüllt mich ein!« Da vernahm er die Worte: »Der du dich eingehüllt hast! Steh auf und warne! Und deinen Herrn, den ehre! Und deine Kleidung, die reinige! Und den Sündenschmutz, den meide!«

Diese vermutlich ältesten Sätze des Korans stehen in Sure 74, Verse 1–5. Ob sich Mohammeds Berufung genau so zugetragen hat, ist umstritten. Im Kern ist in diesen wenigen Worten die Botschaft, die der Prophet von nun an seinen Landsleuten immer wieder verkünden wird, schon enthalten. Mohammed ist der Warner vor dem Gericht, das der verehrungswürdige Allah abhalten wird, und die Menschen müssen Acht geben, dass sie sich nicht besudeln – im wirklichen wie im übertragenen Sinne; sie müssen im Zustand der

Die Berufung Mohammeds durch den Erzengel Gabriel am Berg Hira; Miniatur in einer Weltchronik des persischen Gelehrten Raschid od-Din, Anfang des 14. Jahrhunderts (Edinburgh, Universitätsbibliothek).

Koran, Sure 7, 104–137 (verkürzt):

Mose sprach: »Pharao, ich bin ein Gesandter vom Herrn der Welten! ... Ich bin mit einem Beweis von eurem (wahren) Herrn gekommen. Lass die Kinder Israels mit mir ziehen!« Pharao erwiderte: »Wenn du mit einem Wunderzeichen gekommen bist, dann lass es sehen ...!« Da warf Mose seinen Hirtenstab hin, und sogleich war da ganz deutlich eine Schlange ... Die Ratsversammlung Pharaos rief: »Dieser da ist ein gelehrter Zauberer! Er will euch aus eurem Land vertreiben!« ...« (Mose muss nun zu einem Wettstreit gegen ägyptische Zauberer antreten; er bezwingt sie, und sie bekehren sich zu dem einen Gott, worauf Pharao ihnen schwere Strafen androht.) »Ihr seid in den Glauben an Mose eingetreten, bevor ich es erlaubte. Dies sind Ränke, die ihr in der Stadt geschmiedet habt, um ihre Bewohner aus ihr zu vertreiben!« (Nach den sieben Plagen lässt Pharao die Kinder Israels ziehen, die Verfolger ertrinken im Meer.) Denen, die vorher unterdrückt worden waren, gaben wir (Gott) den Osten und den Westen (des Landes) als Erbteil, das wir segneten. Es erfüllte sich an den Kindern Israels das schönste Wort deines (Mohammeds) Herrn, weil sie Geduld bewahrten. Und wir zerschmetterten, was Pharao gemacht und errichtet hatte.

Reinheit vor ihren Schöpfer treten, und das meint zum einen die rituelle Reinheit, die im Islam als ein Hauptstück der Glaubensausübung gilt und durch ins Einzelne geregelte Waschungen des Körpers sowie durch das Anlegen reiner Kleidung erworben wird, zum anderen die Reinheit von Verfehlungen – gedacht ist vor allem an unrechtmäßige Bereicherungen. Nur in seinem engsten Kreis stieß Mohammed mit diesen Ansichten und mit den seltsamen Worten, in denen er sie äußerte, auf Verständnis, und als er sich über einen längeren Zeitraum nicht mehr von Gott angesprochen fühlte, überkamen ihn bohrende Zweifel. Die Offenbarungen, die sich danach einstellten, griffen die Themen der ältesten Verse auf und vertieften sie. Indem Mohammed sich an seine Mitmenschen wandte und sie mit aufrüttelnden Worten zur Aufgabe ihres gewohnten Lebens und zur Veränderung ihres Verhaltens angesichts des drohenden Weltgerichts drängte, unterschied er sich von eigenbrötlerischen Gottsuchern.

Schon bald nach Beginn der Offenbarungen war Mohammed jedoch deutlich geworden, dass Allah nicht der höchste Herr sein könne, der neben sich noch andere Gottheiten dulde, sondern der einzige Gott. Diese Einsicht wird von nun an mit Schärfe und Entschiedenheit herausgearbeitet und zu einem Grundpfeiler des neuen Glaubens ausgebaut. Aus dem strengen Eingottglauben folgte die Zuspitzung der Forderung, das ganze Leben neu zu bedenken und neu zu gestalten. Die Hoffnung, sich in den Schutz anderer Gottheiten zu flüchten oder sie, wenn es schon ein Weltgericht geben werde, an jenem Tage als Fürsprecher anzurufen, wie es sich die heidnischen Mekkaner vorstellten, wurde als trügerisch entlarvt. Zunächst gegenüber den heidnischen Mekkanern, dann auch gegenüber Judentum und Christentum wurden durch den von Mohammed verkündeten Eingottglauben klare Grenzen gezogen.

Kampf um den Glauben: Die Hidjra

Mohammed war von seiner Ehefrau Chadidja in seinen Überzeugungen bestärkt worden; sie war erheblich älter als er und hatte ihn, der dem angesehenen Klan der Banu Haschim angehörte, geheiratet, nachdem sie verwitwet war. Mohammed war damals mittellos gewesen; er war früh verwaist – sein Vater war bei einem Aufenthalt in Medina gestorben, wohin im Übrigen seine Mutter weitläufige verwandtschaftliche Beziehungen hatte. Chadidja also, eine Kauffrau, und einige andere Verwandte und Freunde standen in den Jahren nach seiner Berufung zu ihm und hielten ihm auch noch die Treue, als er sich seit etwa 613 mehr und mehr an die Öffentlichkeit wagte. Die Offenbarungen, die Mohammed vortrug, erregten weit mehr Ärgernis als Bewunderung; dem Propheten warfen seine Gegner vor, mit der Zauberkraft seiner in Reimprosa gefassten Worte verführe er die Toren und säe Unfrieden in den Sippen. Möglicherweise im Zusammenhang mit der einsetzenden Verfolgung zog um 615 eine Schar von Bekehrten nach Äthiopien, von wo die meisten allerdings schon vor der Hidjra (Auswanderung) nach Mekka zurückkehrten. Unstrittig ist, dass die von etwa 616 bis 619 andauernde Ächtung des Klans der Banu Haschim durch die übrigen Koraisch sich gegen den Unruhestifter Mohammed richtete. Bald nach dem Ende dieser Maßnahmen starben Chadidja und der Onkel des Propheten, Abu Talib, der Mohammed stets unterstützt hatte. Nur indem der Prophet das altarabische Rechtsinstitut des »Fremdenschutzes« in Anspruch nahm, der ihm von einem Mitglied einer mit den Banu Haschim eng verwandten Familie gewährt wurde, entzog er sich Anschlägen auf sein Leben.

Die um 615 beginnende Verfolgung Mohammeds und seiner Anhänger durch die führenden Mekkaner erklärt sich aus den radikalen Konsequenzen der neuen Lehre, die nunmehr deutlich formuliert wurden. Allah, der einzige Gott, kann neben sich keine anderen Herren dulden, die vermeinen, in eigener Machtvollkommenheit über Menschen und Güter zu verfügen. Als Inbild eines solchen Tyrannen erscheint im Koran der Pharao; Mose wird von Gott berufen, diesen Gewaltherrscher zur Umkehr aufzufordern und die Israeliten ziehen zu lassen. Der Pharao erkennt, dass, ginge er auf Moses Begehren ein, seine Macht abbröckeln würde; er fürchtet, Mose und sein Anhang, die Schwachen und Unterdrückten, wollten ihn aus Ägypten vertreiben. Die Verse des Korans lassen den tief gehenden Konflikt Mohammeds mit seinen Landsleuten durchscheinen, die befürchteten, der neue Glaube werde die eingangs geschilderte sorgfältig austarierte Balance von kultischen und geschäftlichen Interessen zerstören und den herausragenden Status des mekkanischen Heiligtums untergraben (Sure 28, 57). Wenn es nur einen Gott gibt, dann müssen auch die Kultstätten in der Umgebung Mekkas diesem geweiht sein; entgegen allem Herkommen suchte Mohammed sie nun mehrfach auf und predigte dort seine neue Lehre. Kaum nach Medina vertrieben, wird Mohammed eine Offenbarung verkünden, in der jene anderen Kultorte für Allah beansprucht und mit den an der Kaaba vollzogenen Riten verschmolzen werden.

Schon mehr als ein Jahr bevor Mohammed seine Heimatstadt verlassen musste, hatten sich Teile seiner Anhängerschaft in das Gebiet von Medina abgesetzt. Schließlich folgte ihnen der Prophet. Im Koran ist von seiner Vertreibung die Rede; sie wird beschworen, um den Mekkanern die Rache Gottes anzukündigen (Sure 47, 13; 60, 1).

Auf der Flucht vor ihren mekkanischen Verfolgern mussten sich Mohammed und sein Freund und Schüler Abu Bakr in einer Höhle verstecken. Osmanische Miniatur des 17. Jahrhunderts (Dresden, Sächsische Landesbibliothek).

Die beiden Propheten Mose (links) und Mohammed (mit verhülltem Gesicht), zwischen ihnen der Erzengel Gabriel. Die Propheten sind mit der Flammenaureole dargestellt, der Erzengel hat riesige Flügel. Auf Mohammeds visionärer Himmelsfahrt diente ihm Gabriel als Führer, Mose als Berater. Türkische Buchseite, Ende des 16. Jahrhunderts (Berlin, Museum für Islamische Kunst).

Die Kiblawand einer Moschee bestimmt die Gebetsrichtung nach Mekka; eingelassen in diese Wand ist eine Nische (Mihrab), deren ursprüngliche Bedeutung umstritten ist. Der abgebildete Mihrab aus Mosul (12. Jahrhundert, Bagdad, Irakmuseum) zeigt eine leicht geöffnete Tür; dies spricht für die Annahme, dass der Mihrab eine symbolische Pforte darstellt, die sich zum Jenseits, zur göttlichen Welt öffnet.

Später wird das islamische Gemeinwesen die Hidjra des Jahres 622 zum Beginn einer neuen Zeitrechnung erklären. Zunächst aber war vieles von dem, was Mohammed geschaffen hatte, infrage gestellt. Ungünstig waren die Bedingungen für einen Neuanfang, und wahrscheinlich dachte der Prophet gar nicht an einen langen Aufenthalt, sondern wollte möglichst rasch nach Mekka zurückkehren (Sure 28, 85).

Kultische Grundlegungen

In Mekka hatten Mohammed und seine Anhänger stets innerhalb des heiligen Bezirkes zur Kaaba hingewandt ihre rituellen Gebete vollzogen. In Medina gab es kein solches Heiligtum; die schon vorher dorthin gelangten Anhänger des Propheten hatten sich einen Gebetsplatz abgesteckt. Nach längerem Ringen entschied Mohammed, man solle nach Mekka hingewandt beten; das Fleckchen Erde, auf dem sich die Beter befanden, sollte rituell rein und damit aus dem Bereich des Profanen ausgesondert sein. Symbolisch konnte auf diese Weise an jedem beliebigen Ort die Anwesenheit an jenem Kulthaus hergestellt werden, das einst Ibrahim errichtet hatte und das nach muslimischem Glauben den Brennpunkt des Einwirkens Allahs auf seine Schöpfung markiert. Mit anderen Worten: Die Vertreibung nach Medina zwang Mohammed, die vorislamische Schale, die ihm selbstverständlichen Gegebenheiten des mekkanischen Kultes, die seine universalreligiöse Botschaft von dem einen Gott umhüllte, zu zerbrechen, und schuf so die Voraussetzung dafür, dass er zum Stifter einer Weltreligion wurde.

Ein Gesandter Gottes hat eine Botschaft, das Buch Gottes, zu überbringen, wie es einst Mose getan hatte. Das wussten Mohammed und die Mekkaner. Schon vor der Vertreibung hatte man begonnen, Teile der Offenbarungen in einzelnen, selbstständigen Texten, den Suren, schriftlich niederzulegen. Die Bevölkerung von Medina, die zum Teil judaisiert war, müsste, so hoffte Mohammed, bezeugen, dass er ein wahrer Prophet sei, eben weil sie aus ihrer eigenen Überlieferung das Wesen der Prophetenschaft kenne. Es traf Mohammed schwer, dass genau das Gegenteil eintrat: Die Juden von Medina spotteten über seinen Anspruch und versuchten, ihn mit Fragen nach Geschichten aus dem Umkreis des Alten Testaments auf das Glatteis zu führen. In der bisweilen mit großer Schärfe geführten Auseinandersetzung klärte sich jedoch

Mohammeds Bewusstsein für die Eigenständigkeit seiner Offenbarung; er schrieb ihr jetzt die absolute Geltung vor allen anderen Offenbarungen zu, die von ihren Anhängern im Laufe der Zeit verfälscht worden seien, während die seinige, die letzte, die der Menschheit übermittelt werde, die göttliche Rede authentisch wiedergebe.

Triumph Mohammeds

Auch in materieller und politischer Hinsicht bildete die medinensische Zeit eine Phase erfolgreich bestandener Prüfungen. Etwa eineinhalb Jahre nach seiner Ankunft gelang es Mohammed, die Medinenser zum Mitwirken beim Angriff auf eine mekkanische Handelskarawane zu bewegen; der berühmte Sieg von Badr 624 versetzte den Mekkanern einen schweren Schlag und brachte Mohammed, den mekkanischen »Auswanderern« und ihren medinensischen »Helfern« reiche Beute. Die nachfolgenden kriegerischen Auseinandersetzungen mit Mekka überstand Mohammed mit Glück und Geschick. Im Jahre 628 nötigte er seiner Vaterstadt das Zugeständnis ab, dass er mit seinem Anhang im folgenden Jahr die Pilgerriten vollziehen dürfe: Seine Feinde hatten ihn als ebenbürtig anerkannt. Bald danach brach er unter einem Vorwand das Abkommen; aber auch in Mekka schwand der Widerstand gegen ihn, sodass man ihn kampflos in die Stadt einziehen ließ.

Wegen Verrat und mangelnder Disziplin musste Mohammed in den Auseinandersetzungen nach dem Sieg bei Badr in der Schlacht am Berg Uhud (625) eine Niederlage einstecken, die jedoch bald wieder wettgemacht wurde. Die Miniaturmalerei (Ende des 16. Jahrhunderts) zeigt die Schlacht am Uhud, die von Mohammed (rechts oben) beobachtet wird (Berlin, Staatsbibliothek preußischer Kulturbesitz).

Die ursprünglich 707–709 über dem Haus Mohammeds erbaute, mehrfach veränderte und erweiterte Große Moschee in Medina, unter deren Hauptkuppel sich das Grab des Propheten befindet. Die Darstellung dieser Grabmoschee auf einer Miniatur von 1706 (linke Seite) zeigt die typischen Merkmale einer Moschee: ein weiter, von Säulen umgebener Innenhof, ein überwölbtes Heiligtum mit Gebetsräumen sowie Minarette, von denen aus zum Gebet gerufen wird (Berlin, Staatsbibliothek Preußischer Kulturbesitz).

Woher dieser Sinneswandel? Nicht gegen ihn, den einst Vertriebenen, sondern mit ihm, so erkannten die führenden Koraischiten, würden sie ihre politischen Ziele erreichen. Schon begannen Stämme von überall her, ihm als dem mächtigsten Mann Arabiens nach alter Sitte ihre Aufwartung zu machen; die Kaaba würde auch in den erweiterten Pilgerriten ihren überragenden Rang behalten. Das Lebenswerk des Propheten erschien nun fast wie die Erfüllung des koraischitischen Ehrgeizes, der mit jenem sagenhaften Kusaij seinen

Anfang genommen hatte. Freilich verhinderten es die politischen Umstände – Mohammed musste auf seine medinensischen »Helfer« Rücksicht nehmen –, dass der Prophet für immer nach Mekka zurückkehrte. Doch er kam noch einmal, im Jahre 632, zu der später so genannten Abschiedswallfahrt. Da war er unbestritten der bedeutendste Mann auf der Halbinsel; die führenden Koraischiten hingegen, die ihn lange bekämpft, dann aber die Möglichkeiten ergriffen hatten, die sein Werk ihnen eröffnete, erschienen wie die eigentlichen Gewinner; die neue Religion war koraischitisch geworden, wie vor allem jene Gläubigen spöttelten, deren Stämme nicht zu den Ismael-Arabern zählten. So stand Mohammed, als er 632 eines plötzlichen Todes starb, auf dem Höhepunkt von Macht und Ansehen.

Ein Weltreich entsteht – Der Arabersturm

Indem Mohammed den Eingottglauben verkündete, bekräftigte er die Forderung an den Einzelnen, durch gute Werke auf eine günstige Beurteilung durch den Schöpfer hinzuarbeiten. In Medina verdichtete sich diese Forderung zum »Kampf auf dem Pfade Gottes«, der die einende Mitte des Lebens der Gläubigen wurde; in der Abwehr gegen Mekka und im Ringen um Einfluss auf die Stämme der Halbinsel war Opferbereitschaft unentbehrlich. Scharf hebt nun der Koran die Verknüpfung von religiösem Verdienst und kämpferischem Einsatz für »Gott und seinen Gesandten« hervor. Diese Gesinnung wurde auf eine harte Probe gestellt, als nach der Inbesitznahme Mekkas führende Koraischiten, die bis dahin den Propheten bekämpft hatten, zu Einfluss gelangten und die neue Religion »koraischitisch« wurde. Die medinensischen »Helfer« fühlten sich brüskiert, desgleichen die Mehrzahl der mekkanischen »Auswanderer«, die nicht zu den von Kusaij abstammenden Familien zählten.

Einigung der Araber unter den ersten Kalifen

Nach Mohammeds Tod brach der Zwist offen aus. Die »Helfer« verlangten eine gleichberechtigte Teilhabe an der Befehlsgewalt während der in Aussicht genommenen Feldzüge nach Norden. Die »Auswanderer« erwiesen sich jedoch als die Stärkeren; Abu Bakr, einer der frühesten Anhänger Mohammeds, wurde zum Leiter des Gemeinwesens der Gläubigen berufen. Die »Helfer« fügten sich ihm, nur Ali ibn Abi Talib, der Schwiegersohn und Vetter Mohammeds (der spätere vierte Kalif), murrte zusammen mit einigen anderen Koraischiten der Kusaij-Linie – der Abu Bakr nicht angehörte – gegen diese Entscheidung. Abu Bakrs Regierungszeit war mit Kriegen gegen Stämme angefüllt, die, kaum dass der Prophet verstorben war, sich aller erst vor kurzem in Medina gegebenen Treueversprechen ledig glaubten; vor allem »jemenische« Stämme wollten mit dem medinensischen Gemeinwesen, in dem sie die Fortführung koraischitischen Machtstrebens sahen, nichts mehr zu tun haben. Chalid ibn al-Walid, ein spät bekehrter Kusaij-Koraischite, zwang in raschen Feldzügen die »Apostaten« (Abtrünnigen) zum Einlenken.

Mohammed, Abu Bakr und Ali ibn Abi Talib auf dem Weg nach Medina. Illustration aus einer osmanischen Biographie Mohammeds, 16. Jahrhundert.

Nach Abu Bakrs Tod im Jahre 634 riss der starke Mann unter den »Auswanderern«, Omar ibn al-Chattab, die Macht an sich. Sein wichtigstes innenpolitisches Ziel war die Zügelung des Einflusses der alten mekkanischen Elite und die Bewahrung der Verhältnisse, wie sie für die Kampfgemeinschaft der Gläubigen unter Mohammed gegolten hatten. Omar verdeutlichte diese Politik, indem er den Titel »Heerführer der Gläubigen« annahm, den Mohammed einst gestiftet hatte; ferner bestimmte Omar die Hidjra zum Ausgangspunkt einer eigenen Zeitrechnung. Auch in der praktischen Politik ging er gegen die spät bekehrten Nutznießer des Werkes des Propheten vor. Er nahm Chalid ibn al-Walid das Kommando ab und suchte die seit vorislamischer Zeit bestehenden Beziehungen seiner Gegner in den syrisch-palästinensischen Raum hinein zu beschneiden.

Die Kriege gegen die »Apostaten« wurden bis in das Grenzgebiet zum Sassanidischen Reich geführt. Die Region westlich des Euphrat bis zum anatolischen Bergland war seit langem das Streifgebiet arabischer Stämme, mit denen die Sassaniden ein Auskommen suchten. Desgleichen waren Palästina und Syrien weitgehend arabisiert. Über Jahrhunderte hatten sich in den genannten Räumen Römer/Byzantiner und Iraner feindlich gegenübergestanden; 628 hatten die Iraner in diesem Ringen eine schwere Niederlage erlitten, an eine kraftvolle Gegenwehr gegen Chalid war also nicht zu denken. Aber auch im Westen brach 636 nach einem Sieg der Truppen der »Gläubigen« am Jarmuk der Widerstand zusammen. Binnen kurzem fiel das Land von der Levanteküste bis nach Mesopotamien den von Medina aus befehligten Arabern in die Hände. Der Appell an das Arabertum hatte entschiedenen Anteil an dieser Wende der Dinge.

Nach schiitischer Lehre hat Mohammed seinen Vetter und Schwiegersohn Ali ibn Abi Talib zu seinem Nachfolger bestimmt. Die Miniatur (1307) schildert die Ernennung, Ali (rechts) trägt das Schwert des Propheten. Für die Sunniten ist Ali lediglich der vierte Kalif.

Über die Grenzen Arabiens hinaus

Omar betrachtete diese Entwicklung mit gemischten Gefühlen. Herrscher über ein Reich, das sich über die Arabische Halbinsel hinaus erstreckte, wollte er nicht sein. Mit Sorge sah er, wie ihm gegen 640 Syrien entglitt und dass er nicht umhin konnte, mit Moawija I. dort einen Kusaij-Koraischiten und Sohn des erbittertsten mekkanischen Feindes des Propheten zum Statthalter zu ernennen. Vergeblich versuchte Omar zu verhindern, dass von Palästina aus ein Mitglied desselben Klans 641 nach Ägypten vorstieß und dass damit zum ersten Mal Land betreten wurde, dessen Bewohner nicht arabisiert waren. Die Entwicklung, die in Gang gekommen war, war nicht mehr zu beherrschen. Allein im Norden bildete Anatolien einen unüberwindlichen Riegel gegen das Vordringen der arabischen Truppen. Offen lagen hingegen der Westen und vor allem der Osten, wo das Sassanidische Reich keinen geordneten Widerstand zu leisten vermochte. Von Unterägypten aus stießen arabische Streifscharen auf Beutezug zum ersten Mal 646 bis in das Gebiet des heutigen Tunesien vor. In rascher Folge schlossen sich ähnliche Unternehmungen an, ohne dass man zunächst daran gedacht hatte, jenes Land in Besitz zu nehmen. Desgleichen wagten sich die Eindringlinge nilaufwärts vor und gelangten schon 651 bis nach Dongola. Den größten

Die Kalifen (bis 750)	
Die vier rechtgeleiteten Kalifen	
Abu Bakr	632–634
Omar I.	634–644
Othman	644–656
Ali (Ali ibn Abi Talib)	656–661
Omaijaden	
Moawija I.	661–680
Jasid I.	680–683
Moawija II.	683–684
Merwan I. *(Zweig der Merwaniden)*	684–685
Abd al-Malik	685–705
Walid I.	705–715
Suleiman	715–717
Omar II.	717–720
Jasid II.	720–724
Hischam	724–743
Walid II.	743–744
Jasid III.	744
Ibrahim	744
Merwan II.	744–749/750

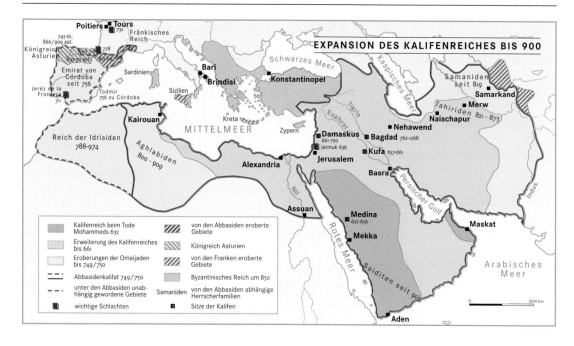

EXPANSION DES KALIFENREICHES BIS 900

Poitiers · Tours
745-61, 732 Fränkisches
866/909 ast. Reich
Königreich
Asturien 778
Emirat von Bari
Córdoba Sardinien Brindisí Konstantinopel Samaniden
seit 756 seit 819
Jeréz de la Sizilien Samarkand
Frontera 711 Todmir Tahiriden Merw
756 zu Córdoba Kreta Nehawend Naischapur 821-873
Kairouan MITTELMEER Zypern
Reich der Idrisiden Aghlabiden Damaskus Bagdad 762-1268
788-974 800-909 661-750
Jarmuk 636 Kufa 657-661
Alexandria Jerusalem
Basra
Assuan Medina
622-656 Maskat
Mekka
Arabisches
Meer
Aden

Kalifenreich beim Tode · von den Abbasiden eroberte Gebiete
Mohammeds 632

Erweiterung des Kalifenreiches · Königreich Asturien
bis 661

Eroberungen der Omaijaden · von den Franken eroberte Gebiete
bis 749/750

Abbasidenkalifat 749/750 · Byzantinisches Reich um 850

unter den Abbasiden unab- · von den Abbasiden abhängige
hängig gewordene Gebiete Samaniden Herrscherfamilien

wichtige Schlachten · Sitze der Kalifen

0 1000 km

Landgewinn verzeichneten die Araber jedoch nach Osten hin. Schon 640 war das Zweistromland unter ihre Herrschaft gefallen; hiernach bemächtigten sie sich des iranischen Raumes von zwei Seiten her: Im Süden rissen sie die Macht in der Persis an sich, über das nördliche Zweistromland erreichten sie Nordostiran und die mittelasiatischen Gebiete des Sassanidischen Reiches. Auch in den Südwesten Afghanistans gelangte man schon unter Omar ibn al-Chattab. Parallel dazu wurden die Voraussetzungen für eine festere Inbesitznahme der eroberten Länder geschaffen. Fustat – im Süden des heutigen Kairo –, Basra und Kufa waren die ersten Städtegründungen der Expansionsbewegung, im engeren Sinne große Heerlager, in denen sich die aus der arabischen Halbinsel herbeiströmende Bevölkerung sammelte und zu militärischen Unternehmungen formiert wurde. Zugleich waren diese Lagerstädte Sitz eines vom Kalifen benannten Statthalters. Auch in Damaskus residierte ein Statthalter, aber in Syrien unterschied sich die Lage insofern von der in Ägypten und vor allem im Irak, als die Vorstöße nach Anatolien zunächst wenig erfolgreich waren und das Land schon seit vorislamischer Zeit weitgehend arabisiert war.

Textstelle des Koran in kufischer Schrift auf blauer Seide; aus Kairouan, 9. Jahrhundert (Privatbesitz).

Innerarabische Gegensätze

Auf Omar ibn al-Chattab wurde 644 ein Anschlag verübt. Auf dem Sterbebett setzte er ein Kollegium aus sechs frühen »Auswanderern« ein, das über die Nachfolge befinden sollte. Es entschied sich für einen Kompromisskandidaten, dessen Wahl die mittlerweile entstandenen Gegebenheiten gut widerspiegelt: Othman ibn Affan war einer der ältesten Anhänger des Propheten und gehörte zu den ersten »Auswanderern«, zugleich aber stammte er aus dem Kusaij-Klan der Banu Abd Sams und war daher eng mit Moawija, dem starken Mann Syriens, verwandt. Othman war bestrebt, die von Omar betriebene Politik der Festigung der »Kampfgemeinschaft der Gläubigen« fortzusetzen, sah sich aber auch genötigt, seinen spät bekehrten Verwandten Genüge zu tun. Zusätzlich erschwert wurde seine Aufgabe durch den Aufstieg neuer Kräfte, die sich nicht durch eine bestimmte Rolle in der Zeit Mohammeds definieren konnten, sondern erst nach Beginn der Eroberungen in das von Medina aus regierte Gemeinwesen hineingeraten waren. Letztere fühlten sich benachteiligt. Ali ibn Abi Talib, einer der jüngsten Prophetengenossen

Nach Amr Ibn al-As, dem Heerführer des Kalifen Omar I., ist die erste auf ägyptischem Boden gebaute Moschee benannt; sie wurde 627 in Fustat, heute der Kairoer Stadtteil Alt-Kairo, gegründet, danach mehrfach zerstört und wieder aufgebaut.

und wegen seiner Verschwägerung mit Mohammed in hohem Ansehen stehend, fand hier das geeignete Betätigungsfeld für seinen politischen Ehrgeiz, der sich unmittelbar nach dem Tode Mohammeds im Protest gegen den nicht von Kusaij abstammenden Nachfolger noch nicht hatte entfalten können. Insbesondere als Fürsprecher für die jemenischen Stämme tat er sich nunmehr hervor. Im Jahre 656 entluden sich die Spannungen; nach dem Ende der Pilgersaison zogen einige Aufrührer nach Medina; unglückliches Taktieren verschärfte die Lage so sehr, dass das Haus des Kalifen von seinen Feinden umzingelt und dieser wenig später ermordet wurde. Dies löste den Ersten Bürgerkrieg (656–660) aus, die Urkatastrophe der islamischen Geschichte, die bis auf den heutigen Tag die Muslime in verfeindete Parteiungen spaltet. Zunächst behauptete Ali das Feld. Den Widerstand der alten »Auswanderer« brach er 658 in der berühmten »Kamelschlacht«, an der Aischa, die Lieblingsfrau des Propheten, teilgenommen und die Feinde Alis angefeuert hatte.

Alis stärkster Gegner war allerdings Moawija, der den neuen Kalifen der Mittäterschaft bei der Ermordung Othmans bezichtigte und das Recht der Blutrache beanspruchte. Am oberen Euphrat zogen sich die Kämpfe über viele Monate hin, bis man sich auf ein Schiedsgericht einigte; dessen Urteil fiel zugunsten Moawijas aus. Alis Anhang zerfiel; er habe Menschen anstelle Gottes entscheiden lassen, warf man ihm vor. Die deswegen von ihm Enttäuschten, später unter dem Namen Charidjiten bekannt, bekämpften Ali fortan erbittert; einer von ihnen tötete ihn im Jahre 660. Aus dem Teil seiner Anhängerschaft, der ihm treu geblieben war, entwickelte sich später die Schia.

Das Kalifat der Omaijaden

Unterdessen hatte Moawija sich selber zum Kalifen erheben lassen. Damit war die Herrschaft über das Gemeinwesen endgültig an die Kusaij-Koraisch gefallen. Moawija, der erste Kalif aus dem Haus der Omaijaden, gründete seine Macht dementsprechend nicht so sehr auf das Lebenswerk des Propheten, sondern vor allem auf gute Beziehungen zu den wichtigsten Stammesfürsten. Mit der an ihm gerühmten Bedachtsamkeit und der Fähigkeit, klug zu taktieren, überbrückte er den Gegensatz zwischen den beiden großen Stammesformationen der Araber und schuf ein Reich, das in dieser Hinsicht die vorislamischen Bestrebungen der Koraisch zu einem erfolgreichen Ende zu führen schien. Den Kalifentitel legte er nicht mehr als Nachfolgeschaft Mohammeds aus, sondern als eine von den Koraisch wahrgenommene Stellvertreterschaft Allahs, die bei Kusaij begann und über Mohammed an ihn gelangte.

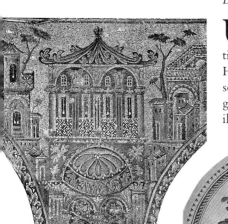

In der Kunst aus der Zeit der Damaszener Omaijaden ist der byzantinische Einfluss unverkennbar. Das um 715 entstandene Mosaik aus der Omaijadenmoschee in Damaskus zeigt einen Palastpavillon, flankiert von einem Privathaus und einem Torbau (oben). Das Bild rechts zeigt ein Fußbodenmosaik aus dem Badehaus des Schlosses Khirbet al-Mafdjar in der Nähe des alten Jericho, das zwischen 724 und 743 von Kalif Hischam erbaut wurde.

Glück hatte Moawija bei der Besetzung seines wichtigsten Statthalterpostens: Den Irak unterstellte er Sijad ibn Abi Sufjan, der schon unter Ali gedient hatte. Sijad sorgte mit harter Hand in Basra und Kufa für Ordnung. Infolge des Bürgerkrieges waren die Streifzüge nach Iran unterbrochen worden, nun wurden sie energisch wieder aufgenommen. Auch im Westen wurde die Expansion fortgesetzt. Der Heerführer Okba ibn Nafi sicherte zunächst den Besitz Ifrikijas (Nordafrikas), indem er das befestigte Heerlager Kairouan gründete, und stieß von dort aus weiter vor, bis er um 684 den Atlantik erreichte. Allein nach Norden hin unterblieben größere Landgewinne. Einzelne Feldzüge in den Kaukasus zeitigten sehr unsichere Ergebnisse; vor allem aber endeten die Kriege gegen Byzanz stets mit einem Fehlschlag. Schon 652, noch als Statthalter von Damaskus, hatte Moawija Truppen bis an den Bosporus marschieren lassen, von wo sie sich aber wieder zurückziehen mussten.

Wenn man von kleineren Unruhen absieht, die von Charidjiten oder von Anhängern Alis und seiner Nachkommen ausgingen, trat die von dem Gedanken der Botschaft des Propheten gespeiste, sich nunmehr in verschiedene Richtungen verzweigende Gesinnung –

DIE WÜSTENSCHLÖSSER DER OMAIJADEN

Die zahlreichen Bauten, die die Omaijaden in den Steppen- und Wüstengebieten ihres Reiches hinterließen, dienten offensichtlich nicht nur, wie lange angenommen wurde, der Jagd, sondern auch landwirtschaftlichen (Zentren von Bewässerungsgebieten) und repräsentativen Zwecken. Das Schlösschen Kusair Amra, erbaut um 715 östlich von Amman, besitzt umfangreiche Thermalanlagen und einen von drei Tonnengewölben überspannten Audienzsaal (unten links). Es zeigt außen nüchterne und schmucklose Formen, die Innenräume jedoch sind alle mit Fresken ausgemalt.

Nie vollendet wurde das Schloss Mschatta (»Winterlager«) südöstlich von Amman (unten rechts); es wurde unter Kalif Walid II. auf einem quadratischen Grundriss von 130 m Seitenlänge erbaut. In der Architektur mischt sich die syrische Hausteinbauweise mit den im Irak üblichen Backsteingewölben, ein Indiz für das allmähliche Zusammenwachsen des riesigen Reiches. Die steinerne Torfassade von Mschatta (rechts) kam als Geschenk des osmanischen Sultans Abd ül-Hamid II. an Kaiser Wilhelm II. nach Berlin und befindet sich dort im Museum für Islamische Kunst.

oder besser: Gläubigkeit – während Moawijas Kalifat politisch nicht in Erscheinung. Man hätte meinen können, Mohammed sei in der Tat nicht mehr gewesen als ein Förderer des koraischitischen Machtehrgeizes. Moawijas Tod machte mit einem Schlage deutlich, dass dies eine Täuschung war. Sein Sohn Jasid hatte es schwer, sich als Nachfolger durchzusetzen; eine Vater-Sohn-Erbfolge war zumindest den Ismael-Arabern nichts Selbstverständliches. Die Krise wurde nach dem frühen Ableben Jasids verschärft, denn es stand kein tauglicher Thronfolger in dieser Linie mehr zur Verfügung. In Syrien und Palästina kämpften verschiedene Prätendenten im Zweiten Bürgerkrieg gegeneinander; das Kalifat errang schließlich ein anderer Zweig des Herrscherhauses; Merwan I. und dann dessen Sohn Abd al-Malik bestiegen den Thron. Angesichts der undurchsichtigen Lage hätte man 685 kaum erwarten können, dass Abd al-Maliks Kalifat den Höhepunkt omaijadischer Herrschaft markieren würde. Denn im Hidjas war Abd Allah, der Sohn des berühmten Prophetengefährten as-Subair, zum Gegenkalifen ausgerufen worden und schickte sich an, auch den Irak unter seine Kontrolle zu bringen. Dort war einem kläglich gescheiterten schiitischen Aufstand, bei dem Alis Sohn Husain 681 den Tod gefunden hatte, eine gefährlich um sich greifende Bewegung gefolgt, die zum ersten Mal auch nicht-arabische Neumuslime an sich zog. Abd al-Malik hatte Glück, dass Musab, ein Bruder des Gegenkalifen, diese Aufrührer bezwang; mit

Der unter Kalif Abd al-Malik errichtete Felsendom gilt als erstes großes Meisterwerk der islamischen Architektur. Seine Kuppel erhebt sich über jenem Felsen, der als Stätte des Abrahamsopfers und des von Salomon errichteten Tempels mit der Bundeslade gilt. Von den Muslimen wird der Felsen mit der visionären Himmelfahrt Mohammeds in Verbindung gebracht.

dem Sieg über Abd Allah ibn as-Subair fiel ihm der zumindest schon halbwegs befriedete Irak zu, sodass um 692 die Einheit des Reiches wiederhergestellt war. Abd al-Malik ließ dieses Jahr als das »Jahr der einträchtigen Gemeinschaft« feiern; der Versinnbildlichung dieser Idee dient wahrscheinlich der Felsendom in Jerusalem, mit dessen Bau um diese Zeit begonnen wurde.

Der Islam als Reichsidee

In seinen Inschriften wird zum ersten Mal der Islam als die wesentliche einende Idee des Reiches beschworen. Was ist hierunter zu verstehen? Im Koran bezeichnet das Wort Islam die rituell hergestellte ungetrübte Beziehung des Einzelmenschen zu Allah – in diesem Sinne wurde es schon vor Mohammed verwendet. In medinensischen Koranversen wird solcher »Islam« als unzureichend bezeichnet; der wahre Gläubige hat sich für den Überlebenskampf der Gemeinde zur Verfügung zu stellen. Im Ersten Bürgerkrieg war diese Idee jedoch zuschanden geworden. Greise Prophetengefährten bzw. deren Söhne, aber auch viele Neubekehrte, die an dem Prestige der alten Kämpfer naturgemäß keinen Anteil hatten, entdeckten nun den »Islam«, die Ritenerfüllung, als die einende Mitte des neuen Glaubens, zu der sich jeder bekennen konnte, unabhängig von seiner Herkunft und Vergangenheit. In der Vorstellung vom Zusammenstehen aller »Muslime« in der einträchtigen Gemeinschaft kommt eine neue, im Lebenswerk des Propheten durchaus angelegte Deutung des von diesem gestifteten Glaubens zutage, auf die Abd al-Malik seine Herrschaft zu gründen hoffte.

Die Mitte der Welt – Macht und Ohnmacht der Kalifen im islamischen Reich

Kampf um die Reichsideologie

Abd al-Malik hatte die Zeichen der Zeit erkannt: Ein »islamisches« Reich war im Entstehen begriffen. Aber die Kräfte, die sich regten, wollten sich nicht mit den Nachkommen jener Mekkaner verbinden, die bis zuletzt den Propheten bekämpft hatten. Nicht nur die Schiiten, sondern auch die aus ihnen hervorgegangenen Charidjiten ließen sich nicht mit dem omaijadischen Kalifat aussöhnen, obwohl die Omaijaden vieles daran setzten, eine »einträchtige Gemeinschaft« aller Muslime zu schaffen. Schon Abd al-Malik hatte um dieses Zieles willen die seit Moawija I. so gut eingespielten Verbindungen zu den Stammesführern gefährdet. Überdies musste ein sich entschieden »islamisch« gebendes Kalifat, das die verklärende Erinnerung an Mohammed und seine ersten Nachfolger in Medina aufgriff, zugleich auch die Erinnerung an den damals nur mühsam überdeckten Streit zwischen dem jemenischen und dem »ismaelitischen« Teil des Arabertums neu beleben. Es ist nur zu verständlich, dass dieser Zwist unter Abd al-Malik aufloderte; Versuche, die Jemenier in die Ismael-Genealogie einzugliedern, sind aus jener Zeit belegt und zeigen deutlich die Nöte des Reiches: Indem die Herrscher auf die von Mohammed ausgelösten Wandlungen in der Gesellschaft und im Denken eingingen, verloren sie die herkömmliche Grundlage ihrer Macht, ohne jedoch eine neue zu erwerben.

In der ersten Hälfte des 8. Jahrhunderts wurden diese Konflikte ausgetragen. Der Stammeszwist erfasste das ganze Reich; schiitische und charidjitische Bewegungen erschütterten vor allem den Irak und die Arabische Halbinsel. Geschürt wurde der Missmut durch die Spezialisten der Überlieferung von der angeblich mit Heil erfüllten Zeit »am Anfang«. Selbst griffen sie in die Kämpfe nicht ein, aber sie gaben immer neue Stichwörter, mit denen die Aufrührer ihr Tun rechtfertigten. Allmählich bildete sich eine breite, zugunsten des gemeinsamen Zieles, der Ablösung der fluchwürdigen Omaijaden, alle internen Gegensätze hintanstellende Opposition heraus. Die jemenischen Araber, mehr und mehr ohne Zugang zum Kalifen, ließen sich mit der Schia, der Partei Ali ibn Abi Talibs, ein; Alis Beziehungen zu ihnen wurden nun, Jahrzehnte nach seinem Tod, erst eigentlich fruchtbar; selbst Charidjiten begannen eine Zusammenarbeit mit schiitischen Prätendenten; ein Mitglied der Prophetenfamilie, also ein Angehöriger der Banu Haschim, der allgemeine Zustimmung erlange, solle zum Kalifen ausgerufen werden und nach dem Vorbild Mohammeds regieren. So lautete die allen Feinden der

In der Weltkarte aus dem Kartenwerk des Idrisi erscheint Mesopotamien als die Mitte der Welt. In dieser französischen Nachzeichnung aus dem 19. Jahrhundert wurde die eigentlich nach Süden ausgerichtete Karte auf den Kopf gestellt, um europäischen Sehgewohnheiten Genüge zu tun (Paris, Bibliothèque Nationale).

Aus der Rede, die der erste abbasidische Kalif Abu l'Abbas, genannt as-Saffah (»der Blutvergießer«), anlässlich seiner Thronbesteigung hielt:

Preis sei Gott, der sich zur Ehre den Islam erwählte ..., ihn für uns erkor, ihn mit uns stützte, uns ... zu denen machte, die ihn verteidigen! Uns hat er mit der Verwandtschaft, der Nähe zum Propheten ausgezeichnet! ... Durch uns leitet Gott die Menschen auf den rechten Weg, nachdem sie sich im Irrtum befunden haben ..., rettet sie, nachdem sie im Unheil gewesen sind ... Gott ließ (die Omaijaden) eine Zeit lang gewähren ... und als sie ihn vollends betrübt hatten, nahm er an ihnen Rache, gab uns unser Recht zurück, brachte durch uns die Gemeinde wieder in Ordnung, ... um mit uns die zu beglücken, die auf Erden unterdrückt worden sind, und so endet (Gott) mit uns, wie er mit uns begonnen hat!

Kamelherde. Illustration in einer Ausgabe der Makamen von Al-Hariri, 1237 (Paris, Bibliothèque Nationale).

Omaijaden Genüge tuende Formel der Opposition, die als »Haschimija« bezeichnet wird.

Von den Omaijaden zu den Abbasiden

Regen Anklang fanden solche Parolen vor allem im Osten Irans, wo arabische Einwanderer und Einheimische bereits miteinander verschmolzen waren und die vermeintliche Stammesgebundenheit der Politik des Kalifats mit Widerwillen betrachteten. Es kamen lokale Querelen hinzu, schließlich auch ein genialer Organisator, Abu Muslim, der die bloße Empörung in einen zielstrebigen Kampfeswillen umwandelte. Er tat dies im Namen eines Prätendenten aus der Nachkommenschaft des Abbas, eines Oheims des Propheten – die obige Formel sagte nichts darüber aus, welcher Linie der neue Kalif angehören sollte –, und schlug 747 los. Erstaunlich rasch brach in Iran die Herrschaft der Omaijaden zusammen. Bereits 749 erreichte das Heer der Haschimija den Irak. In Kufa wurde dem ersten Abbasiden, Abu l-Abbas as-Saffah, gehuldigt.

Es gelang dem Haschimija-Heer rasch, auch die Kernlande der islamischen Welt in seinen Besitz zu bringen. Der letzte omaijadische Kalif wurde in Ägypten auf der Flucht gestellt und erschlagen. Allein Andalusien, erst seit wenigen Jahrzehnten arabisch, wurde niemals abbasidisch. 756 ging dort einer der wenigen Überlebenden aus dem Hause der Banu Omaija an Land. Er wurde der Ahnherr der omaijadischen Herrscher von Córdoba, unter denen das arabische Spanien im 10. Jahrhundert seine Glanzzeit erleben sollte.

Der haschimitische Umsturz war geglückt; dem neuen Herrscherhaus konnte man die Nähe zum Propheten nicht absprechen, wenn auch die Anhänger der Aliden wider den Stachel löckten und den ihnen unerwünschten Ausgang der Ereignisse zu berichtigen trachteten. Die alidische Opposition gegen die Abbasiden war jedoch zu sehr zersplittert, als dass sie je wirklich gefährlich hätte werden können. Das Charidjitentum, dessen Ideal die alte Kampfgemeinschaft der Gläubigen gewesen war, mäßigte sich. Der Zwist zwischen den ismaelitischen und jemenischen Arabern flaute ab. In den großen Städten, in denen eine kosmopolitische Kultur heranreifte, war die Stammeszugehörigkeit von geringerem Gewicht; außerdem wirkte sich der universalistische Gehalt der Botschaft Mohammeds mehr und mehr aus. Schon in der Haschimija-Bewegung war es nicht mehr üblich gewesen, den Beinamen von dem Stamm, dessen Glied man war, herzuleiten, sondern vom Wohnort – ein sehr bezeichnendes Indiz dafür, dass sich eine zwar arabisch dominierte, jedoch die Stammesgrenzen hinter sich lassende Gesellschaft entwickelt hatte, deren einende Mitte der islamische Glaube war.

Recht und Kultur: Die Abbasiden auf dem Höhepunkt ihrer Macht

In den ersten Jahrhunderten des abbasidischen Kalifats setzte eine vom Hofe geförderte vielfältige Arbeit an den zunächst noch sehr rohen Grundlagen eines islamischen Verwaltungs- und Steuerrechts ein. Des Weiteren wurde das Amt des Kadis als eines mit der allgemeinen Rechtspflege beauftragten Vertreters des Kalifen geschaffen; für alle größeren Städte wurde ein Kadi ernannt, die Verwaltung des Gerichtswesens wurde in Bagdad zusammengefasst. Die von den Spezialisten der Überlieferung gesammelten Berichte über die Zeit Mohammeds und seiner ersten Nachfolger, aber auch die Praxis, wie sie sich eingebürgert hatte, und auch das Gutdünken der Kadis gingen in das nun entstehende Recht ein. Wieder allerdings fühlten sich jene Überlieferer enttäuscht – das, wovon sie träumten, der Neubeginn der verklärten prophetischen Zeit des Anfangs, trat nicht ein. Im selben Maß, in dem sie sich dem neuen Kalifat verweigerten, gewann bei Hofe eine rationalistische Strömung an Einfluss; ihr galt der Kalif als eine dank der verwandtschaftlichen Nähe zu Mohammed mit einem besonderen Charisma ausgezeichnete Person; unter deren Leitung seien die Gelehrten aufgerufen, in einem mit Argumenten des Verstandes ausgetragenen Streit einen rational begründeten Islam zu erarbeiten, der von jedem Gläubigen angenommen werden und so die innere Einheit des Reiches gewährleisten solle. Der Kalif Abd Allah al-Mamun war der energischste Verfechter solcher Ideen, die, wie zu erwarten, auf den erbitterten Widerstand der Überlieferer stießen, der Kenner der *sunna,* der Verfahrens- und Denkweise des Propheten. Um sie gefügig zu machen, setzte al-Mamun kurz vor seinem Tod eine Inquisition ein, die bis 847 tätig war, ihr Ziel aber nicht erreichte. Im Gegenteil, es wuchs nun, mit Rückschlägen zwar, aber doch stetig, der Einfluss der Sunniten auf das abbasidische Kalifat; seit dem frühen 11. Jahrhundert ist dessen Einbindung in das Sunnitentum unbestritten. Für den Kalifen selbst bedeutete dies, dass er auf den Anspruch auf ein seiner Herkunft zugeschriebenes Charisma verzichtete und sich nur noch als eine Art oberster Vollstrecker der prophetischen Überlieferung verstand. Deren Bewahrung und Auslegung wurde dann freilich Sache eines Gelehrtenstandes, der zwar allmählich die staatlichen Ämter etwa in der Rechtspflege eroberte, sich jedoch ein erhebliches Maß an Unabhängigkeit vom Kalifen bewahrte.

Wenn man vom frühen 9. Jahrhundert absieht, entfaltete sich das geistige und kulturelle Leben im islamischen Reich unabhängig vom Hof und dessen politischen Zielsetzungen. Der Kalif al-Mamun ist also die hervorstechende Ausnahme: Er gründete das berühmte »Haus der Weisheit«, eine Institution, die die Übersetzung fremdsprachiger Literatur in das Arabische förderte; übertragen wurden damals Werke medizinischen, naturwissenschaftlichen und philosophischen Inhalts, Ausgangssprachen waren vorzugsweise das Syrische und das Griechische. Ein ägyptischer Autor des 15. Jahrhun-

Bedeutende Kalifen aus der Dynastie der Abbasiden	
Abu l-Abbas as-Saffah	749–754
Abu Djafar al-Mansur	754–775
Harun ar-Raschid	786–809
Mohammed al-Amin	809–813
Abd Allah al-Mamun	813–833
al-Mutassim	833–842
al-Wathik	842–847
al-Mustassim	1242–1258

»Autoren, Schreiber und Diener«; Miniatur aus dem 13. Jahrhundert (Istanbul, Süleymaniye, Bibliothek).

In seinem »Buch der Fixsterne« sammelte der persische Astronom Sufi (eigentlich Abd ar-Rahman as-Sufi, †986) alle in der arabischen Literatur erwähnten Sternnamen und ordnete sie in einem Sternkatalog. Illustration aus einer Handschrift dieses Werkes aus dem 15. Jahrhundert (Paris, Bibliothèque Nationale).

Ein Apotheker bei der Zubereitung von Medizin. Miniatur aus einer arabischen Übersetzung der »Materia medica« des Dioskurides; 1224 (New York, Metropolitan Museum of Art).

derts findet es übrigens tadelnswert, dass al-Mamun die Übersetzung philosophischer Werke zugelassen habe – was ein Schlaglicht auf die später nicht mehr verständliche Offenheit der geistigen Situation der frühen Abbasidenzeit wirft.

Die Zurückhaltung der Kalifen in den Belangen des Geisteslebens, die man schon seit dem ausgehenden 9. Jahrhundert bemerkt, entspricht der sich rasch verringernden Macht der Abbasiden. Zu Anfang ihres Kalifats hatten sie gewiss eine ganz andere Auffassung von Herrschaft, die sie auch zum Ausdruck zu bringen wussten: Sie sahen sich als den kraftvollen Mittelpunkt eines Weltreiches. Nicht nur die schon erwähnte Herrscherideologie belegt dies, sondern auch der Grundriss der von al-Mansur angelegten neuen Residenz Bagdad: Die sich im rechten Winkel kreuzenden Hauptstraßen, die von vier Seiten her in die kreisförmige Anlage hineinführen, markieren dort, wo sie sich schneiden und wo der Palast des Kalifen liegt, den Mittelpunkt des Erdenrundes. Als diese Palaststadt unter al-Mansur errichtet wurde, war es trotz mancher innenpolitischer Schwierigkeiten möglich, Fachkräfte aus allen Teilen des Reiches zusammenzuziehen und auch die Versorgung der vielen Beschäftigten sicherzustellen. Rasch bildeten sich um die bewehrte Palaststadt herum Märkte und weitere Ansiedlungen; die hohen Würdenträger und die Prinzen ließen ihre Residenzen ebenfalls außerhalb der Gründung al-Mansurs errichten. So wuchs Bagdad in wenigen Jahrzehnten zu einer Weltstadt heran, die die beiden Mittelpunkte des arabisch-islamischen Geisteslebens im Irak, Basra und Kufa, beerbte.

Der Niedergang der Abbasiden

A llein, die glanzvolle Zeit währte nur wenige Jahrzehnte. Harun ar-Raschid, den die spätere Überlieferung so sehr idealisiert, hatte glänzende Siege gegen Byzanz erfochten; im Innern aber ließ er sich die Zügel aus der Hand nehmen. Alle Macht verlagerte sich in den Klan der Barmakiden, der seit längerem den Abbasiden diente. Die Barmakiden, aus Ostiran stammend, trieben Politik einseitig zugunsten der Nachkommen jener Haschimija-Führer, die den Abbasiden zum Kalifat verholfen hatten; dies stieß auf den Widerstand breiter Kreise in der Bagdader Bevölkerung. Am Hof bildeten sich zwei Parteien, eine, die zu den Barmakiden hielt und den zweiten Kronprinzen Abd Allah al-Mamun zu den Ihrigen zählte; die Gegenpartei konnte auf Mohammed al-Amin, den ersten Thronfolger rechnen. Um ihren Einfluss zu sichern, überredeten die Barmakiden Harun zu einer Art Reichsteilung, die 802 während der Pilgerfahrt in Mekka besiegelt wurde. Demnach sollte al-Mamun Statt-

0   1000 m

Rekonstruierter Grundriss der von al-Mansur gegründeten Palaststadt Bagdad. Der äußere Mauergürtel hatte einen Durchmesser von 2,6 km, die bebaute Fläche der Wohnviertel war in 45 Kreissegmente unterteilt. Von den Stadttoren zeigten die vier Hauptstraßen direkt auf den Palast des Kalifen und die Moschee, die inmitten eines ausgedehnten Parks von 1,5 km Durchmesser lagen. Da Bagdad bis heute ständig bewohnt war und immer wieder überbaut wurde, ist von diesen Anlagen so gut wie nichts erhalten.

halter des ganzen Ostens sein und al-Amin sollte ihn bei seiner Thronbesteigung nicht absetzen dürfen. Obwohl die Barmakiden kurz darauf gestürzt wurden, blieb die Vereinbarung in Kraft, die nach dem Tod Haruns zu einem Bürgerkrieg führte, in dessen Verlauf al-Mamun siegte. Was al-Mamun in Besitz nehmen konnte, war ein verwüstetes Bagdad und ein Reich, das sich in einzelne Teile aufzulösen begann. Schiitische Aufstände waren hierbei am wenigsten gefährlich; sie konnten unterdrückt werden. Beängstigender war es, dass die Helfer ihren Lohn einforderten. Tahir ibn al-Hosain, der Feldherr, dem al-Mamun seinen Triumph verdankte, machte sich im Osten selbstständig, formal zwar als Statthalter fungierend, faktisch aber als Gründer eines Herrscherhauses, das ein halbes Jahrhundert Iran regierte. Schon vorher hatte Harun seinen nordafrikanischen Gouverneuren aus dem Geschlecht der Aghlabiden de facto Autono-

Die Umfassungsmauer der 847–861 erbauten Großen Moschee in Samarra bildet ein Rechteck von 240 x 156 m. Rechts das Minarett »Malwija« dieser Moschee mit spiralförmiger Rampe, Höhe 55 m.

mie zugestehen müssen. Al-Mamuns Traum, die Einheit des Reiches durch Vernunftargumente herzustellen, war also recht weltfremd, und es war töricht, mit der Inquisition die inzwischen sunnitisch gesonnene Mehrheit der Muslime gänzlich zu verprellen.

Was mit der Theologie nicht zu erreichen war, versuchte al-Mamuns Nachfolger al-Mutassim mit militärischen Mitteln zu bewirken: dem Kalifen den überlegenen Part im Spiel der Kräfte zu sichern. Er verschaffte sich türkische Kriegssklaven aus Innerasien, wo unlängst neue Gebiete für den Islam gewonnen worden waren, und ließ sich eine neue Residenzstadt, Samarra, errichten. Nur zu bald wurde aber offensichtlich, dass diese Söldnertruppen die Finanzkraft des Kalifen bei weitem überstiegen und ihn zu einer Marionette rivalisierender Militärs machten.

Im Zeitraum von der Mitte des 9. bis zur Mitte des 11. Jahrhunderts beobachtet man mehrere gescheiterte Versuche, das nach Bagdad zurückverlegte Kalifat vor der gänzlichen Auszehrung zu retten; zuletzt stand es unter dem fragwürdigen Schutz einer in sich zerstrittenen westiranischen Dynastie, der Bujiden. Erst unter den türkischen Seldschuken, die 1055 Bagdad einnahmen, wuchs den Abbasiden neue Bedeutung zu. Der Anführer der Seldschuken, mit dem

Die Überreste der Moschee Abu Dulafs in Samarra, die um 860 erbaut wurde. Auch sie hatte ein Spiralminarett, die Außenmauern hatten eine Länge von 240 m und eine Breite von 135 m.

jetzt in Gebrauch kommenden Herrschertitel Sultan geschmückt, wurde durch den Kalifen der Abbasiden zum Statthalter mit unbeschränkten Befugnissen in allen Ländern erhoben, in denen die Seldschuken Macht ausübten; die Usurpation wurde auf diese Weise legitimiert, was insofern für die Muslime von großem Gewicht war, als sie nur unter einer legitimen islamischen Staatsautorität die in Gemeinschaft auszuübenden Riten in einer auf das Verdienst für das Jenseits anrechenbaren Form vollziehen konnten. Für alle islamischen Herrscher, zumindest soweit sie sich zum Sunnitentum bekannten, blieb der Kalif somit ein politischer Faktor von einigem Rang. Dies änderte sich auch nicht, als 1258 die Mongolen Bagdad eroberten und verwüsteten und den Abbasiden al-Mutassim ermordeten. Das sich ab 1260 in Kairo festigende Sultanat der Mamelucken ließ das Kalifat der Abbasiden wieder aufleben. Bis zur Eroberung Ägyptens durch die Osmanen im Jahre 1517 blieb der abbasidische Kalif ein oft zu Unrecht unterschätzter Faktor im Spiel der mamelukischen Sultane und Militärführer.

Bedeutung und Rolle des Kalifats

Von dem Kalifen Harun ar-Raschid (hier ein Fantasiebild) sind Anekdoten in der Sammlung »Tausendundeine Nacht« überliefert.

Die Geschichte des islamischen Reiches unter dem abbasidischen Kalifat ist also längst nicht so glanzvoll verlaufen, wie dies gemeinhin angenommen wird. Dieser Widerspruch erklärt sich daraus, dass die Europäer von den Abbasiden, vor allem von Harun ar-Raschid, aus den im späteren Mittelalter in der heute vorliegenden Form zusammengestellten Märchen aus 1001 Nacht erfahren haben. Sie zeichnen einen Herrscher, der mit Schlauheit die Gedanken seiner Untertanen aushorcht und dementsprechend seine Entscheidungen fällt, die allein einem naiven persönlichen Gerechtigkeitsempfinden entspringen und zudem auf einen schier unermesslichen Reichtum bauen können. Von den Nöten des Reiches, von der politischen Zerrissenheit, von den Machtkämpfen und dem wirtschaftlichen Verfall ist hingegen wenig bekannt. Auch der gebildete Muslim denkt, wenn es um die Abbasiden geht, zuallererst an das verklärte goldene Zeitalter unter Harun, von dem er aus derselben Quelle gehört hat. Allerdings müsste man ihn fragen, wieso trotz der Zerrissenheit des islamischen Reiches die Idee der Einheit über Jahrhunderte so ungebrochen fortleben konnte, dass die Verklärung der frühen Abbasidenzeit glaubwürdig blieb. Wofür stand und steht dem sunnitischen Muslim das Kalifat?

Am Anfang dieses Kapitels war von dem Bemühen des Omaijaden Abd al-Malik die Rede, dem Reich, das bis dahin von seinem Herrscherhaus wie ein großer Stammesbund regiert worden war, eine islamische Grundlage zu geben. Die Riten, in denen der von Mohammed verkündete Glaube praktiziert wurde, sollten das einende Band sein, mit dem das von Bürgerkriegen zerrissene Gemeinwesen zusammengehalten werden konnte. Politisch scheiterten die Omaijaden. Die Idee einer religiös fundierten politischen Gemeinschaft, wie sie Mohammed in den kleinräumigen Verhältnissen Medinas für kurze Zeit hatte verwirklichen können, und zwar als

Kampfgemeinschaft der Gläubigen, und wie sie von Abd al-Malik den Zeitumständen entsprechend umgeformt worden war, überlebte den Übergang des Kalifats an die Abbasiden unbeschadet. Bei ihnen wurde sie zunächst in zwei Spielarten wirksam: der Kalif als charismatischer Führer, legitimiert durch die Blutsverwandtschaft mit Mohammed, und der Kalif als Lenker eines rationalen Erkennt-

Darstellung einer Pilgerkarawane in den Makamen von al-Hariri, Handschrift aus dem Jahr 1237 (Paris, Bibliothèque Nationale).

Geschnitzte Holzpaneele an der Minbar der Großen Moschee in Kairouan (8. Jahrhundert).

nisprozesses, der zur Auffindung einer allseits gebilligten Form des Glaubens und des in ihm wurzelnden Gesetzes führen sollte. Das Scheitern der von al-Mamun und seinen Nachfolgern al-Mutassim und al-Wathik betriebenen Inquisition brachte den Triumph des Sunnitentums mit sich. Dessen Anfänge reichen etwa in die Zeit Abd al-Maliks zurück; seither stieg es im Laufe von etwa zwei Jahrhunderten zur alles beherrschenden geistigen Macht der islamischen Kultur auf. Im Sunnitentum werden die Einrichtungen des Staates, die Normen der Politik, die empfehlenswerten Verhaltensweisen des Individuums auf die Überlieferung vom Propheten bezogen. Nicht allein im Vollzug der Riten, sondern im Nachleben dessen, was die Überlieferung über Mohammed zu berichten weiß, findet nun der Gläubige seinen sicheren Weg durch die Fährnisse des Diesseits hin zum Weltgericht.

Nicht also die Zugehörigkeit zu einem Herrschaftsbereich eint nunmehr die Gläubigen, sondern die Überzeugung, gemeinsam nach dem Beispiel Mohammeds schon hier und jetzt Gottes Gesetz entsprechend zu leben. Wie angedeutet, ist jede islamische Obrigkeit legitimiert, sofern sie in der Wahrung dieses Gesetzes ihren

Abu Said predigt den Pilgern.
Illustration aus den Makamen des
al-Hariri, Handschrift von 1237
(Paris, Bibliothèque Nationale).

höchsten Daseinszweck erkennt; die faktische Reichweite und die Beschaffenheit dieser Obrigkeit sind demgegenüber zweitrangig. Die Verworrenheit der politischen Verhältnisse und die bisweilen offenkundige Ohnmacht des Kalifen bleiben gegenüber dem Gewicht des prophetischen Lebensideals zweitrangig: Ein islamisches Reich vermag die Zerrissenheit seines praktischen Gefüges zu ertragen.

Die sunnitische Kalifatsidee war daher mit den politischen Verhältnissen, wie sie sich seit der Mitte des 9. Jahrhunderts herausbildeten, durchaus zu vereinbaren. Das Leben des einzelnen Gläubigen war zwar in das Spannungsverhältnis zwischen dem Machthaber und den Untertanen einbezogen; doch seine eigentliche Orientierung waren vor allem die seit dem 11. Jahrhundert aufblühenden Sufi-Orden; in ihnen wurde ein zur Mohammed-Frömmigkeit vertieftes Sunnitentum gepflegt, das freilich auch mit Gedankengut angereichert sein konnte, das nicht zum ursprünglichen Bestand der prophetischen Lehre gehört hatte, sondern die Mannigfaltigkeit der Kulturen ahnen ließ, die sich das islamische Reich angeeignet hatte.   Tilman Nagel

Eroberte und Eroberer – Das islamische Nordafrika bis zur osmanischen Eroberung

Von dem Zeitpunkt an, da der islamische Feldherr Amr ibn al-As Ägypten und sein Vorfeld, die Cyrenaica (Barka) erobert hatte (642/643), erhob sich die Frage, ob man weiter nach Westen ausgreifen oder sich mit diesem reichsten aller bisher gewonnenen Länder begnügen sollte. Was die Araber dazu bewegte, die erstere beider Entscheidungen zu wählen, ist und wird nie mit Sicherheit zu entscheiden sein. Jedenfalls stießen sie nach Westen (arabisch *Maghreb,* »Land der untergehenden Sonne«) vor und eroberten zwischen 647 und 709 die enorme Landmasse bis an die Gestade des Atlantiks, von vielen Rückschlägen und zum Teil empfindlichen Niederlagen begleitet. Der Nachwelt prägte sich vor allem die Gestalt des Okba ibn Nafi ein, der zwischen 663 und 670 Kairouan gründete und zu seinem Hauptstützpunkt machte und in einem kühnen Ritt bis zu den Küsten Marokkos vorstieß, auf dem Rückweg aber 683 in einen Hinterhalt geriet und als Blutzeuge heute noch in Tahuda (bei Biskra) verehrt wird. Die landläufige Vorstellung von ungeheuren Reiterheeren, die Nordafrika überrannt hätten, ist ein Trugbild. Pferde waren schon im vor- und frühislamischen Arabien eine kostbare Rarität. Die Masse der arabischen Erobererheere war Fußvolk. Erst durch die Eroberung Spaniens (arabisch *al-Andalus*) gelangten die Araber in den Besitz größerer Pferdeherden und konnten zusätzlich Reiterei aufstellen. Die Sicherung des Eroberten verdankten die

Darstellung eines Reiters auf einem arabischen Papyrus, um 1000 n. Chr.

Araber Musa ibn Nusair, dem Miteroberer von Hispanien, der von 698 an wirkte. Zuerst hatte er mit den Byzantinern zu tun, die indes den Kampf bald aufgaben, dann mit den Einheimischen, den Berbern, den Nachkommen der Libyer, Numidiern und Mauretaniern der Antike. Letztere setzten sich zunächst sehr wirksam zur Wehr, wurden dann aber doch recht rasch – wohl eher oberflächlich – islamisiert. Allerdings schlossen sie sich in ihrer großen Mehrzahl bald den Charidjiten an, da diese nicht automatisch den Arabern Vorzugsbehandlung einräumten. Mehrere Gründe haben zu dieser Haltung der Berber beigetragen: die Verachtung, die die Araber sie spüren ließen, schwere und ungerechte fiskalische Belastungen und schließlich die – einer islamisch gewordenen Bevölkerung gegenüber! – skandalöse, erzwungene Lieferung von Menschen, zumal Frauen, als Ersatz für Steuern. Die Konsequenzen ließen nicht auf sich warten: 740 brach, zunächst in Marokko, eine Rebellion der Berber aus, die auf den gesamten Maghreb übergriff und ihn auf immer der direkten Kontrolle der Kalifen entzog. Es kann nicht nachdrücklich genug auf die Tatsache verwiesen werden, dass der Maghreb in der Folge niemals Teil des Reiches der Abbasiden gewesen ist. Die unzweifelhafte Orientalisierung des Maghreb geschah auf ganz anderem Wege.

Charidjiten wurden die Anhänger des Kalifen Ali ibn Abi Talib genannt, die sich nach der Schlacht bei Siffin am Euphrat (657) von ihm trennten, weil er sich einem Schiedsgericht über seine und Moawijas I. Ansprüche auf das Kalifat unterwerfen wollte. Die für die Reinheit der ursprünglichen Lehre Mohammeds kämpfenden Charidjiten betrachteten alle anderen Muslime als todeswürdige Ketzer. Etwa zwei Jahrhunderte lang bedrohten sie im heutigen Irak und Iran die Macht der Kalifen, fanden aber auch in Südarabien und bei den Berbern in Nordafrika Zuspruch. Einen Zweig der Charidjiten bildeten die um 700 von dem Theologen Ibn Ibad gegründeten **Ibaditen,** von denen kleine Gruppen noch heute existieren.

Die Karawijin-Moschee in Fès wurde 857 gegründet und 1135 zur größten Moschee Nordafrikas ausgebaut. Die parallel zur Kiblawand angeordneten Schiffe des Betsaals ruhen auf gedrungenen Pfeilern.

Nach dem Ende der virulenten Phase des Berberaufstandes etablierten sich an drei Stellen Persönlichkeiten östlicher Herkunft, die nach Vorbildung und Einstellung islamische Gesittung verbreiteten: Im heutigen Marokko wirkte seit 788 (bis 791) ein alidischer (von Ali abstammender) Scherif namens Idris unter den Berbern. Dessen postum geborener Sohn Idris II. schuf sich neben dem von seinem Vater 789 gegründeten Fès 809 eine eigene Hauptstadt al-Aliya, die mit dem vorgenannten Ort zur Stadt Fès zusammenwuchs. In der Folge entwickelte sich Fès zu einem Ausstrahlungsort islamischer Kultur par excellence. In Zentralalgerien gründete um 761 ein ibaditischer Charidjit persischer Herkunft namens Ibn Rustam das Reich von Tahert-Tiaret, dem von allen Seiten, zumal aus dem Orient, verfolgte

Der Ehrentitel **Scherif,** arabisch »der Hochgeehrte«, ist bei den Muslimen für die Nachkommen Mohammeds reserviert, vor allem von dessen Enkel Hasan, dem 5. Kalifen, Sohn des 4. Kalifen Ali (alidische oder hasanidische Scherifen). Scherifische Familien herrschten vom 10. Jahrhundert bis 1924 als Emire in Mekka, seit 1921 (bis 1958) in Irak und (bis heute) in Jordanien, ferner seit dem 16. Jahrhundert bis heute in Marokko.

Rund um Kairouan wurden unter den Aghlabiden Wasserbassins angelegt, in denen das über Aquädukte transportierte Trinkwasser gespeichert wurde.

Anhänger zuströmten. Ifrikija schließlich blieb zunächst noch unter der – nominellen – Kontrolle der Kalifen, entglitt aber mit der Installation der Aghlabiden im Jahre 800 jedweder faktischen Einflussnahme des Orients. Von allen Teilen des Maghrebs hatte es den größten Zustrom von muslimischen Orientalen erfahren und diese Tatsache, verbunden mit den von Kairouan – der ältesten arabischen Gründung des Maghreb – ausgehenden Beeinflussungen, führten zur Arabisierung zunächst weiterer Städte und schließlich auch ländlicher Gebiete. Der größte Teil des flachen Landes blieb freilich berberophon und die ja noch heute keineswegs abgeschlossene Arabisierung des Maghreb eine Folge der Infiltration arabischer Beduinen nach der Mitte des 11. Jahrhunderts.

Aghlabidenherrschaft

Die Herrschaft der drei vorgeführten politischen Schwerpunkte war jedenfalls für alle betroffenen Gebiete eine Periode kultureller und wohl auch wirtschaftlicher Blüte. Dies gilt besonders für Ifrikija, denn die Aghlabiden setzten die aus den vorhergegangenen Epochen – teilweise noch aus der Römerzeit – existierenden Wasserwirtschaftsbauten (Dämme, Staubecken u. Ä.) wieder instand und vermehrten sie noch. Im Übrigen nahm gerade in diesem Staat die Bedeutung der Charidjiten ab und die Orthodoxie der malikitischen Rechtsschule – einer von vier des sunnitischen Islam – setzte sich durch, und zwar in einer Absolutheit, die der folgenden Herrschaft der schiitischen Fatimiden größte Schwierigkeiten bereiten sollte. Die aghlabidische Herrschaft, die in der zweiten Hälfte des 9. Jahr-

Angriff der »Sarazenen« auf die sizilianische Stadt Messina 842/843. Buchmalerei in der Chronik des Geschichtsschreibers Johannes Skylitzes, 11. Jahrhundert (Madrid, Nationalbibliothek).

hunderts ihre Blütezeit erlebte, wurde immer wieder durch Revolten erschüttert, zumal unter Zijadat Allah I. Der Herrscher griff zu einem beliebten Ausweg: Krieg mit Expansion. Im Jahre 827 wurde die Eroberung Siziliens eingeleitet, das von Auseinandersetzungen unter den Byzantinern, den Herren der Insel, erschüttert wurde. Der Opposition, zumal der islamischen Rechtsgelehrten, entledigte sich Zijadat Allah I. auf sehr geschickte Weise, indem er ihrer Spitze Asad ibn al-Furat den Oberbefehl anvertraute. Mehr als 50 Jahre dauerte es, bis die Insel besetzt war; in der Zwischenzeit hatten die Araber auch auf das italienische Festland ausgegriffen. 840 wurde Tarent, dann Brindisi und Bari (zwischen 847 und 871 ein eigenes Emirat) erobert, 846 Rom geplündert. Aber mit dem Tod Ibrahims II. (902) vor Cosenza endete diese Episode. Auf Sizilien entwickelte sich eine arabisch-islamische Kultur mit griechischem Einschlag, die eigentlich erst im Normannenreich Sizilien-Unteritalien ihre volle Entfaltung erlebte und noch auf Kaiser Friedrich II. nachwirkte, der allerdings die letzten arabischen Widerstandsnester rigoros beseitigte. Das sizilianische Unternehmen zehrte die Widerstandskraft des Aghlabidenstaates letztendlich auf und führte zum Ende der Dynastie, die

Der 796 errichtete Ribat (ein festungsähnliches Kloster) in der Medina der tunesischen Stadt Monastir, südöstlich von Sousse.

schiitischer Wühlarbeit erlag. Aber auf lange Sicht gesehen wurde damit in ihrem Kernland der Grund zu einem Staatswesen gelegt, das in wechselnder Gestalt und ebenso wechselndem Staatsgebiet die Zeiten überstand und letzten Endes zur Bildung des Staates Tunesien führte. Die kulturelle Leistung, die auf vielen Gebieten (Architektur usw.) eine starke »orientalische« Ausrichtung vertrat, war beträchtlich und sicherte dem Land für Jahrhunderte die geistige Führung im Maghreb.

Fatimidenherrschaft

Die zunehmende Entfremdung und Kritik der islamischen Rechtsgelehrten an den Regierenden trug dazu bei, dass die Wühlarbeit der Schiiten im Aghlabidenreich ihre Früchte trug: 909 holte der Beauftragte der Fatimiden das Oberhaupt der Schiiten der fatimidischen Bewegung, Abd Allah, aus seinem heimlichen Aufenthalt in der Oasenstadt Sidjilmassa im Südosten Marokkos und zog am 6. Januar 910 feierlich in die Palaststadt Rakkada bei Kairouan ein. Abd Allah wurde zum Kalifen proklamiert. Er beanspruchte aufgrund seiner angeblichen Abstammung von der Prophetentochter Fatima die alleinige Herrschaft über die islamische Gesamtgemeinde. Von Anfang an gedachte er, das Zentrum der islamischen

Welt, Bagdad, zu erobern; als Zwischenstation war Ägypten ausersehen, und so verlegte er 923 seine Residenz in den Küstenort Mahdija, um von dort zu gegebener Zeit den Sprung zu wagen.

Zunächst aber galt es, die Herrschaft in Ifrikija nach Westen hin zu sichern; in mehreren Feldzügen und Kämpfen gegen die Hawwara-Berber des Aurasgebirges, die ihre Opposition durch ihr Bekenntnis zum Charidjitentum betonten, gelang es ihm schließlich, sich zu behaupten und bis Marokko vorzustoßen. Der slawische Heerführer

des Fatimidenkalifen Ismail al-Mansur, Djauhar, unterwarf 958/959 und wiederum 968 den gesamten westlichen Maghreb bis zum Atlantik; auch Fès fiel. Nunmehr konnte man wieder an den Osten denken, und Djauhar nahm 969 die Unterwerfung Ägyptens entgegen, nachdem der zweite Fatimidenkalif al-Kaim (934–946) 914/915 und 919/920 vergeblich versucht hatte, das Nilland einzunehmen. Anschließend begab sich al-Mansur im August 972 mit seinem gesamten Hofstaat und den Verwaltungsbeamten dorthin, wo inzwischen die neue Palaststadt al-Kahira (Kairo) im Bau begriffen war. Dieser Aderlass stellte für Ifrikija eine ernste Schwächung seiner Wirtschaftskraft dar und leitete den allmählichen Verfall seiner Blüte ein. Zurück blieb ein Gouverneur, der Sanhadja-Berber Buluggin ibn Siri, dessen Nachkommen, die Siriden, den Maghreb bis 1048 als fatimidische Vizekönige regiert haben.

Während sich dies alles im Osten Nordafrikas abspielte, vollzogen sich auch im Maghreb selbst bedeutsame Veränderungen. Das vorübergehend der Anarchie anheim gefallene al-Andalus wurde unter Abd ar-Rahman III. (912–961) wieder geeint, das Land blühte auf und die Staatskassen waren übervoll.

Unter den Fatimiden begann der festungsmäßige Ausbau der Stadt Kairo. Aus dieser Zeit blieben Stadttore erhalten wie das 1087 bis 1091 erbaute Bab al-Futuh, ein Werk armenischer Bauleute, das mit seinen behauenen und sorgsam gefügten Steinen stark an die römische Militärarchitektur erinnert.

Als verspätete Antwort auf die Schaffung des heterodoxen Kalifats der Fatimiden proklamierte er 929 das orthodoxe Kalifat des Westens. Er wies damit die Fatimiden in die Schranken und betonte den Abbasiden gegenüber den Rechtsanspruch seiner Familie auf das Kalifat. Den Fatimiden gegenüber schritt er zum Gegenangriff: 927 wurde Melilla, 931 Ceuta erobert und in der Folgezeit ein Glacis geschaffen, das sich über Nordmarokko und Westalgerien erstreckte und bis gegen 1016 gehalten wurde. Die weiter reichende Bedeutung dieser Vorgänge liegt u. a. darin, dass das islamische Reich nicht mehr nur einen schiitischen »Gegenkalifen« aufwies, was gewissermaßen noch zu verkraften gewesen wäre, sondern sogar einen sunnitischen; der Zerfall des Gesamtstaates, der ja längst mit Tuluniden und Ichschididen in Ägypten, Aghlabiden, Idrisiden, von den Omaijaden in al-Andalus ganz zu schweigen, begonnen hatte, trat in ein neues Stadium: Das abbasidische Kalifat beschränkte sich nun auf das Zweistromland. Was den Maghreb betrifft, kann man ab jetzt politisch den Osten vergessen, der jeden Einfluss verloren hatte.

Allerdings mit einer Einschränkung: Die Siriden und ihre Vettern, die Hammadiden, denen jene die Verwaltung ihrer Westgebiete anvertrauten, sollten bald die Folgen der allmählichen Zurückweisung der fatimidischen Herrschaft zu spüren bekommen, die 1051 zum endgültigen Bruch führte. Die Fatimiden verzichteten auf den Versuch einer Rückeroberung des Maghreb. Sie begnügten sich damit, ihnen ohnehin lästige Beduinenstämme zu ermuntern, ihre bereits begonnene Westwanderung fortzuführen. Bereits 1054 wurde Kairouan von diesen belagert und 1057 macht der Siride al-Muiss ibn Badis die Stadt Mahdija an der Mittelmeerküste zu seiner Hauptstadt. Zu diesem Zeitpunkt beginnt eigentlich so recht die Epoche der berberischen Staaten des Maghreb; die Rolle der ihrer Abstammung nach orientalischen Dynastien ist zu Ende. Die östlichste Macht, die der Siriden, ist das erste Opfer: einerseits der Beduinen, die das flache Land beherrschen und bereits lokale Dynastien stellen, andererseits der Normannen, die sich inzwischen in Sizilien festgesetzt hatten, 1088 Mahdija plünderten und 1148 Susa und Sfax eroberten.

Berberreiche

Eine neue Periode bricht damit an: die der großen Berberreiche – Almoraviden und Almohaden – und dann ihrer Epigonen, der Meriniden in Marokko, der Abdalwadiden in Westalgerien und der Hafsiden in Ifrikija; auch diese drei Letztgenannten der Abstammung nach Berber, aber in ihrer Verwaltungspraxis und Kultur arabisiert. Von Marokko aus, das aufgrund der engen Verbindung mit al-Andalus von dessen Kultur stark beeinflusst wurde, ging dieser Kulturstrom in östliche Richtung und formte die bis dahin deutlich vom Osten des Islam geprägte Kultur allmählich um, sodass nun auch Ifrikija zur Einflusssphäre hispanisch-arabischer Zivilisation gehörte.

Das Berberdorf Chenini östlich von Tatahouine im südlichen Tunesien mit Höhlenwohnungen und verfallenden Vorhöfen, im Vordergrund die Moschee.

Die almoravidische Bewegung entspross dem Süden des heutigen Mauretanien, nördlich vom Senegal-Fluss, wo im 9. Jahrhundert oberflächlich islamisierte Vieh züchtende Sanhadja-Stämme lebten. Drei von diesen, die Gudala, die Lamtuna und Masufa, bildeten die Gruppe der »Schleier tragenden« (Männer) – wie heute noch die Tuareg der Sahara, die ebenfalls Sanhadja sind –, wobei die Führung zu Beginn des 11. Jahrhunderts bei den Lamtuna lag, gegen 1046 aber auf das Haupt der Gudala überging. Dieser brachte von einer Pilgerfahrt nach Mekka einen Gelehrten namens Abd Allah ibn Jasin mit, einen Gazula-Berber des Sus, der als eine Art Missionar und Lehrer wirken sollte. Er übte aber dank überzeugender Persönlichkeit und Charisma enormen Einfluss aus. Die

Vorderseite (links) und Rückseite eines unter den Almoraviden in Sevilla geprägten Dinars.

Arabische Reitergruppe. Buchmalerei aus dem 13. Jahrhundert (Paris, Bibliothèque Nationale).

Festungsdorf des Berberstammes Ait Benhaddou (gleichzeitig der Name des Dorfes) bei Marrakesch. Der Ort mit seinen verschachtelten Häusern und den turmartigen Kollektivspeichern ist von einer Festungsmauer umgeben.

Zur Illustrierung des kriegerischen Geistes der Almohaden überliefert al-Marrakuschi folgende Begebenheit:

Der Wesir des Abd al-Mumin, Abu Djafar al-Mansur, berichtete: Ich ging, um Abd al-Mumin zu sehen, der sich in einem seiner Gärten aufhielt, voller reifer Früchte und blühender Blumen mit zwitschernden Vögeln in den Ästen der Bäume ... Er sagte zu mir: »Ich sehe, dass dir der Garten sehr gefällt.« »Gott gebe dem Beherrscher der Gläubigen ein langes Leben! Ein wahrhaft schöner Anblick!« Er: »Das ist also ein schöner Anblick?« Ich sagte: »In der Tat« und schwieg dann. Nach zwei bis drei Tagen befahl der Herrscher einen Vorbeimarsch seiner Krieger mit ihren Waffen, nahm auf einer Anhöhe Platz und jene begannen ihre Parade, Stamm auf Stamm, Reitertruppe auf Reitertruppe, eine prächtiger als die vorangegangene ob der Vortrefflichkeit ihrer Waffen, dem Feuer ihrer Rosse und der Manifestation der Stärke. Als Abd al-Mumin dies sah, wandte er sich mir zu und sagte: »Das nenn ich einen schönen Anblick, nicht deine Früchte und deine Bäume!«

Kerngruppe der drei genannten Stämme, die sich von nun an Almurabitun nannten, trat den Marsch nach Norden an und eroberte im Laufe weniger Jahre ganz Marokko. Nach dem Tode Abd Allah ibn Jasins (1058) trat das religiöse Moment (u. a. Durchsetzung puritanischer Prinzipien) in den Hintergrund und Machtpolitik in den Vordergrund. Nachdem Jusuf ibn Taschfin 1061 die Herrschaft übernommen hatte, eroberte er 1075 Fès, Taza, Tlemcen und 1082 Algier.

Hilfeersuchen hispanisch-arabischer Kleinkönige führten zum Übersetzen nach al-Andalus, wo er 1086 Alfons VI. von Kastilien und León vernichtend schlug und in den folgenden Jahren die zwar muslimischen, aber als korrupt angesehenen Kleinkönige beseitigte, zum Teil nach Marokko verbannte. Jusuf nannte sich nun »Beherrscher der Muslime« und ließ Goldmünzen mit seinem Namen prägen. Sehr bald aber machten sich vor allem militärische Schwächen bemerkbar, die mit der Beschränkung der Führung auf die drei Kernstämme zusammenhing, die durch die unaufhörlichen Feldzüge natürlich an Menschenkraft verloren hatten. Hinzu kam, dass sich in Marokko selbst eine revolutionäre Gegenbewegung etablierte. Der aus dem Antiatlas stammende berberische Gelehrte Mohammed Ibn Tumart (1091–1130), der sich als Mahdi (»Messias«) und unfehlbarer und sündenloser Imam sah, wurde der Vertreter einer islamischen Richtung, deren Hauptanliegen die Betonung der absoluten Einheit Gottes war – weswegen sich seine Anhänger *almuwahhidun* »Einheitsbekenner« (daraus »Almohaden«) nannten. Sie sahen den Kampf gegen die Ungläubigen, aber vor allem gegen die Almoraviden als heilige Pflicht an. Man wird, jenseits aller Dogmatik, in dieser Gegnerschaft auch eine Umsetzung der quasi »Erbfeindschaft« zwischen nomadischen Sanhadja-Berbern und sesshaften Masmuda des Atlas ins Religiöse sehen dürfen.

Auch in al-Andalus zerbröckelte die almoravidische Macht und in Marokko setzten sich die Almohaden, dank einer äußerst effektiven Führung und Organisation, mit der Eroberung von Fès und Marrakesch (1046) durch. Wie bei den Almoraviden trat nach dem Tode des Begründers der religiösen Bewegung mit der Nachfolge durch seinen engsten Jünger, Abd al-Mumin, einem nordwestalgerischen Berber, den außerordentliche administrative und militärische Fähigkeiten auszeichneten, das religiöse Moment hinter das machtpolitische zurück. Zwar blieben die Almohaden zunächst die rigorosen Puritaner, als die sie in die Geschichte eingetreten waren; aber allmählich setzte sich auch bei ihnen, zumal bei den im 1146–50 ebenfalls eroberten al-Andalus stationierten, eine verfeinerte Kultur durch. Abd al-Mumin griff nun nach Osten aus: Er beseitigte die Hammadiden (1151), schlug 1152 die arabischen Beduinen und eroberte 1160 Ifrikija und Tripolitanien, von wo er die Normannen Rogers II. vertrieb. Es war der Augenblick, da der gesamte berberische Maghreb von einem Berber geeint und beherrscht wurde – übrigens das einzige Mal.

Typisch für Minarette des malikitischen Ritus in Nordafrika und Südspanien ist der quadratische Grundriss. Im Bild das 69 m hohe Minarett der Kutubija-Moschee in Marrakesch. Der rigorose Puritanismus der Almohaden wird deutlich in den schmucklosen Hufeisenbögen im Betsaal dieser Moschee, die zwischen 1157 und 1197 erbaut wurde.

Als der Herrscher 1163 in Rabat starb, hinterließ er einen geordneten und reichen Staat mit einem effektiven Regierungsapparat. Die beiden Nachfolger, Abu Jakub Jusuf (1163–84) und Jakub al-Mansur (1184–99) waren tüchtige Herrscher, die das Erreichte bewahrten, wenn auch schon die ersten Schwierigkeiten auftraten: das Vordringen der Portugiesen (1165 wurde Évora von ihnen erobert) und – viel schlimmer – die Landung der almoravidischen Gouverneure der Balearen in Ifrikija (1184). Als deren Letzter 1236 in der Wüste als gejagter Räuberhauptmann starb, lagen Ifrikija und das spätere Algerien in Trümmern, entvölkert und mit ruinierter Wirtschaft. Auch in al-Andalus neigte sich die Sonne der Almohaden; zwar konnte Alfons VIII. von Kastilien 1195 bei Alarcos vernichtend geschlagen werden und musste anschließend Tribut entrichten, aber 1212 siegte er, unterstützt von Navarra und Aragonien bei Las Navas de Tolosa am Südabhang der Sierra Morena über die Muslime und besiegelte damit das Ende der Almohadenherrschaft in Spanien.

Zugleich gewann der Osten des Reiches unter den Hafsiden zunehmend an Unabhängigkeit (endgültig 1228 bzw. 1236) ebenso wie Tlemcen (1235/36), während die Meriniden, berberische Nomaden mit großen Schafherden (Merinoschafe), in den Ebenen Ostmarokkos auftauchten. Im Jahre 1248 bemächtigten sich die Meriniden der Stadt Fès, in eben dem Jahre, da Ferdinand III. Sevilla einnahm und die muslimischen Einwohner vertrieb. Wie so oft in der Geschichte, würde man für die Schilderung der Geschichte der Epigonen mehr Platz brauchen als für die der »Gründer«; wir müssen es hier mit einigen Strichen bewenden lassen: Alle drei Dynastien haben eine sehr bewegte Geschichte, haben z. T. Bedeutendes, etwa in der Architektur und in der Literatur, geleistet und sind dann beim Heraufziehen

Das schnelle und erfolgreiche Vordringen der Araber nach Spanien findet in der Legende vom Verrat des Grafen Julian eine Erklärung:

In Ceuta und seiner Region saß als Statthalter der Westgoten Graf Julian. Musa ibn Nusair, der ihn nicht zu besiegen vermochte, zog sich nach Tanger zurück. Unterdessen starb (der westgotische) König Witiza ... und man wählte Rodrigo (Roderich), der nicht aus königlichem Geschlecht war, aber Heerführer ... Die Großen Hispaniens pflegten ihre Söhne und Töchter an den Hof nach Toledo zu schicken, um dort dem König zu dienen. Als Rodrigo gewählt war, gefiel ihm die Tochter Julians und er nahm sie mit Gewalt. Man schrieb dem Vater das Geschehene und der verbarg seine Wut. Er rief aus: »Bei Gott, ich werde seiner Herrschaft ein Ende bereiten und ihm eine Grube graben.« Er schrieb an Musa, unterwarf sich ihm, lieferte ihm seine Städte aus und schloss einen für sich vorteilhaften Vertrag mit ihm. Er beschrieb ihm Hispanien und stachelte ihn an, es zu erobern.

Dieses Luftbild der 15 km breiten Straße von Gibraltar (im Vordergrund der Felsen von Gibraltar, im Hintergrund das Festland von Afrika bei Ceuta) zeigt, wie gering die Entfernung zwischen Europa und Afrika ist.

neuer Großmächte mehr oder weniger kläglich untergegangen. Die Meriniden haben ein letztes Mal in al-Andalus – nunmehr beschränkt auf das Königreich Granada – interveniert und bis 1344 den nasridischen Sultanen ein oft lästiges Söldnerkorps gestellt, haben 1337 Tlemcen und 1347 Tunis erobert. Die Besetzung Ceutas durch die Portugiesen 1415 ist der Paukenschlag, der das Ende (mit der kurzlebigen Dynastie der Wattasiden) ankündigt. An die Stelle der Portugiesen traten später die Spanier; die Ersteren besetzten allmählich fast alle Städte bzw. Häfen der Atlantikküste. Nach einer Periode der Blüte und Machtentfaltung, die freilich des Öfteren durch Rebellionen und Niederlagen unterbrochen wurde, geht nach 1488 das Hafsidenreich rasch dem Verfall entgegen: Der letzte Hafside, al-Hasan, wird zur Marionette Karls V. bzw. der Spanier, die von Westen her Häfen wie Bidjaya (1510), Tunis (1517), aber auch Tripolis (1510) besetzen; nun treten zugleich deren Gegenspieler auf: zunächst in Gestalt türkischer Piraten, die sich zu türkischen Befehlshabern wandeln. Die beiden Großmächte der Epoche, Spanien und das Osmanische Reich, stehen zum Beginn der Neuzeit, im Maghreb aufmarschiert, einander kampfbereit gegenüber.

Minarett und Kirchturm – Arabische Herrschaft in Europa

Eroberung und Frühzeit

Nach einer Erkundung im Jahre 710 unter Tarif ibn Malik setzte 711 auf Befehl des arabischen Eroberers und Gouverneurs des Maghreb, Musa ibn Nusair, ein hauptsächlich aus Berbern bestehendes Heer von etwa 7 000 Mann unter dem Kommando seines Klienten Tarik ibn Sijad, selbst bekehrter Berber, nach Spanien über und landete am Felsen von Gibraltar. Nach raschem Vormarsch kam es am 19. Juli zur Entscheidungsschlacht am Guadalete bei Jerez de la Frontera mit dem Heer der Westgoten, deren König Roderich in der Schlacht fiel. Der muslimische Sieg führte zum raschen Vormarsch des siegreichen Heeres, zur Besetzung der westgotischen Hauptstadt Toledo und, dank Verstärkung durch den Oberbefehlshaber Musa persönlich, zur fast vollständigen Eroberung der Iberischen Halbinsel. Die sicher geplante Überschreitung der Pyrenäen unterblieb zunächst, da Musa mit Tarik ibn Sijad zur Berichterstattung nach Damaskus zurückbeordert wurden, wo sie übel behandelt wurden und sich ihre Spur verliert. Zunächst wurde ein Sohn Musas Gouverneur, der von Sevilla aus regierte, dann aber, nach seiner Ermordung – vermutlich auf Befehl aus Damaskus – wurden in Córdoba residierende Gouverneure von Kairouan aus ernannt, von denen einer 732 die Schlacht zwischen Tours und Poitiers gegen Karl Martell verlor. Dieses Treffen war zwar nicht die Errettung des Abendlandes, als das es lange eingeschätzt wurde, führte aber letztendlich doch dazu, dass die Vorstöße der Araber ins Frankenreich endeten und um 751 sogar das 720 eroberte Narbonne wieder verloren ging.

Im Übrigen war die Zeit der Gouverneure eine Periode der Wirren, um nicht zu sagen, der Anarchie. Es standen Nord- gegen Südaraber, ab 741 noch kompliziert durch das Kommen eines syrischen *djund* (Heer). Diese Truppen, in Ceuta nach einer Niederlage von rebellierenden Berbern belagert, wurden, gegen das Versprechen, danach in die Heimat zu ziehen, nach al-Andalus »eingeladen«, um dort gegen die Berber zu helfen. Dieses Versprechen hielt die etwa 7000 Mann starke Truppe aber nicht, nachdem sie drei berberische Heere geschlagen hatte. Die zwischen den früher gekommenen Arabern und den Syrern immer wieder ausbrechenden Feindseligkeiten wurden erst gemildert, als man die sechs Abteilungen des *djund* auf bestimmte Provinzen Südspaniens verteilte.

Die Herrschaft der Omaijaden

D ie Diktatur des Jusuf al-Fihri (747–756), die eine gewisse Stabilität zu bringen schien, endete 754, als ein Mitglied des von den Abbasiden verfolgten Hauses der Omaijaden nach einer fünfjährigen Odyssee in Almuñecar landete, durch diplomatisches Geschick Anhänger gewann, schließlich Jusuf 756 bei Córdoba besiegte und ein omaijadisches Emirat ausrief. Abd ar-Rahman I. (756–788) brachte den größten Teil seiner Zeit mit der Befriedung des islamischen Spaniens und der Sicherung der Grenzen zu und konnte schon deswegen dem christlichen Norden, der sich ab 718 bzw. 722 unter dem Westgoten Pelayo erhoben und die Araber zunächst aus Asturien vertrieben hatte und unter seinem Schwiegersohn Alfons I. (739–757) Kantabrien und Galizien einbrachte, nicht entgegentreten. Damit setzte die *Reconquista* (Wiedereroberung) ein, die erst 1492 mit der Eroberung Granadas ihren Abschluss finden sollte. Emir al-Hakam I. musste in Córdoba 818 eine schwere Revolte niederschlagen, in der sich Proletariat, Handwerker und Schriftgelehrte verbanden. Die Keimzelle des Aufruhrs, die Vorstadt jenseits des

In der Burgruine La Guardia de Jaén lassen sich Mauern aus römischer, westgotischer, arabischer und christlicher Herrschaft nachweisen (links). Rechts: Die auf einem Felsrücken über dem Duerotal (bei Berlanga de Duero, etwa 130 km nordöstlich von Madrid) gelegene kalifale Festung Górmaz mit ihren wuchtigen Wehrtürmen (Bild ganz oben) liegt an einer strategisch günstigen Stelle, von der aus sich eine weite Ebene im nördlichen Grenzgebiet des maurischen Spanien überwachen ließ.

Guadalquivir, wurde dem Erdboden gleichgemacht und die Überlebenden ausgewiesen. Viele zogen nach Toledo, andere nach Fès,
wo sie ein Stadtviertel mit der später berühmten »Moschee der Anda-
lusier« besiedelten, das Gros aber in den Orient, wo sie von Alexandria aus 827 das byzantinische Kreta eroberten und bis 961 hielten.

Der erste und zugleich bedeutendste
Monumentalbau der Omaijaden in
Spanien ist die Große Moschee
(La Mezquita) in Córdoba, 795 von
Abd ar-Rahman I. begründet, bis 990
dreimal erweitert. Die 850 Säulen des
Betsaals sind in Längsrichtung durch
doppelstöckige Hufeisenbögen
verbunden. Zu den ältesten Teilen
der Anlage gehört die Puerta de San
Esteban an der Ostfassade, die für viele
spätere Torbauten in Gliederung und
Dekor maßgebend wurde.

Dass auch das Leben eines Kalifen nicht
nur Sonnenseiten hatte, belegt
(Mohammed) Ibn Idhari mit folgender
Begebenheit:

*(Abd ar-Rahman III.) an-Nasir starb zu
Beginn des Ramadan 350 (Oktober 961).
Man fand eine eigenhändige Notiz, in der
er in chronologischer Anordnung »die Tage
meines Lebens, in denen ich ungetrübte
Freude genoss« verzeichnet hatte, insgesamt
nur vierzehn innerhalb von fünfzig Jahren,
sieben Monaten und drei Tagen seiner
Regierungszeit.*

Córdoba war zu dieser Zeit noch mehrheitlich von Christen bewohnt, und deren Vorsteher war Kommandeur der aus etwa 2000
Söldnern fremder Herkunft bestehenden Leibgarde des Emirs. Die
christliche Mehrheit im Lande wie in der Hauptstadt begann allerdings langsam abzubröckeln, wenn es auch noch im 10. Jahrhundert
christliche Würdenträger wie auch Juden in hohen Staatsstellungen
gab. Das 9. Jahrhundert ist vor allem durch drei Ereignisse geprägt:
1. die zunehmende Islamisierung der Gesellschaft und ihre mächtig
einsetzende Orientalisierung, von al-Hakam I. vorbereitet und seinem Nachfolger Abd ar-Rahman II. gefördert; 2. den Ansturm der
Normannen, die 844 Lissabon, dann Cádiz besetzten und Sevilla
plünderten, bis sie zurückgeschlagen wurden, aber immerhin noch
in den Jahren 859, 966 und 971 Einfälle verübten; 3. die »Episode der
Märtyrer von Córdoba«. Zwischen 851 und 859 kam es dort zu öffentlichen Schmähungen des Propheten und des Islam, die geahndet
wurden und zu 45 Todesurteilen führten: 859 wurde der Historiker
dieses Geschehens, der Priester Eulogius, enthauptet. Man wird in
dieser Bewegung eine Reaktion der christlich gebliebenen Bewohner, der Mozaraber, aber vielleicht auch der Neumuslime auf das
zunehmende Übergewicht der Muslime und ihrer immer stärkeren
»Überfremdung«, verbunden mit einer immer weiteren Verbreitung
des Arabischen und einem zunehmenden Verblassen der lateinischsprachigen, klösterlich geprägten Kultur sehen dürfen. Trotzdem gehören die Regierungen des genannten Emirs, wie die seines Sohnes
Mohammed I. (852–886), zu den ruhigeren Jahrzehnten des Jahrhunderts.

Indes ist nicht zu übersehen, dass sich eine zunehmende Spannung zwischen der herrschenden Schicht und den Neumuslimen wie

Christen aufbaute, die dann 879 in den Gebirgsgegenden des Südens zu Unruhen und schließlich regelrechter Rebellion führte. Anführer war Omar ibn Hafsun, Sohn begüterter Landbesitzer der Gegend von Ronda, der vier Emiren Widerstand leistete und sich erst kurz vor seinem Tode im Jahre 918 ergab. Zuweilen gebot er über die Provinzen Málaga und Granada und war mit weiteren Rebellen verbündet. Im Übrigen stand fast das ganze Staatsgebiet in Flammen; Emir Abd Allah (888–912) gebot die längste Zeit gerade über Córdoba und sein Weichbild. Mit enormer Zähigkeit hielt er stand. Sein Nachfolger und Enkel, Abd ar-Rahman III. (912–961), hatte nach fast 20 Jahren Kampf alle Aufständischen besiegt und proklamierte 929 das orthodoxe Kalifat des Westens. Unter ihm, dem bedeutendsten Herrscher dieser Dynastie, blühten Wirtschaft und Handel. Er griff in Marokko ein, drängte dort die schiitischen Fatimiden zurück und hielt seine christlichen Nachbarn im Norden in Schach. Die von ihm ab 936 erbaute Regierungsstadt Medina Azahara imponiert noch heute in den bescheidenen Resten, die ergraben und teilweise restauriert werden konnten. Córdoba aber war zu seiner Zeit nach Konstantinopel und Bagdad eine der drei größten Städte der christlichen und islamischen Welt.

Nachfolger des mit 82 Jahren verstorbenen Kalifen wurde sein ältester Sohn al-Hakam II., der weniger als Feldherr, denn als Bauherr und Förderer der Wissenschaft hervortrat. Er war der Planungsbeauftragte für die Palaststadt gewesen und erweiterte (zwischen 961 und 966) die Mezquita von Córdoba, deren Mosaiken der Gebetsnische – mit 320 Zentner Material und von einem Mosaizisten des byzantinischen Kaisers geschaffen – noch heute unsere Bewunderung erregen. Überhaupt waren seines Vaters und seine diplomatischen Beziehungen weit gespannt: Meist von christlichen Würdenträgern oder jüdischen Diplomaten bzw. Ärzten geführte Missionen gingen an Otto den Großen oder nach Byzanz bzw. Gesandte von dort erschienen in Córdoba. In den letzten Jahren des kränkelnden Kalifen erklomm Mohammed ibn Abi Amir die Stufenleiter der Verwaltung, entriss dem schwächlichen Sohn al-Hakams, Hischam II., die Macht und setzte sich als *hadjib* (»Kämmerer«) an die Spitze des Staates. Hervorragender Feldherr und Regent, hielt er alle christlichen Monarchen der Halbinsel in Schach, eroberte 985 Barcelona, 988 León und legte 997 Santiago de Compostela in Asche. Gegen Ende seines Lebens (†1002) war er, der sich den Ehrentitel *al-Mansur billah* (»der durch Gott Siegreiche«, spanisch *almanzor*) gab, absoluter Herr der Halbinsel. Allerdings ist unbestritten, dass er trotz seiner über 50 Feldzüge die wirklichen Machtverhältnisse nicht ändern

Vorderseite einer unter Abd ar-Rahman III. geprägten Silbermünze (Dirham), gefunden in Medina Azahara (links).

Marmorpaneel aus dem Salón Rico (Reicher Saal) genannten Empfangssaal in der Regierungsstadt Medina Azahara bei Córdoba. Die Stadt wurde ab 936 unter Abd ar-Rahman III. erbaut, aber bereits 1010 von den Almoraviden geplündert und zerstört, später als Steinbruch genutzt.

Die Fassade des Mihrab in der Großen Moschee in Córdoba erinnert in ihren Formen an die Puerta de San Esteban. Die Inschrift zitiert den Koran und enthält den Namen al-Hakams II., der die Moschee zwischen 961 und 966 erweiterte. Im kleinen Bild links ist die Kuppel über dem Vorraum des Mihrabs zu sehen.

konnte und dem Staat wegen seiner hemmungslosen Anwerbung nordafrikanischer Berbersöldner ein gefährliches Erbe hinterließ.

Zerfall der Einheit

Und in der Tat: In wenigen Jahren verspielte sein Sohn und zweiter Nachfolger Abd ar-Rahman Sanchuelo alle Macht; das Kalifat wurde zum Spielball immer neuer Thronprätendenten, Córdoba wurde ab 1010 belagert und 1013 durch ein berberisches Heer erstürmt und verwüstet. Im Jahre 1031 erklärten die Notablen der Hauptstadt das Kalifat für erloschen; al-Andalus zerfiel in rund 30 Herrschaftsgebiete lokaler und regionaler Potentaten, der »Taifakönige«, so genannt, weil sie in drei Taifas (nach arabisch *taifa* »Partei«, »Sekte«) zerfielen: die der Araber (zu denen auch die völlig arabisierten Berber der ersten Welle gezählt werden müssen), die der Berber und, besonders im Osten, die der Amiriden, der Nachkommen oder Anhänger Al-Mansurs, die europäischer Herkunft waren. In manchen Fällen handelte es sich um einflussreiche Familien, auf die sich der Staat schon immer hatte stützen müssen, in anderen um Berbergruppen, deren Kommandeure nun zu Fürsten aufstiegen. In unaufhörlichen Kämpfen versuchten einige, ihren Machtbereich zu vergrößern. Es war eine Zeit der Beinahe-Anarchie und gleichzeitig eine Epoche großer kultureller Blüte, die in der Literatur und Geschichtsschreibung wie auch in der Gartenkunst, den geographischen Kenntnissen und allgemein in den Naturwissenschaften zum Ausdruck kam. Dichterpersönlichkeiten wie Ibn Saidun und Ibn Schuhaid von Córdoba gehörten dazu ebenso wie al-Mutamid, der letzte Abbadide, Rechtsgelehrte und Religionshistoriker wie Ibn Hasm von Córdoba, der in jungen Jahren auch Verfasser eines zur Weltliteratur gerechneten Werkes, »Halsband der Taube oder Gespräch über die Liebe und die Liebenden«, war, Naturwissenschaftler wie Ibrahim as-Sarkala (»Azarkiel«) von Toledo, der Botaniker Ibn Wafid ebenfalls von dort, der in der »Huerta del Rey« den wohl ersten botanischen Garten der Welt anlegte, oder sein Landsmann Ibn Bassal, der später nach Sevilla ging, der Geograph al-Bakri und der größte Historiker des muslimischen Spaniens überhaupt, Ibn Hadjdjan sowie viele andere mehr.

Doppelsarkophag Alfons' VIII. von Kastilien und seiner Frau Eleonora von England in dem von ihm gegründeten Kloster Real Monasterio de Las Huelgas am Stadtrand von Burgos.

Almoravidenherrschaft

Die beherrschende politische Figur der Epoche aber war Alfons VI. von Kastilien und León, der alle Taifaherrscher bedrängte und enorme Tribute von ihnen erzwang, die natürlich ihre Untertanen aufbringen mussten, was wiederum diesen ihre Fürsten verhasst machte. In ihrer Not riefen sie den machtvollen Almoraviden Jusuf ibn Taschfin zu Hilfe, der Alfons VI. 1086 in Sagrajas bei Badajoz vernichtend schlug. Einer seiner in Ungnade gefallenen und verbannten Vasallen, Rodrigo Díaz de Vivar »El Campeador«, machte sich mit einem Heer von Anhängern und – auch arabischen –

Söldnern zum Beschützer des Hudiden von Saragossa gegenüber dem Markgrafen von Barcelona und eroberte 1094 das Reich
von Valencia, das er bis zu seinem Tode 1099 gegen alle Angriffe
der Almoraviden hielt. Von seinen arabischen Soldaten *Sidi*
(»mein Herr/Fürst«) genannt, trägt dieser spanischste aller spanischen Nationalhelden eine arabische Bezeichnung: El Cid. Die
Almoraviden vermochten zwar 1102 Valencia und 1110 Saragossa zu
erobern, aber Letzteres (wie überhaupt das Ebrobecken) wurde
ihnen schon 1118 wieder entrissen und die mächtige Festung
Calatayud 1119 von Alfons I. von Aragonien erobert, der überdies
1125–26 einen waghalsigen Heereszug bis nach Granada durchführte, von dem er 14000 Mozaraber mitbrachte. Die Almoraviden reagierten darauf mit der Deportation von Tausenden von
Christen nach Marokko, eine Praxis, die die Almohaden, Nachfolger
der Almoraviden, fortsetzten. Von da an gab es kaum mehr Christen
im muslimischen Spanien.

Reiterdenkmal für Rodrigo Díaz de Vivar
(»El Cid«) in Burgos.

Almohadenherrschaft

N ach dem Zerbröckeln der almoravidischen Macht trat eine
neuerliche Zeitspanne von Kleinkönigen ein, die indes nur
30 Jahre dauerte. Im Südwesten von al-Andalus (Süden des heutigen
Portugal) herrschten Muriden, eine marabutisch bestimmte Gruppierung, in der spanischen Levante die markanteste Figur dieser Epoche: Ibn Mardanisch (1124/25–1172), der *Rey Lobo* (»König Wolf«)
der spanischen Chroniken. Grausam und religiös völlig indif-
ferent herrschte er dort mithilfe seiner spanischen Söldner
bis zu seinem Tode. Inzwischen hatten Kastilier, Arago-
nesen und Katalanen eine neuerliche Offensive gestartet;
Tortosa, Lérida und 1147 gar die wichtige Hafenstadt Almería (bis 1157 gehalten) waren in ihre Hand gefallen.
Zur abermaligen Bedrohung wurde eine neuerliche Intervention Marokkos: 1147 griffen die Almohaden in Spanien
ein und eroberten zuerst den Süden und Südwesten. Anfänglich
mit großer Brutalität vorgehend, die sie rasch die Sympathien der
Bevölkerung kostete, lenkten klügere Befehlshaber ein. Im Jahre

Der Dinar, den Alfons VIII. in Toledo
prägen ließ, weist neben arabischen
Schriftzügen das christliche
Kreuzsymbol auf und trägt deutlich
lesbar die Buchstaben »ALF«
(Vorderseite links).

1161 setzte Kalif Abd al-Mumin nach al-Andalus über und befestigte
Gibraltar. Trotz nicht verheißungsvollen Beginns muss die almoha-
dische Herrschaft doch positiv bewertet werden: Philosophen wie
Ibn Ruschd (Averroes) und Ibn Tufail wurden gefördert und die
Baukunst blühte. Alfons VIII. von Kastilien, dem 1177 die Eroberung
Cuencas gelungen war, wurde 1195 bei Alarcos (Provinz Ciudad
Real) vernichtend geschlagen. Aber hartnäckig rüstete der König
wieder auf, sodass er den Almohaden Paroli bieten und sie 1212 in Las
Navas de Tolosa in der Sierra Morena besiegen konnte. De facto
hatte damit die Stunde des Islam auf der Halbinsel geschlagen. Sein
Nachfolger Ferdinand III., König des endgültig vereinigten Königreiches von Kastilien und León, eroberte zwischen 1225 und 1248 Andalusien: 1236 wurde Córdoba, 1246 Jaén und 1248 Sevilla eingenommen; die muslimische Bevölkerung wurde jeweils ausgewiesen.

Der Löwenhof der Alhambra in Granada
wurde unter Mohammed V. in der
2. Hälfte des 14. Jahrhunderts erbaut.

Innenhof mit Gartenanlage im
Generalife in Granada,
14. Jahrhundert.

Das Sultanat Granada

V orher hatte sich in al-Andalus ein dritter Bürgerkrieg abgespielt, der vor allem Ibn Hud, der sich als Abkömmling der saragossaner Hudiden ausgab, und einen Notabeln von Arjona (Provinz Jaén), Mohammed ibn Jusuf ibn Nasr, als Protagonisten hatte. Der Erstere, von der Zustimmung großer Teile der Bevölkerung getragen und zeitweilig fast überall anerkannt, zog letzten Endes den Kürzeren; der Nasride dagegen nutzte die Gunst der Stunde, gewann 1238 Almería und Málaga, und war schon das Jahr vorher von den Einwohnern Granadas akzeptiert worden, das er zur Hauptstadt seines entstehenden Reiches machte; seine Heimatprovinz Jaén allerdings musste er aufgeben und sich zum Vasallen Ferdinands III. erklären.

Damit war der spanische Islam auf seine letzte Bastion, das Reich der Nasriden oder Banu Ahmar, beschränkt, allerdings mit dem Plus einer praktisch rein muslimischen Bevölkerung. Politisch schwankte der Status – je nach dem inneren Zustand Kastiliens – zwischen Vasallität und aggressivem Selbstbewusstsein, zeitweilig verstärkt durch die nicht uneigennützige Hilfe der marokkanischen Meriniden, die sich etwa ein Jahrhundert lang in Spanien für – aber auch gegen! – Granada engagierten; die Sultane von Granada revanchierten sich dadurch, dass sie sich ein Söldnerkorps unter dem Befehl potenzieller merinidischer Thronprätendenten hielten, das notfalls auch gegen allzu fordernde Verbündete eingesetzt werden konnte. Wirtschaftlich gesehen war Granada nie wirklich autark, sondern in erheblichem Maße von Aragonien und Genua abhängig.

Trotz einer gewissen Stärke war Granada immer gefährdet, zeitweilig durch die Meriniden, vor allem aber durch interne Zwistigkeiten. Von den insgesamt 23 Herrschern des nasridischen Hauses ragen einige besonders hervor: von Mohammed I. abgesehen, Ismail I., der den Kastiliern 1319 in der Vega von Granada eine schwere Niederlage beibrachte, Mohammed IV., der mithilfe einer genuesischen Flotte 1333 Gibraltar zurückeroberte, Jusuf I., von dem ein großer Teil der noch stehenden Teile der Palaststadt der Alhambra (»die Rote«) stammt, und sein Nachfolger Mohammed V., Erbauer des Löwenhofs der Alhambra und des großartigen Maristans. Eine hervorragende geistige Größe dieser Epoche muss ebenfalls erwähnt werden: der Literat, Historiker und Politiker Ibn al-Chatib, Wesir Mohammeds V., letzter namhafter Autor des muslimischen Spaniens, der wegen Intrigen nach Marokko floh und in Fès im Gefängnis ermordet wurde. Sein Charakter entsprach genau seiner Zeit: Skrupellos verdrängte er seinen eigenen Lehrer und Förderer vom Hofe, verhinderte die Anstellung des großen tunesischen Historikers

Ibn Chaldun und wurde seinerseits von einem Schützling denunziert und verdrängt. Seiner Bedeutung tut dies keinen Abbruch: Mit ihm endet die ruhmreiche Tradition »andalusischer« Geistesgrößen.

Das 15. Jahrhundert war eine Zeit fast ständigen Verfalls, innerer Unruhen und zunehmenden Machtverlustes, die auch die Thronbesteigung des kraftvollen Abu l-Hasan Ali 1464 (des »Muley Hacén« der spanischen Chroniken) nicht zu bremsen vermochte. Die »Romanze« des Sultans mit einer christlichen Gefangenen, Isabel de Solís, erzürnte seine Hauptfrau und Söhne, deren ältester Abu Abd Allah Mohammed (»Boabdil«) 1482 von den Bewohnern des Albaicín zum König ausgerufen wurde, während sein Onkel und Vaterbruder Mohammed »el Zaghal« bis 1489 den Thron beanspruchte. Boabdil, in Lucena 1482 in christliche Gefangenschaft geraten, musste Lehnstreue schwören und etablierte sich in Guadix. Nachdem 1485 Ronda, 1486 Loja, 1487 Velez Málaga und Málaga von den »Katholischen Königen«, Isabella I. von Kastilien und Ferdinand II. von Aragonien, erobert worden waren, fiel nach langer Belagerung und monatelangen Geheimverhandlungen am 2. Januar 1492 Granada. Die Kapitulationsbedingungen garantierten Besitz, Religion und Kult der Besiegten, wurden aber nur wenige Jahre eingehalten, dann setzten Zwangsbekehrung und -taufe ein, die aus unterworfenen Untertanen mehr und mehr Rechtlose machten. Ein Aufstand in den Alpujarras (1569) wurde erbarmungslos niedergeschlagen und alle Morisken (getauften Mauren) ins Innere Spaniens deportiert. Tausende, vor allem der Oberschicht, waren schon nach der Kapitulation nach Nordafrika ausgewandert. Da sich diese an-

Nach langer Belagerung fiel Granada am 2. Januar 1492, womit die Geschichte der maurischen Herrschaft in Spanien ihr Ende fand. Das Holzrelief von Philippe Vigarny (1520–22) zeigt den Einzug der Katholischen Könige Isabella I. von Kastilien und Ferdinand II. von Aragonien in die Stadt. Hochaltar in der Capilla Real der Kathedrale von Granada.

dersgläubige Minderheit in den Augen zumal des spanischen Klerus als unassimilierbar und »häretisch« darstellte, entschloss man sich nach langem Hin und Her, diese Frage derselben »Endlösung« zuzuführen wie 1492 die der Juden: Zwischen 1609 und 1614 wurden 296 000 kryptomuslimische Spanier des Landes verwiesen und in den Maghreb deportiert. Die Ungeheuerlichkeit dieser Maßnahme bestand vor allem darin, dass man Menschen, die man »katholisch gemacht« hatte, in die Länder der Religion auswies, deren man sie zwangsweise beraubt hatte.

Die Geschichte des Islam in Spanien ist eine von Erfolgen, geistigen Hochleistungen und auch des Versagens. Die unmittelbaren äußeren Nachwirkungen ihrer Existenz können wir noch heute in den aberhunderten Lehnwörtern arabischer Herkunft in den Sprachen der Halbinsel feststellen. Hans-Rudolf Singer

Koexistenz der Religionen – Das Sultanat von Delhi

Fakhr-i Mudabbir schreibt zur Zeit Sultan Iltutmischs über die Bedeutung der türkischen Sprache in der Anfangszeit des Sultanats von Delhi:

Außer Persisch gibt es keine bessere und würdevollere Sprache als Türkisch. Heutzutage ist Türkisch so populär wie noch nie. Dies kommt daher, dass die Mehrzahl der Emire und Heerführer Türken sind. Da gerade die Türken heute am erfolgreichsten und am vermögendsten sind, bedürfen alle zur Kommunikation dieser Sprache, zumal die hochrangigsten nichttürkischen Notabeln in ihren Diensten stehen.

Im Zuge arabischer Eroberungen unter den Omaijaden (661–750) war es einem Truppenkontingent unter Führung Mohammed ibn Kasims gelungen, bis nach Sind vorzudringen und die dortige buddhistisch geprägte Region zu erobern. Während der nächsten Jahrzehnte wurde dieses Gebiet von den Abbasiden (750–1258) direkt verwaltet, d. h., die jeweiligen Statthalter schickten die Abgaben direkt nach Bagdad. Insgesamt wissen wir sehr wenig über die Verhältnisse dieser Zeit, zumindest war aber ein erster Berührungspunkt zwischen der islamischen Welt und Indien entstanden. Dennoch hatte dieses Ereignis eher episodenhaften Charakter, da die weitaus wichtigere Begegnung zwischen dem Islam und den Kulturen des indischen Subkontinents aus einer vollkommen anderen Richtung kam.

Muslimische Herrschaftsetablierung

Am Anfang des 11. Jahrhunderts fiel Mahmud von Ghazni wiederholt in Nordindien ein und kehrte stets mit großer Beute und noch größerem Prestigegewinn in sein türkisch-persisches Reich zurück. War es noch Mahmuds Anliegen gewesen, Beutezüge nach Indien zu unternehmen, so schuf sich die nachfolgende ostiranische Dynastie der Ghoriden in Indien ein zweites Standbein: Als ihr Reich am Ende des 12. Jahrhunderts zusammenbrach, gelang es Muiss ad-Din und seinem Heerführer Qutb-ud-din Aibak ab 1192, sich erste nordwestindische Gebiete dauerhaft untertan zu machen. Damit stand den Muslimen das Tor nach Nordindien offen. Im folgenden Jahr drangen sie weiter vor und errichteten das Sultanat von Delhi.

Man darf sich natürlich nicht vorstellen, dass die Oberhoheit Muiss ad-Dins und Aibaks in den von ihnen eroberten Gebieten grundsätzlich anerkannt wurde. Vielmehr beschränkte sich ihre Herrschaft auf einige wenige Städte in Nordindien. Zudem gab es von Beginn an Bestrebungen der Militärführer und Statthalter, sich von ihrem Herrn loszusagen, um selbst in den ihnen zugewiesenen Territorien regieren zu können. Dennoch haben es durchsetzungsfähige Herrscher im Verlaufe der nächsten beiden Jahrhunderte immer wieder vermocht, diese potenziell Abtrünnigen im Zaum zu halten, eine patrimoniale Administration aufzubauen und die Vormachtstellung des Delhisultanates im Norden des Subkontinentes auszubauen.

Qutb-ud-din Aibak, der erste unabhängige ghoridische Regent in Indien, ließ das nach ihm benannte Qutb Minar in Delhi errichten – ein wohl auch als Siegessäule gedachtes Minarett einer Moschee. Hundert Jahre später befahl Iltutmisch, das Bauwerk um einen unter dem Namen Ala-i Darvaza bekannten Eingangspavillon zu erweitern.

Schams ad-Din Iltutmisch (1210–36)

Nach dem Tode Aibaks 1210 konnte sich Iltutmisch gegen Aram Schah, den Sohn Aibaks, durchsetzen. Die Mehrzahl der Feldzüge des neuen Sultans richtete sich nicht gegen einheimisch-indische Oppositionsgruppen, sondern gegen die Emire von Muiss ad-Din und Aibak. Viele von ihnen hatten sich bereits 1206 für unabhängig erklärt und eigene Herrschaften aufgebaut. Im Verlauf der militärischen Unternehmungen gelang es Iltutmisch jedoch, seine Widersacher niederzuringen. Zur Sicherung seiner Autorität versuchte er darüber hinaus, eine homogene Gruppe ihm ergebener Höriger zu schaffen. So entstand eine neue Elite, die sich vor allem aus freien Militärführern und nur ihm persönlich untergebenen Sklaven zusammensetzte. An diese verlieh Iltutmisch nicht vererbbare Pfründen, d.h. Ländereien, in denen ihnen ein festgelegtes Quantum der Abgaben zustand. Als Gegenleistung hatten die Pfründner dem Sultan im Bedarfsfall eine festgelegte Truppenzahl zur Verfügung zu stellen. Gleichzeitig wurde jedoch zur besseren Kontrolle in das jeweilige Gebiet von Delhi aus ein Aufseher beordert, der eine genaue Liste sämtlicher Tribute und Einnahmen aufzustellen hatte und für die Verteilung der Gelder unter die Soldaten und Pfründeninhaber sowie für die ordnungsgemäße Abfuhr eines Fünftels an den Sultan in Delhi verantwortlich war. Ferner stand es dem Herrscher frei, die Pfründner nach strategischen Notwendigkeiten beliebig oft zu versetzen. Eine Sonderstellung nahmen die Prinzen ein: Ihnen wurden territorial gebundene Statthalterschaften in strategisch bedeutsamen Gegenden überantwortet, sodass sie letztlich höhere Positionen als die anderen Pfründner innehatten. Die inneren Angelegenheiten der »Lehen« blieben in den meisten Fällen in den Händen der Einheimischen.

Über den Prozess des Aufstiegs Delhis zur vorherrschenden Macht in Nordindien sind wir nur schlecht informiert. Fest steht, dass durch die Erfolge der oben skizzierten Politik das Sultanat in den 1230er-Jahren die bedeutendste Macht Nordindiens geworden war. Iltutmisch hatte allerdings ein politisches System etabliert, das seine Stabilität u.a. dadurch erreichte, dass eine gewisse Distanz zu der untergebenen muslimischen Bevölkerung aufrecht erhalten wurde. Das Verhältnis der einfachen Muslime zu ihren Herrschern musste daher ambivalent bleiben. Zwar waren die Notabeln des Sultans reich und mächtig und aus diesem Grunde als Patrone nützlich, aber auf der Basis einer solchen zweckrationalen Beziehung allein konnte unter den zerstreuten Gruppen von Muslimen innerhalb des Delhisultanats kein Zusammengehörigkeitsgefühl entstehen. Zu Hilfe kamen die Mongolen. Die akute Bedrohung durch die Truppen Dschingis Khans veranlasste viele Muslime aus Iran und Afghanistan, in die urbanen Siedlungen Nordindiens zu immigrieren. Darunter befand sich auch eine große Zahl Sufis sowie Schrift- und

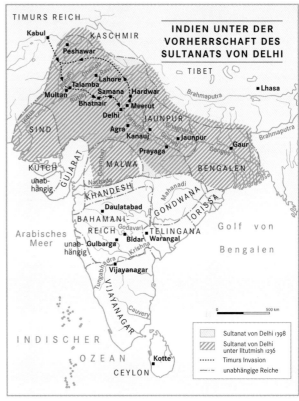

INDIEN UNTER DER VORHERRSCHAFT DES SULTANATS VON DELHI

In seinem 1259/60 verfassten Werk zeichnet der Chronist Juzjani folgendes Bild der Hauptstadt des Delhisultanats unter Iltutmisch:

Der Sultan versammelte in der Hauptstadt Delhi, wo sich der Regierungssitz von Hindustan befindet, Leute aus den verschiedensten Gegenden der Erde. Diese Stadt, die man als das Heiligtum des Islams in den östlichen Teilen der Welt bezeichnen kann ..., ist zum Rückzugsort und Refugium der Gelehrten, Tugendsamen und herausragenden Persönlichkeiten aller möglichen Länder geworden. Diejenigen, die durch Gottes Gnade ... dem furchtbaren Elend entronnen sind, das durch den Einfall der ungläubigen Mongolen verursacht wurde, haben die Hauptstadt dieses Herrschers zu ihrem Asyl, ihrer Zufluchtstätte und ihrem sicheren Ruheplatz erkoren.

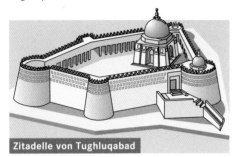

Ansicht der Zitadelle von Tughluquabad, einer Stadt, die der erste Herrscher der Tughluq-Dynastie, Ghiyas-ud-din Tughluq, in Delhi errichten ließ.

Zitadelle von Tughluqabad

Der Historiker Barani berichtet, dass Sultan Ala-ud-din aus folgenden Gründen Reformen eingeleitet habe:

Nach einigen Tagen und Nächten des Nachsinnens kamen seine (Ala-ud-dins) Ratgeber zu dem Schluss, dass es vier Gründe für die Aufstände gebe: 1. die mangelhafte Kenntnis des Herrschers von den Reichsangelegenheiten, nämlich ob sie gut oder schlecht sind; 2. der Wein, denn wenn die Leute sich zum Trinken versammeln, passiert es, dass sie einander ihre geheimsten Gedanken erzählen, sich verbrüdern und konspirativ tätig werden; 3. die Freundschaften, Beziehungen, Zuneigungen und der ständige enge Kontakt der Heerführer und Emire untereinander. Falls einem von ihnen etwas zustößt, kann er aufgrund dieser Verbindungen auf hundert Verbündete zählen; 4. die Aussicht auf Reichtum, denn dadurch setzen sich Vorstellungen von Verrat und Abtrünnigkeit in den Gehirnen der Emire fest und Gedanken wie Unloyalität und Undankbarkeit können in ihre Köpfe gelangen.

Religionsgelehrter, die nach dem Trauma ihrer Vertreibung ihr Heil nicht in regional gebundenen Loyalitäten suchten, sondern darauf bedacht waren, ein überregionales Zusammengehörigkeitsgefühl im muslimischen Nordindien zu schaffen. Da diese Gruppen bei den einfachen Muslimen in hohem Ansehen standen, versuchte Iltutmisch, sie für seine Zwecke nutzbar zu machen. Die Mehrzahl der fromm gestimmten Männer akzeptierte die ihnen von Iltutmisch angebotenen Pfründen und Ämter und propagierte dafür das Ideal eines einheitlichen Refugiums für alle bedrohten Muslime im Osten der islamischen Welt.

Das hier beschriebene Gleichgewicht konnte allerdings schnell zusammenbrechen. In den Jahrzehnten nach dem Tode Iltutmischs im Jahre 1236 übernahmen Emire die Herrschaft. Die Sultane regierten zwar nominell, hatten faktisch aber keine Macht. Erst Ghiyath-ud-din Balban (1266–90) schaffte es wieder, sich durchzusetzen. In dieser Zeit ging der Einfluss des Delhisultanates bereits über die Städte hinaus. Dies war ein wichtiger Schritt zur Herrschaftskonsolidierung. Die wenigen Muslime auf dem Lande hatten ihre Wohnsitze größtenteils in befestigten Kleinstädten gehabt, und die dörflichen Regionen und damit auch die Kontrolle über die landwirtschaftlichen Erzeugnisse war in den Händen der hinduistischen Dorfoberen geblieben, die der islamischen Herrschaftselite als Mittelsmänner dienten. Mit der muslimischen Durchdringung des Landes änderte sich nun auch das Verhältnis von Eindringlingen und ursprünglicher Bevölkerung. Erste Verschmelzungs- und Assimilierungsprozesse setzten ein. Viele Hindus konvertierten zum Islam, da sie auf diese Weise dem rigorosen Kastensystem und den strengen Heiratsvorschriften ihrer Religion entfliehen konnten und ihnen zudem in der Administration und dem Heer Aufstiegsmöglichkeiten offen standen.

Auf Balban folgte sein Enkel Muiss-ud-din Kayqubad, der sich allerdings als unfähig erwies, den Intrigen und Ambitionen seiner Notabeln ein Ende zu bereiten und die zwischen verschiedenen türkischen Gruppen ausgebrochenen Grabenkämpfe zu stoppen. Auch sein Nachfolger, der noch minderjährige Kayumarth, war nur eine Marionette in den Händen dieser Parteien. Schließlich konnte sich der Statthalter Jalal-ud-din aus dem Geschlecht der ursprünglich aus Afghanistan stammenden Khilji behaupten. Im Jahre 1290 rief man ihn zum Sultan aus.

Ala-ud-din Khilji (1296–1315)

Die nächste für die Geschichte Nordindiens bedeutende Persönlichkeit war jedoch Ala-ud-din Khilji. Während seiner Herrschaft gelang es, die Mongolen aus Transoxanien zurückzuschlagen. Als die Gefahr gebannt war, richtete sich sein Augenmerk auf den Süden. Ala-ud-din Khilji eroberte als erster Herrscher des Delhisultanats Zentral- und Südindien. Zwischen 1305 und 1312 unterwarf sein Heerführer Malik Kafur weite Gebiete südlich des 20. Breitengrades, ohne jedoch eine dauerhafte Herrschaft begründen zu können.

Die Voraussetzung für diese äußeren Erfolge waren Ala-ud-dins innenpolitische Reformbemühungen. Um der häufig ausbrechenden Revolten seiner Emire und der hinduistischen Erhebungen auf dem Lande Herr zu werden, begann er mit der Aufstellung eines stehenden Heeres. Eine einheitliche Erntesteuer und die Kürzung des Soldes sollten ihm die notwendigen finanziellen Mittel dafür liefern. Eine Reihe von unterstützenden Maßnahmen wurde erlassen: Ala-ud-din ließ die Preise für Grundnahrungsmittel festlegen, setzte Marktvögte in den Städten ein, gab den Auftrag, aus den Getreidelieferungen der Krondomänen in Delhi große Speicher für Notzeiten anzulegen, sorgte für die Verschärfung der Kontrolle des Getreidehandels und des Transportwesens und versuchte, den Schwarzhandel zu unterbinden. Außerdem ließ er den Besitz potenzieller Widersacher und reicher Hindus konfiszieren und erklärte alle mit

den Pfründnern getroffenen Vereinbarungen für null und nichtig. Alle Abgaben mussten nun direkt nach Delhi gesandt werden. Spione berichteten dem Sultan über den jeweiligen Stand der Dinge. Darüber hinaus nahm er sowohl in Indien geborene Muslime als auch konvertierte Hindus in seine Dienste auf. Geschlagene Hinduherrscher behandelte er respektvoll, indem er sie bei Hofe empfing und in ihre Familien einheiratete. Viele hinduistische Machthaber unterwarfen sich aus diesen Gründen freiwillig, anerkannten seine Oberhoheit und entrichteten als Tributärfürsten Abgaben.

Das früheste Beispiel für die Architektur der Tughluq-Dynastie ist das eindrucksvolle Grabmal des Sufis Rukn-i Alam in Multan, das der spätere Sultan Ghiyas-ud-din Tughluq während seiner Statthalterschaft dort errichten ließ.

Ala-ud-dins administrative Maßnahmen legten den Grundstein für eine effektive Verwaltung des Delhisultanats. Am Ende seiner Regierungszeit musste der Sultan jedoch mit ansehen, wie Machtmissbrauch, Inkompetenz, Korruption und das Streben einflussreicher Emire nach eigener Herrschaft zur Zerrüttung der Reichsangelegenheiten führten. Schließlich bemächtigte sich im Zuge der verworrenen Lage nach dem Tode Ala-ud-dins im Jahre 1320 der Statthalter Ghiyas-ud-din Tughluq des Thrones.

Mohammed bin Tughluq (1325–51)

Fünf Jahre später übernahm dessen Sohn Mohammed die Macht. Seine Regierung bildet den Höhepunkt der südlichen Ausdehnung des Delhisultanats wie den Beginn einer Aufgliederung in Regionalreiche. In die Anfangsjahre seiner Herrschaft fielen groß angelegte Projekte wie etwa die Gründung eines zweiten Verwaltungszentrums in Daulatabad im Süden des Reiches oder der Versuch, eine neue Währung einzuführen. Gleichzeitig kam es aber infolge einer Dürreperiode zu einer verheerenden Hungersnot in den nordindischen Provinzen. Ein Feldzug gegen Ahsan Shah Jalal-ud-din in

Die Adina-Moschee in Pandua auf dem Dekhan gehört zu den größten Moscheen Indiens. Erbaut wurde sie etwa 1374 auf Geheiß des Bahmani-Sultans Sikandar Shah.

Kupfermünzen der ersten fünf Herrscher des Bahmani-Sultanats aus den Jahren 1347 bis 1396 (Delhi, Nationalmuseum; links jeweils die Vorderseite).

Mabar im Jahre 1335 endete schließlich mit einer Katastrophe: Das Heer Mohammed bin Tughluqs fiel fast vollständig der Cholera zum Opfer. Auch in den darauf folgenden Jahren wüteten Seuchen und Hunger in weiten Teilen des Reiches. Die wirtschaftliche Situation war selbst in Delhi so verheerend, dass Mohammed 1337 seine Residenz in die Nähe der von der Hungersnot verschont gebliebenen Region um Jaunpur und Awadh verlegte. Erst 1340 hatte sich die Lage soweit entspannt, dass er nach Delhi zurückkehren konnte. Mohammed trachtete nun danach, die alte Stellung des Delhisultanates durch wirtschaftliche Reformen wiederherzustellen. Der Vertrauensverlust war jedoch zu groß. Afghanische Emire im Verbund mit einer Gruppe seiner Verwaltungsbeamten begehrten 1344 in Gujarat auf. Das Reich drohte weiter auseinander zu fallen. Der Sultan brach selbst mit einem Heer auf, um den Aufstand niederzuschlagen. Dieses Unterfangen erwies sich aber als schwierig, da die Rebellion von Gujarat auf Daulatabad übergriff. Mohammed gelang es nur oberflächlich, die Ordnung wiederherzustellen. Als ein Emir in Gujarat rebellierte und der Sultan zur Niederschlagung dieser Erhebung aufbrach, fielen die Provinzen um Daulatabad endgültig ab. Es bildete sich dort das von Delhi unabhängige Bahmani-Sultanat (1347).

Die Legitimität des Herrschers von Delhi beruhte auf dem Glauben an althergekommene politische wie soziale Strukturen. Der Sultan griff auf ein islamisches Ordnungs- und Wertesystem zurück, das sich im Laufe von Jahrhunderten herausgebildet hatte. Mohammed bin Tughluq übte Herrschaft mittels eines großen Verwaltungsstabes aus und setzte sie mithilfe eines ihm ergebenen Heeres durch. Sowohl der Verwaltungsstab wie auch die Soldaten mussten bezahlt werden. Daraus ergab sich die Notwendigkeit einer systematisierten Finanzorganisation. Darüber hinaus kann man davon ausgehen, dass der Sultan auch unabhängige, ihm persönlich nicht verbundene Herren auf der

Grundlage seines Prestiges oder seiner sozialen Ehre an sich binden konnte. In der überwiegenden Zahl der Fälle unterwarfen sich jedoch lokale Herren angesichts der militärischen Bedrohung. Die Rechtsprechung basierte auf den traditionellen islamischen Rechtsvorstellungen. Im Mittelpunkt des administrativen Gefüges stand der Sultan mit seinem Hof, an dem die Fäden der Verwaltung zusammenliefen. In unmittelbarer Nähe des Sultans gab es eine Reihe von Ämtern, deren Inhaber eine privilegierte Stellung einnahmen. Mohammed bin Tughluq verfügte schließlich über ein umfangreiches Spionagenetz; zudem kontrollierten sich militärische und zivile Verwaltungsbeamte gegenseitig.

Die hier skizzierte Herrschaftsform hatte systemimmanente Bruchstellen: In über zwanzig Aufständen versuchten Emire, ihre Beziehung zu Mohammed zu lösen, um selbstständig Herrschaft auszuüben. In der überwiegenden Zahl der Fälle konnte der Sultan den Aufstand niederschlagen. Manchmal jedoch waren die Rebellen erfolgreich. Sie errichteten dann unabhängige und mit dem Delhisultanat konkurrierende Reiche, so etwa in Mabar, Bengalen, Kaschmir und um Daulatabad.

Timurs Einmarsch in Nordindien (1398) und seine Auswirkungen

Hatte die Aufgliederung des Delhisultanates bereits unter Mohammed bin Tughluq begonnen, so setzte ein Kampf aller gegen alle nach dem Tode seines Nachfolgers Firos Shah (1388) ein. Während verschiedene Thronprätendenten jahrelang um die Macht in Delhi rangen, machten sich viele Emire in den Provinzen selbstständig. In dieser Situation überschritt im Sommer 1398 der Mongolenherrscher Timur mit einem großen Heer den Indus. Ohne große Mühe schlug er die Truppen Sultan Mahmud Shahs (1393–1413/14) und besetzte und plünderte Delhi. Die Invasion währte nur kurz; schon am Neujahrstag 1399 zogen die Mongolen wieder ab. Dennoch hinterließen sie das Sultanat in einem Zustand der Anarchie. Der Herrscher über Delhi war nunmehr nur noch einer unter vielen miteinander im Streit liegenden Kleinfürsten.

Nach dem Einfall Timurs entstanden so weitere muslimische Nachfolgestaaten auf dem Gebiet des Delhisultanats: Malwa (1401–1531), Gujarat (1396–1572), Jaunpur (1394–1476), Khandesh (1399–1599) und Multan (1444–1524). Diese Regionalreiche übernahmen meist das Verwaltungssystem der ehemaligen Zentralmacht und entwickelten jeweils eigene gesellschaftliche und künstlerische Besonderheiten, wobei es gerade hier zu Synthesen zwischen islamischer und einheimischer Kultur kam.

Delhi selbst fiel 1414 an den »Sayyid« Khidr Khan (daher auch der Name Sayyid-Dynastie), ehemals Statthalter von Multan. Mahmud, der letzte der Tughluqiden, war ein Jahr zuvor gestorben. Khidr Khan und seine Nachfolger sanken jedoch auf den Stand von Provinzfürsten. Der Besitz von Delhi und die damit verbundenen historischen Ansprüche waren zu dieser Zeit so wenig wert, dass 1451 der letzte der Sayyids, Ala-ud-din Alam Shah (1445–51), die Stadt kampf-

Mahmud Shaban, ein Bewohner der Festung Gwalior, fertigte 1399 diese Koranabschrift an. Hier sieht man zum ersten Mal eine Frühform der später häufig verwendeten Bihari-Schrift.

Der Chronist Ghiyath ad-Din Ali erzählt vom Aufbruch Timurs nach Indien (1398):

Es gelangte zu den königlichen Ohren des Herrn der Glückskonjunktion (d. i. Timur), dass dieser Neumond im herrscherlichen Tagebuch (gemeint ist hier Timurs Sohn Pir Mohammed) die Festung von Multan – ehemals eine der größten Städte Sinds – belagerte. In jener Gegend überwiegen Feueranbeter, Götzendiener und andere Ungläubige Indiens. Es geziemt sich also wohl, die Standarte des heiligen Krieges zu hissen und jegliche Anstrengung zum Sieg des islamischen Glaubens zu unternehmen. Aus diesem Grund brach der Herr der Glückskonjunktion ... dorthin auf.

Auf einer der ältesten erhaltenen Miniaturen der Sultanatszeit (erste Hälfte des 15. Jahrhunderts) wird gezeigt, wie bei Bauarbeiten verweste Leichenteile gefunden werden. Die Geste des an den Mund gelegten Fingers bedeutet höchstes Erstaunen. Die Illustration gehört wohl zu einem Iskandar-Narma, einer beliebten epischen Darstellung der Alexandersage.

los Bahlul, einem Afghanen aus dem Geschlecht der Lodi, überließ und bis zu seinem Tode 1478 nur noch in Badaun herrschte. Bahlul (1451–89), während dessen Regierungszeit viele Afghanen nach Nordindien immigrierten, konnte den Einflussbereich Delhis vor allem durch die Eroberung Jaunpurs wieder etwas erweitern. Einen Höhepunkt bedeutete die Herrschaft seines Nachfolgers Sikandar Lodi, der 1504 die neue Hauptstadt Agra bauen ließ. Unter Ibrahim Lodi (1517–26) kam es jedoch erneut zu Revolten und Aufständen. Schließlich wandte sich Daulat Khan, der Statthalter im Pandschab, an den vorübergehend in Kabul residierenden Timuriden Babur mit der Bitte, in Indien einzumarschieren.

Der Neubeginn: Von Babur zu Akbar (1526–56)

Babur, der väterlicherseits von Timur und mütterlicherseits von Dschingis Khan abstammte, eilte in der Tat unverzüglich nach Delhi und besiegte Ibrahim Lodi bei Panipat im April 1526. Die Afghanen zogen sich vor ihm in das Hinterland bis nach Bihar zurück. Nachdem Babur 1530 gestorben war und sein Sohn Humayun die Herrschaft in Agra übernommen hatte, gelang es Sher Shah Sur von Bihar aus, erneut ein afghanisches Reich aufzubauen. Nach einigen schweren Niederlagen gegen den neuen Machthaber im Osten sah sich Humayun sogar gezwungen, bis nach Persien zu fliehen. Der Sohn Sher Shahs, Islam Shah (1545–53), eroberte zwar Bengalen und Multan, doch brach nach seinem Tode ein erbitterter Erbfolgekrieg aus. Humayun nutzte die Gunst der Stunde und erschien 1555 erneut mit einem großen Heer in Indien. Im Februar eroberte er Lahore, im Juni schlug er die Afghanen bei Sirhind, und im darauf folgenden Monat marschierte er in Delhi und Agra ein. Der alles entscheidende Sieg gelang aber erst nach seinem Tode (Januar 1556) unter nomineller Führung des neuen Moghulherrschers Akbar (1556–1605).

Das Sultanat von Delhi – Koexistenz der Religionen oder muslimische Fremdherrschaft?

Die Miniatur aus dem 16. Jahrhundert zeigt Babur, der mit seinem Architekten das Bagh-i-Wafa bei Jalalabad plant (London, Victoria and Albert Museum).

Herrscher wie Iltutmisch, Ala-ud-din Khilji und Mohammed bin Tughluq haben immer wieder versucht, die muslimische Herrschaft zu zentralisieren und zu konsolidieren und den Herrschaftsbereich des Sultanats nach Süden hin auszuweiten. Sie scheiterten, weil sie die in der Geschichte Indiens typischere Form von regional ausgeübter Herrschaft zu durchbrechen suchten. Keines der vielen Großreiche des Subkontinents war in der Lage, den Zentrifugalkräften auf Dauer standzuhalten. Gerade das frühe Mittelalter hat in Indien die Entstehung von Regionalkulturen gefördert. Daran haben auch die Sultane in Delhi nichts ändern können, die letztlich keinen gewaltsamen Bruch mit der Tradition der Rajputen herbeiführten, da auch sie nur eine nominelle Oberhoheit und keine vollständige Kontrolle über ihre Untergebenen anstrebten. Rechtsprechung und lokale Administration blieben in den Händen der Einheimischen. Ebenso wurden die meisten religiösen Bräuche und Traditionen nicht angetastet. Die meisten hinduistischen Machthaber konnten vor Ort ihre Herrschaft weiter ausüben, wenn sie nur die geforderten Abgaben leisteten. Obgleich es während der Sultanatsperiode eine große Migration von Muslimen nach Indien gab, kamen in erster Linie Sufis und Gelehrte, sodass auf den unteren Gesellschaftsebenen, vor allem auf dem Dorf, keine Verdrängung der Hindus stattfand. Die Beziehungen des Delhisultanates zur hinduistischen Bevölkerung bestimmten eher politische als religiöse Überlegungen. Einheimische Führer waren als Tributärfürsten und hinduistische Bauern als Steuerzahler wichtig, wohingegen in der Administration vor allem zum Islam konvertierte Hindus tätig waren. Im Laufe der Zeit kam es aufgrund der fortwährenden Regionalisierung zu Verschmelzungs- und Assimilierungsprozessen, die eine dynamische und schöpferische, sich gegenseitig befruchtende Koexistenz der beiden Religionen ermöglichten.   STEPHAN CONERMANN

Jahangir, indischer Großmogul 1605–27 mit dem Bildnis seines Vaters Akbar. Ausschnitt aus einer Miniatur des frühen 17. Jahrhunderts (Paris, Musée Guimet).

Geburt einer Weltmacht – Entstehen und Aufstieg des Osmanischen Reiches

Das erste Auftreten der Osmanen

D ie »Wiege« des Osmanischen Staats liegt im äußersten Nordwesten Kleinasiens. Hier trat Osman, einer unter zahlreichen turkmenischen Stammesführern, Ende des 13., Anfang des 14. Jahrhunderts ins Licht der Geschichte. Osmans Vater, Ertogrul, war ein Neuankömmling aus dem Osten, der angeblich von dem Seldschukenherrscher auf die günstigen Sommer- und Winterweiden im bithynischen Bergland nahe der Grenze zu Byzanz hingewiesen wurde. Ein sicher belegtes Datum ist das Jahr 1301, als Osman eine byzantinische Armee in der Nähe von Koyunhisar schlug.

Als Osman I. Ghasi starb, war sein Fürstentum eines unter mehr als einem Dutzend kleinerer und mittlerer Herrschaften Anatoliens, die die Nachfolge des Seldschukenreichs antraten. Sein Sohn und Nachfolger Orhan nahm, wahrscheinlich 1326, die wichtige byzantinische Festung Bursa ein. 1352 eroberte Orhans Sohn Süleiman die Festung Tzympe am europäischen Ufer der Dardanellen. 1366 (oder 1369) fiel die Stadt Adrianopel in die Hand des dritten Osmanensultans, Murad I.; sie wurde unter dem Namen Edirne Sultansresidenz. Jetzt bildete das Marmarabecken den geographischen Schwerpunkt des osmanischen Fürstentums.

Die frühen osmanischen Eroberungen waren derart erfolgreich, dass schon Ende des 14. Jahrhunderts eine balkanisch-anatolische Großmacht entstanden war, die in europäischen Quellen als »Impe-

Als Zeichen seiner Souveränität ließ Osman eigene Münzen prägen. Die verbreitetste Münze im Osmanischen Reich war bis ins späte 17. Jahrhundert der Akçe (links, 1639). Durch laufende Minderung des Silbergehalts sank sein Wert gegenüber den ab 1477 geprägten Goldstücken (Sultanî, rechts, 1520) unaufhörlich. Ab 1690 wird mit dem Kuruş ein neuer Silberstandard (unten, 1730–54) eingeführt (alle Münzen befinden sich in der Staatlichen Münzsammlung in München).

Die Yeşil Türbe bei der Grünen Moschee in Bursa ist das Grabmal Sultan Mehmeds I. (Innenansicht unten).

rium« angesprochen wurde. Die Osmanen selbst nannten ihr Herrschaftsgebiet die »osmanischen Länder« bzw. den »osmanischen Staat«. In der Welt des östlichen Mittelmeers hatten die Osmanen nur noch einen gewichtigen Rivalen: die in Ägypten und Syrien herrschende Militärdynastie der Mamelucken. Vom Byzantinischen Reich war wenig mehr als die Hauptstadt Konstantinopel und ihr thrakisches Vorland geblieben. Andere christliche Staaten innerhalb der osmanischen Interessensphäre waren das Kaisertum von Trapezunt, das griechische Despotat von Morea und das Fürstentum »Kleinarmenien« in Kilikien. Im Balkanraum standen die Osmanen einer Anzahl bulgarischer und serbischer Fürsten gegenüber.

Die frühen Osmanen erwiesen sich als Realpolitiker. Mit ihren muslimischen und christlichen Nachbarn gingen sie um, wie es die Lage gebot, nicht wie eine Doktrin vom »heiligen Krieg« es vorschrieb. Insbesondere mit Byzanz bestand ein enges vertragliches Geflecht, das zum Teil mit Eheverbindungen geknüpft wurde.

Bajasid I. bestieg den Thron, nachdem sein Vater Murad I. am Ende der siegreichen Schlacht auf dem »Amselfeld« 1389 gegen den serbischen Fürsten Lazar I. durch ein Attentat den Tod gefunden hatte. Konstantinopel dürfte spätestens um 1390 regelmäßig Tribut an die Osmanen gezahlt haben. Bajasid I. ließ schon 1394/95 auf dem asiatischen Ufer des Bosporus eine Sperrfestung (Anadolu Hisarı) errichten, wurde aber durch die Mongolengefahr an der Einschließung der Stadt gehindert. Aus westlicher Sicht war der Untergang des Kreuzfahrerheers bei Nikopolis an der Donau 1396 das wichtigste Ereignis dieser Jahre. Ein Jahr später wurde mit Ala-ed-din von Karaman der stärkste inneranatolische Widersacher der Osmanen bezwungen. Um 1400 herrschte Bajasid I. von der Adria bis an den südöstlichen Rand Anatoliens, wo er in Gegensatz zu den Mamelucken geriet.

Von der Schlacht von Ankara (1402) bis zur Eroberung von Konstantinopel (1453)

W as christlichen Bündnissen gegen die Türken versagt blieb, gelang den mongolischen Heeren: Das Jahr 1402 ist wegen der Folgen der Schlacht von Ankara, in der Bajasids I. Truppen von Timur vernichtet wurden und der Sultan in Gefangenschaft geriet, das Katastrophenjahr der frühosmanischen Geschichte. Das Ziel Timurs bestand in einer dauerhaften Schwächung der Osmanen, in denen er anatolische »Grenzfürsten« sah, die er wieder auf ihren Vasallenstatus zurückwerfen wollte. Dazu stellte er vor allem die durch die Osmanen zuvor »mediatisierten« anatolischen Fürstentümer wieder her.

Die Jahre bis zur Erringung der Alleinherrschaft durch Mehmed (Mohammed) I. (etwa 1417) sind durch Auseinandersetzungen zwischen den Söhnen Bajasids I. bestimmt. Nach dem Tod Mehmeds I. (1421), der das Reich in den Grenzen Bajasids I. nur zum Teil wiederherstellte, betrieb sein Sohn Murad II. die Wiedereingliederung abtrünniger Fürstentümer in Anatolien. Gleichzeitig unterwarf er

das Osmanische Reich
Mitte des 14. Jh.

Erwerbungen:

bis 1453

bis 1513

bis 1520

bis 1566

bis 1683

Vasallenstaaten

1459 Jahr der Eroberung

(1560) Jahr des Verlustes

AUFSTIEG DES OSMANISCHEN REICHS BIS 1683

neue Gebiete in Europa. Jetzt wurde die Walachei tributpflichtig. 1429 konnte nach achtjähriger Blockade Thessalonike zum zweiten Mal (zuerst 1387) eingenommen werden. Murad II. führte Feldzüge in Albanien (1430–33) und Serbien (1434/35? und 1439). 1440 stand sein Heer vor Belgrad, musste jedoch nach einer vergeblichen Belagerung wieder abziehen.

Nach der Verkündigung der westöstlichen Kirchenunion auf dem Konzil von Ferrara (1439) wurde eine antiosmanische Allianz gebildet. Der starke Mann Ungarns, János Hunyadi, schlug die Osmanen

Porträtminiaturen frühosmanischer Herrscher, von links Orhan, Murad I., Bajasid I.

1441/42 in Siebenbürgen. Im Winter 1443 drang das vereinigte ungarische, polnische und serbische Heer tief in den Balkanraum vor. Murad II. hatte zu diesem Zeitpunkt auf den Thron verzichtet, übernahm jedoch für seinen bereits eingesetzten Sohn vorübergehend wieder die Herrschaft. Mitte Oktober 1444 überquerte er, aus Anatolien kommend, mit genuesischer Hilfe die Meerengen. In der

Seit Murad II. waren umfassende Registrierungen der Gebiete üblich. Detaillierte und summarische Verzeichnisse hielten die Steuerquellen (oben Ausschnitt eines Steuerregisters von 1530) und Stiftungsgüter in den Städten und im ländlichen Raum fest.

Die osmanische Miniatur zeigt die »Knabenlese« in einem Balkandorf (Istanbul, Topkapi-Serail).

Schlacht von Warna (10. November 1444) fiel König Wladislaw III. von Polen und Ungarn, während Hunyadi in die Flucht geschlagen wurde. Ein weiterer mächtiger Widersacher war den Osmanen in dem albanischen Fürsten Skanderbeg erwachsen. Sein Vater hatte sich nach der Schlacht von Ankara 1402 der osmanischen Autorität entzogen, musste jedoch nach 1410 seine Söhne an den Sultanshof schicken. Der Kampf gegen seine früheren Oberherrn, insbesondere die Verteidigung der Festung Krujës, machte ihn zum Symbol des späteren albanischen Nationalismus.

Die innere Gestalt des frühosmanischen Staates

Alle wichtigen Merkmale des »klassischen« osmanischen Staatswesens waren bis Mitte des 15. Jahrhunderts ausgebildet. An der Spitze stand der Herrscher, der sich nun nicht mehr *Beg* oder *Bey* (»Herr«) nannte, sondern nach mongolischer Tradition *Han*. Auch der arabische Titel *Sultan* (»Herrschaft«) kommt neben dem persischen Wort *Padischah* immer häufiger vor. Das Haus Osman kannte keine ausdrückliche Nachfolgeregelung. Im Unterschied zur Praxis ihrer seldschukischen Vorgänger erwogen sie keine Aufteilung ihrer Länder. Deshalb kam es beim Tode eines Sultans regelmäßig zu Thronkämpfen unter den Söhnen. Bis in die Zeit Mehmeds II. wählten die Osmanen Töchter angesehener muslimischer und christlicher Häuser als Ehefrauen. Erst später traten Sklavinnen an ihre Stelle. Das Institut der Prinzenstatthalterschaften sorgte für eine Einübung der Sultanssöhne in staatliche und militärische Angelegenheiten. Das wichtigste Staatsamt war das Großwesirat.

Die militärische Stärke des frühen Osmanenstaats beruhte zum größten Teil auf der Vergabe von Dienstlehen. Der Inhaber eines solchen *timar* hatte als Gegenleistung für die Geld- und Naturalsteuern eines oder mehrerer Dörfer mit einer Anzahl von Knechten, mit Reittieren und Rüstung Kriegsdienst zu leisten. Diese Pfründen waren grundsätzlich nicht vererblich. Von diesen schweren Reitern sind die Janitscharen zu unterscheiden. Diese »neue Truppe« wurde wohl unter Murad I. aufgebaut. Sie bildeten eine kasernierte, vor allem aus Fußsoldaten zusammengesetzte Armee, die feste Soldzahlungen aus dem Staatshaushalt erhielt. Ab dem frühen 16. Jahrhundert wurden sie mit Gewehren und Pistolen ausgerüstet (während sich die Lehensreiterei erst gegen 1570 die neuen Waffen aufdrängen ließ). In den folgenden Jahrhunderten wurden nur wenige kriegstechnische Innovationen aus Europa übernommen. Traditionelle Waffen wie der Krummsäbel und Pfeil und Bogen blieben bis Ende des 17. Jahrhunderts in Gebrauch. Das Janitscharenkorps bestand vor allem aus im Balkanraum rekrutierten Christenjungen. Es steht inzwischen fest, dass die »Knabenlese« nur wenige Dörfer in größeren Abständen traf und wohl ohne demographische Konsequenzen blieb.

In der Frühzeit waren die Osmanen noch auf die Unterstützung seefahrender Verbündeter (wie der Genuesen) angewiesen. Aber noch vor der Eroberung von Konstantinopel errichteten sie große Arsenale, in denen sie eine eigene Flotte aufbauten.

AUSRÜSTUNG DER OSMANEN

Die Stärke der osmanischen Armeen beruhte seit dem Beginn des 16. Jahrhunderts auf Feuerwaffen. Die Janitscharentruppe wurde schon früh mit Gewehren und Pistolen ausgerüstet. Später folgte auch die Lehensreiterei. Krummsäbel sowie Bogen und Pfeil wurden allerdings noch bis in die Jahre nach der Belagerung von Wien (1683) als Angriffswaffen eingesetzt. In den »Türkenbeuten« der mittel- und osteuropäischen Sammlungen ziehen Trophäen wie Köchergarnituren, Dolche und Krummsäbel die meisten Blicke auf sich. Die abgebildeten Beispiele stammen aus der Karlsruher Sammlung, die zum größten Teil auf den »Türkenlouis«, Markgraf Ludwig Wilhelm von Baden-Baden, zurückgeht. Der Bogenköcher (links) wurde 1627 im türkischen Geschmack für den Truchsess des Fürsten von Siebenbürgen angefertigt. Um Pfeil- und Bogenköcher vor Beschädigungen zu schützen, wurden diese kostbaren Prunkwaffen in Schutzhüllen aus weichem Leder verwahrt. Rossschweife (tuğ) zählten neben Fahnen zu den Würdezeichen der osmanischen Heerführer. Der Großwesir führte fünf, der Janitscharenaga zwei Schweife. Das Karlsruher Stück stammt aus der Mitte des 17. Jahrhunderts. Ursprünglich war es von einer vergoldeten Holz- oder Metallkugel gekrönt.

Die eroberten Gebiete wurden in *Sandschak* (»Banner«) genannte Provinzen aufgeteilt. An ihrer Spitze stand ein Militärgouverneur, der *Sandschakbeg.* Mehrere Sandschaks waren zu Großprovinzen *(beylerbeylik)* unter einem *Beglerbeg (beylerbeyi)* zusammengefasst. Die meisten Sandschakbegs hatten vor ihrer Berufung größere Militärlehen inne. Noch im 16. Jahrhundert hatte die überwiegende Mehrheit der Beglerbegs zuvor als Sandschakbeg gedient. Später nahm die Zahl von »Seiteneinsteigern« aus dem sultanischen Haushalt zu.

Recht und Religion

Der Ausbau des Osmanenstaats im Sinn eines islam-rechtlich organisierten Gebildes war das Werk von Gelehrten *(ulema)* der hanafitischen Schule. Die Gesamtheit der aus der Medrese hervorgegangenen Gelehrten, die ihrerseits Medrese-Professoren oder Richter *(kadi)* wurden, bildete das Korps der *Ilmijje (ilmiyye).*

Bekannte Ulema wie der 1480 gestorbene Mullah Hüsrew bemühten sich, das islamische Recht mit einer pragmatischen Gesellschaftsordnung zu verbinden. Ihre Lehrbücher wurden in den folgenden Jahrhunderten in allen osmanischen Medresen herangezogen. Bis ins 15. Jahrhundert standen die Heeresrichter des europäischen (Rumelien) und asiatischen Reichsteils (Anadolu) an der Spitze der Ilmiyye. Später nahm der zum Scheichülislam avancierte Mufti von Istanbul diese Position ein. Die Richter waren zunächst Organe der Zentralregierung in den wichtigsten Städten. Ihre Zuständigkeit umfasste Verwaltungsaufgaben, alle Arten von Beurkundungen und nicht zuletzt die Rechtsprechung. In der Regel waren sie nicht länger als ein Jahr an einem Ort tätig. Neben den Sandschakbegs bildeten sie eine wichtige zweite Verwaltungsschiene.

Nichtmuslime, die in den Balkanländern und einigen Städten und Gegenden Anatoliens und Syriens die Bevölkerungsmehrheit bildeten, waren durch die islamische Rechtsordnung benachteiligt.

Das Aquarell zeigt wahrscheinlich einen Beglerbeg aus der Statthalterschaft Budin. Die ihn umgebende Leibgarde unterstreicht den hohen Rang der dargestellten Persönlichkeit (Wien, Österreichische Nationalbibliothek).

Darstellung eines »ungarischen Juden« in einer osmanischen Handschrift von 1587 (Jerusalem, L. A. Mayer Memorial Institute for Islamic Art).

Nur durch den Übertritt zum Islam eröffneten sich ihnen einflussreiche Ämter. Dagegen bedeutete die grundsätzliche Gleichbehandlung der wichtigsten nichtmuslimischen Gemeinschaften – Griechen, Armenier, Juden – untereinander einen gewissen Grad an Selbstverwaltung und Rechtssicherheit. Christen und Juden waren zur Zahlung des islamischen Kopfgelds verpflichtet, das lange der größte Einnahmeposten des osmanischen Staatshaushalts war. Die Zahl der nach der christlichen Wiedereroberung Spaniens nach Istanbul und Saloniki emigrierten Juden wurde lange überschätzt, doch umfasste sie einige Tausend Menschen.

Mehmed II.: Ein Renaissanceherrscher

Für den jungen Mehmed (Mohammed) II. war der Bau einer zweiten, Anadolu Hisarı gegenüberliegenden Sperrfestung eine unerlässliche Maßnahme zur Einnahme Konstantinopels. Das geschah im Jahr 1452 und kam praktisch einer Kriegserklärung gleich. Die letzten Tage von Byzanz wurden durch die Osterglocken des Jahres 1453 eingeläutet. Am 11. April begann die Beschießung der Landmauern. Am 22. April erfolgte die Schiffsprozession auf Rädern, mit der türkische Galeeren das durch eine Kette abgetrennte Goldene Horn erreichten. Am 29. Mai wurde die Stadt gestürmt. Mehmed II. machte sich unverzüglich an die Wiederbesiedelung der Stadt. Schon 1477 bildeten die Muslime die Mehrheit der Stadtbewohner (8951 Haushalte; Griechen: 3151, Armenier: 3095). Die Hagia Sophia wurde zur Moschee und schon 1471 war der mächtige Baukomplex der Fatih-Stiftung anstelle der Apostelkirche vollendet. Am Ausgang der Meerengen wurden Sperrfestungen angelegt.

Unter Mehmed II. wurden auch die letzten griechischen Herrschaften in Südgriechenland (Morea 1460) und am Schwarzen Meer (Trapezunt 1461), ganz Bosnien (1463) und die genuesische Kolonie Kaffa auf der Krim (1475) dem Osmanenstaat einverleibt. Das notorisch abtrünnige anatolische Fürstentum Karaman wurde ebenfalls 1475 endgültig eine osmanische Provinz.

Am Ende seiner Herrschaft erließ Mehmed II. ein Organisationsgesetz *(kânûn-nâme),* in dem er die Struktur der Zentralverwaltung festschrieb. Die Hauptaufgaben des Staates wurden auf drei Säulen verteilt. Die »politische« Spitze bildete der Großwesir. Zog der

Türme und Mauern der Festung Rumeli Hisarı gegenüber Anadolu Hisarı.

Sultan nicht selbst ins Feld, war er Oberbefehlshaber der osmanischen Armeen. Der Leiter der zentralen und provinzialen Finanzverwaltung war ein *defterdar*. Für die Einhaltung des Rechts waren die Heeresrichter zuständig. Kanzleichef war der *nişancı*. Dieses Schema sollte im Großen und Ganzen bis zu den Tansimat-Reformen (1839) seine Gültigkeit behalten. Das Entscheidungszentrum war der Kuppelsaal des Palastes, in dem sich seit dem 16. Jahrhundert der Staatsrat an vier Wochentagen versammelte. Neben den Wesiren konnten hohe Militärs an den Sitzungen teilnehmen.

Die großen Eroberungen im Osten und Süden

Selim I., der 1512 mit Unterstützung der Janitscharen seinen Vater Bajasid II. entthront hatte, nutzte seine wenigen Herrschaftsjahre bis 1520 fast vollständig mit Feldzügen in östlicher und südlicher Richtung zur Bekämpfung muslimischer Gegner. 1514 besiegte er den persischen Schah Ismail und nahm kampflos Täbris ein. Für die osmanische Machtstellung ebenso entscheidend war die Annexion des Mameluckenreichs in Syrien und Ägypten (1516/17). Aus dem Nilland flossen in den folgenden Jahrhunderten hohe Tribute in den Staatsschatz. Die Tatsache, dass sich das unter der Obhut der Mamelucken befindliche abbasidische Scheinkalifat mit der osmanischen Eroberung erledigte, spielte zunächst eine geringere Rolle als der Übergang der Schutzherrschaft über die »Beiden Heiligen Stätten« (Mekka und Medina) auf den Osmanensultan. Ihm oblag in Zukunft auch die Sicherung der Pilgerstraßen in den Hidjas im Westen der Arabischen Halbinsel. In Anatolien wurden unter Selim I. Yavuz die letzten Vorposten der turkmenischen Schiiten bezwungen. Wichtige kurdische Fürsten wandten sich in diesen Jahren Istanbul zu, nichtschiitische Stämme verließen den Iran und das Grenzgebiet und zogen ins Innere Anatoliens.

Süleiman der Gesetzgeber (1520–66)

Die Herrschaft Süleimans I., den man in der Türkei den »Gesetzgeber«, im Westen aber den »Prächtigen« nannte, ragt nicht nur wegen der mit ihr verbundenen äußeren Machtstellung, Prachtentfaltung und inneren Konsolidierung heraus. Sie erschien vielen Späteren als klassisches Maß für ein türkisch-muslimisches Staatswesen. Viele der Eigenschaften Süleimans – Frömmigkeit, Mitgefühl, Großzügigkeit – wurden von den Zeitgenossen überliefert und entsprachen Idealvorstellungen.

Süleiman I. umgab sich mit fähigen Männern. Besonders nahe stand er dem Scheichülislam Ebussuud, dessen Anliegen die Harmo-

1. *Scheichülislam*
(im Rang dem Großwesir gleich)
▲
2. Heeresrichter von Rumelien ◆ Heeresrichter von Anatolien
▲
3. Richter von Istanbul
▲
4. Richter von Mekka ◆ Richter von Medina
▲
5. Die *Kadis* der »Fünf Städte«
(Höchste Richterstellen)

Jerusalem
Bursa
Kairo
Damaskus
Edirne
▲
6a. Die Großen Mullah-Posten
(Hohe Richterstellen der 5. Rangstufe)

Galata (Istanbul) ◆ Üsküdar (Istanbul) ◆ Eyüb (Istanbul)
İzmir
Yenişehir (= Larissa)
Saloniki
Aleppo
▲
6b. Die »Umlauf«-Posten
(Hohe Richterstellen der 6. Rangstufe)

Filibe (= Plowdiw)
Maraş (= Kahramannmaraş)
Bagdad
Sofia
Belgrad
Aintab (= Gaziantep)
Kütahya
Konya
Diyarbakır
Bosna = Sarajevo
▲
7. Müderris
(Professor an einer Medrese).
Die osmanischen Medresen waren in 10 Rangstufen mit
entsprechenden Professoren-
gehältern gegliedert.
▲
Naib: Vertreter eines Richters
▲
Mülasim: Gelehrter im Vorbereitungsstand (7 Jahre)
▲
Mufti an einem niedrigen Kadi-Sitz
Imam (Vorbeter) an einer Moschee
▲
Muid: Assistent des Müderris
▲
Danischmend: Absolvent der Medrese
▲
Studium an einer höheren Lehranstalt (*Medrese*)
▲
Besuch einer öffentlichen Stadtviertelschule (*Mekteb/Kuttab*)

**Vom Koranschüler zum Scheichülislam:
Die Rangstufen der osmanischen ilmiyye**

nisierung der »weltlichen« Gesetzgebung mit dem islamischen Recht war. Ein Vertrauter des Sultans war Baki, ein klassischer Vertreter der Diwanliteratur. Süleiman verfasste selbst unter dem Namen Muhibbi Verse. Während des

Das Gemälde eines venezianischen Künstlers zeigt Süleiman I., den Prächtigen (um 1530–40, Wien, Kunsthistorisches Museum).

zweimaligen Großwesirats von Rüstem Pascha wurden bedeutende diplomatische und wirtschaftliche Erfolge erzielt. Unter Süleiman dehnte sich der Handel beträchtlich aus. In Istanbul ließ sich 1553 die jüdische Handelsfirma der Mendes nieder, die man mit den Fuggern verglichen hat. Der diplomatische Austausch mit Ost und West intensivierte sich. Allein im 16. Jahrhundert weiß man von 85 kaiserlichen Gesandtschaftsreisen nach Konstantinopel. Aus dem Gegensatz zu Habsburg erklärt sich die enge Zusammenarbeit mit Frankreich. Mit Frankreich wurden auch die ersten »Kapitulationen« genannten Verträge eingegangen, die den Kaufleuten Handelsvorteile und rechtlichen Schutz einräumten.

Unter Süleiman war das Mittelmeer der Hauptschauplatz der Auseinandersetzung mit Habsburg unter Karl V. Die Einnahme der Insel Rhodos (1522) zwang die Johanniter zum Rückzug nach Malta, das selbst nie in osmanische Hände fiel. Der in osmanische Dienste getretene starke Mann Algeriens Cheireddin besetzte 1534 Tunis, das ein Jahr später von Karl V. geplündert wurde. Zahlreiche Feldzüge führten Süleiman in den Osten, wo er 1534 Bagdad und die Pilgerheiligtümer des Irak eroberte. In Südosteuropa rückte nach dem Fall Belgrads 1521 das osmanische Heer nach Ungarn vor.

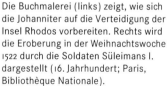

Die Buchmalerei (links) zeigt, wie sich die Johanniter auf die Verteidigung der Insel Rhodos vorbereiten. Rechts wird die Eroberung in der Weihnachtswoche 1522 durch die Soldaten Süleimans I. dargestellt (16. Jahrhundert; Paris, Bibliothèque Nationale).

Nach der Schlacht von Mohács 1526, in der König Ludwig II. von Ungarn und Böhmen fiel, kamen seine Ländereien an den Habsburger Ferdinand I. und an Johann Zápolya, der die osmanische Oberhoheit anerkannte. Wien wurde 1529 erfolglos über drei Wochen belagert. Süleiman starb 1566 im Feldlager vor Szigetvár während eines Ungarnfeldzugs. Sein Tod konnte solange verheimlicht werden, bis die Thronfolge Selims II. gesichert war.

Höhe- und Scheitelpunkt osmanischer Macht

Die wichtigste Scheidelinie der osmanischen Geschichte verläuft in den letzten Jahrzehnten des 16. Jahrhunderts, auch wenn die Zeit der territorialen Expansion keineswegs abgeschlossen war. Süleimans Nachfolger Selim II. scheiterte bei seinem Versuch, der sich im Don-Wolga-Raum ausdehnenden russischen Macht zu widerstehen (Astrachanfeldzug 1569). Die Eroberung von Zypern

Gesamtsicht der Süleiman-Moschee in Istanbul.

1571 nach der Seeniederlage bei Lepanto im selben Jahr war der wichtigste territoriale Gewinn.

Auf zwölfjährige Auseinandersetzungen mit Iran (1578–90) folgte der »Lange Krieg« gegen Österreich (1593–1606). In der Zeit zwischen beiden flammten in Anatolien teilweise sozial motivierte Aufstände auf. Das 17. Jahrhundert sah mit Murad IV. den letzten großen Feldherrn unter den osmanischen Sultanen. Allein 1633/34 plante er fünf große Feldzüge. Die Eroberung von Kreta (1669) war aber bereits weniger ein Zeichen der osmanischen Stärke als vielmehr der Schwäche des alten Gegners Venedig.

Gegen Ende der zwanzigjährigen Friedensperiode nach dem Vertrag von Vasvár wurde eine Delegation Kaiser Leopolds I. 1682 in Istanbul hingehalten. Am 31. März 1683, am selben Tag, an dem sich das osmanische Heer Richtung Wien in Marsch setzte, schloss der Kaiser das später entscheidende Abkommen mit Polen. Nach dem Einschluss der Stadt und gefährlichen Sturmangriffen war nur noch ein Drittel der Garnison kampffähig. Die Entsatzheere unter Herzog Karl V. Leopold von Lothringen und König Johann III. Sobieski von Polen traten mit 65 000–80 000 Mann gegen ca. 180 000 Mann der Belagerer an und befreiten die Stadt. Der türkische Rückzug aus Wien nach der Schlacht am Kahlenberg leitete den Rückgang der osmanischen Macht in Südosteuropa ein, der sich bis zum Balkankrieg (1912/13) hinzog. Der osmanische Staat hatte die Grenzen seiner territorialen Ausdehnung erreicht. Er war mit Abstand *die* muslimische Vormacht. Der Zangenbewegung der Seemächte Portugal und Spanien hatte er im frühen 16. Jahrhundert widerstanden. Die stetige russische Expansion und die kaiserliche »Reconquista« auf der Balkanhalbinsel aber sollten das kommende Jahrhundert bestimmen.   KLAUS KREISER

Sinans Hauptwerke

Die Bilanz von Sinans Tätigkeit als Chefarchitekt des Osmanischen Staates. Obwohl Sinans Hauptwerke, die Sultansmoscheen von Istanbul (Süleymaniye) und Edirne (Selimiye) weithin bekannt sind, überrascht die Summe der Bauaufgaben, die er bzw. sein Büro in einem halben Jahrhundert (1538–1588) übernahm.

Bauwerke	Summe	bis heute gut erhalten
Freitagsmoscheen (Cami)	107	64
andere Moscheen (Mescit)	52	7
Mausoleen (Türbe)	45	32
Medresen	82	39
Knabenschulen	6	5
Derwischkonvente (Tekke)	6	2
Krankenhäuser	3	3
Speisehäuser (Imaret)	22	7
Wirtschaftsbauten (wie Karawansereien)	39	13
Residenzen, Palais	43	3
Bäder (Hammam)	56	13
Brücken, Aquädukte	16	16
Summe	477	204

Islamische Kultur und christliches Europa

Die werdende islamische Kultur hat bekanntlich vor allem seit dem 8. Jahrhundert einen beachtlichen Teil des antiken Erbes aufgenommen, verarbeitet und darauf aufbauend in immer stärkerem Maße eigenständige wissenschaftliche Leistungen von bleibendem Rang hervorgebracht, die sie schließlich in den Stand setzten, dieses angereicherte Erbe an Europa weiterzugeben. Die »Auswahl«, die der Islam in diesem Vorgang der Übernahme getroffen hat – also Naturwissenschaften, Geographie, Geschichte u.a., aber weder Epik noch Lyrik oder Drama – hat lange Zeit Spekulationen über die Gründe dafür ausgelöst. P. Kunitzsch hat diesen Sachverhalt sehr einleuchtend damit erklärt, dass es sich bei dem Akzeptierten um das in den christlichen Klöstern zumal Syriens gehütete und gepflegte Kulturgut handelte, was zum Ausschluss aller möglicherweise »frivolen« Kenntnisse führte.

Die Weitergabe des so gewonnenen und erweiterten Wissens an den Westen setzte etwa zur gleichen Zeit – am Ende des 10. Jahrhunderts – ein und erfolgte ganz überwiegend im westlichen Mittelmeerraum und hier v.a. in Spanien, das durch sein jahrhundertelanges Mit- und Gegeneinander christlicher und islamischer Herrschaftsgebiete die engsten Verbindungen beider Kulturbereiche aufwies. Im Folgenden sollen nun wesentliche Träger dieses Kulturtransfers und die von ihnen vermittelten Werke und Inhalte skizziert werden.

Die Frühphase des Kulturtransfers

In Kairouan lebte und wirkte in der 2. Hälfte des 10. Jahrhunderts Ibn al-Djassar, der gegen 1005 hochbetagt starb, nachdem er viele medizinische Werke verfasst hatte, von denen nur eines, der Traktat »Sad al-musafir« erhalten blieb. Er wurde noch zu Lebzeiten des Verfassers ins Griechische übersetzt, in Italien bekannt und später auch ins Lateinische und Hebräische übertragen. Ein in Karthago geborener Tunesier, in Europa Constantinus Africanus genannt, begab sich nach Unterita-

lien, wo in Salerno die nachmals berühmte Medizinschule existierte und brachte diese durch seine – eher mangelhaften – Übersetzungen arabischer Werke zur Blüte. Als Mönch starb er 1087 im Kloster Monte Cassino. Die Namen der arabischen Mediziner, die die von ihm übersetzten Werke verfasst hatten, verschwieg er systematisch und gab sich selbst als deren Autor aus.

Bereits fast ein Jahrhundert früher kam Gerbert von Aurillac, Mönch und hochgebildet, bei einem Aufenthalt beim Bischof von Vich (in Katalonien) in den Jahren 967 bis 969 in direkte Verbindung mit islamischem Wissen. Gerbert wurde später Erzbischof von Reims, dann von Ravenna und von seinem Schüler, Kaiser Otto III., 999 als Silvester II. zum Papst gemacht. Auch nach seinem Aufenthalt in Spanien hatte er Beziehungen zu der berühmten Benediktinerabtei von Ripoll, wo man die ersten Übersetzungen aus dem Arabischen vornahm: Texte über Geometrie, Astronomie und die Konstruktion astronomischer Geräte. Gerbert machte Europa mit den arabischen Ziffern bekannt, die im europäischen Kulturkreis erstmals in zwei altspanischen Handschriften von 976 und 992 vorkamen – mit Angabe ihres indischen Ursprungs. Dass diese außerordentliche und überaus praktische »Entdeckung« zunächst ohne Resonanz blieb, zeigt, wie sehr Europa noch die Voraussetzungen fehlten, den Nutzen solcher Techniken überhaupt zu erkennen. Bezeichnend für die Haltung auch eines Großteils der europäischen geistigen Eliten dieser Zeit ist, dass selbst ein Mann wie Gerbert wegen seiner aus arabischen Quellen stammenden naturwissenschaftlichen und mathematischen Kenntnisse in den Verdacht geriet, ein Magier zu sein.

Dieser Vorgang und die Art der Wissensgewinnung gibt auch Anlass klarzustellen, dass Kulturkontakte und vor allem die Weitergabe von arabischem Wissen nur dort geschah, wo muslimisches Gebiet von Christen erobert worden war und dort lebende Christen oder Juden bzw. konvertierte Muslime für dergleichen Aktivitäten gewonnen werden konnten. Leider wird auch in neuesten Publikationen, die wissenschaftlichen Anspruch erheben, ausgeführt, Gerbert z.B. sei nach Toledo gegangen, und anderswo liest man von Europäern – damals aufgrund des europäischen Bildungssystems notwendigerweise Kleriker! –, die nach Córdoba oder sonstigen islamischen Stätten der Wissenschaft gegangen seien, um dort zu studieren. Tatsächlich verhält es sich so, dass die islamischen hohen Schulen ihren Sitz in Moscheen hatten, die kein »Ungläubiger« betreten durfte – so noch heutigentags im Maghreb! –, geschweige denn, dass er hätte am Studium teilnehmen dürfen. Und das an den hohen Schulen benutzte Hocharabisch mussten auch die Muslime in jahrelangem Studium erlernen – mit dem umgangssprachlichen Arabisch, das man durch den bloßen Aufenthalt in arabischen Ländern erlernen konnte, waren wissenschaftliche Studien unmöglich.

Griechisch – Arabisch – Spanisch

Es bleibt eine Episode zu erwähnen, die zunächst einmal zum Kapitel »Aneignung griechischen Erbes durch die Araber« gehört, aber eben doch auch eine Art Fortsetzung im Rahmen des hier behandelten Themas hat. Im Jahre 948 hatte der byzantinische Kaiser Konstantin VII. dem Kalifen Abd ar-Rahman III. von Córdoba anlässlich einer diplomatischen Mission nebst anderen wertvollen Geschenken ein Exemplar der in griechischer Sprache verfassten Arzneimittellehre des Dioskurides von Anazarbos (nahe Ceyhan in Kilikien) aus der Mitte des 1. Jahrhunderts n. Chr. geschickt; da damals in Córdoba niemand – auch nicht unter den Mozarabern – Griechisch konnte, sandte der Kaiser 951 einen Mönch, der das Werk zusammen mit dem jüdischen Arzt und Diplomaten Hasdai ibn Schaprut ins Arabische übersetzte. Erst im 16. Jahrhundert hat dann auf der Basis der im Zeichen des Humanismus inzwischen erfolgten Edition des griechischen Textes der spanische Arzt und Gelehrte Andrés Fernández de Laguna seine spanische Übersetzung des Werkes 1555 in Antwerpen publiziert. Damit war das Werk auch endlich im Abendland angekommen, wo es noch lange das maßgebliche Handbuch der Arzneimittellehre blieb.

Die Hochphase des islamisch-christlichen Kulturtransfers: Wissensvermittlung durch Übersetzungen

Nach den Kontakten Gerberts mit Klöstern der so genannten Spanischen Mark – aus der heraus sich allmählich das Königreich Aragonien und die katalanischen Grafschaften entwickelten –

tritt eine Pause ein. Erst nach der Eroberung von Toledo – wo der vermutlich erste botanische Garten von Ibn Wafid (»Abenguefith«) geschaffen worden war – durch Alfons VI. von Kastilien im Jahr 1085 gewannen die kulturellen Kontakte wieder an Intensität. Eine Art Vorläufer der beginnenden Bewegung stellt der konvertierte Jude Petrus Alfonsi, mit eigentlichem Namen Moses Sefardi, dar, der vermutlich aus Huesca stammte und Protegé Alfons' I. von Aragonien war. Er hat dem Westen in seiner »Disciplina clericalis«, einer Sammlung arabisch-jüdischer Erzählungen, orientalische Erzählstoffe vermittelt. Später ging er nach Frankreich und England, wo er arabische Wissenschaften lehrte und Adelard von Bath bei dessen Übersetzung der Tabellen des Chwarismi ins Lateinische unterstützte. In seinen weit verbreiteten (65 Handschriften) »Dialogi« – in denen er auch seine Konversion begründete und verteidigte – legte er dar, dass nur wissenschaftliches Erforschen der Natur zu richtiger Gotteserkenntnis führe. Nach 1121 ist er in Spanien verstorben. Er hatte großen Einfluss auf das christliche Europa.

Zur Zeit der kastilischen Könige Ferdinand III. und Alfons X. begann in der nunmehrigen kastilischen Hauptstadt Toledo, aber auch an anderen Orten wie Tarazona und vor allem Barcelona, der Hauptstadt der Markgrafschaft Katalonien, eine Epoche enormer Übersetzertätigkeit, die zu Unrecht vereinfachend als »Übersetzerschule von Toledo« bezeichnet wird. Christliche Spanier, Mozaraber und Juden, dann aber auch Angehörige anderer europäischer Völker hatten Anteil an dieser gewaltigen Bewegung, die eine Unmenge zum Teil sehr umfangreicher Werke in lateinischer Sprache dem christlichen Abendland zugänglich machte und so das Gedankengut und die im Abendland bis dahin verloren gegangenen Erkenntnisse der griechisch-römischen Antike und des arabischen Kulturkreises vermittelte. Auch war es nicht nur der viel gerühmte Erzbischof (1124–51) Raimund von Toledo, ein cluniazensischer französischer Mönch, der die Übersetzertätigkeit besonders begünstigt hat. Bis zur bedeutsamen Reise des hochgelehrten Abtes von Cluny, Petrus Venerabilis, nach Spanien gegen 1141 zeigte er sich an diesen Unternehmungen, die seit längerem im Gange waren, nicht besonders interessiert. In seiner Stadt waren es vor allem der Erzdiakon

Dominicus Gundissalinus (Domingo González) und sein jüdischer Mitarbeiter Johannes ibn Dawid (»Israelita Philosophus«), der sich selber Abendauth (»Ibn Dawud«) nannte, und wohl mit Johannes David, dem Freunde Platons von Tivoli und einem oft genannten Johannes Toletanus identisch war, die zumal philosophische Werke über das Kastilische ins Lateinische übersetzten.

Die zentrale Figur dieser Epoche aber war Johannes Hispanus, der zwischen 1120 und 1160 ohne jede fremde Hilfe arbeitete und vermutlich Mozaraber war. Nach 1165 wirkte die Equipe des Gerhard von Cremona dort an der Übersetzung v. a. philosophischer Autoren: Alfarabi, Ghasali und Ibn Sina (»Avicenna«). Man entdeckte jetzt erst Aristoteles als Philosophen und begann seine Werke und die seiner islamischen Nachfolger wie Ibn Badjdja (»Avempace«), Ibn Tufail (»Abubacer«), Ibn Ruschd (»Averroes«), Abu l-Kasim, al-Bitrudji (»Alpetragius«) sowie die Arbeiten des zwar aus Córdoba stammenden, aber in Kairo wirkenden jüdischen Philosophen Maimonides zu übersetzen; so kamen diese Werke in Europa zur Wirkung, nun sogar zum Teil noch ehe sie im islamischen Raum Anerkennung fanden. Abgesehen davon ging mit Denkern wie den Genannten die Periode der Pflege der »Falasifa«, d. h. der Philosophen hellenistischer Prägung, endgültig zu Ende. Gerhard und seine Mitarbeiter übersetzten an die 80 zum Teil sehr umfangreiche Werke. In Tarazona (Ebrobecken) wirkte ein spanischer Kleriker für Bischof Michael (1119–51) und übersetzte mehr als zehn Bücher und nahe Logroño, vielleicht in Nájera, waren Hermann von Kärnten (»Dalmata«) und Robert von Rétines gemeinsam tätig und trafen 1141 mit Petrus Venerabilis zusammen. Der schon genannte Platon von Tivoli, der etwa 1134–45 in Barcelona lebte und dessen Helfer der Jude Abraham bar Chijja (»Savasorda«) war, übersetzte sowohl aus dem Arabischen wie dem Hebräischen, vor allem astrologische Schriften, aber auch mathematische.

Es bleibt zu vermerken, dass wir über die Lebensdaten und -läufe vor allem der frühen – hispanischen, ob christlichen oder jüdischen – Übersetzer schlecht Bescheid wissen und selbst ihre Identität so manches Mal zweifelhaft ist.

Was aber wurde eigentlich übersetzt? Alle Gebiete der damaligen Wissenschaften finden sich unter den übersetzten Werken: Mathematik, Astronomie und Astrologie, Physik und Mechanik, Chemie bzw. Alchimie, ferner Medizin mit der dazugehörenden Pharmakognosie, Philosophie sowie Werke der Magie, also der Geheimwissenschaften. Hier ist der Ort, darauf hinzuweisen, dass die Erfindung des Buchdrucks zu einem gewaltigen Anschwellen der Kenntnis solcher Schriften führte. Bis dahin konnten sich z. B. nur reiche oder sehr erfolgreiche Ärzte etwa den »Kanon der Medizin« (al-Kanun fi t-tibb) von Avicenna leisten, nun aber waren auch weniger bemittelte Ärzte in der Lage, derlei umfangreiche Werke zu erstehen. So ist denn auch Avicenna erst durch den Buchdruck zum Ziehvater der europäischen Medizin geworden. Viele Werke wurden mehrfach übersetzt und oft, bis ins 17. Jahrhundert hinein, immer wieder gedruckt.

Schöpfen aus arabischen Quellen

Auf arabischen Quellen fußt ein Gutteil der von König Alfons X. (1221–84) verfassten Werke. Er war nicht nur selbst Dichter, Historiker und Gesetzgeber, sondern veranlasste auch die Erarbeitung und Veröffentlichung der »Alfonsinischen Tafeln« zur Berechnung der Örter von Sonne, Mond und Planeten sowie weiterer astronomischer Werke, ferner des Steinbuchs, des Schachzabelbuchs sowie vieler anderer Werke, die ihrerseits entweder Übersetzungen aus dem Arabischen sind oder aber Material solcher Werke verarbeiteten. Nur am Rande sei erwähnt, dass er auch Römischer König war und vor allem in Süditalien eine – wenn auch weitgehend gescheiterte – imperiale Politik verfolgte.

Im gleichen Jahrhundert war ein anderer Römischer Kaiser (und deutscher König), der Staufer Friedrich II., ebenfalls bemüht, in seinem italienischen Stammland, dem Königreich Sizilien, die dort seit dem 9. Jahrhundert heimische islamische Kultur zu pflegen. Seine berühmte Abhandlung »De arte venandi cum avibus« (Über die Kunst, mit Vögeln zu jagen) beruht auf arabischen Quellen. Sein Verhalten entspricht dem seiner normannischen Vorfahren. So hatte bereits für Roger II. (1130–54) der aus Ceuta stammende Idrisi, also ein Scherif, ein Nachfahre des Propheten, als Sekretär einer vom König eingesetzten Kommission, sein 1154 abgeschlossenes großes geographisches Kompendium, das Roger-Buch (Kitab Rudjdjar) abgefasst. Obwohl es einen Großteil auch Europas behandelte, wurde es im Mittelalter nie ins Lateinische (oder eine andere europäische Sprache) übertragen, aber auch im arabischen Bereich fand es nie die Beachtung, die ihm gebührte.

Der Vollständigkeit halber sei hier ein Autor genannt, der zwar schon zur beginnenden Neuzeit gehört, aber eben das zuwege brachte, was Idrisi nicht gegönnt war: Europa mit der Geographie und Ethnographie des Maghreb bekannt zu machen, ehe Europa durch Europäer wie den dänischen Vizekonsul Georg Höst, der von 1760 bis 1768 in Marokko weilte und nach seiner Heimkehr seine »Nachrichten von Marókos und Fes, im Lande selbst gesammelt ...« (dänisch 1779, deutsch 1781) schrieb, oder den englischen Kleriker Thomas Shaw (»Travels, or observations relating to several parts of Barbary and the Levant«, 2. Aufl. London 1757, deutsch Leipzig 1765) diese Länder bekannt gemacht wurden. Gemeint ist Leo Africanus, eigentlich al-Hasan ibn Mohammed al-Wassan, ein gebürtiger Granadiner Maure aus Fès, der, von christlichen Piraten gefangen genommen und dem Papst geschenkt, von Leo X. getauft wurde. Er verfasste in italienischer Sprache eine ausführliche Beschreibung Nordafrikas, die 1550 zuerst in Ramusios monumentalen »Navigationi e viaggi« erschien und schon 1556 ins Französische übersetzt wurde. Der Wert seiner Mitteilungen für Europas Kenntnis des Maghreb kann kaum überschätzt werden. Er selbst ist zu unbekannter Zeit nach Tunis zurückgekehrt und als Muslim gestorben.

*Islamisch-christlicher Kulturkontakt im
östlichen Mittelmeerraum*

D er Blick auf die Kulturströme und -beziehungen zwischen dem Orient und dem christlichen Abendland wäre aber ganz und gar unvollständig, wenn man dem östlichen Schauplatz dieser Geschehnisse nicht einige Sätze gönnen wollte. Waren noch im 8./9. Jahrhundert Byzanz und die syrischen wie – wenn auch bescheidener – die ägyptischen Pflegestätten der überkommenen Kultur, allen voran die Klöster, gebender Teil, so wurde später auch hier der islamische Orient führend. Hier wurde durch die Übersetzungen des 7. bis 9. Jahrhunderts, v.a. unter den ersten Kalifen aus dem Haus der Abbasiden, das Erbe der Antike und der iranischen Welt der werdenden islamischen Kultur vermittelt. Ab dem 9. Jahrhundert setzte dann der Gegenstrom ein: Es kam zur Rückübermittlung des antiken Erbes vermehrt um die Leistungen der arabisch schreibenden Welt an das Abendland. Allerdings konnte nun der Orient nie die Bedeutung der Rolle Siziliens und Spaniens erreichen, einmal, weil mit dem Einsetzen der Kreuzzüge und der sich daraus ergebenden Kontakte die Beziehungen fast stets feindselig waren und zudem fast durchgängig eben andere als für den Westen beschriebene Voraussetzungen galten. Die Erkenntnis der Unterschiede zwischen den beiden Schauplätzen lässt das Verständnis und das Verstehen für das, was sich zutrug, nur umso ausgeprägter sein.

Bleibende Einflüsse

D ass eine der wesentlichen Grundlagen des europäischen naturwissenschaftlichen Denkens die arabischen Zahlen sind, ist wohl allgemein bekannt. Wie stark und wie viele Lebens- und Wissensbereiche umfassend der arabisch-orientalische Einfluss auf Europa jedoch war, können wir am besten aus den vielen arabischen Lehnwörtern des Deutschen (wie anderer europäischer Sprachen) ersehen, ganz zu schweigen von den Massen solcher Entlehnungen in den Sprachen der Pyrenäenhalbinsel wie auch – wenn auch weniger zahlreich – im Italienischen. Allein fürs Deutsche genügt es, eine ganz bescheidene Auswahl solcher orientalischer Wörter, bei uns natürlich aus anderen europäischen Sprachen entlehnt, aufzuführen; viele arabische Vokabeln sind freilich ihrerseits wieder ebenfalls Leihgaben aus dem Persischen, den indischen Sprachen usw. Auf die Aufzählung von Sternnamen aus dem Arabischen sei verzichtet, weil deren Vokabular (wie z. B. Atair, Rigel, Beteigeuze, Aldebaran) davon wimmelt. Man denke aber an Admiral, Alchimie/Chemie, Alkohol, Algebra, Benzin (!), Fakir, Haschisch, Kabel, Kaffee, Kaliber, Arsenal, Laute, Moschee, Risiko, Scheck, Sirup, Zucker und viele andere mehr, wobei Bezeichnungen typisch orientalischer Personen und Dinge unberücksichtigt blieben.

Hans-Rudolf Singer

Die Einheit des Abendlandes (500–1000)

Das Selbstverständnis der fränkischen Herrscher bildete sich auch in der Auseinandersetzung mit dem römischen Herrscherzeremoniell heraus. So galt ein spätrömischer Amtssessel des 6. Jahrhunderts mit später hinzugefügten Rücken- und Armlehnen im Mittelalter als Thron des Merowingerkönigs Dagobert I. (Paris, Cabinet des Médailles).

Auch nach dem Ende der römischen Herrschaft ist die Idee von Rom als Herrin der Welt im Frankenreich gegenwärtig: Eine Pressblechfibel des 7. Jahrhunderts aus einem Grab bei Andernach zeigt nach dem Vorbild kaiserzeitlicher Münzen das Bild der Stadtgöttin mit der Umschrift »die unbesiegte Roma« (Bonn, Rheinisches Landesmuseum).

Das Werden des Abendlandes – Römischer Katholizismus als Grundlage der Einheit

Das Ende des weströmischen Kaisertums

Zur Zeit, als noch das Römische Reich bestand, wurden die Soldaten vieler Städte für die Bewachung des Grenzwalls aus öffentlichen Mitteln besoldet«, weiß Eugipp, der Abt des Severinsklosters in Lucullanum bei Neapel, im Jahre 511 zu berichten, als er das Leben des 482 verstorbenen heiligen Severin von Noricum aufzeichnete. Für ihn existierte das Imperium Romanum zu Beginn des 6. Jahrhunderts also nicht mehr, das noch den Lebensraum für seinen Heiligen und dessen Wirken an der Donau gebildet hatte. Nach Ansicht der modernen Geschichtsforschung jedoch bestand in der Vorstellungswelt der meisten Zeitgenossen Eugipps das Römische Reich auch nach dem 476 eingetretenen Ende des weströmischen Kaisertums fort, gab es im Osten doch weiterhin einen Imperator, der in Konstantinopel residierte und in dessen Auftrag die germanischen Könige – zumindest der Theorie nach – im Westen regierten. Hier bildete sich ein lockerer Verband germanisch beherrschter Staatswesen: die Reiche der Wandalen, der Westgoten und der Burgunder, die am Ende des 5. Jahrhunderts dem Höhepunkt ihrer Machtentfaltung zustrebten, das Ostgotenreich in Italien, wo Theoderich der Große gerade begonnen hatte, seine Herrschaft auf den Gipfel ihrer Bedeutung zu führen, und – ganz im Nordwesten – das noch in den Anfängen stehende Frankenreich, das schließlich zur neuen Großmacht des Westens aufsteigen und dem heraufziehenden Mittelalter seinen Stempel aufdrücken sollte.

Gemeinsam war diesen Staatswesen in unterschiedlich starker Ausprägung die römische Tradition. Die alte Frage, ob der Einbruch der Germanen in das Römische Reich die antike Gesellschaft weitgehend vernichtete und diese daher zu einem abrupten Ende kam oder ob nicht doch eher von einem Fortbestand ihrer zivilisatorischen Leistungen in reduzierter Form auszugehen ist, wird heute stärker im Sinne der Kontinuität beantwortet. Diese Kontinuität konnte allerdings vielgestaltig sein, war regional unterschiedlich dicht und verschieden lang andauernd, schloss Diskontinuitäten an manchen Orten nicht aus und mündete letztlich in einen Transformationsprozess, in den natürlich auch Traditionselemente der germanischen Völker einflossen, doch wird dieser Anteil heute wesentlich geringer eingeschätzt als der römische.

Arianismus und Katholizismus

Träger der römischen Tradition waren die städtischen Gemeinwesen, soweit sie fortbestanden, und die christliche Kirche, die stark von (spät)antiken Verhältnissen geprägt worden ist und deren Bischöfe in den Städten residierten. Allerdings gab es um 500 im späteren Abendland noch keine christliche Glaubenseinheit. Die Germanen hatten, wenn sie nicht Heiden geblieben waren, den christlichen Glauben in Form des Arianismus angenommen. Dieser geht auf den 336 verstorbenen Presbyter Arius zurück, der in Alexandria lebte und im Gegensatz zur herkömmlichen Theologie lehrte, dass Christus als Sohn Gottes nicht von Anfang an existierte, sondern vom Vater geschaffen wurde, dem er daher auch nicht wesensgleich sei. Diese Lehre und die vielfältigen Auseinandersetzungen um die Bestimmung des Verhältnisses von göttlicher und menschlicher Natur Christi bestimmten die theologische Diskussion vom 4. bis zum 7. Jahrhundert und stürzten die spätantike Gesellschaft, besonders im Osten des Römischen Reiches, in schwere Konflikte. Da der Gote Wulfila, der um 370 die Bibel in seine Muttersprache übersetzte und unter seinem Volk viele Anhänger für das Christentum gewann, von dem Arianer Eusebios von Nikomedien getauft und zum Bischof der Goten geweiht worden war, verbreitete sich vor allem der Arianismus unter den germanischen Völkern. So tief aber auch immer der Gegensatz zwischen Katholiken und Arianern gewesen ist, er betraf im Wesentlichen theologische Fragen und nicht exegetische Prinzipien und liturgische Formen, was einen Übertritt der germanischen Arianer zum römischen Katholizismus nicht unwesentlich erleichtert haben dürfte. Im 6. und 7. Jahrhundert verschwand dann auch der Arianismus allmählich, und das Heidentum, von dem sich allerdings noch lange Zeit Reste hielten, wurde gleichfalls zurückgedrängt: Das Abendland wurde katholisch.

Römische Tradition

Lateinische Sprache und Literatur und damit die Möglichkeit des Zugangs zur antiken Bildung wurden dem Mittelalter durch die Kirche vermittelt und zu wesentlichen Grundlagen der abendländischen Einheit. In besonderem Maße waren die kirchlichen Organi-

Dem alten Recht der Salfranken (lex Salica) wurde, möglicherweise unter König Pippin I., vielleicht aber auch schon erheblich früher, ein Prolog vorangestellt, der die Franken als das neue auserwählte Volk Gottes vorstellt, das sich durch den katholischen Glauben von den arianischen Ketzern unterscheidet und die von den Römern gepeinigten Märtyrer verehrt, also den Romanen nicht nur im Kampf, sondern auch im Glauben weit überlegen erscheint:

§ 1: Der Franken erlauchtes Volk, von Gott selbst geschaffen, tapfer in Waffen, fest im Friedensbunde, tiefgründig im Rat, … zum katholischen Glauben bekehrt, frei von Ketzerei, suchte … auf Eingebung Gottes nach dem Schlüssel der Weisheit, … bewahrte Frömmigkeit.
§ 4: … Der Römer härtestes Joch schüttelten die Franken kämpfend von ihren Nacken, und nach Empfang der Taufe schmückten sie die wieder aufgefundenen Leichname der heiligen Märtyrer, die die Römer im Feuer verbrannten oder durch den Stahl verstümmelten oder wilden Tieren zum Fraß vorwarfen, … mit Gold und Edelsteinen.

Die Votivkrone des Westgotenkönigs Rekkeswind (649–672) aus einem Grab bei der Residenzstadt Toledo schmückte einst eine Kirche im Stadtzentrum (Madrid, Museo Arqueológico Nacional). Der Zusammenhalt des Westgotenreiches auf der Iberischen Halbinsel wurde durch den Übertritt der germanischen Bevölkerung vom Arianismus zum Katholizismus 587 entscheidend gestärkt.

Im südfranzösischen Arles hielt in der 1. Hälfte des 6. Jahrhunderts der heilige Bischof Cäsarius die Ordnung aufrecht und vertrat auch in Krieg und Belagerung die Interessen der Stadt gegenüber Ostgoten, Westgoten, Burgundern, Franken und dem Papst. Seine elfenbeinerne Gürtelschnalle mit der Darstellung der römischen Legionäre am leeren Grab Christi wird im Musée de l'Arles Antique aufbewahrt.

sationsformen und Teile des Kirchenrechts römisch geprägt. So bildete die kleinste Einheit in der staatlichen Ordnung des spätantiken Reiches, die *civitas*, die eine Stadt und das ihr zugeordnete Umland umfasste, den Amtsbereich des geistlichen Oberhauptes der christlichen Gemeinden: die Diözese eines Bischofs. So wie mehrere *civitates* eine Provinz bildeten, wurden die Diözesen zu einer Kirchenprovinz zusammengefasst; und der Bischof der Metropole, jenes Ortes, an dem der Provinzstatthalter seinen Sitz hatte, besaß als Metropolit gegenüber seinen Amtsbrüdern einen Vorrang und wurde später Erzbischof genannt.

Dieses System blieb auch nach dem Untergang des Weströmischen Reiches erhalten und wurde im Frankenreich, nach einer Phase des Verfalls, von Karl dem Großen erneuert und auch in jenen christlich gewordenen Gebieten eingeführt, die niemals zum Römischen Reich gehört hatten. Mussten über die Belange von Ortskirchen hinausweisende Probleme besprochen werden, versammelten sich die Bischöfe und Geistlichen des gesamten Reiches oder von Teilen des Reiches auf Synoden und Konzilen. In strittigen Fragen, aber auch in Rechtsangelegenheiten konnte der Bischof von Rom um Auskunft gebeten werden, der als Nachfolger der Apostel Petrus und Paulus besondere Autorität genoss, jedoch als Papst lange keine umfassende Leitungsgewalt in der Westkirche besaß.

Bereits in der Spätantike wird der Vorrang Roms in der christlichen Kirche mit der Sonderrolle der Apostelfürsten Petrus und Paulus begründet, die als Schutzheilige und Stifter der römischen Kirche verehrt werden. Das im späten 6. Jahrhundert entstandene Apsismosaik der römischen Kirche San Teodoro zeigt die beiden als Sachwalter Christi, wie sie zwei Märtyrer beim Weltenherrscher einführen. Die Gesetzesrolle kennzeichnet Paulus (links) als Autorität in dogmatischen Fragen, Petrus (rechts) trägt den Schlüssel als Zeichen der Macht zu binden und zu lösen, wie sie die Päpste als seine Nachfolger auf dem römischen Bischofsstuhl für sich beanspruchen.

Das Papsttum

Trotzdem ist in dem Umstand, dass die Kirchen des Westens prinzipiell nach Rom, der Stadt der Kaiser und Apostelfürsten, blickten, ein wesentliches Element der abendländischen Zivilisation des Mittelalters zu fassen. Die Päpste, aber nicht nur sie, haben diese Grundorientierung in den folgenden Jahrhunderten, mit besonderem Erfolg allerdings erst nach der Jahrtausendwende, zu einem starken römischen Zentralismus ausgestaltet. Einen Vorrang in der Gesamtkirche beanspruchte Rom freilich schon im 4. und 5. Jahrhundert deutlich, wenn sich die Tibermetropole auch zunächst grundsätzlich in das bis Mitte des 5. Jahrhunderts ausgestaltete System von fünf Patriarchaten, die übergeordnete Einheiten bildeten, einfügen musste: Dazu gehörten neben Antiochia, Alexandria und Rom schließlich auch Konstantinopel und Jerusalem. Seit der Expansion des Islams im 7. Jahrhundert blieb von diesem Bezugssystem allerdings nur der Dualismus zwischen den beiden Kirchen der Kaiserstädte Rom und Konstantinopel übrig, und dieser führte zu wiederholten Spannungen um Gleichberechtigung und Vorrang sowie im Jahre 1054 zu einer dauerhaften Spaltung. Die Papstkirche behauptete seitdem allein im Westen – jedoch ohne den universalen Anspruch aufzugeben – ihren Jurisdiktions- und Lehrprimat. Nicht unwichtig für diesen Erfolg war die Durchsetzung des Prinzips von der Unabhängigkeit der Einzel- wie der Gesamtkirche von anderen Gewalten, besonders von der weltlichen Herrschaft. Wenn auch nicht immer ausreichend genug eingehalten und in manchen Phasen des frühen Mittelalters sogar häufig vergessen, hat dieser Grundsatz trotzdem entscheidend zur Wahrung der kirchlichen Autonomie beigetragen – und dies nicht zuletzt durch Berufung auf zwei Lehren, die um 500 in zukunftsträchtiger Weise formuliert worden sind:

Der Vorrang Roms in der Kirche beruhte wesentlich auf der Vielzahl echter oder vermeintlicher Märtyrergräber, wie sie keine andere Stadt aufwies. Die von dort stammenden Reliquien wurden bei den neuen Kirchengründungen im Norden dringend gebraucht. Ein Elfenbeinrelief des 5. Jahrhunderts zeigt die Überführung von Reliquien durch zwei Bischöfe auf einem Wagen und ihren triumphalen Einzug in ihrer »Heimatstadt« im Beisein eines kaiserlichen Paares (Trier, Domschatz).

494 entwickelte Papst Gelasius I. (492–496) in einem Schreiben an Kaiser Anastasios I. (491–518) die berühmte Zweigewaltenlehre, die, anknüpfend an Gedanken des Kirchenlehrers Augustinus, das Verhältnis zwischen geistlicher und weltlicher Gewalt, modern gesprochen: zwischen Kirche und Staat, regelte: »Zwei sind es, erhabener Kaiser, von denen diese Welt prinzipiell regiert wird: die geheiligte Autorität der Bischöfe und die königliche Gewalt.« Die weiteren Ausführungen des Gelasius bezeichnen beide Gewalten als von Gott in je eigene Aufgabenbereiche eingesetzt, in denen sie selbstständig und ohne Unterordnung, jedoch mit gegenseitiger Unterstützung zu walten haben. Wenn König- und Priestertum hier auch als autonome und doch aufeinander bezogene Größen, als gleich und dabei einander zugeordnet erscheinen, so gebührte den Geistlichen nach den Vorstellungen des Papstes trotzdem ein Vorrang, da sie gegenüber Gott auch für das Seelenheil der Könige verantwortlich sind.

Die andere Lehre mit Zukunftswirkung betraf die Unrichtbarkeit des Papstes. Symmachus (498–514), der zweite Nachfolger des Gelasius, hatte den römischen Bischofsstuhl nur gegen erhebliche Widerstände besteigen können und musste, da er offenbar nicht gerade als sittenstreng galt, sich nach der Jahrhundertwende wegen schwerer Vorwürfe gerichtlich verantworten. Dabei scheute man sich nicht, zu seinen Gunsten Fälschungen einzusetzen und sich auf fingierte Präzedenzfälle zu berufen. Der rechtliche Grundsatz allerdings, dem dadurch eine besondere Autorität verliehen werden sollte und durch den betont wurde, dass der Papst von niemandem außer von Gott selbst gerichtet werden könne, dürfte auf nicht völlig neuen Vorstellungen beruht haben. In eine griffige Formel gefasst worden ist er jedoch offenbar erst in den Jahren kurz nach 500.

Zu diesem Zeitpunkt waren mithin alle Entwicklungen im Gange, die später zur Einheit des Abendlandes im Zeichen des Christentums und der Papstkirche führten.

Von der Landnahme zum Großreich – Das Frankenreich der Merowinger

Chlodwig I. und das Werden des fränkischen Großreichs

Als Chlodwig I. aus dem Geschlecht der Merowinger das Großreich schuf, waren die Herrschaftsverhältnisse in Gallien und im linksrheinischen Germanien noch recht vielgestaltig. Neben verschiedenen fränkischen Kleinkönigtümern im Norden gab es im Rhône-Saône-Gebiet das Burgundische Reich, entlang dem Oberrhein den Herrschaftsraum der Alamannen (Alemannen), südlich der Loire bis auf die Iberische Halbinsel erstreckte sich das Reich der Westgoten, und der provenzalische Raum gehörte zur Herrschaftssphäre der in Italien ansässigen Ostgoten. Bis 486 (oder 487), bis zur Vernichtung durch Chlodwig I., bestand, zentriert um das Pariser Becken, in Gallien aber auch noch ein römisches Staatswesen: das Reich des Syagrius. Noch differenzierter als die herrschaftliche war die ethnische Vielfalt, verliehen dieser doch nicht nur die genannten Germanenvölker, sondern in der Bretagne, durch Zuwanderung von den Britischen Inseln verstärkt, auch Bretonen und im Mündungsgebiet des Rheins die Friesen, vor allem aber die gallorömische (»Ur«-)Bevölkerung ein ausgeprägtes und abwechslungsreiches Profil. Als Chlodwig 482 die Nachfolge seines Vaters Childerich I. antrat, war es noch keineswegs absehbar, dass diese Vielfalt ein Jahrhundert später in einem einzigen Reich zusammengefasst sein sollte, waren, während die politische Dominanz noch eindeutig bei den Westgoten lag, zu diesem Zeitpunkt ja noch nicht einmal die Franken selbst unter einer Herrschaft vereint.

Die Franken, ein Bund älterer Völkerschaften, traten in Auseinandersetzung mit dem Imperium Romanum erstmals um 260 in das Licht der Geschichte. Im 4. Jahrhundert überschritten Gruppen von ihnen am Niederrhein die Grenze und wurden Untertanen des Römischen Reiches, dem sie vor allem im Heer dienten. Einzelne Franken durchliefen dabei eine steile Karriere, wurden Oberbefehlshaber des Reichsheeres (Heermeister) und sogar Konsuln und waren, zumal sie auch das römische Bürgerrecht erhalten hatten, völlig romanisiert. Im 5. Jahrhundert kam es vermehrt zu fränkischen Herr-

Die ersten **Merowingerkönige** (in Klammern Ort der Königsresidenz):

um 451 Merowech

†482 Childerich I. (Tournai), Sohn Merowechs

482–511 Chlodwig I., Sohn Childerichs I.; erster fränkischer Gesamtkönig

Söhne Chlodwigs I.:

511–533 Theuderich I. (Reims), aus 1. Ehe (mit einer rheinischen Fränkin?)

511–524 Chlodomer (Orléans), aus der 2. Ehe mit der Burgunderin Chrodechilde

511–558 Childebert I. (Paris), aus 2. Ehe

511–561 Chlothar I. (Soissons, seit 558 im ganzen Frankenreich), aus 2. Ehe

Nachkommen Theuderichs I.:

533/ Theudebert I. (Reims), Sohn
534–547

547–555 Theudebald (Reims), Enkel

Die Goldprägung in der Zeit Chlodwigs I. knüpfte an römische Vorbilder an. Der Feingehalt dieser Münzen erreichte freilich ebenso wenig wie die formale Gestaltung des Herrscherbildes das Niveau antiker Prägungen.

schaftsbildungen auf dem Boden des Reiches, wobei offenbar die herkömmlichen Gaue und Stadtbezirke *(civitates)* als Bezugsgrößen dienten, auf deren Basis, wie in Cambrai und Tournai bezeugt, Kleinkönigtümer entstanden. Durch Verträge *(foedera)* an die Reichsgewalt gebunden und mit der Verteidigung der Grenze betraut, wurden die Franken natürlich auch in die Auseinandersetzungen um die Herrschaft im römischen Westreich gezogen. Der zum fränkischen Teilstamm der Salier gehörende Childerich, der Vater Chlodwigs I. und König von Tournai, verbündete sich in diesem Zusammenhang mit dem gallorömischen Heermeister Aegidius, der im nördlichen Gallien eine eigene Herrschaft errichtete und dessen Sohn Syagrius ein Jahrhundert später von dem Bischof und Geschichtsschreiber Gregor von Tours als *rex Romanorum,* als römischer König, bezeichnet wurde. 482 erbte Chlodwig dieses politische Bündnis, aber auch die Stellung als römischer Sprengelkommandant in der Provinz Belgica II von seinem Vater. Damit besaß er einen Rang, der zwar einerseits eine Unterordnung unter den in Soissons residierenden Heermeister bedeutete, andererseits aber eine höhere Befehlsgewalt verlieh und ihm einen Ansatzpunkt bot zur Ausgestaltung einer Herrschaft eigenen Rechts.

So schlug denn auch wenige Jahre nach Childerichs Tod die Partnerschaft zwischen Chlodwig und Syagrius in Rivalität um. Der Sieg über den *rex Romanorum* und dessen Beseitigung brachten eine nicht unbeträchtliche Ausdehnung von Chlodwigs Machtsphäre, die auf Kosten der übrigen Frankenherrscher bald noch größer werden sollte. Die genaue Abfolge dieser Ereignisse ist allerdings nicht bekannt, wohl aber das Ergebnis: Noch vor dem Jahrhundertende hatte Chlodwig eine Reihe von fränkischen Kleinkönigen, die alle, wie Gregor von Tours berichtet, zur merowingischen Herrscherfamilie zählten, durch Mord und Totschlag beseitigt und ihre Nachfolge angetreten; allein das Kölner Reich der Rheinfranken unter dem König Sigibert blieb übrig.

Schon ein gutes Jahrzehnt nach seinem Herrschaftsantritt reichte Chlodwigs unmittelbarer Einfluss, der ursprünglich auf das Reich von Tournai beschränkt gewesen war, von der Loire bis an die Maas. Damit aber sah er sich vor neue Aufgaben gestellt, denn mit dem Erbe des Syagrius hatte er auch dessen Feindschaft gegen das Westgotenreich, den größten Machtfaktor in Gallien, übernommen, während sich auf der anderen Seite eine Verbindung zu den Burgundern geradezu aufdrängte. Diese nämlich besaßen die gleichen Gegner wie der Merowinger: Westgoten und Alamannen. So entstand eine fränkisch-burgundische Interessengemeinschaft, die 493 gekrönt wurde durch Chlodwigs Hochzeit mit Chrodechilde, der Nichte des burgundischen Königs, durch den Ehebund eines Heiden mit einer katholischen Prinzessin.

Erste, nicht näher fassbare militärische Auseinandersetzungen mit den Westgoten endeten noch vor der Jahrhundertwende mit einer Festschreibung des Status quo. Im gleichen Zeitraum spitzte sich

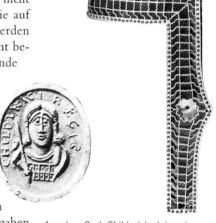

Aus dem Grab Childerichs I. in seiner Residenzstadt Tournai stammt der heute verlorene Siegelring, der diesen als Foederatenkönig zeigt (Abdruck). Einen Schmuck seiner Schwertscheide bildete der mit Almandinen verzierte Goldbeschlag (Paris, Bibliothèque Nationale). Die Anlage des monumentalen Grabes mit zahlreichen Pferdebestattungen wetteifert mit Vorbildern der heidnischen Steppennomaden, während die reichen Beigaben eine enge Verbindung des Frankenkönigs zum kaiserlichen Hof in Konstantinopel belegen.

auch das Verhältnis zu den Alamannen zu, die offenbar das Kölner Reich angriffen. Wohl 496/497 und wahrscheinlich bei Zülpich (südwestlich von Köln) kam es zur Schlacht, zu der Chlodwig dem rheinfränkischen König zur Hilfe geeilt war und in der er nach anfänglich ungünstigem Kampfverlauf den Christengott um Hilfe anrief. Nachdem er den Sieg errungen hatte, ließ er sich auf Weihnachten vielleicht des Jahres 498 durch den Bischof Remigius von Reims taufen – und dies war ein wahrhaft epochales Ereignis, nahm der Frankenkönig doch den katholischen Glauben an und leitete damit die Christianisierung seines Volkes nach römischer Tradition ein.

Die Taufe Chlodwigs I. stellt ein Elfenbeinrelief des 9. Jahrhunderts dar. Diese Taufe fand ein breites Echo in der Kunst des Mittelalters, vor allem in Frankreich (Amiens, Musée de la Picardie).

Der Geschichtsschreiber Gregor von Tours schildert in seiner »Frankengeschichte« (2, 30), wie es zur Taufe Chlodwigs gekommen sein soll:

Die Königin aber ließ nicht ab, in ihn zu dringen, dass er den wahren Gott erkenne und ablasse von den Götzen. Aber auf keine Weise konnte er zum Glauben bekehrt werden, bis er endlich einst mit den Alamannen in einen Krieg geriet ... Als die beiden Heere zusammenstießen, kam es zu einem gewaltigen Blutbad, und Chlodevechs (Chlodwigs) Heer war nahe daran, völlig vernichtet zu werden. Als er das sah, erhob er seine Augen zum Himmel ... und sprach: »Jesus Christ, ... Hilfe, sagt man, gebest du den Bedrängten, Sieg denen, die auf dich hoffen – ich flehe dich demütig an um deinen mächtigen Beistand: Gewährst du mir jetzt den Sieg ..., so will ich an dich glauben und mich taufen lassen auf deinen Namen ...« Und da er solches gesprochen hatte, wandten die Alamannen sich und begannen zu fliehen ... Darauf ließ die Königin heimlich den Bischof von Reims, den heiligen Remigius, rufen und bat ihn, er möchte das Wort des Heils dem Könige zu Herzen führen ... Der König (verlangte) vom Bischof getauft zu werden. Er ging, ein neuer Konstantin, zum Taufbade hin, sich rein zu waschen von dem alten Aussatz (des Unglaubens).

Die Entscheidung für das katholische Christentum und gegen den Arianismus, dem die germanischen Völker ansonsten zuneigten, hing wohl vor allem damit zusammen, dass es in Nordgallien keine Arianer gab. Die Franken lebten seit Jahrzehnten in einer orthodox katholischen Umgebung, und manche von ihnen hatten sich schon früher zum christlichen Glauben bekehrt. Selbst in Chlodwigs Umgebung gab es katholische Christen: vor allem seine Gemahlin Chrodechilde und seine Söhne, die auf Veranlassung der Mutter die Taufe empfangen hatten. Ausschlaggebend für Chlodwigs Entscheidung mögen schließlich politische Erwägungen gewesen sein: die Gegnerschaft zu den arianischen Westgoten und die Hoffnung auf das Wohlwollen von deren katholischen Untertanen. Unabhängig von solchem Kalkül aber ermöglichte Chlodwigs und der Franken Übertritt zum Christentum katholischer Prägung jene germanisch-romanische Synthese, die den weiteren Aufstieg des Frankenreichs tragen und das abendländische Mittelalter bestimmen sollte.

Gestärkt durch die neue Lage ging Chlodwig im Jahre 500 gegen Burgund, die Heimat seiner Gemahlin, vor und scheiterte. 506 aber schlug er – vielleicht bei Straßburg – die Alamannen vernichtend und dehnte seine Herrschaft bis an den Oberlauf des Rheins und darüber hinaus bis zur Donau aus. Damit hatte er endlich den Rücken frei, um die Westgoten angreifen zu können und deren Vormacht in Gallien zu brechen. Im Bund mit den Burgundern und im Zeichen des Kampfes gegen den Arianismus sowie unter Anrufung der Heiligen

Martin von Tours und Hilarius von Poitiers schlug der Frankenkönig 507 los und rieb das Gotenheer bei Vouillé (südlich von Poitiers) auf; mit eigener Hand soll er den westgotischen König Alarich II. niedergestreckt haben.

Trotz einer Intervention Theoderichs des Großen, des Ostgotenkönigs und Beherrschers von Italien, gelang es Chlodwig, die Westgoten aus den aquitanischen Provinzen zu vertreiben. Interessenscheide zwischen den Franken und den Westgoten, deren Herrschaftsschwerpunkt sich nun auf die Iberische Halbinsel mit Toledo als Zentrum verlagerte, wurde die südgallische Gebirgsschwelle, die Aquitanien von der Narbonensis, die gotisch blieb, trennte. Da Theoderich sich die Herrschaft über die Provence sicherte und die Vormundschaft über seinen noch minderjährigen Enkel Amalarich, den Sohn des gefallenen Alarich, antrat, vermochte der Ostgote auch, den fränkischen Rivalen vom Mittelmeer fern zu halten; sein Hauptziel hatte dieser aber erreicht: die Vorherrschaft in Gallien. Da Chlodwig zwischen 508 und 511 auch noch das rheinfränkische Königtum beseitigte und das Kölner Reich übernahm, gebot er schließlich vom Rhein bis zur Garonne. Zum Zentrum dieses Großreiches erhob er die strategisch günstig gelegene Stadt Paris, wohin er seinen Sitz verlegte und wo er eine Grabbasilika errichten ließ.

Paris im frühen Mittelalter

In der Völkerwanderungszeit hatte sich das alte Paris (Lutetia Parisinorum) weitgehend auf die ummauerte Seineinsel zurückgezogen. Erst unter den Merowingern wurden die Viertel auf dem linken Flussufer entlang der antiken Wege wieder besiedelt; markant blieben die als Steinbrüche genutzten römischen Theater (1), Thermenanlagen (2) und das Forum (3). Die zahlreichen Kirchenbauten entstanden auf königliche oder private Initiative, teilweise am Ort von Märtyrergräbern außerhalb der Stadt.
Der Palast (4), die Zwillingskathedralen Notre-Dame (5) und Saint-Etienne (6) sowie die Pilgerkirche Sainte-Geneviève (7) und die Abtei von Saint-Denis (außerhalb des Schaubildes) spielten damals eine besondere Rolle.

Ehrenkonsulat und Reichsherrschaft

Schon 508, nach seinem Triumph über die Westgoten, wurde Chlodwig vom oströmischen Kaiser Anastasios I. das Ehrenkonsulat übertragen und ein königlicher Ornat geschenkt, wodurch – aus der Sicht Konstantinopels – die fränkische Reichsgründung legalisiert wurde und der Frankenkönig den gleichen Rang wie Theoderich der Große erhielt, der schon 497 in gleicher Weise geehrt worden war.

Tours, die Wirkungs- und Grabstätte des heiligen Martin, die Chlodwig den Westgoten gerade erst abgerungen hatte, hatte der Merowinger, der sich mit den Zeichen seiner neuen Würde zeigte, zum Empfang der kaiserlichen Gesandtschaft aufgesucht, weil er in dem Heiligen einen Sieghelfer verehrte, dem er nach dem Erfolg über die Arianer seinen Dank durch zahlreiche Geschenke abstattete. Der heilige Martin wurde in der Folge zu einem fränkischen »Nationalheiligen«, dem zahlreiche Kirchen geweiht wurden. Chlodwigs Ritt nach Tours war daher auch eine religiös-politische Demonstration, die zugleich Zeugnis von einem naiv-vitalen Christenglauben ablegt. Wie sehr sich der König dabei für die Kirche verantwortlich fühlte, lehrt die erste merowingische Reichssynode, die auf sein Geheiß im Juli 511 in Orléans zusammentrat und der kirchlichen Reorganisation diente.

Die innere Organisation des Reiches, nicht zuletzt herrschaftlich gefestigt durch das auf Betreiben Chlodwigs schriftlich fixierte Recht der Franken *(lex Salica)*, beruhte im Norden auf den Gauen *(pagi)*, im Süden auf den *civitates*. Die Übertragung von hoheitlichen Aufgaben erfolgte nicht nach ethnischen Gesichtspunkten. Der eigentliche Siedlungsraum der Franken lag zwischen Rhein und Loire, wobei die fränkischen Siedler mancherorts nur eine dünne Schicht gebildet ha-

Das schriftlich aufgezeichnete Volksrecht der Franken (lex Salica) beruhte auf Traditionen und Einzelfallentscheidungen, an denen König und Adel erheblichen Anteil hatten. Dennoch soll laut Nachwort »der erste Frankenkönig« den Codex verfasst haben. Eines der Blätter in der 793 vom burgundischen Schreiber Wandalgar angefertigten Abschrift zeigt den Gesetzgeber (Sankt Gallen, Stiftsbibliothek).

Nach einer Überlieferung des 8. Jahrhunderts wurde die lex Salica von vier weisen Männern namens Wisogast, Arogast, Salegast und Widogast disputiert und beschlossen. Der karolingische Schriftsteller und Gelehrte Lupus von Ferrières lässt hier die vier gemeinsam den Text diktieren (Modena, Biblioteca Capitulare).

ben können; je weiter man nach Süden kam, desto stärker wurde das gallorömische Element. Nach der Eroberung der aquitanischen Provinzen setzte Chlodwig dort nur an wenigen Plätzen Franken ein; er stützte sich vielmehr auf die einheimische Senatorenaristokratie und nahm die Gallorömer neben den Franken und anderen Volksgruppen gleichberechtigt in das Heer auf. Damit wurde ein Ausgleichsprozess gefördert, der zur Stabilisierung der weiträumigen Herrschaft beitrug.

Als Chlodwig am 27. November 511 im Alter von 45 Jahren starb und in Paris in jener Basilika seine letzte Ruhe fand, die später nach der heiligen Genoveva (Sainte-Geneviève) benannt wurde, hatte er Gewaltiges geleistet. Seinen Söhnen hinterließ er ein beträchtlich vermehrtes Erbe, das noch weiter ausgebaut werden konnte, aber auch ein Reich, dessen gesellschaftliche und politische Substanz sich seit dem Beginn seiner Herrschaft ganz wesentlich verwandelt hatte.

Die Herrschaft der Söhne Chlodwigs

Die vier Söhne erbten die Herrschaft und teilten das Reich »zu gleichen Teilen« unter sich auf. Gleichmäßigkeit der Teilung herrschte jedoch allenfalls im eigentlichen fränkischen Kernraum, in dem jeder der Brüder eine Königsresidenz erhielt: Theuderich I. in Reims, Chlodomer in Orléans, Childebert I. in Paris und Chlothar I.

in Soissons. Der übrige Herrschaftsraum – Aquitanien südlich der Loire und die rechtsrheinischen Gebiete – wurden offenkundig nach zusätzlichen Gesichtspunkten in diese Aufteilung einbezogen, wobei wohl auch politische Überlegungen und historische Traditionen berücksichtigt worden sind. Theuderich I., der älteste, aus einer früheren Ehe stammende Chlodwigssohn, schnitt dabei zweifellos am besten ab, doch muss auch festgehalten werden, dass das *regnum Francorum* der Idee nach als Einheit bestehen blieb und von der Gesamtheit der Brüder, von der Brüdergemeine *(corpus fratrum),* verkörpert wurde; jeder Königssohn wurde ein *rex Francorum,* dem innerhalb des Frankenreiches lediglich ein eigener Zuständigkeitsbereich zufiel.

Die Merowinger behandelten das Reich mithin wie einen Privatbesitz *(patrimonium)* und verhielten sich im Erbfalle entsprechend den traditionellen Bestimmungen der *lex Salica.* Aus diesen konnten alle legitimen Königssöhne einen Anspruch ableiten, der wohl noch durch das jedem Mitglied der Herrscherfamilie eigene Königsheil verstärkt worden ist. Welcher der rechtmäßigen Thronanwärter sich dann schließlich durchsetzte, hing nicht zuletzt von der eigenen Macht und der Unterstützung durch die Großen ab. Jede Thronfolge war daher durch rechtliche Kriterien und politische Konstellationen bestimmt, die den einzelnen Beteiligten einen gewissen Handlungsspielraum eröffneten. Dabei kam es natürlich immer wieder zu Konflikten. Trotzdem ist die fränkische Expansionskraft durch den Teilungsbrauch der Merowinger kaum beeinträchtigt worden.

Das erste Jahrzehnt nach Chlodwigs Tod blieb auffallend ruhig. Offenbar setzte die übermächtige Gestalt Theoderichs des Großen dem merowingischen Expansionsdrang deutliche Schranken. Ein zunächst erfolgreiches Unternehmen Chlodomers von Orléans gegen die Burgunder scheiterte 524. Chlodomers Tod in der Schlacht riss auch die königliche Familie ins Verderben; zwei seiner Söhne wurden, bevor sie das Volljährigkeitsalter erreichten, von ihren Onkeln Childebert und Chlothar erschlagen, die sich, da ein weiterer Sohn Chlodomers Kleriker wurde, 532/533 das Reich von Orléans teilen konnten.

Seit dem 4. Jahrzehnt des 6. Jahrhunderts konnte aber auch die fränkische Expansion weiter vorangetrieben werden. Theuderich von Reims vernichtete das Thüringerreich und dehnte seine Macht bis zur mittleren Elbe aus. Sein Sohn Theudebert richtete den Blick gar auf Italien, doch scheiterte diese weit ausgreifende Politik letztlich. Trotzdem brachte sie einen nicht unerheblichen Machtzuwachs, denn in ihrem Verlauf konnte der gesamte Siedlungsraum der Alamannen und der Baiern (Bajuwaren) sowie der rätischen Alpen-

Die Gliederung der Gesellschaft im Fränkischen Reich, zu dessen Bevölkerung nicht nur Franken, sondern auch die romanisierten Einwohner Galliens und andere Volksgruppen gehörten, lässt sich an den Bußsätzen ablesen, die nach der ältesten fränkischen Rechtssammlung, der lex Salica, für die Tötung eines Menschen zu entrichten waren (Abschnitt 41):

§ 1: Wenn einer einen freien Franken oder (sonstigen) Germanen ... tötet, werde er, dem es nachgewiesen wird, – gerichtlich »Manngeld« genannt – ... 200 Schilling zu schulden verurteilt.
§ 5: Wenn (ein)er aber den, der zur königlichen Gefolgschaft gehört (oder ein freies Weib) tötet, werde er ... 600 Schilling zu schulden verurteilt.
§ 8: Wenn einer aber einen römischen Mann, Tischgenossen des Königs, tötet, werde er ... 300 Schilling zu schulden verurteilt.
§ 9: Wenn aber ein römischer Mann, (Grund)besitzer (und nicht Tischgenosse des Königs) getötet wird, werde, der ihn getötet zu haben erwiesen wird, – gerichtlich »Welschenmanngeld« genannt – ... 100 Schilling zu schulden verurteilt.
§ 10: Wenn einer einen römischen Zinshörigen tötet, werde er ... 62^1/$_2$ Schilling zu schulden verurteilt.

Die Eroberung des Thüringerreiches öffnete das Land für die fränkisch-katholische Mission. In der 1. Hälfte des 7. Jahrhunderts entstand die Kirche auf dem Saalberg bei Hornhausen (Kreis Oschersleben). Eine der Chorschranken stellt einen Reiterheiligen dar. Tracht und Reitweise sowie der im nordischen Tierstil dargestellte Drache des unteren Bildfeldes zeigen germanische Züge. Das Pferd zertritt eine mäanderartig gewundene Schlange.

romanen dauerhaft in die fränkische Herrschaftssphäre einbezogen werden.

Auch in Gallien gelang die Ausdehnung: 534 wurden die Burgunder endgültig unterworfen. Schon zuvor waren die Westgoten auf Septimanien beschränkt worden. 536 schließlich überließ der Ostgotenkönig Witigis den Merowingern die Provence und eröffnete ihnen damit den Zugang zum Mittelmeer. Aufs Ganze gesehen war die zweite Phase der merowingischen Expansion also sehr erfolgreich. Wenn diese Expansion auch grundsätzlich vom gesamten Merowingerhaus getragen wurde, so war

Das Grab der Königin Arnegunde, der Gemahlin Chlothars I. und Mutter von Chilperich I., in Saint-Denis bei Paris, ist durch ihren Siegelring identifiziert. Weitere Funde bezeugen zeittypische Änderungen der fränkischen Frauentracht. Die Frauen trugen nach romanischer Sitte einen auffälligen Gürtel unter der Brust, von dem die große Schnalle erhalten ist. Die beiden Scheibenfibeln hielten nach germanischer Tradition den Mantel auf der Schulter, den die Romaninnen nur locker umlegten, die Nadel hielt den Schleier. Die prächtigen germanischen Bügelfibeln (auf der Seite gegenüber ein zeitgenössisches Stück in Köln, Domkapitel) verwendete Arnegunde nicht mehr (Paris, Direction des Antiquités Historiques de la Région Parisienne).

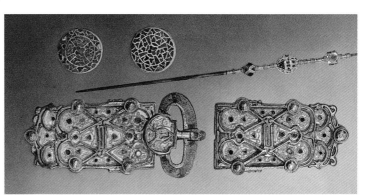

aus geographischen Gründen der größere territoriale Gewinn doch an die Reiche von Reims und Paris gefallen, denen der Süden und Osten offen standen und die zugleich das Reich von Soissons von diesen Gegenden abriegelten. Trotzdem war der lange benachteiligte Chlothar von Soissons am Ende der eigentliche Nutznießer dieser Entwicklung, denn er überlebte sämtliche Brüder und Neffen und konnte daher zwischen 558 und 560/561 das Gesamtreich wieder in einer Hand vereinen.

»Bürgerkriege«: Das Reich unter den Nachfolgern Chlothars I.

Nach seinem Tode teilten sich seine vier Söhne entsprechend dem Vorbild von 511 wieder Herrschaft und Reich: Charibert fiel dabei die Residenz Paris zu, Guntram erhielt Orléans, Sigibert Reims und Chilperich Soissons. Da Charibert jedoch schon 567 starb und nun die Brüder seinen Herrschaftsbereich unter sich aufteilten, verfestigte sich in der Zukunft nicht eine vier-, sondern lediglich eine dreigliedrige Territorialstruktur im fränkischen Großreich: die Reiche Neustrien, Austrasien und Burgund. Zur gleichen Zeit gewann der fränkische Adel stärker an Einfluss, denn die Jahrzehnte um 600 wurden von einem grausamen Bruderkrieg unter den merowingischen Herrschern überschattet, dessen Anlass eine Ehetragödie im Hause Chilperichs I. war.

Dieser hatte, nachdem sein Bruder Sigibert von Reims die westgotische Prinzessin Brunhilde geehelicht hatte, deren Schwester Galswintha geheiratet und, ihrer überdrüssig, bald darauf ermorden lassen, um seine frühere Geliebte Fredegunde zur Gemahlin nehmen zu können. Daraus entwickelte sich ein düsteres Familiendrama, dem 575 Sigibert, 584 Chilperich zum Opfer fielen. Nach manchem politischen Hin und Her setzte sich schließlich, allerdings nur vorläufig, die Linie Sigiberts und Brunhildes durch, deren Sohn Childebert II. 587 von seinem söhnelosen burgundischen Onkel Guntram im Vertrag von Andelot als Erbe eingesetzt wurde und 592 die Nachfolge antreten konnte, während der erst 584 geborene Chlothar II., der Sohn der Fredegunde, sich schließlich auf ein stark geschrumpftes Gebiet mit Rouen als Hauptsitz eingeschränkt sah. Childebert II. starb aber schon 596, und seine Mutter Brunhilde musste wieder die Regentschaft übernehmen, diesmal für ihre Enkel Theudebert II. und Theuderich II., die das austroburgundische Reich untereinander aufteilten, aber 605 in Konflikt miteinander gerieten. Im Verlauf dieses Zwistes rottete Theuderich II. 612 die Familie seines Bruders aus, starb aber selbst schon ein Jahr später, inmitten von erneut ausgebrochenen Auseinandersetzungen mit Chlothar II. Wieder musste Brunhilde die Zügel der Politik ergreifen und übernahm die Regierung für ihre Urenkel, von denen sie nur Sigibert II. zum König erheben ließ. Aber die schon früher spürbare Opposition des Adels gegen die alte Königin formierte sich immer deutlicher. Ihre austrasischen Gegner, zu denen auch Pippin der Ältere und Arnulf von Metz, die Stammväter der Karolinger, zählten, riefen Chlothar ins Land, zu dessen Gunsten sich das Blatt wendete. Das Heer, das Brunhilde ihm entgegenwarf, löste sich bei Châlons-sur-Marne kampflos auf. Sie selbst fiel in die Hände ihres Neffen, der 613 schreckliche Rache an seiner und der 597 verstorbenen Mutter Fredegunde Widersacherin nahm und sowohl sie als auch ihre Urenkel mit Ausnahme seines Patenkindes Merowech beseitigte. Der lange Zeit ins Hintertreffen geratene Kleinkönig von Rouen war damit gleichsam über Nacht zum alleinigen Herrscher im Frankenreich aufgestiegen.

Chlothar II. und Dagobert I.

Die dringendste Aufgabe, die Chlothar zu lösen hatte, war die Neuordnung des Reiches. Wollte er Spannungen ausgleichen, dann musste er auf die Verschiedenheit der Reichsteile Rücksicht nehmen, vor allem aber den Interessen des Adels Rechnung tragen. Schon früh zeigte er, dass seine Monarchie keine neustrofränkische Unterdrückung bedeutete, denn gleich nach seinem Erfolg über Brunhilde bestellte er für jedes Teilreich einen eigenen Hausmeier. Dieses Amt, das ursprünglich aus der Hofverwaltung hervorgegangen ist und im 7. Jahrhundert einen gewaltigen Aufstieg erfahren sollte, wurde zum Garanten für die Sonderstellung der einzelnen Teilreiche, denn die Hausmeier nahmen praktisch eine Zwitterstel-

Die **Nachkommen Chlothars I.** (Auswahl):

Söhne Chlothars I.:
561–567 Charibert I. (Paris)
561–592 Guntram (Orléans)
561–575 Sigibert I. (Reims)
561–584 Chilperich I. (Soissons)
Nachkommen Sigiberts I.:
575–596 Childebert II. (Austrasien, seit 592 auch Burgund), Sohn
596–612 Theudebert II. (Austrasien), Enkel
596–613 Theuderich II. (Burgund, seit 612 auch Austrasien), Enkel
613 Sigibert II. (Austrasien, Burgund), Urenkel, Sohn Theuderichs II.
Sohn Chilperichs I.:
584–629 Chlothar II. (Neustrien, seit 613 im ganzen Frankenreich)

Im Jahre 613 vollzog sich im Frankenreich ein makabres Schauspiel: die Hinrichtung der greisen Königin **Brunhilde**. Drei Tage man sie gefoltert, dann auf einem Kamel zur Schau gestellt und schließlich an den Schweif eines wilden Pferdes oder an die Hufe mehrerer Rösser gebunden und auf diese Weise zu Tode trampeln und schleifen lassen. Ihr geschundener und zerrissener Leichnam wurde danach – nichts sollte von ihr übrig bleiben – dem Feuer übergeben. Abgrundtiefer Hass gegen die hartnäckige und lange Zeit erfolgreiche Widersacherin hat bei diesem brutalen Vorgehen den Willen des Siegers, Chlothars II., bestimmt, der nun das von seinem Ahnherrn Chlodwig I. ein Jahrhundert zuvor geschaffene Großreich wieder in einer Hand vereinigte.

Der Grabstein eines fränkischen Kriegers aus Niederdollendorf bei Bonn zeigt auf der Vorderseite den Verstorbenen mit dem Schwert, einem so genannten Breitsax. Er kämmt sein Haar, was vermutlich seine fortwirkende Lebenskraft symbolisiert. Dass er von den Schlangen der Unterwelt umringt ist, scheint noch heidnische Vorstellungen zu spiegeln. Die Rückseite des Monuments weist ihn jedoch als Christen aus: Die strahlende Erscheinung Christi mit einer Lanze überwindet die schlangenartig stilisierten Dämonen (Bonn, Rheinisches Landesmuseum).

Eine vergoldete Silberfibel aus einem fränkischen Grab des frühen 7. Jahrhunderts bei Xanten zeigt als Idealbild des adligen Kriegers einen Reiter mit wehendem Mantel und Lamellenhelm.

lung ein: Einerseits waren sie Sachwalter des Königs, andererseits repräsentierten sie den Herrschaftsverband eines Teilreichs. Diese Herrschaftsverbände hatten in der 2. Hälfte des 6. und im frühen 7. Jahrhundert immer deutlichere Konturen angenommen; ihre Interessen konnte der König daher nicht unberücksichtigt lassen, zumal er seine Herrschaft ohne die Mitwirkung des Adels überhaupt nicht durchzusetzen vermochte. Diesem Umstand trug auch das Pariser Edikt Rechnung, das Chlothar II. 614 im Anschluss an eine Versammlung und ein Konzil des Gesamtreichs verkündete. In ihm verzichtete der Monarch auf autokratische oder zentralistische Maßnahmen und strebte stattdessen ein Zusammenwirken mit den Großen aus allen Teilreichen an. Berühmt geworden ist in diesem Zusammenhang die Bestimmung, nach der die königlichen Amtsträger in ihrem Amtssprengel ansässig sein müssen, damit sie bei Verfehlungen in ihrem Zuständigkeitsbereich zur Verantwortung gezogen werden können – eine angesichts des im frühen Mittelalter nur rudimentär ausgebildeten Verwaltungsapparates sicherlich ernst zu nehmende Begründung.

Chlothars Bemühungen um die Konsolidierung der Herrschaft und des Reiches waren nicht ohne Erfolg, der auch seinem Sohn Dagobert I. nicht versagt blieb. Dieser war schon 623 zum Mitherrscher erhoben und als Unterkönig über die Austrasier gesetzt worden. Ihm zur Seite stellte der Vater seine alten austrasischen Parteigänger Pippin den Älteren und Bischof Arnulf von Metz, den einen als Hausmeier, den anderen als geistlichen Ratgeber. Damit wurde die Sonderstellung Austrasiens betont und zugleich eine Maßnahme zur Sicherung der Ostgrenze getroffen. Regierungserfahren wie er war, konnte Dagobert 629 die Nachfolge des Vaters antreten und seinem jüngeren Bruder Charibert II. eine umfassende Teilhabe an der Herrschaft verweigern. Charibert erhielt nur einen Aufgabenbereich im Grenzgebiet gegen die Basken zugewiesen, ein Unter- oder Markenkönigtum mit Toulouse als Zentrum, das 632 mit seinem Tode wieder erlosch, während Dagobert die Alleinherrschaft übernahm. In diesen Maßnahmen spiegelt sich eine neue Reichskonzeption wider, die stärker auf die Bewahrung des Einheitskönigtums ausgerichtet gewesen zu sein scheint. Trotzdem hat Dagobert sein Reich schließlich wieder geteilt: unter seine beiden Söhne Sigibert III. und Chlodwig II. Der dreijährige Sigibert war schon 633 zum austrasischen Unterkönig erhoben, der im folgenden Jahr geborene Bruder sogar schon als Säugling auf Rat der Neustrier zum Nachfolger in Neustrien und Burgund ausersehen worden. Als Dagobert 638 oder 639 starb, trat diese Erbregelung tatsächlich in Kraft und bestimmte über Jahrzehnte hinweg die herrschaftliche Zweiteilung des Frankenreichs in ein austrasisches und ein neustroburgundisches Königtum. Dagobert aber, der in Saint-Denis seine letzte Ruhe fand und als *bon roi* (guter König) im Andenken der Nachwelt fortlebt, war der letzte bedeutende Merowinger, denn seinen Nachfolgern entglitt die Herrschaft zusehends, und andere Gewalten stiegen in der 2. Hälfte des 7. Jahrhunderts zu Einfluss und Geltung empor – unter ihnen die Karolinger, die schließlich als Sieger aus dem Ringen um die Macht hervorgingen.

Hegemonialmacht des Abendlandes – Das Karolingerreich

Der Aufstieg der Karolinger

Die Teilung des Frankenreichs nach Dagoberts I. Tod war nur möglich, weil der Adel, dem künftig eine immer gewichtigere Rolle im Machtgefüge zufiel, die Erbregelung akzeptierte und mit trug. In Austrasien wurde dabei die Regierung für den noch minderjährigen Sigibert III. von dem Hausmeier Pippin dem Älteren und dem Bischof Kunibert von Köln geführt. Als Pippin jedoch 639/640 starb, entbrannte eine inneraustrasische Rivalität um die Nachfolge im Hausmeieramt, das Pippins Sohn Grimoald erst nach einigen Anstrengungen 643 erringen konnte. Von nun an aber hielt er es fest in seinen Händen und griff schließlich sogar nach der Krone. Nicht für sich wollte er sie erwerben, wohl aber für seinen Sohn, der den beziehungsreichen Merowingernamen Childebert erhielt und den er von dem kinderlosen Sigibert III. hatte adoptieren lassen. Als dem König schließlich doch noch ein Sohn geboren wurde, Dagobert II., stand der Erfolg des mächtigen Hausmeiers zwar infrage, aber nach dem Tode Sigiberts III. schickte Grimoald den vierjährigen Dagobert einfach nach Irland ins Exil und setzte den eigenen Sohn auf den Thron. Der von einem König adoptierte Sprössling eines Hausmeiers fand tatsächlich Anerkennung. Wohl erst durch Childeberts frühen Tod, der spätestens Anfang 662 eintrat, misslang Grimoalds Griff nach der Krone; der Hausmeier selbst wurde nun in Paris gefangen gesetzt, gefoltert und getötet. Damit war der pippinidische Mannesstamm ausgerottet, während die Nachkommen von Grimoalds Schwester Begga und ihrem Gemahl Ansegisel, dem Sohn Arnulfs von Metz, den Sturz des Hausmeiers überstanden, künftig jedoch äußerste Vorsicht walten ließen bei dem Versuch, das Königtum zu erringen. Beggas und Ansegisels Sohn Pippin (dem Mittleren), der sich in zähem Ringen eine Vormachtstellung in Austrasien erwerben

Die **Nachkommen Chlothars II.** (Auswahl):

Söhne Chlothars II.:	
623–638/639	Dagobert I. (Austrasien, seit 629 im ganzen Frankenreich)
629–632	Charibert II. (Unterkönigreich Toulouse)
Nachkommen Dagoberts I.:	
633/634–656	Sigibert III. (Austrasien), Sohn
638/639–657	Chlodwig II. (Neustrien, Burgund), Sohn
675–679	Dagobert II. (Austrasien), Enkel, Sohn Sigiberts III.
Nachkommen Chlodwigs II.:	
657–673	Chlothar III. (Neustrien, Burgund), Sohn
662–675	Childerich II. (Austrasien, seit 673 im gesamten Frankenreich), Sohn
673–690/691	Theuderich III. (Neustrien, Burgund, seit 679 im gesamten Frankenreich), Sohn
Nachkommen Theuderichs III.:	
690/691–694	Chlodwig III., Sohn
695–711	Childebert III., Sohn
711–715/716	Dagobert III., Enkel, Sohn Childeberts III.
721–737	Theuderich IV., Urenkel, Sohn Dagoberts III.
Nachkommen Childerichs II.:	
716–721	Chilperich II., Sohn
743–751	Childerich III., Enkel, Sohn Chilperichs II., letzter merowingischer König

Seit den Kapetingern ließen sich die französischen Könige in Saint-Denis bestatten und knüpften damit an das Vorbild Dagoberts I. an. Seine Grablege wurde im 13. Jahrhundert neu gestaltet, um den Königsgräbern einen würdigen Rahmen zu verleihen. Ein Relief dort stellt den siegreichen Kampf des Glaubens (symbolisiert durch Bischöfe und Engel) gegen die Teufel um die Seele des verstorbenen Herrschers dar.

konnte, verdankten die Nachfahren Arnulfs von Metz und Pippins des Älteren dann den Wiederaufstieg. – Nach Grimoalds Sturz jedoch wurde zunächst der jüngste Sohn des neustroburgundischen Herrschers Chlodwig II., Childerich II., unter Missachtung des Rechtes, das der im irischen Exil weilende Dagobert II. als Nachkomme Sigiberts III. geltend machen konnte, zum König Austrasiens erhoben.

Die Anfänge der **Karolinger:**

	Arnulfinger (Auswahl):
†um 640	Arnulf, Bischof von Metz
†nach 657	Ansegisel, Sohn Arnulfs
	Pippiniden (Auswahl):
†639/640	Pippin I., der Ältere, Hausmeier
†um 662 (657?)	Grimoald der Ältere, Sohn Pippins I., Hausmeier
656 (651?) bis um 662 (657?)	Childebert, Sohn Grimoalds, König
†um 693	Begga, Tochter Pippins, Gemahlin des Ansegisel
	Nachkommen Ansegisels und Beggas (Auswahl):
†714	Pippin II., der Mittlere, Sohn, 688 Hausmeier
†741	Karl Martell, Sohn Pippins II., vor 720 Hausmeier
751–768	Pippin I., Sohn Karl Martells, König, als Hausmeier (741–751) Pippin III., der Jüngere
768–814	Karl der Große, Sohn Pippins I., König und (seit 800) Kaiser
768–771	Karlmann, Sohn Pippins I., König

Im fränkischen Westreich hatte, als Chlodwig II. 657 starb, zwar sein noch minderjähriger ältester Sohn Chlothar III. die Nachfolge angetreten, die Regierungsgewalt lag jedoch bei der Königinmutter Balthilde und dem mit ihrer Unterstützung um 658 erhobenen Hausmeier Ebroin, dessen straffe Machtpolitik wiederholt Widerstände hervorrief. Trotzdem blieben Neustrien und Burgund unter einem König und einem Hausmeier vereint.

Als Chlothar III. 673 starb, schürzte sich der Knoten zu einem wüsten Drama von Krieg und Totschlag, an dessen Ende zwar das Frankenreich wieder durch ein Einheitskönigtum repräsentiert wurde, die Merowinger aber endgültig zu bedeutungslosen Herrschern herabgesunken waren und die eigentliche Macht bei den Hausmeiern lag. Theuderich III., der letzte Sohn Chlodwigs II., saß nun auf dem neustroburgundischen Thron, während Ebroin die Macht in Händen hielt und sie 680 bei Laon auch gegen die Austrasier unter Führung Pippins des Mittleren zu verteidigen wusste. Zum Zuge kam Pippin erst im zweiten Anlauf nach der Ermordung Ebroins und dem 687 über die Neustrier erfochtenen Sieg von Tertry.

Dem rückschauenden Betrachter erscheint dieses Ereignis wie der entscheidende Markstein im unaufhaltsamen Aufstieg der Karolinger. Doch war deren Erfolg keinesfalls zwangsläufig und ungefährdet. Nicht nur hatten sie mehrere Anläufe gebraucht, um die Macht zu erringen, und waren dabei sogar zweimal völlig gescheitert, sondern sie standen auch an der Spitze eines Adelsverbandes, dessen Interessen sie ebenso berücksichtigen mussten wie diejenigen der neustroburgundischen Großen, die es nach 687 zu gewinnen galt. Aus den Schicksalen Grimoalds und Ebroins die richtige Lehre ziehend, strebte Pippin der Mittlere einen Ausgleich der Adelsinteressen über die Grenzen der ehemaligen Teilreiche hinweg an und beanspruchte für sich selbst weniger eine verfassungsrechtlich klar umschriebene Position als vielmehr umfassenden Einfluss, der weitgehend informell blieb und vorwiegend auf seiner durch glänzende Waffentaten gesteigerten Autorität beruhte. Um 700 zeichnet sich deutlich ein Konzept familiärer Gemeinschaftsherrschaft ab, in das Pippins Söhne Grimoald als Hausmeier am neustrischen Königshof und Drogo als Herzog von der Champagne und wohl auch von Burgund in einer abgestuften Form einbezogen waren. In Auflösung geriet dieses Familienkartell der Macht allerdings nach dem Tode Pippins (714), dessen Söhne aus der Ehe mit Plektrudis schon vor ihm gestorben waren. Der Versuch Plektrudis', das gesamtherrschaftliche System zusammen mit ihren Enkeln, von denen einer zum Hausmeier ausersehen wurde, fortzuführen, scheiterte am Widerstand der Neustrier und an Karl Martell (dem »Hammer«), der Pippins Verbindung mit Chalpaida entstammte und von Plektrudis zunächst kaltgestellt worden war. Ihm gelang es innerhalb eines halben Jahrzehnts, sich eine Machtbasis zu verschaffen, die familiären Widersacher auszuschalten und die neustrische Opposition niederzuwerfen; 717 wurde er Hausmeier von Austrasien, 720 von Neustrien. Gegenüber den sich seit den heftigen Kämpfen um das zentrale Hausmeieramt von der Merowingerherrschaft lösenden Randgebieten Aquitanien, Provence, Churrätien, Alamannien und Bayern vermochte er, die Hoheit des Reiches wieder zur Geltung zu bringen. Doch wird sein Name für alle Zeiten mit dem 732 zwischen Tours und Poitiers erfochtenen Sieg über die von der Iberischen Halbinsel anrückenden Muslime verknüpft bleiben, durch den zwar kein Eroberungskrieg, sondern lediglich ein wohl auch das reiche Martinskloster von Tours ins Visier nehmender Beutezug wie mit einem Hammerschlag beendet werden konnte, durch den aber immerhin auch die Gefahr islamischer Expeditionen in den gallischen Kernraum für alle Zeiten gebannt worden ist.

Nachdem Theuderich IV. 737 gestorben war, regierte Karl bis zu seinem Tode im Jahre 741 ohne einen merowingischen König. Vor seinem Ableben teilte er, ein Monarch ohne Königstitel, die Herrschaft, die er – anders als sein Vater – zu Lebzeiten mit niemandem geteilt hatte, unter seine Söhne auf und folgte damit dem Vorbild der merowingischen Königsfamilie. Seine letzte Ruhe fand er, auch dies ein Ausdruck königlichen Selbstverständnisses, in dem Königskloster Saint-Denis.

Die Darstellung alttestamentarischer Krieger im so genannten Goldenen Psalter aus dem 9. Jahrhundert spiegelt das Aussehen fränkischer Panzerreiter. Rüstung, Sattel, Steigbügel und Zaumzeug zeigen die fortschrittliche Ausrüstung dieser Krieger (Sankt Gallen, Stiftsbibliothek).

Die Miniatur des 15. Jahrhunderts stellt die Schlacht zwischen Tours und Poitiers gegen die Araber (732) als einen ritterlichen Kampf dar.

Die Kirchenreform unter den Söhnen Karl Martells

Seine Söhne Karlmann und Pippin der Jüngere teilten sich die Hausmeierwürde und das Reich – Pippin erhielt Neustrien mit Burgund und der Provence, der ältere Karlmann Austrasien mit Alamannien und Thüringen – und manövrierten dabei ihren Halbbruder Grifo aus, der Karls zweiter Ehe mit Swanahild aus dem bayerischen Geschlecht der Agilolfinger entstammte. Um ihre besonders vom aquitanischen und vom bayerischen Herzog infrage gestellte übergeordnete Gewalt als Hausmeier zu legitimieren, hoben sie 743 Childerich III., den letzten Merowingerkönig, auf den Thron. Bis 746 gelang es den karolingischen Brüdern schließlich, die Widersacher in Bayern, Alamannien und Aquitanien auszuschalten oder doch zumindest der Reichsgewalt stärker unterzuordnen.

Mit Pippin dem Jüngeren und Karlmann kamen Herrscherpersönlichkeiten an die Macht, die selbst eine gewisse geistliche Erziehung erfahren hatten und die Reformbedürftigkeit der fränkischen Kirche deutlich empfanden. Ihre Vorfahren werden zwar kaum weniger religiös gewesen sein, aber sie handelten eindeutig nach politischen Kategorien. Karl Martell etwa hatte rigoros auf kirchliches Gut zurückgegriffen, um seine Anhänger auszustatten, zu belohnen und für die zahlreichen militärischen Aktionen auszurüsten; Bistümer dienten als Ausstattungsgut von Adelsfamilien, die mancherorts über diese kirchliche Zentralinstitution wie über einen Erbbesitz verfügten. Da Karl Martell aber auf die Mitwirkung dieses Adels angewiesen war, konnten die kirchlichen Erneuerungskräfte, die zu seiner Zeit wirksam waren, vor allem also die angelsächsische Mission und der Kreis um Bonifatius, von ihm nur so weit Unterstützung erwarten, wie dadurch der politische Grundkonsens innerhalb des den karolingischen Führungsanspruch akzeptierenden Adelsverbandes nicht gefährdet wurde.

Die angelsächsischen Missionare betrieben – anders als die irischen Mönche, die schon vor ihnen den Gedanken der asketischen *peregrinatio,* der entsagungsvollen Heimatlosigkeit, aufgegriffen hatten und in die Fremde gegangen waren, um dort, gleichsam als Akt der Buße, das Christentum zu predigen – die Mission von Anfang an mit einer Planmäßigkeit, die eine besondere Bedeutung erlangte, als sich unter Bonifatius (672/673–754) das missionarische Wirken mit kirchenorganisatorischem und -reformerischem Tun verband. Musste dieser erfolgreiche Glaubensbote auch zunächst auf anders geartete kirchenpolitische Interessen des karolingischen Hausmeiers Rücksicht nehmen und zeitweise sogar ins bayerische Herzogtum der Agilolfinger ausweichen, wo er um 739 vier Bistümer (in Passau, wo er aber einen vom Papst geweihten Bischof akzeptieren musste, in Salzburg, Regensburg und Freising) gemäß den kanonischen Vor-

Zum Einband eines um 875 geschaffenen Evangeliars gehörten vermutlich zwei Elfenbeintafeln, heute in Cambridge (Fitzwilliam Museum; links) und Frankfurt am Main (Stadt- und Universitätsbibliothek; rechts). Ein Erzbischof in Begleitung von fünf ministrierenden Diakonen eröffnet die Messfeier und der Mönchschor singt unter Leitung eines Dirigenten den Introitus. Rechts zelebriert der Erzbischof die Liturgie am Altar. Die Kirche ist nicht als Ort der Messe dargestellt, sondern wird durch die Andeutung prächtiger Stadtarchitektur als himmlisches Jerusalem, die Stadtgemeinde Gottes, symbolisiert.

schriften einrichtete und damit zum Bistumsorganisator großen Stils wurde. Nach Karls Tod (741) aber änderten sich die politischen Rahmenbedingungen rasch, denn die Söhne des mächtigen Karolingers hatten wohl erkannt, wie sehr eine unter ihrem Schutz durchgeführte Reform der fränkischen Kirche einen moralischen Autoritätsgewinn bedeuten konnte, der eine Festigung, wenn nicht gar eine monarchische Erhöhung ihrer Herrschaft erwarten ließ.

Kirchenreform im Frankenreich – das bedeutete vor der Mitte des 8. Jahrhunderts ganz allgemein die Reaktivierung des traditionellen Kirchenrechtes, vor allem die Erneuerung (mancherorts auch Einführung) der in Verfall geratenen Metropolitanverfassung und die Schärfung der geistlichen Disziplin. Konkret verband sich damit natürlich auch das Problem der entfremdeten Kirchengüter. Mit großem Elan wurden alle diese Fragen in Angriff genommen. Auf einer 742 oder 743 an unbekanntem Ort und nach vielen Jahrzehnten erloschener Synodaltätigkeit erstmals wieder tagenden austrasischen Kirchenversammlung *(concilium Germanicum),* die von Karlmann einberufen worden war und deren Beschlüsse der Hausmeier in einem eigenen Erlass (Kapitular) verkündete, wurde vor allem die Frage des Kirchengutes radikal gelöst: durch Rückerstattung an die geschädigten Kirchen. Obwohl die Reform Neustrien ebenfalls er-

Der fränkische Geschichtsschreiber Einhard (Das Leben Karls des Großen 1) über das Schattenkönigtum der letzten Merowinger:

Das Geschlecht der Merowinger, aus dem die Franken ihre Könige zu wählen pflegten, herrschte nach allgemeiner Ansicht bis zur Zeit Hilderichs (Childerichs III.). Hilderich wurde auf Befehl des römischen Papstes Stephan (II.) abgesetzt, geschoren und ins Kloster geschickt. Obwohl das Geschlecht dem Anschein nach erst mit ihm ausstarb, hatte es schon lange seine Bedeutung eingebüßt und besaß nur mehr den leeren Königstitel. Die wirkliche Macht und Autorität im Königreich hatten die Hofmeister des Palastes, die so genannten Hausmeier, die an der Spitze der Regierung standen. Dem König blieb nichts anderes übrig, als sich mit seinem Titel zu begnügen und mit wallendem Kopfhaar und ungeschnittenem Bart (Haar- und Barttracht der Freien) auf dem Thron zu sitzen und den Herrscher zu spielen.

fasste, ließ sich diese grundstürzende Entscheidung nicht durchsetzen. Auch die Söhne Karl Martells waren auf mächtige Anhänger angewiesen, deren Interessen besonders durch die Restitutionsbestimmung des *concilium Germanicum* empfindlich getroffen waren. Schon 744 kam es daher zu einer entscheidenden Abschwächung des Beschlusses, durch die zwar grundsätzlich eine Anerkennung des kirchlichen Eigentumsrechtes an dem entzogenen Besitz, nicht aber die Rückerstattung erfolgte. Diese sollte vielmehr nur vorgenommen werden, wenn die betroffene Kirche durch die Entfremdung in Existenzschwierigkeiten geriet; ansonsten verblieb den bisherigen Inhabern das kirchliche Gut als zinspflichtige Leihe auf Lebenszeit.

Da sich auch die Erneuerung der Metropolitanverfassung nicht sofort verwirklichen ließ, geriet das schwungvoll begonnene Reformwerk ins Stocken, und Bonifatius verfiel der Resignation. Wenn er sich am Ende seines Lebens auch als ein im Wesentlichen Gescheiterter empfunden haben mochte, der nur noch mit Mühe die Missions- und Aufbauarbeit in den heidnisch-germanischen Gebieten

Das Bild einer zeitgenössischen Kirchensynode entwirft diese Illustration des um 830 in Reims entstandenen so genannten Utrecht-Psalters. Es bezieht sich auf die Einsetzung des Athanasischen Glaubensbekenntnisses, das um 820 für die Sonntagsmesse verbindlich wurde. Die Konzilteilnehmer sitzen im Kreis, der vorsitzende Bischof wird in Gegenwart von sechs Schreibern feierlich eingekleidet, die heiligen Bücher und Dokumente liegen bereit (Utrecht, Universitätsbibliothek).

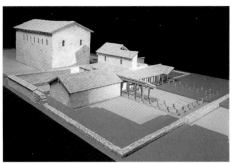

Typisch für die Anlage merowingischer Sakralbauten ist die Gruppierung relativ kleiner und schlichter Kirchengebäude unterschiedlicher Funktion nebeneinander. So standen in Eichstätt die Bischofskirche (im Modell hinten) und die Klostergebäude mit der kleinen Abteikirche unverbunden nebeneinander.

Als einer der wenigen Kirchenbauten des Frankenreichs aus der Zeit vor Karl dem Großen ist das Baptisterium von Poitiers gut erhalten geblieben.

sichern konnte, so entfalteten sich seine Reformansätze in der 2. Hälfte des 8. Jahrhunderts doch weiter, jetzt allerdings unter fränkischer Führung. Auch die von Bonifatius geförderte Ausrichtung auf das Papsttum, die die fränkische Kirche zu einer romverbundenen Landeskirche werden ließ und der Autorität des Papstes trotz strikter Kirchenhoheit des weltlichen Herrschers einen über den reinen Lehrprimat hinausgehenden Einfluss eröffnete, sollte schon bald, noch zu Lebzeiten des Bonifatius, Früchte tragen.

Pippins des Jüngeren Aufstieg zum Königtum

Einschneidende Änderungen brachte nämlich das Jahr 747: Karlmann, der besonders die kirchliche Reform zu seiner Sache gemacht hatte, entsagte der Herrschaft und zog sich zu geistlichem Leben zunächst nach Rom, dann ins Kloster Montecassino zurück. Seinen Sohn Drogo hatte er zuvor seinem Bruder Pippin anvertraut. Dieser dachte jedoch nicht mehr daran, die Herrschaft mit irgendjemandem zu teilen, und schob den Neffen beiseite. Auch Grifo, der 741 übergangen worden war und nun noch einmal auf den Plan trat, konnte dem Hausmeier nicht gefährlich werden. Seit 749 regierte Pippin ein nach außen und innen befriedetes Reich. Damit war der Weg zum Königtum politisch geebnet. Beschritten hat ihn der Karolinger mit aller Vorsicht, denn noch gab es einen König, der zwar keine Macht mehr besaß, dessen merowingische Abkunft aber seit Jahrhunderten als Voraussetzung für die Thronbesteigung galt. Vorstellungen eines an der Herrscherfamilie haftenden Königsheils sowie Erwägungen über den politischen Nutzen einer königlichen Schachfigur auf dem Spielbrett der Adelsfaktionen und -interessen hatten bisher zum Erhalt der merowingischen Monarchie beigetragen. Bonifatius und sein Reformbemühen jedoch brachten den Franken eine moralische und geistliche Autorität nahe, mit deren Hilfe Pippin das altehrwürdige Königsgeschlecht der Merowinger endgültig vom Throne stoßen konnte: das Papsttum.

Im Jahre 750 sandte Pippin den Abt Fulrad von Saint-Denis zusammen mit dem Würzburger Bischof Burchard nach Rom und ließ dem Papst die Frage unterbreiten, ob es gut sei oder nicht, dass es Könige ohne königliche Gewalt im Frankenreich gebe. Papst Zacharias (741–752) gab darauf die berühmte Antwort: »Es sei besser, der wirkliche Inhaber der Gewalt heiße König als einer, der ohne Königsgewalt geblieben sei.« Dieser Bescheid, der von altchristlichem Gedankengut geprägt ist und auf der Vorstellung beruht, dass eine Sache mit dem ihr entsprechenden Namen bezeichnet werden soll (Nomen-Res-Theorie), »damit die gottgewollte Ordnung nicht gestört werde«, besitzt den Charakter eines Weistums, einer Rechtsweisung in einem Fall, den eine Landeskirche an den Papst zur Entscheidung herangetragen hat. In späteren Jahrhunderten wurde diese Entscheidung als Befehl oder gar als Einsetzung Pippins zum König verstanden; doch war dies eine in gewandelten Zeiten propagandistisch zu nutzende Fehldeutung, die den nun erhobenen Anspruch des Papstes, Könige ein- und absetzen zu dürfen, untermauern half. Bestimmend für Pippins Königtum war vielmehr seine Wahl und die Huldigung durch die Franken, die Ende 751 in Soissons vollzogen wurden. Childerich III. jedoch musste sich scheren lassen und mitsamt seinem Sohn ins Kloster gehen. Damit endete die bewegte Geschichte der Merowinger in klösterlicher Abgeschiedenheit und Ruhe.

An die rechtserhebliche Wahl schloss sich 751 ein weiterer Akt an: die kirchliche Weihe. Die Salbung des Königs nach alttestamentlichem Vorbild war, obwohl schon bei den Westgoten Brauch, etwas Neues im Frankenreich und diente zur besonderen Legitimierung des neuen Königtums. Durch sie wurde der Herrscher aus der Schar der Laien herausgehoben und eigens begnadet zur Ausübung seines schweren Amtes. Der Weiheakt von 751 wirkte traditionsbildend. Mit ihm setzte eine Verkirchlichung der Thronerhebung ein, die die sakrale Aura des christlichen Königs zunehmend erstrahlen ließ, das Königtum langfristig aber auch verstärkt der moralischen Kontrolle geistlicher Instanzen unterwarf und an Vorstellungen der Tauglichkeit zum Herrscheramt (Idoneität) band.

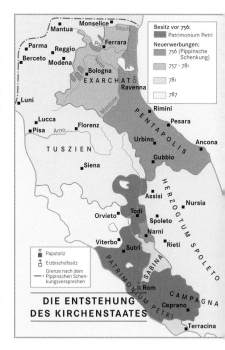

Das Königtum Pippins des Jüngeren

D er mithilfe des Papsttums vollzogene Aufstieg zum Königtum zog Pippin (als König Pippin I.) rasch in die Probleme Italiens hinein. Rom wurde 753, wie so oft in den vergangenen Jahrzehnten, von den seit 568 in Italien siedelnden Langobarden bedroht; Papst Stephan II. (752–757) wandte sich deshalb um Hilfe an den Karolinger, der nun, anders als noch sein Vater Karl Martell, zur Unterstützung der römischen Kirche bereit war. Auf Einladung des Königs zog der Papst ins Frankenreich und wurde am 6. Januar 754 ehrenvoll in der Pfalz Ponthion empfangen. Am folgenden Tag schlossen Pippin und Stephan, König und Papst, einen förmlichen Bund. Der Karolinger sagte dem Bischof von Rom auch im Namen seiner Söhne Hilfe zu und bekräftigte dies mit einem Freundschaftseid.

Schon bald zeigte das neue Bündnis seine Kraft. Der Langobardenkönig Aistulf hatte Pippins Bruder Karlmann, den einstigen Hausmeier, veranlasst, die kontemplative Ruhe des Klosters zu verlassen und über die Alpen nach Norden zu ziehen. Offenbar versprach er sich davon eine Schwächung des neuen Königtums. Doch verwies der Papst den in die Welt Zurückgekehrten, der im Übrigen noch im selben Jahr (754) starb, wieder ins Kloster, salbte Pippin, diesmal zusammen mit den Söhnen Karl und Karlmann, erneut und zeichnete die drei Karolinger mit dem römischen Rang- und Ehrentitel eines *patricius Romanorum* aus. Pippin dagegen setzte den langobardischen Feldzug gegen Widerstände im fränkischen Adel durch und versprach dem Papst die Rückgabe Mittelitaliens.

Noch im gleichen Jahre 754 konnte Aistulf unterworfen werden. 756 aber wurde ein zweiter Feldzug nötig, da der Langobarde Rom erneut angriff. Nun erfolgte, eingedenk des Versprechens, tatsächlich die Rückgabe der vom Papst beanspruchten Gebiete, jedoch nicht im

Die Metzer Annalen schildern den Bündnisschluss zwischen Papst Stephan II. und König Pippin I. in der fränkischen Pfalz Ponthion (im Marnetal) vom Januar 754 folgendermaßen:

Am folgenden Tage (nach seinem ehrenvollen Empfang durch den König) warf er (Stephan) sich zusammen mit seinem Gefolge in Sack und Asche auf die Erde und beschwor den König ..., dass er ihn selbst und das römische Volk aus der Hand der Langobarden und des anmaßenden Königs Aistulf Knechtschaft befreie. Und nicht eher wollte er sich von der Erde erheben, als bis ihn König Pippin mit seinen Söhnen und den Großen der Franken die Hand reichte und ihn selbst zum Zeichen des künftigen Bündnisses ... von der Erde aufhob.

Im alten Kernland des Römerreiches hatte sich die langobardische Architektur seit der Landnahme an antiken Maßstäben orientiert. Die einsam gelegene Kapelle an der Quelle des Flusses Clitunno bei Perugia, die wohl im 7. Jahrhundert errichtet wurde, gleicht äußerlich einem römischen Tempel. Die Heiligenfiguren eines Stuckfrieses in der Kirche Santa Maria in Valle in Cividale (Friaul) verraten dagegen die Auseinandersetzung mit der byzantinischen Kunst.

zugesagten Umfang. Mit dieser Pippinschen Schenkung wurde 754/756 der Grundstein für das *patrimonium Petri,* den späteren Kirchenstaat in Mittelitalien, gelegt. Ansprüche des byzantinischen Kaisers auf diese Regionen mit den Zentren Rom und Ravenna hatte der Karolinger zuvor abgewiesen, obwohl Italien, soweit es nicht langobardisch war, immer noch der Hoheit Byzanz' unterstand – einer Hoheit allerdings, die in Mittelitalien immer mehr verblasste.

Pippin unterwarf das Langobardenreich nicht seiner Herrschaft; aber an seinem Lebensende bildete das Frankenreich ohnedies die unbestrittene Vormacht im Westen. Als der erste Karolingerkönig im September 768 in Saint-Denis starb und beigesetzt wurde, hinterließ er ein nach innen und außen gefestigtes Reich, hatte während seiner Regierungszeit doch auch die Integration der Randländer in den fränkischen Reichsverband Fortschritte gemacht. Aquitanien und Alamannien waren fest eingebunden; der bayerische Herzog Tassilo III. hatte immerhin die Hoheit des Reiches anerkannt und 757 dem König, der auch sein Onkel war, und dessen Söhnen, seinen Vettern, einen Treueid geleistet, der später wohl als Vasallitätseid umgedeutet worden ist. Das nach dem Ende des Westgotenreiches unter islamische Herrschaft geratene Septimanien konnte bis 759 erobert werden. Ungelöste Aufgaben waren zwar noch in Bayern, in Italien und Rom sowie vor allem gegenüber den Sachsen geblieben, aber insgesamt waren karolingisches Reich und Königtum 768 ungefährdet. Die Herrschaft konnte daher problemlos an die Königssöhne übergehen, unter die Pippin, indem er merowingischen Brauch wieder aufgriff, das Reich aufgeteilt hatte. Allerdings traten bald Spannungen unter den Brüdern auf, die Pippins Werk vielleicht gefährdet hätten, wenn Karlmann nicht schon 771 gestorben wäre. Karl nutzte die Chance, trieb Schwägerin und Neffen außer Landes und trat die Nachfolge des Bruders an. Drei Jahre nach Pippins Tod war das fränkische Großreich wieder vereint und das Fundament erneuert, auf dem Karl weiterbauen konnte.

Symbol der Einheit – Das abendländische Kaisertum Karls des Großen

»König der Langobarden«

K aum hatte Karl das Reich seines Bruders im Dezember 771 übernommen, da wurde er schon bald in die italischen Angelegenheiten hineingezogen. Während des karolingischen Bruderzwistes war das Papsttum dem langobardischen Druck schutzlos ausgesetzt gewesen. Papst Stephan III. hatte deshalb 771 ein Bündnis mit dem Langobardenkönig Desiderius eingehen müssen. Doch warf sein Nachfolger Hadrian I. schon 772 das Steuer wieder herum, setzte ganz auf die fränkische Karte und bat Anfang 773 Karl um Hilfe. Dieser zögerte zunächst, da er bereits den Kampf mit den Sachsen aufgenommen hatte, doch fanden Karlmanns Witwe und Kinder die Unterstützung des Langobardenherrschers. Ein Eingreifen in Italien schien daher dringend geboten, zumal Karl auch schon seine erste Gemahlin, eine Tochter des Desiderius, verstoßen und an den Hof des Vaters zurückgeschickt hatte.

Ihren Anfang nahm die Expansionspolitik Karls also erst mit der Erneuerung der Reichseinheit und dem Bruch mit den Langobarden; sie führte am Ende zu einer Ausweitung der fränkischen Herrschaft auf den schon von Pippin gewiesenen Bahnen, folgte aber keinem festen Plan und wurde oftmals stärker von äußeren Bedingungen bestimmt als von der eigenen Initiative. Gerade der Langobardenkrieg bildet dafür einen deutlichen Beleg: Nur widerwillig auf Bitten des Papstes begonnen, stand zunächst offenbar auch sein Ziel noch gar nicht fest. Erst während der langen Belagerung von Pavia scheint bei Karl der Entschluss gereift zu sein, keinen Frieden zu schließen, sondern die Herrschaft über die Langobarden selbst zu übernehmen. Nach der Kapitulation der Stadt Anfang Juni 774 verwies Karl daher seinen unterlegenen Gegenspieler Desiderius ins Kloster und wurde selbst langobardischer König – ohne Wahl, ohne Krönung, aber auch ohne größeren Widerstand.

Von diesem grundlegenden Wandel der fränkischen Italienpolitik, die der Eigenständigkeit des Langobardenreiches ein Ende setzte und zur Etablierung der karolingischen Herrschaft auf der Apenninenhalbinsel führte, war nicht nur der *basileus* im fernen Konstantinopel betroffen, sondern vor allem auch der Papst in Rom, dem zwar die von Desiderius vorenthaltenen Besitzungen zurückgegeben, nicht jedoch die weiter reichenden, erst 774 erneuerten Versprechungen von 754 erfüllt wurden. Größere politische Ambitionen in Mittelitalien musste das Papsttum daher aufgeben. Trotzdem wurde der karolingisch-päpstliche Bund enger geknüpft, während sich die Bindung Roms an Byzanz weiter lockerte: Der Name des byzantinischen Kaisers verschwand aus den römischen Urkunden und von den Münzen, obwohl noch keine formelle Trennung vom *basileus* vollzogen wurde, an seine Stelle trat die Nennung des Papstes.

Die Entscheidung von 774 führte nicht zu einer Verschmelzung der Reiche, denen Karl nun vorstand, wohl aber zu einer Durchsetzung Italiens mit fränkischen Amtsträgern, Vasallen und Siedlern. 781 ließ der Karolinger seinen noch minderjährigen Sohn Pippin vom Papst zum König von Italien salben und krönen und richtete damit ein Unterkönigtum ein, das als relativ autonomes Gebilde der Sonderstellung Italiens im karolingischen Großreich entsprach. Karl nannte sich deshalb seit 774 auch *rex Francorum et Langobardorum* und betonte auf diese Weise selbst den eigentümlichen Charakter seiner italischen Herrschaft, die durch seine römische Stellung als *patricius Romanorum* ergänzt wurde.

Der Kampf mit den Sachsen

Nach dem Erfolg über die Langobarden konnte sich Karl wieder den Sachsen zuwenden. Dieses Volk, im 2. Jahrhundert erstmals als Bewohner der Halbinsel Jütland erwähnt, hatte sich über die Norddeutsche Tiefebene nach Westen fast bis zum Rhein hin ausge-

Seit dem 7. Jahrhundert ließen hohe Geistliche und Fürsten im Frankenreich die Messe an kleinen tragbaren Altären lesen. Darin spiegelt sich die Mobilität der Amtsträger wie des Herrscherhofes selbst, der ja von Pfalz zu Pfalz reiste. Den um 870 entstandenen Reisetragaltar stiftete Arnulf von Kärnten dem Kloster Sankt Emmeram in Regensburg (München, Schatzkammer der Residenz).

Der sächsische Stammesverband gliederte sich folgendermaßen: Die führende Schicht stellten die **Edelinge,** vielleicht die Nachkommen der ehemals von Norden eingewanderten Ursachsen; sie waren deutlich abgegrenzt von den wahrscheinlich aus unterworfenen Völkerschaften hervorgegangenen Freien (**Frilingen**) und Halbfreien (**Lazzen, Liten**) und stellten die Gaufürsten. Einmal im Jahr fand eine Stammesversammlung in Marklo an der Weser (nicht mehr genau lokalisierbar) statt, zu der aus jedem Gau die Fürsten und je zwölf Vertreter der drei Stände entsandt wurden. Über die Aufgaben der »Provinzen« Westfalen, Engern und Ostfalen ist praktisch nichts bekannt. Der Führer der Sachsen gegen Karl den Großen, Widukind, war ein westfälischer Edeling.

Eine typische Form karolingischer Reliquiare sind die transportablen und in der Form an Stofftaschen erinnernden Bursen, die von ihren fürstlichen Besitzern auf Reisen mitgeführt wurden. Das Stück rechts enthielt eine Blutreliquie des heiligen Stephanus und gehört seit den Zeiten Karls des Großen zu den Reichskleinodien (Wien, Kunsthistorisches Museum). Die Burse aus Stift Enger (unten) gilt traditionell als das Taufgeschenk Karls an den sächsischen Heerführer Widukind (Berlin, Kunstgewerbemuseum).

Die Karolinger entwickelten eine für die Herrscher und deren Umgebung anstrengende Weise, das große Reich zu regieren und zusammenzuhalten: das **Reisekönigtum.** Der König herrschte nicht von einer festen Zentrale aus, sondern war viele Monate im Jahr mit seiner Familie und dem Hof unterwegs, um vor Ort nach dem Rechten zu sehen. Station machte der Tross in den Pfalzen und größeren Königshöfen, später vor allem an den Bischofssitzen. Hier hielt der Herrscher Hof und wurde mit seinem Gefolge versorgt. Zu eigens anberaumten Terminen rief er die weltlichen und geistlichen Großen des Reiches zu Hoftagen zusammen und beriet mit ihnen Beschlüsse und Gesetze. Wichtigster Aufenthaltsort Karls des Großen wurde seit etwa 800 **Aachen,** das allmählich den Charakter einer Residenz annahm. Die weitläufige **Pfalzanlage** umfasste neben dem Palastgebäude und der Pfalzkapelle Wohnräume für die kaiserliche Familie und den Hofstaat sowie Räumlichkeiten zur Abhaltung von Versammlungen, aber auch Wirtschaftsgebäude und Badeanlagen.

dehnt und verharrte um 770 noch immer außerhalb der fränkisch-christlichen Welt, mit der es jedoch seit dem 6. Jahrhundert zu zahlreichen, nicht immer friedlichen Begegnungen gekommen war. Politisch bildeten die Sachsen einen nur lockeren, in Gaue gegliederten Stammesverband, an dessen Spitze kein König stand und über dessen weitere Organisation wenig bekannt ist.

Probleme mit den Sachsen, die eine politische und, trotz unermüdlicher Missionstätigkeit, religiöse Abwehrhaltung gegenüber den Franken einnahmen, gab es schon lange, als Karl daranging, eine Lösung zu suchen. Diese scheint nicht von Anfang an in einer Einbeziehung der Sachsen in den karolingischen Herrschaftsverband bestanden zu haben, zumindest ähnelt Karls erster Sachsenzug, in dessen Verlauf 772 die an der Diemel gelegene Eresburg (wohl beim heutigen Marsberg) erobert und ein als Bild der Weltsäule verehrtes sächsisches Heiligtum, die Irminsul, zerstört wurde, eher einer herkömmlichen Strafexpedition. Allerdings wurde mit diesem Unternehmen ein Ringen eröffnet, das Karls Zeitgenosse und Biograph Einhard als einen dreiunddreißigjährigen Krieg charakterisierte und an dessen Ende die Integration des sächsischen Stammesgebietes in das Frankenreich und 802 die schriftliche Fixierung des sächsischen Volksrechtes *(lex Saxonum)* standen. Der Kampf war hart, aber er wurde nicht ununterbrochen geführt und auch nicht gegen die Gesamtheit der Sachsen; vielmehr war er in einem starken Maße auch von inneren Gegensätzen geprägt, die in der ständischen Gliederung der sächsischen Gesellschaft ihre Ursache hatten. 776 jedenfalls konnte Karl die Unterwerfung »der Sachsen« und ihre Verpflichtung, sich taufen zu lassen, entgegennehmen. Ein Jahr später fand in Paderborn, erstmals auf sächsischem Boden, eine Reichsversammlung statt, auf der die Unterwerfung erneuert und das Land in Missionsbezirke eingeteilt wurde.

778 kam es jedoch aus antifränkischen, aber offenkundig auch aus sozialen Motiven zu einer sächsischen Reaktion unter dem Heerführer Widukind, die vor allem von den unteren Ständen getragen wurde und auslösendes Moment für die vollständige Eroberung des sächsischen Gebietes geworden ist. 782 erfolgte in Lippspringe durch die Errichtung von Grafschaften, mithin von fränkischen »Institutionen«, die förmliche Einbeziehung in den Reichsverband. Noch im gleichen Jahr wurde jedoch am Süntel ein fränkisches Heer vernichtet. Da Karls Strafgericht von Verden, das einer großen Zahl gefangener Aufrührer den Tod brachte, den Widerstand nicht endgültig zu brechen vermochte, loderte der Aufstand 783 heftiger denn je auf. Nach schweren Kämpfen unterwarf sich Widukind 785 und empfing in der Pfalz Attigny die Taufe; danach verliert sich seine Spur.

In den Neunzigerjahren flammten die Kämpfe noch einmal auf und fanden erst 804 endgültig ein Ende. Nicht auszuschließen ist, dass die Einführung des Kirchenzehnten, die arge Missstimmung hervorrief, einen wesentlichen Anlass für diese Konflikte bot, zumal der Ausbau der fränkischen Herrschaft nicht ohne Gewaltanwendung vonstatten ging. Seit den Neunzigerjahren ließ Karl schließlich zahlreiche Sachsen mit ihren Familien ins Reichsinnere verpflanzen und an ihre Stelle fränkische Siedler setzen. Als die Konsolidierung der neuen Verhältnisse Fortschritte machte, verkündete er 797 ein sächsisches Kapitular *(capitulare Saxonicum),* durch das die 782 oder 785 erlassenen strengen Strafbestimmungen gegen die Sachsen gemildert wurden. Um die Jahrhundertwende konnten die sächsischen Missionssprengel schließlich als Bistümer konstituiert werden: Münster, Osnabrück, Minden und Bremen kamen zur Kölner Kirchenprovinz, Paderborn und die wohl erst unter Ludwig dem Frommen endgültig eingerichteten Diözesen von Verden, Hildesheim und Halberstadt wurden der Mainzer Metropole unterstellt.

Als Konsequenz aus der Einbeziehung der Sachsen in das fränkische Großreich ergaben sich einerseits nicht immer friedliche Berührungen mit den Dänen im Norden, wo 810 auch Nordalbingien in das Reich eingegliedert wurde, und mit den Westslawen im Osten, über die eine keinesfalls stabile Oberhoheit aufgerichtet werden konnte. Andererseits veränderte die Eroberung das Verhältnis zwischen germanischen und romanischen Elementen innerhalb des Frankenreiches und schuf zugleich eine wichtige Voraussetzung für die spätere Entstehung Deutschlands.

Aquitanien

Wenn der Kampf mit den Sachsen auch häufig die Aufmerksamkeit Karls erforderte, so bildete doch nicht nur der Nordosten einen Schauplatz für die Aktionen des großen Karolingers, auch im Südwesten griff er ein. Der 778 unternommene Zug ins nördliche Spanien scheiterte zwar, aber in Aquitanien wurde bald danach ein Unterkönigtum für Karls minderjährigen Sohn Ludwig eingerichtet, der 781 zusammen mit seinem zum italischen Unterkönig ernannten Bruder Pippin vom Papst gesalbt und gekrönt wurde. Dies führte zu einer Stabilisierung der Verhältnisse im Pyrenäenraum, wobei es gelang, die Herrschaftssphäre – wenn auch nur zeitweise – über den Gebirgskamm hinweg bis nach Gerona, Urgel, Cerdagne und Barcelona auszudehnen.

Das Ende des bayerischen Herzogtums der Agilolfinger

Auch im Südosten des Reiches vermochte Karl die fränkische Herrschaft zu intensivieren. Hier bestand immer noch eine auf weitgehende Unabhängigkeit bedachte Herzogsgewalt: das bayerische Herzogtum seines agilolfingischen Vetters Tassilo III. Dieser hatte die Bindung an die karolingische Monarchie von 757 sechs Jahre später wieder stark gelockert, als er sich von einem gegen Aquitanien gerichteten militärischen Unternehmen Pippins zurückzog. Seither bestand nur noch eine dem Herzog große Eigenständigkeit gewährende Oberhoheit. Obwohl die bayerische Kirche und offenbar auch große Teile des bayerischen Adels frankenfreundlich einge-

Von der karolingischen Reichsabtei Lorsch ist allein die wohl um 800 entstandene so genannte Torhalle erhalten geblieben. Sie markiert als Durchgangsbogen den Weg zur Klosterkirche; ihr sorgfältig ausgemaltes Obergeschoss fungierte vermutlich als Königshalle. Das dreifache Tor mit seiner klassischen Säulengliederung knüpft an römische Triumphbögen an und drückt damit bildlich den Gedanken der Erneuerung des Römerreiches (renovatio imperii) aus.

Die so genannte **Spanische Mark:** Seit 785 unterstand das nordostspanische Grenzgebiet mit Gerona, Urgel und Cerdagne der fränkischen Herrschaft; 801 wurde Barcelona erobert. Die hier als Bollwerk gegen die Araber, die 711 Spanien erobert hatten, errichteten Grafschaften wurden aber nicht zu einer eigenen (spanischen) Mark zusammengefasst, auch wenn die dort ansässigen Grafen gelegentlich als duces (Herzöge) oder marchiones (Markgrafen) bezeichnet wurden und die gesamte Region limes Hispanica und später auch marca Hispanica genannt wurde; das Gebiet galt vielmehr als Teil des aquitanischen Königreichs.

Die Gefangennahme und versuchte Blendung Papst Leos III. bei einer Prozession in Rom 799 stellt eine hochmittelalterliche Buchmalerei dar (Bremen, Universitätsbibliothek).

Über liebe Gewohnheiten Karls des Großen berichtet Einhard (Das Leben Karls des Großen 22):

Seine Gesundheit war immer ausgezeichnet, nur in den letzten vier Jahren litt er öfter an Fieberanfällen und hinkte schließlich sogar auf einem Fuß. Trotzdem folgte er ... nicht dem Rat der Ärzte, die er fast hasste, weil sie ihm vorschrieben, dass er das gewohnte Bratenfleisch aufgeben und dafür gekochtes Fleisch essen sollte. Nach fränkischem Brauch ritt und jagte er fleißig ... Karl liebte die Dämpfe heißer Naturquellen und schwamm sehr viel und sehr gut ... Darum baute er einen Palast in Aachen (wegen seiner Heilquellen berühmt) und verbrachte seine letzten Lebensjahre ... dort. Er lud nicht nur seine Söhne, sondern auch Adlige und Freunde, manchmal sogar sein Gefolge und seine Leibwache zum Baden ein. Oft badeten mehr als hundert Leute mit ihm.

stellt waren, griff Karl 787 in Bayern ein und zwang seinen bayerischen Vetter mit militärischer Macht zum Vasalleneid: Aus Karls Händen nahm Tassilo das bayerische Herzogtum zu Lehen, auf das er aber bereits im folgenden Jahr auf einem Ingelheimer Hoftag verzichten musste. Damit war das letzte erbliche, auf ethnischer Basis errichtete und über weitgehende Autonomie verfügende Herzogtum beseitigt. Das bayerische Gebiet jedoch, das 798 auch als eigene (Salzburger) Kirchenprovinz organisiert wurde, blieb trotzdem als politische Einheit erhalten und bewahrte unter als Präfekten bezeichneten Amtsträgern des Königs und im 9. Jahrhundert als Unterkönigtum auch als fränkischer Reichsteil eine Sonderstellung.

Mit der festen Eingliederung der Baiern ins Frankenreich wurde ebenfalls eine wichtige Voraussetzung für die spätere Entstehung Deutschlands geschaffen. Zugleich gelang es, gegenüber den Awaren die Südostgrenze zu sichern und die Donau- und Alpenländer der bayerischen Siedlung und Mission zu öffnen. Am Ende des 8. Jahrhunderts war das Abendland daher unter fränkischer Führung weitgehend zu einer neuen Einheit zusammengefasst. In dieser Situation trat ein Ereignis ein, das Karl den Weg zum Kaisertum eröffnete – zu einer Würde, die er keinesfalls konsequent anstrebte, die er aber annahm, als sich die Gelegenheit dazu bot.

Die Erneuerung des Kaisertums

Im Jahre 795 war auf Papst Hadrian I. Leo III. (†816) gefolgt. Während Hadrian das staatsrechtliche Halbdunkel, das seit der Mitte des Jahrhunderts über Rom und dem *patrimonium Petri* lag, auszunutzen und das sich von Byzanz lösende Papsttum als unabhängige politische Größe neben dem fränkischen Machtbereich zu erhalten suchte, musste Leo dieses Unterfangen aufgeben und selbst die karolingische Zuständigkeit in Rom deutlich betonen. Er handelte damit gegen die Maxime der berühmten Konstantinischen Schenkung (*constitutum Constantini*), einer Fälschung, die zwischen der Mitte des 8. und der Mitte des 9. Jahrhunderts entstanden ist, vielleicht sogar schon bei seinem Amtsantritt vorlag, da die Herstellung dieses Machwerks sich gut in die päpstliche Politik der Jahrzehnte um 770 einfügen würde. Absicht der Fälschung war nämlich die Schaffung einer päpstlichen Herrschaftssphäre in Italien, behauptete sie doch, Konstantin der Große habe, als er seine Residenz nach Byzanz verlegte, dem Papst Silvester I. Rom, Italien und die »westlichen Regionen« überlassen und ihm zugleich kaiserliche Gewalt, Würde und Insignien zuerkannt. Leo III. war jedoch weit davon entfernt, dieses Ziel zu verwirklichen.

Am 25. April 799 wurde er, der wahrscheinlich wirklich nicht über alle Vorwürfe erhaben gewesen sein dürfte und sich in der Ewigen Stadt einer wachsenden Feindseligkeit ausgesetzt sah, während einer Prozession überfallen, misshandelt und gefangen gesetzt; aber er vermochte zu fliehen, da die üblichen, zur Amtsunfähigkeit führenden und daher 799 auch geplanten Verstümmelungen an Augen und Zunge letztlich doch unterblieben. Im Juli 799 empfing ihn Karl in

Paderborn und leitete eine Untersuchung des Vorfalls ein, aber erst im Sommer 800 brach der König nach Rom auf und zog am 23. November wie ein Kaiser – also nicht nach dem weniger aufwendigen Zeremoniell, das ihm als *patricius* eigentlich nur gebührte – in die Stadt ein. Eingedenk des etwa dreihundert Jahre zuvor formulierten Grundsatzes von der Unrichtbarkeit des Papstes weigerte sich eine unter Karls Leitung tagende Synode, über Leo zu Gericht zu sitzen. Als dieser am 23. Dezember 800 im Petersdom einen Reinigungseid ablegte, war das Verfahren daher beendet.

Danach begann ein weiterer Akt in diesem welt-historisch bedeutsamen Schauspiel, das durch stadt-römische Wirren ausgelöst worden war, bald aber ungeahnte Konsequenzen zeitigte und der neuen Einheit der abendländischen Völker eine eigene und dauerhafte Gestalt verlieh. Es wurden Stimmen laut, das Kaisertum, das als vakant zu betrachten sei, seit in Konstantinopel eine Frau den Thron usurpiert habe, auf Karl zu übertragen. Natürlich äußerten sich hier keine spontanen Ideen. Der Karolinger war ja schon einen Monat zuvor nach kaiserlichem Zeremoniell empfangen worden. Es dürfte also Absprachen über eine Kaisererhebung gegeben haben, zumal sich Karls Stellung als Herrscher über zahlreiche Völker und zwei König-reiche sowie als Schützer der Christenheit schon längst zu einem imperialen Großkönigtum gestei-

Ein Fresko in der Kirche Santi Quattro Coronati in Rom zeigt den römischen Kaiser Konstantin I., den Großen, der seine Krone abgelegt hat, um dem Papst Silvester I. Baldachin und Papstmütze (Phrygium) als Insignien weltlicher Macht zu überreichen, und sich wie ein mittelalterlicher Kaiser bei der Krönungszeremonie anschickt, dem Papst das Pferd zu führen. Das im 13. Jahrhundert entstandene Bild propagiert die Ideen der Konstantinischen Schenkung, die erst im 15. Jahrhundert als Fälschung entlarvt wurde.

gert hatte. Als ihm der Papst während der Weihnachtsmesse die Kaiserkrone aufsetzte und das Volk ihm als »Kaiser der Römer« zu-jubelte und ihn damit in antiker Tradition zum Universalherrscher erhob, empfing Karl im Grunde nur den Namen für eine Sache, die er schon längst verkörperte: das *nomen imperatoris* – so, wie sein Vater Pippin ein knappes halbes Jahrhundert zuvor die Königs-würde erhalten hatte, weil er die königliche Macht bereits in Händen hielt.

In einer Hinsicht allerdings änderten sich die Verhältnisse durch die Kaiserkrönung schlagartig: Das Papsttum vollendete seine Eman-zipation von Byzanz und schuf in Rom, unter Aufgabe anderer Ziele, staatsrechtliche Klarheit. Mit Karls Kaisertum gab es am Tiber wie-der eine höchste Gerichtsinstanz, die das Urteil über die Papstatten-täter fällen konnte – und der Karolinger waltete seines kaiserlichen Amtes umgehend, verurteilte die Verschwörer zum Tode und be-gnadigte sie bald danach auf Fürsprache Leos.

Es kann kaum einen Zweifel an Karls Bereitschaft zur Über-nahme der Kaiserwürde geben. Trotzdem berichtet des Kaisers Bio-graph Einhard als intimer Kenner des Karolingerhofes vom Unmut des Herrschers über das Geschehen während der Weihnachtsmesse und überliefert Karls Ausspruch, »er würde an jenem Tage, obgleich es ein hohes Fest war, die Kirche nicht betreten haben, wenn er des Papstes Absicht hätte vorherwissen können«. Doch kann sich diese

Im Gedächtnis der Nachwelt lebt Karl der Große in der repräsentativen Kaisertracht fort. Die ursprünglich bemalte Stuckfigur in der Klosterkirche von Müstair (Graubünden) entstand vermutlich in der Zeit der Heiligsprechung des Kaisers (1165), auf den das Kloster seine Ursprünge zurückführt.

Einhard über die Kleidung Karls des Großen (Das Leben Karls des Großen 23):

Er kleidete sich nach der nationalen Tracht der Franken: Auf dem Körper trug er ein Leinenhemd, die Oberschenkel bedeckten leinene Hosen; darüber trug er einen Rock, der mit Seide eingefasst war; die Unterschenkel waren mit Gamaschen umhüllt. Sodann umschnürte er seine Waden mit Bändern und seine Füße mit Schuhen. Im Winter schützte er seine Schultern und seine Brust durch ein Wams aus Otter- oder Marderfell. Darüber trug er einen blauen Umwurf. Auch gürtete er sich stets ein Schwert um ... Ausländische Kleider ließ er sich fast niemals anziehen, auch wenn sie noch so elegant waren, denn er konnte sie nicht leiden. An hohen Feiertagen trug er goldgewirkte Kleider und Schuhe, auf denen Edelsteine glänzten ... An anderen Tagen unterschied sich seine Kleidung nur wenig von der des gewöhnlichen Volkes.

Aus dem Grab Karls des Großen in Aachen stammt der Talisman des Kaisers aus zwei goldgefassten Saphiren, in dem eine Haarreliquie der Mutter Gottes aufbewahrt wurde. Bei der Öffnung der Gruft im Jahre 1000 durch Otto III. wurde das Schmuckstück entnommen (Reims, Palais du Tau).

Äußerung kaum gegen die Übernahme der Kaiserwürde selbst richten; eher missfielen Karl die äußeren Umstände: die Rolle, die der Papst und das römische Volk auf Weihnachten 800 spielten. Dreizehn Jahre später, als er seinen Sohn Ludwig in Aachen zum Mitkaiser erhob und dabei auf byzantinische Vorbilder zurückgriff, wurden Bischof und Volk von Rom jedenfalls nicht mit einbezogen.

Karl wartete mit der Entscheidung über die Einrichtung eines Mitkaisertums lange – offenbar bis die aus seiner Kaiserkrönung erwachsenen Spannungen mit Byzanz beigelegt waren. Im Sommer 812 war der Ausgleich endlich erreicht und Karl von Ostrom als Imperator anerkannt; Byzanz waren dafür Venetien und Dalmatien überlassen worden. Zu diesem Zeitpunkt war eine von Karl 806 getroffene Nachfolgeordnung *(divisio regnorum)* schon überholt. Diese hatte, unter Rückgriff auf die fränkische Teilungspraxis, eine Aufteilung von Reich und Herrschaft unter die drei legitimen Söhne Karl, Pippin und Ludwig vorgesehen, bezeichnenderweise aber keine Bestimmung über das Kaisertum enthalten, obwohl im Text von *imperium vel regnum* (Kaiser- oder Königreich) die Rede war. Da Pippin 810 und der jüngere Karl 811 starben, besaß der Kaiser bei seinem Ableben nur noch einen thronfähigen Sohn, den aquitanischen Unterkönig Ludwig, der daher 813 zum Mitkaiser erhoben wurde und mit dem Beinamen »der Fromme« in die Geschichte eingehen sollte. Dieser konnte die Herrschaft ohne große Probleme übernehmen, als Karl am 28. Januar 814 in Aachen starb und in der Pfalzkirche seiner »Altersresidenz« die letzte Ruhe fand.

Ludwig der Fromme und die Reichsordnung von 817

D er neue Kaiser trat die Regierung mit Schwung und Elan an und versuchte vor allem, die stark in religiösen Dimensionen verwurzelte politische Ordnung zu festigen. Dabei stützte er sich besonders auf seine geistlichen Ratgeber, die er zum Teil aus Aquitanien mitgebracht hatte: auf den Abt Benedikt von Aniane etwa oder den Kanzler Helisachar. Diese Repräsentanten einer Generation, die schon von einem stärker verinnerlichten Christentum geprägt war, bemühten sich aus religiösem Verantwortungsbewusstsein um kirchliche Reformen, die besonders von dem Streben nach Vereinheitlichung und Normsetzung getragen waren. Auf der Aachener Synode von 816 wurde den Nonnen und Mönchen die Benediktregel als verbindlich vorgeschrieben und, in der Tradition des Kirchenreformers Chrodegang von Metz, Vorschriften für die Kanonissen und Kanoniker erlassen. Zugunsten der einen für richtig befundenen Norm sollten die traditionelle Vielfalt und Mischformen von Regeln aufgegeben werden.

Dieses Bemühen blieb nicht auf den kirchlichen Bereich beschränkt, sondern ergriff auch die politische Ordnung, denn »Kirche« und »Staat« waren im Mittelalter nicht säuberlich voneinander getrennt, sondern vielmehr aufs Engste miteinander verwoben, wurde doch die Gemeinschaft der Christen, bestehend aus einem geistlichen und einem weltlichen Bereich, insgesamt als *corpus Christi,* als eine religiöse Größe also, verstanden. Nicht zuletzt die Erneuerung des abendländischen Kaisertums, das zumindest dem Anspruch nach eine universale Gewalt darstellt, hatte daher theologisch motivierte Vorstellungen von der unteilbaren Einheit des Kaiserreiches Gestalt annehmen lassen: So, wie es einen Gott, eine Kirche und einen christlichen Glauben gebe, so dürfe es auch nur ein Reich *(imperium)* geben.

817, als ein Unfall Ludwig gemahnte, für den Fall seines Todes Vorsorge zu treffen, rückte man jedoch von der üblichen und ja auch von Karl dem Großen noch 806 vertretenen Teilungspraxis ab und stellte den Gedanken der Reichseinheit in den Vordergrund: Allein der älteste Sohn Lothar wurde zum Mitkaiser erhoben und zum Nachfolger bestimmt, während die jüngeren Söhne Pippin und Ludwig (der Deutsche) mit Aquitanien bzw. Bayern abgefunden wurden. Sie bekamen aber nicht nur einen wesentlich geringeren Anteil am Gesamtreich, sondern blieben als Könige dem kaiserlichen Bruder untergeordnet. Diese Reichsordnung *(ordinatio imperii),* die im Kern eine Haus- und Nachfolgeordnung darstellt, unterscheidet sich von den früheren Teilungen grundlegend: Es wurde nicht nur ungleichmäßig geteilt – und darüber hinaus eine weitere Teilung untersagt –, es wurde nicht nur aus religiösen Motiven und theologischen Erwägungen die Einheit des Reiches im Grundsatz gewahrt, sondern es wurde dabei auch der bisher geltende prinzipielle Anspruch aller thronfähigen Königssöhne auf eine gleichberechtigte Nachfolge in der Herrschaft beiseite geschoben; an die Stelle der genossenschaftlichen Teilung trat die herrschaftliche Überordnung des ältesten Bruders; die Teilkönige verfügten nur über eine interne Autonomie und unterstanden in allen darüber hinausgehenden Handlungen der Aufsicht des Kaisers.

Die Benediktregel wurde 816 für alle Mönche als verbindlich festgelegt und blieb für Jahrhunderte die einzige allseits anerkannte Mönchsregel im abendländischen Christentum. Abgebildet ist der Anfang der Regel in einer Handschrift aus dem Kloster Sankt Gallen.

Es scheint 817 Widerstände gegen die mit dem Herkommen brechende *ordinatio imperii* gegeben zu haben. Aber die Reformer setzten sich durch, weil Ludwig sich die theologisch-politische Idee von der Reichseinheit zu Eigen machte und mit seiner ganzen Autorität vertrat. Außerdem konnte der Hochadel, der über Besitz und Lehen im gesamten Reich verfügte, der Wahrung der Reichseinheit ebenso gute Seiten abgewinnen wie die Kirche, die für ihre gleichfalls weit gestreuten Güter und die Integrität ihrer Diözesen wenig Gutes von Teilungen zu erwarten hatte. In rechtlicher Hinsicht waren von den erlassenen Bestimmungen letztlich nur die jüngeren Kaisersöhne betroffen, weswegen 817 auch keine gefährliche Adelsopposition befürchtet zu werden brauchte. Zum bewaffneten Aufstand ließ sich

Im Jahr 817 bestätigte Ludwig I., der Fromme, dem Papst Paschalis I. die mit dessen Vorgänger getroffenen Abmachungen, die dem Papst die Hoheitsrechte und reguläre Gerichtsbarkeit innerhalb des Kirchenstaates garantierten, dem Kaiser aber ein Interzessionsrecht vorbehielten. Das Bild rechts zeigt den Papst als Stifter der Kirche der heiligen Praxedis in Rom zusammen mit der Titularheiligen und Paulus. Ein von Paschalis der Mutter Gottes geweihtes Emailkreuz mit Bildern des Marienlebens ist in der Kapelle Sancta Sanctorum in Rom erhalten.

nur ein einziges Mitglied des Karolingerhauses hinreißen: Ludwigs Neffe Bernhard, den noch Karl der Große 812/813 als Nachfolger des 810 verstorbenen Vaters Pippin zum Unterkönig von Italien erhoben hatte, der in der *ordinatio imperii* jedoch mit keinem Wort erwähnt wird und daher um seine Herrschaft fürchten musste. Er starb 818, nachdem er als Empörer zum Tode verurteilt worden war, an den Folgen der Blendung, zu der sein kaiserlicher Onkel ihn begnadigt hatte.

821 wurde die *ordinatio imperii* eidlich bekräftigt; 822 ging Lothar I. nach Italien, um hier die fränkische Herrschaft zu festigen; 823 setzte ihm, der schon 817 zum Kaiser erhoben worden war, Papst Paschalis I. (817–824) in einer Festkrönung nochmals das Diadem auf und dokumentierte damit den 817 übergangenen römischen Anspruch auf diesen Akt. Nach der Reorganisation des *patrimonium Petri,* das

jetzt der kaiserlichen Kontrolle unterworfen wurde, kehrte Lothar 825 an den Hof zurück und übte nun tatsächlich die Mitregentschaft aus: Die Herrscherurkunden wurden seit dem Dezember 825 im Namen beider Kaiser ausgestellt. Das System von 817 schien sich zu bewähren; in Wirklichkeit jedoch war schon der Keim für Zwietracht gelegt.

Einer der gelehrten Berater Karls des Großen war der aus Spanien stammende Westgote Theodulf, Bischof von Orléans. In der Kirche seiner Grundherrschaft in Germigny-des-Prés zeigt das um 806 entstandene Apsismosaik die Huldigung der Engel und Cherubim vor der Bundeslade des Alten Testaments. In der von Theodulf entworfenen Stellungnahme des Kaisers zum ostkirchlichen Bilderstreit stand dieses als ein von Gott inspiriertes und daher verehrungswürdiges Kunstwerk im Mittelpunkt der Argumentation.

Das Erbe der Kulturen – Die karolingische Renaissance

D as Hineinwachsen in imperiale Dimensionen hatte für die fränkische Gesellschaft nicht nur politische, sondern auch kulturelle Konsequenzen, denn Karls abendländische Stellung als hegemonialer und durch die Salbung in einem besonderen Verhältnis zu Gott stehender Herrscher übertrug dem König und schließlich dem Kaiser eine umfassende Verantwortung für die gesamte Christenheit, die der Karolinger auch willig annahm. Seine geistlichen Berater, allen voran der Angelsachse Alkuin, wurden nicht müde, diese Seite der herrscherlichen Aufgabe zu betonen; und Karl selbst erklärte 796 in einem berühmten Schreiben an Papst Leo III., er allein sei dafür zuständig, Glauben und Kirche gegen äußere und innere Feinde zu schützen, während der Papst ihn dabei ausschließlich durch sein Gebet zu unterstützen habe. Aus diesem Selbstverständnis, das dem römischen Bischof nur den Platz für die Gebetshilfe zuwies, erwuchs die Verpflichtung des Herrschers, »Irriges zu bessern, Unnützes zu beseitigen und Richtiges zu bekräftigen«, wie Karl 789 in seiner »Generalermahnung« *(admonitio generalis)* erklärte; nur wenn alles korrekt war, konnte den Feinden Gottes und den Widersachern der Wahrheit erfolgreich entgegengetreten und das Heil errungen werden. Diese Erkenntnis aber erzeugte einen ungeheuren Verbesserungs- und Erneuerungswillen, der schließlich alle kulturellen Bereiche erfasste und in jenen Leistungen gipfelte, die gewöhn-

Ein Stifterbild des frühen 9. Jahrhunderts in der Kirche Sankt Benedikt in Mals (Vinschgau) am Weg über den Reschenpass zeigt einen fränkischen Adligen in Kriegertracht.

lich mit dem nicht völlig zutreffenden Schlagwort von der »karolingischen Renaissance« charakterisiert wird.

Das Streben nach der rechten Norm

Wenn eine ordentliche Verehrung Gottes als heilsnotwendig und als Voraussetzung für den Bestand von Reich und Dynastie betrachtet wurde, dann mussten die bekannten Unterschiede im Wortlaut der lateinischen Bibel, die Divergenzen in den kirchlichen Rechtsbüchern und die Abweichungen beim Vollzug der Liturgie tiefste Besorgnis erregen. Deshalb wurde die Forderung nach authentischen Texten und nach einer Bibelkorrektur laut. Die rechte Norm *(norma rectitudinis),* an der sich alles auszurichten hatte, musste gefunden, das Falsche und Unzulängliche ausgemerzt oder richtig gestellt werden: *Corrigere* (verbessern) war daher das Leitmotiv des Erneuerungsstrebens; *correctio,* nicht Renaissance war das Ziel.

In karolingischer Tradition diente dabei vor allem die römische Praxis als Orientierungsmaßstab. Von Papst Hadrian I. erbat sich Karl daher Exemplare des in Rom gebräuchlichen (gregorianischen) Sakramentars und der kirchlichen Gesetzessammlung (der Dionysio-Hadriana), um sie als Muster und Norm für die eigenen Bemühun-

gen verwenden zu lassen; aber auch ein weiterer Fundamentaltext der Kirche, die Benediktregel, stand am Hofe in authentischer Form, nämlich als Kopie der in Montecassino aufbewahrten angeblichen Urschrift, zur Verfügung. Doch konnten alle Anstrengungen um die *correctio* nur dann erfolgreich sein, wenn es gelang, das Bildungsniveau allgemein anzuheben. Besonders den Bischofskirchen und Klöstern wurde daher die Pflege des Unterrichts, der *studia littera-*

Einhard schildert Karl den Großen als umsichtigen Vater, der gerade auch seine Töchter besonders liebte (Das Leben Karls des Großen 19 f):

Für die Erziehung seiner Kinder fasste er den folgenden Plan: Sowohl die Knaben als auch die Mädchen sollten zunächst in den Wissenschaften unterrichtet werden, an denen er selbst interessiert war. Sobald die Knaben alt genug waren, mussten sie nach fränkischem Brauch Reiten, Jagen und den Waffendienst erlernen. Die Mädchen mussten sich an Wollarbeit gewöhnen, und damit sie nicht durch Langeweile träge würden, fleißig weben und spinnen ... Er beaufsichtigte sorgfältig die Erziehung seiner Söhne und Töchter. Wenn er zu Hause war, aß er nie ohne sie und nahm sie stets auf Reisen mit ... Obwohl sie (die Töchter) sehr schöne Mädchen waren und er sie über alles liebte, erlaubte er seltsamerweise keiner von ihnen zu heiraten ... Er behielt sie vielmehr alle bis zu seinem Tode bei sich und behauptete, ohne ihre Gesellschaft nicht leben zu können.

Im Frankenreich und auch später gehörten die so genannten sieben freien Künste zum Lehrstoff der Kloster- und Domschulen. Neben dem Trivium (Dreiweg) der sprachlichen Fächer Grammatik, Dialektik und Rhetorik stand das Quadrivium (Vierweg) von Musik, Geometrie, Arithmetik und Astronomie, die hier in einer Buchmalerei der um 850 in Tours entstandenen Abschrift der »Arithmetik« des spätrömischen Schriftstellers Boethius als Frauengestalten dargestellt sind (Bamberg, Staatsbibliothek).

rum, eingeschärft. Die angestrebte Korrektur des Gottesdienstes hatte also eine Schul- und Bildungsreform zur Folge und führte schließlich sogar zur Wiederbelebung der Wissenschaft, die wiederum der Herrschaft und der Verwaltung sowohl des Reiches als auch der königlichen Güter nutzbar gemacht wurden. Dahinter stand die Erkenntnis, dass qualifiziertes Handeln – gleich in welchem Bereich – des rechten Wissens bedürfe. Karl hat dies gleichsam als Maxime der karolingischen Erneuerungsbewegung formuliert, als er um 795 dem Abt Baugulf von Fulda erklärte: »Obwohl gutes Tun besser ist als gutes Wissen, geht das Wissen doch dem Tun voraus.«

»Gutes Wissen« erforderte zunächst die Reinigung der lateinischen Sprache von den Vulgarismen, die in den letzten Jahrhunderten in sie eingedrungen waren. Dabei wurde jedoch – anders als im

Die lateinische Literatur der Antike wurde in der Karolingerzeit rezipiert und in guten Abschriften verbreitet. Fast die gesamte Kenntnis der römischen Dichtung und Prosa geht somit bis heute auf die karolingische Überlieferung zurück. Die Stücke des Terenz aus dem 2. Jahrhundert v. Chr. waren besonders beliebt und wurden mit Illustrationen nach antiken Vorlagen verziert, wie eine Szene aus der Komödie Phormio zeigt (Rom, Biblioteca Vaticana).

spätmittelalterlichen und frühneuzeitlichen Humanismus – nicht die klassische Latinität (etwa eines Cicero) zum Vorbild gewählt, sondern das spätantike Latein der Kirchenväter. Auf deren Texte, auf christliche Quellen griff man zurück, weswegen die »karolingische Renaissance« auch keine Wiedergeburt der Antike, sondern allenfalls der Spätantike gewesen ist. Auf diese Weise wurde das Lateinische als kirchliche (und lange Zeit auch als weltliche) Amtssprache, vor allem aber als Gelehrtensprache endgültig von der Entwicklung der romanischen Volkssprachen gelöst und bis weit in die Neuzeit hinein zum internationalen Verständigungsmittel in Europa.

Neben die Reinigung der Sprache trat eine Vereinheitlichung und Vereinfachung der Schrift. An die Stelle der in nachantiker Zeit in den verschiedenen Kulturräumen entstandenen unterschiedlichen Regionalschriften trat seit dem ausgehenden 8. Jahrhundert eine klare und gut lesbare Schrift, die sich im 9. Jahrhundert im gesamten Frankenreich und bis zum 12. Jahrhundert über ganz Europa ausbreitete: die karolingische Minuskel, die in ihrer ausgewogenen Proportionalität und Harmonie eine einfache Schönheit ausstrahlt und die Grundlage für die heutige lateinische Schrift bildete, da die Renaissancehumanisten wieder auf sie zurückgriffen und die schwerer lesbare gotische Schrift des späten Mittelalters mieden.

»Gutes Wissen« bedurfte zur Vermittlung aber nicht nur der reinen Sprache und der klaren Schrift, sondern vor allem auch des

Einhard schildert Karl den Großen als lerneifrigen, wissensdurstigen Menschen (Das Leben Karls des Großen 25):

Karl war ein begabter Redner ... Er beherrschte nicht nur seine Muttersprache, sondern erlernte auch fleißig Fremdsprachen. Latein verstand und sprach er wie seine eigene Sprache ... Er lernte Rechnen und verfolgte mit großem Wissensdurst und aufmerksamem Interesse die Bewegungen der Himmelskörper. Auch versuchte er sich im Schreiben und hatte unter seinem Kopfkissen immer Tafeln und Blätter bereit, um in schlaflosen Stunden seine Hand im Schreiben zu üben.

EINHARD

Der aus ostfränkischem Geschlecht stammende und zunächst im Kloster Fulda, dann am Hof erzogene Einhard gelangte 796/797 als Schüler Alkuins in den Kreis der Tafelrunde Karls des Großen. Hohe Gelehrsamkeit und diplomatisches Geschick sicherten ihm bei Hofe eine wichtige Rolle. 806 wurde er sogar nach Rom gesandt, um die

päpstliche Zustimmung zu Karls Nachfolgeregelung zu erwirken.

Als Berater Ludwigs des Frommen und Erzieher von dessen Sohn Lothar bestimmte er auch nach dem Tode Karls des Großen die Reichspolitik mit, zog sich jedoch bald zusammen mit seiner Gemahlin Imma in das von ihm gegründete Kloster Seligenstadt zurück, wo er 840 beigesetzt wurde.

Im Gedächtnis der Nachwelt lebt er vor allem als Gelehrter (links eine gotische Miniatur). Sein literarisches Hauptwerk ist die wohl in den Dreißigerjahren des 9. Jahrhunderts entstandene Lebensbeschreibung Karls des Großen, die Einhard als kundigen Nachfolger der antiken biogra-

phischen Literatur zeigt. Der Ausschnitt unten gibt das Testament des Kaisers, das Einhard möglicherweise selbst mit abgefasst hat, nach dem ältesten erhaltenen Manuskript wieder und ist in der klaren Minuskelschrift der Karolingerzeit geschrieben.

Buches. Die notwendige Aufbesserung der Buchbestände führte daher zu einer vermehrten Produktion von Handschriften. Einer der ersten *codices,* die durch das Bemühen um die Erstellung oder Vervielfältigung von Texten entstanden, war das Godescalc-Evangelistar, das Karl selbst zusammen mit seiner Gemahlin Hildegard um 781 in Auftrag gegeben hat. Andere – wie die Ada-Handschrift oder das Aachener Evangeliar – sollten folgen, und Bedeutsames wurde dabei insbesondere bei der Buchmalerei geleistet.

Das von einem unverkennbaren pädagogischen Eifer getragene Streben nach *correctio* des Gottesdienstes, der Sprache und der Schrift war Teil einer umfassenden Erneuerungsbewegung, die alle Bereiche des sozialen und politischen Lebens erfasste und dadurch auch zu einer – allerdings nur begrenzten – Vereinheitlichung des karolingischen Großreiches und zum Ausgleich, nicht jedoch zur Beseitigung von historisch und regional bedingten Unterschieden beitrug. Das erzieherische, wissenschaftliche und kulturelle Bemühen um Bildung gehörte mithin aufs Engste in den größeren Zusammenhang der Sorge für die kirchliche Reform, für die (unter Karl nun endlich verwirklichte) Wiedereinführung der Metropolitanverfassung, für die Reorganisation der Güterverwaltung, für die Aufzeichnung oder Revision der Volksrechte *(leges),* für die Ordnung des Reiches, für die Festlegung von Maß, Gewicht und Münzfuß. Wenn schließlich der Erfolg mancher der eingeleiteten Maßnahmen auch zweifelhaft bleibt, so schufen die bildungsbegeisterten Impulse der Jahrzehnte um 800 doch ein solides Fundament für die abendländische Geistesgeschichte, in welches das kulturelle Erbe vergangener Epochen

Das nach seinem Schreiber, dem Mönch Godescalc, benannte Evangelistar ist ein Musterbeispiel der so genannten Hofschule Karls des Großen. Nach dem Vorbild der angelsächsischen Buchmalerei spielt auch hier das Ornament eine wichtige Rolle. Der Evangelist Markus sitzt wie ein karolingischer Hofschreiber mit seinem Codex am Pult, neben ihm sein Symboltier, der Löwe (Paris, Bibliothèque Nationale).

ebenso wie die intellektuellen Leistungen unterschiedlicher Kultur-
kreise einflossen. Wie bunt und vielfältig die Einflüsse waren, die
hierbei wirksam wurden, zeigt in besonderem Maße der Gelehrtenkreis, den Karl der Große an seinem Hofe zu versammeln wusste –
denn nicht nur die Klöster hatten Karls Bildungsprogramm zu verwirklichen, sondern vor allem der karolingische Hof selbst.

Der Hof Karls des Großen

D er Hof war die wichtigste Institution des Königs. Er war einerseits als Haushalt des Herrschers Ort des täglichen Lebens und
andererseits Zentrum des Reiches, an dem sich die Großen versammelten, um zusammen mit dem König Probleme aller Art zu beraten
oder Vergünstigungen zu erwirken. Er schwankte daher in seiner
personellen Zusammensetzung sehr und weitete sich gelegentlich
zum Hoftag oder zur Reichsversammlung. Geleitet wurde er, seit
die Karolinger zum Königtum aufgestiegen waren, nicht mehr von
einem Hausmeier; vielmehr lag die Organisation seiner Versorgung
und die Verwaltung der Güter und Einkünfte in den Händen von
Seneschall, Kämmerer, Marschall und Mundschenk. Neben den Inhabern dieser vier alten Hofämter, denen entsprechendes Personal
unterstand, gab es schon seit merowingischer Zeit den Pfalzgrafen
als Beisitzer im Königsgericht, der unter Karl dem Großen und seinen Nachfolgern immer häufiger den Vorsitz in Stellvertretung des
Königs übernahm. Wie sehr Hof- und Reichsverwaltung miteinander verzahnt waren, zeigt der Einsatz der Höflinge
bei militärischen und diplomatischen Missionen im
Reich. Im Kern stellte die Verwaltung des Reiches
daher nichts anderes dar als eine verlängerte
Hofverwaltung.

Unter Pippin III. war der Hof um ein weiteres, äußerst wichtiges und zukunftsträch-
tiges Element bereichert worden, um die
Hofkapelle, die unter der Leitung eines
obersten Kaplans stand. Der geistliche Hof-
dienst hatte damit eine neue Form erhalten,
durch die die am Hofe tätigen Geistlichen als
eigener, dem König persönlich verpflichteter
Personenverband organisiert wurden. Zu seinen Aufgaben zählte die geistliche Betreuung
des Herrschers und des Hofstaates sowie die Hut
der königlichen Reliquien, unter denen ursprünglich die Mantelreliquie des heiligen Martin von Tours
hervorragende Bedeutung besaß. Von dieser *cappa* (Kapu-
zenmantel) leiten sich deshalb auch die Begriffe *capella* und *capella-
nus* (Kaplan) ab. Ein Teil dieser Kapläne wurde, da sie schriftkundig
waren, als *notarii* oder *cancellarii* auch zur Urkundenausstellung herangezogen, weswegen das Kanzleigeschäft zu einem Ressort der
Hofkapelle wurde. Von ihr aus nahm aber auch die karolingische
Geschichtsschreibung einen neuen Anfang.

Mit dem Lorbeerkranz der römischen
Kaiser wird Karl der Große, der
Imperator und Augustus (so die
Umschrift), im Bild eines Silberpfennigs
gezeigt, der in Mainz geprägt wurde.

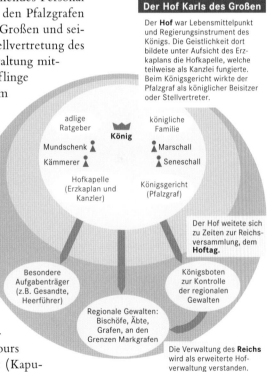

Der Hof Karls des Großen

Der **Hof** war Lebensmittelpunkt
und Regierungsinstrument des
Königs. Die Geistlichkeit dort
bildete unter Aufsicht des Erz-
kaplans die Hofkapelle, welche
teilweise als Kanzlei fungierte.
Beim Königsgericht wirkte der
Pfalzgraf als königlicher Beisitzer
oder Stellvertreter.

adlige
Ratgeber

König

königliche
Familie

Mundschenk

Marschall

Kämmerer

Seneschall

Hofkapelle
(Erzkaplan und
Kanzler)

Königsgericht
(Pfalzgraf)

Der Hof weitete sich
zu Zeiten zur Reichs-
versammlung, dem
Hoftag.

Besondere
Aufgabenträger
(z.B. Gesandte,
Heerführer)

Königsboten
zur Kontrolle
der regionalen
Gewalten

Regionale Gewalten:
Bischöfe, Äbte,
Grafen, an den
Grenzen Markgrafen

Die Verwaltung des **Reichs**
wird als erweiterte Hof-
verwaltung verstanden.

Das Bildungselement, das die Kapelle am Hofe darstellte, wurde von Karl dem Großen weiter verstärkt, indem er eine Hofbibliothek aufbauen und die Hofschule ausgestalten ließ und dafür bedeutende Gelehrte gewann. Im Kreise dieser Intellektuellen konnte Karl, zweifelsohne selbst die treibende Kraft der Bildungsreform, in geselliger Runde seinen Bildungshunger und Wissensdurst stillen. Diese »Akademie«, die sich in besonderem Maße als Tafelrunde verwirklichte, bildete eine internationale Gesellschaft, zu deren führenden Köpfen etwa der Angelsachse Alkuin, der Langobarde Paulus Diaconus oder – neben Iren und Westgoten – der einer jüngeren Gelehrtengeneration angehörende Franke Einhard zählten. Dieser stand als Nachfolger Alkuins an der Spitze der Hofschule, war als Baumeister tätig und wurde schließlich zum Biographen Karls des Großen. In seiner Person spiegelt sich zugleich der beständige Erneuerungsprozess der höfischen Gelehrtenrunde, die nun auch stärker von Franken repräsentiert wurde.

Das von Karl und seinen Helfern initiierte und mit Schwung getragene Bemühen um *correctio,* so unvollendet diese insgesamt auch bleiben musste, hat in der rezeptiven Erneuerung von wissenschaftlichen und künstlerischen Traditionen, zu denen neben der Buchmalerei auch die Baukunst zählte, ein kulturelles Erbe bewahrt und geschaffen, aus dem alle weitere abendländische Geschichte ihren Nutzen ziehen konnte. Dies verleiht dem Werk Karls eine eigene Größe und bewirkt für den Herrscher selbst einen besonderen Nachruhm, auch wenn die politische Leistung des ersten Frankenkaisers nicht von Dauer war.

Nach dem Vorbild spätrömischer und byzantinischer Palastkapellen wurde um 786 bis 800 vom Baumeister Odo von Metz die Kapelle der Pfalz in Aachen als Zentralbau errichtet. Die Königsloge mit dem Herrscherthron befindet sich im Obergeschoss. Das Detail zeigt einen der Türklopfer des karolingischen Portals.

Ludwig I., der Fromme, führte die Tradition der karolingischen Reichsprägungen mit dem Porträt des lorbeerbekränzten Kaisers fort.

Zerfall der Einheit – Die Reichsteilungen des 9. Jahrhunderts

Für den rückblickenden Betrachter kann es keinen Zweifel geben: Das Riesenreich Karls des Großen und Ludwigs des Frommen, das sich von der Eider bis zum Ebro, von der Rheinmündung bis südlich von Rom, vom Ärmelkanal und der Biskaya bis an Elbe, Saale und Donau erstreckte und zahlreiche Völker umfasste, konnte angesichts seiner inneren Unausgeglichenheit und der nur rudimentären Herrschafts- und Verwaltungsinstitutionen auf Dauer nicht von nur einer Zentrale aus regiert werden; es musste auseinander brechen, wenn sich die inneren Gegensätze verschärften und äußerer Druck hinzukam. Schon unter Karl dem Großen begannen sich die Verhältnisse zu ändern, die Zeit der Expansion ging zu Ende, und alle Kräfte richteten sich stärker auf den inneren Ausbau; aber noch war der Bestand des Großreiches nicht gefährdet, vielmehr konnte 817 der Versuch unternommen werden, der bislang nur durch etliche Zufälle gewahrten Einheit des Reiches auf dem Gesetzeswege Dauer zu verleihen.

Der Kampf um die Reichsordnung von 817

Das damals verkündete System der *ordinatio imperii* schien Wirklichkeit zu werden, als Lothar I. 825 aus Italien zurückkehrte und Mitregent seines Vaters Ludwig wurde. In Wahrheit jedoch hatte schon längst jene Entwicklung eingesetzt, die die *ordinatio imperii* zum Scheitern brachte: Am 13. Juni 823 war dem Kaiser in Frankfurt von seiner zweiten Gemahlin Judith ein weiterer Sohn geboren worden, Karl (der Kahle), für den es keinen Platz in der Haus- und Nachfolgeordnung von 817 gab. Schon bald zeichnete sich das Bemühen der Mutter ab, auch ihrem Sohn einen Anteil am väterlichen Erbe zu sichern. Dies musste auf den erbitterten Widerstand der Verfechter des Einheitsgedankens stoßen, zumal die Geistlichen ohnehin ein Nachlassen des reformerischen Elans im Reich und selbst am Hofe feststellen mussten. Als Ludwig, anstatt auf ihr 828 formuliertes Reformanliegen einzugehen, im August 829 seinen jüngsten, nunmehr sechs Jahre alten Sohn mit einem aus Alamannien, dem Elsass, Rätien und Teilen Burgunds gebildeten Herrschaftsbereich ausstattete und Lothar I. im Herbst desselben Jahres vom Hofe entfernte und nach Italien entsandt wurde, kam es zu einer heftigen Reaktion der Vertreter des Einheitsgedankens. Sie gipfelte – wenngleich Karl 829 nicht zum König erhoben wurde und damit auch die *ordinatio* formal weiter in Kraft blieb – wegen Ludwigs eindeutigen Verstoßes gegen den Geist dieser Ordnung in offenem Widerstand gegen den alten Kaiser, in einer Rebellion, die von weltlichen und geistlichen Großen getragen wurde – von adligen Laien, die sich durch die offenbar immer stärker von der Kaiserin bestimmte Personalpolitik des Hofes herausgefordert fühlten, und von Geistlichen, die dem Einheitsgedanken verpflichtet waren und sich aufgrund besserer Einsicht in die göttliche Weltordnung und aus Verantwortung gegenüber dem Gemeinwesen nicht scheuten, Ludwig zu verlassen und Lothar herbeizurufen. Doch vermochte dieser seinen Vater nur für kurze Zeit beiseite zu schieben, da ihm die nötige Entschlusskraft, aber auch das rechte Augenmaß im Umgang mit seinen unterlegenen Gegenspielern fehlte. Schon Ende 830 hatte Ludwig das Heft wieder in der Hand. Im Februar 831 kam das Strafgericht über die Rebellen, und Lothar, der Mitherrschaft erneut verlustig, wurde wieder nach Italien abgeschoben. Die Erweiterung der Herrschaftsräume der jüngeren Söhne durch den alten Kaiser, die wahrscheinlich unmittelbar mit diesen Vorgängen zusammenhing, zeigt, dass Ludwig der Fromme die Prinzipien von 817 aufgegeben hatte.

Machtkämpfe und der Vertrag von Verdun

Bald brachen jedoch neue Konflikte auf, deren Hintergründe nicht immer hinreichend erkennbar sind, bei denen zwar auch wieder die *ordinatio imperii* ins Spiel kam, die aber im Grunde einen reinen Machtkampf innerhalb der Dynastie und des Hochadels sichtbar werden lassen: ein Ringen um Einfluss und möglichst große

Söhne und Enkel **Karls des Großen** (Auswahl):	
800–811	Karl der Jüngere, Sohn, König
781–810	Pippin, Sohn, König von Italien
813/814–840	Ludwig I., der Fromme, Sohn, Kaiser; 781–814 König von Aquitanien
	Sohn Pippins:
812, †818	Bernhard, König von Italien
	Söhne Ludwigs des Frommen aus der Ehe mit Irmgard:
817–855	Lothar I., (Mit)Kaiser, seit 843 Herrscher des Mittelreichs
817–838	Pippin I., König von Aquitanien
843–876	Ludwig (II.), der Deutsche, ostfränkischer König; 817 König von Bayern
	Sohn Ludwigs des Frommen aus der Ehe mit der Welfin Judith:
843–877	Karl II., der Kahle, westfränkischer König und (seit 875) Kaiser

Ludwig I., der Fromme, führt mit Gesandten des byzantinischen Kaisers Leon V. Verhandlungen über einen Interessenausgleich zwischen den beiden Kaiserhöfen (Paris, Bibliothèque Nationale).

Herrschaftsanteile. Das Reich wurde für mehr als ein Jahrzehnt in heftige Wirren gestürzt, Adel und Episkopat gewannen in dieser Zeit deutlich an politischem Einfluss, und eine Reihe unausgeführt gebliebener Teilungsprojekte wurde geschmiedet. Einen dramatischen Höhepunkt erlebte dabei das Jahr 833/834: die Gefangennahme Ludwigs des Frommen bei Colmar, nachdem ihn sein Heer verlassen hatte; der Versuch, ihn durch die Kirchenbuße, die er in Saint-Médard zu Soissons vollzog und in deren Verlauf er seine Waffen ab- und das Büßergewand des Exkommunizierten anlegte, für alle Zeiten unfähig zur Herrschaftsausübung zu machen; der Umschwung zu seinen Gunsten und die Rückkehr zur Macht, als Lothar sich ein weiteres Mal als unfähig erwies, die Interessengegensätze im eigenen Haus und im Adel auszugleichen und die Herrschaft zu behaupten. Doch vermochte auch Ludwig keine allseits akzeptierte Nachfolgeordnung mehr durchzusetzen. Als er am 20. Juni 840 auf einer Rheininsel bei Ingelheim starb und im Arnulfskloster bei Metz die letzte Ruhe fand, war die weitere Entwicklung daher noch völlig offen. Nur unter den Thronanwärtern hatte es eine Veränderung gegeben, da Pippin I. von Aquitanien schon 838 verstorben war. Sein Sohn Pippin II. machte nun neben Lothar, Ludwig dem Deutschen und Karl II., dem Kahlen, Ansprüche geltend.

Als Lothar die vollen Kaiserrechte, die ihm die formell ja nie aufgehobene *ordinatio imperii* zuwies, für sich beanspruchte, kam es am 25. Juni 841 bei Fontenoy nahe Auxerre zur offenen Feldschlacht zwischen ihm, dem sich auch Pippin II. angeschlossen hatte, und seinen jüngeren Brüdern Ludwig und Karl, die den blutigen Kampf zwischen Verwandten und Christen für sich entschieden und ihren Sieg als Gottesurteil deuteten. Die Verluste waren hoch, der fränkische Adel leistete einen beträchtlichen Blutzoll und war daher in steigendem Maße an einem Ausgleich der Gegensätze interessiert. Nach zähen und von gegenseitigem Misstrauen überschatteten Verhandlungen kam es im August 843 in Verdun zu einem Teilungsvertrag unter den karolingischen Brüdern, in dem Pippin II. nicht berücksichtigt wurde, da Lothar ihn fallen gelassen hatte. Die Teilung erfolgte nach dem Grundsatz der Gleichberechtigung und Gleichgewichtigkeit und orientierte sich deswegen stark am wirtschaftlichen Ertrag. Da Aquitanien, Italien und Bayern von ihr ausgenommen waren, konnte sie sich geographisch nur vom Süden nach Norden erstrecken und schuf für Karl ein sich bis an Rhône, Saône, Schelde und Maas ausdehnendes Westreich, ein lang gestrecktes, die Kaiserstädte

Ludwig I., der Fromme, ist in der nach 831 entstandenen Handschrift »Das Lob des Heiligen Kreuzes« von Hrabanus Maurus, Gelehrter und Abt des Klosters Fulda und ein Anhänger Ludwigs, als Streiter Christi wiedergegeben (Orléans, Bibliothèque Municipale).

Die Klage eines sonst unbekannten Angilbert über den mörderischen Bruderkampf der Söhne Ludwigs des Frommen bei Fontenoy, an der er als Anhänger Lothars I. selbst teilnahm:

Des Frührots erster Strahl das Dunkel der
*   Nacht zerriss,*
Da wurde Macht gegeben dem Fürsten der
*   Finsternis;*
Kein Sabbat wars, der graute: gebrochen der
*   Brüder Bund,*
Mit wildem Hohngelächter frohlockte der
*   Hölle Schlund.*
Dröhnend aller Enden der Hall der Hörner
*   gellt,*
Vom Schlachtgeschrei der Gegner erzittert
*   rings das Feld;*
Zum Todeskampf sind Brüder, sind Neffe
*   und Ohm entbrannt,*
Frevelnd wider den Vater erhebt der Sohn
*   die Hand ...*
Fontenoy heißt von der Quelle der Hof in
*   Volkesmund,*
Allwo das Blut der Franken getrunken der
*   Erde Grund.*

Rom und Aachen umfassendes, im Osten auf weite Strecken von Rhein und Aare sowie von den Gebirgszügen der Alpen begrenztes Mittelreich für Lothar I. und ein Ostreich für Ludwig den Deutschen.

»Nationale« Momente spielten bei dieser Aufteilung überhaupt keine Rolle, und auch Deutschland oder Frankreich sind keinesfalls durch den Verduner Vertrag geschaffen worden. Wenn sich Karl der Kahle und Ludwig der Deutsche 842 in Straßburg gegenseitig Eide in der Volkssprache leisteten – Ludwig in romanischer, Karl in germanischer, um jeweils von der Gegenseite verstanden zu werden –, dann zeigt sich daran zwar die sprachliche Vielfalt im Karolingerreich und die Mehrsprachigkeit der karolingischen Brüder, nicht jedoch das Werden von Nationen. Der Vertrag von Verdun basierte auf einer dynastischen Teilung und bedeutete lediglich eine Aufgliederung des Großreiches in Zuständigkeitsbereiche, er war weder unabänderlich, noch hob er die ideelle Einheit des Gesamtreiches auf; diese wurde vielmehr durch die Herrschaft der karolingischen Brü-

Das Bildnis Lothars I. in dem für ihn 849/851 in Tours geschriebenen Evangeliar zeigt den Kaiser auf dem Thron, umgeben von seinen Wachen (Paris, Bibliothèque Nationale).

Der lateinisch schreibende fränkische Chronist Nithard überliefert die Straßburger Eide von 842 im originalen Wortlaut: »Pro deo amur ... meon fradre« schwört Ludwig der Deutsche, während Karl II., der Kahle, die Worte »In godes minna (um Gottes Liebe willen) ... minan bruodher« spricht. Der romanische Text ist das früheste Sprachdenkmal des Altfranzösischen (Paris, Bibliothèque Nationale).

dergemeine und die Treffen der Karlsenkel, die »Frankentage«, weiterhin repräsentiert. Andererseits setzte mit Verdun eine Entwicklung ein, an deren Ende es ein französisches und ein deutsches Staatswesen gab, ein Prozess, der von vielen Zufällen bestimmt war und keinem zwingenden Kausalgesetz folgte. Von Bedeutung war dabei zweifellos die dynastische Konsolidierung der Herrschaftsgebilde, die Verfestigung eines politischen Rahmens, in dem unterschiedliche Bevölkerungsgruppen zusammenwachsen und ein Wir-Gefühl entwickeln konnten. Gelang dies, dann entstanden – wie im West- und Ostreich – neue staatliche Gebilde, in denen sich schließlich neue Völker (Franzosen und Deutsche) formten; gelang es nicht – wie im Mittelreich westlich und nördlich der Alpen –, dann vollzog sich auch keine neue Volkswerdung. Das ist eine wichtige Erkenntnis, die ältere Ansichten gleichsam vom Kopf auf die Füße stellt: Herrschaftsbildung und Staatswerdung gehen der Volks- und Nationswerdung voraus.

*Das Siegel Karls III. zeigt den Herrscher
wie einen antiken Kaiser im Münzbild
(Abdruck in Paris, Archives Nationales).*

*Ein unvollendetes liturgisches Buch
(Sakramentar) aus der Kathedrale von
Metz zeigt vermutlich Karl II., den
Kahlen, und wurde wohl anlässlich
seiner Krönung zum König von
Lotharingien angefertigt. Im
Huldigungsbild erscheint der Herrscher
von Gottes Gnaden zwischen zwei
heiligen Erzbischöfen. Karls kurze
Regentschaft über Gesamtlotharingien
von September 869 bis August 870
könnte erklären, warum diese
Handschrift unvollendet blieb
(Paris, Bibliothèque Nationale).*

Die Auflösung des Karlsreiches

Im Jahr 843 wollten die Söhne Ludwigs des Frommen keine dauerhaften Machtgebilde schaffen; die Versuche Ludwigs des Deutschen und später Karls des Kahlen, ihre Herrschaftsgebiete auf Kosten der Brüder und Neffen auszudehnen, machen dies ebenso deutlich wie die Teilungen, die Lothar I. und Ludwig der Deutsche zugunsten ihrer Söhne vornahmen, während Karl der Kahle nur von einem Sohn überlebt wurde, dessen Reich jedoch später ebenfalls geteilt werden sollte. Durch Teilungen ist daher nach 843 eine ganze Reihe von Reichen entstanden, die oft nur von kurzer Dauer waren. Dem Zufall, dass ein Sohn Ludwigs des Deutschen, Karl III., der Dicke, alle seine Brüder und die männlichen Repräsentanten der übrigen karolingischen Linien (mit Ausnahme des kleinen Karls des Einfältigen, eines Enkels Karls des Kahlen, und des unehelichen Arnulfs von Kärnten, eines Sohnes seines Bruders Karlmann) überlebte, allein dieser unvorhersehbaren dynastischen Konstellation war es zu verdanken, dass fast das gesamte Reich Karls des Großen 884 noch einmal zusammengefasst werden konnte. Karls III. Sturz im Jahre 887 ließ dieses Herrschaftsgebilde dann aber endgültig auseinander brechen; seine Monarchie zeigte letztlich nur den Wandel der Zeiten und die Unmöglichkeit, das Großreich von nur einer Zentrale aus zu regieren.

Eine wirkliche Zusammenfassung des urgroßväterlichen Herrschaftsgebildes war ohnehin nicht zustande gekommen: Karl III. datierte seine Urkunden nach den unterschiedlichen Herrschaftsantritten in den einzelnen Teilreichen, deren Eigenständigkeit mithin gewahrt blieb. Insgesamt hatten sich seit 843 im Laufe von rund vierzig Jahren vier Herrschaftsverbände mit monarchischer Spitze gebildet, die ihrerseits zeitweise weiter untergliedert wurden: das Königreich Italien, das Ostfränkische Reich – dem seit dem Vertrag von Ribemont (880) der nördliche Teil des Mittelreiches, Lotharingien, angegliedert war, nachdem ihm schon 870 durch den Vertrag von Meerssen dessen östliche Hälfte zugefallen war – das Westfränkische Reich und das am Unterlauf der Rhône gelegene Königreich Provence (Niederburgund).

Vor diesem Hintergrund entstand ein System spät- und nachkarolingischer Staatswesen, an deren Spitze nunmehr auch – wie seit 879 erstmals im Falle Bosos von Vienne im Königreich Provence – Vertreter der fränkischen Reichsaristokratie stehen konnten. Die durch die Einfälle der Sarazenen im Süden und der Normannen im Westen und Nordwesten seit der 1. Hälfte des Jahrhunderts ständig angewachsene Bedrohung von außen, die kurz vor der Jahrhundertwende durch die von Osten anstürmenden Magyaren (Ungarn) noch weiter gesteigert werden sollte, erforderte eine Dezentralisierung der Abwehr, da die Verteidigung vom Königshof allein nicht zu leisten war. Dies eröffnete dem regionalen und lokalen Adel Bewährungschancen und zusätzliche Möglichkeiten der Herrschaftsbildung und des Aufstiegs. Versagte in dieser Situation auch noch das durch Adelsfaktionen und Familienhader ohnehin geschwächte Königtum, dessen Träger im letzten Viertel des 9. Jahrhunderts zudem auch keine herrschgewaltigen Persönlichkeiten mehr waren, dann schlug die Stunde der zupackenden Parvenüs aus dem Kreise der im ganzen Reich durch Ämter, Lehen und Besitz sowie durch familiäre Nähe zu den Karolingern ausgezeichneten Adelsfamilien.

Dies zeigte sich besonders nach dem Sturz Karls III. im November 887. Den schwer kranken Kaiser, der in der Abwehr der Normannen erfolglos geblieben und dessen Unfähigkeit, die Herrschaft auszuüben, offenkundig geworden war, verließen die in Tribur versammelten ostfränkischen Großen und wandten sich dem aus dem Südosten anrückenden Arnulf von Kärnten zu. In den übrigen Teilen des Reiches jedoch griffen, dem Beispiel Bosos folgend, weitere Mitglieder der Reichsaristokratie nach der Krone, sodass um 900 das System der karolingischen Nachfolgestaaten schließlich aus fünf Herrschaftsgebilden bestand: dem von Karolingern geführten Westfränkischen und Ostfränkischen Reich, dem neu geschaffenen welfischen Königreich Hochburgund, dem bosonidischen Königreich Niederburgund und dem Königreich Italien, dessen Herrscher Berengar 915 sogar die Kaiserwürde erlangte.

Arnulf von Kärnten und das Ende der ostfränkischen Karolinger

Arnulf sah dem Aufstieg dieser *reguli* (Kleinkönige), wie sie der Regensburger Fortsetzer der Fuldaer Annalen respektlos nennt, zunächst tatenlos zu und erkannte die neuen Könige an, wenn sie bereit waren, seine Oberhoheit (wohl in Form einer Lehnssuprematie) und seine eigene Herrschaftssphäre zu akzeptieren. Er betrieb ganz offenkundig keine großfränkische Restaurationspolitik und begnügte sich mit der unmittelbaren Herrschaft im ostfränkisch-lotharingischen Reich sowie mit der Anerkennung seines hegemonialen Vorrangs. Sah er diese Position allerdings gefährdet, dann griff er militärisch ein. In der Tat gelang es ihm zunächst auch, seinen hegemonialen Rang zu wahren; doch ereilte ihn 896 das Verhängnis der ostfränkischen Spätkarolinger, nachdem er noch im Februar dieses Jahres die Kaiserwürde als letzter Karolinger im Mannesstamm

Die **westfränkischen Karolinger** (Auswahl):

	Sohn Karls II., des Kahlen:
877–879	Ludwig II., der Stammler, König
	Söhne Ludwigs II., des Stammlers:
879/880–882	Ludwig III., König im nördlichen Westfrankenreich
879/880–884	Karlmann, König, bis 882 nur im südlichen Westfrankenreich
893/898–922, †929	Karl III., der Einfältige, König
	Sohn Karls III., des Einfältigen:
936–954	Ludwig IV. Transmarinus, König
	Söhne Ludwigs IV.:
954–986	Lothar, König
978 bis nach 991	Karl, Herzog von Niederlothringen
	Sohn Lothars
986–987	Ludwig V., König
	Sohn Karls von Niederlothringen
†1006/12	Otto, Herzog von Niederlothringen

überhaupt erlangt und damit wieder an das Haus Ludwigs des Deutschen gebracht hatte: Obwohl durch einen Schlaganfall gelähmt, reichte seine Autorität aus, die Geschicke des Ostreichs mehr als drei Jahre lang vom Krankenlager aus zu lenken, bis ihn der Tod am 8. Dezember 899 erlöste. Das Königtum des ostfränkischen Karolingers war gefestigt genug, um von Arnulfs minderjährigem Sohn Ludwig dem Kind fortgeführt zu werden.

Der Schatz Arnulfs von Kärnten wurde dem Reichskloster Sankt Emmeram in Regensburg gestiftet. Das zwischen 1002 und 1025 entstandene Evangelistar der Äbtissin Uta stellt die Messfeier des Regensburger Missionsheiligen Erhard mit dem kostbaren Nachlass des letzten Karolingerkaisers dar (München, Bayerische Staatsbibliothek).

Die Umstände von Arnulfs Herrschaftsantritt, vor allem das Handeln der ostfränkischen Großen, und die Beschränkung von Arnulfs unmittelbarer Königsherrschaft auf das Ostreich einschließlich Lotharingiens, also auf den Raum des späteren deutschen Reiches, galten der älteren Forschung als Indiz dafür, dass die Entscheidung von 887 von einem »deutschen« Sonderbewusstsein und Wir-Gefühl mit getragen worden sei. Doch handelte Arnulf allein, um seinen Thronanspruch durchzusetzen; und die von Karl III. zu einer ostfränkischen Reichsversammlung geladenen Großen fielen von diesem wohl vorwiegend deshalb ab, weil sie seine Regierungsunfähigkeit erkannten. Von der Vorstellung einer Zusammengehörigkeit der »deutschen« Stämme und Gebiete ist weder beim Adel noch in Arnulfs Politik etwas zu bemerken. Vielmehr teilte der Karolinger sein Reich nochmals in fränkischer Tradition und erhob seinen unehelichen Sohn Zwentibold, nicht zuletzt auch deshalb, um die Ambitionen Rudolfs von Hochburgund abzuwehren, 895 zum König von Lotharingien (und Burgund). Dieses Königtum hatte keinen Bestand: Im Jahre 900 schlossen sich die Großen Lotharingiens dem Ostreich an und verzichteten damit auf die Eigenständigkeit des Königreiches, 911 wandten sich die Lothringer dagegen dem Westreich zu. Dies geschah wohl noch vor dem Tode Ludwigs IV. (des Kindes) am 24. September 911 und stellte eine gegen den Königshof und die diesen dominierende Adelsgruppe gerichtete Demonstration dar.

Eine Werkstatt im Umkreis des lotharingischen Hofes hat den großen Bergkristall gearbeitet, dessen Umschrift »Lothar, König der Franken, ließ es anfertigen« auf den gleichnamigen Sohn Lothars I. bezogen wird (London, Britisches Museum).

Mit Ludwig IV., der nur achtzehn Jahre alt wurde, erlosch der Mannesstamm der ostfränkischen Karolinger. In seiner Regierungszeit, in der eine Art fürstlicher Regentschaftsrat die Zügel führte, zeichneten sich in den einzelnen Regionen des Ostfränkischen Reiches bedeutsame Entwicklungen zugunsten aufsteigender Adelsfamilien ab: die Herausbildung der jüngeren Stammesherzogtümer, die die weiteren Geschicke des Ostfränkischen Reiches entscheidend mitprägen sollten. Doch stellte sich für die Großen des Ostreichs 911 zunächst die Frage, ob sie den westfränkischen König Karl den Einfältigen, den einzigen noch lebenden Karolinger, zur Herrschaftsübernahme einladen und damit die karolingische Herrschaft fortführen oder ob sie aus den eigenen Reihen einen König wählen sollten. Sie entschieden sich gegen die karolingische Lösung und erhoben Konrad I., das Haupt der in Franken mächtigen Konradinerfamilie, zum Herrscher. Dies war in gewissem Sinne eine Entscheidung für Kontinuität, denn als Konradiner gehörte der neue König zu jener Adelsgruppe, die schon unter Arnulf von Kärnten an Einfluss gewonnen und unter Ludwig dem Kind die Politik bestimmt hatte; doch ist andererseits die Zäsur unverkennbar, die die Ablösung der karolingischen Herrschaft im Ostreich bedeutete, während sich die Karolinger im Westreich, wenn auch unter beständiger Gefährdung und zeitweiligem Ausschluss vom Königtum, noch bis 987 an der Herrschaft zu halten vermochten.

Fürstliche Mittelgewalten

Die Kräfte, die zur Auflösung des fränkischen Großreiches führten, entfalteten sich in den Jahrzehnten um 900 mit voller Macht. Noch war keineswegs entschieden, ob das System der karolingischen Nachfolgestaaten nur aus den schon Kontur annehmenden fünf Königreichen West- und Ostfranken, Hoch- und Niederburgund sowie Italien bestehen würde oder ob aus dem Auflösungsprozess noch weitere Staatswesen mit monarchischer Spitze hervorgehen sollten. Die Schwäche der königlichen Gewalt und der Druck äußerer Feinde führten jedenfalls zu fürstlichen Herrschaftsbildungen, die besonders im West- und Ostreich zu weiteren Abspaltungen hätten führen können. Die im Westen wie im Osten entstehenden Mittelgewalten, die schließlich zu Herzogtümern wurden, sind von ihrer Struktur her vergleichbar. Sie wurden geschaffen von mächtigen Adligen, die über reichen Grundbesitz, Lehen und Ämter verfügten, eine übergräfliche Stellung besaßen, sich im Kampf, besonders gegen äußere Feinde, bewährten und in Königsnähe gerückt waren. In Westfranken nahmen sie – zunächst als *marchiones* (Markgrafen, *marquis*), dann als *duces* (Herzöge) bezeichnet – eine territorial recht geschlossene Position ein, in der sie nicht nur über die Grafen, sondern auch über die Bistümer, Abteien und das Königsgut in Stellvertretung des Königs geboten, während im Ostreich diese umfassende vizekönigliche Stellung weniger deutlich zu erkennen ist, aber zweifellos im Ansatz vorhanden war. Hier spielte dafür ein ethnisches Moment eine gewisse Rolle, werden die Herzöge doch nach den Volksverbänden der Sachsen, (Ost-)Franken, Baiern und Alamannen bezeichnet. Die ältere Forschung hat diesen Umstand überbetont und die entstehenden Fürstentümer als »(jüngere) Stammesherzogtümer«, die *duces* als »Stammesherzöge« charakterisiert, doch bleibt das Verhältnis zwischen »Stamm« und »Herzog« in den Quellen eigentümlich unklar. Insgesamt sollte daher wohl eher das Vergleichbare an den Entwicklungen fürstlicher Mittelgewalten in Westfranken, Ostfranken und auch in Italien betont werden, ohne

Bischof Salomo III. von Konstanz (um 860–919/920), mittellateinischer Dichter und seit 909 Kanzler Ludwigs des Kindes, beklagt in einem Lied die Probleme, die die Herrschaft eines unmündigen Königs mit sich bringt:

*Die Schwäche des Kindes, das den Namen
    des Königs führt,
Hat uns schon lange des Herrschers beraubt.
Seiner Jugend wegen ist es unfähig,
    die Waffen zu führen
Und Recht und Gesetz zu handhaben.
Sein schwächlicher Körper und die zu
    tapferen Taten
Zu spät reifende Kraft machen es den
    Seinen verächtlich
Und ermuntern die Feinde zu kühnem
    Wagnis.
Wie sehr haben wir zu fürchten, dass sich
    die Worte Salomos
An uns erfüllen: Wehe Dir, Land, dessen
    König ein Kind ist!*

Sowohl der ostfränkische König Ludwig III., der Jüngere, der zweite Sohn Ludwigs des Deutschen, als auch Ludwig IV., das Kind, siegelten einige Urkunden mit der antiken Gemme, die schon Ludwig der Deutsche benutzt hatte. Der »Bienenkorb« links daneben ist das Zeichen des Kanzlisten zur Beglaubigung des Schriftstücks (Privileg für das Stift Gandersheim von 877).

Ungeachtet des fortschreitenden Zerfalls der Zentralgewalt wurde das karolingische Programm der kulturellen Erneuerung fortgesetzt. Das Elfenbeinrelief von einem Sakramentar (links) aus einer sächsisch-fränkischen Werkstatt des 3. Viertels des 9. Jahrhunderts zeigt Papst Gregor den Großen in der idealtypischen Pose eines emsigen Gelehrten (Wien, Kunsthistorisches Museum). Eine Elfenbeintafel (rechts) aus spätkarolingischer Zeit stellt das alte Ideal des erfolgreichen Königs dar, der die Barbaren oder Häretiker gnadenlos unterwirft (Florenz, Museo Nazionale del Bargello). Das Bild klarer Herrschaftsverhältnisse steht in Kontrast zu der von äußeren und inneren Zerrüttungen gekennzeichneten Lage in den fränkischen Teilreichen.

Die **ostfränkischen Karolinger**
(Auswahl):

	Söhne Ludwigs des Deutschen:
876–879, †880	Karlmann, König in Bayern
876–882	Ludwig III., der Jüngere, König in Ostfranken und Sachsen, seit 879/880 auch in Bayern und im westlichen Teil Lotharingiens
876–887, †888	Karl III., der Dicke, König in Alamannien, (seit 882) des Ost- und (seit 884) auch des Westfränkischen Reiches, seit 881 Kaiser
	unehelicher Sohn Karlmanns:
887–899	Arnulf von Kärnten, ostfränkischer König und seit 896 Kaiser
	Söhne Arnulfs:
895–900	Zwentibold, König von Lotharingien
900–911	Ludwig IV., das Kind, ostfränkischer König

dabei jedoch die nuancierenden und differenzierenden Unterschiede außer Acht zu lassen.

Abgesehen von den sich in Italien und im Westfrankenreich ausbildenden fürstlichen Herrschaftsgebieten entstanden im Ostfrankenreich in den ersten drei Jahrzehnten des 10. Jahrhunderts die Herzogtümer Bayern, Sachsen, Franken, Schwaben und zuletzt Lotharingien, die die Struktur des ottonischen Reiches prägen sollten; ihre Entstehung ist daher für die weitere Geschichte des ostfränkisch-ottonisch-deutschen Reiches von erheblicher Bedeutung gewesen.

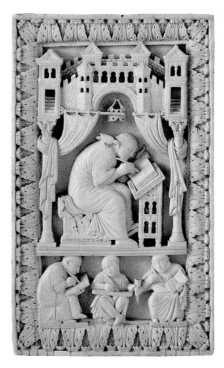 

Das ostfränkische Königtum Heinrichs I.

Obwohl Konrad I. (911–918) selbst dieser fürstlichen Mittelschicht entstammte, versuchte er in Fortsetzung karolingischer Politik, die Konsolidierung der Herzogtümer zu verhindern. Bei diesem Unterfangen scheiterte er allerdings, obwohl er – ebenfalls nach karolingischem Vorbild – ein enges Bündnis mit der Kirche eingegangen war, die sich 916 auf der Synode von Hohenaltheim mit ganzer Autorität hinter das konradinische Königtum stellte. Beim Tode Konrads war jedoch keines der Probleme seiner Regierung gelöst: weder die Neubestimmung des Verhältnisses zwischen dem Königtum und den sich formierenden Fürstengewalten noch die dauerhafte Abwehr der Ungarn noch die Wiedereingliederung Lotharingiens in das Ostreich. Die Lage, in der ein neuer König gefunden werden musste, war demnach höchst kompliziert; und niemals war die Gefahr eines Auseinanderfallens des Ostfränkischen Reiches wohl größer als zu Beginn des Jahres 919.

Herr Heinrich saß nicht am Vogelherd – wie spätere Erzählungen berichten –, als ihn überraschend die Nachricht von seiner Wahl zum König erreichte; und auch die ein halbes Jahrhundert später verfassten Darstellungen der ottonischen Historiographie, nach denen der söhnelose Konrad I. in richtiger Einschätzung der politischen Lage auf dem Sterbelager nicht seinen Bruder Eberhard, sondern den mächtigen Sachsenherzog Heinrich aus dem Geschlecht der Liudolfinger als Nachfolger empfohlen haben soll, verschleiern wohl zu sehr dessen Eigeninitiative. Sicher ist jedoch eines: Heinrichs Königtum, 919 im fränkischen Fritzlar nahe der Grenze zu Sachsen begründet, beruhte zunächst nur auf der Anerkennung von Sachsen und Franken; diese beiden Herzogtümer sollten bis in die Regierungszeit von Heinrichs Sohn Otto hinein den eigentlichen Kernraum der liudolfingischen Königsherrschaft bilden. Schwaben und Bayern hingegen standen unter den Herzögen Burchard I. und Arnulf dem Bösen, einem Luitpoldinger, zunächst abseits, und möglicherweise hegte der Bayernherzog selbst königliche Ambitionen.

Der neue König hielt es deshalb für ratsam, in deutlicher Abkehr von dem Regierungsstil seines Vorgängers und unter Verzicht auf eine durch die Salbung zusätzlich sakral legitimierte Herrschaftspraxis karolingischen Musters den Herzögen behutsam entgegenzutreten. Zwar mit militärischen Demonstrationen, letztlich aber doch weniger mit dem Schwert als durch Verhandlungen vermochte er auf diese Weise schon 919 die Anerkennung durch den Schwabenherzog zu erringen; 921 folgte Arnulf von Bayern dem schwäbischen Beispiel. Der Bestand des Ostfränkischen Reiches war damit gewahrt, wenn auch nur in lockerer Form, denn die Zugeständnisse Heinrichs an die im Süden herrschenden Herzöge gingen weit; diese nahmen eine fast unabhängige vizekönigliche Stellung ein und erhielten – für Arnulf ist es bezeugt, für Burchard lässt es sich vermuten – sogar die Kirchenhoheit in ihrer Herrschaftssphäre zugestanden.

Das behutsame, Gegensätze ausgleichende oder überspielende Vorgehen des Liudolfingers zeigt sich auch in dem Bemühen, mit wichtigen Adelsgruppen Freundschaftsbünde *(amicitiae)* einzugehen. Doch spiegelt sich hierin nur eine Seite der Politik des Königs aus Sachsen, die andere zeigt die Anwendung traditioneller Methoden. So schloss Heinrich mit Burchard von Schwaben und Arnulf von Bayern nicht nur Freundschaft, sondern machte die Herzöge auch zu seinen Vasallen. Das vasallische Band war zunächst nur locker geknüpft, aber es ließ sich zu gegebener Zeit straffen. Als Burchard 926 starb, reichte Heinrichs Autorität schon aus, einen Stammesfremden als Herzog von Schwaben einzusetzen: den Konradiner Hermann, ein Mitglied jener fränkischen Familie also, mit der der König seit seiner Erhebung eng zusammenarbeitete. Gelang

Das hölzerne Chorgestühl aus der Kirche des ehemaligen Klosters Pöhlde südlich des Harzes zeigt ein Reliefbild mit der Beschriftung »König Heinrich«, das vermutlich Heinrich I. zeigt (Hannover, Niedersächsische Landesgalerie). Die Sage, dass die Fürsten den zum König berufenen Herzog beim Vogelfang antrafen, wird unter anderem bei der Pfalz Pöhlde lokalisiert.

Eine Mantelspange stellt Heinrich I. nach dem Vorbild der Münzprägung dar. Der Träger des Mantels zeigt so seine Loyalität gegenüber dem König (Berlin, Münzkabinett).

Das sächsische Adelsgeschlecht der **Liudolfinger (Ottonen)** erlangte mit Graf Liudolf († 866) eine führende Stellung im Osten Sachsens und mit dessen Söhnen Brun († 880) und Otto († 912) einen herzoglichen Vorrang. Konrad I., erster nichtkarolingischer König des Ostfränkischen Reiches, soll auf dem Sterbelager Ottos Sohn Heinrich (I.) zu seinem Nachfolger bestimmt haben; Heinrichs Sohn Otto I. erlangte 962 die Kaiserwürde. Auf ihn folgten Otto II., Otto III. und Heinrich II., mit dem die Liudolfinger 1024 im Mannesstamm ausstarben.

es mithin schon 926, die königliche Prärogative in Schwaben zurückzugewinnen, so blieb dies hinsichtlich Bayerns eine Aufgabe für Heinrichs Nachfolger Otto, denn Arnulf überlebte den ersten Liudolfinger auf dem Thron.

Einen Freundschaftsbund ging Heinrich auch mit dem westfränkischen Karolinger Karl dem Einfältigen ein, der dabei das ostfränkische Königtum des Sachsen anerkannte. Am 7. November 921 schlossen die beiden Könige auf einem Schiff, das auf der Höhe von Bonn in der Mitte des Rheins verankert war, einen Freundschaftsvertrag und machten durch die Ortswahl deutlich, wo sie die Grenzen ihrer Reiche sahen. Als Karl jedoch bald darauf in Schwierigkeiten mit den westfränkischen Großen geriet, erfüllte Heinrich seine Freundschafts- und Vertragspflicht nicht, sondern nutzte die Chance, Lotharingien wieder an das Ostreich zu ziehen. Seit 925 unterstand dieser karolingische Kernraum seiner Königsherrschaft und wurde unter seinem Schwiegersohn Giselbert spätestens 928 zum fünften Herzogtum des ostfränkischen Reichsverbandes. Die Einbeziehung des ehemaligen Lotharreiches sollte zwar nicht endgültig sein, aber über Jahrhunderte hinweg Bestand haben.

Als »Säbel Karls des Großen« wird traditionell ein ungarischer Fürstensäbel im Schatz der Reichskleinodien benannt. Er entstand um 900 in Osteuropa und könnte ein Beutestück der Ungarnkriege im 10. Jahrhundert sein (Wien, Kunsthistorisches Museum, Schatzkammer der Hofburg).

Die Krypta der Stiftskirche Sankt Servatius in der Pfalz Quedlinburg barg die Gebeine Heinrichs I. und seiner Frau Mathilde. Die Grablege wurde unter dem Chor bei den Reliquien des heiligen Servatius eingerichtet. Die Nischenarchitektur der Krypta geht noch auf die Ottonenzeit zurück.

Der inneren Konsolidierung der sächsischen Königsherrschaft folgte die Sicherung des Reiches nach außen. Auch Heinrich vermochte der Ungarneinfälle zunächst (919, 924, 926) nicht Herr zu werden. Gegen Tributzahlungen erwirkte er jedoch einen neunjährigen Waffenstillstand, den er dazu nutzte, Schutz- und Fluchtburgen anzulegen, den Heerbann zu reorganisieren, die Ostgrenze zu sichern und seine Herrschaft weiter in den slawischen Raum hineinzutragen. Schließlich kündigte er den Waffenstillstand auf und erfocht am 15. März 933 an der Unstrut einen Sieg über die Ungarn, der zwar noch nicht endgültig, aber doch immerhin sehr wirksam war.

Nach nur anderthalb Jahrzehnten waren liudolfingische Monarchie und Ostfränkisches Reich weitgehend gefestigt, und selbst West- und Südeuropa traten schon in dieser Zeit in das Blickfeld des sächsischen Königs: Rudolf II. von Hochburgund übergab Heinrich wohl 926 die Heilige Lanze als Zeichen der Huldigung, und der Liudolfinger selbst griff schlichtend in die Konflikte ein, die der westfränkische König Rudolf mit seinen Lehnsfürsten austrug. 935 schloss er mit diesen beiden Herrschern gleichen Namens in einem südlich von Sedan an der Maas gelegenen Ort einen Freundschaftsbund; ein neuer hegemonialer Rang des Ostreiches begann sich abzuzeichnen. Ob Heinrich, bevor er am 2. Juli 936 in Memleben starb und in der liudolfingischen Stiftung Quedlinburg die letzte Ruhe fand, auch schon einen Romzug plante, bleibt hingegen unsicher; für seinen Sohn und Nachfolger Otto jedenfalls schuf er günstige, wenn auch noch entwicklungsbedürftige Voraussetzungen, die es diesem ein Vierteljahrhundert später ermöglichten, den Weg zum Tiber einzuschlagen.

Zwischen Aachen und Rom – Das Kaisertum der Ottonen

Das sakrale Königtum Ottos des Großen

Nachdem nun also der Vater des Vaterlandes und der größte und beste der Könige, Heinrich, entschlafen war, da erkor sich das ganze Volk der Franken und Sachsen dessen Sohn Otto, der schon vorher vom Vater zum König bestimmt worden war, als Gebieter. Und als Ort der allgemeinen Wahl bezeichnete und bestimmte man die Pfalz zu Aachen.« Mit diesen Worten eröffnet der sächsische Mönch und Geschichtsschreiber Widukind von Corvey das zweite Buch seiner »Sachsengeschichte«: die Darstellung der Regierungszeit Ottos des Großen. Zwar ist es umstritten, ob die anschließende Schilderung des Erhebungsverlaufes und der Bericht über die Krönungsfeierlichkeiten – die Thronsetzung und Huldigung durch die weltlichen Großen im Säulenvorhof der Aachener Pfalzkirche, die Salbung, Krönung und Thronsetzung in der Pfalzkirche sowie der Dienst der vier Herzöge beim Krönungsmahl als Verwalter der vier Hofämter – wirklich den Tatsachen entsprechen, da außer Widukind kein weiterer Schriftsteller der Ottonenzeit in gleicher Ausführlichkeit über die am 7. August 936 vollzogene Königswahl berichtet; aber unbestritten sind die Akzentsetzungen, die 936 vorgenommen wurden und Ottos Königtum deutlich

DAS REICH UNTER DEN OTTONEN

Die liudolfingischen/ottonischen Könige und Kaiser

919–936	Heinrich I., König
936–973	Otto I., König und (seit 962) Kaiser
973–983	Otto II., 961 Mitkönig, 967 Mitkaiser
983–1002	Otto III., König und (seit 996) Kaiser
1002–24	Heinrich II., der Heilige, König und (seit 1014) Kaiser

936/937 richtete Otto I. zur Sicherung der Ostgrenze des Reiches jenseits von Elbe und Saale mehrere Marken unter der Herrschaft von Markgrafen ein. Im 14. Jahrhundert zeigt eine Abschrift des Sachsenspiegels, eines bedeutenden Rechtsbuches (13. Jahrhundert), die Wappen der Marken sowie die Erzbischöfe von Mainz und Magdeburg, die geistlichen Oberherren der neuen Missionsgebiete (Heidelberg, Universitätsbibliothek).

Die um 962 entstandene so genannte Kriegsfahne des Grafen Ragenard ist ein Zeugnis des fürstlichen Selbstbewusstseins in ottonischer Zeit. Der Graf kniet zu Füßen Christi, umgeben von Engeln und Heiligen (Köln, Domschatz).

von dem seines Vaters unterscheiden: die sakrale Erhöhung durch die Weihe, die zusammen mit dem Ort des Geschehens und der fränkischen Tracht, die Otto eigens für die feierlichen Handlungen angelegt hatte, zugleich auch die Wiederaufnahme karolingischer Traditionen ankündigte. Von großer Wichtigkeit und zukunftsträchtiger Bedeutung war aber noch etwas anderes: die Nachfolge nur eines Königssohnes. Denn abweichend vom fränkischen Brauch wurde die Herrschaft 936 nicht mehr geteilt, obwohl Heinrich weitere Söhne besaß. Mit der alleinigen Nachfolge Ottos setzte sich daher die Unteilbarkeit des Reiches durch.

Der Einheitsgedanke, gut hundert Jahre zuvor mit Blick auf das Reich Karls des Großen formuliert, unter Ludwig dem Frommen ansatzweise verwirklicht, schließlich bekämpft und verworfen, setzte sich seit dem 10. Jahrhundert in den einzelnen spät- und nachkarolingischen Staatswesen, mithin in engerem Rahmen, durch und verlieh dem sich im Abendland allmählich ausbildenden Staatengefüge Kontur und Dauer. Dem Unteilbarkeitsprinzip zum Erfolg verhalfen vor allem der lange Bestand von Herrschaftsverbänden – wie etwa des Ost- und des Westfränkischen Reiches nach der Teilung von Verdun –, und die – wenn auch keineswegs ungefährdete – Dauerhaftigkeit von Königreichen, die die Gewöhnung an einen äußeren Rahmen der Herrschaft und die Entstehung eines eigenen Zusammengehörigkeitsgefühls ermöglichte, sowie Veränderungen im Verhältnis zwischen König und Adel. Der größere Einfluss, den der Adel seit dem zweiten Drittel des 9. Jahrhunderts gewonnen hatte, und besonders die fürstlichen Herrschaftsbildungen, die Herzogtümer, die Heinrich I. anerkannt hatte, ließen keinen Spielraum mehr für Teilungen, die entweder die Interessensphären der Herzöge oder das ohnehin schon geschrumpfte Königsgut geschmälert hätten. Wahrscheinlich gemeinsam fassten Heinrich I. und die Herzöge daher die Nachfolge nur eines Königssohnes ins Auge. Möglicherweise fand die entscheidende Weichenstellung dafür schon 929 statt, als der König sein Haus ordnete, seiner Gemahlin das Wittum zuwies, am angelsächsischen Hof um eine Braut für seinen Sohn Otto werben ließ und den jüngsten Sohn Bruno für den geistlichen Stand bestimmte.

Die Beachtung des Unteilbarkeitsprinzips bedeutete den Ausschluss der übrigen Königssöhne von der Nachfolge. Davon waren 936 Thankmar, ein Kind aus Heinrichs erster Ehe, und Heinrich, der zweite Sohn aus der Ehe mit Mathilde, der zweiten Gattin des Königs, und offenbar ein besonderer Liebling der Mutter, betroffen. Die Bewahrung der Einheit des Ostfränkischen Reiches trug daher Zündstoff in die Königsfamilie. Dieser konnte umso gefährlicher werden, als Otto, anders als sein die Gegensätze überspielender Vater, die Autorität des nun auch durch die Weihe sakral legitimierten Königtums schroff zur Anerkennung brachte und dadurch mit den Fürsten in Konflikt geriet, die Heinrichs Herrschaft mit getragen hatten. Das erste Jahrfünft von Ottos Regierungszeit war deshalb von Aufständen geprägt. Die Verbindung der fürstlichen Opposition mit der Empörung von Mitgliedern des Königshauses konnte dabei zeitweise sogar herrschaftsbedrohende Ausmaße annehmen, doch vermochte der Liudolfinger schließlich alle Schwierigkeiten zu meistern und die königliche Prärogative zu behaupten. Im Verlauf dieser Auseinandersetzungen verloren die Luitpoldinger die Kirchenhoheit im bayerischen Herzogtum und des Königs Halbbruder Thankmar sowie die Herzöge Giselbert von Lotharingien und Eberhard von Franken, der alte Weggefährte Heinrichs I., ihr Leben, wurde das Herzogtum Franken nicht mehr vergeben, sondern an die Krone gezogen und scheiterte der jüngere Heinrich zweimal bei dem Versuch, den älteren Bruder vom Thron zu stoßen.

Wichtig für die mittelalterliche Herrschaft war die Verfügung über kirchliche Ämter, mit denen Anhänger und Familienangehörige belohnt und versorgt werden konnten. Eine Handschrift des 13. Jahrhunderts zeigt die Einsetzung eines Abtes durch Otto I. (Paris, Bibliothèque Nationale).

Nach 941/942 aber kam es zu einer ruhigeren Entfaltung der ottonischen Monarchie. In dieser Zeit suchte Otto, der die Herzogtümer Sachsen und Franken weiterhin als eigentliches Königsland betrachtete, die übrigen Herzogsgewalten durch familiäre Bande enger an das Königshaus zu ziehen. Bereits 939 war sein Sohn Liudolf mit Ita, der Tochter Hermanns von Schwaben, verlobt worden; Ende 949, die Hochzeit war mittlerweile vollzogen, konnte dieser die Nachfolge des verstorbenen Schwiegervaters antreten. 947 erhielt Konrad der Rote von Lotharingien, aus dessen Nachkommenschaft die salische Königsdynastie hervorgehen sollte, Ottos gerade ins Heiratsalter gekommene Tochter Liutgard zur Frau und wurde damit zum Schwiegersohn des Königs. Ottos Bruder Heinrich schließlich, dem seine Verschwörungen schon längst verziehen worden waren, empfing 948 das Herzogtum Bayern und stieg zu einem der einflussreichsten Vertrauten des Königs auf.

Das imperiale Königtum

Kein mittelalterlicher Herrscher konnte auf das Instrument der Heirats- und Familienpolitik verzichten, beruhte doch die gesamte Herrschaft ganz wesentlich auf einem Geflecht personaler Beziehungen. Doch schützten Familienbande das Königtum letztlich nicht vor Adelsaufständen, und die erhoffte Familienharmonie

Widukind von Corvey beschreibt in seiner »Sachsengeschichte« (2,36) Otto den Großen als vorbildlichen Herrscher und Menschen:

Er selbst also, der großmächtige Herr, der älteste und beste der Brüder, war vor allem ausgezeichnet durch Frömmigkeit, war in seinen Unternehmungen unter allen Sterblichen der beständigste ... Seine Geistesgaben waren bewunderungswürdig, denn nach dem Tod der Königin Edgitha (Editha) lernte er die Schrift, die er vorher nicht beherrschte, so gut, dass er Bücher lesen und verstehen konnte ... Auf die Jagd ging er häufig, liebte das Brettspiel und nahm bisweilen mit Anmut und königlichem Anstand am Reiterspiel teil. Hinzu kam noch der gewaltige Körperbau, der die volle königliche Würde zeigte, das Haupt mit ergrauendem Haar bedeckt, die Augen funkelnd ... Seine Tracht war die heimische, die er nie mit fremder vertauschte. So oft er aber unter der Krone gehen musste, bereitete er sich stets durch Fasten sorgfältig darauf vor.

Eine Münze Ottos I. zeigt das Bild des Herrschers.

wurde oftmals gestört. Auch Ottos herzogliches Familiensystem schloss Konflikte nicht aus. 953 kam es zur letzten großen Gefährdung von Ottos Herrschaft: zum Aufstand von Sohn und Schwiegersohn. Liudolf sah nach dem Tode seiner Mutter Editha (†946) und der Hochzeit des Vaters mit Adelheid von Italien (951) seine Stellung als Thronfolger wohl prinzipiell gefährdet sowie sich selbst mit Billigung des Königs in wichtigen politischen Fragen beiseite geschoben durch seinen Onkel Heinrich von Bayern; Konrad der Rote hingegen, der von Otto nach Beendigung des ersten Italienzuges als Sachwalter der Reichsinteressen im italischen Königreich zurückgelassen worden war, fühlte sich brüskiert durch Maßnahmen des königlichen Schwiegervaters, die eigenen Entscheidungen in der Italienpolitik zuwiderliefen.

Nur mühsam wurde Otto mit dieser Empörung fertig, da sie in weiten Kreisen Widerhall fand und es gleichzeitig auch wieder zu einem Einfall der Ungarn kam; doch mündete die ernste Bedrohung in den größten Triumph des Herrschers, in den Sieg über die Ungarn, erfochten am 10. August 955 vor den Toren von Augsburg auf dem Lechfeld und errungen mithilfe der Empörer, die sich inzwischen unterworfen hatten. Konrad der Rote fiel bei diesem Kampf, der die ungarische Gefahr für alle Zeiten bannte und den Liudolfinger zum siegreichen Beschützer der abendländischen Christenheit machte. Das ottonische Königtum wuchs durch den überwältigenden Waffenerfolg deutlich in imperiale Dimensionen hinein.

Die zeitgenössische Darstellung auf einer Elfenbeintafel, die sich ehemals im Dom von Magdeburg befand, zeigt Otto I., der im Kreise von Heiligen diese Kirche stiftet (New York, Metropolitan Museum of Art).

In der Chronik des Otto von Freising aus dem 12. Jahrhundert ist dargestellt, wie Berengar II. von Ivrea den Treueid gegenüber dem als »König der Teutonen« bezeichneten Otto I. leistet und das Schwert als Zeichen der Herrschaft über das als Lehen erhaltene Königreich Italien empfängt.

Die hegemoniale Stellung des Ostfränkischen Reiches veranlasste Otto schon früh, in die Verhältnisse der übrigen Herrschaftsverbände auf dem Boden des ehemaligen karolingischen Imperiums einzugreifen. 937 nahm er Konrad, den jungen burgundischen König, unter seinen Schutz und zog damit aus der Oberhoheit über das durch Vereinigung von Hoch- und Niederburgund entstandene Königreich praktische Konsequenzen; 940 schritt er erstmals im Westfränkischen Reich ein, wo seine Schwestern verheiratet waren: Gerberga mit König Ludwig IV. Transmarinus (»dem Überseeischen«) und Hedwig mit dessen Gegenspieler, dem Herzog Hugo von Franzien; und 941/942 wurde der nordwestitalische Markgraf Berengar von Ivrea sein Vasall.

Gerade in Italien waren die Verhältnisse besonders unübersichtlich. Das Kaisertum war 924 mit dem Tod Berengars von Friaul bzw. 928 mit dem Tod seines geblendeten Rivalen Ludwig des Blinden erloschen, die Königswürde hatte, unter Verzicht auf burgundische Ambitionen, schließlich Hugo von Arles (†947) errungen, der seinen Sohn Lothar zum Mitregenten erhob. Als dieser 950 überraschend starb, wurde seine junge Witwe Adelheid, die Schwester Konrads von Burgund, für den Markgrafen Berengar von Ivrea, den Lehnsmann Ottos des Großen, zum Objekt herrscherlicher Begierde, denn Berengar ließ sich zum König erheben und suchte die Machtergreifung durch die Hochzeit mit der gefangen genommenen Witwe des verstorbenen Vorgängers abzusichern. Diese verweigerte sich jedoch und floh unter abenteuerlichen Umständen zu Otto, der die Gelegenheit nutzte, um in Italien einzugreifen. Die Verhältnisse auf der Apenninenhalbinsel konnten dem Liudolfinger nicht gleichgültig sein, denn der Weg zur Kaiserkrönung führte gemäß karolingischer Tradition allein nach Rom und musste durch den Erwerb des Königreichs Italien abgesichert werden.

So zog Otto 951 das erste Mal über die Alpen und gewann dort die Herrschaft sowie die Hand Adelheids. Rom, wohin er eine Gesandtschaft abgeordnet hatte, blieb ihm jedoch noch verschlossen. Nach der Rückkehr in das Ostfränkische Reich erkannte Otto im August 952 das Königtum Berengars II. an, der ihm dafür einen Lehnseid leistete. Dieser Akt bedeutete zweifellos keinen Verzicht, sondern die Ausgestaltung der ottonischen Hegemonie und damit der Plattform, von der aus der Liudolfinger seinen Anspruch auf das Kaisertum unüberhörbar angemeldet hat.

Der imperiale Charakter von Ottos Königtum war nach der Schlacht auf dem Lechfeld unbestritten: Als Sieger über die Ungarn und Beschützer der Christenheit, der zusätzlich Missionserfolge im slawischen Osten seines Reiches aufweisen konnte – zumindest hatte er hier schon 937 das Moritzkloster in Magdeburg sowie 948 die Bistümer Brandenburg und Havelberg gegründet – sowie als Herr über andere Könige war Otto kaisergleich – nur das *nomen imperatoris,* der Kaisertitel, fehlte ihm noch. Am 2. Februar 962 konnte er aber auch dieses erwerben – auf seinem zweiten Italienzug, zu dem er 961 aufgebrochen war, nachdem ihn der von Berengar II. bedrängte Papst Johannes XII., der Sohn jenes Senators Alberich, der 951 den Romzug verhindert hatte, zu Hilfe gerufen hatte und durch die Wahl von Ottos gleichnamigem Sohn zum König die Nachfolge

Während die früheren Siegel König Otto I. als Krieger zeigen (rechts), stellen die Kaisersiegel den universellen Herrscher frontal und mit den Insignien seiner Macht, Krone, Kreuzzepter und Reichsapfel, dar.

Das Ritual der Kaiserkrönung, dargestellt im »Buch zu Ehren des Kaisers« des Petrus von Eboli (1197) (Bern, Burgerbibliothek).
Der König reitet in Rom ein. Ohne Herrschaftszeichen wird er vom Papst empfangen. Danach folgen die Rituale der Handwaschung, der Salbung und die Verleihung von Schwert, Mantel, Zepter, Ring und Krone.

gesichert war – Liudolf, Ottos Sohn aus erster Ehe, war schon 957 gestorben.

Das ottonische Kaisertum

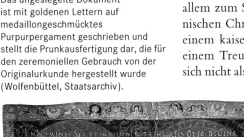

In der Heiratsurkunde für Theophano ist die Morgengabe an die byzantinische Prinzessin anlässlich der Eheschließung mit Otto II. festgehalten.
Das ungesiegelte Dokument ist mit goldenen Lettern auf medaillongeschmücktes Purpurpergament geschrieben und stellt die Prunkausfertigung dar, die für den zeremoniellen Gebrauch von der Originalurkunde hergestellt wurde (Wolfenbüttel, Staatsarchiv).

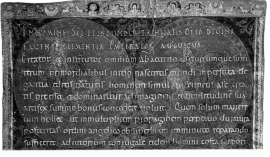

Das erneuerte Kaisertum wurzelte in römischer wie fränkischer Tradition und begründete in der abendländischen Herrschergemeinschaft einen religiös-politischen Vorrang, keineswegs jedoch eine tatsächliche Herrschaft über andere Könige. Es verpflichtete vor allem zum Schutz der römischen als der höchsten Kirche der lateinischen Christenheit. Diese neue Ordnung fand ihren Ausdruck in einem kaiserlichen Schutzprivileg für die römische Kirche und in einem Treueversprechen des Papstes. Johannes XII. jedoch erwies sich nicht als würdiger Partner des Kaisers. Als er sah, dass sich dieser tatsächlich in Italien durch- und festsetzte, verband er sich mit Ottos Gegnern. Der Kaiser aber wurde mit allen Schwierigkeiten fertig, ließ den Papst im November 963 absetzen, konnte Berengar II. gefangen nehmen und nach Bamberg ins Exil schicken und 965 als unbestrittener Herrscher über Rom und das italische Königreich nach Hause zurückkehren. 966 war er allerdings wieder in Italien und entfaltete hier sechs Jahre lang eine imperiale Politik großen Stils: 967 ließ er seinen Sohn Otto (II.) zum Mitkaiser krönen und erreichte schließlich einen Ausgleich mit der zweiten, in Italien ebenfalls engagierten Kaisermacht, mit Byzanz, von wo auch die Braut des jungen Kaisers geholt wurde, Theophano, mit der sich Otto II. 972 in Rom vermählte.

Als Otto im Sommer des Jahres 972 Italien verließ, stand er auf dem Höhepunkt seiner Macht; der Hoftag, den er auf Ostern 973 in Quedlinburg versammelte und den auch Gesandte aus fremden Län-

BERNWARD VON HILDESHEIM

Der aus sächsischem Hochadel stammende Bernward wirkte als herausragender Vertreter der ottonischen Reichskirche. Als Zögling der Hildesheimer Domschule war er nicht nur theologisch geschult, sondern besaß auch weltliche Bildung und wurde zum Förderer der bildenden Kunst.
Seit 987 war er Mitglied der Hofkapelle und wurde 989 von Kaiserin Theophano mit der Erziehung des späteren Kaisers Otto III. betraut. Seit 993 Bischof von Hildesheim, sicherte er energisch die Stellung seines Bistums. Daneben

begleitete er Otto III. und Heinrich II. auf ihren Feldzügen.
Vor allem widmete er sich dem von ihm gegründeten Benediktinerkloster Sankt Michael, das er mit Stiftungen aus Eigenbesitz ausstattete. Für die Abteikirche waren die bronzenen Relieftüren sowie die Kreuzessäule bestimmt (heute im Dom). Der Ausschnitt rechts zeigt aus dem biblischen Portalzyklus die Begegnung von Maria Magdalena und Christus am Grabe. Die bronzene Kreuzessäule (links), deren spiralförmiges Reliefband das Leben Jesu darstellt, knüpft an die Triumphalsäulen der römischen Kaiserzeit an, die Bern-

ward in Rom gesehen hatte. Neben der Metallkunst blühten auch Architektur und Buchmalerei in Hildesheim. Sie sind so stark von Bernwards Persönlichkeit geprägt, dass sein Biograph Thangmar den Bischof selbst als Künstler rühmt.

dern aufsuchten, zeigte ihn auf dem Gipfel seiner abendländischen Geltung. Wenig später, am 7. Mai 973, starb der Kaiser in Memleben; seine letzte Ruhe fand er in Magdeburg, an jenem Ort, den er nach Überwindung vieler Widerstände 968 zum Erzbistum hatte erheben lassen. Die Bedeutung von Ottos Herrschaft ist unumstritten: Sie brachte nicht nur die endgültige Konsolidierung der ottonischen Monarchie, sondern auch grundlegende Entscheidungen mit lang dauernder Wirkung.

Von Otto II. zu Heinrich II.: Die Entfaltung der liudolfingischen Monarchie

Auf dem von Otto I. vollendeten Fundament vermochten die Nachfolger zunächst mühelos weiterzubauen. Die durch die Sakralisierung des Königtums zweifellos erleichterte, allerdings in älteren Traditionen wurzelnde Indienstnahme der Geistlichkeit durch den Herrscher konnte seit Otto I. intensiviert und ausgestaltet werden. Das dadurch geschaffene Reichskirchensystem, ein von der Forschung geprägter und keinesfalls unproblematischer, weil leicht falsche Vorstellungen weckender Begriff, entwickelte sich dabei unter den ottonischen und salischen Königen zu einem die Herrschaft stabilisierenden Faktor, während der selbstbewusste Adel ein eher unruhiges Element blieb.

Der schon zu Lebzeiten des Vaters zum Mitkönig und -kaiser erhobene Otto II. konnte die Nachfolge zwar ungefährdet antreten, musste dann aber sieben Jahre lang um die Behauptung seiner Stellung gegen innere Widersacher, vor allem gegen seinen bayerischen Vetter Heinrich den Zänker, der sich dreimal gegen ihn erhob, und gegen äußere Gegner, unter denen sich auch der westfränkische König Lothar befand, kämpfen, bevor er 980 in Italien eingreifen konnte, um in Abkehr von der Politik des Vaters den byzantinisch-sarazenischen Süden zu erobern. Da er schon am 7. Dezember 983 in Rom starb, wo er im Petersdom beigesetzt wurde, blieb diese Absicht unausgeführt. Weil ihm die Sarazenen im Juli 982 bei Crotone eine schwere Niederlage beigebracht hatten und im Sommer 983 ein großer Slawenaufstand die Aufbauarbeit östlich von Elbe und Saale sowie den sächsischen Grenzschutz zerstörte, fallen dunkle Schatten auf das Bild des zweiten Sachsenkaisers, dem es allerdings insgesamt gelang, die vom Vater begründete Herrschaftsbasis und Machtstellung zu behaupten.

Sein dreieinhalbjähriger Sohn Otto III. war gerade in Aachen zum König gekrönt worden, als die Nachricht vom Tod des Vaters eintraf. Der Theorie nach vollgültiger König, musste trotzdem ein anderer die Regierungsgeschäfte für den minderjährigen Herrscher führen. Zunächst bot sich der aus der Haft entkommene Heinrich der Zänker als Regent an. Als dieser aber unverhohlen selbst zur Königskrone griff, wendete sich das Blatt zugunsten der Mutter. Mit Theophano und, nach deren Tode (991), mit der Großmutter Adelheid setzte sich im ostfränkisch-ottonischen Reich erstmals eine weibliche Regentschaft durch, die sich im Übrigen erfolgreich behauptete.

Otto der Große starb am 7. Mai 973 in der Pfalz von Memleben und wurde im Dom zu Magdeburg beigesetzt. Das lateinische Distichon auf der Marmorplatte seines Sarkophags setzt ihm in knappen Worten ein Denkmal:

König und Christ war er und der Heimat herrlichste Zierde,
den hier der Marmor bedeckt: Dreifach beklagt ihn die Welt.

Im diplomatischen Verkehr wie in der Hofkunst kamen sich der deutsche und der byzantinische Kaiserhof näher und erkannten einander faktisch an. Die Darstellung der von Christus bekrönten kaiserlichen Majestäten Otto II. und Theophano auf einem byzantinischen Elfenbeinrelief wiederholt eine Bildformel, die man in Konstantinopel für die Darstellung des regierenden Kaiserpaares benutzte (Paris, Musée de Cluny).

Als Otto III. im September 994 im Alter von vierzehn Jahren die Regierungsverantwortung selbst übernahm, blieben ihm noch nicht einmal sechseinhalb Jahre, um seine politischen Vorstellungen zu verwirklichen. Schon der Vater hatte seit 982 den Titel eines *Romanorum imperator* geführt, eines Kaisers »der Römer«, und damit seine italischen Ambitionen programmatisch zum Ausdruck gebracht; Otto III. griff dieses Vorbild nach seiner Kaiserkrönung im Mai 996 auf und betonte die römische Tradition noch stärker, indem er auf dem Palatin einen Kaiserpalast errichten ließ und das Hofzeremoniell und die Ämtertitel – nicht zuletzt wohl mit Blick nach Byzanz – in antikisierender Weise umgestaltete.

Dem majestätisch thronenden Otto III. zollen die Provinzen seines Weltreiches, Sclavinia (die slawischen Länder), Germania und Gallia sowie die ideelle Hauptstadt Rom Tribut. Das idealisierende Huldigungsbild schmückt das im späten 10. Jahrhundert im Kloster Reichenau entstandene Evangeliar (München, Bayerische Staatsbibliothek).

Das Krönungsbild des zwischen 1002 und 1014 im Kloster Sankt Emmeram in Regensburg entstandenen Sakramentars Heinrichs II. trägt die nachstehenden Verse (in deutscher Übersetzung):

Sieh, von Gott gekrönt und beschenkt wird der fromme König Heinrich, der durch den Stamm seiner Ahnen dem Himmel nahe ist.
Ulrich möge Herz und Taten dieses Königs segnen,
Emmeram ihm süßen Trost gewähren.
Der Sorge wehrend übergibt ihm der Engel die (Heilige) Lanze,
der andere rüstet ihn, der Schrecken verkünden wird mit dem Schwert.
Mildtätiger Christus, gib langes Leben deinem Gesalbten,
auf dass er dir ergeben nicht verliere den Nutzen der Zeit.

Die von ihm betriebene *renovatio imperii Romanorum* ist trotz aller römischen Anklänge aber kaum als »Erneuerung des Römischen Reiches« antiker Prägung zu verstehen, sondern eher als die Aufrichtung einer christlichen Herrschaftsordnung, in welche die jungen Staatswesen Ostmitteleuropas einbezogen sein sollten. Zu diesem Konzept, in das römische und fränkische Traditionen einflossen und das von Ottos religiösen Vorstellungen geformt wurde, die auch in seinen Sympathien für die Asketen und Eremiten seiner Zeit zum Ausdruck kamen, gehörte vor allem die Einrichtung eigener Kirchenprovinzen in Polen und Ungarn. Im Jahre 1000 wurde daher in Gnesen, im Jahre 1001 in Gran ein Erzbistum geschaffen; die Herrscher über Polen und Ungarn sollten zu Königen aufsteigen, die zusammen mit dem Kaiser, dem »Knecht Jesu Christi« und »der Apostel«, das Christentum schützen und nach Osten tragen sowie Teil eines abgestuften Hegemonialsystems sein sollten. Allerdings stellten sich einem Königtum des Polen Bolesław I. Chrobry – anders als der monarchischen Erhöhung des heiligen Stephan von Ungarn – Widerstände entgegen, als der junge Kaiser im Januar 1002 in Italien der Malaria erlag und seine hochfliegenden Pläne ein jähes Ende fanden. In Aachen, an der Seite Karls des Großen, dessen Grab er im Jahre 1000 hatte öffnen lassen, um dem zum Vorbild gewordenen Karolinger seine Verehrung zu erweisen, wurde er beigesetzt. Seine großartige imperiale Konzeption sank mit ihm ins Grab, doch zeigte sie insofern Wirkung, als die Lösung der herrschaftlichen und kirchlichen Bindungen Polens und Ungarns vom ostfränkisch-ottonischen Reich die monarchische Konsolidierung dieser Staatswesen förderte. Auch die keineswegs vorbildlose Verschmelzung des Reichsgedankens mit der Romidee war endgültig: Kaiser und Reich hießen im Mittelalter »römisch«.

Otto III. starb unvermählt und söhnelos; sein Nachfolger wurde der bayerische Herzog Heinrich, der wie der verstorbene Kaiser ebenfalls ein Urenkel Heinrichs I. war und der sich gegen andere Thronbewerber durchsetzte und die Herrschaft schließlich auch in Italien behauptete, wo zunächst Arduin von Ivrea (†1015) zum Königtum aufgestiegen war. In der Ostpolitik jedoch warf er das Steuer herum und bekämpfte Bolesław I. Chrobry so leidenschaftlich, dass er, der ursprünglich für den geistlichen Stand ausgebildet worden war, der die Klosterreform eifrig förderte, 1004 das aufgehobene Bistum Merseburg wiederherstellte, 1007 das Bistum Bamberg gründete und der 1146 von Papst Eugen III. heilig gesprochen werden sollte, sich nicht scheute, gegen den christlichen Polenherrscher ein Bündnis mit den heidnischen Lutizen einzugehen. Trotzdem musste er 1018 mit Bolesław in Bautzen einen Frieden schließen, der dem Polen die Lausitz als Lehen beließ. Nach innen jedoch festigte Heinrich II. die Herrschaft durch eine intensive Nutzung der königlichen Kirchenhoheit und eine forcierte Indienstnahme der Reichskirchen. Als er am 13. Juli 1024 in der sächsischen Pfalz Grone starb und wenig später in Bamberg beigesetzt wurde, war das Königtum ungefährdet, und der Nachfolger konnte bruchlos an Heinrichs Politik und Herrschaftsstil anknüpfen. Allerdings erlosch mit Heinrich II. der liudolfingische Mannesstamm, der neue König, Konrad II., war in weiblicher Linie zwar ein Nachkomme Ottos des Großen, aber kein Sachse mehr: Das Königtum kehrte zu den Franken zurück. Doch bedeutete dies keine historische Zäsur, vielmehr entwickelte sich das Reich in den vorgezeichneten Bahnen fort und wurde nun zunehmend als »deutsch« empfunden – zunächst aus italischer Sicht, dann vor allem seit der 2. Hälfte des 11. Jahrhunderts auch im Reich nördlich der Alpen selbst.   FRANZ-REINER ERKENS

In dem Sakramentar, das Heinrich II. zwischen 1002 und 1014 im Reichskloster Sankt Emmeram zu Regensburg für den Bamberger Dom anfertigen ließ, wird der kaiserliche Stifter verherrlicht (München, Bayerische Staatsbibliothek).

Im Drachenboot zu fernen Ufern – Die Wikingerzeit

A ls am 8. Juni des Jahres 793 das auf einer Insel vor der nordostenglischen Küste gelegene Kloster Lindisfarne völlig überraschend von skandinavischen Seeräubern geplündert und zerstört wurde, erregte dieser erste zweifelsfrei belegte Überfall von Skandinaviern sofortige Aufmerksamkeit in den höchsten politischen und kirchlichen Kreisen. Denn ein ehemaliger Bruder des Klosters, kein Geringerer als Alkuin, Gelehrter am Hofe Karls des Großen, machte diesen Überfall in mehreren Briefen bis hin nach Rom bekannt und gab dabei auch schon vor, wie zukünftige Chronisten die Invasoren darzustellen hätten: als Strafgericht Gottes und als das Böse schlechthin. Nun waren der englischen Bevölkerung kriegerische Ereignisse keineswegs fremd, diesmal aber hatte der Überfall eine andere

Der im Kloster Lindisfarne gefundene angelsächsische Grab- oder Gedenkstein wird häufig auf den Überfall von 793 bezogen. Er wäre damit die einzige zeitgenössische Darstellung einer mit Schwertern und Äxten angreifenden Wikingerschar. Die lebendige Schilderung der dicht gedrängten Krieger mit ihren hoch gereckten Armen lässt noch den Schrecken erahnen, den die Nordleute verbreiteten.

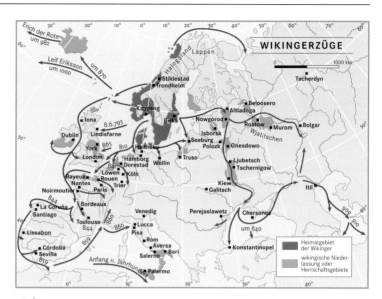

Aus Sigtuna in Schweden stammt der im 10./11. Jahrhundert aus Elchgeweih geschnitzte Kriegerkopf. Der Mann trägt den typischen Kegelhelm mit Nasenschutz (Stockholm, Historisches Museum). Häufig belegt ist auch der brillenartige Augenschutz, wie bei dem Helm des 10. Jahrhunderts aus dem Häuptlingsgrab von Gjermundbu in Norwegen (Oslo, Museum für Nordische Altertümer der Universität). Den als »typisch« geltenden Hörnerhelm hat es dagegen nie gegeben.

Das bei Gokstad in Norwegen gefundene, hochseetüchtige Langschiff des 9. Jahrhunderts wurde im Museum der Wikingerschiffe auf Bygdøy (Oslo) rekonstruiert. Es ist 23,3 m lang, hatte einen ursprünglich 12 m hohen Mast und bot 32 Ruderern Platz.

Dimension: Die Angreifer kamen von der offenen See her, womit man nach der gewohnten Schiffsbautechnik nicht rechnen konnte, und obwohl es voll bemannte, hochseetüchtige Schiffe waren, konnten sie dennoch mühelos in den flachen Küstengewässern um Lindisfarne manövrieren.

Schon nach den ersten Überfällen im Westen, auf den Britischen Inseln und im Frankenreich, war den Chronisten bekannt, dass die räuberischen Seefahrer aus den nördlichen Gebieten jenseits der Nordsee kamen, etwa aus »Westfold« (am Oslofjord) oder »Hordaland« (Westnorwegen). In den Quellen jedenfalls werden sie pauschal »Nordleute«, »Normannen« *(nordmanni),* »Dänen« *(dani),* »Seeräuber« *(pyratae),* und Heiden *(pagani),* in angelsächsischen Quellen insbesondere »Wikinger« *(wycinge)* genannt. Neben »Normannen« hat sich in der Neuzeit, vermittelt über die skandinavischen Sprachen, »Wikinger« als Bezeichnung für – vor allem kriegerische – skandinavische Seefahrer eingebürgert. Im Altnordischen ist das Wort als *vikingr* (Plural *vikingar*) belegt und heißt wahrscheinlich soviel wie »Buchtenlagerer«, »Seeräuber«. Auch die Form *viking* »auf Wikingfahrt gehen« ist in den altnordischen Texten belegt. Es ist also gut möglich, dass sich »Wikinger« (richtiger wäre »Wiking« und »Wikinge«) auch bisweilen selbst so genannt haben.

Gegen Ende des 8. Jahrhunderts begann eine gut 250 Jahre andauernde Periode skandinavischer Expansion. Im Westen unterlagen die Britischen Inseln, Friesland, das Rheinmündungsgebiet, Nordfrankreich, im Osten vor allem das Baltikum, Finnland und die Flusssysteme der Wolga und des Dnjepr bis hin zum Kaspischen und Schwarzen Meer dem Zugriff skandinavischer Seefahrer, die zugleich als Räuber, Kaufleute und Siedler auftraten. Einzelne Raubzüge richteten sich gegen das Kalifat von Córdoba (Sevilla 844) und Küstenstädte des Mittelmeers (859–862).

Um die Mitte des 11. Jahrhunderts kam diese skandinavische Expansionsbewegung zu einem allmählichen Ende. Im Jahr 1066 versuchte zum letzten Mal ein norwegischer König, Harald III., der Strenge, ernsthaft, England zu erobern, wurde von einem englischen König aus anglodänischem Haus, Harold II. Godwinson, besiegt und getötet, und dieser englische König fiel einige Monate später in der berühmten Schlacht bei Hastings gegen den Herzog der Normandie, Wilhelm I., den Eroberer, einen Nachkommen dänisch-norwegischer Wikinger. Damit war eine äußerst bewegte Phase der nordeuropäischen Geschichte abgeschlossen, die als »Wikingerzeit« einen eigenen Platz in der historischen Epocheneinteilung vor allem der skandinavischen Länder und Englands eingenommen hat.

Sie bedeutete für die Nord- und Ostseeregion eine nachhaltige Veränderung der politischen Landkarte, einen intensiven Kulturaustausch zwischen Skandinavien und Westeuropa, eine Öffnung weiter geographischer Horizonte und schließlich die endgültige Einbindung Dänemarks, Norwegens und Schwedens in die kulturellen, wirtschaftlichen und politischen Strömungen des Kontinents. Aus skandinavischer Perspektive war die Wikingerzeit eine Phase gewaltsamer, aber auch friedlicher Expansion und komplexer innerer Umwälzungen, an deren Ende die Christianisierung des Nordens und die Konsolidierung der drei nordischen Königreiche stand.

Aus der Kirche von Tamdrup (Jütland) stammt ein Zyklus von Bronzereliefs des 12. Jahrhunderts mit Bildern aus dem Leben des heiligen Poppo. Er bekehrte Harald Blauzahn, indem er die Macht seines Glaubens durch Anfassen und Tragen von glühendem Eisen demonstrierte. Der Ausschnitt hier zeigt die Taufe des Königs (Kopenhagen, Nationalmuseet).

Seefahrer und Entdecker, Bauern und Händler

D ie Seefahrten der Wikinger zeitigten einige spektakuläre Entdeckungen, die das Ausdehnungsgebiet der Skandinavier beträchtlich erweiterten. Die Färöer sind wahrscheinlich schon um 800 von Norwegen aus besiedelt worden. Das in der 2. Hälfte des 9. Jahrhunderts entdeckte Island wurde ab 870 von Norwegern besiedelt. Als erster Siedler gilt Ingólfur Árnason. Die eigentlichen Entdecker der Färöer und Islands waren indessen keltische Mönche, die sich allerdings niemals dauerhaft auf diesen Inseln niedergelassen hatten.

Von Island aus setzte sich die Reihe der Entdeckungen im Nordatlantik fort: 986 ließ sich Erich der Rote auf Grönland nieder, das er 982 entdeckt hatte. Kurz nach dem Jahr 1000 begann sein Sohn Leif Erikson die Küsten östlich der Davisstraße (Labrador und Neufundland) zu erforschen, die um 986 erstmals von skandinavischen Seefahrern gesichtet worden waren. In der Folgezeit kam es von Grönland aus zu mehreren Besiedlungsversuchen auf amerikanischem Boden – skandinavische Siedlungsreste sind bei L'Anse-aux-Meadows auf Neufundland gefunden worden –, die aber, vermutlich wegen kriegerischer Auseinandersetzungen mit Indianern oder Eskimo, abgebrochen werden mussten. Die skandinavischen Siedlungen an der Südostküste Grönlands wurden um 1350 bzw. 1500 wieder aufgegeben.

Zu Hause, in den Heimatländern der Wikinger – Dänemark, Norwegen, Schweden, Südfinnland –, bildeten Ackerbau und Vieh-

Der um 1000 besiedelte wikingische Siedlungsplatz von L'Anse-aux-Meadows an einer morastigen Bucht im nördlichen Neufundland wurde in den späten 1960er-Jahren ausgegraben. Die Bauform der aus Grassoden und Treibholz errichteten Doppelhäuser erinnert an zeitgleiche Häuser auf Island und Grönland. Auch Werkstätten und eine Schmiede wurden gefunden.

haltung die wichtigste Lebensgrundlage. Fischerei wurde in dieser Zeit allenfalls für den Eigenbedarf betrieben und begann wohl erst um 1100 gewerbsmäßige Formen anzunehmen. In den nördlichsten Randzonen des skandinavischen Siedlungsraumes war die Jagd ein bedeutender Erwerbszweig, denn Pelze und Häute waren von jeher ein wichtiges Handelsgut der Skandinavier.

Über die Ursache der Wikingerzüge sind zahlreiche Theorien entwickelt worden. Neben der häufig genannten Überbevölkerung infolge günstiger klimatischer Bedingungen dürften jedoch vor allem die politischen und wirtschaftlichen Verhältnisse in Westeuropa eine gewichtige Rolle gespielt haben. Nach dem Zerfall des Weströmischen Reiches und nach dem Vordringen der Araber nach Nordafrika und Spanien hatte der Mittelmeerraum seine Bedeutung als zentrales Wirtschaftsgebiet verloren. Mit der Etablierung des Frankenreiches verlagerten sich zunehmend politische und religiöse Zentren nach Norden, ersichtlich etwa an der Bedeutung Aachens für das Karolingerreich. Der seit der Römerzeit hoch entwickelte Wirtschaftsraum im Gebiet zwischen Rhein, Mosel, Seine und Loire suchte nach den Brüchen der Völkerwanderungszeit unter Umgehung des Mittelmeerraumes gangbare Handelsrouten in den östlichen Teil des Mittelmeeres. Es eröffnete sich eine Fernhandelsroute mit Ausgangspunkt im Rheinmündungsgebiet (mit Dorestad als Zentrum), die entlang der friesischen Küste die südjütische Landenge zwischen Elbmündung und Schlei überwand (mit dem späteren bedeutenden Umschlagplatz Haithabu/Schleswig), weiter durch die Ostsee (mit Stützpunkten im Bereich des schwedischen Mälarsees, in der Wikingerzeit vor allem Birka) und den Finnischen Meerbusen nach Altladoga am Ladogasee führte, um dort über den Dnjepr und Kiew nach Konstantinopel und damit zum östlichen Mittelmeer zu gelangen. Diese vielleicht schon im 7./8. Jahrhundert eröffnete Handelsroute zog das südliche Skandinavien mit besonderem Nachdruck in den westöstlichen Warenverkehr ein und eröffnete neue Möglichkeiten, Reichtum und politische Macht zu gewinnen.

Die Siedlung Haithabu an der Schlei in der Nähe von Schleswig umfasste zu ihrer Blütezeit im 10. Jahrhundert etwa 24 ha und wurde mit einem Wall geschützt. Der Hafen am Haddebyer Noor war durch Unterwasserpalisaden geschützt. Zwei in Haithabu geprägte Münzen zeigen ein Schiff bzw. eine Hütte mit einem von Tierköpfen bekrönten First.

Das Wikingerschiff

Unumstritten ist indessen, dass es eine einzige technische Neuerung war, die die weit ausgreifenden, häufig über offenes Meer führenden Seefahrten der Skandinavier überhaupt erst möglich machte: das Wikingerschiff. Charakteristisch für dieses war die Kombination von umlegbarem Rahsegel und Riemen (Ruder), eine flexible Verbindung der in »Klinkerbauweise« (dachziegelartig

übereinander gesetzt) angebrachten Planken und der Spanten sowie
weit nach außen gewölbte Bordwände, sodass es auch bei voller
Bemannung nur einen äußerst geringen Tiefgang aufwies. Die Ruderer waren nicht etwa Sklaven, sondern die
freie Schiffsmannschaft, die an den Kriegs- und Handelsaktionen teilnahm, häufig als Anteilseigner des
Schiffes mit Anspruch auf den entsprechenden Anteil an
Beute oder Handelsgewinnen.

Das Wikingerschiff, dieser wohl erst Ende des 8. Jahrhunderts voll ausgereifte Schiffstyp, bot somit die besten
Voraussetzungen für die Kampftaktik der Wikinger, die auf
überraschender Annäherung und schnellem Rückzug basierte. Diese Taktik befähigte zu den ausgedehnten Raubzügen, die für die Anfangsphase der Wikingerzeit bis etwa
830/840 typisch waren. Bevorzugte Ziele waren – den Quellen
nach zu schließen – zunächst Klöster und Kirchen, da hier am
leichtesten Reichtümer zu holen waren.

Der bei den Ausgrabungen in Helgö (Schweden) gefundene Bischofsstab wurde im 8. Jahrhundert auf den Britischen Inseln hergestellt. Ob er ein frühes Zeugnis der Nordmission darstellt oder als Beutestück von einer Plünderung einer Kirche oder eines Klosters stammt, ist nicht klar (Stockholm, Historisches Museum).

Obwohl solche Angriffe wohl nur von wenigen Schiffen unternommen wurden, müssen die Nordleute schon bald als ernsthafte
Bedrohung angesehen worden sein, denn bereits vor 800 ließ König
Offa von Mercia Verteidigungsanlagen gegen die »heidnischen Seefahrer« bauen, und in den fränkischen Reichsannalen wird berichtet,
dass Karl der Große im Jahre 800 Küstenbefestigungen, Signalfeuer
und dergleichen zwischen Rhein-/Scheldemündung und Seinemündung kontrollierte oder neu errichten ließ und auch »Flotten« an der

DRACHENBOOTE

Im 7. und 8. Jahrhundert entwickelten die Wikinger eine schlanke Schiffsform mit stabilem Kiel und breit gewölbtem Rumpf, der sich flach auf die Wasseroberfläche legte. Die Festigkeit des aus Eichenholz gefügten Rumpfes machte diese Langschiffe hochseetüchtig, die flache Bauweise erlaubte zugleich das Befahren von Flüssen und flachen Küstengewässern, ein großer Vorteil bei Raubzügen. Sogar der Transport über Land war mittels untergelegter Rollen möglich. Angetrieben wurden sie durch ein großes Rahsegel, das man umlegen konnte; bei Windstille wurde gerudert.

Normalerweise fanden etwa 40 bis 50 Ruderer in den bis zu 30 m langen, offenen Schiffen Platz. Sie hatten dort keinen Schutz vor Witterung. Eine Darstellung auf dem Bildteppich von Bayeux (rechts oben) zeigt, wie dicht sich die Mannschaft an Bord drängte. Das

Steuerruder wurde auf der rechten Seite (daher: Steuerbord) geführt. Auf beide Steven sind oft Drachenköpfe gesetzt, was zu der Bezeichnung »Drachenboot« angeregt hat. Das im Schiffsgrab bei Oseberg am Oslofjord gefundene Prunkschiff zeigt eine solche Verzierung (links).

Loiremündung, an der Garonne und nach einem dänischen Angriff
auf Friesland 810 auch in Gent und Boulogne stationierte. Diese
ersten Abwehrbemühungen scheinen anfangs durchaus Erfolge gezeitigt zu haben, denn es sind bis in die ersten Jahrzehnte des 9. Jahrhunderts auch Niederlagen der Wikinger überliefert.

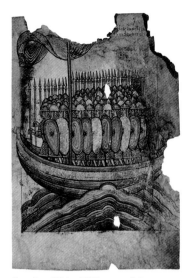

Den Angriff der Wikinger auf das am Fluss Maine in der Nähe der Mündung in die Loire gelegene Angers im 9. Jahrhundert stellt eine etwa zwei Jahrhunderte später entstandene Miniatur in der Lebensbeschreibung des heiligen Albin dar. Die disziplinierte Haltung und ritterliche Bewaffnung mit Kettenhemd und Langschild ist freilich eher dem Aussehen zeitgenössischer Krieger nachempfunden (Paris, Bibliothèque Nationale).

Typisch wikingische Fundstücke sind auf dem europäischen Kontinent rar. Aus dem 10. Jahrhundert stammt ein Paar Ovalfibeln der nordischen Frauentracht, das in Pîtres, nahe dem Zusammenfluss von Andelle und Seine, gefunden wurde (Rouen, Musée Départemental des Antiquités de Seine-Maritime).

Die große Wende setzte nach dem Tod Karls des Großen 814 und mit dem Zerfall des Karolingerreiches ein. Nachdem der bedeutende Handelsplatz Dorestad an der Scheldemündung mehrfach (834, 835, 836) geplündert worden war, konnte Kaiser Ludwig I., der Fromme, durch Anlage von Rundburgen an der Küste Flanderns die Einfälle dort eindämmen. In England, Irland und Westfrankreich dagegen stießen wikingische Scharen bis in die Binnenregionen vor. Nach Ludwigs Tod im Juni 840 und der Reichsteilung von 843 war das westliche Frankenreich nahezu ungeschützt wikingischen Angriffen ausgesetzt. Zum ersten Mal drangen Wikinger 841 über die Seine nach Süden, und 845 wurde ein Angriff auf Paris nur durch Zahlung der ungeheuren Summe von 7 000 Pfund Silber abgewendet.

Die Eindringlinge setzen sich fest

In dieser Phase vollzog sich eine entscheidende Veränderung der Kriegführung: Die Wikinger zogen sich in den Wintermonaten nicht mehr in ihre Heimatländer zurück, sondern überwinterten in den von ihnen heimgesuchten Gebieten, zuerst in Irland ab 841, 851 auf der Themseinsel Thanet und ebenfalls 851 zum ersten Mal auf einer Scincinsel, 859 auf der Insel Noirmoutier in der Loiremündung, ferner auf Walcheren und sogar in einem befestigten Lager bei Löwen. Von solchen Basen aus wurden in der Folgezeit systematisch auch die Einzugsgebiete der Mittel- und Oberläufe der jeweiligen Flüsse angegriffen. Neben westfränkischen Städten wie Nantes, Bordeaux, Toulouse, Rouen und Paris traf es mittel- und ostfränkische Küstenplätze wie Dorestad und Hamburg ebenso wie Aachen, Köln und Trier im Binnenland.

Die ständige Präsenz im Lande führte zu intensiveren Kontakten mit den jeweiligen lokalen Machthabern und der Bevölkerung. Zunehmend verlegten sich einzelne Wikingerheere darauf, von Städten, Klöstern, Landesherren Tributzahlungen zu verlangen mit der Zusage, von Plünderungen und Zerstörungen abzusehen. Diese oft erheblichen Tributforderungen – in England später *Danegeld* (Dänengeld, Dänensteuer) genannt – wurden seit dem 9. Jahrhundert nahezu regelmäßig erhoben.

In einem nächsten Schritt ging man dazu über, den Wikingern auf der Grundlage von Verträgen Land an der Küste abzutreten und als Gegenleistung zu fordern, andere Wikingerheere von Plünderungen in dieser Region abzuhalten. Das Modell wurde an verschiedenen Stellen versucht, so auf Walcheren und an der Rheinmündung bei Dorestad, doch waren die ersten Siedlungen recht kurzlebig. Am dauerhaftesten erwies sich die Präsenz der Seinewikinger um Rouen unter ihrem norwegischen Anführer Rollo, die nach dem Vertrag von Saint-Clair-sur-Epte 911 mit dem westfränkischen König Karl III., dem Einfältigen, ihr Siedlungs- und Herrschaftsgebiet ständig ausweiteten und damit die Grundlagen für das später so bedeutsame Herzogtum Normandie legten.

In England begannen sich seit 865 mehrere Wikingerheere zusammenzuschließen, um Land in ihren Besitz zu nehmen. Ab 871 beherrschten sie weite Teile Ostenglands, ab 876 begannen sich einzelne Gefolgschaften zwischen York und London dauerhaft anzusiedeln. Allein das angelsächsische Königreich Wessex unter König Alfred dem Großen konnte seine Unabhängigkeit bewahren. 878 besiegte Alfred ein Dänenheer unter der Führung des Wikingerfürsten Guthrum, mit dem er 886/890 einen Vertrag über die Aufteilung der Machtbereiche abschloss. Grenzlinie war die Watling Street, eine zwischen London und Chester verlaufende Römerstraße. Östlich davon lag das autonome Herrschaftsgebiet der Dänen, das *Danelaw* oder (altnordisch) *Danelagh*. Es erhielt Zuzug vor allem aus den irischen Wikingersiedlungen sowie aus Dänemark und Norwegen selbst. In Northumbria mit dem Hauptort York etablierte sich eine norwegische Herrschaft.

Handelszüge nach Osten – Die Waräger

Die Präsenz von Skandinaviern jenseits der Ostsee, im Baltikum, in Karelien, in Russland, dort vor allem entlang der Flüsse Dnjepr und Wolga, im Chasarengebiet am Unterlauf der Wolga und im Umkreis des Kaspischen Meeres sowie schließlich im byzantinischen Schwarzmeergebiet und in Konstantinopel selbst, ist durch archäologische Quellen, insbesondere durch eine Vielzahl von Depotfunden in Gotland und Schweden mit Tausenden von Silbermünzen aus Byzanz und dem Kalifat von Bagdad, ferner aus byzantinischen und russischen Chroniken sowie durch Berichte arabischer und persischer Kaufleute gut belegt. Die Aktivitäten der Skandinavier – im Osten vor allem der Schweden und Gotländer – konzentrierten sich auf den Fernhandel in einer sehr komplexen Form, denn dazu gehörte die aktive Erbeutung der beiden wichtigsten skandinavischen Handelsgüter: Sklaven und Felle. Die Sklaven wurden ins Kalifat von Bagdad verkauft, im Westen über Zwischenhandel auch ins Kalifat von Córdoba.

Die im Osten Handel treibenden Skandinavier wurden **Waräger** oder **Rus** genannt. Der Name »Waräger«, altnordisch *vaeringjar,* leitet sich vielleicht von *vár* »Treueid« ab, könnte also die »durch Eid verbundenen Krieger oder Kaufleute« bezeichnen, während »Rus« von altnordisch *rod/rodr* »Rudermannschaft« stammt. Nach Letzteren ist Russland (»Land der Rus«) benannt, aber auch Schweden, das in der Sprache der Finnen *Ruotsi* heißt. Waräger waren an der Gründung der Fürstendynastie von Kiew beteiligt, deren erste Repräsentanten skandinavische Namen trugen wie Rurik, Askold (Eskil), Oleg (Helgi), Olga (Helga) und Igor (Ingvar).

Die enge Verzahnung von Handwerk und Handel zeigt sich an den versandfertig auf einem Stock aufgereihten Axtklingen, die in Gjerrlind (Dänemark) gefunden wurden und vermutlich aus Schweden oder Norwegen stammen. Es handelt sich um Halbfabrikate, die noch vom Schmied vollendet und schließlich geschäftet werden mussten (Kopenhagen, Nationalmuseet).

Die Herrschaft der Skandinavier, die im Osten »Waräger« oder »Rus« genannt wurden, konzentrierte sich auf die Sicherung der Handelsrouten und der wichtigsten Stützpunkte wie Nowgorod, Altladoga, Isborsk, Beloosero, Smolensk, Jaroslawl, Kiew, Tschernigow. Der an der mittleren Wolga im Gebiet der Bulgaren gelegene Handelsplatz Bolgar wurde häufig von Skandinaviern besucht und war zugleich der wichtigste Anlaufpunkt arabischer und persischer Kaufleute. Einige von ihnen sind auf den warägischen Handelsrouten bis nach Haithabu gelangt und haben Beschreibungen dieses

Zum Andenken an in der Ferne verstorbene Gefährten, Gefolgsleute oder Angehörige wurden die skandinavischen Runensteine errichtet. Der um 1050 entstandene Stein von Gripsholm (Schweden) berichtet vom Zug Ingvars des Weitgereisten und seines Bruders Harald. Der abschließende Stabreim lautet: »Sie fuhren mannhaft fern nach Gold/ gaben Im Osten dem Adler Speise/ sie starben im Süden in Serkland.« Das Füttern der Adler steht für das Töten von Feinden, mit »Serkland« könnte das Land der Sarazenen gemeint sein.

Mit einem Durchmesser von 136 m ist die von breitem Wall und Graben geschützte Trelleburg auf Seeland die größte der um 980 gebauten Rundburgen Dänemarks. Die regelmäßige Anlage der Häuser im Innern der Burg weist auf einen einheitlichen Planungsentwurf hin; ihre Grundrisse sind durch die mit Beton ausgegossenen Pfostenlöcher sichtbar. Der Begräbnisplatz mit etwa 150 Erdbestattungen liegt in der Vorburg, deren Häuser auf den Mittelpunkt der Anlage hin ausgerichtet sind.

Handelsortes hinterlassen. Insbesondere in Kiew gelang es den Rus Mitte des 9. Jahrhunderts, wohl auch im Zusammengehen mit slawischen Fürsten, eine weiträumige Herrschaft zu errichten und eine anfangs skandinavisch geprägte Kiewer Fürstendynastie zu gründen.

Nach Angriffen der Kiewer Rus auf Konstantinopel (ab 860) setzten sie 907 beim byzantinischen Kaiser Handelsprivilegien durch. Ab etwa 970 begann die Aufnahme skandinavischer Söldner in die kaiserliche Palastgarde (»Warägergarde«). Der wohl bekannteste von ihnen war der spätere norwegische König Harald III., der Strenge.

Erstmals in Skandinavien: Zentrale Königtümer

Während sich im Westen die häufig unbekannten Anführer wikingischer Heere wohl eher aus der Schicht regional bedeutender Familien rekrutiert haben dürften, traten in den letzten Jahrzehnten des 10. Jahrhunderts verstärkt norwegische und dänische Könige als Führer und Initiatoren von Wikingerzügen auf – ein deutliches Zeichen dafür, dass sich im Laufe der Wikingerzeit in den skandinavischen Ländern ein zentrales Königtum auf Kosten kleinräumig-regionaler Herrschaften zu entwickeln begann.

So erkämpfte in Norwegen der Kleinkönig Harald I. Schönhaar (860–930) erstmals ein landesumfassendes Königtum. In Dänemark bezeichnete sich der getaufte König Harald Blauzahn (935/940 bis etwa 987) auf einem der beiden Runensteine von Jelling als König aller Dänen, und die Ende des 10. Jahrhunderts entstandenen vier großen Rundburgen (»Trelleburgen«) in Jütland und auf Fünen weisen auf Machtzentren eines sich landesweit konsolidierenden Königtums. Umgekehrt gelang es jetzt einzelnen Wikingerführern, in ihrem Heimatland Thronansprüche durchzusetzen, so im Falle der

norwegischen Könige Olaf I. Tryggvason (995–1000) und Olaf II. Haraldsson (1015–30).

Die mit großen Flotten und unter königlicher Führung vorgetragenen Angriffe auf England sollten schließlich zur gänzlichen Eroberung der nichtdänischen Teile Englands und zur Einsetzung dänischer Könige auch als Könige von England führen. Erster Dänenkönig auf dem englischen Thron war 1013/14 Sven Gabelbart. Sein Sohn Knut II., der Große, wurde Ende 1016 Alleinkönig über England und errichtete, seit 1019 und 1028 auch König von Dänemark und Norwegen, ein »Nordseeimperium«, das aber über seinen Tod (1035) hinaus keinen Bestand hatte. 1040 bis 1042 war auch sein Sohn Hardknut noch einmal König von England.

Die Normannen in Süditalien und Sizilien

Mobilität und kluge Anpassung an fremde Lebens- und Herrschaftsverhältnisse, Hunger nach Land und Beute – konstituierende Kräfte der Wikingerzeit – zeigten sich noch einmal deutlich am zupackenden Engagement normannischer Gruppen aus dem Herzogtum Normandie in Süditalien und Sizilien. Noch während der Ausweitungs- und Konsolidierungsphase des Herzogtums im 10. Jahrhundert, nach der Übernahme romanischer Sprache und Kultur, griffen Teile des neu formierten Adels, zunächst als geworbene Söldner, in die Machtkämpfe Unteritaliens ein und errangen dort mit verblüffender Zielstrebigkeit die Herrschaft.

Die Normannen begaben sich im südlichen Italien auf ein komplexes und schwankendes politisches Terrain, in dem die wichtigsten Mächte der Zeit, das Papsttum, der deutsche Kaiser, das Byzantinische Reich und die Muslime in Nordafrika und Sizilien ihre Ambitionen hatten. Dazwischen lagen die untereinander zerstrittenen langobardischen Fürsten- und Herzogtümer Capua, Salerno, Benevent, Amalfi, Sorrent, Neapel und Gaeta.

Die erste Gruppe normannischer Ritter muss in der Zeit zwischen 1000 und 1015 von einem langobardischen Fürsten zur Unterstützung gegen Byzantiner und Sarazenen angeworben worden sein. Die Truppe hatte mit ihrer neuartigen ritterlichen Kampftaktik, dem konzentrierten Reiterangriff mit eingelegter Lanze, nicht nur militärische, sondern offenkundig auch politische Erfolge, denn bereits 1038 wurde der normannische Anführer Rainulf I. Drendot mit der Grafschaft Aversa belehnt.

Mit der Ankunft der Brüder Hauteville, Angehörigen einer Adelsfamilie aus der Normandie, begann die normannische Reichsbildung endgültig Gestalt anzunehmen. Eine wichtige Voraussetzung dafür war die gegen Byzanz gerichtete, nicht immer problemlose Beziehung der Normannen zum Papst und die Anerkennung des Kaisers als oberstem Lehnsherrn. Bereits 1042 wurde Wilhelm Eisenarm, einer der Hauteville-Brüder, als Anführer *(comes)* aller normannischen Söldner anerkannt. Sein Bruder Drogo erhielt von Kaiser Heinrich III. 1047 als Herzog Apulien und Kalabrien zu Lehen. Nach der für die Normannen siegreichen Schlacht von Civitate 1053 gegen Byzantiner, Langobarden und ein päpstliches Heer musste auch Papst Leo IX. die normannischen Eroberungen in Süd-

In ihrem süditalischen Reich wurden die Normannen mit der Kulturwelt des Mittelmeers konfrontiert, der sie sich schnell anpassten. Bei der Herrscherrepräsentation spielte besonders das byzantinische Erbe eine Rolle, wie das Goldgrundmosaik in der Kirche La Martorana in Palermo zeigt: Der Normannenkönig Roger II. wird im Ornat eines oströmischen Herrschers von Christus gekrönt und so vom Stifter des Bildes, dem sizilischen Oberbefehlshaber Georg von Antiochien, als souveräner Herrscher gerühmt.

Ein frühes und spektakuläres Zeugnis christlicher Bekehrung im wikingischen Norden ist der Runenstein von Jelling (Mitteljütland). Der erste getaufte Dänenkönig Harald Blauzahn verkündet dort in der Inschrift unter der ältesten Christusdarstellung in Skandinavien: »und machte die Dänen zu Christen.« Die Mission aus Kontinentaleuropa wandte sich zuerst an die Herrscher.

Eine um 1325 entstandene Altarverkleidung im Dom von Trondheim stellt den heiligen Olaf als streitbaren Herrscher mit Axt und Reichsapfel in wichtigen Szenen seines Lebens dar.

italien anerkennen. Robert Guiscard, ebenfalls ein Hauteville und seit 1046 in Italien, eroberte Kalabrien und ließ sich 1059 von Papst Nikolaus II. mit Sizilien belehnen, das indessen erst noch erobert werden musste. Während Robert Guiscard in Unteritalien Krieg führte, begann sein Bruder Roger I. 1061 mit der Eroberung Siziliens, die 1091 abgeschlossen war. Bohemund von Tarent, ein Sohn Robert Guiscards, nutzte seine Teilnahme am 1. Kreuzzug zur Errichtung des normannischen Fürstentums Antiochia in Syrien (ab 1098). Roger II., Sohn Rogers I., wurde 1130 König über das normannische Unteritalien und Sizilien. Das Königreich beider Sizilien blieb bis zur Eroberung durch die Staufer in normannischer Hand.

Die Christianisierung der Skandinavier

Nach der Unterwerfung der Sachsen geriet auch Skandinavien ins Blickfeld der fränkischen Mission. Bereits 829 unternahm Ansgar, der spätere Bischof des Missionsbistums Hamburg-Bremen, seine erste Missionsreise nach Birka im Mälarsee und errichtete dort 830/831 eine Missionsstation. 948 wurden dort und in Århus Bistümer gegründet. Um 960 nahm der Dänenkönig Harald Blauzahn, Vater Sven Gabelbarts, das Christentum an.

In Norwegen war die angelsächsische Mission stärker vertreten. Die endgültige Initiative zur landesweiten Einführung des Christentums ging hier, der Überlieferung nach, um die Jahrtausendwende von den Wikingerfürsten und später so genannten »Missionskönigen« Olaf I. Tryggvason, getauft auf den Scillyinseln, und Olaf II. Haraldsson, getauft in der Normandie, aus. In ihrem Gefolge führten sie angelsächsische Geistliche mit. Der Tod Olaf Haraldssons in der Schlacht von Stiklestad (bei Trondheim) 1030 wurde von der jungen norwegischen Kirche sogleich als Märtyrertod gedeutet, und der bald einsetzende Heiligenkult und die Heiligsprechung Olafs boten die Grundlage für den Aufbau der norwegischen Kirchenorganisation. – Island führte erst im Jahr 1000 durch Beschluss des zentralen Allthings das Christentum als offiziellen Kultus landesweit ein.

Angeln, Sachsen, Jüten, Dänen – Die Britischen Inseln bis zur Eroberung Englands durch die Normannen

Es ist eine augenfällige Erscheinung in der Geschichte der Britischen Inseln, dass sie sich nach 1066 keiner Invasionen mehr erwehren mussten, während in den ersten tausend Jahren nach Christi Geburt vier große Eroberungen die Geschicke der Insel prägten: die der Römer (seit dem 1. Jahrhundert n. Chr.), der Angeln und Sachsen (um 400), der skandinavischen Wikinger (Ende des 8. Jahrhunderts) und schließlich die der Normannen aus der Normandie (1066).

Die Römer haben schon recht früh Bekanntschaft mit germanischen Eindringlingen gemacht, die man »Sachsen« nannte: 285/286 fand der erste überlieferte Sachseneinfall von See her in die römische Provinz Gallien statt. Die Sachsen müssen aber schon vorher die Küsten Nordgalliens und Südbritanniens unsicher gemacht haben, denn zwischen 200 und 400 n. Chr. befestigten die Römer die östlichen Küstenbereiche diesseits und jenseits des Ärmelkanals durch Anlage von Forts und Hafenbefestigungen und schufen dort einen eigenen Militärbezirk, den *litus Saxonicum,* die »Sächsische Küste«. Ab etwa 250 werden allerdings auch Sachsen *(Saxones)* als Föderaten, Bundesgenossen, in römischen Diensten erwähnt.

Bereits um 160 n. Chr. lokalisiert der griechische Naturforscher Ptolemäus die Sachsen im Bereich der »Cimbrischen Halbinsel« (Jütland). Sie dürften zwischen dem 1. und 5. Jahrhundert n. Chr. in die Region zwischen Elbe und Weser eingewandert sein, wo sie archäologisch gut nachzuweisen sind. Die nördlich der Elbe siedelnden Angeln und Jüten zählen ebenfalls zur Stammesgruppe der Sachsen. Diese Völkernamen repräsentieren jedoch keine in sich geschlossenen Stammeskörper etwa unter der Führung eines Königs, sondern sind übergreifende Bezeichnungen für untereinander unabhängige Stammesgruppen und Verbände. Bis zum Ende des 9. Jahrhunderts übertrug sich der Name der Angeln auf die gesamte germanische Bevölkerung Englands (*engla land* »Land der Angeln«).

Der Schatz von Water Newton (Huntingdonshire) ist der älteste christliche Silberfund des Römischen Reiches. Er belegt die Christianisierung Britanniens schon im 3. Jahrhundert. Auf einem Becher steht neben dem Christusmonogramm die Stifterinschrift zweier Frauen (London, Britisches Museum).

Das bei Nydam im südöstlichen Jütland, dem Stammland der Angeln, gefundene Eichenboot aus dem 4. Jahrhundert bot mit seinen knapp 23 m Länge Platz für etwa 45 Mann Besatzung mit Ausrüstung und Vorräten. Mit Ruderschiffen dieser Art unternahmen die Angeln und Sachsen ihre Kriegsfahrten (Schleswig, Archäologisches Landesmuseum der Christian-Albrechts-Universität).

Die Römer verlassen Britannien

Ab der Mitte des 4. Jahrhunderts nahmen die sächsischen Angriffe beträchtlich zu. Zwar besiegten die Römer 368 noch einmal eine sächsische Flotte, aber bereits 407 zog der Usurpator Konstantin III. die letzten römischen Truppen aus Britannien ab und beendete damit endgültig die Präsenz Roms auf der Insel. Nach archäologischen Befunden zu urteilen hielten sich möglicherweise schon seit dem Ende des 4. Jahrhunderts sächsische und fränkische Föderaten in Britannien auf, die nach dem Abzug der Römer Zuzug vom Kontinent her bekamen und sich, nach teilweiser Vertreibung der einheimischen keltischen (britischen) Bevölkerung, in East Anglia, den Midlands, Lincolnshire und dem östlichen Yorkshire ansiedelten.

Südlich der Themse organisierte die britische (Stadt-)Bevölkerung unter Führung britischer Magnaten die entschlossene Verteidigung und ging nach vergeblichen Hilfsersuchen an die Römer in Gallien dazu über, nach römischem Vorbild germanische (meist sächsische) Föderaten in ihre Dienste zu nehmen, um weiteres Eindringen anderer sächsischer Gruppen, aber auch der schottischen Pikten, zu verhindern. Ab 430 ließen sich so auf Einladung des britischen Fürsten Vortigern jütische Gruppen unter ihrem Anführer Hengist in

Eine Miniatur in der angelsächsischen Übersetzung des Alten Testaments, die im frühen 11. Jahrhundert vermutlich in Canterbury entstand, zeigt einen zeitgenössischen König im Kreise seines Adelsrates. Die königliche Gerichtsbarkeit ist durch das Schwert in der Hand des Königs und die Hinrichtung rechts im Bild verdeutlicht (London, British Library).

Kent nieder. 442/443 kam es zu einer Revolte dieser Föderaten, aber alle Versuche der Briten, die germanischen Krieger und Siedler aus dem Lande zu verjagen, scheiterten nach langwierigen Kämpfen. Die Briten wurden immer weiter nach Westen zurückgedrängt und mussten die späteren sächsischen Siedlungsgebiete Essex (Ostsachsen), Middlesex (Mittelsachsen) und Sussex (Südsachsen) abtreten. In einem weiteren Vorstoß drangen die Sachsen entlang der Südküste bis zum britischen Königreich Dumnonia (Devon/Cornwall) vor. Bis zum Ende des 7. Jahrhunderts unterwarfen die Angelsachsen ganz England bis zum Firth of Forth, lediglich die britischen Herrschaften Dumnonia, Wales und Strathclyde bzw. Cumbria im Nordwesten sowie Schottland konnten ihre Unabhängigkeit behaupten.

Kampf um die Vorherrschaft – Die angelsächsischen Königreiche

Besiedlung und Herausbildung von Königsherrschaft verliefen nicht gleichzeitig. Die Organisation der neuen Siedlungsgebiete entsprach in etwa der Gruppen- und Stammesstruktur der kontinentalen Sitze, und erst seit dem Ende des 6. Jahrhunderts begann sich ein Königtum zu entwickeln. Seit dem 7. Jahrhundert sind sieben angelsächsische Königreiche nachweisbar: Kent, Essex, Sussex, Wessex, East Anglia, Mercia und Northumbria.

Das vornehmlich von Jüten besiedelte Kent gilt als das erste konsolidierte Königreich, denn die Einwanderer wussten schon bald die noch weitgehend intakte römische Verwaltung und städtische Kultur zu nutzen. Früher als die anderen angelsächsischen Reiche ging Kent zum Christentum über und entwickelte bereits in der 2. Hälfte des 7. Jahrhunderts eine rege Schreib- und Gesetzgebungstätigkeit.

Bis zu ihrer Auflösung unter dem Ansturm der skandinavischen Wikinger am Ausgang des 8. Jahrhunderts war die Geschichte der angelsächsischen Reiche durch ein ständiges Ringen um die Vorherr-

Als **Bretwalda** (eigentlich »weiter Herrscher«, später umgedeutet in »Herrscher von Britannien«) bezeichnet die »Angelsächsische Chronik« eine Reihe von Königen, denen der Geschichtsschreiber Beda Venerabilis eine herausgehobene Stellung zuerkannte. Danach übten sie die – bisweilen nur nominelle – Oberherrschaft über die südenglischen Reiche aus, deren Könige ihnen tribut- und heerfolgepflichtig waren. Beda nennt Aelle von Sussex (2. Hälfte des 5. Jahrhunderts), Ceawlin von Wessex (560–593), Aethelberht (Ethelbert) von Kent (560/565–616/618), Raedwald von East Anglia (†616) sowie Edwin (616–633), Oswald (634–642) und Oswiu (642–670) von Northumbria. Die mercischen Könige Penda (633–655), Wulfhere (655–675), Aethelred (675–704) und Offa (757/758–796) dürften ebenfalls die Würde eines Bretwalda innegehabt haben.

schaft geprägt. Dabei gab es mehr Kämpfe untereinander als etwa gegen Briten und Schotten. Allein Northumbria und Mercia gelangten dabei zu einer Vormachtstellung gegenüber den anderen angelsächsischen und teilweise auch den britischen Reichen. Northumbria, das im 7. Jahrhundert aus der Vereinigung der beiden Reiche Deira und Bernicia hervorgegangen war, dehnte sein Herrschaftsgebiet bis zum Firth of Forth aus und erlangte unter dem bereits christlichen König Edwin (†633) die Oberherrschaft über alle Angelsachsenreiche außer Kent und damit die imperiale Stellung eines »Bretwalda«. Diese Stellung konnte von seinem Sohn Oswald (†642) aufrechterhalten werden. Die Hegemoniegelüste Northumbrias trafen auf entschiedene Gegnerschaft des südlich angrenzenden, mittelenglischen Mercia unter dem noch heidnischen König Penda (632–655), der für den Tod Edwins und Oswalds verantwortlich war. Dieser trug mit der Ausweitung seines Herrschaftsgebiets bis zur Themse und der Einnahme des zuvor zu Essex gehörenden London entscheidend zur Konsolidierung Mercias bei und begründete die Oberherrschaft Mercias über Essex und Wessex. Seine Söhne Wulfhere und Aethelred (Ethelred) konnten die Ausbreitung Northumbrias in die Gebiete südlich des Humber auf Dauer verhindern und sicherten zudem Mercias Oberhoheit über East Anglia, Wessex und Kent.

Trotz heftiger Gegenwehr vor allem der Ostanglier und der Kenter dauerte die mercische Oberherrschaft bis ins 9. Jahrhundert. So beherrschte König Aethelbald (Ethelbald, 716–757) das strategisch wichtige Themsetal mit London. Sein Nachfolger Offa (757–796) richtete sich nach Wiedereingliederung Kents und der Gebiete südlich des Humber hauptsächlich gegen Wales und sicherte die Grenze zum walisischen Herrschaftsgebiet durch einen etwa 180 km langen Wall vom Bristolkanal bis zum Fluss Dee, Offa's Dyke genannt, von dem etwa 125 km erhalten sind. Offa erkannte auch früh die Notwendigkeit, gegen die Gefahr der Wikinger Befestigungen im Bereich der Themsemündung anzulegen. Auf wirtschaftlichem Gebiet war die Prägung von Silbermünzen während seiner Regierung über lange Zeit Vorbild eines stabilen Münzwesens im angelsächsischen England. Offa empfing als erster englischer König die kirchliche Salbung und konstituierte damit die machtpolitischen Beziehungen zwischen Königtum und Kirche.

Teilung der Herrschaft: Die westsächsischen Könige und die Dänen

Neben Northumbria konnte allein Wessex seine Unabhängigkeit gegenüber Mercia bewahren und legte unter König Ine (688–726) die Grundlage für eine bemerkenswerte Stabilität, er-

ENGLAND UNTER DEN ANGELSÄCHSISCHEN KÖNIGEN (802-1066)

Die Vereinigung der 7 Teilreiche zum Gesamtreich

- unter Egbert von Wessex 802 - 839
- unter Alfred dem Großen 871 - 899
- unter Eduard dem Älteren 899 - 924
- unter Aethelstan 924 - 939
- unter Edmund 939 - 946
- etwa 945/975 an das Königreich Alba abgetretene Gebiete
- **Kent** angelsächsisches Teilkönigreich
- ⊠ wichtige Schlacht (genaue Lage von Brunanburh nicht bekannt)

Durch den Handel der Waräger mit dem Nahen Osten wurden arabische Münzen zum gängigen Zahlungsmittel im Norden. Sie wurden sogar nachgeprägt, wie der im angelsächsischen Mercia herausgegebene Dinar aus dem 8. Jahrhundert zeigt.

In Sutton Hoo (Suffolk) wurde 1939 der bedeutendste archäologische Fund aus der angelsächsischen Zeit auf den britischen Inseln gemacht. Dort war vermutlich bald nach 620 ein Fürst mit reichen Beigaben in einem 27 m langen Boot beigesetzt worden.

Wahrscheinlich handelte es sich um den 624/625 verstorbenen Raedwald, Herrscher von Ostanglien. Er ließ angeblich Altäre des alten und des neuen Glaubens nebeneinander errichten. Die heid-

nische Begräbnisform und die vereinzelten christlichen Fundstücke würden sich so erklären. Reste des Leichnams selbst konnten nicht nachgewiesen werden.

Der Helm zeigt enge Parallelen zu Funden aus Schweden und weist auf Beziehungen zu Skandinavien

hin. Die mit Granat und Email verzierte Schulterschließe (oben) sowie die Gürtelschnalle (links) entstanden in England, während andere Funde vom Kontinent, ja sogar aus Byzanz stammen. Im Inneren der aufklappbaren Schnalle steckte einst vielleicht eine christliche Reliquie.

kennbar etwa an der frühen Sammlung westsächsischer Gesetze, deren Geltung selbst durch die skandinavischen Wikinger nicht erschüttert werden konnte. Nach Aufständen in Kent und East Anglia gegen die mercische Herrschaft und einem Sieg des westsächsischen Königs Egbert (802–839) über Mercia im Jahr 825 zerbrach die mercische Oberherrschaft, und Wessex errang die Kontrolle über Südengland, Mercia und Northumbria. Dem konzentrierten Angriff der dänischen und norwegischen Wikinger ab 866 fielen in den nächsten Jahren alle angelsächsischen Reiche zum Opfer – außer Wessex, das in der Schlacht von Ashdown 870 die Dänen besiegte. Nach einem erneuten Sieg der Westsachsen unter Alfred dem Großen (871–899) bei Edington 878 über den Wikingerfürsten Guthrum, der sich taufen ließ, den Namen Aethelstan (Ethelstan) annahm und sich nach East Anglia zurückzog, kam es 886/890 zu einem Grenzvertrag zwischen beiden, in dem das Herrschaftsgebiet der Westsachsen und das der Dänen festgelegt wurde: Zum westsächsischen Gebiet gehörten Wessex, Sussex und Kent; das Dänengebiet, altenglisch *denalagu,* englisch *Danelaw* und altnordisch *Danelagh* genannt, erstreckte sich östlich der Linie London–Chester und nördlich der Themse und umfasste Essex, East Anglia, Mercia und Northumbria. Bis zur Machtübernahme des Dänenkönigs Knut des Großen im Jahre 1016 bewahrte somit allein Wessex die Kontinuität angelsächsischen Königtums. Unter Alfreds Nachfolgern, seinem Sohn Eduard dem Älteren (899–924) und seinem Enkel Aethelstan (924–939) wurden die nordenglischen Wikingerherrschaften zurückerobert (Schlacht von Brunanburh 937), sodass die Könige von Wessex nun auch zum ersten Mal Könige von England genannt werden konnten. König Edgar (959–975) wurde als erster englischer König nach dem Vorbild westfränkischer Krönungszeremonien gekrönt (973) und empfing einen Treueid des Volkes, der angelsächsischen Großen und auch der Könige von Wales und Schottland. Nach neuerlichen massiven Däneneinfällen und hohen Tributforderungen (*Danegeld* »Dänengeld«),

Im **Danelaw** oder **Danelagh,** dem autonomen »Rechtsgebiet der Dänen« im angelsächsischen England, lebten Skandinavier und Angelsachsen weitgehend konfliktfrei nebeneinander, auch traten dort viele der skandinavischen Siedler zum Christentum über. Die angloskandinavische Mischkultur des Danelaw spielte eine wichtige Rolle bei der Vermittlung der christlich-angelsächsischen Kultur in den skandinavischen Raum. Das Gebiet hatte auch nach der englischen Rückeroberung Mitte des 10. Jahrhunderts und noch lange nach der normannischen Einnahme Englands 1066 einen besonderen Rechtsstatus inne. Ein Gutteil der überlieferten Ortsnamen dieser Region sind eindeutig skandinavische Bildungen.

die von den Nachfolgern Edgars nicht abgewendet werden konnten, und nach Auseinandersetzungen zwischen Königtum einerseits und den Großen und der Kirche andererseits wurde König Aethelred II. vom Thron vertrieben, den man 1013 dem Dänenkönig Sven Gabelbart († 1014) anbot. Zwischen 1014 und 1016 erkämpfte dessen Sohn Knut der Große den englischen Thron endgültig und wurde von den angelsächsischen Großen als König anerkannt.

Ein Münzbildnis Knuts des Großen.

Der abgesetzte westsächsische König Aethelred war mit Emma, der Tochter Herzog Richards I. von der Normandie, verheiratet und lebte bis zu seinem Tod (1016) im normannischen Exil. Auch der gemeinsame Sohn Eduard (der Bekenner) wuchs in der Normandie auf und wurde nach dem Ende der Dänenherrschaft 1042 zum König von England erhoben.

Über diese dynastischen Beziehungen kamen die Normannenherzöge, Nachfahren inzwischen längst christianisierter und romanisierter skandinavischer Wikinger, als Konkurrenten um den englischen Thron ins Spiel. Nach Machtkämpfen mit dem Earl von Wessex, Godwin – Eduard war mit Godwins Tochter Edith verheiratet –, die zur vorübergehenden Exilierung Godwins und seiner Söhne führten, war Eduard schließlich gezwungen, Godwin und seinen Sohn Harold II. wieder in ihre alte Stellung einzusetzen. Harold wurde nach militärischen Erfolgen gegen die Waliser zum Nachfolger Eduards ausersehen. Nach einem (unfreiwilligen?) Aufenthalt am Hof Herzog Wilhelms von der Normandie, dem er nach normannischer Darstellung einen Treueid geleistet haben soll, wurde Harold am 5. Januar 1066 in England zum König gewählt. Zugleich erhob Wilhelm Thronansprüche und bereitete die Invasion Englands vor. Harold II. war inzwischen damit beschäftigt, in Northumbria eine norwegische Invasion abzuwehren (Schlacht von Stamford Bridge gegen Harald III., den Strengen, am 25. September 1066). Am 28. September landete Herzog Wilhelm mit einem Ritterheer an der englischen Kanalküste bei Pevensey. Harold eilte mit seinem Heer nach Süden, und am 14. Oktober fand die berühmte Schlacht bei Hastings statt, aus der Wilhelm (der Eroberer) siegreich hervorging, während Harold den Tod fand. Diese Schlacht markiert auf machtpolitischem Gebiet das Ende der angelsächsischen Periode Englands.

Die Christianisierung der Angelsachsen

D as Christentum hatte schon lange vor der Ankunft der Angeln und Sachsen unter der keltischen und römischen Bevölkerung Britanniens Fuß gefasst und dürfte besonders stark in den römischen Städtesiedlungen verankert gewesen sein. In den britischen Königreichen des 6. und 7. Jahrhunderts außerhalb der angelsächsischen Gebiete war es weit verbreitet. Von Britannien aus war im 5. Jahrhundert Irland durch die Missionare Palladius und Patrick endgültig christianisiert worden. Mit den Eroberungen der heidnischen Angelsachsen wurde auch das Christentum an die Randgebiete der Insel

Der um 1077 gestickte Teppich von Bayeux stellt die Endphase der angelsächsischen Herrschaft in England und den Sieg der Normannen 1066 dar (Bayeux, Kulturzentrum). Der Ausschnitt oben zeigt den Tod von König Eduard dem Bekenner. Darunter gibt sich Wilhelm I., der Eroberer, mit hochgeschobenem Helm seinen Soldaten im Kampf zu erkennen.

Der Träger dieses Goldrings, ein Mann namens Ehlla, bekennt sich in der lateinischen Inschrift zu »Treue in Christo«. Das Stück aus dem 7. Jahrhundert wurde bei Barington (Hampshire, Wessex) gefunden (Oxford, Ashmolean Museum).

König Aethelstan von Wessex stiftete 934 dem Reliquienschrein des heiligen Cuthbert von Lindisfarne, der als Missionsheiliger der Angelsachsen und Iren verehrt wurde, in Chester-le-Street reiche Gaben. Rechts eine Stola, die einen Diakon aus der Zeit der Angelsachsenmission darstellt, auf der Seite gegenüber das Stifterbildnis des Königs und des Heiligen aus dessen Buch mit der Lebensbeschreibung von Beda Venerabilis (Durham, Kathedrale).

abgedrängt, und es scheint seitens der Briten keine Versuche gegeben zu haben, die Angelsachsen zu missionieren.

Die planmäßige Mission geschah im Auftrag des Papstes, durch irische Wanderprediger und durch gallische Bischöfe. Das Bekehrungswerk begann im Jahre 597 mit der Entsendung des Benediktinerabtes Augustinus durch Papst Gregor I., den Großen. Augustinus predigte vor König Aethelberht von Kent und seiner bereits christlichen Gemahlin Berta, taufte den König und gründete in Canterbury, dem Sitz der kentischen Könige, den ersten Bischofssitz im angelsächsischen Herrschaftsgebiet. Nach den ersten 35 Jahren waren die Könige von Kent, Essex, East Anglia und Northumbria zum Christentum übergetreten. Nach dem Tode Aethelberhts von Kent und Saeberths von Sussex kam es zu einer heidnischen Reaktion, und die Missionare mussten vorübergehend die Insel verlassen. Südengland blieb jedoch weiterhin Stützpunkt der päpstlichen Mission.

Northumbria und Mercia standen eher unter dem Einfluss der irischen Mission, deren Zentrum zunächst das 565 gegründete Kloster Iona vor der Südwestküste Schottlands war, später das Inselkloster Lindisfarne auf Holy Island vor der Küste Northumbrias. Die Bekehrung Nordenglands begann um 634 mit Aidan, Bischof von Lindisfarne. Nicht zuletzt auch über dynastische Beziehungen zwischen christlichen und heidnischen Königsfamilien verbreitete sich das Christentum auch nach Mercia, das ab etwa 654 ein christliches Königreich war. Die irische Mission betonte den monastischen Gedanken, die zahlreichen Mönchsgemeinschaften sollten der Bevölkerung als Vorbild für christliche Lebensführung dienen.

In Wessex und East Anglia wirkten vornehmlich fränkische Missionare aus Gallien. Dorchester und Dunwich waren Sitze frankogallischer Bischöfe. Gerade für die Ausbildung junger angelsächsischer Geistlicher spielte das fränkische Gallien eine wichtige Rolle.

In allen Fällen setzte die Mission bei den Königen und den Großen an, und in der Folgezeit erwiesen sich die Könige als besondere Förderer der jungen angelsächsischen Kirche. Die Christianisierung war

gegen 700 endgültig abgeschlossen. Nach der Synode von Whitby 663/664, bei der es um eine Kontroverse zwischen irischer und römischer Geistlichkeit wegen der Osterdatierung ging, scheint sich die angelsächsische Kirche nach Rom hin orientiert zu haben. Von Rom aus wurden künftig die beiden englischen Erzbistümer Canterbury und York besetzt.

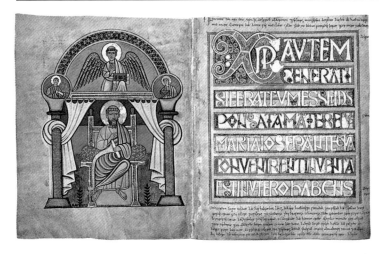

Dieses Evangeliar wurde in der Mitte des 8. Jahrhunderts für das Erzbistum Canterbury angefertigt. Seine prächtige Ausstattung mit Evangelistenbildern (hier Matthäus), Initialen und Kanontafeln verdeutlicht die führende Rolle der angelsächsischen Buchmalerei in Europa. Im 9. Jahrhundert wurde die Handschrift von den Dänen geraubt, konnte jedoch für Canterbury zurückgekauft werden (Stockholm, Königliche Bibliothek).

Angelsächsische Schriftkultur

Die Einführung des Christentums, des Klosterwesens und der lateinisch-christlichen Schriftkultur führte zu einem Aufblühen von Literatur und Gelehrsamkeit – typischerweise in der altenglischen Volkssprache. Neben Bibeldichtung, geistlicher Dichtung, Allegorien und Heiligenlegenden, elegischer Lyrik, didaktischen Werken, Spruchdichtung, Predigtliteratur, Gesetzessammlungen und historiographischer Literatur wurden auch Stoffe aus der germanisch-heidnischen Überlieferung behandelt (so etwa das Stabreimepos »Beowulf«).

Die meisten Dichtungen sind anonym überliefert, lediglich die Dichter Caedmon (Ende des 7. Jahrhunderts) und Cynewulf (um 800) sind namentlich bekannt. Herausragende Gestalt der frühen (Kirchen-)Geschichtsschreibung war der northumbrische Mönch Beda Venerabilis (der Ehrwürdige) mit seinem 731 vollendeten grundlegenden Werk »Historia ecclesiastica gentis Anglorum«. Zentren literarischer Tätigkeit waren Northumbria, Mercia und Wessex. Die aktive Kulturförderung Alfreds des Großen führte zu volkssprachigen Übersetzungen antiker und christlicher philosophischer und theologischer Werke. Auch der lateinisch schreibende Beda wurde ins Altenglische übersetzt. Alfred selbst übersetzte

den Kirchenlehrer Augustinus und Boethius, und auch andere Werke werden ihm zugeschrieben. Möglicherweise nahm im Gelehrtenkreis um Alfred auch die »Angelsächsische Chronik« ihren Anfang, die bedeutendste Quelle für die englische Geschichte bis zum 12. Jahrhundert. HARALD EHRHARDT

Die **Eroberung Englands** durch die inzwischen vollständig romanisierten Normannen aus der Normandie, deren Vorfahren einst als Küstenwache gegen andere Wikinger vom westfränkischen König gezwungenermaßen geduldet worden waren, fügte dem angelsächsischen und dem schwächer ausgebildeten skandinavischen Element der englischen Kultur die normannisch-französische Komponente hinzu. Damit leiteten die Eroberer das Ende der angelsächsischen und den Beginn der »englischen« Geschichte der Insel ein. Zugleich bedeuteten die Ereignisse von 1066 das Ende der Wikingerzeit.

Osteuropa zwischen Abendland und Morgenland

Die 5,7 km lange Landmauer von Konstantinopel aus dem 5. Jahrhundert ist durch 96 Türme verstärkt. Bollwerke vor der 15 m hohen inneren Mauer und ein tiefer Wassergraben schützten die Stadt bis in die Zeit der Kreuzzüge. Im 5. bis 8. Jahrhundert wurde auch ihre Seeseite befestigt.

Auf einer Elfenbeinplatte (Paris, Louvre) bohrt der siegreiche Kaiser Justinian (?) zu Pferde seine Lanze in den Boden, die unterworfenen Völkerschaften bringen ihm Tribut. Ein Barbar und die personifizierte Erde berühren Gnade heischend seinen Fuß und seine Waffe.

Kontinuität im Osten – Byzanz als zweites Rom (565–1453)

Die Teilung Europas

Kaiser Konstantin der Große legte 324 den Grundstein für Konstantinopel, die neue Kaiserstadt am Bosporus, und am 11. Mai 330 vollzog er die feierliche Einweihung. Dieser Ostverlagerung des Reichsmittelpunktes kam eine zukunftweisende Bedeutung zu. Sie schloss auch ein positives Verhältnis der Kaisermacht zum bisher verfemten christlichen Glauben ein. Im östlichen Mittelmeerraum konnte sich so aus der engen Verbindung von fortlebender römischer Staatlichkeit, griechischem Kulturerbe und christlicher Religion ein Staatswesen formen, das die Völkerwanderungszeit besser überdauerte als der Westteil des Reiches. Es fungierte während des »byzantinischen Jahrtausends« als Bollwerk des Christentums gegen den Ansturm des Islam sowie als Missions- und Kulturzentrum für die Slawen.

Nach der erneuten Reichsteilung von 395 wurde der Gedanke der Reichseinheit zwar noch nicht aufgegeben, doch die zunehmende Entfremdung zwischen den beiden Reichsteilen war nicht mehr aufzuhalten. Die politischen Gewichte verschoben sich immer mehr nach Osten. Während das alte Reichszentrum Rom in den Wirren der Völkerwanderungszeit seine frühere Machtstellung einbüßte, konnten sich die Herrscher im Osten erfolgreicher behaupten. Im 6. Jahrhundert reichten unter Kaiser Justinian I. zeitweise die neu gewonnenen Kräfte sogar aus, eine Wiederherstellung der territorialen Reichseinheit zu versuchen.

Die Feldherren Belisar und Narses konnten innerhalb weniger Jahre die an germanische Stämme verlorenen Territorien in Nordafrika (533/534), Italien (535–555) und Südspanien (554) wieder zurückerobern. In Ravenna und Karthago residierte seither bis 751 bzw. 698 ein Exarch, ein Statthalter des Kaisers. Nach mehreren Kriegszügen in Lazika (am Schwarzen Meer), Mesopotamien und Armenien konnte auch die Persergefahr an der Ostgrenze vorerst gebannt werden.

Die lange Regierungszeit Justinians I. (527–565) markiert einen letzten Höhepunkt imperialer Machtentfaltung im gesamten Mittelmeerraum vor dem Arabersturm in der Mitte des 7. Jahrhunderts. Unterstützt von seiner tatkräftigen Gemahlin Theodora trat er er-

Das Kaiserpaar mit seinem Hofstaat:
Die Mosaiken in der 547 geweihten
Kirche San Vitale zu Ravenna zeigen,
wie Justinian I. und Theodora liturgische
Geräte stiften. Beide sind mit einem
Nimbus dargestellt, wie er kaiserlichen
Majestäten in der Bildkunst zukommt.
Aus der Schar der Dienerschaft und
Leibgarde ist Erzbischof Maximianus
durch die Inschrift hervorgehoben.

folgreich als oberster Repräsentant der universalen christlichen Kaiseridee und des römischen Staatsgedankens auf. 528 gab er einer Juristenkommission unter Tribonianus den Auftrag zur systematischen Erfassung (Kodifikation) des römischen Rechtes. Das Expertengremium brachte mit dem »Corpus Iuris Civilis« eine für die europäische Geschichte fruchtbare Entwicklung des römischen Rechtsdenkens zu einem vorläufigen Abschluss. Als Bauherr der monumentalen Zentralkuppelkirche der Hagia Sophia in Konstantinopel (erbaut 532–537) schuf Kaiser Justinian der gesamten östlichen Christenheit einen religiös-liturgischen Mittelpunkt.

Kaiser und Reich in Byzanz

Die Kaiser in Konstantinopel haben sich nie als Herren nur der östlichen Hälfte des ehemaligen Imperium Romanum gefühlt. Sie verstanden sich immer als die eigentlichen und alleinigen Repräsentanten des römischen Weltreiches und hielten ungeachtet des seit dem 7. Jahrhundert sich durchsetzenden griechischen Einflusses an den ererbten römischen Traditionen fest. Bis zum Fall der Kaiserstadt Konstantinopel im Jahre 1453 beanspruchten die Bewohner des Byzantinischen Reiches das exklusive Anrecht auf die stolze Selbstbezeichnung als »Römer« (griechisch »Rhomaioi« bzw »Rhomäer«). Weder »Ostrom« noch »Byzanz« waren zeitgenössische Bezeichnungen. Die Bezeichnung »Byzanz« ist eine Erfindung der Humanistenzeit. Sie wurde in Anlehnung an eine frühe megarische Siedlung Byzantion gewählt, die im Zuge der griechischen Ostkolonisation 667 v. Chr. in der Nähe des späteren Konstantinopel angelegt worden war.

Die byzantinische Kaiseridee ist gekennzeichnet durch ein harmonisches Zusammenwirken der weltlichen und kirchlichen Instanzen zum Seelenheil aller Untertanen (Gedanke der *symphonia*). Aus dem unmittelbaren göttlichen Herrschaftsauftrag leiteten die Kaiser ihre zusätzliche Verpflichtung ab, auch für die Reinerhaltung der kirchlichen Lehrüberlieferung zu sorgen, Abweichungen von der Lehre mit staatlichen Gewaltmitteln zu ahnden und notfalls ein

Vorrede zur 6. Novelle des Kaisers Justinian I. vom 16. März 535, in der die Aufgaben der weltlichen und geistlichen Gewalt erläutert werden:

Justinian, Kaiser und Augustus, an Epiphanius, Erzbischof von Konstantinopel.
Von der höchsten Güte des Himmels sind den Menschen zwei erhabene Gottesgaben zuteil geworden: das Bischofsamt und die Kaisermacht. Jenes obliegt dem Dienst an den göttlichen Dingen, diese hat die oberste Leitung der menschlichen Angelegenheiten inne und nimmt sich ihrer mit Hingebung an. Beide gehen hervor aus dem einen und selben Urquell, und sie sind die Zierde des menschlichen Daseins.
Darum liegt den Kaisern nichts so sehr am Herzen als die Ehrfurcht vor dem Bischofsamt, da umgekehrt die Bischöfe zu immer währendem Beten für die Kaiser verpflichtet sind. Denn wenn dieser Gebetsdienst in jeder Hinsicht makellos und voll Gottvertrauen vollzogen wird, wenn umgekehrt die Kaisermacht sich nach Recht und Zuständigkeit der Entfaltung des ihr anvertrauten Staatswesens annimmt, dann gibt es gleichsam einen guten Klang, und für das ganze Menschengeschlecht quillt daraus nur Nutz und Segen.

»Normenkontrollverfahren« zur Wahrheitsfindung in Glaubensfragen in Gang zu setzen. Die Mitwirkung der Kaiser an den ökumenischen Konzilien des 4. bis 8. Jahrhunderts wurde von den beteiligten Kirchenmännern keineswegs als anstößig empfunden, beanspruchten die Kaiser doch keine eigene Lehrautorität.

Ihrer staatsrechtlichen Stellung nach standen die Kaiser in der ungebrochenen Traditionslinie der römischen Imperatoren. Im aufwendigen Hofzeremoniell fanden sich jedoch auch Elemente eines altorientalischen Gottkaisertums. Von der Kirche wurde der jeweilige Amtsinhaber als von Gott ausgewählter und beauftragter oberster Machtträger, als Herrscher von Gottes Gnaden, angenommen.

Der dynastische Gedanke konnte in Byzanz keine festen Wurzeln schlagen. Palastrevolutionen dienten als notwendiges Korrektiv bei maßloser Machtausübung. Einer erfolgreichen Machtergreifung blieb auf Dauer die Anerkennung nicht versagt. Den altrömischen Gewohnheiten gemäß hatte die Kaiserkür wohl weiterhin im Einvernehmen von Heer, Senat und Volk zu erfolgen. Doch in der Art und Weise des Wahlverfahrens schlugen sich wechselnde Anforderungen an den Amtsträger nieder. In friedlicheren Zeiten behielten die Senatoren die Fäden in der Hand. Im ausgehenden 6. Jahrhundert, in einer Zeit akuter äußerer Bedrohung, waren vornehmlich Feldherrntalente gefragt. Es war die Stunde der Soldatenkaiser, die unmittelbar im Heerlager aus dem Kreis tüchtiger Offiziere gekürt wurden. Die Mitwirkung des Volkes blieb zu allen Zeiten auf die nachträgliche Zustimmung beschränkt.

Anstelle des erfolglosen Kaisers Michael I. Rhangabe machte das Heer nach der verlorenen Schlacht von Versinikia gegen die Bulgaren (813) den Armenier Leon V. zum Kaiser. Eine Buchmalerei des 13. Jahrhunderts in der Chronik des Johannes Skylitzes zeigt, wie der neue Herrscher unter Posaunenklängen auf den Schild gehoben und von seinem Vorgänger gekrönt wird (Madrid, Biblioteca Nacional).

Über die Stellung des byzantinischen Kaisers sagt der griechische Theologe und Kirchenlehrer Johannes von Damaskus Mitte des 7. Jahrhunderts:

Wir sind deine Untertanen, Kaiser, in allem, was das äußere Leben betrifft, Steuern, Zölle, Abgaben. Was all dies anbetrifft, sind wir in deiner Hand. In der kirchlichen Organisation aber haben wir unsere Hirten, die uns das Wort verkündet und die kirchliche Rechtsordnung geschaffen haben.

Der Kampf ums Überleben (7.–8. Jahrhundert)

Der Zusammenbruch der Reichsverteidigung an der Nord- und Ostgrenze hatte 610 dem energischen Sohn des Exarchen von Karthago, Herakleios, den Weg zum Thron geebnet. Als Kaiser Herakleios (610–641) begründete er die herakleianische Dynastie (610–711); er bannte die akute Gefahr, die von den Awaren im Donauraum sowie von den nach Kleinasien, Syrien und Palästina vorstoßenden Persern ausging. 626 konnte Herakleios den unkoordinierten Angriff beider Gegner auf Konstantinopel erfolgreich abwehren und 627 den sassanidischen Großkönig Chosrau II. vernichtend schlagen. Am Ende seiner Regierungszeit musste er dennoch miterleben, dass sich die Grenze im Osten nur notdürftig stabilisieren ließ. Gegen die vordringenden Araber war sie nicht mehr zu halten. Innerhalb weniger Jahre gingen Palästina (634–640), Syrien (636), Mesopotamien (639/640) und Ägypten (642), landwirtschaftlich wichtige Kernregionen des Reiches, wieder verloren und selbst in Kleinasien geriet die byzantinische Herrschaft ernsthaft ins Wanken.

Auf der Balkanhalbinsel hatte zur gleichen Zeit die Landnahme der Slawen den kaiserlichen Herrschaftsraum erheblich eingeengt. Die turksprachigen Protobulgaren überschritten unter ihrem Führer

Asparuch 679 die untere Donau und gründeten das Erste Bulgarische Reich auf Reichsterritorium. Erfolgreicher war der damalige Kaiser in der Abwehr wiederholter Angriffe arabischer Seestreitkräfte auf die Reichshauptstadt in den Jahren 674 bis 678.

Das Byzantinische Reich reagierte auf die äußere Bedrohung mit einer schrittweisen Umorganisation der Verwaltungsstruktur. In Anpassung an die vorrangigen Verteidigungsaufgaben wurde die bisherige Gewaltentrennung zwischen Militär- und Zivilverwaltung aufgehoben. Militärbefehlshaber (Strategen) vereinigten die oberste Gewalt in ihren Händen und lösten die Präfekten in den bisherigen Provinzen ab. Derartige militärische Befehlsbereiche (Themen) wurden in der 2. Hälfte des 7. Jahrhunderts zunächst in den besonders gefährdeten kleinasiatischen Ostprovinzen eingerichtet.

Die Araber und Europa

Trotz aller Anstrengungen mussten sich die Kaiser dennoch bis zum Ende des 7. Jahrhunderts mit weiteren Einbrüchen an der Ost- und Südgrenze des Byzantinischen Reiches abfinden. Mit Teilen Armeniens und Kilikiens gingen 692 wichtige östliche Randzonen an den Islam verloren. 698 musste das Exarchat Karthago in Nordafrika aufgegeben werden. In den Wintermonaten 717/718 hatte sich Konstantinopel einer erneuten arabischen Belagerung zu erwehren. Der Stratege des Thema Anatolikon, Leon, bewährte sich als militärischer Führer in dieser schweren Zeit. Er entstammte einer nordsyrischen Bauernfamilie und hatte sich aus niederen Verhältnissen emporgedient. Als Kaiser Leon III., der Syrer (717–741), zerschlug er den Belagerungsring und verdrängte im Gegenstoß die

Eine Goldmünze (Solidus) des Kaisers Leon III., des Syrers, zeigt auf der Rückseite das Bildnis seines Mitregenten und Nachfolgers Konstantin V. Byzanz hatte im hohen Mittelalter faktisch das Monopol für die Goldprägung im Mittelmeerraum.

Im 9. Jahrhundert stießen die Araber über Sizilien bis weit nach Unteritalien vor. Eine Miniatur des 13. Jahrhunderts in der byzantinischen Chronik des Johannes Skylitzes zeigt, wie der arabische Oberbefehlshaber bei der Belagerung von Capua und Benevent in seinem Zelt einen gefangenen Botschafter verhört. Er sollte aus Konstantinopel Entsatz herbeirufen (Madrid, Biblioteca Nacional).

arabischen Invasoren aus Kleinasien, ohne aber ihren Angriffswillen auf Dauer brechen zu können. 825 fiel ihnen Kreta in die Hände. 827 setzten die Araber nach Sizilien über und brachten bis 902 die gesamte Insel unter ihre Gewalt.

Auf der Balkanhalbinsel hatten die kaiserlichen Truppen zunächst mit mehr Geschick operiert und Angriffe der Bulgaren erfolgreich abgewehrt. Nach der schrecklichen Niederlage des Kaisers Nikephoros I. (802–811) im Jahre 811 drohten auch hier die Dämme zu

Ein Paar Ohrringe aus einem Grab in Senise (Basilicata, Italien) in typischer Zellenschmelz-Technik des byzantinischen Emails. Die runden Scheiben sind wiederverwendete Münzen aus den Jahren 659 bis 688.

brechen. Nur der vorzeitige Tod des Bulgarenkhans Krum 814 verschaffte dem Reich eine Verschnaufpause.

Das Eindringen der Araber in die Ostprovinzen des Byzantinischen Reiches hatte nachhaltige politische und ökonomische Auswirkungen. Jahrhundertealte Handelsverbindungen wurden unterbrochen. Antiochia und Alexandria sowie andere einst blühende Handelsstädte Syriens und Ägyptens büßten ihre führende Rolle im internationalen Handel ein. Überfälle von Seeräubern verunsicherten die Küstengewässer. Die Weiterentwicklung einer städtischen Gesellschaft im Byzantinischen Reich erlitt einen schweren Rückschlag.

Angesichts der immer bedrohlicheren Vorgänge im Mittelmeerraum war auch der noch verbliebene byzantinische Vorposten in Italien nicht mehr zu halten. 751 überrannten die Langobarden das Exarchat von Ravenna. Die italische Bevölkerung hielt in der Not Ausschau nach einem verlässlicheren Schutzherrn jenseits der Alpen. Unter päpstlicher Vermittlung wurde schließlich die folgenreiche Kaiserkrönung Karls des Großen im Jahre 800 in Rom arrangiert, ein revolutionärer Akt, den die Kaisermacht in Konstantinopel nicht hinzunehmen bereit war. Das Zweikaiserproblem barg erheblichen machtpolitischen und protokollarischen Zündstoff.

Der labile innere Frieden des Reiches war ernsthaft gefährdet, als Leon III. seit 726 den kirchlichen Bilderkult infrage stellte. Die Kaiser der syrischen Dynastie (717–802) provozierten mit ihrem Bilderverbot einen lang anhaltenden gesellschaftlichen Konflikt. Sie schufen sich insbesondere in Mönchskreisen erbitterte Feinde. Der Bilderstreit (Ikonoklasmus) war vor allem unter Konstantin V. um die Mitte des 8. Jahrhunderts von gnadenlosen Gewaltmaßnahmen gegen anders Denkende begleitet. Erst mit der Entscheidung des 7. ökumenischen Konzils von Nicäa (787) zugunsten der Bilderverehrung kehrte allmählich wieder Ruhe ein. Die endgültige Wiederherstellung der Ikonenverehrung erfolgte jedoch erst im Jahre 843.

Kaiser Leon V. (?) befiehlt die Zerstörung der Heiligenbilder, obwohl ihn hohe Geistliche davor warnen (links). Drei Bischöfe übermalen als Bilderstürmer eine Christus-Ikone (rechts). Die Szenen illustrieren eine 1066 fertiggestellte Handschrift in der British Library (London).

Die Restauration unter den makedonischen Kaisern (867–1056)

Ein dauerhafter Friede in sicheren Grenzen rückte erstmals wieder unter den Herrschern der makedonischen Dynastie in greifbare Nähe. Diese profitierten von der günstigen Ausgangslage, die Kaiser Michael III. geschaffen hatte. Er hatte 860 einen ersten Angriff der bis dahin unbekannten »Russen« auf die Kaiserstadt abgewehrt und 863 in Kleinasien den Emir von Melitene (Malatya) besiegt. Basileios, der Ahnherr der makedonischen Dynastie, ein Bauernsohn aus Thrakien, ermordete 867 seinen kaiserlichen Gönner Michael III. und brachte die Macht an sich. In seiner Regierungszeit (867–886) übernahmen die kaiserlichen Feldherren an allen

DAS BYZANTINISCHE REICH UM 1025

das Byzantinische Reich
beim Tode Basileios' II. (1025)

- - - - Bulgarenreich unter
Samuil (976–1018)

Himmel und Erde preisen den
Kaiser Basileios II. in einer um 1020
geschriebenen Psalmensammlung: Von
der Hand Christi wird er bekrönt, Engel
reichen ihm die Amtsinsignien, die
unterworfenen Völkerschaften huldigen
ihm kniefällig in der Proskynese
(Venedig, Biblioteca Marciana).

Grenzabschnitten die Initiative. Die byzantinische Flotte gewann in
den adriatischen Gewässern die Oberhand zurück. Die Kirche setzte
unter dem gelehrten Patriarchen Photios ihre erfolgreiche Slawenmission fort. Die zeitweilig guten Beziehungen zu den Bulgaren erlitten erst unter dem ehrgeizigen Bulgarenkhan Simeon I. (893–927)
Schaden. Er wollte mit Gewalt eine Vereinigung der beiden Reiche
herbeiführen und erhob Anspruch auf die Kaisermacht. Dank russischer Waffenhilfe konnte die Bulgarengefahr unter Kaiser Johannes I. Tzimiskes (969–976) weitgehend bereinigt werden. Einen
letzten Aufstandsversuch unter Samuil, der sich 986 in Westmakedonien um Ohrid einen eigenen Herrschaftsbereich geschaffen hatte,
kämpfte 1014 der »Bulgarentöter« Basileios II. (976–1025) nieder.

Noch eindrucksvoller waren die Siege der kaiserlichen Waffen im
Osten. Eine erfolgreiche byzantinische Gegenoffensive drängte die
Araber über den Euphrat ab. Aus dem eroberten Edessa – dem heutigen türkischen Urfa – holte man 944 eine der berühmtesten Reliquien, das wundertätige Bild Christi, das so genannte Mandylion,
nach Konstantinopel zurück. 961 brachte ein Flottenunternehmen
unter Nikephoros Phokas (als Kaiser 963–969) das heiß umkämpfte
Kreta zurück. Nach mehreren Vorstößen in Syrien wurden 969 Antiochia und Aleppo zurückerobert. Die heiligen Stätten der Christenheit in Palästina lagen in greifbarer Nähe.

Die Herrschaftszeit der makedonischen Dynastie gilt als eine Periode der inneren Konsolidierung und des wirtschaftlichen Aufschwungs. Sie hatte auch auf kulturellem Gebiet beachtenswerte
Leistungen aufzuweisen. Unter Kaiser Leon VI. (886–912) wurde
eine umfassende Rechtskodifikation abgeschlossen: In den »Sechzig
Büchern der Basiliken« wurde eine systematische Aufbereitung der
gesamten Rechtsmaterie in griechischer Sprache bereitgestellt. Der
musisch begabte und wissenschaftlich interessierte Kaiser Konstantin VII. Porphyrogennetos (913–959) erwarb sich als Auftraggeber
enzyklopädischer Sammlungen der gesamten literarischen Überlie-

Die Mutter Gottes schmückt im Beisein
des Erzengels Gabriel die Krone des
Kaisers Leon VI. mit einer Perle oder
einem Edelstein. Der Elfenbeinknauf
aus der Zeit Leons gehörte vermutlich
zum Behälter der byzantinischen
Kaiserkrone (Berlin, Museum für
Spätantike und Byzantinische Kunst).

Von den Kämpfen der Byzantiner gegen die lateinischen Eroberer Konstantinopels berichtet ein Grabvers auf die Komnenenkaiserin (von Nikaia) Irene, verfasst wohl von dem byzantinischen Geschichtschreiber Georgios Akropolites:

Noch weiter als zum Hellespont reicht'
*   unser Staat,*
von Asien nach Europa zogen wir mit
*   Macht,*
und Thraker, Makedonen, hatten wir
*   besiegt,*
Konstantinopels Tore hatten wir berührt.
Die Italiener nahmen wir gefangen und
entrissen ihnen all ihr Hab und Gut im
*   Kampf,*
verfolgten sie und stellten ihnen nach, und
*   zwar*
vom Land der Griechen aus bis hin zum
*   Orient,*
wie auch im Westen, in Europas Teil des
*   Reichs.*
Nicht Insel und nicht Festland, nichts fiel
*   ihnen zu,*
allein Konstantinopel war Lateinerburg.

Durch schützende Gesetze erstarkte im 8./9. Jahrhundert im Byzantinischen Reich mit den Kleinbauern die Landwirtschaft. Im 11. Jahrhundert griff mit der Feudalisierung der Verfall von Gütern um sich. Oft unterstellten sich Freibauern wegen des Steuerdrucks freiwillig den mächtigen Großgrundbesitzern. Miniaturen in einem Text des Heiligen Gregor von Nazianz aus dieser Zeit zeigen Landleute bei der Arbeit: Oben ein Ziegenhirt, es folgen der Kuhhirt, der Obstbauer beim Beschneiden der Bäume, der Vogelfänger, der Fischer und eine Darstellung der Bienenzucht (Paris, Bibliothèque Nationale).

ferung bleibende Verdienste. Er regte handbuchartige Zusammenfassungen des damaligen Wissens zu den verschiedensten Themen an und ließ wichtige Informationen zu den Völkerschaften des Reiches und den angrenzenden Regionen und zu den Gepflogenheiten am byzantinischen Kaiserhof zusammentragen. In die letzten Jahre der makedonischen Dynastie fällt die folgenreiche Kirchenspaltung (Schisma) von 1054. Der gegenseitige Bannfluch, den der päpstliche Legat Kardinal Humbert von Silva Candida und der Patriarch von Konstantinopel, Michael Kerullarios, aussprachen, stand am Ende zunehmender ost-westlicher Anfeindungen und führte zur irreparablen Trennung der östlichen orthodoxen und der westlichen lateinischen Kirche.

Das Zeitalter der Komnenen (1081–1185)

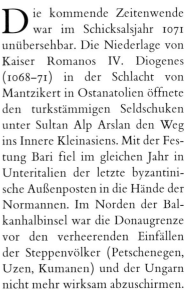

Die kommende Zeitenwende war im Schicksalsjahr 1071 unübersehbar. Die Niederlage von Kaiser Romanos IV. Diogenes (1068–71) in der Schlacht von Mantzikert in Ostanatolien öffnete den turkstämmigen Seldschuken unter Sultan Alp Arslan den Weg ins Innere Kleinasiens. Mit der Festung Bari fiel im gleichen Jahr in Unteritalien der letzte byzantinische Außenposten in die Hände der Normannen. Im Norden der Balkanhalbinsel war die Donaugrenze vor den verheerenden Einfällen der Steppenvölker (Petschenegen, Uzen, Kumanen) und der Ungarn nicht mehr wirksam abzuschirmen. Von Westen her drohte die Invasion der Normannen, die schon 1081 den Sprung auf das gegenüberliegende Festland gewagt und Dyrrhachion (das heutige albanische Durrës) in ihre Gewalt gebracht hatten.

In dem von Aufständen und bürgerkriegsähnlichen Zuständen erschütterten Reich schlug erneut die Stunde der Militärs. Der kampferprobte Feldherr Alexios Komnenos, der dem kleinasiatischen Militäradel entstammte, leitete auf dem Kaiserthron nochmals eine Trendwende ein. Der weitgehende Verlust Kleinasiens an das seldschukische Sultanat Rum (mit dem Zentrum zunächst in Nikaia, seit 1097 in Ikonion, heute Konya) wie auch die wirtschaftlichen Zugeständnisse, die er im Handelsvertrag von 1082 den Venezianern für ihre Waffenhilfe gegen die Normannen einräumen musste, schränkten seinen Spielraum stark ein. Taktisches Geschick und unverhofftes Kriegsglück verhalfen dem Reich unter Alexios I. Komnenos (1081–1118) dennoch zu einem Neubeginn. Seinem Enkel Manuel I.

Komnenos (1143–1180) verdankte es eine letzte Glanzperiode vor dem abrupten Niedergang. Vorboten des nahenden Unheils waren die Niederlage gegen die Seldschuken 1176 bei Myriokephalon und der erzwungene Rückzug vor den Ungarn, Serben und Bulgaren aus den nord- und zentralbalkanischen Landschaften.

Die Lateinerherrschaft

Die so genannte Limburger Staurothek entstand in der Mitte des 10. Jahrhunderts auf kaiserlichen Befehl. Die Kreuzesreliquie ist herausnehmbar, die prunkvoll mit Emails, Edelsteinen und vergoldetem Silber verzierte Lade enthielt weitere Heiltümer. Sie wurde 1204 in der Kapelle des Bukephalionpalastes in Konstantinopel geplündert und von Ritter Heinrich von Ulmen nach Deutschland gebracht (Limburg, Domschatz). Links ein Detail vom Deckel mit dem Bild des thronenden Christus.

Die gegen Ende des 11. Jahrhunderts einsetzende abendländische Kreuzzugsbewegung hatte nicht die erhoffte Entlastung in Kleinasien gebracht. Der Durchzug undisziplinierter bewaffneter Ritterscharen im Jahre 1096 löste im ost-westlichen Verhältnis erhebliche Störungen aus. Ein Jahrhundert später wurde die Kaiserstadt am Bosporus selbst das Opfer venezianischer Machtinteressen. Sie wurde von den Teilnehmern des 4. Kreuzzuges am 13. Mai 1204 erobert und schamlos ausgeplündert.

Die Kreuzfahrer teilten das byzantinische Reichsterritorium unter sich auf. Graf Balduin von Flandern erhielt den Thron eines Lateinischen Kaiserreiches (1204–61) zugesprochen, das fünf Achtel Konstantinopels sowie vor allem Thrakien und den nordwestlichen Teil Kleinasiens umfasste, sein Konkurrent Markgraf Bonifatius II. von

Montferrat fand sich mit einem Königreich Thessalonike und dem Umland ab und hielt weitere kleinere Fürstenherrschaften in Mittelgriechenland und auf der Peloponnes in Lehensabhängigkeit. Die Venezianer sicherten sich zum weiteren Ausbau ihres Kolonialreiches im Osten die verbliebenen drei Achtel Konstantinopels und nahmen die wichtigeren Häfen und Inseln in Besitz. Den Griechen verblieben nur wenige Zufluchtsorte in den Randgebieten des Reichs. Ein Verwandter des Kaiserhauses, Michael Angelos, behauptete im nordwestlichen Griechenland im Fürstentum (Despotat) von Epirus ein eigenes Herrschaftsgebiet. Noch vor dem Fall Konstantinopels war unter den Enkeln des letzten Komnenenkaisers Andronikos I. Komnenos (1183–85) mit georgischer Unterstützung an der südöstlichen Schwarzmeerküste das Kaiserreich von Trapezunt (1204–1461) entstanden.

Widerstand gegen die verhassten Lateiner formierte sich unter den versprengten griechischen Adligen, die sich mit dem Hof nach Kleinasien abgesetzt hatten. Theodoros I. Laskaris ließ sich im August 1204 in Nikaia zum neuen Kaiser küren und 1208 vom Patriarchen als legitimer Thronerbe salben. Sein weiteres Überleben verdankte er nicht den eigenen Kräften, sondern nur glücklichen Umständen. 1205 rettete ihn der Sieg des Bulgarenzaren Kalojan über Kaiser Balduin aus einer hoffnungslosen militärischen Situation. 1230

Reiche Beute gelangte nach der Eroberung von Konstantinopel vor allem in den Staatsbesitz der Republik Venedig, den Domschatz von San Marco. Ein liturgischer Kelch aus Onyx mit vergoldeter und mit Email und Perlen verzierter Silberfassung entstand in der zweiten Hälfte des 10. Jahrhunderts.

IKONEN AUS BYZANZ

Nach dem Ikonoklasmus einigte man sich, dass den christlichen Kultbildern in Byzanz fortan Verehrung, nicht jedoch Anbetung zustand, welche allein Gott und den Heiligen selbst vorbehalten blieb.

Ihre liturgische Rolle genossen die Ikonen, weil man den anerkannten Bildtypen besondere Autorität zusprach. Man glaubte, dass ihnen der Abglanz der nicht von Menschenhand geschaffenen Urbilder anhafte. Zeitweise spielten kostbare kleine Mosaikikonen eine wichtige Rolle als Andachtsbilder, wie das um 1150 entstandene Christusbild in Florenz (rechts).

In der Zeit der Kreuzzüge lernte die westliche Kultur die byzantinische Glaubenswelt kennen und die als authentisch geltenden heiligen Bilder schätzen. Bei der Plünderung von Konstantinopel 1204 wurden daher nicht nur Schätze oder Reliquien geraubt. Auch Ikonen verschleppte man, darunter die siegbringende Gottesmutter Maria Nikopoia aus dem 10. Jahrhundert (links), welche damals in die Markuskirche gelangte und fortan als Schutzherrin von Venedig galt.

Die Formen des ostkirchlichen Bildkultes selbst ahmte man nicht nach, aber die byzantinischen Heiligen-»porträts« stellten die Frage nach der Authentizität des Bildes im Abendland ganz neu.

beendete der Bulgarenzar Assen II. (1218–41) den Höhenflug der epirotischen Herrscher und schaltete den Mitkonkurrenten aus. Im Jahre 1242 behinderte der Einbruch der Mongolen im Balkanraum und in Kleinasien eine weitere Expansion der Seldschuken und Bulgaren. Unter Johannes III. Dukas Vatatzes (1222–54) festigte sich die Machtposition des Kaiserreiches von Nikaia. Sie befähigte den zum Mitregenten aufgestiegenen Heerführer aus altem Adel Michael Palaiologos dazu, 1259 bei Pelagonia einen Vorstoß verbündeter normannischer, epirotischer, lateinischer und serbischer Truppen abzuwehren und am 25. Juli 1261 kampflos in Konstantinopel einzuziehen. Um das Reich künftig besser vor den Machenschaften der venezianischen Dogen zu schützen, hatte Kaiser Michael VIII. Palaiologos zuvor schon ein Militärbündnis mit Genua geschlossen. Der Vertrag von Nymphaion vom 13. März 1261 räumte dem Konkurrenten Venedigs eine privilegierte Stellung im byzantinischen Handel ein.

Die Restauration der Palaiologen (1259–1453)

Unter der Palaiologendynastie gewann das Byzantinische Reich vorübergehend nochmals seine frühere Großmachtrolle zurück. Michael VIII. (1259/61–82) verstand es mit diplomatischem Geschick, seine Gegner gegeneinander auszuspielen. Karl I. von Anjou, der neue Herr Siziliens, musste seine Koalitions- und Invasionspläne im Jahre 1282 endgültig begraben, als Geldzuwendungen aus Konstantinopel König Peter III. von Aragonien in der Sizilianischen Vesper die Machtübernahme ermöglichten.

DAS BYZANTINISCHE REICH UM 1350

Bosnien · Walachei · Donau · SERBIEN · BULGARIEN · Maritza · Schwarzes Meer · Thessalonike · Konstantinopel · Gallipoli · Brussa · OSMANISCHES REICH · Athen · Türkische Kleinstaaten · Mistra · Johanniter · Kreta

0   100 km

☐ Byzantinisches Reich   ☐ venezianischer Besitz
☐ Staaten unter westlicher («lateinischer») Herrschaft   ■ genuesischer Besitz

Doch schon den Nachfolgern Michaels VIII. fehlte der notwendige Rückhalt, um ihren Willen gegen die egoistischen Standesinteressen der Großgrundbesitzer durchzusetzen. Das Reich löste sich in Teilherrschaften auf und büßte die militärische Schlagkraft ein. Unter diesen Voraussetzungen waren die kleinasiatischen Besitzungen auf Dauer gegen die nachdrängenden Turkstämme nicht mehr zu halten. Mit den Osmanen erwuchs den Byzantinern im unmittelbaren Vorfeld Konstantinopels ein respektabler Gegner. Auf der Balkanhalbinsel mussten die kaiserlichen Feldherren dem Serbenkönig Stephan IV. Dušan Uroš das Feld überlassen, der tief in makedonisches Territorium vordrang und sich 1346 zum Zaren der Serben und Griechen ausrufen und krönen ließ.

In die erbitterten Auseinandersetzungen um die Macht am Kaiserhof wurden die Volksmassen und die Kirche hineingezogen. Die sozialen Spannungen entluden sich 1342 im Aufstand der Zeloten, die sich bis 1350 in ihrer Hochburg Thessalonike verschanzten. Die unüberbrückbaren religiösen Gegensätze, die im Hesychastenstreit ausgetragen wurden, verschärften den innerdynastischen Konflikt. Die nachfolgenden bürgerkriegsähnlichen Wirren erleichterten auswärtigen Mächten die Intervention.

Der Untergang

1354 fassten die Osmanen erstmals auf dem europäischen Kontinent bei Gallipoli (Gelibolu) Fuß. Innerhalb nur weniger Jahrzehnte unterwarfen sie in einem beispiellosen Eroberungsfeldzug die christlichen Balkanvölker der Herrschaft des Islam. Vergeblich versuchten die byzantinischen Kaiser die Hilfe des christlichen Abendlandes zu mobilisieren. Um das drohende Unheil doch noch abzuwenden, fand sich Kaiser Johannes VIII. Palaiologos (1425–48) auf den Konzilien von Ferrara und Florenz (1438/39) sogar bereit, der päpstlichen Forderung nach einer Kirchenunion zuzustimmen. Nach der Vernichtung eines Kreuzfahrerheeres bei Warna 1444 blieb der letzte Palaiologenkaiser Konstantin XI. (1449–53) jedoch seinem Schicksal überlassen. Nur ein genuesisches Hilfskontingent harrte bei den Verteidigern aus, als Sultan Mehmed II. Fatih am 29. Mai 1453 die Erstürmung der Mauern befahl. Kaiser Konstantin XI. fand während der erbitterten Straßenkämpfe den Tod.

Der Untergang der Kaiserstadt am Bosporus verfehlte in der abendländischen Christenheit seinen Eindruck nicht. Die Türkenfurcht griff um sich. In Südosteuropa richteten sich die Freiheitshoffnungen der orthodoxen Christen bald auf den glaubensverwandten russischen Herrscher. Seit der Heirat des Großfürsten Iwan III. Wassiljewitsch mit Sophia (Zoë) Palaiologa, der Nichte des letzten byzantinischen Kaisers, im Jahre 1472 mehrten sich die Stimmen, die Moskau als das »dritte« und letzte Rom mit der fortlebenden Tradition der imperialen christlichen Kaiserherrschaft in Verbindung zu bringen versuchten.

Das griechische kulturelle Erbe blieb lebendig in einer weitgestreuten griechischen Diaspora und wurde von Humanistenkrei-

Am Vorabend der Erstürmung von Konstantinopel versammelten sich Kaiser und Volk, Würdenträger und Klerus, Soldaten und Hilfstruppen zur gemeinsamen und letzten christlichen Messe in der Hagia Sophia. Die mächtigste Kathedrale der damaligen Welt war seit den Tagen von Kaiser Justinian I. das Wahrzeichen des nun untergehenden Reiches.

Der byzantinische Geschichtsschreiber Kritobulos von Imbros berichtet über die Eroberung Konstantinopels durch die Türken 1453:

Es fielen aber von den Rhomäern (Byzantinern) und den Fremden während des ganzen Krieges und bei der Eroberung selbst insgesamt, ich meine Männer, Frauen und Kinder, wie man sagte, etwa 4 000. Zu Kriegsgefangenen wurden etwas mehr als 50 000 gemacht, vom gesamten Heer etwa 500.

sen in ganz Europa aufgenommen und sorgsam gepflegt. Eine interessante Nachblüte erlebte es an den Fürstenhöfen der griechischen Hospodare (vom osmanischen Sultan eingesetzte Landesfürsten) in den Donaufürstentümern Moldau und Walachei während der Phanariotenzeit (1711–1821).

Sieg der geistlichen Waffen – Die Slawenmission

Die Heidenmission in Ost- und Südosteuropa war mehr als nur ein innerkirchlicher Vorgang. In der frühmittelalterlichen Gesellschaft bestand zwischen der Bekehrungsarbeit christlicher Missionare und der politischen Herrschaftsbildung ein enger kausaler Zusammenhang. Der kirchliche Segen verlieh der Fürstenmacht als gottgegebener Autorität eine nahezu unangreifbare Vorrangstellung im Inneren und gewährte in den äußeren Beziehungen einen relativen Schutz vor den Angriffen christlicher Nachbarn. Die Kirche ihrerseits verdankte dem herrscherlichen Wohlwollen den notwendigen Freiraum und ausreichende finanzielle Zuwendungen für ihren Unterhalt und ihre karitativen Aufgaben.

DIE SLAWISCHEN VÖLKER IM FRÜHEN MITTELALTER

Kirche und Politik

Die äußeren Begleitumstände des Christianisierungsprozesses unterstreichen die politische Bedeutung, die auch die heidnischen Fürsten ihrem Übertritt zum neuen Glauben beimaßen. Die Taufe wurde in der Regel als förmlicher Staatsakt inszeniert. Die Entscheidung war wohl in den seltensten Fällen allein durch die persönliche Überzeugung desjenigen motiviert, der zum Christentum übertrat; ausschlaggebend waren eher politische Überlegungen und die Erkenntnis, dass in einer christlichen Umwelt einem Heiden die völkerrechtliche Anerkennung versagt blieb. Erst die Taufe versprach Gleichberechtigung. Nicht selten war die Fürstentaufe wie in Polen, Ungarn oder im Kiewer Reich Ergebnis oder Vorbedingung einer dynastischen Heiratsverbindung. Nicht zu unterschätzen als weiterer Anstoß ist auch der kulturelle Aspekt. Der Übertritt zum Christentum versprach den heidnischen Stämmen eine rasche Heranführung an die Schriftkultur des Mittelmeerraums und die Teilhabe am zivilisatorischen Fortschritt.

Die Voraussetzungen der Slawenmission

Die Slawenmission ist Teil eines universalgeschichtlich bedeutsamen demographischen und politischen Umstrukturierungsprozesses, der sich während der Völkerwanderungszeit im Vorfeld der Grenzen des Römischen Reiches abspielte. Auf ihren Wande-

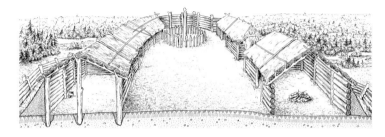

Die altslawische Siedlung von Tusemlja im slawisch-baltischen Grenzgebiet bei Smolensk aus der ersten Hälfte des 1. Jahrtausends ist ein typisches so genanntes Siedlungsnest mit einer hölzernen Befestigung und einem heidnischen Kultplatz.

rungsbewegungen kamen die Slawen zwar schon sehr früh mit dem Christentum in Berührung, doch von vereinzelten Übertritten slawischer Heerführer und Krieger abgesehen, waren die Auswirkungen zunächst destruktiv. Der Durchzug slawischer Siedlergruppen zerstörte im Donauraum die provinzialrömische städtische Infrastruktur und brachte das kirchliche Leben weitgehend zum Erliegen. In den inselhaft eingestreuten slawischen Siedlungsgebieten im Inneren der Balkanhalbinsel hielten im 6./7. Jahrhundert wieder heidnische Kultbräuche Einzug. Die byzantinische Reichskirche war an einer raschen Bekehrung der Heiden interessiert. Sie beteiligte sich daher bereitwillig an den kaiserlichen Befriedungsbemühungen, die auf eine gewaltsame Wiederherstellung der griechischen Ursprünge abzielten. In der Nordhälfte der Balkanhalbinsel boten allerdings die erfolgreichen Herrschaftsgründungen unter den Serben und Bulgaren der byzantinischen »Reconquista« schon frühzeitig Einhalt.

Die Anfänge der lateinischen Slawenmission

Im Einzugsbereich der lateinischen Kirche in Mitteleuropa gerieten neben den Germanen wohl auch schon die Slawen in den Blick iroschottischer Wandermönche, die sich im 6. Jahrhundert in das ostrheinische Heidenland vorwagten. Die Missionstätigkeit in den slawischen Siedlungen im ostbairischen Bereich entwickelte sich unmittelbar aus der irofränkischen Germanenmission. Schon der Aquitanier Amandus war um 630 über Baiern bis ins Slawenland vorgedrungen. Der eigentliche Durchbruch der Baiernmission ist mit dem Namen des Agilolfingerherzogs Theodo V. (um 680–um 717) und dem Wirken der Missionsbischöfe Korbinian in Freising, Erhard und Emmeram in Regensburg und Rupert in Salzburg verbunden. Sie sorgten für eine flächendeckende kirchliche und klösterliche Organisationsstruktur im bairischen Raum. Der Angelsachse Bonifatius brachte sie 739 im päpstlichen Auftrag zum Abschluss. Er schuf damit auch die Voraussetzungen für ein grenzüberschreitendes missionarisches Wirken unter den Slawen.

Der aus Wessex stammende Benediktinermönch Bonifatius wurde von Papst Gregor II. mit der Germanenmission beauftragt. Eine um 975 in Fulda entstandene Miniatur zeigt über der Initiale den Heiligen links, wie er in bischöflichem Ornat die Taufe vornimmt. Rechts wird sein Martyrium bei der Friesenmission im Jahr 754 gezeigt (Göttingen, Universitätsbibliothek).

Die bayerische Slawenmission

Die bayerische Slawenmission war von Anfang an eng mit der herrschaftlichen Durchdringung der grenznahen Regionen verbunden. Nach der »Conversio Bagoariorum et Carantanorum«, einer um 870 entstandenen Salzburger Quelle, hatte der Karantaner-

Als Taufgeschenke verteilten die bayerischen Missionare als Zeichen der Bekehrung schlichte kleine Bleikreuze; rechts ein Exemplar aus Bernhardstal in Niederösterreich.

herzog Borut selbst im Jahre 743 vom Bayernherzog Odilo die Taufe seines Sohnes Gorazd und seines Neffen erbeten. Die Unterwerfung des Landes durch Bayernherzog Tassilo III. 772 änderte die Rahmenbedingungen der kirchlichen Arbeit. Als Missionar der Slowenen gilt der Salzburger Bischof Virgil (†784), der noch ganz in der Tradition des von dem Iren Columban gegründeten Mönchtums stand.

788 musste sich Tassilo III. seinem Vetter Karl dem Großen unterwerfen. Sein Herzogtum wurde zusammen mit Karantanien dem Frankenreich eingegliedert. Seither lag die Koordinierung der Grenzmarksicherung und der kirchlichen Missionsbemühungen beim Frankenkönig. Die erfolgreichen Kriegszüge Karls des Großen und seines Sohnes Pippin gegen die Awaren machten den Weg für eine Neuordnung frei. Noch im Heerlager Pippins hatte im Sommer 796 eine Bischofssynode die künftigen Missionsziele abgesteckt und sich auf territoriale Abgrenzungen zwischen den Kirchensprengeln geeinigt. Das Patriarchat Aquileja, das die Bekehrung der Slawen in Istrien und Friaul in Gang gebracht hatte, und Salzburg beanspruchten beide Karantanien. Die endgültige Entscheidung im Bistumsstreit fällte Karl der Große 811. Aquileja erhielt südlich der Drau die jurisdiktionellen Vorrechte. Der nördliche Teil Karantaniens (Steiermark und Kärnten) und das gesamte Unterpannonien, das Gebiet östlich der Raab zwischen Drau und Donau, wurden Salzburg zugesprochen. Maßgeblichen Anteil an der Missionsarbeit in Karantanien nahmen auch das dem Freisinger Bistum unterstehende Kloster Innichen im Pustertal und die Mönchsgemeinschaft von Kremsmünster. Beide Klöster hatte noch Tassilo III. 769 bzw. 777 eigens für die Slawenmission gegründet.

In den nördlichen Slawengebieten hatten die bayerischen Bistümer Regensburg und Passau mit konkurrierenden Unternehmungen aus Sachsen und vorübergehend mit der Mission durch Kyrillos und Methodios auch aus Konstantinopel zu rechnen. Nach Mähren dürften die ersten Glaubensboten vornehmlich von Passau aus entsandt worden sein. Ebenfalls schon in der ersten Hälfte des 9. Jahrhunderts wurde im Zuge der fränkischen Ostexpansion von Regensburg aus die Missionierung Böhmens eingeleitet. Die Annalen des Klosters Fulda berichten zum Jahre 845 von 14 böhmischen Stammesführern, die sich dem ostfränkischen König Ludwig dem Deutschen unterwarfen und mit ihrem Gefolge taufen ließen. Erst mit dem Přemyslidenherzog Wenzel I., der den politischen Anschluss an Sachsen

Gemeinsam mit seiner Gemahlin Liutpirc stiftete Tassilo der Benediktinerabtei Kremsmünster einen Abendmahlskelch, der bis heute dort aufbewahrt wird. Das vergoldete und versilberte Kupfergefäß wurde vermutlich durch northumbrische (nordenglische) Handwerker angefertigt. Dies belegt die engen Verbindungen zu den Britischen Inseln, die der irischen Missionsarbeit zu verdanken waren.

suchte und 929 König Heinrich I. tributpflichtig wurde, erfolgte die endgültige Weichenstellung zugunsten der lateinischen Orientierung. Sie ging mit einer Lockerung der Bindungen an die bairische Kirche einher. Als man 973/976 mit päpstlichem Segen in Prag ein eigenes Bistum einrichtete, wurde es dem Erzbistum Mainz unterstellt.

Die Mission der Ostsee- und Elbslawen

Die Verchristlichung des Slawenlandes an der Ostgrenze des Frankenreiches war wie die vorausgehende Germanenmission ein mühseliger und langwieriger Prozess. Die Bekehrung der Main- und Regnitzslawen, die im Einzugsbereich der Bistümer Würzburg und Bamberg siedelten, zog sich bis in das 12. Jahrhundert hin. Unter den Elb- und Ostseeslawen regte sich nach den Sachsenkriegen Karls des Großen hartnäckiger Widerstand gegen eine weitere Ausdehnung des Frankenreiches über die Elbe.

Als kirchliches Zentrum für die Bekehrung Nordeuropas und der benachbarten Slawen war vom Papst zunächst das Bistum Hamburg (und zeitweise Bremen) ausersehen, doch konnte der heilige Ansgar seine in Skandinavien erreichten Missionserfolge im Slawenland nicht wiederholen. Erst die sächsischen Kaiser ebneten im 10. Jahrhundert mit einer aggressiven Slawenpolitik den christlichen Glaubensboten gewaltsam den Weg. Otto I. gründete 937 das Missionskloster des heiligen Mauritius in Magdeburg. Es wurde zur Keimzelle eines Erzbistums, das 968 mit den ihm unterstellten Bistümern (Suffraganbistümern) Havelberg, Brandenburg, Merseburg, Zeitz-Naumburg und Meißen als Schaltzentrale der Slawenmission eingerichtet wurde. Das Bistum Oldenburg in Holstein (Wagrien) wurde dem Erzbistum Hamburg-Bremen zugeordnet.

Der große Slawenaufstand des Jahres 983 zerstörte das kirchliche Aufbauwerk unter den Elbslawen wieder weitgehend. Es dauerte zwei Jahrhunderte, ehe christliche Missionare im Zuge des Landesausbaus unter Adolf II. von Schauenburg, Heinrich dem Löwen und dem Askanier Albrecht dem Bären erneut Fuß fassen konnten. Noch zu diesem Zeitpunkt war mit dem »Wendenkreuzzug« von 1147 ein regelrechter Feldzug unter dänischer Beteiligung notwendig, um den heidnischen Widerstand zu brechen. Das hartnäckig verteidigte slawische Heiligtum Arkona auf Rügen konnte erst 1168 nach mehreren Anläufen erobert und zerstört werden.

Die Missionierung Polens

Bis an die Oder und zu den Slawen an der mittleren Warthe und oberen Netze drang die von Sachsen ausgehende Slawenmission nicht mehr vor. Im Stammesgebiet der Polanen trat den sächsischen Grafen mit den Piasten eine selbstbewusste einheimische Herrscherdynastie entgegen. Um sich weiterer Einmischungsversuche besser zu erwehren, suchte Mieszko I. die Anlehnung an den Böhmenherzog Boleslav I., dessen Tochter Dubravka er ehelichte. 966/967 ließ er sich taufen und erreichte 968 die Zustimmung des

Ein frühes Zeugnis des Christentums in Mähren ist der vergoldete Riemenbeschlag des 9. Jahrhunderts aus Mikulčice, auf dem ein Betender dargestellt ist, vermutlich ein Heiliger (Brünn, Archäologisches Institut der Akademie der Wissenschaften).

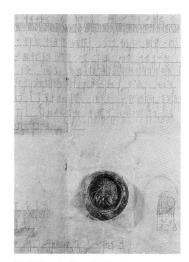

Die Urkunde über die Erweiterung der kaiserlichen Privilegien für das Mauritiuskloster in Magdeburg aus dem Jahre 968 wird im dortigen Staatsarchiv aufbewahrt.

Papstes, in Posen für die polnische Kirche ein Bistum einzurichten. Im Jahre 1000 machte das denkwürdige Zusammentreffen seines Nachfolgers Bolesław I. Chrobry mit Kaiser Otto III. während dessen Pilgerfahrt zum Grab des Märtyrerbischofs Adalbert von Prag († 997) den Weg frei für eine eigenständige polnische Kirchenorganisation. Dem neu errichteten Erzbistum Gnesen wurden die Bistümer Kolberg, Krakau und Breslau unterstellt.

Die Jaromarsburg auf dem Vorgebirge Arkona wurde 1168 vom Dänenkönig Waldemar dem Großen erobert und zerstört. Im Heiligtum der Festung befand sich das mindestens 10 m hohe Holzstandbild des Gottes Swantewit. Die Wallanlage zum Schutz der Landseite blieb erhalten, während große Teile der Seeseite von der Erosion abgetragen sind.

Der slawische Gott Swantewit wurde in Gestalt von vierleibig oder viergesichtig gestalteten Holz- oder Steinpfeilern verehrt. Das abgebildete Beispiel des 9./10. Jahrhunderts aus Wollin ist nur 6 cm hoch und diente vermutlich dem häuslichen Kult (Stettin, Muzeum Narodowe).

Die Slawenlehrer Kyrillos und Methodios

Ausgangspunkt und Rückhalt der Missionierungsarbeit der byzantinischen Reichskirche unter den Slawenstämmen auf der Balkanhalbinsel waren die griechischen Küstenstädte, allen voran Thessalonike, die sich im Schutze der Reichsflotte gegen die Slawenflut hatten halten können. In Dalmatien soll nach einer umstrittenen Information im Staatshandbuch des Kaisers Konstantin VII. Porphyrogennetos in den 620er-Jahren Kaiser Herakleios im Einvernehmen mit dem Papst in Rom erste Schritte zur Christianisierung der eingewanderten Kroaten eingeleitet haben. Die heidnischen Serben kamen sowohl mit der lateinischen Mission im adriatischen Küstenbereich wie mit den Predigern der griechischen Kirche in den binnenserbischen Landschaften in Berührung. Eine serbische Gesandtschaft soll von Kaiser Basileios I. (867–886) die Taufe der noch heidnisch gebliebenen Stammesbrüder erbeten haben. Über bulgarischen Einfluss dürfte in der Folgezeit die christliche Lehre tiefere Wurzeln geschlagen haben, doch blieb der Gegensatz zwischen der lateinisch geprägten Küstenzone und dem nach Konstantinopel orientierten Binnenland bis zum Anfang des 13. Jahrhunderts erhalten. Die endgültige Anbindung an das ökumenische Patriarchat in Konstantinopel führte dann erst der heilige Sava Anfang des 13. Jahrhunderts herbei. Die byzantinische Reichskirche profitierte bei ihrer Slawenmission von frühzeitigen Zugeständnissen. Gegen die Vorherrschaft des Lateinischen in der westlichen Missionsarbeit gerichtet, entschied sich der byzantinische Patriarch im innerkirchlichen Sprachenstreit für die volkstümliche Variante und ließ in den äußeren Gebieten nationalkirchliche Organisationsstrukturen zu. Den An-

stoß gab das Missionsersuchen des Mährerfürsten Rastislaw vom
Jahre 862, der seinen Herrschaftsbereich dem bayerisch-fränkischen
Zugriff entziehen wollte. Kaiser Michael III. und Patriarch Photios
reagierten mit der Entsendung des griechischen Brüderpaares Kyrillos und Methodios. Beide waren aus ihrer Heimatstadt Thessalonike
mit slawischer Mundart vertraut und konnten den Slawenstämmen
ein eigenes Schriftsystem, die Kunstschrift der Glagoliza, und »kir-
chenslawische« Übersetzungen der liturgischen Bücher anbieten.

In der Sprachenfrage und im Streit um die Gerichtsbarkeit mit der
bairischen Kirche suchten die beiden Slawenlehrer das Einvernehmen mit dem Papst. Hadrian II. nutzte die Gelegenheit ihres Rom-
besuches, zu dem sie 867 aufgebrochen waren, um Ansprüche auf das
östliche Illyrien wieder zu beleben, das Kaiser Leon III. der römischen Kirche 732 eigenmächtig entzogen hatte. Der Papst bestätigte
Methodios – Kyrillos war 869 in Rom verstorben – als päpstlichen
Legaten für die Slawenmission und als Erzbischof Pannoniens mit
Sitz in Sirmium, der alten Hauptstadt der Präfektur Illyrien. Sein
Vorgehen stieß bei den betroffenen bairischen Bischöfen auf schroffe
Ablehnung. Sie zitierten Methodios 870 vor ein Gericht in Regensburg und ließen ihn in Klosterhaft nehmen. Auch nach seiner Frei-
lassung 873 blieb Methodios in seiner kirchlichen Arbeit stark behin-
dert. Seine Schüler verloren nach seinem Tode 885 den päpstlichen

Über die Missionstätigkeit des Kyrillos
in Mähren berichtet seine Vita:

*Als er aber nach Mähren kam, empfing ihn
Rastislaw mit großen Ehren. Und nachdem
dieser Schüler versammelt hatte, überließ er
sie ihm zum Unterricht. Bald schon war die
Kirchenordnung übersetzt; und er unter-
wies sie in der Matutin, im Stundengebet,
in der Messe, der Vesper, im Komplet und
in der Erteilung der Sakramente. Und es
wurden gemäß dem Prophetenwort die
Ohren der Tauben geöffnet, damit sie die
Worte der Schrift vernähmen, und die
Sprache der Stammelnden wurde verständlich. Gott aber freute sich darüber sehr,
indes der Teufel beschämt wurde.*

Kyrillos und Methodios entwickeln für
die Übersetzung der Evangelien die
altslawische Schrift. Die Darstellung
der um 1490 in Russland entstandenen
Radziwill-Chronik versetzt die beiden
Slawenapostel in eine mittelalterliche
Studierstube (Sankt Petersburg,
Akademie der Wissenschaften).

Rückhalt, wurden aus Mähren vertrieben und zogen sich nach Dalmatien und Bulgarien zurück. Ihrem Wirken im Bulgarenreich ist es
vor allem zu verdanken, dass in der bulgarischen Kirche die byzantinische Orientierung schließlich die Oberhand behielt gegenüber
einer zunächst erfolgreicheren lateinischen Mission.

Die Bulgarenmission

Die turksprachigen bulgarischen Eroberer hatten schon in der
Frühphase ihrer Reichsgründung im Nordwestbalkan erste
Kontakte mit der christlichen Religion in den Küstenstädten des
Schwarzen Meeres. Mit der Ausweitung ihrer Herrschaft auf thraki-
sche und makedonische Gebiete nahm die Zahl der christlichen
Untertanen zu. In der Oberschicht und selbst in der Familie der Bul-

Der bulgarische Mönch Chrabar
rechtfertigt die Übersetzung
geistlicher Schriften ins Slawische:

*Andere wiederum fragen: Wozu gibt es
überhaupt slawische Bücher? Es haben sie
weder Gott noch die Engel geschaffen, noch
sind sie von allem Anbeginn da und von
Gott gut geheißen wie die hebräischen,
lateinischen und griechischen.*
*Es gibt Leute, die meinen, Gott selbst habe
die Buchstaben angefertigt. Sie wissen nicht,
wie töricht sie reden, wenn sie behaupten,
Gott selbst habe befohlen, nur in drei Sprachen Bücher zu schreiben, wie es im Evangelium steht: »Über ihm war eine Inschrift
in griechischer, lateinischer und hebräischer
Sprache.« Eine slawische sei nicht genannt
worden. Die slawischen Bücher seien
deswegen auch nicht göttlichen Ursprungs.*

Ohrid als Mittelpunkt der
Slawenmission stieg zu einem
dominierenden Kunstzentrum auf.
Bald nach der Rückeroberung durch
Konstantinopel entstand um 1050
die Sophienkirche mit ihrem reichen
Freskenschmuck (links): In der Apsis
thront die Gottesmutter über dem
Bildfries der Apostelkommunion.
Das Bild der Verkündigung an Maria
(rechts) entstand als Vortrageikone
für Prozessionen in der Zeit des
Zweiten Bulgarenreiches (Ohrid,
Nationalmuseum).

garenkhane wuchs die Bereitschaft, auch in religiösen Belangen die Angleichung an die Kaisermacht in Konstantinopel zu suchen. Die drohende Gefahr einer byzantinischen Dominanz bewog Khan Boris jedoch 852, im Donauraum eine engere politisch-militärische Zusammenarbeit mit König Ludwig dem Deutschen einzugehen und über fränkische Missionare den griechischen Einfluss einzudämmen. Eine rasche Militäraktion des Kaisers 863/864 zwang ihn, die Allianz aufzukündigen und die Taufe durch Abgesandte des Patriarchen Photios zu akzeptieren. Beim Taufakt im Jahre 864 oder 865 nahm Boris nach seinem kaiserlichen Taufpaten den christlichen Namen Michael an. Das Arrangement mit dem Kaiser hinderte ihn nicht, in den Jahren 866 bis 870 erneut die römische und fränkische Karte zu spielen und sich in Rom um eine unabhängige Kirchenorganisation zu bemühen. 869/870 beendete ein Synodalbeschluss in Konstantinopel vorläufig den Jurisdiktionsstreit in der bulgarischen Kirche zu-

gunsten des Patriarchen von Konstantinopel. Umso bereitwilliger nahm Boris 886 die aus Mähren flüchtenden Schüler des Methodios auf und stellte mit dessen Helfern Naum und Kliment der griechischen Mission eine lebendige bulgarische Kirche mit slawischer Liturgiesprache und glagolitischem Alphabet entgegen. Um Ohrid in Westmakedonien entstand nun ein slawisches Bildungs- und Kirchenzentrum. Als Boris 889 auf sein Herrscheramt verzichtete und sich in Preslaw in ein Kloster zurückzog, drohte sein Sohn und Nachfolger Wladimir das Aufbauwerk des Vaters zu gefährden. Er vollzog eine antibyzantinische Kehrtwendung in der Innen- und Außenpolitik und begünstigte eine heidnische Reaktion. 893 kehrte Boris nochmals zurück und ersetzte Wladimir durch seinen jüngeren Sohn Simeon. Eine Reichsversammlung bestätigte die slawische Liturgie und Schrift. Unter Simeon I. verdrängte die slawische Liturgiesprache in der bulgarischen Kirche endgültig das Griechische. Allerdings gab der am byzantinischen Kaiserhof erzogene junge Herrscher dem Kyrillischen, einer Anpassung des griechischen Alphabets an die Erfordernisse des slawischen Lautsystems, vor den schwer erlernbaren glagolitischen Schriftzeichen den Vorzug. Simeon beschäftigte an seinem Hofe zahlreiche Übersetzer, die für die spätere Missionsarbeit unter den Ostslawen wesentliche Vorarbeiten geleistet haben.

Die Taufe Russlands

Der Missionserfolg der byzantinischen Reichskirche im Reich von Kiew (Kiewer Rus) war eine unmittelbare Folge reger Handelskontakte auf dem »Weg von den Warägern zu den Grie-

chen«. Erste Missionserfolge unter den damals in Konstantinopel gefürchteten »Russen« vermeldete der Patriarch Photios schon aus den
60er-Jahren des 9. Jahrhunderts. Die christliche Lehre war schon
bald unter den warägischen Kriegern und Kaufleuten auf Resonanz
gestoßen. Dem Alleingang der Fürstin Olga, die sich Mitte des
10. Jahrhunderts taufen ließ, wollte ihr Sohn Swjatoslaw Igorjewitsch
mit Rücksicht auf die heidnische warägische Gefolgschaft zwar noch
nicht folgen. Ihr Enkel Wladimir I. Swjatoslawitsch festigte jedoch
mit seiner Entscheidung für die Taufe (988) die Kontakte zur Handelsmetropole Konstantinopel und gewann gleichzeitig mit Basileios' II. Schwester Anna die prestigeträchtige Anverwandschaft zum
byzantinischen Kaiserhaus. Byzanz wurde seither normgebend im
kirchlichen und kulturellen Leben des Kiewer Reiches. Den Aufbau
kirchlicher Organisationsstrukturen besorgten vom Patriarchen entsandte griechische Bischöfe (Metropoliten).

Den russisch-byzantinischen
Freundschaftsvertrag des Jahres 945
beschworen die christlichen Russen
in der Eliaskirche von Kiew, die
heidnischen vor dem Götzenbild des
slawischen Gottes Perun. Illustration
in der um 1490 entstandenen
Radziwill-Chronik (Sankt Petersburg,
Akademie der Wissenschaften).

Ost-westliche Gegensätze in der Slawenmission

In der Missionsarbeit unter den Slawen deutete sich schon früh ein
konfessionelles Auseinanderstreben zwischen Rom und Konstantinopel an; eine durchgehende Trennungslinie zwischen einem
Christentum abendländisch-lateinischer und griechisch-orthodoxer
Prägung hat sich allerdings in dieser Frühzeit trotz unleugbarer Irritationen noch nicht verfestigt. Im Wettstreit um den beherrschenden
Einfluss in den slawischen Missionsgebieten spielten handfeste politische und materielle Interessen eine entscheidendere Rolle als theologische Kontroversen oder ein unterschiedliches Orthodoxiever-
ständnis. Zwischen den einzelnen Bistümern der fränkischen Reichskirche, die Missionare in das Slawenland entsandten, und der Kurie
in Rom herrschten nicht weniger Empfindlichkeiten als zwischen
den konkurrierenden Glaubensboten des griechischen Patriarchen
und der Westkirche.

Derartige unschöne Begleitumstände werfen Schatten auf die frühmittelalterlichen Christianisierungsvorgänge in Ost- und Südosteuropa. Die Tatsache, dass die Glaubensboten nicht frei waren von allzu menschlichen Regungen und häufig auch Gewaltmittel nicht scheuten, ändert aber nichts an der grundsätzlichen Bewertung: Mit ihrem Missionswerk haben die griechische und die lateinische Kirche im Frühmittelalter gemeinsam die Fundamente für das christliche Europa gelegt und zur dauerhaften Eingliederung der »barbarischen Nordvölker« beigetragen.

Ein erstes slawisches Großreich – Das Bulgarenreich

Die Protobulgaren

Die erste schriftliche Erwähnung der Bulgaren stammt aus der Mitte des 4. Jahrhunderts n. Chr. Zu diesem Zeitpunkt zählten sie noch zu den turksprachigen Reitervölkern, die es aus den eurasischen Steppenregionen ans Schwarze Meer und bis in den Donauraum verschlagen hatte. Ein Teil dieser Ur- oder Protobulgaren gehörte zum hunnischen Stammesverband. Nach dem Tode des Hunnenherrschers Attila (453) blieben einzelne Gruppen im pannonischen Raum zurück, andere fanden nördlich des Schwarzen und des Asowschen Meeres und am unteren Don eine Heimstatt.

In die Geschicke der Balkanhalbinsel griffen sie erstmals im Jahre 480 ein, als sie Kaiser Zeno gegen die Ostgoten zu Hilfe rief. Ein Jahrzehnt später, 493, überschritten sie auf eigene Faust die Donau und suchten die Nordprovinzen des Byzantinischen Reiches heim. Vorausabteilungen stießen bis Thrakien vor. Seitdem häufen sich in byzantinischen Quellen die Berichte von Kriegs- und Plünderungszügen der Bulgaren. In der Mitte des 6. Jahrhunderts gerieten die Protobulgaren in awarische Abhängigkeit und beteiligten sich an kriegerischen Unternehmungen, die sie 619 bis Thessalonike und 626 unmittelbar vor die Mauern Konstantinopels führten.

Das Erste Bulgarische Reich

Keimzelle eigenständiger Herrschaftsgründungen der Protobulgaren wurde im nördlichen und nordwestlichen Vorfeld des Kaukasus das Großbulgarische Reich. Um 632 hatte Khan Kuvrat protobulgarische und onogurische Stämme zusammengeführt und die awarische und westtürkische Oberhoheit aufgekündigt. Kuvrat stand in engem Kontakt zum byzantinischen Kaiserhof. Er hatte sich längere Zeit in Konstantinopel aufgehalten und war dort getauft worden. Nach seinem Tode zerschlug um 660 das aus dem Osten nachrückende Turkvolk der Chasaren das Reich und unterwarf sich die Protobulgaren. Während ein Sohn Kuvrats, Batbaj, sich mit diesem Schicksal abfand, entschlossen sich seine Brüder zum Abzug. Kotrag gründete wolgaufwärts das Wolgabulgarische Reich. Aspa-

Im Goldschatz von Nagyszentmiklós (westliches Siebenbürgen) sind Zeugnisse der altbulgarischen Kunst des 8./9. Jahrhunderts erhalten. Auf einer Kanne ist neben Fabelwesen und Tierkämpfen ein siegreicher Reiter dargestellt, der einen Gefangenen am Haar mit sich zieht (Wien, Kunsthistorisches Museum). Künstlerisch steht das Stück der Toreutik des sassanidischen Persien nahe.

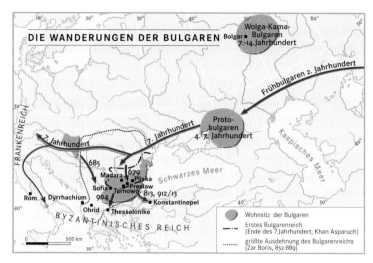

ruch wandte sich nach Westen und führte sein Volk an die untere Donau. Als sich die Beziehungen zum byzantinischen Kaiser verschlechterten und byzantinische Truppen aufmarschierten, rüsteten sich die Steppenreiter zum Gegenschlag und überquerten 679 die Donaugrenze. Sie ließen sich im Nordosten der Balkanhalbinsel nieder und verteidigten von ihrem befestigten Lager in Pliska aus einen eigenen Herrschaftsbereich auf Reichsterritorium.

Dieses Turkvolk der Ur- oder Protobulgaren wurde namengebend für ein Herrschaftsgebilde, das in der Folgezeit die Slawenstämme zwischen Donau und dem Balkangebirge der Botmäßigkeit des byzantinischen Kaisers entzog. Kaiser Konstantin IV. sah sich 681 zur Anerkennung eines Bulgarenreiches nördlich des Balkangebirges gezwungen. Außerdem musste er sich zu jährlichen Tributzahlungen verpflichten. Sein Nachfolger Justinian II. hatte sich wenig später in Makedonien gegen Angriffe anderer protobulgarischer Gruppierungen zu wehren, die wohl um 685 unter ihrem Führer Kuber aus dem pannonischen Raum in das Gebiet um Prilep und Bitola zugewandert waren und sich mit slawischen Stämmen nördlich von Thessalonike verbündet hatten.

Das Volk der Bulgaren auf der Balkanhalbinsel entwickelte sich aus den ursprünglich hier lebenden thrakischen Bevölkerungsresten wie auch aus den zugewanderten protobulgarischen Steppenreitern und den slawischen Neusiedlern. Dass auf längere Sicht bäuerlichen Slawen dem neuen Staatsgebilde einen slawischen Charakter aufprägten, lag an deren zahlenmäßigem Übergewicht.

Bulgarisch-byzantinische Rivalitäten

Günstige Voraussetzungen für bulgarische Territorialgewinne ergaben sich aus den innenpolitischen Wirren im Byzantinischen Reich an der Wende zum 8. Jahrhundert. Khan Terwel stand dem gestürzten Kaiser Justinian II. bei der Rückgewinnung des Thrones 705 bei und half Kaiser Leon III. 717/718 bei der Zerschla-

Die steinerne Darstellung einer protobulgarischen Jurte mit dem geritzten Bild eines Jägers aus der Gegend von Warna entstand im 8./9. Jahrhundert.

Links reitet Nikephoros I. gegen die Bulgaren, das mittlere Bild zeigt ihn gefesselt vor Khan Krum, rechts ist das makabere Gastmahl des Bulgarenkhans dargestellt: Ein Diener bringt den präparierten Schädel des getöteten Feindes. Die Miniaturen illustrieren die um 1345 entstandene bulgarische Übersetzung der byzantinischen Chronik des Konstantinos Manasses (Rom, Vatikanische Bibliothek).

gung des arabischen Belagerungsringes um Konstantinopel. Er ließ sich seine Hilfe mit dem Ehrentitel eines Caesars und durch territoriale Zugeständnisse bezahlen. Seine Erfolge provozierten aber auch Gegenmaßnahmen der Kaisermacht. In den 30er-Jahren boten Auseinandersetzungen im Bulgarenreich, in deren Verlauf die herrschende Dynastie abgelöst wurde, dem Kaiser eine Handhabe dazu.

Zu Anfang des 9. Jahrhunderts verschoben sich die Machtverhältnisse erneut zugunsten der Bulgaren. Der Niedergang und die Zerschlagung des Awarenreiches eröffneten Expansionschancen im Be-

Über die vernichtende Niederlage der Byzantiner gegen die Bulgaren in den Balkanpässen im Jahre 811 berichtet die Weltchronik des Theophanes Confessor. Nach der Aufzählung der hohen Amt- und Würdenträger, die ums Leben kamen, sowie der vielen gefallenen Offiziere und Soldaten heißt es:

... die ganze Blüte der Christenheit wurde vernichtet ... Mögen nie wieder die Christen eine solche Kunde erfahren und ein solches Unheil sehen müssen wie an jenem Tage, der alle Wehklagen übertraf! ... Den Kopf des Nikephoros ließ Krum abschlagen und ihn an einer Stange viele Tage lang aufhängen zur Schaustellung für alle Fremden, die dorthin kamen, und zu unserer Schande. Dann ließ er ihn abnehmen, den Schädelknochen reinigen, in Silber fassen und bot darin prahlend den Slawenfürsten den Trunk dar.

reich jenseits der Donau und in Pannonien. Im Süden spielte Khan Krum seine militärische Überlegenheit aus und besetzte 809 Sofia. Ein Gegenstoß des Kaisers Nikephoros I. endete 811 im Fiasko. Das byzantinische Heer kämpfte sich wohl bis zur Residenz des Khans in Pliska durch und brannte sie nieder, auf dem Rückweg wurde es aber aufgerieben, der Kaiser fiel im Kampf. Khan Krum dehnte seine Herrschaft auf Thrakien aus und rüstete 813 zum Sturmangriff auf Konstantinopel. Sein Nachfolger Omurtag einigte sich mit Kaiser Leon V. auf eine Beilegung der Grenzstreitigkeiten.

Das goldene Zeitalter Simeons (893–927)

Khan Boris, der sich und seine Untertanen hatte taufen lassen (864 oder 865), verteidigte diese Entscheidung noch im hohen Alter gegen einen drohenden Rückfall in das Heidentum, dem der Nachfolger Wladimir Sympathie entgegenbrachte. Zur Abwehr der drohenden heidnischen Reaktion berief Boris 893 eine Reichsversammlung ein. Sie kürte Simeon, den jüngeren Sohn des Khans, zum Nachfolger, sanktionierte die slawische Liturgie und sprach sich für die Verlegung der Hauptstadt nach Preslaw aus.

Simeon zeigte sich in den Beziehungen zum griechischen Nachbarn als ein energischer Vertreter bulgarischer Interessen. Er riskierte schon 894 den Krieg, als bulgarischen Kaufleuten der Zutritt zum Markt in Konstantinopel verwehrt wurde. Nach Anfangserfolgen gerieten die bulgarischen Angreifer in Bedrängnis. Der Kaiser verbündete sich mit den Magyaren in der südrussischen Steppenzone und zwang Simeon einen gefährlichen Zweifrontenkrieg auf. Vor dem magyarischen Ansturm musste er seine Residenz Preslaw aufgeben und sich in der Donaufestung Silistra verschanzen. Die Rettung verdankte er seinem diplomatischen Geschick. Er holte ein weiteres Steppenvolk, die Petschenegen, zu Hilfe und nötigte die Magyaren zum Abzug nach Pannonien. Seither beherrschte er das weitere Kriegsgeschehen und diktierte 896 die Friedensbedingungen. Der Kaiser musste unter dem Druck der Araber nachgeben, die 902 Küstenregionen in Thessalien und auf der Peloponnes heimgesucht und 904 Thessalonike erobert und geplündert hatten, und den Bulgaren weitere Territorialgewinne bis in das nördliche Vorfeld Thessalonikes zugestehen. Erneute Brüskierungen veranlassten Simeon 912 zur Wiederaufnahme der Kampfhandlungen. Seine Truppen fielen in Thrakien ein, eroberten Adrianopel und stießen bis zum Golf von Korinth vor. Mehrmals standen sie unmittelbar vor den Mauern Konstantinopels. Simeon weilte 913 zu Verhandlungen innerhalb der Stadtmauern und erzwang aus der Hand des Patriarchen eine – wenn auch umstrittene – Krönung. Seither titulierte er sich selbstbewusst als Zar der Bulgaren und der Griechen. Unter seinem Zepter erreichte das Erste Bulgarische Reich seine größte territoriale Ausdehnung und drohte das krisengeschüttelte Byzanz in den Schatten zu stellen.

In der Zeit der bulgarischen Bekehrung entstand das byzantinische Kreuzreliquiar aus Pliska (Sofia, Nationalmuseum für Geschichte). Die äußere der beiden ineinander gesteckten, kreuzförmigen Goldschachteln kann aufgeklappt werden (unten). Der innere Behälter (links, vergrößert) gibt den Blick auf den hölzernen Kern frei.

In Gegenwart des Herrschers Boris I. und seiner Frau (links) wird ein bekehrter Bulgare getauft, die Anwesenheit byzantinischer Gesandter (rechts) deutet das zeitweise entspannte Verhältnis zwischen Konstantinopel und den Bulgaren an. Die Miniatur illustriert die griechische Chronik des Konstantinos Manasses in der um 1345 entstandenen bulgarischen Übersetzung (Rom, Vatikanische Bibliothek).

Der Niedergang

Der Tod Simeons am 27. Mai 927 befreite Byzanz von einem lästigen Konkurrenten. Er setzte im Inneren unter den rivalisierenden Adelsklanen auseinander strebende Kräfte frei. Der serbische Vasall kündigte die erzwungene Gefolgschaft auf. Innerdynastische Konflikte schwächten die Stellung des Nachfolgers Peter. Er musste den Frieden mit dem byzantinischen Nachbarn suchen und auf die jüngsten Eroberungen seines Vaters verzichten. Die Lage wurde auf dreißig Jahre vertraglich festgeschrieben. Für Unruhe in Bulgarien sorgten seit den 30er-Jahren Umtriebe einer hierarchiefeindlichen Sekte, der so genannten Bogomilen, die ein dualistisches Weltbild vertrat und mit einer rigoristischen Morallehre die Hierarchie herausforderte. Die Fernwirkungen dieser »bulgarischen Häresie« reichten bis zu den Paternern der Lombardei, den Albigensern und Katharern in Südfrankreich sowie zur »bosnischen Kirche« des 13. und 14. Jahrhunderts.

Traditionell werden die so genannten Stecci, altbosnische Grabsteine des Mittelalters in Bosnien und der Herzegowina, den Bogomilen zugeschrieben. Der größte Friedhof dieser Art ist in Radimlja bei Stolac (Herzegowina) erhalten.

Aus der »Predigt gegen die Bogomilen« des Presbyters Kosma:

Es geschah, dass zur Herrschaftszeit des rechtgläubigen Zaren Peter ein Pope namens Bogomil (das heißt Gottlieb) in den bulgarischen Landen auftauchte, der besser Bogunemil (das heißt Gottnichtlieb) genannt werden sollte. Er war der Erste, der ketzerische Lehren in bulgarischen Gebieten predigte.

Der Bogomilismus lässt sich wohl kaum als eine soziale Protestbewegung verstehen, die einen Massenanhang unter den bäuerlichen Schichten gegen die Herrschenden mobilisierte. Die tieferen Ursachen für den Niedergang der bulgarischen Macht lagen vielmehr in den äußeren Bedingungen. Die byzantinische Militärmacht erstarkte wieder unter dem fähigen Feldherrn Nikephoros Phokas, der den Kaiserthron an sich riss und eine Epoche der Eroberungen einleitete. Nachdem er 960 das von den Arabern besetzte Kreta zurückerobert und eine erfolgreiche Offensive im östlichen Mittelmeer in Gang gesetzt hatte, strebte er eine Generalbereinigung an der Balkangrenze an. Nikephoros II. Phokas gewann den Kiewer Fürsten Swjatoslaw für eine Militäraktion gegen die Bulgaren. Sie endete 969 mit dem vollständigen Sieg der russischen Waffen. Kaiser Johannes I. Tzimiskes musste allerdings dem russischen Verbündeten die Beute in einem Kriegszug 971 wieder abjagen und Swjatoslaw zum Abzug zwingen. Der Bulgarenzar Boris II. und seine Familie wurden in die Gefangenschaft abgeführt. Die Einführung der Themenordnung bedeutete aus byzantinischer Sicht eine Klärung des Bulgarenproblems durch die Zusammenlegung von Militär- und Zivilverwaltung.

Der Herrschersitz (Zarewez) in Tarnowo (heute Weliko Tarnowo), der Hauptstadt des Zweiten Bulgarenreiches, wurde im 12. und 13. Jahrhundert zu einer starken Festung ausgebaut.

Das Reich Samuils (976–1018)

Die Rückführung der Bulgaren unter byzantinische Oberherrschaft beschränkte sich zunächst auf die östlichen Gebiete. Im makedonischen Westteil um Prespa und Ohrid hatten sich selbstständige Adelsherrschaften etabliert. Sie wurden zu Zentren des bulgarischen Widerstandes. Er fand in den vier Kometopuli-Brüdern geeignete Führerpersönlichkeiten, die 976 beim Tode des Johannes I. Tzimiskes den Aufstand wagten. Zwei Brüder kamen noch im gleichen Jahr ums Leben, den dritten, Aaron, der Friedensgespräche mit dem byzantinischen Kaiser suchte, ließ sein Bruder Samuil wegen Landesverrats umbringen. Samuil übernahm stellvertretend für die bis 979 in Konstantinopel inhaftierten Thronanwärter die Alleinherrschaft. Als Residenz wählte er schließlich Ohrid. Er verlegte sich auf eine offensive Kriegsführung und dehnte seinen Herrschaftsbereich bis nach Dyrrhachium an der Adriaküste und nach Südmakedonien und Thessalien (Larissa) aus. Er brachte selbst die alten Zarenresidenzen Pliska und Preslaw wieder in seine Hand und zwang die Serben unter seine Oberhoheit. Als er sich 997 zum bulgarischen Zaren krönen ließ, befand er sich aber schon in der Defensive. Die 986 noch besiegten kaiserlichen Truppen traten seit 1000 an mehreren Fronten zum Angriff an. Samuil musste Sofia aufgeben und Makedonien und Thessalien sowie Nordostbulgarien räumen. Zum Vernichtungsschlag gegen das bulgarische Aufgebot holte Kaiser Basileios II. 1014 aus. Der Untergang des Reiches war nach dem Tod Samuils am 6. Oktober 1014 nicht mehr aufzuhalten. 1018 zog Basileios II. als Sieger in Ohrid ein. Er ist als »Bulgarentöter« in die Geschichte eingegangen.

Das Zweite Bulgarische Reich (1185–1393/96)

Den Bulgaren bot sich erst eineinhalb Jahrhunderte später nach mehreren vergeblichen Anläufen wieder eine Chance, sich der griechischen Bevormundung zu entziehen. Im Jahre 1185 inszenierte das Brüderpaar Peter und Assen aus privaten Anlässen einen Aufstand in Tarnowo. Er gewann wegen der allgemeinen Unzufriedenheit mit dem byzantinischen Regime rasch überregionale Bedeutung. Im Vertrag von 1187 hatte sich Kaiser Isaak II. Angelos mit der Existenz eines Zweiten Bulgarischen Reiches abzufinden. Sein Überleben verdankte es der staatsmännischen Begabung Kalojans, des jüngsten Bruders von Peter und Assen. Er übernahm nach der Ermordung beider 1197 die Führung. Kalojan gewann die Unterstützung des Papstes für seine Zarenkrönung 1204 und für eine eigene Kirchenorganisation unter einem bulgarischen Patriarchen. Nach der Eroberung Konstantinopels im Verlaufe des 4. Kreuzzuges wurde Kalojan Nutznießer des Konfliktes zwischen dem griechischen Kaisertum in Nikaia und den neuen Herren in Konstantinopel. Mit seinem Sieg bei Adrianopel über die westlichen Ritter 1205 setzte er einer Ausweitung der Lateinerherrschaft enge Grenzen. Unter Assen II. gewann das Bulgarenreich vorübergehend seine frühere innerbalkanische Vormachtstellung zurück. Die Zeit arbeitete aber für die Griechen in Nikaia, die unter der Palaiologendynastie 1259/61 die Rückkehr nach Konstantinopel erzwangen.

In Bulgarien zerfiel zugleich nach dem Aussterben der Asseniden 1257 die Zentralgewalt. Die Szene beherrschten rivalisierende Adelsgruppierungen, die sich in lokalen Herrschaftsgebieten verschanz-

Eine Säuleninschrift aus der Kirche der »Vierzig Heiligen Märtyrer« in Weliko Tarnowo berichtet von der Vormachtstellung des Bulgarischen Reiches nach dem Sieg von Klokotniza 1230:

Ich, Iwan Assen, an Gott Christus glaubender Zar und Selbstherrscher der Bulgaren, Sohn des alten Zaren Assen, schuf von Anfang an ... diese allerheiligste Kirche der Vierzig Heiligen Märtyrer. Mit deren Hilfe zog ich im 12. Jahre meiner Herrschaft, in dem Jahre, als die Kirche bemalt wurde, zu Felde in die Romania und schlug das Heer der Griechen. Und ich nahm gefangen den Kaiser Theodoros Komnenos selbst mit allen seinen Edlen, und das ganze griechische Land besetzte ich von Adrianopel bis Dyrrhachion und dazu noch das albanische und das serbische. Nur die Umgebung Konstantinopels und die Stadt selbst hielten die Franken besetzt. Aber auch die unterwarfen sich ..., da sie einen anderen Zaren außer mir nicht hatten, und unter mir verbrachten sie ihre Tage, da Gott es also geboten hat, denn ohne ihn geschieht weder Tat noch Wort. Ihm sei Ruhm. In Ewigkeit. Amen.

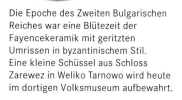

Die Epoche des Zweiten Bulgarischen Reiches war eine Blütezeit der Fayencekeramik mit geritzten Umrissen in byzantinischem Stil. Eine kleine Schüssel aus Schloss Zarewez in Weliko Tarnowo wird heute im dortigen Volksmuseum aufbewahrt.

ten. Sie wurden in der 2. Hälfte des 14. Jahrhunderts ein Opfer der Osmanen. Mit der Eroberung Tarnowos (1393) und Widins (1396) verloren die Bulgaren für ein halbes Jahrtausend ihre politische Eigenständigkeit.

Am »Weg von den Warägern zu den Griechen« – Das Reich von Kiew

Der Normannismusstreit

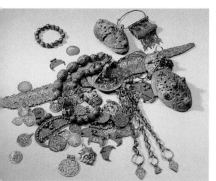

Der prachtvollste Fund der Warägerzeit in Russland stammt aus Gnesdowo, einer wichtigen Handelsstation am Oberlauf des Dnjepr bei Smolensk. Der Silberschmuck aus diesem Schatz entstand in slawischen und skandinavischen Werkstätten, vereinzelt finden sich auch Stücke, die man von Steppennomaden erwarb (Sankt Petersburg, Eremitage). Bei Gnesdowo liegt das größte Gräberfeld des Mittelalters in Europa, in dem die slawischen, baltischen und skandinavischen Bewohner der Stadt beigesetzt wurden.

Folgt man der altrussischen Nestorchronik, dann ist am Beginn der russischen Geschichte von einer normannischen Staatsgründung auszugehen. Seit der Mitte des 18. Jahrhunderts, als deutschstämmige Historiker diese Textzeugnisse in die wissenschaftliche Diskussion einführten, wird ein hartnäckiger Streit um die historische Glaubwürdigkeit des Chronikberichtes ausgetragen. Nationale Vorurteile und Prestigedenken haben diesen Diskurs erheblich belastet.

Nach dem heutigen Kenntnisstand dürfte ein vermittelnder Standpunkt zwischen den extremen normannistischen und antinormannistischen Positionen wohl am ehesten den schwer fassbaren Vorgängen in der ostslawischen Frühzeit entsprechen. Unbestreitbar ist die frühe Anwesenheit von Nordleuten in der Wolga- und Dnjeprregion. Sie trafen aber offensichtlich unter den einheimischen baltischen, finno-ugrischen und slawischen Bewohnern auf eine schon entwickeltere Stammesgesellschaft, der überregionale politische Zusammenschlüsse nicht mehr fremd waren. Nach den neuesten archäologischen Erkenntnissen ist davon auszugehen, dass das Siedlungsareal der Ostslawen sich spätestens im 7. Jahrhundert schon östlich über den mittleren Dnjepr hinaus erstreckt hat.

Waräger und Slawen

Erster Jahreseintrag in der Laurentius-chronik, der ältesten erhaltenen Handschrift der altrussischen Nestorchronik. Die – nicht korrekte – Datumsangabe folgt der byzantinischen Weltära-berechnung:

Im Jahre 6360 (das ist 842), im 15. Indiktionsjahr, als Michael (III.) zu herrschen anfing, begann das Land Russisches Land zu heißen. Davon haben wir Kenntnis erlangt, dass unter diesem Kaiser die Russen gegen Zargrad zogen, wie in der griechischen Chronik geschrieben steht. Darum fangen wir von hier an die Jahreszahlen beizusetzen.

Warägische Kriegerkaufleute drangen nach Ausweis arabischer Münzfunde seit der 2. Hälfte des 8. Jahrhunderts n. Chr. in das Flusssystem der oberen Wolga ein. Sie dürften um 800 erstmals auch über die Düna bzw. vom Ladogasee aus über Schleppstellen den oberen Dnjepr erreicht haben und dnjeprabwärts bis ins Schwarze Meer gelangt sein. Abgesandte der Rus (in griechischen Quellen »Rhos«) baten 839 in der Kaiserpfalz Ludwigs des Frommen in Ingelheim um sicheres Geleit zurück in ihre Heimat. Sie wurden bei genaueren Nachforschungen als Schweden identifiziert. Noch heute bezeichnen die Finnen ihre schwedischen Nachbarn als Bewohner von »Ruotsi«, während für Russland der alte Wendenname »Venäjä« üblich ist. Am 23. Juni 860 griffen diese »Russen« mit ihren wendigen Einbooten Konstantinopel an. Das »Russenkapitel« des byzantinischen Staatshandbuches, das Kaiser Konstantin VII. Porphyrogennetos Mitte des 10. Jahrhunderts für den Thronfolger zusammenstellen ließ, enthält detaillierte Auskünfte über die Dnjeprfürsten und ihren Handel mit Konstantinopel. Die doppelsprachigen »russischen« (das heißt nordischen) und slawischen Benennungen der gefährlichen Dnjepr-Stromschnellen, die auf dem Weg ins Schwarze Meer zu überwinden waren, belegen die führende Rolle der Waräger bei der Organisation dieses Handels. Sie lässt sich auch aus den durchweg nordischen Namen der Fürsten und ihrer Bevollmächtigten erkennen, die in den Griechenverträgen der Nestorchronik von 911 und 944 aufgeführt sind.

»Staatsgründung« und Christianisierung

Der Berufungslegende nach sollen die Waräger als Friedensstifter ins Land gerufen worden sein. Naheliegender ist wohl anzunehmen, dass sie sich gewaltsam Zutritt verschafften und einheimische Burgherren verdrängten. Die drei Brüder Rurik, Truwor und Sineus sollen sich 862 mit ihren Sippen in Altladoga bzw. in Nowgorod, am Weißen See und in Isborsk niedergelassen haben. Nach dem Tode Ruriks (879) war Oleg (skandinavisch Helgi) im Jahre 882 mit seinem Gefolge nach Süden aufgebrochen. Er beendete die Herrschaft der Warägerfürsten Askold und Dir in Kiew und führte den nördlichen und südlichen Herrschaftsbereich warägischer Fürsten in einer Hand zusammen. In den folgenden Jahren zwang er einen Großteil der umliegenden ostslawischen Stämme in abgabenpflichtige Abhängigkeit zum Kiewer Fürstensitz. Nowgorod ließ er als Nebenland von einem Statthalter verwalten.

Die Nordleute trugen mit ihren weit gespannten Handelsinteressen in die Lebenswelt der sich selbst versorgenden finnougrischen und slawischen Waldbauern, die in verstreuten Siedlungsinseln inmitten eines schwer zugänglichen Waldareals lebten, großräumigere politische Ordnungsvorstellungen hinein. Ihr Ziel war es, den lukrativen Handelsweg von der Ostsee zum Schwarzen Meer, »von den Warägern zu den Griechen«, unter ihre Kontrolle zu bringen. Sie ris-

Die Form einer kleinen Hammeraxt des II. Jahrhunderts aus dem mittleren Wolgagebiet im Staatlichen Historischen Museum Moskau steht in der Tradition der Waffen der Steppennomaden. Der Dekor im Tierstil II ist dagegen skandinavischen Ursprungs: Ein Drache wird von einem Schwert durchbohrt. Auf nordischen Runensteinen ist so der von Sigurds Schwert Gram getötete Drachen Fafnir dargestellt.

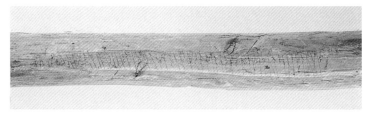

Die früheste Runeninschrift aus Russland ist im jüngeren Alphabet der Kurzzweigrunen geschrieben und wurde in Staraja Ladoga am Ladogasee gefunden. Möglicherweise handelt es sich um das Bruchstück eines Pfeiles, der in der Inschrift als zielgenauer Beutemacher gerühmt wird (Sankt Petersburg, Eremitage).

kierten den militärischen Konflikt mit den turkstämmigen Reiternomaden, die die südrussische Steppenzone beherrschten. Fürst Igor (skandinavisch Ingvar) hatte sich schon 915 eines Einfalls der Petschenegen zu erwehren. Der Gegensatz von Wald und Steppe, von sesshafter slawischer Ackerbauernkultur und nomadischer Lebensweise der Steppenvölker, hat seither den weiteren Verlauf der altrus-

---

DER EGBERT-PSALTER

Im späten 10. Jahrhundert gab der Trierer Erzbischof Egbert eine lateinisch geschriebene Psalmensammlung in Auftrag, die im Zuge der Mission nach Russland gelangte (heute Cividale, Museo Archeologico). Um 1080 befand sich das Buch im Besitz der Fürstin Gertrude, der Gemahlin von Isaslaw Jaroslawitsch, und wurde mit Miniaturen geschmückt.

Ein Bild (rechts) zeigt den Fürsten Jaropolk, den älteren Bruder und unterlegenen Konkurrenten Wladimirs um den Thron von Kiew. Er wird zusammen mit seiner Frau Irina durch Christus persönlich gekrönt. Die Darstellung setzt den Anspruch auf die von Gott eingesetzte Souveränität des Herrschers ins Bild. Der Ausschnitt links zeigt die Muttergottes in der Erscheinung, wie sie im Höhlenkloster bei Kiew, dem damals wichtigsten russischen Kultzentrum, verehrt wurde.

Während die Krönungsszene die Handschrift der westlichen Romanik trägt, herrscht in der ikonenhaften Mariendarstellung die byzantinische Tradition vor. Der Egbert-Psalter und sein Schmuck zeigen die vielfältigen Beziehungen des Kiewer Reiches in einer Zeit, in der die kirchliche Ordnung Russlands noch nicht endgültig gefestigt war.

Die altrussische Nestorchronik berichtet von Plänen des Fürsten Swjatoslaw, seine Residenz an die Donau zu verlegen:

Im Jahre 6477 (das ist 969). Swjatoslaw sprach zu seiner Mutter und zu seinen Bojaren: »Mir behagt es nicht, in Kiew zu sein, ich will in Perejaslawez an der Donau leben, weil das die Mitte meines Landes ist, weil hier alle Reichtümer zusammenkommen: aus Griechenland kostbare Stoffe und Gold, Wein und die verschiedensten Früchte; aus dem Tschechen- und Ungarland Silber und Pferde, aus der Rus aber Pelzwerk, Wachs und Honig und Sklaven.

sischen Geschichte maßgeblich geprägt. Er wurde sehr bald schon durch eine sich an der Steppengrenze entwickelnde Konfrontation von Christentum und Islam noch verstärkt. Die Bewohner des Reichszentrums Kiew mussten sich daran gewöhnen, mit der Angst vor einer existenzbedrohenden Gefährdung aus der nahe gelegenen Waldsteppe zu leben. 965 warf Fürst Swjatoslaw in einem voreiligen kriegerischen Unternehmen das Chasarenreich nieder, das jahrzehntelang mit Unterstützung aus Byzanz eine Vorfeldsicherung wahrgenommen hatte. Er öffnete damit ungewollt den nachdrängenden Steppenvölkern den Weg nach Westen.

Beiderseitige Handelsinteressen hatten den Warägerfürsten geholfen, sich mit den byzantinischen Kaisern zu arrangieren. Warägische Waffenhilfe war in Notzeiten am Kaiserhof in Konstantinopel hochwillkommen. Fürst Swjatoslaw beteiligte sich seit 967 bereitwillig an der Niederringung des bulgarischen Widerstandes und träumte schon von einer Verlegung seiner Residenz an die Donau. Kaiser Johannes I. Tzimiskes musste sich des ungebetenen Gastes mit Gewalt entledigen. Im Friedensvertrag von 971 zwang er ihn zum Abzug und zum Verzicht auf alle Eroberungen.

Die Fahrten an den Bosporus brachten zwangsläufig die nordischen »Barbaren« mit der Kulturwelt des Mittelmeerraums in Berührung. Sie lernten die Annehmlichkeiten einer Großstadt und den Luxus des höfischen Lebens kennen. Für die begehrten Pelze und Waldprodukte, die sie als Tribut von ihren Untertanen eingezogen hatten, tauschten sie kostbare südländische Stoffe, exotische Früchte und Weine sowie kunsthandwerkliche Erzeugnisse ein. Fürstin Olga, die Witwe Igors, war während ihrer Regentschaft (945–962) für den unmündigen Sohn nicht abgeneigt, für ihre Person schon weiter gehende Konsequenzen zu ziehen. Sie entschloss sich – sehr zum Unwillen ihres Sohnes und Nachfolgers, des heidnischen Haudegens Swjatoslaw (962–972), und seiner Gefolgschaft –, den christlichen Glauben anzunehmen. Auch von König Otto erbat sie 959 Missionare. Der Mönch des Trierer Maximinklosters Adalbert, der spätere Erzbischof von Magdeburg, begab sich 961 auf die Reise

nach Kiew, musste allerdings unverrichteter Dinge wieder zurückkehren.

Die Taufe Russlands war das Werk Wladimirs I., des Enkels Olgas. In seine 35-jährige Herrschaft fällt die erste Glanzperiode des Kiewer Reiches. 988 trat er im Einvernehmen mit dem byzantinischen Kaiser Basileios II., dessen Schwester Anna er ehelichte, zum Christentum über und zwang anschließend die Kiewer Bevölkerung zur Massentaufe. Von griechischen Bischöfen (Metropoliten) und Missionaren ist in der Folgezeit die byzantinisch-christliche Schriftkultur nach Kiew gebracht worden, griechische Architekten und Künstler sorgten für den Bau und die Ausgestaltung von Kirchen und Klöstern in den Fürstenresidenzen der Dnjeprregion. Zum geistigen Zentrum der Klosterkultur entwickelte sich die Mönchsgemeinschaft des Kiewer Höhlenklosters. Sie wurde in der Tradition der Athosklöster 1051 gegründet.

Die Ankunft der byzantinischen Prinzessin Anna und die Taufe Wladimirs I. nach der Darstellung der um 1490 entstandenen Radziwill-Chronik (Sankt Petersburg, Akademie der Wissenschaften). Die Bekehrung wird in der Chronik mit einer Wunderheilung des Großfürsten verbunden.

Innerdynastische Konflikte

Der Tod Wladimirs I. 1015 beschwor einen mörderischen Bruderkampf unter den Söhnen herauf. Swjatopolk der Verfluchte bemächtigte sich Kiews und ließ die Fürstensöhne Boris und Gleb noch im gleichen Jahr umbringen. Nach dem Tode des Brudermörders 1019 musste sich Jaroslaw die Herrschaft bis 1036 mit seinem Bruder Mstislaw teilen, der die Gebiete östlich des Dnjepr für sich beanspruchte. Als Alleinherrscher hat Jaroslaw der Weise danach der Rurikidendynastie zu einem europaweiten Ansehen verholfen. Durch eine geschickte Heiratspolitik knüpfte er verwandtschaftliche Beziehungen zu den führenden Herrscherhäusern in Europa. Seine Kiewer Residenz ließ er nach dem Vorbild Konstantinopels prunkvoll ausbauen, 1037 legte er den Grundstein für die Sophienkathedrale.

Um künftige Thronstreitigkeiten zu vermeiden, verpflichtete Jaroslaw bei seinem Tode 1054 seine Söhne auf eine Erbfolgeregelung, die den Ältesten begünstigte (Senioratsprinzip). Obwohl er selbst noch jedem der Söhne seinen Herrschaftssitz zuwies, blieben in den nachfolgenden Generationen innerdynastische Konflikte nicht aus. Typische Onkel-Neffen-Fehden stellten die Einheit des Reiches immer mehr infrage. Die Generation der Enkel sah sich daher auf dem

Über den Ausbau Kiews zur prunkvollen Residenzstadt durch Fürst Jaroslaw den Weisen berichtet die altrussische Nestorchronik:

Im Jahre 6545 (das ist 1037). Jaroslaw legte den Grundstein zu der großen Stadtbefestigung, zu der das Goldene Tor gehört. Er legte auch den Grundstein zur Sophienkathedrale, die auch die Mutterkirche ist, danach zur Kirche der Verkündigung der heiligen Gottesmutter über dem Goldenen Tor, darauf zum Kloster des heiligen Georg und zu dem der heiligen Irene. Und danach begann nun der christliche Glaube zuzunehmen und sich auszubreiten, und die Mönche wurden zahlreicher, und die Klöster nahmen ihren Anfang.

Das goldene Amulett mit der Darstellung des Erzengels Michael vorn und dem heidnisch anmutenden Schlangenungeheuer auf der Rückseite gehörte vermutlich Wladimir Monomach (Sankt Petersburg, Russisches Museum). Glücksbringer dieser Art nannte man »Kleine Schlange«; sie waren weit verbreitet.

Fürstentreffen von Ljubetsch 1097 veranlasst, die Konsequenzen aus den bitteren Erfahrungen der voraufgegangenen Bürgerkriege zu ziehen und dem Prinzip des Vatererbes (russisch *wottschina*) künftig den Vorrang einzuräumen. Um die blutigen innerdynastischen Kämpfe zu beenden, war man bereit, eine dauerhafte Absonderung teilfürstlicher Herrschaftsbereiche hinzunehmen. Die Kiewer Großfürstenwürde verlor seither ihre Bedeutung als Ehrenvorrang und der Amtsträger büßte seine ausgleichende Funktion als Sippenältester ein. Nur noch vorübergehend konnte eine herausragende Herrscherpersönlichkeit wie Wladimir Monomach (1113–25) den Gedanken an die Reichseinheit wach halten.

Zentrum und Peripherie

Wladimir Monomach schildert in seiner »Ermahnung« an seine Söhne sein Fürstenleben:

... Insgesamt habe ich dreiundachtzig große Kriegszüge unternommen, an die ... kleineren kann ich mich nicht mehr erinnern. Neunzehnmal habe ich – zu meines Vaters Lebzeiten und auch später – mit Polowzerfürsten Friedensverträge geschlossen, und ich habe ihnen reichlich Geld und eigene Gewänder als Geschenk übergeben. Und viele der angesehensten Polowzerfürsten habe ich aus der Gefangenschaft entlassen ...Vernehmt nun, was ich in Tschernigow getan habe: In den dichten Wäldern habe ich zehn oder auch zwanzig lebende Wildpferde zusammengebunden, abgesehen davon, dass ich zuvor diese Wildpferde beim Ritt durch Flur und Steppe auch mit meinen eigenen Händen gefangen habe. Zwei Auerochsen haben mich mitsamt dem Pferd auf ihre Hörner genommen, ein Hirsch hat mit seinem Geweih nach mir gestoßen. Auch mit zwei Elchen musste ich Bekanntschaft machen ... Ein wilder Eber hat mir das Schwert von der Hüfte gerissen, ein Bär zerbiss mir am Knie die Schweißkehle, ein fauchendes wildes Tier ist mir auf die Schenkel gesprungen und hat mich mitsamt dem Pferd umgerissen. Doch Gott hat mich vor Schaden bewahrt. Häufig bin ich vom Pferd gefallen, zweimal habe ich mir den Kopf verletzt. Arme und Beine habe ich mir wund geschlagen – das war in meiner Jugend, als ich mich nicht um mein Leben sorgte und meinen Kopf nicht schonte.

Die Zukunft gehörte aber den in den Regionen verwurzelten Fürstenherrschaften. Ihre wirtschaftlichen Ressourcen beruhten nicht mehr wie in früheren Zeiten vornehmlich auf Kriegsbeute und den Gewinnen aus grenzüberschreitenden Handelsgeschäften. Landwirtschaftliche Produkte und Rohstoffe wurden immer mehr zu einer wichtigen Einnahmequelle. Das Profil der Oberschicht passte sich dieser Entwicklung an. Der Bojare als adliger Landbesitzer löste den Haudegen der früheren kriegerischen Gefolgschaft im engsten Beraterkreis der Fürsten ab. Gefahr für das friedliche Zusammenleben drohte von der rücksichtslosen Hausmachtpolitik ehrgeiziger Fürsten. In kritischen Situationen beanspruchten seit dem 11. Jahrhundert daher zunehmend auch die betroffenen Untertanen ein Mitspracherecht. Sie trafen sich spontan auf städtischen Volksversammlungen (russisch *wetsche*), so erstmals erwähnt 997 in Belgorod, und meldeten bei anstehenden wichtigen Entscheidungen ihre Wünsche an. Gelegentlich setzten sie bei der Fürstenwahl ihren Wunschkandidaten durch. Das Kiewer Reich zerfiel in eine Vielzahl kleinerer Teilfürstentümer und löste sich in die Einzelinteressen der verschiedenen rurikidischen Seitenlinien auf.

Der Machtkampf um die innerrussische Vorherrschaft spielte sich hauptsächlich unter den Nachkommen Wladimir Monomachs und seines Sohnes Mstislaw ab. Das Schicksal Kiews entschied sich im Machtpoker zwischen den aufstrebenden Fürstensitzen in den Randgebieten Wolhynien, Smolensk und Wladimir-Susdal. In Smolensk nutzten die Nachkommen des 1167 verstorbenen Monomach-Enkels Rostislaw die günstige geographische Lage am Kreuzungspunkt der binnenrussischen Flussverbindungen zu Gewinn bringenden Handelsaktivitäten, die über Riga bis nach Lübeck, Dortmund und Bremen reichten. Den südwestrussischen Territorien boten fruchtbare Ackerböden und rege Handelskontakte günstige Voraussetzungen für wirtschaftlichen Wohlstand und Eigenständigkeit. Die Nähe Ungarns und Polens drohte aber auch wiederholt die innere Entwicklung zu gefährden. Die Fürsten hatten zudem gegen eine starke Bojarenopposition anzukämpfen. Eine innere Konsolidierung erreichte erst Roman Mstislawitsch im Jahre 1199 mit der Vereinigung der Fürstentümer von Wolhynien und Galitsch. Sie brachte ihm auch vorübergehend 1203 den großfürstlichen Thron in Kiew ein.

Auf längere Sicht arbeitete die Zeit für die Herrscher im entfernten Rostower Land, das Wladimir Monomach 1125 seinem jüngsten Sohn Jurij Dolgorukij hinterlassen hatte. Die geschützte Lage »hinter den Wäldern« fernab von den Einfallswegen der Steppenvölker erleichterte einen kontinuierlichen Landesausbau. Jurij machte sich als Städtegründer einen Namen. Er beteiligte sich erfolgreich an den Auseinandersetzungen um die Beherrschung Kiews, in dessen Mauern er 1149 und 1155 als Sieger einzog. Unter seinen Söhnen und Nachfolgern Andrej Bogoljubskij und Wsewolod III. spielte das Fürstentum Wladimir-Susdal seinen Machtvorsprung vor den Mitkonkurrenten in der 2. Hälfte des 12. Jahrhunderts immer rücksichtsloser aus und erhob Anspruch auf das Kiewer Erbe.

Die Schwerpunktverlagerung der russischen Geschichte von der Dnjeprregion in das Zwischenstromland zwischen oberer Wolga und Oka hatte weit reichende Folgen. Der ehedem von finnougrischen Stämmen bewohnte nordostrussische Kolonialboden war erst seit der Jahrtausendwende von slawischen Siedlergruppen erschlossen worden. Die Herausbildung autokratischer Herrschaftsformen wurde noch kaum durch gewachsene politische Strukturen und durch eine bodenständige Adelsopposition behindert. Dieses soziale und politische Umfeld sollte den Moskauer Fürsten den späteren Machtaufstieg erheblich erleichtern.

Eine byzantinische Ikone (Abbildung auf der gegenüber liegenden Seite) der »Muttergottes des Erbarmens« gelangte im frühen 12. Jahrhundert an den Fürstenhof von Wyschgorod bei Kiew. Der Besitz dieses volkstümlichen Marienbildes war mit der Macht eng verbunden: 1155 kam sie in die Sophienkathedrale der Residenzstadt Wladimir und heißt seitdem »Wladimirskaja«, 1395 in die Mariä-Himmelfahrt-Kirche in Moskau (Moskau, Tretjakowgalerie).

Russland und Asien

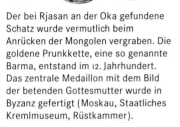

Der bei Rjasan an der Oka gefundene Schatz wurde vermutlich beim Anrücken der Mongolen vergraben. Die goldene Prunkkette, eine so genannte Barma, entstand im 12. Jahrhundert. Das zentrale Medaillon mit dem Bild der betenden Gottesmutter wurde in Byzanz gefertigt (Moskau, Staatliches Kremlmuseum, Rüstkammer).

D er Mongolensturm von 1238 bis 1240 unterbrach vorerst die in Gang gekommene machtpolitische Umstrukturierung unter den russischen Fürstentümern. Die enormen Kriegsschäden und die erzwungenen Abgaben an die neuen tatarischen Herren schwächten die Wirtschaftskraft des Landes. Russland war zudem bis zum Ausgang des 15. Jahrhunderts weitgehend von Westeuropa abgeschnitten. Im jahrhundertelangen wechselvollen Kampf zwischen Wald und Steppe hatten die Reiternomaden einen wichtigen Etappensieg errungen. Nur die nordwestrussische Handelsmetropole Nowgorod war außerhalb der Reichweite der tatarischen Truppen geblieben und vor Kriegszerstörungen bewahrt worden, musste sich aber ebenfalls an den Tributzahlungen beteiligen.

Von der »Geißel Europas« zum Vorposten des Abendlandes – Ungarn

Die Herkunft der Magyaren

D ie Magyaren zählen zusammen mit den Wogulen und Ost- jaken zum östlichen Zweig der finnougrischen Sprachgruppe. Sie hatten ihre ursprünglichen Wohnsitze in der Mischwald- und Waldsteppenzone beiderseits des Ural. Von den Siedlungsgebieten in den Flussregionen von Oka, Wolga, Kama und Petschora hatten

sich ihre Vorfahren im 2. Jahrtausend v. Chr. über die südöstlichen Abhänge des Ural ausgebreitet. Um 500 v. Chr. waren sie in das spätere Baschkirenland (Magna Hungaria) abgewandert. Als halb-nomadisches Reiter- und Hirtenvolk waren sie vom 5. bis 9. Jahr-hundert am Rande der eurasischen Steppenzone zeitweise in Reichs-bildungen turksprachiger Steppenvölker – der turkobulgarischen Onoguren und später der Chasaren – einbezogen worden. Der Hunnenkönig Attila (Etzel) zählt in der volkstümlichen Überlieferung zu den Vorfahren der magyarischen Herrscherdynastie der Arpaden.

Den Magyaren haben sich auf dem weiten Weg nach Mitteleuropa unter anderem die finnougrischen Nyék, die türkischen Kavaren, die iranischen Chalizen und petschenegische Verbände angeschlossen; als Hilfsvölker und Grenzwächter wurden ihnen wichtige Verteidigungsaufgaben in den Randregionen zugewiesen. Das engere Zusammenleben mit Iraniern (Alanen) und Turkvölkern hat in der ungarischen Sprache deutliche Spuren hinterlassen (der Name »Ungar« ist bulgarisch-türkischen Ursprungs). An frühen Wortentlehnungen im Ungarischen lässt sich erkennen, dass die Magyaren noch in der Steppenzone nördlich des Schwarzen Meeres mit bäuerlicher Kultur und Lebensweise in Berührung gekommen sind. Ein Teil der magyarischen Stämme erlernte schon fortschrittlichere Anbaumethoden und begann, das Nomadenzelt gegen feste Behausungen einzutauschen.

Der Bulgarenkhan Simeon I. wird von den Ungarn zur Flucht in die festen Mauern einer Stadt gezwungen. Die Darstellung des 13. Jahrhunderts in der byzantinischen Chronik des Johannes Skylitzes bezeichnet die mit Konstantinopel verbündeten Ungarn als »Tourkoi« (Madrid, Biblioteca Nacional).

In byzantinischen Quellen werden die Magyaren als Türken bezeichnet. Aus dem Staatshandbuch des Kaisers Konstantin VII. Porphyrogennetos erfahren wir, dass sie vor den nachdrängenden Petschenegen 889 ihre Wohnsitze in Lewedien (griechisch Lebedia) aufgeben mussten und nach Etelköz (eigentlich »Zwischenstromland«) an die untere Donau auswichen. 892 verbündeten sie sich mit Arnulf von Kärnten, 894 ließen sie sich von Kaiser Leon VI. als Hilfstruppen gegen die Bulgaren anwerben. Zur Vergeltung hetzte der Bulgarenkhan Simeon die Petschenegen gegen sie auf, sodass sie teilweise überstürzt aus der südrussischen Steppenzone abziehen mussten.

Die Landnahme

Unter ihrem militärischen Führer Árpád drangen die landflüchtigen Magyarenstämme in mehreren Zügen über die Karpatenpässe und entlang der Donau in das Pannonische Becken vor. Die magyarische Landnahme löste vorübergehend unter den Anrainern erhebliche Irritationen aus und verursachte weit reichende machtpolitische Umschichtungen. Die »Ungarnplage« weitete sich nach der Niederlage des lombardischen Heeres König Berengars I. 899 an

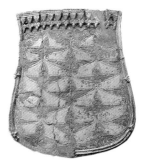

Typisch für die Männertracht in der Zeit der magyarischen Landnahme sind lederne Gürteltaschen mit zum Teil vergoldeten Silberbeschlägen. Der Taschenbeschlag (10. Jahrhundert) aus Swaljawa (heute Ukraine) im Ungarischen Nationalmuseum (Budapest) zeigt die charakteristische Ornamentik aus rankenverschlungenen Palmettenornamenten, die dem Kulturkreis der Steppennomaden entstammt.

Das »Lehel-Horn«, ein byzantinisches Elfenbeinhorn des 8. Jahrhunderts, soll einst dem Magyarenfürsten Lehel gehört haben. Nach der Legende soll sich dieser nach der Niederlage auf dem Lechfeld als letzten Wunsch vor seiner Hinrichtung ausbedungen haben, das Horn ein letztes Mal blasen zu dürfen. Anschließend schmetterte er es dem Kaiser aufs Haupt (Jászberény, Jazygenmuseum).

Der Sieg Ottos I. über die Ungarn wurde auf die Kraft der Heiligen Lanze zurückgeführt, die seit Heinrich I. zu den Reichskleinodien zählte. In ihr Blatt ist eine Kreuznagel-Reliquie eingefügt. Die goldene Manschette kaschiert eine Bruchstelle (Wien, Schatzkammer der Hofburg).

der Brenta zu einer akuten Bedrohung der gesamten südöstlichen Grenzgebiete des Ostfränkischen Reiches aus. Seit 900 hatten die Magyaren ganz Pannonien fest in ihrer Hand. Das Großmährische Reich brach 906 unter ihrem Ansturm sehr rasch zusammen. Ein bayerisches Heer wurde 907 bei Preßburg vernichtend geschlagen, Markgraf Luitpold, der Erzbischof von Salzburg, die Bischöfe von Freising und Säben sowie die Besten des bayerischen Adels fanden den Tod.

Die magyarischen Steppenkrieger suchten in den folgenden Jahren auf ihren Streifzügen ganz Süddeutschland und Oberitalien heim und drangen westwärts bis über den Rhein vor. Selbst die byzantinischen Kaiser blieben seit dem überraschenden magyarischen Vorstoß im Jahre 934 vor weiteren Übergriffen der ehemaligen Verbündeten nicht verschont. Die Magyaren hatten sich inzwischen mit den Petschenegen verständigt. Auf gemeinsamen Streifzügen bedrohten sie mehrfach die Kaiserstadt am Bosporus und waren nur durch horrende Geldzahlungen zum Abzug zu bewegen.

Den mobilen Steppenkriegern waren die schwerfälligen Aufgebote gepanzerter Ritter zunächst hilflos ausgeliefert. Nur mühsam formierte sich eine wirksame Gegenwehr gegen ihre fintenreiche Kriegstaktik. König Heinrich I. gelang es erstmals 933 bei Riade an der Unstrut (in der Nähe von Merseburg), das Schlachtfeld gegen die magyarischen Angreifer zu behaupten. Die Wende führte König Otto I. mit seinem hart erkämpften Sieg auf dem Lechfeld bei Augsburg am 10. August 955 herbei. Der Führer der Magyaren Bulcsu, der 948 den Frieden mit Byzanz erneuert hatte und in Konstantinopel getauft worden war, fiel in die Hand des Siegers und wurde hingerichtet. Unter dem Eindruck der verheerenden Niederlage ebbten die Ungarnzüge ab. Die Magyaren büßten ihre militärische Schlagkraft ein. Sie zogen sich auf ihren pannonischen Kernraum zurück und suchten sich mit ihren christlichen Nachbarn zu arrangieren.

Die christliche Königsherrschaft

Mit dem Übergang zur Sesshaftigkeit zerfiel die alte Gentilordnung. Die Ära der Stammeshäuptlinge ging zu Ende; die Führungsaufgaben teilten sich ein Sakralfürst (ungarisch *kunde*), ein Heerfürst (ungarisch *gyula*) und ein oberster Richter (ungarisch *harka*). Während der Wanderungs- und Landnahmezeit hatten sich fähige Heerführer wie Árpád († um 907) aus der Sippe des Stammesfürsten Almos in den Vordergrund gespielt. Er wurde zum Ahnherrn der magyarischen Herrscherdynastie. Unter seinem Urenkel Großfürst Géza (972–997) hatten sich monarchische Herrschaftsstrukturen schon weitgehend verfestigt. Géza entmachtete die Führer der Sippenverbände. Er zog Ländereien an sich und schuf jene ersten Burgbezirke (Komitate), die sein Sohn und Nachfolger Stephan I. (ungarisch István) zu einem zentralisierten Verwaltungssystem unter der Leitung ergebener Burggrafen, Gespane (lateinisch *comes*, ungarisch *ispán* von slawisch *župan*), ausbaute. Die noch verbliebenen regionalen Fürstenherrschaften verstand er durch eine geschickte Heiratspolitik an sich zu binden.

Géza war in zweiter Ehe mit der polnischen Fürstentochter Adelheid verheiratet. Er suchte den politischen Anschluss an den Westen und öffnete sein Reich dem Christentum. 973 erbat er von Kaiser Otto I. Glaubensboten. Der Sankt Gallener Mönch Bruno wirkte als erster Missionsbischof in Ungarn. Die eigentliche Leitung des Bekehrungswerkes, an dem sich Mönche aus Italien und Böhmen beteiligten, übernahm das Passauer Bistum. Géza hatte selbst noch vor seinem Tode 997 als landeseigenes Missionszentrum das berühmte Benediktinerkloster Martinsberg (Pannonhalma) gegründet.

Das ungarische Herrscherhaus unterhielt engere Verbindungen zum bayerischen Nachbarn. Der Thronfolger Stephan nahm Gisela, die Schwester des Bayernherzogs und späteren Kaisers Heinrich II., zur Frau und holte deutsche Ritter an seinen Hof. Er wurde mit dem Segen des Papstes zum Begründer der christlichen Königsherrschaft in Ungarn. Der Papst ließ ihm zur Krönungszeremonie an Weihnachten 1000 in Gran (Esztergom) eine Krone überbringen.

König Stephan der Heilige (1000–1038) hatte nach dem Tode seines Vaters Thronansprüche aus der eigenen Familie abzuwehren. Die noch verbliebenen Territorialherrschaften Gyulas in Siebenbürgen, der eine eigenständige Politik betrieb und in Konstantinopel den christlichen Glauben angenommen hatte, und Ajtonys im Marosgebiet ließ er 1003 bzw. 1008 gewaltsam beseitigen. Stephan sorgte mit dem Ausbau der Komitatsverfassung für eine einheitliche Verwaltungsstruktur des Reiches und gab der ungarischen Kirche unter dem Erzbischof von Gran eine festgefügte Organisation. In den ihm zugeschriebenen »Ermahnungen« an seinen Sohn Emmerich (Imre) hob er die herausragende Bedeutung von fremden Helfern und ausländischen Siedlern für das Wohlergehen eines Staates hervor. Der vorzeitige Tod seines Sohnes, der 1031 einem Jagdunfall erlag, raubte ihm den einzigen Thronerben. Er hinterließ ein verunsichertes Land.

Die Zeit der Thronwirren

S tephan hatte seinen Neffen Peter Orseolo zum Nachfolger bestimmt. Er entstammte der Ehe seiner Schwester Maria mit dem Sohn des venezianischen Dogen. Als Landfremder konnte er sich nur vorübergehend (1038–41, 1044–46) an der Macht halten. Eine Adelsfronde brachte aus dem Mannesstamm des Arpadenhauses die bisher verfemten Abkömmlinge Vasuls, des geblendeten Vetters Stephans I., ins Spiel. Die Schwäche der Regierung begünstigte eine heidnische Reaktion. Zu ihrem prominentesten Opfer wurde 1046 Bischof Gerhard (Gellért) von Csanád, der Herkunft nach ein Venezianer. Im Zwist der verfeindeten Brüder Andreas I. (1046–60) und

Die Bügel der heutigen Stephanskrone könnten noch ein Rest der von Papst Silvester II. an Stephan den Heiligen übersandten Krone sein, stammen jedoch vermutlich aus dem späten II. Jahrhundert. Der Reif mit den Emailplaketten ist byzantinischen Ursprungs und bezeugt im Figurenschmuck die byzantinische Idee der Herrschaft im Zeichen von Christus: Ausgehend vom thronenden Weltenrichter inmitten seines Hofstaates aus Engeln und Heiligen teilt sich die Macht dem Kaiser von Konstantinopel und schließlich mittelbar den Landesfürsten mit: In der Mitte der Rückseite der damals regierende Kaiser Michael VII. Dukas, rechts unter ihm der Ungarnkönig Géza I. Das schief stehende Goldkreuz wurde 1551 zunächst nur provisorisch aufgesetzt, da das eigentlich zugehörige Reliquienkreuz bei einer dynastischen Intrige entwendet worden war.

König Ladislaus I. wurde als Vorkämpfer des Christentums 1192 heilig gesprochen. Die Goldbüste zur Aufnahme der Kopfreliquie entstand in der 2. Hälfte des 14. Jahrhunderts in Siebenbürgen. Der gotische Künstler stellt den König vergangener Tage mit asketisch inspiriertem Antlitz und altertümlicher Bart- und Haartracht dar (Raab, Liebfrauendom).

Die ungarischen Stände huldigen dem künftigen Kaiser Siegmund, indem sie Naturalabgaben darreichen. Der Holzschnitt in der Polnischen Bibliothek (Paris) entstand 1483.

Béla I. (1060–63) gewann die Königsmacht erst wieder unter Ladislaus I., dem Heiligen (ungarisch Szent László, 1077–95), festeren Boden unter den Füßen. Er nutzte den Widerstreit zwischen dem Römischen Kaiser und dem Papst für seine Zwecke aus und leitete die für die weitere Geschichte Ungarns folgenreiche territoriale Expansion über Slawonien zur Adria ein. Im Gegenzug handelte er sich die andauernde Feindschaft Venedigs und das Missfallen des byzantinischen Kaisers ein, der um seine hoheitlichen Rechte in der adriatischen Küstenregion besorgt war. Kaiser Alexios I. Komnenos ließ 1091 von Petschenegen und Kumanen einen Entlastungsangriff gegen Ostungarn führen, der Ladislaus zum Abzug aus Kroatien zwang. Erst sein Neffe Koloman (ungarisch Kálmán, 1095–1116) schloss im Zusammenspiel mit den dalmatischen Städten die Eroberung Kroatiens und Dalmatiens ab. Er titulierte sich fortan als »König Ungarns, Kroatiens und Dalmatiens«. Die Vorrechte des Königs und die Privilegien des kroatischen Adels wurden vertraglich geregelt und 1102 niedergeschrieben (pacta conventa). Auch den dalmatischen Kommunen wurden Selbstverwaltungsrechte zuerkannt.

Gefahren für die ungarische Selbstständigkeit drohten wegen der erneuten Thronstreitigkeiten innerhalb der Arpadendynastie im 12. Jahrhundert. Der byzantinische Kaiser erhob aufgrund bestehender verwandtschaftlicher Beziehungen Erbansprüche und gewann 1167 die Oberhoheit über Kroatien, Dalmatien, Bosnien und das Sirmiumgebiet zurück. Zeitweilig war der ungarische Prinz Béla, der seit 1163 als Geisel am Hofe Manuels I. weilte und mit der Kaisertochter verlobt war, zum Nachfolger auf dem byzantinischen Thron ausersehen. Nach seiner Rückkehr lockerte Béla III. (1172–96) als ungarischer König die Verbindungen nach Konstantinopel und holte die verlorenen kroatischen, dalmatischen und bosnischen Gebiete wieder zurück. In seiner Herrschaftspraxis setzte er erfolgreich die neuen kulturellen Anregungen und administrativen Erfahrungen um, die er in griechischer Umgebung gewonnen hatte.

Erstarken des Adels

Schon unter Bélas Vater Géza II. (1141–61) waren Gastsiedler aus den fränkischen Dialektgebieten an Mosel und Rhein, aus Luxemburg und Flandern in das Land gerufen worden. Sie ließen sich als »Sachsen« auf Königsboden in zwei geschlossenen Siedlungsgebieten in Siebenbürgen (Transsilvanien) und in der oberungarischen Zips in der heutigen Slowakei nieder. 1224 bestätigte ihnen der jüngere Sohn Bélas III., König Andreas II., in dem »Privilegium Andreanum« ihre weitgehenden Autonomierechte. Dem allzu selbstherrlichen Auftreten des Deutschen Ordens, den er 1211 zur Missionierung des Kumanenlandes in den südöstlichen Grenzgebieten ins

Land gerufen und dem er das Burzenland um Kronstadt überlassen hatte, setzte er allerdings schon 1225 ein gewaltsames Ende.

Eine verschwenderische Hofhaltung und kostspielige kriegerische Unternehmungen zwangen König Andreas, neue Einnahmequellen zu erschließen. Die Verschleuderung der staatlichen Ländereien an den Hochadel löste erhebliche Unruhe aus, die der König mit Zugeständnissen an die Kirche und an den Dienstadel in der Goldenen Bulle von 1222 besänftigen musste. Das Verhalten des Herrschers weckte auf längere Sicht den Widerstand des Komitatsadels und gab den ständischen Vorbehalten gegen eine starke Königsmacht Nahrung. Den schweren Rückschlag, den Ungarn mit dem Sturm der Mongolen von 1241/42 erlitt, konnte König Béla IV. (1235–70) überraschend schnell wieder ausgleichen. Er setzte beim Wiederaufbau auf den weltlichen und kirchlichen Großgrundbesitz und auf die aufstrebende Burgministerialen- und Dienstmannenschicht. Grenzsicherungsaufgaben übernahmen wehrhafte Stadtanlagen mit ausländischen, vornehmlich deutschen Siedlern, die an den Pässen entlang dem Karpatenbogen errichtet wurden.

Wechsel der Dynastien

Unter schwachen Herrschern verfiel in der 2. Hälfte des 13. Jahrhunderts die Autorität der Königsmacht. 1301 starben die Arpaden im Mannesstamm aus. In dem Chaos der andauernden Fehden, die um die Besetzung des ungarischen Thrones unter den Parteiungen einer selbstbewussten Magnatenoligarchie ausgetragen wurden, holten sich die Herrscher aus dem neapolitanischen Zweig der Dynastie Anjou wieder verlorene Machtkompetenzen zurück. Die Könige Karl I. Robert (1308–42) und Ludwig I., der Große (1342–82), nutzten ihre neu gewonnene herrscherliche Reputation zu notwendigen inneren Reformen, zur Förderung der Wirtschaft, zur Verbesserung der Staatsfinanzen und zu einer offensiven Außenpolitik. Wohl scheiterten die expansiven Adriapläne am Widerstand Venedigs und des Papstes. Auf der Balkanhalbinsel musste schrittweise den osmanischen Eroberern das Feld überlassen werden. Die Donaufürstentümer Walachei und Moldau, die als ungarische Vorposten im Kumanenland entstanden waren, lösten sich aus der bisherigen Lehensabhängigkeit. Erfolgreicher waren die Anjou-Herrscher jedoch mit ihrer vorausschauenden dynastischen Politik bei den polnischen und böhmischen Nachbarn. 1370 gewann König Ludwig aufgrund des Familienvertrages von 1339 den polnischen Thron hinzu. Über die Verlobung mit Ludwigs Tochter Maria erbte der Luxemburger Siegmund Thronansprüche in Ungarn, die er nach dem Tode Ludwigs gewaltsam realisierte. Er hat wie kein anderer Herrscher zuvor während seiner langen Regierungszeit (1387–1437) Ungarn in die große

Im 13. Jahrhundert stifteten die Adelsfamilien im westlichen Ungarn als Ausdruck ihrer neu gewonnenen Macht die so genannten Sippenkirchen. Die 1356 geweihte Kirche in Ják mit ihrem spätromanischen Trichterportal ist das besterhaltene Beispiel dafür.

Die Hausbibel des Matthias I. Corvinus, eine italienische Handschrift des 14. Jahrhunderts, wurde um 1485/87 von einer Werkstatt in Buda mit einem neuen Ledereinband versehen. Die Medaillons mit dem Bildnis des Königs nach Art antiker Herrscher und den Raben sind von Rankenwerk im Renaissancestil umspielt (Erlangen, Universitätsbibliothek).

Der im späten 14. Jahrhundert entstandene Pokal aus Auerochsenhorn im Domschatz von Gran (Esztergom) gehört zu den typischen Trinkgefäßen auf den Fürstentafeln der Renaissancezeit. In späterer Verwendung diente das Stück zur Aufbewahrung des Heiligen Öles im Dom.

europäische Politik eingeführt, doch seine weiter gehenden persönlichen Ambitionen als deutscher und böhmischer König (seit 1410 bzw. 1419/36) wie als Kaiser des Heiligen Römischen Reiches Deutscher Nation (seit 1433) haben den ungarischen Interessen eher geschadet. Den endgültigen Verlust Dalmatiens an Venedig 1409 hat er nicht verhindern können und gegen die immer bedrohlicher werdende Gefahr an der Türkenfront war keine wirksame Hilfe in Sicht. Die erhoffte massive Waffenhilfe aus dem Westen blieb aus. Der Kreuzzug des Jahres 1396 endete mit der bitteren Niederlage bei Nikopolis (heute Nikopol, Bulgarien).

Seither waren die südöstlichen Grenzregionen vor türkischen Einfällen kaum mehr sicher. Die bittere Notlage der Bevölkerung zwang selbst die mächtigen Adligen (Magnaten), bei der Königswahl immer mehr auf die vordringlichen Belange der Türkenabwehr Rücksicht zu nehmen. Die Wahl des jungen Polenkönigs Wladislaw I. Jagiełło im Jahre 1440 erfüllte allerdings die hohen Erwartungen nicht. Wladislaw musste schon 1444 bei einem missglückten Kreuzzugsunternehmen in der Schlacht von Warna sein Leben lassen.

Die Hunyadis

Die Hoffnungen ruhten danach auf János Hunyadi, der einer walachischen Bojarenfamilie entstammte. Er hatte sich als Oberbeamter (Banus) von Severin und als gewählter Heerführer (Woiwode) Siebenbürgens mehrfach erfolgreich mit den Türken geschlagen. Mit Unterstützung des niederen Adels war er zum Reichsverweser (1446–52) für den minderjährigen Ladislaus V. Postumus bestellt worden. Gegen die Türken holte er sich zwar 1448 auf dem Amselfeld eine empfindliche Niederlage, doch nur wenige Jahre später bewies er sein ungewöhnliches Feldherrntalent, als er 1456 das von Mehmed II. Fatih belagerte Belgrad wieder freikämpfte. Dem Kriegsruhm seines Vaters hatte es der einzige überlebende Sohn Mátyás Hunyadi zu verdanken, dass ihm auf Druck des niederen Adels bei der Königswahl von 1458 der Vorzug gegeben wurde. König Matthias I. Corvinus (1458–90) war während seiner gesamten Regierungszeit von der zermürbenden Auseinandersetzung mit dem habsburgischen Gegenkandidaten Friedrich III. und der habsburgisch-jagiellonischen Allianz mehr in Anspruch genommen als von der Abwehr der Türken. Er gewann mit seiner Söldnertruppe, dem »Schwarzen Heer«, Mähren und Schlesien hinzu und zog 1485 als Sieger in das kaiserliche Wien ein. Als Mäzen und Kunstfreund bot er in seiner Residenz Buda der Renaissancekultur nördlich der Alpen eine Heimstatt und sammelte herausragende Vertreter des italienischen Humanismus um sich.

In der Innenpolitik setzte er auf Zentralisierung. Er drängte den Einfluss der Magnaten zurück und stärkte die Rechte des niederen Adels, ohne die wachsende Unzufriedenheit im Lande besänftigen zu können. Sie entlud sich in dem von György Dózsa angeführten Bauernaufstand des Jahres 1514, der sich aus einem abgebrochenen

Kreuzzugsunternehmen entwickelte. Er wurde von dem Woiwoden Siebenbürgens Johann Zápolya blutig niedergeschlagen. Als Vergeltungsmaßnahme verfügte ein Landtagsbeschluss die dauernde Schollengebundenheit der grundherrlichen Bauern.

Mit seiner antihabsburgischen Reichskonzeption ist Matthias Corvinus ebenso gescheitert wie die Adelsfraktion, die bei künftigen Wahlen einen nationalen König durchsetzen wollte. Die Zeit arbeitete für Kaiser Maximilian I. Er war 1515 eine Hausunion mit den Jagiellonen eingegangen und hatte eine gegenseitige Erbfolge vereinbart. Der Erbfall trat schon zehn Jahre später ein, als der König von Böhmen und Ungarn, Ludwig II., am 29. August 1526 in der denkwürdigen Schlacht bei Mohács von Sultan Süleiman II. geschlagen wurde und auf der Flucht ertrank.

Die Dreiteilung Ungarns

Um das ungarische Erbe stritten sich der Habsburger Ferdinand und Johann Zápolya, der sich mit der Stimmenmehrheit des national gesinnten niederen Adels am 16. Oktober 1526 auf dem Reichstag von Stuhlweißenburg zum König wählen und mit der heiligen Krone krönen ließ. Am 17. Dezember 1526 wählte die Gegenpartei in Preßburg den Habsburger Ferdinand. Dieser verfügte über die besseren Truppen und zwang seinen Gegenspieler zum Rückzug nach Polen. Erst die Absprache mit dem Sultan ermöglichte Johann Zápolya die Rückkehr. Mit polnischer und türkischer Waffenhilfe verdrängte er den habsburgischen Konkurrenten aus der Osthälfte des Reiches. Ein Verständigungsversuch zwischen den beiden Königen im Vertrag von Großwardein 1538 scheiterte. Die Folge war eine

Ferdinand I. und seine Gemahlin Anna Jagiełło aus dem böhmisch-ungarischen Königshaus sind auf den Kacheln eines Prunkofens dargestellt, der aus Anlass von Ferdinands Königswahl gesetzt wurde (Budapest, Kunstgewerbemuseum).

faktische Dreiteilung des Landes. Die Habsburger blieben für einneinhalb Jahrhunderte auf einen schmalen Gebietsstreifen an der West- und Nordwestgrenze, auf das »Königliche Ungarn«, beschränkt. Johann Zápolya hinterließ seiner polnischen Ehefrau und dem kurz vor seinem Tode geborenen Sohn das Fürstentum Siebenbürgen als Herrschaftsbereich. In die Zwischenzone rückte eine türkische Besatzung ein. Die Türken, die schon 1529 erstmals vor Wien

Mit der Eroberung von Buda durch die Türken (1541) rückte Preßburg, die heutige slowakische Hauptstadt Bratislava (ungarisch Pozsony), in den Rang der Hauptstadt des habsburgischen Ungarn. Der gotische Dom Sankt Martin war bis 1784 die Krönungskirche, die Burg wurde zur Festung gegen die Türken ausgebaut. Die Darstellung des Kupferstechers Franz Hogenberg entstand am Ende des 16. Jahrhunderts.

standen und seit 1541 auch die Hauptstadt Buda in ihrer Gewalt hatten, nutzten die zentralungarischen Gebiete als Aufmarschbasis gegen die kaiserlichen Truppen. Auf ungarischem Boden wurde in den nächsten anderthalb Jahrhunderten der Konflikt zwischen dem Kaiser in Wien, der Anspruch auf das ungarische Erbe erhob, und dem Sultan ausgetragen, der im Namen Allahs zum Angriff gegen die Ungläubigen antrat.

Katholische Bastion – Das Reich der Piasten

Ihren Namen leiten die Polen vom westslawischen Stamm der Polanen (eigentlich »Feldbewohner«) her. Die Siedlungsschwerpunkte der Polanen lagen im 9. und 10. Jahrhundert an der mittleren Warthe um Posen und Gnesen. Das Stammesgebiet der Polanen umfasste die Kernzone des großpolnischen Territoriums. Unter dem Herrschergeschlecht der Piasten entwickelte es sich zur territorialen Basis eines Staatsgebildes, das noch im 10. Jahrhundert bis zur Odermündung und nach Pommern ausgriff, in nordöstlicher Richtung kujawische und masowische Gebiete einbezog und sich im Süden in Konkurrenz zum böhmischen Nachbarn über Schlesien und das Stammesgebiet der Wislanen (Kleinpolen um Krakau) ausdehnte.

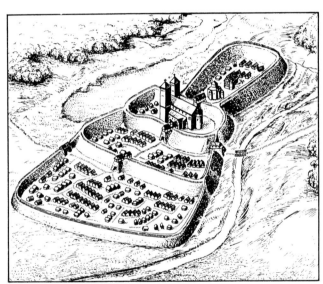

Die slawische Siedlung Gnesen (Gniezno) wurde im Zuge der polnischen Staatsbildung zur Herrscherburg mit der Palastkapelle Sankt Georg ausgebaut (rechts hinten) und wuchs im 10. und 11. Jahrhundert durch Umwallung der Vorstädte. An der Stelle einer heidnischen Kultstätte ließ Mieszko I. 970-977 die erste Gemeindekirche errichten, wo später der Dom Mariä Himmelfahrt und Sankt Adalbert entstanden. Bis heute ist der Erzbischof von Gnesen zugleich Primas von Polen.

Entstehung des polnischen Staates

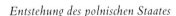

Über Herkunft und Vorgeschichte der einzelnen altpolnischen Stämme, die der erste historisch fassbare Piastenfürst Mieszko (um 960–992) unter seiner Herrschaft vereinigte, sind wir nur sehr lückenhaft unterrichtet. Die wenigen Anhaltspunkte reichen nicht aus, um die Fragen nach der Urheimat der Slawen und der zeitlichen Abfolge ihrer Wanderungsbewegungen zu beantworten.

Mieszko zog bei der Ausweitung seines Herrschaftsgebietes Vorteile aus der günstigen geographischen Lage. Im südlichen Einzugsbereich alter Handelsniederlassungen an der Ostseeküste profitierte er vom lukrativen Küstenhandel wikingischer Kaufleute und im Binnenland kontrollierte er die Handelsrouten, die über Magdeburg und den bayerisch-böhmischen Raum das westliche Europa mit dem Kiewer Russland und den vorderasiatischen Handelsplätzen verbanden. Er verstand es, sich durch die rechtzeitige Bekehrung zum Christentum 966 dem drohenden Zugriff des Heiligen Römischen Reiches zu entziehen, dessen Kaiser er vorübergehend als Oberherrn anzuerkennen hatte und dem er seit 972 für das Land bis zur Warthe Tribut entrichtete.

Kurz vor seinem Tode übereignete er in einem klugen Schachzug das neu bekehrte Land dem Heiligen Stuhl. Die Gunst des Papstes ermöglichte seinem Nachfolger Bolesław I., dem Tapferen (polnisch Chrobry), den Aufbau einer eigenständigen polnischen Kirchenorganisation. 968 war zunächst ein Missionsbistum in Posen eingerichtet worden. Im März 1000 machte Kaiser Otto III. im Einvernehmen mit Papst Silvester II. den Weg frei für eine eigene Kirchenprovinz um das Erzbistum Gnesen. Die Entscheidung fiel während der Pilgerreise des Kaisers nach Gnesen zum Grab des Prager Bischofs Adalbert, der 997 im Prußenland den Märtyrertod erlitten hatte und in der Residenz des Polenherrschers begraben worden war. Im Akt von Gnesen erkannte Otto III. gleichzeitig seinem »Bruder und Helfer des Reiches« Bolesław einen Ehrenrang zu.

Polen und das Reich

Die polnischen Piasten teilten mit dem Kaiser den Kult um Adalbert und die Sorge um die Verbreitung des christlichen Glaubens. Zumal nach dem großen Slawenaufstand des Jahres 983 hatten sie sich mehrfach gemeinsamen Unternehmungen gegen die heidnischen Ostsee- und Elbslawen angeschlossen. Streitigkeiten um die Abgrenzung der beiderseitigen Machtbereiche blieben nicht aus. Sie führten nach dem frühzeitigen Tode Ottos III. zu mehrjährigen kriegerischen Auseinandersetzungen mit Heinrich II. um den Besitz Böhmens, der Mark Meißen und der Lausitz (1002–18). Letztere verblieb zusammen mit dem Milzener Land (Oberlausitz) im Frieden

Der älteste Chronist Polens, Gallus Anonymus, schildert den Übertritt des Polenherzogs Mieszko zum Christentum 966:

Als aber Mieszko die Herzogswürde erlangt hatte, begann er Geist und Körperkräfte zu üben und die Völkerstämme im Umkreis häufiger im Kriege anzugreifen. Bis dahin befand er sich aber in solchem Irrtum des Heidentums, dass er nach dessen Lebensweise sieben Frauen hatte. Schließlich verlangte er nur eine einzige, die strenge Christin namens Dubravka von Böhmen, zur Frau. Sie aber weigerte sich, ihn zu heiraten, wenn er nicht jene verkehrte Lebensweise aufgebe und verspreche, ein Christ zu werden. Als er nun zustimmte, er werde die Lebensgewohnheit jenes Heidentums aufgeben und die Sakramente des christlichen Glaubens annehmen, betrat sie Polen als Herrin mit großem weltlichem und kirchlichem Gepränge.

von Bautzen vom 30. Januar 1018 bei Bolesław. Im gleichen Jahr mischte sich der polnische Herrscher in die innerrussischen Thronwirren ein, die nach dem Tode Wladimirs des Heiligen unter den Söhnen ausgebrochen waren. Mit seinem Truppenaufmarsch vor Kiew erzwang Bolesław die Rückkehr seines Schwiegersohnes Swjatopolk auf den großfürstlichen Thron. Auf dem Höhepunkt seiner Macht löste sich Bolesław aus der Lehensabhängigkeit vom Reich

Der älteste erhaltene Teil des gotischen Doms von Gnesen ist die romanische Bronzetür aus dem späten 12. Jahrhundert. Ihre Reliefbilder schildern die Legende des Heiligen Adalbert (polnisch Wojciech) von Prag, dessen Reliquien hier verehrt werden. Links ist das Martyrium des Heiligen von der Hand der heidnischen Prußen dargestellt, oben läßt Bolesław Chrobry dessen Gebeine in Gold aufwiegen und kauft sie von den Prußen (rechts) zurück.

Durch dynastische Hochzeiten, vor allem mit den Herrschern von Meißen, versuchte Bolesław Chrobry seinen Machtbereich zu erweitern. Seine 1002 mit dem Markgrafen Hermann verheiratete Tochter Reglindis ist in der um 1250 entstandenen Gruppe der Stifterfiguren im Naumburger Dom dargestellt.

Im Stifterbild eines im 11. Jahrhundert entstandenen liturgischen Buches überreicht Herzogin Mathilde von Schwaben dem König Mieszko II. die Handschrift.

und ließ sich 1025 die Königskrone aufsetzen. Unter seinem Sohn Mieszko II. war der ausgedehnte territoriale Besitzstand nicht mehr zu halten. Ein Präventivschlag der Polen gegen Meißen und Zeitz 1028 löste eine Gegenaktion unter den begehrlichen Nachbarn aus, die Mieszko 1031 unter anderem die Lausitz kostete und ihn außer Landes nach Böhmen trieb. Seine Gegner verhalfen dem älteren Bruder Bezprym zur Macht. Nur dessen vorzeitiger Tod ermöglichte Mieszko II. 1032 die Rückkehr. Auf dem Hoftag in Merseburg 1033 musste er allerdings vor Kaiser Konrad II. der Königswürde entsagen und einer Machtteilung mit seinen Anverwandten zustimmen.

Krise und Erneuerung der Königsherrschaft

M ieszkos II. Tod (1034) stürzte das Land in eine lang andauernde Krise. Eine heidnische Reaktion erschütterte die noch nicht gefestigte Stellung der Kirche, und die Eigeninteressen adliger Gefolgsleute schwächten die Autorität der Königsmacht. Der Mundschenk Maslaw schuf sich in Masowien einen eigenen Herrschaftsbereich. Pommern beanspruchte Knut II. von Dänemark für sich. Herzog Kasimir I. flüchtete 1037 vor dem Zorn des aufgehetzten Volkes nach Ungarn. Nur dank der massiven militärischen Unterstützung Heinrichs III. und seines Schwagers Jaroslaw von Kiew gewann er den Thron zurück. Als Gegenleistung hatte er dem Kaiser den Lehenseid zu leisten und im Streit mit dem Böhmenherzog Břetislaw den Schiedsspruch Heinrichs III. zu akzeptieren. Břetislaw hatte Schlesien an sich gerissen und die Gebeine des heiligen Adalbert aus Gnesen nach Prag entführt.

Kasimir bemühte sich nicht ohne Erfolg um eine Stärkung der Zentralgewalt. 1047 half ihm Jaroslaw von Kiew bei der Niederwerfung Maslaws in Masowien. 1050 holte er sich Schlesien zurück und erhielt 1054 gegen Tributzahlungen an Böhmen die kaiserliche Bestätigung für diesen Gewaltakt. Kasimir trägt den Ehrentitel »der Erneuerer«. Er gebot dem drohenden Zerfall des Reiches und der Königsherrschaft Einhalt, ohne allerdings an die frühere Machtstellung anknüpfen und die territorialen Einbußen an den westlichen und östlichen Grenzen ausgleichen zu können.

Seinem Sohn Bolesław II., dem Kühnen (Śmiały), kamen in der Außenpolitik die Schwäche des deutschen Reiches und die bestehenden verwandtschaftlichen Beziehungen zu den russischen und ungarischen Nachbarn zugute. Deren andauernde Thronwirren boten ihm günstige Einwirkungsmöglichkeiten zugunsten der polnischen Sache. Während des Investiturstreites ermöglichte ihm der Wechsel auf die päpstliche Seite 1076 die Aufkündigung der Lehensabhängigkeit vom Reich und die Erneuerung des Königtums. Nur wenige Jahre später verscherzte er sich aber mit seinem unbeherrschten Vorgehen gegen den Krakauer Bischof Stanisław, den er auf grausame Weise umbringen ließ, alle Sympathien im Lande; er musste vor einem Aufstand nach Ungarn fliehen.

Sein Bruder Wladislaw I. Herman hatte es als Nachfolger im Herrscheramt seit 1079/81 nicht leicht, sich gegenüber den nach einer Machtbeteiligung drängenden Adelsgruppierungen und insbesondere den Machenschaften des selbstherrlichen Palatins Sieciech zu behaupten. Die zentrifugalen Kräfte fanden Rückhalt an den Repräsentanten innerdynastischer Konfliktparteien. Polen löste sich in getrennte Herrschaftsräume auf, die Bolesław III. Schiefmaul (Krzywousty) nur mit Brachialgewalt wieder unter einem Zepter zusammenführen konnte. Dabei nahm er den Konflikt mit dem Kaiser und den ungarischen und böhmischen Nachbarn in Kauf. 1114 erreichte er die Einstellung der Tributzahlungen, die für Schlesien an Böhmen zu entrichten waren, musste aber 1135 auf dem Reichstag zu Merseburg die Lehenshoheit des Kaisers für Westpommern anerkennen. Der erbitterte Widerstand des pomoranischen Adels war zuvor in einem kräftezehrenden Kleinkrieg 1102 bis 1122 niedergerungen worden. Für das schwierige Missionswerk unter den Heiden gewann er Bischof Otto von Bamberg, der 1124/25 und 1128 auf zwei Missionsreisen als »Apostel der Pommern« wirkte.

Helm eines Ritters aus Posen.

Die Zeit der Teilfürsten

Vor seinem Tode noch (1138) suchte Bolesław III. weiteren Erbstreitigkeiten und Bruderkämpfen durch testamentarische Verfügung vorzubeugen. Er entschied sich nach russischem Vorbild für eine Thronfolgeregelung nach dem Senioratsprinzip. Diese wies dem ältesten Sohn, Wladislaw II., als Großfürsten die politische Führungsrolle im Gesamtstaat zu und überließ ihm auch die Verfügung über die neue Hauptstadt Krakau und wohl auch über die alte Krönungsstadt Gnesen. Allen übrigen Söhnen aber wurde – der jüngste, Kasimir, ausgenommen – ebenfalls ein größerer eigener Territorialbesitz zugestanden, der sich weitgehend mit den alten Stammesgebieten Schlesien, Masowien und Kujawien, Großpolen und dem östlichen und westlichen Kleinpolen deckte.

Der bei Włocławek an der Weichsel ausgegrabene liturgische Silberbecher mit Szenen aus dem Alten Testament entstand wohl im 12. Jahrhundert in Süddeutschland oder Niederlothringen, geht jedoch auf vermutlich armenische Vorbilder zurück (Krakau, Nationalmuseum).

Diese wohl gemeinte Begünstigung der nachgeborenen Söhne hatte wie im Kiewer Reich fatale politische Folgen. Sie führte sehr rasch zur weitgehenden Absonderung eigenständiger Herrschaftsbereiche unter teilfürstlichen Nebenlinien. Der Gedanke eines einheitlichen Staatswesens blieb nur noch innerhalb der polnischen Kirche erhalten. In dem anhaltenden erbitterten Streit um das Seniorat, der Wladislaw schließlich 1146 zur Flucht in das Reich trieb, meldeten sich die Adelsvertreter der Teilregionen immer energischer mit eigener Stimme zu Wort. Wiederholte Hilfeersuchen einzelner Prätendenten veranlassten die Anrainer und insbesondere den früheren Lehensherrn, den Kaiser, zu militärischen Interventionen. Sowohl Konrad III. wie Friedrich I. Barbarossa konnten so als Gegenleistung für ihre Waffenhilfe nochmals die Erneuerung des Treueeides einfordern. Um das Chaos der Fürstenfehden zu beenden, suchte Herzog Kasimir II., der Gerechte, nach einer Radikallösung. 1177 entriss er seinem älteren Bruder die Großfürstenwürde. 1180 ließ er auf dem Tag zu Łęczyca von den versammelten Bischöfen, deren Wohlwollen er durch Zugeständnisse erkauft hatte, und dem kleinpolnischen Adel die Aufhebung des Seniorats sanktionieren und sich und seiner Familie den Besitz des Senioratsgebietes und Krakaus bestätigen. 1184 erreichte er auch die Zustimmung des Kaisers.

Damit war der Weg frei für machtpolitische Umgruppierungen, aus denen sich drei geschlossene Länderkomplexe piastischer Familienherrschaften herausbildeten: Schlesien, Großpolen und das zunächst mit Masowien und Kujawien verbundene Kleinpolen. Die Neuregelung förderte das Eigenleben in den teilfürstlichen Herrschaftsbereichen und begünstigte zentrifugale Kräfte, die die Einheit des polnischen Staatswesens in seinem bisherigen territorialen Bestand ernsthaft gefährdeten.

Pommern war unter Herzog Bogislaw I. von Stettin 1181 Reichslehen geworden. Pommerellen (Ostpommern) hatte sich unter den Samboriden aus großpolnischer Abhängigkeit gelöst. In Preußen schuf sich der Deutsche Ritterorden, den Herzog Konrad I. von Masowien und Kujawien 1226 gegen die heidnischen Prußen in das Culmer Land gerufen hatte, eine eigenständige Machtbasis und entzog sich der landesherrlichen Verfügung. 1234 nahm Papst Gregor IX. den Ordensstaat in den Schutz des heiligen Petrus. Seit der Besetzung Pommerellens und Danzigs 1308 lebte er in einem Dauerkonflikt mit dem polnischen Nachbarn.

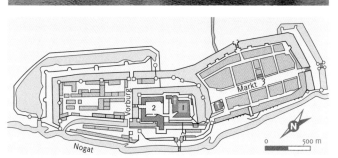

Seit 1280 war die Marienburg an der Nogat (Westpreußen) Konventssitz des Deutschen Ritterordens, seit 1309 auch Residenz des Hochmeisters. Der älteste Teil ist das 1276–80 erbaute Hochschloss (im Bild rechts, im Plan 1). Im 14. Jahrhundert wurde die Mittelburg ausgebaut (im Bild links davon, im Plan 2), gleichzeitig entstand eine neue Vorburg im Norden. Im Schutz dieser Festung entwickelte sich die Bürgerstadt im Süden (im Plan 3 das Rathaus). Die Marienburg ist die größte aus Backstein errichtete Wehranlage des Mittelalters und die wichtigste der etwa 150 Deutschordensburgen.

Landesausbau und Kolonisation

Die Verwendung des Namens »Polen« blieb im 13. Jahrhundert auf das großpolnische Territorium beschränkt. Die schlesischen Piasten verzichteten nach dem Mongoleneinfall 1241 auf ihre bisherigen gesamtstaatlichen Ambitionen und wandten sich auch in ihren verwandtschaftlichen Beziehungen dem Reich bzw. Böhmen zu. Herzog Heinrich II., der Fromme, hatte zusammen mit zahlreichen schlesischen und großpolnischen Rittern in der Schlacht bei Liegnitz am 9. April 1241 sein Leben lassen müssen. Das Aufgebot des kleinpolnischen Adels war zuvor schon bei Chmielnik südlich von Kielce von den Tataren aufgerieben worden.

Die abziehenden Tataren hinterließen ein verwüstetes Land. Am Wiederaufbau beteiligten sich zahlreiche ausländische Helfer, vornehmlich deutsche Bauern und Bürger, die von den Herzögen, den Klöstern und den Magnaten angeworben und nach deutschem Recht angesiedelt wurden. Mit ihrer freiheitlicheren Ordnung, ihren Selbstverwaltungseinrichtungen und korporativen Zusammenschlüssen, den agrartechnischen Neuerungen und den entwickelteren handwerklichen Fähigkeiten vermittelten sie dem planmäßigen hochmittelalterlichen Landesausbau neue Impulse. Schon Herzog Heinrich I., der mit Hedwig von Andechs-Meranien, der Heiligen Schlesiens, verheiratet war, hatte zu Beginn des 13. Jahrhunderts deutsche Siedler ins Land geholt. Deutschrechtliche Stadtgründungen breiteten sich seit dem 13. Jahrhundert über Niederschlesien, Westpolen und Preußen nach Groß- und Kleinpolen aus und erreichten in Ausläufern den westrussischen Raum. Mit ihnen verbreitete sich deutscher Kaufmannsgeist in Ostmitteleuropa. In alten Städten Polens wie Krakau, Breslau, Posen und Danzig gewann eine deutschstämmige Bürgerschaft einen beherrschenden Einfluss auf das Stadtregiment. Sie wurde zum Träger händlerischer und handwerklicher Aktivitäten und verstärkte die kulturellen Verbindungen der polnischen Kronländer nach Westeuropa.

Der Neubeginn

Die größte Gefahr für die in zahlreiche Seitenlinien aufgesplitterten Piasten drohte zu Ende des 13. Jahrhunderts vom böhmischen Nachbarn. König Wenzel II. hatte seit 1289 über erbvertraglich abgesicherte Ansprüche in Oberschlesien Fuß gefasst und 1291 Krakau hinzugewonnen. 1300 rückten seine Truppen in Großpolen und Pommerellen ein. Eine einflussreiche Gruppierung geistlicher und weltlicher Würdenträger betrieb seine Wahl zum polnischen König. Die Krönung vollzog der Erzbischof von Gnesen. Wenzel II., der gleichzeitig seine Hand nach Ungarn ausstreckte und 1302 seinem Sohn die ungarische Krone aufsetzen ließ, nahm seinen polnischen Besitz vom deutschen König Albrecht I. zu Lehen.

Die Herrschaft der landfremden Přemysliden blieb in Polen Episode. Der jugendliche König Wenzel III. überlebte seinen Vater nur um ein Jahr. 1306 fiel er in Olmütz einem Mordanschlag zum Opfer. Mit ihm starben die Přemysliden im Mannesstamm aus. Ihre Hausmachtpolitik weckte in Polen unter den zerstrittenen Teilherzögen patriotische Gefühle und ließ den Wunsch nach einer nationalen Lösung wieder lebendig werden. Zu ihrem Wegbereiter wurde Wladislaw I. Łokietek (»Ellenlang«), der Herzog von Sieradz aus der kujawischen Linie der Piasten. Er hatte erheblichen Widerstand in den Teilregionen und seitens der deutschen Bürger Krakaus und Posens niederzukämpfen, bis er schließlich den Partikularismus überwinden und die großpolnischen, kleinpolnischen und kujawischen Teilherrschaften wieder unter einem Zepter zusammenführen konnte. Nur auf die Einbeziehung Schlesiens, Masowiens und Pommerellens musste er verzichten. Am 20. Januar 1320 schloss die Königskrönung Wladislaws das Einigungswerk ab.

Zu den erbittertsten Widersachern des neuen polnischen Königs zählten der Deutsche Orden und der böhmische König. Alle Versuche, den Deutschen Orden in einem langwierigen Prozessverfahren vor dem Heiligen Stuhl zur Herausgabe Pommerellens zu zwingen, scheiterten. König Johann der Blinde von Böhmen meldete eigene

Eine Miniatur des 14. Jahrhunderts in einer Bilderhandschrift des Sachsenspiegels, eines deutschen Rechtsbuches, zeigt die Gründung eines Dorfes: Der Grundherr (links außen) überreicht die Urkunde mit den Bestimmungen zum Erbzinsrecht, es wird gerodet und gezimmert (Heidelberg, Universitätsbibliothek).

Das bei der Königskrönung von 1320 verwendete Schwert, das so genannte Szczerbiec, war schon seit mehr als einem Jahrhundert als Symbol der herzoglichen Gerichtsbarkeit in Gebrauch.

Thronrechte an. 1327 ließ er die schlesischen Herzöge ihren Lehenseid erneuern. Böhmische Truppen besetzten das Dobriner Land und bedrohten im Zusammenspiel mit dem Deutschen Orden Masowien und Kujawien, das 1332 von den Ordensrittern erobert wurde. Der Sohn Wladislaws, König Kasimir III., der Große, zog der andauernden militärischen Konfrontation eine diplomatische Verständigung vor. Im Präliminarvertrag von Trentschin und auf dem Fürstentreffen in Visegrád 1335 einigte er sich mit Johann von Böhmen auf eine stillschweigende Anerkennung des territorialen Besitzstandes. Gegen den förmlichen polnischen Verzicht auf Schlesien 1339 gab der Luxemburger seine Thronansprüche in Polen auf. Den Kriegszustand mit dem Deutschen Orden beendete Kasimir im Frieden von Kalisch 1343. Er brachte ihm Kujawien und das Dobriner Land zurück, dafür musste er Pommerellen, das Culmer Land und die Michelau dem Orden überlassen. Zuvor schon hatte er 1340 mit ungarischer Hilfe eine erfolgreiche Südostexpansion eingeleitet. Aus der Erbmasse des südwestrussischen Fürstentums Galitsch-Wolhynien brachte er Gebiete am Oberlauf von San, Westlichem Bug und Dnjester (Rotreußen, das spätere Ostgalizien) mit Lemberg und Přzemysl an sich und verteidigte sie hartnäckig gegen Litauen. 1351 gewann er die von Böhmen beanspruchte Oberhoheit über Masowien zurück.

Seit 1320 fand die Krönung des polnischen Königs in der Marienkirche von Krakau statt. Eine Miniatur in dem 1510/1520 entstandenen Pontifikale des Erasmus Ciolek aus der Krakauer Malerschule stellt den feierlichen Staatsakt dar (Krakau, Nationalmuseum).

Kasimir III. stabilisierte in einer krisenhaften Zeit die piastische Königsherrschaft in Polen und betrieb eine erfolgreiche Arrondierungspolitik. Mit seinem Namen sind wichtige Weichenstellungen in der polnischen Geschichte verbunden. 1364 gründete er mit päpstlichem Privileg die Krakauer Universität und öffnete sein Land dem wissenschaftlichen Diskurs. Als Gesetzgeber unternahm er ernsthafte Anstrengungen, die notwendige Rechtsvereinheitlichung in den einzelnen Landesteilen zu fördern. Seine Fürsorge um die unteren Bevölkerungsschichten trug ihm den Ruf eines Bauernkönigs ein. 1353 sah er sich erstmals in der polnischen Geschichte mit einer Konföderation des unzufriedenen großpolnischen Adels konfrontiert. Das Auftreten der Adelsvertreter zeigte an, dass sich aus der polnischen Adelsgenossenschaft, der Schlachta (polnisch *szlachta,* »Geschlecht«), ein abgeschlossener Stand mit einem ausgeprägten Eigenbewusstsein zu entwickeln begann. Dieser verstand sich immer mehr als die eigentliche polnische Nation und sollte in der Folgezeit zum großen Gegenspieler der Königsmacht werden.

Adel und Königsmacht

In der Nachfolgefrage hatte Kasimir rechtzeitig durch eine Erbverbrüderung mit den ungarischen Anjou vorgesorgt. Der Ausschluss einer weiblichen Erbfolge musste allerdings im Privileg von Buda 1355 vom Adel durch die Zusage erkauft werden, künftig keine Sondersteuern zu erheben und die grundsätzliche Wahlfreiheit bei der Königskür anzuerkennen. Als Kasimir 1370 starb, rückte der ungarische König Ludwig I. nach, der selbst ohne männliche Erben war. Der Übergang vollzog sich aber nicht problemlos. Ludwig verwaltete Polen nur als Nebenland und konnte Interessenkollisionen mit seiner Stellung in Ungarn nicht ausschließen. Der Ruf nach einer einheimischen Dynastie wurde in den unzufriedenen Adelskreisen laut. Um die Nachfolge seiner Tochter zu sichern, bestätigte Ludwig im Kaschauer Privileg 1374 die Privilegienzusagen und das Mitspracherecht des Adels bei künftigen Königswahlen. Die Adelsvertreter setzten in langwierigen Verhandlungen mit der Witwe Ludwigs in Buda die dauernde Anwesenheit der Thronfolgerin in Polen durch. Die ungarische Königstochter Hedwig (polnisch Jadwiga) wurde 1384 in Krakau gekrönt. Auf Drängen des Adels gab sie 1386 ihre Zustimmung zu der folgenreichen ehelichen Verbindung mit dem heidnischen Litauerfürsten Jagiełło.

Unter dem Schutz der weltlichen Herrschaft und der Geistlichkeit gedeihen Glaube und Gelehrsamkeit – so rühmt ein allegorischer Holzschnitt von 1628 die Stiftung der Krakauer Akademie.

Durch die dynastische Verbindung mit Litauen veränderte das piastische Polen völlig sein Gesicht. Die Jagiellonenherrschaft erschloss der katholischen polnischen Kirche im Osten ein riesiges Missionsgebiet und festigte den Anspruch Polens, Bollwerk des Christentums zu sein. Das vereinigte Polen-Litauen wurde zu einem raumbeherrschenden ostmitteleuropäischen Großreich und zu einem Vielvölkerstaat auf föderativer Grundlage.

Von der Ostsee bis zum Schwarzen Meer: Polen–Litauen

Die polnisch-litauische Staatenunion, deren Herrschaftsanspruch von der Ostsee bis zum Schwarzen Meer reichte, war das Ergebnis einer Vernunftehe, bei der das politische Kalkül beider Seiten den Ausschlag gab. Der Litauerfürst Jagiełło entschied sich für die polnische Option, weil sie Hilfe gegen den Deutschen Ritterorden, den gemeinsamen Feind in Preußen und Livland, in Aussicht stellte und einen Rückhalt für die Fortführung der erfolgreichen Ostpolitik Litauens bot. Der Unionsvertrag war am 14. August 1385 in Krewo geschlossen worden. Bei den langwierigen Verhandlungen vor der Unterzeichnung hatten die vornehmlich kleinpolnischen Unterhändler einen langen Forderungskatalog präsentiert. Sie bestanden nach den unliebsamen Erfahrungen der Vergangenheit auf der Anwesenheit des Herrschers im Lande und auf seiner Taufe und sie wünschten Zusagen im Hinblick auf eine künftige Eingliederung des Großfürstentums und ein verstärktes Engagement zur Zurückgewinnung der verlorenen polnischen Territorien. Am 14. Februar 1386 hielt Jagiełło seinen triumphalen Einzug in Krakau und empfing am folgenden Tag zusammen mit seinem Gefolge aus der Hand des Gnesener Erzbischofs die Taufe. Am 18. Februar feierte er die Vermählung mit Königin Hedwig und am 4. März wurde er selbst unter seinem Taufnamen als Wladislaw II. zum König von Polen gekrönt. Vor dem Krönungsakt bestätigte er dem polnischen Adel die bisherigen Privilegien und versprach, keine zusätzlichen Steuern zu erheben und Polen nicht mit Landfremden zu regieren.

Für den polnischen Staat zahlte sich die Verbindung mit Litauen unmittelbar aus. Schon 1387 holte Königin Hedwig persönlich den westlichen Teil Rotrusslands, der noch von ungarischen Starosten verwaltet wurde, wieder zurück, und in Lemberg konnte ihr Gemahl die Huldigung des moldauischen Hospodars (Fürsten) entgegennehmen. Größere Schwierigkeiten hatte dagegen Wladislaw, sein Stammland Litauen über eine nur lose Personalunion hinaus in das neue gemeinsame Staatswesen einzubinden. Die litauischen Adligen waren über großzügige Privilegienzusagen, die ihnen den gleichen Rechtsstatus wie der polnischen Schlachta gewährten, leichter zu gewinnen als sein ehrgeiziger Vetter Vytautas.

Seit dem 13. Jahrhundert bestand die Burg im litauischen Kaunas an der Memel als Festung gegen den Staat des Deutschen Ordens. Die Ordensritter belagerten sie mehrfach und zerstörten sie 1362. Wenige Jahre später wurde sie wieder errichtet und im 15. Jahrhundert ausgebaut.

Vytautas und Wladislaw II.

Fürst Vytautas hatte alte Rechnungen zu begleichen. Er war 1382 mit seinem Vater Keistut im innerlitauischen Machtkampf unterlegen und musste sich zeitweise unter den Schutz des Deutschen Ordens begeben. Er versöhnte sich wohl vorübergehend mit seinem Vetter und begleitete ihn 1386 zur Krönung nach Krakau. Dass allerdings Wladislaw ihm seinen Bruder, Fürst Skirgaila, als Stellvertreter in Litauen vorzog, musste er als persönliche Kränkung empfinden. 1389 kam es erneut zum Bruch. Seither kämpfte Vytautas mit der Waffe in der Hand um sein väterliches Erbe und erhob Anspruch auf ganz Litauen.

Der Streit erhielt eine für Wladislaw gefährliche Eigendynamik, weil sein Rivale sich nicht scheute, mit den erklärten Feinden Polen-Litauens, dem Deutschen Orden und dem Moskauer Großfürsten, zusammenzugehen. 1390 begab sich der schon 1383 katholisch getaufte Vytautas erneut unter den Schutz des Ordens. Er stellte für die geforderte Waffenhilfe Samogitien, die begehrte Landbrücke zwischen Preußen und Livland, in Aussicht, ein Versprechen, das er 1398 im Vertrag von Sallinwerder einlöste. Zur Festigung der moskowitischen Verbindungen wechselte er zum orthodoxen Glauben über und gab seine Tochter 1391 dem Großfürsten Wassilij I. Dmitrijewitsch zur Frau.

Eine friedliche Beilegung des ausufernden Zwistes zwischen den verfeindeten Vettern ermöglichte erst der Vertrag von Ostrowo in Masowien vom 4. August 1392. Er wies Vytautas das väterliche Erbe mit weiteren westrussischen Gebieten zu und bekräftigte mit dem Titel eines Großfürsten von Litauen seine Anwartschaft auf ganz Litauen. Als Skirgaila 1387 verstarb, brachte Vytautas die einzelnen Landesteile in seine unmittelbare Gewalt und ersetzte die lokalen Fürsten durch eigene Statthalter. Sein Blick war vornehmlich nach Osten gerichtet. Vytautas leitete ohne Absprache mit dem polnischen König eine offensive Ostpolitik ein und schob die Grenzen Litauens über weißruthenische Gebiete bis in das westliche Vorfeld Moskaus vor. 1397 und 1398 stießen seine Truppen bis an die Schwarzmeerküste und auf die Krim vor. Seine hochfliegenden Pläne musste er begraben, als er sich am 12. August 1399 an der Spitze eines polnisch-litauischen Heeres an der Worskla eine vernichtende Niederlage gegen die Tataren und nur sein eigenes Leben retten konnte. Danach erreichte Vytautas wohl in den Unionen von Wilna und Radom 1401 eine vertragliche Bestätigung seines Herrschaftsanspruches, musste aber eine Beschränkung der außenpolitischen Bewegungsfreiheit hinnehmen.

Die Königsherrschaft im mittelalterlichen Polen setzten hauptsächlich die Starosten durch, ritterliche Gefolgsleute und Statthalter des Königs in den Städten und Inhaber der Krongüter. Der Starost von Sanok in Rotreußen, Wierzbięta aus Paniewice, den der König zum Generalstarosten von Großpolen eingesetzt hatte, war auch Truchsess am Krakauer Hof. Sein Grabbild (Epitaph) zeigt ihn mit seinem Schutzheiligen in Anbetung der Mutter Gottes (um 1425; Krakau, Nationalmuseum).

Der Konflikt mit dem Deutschen Orden

Zur Bewährungsprobe des polnisch-litauischen Verhältnisses wurde die sich hinziehende Auseinandersetzung mit dem Deutschen Orden. Sie mündete nach dem Aufstand der Samogitier 1409 in einen offenen Schlagabtausch. Der »Große Krieg« endete am 15. Juli 1410 in der Schlacht von Tannenberg mit der Vernichtung des Ordensheeres. Die siegreichen polnisch-litauischen Truppen besetzten weite Teile des Ordenslandes. Die meisten Festungen mussten ihre Tore öffnen, nur die Verteidiger des Ordenssitzes Marienburg trotzten einer mehrmonatigen Belagerung. Im 1. Thorner Frieden vom 1. Februar 1411 gelang es dem Orden, die drohende Existenzgefährdung abzuwenden. Er verzichtete zu Lebzeiten des polnischen Königs und Vytautas' auf Samogitien und verpflichtete sich zu Entschädigungszahlungen. Ruhe kehrte noch nicht ein. Seit Herbst 1412 herrschte wieder Krieg an den Grenzen und 1414 verhinderte ein in Strasburg (Westpreußen) vereinbarter Waffenstillstand nur notdürftig einen erneuten größeren Waffengang. Beide Parteien versuchten, auf dem Rechtsweg Grenzkorrekturen zu erreichen und das Reich und den Papst als Schiedsinstanzen in den Streit hineinzuziehen. Sie boten hohen juristischen Sachverstand auf, um dem Konstanzer Konzil ihre abweichenden Standpunkte vorzutragen und eine Entscheidung zu ihren Gunsten herbeizuführen.

Der Sieg des polnisch-litauischen Heeres 1410 über die Ordensritter unter dem Hochmeister Ulrich von Jungingen nach einer zwischen 1553 und 1556 in Danzig entstandenen Chronik (verschollen, ehemals Celle, Bibliothek des Oberlandesgerichts).

Aus dem fortdauernden Konflikt zog Vytautas größeren Nutzen als der polnische König. Nach dem gemeinsamen Einfall in das Culmer Land gewann er 1422 für Litauen ohne Bedingung das umstrittene Samogitien zusammen mit einem schmalen Küstenstreifen an der Ostsee bei Polangen und eine sichere Grenze zum Ordensland. Wladislaw musste sich dagegen mit einem kleinen Territorialgewinn auf dem linken Weichselufer abfinden.

Adelsrecht und Königsgewalt

Die ungesicherte Nachfolgefrage machte den alternden König zunehmend erpressbar. Vytautas war nicht abgeneigt, für seine Person Thronansprüche anzumelden und zumindest in Litauen eine eigene Königsherrschaft zu begründen. Der Orden ließ sich die Gelegenheit nicht entgehen, Zwietracht zwischen seinen härtesten Konkurrenten zu säen. Wladislaw geriet unter Zeitdruck. Ihm waren erst in vierter Ehe zwei männliche Thronfolger geboren worden. Er wollte rechtzeitig Vorsorge für seine Söhne treffen und bemühte sich bei den Adelsvertretern um eine förmliche Anerkennung ihrer Thronrechte. Bei den anstehenden Verhandlungen stieß er in dem Kanzler Polens und Bischof von Krakau, Zbigniew Oleśnicki, auf einen geschickten Gegenspieler. Der König sah sich schließlich gezwungen, auf die Bedingungen des Adels einzugehen. Im Privileg von Jedlno am 4. März 1430 gestand er dem polnischen Adel und der hohen Geistlichkeit das Recht der freien Königswahl zu. Er dehnte die adligen Sonderrechte auf alle Landesteile aus und gewährte dem Adelsstand erhöhten Schutz und Rechtssicherheit.

Die entsprechenden königlichen Erlasse bildeten die Gründungsurkunde der polnischen Adelsdemokratie, die auf der ungeteilten Freiheit und Gleichheit des Gesamtadels beruhte. Die Schlachta-Republik schloss die Bauern ebenso von politischen Mitspracherechten, vom Landbesitz und vom Zugang zu höheren geistlichen Ämtern aus wie das Bürgertum der Städte. Ungeachtet einer fortschreitenden sozialen Differenzierung zwischen dem verarmten Kleinadel und den einflussreichen Magnaten- und Senatorenfamilien verstanden sich die adligen Reichsbürger als die eigentlichen Repräsentanten der Nation. Sie nutzten die akute Notlage des Königs, der Geld und ein ausreichendes militärisches Aufgebot für seine Kriegführung benötigte, zur politischen Erpressung. Die Adelsversammlungen der einzelnen Landesteile zogen immer mehr Kompetenzen an sich und schufen sich in Generallandtagen zunächst für Groß- und Kleinpolen ein oberstes Beratungs- und Beschlussgremium. 1493 tagte erstmals

Zbigniew Oleśnicki leitete als Führer der geistlichen und weltlichen Würdenträger, der so genannten Magnaten, von 1434 bis 1447 praktisch die polnische Politik. Als Vertreter seines Standes und Kirchenmann betrieb er die enge Bindung an Rom und die Einschränkung der Königsmacht. Dem Bildnis auf seinem Grabmal im Dom von Gnesen hat Veit Stoß die charaktervolle Physiognomie eines souveränen Kraftmenschen verliehen.

in Petrikau ein gemeinsamer Reichstag. Er wurde von den Bezirks- und Landtagen und vom königlichen Rat beschickt.

Die letzte Station auf dem Wege zu einer Institutionalisierung der Adelsdemokratie waren die Nessauer Statuten von 1454. Sie machten die Bestellung eines militärischen Aufgebotes von der vorherigen Zustimmung der einzelnen Landtage abhängig. Die Verfassung von Radom 1505 übertrug letztlich das ausschließliche Gesetzgebungsrecht den beiden Kammern des Reichstages, dem Senat und der Landbotenstube. Dem König verblieben neben der alleinigen Vertretung nach außen und dem militärischen Oberbefehl nur noch eine durch Adelsrecht eingeschränkte Gerichtsbarkeit und die Exekutivgewalt. Einen gewissen finanziellen Rückhalt boten ihm die regulären Einkünfte aus dem Königsgut und dem Berg- und Münzregal. Bei allen außergewöhnlichen Ausgaben war er aber von der Zustimmung der Adelsversammlungen und von den Beschlüssen der Landtage bzw. des Reichstages abhängig. Dennoch reduzierte sich die königliche Amtsgewalt keineswegs nur auf reine Handlangerdienste zugunsten des Adels. Mit der Person des Königs verband sich weiterhin die Idee des Gesamtstaates, und die Autorität der Krone be-

Die Landbotenstube tagt unter dem Vorsitz von Sigismund II. August. Neben der Landbotenstube existierte als zweite Kammer des Sejm, des polnischen Reichstages, der Senat der Magnaten und Geistlichen. Holzschnitt aus dem Werk »Statuten und Kronvorrechte« von Jan Herburt (1570).

währte sich auch in schwierigen Zeiten als Klammer zwischen den beiden ungleichen Reichsteilen Polen und Litauen.

Von der Personal- zur Realunion

Die eher zufällig über eine dynastische Union zusammengeführten Reichsteile wuchsen nur sehr langsam zu einem einheitlichen Staatsgebilde zusammen. Zu unterschiedlich waren die verfassungsrechtlichen Voraussetzungen, die politischen, ökonomischen und gesellschaftlichen Strukturen, die kulturellen Traditionen und die kirchlich-konfessionellen Zuordnungen. Auch in Polen waren in der Jagiellonenzeit noch erhebliche regionale Unterschiede erhalten geblieben. Litauen aber hatte durch die erfolgreiche Ostexpansion des 14. und 15. Jahrhunderts sein Gesicht völlig gewandelt. Es war zu einem Land mit mehrheitlich ostslawisch-orthodoxer Bevölkerung geworden.

Die beiden Reichshälften wurden zunächst nur durch eine lose Personalunion zusammengehalten. Der Staatenbund war nicht nur durch ehrgeizige litauische Großfürsten wie Vytautas in seinem weiteren Bestand gefährdet. Das jagiellonische Erbrecht in Litauen vertrug sich nur schwer mit dem Anspruch des polnischen Adels auf freie Königswahl. Ehrgeizige dynastische Hausinteressen der Jagiellonen, die Böhmen und Ungarn in ihre Überlegungen einbezogen, weckten Missmut in Litauen und ließen Ausschau nach internen Thronfolgeregelungen halten. Jede Königswahl wurde zur Zerreißprobe. Wladislaw III. von Polen, der Sohn und Nachfolger Wladislaws II., hielt vorübergehend die Kronen Polens (seit 1434) und Ungarns (seit 1440) in seiner Hand. Er büßte seine raumgreifende

DIE SCHWARZE MADONNA VON TSCHENSTOCHAU

Die Ikone der Muttergottes von Tschenstochau hatte der schlesische Piastenfürst Wladislaw von Oppeln wohl 1384 in Ruthenien für das von ihm gegründete Paulinerkloster erworben. 1430 wurde sie von hussitischen Bilderstürmern schwer beschädigt und anschließend im Auftrag Wladislaws II. Jagiello restauriert bzw. neu gemalt, wobei man die Verletzung des Gemäldes als Wunde der Muttergottes ins Bild setzte.

Diese „Wunderheilung" war Anlass für die breite Verehrung des Gnadenbildes und einen bis heute dauernden Wallfahrtsbetrieb. Die legendäre Verteidigung des Klosters unter Prior Augustyn Kordecki (1655) war der Ausgangspunkt für die Befreiung Polens von den Schweden. Als nationales Symbol erhielt die Schwarze Madonna den Titel „Königin der

Krone Polens". Obwohl zugleich Schutzherrin des polnischen Katholizismus, trägt sie wie eine orthodoxe Ikone eine silberne Abdeckung, die nur an hohen Festtagen feierlich abgenommen wird.

dynastische Politik 1444 auf dem Schlachtfeld von Warna gegen die Türken mit dem Leben. Zum Nachfolger in Polen wurde auf Betreiben Oleśnickis sein Bruder Kasimir ausersehen, der seit 1440 als Großfürst in Litauen amtierte. Kasimir verständigte sich mit den polnischen Adelsvertretern 1446 auf eine Erneuerung der Personalunion.

Kasimir IV. Andreas (1447–92)

Als polnischer König leitete dann aber Kasimir IV. Andreas energische Schritte zur Angleichung der beiden Reichshälften ein. Er setzte auf das Eigeninteresse des litauischen Adels. Schon 1413 hatten Wladislaw II. und Vytautas der Aufnahme von 47 katholischen litauischen Adelsgeschlechtern in die Wappengemeinschaften polnischer Familienverbände zugestimmt. Die Diskriminierung der orthodoxen Bevölkerung bei der Ämtervergabe wurde aber nur schrittweise aufgegeben. Privilegienzusagen an den litauischen Adel leisteten einer schleichenden Polonisierung der Führungsschichten in Litauen Vorschub. Kasimir IV. setzte in dieser Frage einen Schlussstrich und sicherte noch vor seiner Königskrönung am 2. Mai 1447 dem gesamten litauischen Adel und den Stadtbürgern gleiche Rechte zu. Gleichzeitig unterstellte der König die bisher umstrittenen Provinzen Podolien und Wolhynien litauischer Verwaltung. Die volle Gleichberechtigung von Katholiken und Orthodoxen wurde in der Praxis allerdings erst in der zweiten Hälfte des 16. Jahrhunderts erreicht.

Der Deckel des Sarkophages Kasimirs IV. von Veit Stoß im Krakauer Dom setzt verschiedene Aspekte in eins: Der König wird auf dem Totenbett als verstorbener und betrauerter Landesherr dargestellt, zugleich kann die Figur als Bildnis des Lebenden im Krönungsornat verstanden werden. Er hält die Erdkugel als Zeichen des beherrschten Landes und das Zepter als Symbol der Macht. Heraldische Löwen mit Helm und Krone zu seinen Füßen halten die Wappen Polens und Habsburgs sowie das Schwert der Gerichtsbarkeit und den polnischen Reichsadler.

1477 bis 1489 schuf der Nürnberger Bildhauer Veit Stoß mit dem Schnitzaltar der Krakauer Marienkirche das größte gotische Altarwerk Europas. Die überlebensgroßen Figuren des mittleren Flügels stellen Tod und Himmelfahrt Mariens dar. Die Gelder für dieses Werk kamen teilweise mit den Spenden zusammen, die anlässlich des Heiligen Jahrs 1475 gesammelt, aber nicht vollständig nach Rom weitergeleitet wurden.

Mit der Anerkennung der polnischen Oberhoheit durch den Deutschen Orden kamen auch die Hansestädte des Ostseeraumes als Tor zur Welt in den Machtbereich des Königs. In einer Urkunde des Jahres 1496 gewährt König Johann I. Albrecht der Stadt Thorn das Recht, eine Brücke über die Weichsel zu bauen.

Kasimir IV. hatte die Interessen des Gesamtstaates im Blick, als er 1449 auf weitere Expansionen im westrussischen Raum verzichtete und sich mit dem Moskauer Großfürsten Wassilij II. auf eine Anerkennung des beiderseitigen Besitzstandes verständigte. Größere Chancen sah er in der Auseinandersetzung mit dem Orden, der mit inneren Schwierigkeiten zu kämpfen hatte. Als sich 1454 die preußischen Landstände und die Städte Danzig und Thorn gegen ihren Landesherren erhoben, nahm der König das Angebot der Aufständischen an und unterstellte das gesamte Ordensgebiet seiner Oberherrschaft. Mit seinem Entschluss handelte sich Kasimir IV. einen dreizehnjährigen Krieg mit dem Orden ein. Er fand nach mehreren vergeblichen Anläufen erst mit dem 2. Thorner Frieden am 16. Oktober 1466 ein für Polen günstiges Ende. Der Orden musste die Oberhoheit des polnischen Königs anerkennen und auf Pommerellen (mit Danzig), das Culmer Land, die Michelau und auf wichtige befestigte Städte wie Christburg, Elbing und Marienburg verzichten. Mit diesem »Preußen königlichen Anteils« gewann Polen erstmals einen breiteren Zugang zur Ostsee.

In den böhmischen und ungarischen Angelegenheiten mischte Kasimir IV. über seine Söhne weiterhin mit: Wladislaw wurde 1471 zum böhmischen König gewählt. Nach dem Tode des Matthias Corvinus, der ihm die böhmischen Nebenländer streitig gemacht hatte, gewann er 1490 noch die ungarische Krone hinzu. An der Ostgrenze musste Kasimir IV. aber Moskau die Initiative überlassen und im ersten litauisch-moskowitischen Krieg (1486–94) territoriale Verluste an der oberen Oka hinnehmen.

Das Ende der Jagiellonen

Unter seinen Söhnen, König Johann I. Albrecht und Großfürst Alexander, brachen erneut Gegensätze auf. Widerstreitende außenpolitische Interessen gefährdeten den Weiterbestand des polnisch-litauischen Staatenbundes. Die Wahl Alexanders zum polnischen König stellte zwar nach dem Tod Johann Albrechts 1501 die Personalunion wieder her, doch geriet der König in eine weitgehende Abhängigkeit vom Senat und den Magnaten. Einbrüche an der litauischen Ostgrenze konnte er nicht mehr verhindern. Ein erneuter Waffengang mit Moskau (1501–03) endete mit weiteren Gebietsverlusten. Die jagiellonische Vormachtstellung geriet ins Wanken. Die Moskowiter nahmen Verbindung zu den Habsburgern auf, und Schweden, der Orden und die Moldau waren nicht abgeneigt, einem antijagiellonischen Angriffsbündnis beizutreten. 1514 mussten die Litauer die strategisch wichtige Festung Smolensk den moskowitischen Truppen überlassen. Unter dem Eindruck einer drohenden Einkreisung suchte der 1506 neu gewählte König Sigismund I., der jüngere Bruder Alexanders, den Ausgleich mit den Habsburgern. 1515 erneuerte er in Preßburg und Wien das Einverständnis zur jagiellonisch-habsburgischen Doppelhochzeit. Die Vereinbarung schloss die gegenseitige Erbfolge ein. Nur elf Jahre später trat völlig überraschend der Erbfall ein. Nach der Schlacht bei Mohács (1526) erbten die Habsburger die jagiellonischen Thronrechte in Ungarn.

Sigismund I. war in zweiter Ehe mit Bona Sforza verheiratet, die in der italienischen Renaissancekultur aufgewachsen war. Unter ihrem Einfluss wurde der Krakauer Königshof zum kulturellen Zentrum. In der ausgehenden Jagiellonenzeit erlebte die polnische Kultur ihr »goldenes Zeitalter«. Es zeichnete sich durch eine erstaunliche Toleranz in Glaubensfragen aus. Sigismund I. suchte wohl der Verbreitung der lutherischen Lehre noch Hindernisse in den Weg zu legen, unter seinem Sohn Sigismund II. August (1548–72) setzte sich die Glaubensfreiheit für alle Bekenntnisse aber durch.

An der Reformation zerbrachen der Ordensstaat und die auf geistlichen Herrschaftsstrukturen begründete Einheit des alten Livland. 1525 hatte bei der Säkularisierung des Ordensstaates Albrecht der Ältere mit seinen drei Brüdern Preußen als weltliches Herzogtum polnischer Lehenshoheit unterstellt. In Livland brachte Iwan der Schreckliche 1558 mit der Entfesselung des Livländischen Kriegs die alte Ordnung zum Einsturz. Die geistlichen Territorien, das heißt das Erzbistum Riga sowie die Bistümer Dorpat, Ösel-Wik, Kurland und das livländische Gebiet des Ordens, lösten sich auf. Die Bischöfe von Ösel-Wik und Kurland wechselten auf die dänische Seite, Reval und die estnische Ritterschaft huldigten dem Schwedenkönig Erich XIV. Der Erzbischof von Riga und der Landesmeister des Ordens suchten 1559 Schutz beim polnischen König und willigten 1561 in eine Teilung des Landes ein. Der letzte Ordensmeister Gotthard Kettler nahm Kurland und Semgallen als erbliches Herzogtum vom polnischen König zum Lehen und bekannte sich zur reformatorischen Lehre. Zentrallivland, das »überdünische« Land, fiel gegen eine Privilegiengarantie zugunsten der livländischen Stände an den polnischen König.

Albrecht der Ältere, erster Herzog in Preußen, huldigt 1525 dem polnischen König Sigismund I. (verschollen, ehemals Celle, Bibliothek des Oberlandesgerichts).

Angesichts der zunehmenden Bedrohung der Ostgrenzen wuchs in der polnischen und litauischen Reichshälfte die Bereitschaft zu einem engeren Zusammenschluss. Der König drängte auf dem gemeinsamen Reichstag, der seit Januar 1569 in Lublin tagte, auf eine rasche Klärung der Unionsfrage. Mit der einseitig verfügten Unterstellung der Woiwodschaften (Herrschaften) Podlachien, Wolhynien und Kiew unter Polen übte er massiven Druck auf die widerstrebenden litauischen Magnaten aus. Die abschließenden Gespräche zogen sich bis zur Jahresmitte hin, ehe in der Lubliner Union vom 1. Juli 1569 eine einvernehmliche Lösung gefunden werden konnte. Mit dem Verzicht auf das Erbrecht der Jagiellonen in Litauen hatte der König den Weg freigemacht. Die Unionsakte von Lublin sah unter einem gemeinsamen Herrscher und einem gemeinsamen Reichstag einen Bundesstaat aus gleichberechtigten Reichsteilen vor, die ihre Zuständigkeit für die Außenpolitik und die Münzprägung abgeben, aber die Eigenständigkeit in Verwaltung und Rechtsprechung, Finanz- und Heerwesen beibehalten sollten.

Ein Jahrzehnt später, am 7. Juli 1572, erlosch mit dem Tode Sigismunds II. August die Jagiellonendynastie im Mannesstamm. Die Königswahlen bestimmte seither bis zu den Polnischen Teilungen am Ausgang des 18. Jahrhunderts die Adelsnation in freier Entscheidung.

Blutige Morgenröte – Mongolensturm und Goldene Horde

Europa und Asien

Diese steinerne Statue eines Nomadenkriegers steht in der Steppe Tuwiniens (Südsibirien).

D ie oftmals überraschenden Überfälle kriegerischer Reiternomaden zählten jahrhundertelang zu den bedrückendsten Alltagserfahrungen der ostslawischen Waldbauern in den steppennahen altrussischen Fürstentümern. Nicht zufällig nehmen unter den Heroen der Frühzeit, deren Heldentaten in den russischen epischen Volksliedern (Bylinen) besungen werden, die Kämpfer gegen die Steppenkrieger einen herausragenden Platz ein.

Der natürliche Lebensraum der meist türksprachigen Steppenvölker war die gewaltige eurasische Steppenzone, die sich auf einer Länge von über 3000 Kilometern von der Wüste Gobi bis an die untere Donau hinzieht. Sie ist wiederholt Schauplatz kurzlebiger Reichsbildungen geworden. Der Tatareneinfall im 13. Jahrhundert wich jedoch von dem üblichen Schema der Raub- und Plünderungszüge im grenznahen Raum ab. Er war von langer Hand vorbereitet und reichte über den gesamten eurasischen Raum bis nach Schlesien und in den Balkanraum. Seinen Ausgang nahm er in der hirten- und reiternomadischen Stammesgesellschaft der heutigen Mongolei. Ende des 12. Jahrhunderts hatte nach mehreren vergeblichen Anläufen Temüdschin, ein machtbewusster Einzelkämpfer kirgisisch-türkischer Abstammung, seinen Anspruch gegen die Führer rivalisierender Sippenverbände durchzusetzen verstanden.

Ein mongolischer Reiter im Innenbild einer persischen Schale des 13. Jahrhunderts.

Eine Reichsversammlung wählte ihn im Frühjahr 1206 als Großkhan zum Oberhaupt eines multiethnischen Stammesverbandes, in dem die türksprachigen Tataren gegenüber der mongolischen militärischen Führungsschicht die Bevölkerungsmehrheit stellten. Unter dem Namen Dschingis Khan stampfte er innerhalb weniger Jahre ein Weltreich aus dem Boden, das zum Schrecken der Nachbarn in Innerasien wurde und sich zu einer unmittelbaren Bedrohung der russischen Fürstentümer und der angrenzenden ostmitteleuropäischen Länder entwickeln sollte.

Eine persische Miniatur stellt die Audienz Dschingis Khans in einem Palast dar (Paris, Bibliothèque Nationale).

Die Schlagkraft der mongolisch-tatarischen Eroberer resultierte aus einer konsequenten Militarisierung der Gesellschaft. Eine rigorose Heeresreform nahm auf Stammesgliederungen wenig Rücksicht und führte ein überschaubares Gliederungsschema nach dem Dezimalprinzip (Tausend-, Hundert- und Zehnerschaften) ein. Der durchschlagende Erfolg sollte Dschingis Khan Recht geben. Von 1207 bis 1221 unterwarf er weite Teile Ost-, Zentral- und Westasiens. Eine Vorausabteilung seiner Truppen stieß 1222 über den nördlichen Kaukasus bis zum Asowschen Meer vor und durchbrach die Verteidigungslinien der Kumanen (Polowzer) in der südrussischen Steppe. Die geschlagenen Kumanen suchten Hilfe bei den benachbarten russischen Fürsten. Ein eilig zusammengezogenes gemeinsames Truppenaufgebot, das sich im Frühjahr 1223 den Angreifern in den Weg stellte, wurde am Fluss Kalka vernichtet. Nur der vorzeitige Abzug der siegreichen Tataren verschaffte den russischen Fürstentümern eine kleine Verschnaufpause vor dem großen Sturm.

In den russischen Chronikberichten spiegelt sich die Überraschung wider, mit der von den Zeitgenossen die unerwartete neue Gefahr aus der Steppe aufgenommen wurde. Ihre Verfasser lassen eine mangelnde Kenntnis über jene heidnischen Völker des Ostens erkennen, »von denen man noch nie gehört hatte und die Tataren genannt werden, von denen niemand ganz genau weiß, wer sie sind und woher sie kamen, was für eine Sprache sie sprechen, welchen Stammes sie sind und was ihr Glaube ist«. Eineinhalb Jahrzehnte später waren sie die neuen Herren in Russland.

Der Mongolensturm

Dschingis Khan war 1227 gestorben. Mongolischem Stammesbrauch folgend hatte er noch vor seinem Tod die eroberten Länder aufgeteilt und jedem der Söhne bzw. deren Nachkommen einen Anteil an der Familienherrschaft zugewiesen. Dabei fielen die

Den Einfall der Mongolen unter Batu Khan in Russland schildert die russische Bildchronik des 16. Jahrhunderts (Sankt Petersburg, Öffentliche Bibliothek).

Gebiete westlich des Irtysch, die für den kurz vor seinem Vater verstorbenen ältesten Sohn Dschötschi vorgesehen gewesen waren, an dessen Sohn Batu. Sie waren als westliche Aufmarschbasis für weitere Eroberungen vorgesehen. Das spätere Khanat der Goldenen Horde bzw. Kiptschak umfasste nur den westlichen Teil des ehemaligen Herrschaftsbereichs Dschötschis.

1234 beauftragte eine Reichsversammlung Batu Khan mit der weiteren Planung der Westoffensive. Die Stoßrichtung zielte zunächst gegen das einst mächtige Wolgabulgarische Reich. Im Dezember 1237 rüsteten dann die tatarischen Reiterscharen zum Angriff auf Nordostrussland und eroberten innerhalb nur weniger Wochen die wichtigsten Festungen der Fürstentümer Rjasan und Wladimir-Susdal. Das einsetzende Tauwetter brachte im Frühjahr 1238 die vorwärts drängenden Reiterscharen im östlichen Vorfeld Nowgorods zum Stehen und ersparte so den Bewohnern der nordwest-

1239/40 wurde durch Batu Khan das Nomadenvolk der Kumanen an der Wolga vernichtend geschlagen, die daraufhin massenweise in Ungarn Zuflucht suchten. Eine ungarische Chronik zeigt die Ankunft der Vertriebenen.

russischen Handelsmetropole die Erfahrungen tatarischer Zerstörungswut. Sie sahen sich allerdings nur wenig später nicht weniger gefährlichen Angriffen aus dem Westen ausgesetzt. Am 15. Juli 1240 schlug Fürst Alexander im Dienste der Nowgoroder an der Newa (daher sein Beiname »Newskij«) die über die Karelische Landenge vordringenden Schweden und am 5. April 1242 wehrte er auf dem Eis des Peipussees die livländischen Ordensritter ab.

Batu Khan führte seine Truppen in einem zweiten Anlauf 1239 gegen die süd- und südwestrussischen Fürstentümer. Tschernigow und das südliche Perejaslaw fielen noch im Jahre 1239. Ein Jahr später ereilte auch Kiew das gleiche Schicksal. Der Eroberungsdrang der Tataren war nicht mehr aufzuhalten. Sie stießen von Galizien aus in drei Heeressäulen in das südliche Polen, nach Schlesien sowie über die Karpaten in das Ungarische Tiefland und nach Siebenbürgen vor. Krakau und die Residenz des ungarischen Königs in Buda waren in den Händen der tatarischen Eroberer. Vorausabteilungen tauchten schon in Neustadt vor den Toren Wiens auf. Erst die Nachricht vom Tode des Großkhans Ögädäi im fernen Karakorum veranlasste Batu Khan zum vorzeitigen Abbruch eines Unternehmens, das sich zu einer Gefährdung Zentraleuropas aus-

Diplomatie im Westen: Der Mongolenherrscher Argun aus dem mit dem Khanat der Goldenen Horde verfeindeten Reich der Ilchane in Vorderasien wandte sich 1289 mit einem Brief an König Philipp IV., den Schönen, von Frankreich, um diesen über seine Kriegszüge gegen das ägyptische Mamelukenreich zu unterrichten. Das Schreiben ist in mongolischer Sprache und uigurischer Schrift abgefasst (Paris, Archives de France).

zuweiten drohte. Die Tataren räumten aber nur die nach Mitteleuropa und in den Balkanraum vorgeschobenen Positionen. Die eroberten russischen Fürstentümer blieben für zweieinhalb Jahrhunderte unter tatarischer Herrschaft.

Asiatische Despotie

K ratze den Russen, und der Tatar kommt zum Vorschein!« Dieser griffige Slogan, der von der antirussischen Propaganda in napoleonischer Zeit in Umlauf gesetzt wurde, gibt ein verbreitetes abendländisches Missverständnis über die Auswirkungen der tatarischen Fremdherrschaft in Russland wieder. Er setzt eine tief greifende Veränderung des politischen und gesellschaftlichen Lebens und eine allgemeine Verrohung der Sitten unter mongolischem Einfluss voraus. Augenzeugen, meist Diplomaten und Kaufleute, die nach der Rückkehr Russlands in die europäische Staatengemeinschaft an der Wende zum 16. Jahrhundert den Moskauer Fürstenhof aufsuchten und das Land bereisten, nährten das verbreitete Misstrauen. Russland habe sich aus der Gemeinschaft der zivilisierten Völker Europas entfernt und an die »Barbaren« des Ostens angenähert. In der Moskauer Autokratie glaubte man fremdartige Herrschaftsformen einer »asiatischen Despotie« erkennen zu können.

Aus heutiger Sicht liegen die unbestreitbaren negativen Auswirkungen der Tatarenzeit weniger in direkten Eingriffen, als vielmehr in den mittelbaren Folgen – den Kriegsschäden, dem durch Ausbeutung verursachten wirtschaftlichen Rückschlag, den negativen demographischen Veränderungen, der längeren Isolierung von der Außenwelt und der endgültigen Teilung des ostslawischen Siedlungsraumes. Im Gegensatz zur Osmanenherrschaft in Südosteuropa begnügten sich die tatarischen Herren in Russland mit einer indirekten Herrschaft und vermieden eine unnötige Einflussnahme auf die bestehenden Verhältnisse. Die verhassten Besatzungstruppen wurden sehr bald schon wieder abgezogen. Die tatarische Militärmacht trat im Alltagsleben der russischen Bewohner nur noch bei gelegentlichen Strafexpeditionen in Erscheinung. Beauftragte des Khans, die Baskaken, überwachten in den Fürstenresidenzen die Loyalität der neuen Untertanen und besorgten die Eintreibung der fälligen Steuern. Schon im 14. Jahrhundert wurden sie von einheimischen Fürsten abgelöst, die sich sehr schnell mit den veränderten Machtverhältnissen zu arrangieren verstanden. Fürst Alexander

Der »Codex vom Ende des 15. Jahrhunderts« berichtet über die Eroberung Kiews durch die Mongolen im Jahr 1240:

Und Batu Khan stellte Mauerbrecher auf ... Die Mauerbrecher schlugen unaufhörlich Tag und Nacht, und sie zerschlugen die Mauern, und die Einwohner der Stadt eilten auf die Befestigung, auf die zertrümmerten Mauern, und dort war das Brechen der Lanzen und das Splittern der Schilde zu sehen, und die Pfeile verdunkelten das Licht. Die Städter wurden besiegt und Dimitrij war verwundet, und die Tataren stiegen auf die Mauern und setzten sich dort fest, und die Bewohner der Stadt bauten an diesem Tage und in der Nacht eine andere Befestigung um die Kirche der heiligen Gottesmutter. Am Morgen kamen sie über sie, und zwischen ihnen fand ein gewaltiges Gemetzel statt. Die Menschen aber waren mit ihrer Habe auf die Kirchengewölbe geklettert, und von dem Gewicht stürzten die Wände der Kirche mit ihnen zusammen; und am 6. Dezember, am Nikolaustag, wurde die Stadt von den Gottlosen genommen.

Seit den Mongoleneinfällen des 13. Jahrhunderts wurden in Russland die Festungsklöster als Schulen, Handwerkszentren und Hospitäler immer wichtiger. Das 1352 von den Fürsten Boris und Andrej Konstantinowitsch in Susdal gegründete Erlöser-Euthymios-Kloster wurde als Vorwerk im Norden der Stadt angelegt.

Newskij, der Kriegsheld an der westlichen Front, hatte mit seinen regelmäßigen Besuchen beim Khan die neue Marschroute vorgegeben. Seinem diplomatischen Geschick verdankte er nicht zuletzt die Großfürstenwürde, die zuvor seinem jüngeren Bruder Andrej zugesprochen worden war. Als Großfürst (1252–63) versagte er sich jegliche Beteiligung an Widerstandshandlungen und hielt sich demonstrativ von den antitatarischen Koalitionsbemühungen fern, die Fürst Daniel (Romanowitsch) von Galizien-Wolhynien mit westlicher Hilfe einzuleiten versuchte. Er überzeugte selbst die störrischen Bewohner Nowgorods von der Notwendigkeit, die Oberhoheit des Khans anzuerkennen und den geforderten Tribut abzuführen.

Pax Mongolica

Nach Batu Khans Tod setzte die fortschreitende Islamisierung der Goldenen Horde den direkten Einwirkungen auf die orthodoxen Untertanen enge Grenzen. In der Religionsfrage profitierte die russische Kirche von der weitgehenden Toleranz gegenüber Andersgläubigen, die sowohl in den alten mongolischen Stammesgesetzen wie im islamischen Fremdenrecht vorgesehen war. Zwangsbekehrungen unterblieben. Tatarisch-mongolische Prinzessinnen, die russische Fürsten ehelichten, konnten ungehindert zum orthodoxen Glauben übertreten. Spezielle Erlasse der Khane sicherten den Geistlichen Steuerfreiheit zu und bestätigten die Privilegien der Kirche. Unumgängliche Anpassungen an mongolische Praktiken und institutionelle Entlehnungen beschränkten sich auf jene Bereiche öffentlicher Dienste (Steuereinschätzung, Tributeintreibung, Post- und Nachrichtenübermittlung, Rekrutierungen), denen die Khane besondere Bedeutung beimaßen.

In Alt-Saraj am Unterlauf der Wolga, der Hauptstadt der Goldenen Horde, wurde die um 1300 entstandene Goldschale gefunden, deren Henkel als Drachen mit Fischschwänzen gestaltet sind. Von dort stammt auch ein grün und schwarz glasiertes Apothekergefäß des 14. Jahrhunderts (beide in Sankt Petersburg, Eremitage).

Kollaboration und Widerstand

Der ungewöhnlich rasche Aufstieg der Fürstendynastie in der kleinen Residenzstadt Moskau, die Alexander Newskij seinem jüngsten Sohn Daniel als Herrschersitz zugewiesen hatte, ist nicht zuletzt ihrer besonderen Kooperationswilligkeit zuzuschreiben. Das half ihr, unliebsame Konkurrenten auszuschalten und schließlich die geltende Senioratsordnung zu durchbrechen. 1318 bewirkte Fürst Jurij Danilowitsch mit teilweise gefälschten Anschuldigungen beim Khan die Hinrichtung seines Twerer Rivalen Michael und 1327 beteiligte sich Fürst Iwan I. Danilowitsch Kalita bereitwillig mit seinen Truppen an dem Strafgericht gegen Twer. Zur Belohnung holte er die Großfürstenwürde nach Moskau. Die damit verbundene Zuständigkeit für die Eintreibung und Abführung der Tatarensteuer bot den Moskauer Fürsten willkommene Manipulationsmöglichkeiten. Thronwirren und innere Machtkämpfe in der Goldenen Horde öffneten ihnen seit der Mitte des 14. Jahrhunderts zusätzliche Freiräume. Sie bargen allerdings auch wegen der unkontrollierbaren Auswirkungen auf die tatarische Russlandpolitik neue Gefahren.

Moskau hatte einen unerwarteten Gunstentzug einzukalkulieren und Koalitionsabsprachen des Twerer Mitkonkurrenten zu fürchten, der mit dem litauischen Herrscherhaus verschwägert war und auf Waffenhilfe rechnen durfte. 1375 entschloss sich Fürst Dmitrij Iwanowitsch Donskoj zum Präventivschlag gegen Twer. 1377 bis 1378 hatte er in der Wolgaregion Angriffe tatarischer Truppen abzuwehren, die von Emir Mamaj herangeführt wurden. 1380 kam Dmitrij einem drohenden Zusammengehen litauischer und tatarischer Verbände zuvor und errang am 8. September auf dem Schnepfenfeld am Don (russisch *Kulikowo pole*) einen ersten spektakulären Sieg gegen tatarische Truppen in offener Feldschlacht. Wohl wies Khan Tochtamysch schon 1382 den »Sieger vom Don« in die Schranken und ließ auf einem Rachefeldzug Moskau niederbrennen, doch der Nimbus der tatarischen Unbesiegbarkeit war gebrochen. Er nahm zusätzlichen Schaden, als 1395 aus Innerasien der ungestüme Heerführer Timur mit seinen Nomadenkriegern anrückte, Tochtamysch am Terek aus dem Felde schlug und über Rjasan bis in die Wolgaregion vorstieß.

Die Goldene Horde erholte sich nicht mehr von den schweren militärischen Schlägen. Der Verfall der Zentralgewalt ermunterte ehrgeizige Emire in den Randprovinzen zu eigenmächtigem Handeln. Die Herrscher aus dem Geschlecht Dschingis Khans übten nur mehr nominell die Macht aus. In der 1. Hälfte des 15. Jahrhunderts spalteten sich die Khanate Sibir, Kasan (1438), die Nogaische Horde, das Krimkhanat (1443), das Khanat Astrachan, das Usbekische Khanat und das Khanat der Weißen Horde in Kasachstan ab.

Für die russischen Fürstentümer nahm die Tatarenzeit einen unspektakulären Ausgang. Im patriotischen russischen Geschichtsverständnis verbindet er sich mit dem Feldzug des Moskauer Großfürsten Iwan III. im Oktober 1480 an die Ugra. Ziel war es, die zwischen Khan Achmat und dem Polenkönig Kasimir IV. vereinbarten Aufmarschpläne zu durchkreuzen. Die beiden Heere standen sich mehrere Wochen zu beiden Seiten des Flusses tatenlos gegenüber, ohne einen Angriff zu wagen. Die Moskauer Chronisten deuteten den schließlich befohlenen Abzug der tatarischen Truppen als Flucht und feierten dieses »Stehen an der Ugra« als sichtbares Zeichen der Abschüttelung des Tatarenjochs. Die von den Tataren ausgehende Gefährdung der moskowitischen Ost- und Südgrenze blieb jedoch weiterhin bestehen. An der mittleren und unteren Wolga sorgte erst eine Generation später Iwan der Schreckliche für dauernde Abhilfe, als er 1552 und 1556 die beiden Khanate Kasan und Astrachan eroberte und den Weg nach Sibirien freikämpfte. Das Unruhepotenzial, das sich an der Südgrenze im Herrschaftsbereich des Krimkhans ansammelte, war dagegen wegen der Rückendeckung, welche die Osmanen ihren Glaubensbrüdern gewährten, nur sehr schwer einzudämmen. Noch 1571 stießen tatarische Reiter bis unter die Mauern

In der Bewaffnung hatten sich die russischen Krieger während der jahrhundertelangen Kämpfe stark an die ihrer tatarischen Gegner angeglichen. Aus der vom polnischen König Stephan Báthory bei seinem Kriegszug gegen Russland 1579 gemachten Beute tatarisch-russischer Waffen stammt ein Bogenköcher sowie ein Reiterschild mit Gold- und Silbertauschierungen (Wien, Kunsthistorisches Museum).

Linke Seite: Nach der Schlacht auf dem Schnepfenfeld am Don erhielt der Sieger Dmitrij Iwanowitsch den Ehrennamen Donskoj (»der vom Don«). Die Darstellung in der Lebensbeschreibung des heiligen Sergij von Radonesch zeigt ihn bei der Rückkehr aus dem Kampf (Sagorsk, Dreifaltigkeitskloster).

Moskaus vor und brannten den Kreml nieder. Eine Generalbereinigung glückte erst Katharina II. nach ihrem großen Sieg im Türkenkrieg von 1768 bis 1774. Mit ihrem Manifest vom 8. April 1783 verkündigte sie die Annexion der Krim, der Tamanhalbinsel und des Kubangebietes und beseitigte nach ihren eigenen Worten endgültig die hässliche Warze auf der Nase Russlands.

Handelsmacht im Norden – Nowgorod

Nordwestrussland mit der Handelsmetropole Nowgorod und der Beistadt Pleskau verdankte seine auffallende Sonderstellung in altrussischer Zeit den kommerziellen Nutzungsmöglichkeiten eines weiten kolonialen Hinterlandes, das sich zeitweise bis über den Ural erstreckte, und der verkehrsgünstigen Lage am Kreuzungspunkt alter Handelsrouten, die das innerrussische Flusssystem des Dnjepr und der Wolga an die Ostsee anbanden. Ursprünglich im unmittelbaren Einzugsbereich der frühen warägischen Niederlassungen gelegen, war das Nowgoroder Territorium nach der Zusammenführung der nördlichen und südlichen Warägerherrschaften 882 zu einem strategisch wichtigen Nebenland des Kiewer Großfürsten geworden. Seine hauptsächliche Aufgabe war es, über die Wasserstraße entlang des Wolchows und durch den Ladogasee zur Newa den Verbindungsweg zur Ostsee und nach Nordeuropa zu kontrollieren und abzusichern.

Der 1045 zum ersten Mal befestigte Kreml von Nowgorod mit der Sophienkathedrale (Bildmitte). Die Mauern stammen aus dem späten 15. Jahrhundert. Auf der gegenüberliegenden Seite des Flusses Wolchow die moderne Bebauung der ehemaligen »Handelsseite« der Stadt.

Vom Kiewer Nebenland zur städtischen Autonomie

In der Frühzeit wurde die Stadt nahe am Ilmensee von Vertrauensleuten des Großfürsten verwaltet und häufig dem ältesten Fürstensohn als Herrschersitz zugewiesen. Die Beziehungen zum Großfürsten in der Kiewer Metropole waren nicht ohne Komplikationen. Schon 1014 soll Jaroslaw als Statthalter in Nowgorod seinem Vater Wladimir I. die Abführung des üblichen Tributes verweigert haben. In der 2. Hälfte des 11. Jahrhunderts scheuten die selbstbewussten Bewohner Nowgorods auch vor Gewaltmaßnahmen nicht mehr zurück, um sich der Bevormundung des Kiewer Großfürsten zu entziehen. Sie vertrieben unliebsame Fürsten und versuchten, die Geschicke der Stadt in die eigene Hand zu nehmen. Im offenen Konflikt mit der Fürstenmacht wurde schließlich 1136 bis 1137 aus dem Kompetenzbereich des bisherigen Kiewer Stellvertreters ein eigenes Bürgermeisteramt (russisch *posadnik,* niederdeutsch *borchgreve*) abgetrennt, das unter der Beteiligung der städtischen Volksversammlung (russisch *wetsche*) von Mitgliedern der grundbesitzenden Bojarenfamilien besetzt wurde. Dem Fürsten blieb seit dem Ende des 12. Jahrhunderts nur noch ein vertraglich festgelegtes Mitwirkungsrecht am Stadtregiment vorbehalten, das sich weitgehend auf militärische Führungsaufgaben beschränkte. Als gemieteter Dienstfürst hatte er seine Residenz außerhalb der Stadtmauern zu nehmen. Die innerstädtischen Amtsträger – der Bürgermeister, der Tausendschaftsführer (ursprünglich der Stadtkommandant) und seit 1156 auch der oberste Repräsentant der Nowgoroder Kirche, der Bischof (seit 1165 Erzbischof) – wurden als Wahlbeamte in die gemeinsame Verantwortung vor der Stadtversammlung eingebunden.

Die Wetsche-Demokratie

B ei den Vertretern der liberalen russischen Geschichtsschreibung des 19. Jahrhunderts fanden die sich entwickelnden republikanischen Verfassungsstrukturen der Stadtrepublik Nowgorod als Gegenmodell zur ungeliebten moskowitischen Autokratie besondere Aufmerksamkeit. Slawophile Kreise haben in den städtischen Volksversammlungen die Urformen des altslawischen demokratischen und genossenschaftlichen Geistes entdecken wollen. Übersehen wurden dabei die enormen sozialen Unterschiede in der Nowgoroder Stadtbevölkerung. Sie begünstigten die Oligarchie, die Herrschaft einer kleinen Gruppe, und die Plutokratie, eine Herrschaftsform, bei der die politische Macht auf Besitz und Vermögen gründet, und eröffneten einigen wenigen Familienklanen bei der Einberufung und Durchführung der Stadtversammlungen und bei der Besetzung der städtischen Ämter vielfältige Einflussmöglichkeiten, die das Idealbild einer unmittelbaren Demokratie erheblich verdüstern. Im 14. und 15. Jahrhundert waren zum obersten städtischen Leitungsgremium, dem Herrenrat, nur noch Vertreter eines exklusiven Kreises ratsfähiger Geschlechter zugelassen. Das Bürgermeisteramt wandelte sich zu einem kollektiven Repräsentationsorgan der einzelnen Stadtteile. Durch die Einführung mehrerer gemeinsam amtierender »Bürgermeister« und ein ausgeklügeltes Rotationssystem sollte unter den konkurrierenden Familien und Stadtteilältesten für eine ausgewogenere Teilhabe an der Macht gesorgt werden.

Auf einer Nowgoroder Ikone aus dem 15. Jahrhundert ist dargestellt, wie die Stadt 1169 einen Angriff von Andrej Bogoljubskij, Großfürst von Susdal, mit himmlischem Beistand zurückweist: Die Ikone der »Gottesmutter vom Zeichen« wird aus der Erlöserkirche in den Kreml überführt (oben), sie weist die feindlichen Waffen zurück (Mitte), ein Engel führt das Heer im unteren Bildstreifen zum Erfolg (Nowgorod, Museum für Geschichte und Kunst).

Die Handelsmetropole Nowgorod

Das Stadtareal Nowgorods war in fünf eigenständige Verwaltungs- und Gerichtsbezirke (russisch *koncy,* eigentlich »Enden«) aufgeteilt. Drei lagen auf dem westlichen Wolchowufer, der Sophienseite mit der Burganlage und der berühmten Sophienkathedrale, zwei auf dem östlichen Ufer, der Handelsseite mit den Kaufmannsniederlassungen. Den fünf Stadtteilen entsprachen fünf Landesteile im weiteren Umfeld der Stadt, die seit dem 12. Jahrhundert im Zuge einer fortschreitenden wirtschaftlichen Erschließung als Warenlieferanten an den städtischen Markt angebunden wurden. Zum »Land der heiligen Sophia«, wie der Herrschaftsbereich Nowgorods auch genannt wurde, zählten außerdem mehrere Beistädte – u. a. Isborsk, Welikije Luki, Staraja Russa, Torschok und bis zur Trennung im Jahre 1347 auch Pleskau.

Das im späten 14. Jahrhundert in der Nikolaikirche von Stralsund gestiftete Gestühl der Nowgorodfahrer zeigt einen hanseatischen Kaufmann in Verhandlung mit russischen Pelzhändlern. Zur kritischen Begutachtung der in Ballen und Bündeln gelieferten Ware ist er aus seinem gut befestigten Handelshaus getreten.

Reichtum und Macht der stolzen Handelsmetropole beruhten auf der Wirtschaftskraft einer zahlenmäßig kleinen Stadtaristokratie, der vornehmlich Großgrundbesitzer und einige wenige reiche Kaufmannsfamilien angehörten. Nowgorod war Umschlagplatz sowohl für den ost-westlichen Handelsaustausch und den Transithandel über die Ostsee zum Orient wie für den binnenrussischen Warenverkehr. Als größter Pelzmarkt Europas und als Wachslieferant lockte die Stadt Händler aus allen Regionen an. Im 14. Jahrhundert lieferten die Nowgoroder Bojaren in zunehmendem Maße auch Rohstoffe wie Häute, Leder, Hanf, Flachs, Pech und Pottasche, die auf ihren Landgütern gewonnen wurden. Zu den bevorzugten Importwaren für den russischen Markt zählten Tuche aus Flandern, England und Deutschland, Tafelsalz, Silber und Edelmetalle, aber auch Met, Wein sowie Glaswaren.

Die günstige Anbindung Nowgorods an die Ostsee hatten schon im 11. Jahrhundert bäuerliche Seefahrer Gotlands für Handelsgeschäfte ausgenutzt. In der Gegenrichtung suchten Nowgoroder Händler Visby, die norddeutschen Küstenstädte und Dänemark auf. Als sich in der Mitte des 12. Jahrhunderts aus der Genossenschaft der Gotland besuchenden deutschen Kaufleute die Keimzelle der Hanse entwickelte, folgten lübeckische, westfälische und sächsische Kaufleute den Spuren der gotländischen Nowgorodfahrer. Sie fanden in Nowgorod zunächst Aufnahme in der gotländischen Handelsniederlassung, dem Gotenhof, mit der erstmals um

Ein russischer Fallensteller und Pelzhändler präsentiert seine Ware in einem Reliefbild des Chorgestühls aus dem Lübecker Dom (Lübeck, Sankt-Annen-Museum).

1180 erwähnten Kirche des heiligen Olav. Später bemühten sie sich um gesonderte Niederlassungsrechte und gründeten Anfang des 13. Jahrhunderts den Sankt Peterhof. Das Nowgoroder Hansekontor gab sich eine eigene Satzung, die nach dem Aufbewahrungsort des Dokuments Schra (Schrein) benannt wurde. Sie enthielt detaillierte Anweisungen zur Führung des Kontors unter einem Oldermann und vier »Weisesten« und zur Aufsicht über die Liegenschaften sowie Regelungen der Aufenthaltsdauer der Sommer- und Winterfahrer und des Warenumsatzes. Seit dem 15. Jahrhundert löste schrittweise ein Hofknecht den Oldermann ab.

Der deutsche Russlandhandel

Nowgorod konnte seine unangefochtene Position als Anlaufstelle für den deutschen Russlandhandel nicht lange behaupten. Nach der Gründung Rigas 1201 und der Eroberung Livlands durch die Ordensritter zogen die livländischen Städte den einträglichen Handel auf der Düna an sich und stellten die älteren hoheitlichen Rechte Nowgorods und seiner Beistadt Pleskau im ostseefinnischen und lettischen Gebiet infrage. Vergleichbare Grenzstreitigkeiten drohten im Norden des Finnischen Meerbusens seit der Mitte des 12. Jahrhunderts, als der schwedische König zu mehreren Kreuzzugsunternehmungen gegen die heidnischen Finnen aufrief und seinen Herrschaftsanspruch bis auf die Karelische Landenge auszudehnen versuchte. Um die schwedischen Eroberungen vor den Nowgorodern abzuschirmen, ließ der schwedische Marschall Tyrgil Knutsson 1293 die Grenzfestung Wyborg errichten.

Zur Verteidigung ihrer Interessen in Finnland und im Ostseehandel scheuten die Nowgoroder Bojaren auch vor Waffengewalt nicht

Für die Sophienkathedrale von Nowgorod wurde in der Mitte des 12. Jahrhunderts das symbolische Modell der Jerusalemer Auferstehungskirche, ein so genanntes Sion oder Jerusalem, aus vergoldetem Silber angefertigt. Man trug darin die Sakramente bei hohen liturgischen Feiern (Nowgorod, Museum).

zurück. 1187 ließen sie von den verbündeten Kareliern das befestigte schwedische Handelszentrum Sigtuna am Mälarsee niederbrennen. Aus der damaligen Kriegsbeute stammt die berühmte Bronzetür der Nowgoroder Sophienkathedrale. Mit diesem Überraschungsangriff

Das Bronzeportal der Sophienkathedrale von Nowgorod wurde um die Mitte des 12. Jahrhunderts von den Erzgießern Riquin (im Bild links außen) und Waismuth (rechts außen) vermutlich in Magdeburg für die Kathedrale von Plock an der Weichsel gegossen. Die Zusammensetzung der Türen in Nowgorod leitete der russische Meister Awram, der sich selbst in der untersten Bildzone zwischen den Szenen der Erschaffung Evas (rechts) und dem Sündenfall (links) verewigt hat. Im russischen Kirchenbau fand das vorzügliche Stück romanischer Beutekunst keine Nachfolge.

Als »Helm des Alexander Newskij« wird in der Rüstkammer des Kreml (Moskau) ein Prunkhelm des 13. Jahrhunderts aufbewahrt, der 1621 mit goldenen Zierstreifen und Edelsteinen versehen wurde.

Die Glockenwand auf der Sophienseite von Nowgorod, entstanden 1431. Von hier ließ Iwan III. die Wetscheglocke entführen; Iwan IV., der Schreckliche, ließ eine der Glocken öffentlich zerstören und bekam den Beinamen »der Glockenmörder«.

riskierte man die Inhaftierung russischer Kaufleute bei den Ostseeanrainern und einen vorübergehenden Handelsboykott. Aus den fortdauernden Grenzgeplänkeln entwickelte sich ein halbes Jahrhundert später ein größerer militärischer Konflikt, dem wegen des zeitgleichen Mongolensturms im nationalrussischen Geschichtsverständnis schicksalhafte Bedeutung beigemessen wird. Im Jahre 1240 musste der spätere Großfürst Alexander im Auftrag Nowgorods die Schweden an der Newa abwehren. Mehrere Verträge Nowgorods mit Gotland und den deutschen Städten seit Ende des 12. Jahrhunderts bezeugen, dass von einer Erbfeindschaft keine Rede sein kann, sondern alle Parteien an einvernehmlichen Regelungen und an einem friedlichen Handelsaustausch interessiert waren. Deutsche Kaufleute haben im September 1323 in Schlüsselburg schließlich den Frieden zwischen Nowgorod und Schweden vermittelt. Er sollte auf Jahrhunderte den Grenzverlauf festschreiben und die Teilung Kareliens besiegeln.

Der Untergang

Besonders rabiate Verfechter Nowgoroder Bojareninteressen waren die Uschkuiniki des 14. Jahrhunderts, die als Flusspiraten mit ihren wendigen Booten wolgaabwärts bis zum Kaspischen Meer Furcht und Schrecken verbreiteten. Ihrem Treiben wurde erst durch das erstarkte Moskauer Fürstentum Einhalt geboten. Der Aufstieg Moskaus zur nordostrussischen Führungsmacht engte die Bewegungsfreiheit Nowgorods immer mehr ein. Der Stadt waren wohl die verheerenden Folgen der Eroberungszüge der Tataren erspart geblieben. Die neuen Herren Russlands hatten sich mit freiwilligen Tributzahlungen begnügt. Die Abhängigkeit von der Getreidezufuhr aus dem »Unterland« machte Nowgorod aber verwundbar und erpressbar. Die Stadtführung suchte sich in der 2. Hälfte des 15. Jahrhunderts vergeblich den aus Moskau drohenden Gefahren durch eine engere Anlehnung an Litauen zu entziehen. Zur Symbolfigur des Nowgoroder Widerstandes wurde die legendäre Bürgermeisterswitwe Marfa. Großfürst Iwan III. entschied sich daher noch in den 1470er-Jahren für ein militärisches Vorgehen, mit dem er der Stadt einen Friedensvertrag aufzwingen konnte, der ihre Freiheitsrechte erheblich einschränkte. Den Winterfeldzug von 1477/78 schloss er mit der vollständigen Unterwerfung und einem Strafgericht über die Rädelsführer der antimoskowitischen Fraktion ab. Die Wetscheglocke als Symbol Nowgoroder Unabhängigkeit ließ er abhängen und nach Moskau überführen. Enteignungen und Zwangsumsiedlungen sollten die störrischen Bojaren gefügig machen. 1494 wurde der Sankt Peterhof vorübergehend geschlossen. Er hat nach seiner Wiedereröffnung 1514 nie mehr die alte handelspolitische Bedeutung erlangt.

Die Kultur vermittelnde Rolle Nowgorods

Nowgorod hat in die moskowitische Periode der russischen Geschichte ein kulturgeschichtlich bedeutsames Erbe eingebracht. Als eine mittelalterliche Großstadt, die in ihrer Blütezeit 20 000 bis 25 000 Menschen in ihren Mauern beherbergte, hatte sie wie keine andere altrussische Stadt urbane Lebensformen entwickelt.

Flächengrabungen der letzten Jahrzehnte haben Überreste erstaunlicher städtebaulicher Einrichtungen und handwerklicher Fertigkeiten freigelegt. Mit den Birkenrindenurkunden wurden Zeugnisse eines bis dahin unbekannten mittelalterlichen Schreibstoffes entdeckt. Es handelt sich um kurz gefaßte Texte, die auf die weiche Innenseite kleiner Rindenstücke eingeritzt wurden. In ihrem Inhalt spiegeln sich die unterschiedlichsten Informationsbedürfnisse wider, die sich in der Alltagspraxis einer städtischen Gesellschaft einstellten. Die von den Zerstörungen der Tatarenzeit ausgenommenen Kunstsammlungen und Handschriftenbestände der Nowgoroder Kirchen und Klöster sind zu einem Reservoir des überkommenen kulturellen und kirchlichen Erbes geworden. Nach dem Ende der tatarischen Fremdherrschaft sind aus den Nowgoroder Beständen Reliquien, Handschriften, Ikonen und Kultgegenstände an die zerstörten Städte im Moskauer Rußland abgegeben worden. Metropolit Makarij, ehe-

dem selbst Erzbischof in Nowgorod, hat sich für seine enzyklopädischen Sammlungen der altrussischen literarischen Traditionen, die er in der Zeit Iwans IV., des Schrecklichen, in Auftrag gab, vornehmlich dieser Nowgoroder Sammlungen bedient.

Nowgorod war aber nicht nur der Hort der alten Überlieferungen, sondern auch Einfallstor westlicher Anregungen und Neuerungen, die über die Ostseeverbindungen vermittelt wurden. Noch in den Neunzigerjahren des 15. Jahrhunderts brachte der Lübecker Drucker Bartholomäus Ghotan Kölner und Lübecker Druckerzeugnisse nach Rußland. An den Übersetzungsarbeiten zur Gennadijbibel am erzbischöflichen Hof waren westliche Helfer beteiligt. Eine Folge dieser Öffnung zum Westen war eine ernsthafte »Krise der Traditionen« an der Wende zum 16. Jahrhundert. Sie äußerte sich in theologisch-wissenschaftlichen Kontroversen um Astrologie und Astronomie sowie um Methoden der Zeitrechnung und in der Rezeption westlicher weltlicher Erzählstoffe. Nicht zufällig spürte der aus Moskau entsandte Nowgoroder Erzbischof Gennadij innerhalb der Nowgoroder Geistlichkeit die »häretischen« Umtriebe der Judaisierenden auf, die er und der streitbare Abt Joseph von Wolokolamsk mit harschen inquisitorischen Methoden auszurotten versuchten.

Die Nowgoroder Birkenrindeninschriften wurden in kyrillischer Schrift mit Bronzegriffeln in die weiche Innenseite der Borken geschrieben. Eine der ältesten Inschriften vom Beginn des 12. Jahrhunderts zeigt ein Alphabet.

Zu den Ikonen der Nowgoroder Malschule, die unter Iwan dem Schrecklichen nach Moskau gelangten, gehört die Verkündigung an Maria aus Ustjug (unten) und die Mandylionikone, das Abbild Christi auf dem Schweißtuch (links). Beide entstanden in der 2. Hälfte des 12. Jahrhunderts (Moskau, Tretjakow-Galerie).

Und nicht ohne Grund gaben importierte Ikonen aus den West-gebieten, die nach dem verheerenden Brand Moskaus von 1547 als Malvorlagen ausgeliehen worden waren, in Moskau Anlass zu einem Streit um die richtige Malweise.

Sammeln der russischen Erde – Vom Großfürstentum Moskau zum Russischen Reich

Moskaus Anfänge

Fürst Jurij Dolgorukij ließ den silbernen Messkelch der Christi-Verklärungs-Kathedrale von Perejaslawl-Salesskij anfertigen (Moskau, Kremlmuseum, Rüstkammer).

Moskau war der Weg zum Zentrum einer Weltmacht nicht vorgezeichnet. Die Anfänge einer frühen ostslawischen An-siedlung verlieren sich im Dunkel der Ge-schichte. Erstmals namentlich erwähnt wird Mos-kau in der Nestorchronik eher beiläufig als Grenzort des Großfürstentums Wladimir-Susdal anlässlich eines zufälligen Fürstentreffens im Jahre 1147. 1156 soll Fürst Jurij Dolgorukij eine befestigte Burg-anlage erbaut haben. Während des Mon-golensturmes 1237/38 wurde sie weitgehend zerstört; Großfürst Alexander Newskij wies sie testamentarisch seinem jüngsten Sohn Daniel als Fürstensitz zu.

Der politische Aufstieg des Moskauer Fürstenhauses begann nicht zufällig während der Zeit der tatarischen Fremdherrschaft. Nur das besondere Wohlwollen der neuen Herren Russlands ermöglichte es, bei der Vergabe der Großfürstenwürde von der geltenden Senioratsordnung innerhalb der rurikidi-schen Herrscherdynastie abzuweichen und einem Moskauer Kandidaten vor anderen Anwärtern den Vorzug zu geben. Auf dem steinigen Weg zur nordostrussischen Füh-rungsmacht war das Moskauer Fürstenhaus gerade in den Anfangsjahren durch die geo-graphische Lage, aber auch durch mancher-lei Zufälligkeiten in den dynastischen Bezie-hungen begünstigt.

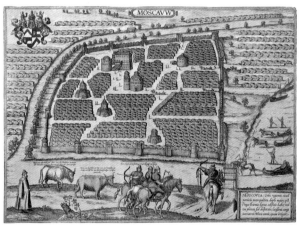

Den ältesten bekannten Plan von Moskau fertigte in der Mitte des 16. Jahrhunderts der österreichische Gesandte Siegmund Freiherr von Herberstein an. Er ist hier in einem Stich des Amsterdamer Karthographen Johannes Janssonius wiedergegeben. Dichte Bebauung ist noch auf das von Kirchenbauten beherrschte, ummauerte Gebiet des Kreml beschränkt, die Vorstädte sind dünn besiedelt.

Die Einsammlung von Herrschaftsrechten und die Ausweitung des Moskauer Territo-riums auf Kosten der Nachbarn wurden mit wenig wählerischen Mitteln betrieben. 1301 bemächtigte sich Daniel der Stadt Kolomna an der Mündung der Moskwa in die Oka. 1303 nahm sein Sohn Jurij im Handstreich die strategisch wichtige Festung Moschajsk am Oberlauf der Moskwa und brachte damit den gesamten Flussverkehr auf der Moskwa von der Quelle bis zur Mündung unter seine Kon-trolle. Die Gebietserwerbungen der folgenden Jahre zielten auf die Beherrschung der wichtigsten Verkehrsverbindungen zwischen obe-rer Wolga und Oka. Moskaus Rechtsverstöße sorgten für erhebliche

Unruhe unter den betroffenen Fürsten. Sie trugen dem Fürsten Jurij einen lang andauernden Konflikt mit seinem Onkel, dem Twerer Großfürsten Michael Jaroslawitsch, ein. Als der Unruhestifter in die Goldene Horde zitiert wurde, schützte ihn ein geschickter Schachzug vor dem Zorn des Khans Özbeg. Jurij nahm Kontschaka (russisch Agafija), die Schwester des Khans, zur Frau. 1317 kehrte er mit einem tatarischen Truppenkontingent und der Großfürstenwürde in seine Residenz zurück. Beide Rivalen büßten ihre Machenschaften aber schließlich mit dem Leben.

Der Aufstieg

M oskaus Stunde schlug 1327. Ein Aufstand der Twerer Bevölkerung gegen die tatarische Garnison in der Stadt löste eine Vergeltungsaktion aus, der sich der Moskauer Fürst mit seinen Truppen anschloss. Der Lohn war die Großfürstenwürde von Wladimir für Iwan I. Kalita (»Geldsack«). Sie blieb seither mit einer kurzen Unterbrechung 1360 bis 1363 im Besitz der Moskauer Dynastie.

Iwan I. trug seinen Beinamen »der Geldsack« wegen seiner erbarmungslosen Steuereintreibung im Auftrag der Mongolen und seiner stolzen Hofhaltung (aus der Bilderchronik des 16. Jahrhunderts).

Unübersehbare Legitimationsdefizite in der Anfangsphase half der unverhoffte kirchliche Beistand zu überbrücken. Eher zufällig war der Metropolit von Kiew und ganz Russland zum engen Verbündeten der Moskauer Fürsten geworden. 1299 hatte sich der Grieche Maxim vor der ständigen Bedrohung durch die Tataren in den Schutz der nordostrussischen Waldregion zurückgezogen. Nach seinem Tode verzögerte eine vom Twerer Fürsten unterstützte Gegenkandidatur die Wahl seines Nachfolgers Peter. Als Klerus und Volk in Twer dem neu gewählten Oberhaupt der russischen Kirche auch weiterhin mit unverhohlener Abneigung begegneten, suchte der Metropolit Rückhalt beim politischen Gegenspieler des Twerer Fürsten und verlegte den Metropolitensitz nach Moskau.

Der Moskauer Großfürst Dmitrij Donskoj führte in der Schlacht auf dem Schnepfenfeld 1380 die russischen Reiterscharen gegen die Tataren (aus der Lebensbeschreibung des heiligen Sergij von Radonesch, 16. Jahrhundert).

Mit dem Segen der Kirche überstand das Moskauer Fürstenhaus in der nächsten Generation eine schwere innere Krise. Während der Minderjährigkeit des Thronfolgers Dmitrij drohte es die gerade erst erkämpfte Führungsrolle wieder einzubüßen und die Großfürstenwürde an Susdal zu verlieren. In dieser Notlage bewährte sich der zum Regenten bestellte Metropolit Aleksej als umsichtiger Sachwalter der Moskauer Interessen. Er verstand es, mit Zähigkeit und diplomatischem Geschick 1363 die Großfürstenwürde aus Susdal zurückzuholen und ein drohendes Zusammenspiel zwischen Twer, den Litauern und den Tataren abzuwenden. Und mit kirchlichem Segen ausgestattet trat Großfürst Dmitrij 1380 dem tatarischen Heerführer Mamaj entgegen.

Er behauptete sich in offener Feldschlacht am 8. September 1380 auf dem Schnepfenfeld und nahm den Tataren den Nimbus der Unbesiegbarkeit. Der »Sieger vom Don« (russisch Donskoj) wurde zur Symbolfigur des russischen Widerstandes.

Das zweigeteilte Russland

Seit dem 14. Jahrhundert wurde Moskau auch kulturell ein Mittelpunkt Russlands. Eine wichtige Figur ist der Mönch und Maler Andrej Rubljow. Seine Ikone für das Dreifaltigkeits-Sergius-Kloster stellt die göttliche Dreifaltigkeit im Bilde der drei Engel bei Abraham dar, wobei auf jede erzählerische Ausschmückung zugunsten der theologischen Klarheit verzichtet ist (1425/27; Moskau, Tretjakow-Galerie). Der Engel als Symbol des Evangelisten Johannes schmückt eine Evangelienhandschrift in der Russischen Nationalbibliothek, Moskau.

Als »Sammler des russischen Landes« stießen die Moskauer Fürsten schon im 14. Jahrhundert an ihre Grenzen. Zunehmende innenpolitische Wirren zerstörten das Vertrauen in die Berechenbarkeit der tatarischen Russlandpolitik und die anhaltenden Thronkämpfe in der Goldenen Horde brachten Khane an die Macht, die den ehrgeizigen Zielen der Moskowiter nicht immer gewogen waren und ihnen die schützende Hand entzogen. Noch mehr zu fürchten hatte Moskau die Entwicklung in den russischen Westgebieten. Zahlreiche Fürstenherrschaften waren im Verlauf des 14. Jahrhunderts in den Sog der litauischen Ostexpansion geraten. Litauen hatte seinen Machtbereich noch unter dem Staatsgründer, dem Großfürsten Gedimin, ostwärts bis in den Einzugsbereich des Dnjepr ausgedehnt. Seine Nachfolger gewannen Kiew hinzu, griffen über den Dnjepr hinaus und dehnten ihren Einfluss über Klientelverhältnisse und dynastische Verbindungen bis zur oberen Oka und in das Vorfeld Moskaus aus. Litauen wuchs mit der territorialen Expansion in die Rolle einer Schiedsinstanz in den innerrussischen Machtkämpfen hinein. Zur Abwehr der Moskauer Inbesitznahme setzte Twer folgerichtig auf gute Kontakte zum litauischen Fürstenhaus. Der Twerer Fürst heiratete 1320 eine Tochter Gedimins, 1333 zog der spätere Moskauer Großfürst Simeon der Stolze nach und wählte ebenfalls eine litauische Prinzessin zur Ehefrau.

Ende des 14. Jahrhunderts hatte der litauische Großfürst Vytautas als Herr über eine mehrheitlich ostslawisch-orthodoxe Bevölkerung allen Grund, einen Führungsanspruch im antitatarischen Kampf zu erheben. Die schwere Niederlage an der Worskla 1399 hinderte ihn nicht, weiterhin die Einigung der russischen Fürstentümer zu betreiben. Er war kurz vor seinem Tode nahe daran, als Schwiegervater des Großfürsten Wassilij I. und seit 1425 als Vormund des Thronfolgers das Moskauer Erbe anzutreten und die Sammlung des russischen Landes unter litauischem Vorzeichen zu Ende zu führen.

Die politische Teilung des ostslawischen Siedlungsraumes zwischen Moskau und Litauen wurde erst Ende des 18. Jahrhunderts im Zuge der Polnischen Teilungen wieder weitgehend aufgehoben. Die jahrhundertelange Trennung hatte weit reichende Folgen. Sie hat die Ausdifferenzierung bestehender regionaler Unterschiede unter den Ostslawen weiter beschleunigt und schließlich die fortschreitende sprachlich-kulturelle Aufgliederung in Großrussen, Kleinrussen bzw. Ukrainer und Weißrussen verfestigt.

Die »Moskauer Fehde« (1425–53)

Beim Tode Wassilijs I. hatte Vytautas die besseren Karten. Dem hochbetagten Fürsten fehlte nur die Zeit, seine unverhoffte Chance zu nutzen. Als Vormund des ältesten Sohnes Wassilij hatte er ein gewichtiges Wort in der strittigen Nachfolgeregelung mitzureden. Der nächstälteste Bruder Wassilijs I., Fürst Jurij von Galitsch und Swenigorod, wollte sich mit der testamentarisch verfügten Abkehr vom bisher geltenden Senioratsprinzip nicht abfinden und löste einen jahrelangen blutigen Onkel-Neffen-Konflikt aus. Der Erbfolgestreit wurde nach dem Tode Jurijs 1434 mit gleicher Erbitterung zwischen den verfeindeten Vettern weitergeführt.

Wassilij II. überstand die dynastische Krise nur mit erheblichen Blessuren. Er musste mehrmals aus seiner Moskauer Residenz fliehen und verlor sein Augenlicht durch die grausame Blendung in gegnerischer Gefangenschaft (daher der Beiname »der Dunkle«). Sein Überleben als Großfürst markierte eine Epochengrenze. In der Moskauer Dynastie siegte im Widerstreit der unterschiedlichen erbrechtlichen Regelungen die Primogenitur (Erstgeburtsrecht). Wassilij II. hinterließ seinem ältesten Sohn und Mitregenten Iwan bei seinem Tode 1462 eine gefestigte und ausbaufähige Machtposition.

Die so genannte Monomachmütze war bis zur Zeit Peters des Großen die Krone der Moskauer Großfürsten und Zaren. Man hielt sie für ein Geschenk des byzantinischen Kaisers Konstantin IX. oder ein Erbe des Großfürsten Wladimir II. von Kiew. Beides ist auszuschließen, da die zobelverbrämte Goldkappe erst im 14. Jahrhundert in Mittelasien entstanden ist. Der Buckel auf der Kalotte ist eine spätere Zutat (Moskau, Kremlmuseum, Rüstkammer).

Vom Großfürstentum zum Zarentum

Die lange Regierungszeit Iwans III. von 1462 bis 1505 leitete endgültig die Wende zugunsten Moskaus ein. Der energische und weitsichtige Herrscher beendete die Kleinstaaterei, zog die noch verbliebenen russischen Fürstentümer ein, beseitigte die tatarische Fremdherrschaft und öffnete das Tor nach Europa. Die zweite Ehe mit der Griechin Sophia (Zoë) Palaiologa, der Nichte des letzten byzantinischen Kaisers, bescherte dem Moskauer Fürstenhof einen viel beachteten Prestigegewinn. Der aufwendige Um- und Ausbau des Kreml zeigte unübersehbar den Willen zum Ausbruch aus provinzieller Enge. Die Herrscher Russlands rüsteten sich nach dem Untergang der byzantinischen Kaisermacht und dem Fall Konstantinopels 1453 für imperiale Aufgaben in der orthodoxen Welt. Schon zu Beginn des 16. Jahrhunderts formulierte Filofej, ein Mönch aus Pleskau, in seinen Sendschreiben die Idee von Moskau als dem dritten und letzten Rom.

Iwan III. beanspruchte für sich noch nicht die – fiktive – Rechtsnachfolge der Kaiser in Konstantinopel. Sein Blick war

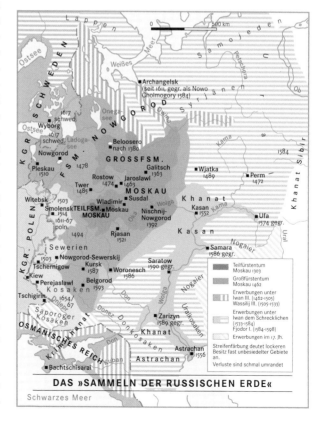

DAS »SAMMELN DER RUSSISCHEN ERDE«

Der älteste Zarenthron soll der Legende nach anlässlich der Hochzeit von Iwan III. und der byzantinischen Prinzessin Sophia entstanden sein. Er besteht aus einem hölzernen Rahmen mit 150 geschnitzten Elfenbeinreliefs mit biblischen, mythologischen und historischen Szenen (Moskau, Kreml, Rüstkammer).

Im Zuge der Umgestaltung des Moskauer Kremls unter Iwan III. und Wassilij III., die dem Reichszentrum einen würdigeren Rahmen verlieh, wurde 1487–91 der so genannte Facettenpalast errichtet. Seine Formen im Stil der italienischen Frührenaissance sollen die Weltläufigkeit des Moskauer Zarenhofes verdeutlichen.

nach Westen gerichtet. Vom kaiserlichen Hof in Wien entlehnte er den Doppeladler im Staatswappen und das höfische Zeremoniell. Westliche Fachleute lockte er mit großzügigen Angeboten nach Moskau. Sie vermittelten in vielen Berufszweigen die dringend benötigten Spezialkenntnisse und handwerklichen Fertigkeiten. Ihr für russische Augen ungewohntes Auftreten förderte aber auch eine latente Fremdenfeindlichkeit im Lande, die von orthodoxen Eiferern geschürt wurde. Die Kontakte mit dem Westen halfen den Moskowitern, den technologischen Rückstand aufzuholen und sich mit einer zeitgemäßen Waffentechnik aufzurüsten.

Zwischen 1462, dem Regierungsantritt Iwans III., und 1533, dem Todesjahr seines Sohnes und Nachfolgers Wassilij III., vergrößerte sich das Moskauer Staatsterritorium um das Sechsfache. Iwan III. gewann die Fürstentümer Jaroslawl (1463 bzw. 1471) und Rostow (1474) und zwang 1485 den Twerer Fürsten zur Flucht. Auch die Handelsmetropole Nowgorod und ihre ehemalige Beistadt Pleskau mussten schließlich die Oberhoheit des Großfürsten anerkennen. An der Westgrenze hatte Iwan III. längst die Initiative zurückgewonnen und den Grenzvertrag von 1449 zu revidieren begonnen. Seit der Eroberung der umkämpften Festung Smolensk 1514 kontrollierte Moskau die wichtige ost-westliche Überlandverbindung nördlich der Pripjetsümpfe. Der Heimfall des Großfürstentums Rjasan 1521 verstärkte die Verteidigungsposition an der südlichen Steppengrenze.

Der Machtzerfall der Goldenen Horde hatte den Moskauer Großfürsten in den Außenbeziehungen wieder die notwendige Bewegungsfreiheit zurückgegeben. Die Gefahren aus der Steppe waren damit aber noch keineswegs gebannt. Die Schwierigkeiten mit den Tataren verlagerten sich nur auf die Nachfolgestaaten, die Khanate von Kasan und Astrachan an der mittleren und unteren Wolga, auf die Nogaische Horde und auf das Khanat der Krim.

Auf dem Weg zur Moskauer Autokratie

Unter den Großfürsten Iwan III. und Wassilij III. wurden die machtpolitischen und ideologischen Grundlagen der russischen Autokratie geschaffen. Im Moskauer Staat fehlte ein landständischer Adel und ein selbstbewusstes städtisches Bürgertum, die der herrscherlichen Allmacht wirksame Schranken hätten setzen können. Der Herrscher beanspruchte in allen Fragen die letzte Entscheidungsbefugnis.

Unter Iwan III. wurden in der Einrichtung von Zentralämtern am Moskauer Fürstenhof erste Ansätze zu einer ressortmäßigen Zusammenfassung und Rationalisierung der Staatstätigkeit erkennbar. Die Moskauer Herrscher des 16. Jahrhunderts kümmerten sich um eine Vereinheitlichung der unterschiedlichen Rechtstraditionen in den einzelnen Landesteilen und um die Rettung des kulturellen Erbes. Sie fanden eifrige Helfer unter den führenden Kirchenmännern, die sich seit der faktischen Trennung von der griechischen Mutterkirche in Konstantinopel 1441 um die Normierung eigenständiger kirchlich-liturgischer Traditionen bemühten. In der Frage des Kirchenbesitzes und der Ketzerverfolgung arrangierten sich Iwan III. und Wassilij III. mit dem streitbaren Abt Joseph von Wolokalamsk. Die Reformsynode des Jahres 1551 war das gemeinsame Werk des Zaren Iwan IV. und des Metropoliten Makarij. Die Erhebung der Moskauer Metropolie zum Patriarchat im Jahre 1589 setzte schließlich den Schlussstein zu einem engen Bündnis von Staat und Kirche.

Innerer und äußerer Machtausbau unter Iwan IV.

M etropolit Makarij inszenierte 1547 die Zarenkrönung Iwans IV. nach byzantinischem Zeremoniell. Der jugendliche Zar trug anfänglich das Reformwerk seiner Vorgänger mit und sammelte seit

Der Sieg über Kasan 1552 als kosmisches Ereignis: Ein Ausschnitt des 4 m langen Ikonenbildes »Die streitbare Kirche« zeigt die Rückkehr Iwans IV. aus der Schlacht. Der Erzengel Michael führt als feuriger Reiter das christliche Heer der Russen an, der Zar wird von der Mutter Gottes in Moskau empfangen, Engelscharen fliegen ihm zur Huldigung entgegen (Moskau, Tretjakow-Galerie).

1549 einen Kreis sachkundiger Helfer, den »Auserwählten Rat«, zur Vorbereitung weiterer Reformschritte um sich. Iwan IV. versuchte sich an einem grundlegenden Umbau der Lokalverwaltung, ergänzte das adlige Lehensaufgebot durch eine neue reguläre Fußtruppe, die Strelitzen, und regulierte die Verpflichtungen des Adels auf Dienstgütern.

Einen epochalen Durchbruch erzielte der Zar an der Ostgrenze im Kampf mit dem Islam. Die Eroberung des Khanats Kasan 1552 öffnete den Moskowitern den Weg über die mittlere Wolga und den Ural nach Sibirien. Mit dem Khanat Astrachan gewannen sie 1556 die Wolgamündung sowie den Zugang zu den zentralasiatischen Märkten und zu den fruchtbaren Ackerböden an der südlichen Steppengrenze. Die Eroberung Sibiriens bereitete 1582 im Auftrage der

DIE KATHEDRALE IWANS DES SCHRECKLICHEN

Auf dem Roten Platz am Moskauer Kreml wurde 1555–1560 die »Maria-Schutz-Kathedrale am Graben« errichtet, um die Eroberung von Kasan zu verherrlichen. Der Auftraggeber war Iwan IV., der Schreckliche (rechts ein Bildnis des 17. Jahrhunderts), der die enge Verbindung zwischen Herrschertum und Reichskirche nach byzantini-

schem Muster energisch vorantrieb. Daher beanspruchte er das erloschene Kaisertum von Konstantinopel und installierte in Moskau, dem »dritten Rom«, ein russisches Patriarchat in enger Verbindung zum Zarenhof.

Die neue Kathedrale versinnbildlicht das Himmlische Jerusalem, dessen Plätze, Gebäude und Straßen man symbolisch in der Gruppierung von neun Turmkapellen gestaltete. Der Anekdote nach ließ Iwan die Architekten Barma und Posnik später blenden, damit sie nie wieder etwas Ähnliches bauen konnten. Die markante Erscheinung der Kirche war demnach wichtig und wurde ein Jahrhundert später durch eine Neugestaltung gesteigert. Besonders die fantasievollen Kuppeln verleihen ihr ein fast bizarres Äußeres.

Ironischerweise nennt die Nachwelt den Triumphbau »Basilius-

kathedrale« und ehrt damit den schärfsten Kritiker von Iwans Gewalttätigkeit, Wassilij (Basilius) Blashenny. Dieser volkstümliche »Gottesnarr« wurde nach dem Tode des Herrschers heilig gesprochen und in einer Nebenkirche bestattet.

Gegenüberliegende Seite, links: Der 1610 zum Zaren gewählte Sohn Sigismunds III., der spätere polnische König Wladislaw IV. Wasa, konnte als überzeugter Katholik die Herrschaft über das orthodoxe Russland nicht antreten und verzichtete nach einem erfolgreichen Kriegszug vor Smolensk 1634 offiziell auf die Krone. Drei Jahre später sandte ihm Zar Michael als Hochzeitsgeschenk und Zeichen der guten Beziehungen einen Goldpokal. Eine solche so genannte Bratina sollte alle, die aus ihr tranken, in ewiger Freundschaft verbinden.

Großunternehmerfamilie Stroganow eine Truppenabteilung unter dem Kosakenataman Jermak Timofejewitsch vor. Sie leitete einen spektakulären Siegeszug russischer Waffen ein. Ein halbes Jahrhundert später schon standen russische Vorposten am Pazifik. Auf dem Wege zur Beherrschung des eurasischen Raumes verwandelte sich das Moskauer Zarentum schrittweise in ein Vielvölkerreich.

Nach 1560 entartete das maßlose Wüten Iwans IV. gegen missliebige Vertreter des Hochadels zu einem regelrechten Terrorregime. Das brutale Vorgehen des »schrecklichen« Zaren spaltete die Gesellschaft. Iwan IV. zog die Konsequenzen aus seiner antibojarischen Einstellung und teilte das Staatsgebiet in Bojarenland und Zarenland auf. Letzteres ließ er von seiner berüchtigten Polizeitruppe, den Opritschniki, drangsalieren.

1558 zettelte er den Livländischen Krieg an, der sich rasch zu einem europäischen Konflikt um die Beherrschung der Ostseeküste ausweitete. Der 25-jährige zermürbende Kleinkrieg überforderte die wirtschaftlichen Ressourcen Russlands. Die sozialen Folgekosten hatten vor allem die Bauern zu tragen, deren rechtlicher Status sich zusehends verschlechterte. Ein halbes Jahrhundert später wurde im Gesetzbuch von 1649 die Leibeigenschaft festgeschrieben.

Iwan der Schreckliche hinterließ ein ausgeblutetes Land ohne geeigneten Thronfolger. Die Regentschaft des Boris Godunow, eines ehemaligen Opritschnik, der 1598 bis 1605 selbst die Zarenkrone trug, gab ihm nur einen vorübergehenden Halt. Sein Tod stürzte es in eine Existenzkrise.

Von den Rurikiden zu den Romanows

Im Übergang von der Rurikidenherrschaft zu einer neuen Herrscherdynastie durchlebte Russland eine »Zeit der Wirren«. Die bürgerkriegsähnlichen Zustände riefen mehrere Thronprätendenten auf den Plan. Mit polnischer Unterstützung griffen zweimal ausländische Bewerber als angebliche Zarensöhne nach der Krone. Einem ersten »Falschen Demetrius« (1605–06) folgte als zweiter der »Betrüger von Tuschino«, ehe der Polenkönig Sigismund III. Wasa 1610 selbst als Bewerber auftrat und eine polnische Besatzung in den Moskauer Kreml einrückte.

Russland überwand die Krisenphase der ausländischen Intervention aus eigener Kraft. Von der Wolgaregion aus kämpfte sich ein militärisches Aufgebot unter Führung von Kusma Minin und dem Fürsten Dmitrij Poscharskij nach Moskau durch und zwang im Oktober 1612 die Polen zum Abzug. Eine Reichsversammlung wählte am 21. Februar 1613 den 16-jährigen Michael Romanow zum neuen Zaren. Er entstammte einer nichtfürstlichen Moskauer Bojarenfamilie, die über eine Seitenlinie mit Iwan IV. verschwägert war. Sein Vater war der in Polen inhaftierte Metropolit Filaret. Zar Michael musste im Frieden von Stolbowo 1617 die schwedische Vormachtstellung in der baltischen Küstenregion hinnehmen und im Waffenstillstand von Deulino 1619 den Polen die Festung Smolensk und die sewerischen Städte an der Desna überlassen, um seinem gefangenen Vater die Rückkehr zu ermöglichen. Für den jungen Monarchen war die staatsmännische Erfahrung Filarets unentbehrlich, der bis zu seinem Tode 1633 alle Fäden der Moskauer Politik in seiner Hand hielt. Filaret beanspruchte für sich auch protokollarisch als »Großer Herrscher« eine Vorrangstellung bei Hofe. Sein Vorgehen sollte unter seinem Enkel Aleksej Michajlowitsch noch ein Nachspiel haben, als der machtbewusste Patriarch Nikon als väterlicher Ratgeber des Zaren mit vergleichbaren Ambitionen auftrat und die Machtfrage im Staate stellte. Nikon wurde 1666 durch den Spruch der Moskauer Synode in die Schranken gewiesen. Bestätigt wurde allerdings die von ihm veranlassten liturgischen Reformen. Sie gaben den Anstoß zu einer Kirchenspaltung und verursachten die Abtrennung der so genannten Altgläubigen, die jegliche Neuerungen ablehnten.

Unter Zar Aleksej gewann Moskau in allen langjährigen militärischen Konfrontationen – in der baltischen Frage, im Dauerkonflikt mit Polen und in der auf Russland übergreifenden Orientfrage – wieder zusehends an Boden. Der Moskauer Zar wurde schließlich auch in den großen Kosakenaufstand des Bogdan Chmelnizkij gegen den

1591 wurde Dmitrij, der damals achtjährige Sohn Iwans IV., mit durchschnittener Kehle aufgefunden. Ein Gemälde des 17. Jahrhunderts stellt die Tat als Mord auf offener Straße dar. Die Gerüchte, dass der Höfling Boris Godunow hinter der Tat stand, hielten sich hartnäckig. Für die Thronfolge stand nun nur der schwachsinnige Fjodor I. zur Verfügung, der als begeisterter Glöckner seine glücklichsten Stunden auf einem Moskauer Glockenturm verbrachte (im Bild links oben).

Das Porträt Michaels zu Pferde stellt den Zaren in ikonenhafter Bildform dar.

polnischen König (1648–54) hineingezogen. Das militärische Engagement bot eine willkommene Gelegenheit, die linksufrige Ukraine und Kiew hinzuzugewinnen. Im Waffenstillstand von Andrussowo von 1667 einigten sich Polen und Moskau auf eine Zweiteilung der Ukraine entlang der Dnjeprlinie. Der Zugang zur Ostsee blieb dem Zaren aber auch nach dem russisch-schwedischen Krieg von 1656 bis 1658 im Frieden von Kardis 1661 verwehrt. Der Durchbruch gelang hier erst in der nächsten Generation seinem Sohn Peter.

Der ungestüme Reformzar Peter I., der Große, brach bewusst mit den altmoskowitischen Traditionen. Er erzwang von einer widerwilligen adligen Gesellschaft eine radikale Umstellung auf westliche Normen. Es war die Knute dieses Zaren, die Russland über die Schwelle zur Neuzeit trieb.

Reliefdarstellung von zwei seldschukischen Kriegern.

Halbmond über Europa – Die türkische Herrschaft in Südosteuropa

Die Herkunft der Osmanen

Das Bildnis Osmans I. Ghasi in einer Miniatur des 16. Jahrhunderts.

Der Eroberung der Balkanhalbinsel durch die Osmanen war eine längere Phase gemeinsamer Verteidigungsanstrengungen des christlichen Europas gegen den Halbmond vorangegangen, die sich noch auf dem Boden Kleinasiens abspielte. 1071 hatte der Seldschukensultan Alp Arslan den byzantinischen Kaiser Romanos IV. Diogenes bei Mantzikert am Vansee vernichtend geschlagen und sich den Weg auf Reichsterritorium freigekämpft. Waffenhilfe durch die westlichen Kreuzfahrerheere und eigene Anstrengungen ermöglichten es den Komnenenkaisern, die vorrückenden Seldschuken wieder zurückzudrängen und das Sultanat Rum auf die Zentralregion Kleinasiens um Konya zu beschränken.

Eine kurzzeitige Entlastung an der kleinasiatischen Front verdankten die nachfolgenden Palaiologenkaiser den aus dem Osten vordringenden mongolischen Welteroberern. Das Seldschukenreich löste sich unter ihrem Ansturm in der 2. Hälfte des 13. Jahrhunderts in mehrere Teilherrschaften auf. In den Emiraten, die unmittelbar an das byzantinische Westanatolien angrenzten, hielt die andauernde alltägliche Konfrontation mit den Ungläubigen den heroischen Geist des Glaubenskampfes lebendig. Fanatische islamische Krieger *(ghasi)* strömten aus entfernteren Regionen zusammen, um für die Verbreitung des Islam zu kämpfen.

Die Herrscherdynastie der Osmanen wurde in diesem Kreis der Glaubenskämpfer groß. 1299 hatte sie sich unter Osman I. Ghasi aus der seldschukischen Oberherrschaft gelöst und mit erstaunlicher Zähigkeit begonnen, ihren Machtbereich auszuweiten. Im nordwestlichen Kleinasien brachten sie 1326 Brussa, 1331 Nikaia und 1337 Nikomedia in ihre Gewalt. Zum Übergang über die Meerengen ermunterten sie die bürgerkriegsartigen Wirren im byzantinischen Restreich. Johannes VI. Kantakuzenos verbündete sich 1344/45 mit Sultan Orhan und stützte sich bei der Inbesitznahme des Kaiserthrons auf türkische Söldnertruppen.

1354 besetzten die Osmanen erstmals in Gallipoli (Gelibolu) einen festen Brückenkopf auf dem europäischen Festland. Ihre weiteren Operationen auf der Balkanhalbinsel erleichterte eine in sich zerstrittene christliche Kleinstaatenwelt, die zu keiner geschlossenen Abwehrfront gegen den äußeren Feind zusammenfand. Der Aufstieg des serbischen Reiches unter Stephan IV. Dušan hatte den Besitz des byzantinischen Kaisers auf den thrakischen Kernraum im Hinterland von Konstantinopel und auf die Ägäischen Inseln zusammenschrumpfen lassen. Die Landverbindung zur zweitgrößten griechischen Stadt Thessalonike war unterbrochen. Nur dank der byzantinischen Flottenmacht waren noch vereinzelte Küstenstützpunkte zu halten gewesen.

Der Halbmond über Südosteuropa

Die Auflösung des Dušanreiches und des bulgarischen Assenidenreiches hatten in der 2. Hälfte des 14. Jahrhunderts im Inneren der Balkanhalbinsel ein Machtvakuum hinterlassen, das die osmanischen Eindringlinge zu nutzen verstanden. Dabei gelang es ihnen innerhalb nur weniger Jahrzehnte, die christlichen Völker der Balkanhalbinsel ihrer Herrschaft zu unterwerfen. Dazu weiteten sie in gezielten kriegerischen Einzelunternehmungen ihren Herr-

Aus dem Besitz Sultan Bajasids I. stammt ein prächtiger Glaspokal im Topkapı Sarail, Istanbul. Bajasid starb bald nach seiner Niederlage 1402 bei Ankara gegen den Mongolenherrscher Timur in der Gefangenschaft.

Eine Miniatur in der Handschrift »Voyage d'outremer de Bertandon de la Brocquière« aus dem 15. Jahrhundert zeigt das Zeltlager Mehmeds II. vor dem Hintergrund der Belagerung Konstantinopels von 1453. Osmanische Schiffe wurden auf dem Landweg in das von den Byzantinern gesperrte Goldene Horn geschafft, um die Stadt vollständig abzuriegeln (Paris, Bibliothèque Nationale).

Kritobulos von Imbros berichtet über die Einnahme Konstantinopels 1453 durch Sultan Mehmed II.:

Danach zog der Sultan in die Polis ein und betrachtete eingehend ihre Größe und Lage, ihre Pracht und Herrlichkeit, die große Zahl, Größe und Schönheit ihrer Kirchen und öffentlichen Gebäude, ... die luxuriöse Anlage der Häuser der Vornehmen, außerdem die Lage des Hafens und der Werften und dass die Stadt in jeder Hinsicht mit allem Nötigen ausgestattet und von der Natur begünstigt war ... Er sah aber auch die große Zahl der Umgekommenen, die Verlassenheit der Häuser und die völlige Zerstörung und Vernichtung der Stadt. Und jäh überkam ihn Mitleid und nicht geringe Reue wegen ihrer Zerstörung und Plünderung, und er vergoss Tränen, seufzte laut und schmerzlich und rief: »Welch eine Stadt haben wir der Plünderung und Verwüstung ausgeliefert!«

schaftsbereich kontinuierlich aus. Sultan Murad I. besetzte 1361 Edirne und 1364 Plowdiw. Schon 1365 entschloss er sich, seine Residenz ganz nach Edirne zu verlegen. Weitere Stationen der militärischen Unterwerfung Südosteuropas waren die Schlacht an der Maritza am 26. September 1371, die den Osmanen Makedonien einbrachte, und schließlich die mörderische Schlacht auf dem Amselfeld am 28. Juni 1389 gegen ein bunt zusammengewürfeltes Aufgebot aus serbischen, bosnischen, kroatischen, albanischen, walachischen und bulgarischen Verbänden unter Führung des serbischen Fürsten Lazar I., durch die Serbien unterworfen wurde. Danach ereilte die bulgarischen Restreiche in Tarnowo (1393) und Widin (1396) das gleiche Schicksal.

Der weitere Vormarsch der Osmanen in Europa und in Kleinasien ließ sich weder durch ein eilends aufgebotenes abendländisches Kreuzzugsunternehmen, das 1396 bei Nikopolis kläglich scheiterte,

Die Kirche Hagia Sophia wurde nach 1453 in die Hofmoschee Ayasofya des türkischen Sultans verwandelt; dazu wurden Minarette um den Kernbau errichtet. Die christlichen Bilder machten den Worten des Koran Platz. Die byzantinische Kuppelkirche war in der folgenden Zeit ein Leitbild der türkischen Sakralarchitektur.

noch durch den überraschenden Eroberungszug des mongolischen Heerführers Timur aufhalten, der aus Innerasien 1402 bis Ankara vorstieß. Dieser Rückschlag wurde von den Osmanen nach einer kurzen Krisenphase erstaunlich schnell überwunden.

Die Einnahme Konstantinopels (1453)

Das Bildnis Mehmeds II. Fatih malte Gentile Bellini um 1480, als sich der venezianische Maler in Istanbul aufhielt (London, National Gallery). Es ist das erste authentische Porträt eines osmanischen Sultans. Würdeformeln und Maltechnik des Bildes sind der Renaissance verpflichtet, Kleidung und Physiognomie des vom Maler als milde und besonnen gerühmten Herrschers erscheinen umso exotischer.

Unter Murad II. rüsteten sie schließlich zum Aufmarsch gegen die Kaiserstadt am Bosporus. 1430 musste Thessalonike die Tore öffnen und eine türkische Besatzung aufnehmen. Vereinzelte Entlastungsangriffe, die von János Hunyadi, dem Woiwoden von Siebenbürgen (†1456), geführt wurden, brachten für die christliche Verteidigungsfront nicht den gewünschten Erfolg. Ein Kreuzfahrerheer unter Wladislaw III. von Polen und Ungarn wurde 1444

bei Warna vernichtet. Das christliche Lager löste sich auf. Längst sahen sich einzelne christliche Fürsten zu Waffendiensten im osmanischen Heer verpflichtet. 1448 musste sich auch der Kriegsheld Hunyadi auf dem Amselfeld der türkischen Übermacht geschlagen geben. Der Weg zum direkten Angriff auf Konstantinopel war frei.

Sultan Mehmed II. zog im Frühjahr 1453 ein gewaltiges Belagerungsheer um Konstantinopel zusammen und schloss die griechischen Verteidiger, die nur noch durch ein genuesisches Hilfskontingent unterstützt wurden, von der Land- und Seeseite ein. Für den Mauerdurchbruch bediente sich der Sultan westlicher Waffentechnologie. Nach mehreren Anläufen gelang in den Morgenstunden des 29. Mai 1453 schließlich die Erstürmung des durch moderne Pulvergeschütze zerschossenen Mauerrings. Kaiser Konstantin XI. fiel im Straßenkampf. Die orthodoxe Christenheit verlor mit der Eroberung Konstantinopels ihr politisches und kirchliches Zentrum.

Mehmed II., der sich den Beinamen »der Eroberer« (Fatih) verdiente, brachte in den folgenden Jahren das Eroberungswerk auf der Balkanhalbinsel zum Abschluss. Er gewann Athen (1456), das Despotat von Morea bzw. Mistra (1460) mit der Peloponnes und den Außenposten Trapezunt am Schwarzen Meer (1461) hinzu und führte seine Truppen 1463 über Bosnien, die Herzegowina und Montenegro bis zur adriatischen Küste. Der albanische Widerstand brach nach dem Tode Skanderbegs 1468 zusammen. Zwei Jahrzehnte hatte der Sohn des Herrn von Mati und Dibra, der am Sultanshof erzogen worden war, an der Spitze einer »Albanischen Liga« den vorrückenden türkischen Truppen in den montenegrinisch-albanischen Bergen einen erbitterten Kleinkrieg geliefert. Um die Beherrschung der Adriaküste stand der Sultan seither in einem Dauerkonflikt mit der venezianischen Seemacht.

Die Belagerung Wiens 1529 durch Süleiman I., den Prächtigen, stellt ein Holzschnitt von 1531 als großes Rundpanorama der eingeschlossenen Stadt dar (Lithographie des 19. Jahrhunderts im Historischen Museum der Stadt Wien).

Die Zeit der größten territorialen Ausdehnung

Im Norden stießen die Türken bis zur Donaugrenze vor. Das noch verbliebene nordserbische Despotat des Đurađ Branković wurde ausgelöscht, nur Belgrad trotzte 1456 dank der Hilfe Hunyadis noch einer türkischen Belagerung. Die Balkanhalbinsel war damit zu Ende des 15. Jahrhunderts weitgehend in türkischer Hand. Abgabenpflichtige Abhängigkeitsverhältnisse banden nördlich der Donau die Walachei und die Moldau an das Sultansregime. Selim I. operierte mit gleichem Erfolg an der Ostgrenze gegenüber den persischen Safawiden und den Mamelucken. Er eroberte Täbris (1514), Syrien (1516) und Ägypten (1517). Den Höhepunkt der territorialen Ausdehnung erreichte das Osmanische Reich unter Süleiman I., dem Prächtigen (1520–66). Er entriss 1522 dem Johanniterorden die Insel Rhodos und nahm den Genuesen Chios weg. 1521 erzwang er die

Kapitulation der Festung Belgrad und schlug 1526 die Ungarn bei Mohács. 1529 standen seine Truppen erstmals vor dem kaiserlichen Wien.

Die Habsburger und die Abwehr der Türken

Die Hauptverantwortung für die abendländische Türkenabwehr lastete seither auf den Schultern der Habsburger, die seit 1526 auch Könige von Ungarn waren, faktisch aber für eineinhalb Jahrhunderte auf einen schmalen Gebietsstreifen entlang der ungarischen West- und Nordwestgrenze beschränkt blieben. Trotz dringender Appelle der Päpste an die gemeinsame christliche Verantwortung blieb die Resonanz auf die sich wiederholenden Aufrufe zur

In der Zeit der osmanischen Herrschaft ging das religiöse Leben der christlichen Gemeinden weiter. So wurden auch weiterhin Ikonen für den liturgischen und häuslichen Gebrauch gemalt, wie ein Bild des heiligen Georg im Ikonenmuseum Recklinghausen zeigt, das im Griechenland des 16. Jahrhunderts angefertigt wurde.

Die Janitschareninfanterie war durch ihren markanten Kopfputz mit Federn kenntlich. Eine Miniatur zeigt sie als Leibgarde beim Ausritt zweier Prinzen.

»Türkenhilfe«, das heißt zur Unterstützung Habsburgs bei der Abwehr der Türken, eher verhalten. Das machtpolitische Kalkül der angesprochenen Herrscher und die unterschiedliche Interessenlage in den einzelnen Ländern dämpften die Bereitschaft zu konkreten Hilfsmaßnahmen. Die Habsburger hatten im Gegenteil sogar mit unliebsamen Machenschaften der französischen Diplomatie am Sultanshof zu rechnen. Außerdem mussten sie im Heiligen Römischen Reich – in der Hoffnung auf Unterstützung in ihrem Kampf gegen die Türken – auf die verfassungsrechtlichen Wünsche der protestantischen Stände Rücksicht nehmen, die auf Gleichstellung mit den Katholiken pochten. Als Landesherren waren sie deshalb nicht zuletzt in den Erblanden zu verstärkten eigenen Anstrengungen herausgefordert. Der Aufbau einer besonderen Verteidigungsorganisation seit der Mitte des 16. Jahrhunderts an der Militärgrenze, die vornehmlich von Wehrbauern und Balkanflüchtlingen bewacht wurde, war der Versuch einer zeitgemäßen Antwort auf die andauernde militärische Herausforderung.

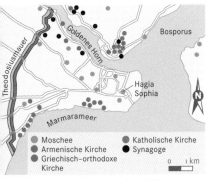

Moschee · Katholische Kirche
Armenische Kirche · Synagoge
Griechisch-orthodoxe Kirche

0   1 km

In der Topographie des türkischen Istanbul spiegelt sich die multiethnische und multikonfessionelle Bevölkerungsstruktur des Osmanischen Reiches wider.

Der Sultan und die Christen

Für die christlichen Balkanvölker brachten die osmanischen Eroberer – folgt man den Vorgaben der nationalen Geschichtsschreibung – eine Zeit der grausamen Unterdrückung. Nicht zu bestreiten ist die Tatsache, dass in einem islamischen Staat alle Andersgläubigen zu Untertanen minderen Rechtes herabgestuft wurden. Immerhin gestand aber schon Mohammed allen Schriftbesitzern – den Christen ebenso wie den Juden – bei freiwilliger Unterwerfung den obrigkeitlichen Schutz ihres Lebens und ihres Eigentums sowie freie Religionsausübung zu. Als Schutzgebühr hatten sie die Kopfsteuer zu entrichten.

Im Alltagsleben hatten die Christen erhebliche Einschränkungen hinzunehmen. Sie waren von Regierungsgeschäften ausgeschlossen, durften keine Waffen tragen, hatten in der Öffentlichkeit Muslimen mit Ehrerbietung zu begegnen und gewisse unterscheidende Kleidervorschriften zu beachten, durften nicht in Wohnvierteln mit Moscheen leben oder einer Beschäftigung nachgehen, mussten ihre Religionsausübung und jegliche kultische Handlung auf den kirchlichen Innenraum beschränken. Kirchenneubauten waren generell verboten. Vor Zwangsbekehrungen zum Islam blieben die christlichen Untertanen in der Regel zwar verschont, hatten aber in periodischen Abständen durch Zwangsrekrutierungen unter der männlichen Jugend (»Knabenlese«) einen bitteren Blutzoll zu zahlen. Die berühmte Elitetruppe der Janitscharen (türkisch »Neue Truppe«), die lange Zeit als eine Art Prätorianergarde das militärische Rückgrat der osmanischen Militärmacht bildete, rekrutierte sich vorwiegend aus Balkanslawen, Albanern und Griechen.

Das Osmanische Reich erwies sich jedoch für Nichtmuslime nicht nur als Unterdrückungsstaat, sondern stellte in den Zeiten seiner Blüte eine respektable Ordnungsmacht im Mittelmeerraum und im Vorderen Orient dar und garantierte das friedliche Zusammenleben einer multiethnischen Bevölkerung. Dies veranlasste u. a. die sefardischen Juden, nach ihrer Vertreibung aus Spanien unter den Schutz des Sultans zu flüchten. Die Kadi-Ämter, die sich in ihren richterlichen Kompetenzen an die religiösen Vorschriften der Scharia, des islamischen Rechts, zu halten hatten, boten auch christlichen Handwerkern und Gewerbetreibenden in mancherlei Geschäften notarielle und schiedsrichterliche Hilfestellung. Allen Untertanen stand zudem das Petitionsrecht an den Sultan offen.

Maßvolle Machtausübung

S eine wahre Stärke zeigte das Sultansregime in der Anpassungsfähigkeit an die wechselnden regionalen Gegebenheiten. Den neu erworbenen Gebieten wurden in der Regel die lokalen Gewohnheiten weitgehend belassen. Der Sultan entlohnte Loyalität mit Aufstiegschancen, die auch christlichen Untertanen nicht vorenthalten wurden. Griechische Phanarioten, die Bewohner eines Stadtviertels (Phanar) in Istanbul, fanden ein reiches Betätigungsfeld im diplomatischen Dienst und in Bankgeschäften, armenische und jüdische Händler besorgten den überregionalen Warenaustausch. Seit dem 17. Jahrhundert gewannen in zunehmenden Maße einheimische, vornehmlich griechische und aromunische (balkanische) Kaufmannsfamilien Einfluss auf das Marktgeschehen. Sie schlossen sich

Ein ehemaliger Sklave äußert sich lobend über die Gerechtigkeit unter der türkischen Herrschaft:

Wahrhaftig, es herrscht große Gerechtigkeit unter den Heiden. Sie sind gerecht gegeneinander und auch gegen ihre Untertanen, sowohl gegen die Christen als auch gegen die Juden und gegen alle, die ihnen untertan sind, denn der Sultan hat selbst ein Auge darauf.

Eine Marktszene im Istanbul des 17. Jahrhunderts: Handel und Gewerbe tummeln sich im Schatten der neuen Moscheen (im Hintergrund) und der Monumente des alten Byzanz. Rechts ragt die Ehrensäule des Kaisers Arkadios auf (Venedig, Biblioteca Marciana).

Ein Edikt über die Gewährung von Handelsprivilegien an Dubrovnik. Den Kopf eines solchen so genannten Ferman bildet die Tughra, der kalligraphisch gestaltete Sultansname, der dem Dokument Rechtskraft verleiht.

Seit dem 16. Jahrhundert blühte in İznik (Nordwestanatolien) die Produktion von Fayencekeramik mit Unterglasurbemalung. Während der Teller links vom Anfang des 16. Jahrhunderts chinesische Porzellanvorbilder nachahmt, ist der so genannte Quarte-fleurs-Stil des Stückes rechts aus der Jahrhundertmitte typisch osmanischer Prägung.

zu Handelskompanien zusammen und gründeten Zweigniederlassungen von den Absatzmärkten in Mitteleuropa bis in den ukrainischen Raum.

Der Sultan gewährte christlichen Gruppen, die Spezialdienste – etwa Bewachung von Pässen und Straßen, militärische Aufgaben – wahrzunehmen hatten oder die über spezielle Kenntnisse oder handwerkliche Fertigkeiten verfügten, großzügige Steuervergünstigungen und Privilegien. Selbst als Inhaber von Militärlehen sind gelegentlich christliche Reiter (Spahis) anzutreffen. Albanische Renegaten schafften den Aufstieg bis zu den höchsten Reichsämtern und finden sich selbst unter den Großwesiren. Ein Teil des bosnischen Adels hat durch die rechtzeitige Hinwendung zum Islam seinen ererbten Grundbesitz und seine privilegierte soziale Stellung bewahren können.

In Randzonen der Balkanhalbinsel und schwer zugänglichen Bergregionen begnügte sich der Sultan mit einer eher nominellen Anerkennung seiner Hoheitsrechte. Ganze Dörfer im Pindos und in Thessalien oder die Bewohner der Vojnikdörfer im Balkangebirge und in den Rhodopen blieben vom Zugriff der türkischen Behörden nahezu unbehelligt. Die aristokratische Stadtrepublik Dubrovnik erkaufte sich gegen Tributzahlungen vorteilhafte Handelsrechte innerhalb des Osmanischen Reiches und gewann während der Türkenzeit im Adriaraum und im balkanischen Karawanenhandel eine weitgehend unabhängige Stellung, die sie erst nach dem furchtbaren Erdbeben des Jahres 1667 einbüßte. Das benachbarte Montenegro war wohl 1499 nominell dem Osmanischen Reich eingegliedert worden, doch hatte der zuständige Pascha von Shkodër kaum Einfluss auf die Stämme des montenegrinischen Hochlandes. Sie lebten nach ihren eigenen Gesetzen und wurden von mächtigen Familienklanen beherrscht, unter denen der Bischof von Cetinje schließlich eine politische Vorrangstellung gewann.

Einen unübersehbaren Vorteil aus der Türkenherrschaft zogen nicht zuletzt auch die griechischen Hierarchen. Die siegreichen Türken rüsteten keineswegs zum Kirchenkampf. Das islamische Fremdenrecht schrieb eine Duldung nichtislamischer Bekenntnisse vor. Mohammed II. war nach den Verwüstungen der langen Kriegsjahre, die weite Landstriche entvölkert hatten, an einer raschen Rückkehr der Flüchtlinge in ihre Heimat interessiert. Er hatte unmittelbar nach der Eroberung Konstantinopels 1453 die Restitution des Ökumenischen Patriarchats verfügt und den bedeutendsten orthodoxen Theologen der Zeit, Georgios Scholarios, als Patriarch Gennadios II. eingesetzt. Seither blieb das Patriarchenamt fest in griechischer Hand. Als Sprecher (Ethnarch) aller orthodoxen Untertanen des Sultans gewann der Patriarch die obersten Entscheidungsbefugnisse zurück, die er in byzantinischer Zeit schon längst an nationalkirchliche Institutionen in den einzelnen innerbalkanischen Reichsgründungen hatte abgeben müssen. Die bulgarische und die serbische Kirche sahen sich während der Türkenzeit einem verstärkten Gräzisierungsdruck ausgesetzt und büßten nach Phasen schwankender Zuordnungen schließlich 1766/67 endgültig ihre Eigenständigkeit ein.

Die Osmanen verstanden es, eine absolutistische und streng militaristische Regierungsform mit einer weitgehenden Kultur- und Verwaltungsautonomie in den Regionen zu einem funktionierenden Ganzen zu verbinden. Dem theokratischen Denken des Islam folgend wickelte der Sultan jeglichen Kontakt mit seinen nichtislamischen Untertanen über die jeweiligen Kirchenführungen ab. Kirchliche Amtsträger übernahmen die Zuständigkeit für die Regelung interner Verwaltungsangelegenheiten der einzelnen Religionsgemeinschaften (Milletsystem). Für die Muslime war er weltliches Oberhaupt, Sultan, und seit der Eroberung der heiligen Stätten im 16. Jahrhundert »Kalif des Islam« in einer Person, in seiner Machtvollkommenheit eingeschränkt nur durch das religiöse Recht. Für dessen Auslegung im Einzelfall waren die Rechtsgelehrten (Ulema) zuständig. Sie hatten sich im Osmanischen Reich in der Körperschaft der Ilmiye eine streng hierarchisch gegliederte Organisationsform gegeben. Sie verstand sich als Teil des Staatsapparates und gleichzeitig als Kontrollinstanz der Staatstätigkeit.

Nachwirkungen bis in unsere Zeit

D ie Türkenherrschaft hat unter den christlichen Balkanvölkern unverwischbare Spuren hinterlassen. Sie lebt fort im äußeren Erscheinungsbild vieler ländlicher Siedlungen und Städte, die von den Minaretten der Moscheen beherrscht werden und in ausgedehnten Basarvierteln vielfältige Formen einer morgenländischen Lebensweise beherbergen. Sie findet sich in den Ess- und Trinkgewohnheiten der Bewohner, in typischen Baulichkeiten (Medresen, Bäder, Friedhöfe) und in gesellschaftlichen Umgangsformen. Die Balkanvölker haben während eines halben Jahrtausends türkischer Fremdherrschaft von ihren einstigen Zwingherren in ihrem Denken, Sprechen und Handeln, in ihren Lebensgewohnheiten und in ihrer Alltagskultur mehr aufgenommen als die späteren Ideologen der nationalen Erweckungsbewegungen wahrhaben wollten. Im Gegensatz zum Vorgehen der Tataren in Russland, die auf eine indirekte Beherrschung des unterworfenen Landes setzten, hat in Südosteuropa das enge Zusammenleben muslimischer und christlicher Bevölkerungsgruppen interkulturelle Kontakte und eine Symbiose zwischen unterschiedlichen Kulturwelten begünstigt. Dass die Türkenzeit dennoch bei allen Balkanvölkern nur ungute Erinnerungen hinterlassen hat, ist einer verständlichen parteiischen Sichtweise innerhalb der Befreiungsbewegung des 19. Jahrhunderts anzulasten. Ihre einseitig negativen Klischees sind seither über den Geschichtsunterricht der Schulen zum festen Bestandteil eines nationalen Geschichtsbildes geworden.

EDGAR HÖSCH

Die Ali-Pascha-Moschee in Sarajevo ließ der türkische Wesir Hadim Ali Pascha 1560/61 in der bosnischen Hauptstadt errichten. Sie liegt im Gebiet des Hauptmarktes Baš-Čaršija, dessen Anlage und Name noch die türkischen Ursprünge verrät (türkisch çarşı, »Markt«).

Der Kampf der zwei Schwerter –
Papsttum gegen Kaisertum

Macht und Glauben – Kirchenreform und Investiturstreit

Freiheit der Kirche: Die Ziele der Kirchenreform

Die Kirchenreform des 11. Jahrhunderts, die aus der Kloster-reform des 10. Jahrhunderts hervorging, verfolgte hauptsächlich drei Ziele, nämlich den Kampf gegen die Simonie, für den Zölibat und gegen den starken Einfluss von Laien innerhalb der Kirche.

Das Gemälde »Auftrag und Triumph der Kirche« von Andrea da Firenze in der »Spanischen Kapelle« der Kirche Santa Maria Novella in Florenz (um 1365) zeigt Papst und Kaiser als gleichrangige Herrscher, ein Idealzustand, der zu keiner Zeit der historischen Wirklichkeit entsprach.

Papst Gregor I., der Große. Frontispiz einer Handschrift der Briefe Gregors. Das theologische und liturgische Wirken des Papstes sowie die vorbildliche Verwaltung des Kirchenstaats ließen ihn zur idealen Verkörperung des selbstbewussten Papsttums werden (Paris, Bibliothèque Nationale).

Seit dem ausgehenden 10. Jahrhundert wurde die Idee der Kirchen-freiheit, das heißt die direkte Unterordnung unter den Papst und damit die Unabhängigkeit von Bischof und Vogt, meist mit der Ab-lehnung der Simonie verbunden. Der Begriff Simonie geht auf eine Episode in der Apostelgeschichte zurück, wo ein Zauberer namens Simon dem Apostel Petrus viel Geld bietet, um die Kräfte des Heili-gen Geistes zu erlangen. Ein Simonist ist also jemand, der die Gaben des Heiligen Geistes für Geld erwirbt. Beide, Geber und Empfänger, machen sich schuldig. Das Vergehen wurde schon vor dem 11. Jahr-hundert mit der Exkommunikation bedroht. Die Ausweitung des Simoniebegriffs, dass nämlich nicht nur die Zahlung von Geld ver-urteilt wird, sondern auch die Erlangung eines geistlichen Amtes mithilfe von Beziehungen, Versprechungen oder Diensten, geht auf Papst Gregor den Großen (590–604) zurück.

Das Streben nach Askese, wie es in der Klosterreform zum Ausdruck kam, hatte auch Folgen für den Weltklerus. Die alte Forderung nach Ehelosigkeit der höheren Geistlichen, die auf den Beginn des 4. Jahrhunderts zurückgeht, sollte wieder ernst genommen werden. In Italien, Frankreich und Deutschland waren die Priester im 10. Jahrhundert vielfach verheiratet. Bei den Landpriestern wurde dieser Zustand geduldet. Denn der Zwang, sich mit bäuerlicher Arbeit zu ernähren, machte die Mithilfe einer Frau geradezu notwendig. Bei höheren Klerikern erweckte die Ehe jedoch schneller Anstoß. 1022 veranstalteten Papst Benedikt VIII. und Kaiser Heinrich II. eine Synode in Pavia, die scharfe Dekrete gegen die Klerikerehen erließ, wobei auf die Gefahr der Entfremdung des Kirchenguts hingewiesen wurde. Aber diese Dekrete hatten kaum Erfolg.

Zu den alten Geboten gegen Simonie und Klerikerehe kam seit der Mitte des 11. Jahrhunderts die Forderung, den Einfluss der Laien in der Kirche zurückzudrängen. Dabei ging es um die Eigenkirchen, Kirchen, die adligen Grundherren gehörten und von diesen vielfach wie Mühlen oder andere Wirtschaftsbetriebe ausgebeutet wurden. Außerdem erschien es nicht mehr hinnehmbar, dass geistliche Symbole wie Ring und Stab benutzt wurden, wenn der König Bischöfe in ihr Amt einsetzte (»investierte«).

Die Initiale aus der Handschrift »Moralia in Job« Gregors I., des Großen, illustriert den Kampf gegen die Simonie; 12. Jahrhundert (Chantilly, Musée Condé).

Heinrich III. bringt die Reform nach Rom

Es war der zweite Herrscher aus dem Geschlecht der Salier, Heinrich III., der den Anstoß zur Durchsetzung der Kirchenreform in Rom gab. Als er 1046 nach Italien reiste, um die Kaiserkrone zu erlangen, war nicht ganz klar, welcher der damals miteinander rivalisierenden drei Päpste die nötige Legitimität besaß, um ihn zum Kaiser zu krönen. Einer von ihnen, Gregor VI., stand zwar den Vorstellungen der Kirchenreform nahe, war aber mithilfe von Geldzahlungen an die Anhänger seines Vorgängers ins Amt gelangt. Auf zwei Synoden, die 1046 unter der Leitung des deutschen Königs tagten, wurden alle drei Päpste abgesetzt, und Heinrich III. erhob Bischof Suitger von Bamberg zum Papst, der den Namen Klemens II. annahm. Doch er starb bereits wenige Monate, nachdem er den Stuhl Petri bestiegen hatte. Sein Nachfolger Damasus II. – abermals ein deutscher Bischof – amtierte sogar nur drei Wochen.

Die Kirche unter der Leitung des Königs: Otto II. nimmt die Laieninvestitur vor, das heißt, er setzt den Bischof durch die Übergabe des Bischofsstabs in sein Bistum ein (es handelt sich um den heiligen Adalbert, der 983 Bischof von Prag wurde). Ausschnitt aus der nach 1100 gegossenen Bronzetür des Domes von Gnesen.

Leo IX.: Der erste Reformpapst

Erst Bischof Bruno von Toul, ein Verwandter des Kaisers, der sich Leo IX. (1049–54) nannte, hatte genügend Zeit, um die Reform der Kirche in Angriff zu nehmen. Seine wichtigsten Mitarbeiter brachte er aus Lothringen und Burgund mit; damit leitete er die Internationalisierung der Kurie ein.

Leos bedeutendster Mitarbeiter war Humbert von Silva Candida. Er spielte auch unter den folgenden Päpsten eine entscheidende Rolle an der Kurie. Wegen Humberts Schlüsselstellung hat seine

BISCHÖFLICHE INSIGNIEN

Seit der Etablierung der christlichen Kirche als Staatskirche im Römischen Reich im 4. Jahrhundert erhielten die Bischöfe auch eine staatlich anerkannte Vorrangstellung und übernahmen im Zuge des Zerfalls der weltlichen Macht in der Spätantike neben den weltlichen Funktionen der höheren Staatsbeamten auch deren Rangzeichen. Zunächst waren dies v. a. der hervorgehobene Sitz (Cathedra), eine auszeichnende Fußbekleidung, das Pallium sowie Ehrung durch Licht und Weihrauch. Dazu kamen der Bischofsring (rechts unten der Ring des Mainzer Bischofs Aribo, * um 990, † 1031), der Hirtenstab (links der Krummstab des heiligen Arno, um 1063), das Brustkreuz und nicht zuletzt die Mitra (rechts oben die Mitra des heiligen Rupertus, 12. Jahrhundert). Die

Überreichung von Hirtenstab, Ring und Mitra gehören in der katholischen Kirche bis heute zum Ritus der Bischofskonsekration.

Zu den bischöflichen Insignien gehört auch der Bischofsstuhl (Cathedra). Die Abbildung zeigt den Erzbischofsstuhl in der Basilika San Nicola in Bari. Er wurde für Abt Elias geschaffen, der 1098 die erzbischöfliche Würde erlangte und zuvor den Bau von San Nicola veranlasst hatte.

Schrift gegen die Simonie mit Recht große Beachtung gefunden. Hier wird der König ausdrücklich als Laie bezeichnet, das heißt, Humbert lehnte die Auffassung von der halbgeistlichen Stellung des Königs ab. Seiner Meinung nach steht es im Widerspruch zum Kirchenrecht, wenn der König die Bischöfe ernennt und die Zustimmung von Klerus und Volk lediglich ein formaler Akt ist. Die Übertragung des Bischofsamts durch Ring und Stab durch den König ist nach Humbert eine Anmaßung, weil der weltliche Herrscher damit den Anspruch erhebt, er könne die bischöfliche Amtsgnade verleihen. Hier war zum ersten Mal formuliert, was in der Zeit Gregors VII. zum Programm der kirchlichen Reform wurde: Die Probleme der Verweltlichung der Kirche sind zu lösen, wenn man den weltlichen Einfluss bei der Vergabe kirchlicher Ämter beseitigt.

Papst Leo IX. entfaltete in seinem kurzen Pontifikat vielfältige Aktivitäten. In Rom weilte er nur wenige Monate. Durch sein persönliches Erscheinen an vielen Orten des lateinischen Europa vermittelte Leo bei Geistlichen und Laien einen Eindruck davon, was der Primat des Papstes hieß: ein unmittelbares Eingreifen in alle Probleme der Kirche. Auf seinen Reisen versuchte er insbesondere auch die Volksmassen für die Ziele der Reform zu gewinnen, indem er Kirchen weihte und Heilige erhob.

1049 hielt Leo IX. anlässlich der Weihe der neuen Kirche von Saint-Rémi in Reims eine Synode ab. Auch der französische König war geladen, aber reformfeindliche Bischöfe rieten ihm ab, mit dem vom Kaiser eingesetzten Papst zusammenzuarbeiten. Die Synode

war daher schlecht besucht; die Mehrzahl der Teilnehmer waren
Äbte, an ihrer Spitze der neue Abt von Cluny, Hugo (1049–1109).
Alle Anwesenden mussten einen Eid ablegen, dass sie ohne Simonie
in ihr Amt gekommen seien; wer sich der Simonie schuldig gemacht
hatte, wurde abgesetzt und exkommuniziert. Die Synode erklärte
feierlich, dass allein der römische Bischof der Primas der Gesamtkirche und der Apostelnachfolger sei; damit bestätigte sie Leos
Anspruch auf uneingeschränkte Leitung der gesamten Kirche.

Im selben Jahr hielt der Papst auch in Mainz eine große Synode
ab, bei der praktisch der gesamte Episkopat des Reiches und auch der
Kaiser zugegen waren. Wie in Reims wurden hier Beschlüsse gegen
Simonie und Priesterehe erlassen. 1050 vertrat der Papst dann auf
vier Synoden in verschiedenen Gegenden Italiens die Forderung
nach einer Reinigung der Kirche und des Klerus auch dort. Besondere Feindschaft schlug Leo in Oberitalien entgegen; hier sollten
auch künftig die Gegner der Reform besonders stark bleiben, denn
die meist aus dem hohen Adel der oberitalienischen Städte stammenden Bischöfe und Domkleriker waren nicht bereit, auf ihre im
10. Jahrhundert gewonnene Unabhängigkeit von Rom zu verzichten.

Auch auf einem anderen Gebiet brachte Leo IX. Neuerungen. Er
war der erste Papst, der militärisches Eingreifen mit den Geboten der
Kirche in Einklang zu bringen suchte. Seine kriegerischen Unternehmungen gelten als wesentliche Wurzel der Kreuzzüge. Für seinen
Kriegszug gegen die Normannen warb er mit dem Versprechen
eines Ablasses, und die Gefallenen der Schlacht bei Civitate (1053)
gegen die Normannen, wo das päpstliche Heer eine schwere Niederlage erlitt, wurden als Märtyrer verehrt.

Papst Leo IX. weiht die Klosterkirche
von Saint-Arnould in Metz; rechts der
Kirchenstifter Abt Warinus. Illustration
aus einer Handschrift des späten
11. Jahrhunderts (Bern,
Burgerbibliothek).

Papstwahldekret und Zurückdrängung der Laien:
Reformmaßnahmen unter Papst Nikolaus II. (1058–61)

Gleich zu Beginn seines Pontifikats versammelte Nikolaus II. im
Lateran eine Synode (Ostern 1059), auf der ein Papstwahldekret beschlossen wurde. Dieses legte die freie Wahl des Papstes fest
und beschränkte das Wahlrecht auf die Kardinäle; die übrige Geistlichkeit und die Bevölkerung Roms sollten nur noch zustimmen. Die
Rolle des deutschen Königs wurde zwar erwähnt, aber unklar formuliert: »Amt und Würde« des Königs dürften nicht übergangen
werden. Damit war dem deutschen König das Recht zur Nomination
eines Papstkandidaten genommen, das die ottonischen Kaiser und
noch Heinrich III. selbstverständlich wahrgenommen hatten.

Auf dieser Lateransynode wurde auch der Kampf gegen die Priesterehe auf eine neue Ebene gehoben, indem man nun das gläubige
Kirchenvolk in den Kampf einbezog und den Laien untersagte, an
Gottesdiensten teilzunehmen, die von verheirateten Priestern gefeiert wurden. Damit war den Laien ein wichtiger Part bei der Durchsetzung der Reformideen übertragen. Umstritten ist die Tragweite
eines weiteren Beschlusses von 1059: Es wurde gänzlich verboten,
dass ein geistliches Amt durch einen Laien übertragen wurde. Zweifelhaft ist, ob damit im Sinne Humberts von Silva Candida auch die

Übertragung von Bistümern und Abteien durch den König untersagt war. Wahrscheinlich bezog sich das Verbot nur auf die Niederkirchen, also auf die Einweisung von Geistlichen an den Eigenkirchen durch ihren adligen Herrn und nicht durch den Bischof.

Neben Humbert spielte unter Nikolaus II. auch schon der Archidiakon Hildebrand eine wichtige Rolle als Mentor der päpstlichen Politik. Als Humbert und Papst Nikolaus II. 1061 starben, erhob Hildebrand, ohne auf das Papstwahldekret von 1059 Rücksicht zu nehmen, sofort einen neuen Papst, den Bischof Anselm von Lucca, der sich Alexander II. nannte (†1073). In seinem Pontifikat kam es bereits zu schweren Spannungen mit dem deutschen König Heinrich IV., der seit 1065 selbstständig regierte.

Gregor VII.: Ein Revolutionär auf dem Stuhl Petri

Noch während der Leichenfeierlichkeiten für Alexander II. wurde Hildebrand dann 1073 selbst zum Papst ausgerufen; wieder wurde dabei das Papstwahldekret nicht eingehalten. Diese Unregelmäßigkeiten wurden später von den deutschen Bischöfen als Begründung für ihre Absage gegen den Papst angegeben. Der neue Papst nahm den Namen Gregor VII. (†1085) an. Seine Persönlichkeit hat schon in der Zeit, als er aus dem Hintergrund die päpstliche Politik bestimmte, polarisierend gewirkt. Ein friedliebender Mann wie der Kardinalbischof von Ostia, Petrus Damiani, nannte ihn einen »heiligen Satan«; seine geradezu unchristliche Zielstrebigkeit für die Sache der Kirche wird mit diesem Wort treffend gekennzeichnet.

Die theoretischen Postulate Gregors VII. sind zusammengestellt im *Dictatus papae*, 27 Sätzen, die hinter einem Brief vom 3. März 1075 in das Briefregister des Papstes eingetragen sind, jedoch nicht verbreitet wurden. Ihre zentrale Aussage besteht darin, dass dem Papst und der römischen Kirche eine absolute Sonderstellung zukomme, in die sie Christus eingesetzt habe. Die päpstliche Gerichtsbarkeit sollte vor allem dazu dienen, die Übel der Simonie und der Priesterehe auszurotten. Einige Sätze, etwa die Forderung »der Papst darf von niemandem gerichtet werden«, sind alt, andere von geradezu revolutionärer Neuheit. In Satz 7 des *Dictatus papae* formulierte er: »Ihm (dem Papst) allein steht es zu, wegen des Zwangs der Verhältnisse neue Gesetze zu erlassen«, und ergänzte in Satz 17: »Kein Kapitel und kein Buch darf für kirchenrechtlich gültig gehalten werden ohne päpstliche Genehmigung.« Das heißt, vom alten Kirchenrecht sollte nur das Gültigkeit haben, was vom Papst autorisiert war.

Gregor VII. ist der bekannteste Papst des Investiturstreits. Die Miniatur aus einer Exsultet-Rolle (Lobgesang auf die brennende Osterkerze) zeigt Gregor VII. als das Haupt gleichermaßen der Mönche und der Kleriker; 11./12. Jahrhundert (Salerno, Dom). Im Briefregister Gregors VII. stehen unter der nachgetragenen Überschrift Dictatus papae zwischen Briefen des Jahres 1075 27 Sätze über Rechte, die der Papst beanspruchte. Abgebildet ist die erste Seite des Dictatus mit den Sätzen 1 bis 23 (Rom, Archivio Segreto Vaticano).

Drei weitere Sätze des *Dictatus papae*, die ohne Vorbild in der Tradition sind, seien noch erwähnt. In Satz 26 heißt es: »Die Übereinstimmung mit der römischen Kirche allein entscheidet darüber, ob jemand außerhalb oder innerhalb der rechtgläubigen Christenheit steht.« Satz 12 stellt fest, dass der Papst Kaiser absetzen dürfe; damit wurde ein noch nie von einem Papst geübtes Recht behauptet. Und nach Satz 27 darf der Papst die Untertanen von der Treue gegen ungerechte Herrscher entbinden. In diesem Anspruch liegt eine ungeheure Sprengkraft, sie bedeutete nämlich, dass der Papst die geltende weltliche Ordnung verändern konnte. Hier ist angelegt, was Gregor VII. mit Bannung und Absetzung des deutschen Königs in die Tat umsetzen sollte.

Das Verhältnis zwischen Gregor VII. und dem deutschen König Heinrich IV. (1056–1106) war anfangs durchaus vertrauensvoll. So plante der Papst 1074, für den Fall seiner Abwesenheit auf einem Kreuzzug, Heinrich IV. zu seinem Statthalter zu ernennen. Als Heinrich aber 1075 in Mailand und sogar innerhalb des Kirchenstaats Bischöfe erhob, kam es zum Bruch. Gregor ver-

langte die Rücknahme dieser Ernennungen. Der König hatte aber nach seinem Sieg über die Sachsen seine Stellung so gefestigt, dass er nicht bereit war nachzugeben. Auch im deutschen Episkopat braute sich heftiger Widerstand gegen Gregor VII. zusammen, und als man in Deutschland erfuhr, dass am Weihnachtstag 1075 in Rom ein Attentat auf den Papst verübt worden sei, schien die Gelegenheit günstig, Gregor loszuwerden: Am 26. Januar 1076 wurde er durch die deutschen Bischöfe aufgefordert, »vom Stuhl Petri herabzusteigen«. Die Boten des Königs wurden fast gelyncht, als sie in Rom diese Botschaft vortrugen, und der Papst erklärte in einem Gebet an den heiligen Petrus den deutschen König für abgesetzt und für exkommuniziert. In Deutschland fielen darauf die meisten Bischöfe vom König ab, und die alten Gegner Heinrichs, die Sachsen und die Herzöge von Bayern und von Schwaben, planten eine Neuwahl. Es gelang Heinrich aber, einen Aufschub der Neuwahl bis zum Frühjahr 1077 zu erreichen; er musste allerdings bis dahin vom Bann gelöst sein, um seine Herrschaft wieder ausüben zu können.

Mitten im Winter überschritt er daher die Alpen und erschien Ende Januar 1077 mit kleinem Gefolge vor der Burg Canossa (südlich von Parma), wohin sich der Papst zurückgezogen hatte, der selbst nach Deutschland zu reisen beabsichtigte. In einem dreitägigen Bußgang erreichte der König, dass er vom Papst wieder in die Kirche aufgenommen wurde. Damit hatte Heinrich zwar einen taktischen Erfolg errungen, er hatte aber auch anerkannt, dass der Papst ein Kontrollrecht über den König besaß. Auch die Wahl Rudolfs von Rheinfelden zum Gegenkönig (März 1077 in Forchheim) wurde durch den Gang nach Canossa nicht verhindert.

Idealporträt Kaiser Heinrichs IV. am Karlsschrein (1215) im Aachener Dom. Mit dem Umbau des Doms von Speyer, der Grablege der salischen Dynastie, führte er die Architektur der deutschen Romanik zu imperialer Größe. Links Monogramm und Siegel Heinrichs IV. (Worms, Stadtarchiv).

König Heinrich IV. befiehlt Gregor VII. in einem Schreiben vom Januar 1076 abzudanken und erhebt gegen ihn schwere Vorwürfe:

Nachdem du mir zuerst die gesamte erbliche Würde, die mir jener Stuhl schuldet, in vermessenem Beginnen entrissen hattest, gingst du noch weiter und versuchtest, mir das italienische Reich zu entfremden. Und auch damit nicht zufrieden, hast du dich nicht gescheut, an die verehrungswürdigen Bischöfe Hand anzulegen, die als die liebsten Glieder mit uns vereint sind; und gegen göttliches und menschliches Recht hast du sie, wie sie selbst sagen, mit den hochmütigsten Beleidigungen und den bittersten Schmähungen traktiert.

Heinrich IV. mit seinem Anwalt, Abt
Hugo von Cluny, vor Mathilde von
Tuszien. Aus der »Vita Mathildis«,
verfasst von dem Mönch Donizo, 1115
(Rom, Vatikanische Bibliothek).

Heinrich IV. übergibt seinem Sohn
Heinrich V. die Herrschaftsinsignien.
Anders als in den Bildern Kaiser
Heinrichs III. fehlen alle Hinweise auf
den göttlichen Ursprung der Herrschaft.
Chronik des Ekkehard von Aura, um 1125
(Berlin, Staatsbibliothek).

1080 sprach Gregor VII. ein zweites Mal den Bann über Heinrich IV.
aus; der König und seine Anhänger erhoben im Gegenzug Erzbischof Wibert von Ravenna zum Papst (Klemens III., 1080–1100).
1084 führte Heinrich ihn als Gegenpapst nach Rom, der ihn zum Kaiser krönte. Nach dem Abzug Heinrichs kehrte Gregor VII. jedoch
mit normannischer Hilfe nach Rom zurück. Er konnte sich aber dort
nicht halten, sondern musste wieder abziehen und starb am 25. Mai
1085 im Exil in Salerno.

Von den hochfliegenden Plänen Gregors VII. hatte nur wenig
verwirklicht werden können. Besonders in Deutschland hatte das
Schisma vielmehr das kirchliche Leben schwer beeinträchtigt, denn
in vielen Bistümern standen sich ein kaiserlicher und ein päpstlicher
Bischof gegenüber, die sich gegenseitig verketzerten.

Urban II.: Konsolidierung der Reform

In den folgenden Jahren gelang es Gregors Nachfolger, Urban II.
(1088–99), in zähen Kämpfen, die er mit großem diplomatischem
Geschick führte, einen Teil der Absichten Gregors VII. durchzusetzen. Dieser Papst war ein ehemaliger Mönch aus Cluny, dem burgundischen Zentrum der Klosterreform, und er holte etliche Mitarbeiter aus Frankreich nach Rom. Damit zeichnet sich die besondere
Beziehung zwischen dem Papsttum und Frankreich ab, die im 12.
und 13. Jahrhundert noch enger werden sollte.

Aus einer sehr beschränkten Situation am Anfang seines Pontifikats – zeitweise war sein Wirkungskreis auf die Tiberinsel in Rom
beschränkt – gelang es Urban bis 1095, seinerseits die Initiative zu gewinnen und sowohl den Gegenpapst Klemens III. als auch den Kaiser
in Bedrängnis zu bringen. Auf seinem zweiten Italienzug war Heinrich IV. nach anfänglichen Erfolgen von seiner wichtigsten Gegnerin,
Markgräfin Mathilde von Tuszien, und von Urban II. immer mehr
zurückgedrängt und schließlich in einem kleinen Gebiet im Osten
des Gardasees praktisch eingeschlossen worden. 1093 war Heinrichs
ältester Sohn Konrad abgefallen und hatte sich von den Feinden des
Vaters zum König von Italien krönen lassen. Ein Ausgleich mit den
süddeutschen Fürsten brachte dem Kaiser wieder Handlungsfrei-
heit: Konrad wurde abgesetzt und an seiner Stelle der 1086 geborene
Heinrich (V.) zum Nachfolger designiert; am 6. Januar 1099 wurde
er zum König gekrönt. Ende 1104 sagte sich aber auch Heinrich V.
von seinem Vater los und stellte sich an die Spitze einer Fürstenopposition, die in Bayern, Schwaben und Sachsen ihren Schwerpunkt
hatte. Kurz vor Weihnachten 1105 gelang es Heinrich V. durch eine
List, seinen Vater gefangen zu nehmen und ihm einen Thronverzicht
abzupressen (31. Dezember 1105).

Heinrich V.: Lösung des Investiturstreits

Die Lösung des seit 1075/76 das Reich aufwühlenden Investiturstreits wurde unter Papst Calixtus II. (1119–24) erreicht. Nach
langen Verhandlungen wurde im September 1122 das Wormser Konkordat geschlossen, das aus zwei Urkunden, einer kaiserlichen und

einer päpstlichen, besteht. Die kaiserliche Urkunde ist an Papst Calixtus und die Apostel Petrus und Paulus sowie die Kirche adressiert und spricht den Verzicht des Kaisers auf die Investitur der Bischöfe mit Ring und Stab aus; außerdem sichert sie freie Wahl und unbehinderte Weihe des Gewählten zu. Die päpstliche Urkunde war allein zugunsten Heinrichs V. ausgestellt; das Reich und mögliche Nachfolger Heinrichs V. werden nicht erwähnt. Hier wird zugestanden, dass die Bischofswahl »in Gegenwart des Königs« vor sich gehen sollte. Die Einweisung (Investitur) in die Regalien, die Besitzungen und Hoheitsrechte eines Bischofs, sollte mit dem Zepter vorgenommen werden, und zwar in Deutschland vor der Weihe, in Burgund und in Italien spätestens sechs Monate danach. Dem deutschen König war damit ein beachtliches Maß an Mitsprache bei der Erhebung der Bischöfe zugestanden.

Während ein deutscher Hoftag im November 1122 diese Abmachungen billigte, kam es im März 1123 auf der Lateransynode zu einem Tumult, weil die Zugeständnisse an den König den Reformern zu weit gingen. Dass auch der Papst das Konkordat als Sieg betrachtete, zeigt sich darin, dass er den Vertragsabschluss auf einem Wandgemälde im Lateran darstellen ließ, wo allein die Erfolge der Kirche erwähnt wurden.

Heinrich V. begegnet dem Papst. Illustration aus der Chronik des Ekkehard von Aura, um 1125 (Cambridge, Corpus Christi College).

Herren der ganzen Christenheit? – Staufisches Kaisertum gegen universales Papsttum

Lothar III.

N ach dem Tode des 1125 kinderlos verstorbenen Heinrich V. rechnete sein Neffe, der Staufer Herzog Friedrich II. von Schwaben, fest damit, von den Fürsten zum König gewählt zu werden. Diese wählten aber den 50-jährigen Herzog Lothar III. von Sachsen. Ein zeitgenössischer Bericht über die Königswahl rühmt dies als Sieg der kirchlichen Partei, und zweifellos wurde Lothar vor allem von den Bischöfen unterstützt. Aber er hielt an den Rechten des Königs bei den Bischofswahlen fest und erlangte 1133 bei der Erneuerung des Wormser Konkordats von Papst Innozenz II. sogar die Lehnsherrschaft über den weltlichen Besitz der Reichskirchen.

Dass Lothar sich gegenüber dem Papst in einer günstigen Position befand, war eine Folge der zwiespältigen Papstwahl des Jahres 1130. Damals hatte eine Minderheit der Kardinäle Innozenz II. gewählt, während die Mehrheit Anaklet II. erhob. Die Wähler Innozenz' stammten aus Frankreich und aus Oberitalien; dies trug dazu bei, dass dieser Papst rasch in Frankreich anerkannt wurde. Die rednerische Überzeugungskraft Bernhards von Clairvaux brachte dann auch

In der Urkunde Calixtus' II., die den einen Teil des Wormser Konkordats von 1122 bildet, gesteht der Papst dem Kaiser einen Anteil an der Erhebung von Bischöfen und Äbten des Reiches zu; die Unterscheidung zwischen geistlichem Amt und weltlichem Besitz- und Hoheitsrechten hatte diesen Kompromiss ermöglicht:

Ich, Bischof Calixtus, ... bewillige dir, meinem geliebten Sohn Heinrich, ... dass die Wahl der Bischöfe und Äbte des deutschen Reiches ... in deiner Gegenwart ... vollzogen werde ... Der Erwählte soll dann von dir ohne jegliche Bezahlung die Regalien durch Verleihung des Stabes erhalten und dir leisten, wozu er von Rechts wegen verpflichtet ist.

Große politische Bedeutung hatten die angeblichen Gebeine der Heiligen Drei Könige, die 1162 dem Kanzler Rainald von Dassel aus Mailand zugefallen waren. Als »königliche« Reliquien legitimierten sie das staufische Königtum. Den Schrein dafür schufen Nikolaus von Verdun und seine Werkstatt von 1181 bis 1230 (Köln, Dom).

Mit der Kaiserkrönung Karls des Großen kam der römische Adler als Hoheitssymbol nach Deutschland. Kaiser Friedrich II. erhob den Adler mit geschlagenem Hasen zu seinem besonderen politischen Zeichen, wie die vielen Kameen zeigen, die im Umkreis seines Hofes entstanden sind. Im Bild ein zweischichtiger Sardonyx mit moderner Goldfassung; Süditalien, um 1240–50.

die Anerkennung Innozenz' II. in Deutschland. 1133 führte Lothar III. diesen Papst nach Rom und wurde von ihm zum Kaiser gekrönt. Bei einem zweiten Italienzug (1136/37) ging es darum, den mächtigsten Anhänger Anaklets II., Roger II. von Sizilien, zu besiegen. Lothar erzielte zwar in Apulien militärische Erfolge, aber einen endgültigen Sieg über die Normannen konnte er nicht erringen.

Zwei Streitpunkte, die unter den staufischen Kaisern das Verhältnis zu den Päpsten bestimmen sollten, deuteten sich schon unter Lothar III. an. Der eine war der Anspruch des Papstes auf die Toskana, das Erbe Mathildes von Tuszien. Der andere war der päpstliche Anspruch auf die Lehnsherrschaft über die normannischen Gebiete in Unteritalien und Sizilien. In beiden Fragen fand sich Lothar zum Kompromiss bereit: Das mathildische Erbe wurde als päpstliches Lehen an den Schwiegersohn des Kaisers gegeben, und nach der Niederlage Rogers II. in Unteritalien übertrugen Papst und Kaiser gemeinsam einem neuen Lehnsmann die Herrschaft über Apulien.

Konrad III.

Als seinen Nachfolger hatte Lothar III. seinen Schwiegersohn Heinrich den Stolzen ausersehen, den Herzog von Bayern, der aus dem Haus der Welfen stammte. Gewählt wurde aber der Staufer Konrad III. (1139–52), der bereits zwischen 1127 und 1135 als Gegenkönig wenig erfolgreich agiert hatte. Konrad sprach

König Konrad III. Miniatur aus der nach 1238 am Niederrhein entstandenen Kölner Königschronik (Brüssel, Bibliothèque Royale).

dem Welfen sofort dessen Herzogtümer Bayern und Sachsen ab. Bayern wurde an die Babenberger gegeben; in Sachsen konnten sich die Welfen aber letztlich durchsetzen. Die Kaiserkrone konnte Konrad III. nicht erlangen. In einer schwierigen Situation für das Reich legte er 1146 ein Kreuzzugsgelübde ab und zog in den Orient. Seine größte Tat war wohl seine Designation Friedrichs von Schwaben zu seinem Nachfolger, auf den er die Wähler verwies, obwohl er selbst einen Sohn besaß.

Friedrich I. Barbarossa

In der Person Friedrichs I. konnte der Gegensatz zwischen Staufern und Welfen überwunden werden, da seine Mutter eine Welfin war. Vor seiner Wahl hatte es wohl eine Absprache mit dem welfischen Herzog von Sachsen, Heinrich dem Löwen, gegeben, der 1156 das seinem Vater aberkannte Bayern zurückerhielt. Den Babenbergern blieb Österreich, das 1156 zum Herzogtum erhoben wurde.

Friedrich I. betrieb von Anfang an eine intensive Italienpolitik. Als er 1155 zur Kaiserkrönung zog, entwarf er mit Juristen aus Bologna ein Programm zur Festigung der kaiserlichen Herrschaft über Italien mithilfe des römischen Rechts. Damit war ein Zusammenstoß mit dem Papst vorprogrammiert. Zum offenen Konflikt kam es, als auf einem Reichstag in Besançon 1157 ein Schreiben des Papstes Hadrian IV. (1154–59) verlesen wurde, in dem dieser die Kaiserwürde als »Lehen« des Papsttums bezeichnete. Als dann der Kaiser auf dem Italienzug von 1158 versuchte, die kaiserlichen Herrschaftsrechte durchzusetzen, kam es zum Kampf mit den an Unabhängigkeit gewöhnten Städten Oberitaliens. Diese verbanden sich mit dem Papst, und dieses Bündnis hielt bis zum Friedensschluss Barbarossas mit Alexander III. (1159–81) im Jahre 1177.

Dieser hatte schon als Kardinal auf einen Konflikt mit dem Kaiser hingearbeitet. Nach seiner Wahl zum Papst durch eine Mehrheit der Kardinäle wählte daher eine kaiserfreundliche Minderheit einen Gegenpapst, der sich Viktor IV. (†1164) nannte. Alexander III. konnte sich in Italien nicht halten, sondern musste nach Frankreich ausweichen, das wieder – wie unter Urban II. oder Innozenz II. – die wichtigste Stütze des Papsttums war. Die militärischen Auseinandersetzungen des mit den lombardischen Städten verbündeten Papstes mit dem Kaiser gipfelten in der Niederlage Barbarossas bei Legnano (1176); die diplomatischen Fähigkeiten des Kaisers entfalteten sich erst danach, als er trotz dieser Niederlage noch einen für ihn günstigen Frieden erreichen konnte (1183).

Neue Spannungen zwischen Kaiser und Papst bauten sich auf, als 1186 der als Nachfolger Friedrichs I. ausersehene Heinrich (VI.) die Erbin des Königreichs Sizilien heiratete. Die Päpste mussten be-

Kaiser Friedrich I. widerspricht in einem Rundschreiben vom Oktober 1157 dem Oberherrschaftsanspruch des Papstes:

Da wir das Königtum und Kaisertum durch Wahl der Fürsten allein von Gott empfangen haben, ... so befindet sich jeder, der behauptet, wir hätten die kaiserliche Krone als ein Lehen vom Papst empfangen, im Widerspruch mit der göttlichen Ordnung und der Lehre des Petrus und ist der Lüge schuldig.

Porträtbüste des Kaisers Friedrich I. Barbarossa, so genannter Cappenberger Barbarossakopf; vergoldete Bronze, Westdeutschland, um 1160. Friedrich I. Barbarossa machte diesen Bildniskopf seinem Taufpaten, Otto von Cappenberg, zum Geschenk (Cappenberg, katholische Pfarrkirche).

REICHSINSIGNIEN

Die Reichsinsignien waren die den mittelalterlichen Herrschern des Heiligen Römischen Reiches bei der Krönung feierlich überreichten Herrschaftszeichen, die in rechtssymbolischer Bedeutung den Besitzer als legitimen Herrscher auswiesen. Zu den Reichsinsignien im engeren Sinn zählten die Kaiserkrone, der Reichsapfel, das Reichsschwert und das Reichszepter. Die Kaiserkrone (Bild Mitte) wurde wohl um 978/980 für Kaiser Otto II. angefertigt, das heutige Kreuz stammt aus der Zeit Kaiser Heinrichs II. († 1024), und der Bügel geht auf dessen Nachfolger Konrad II. († 1039) zurück.

Der 21 cm hohe Reichsapfel (Bild links) ist 1191 erstmals im Krönungszeremoniell bezeugt und besteht aus Gold, Goldfiligran, Edelsteinen und Perlen. Das 110 cm lange Reichsschwert (Bild rechts), dessen

Stahlklinge, Knauf und Parierstange vergoldet sind und das in einer mit Gold, Email und Granaten verzierten Olivenholzscheide aufbewahrt wird, wurde 1198 und erneut 1218 erneuert. Daneben gab es die im weiteren Sinne auch zu den Reichsinsignien zählenden Reichskleinodien. Zu diesen gehörten alle Attribute der Königsherrschaft wie Krönungsornat, Handschuhe sowie die (nicht bei der Krönung überreichten) Reichsheiligtümer wie die Heilige Lanze, Schwerter, Reliquien und das Reichskreuz, das diese Reliquien z. T. barg. Alle Reichsinsignien befinden sich heute in der Schatzkammer des Kunsthistorischen Museums in der Wiener Hofburg.

Burg Trifels bei Annweiler am Trifels, Rheinland-Pfalz. Der Palas aus dem 11./12. Jahrhundert wurde 1938 bis 1950 wieder aufgebaut. Der Trifels war im 12./13. Jahrhundert Aufbewahrungsort der Reichskleinodien und zeitweise Staatsgefängnis, u. a. wurde Richard Löwenherz hier von Heinrich VI. gefangen gehalten und erst gegen hohes Lösegeld und nach Leistung des Lehnseides freigelassen.

fürchten, zwischen dem bis nach Mittelitalien reichenden Kaiserreich und dem unteritalienischen Königreich eingezwängt und in ihrer Selbstständigkeit behindert zu werden.

Heinrich VI. – Versuch der Erringung der Weltherrschaft?

Als Heinrich VI. 1190 die Herrschaft im Reich antrat, war er entschlossen, das sizilische Erbe seiner Frau zu erringen. Dies gelang jedoch erst, nachdem Heinrich aus der Gefangennahme des vom Kreuzzug heimkehrenden englischen Königs Richard Löwenherz im wahrsten Sinn des Wortes Kapital geschlagen hatte. Mithilfe des englischen Lösegelds konnte Heinrich VI. einen erfolgreichen Kriegszug vorbereiten und 1194 die Krönung in Palermo erreichen.

Um das deutsche Königtum auch in Zukunft seinem Geschlecht zu erhalten, wollte Heinrich gegen Zugeständnisse an die Fürsten deren Königswahlrecht ablösen (Erbreichsplan). Der Widerstand der deutschen Fürsten, vor allem aber des Papstes, vereitelte das Vorhaben. Da Heinrich VI. schon im September 1197 starb, blieb ein geplanter Kreuzzug unausgeführt. Ob er dabei mehr im Sinn hatte als eine Wiedereroberung Jerusalems, etwa einen Ausgriff nach Byzanz und Nordafrika, ist nicht mehr zu entscheiden.

Innozenz III. und die deutsche Doppelwahl von 1198

Im Jahr 1198 wurde der erst 37-jährige Kardinal Lothar von Segni als Innozenz III. zum Papst gewählt. Seine erste Sorge galt der Wiederherstellung der Herrschaft über den Kirchenstaat. Auch die päpstliche Oberherrschaft über das normannische Königreich wollte er wieder erringen, um die Verbindung zwischen Unteritalien und dem Reich auf Dauer zu beseitigen.

Die aggressive Italienpolitik der Kaiser, die das Papsttum in die Defensive gedrängt hatte, war mit dem Geschlecht der Staufer verbunden; daher stand Innozenz III. dem 1198 zum König gewählten Staufer Philipp von Schwaben sehr distanziert gegenüber. Auf Betreiben von Richard Löwenherz war auch dessen Neffe, der Welfe Otto von Braunschweig, ein jüngerer Sohn Heinrichs des Löwen, von einer Minderheit der Reichsfürsten zum König gewählt worden. Während Otto am traditionellen Krönungsort Aachen gekrönt werden konnte, wurde der Staufer in Mainz gekrönt: zwar am falschen Ort, aber mit den echten Reichsinsignien.

Hinsichtlich des Verhältnisses zum Papst war Otto von Anfang an im Vorteil. Er konnte in seinem Wahlschreiben Innozenz auf die Treue seines Vaters gegenüber dem römischen Stuhl verweisen und auch darauf, dass er sich bei seiner Wahl eidlich verpflichtet habe, die Rechte und Besitzungen der römischen Kirche zu achten und auf das Spolienrecht, das Recht auf den beweglichen Nachlass verstorbener Bischöfe, zu verzichten. Philipp dagegen befand sich zur Zeit seiner Wahl im Kirchenbann wegen seiner Übergriffe auf den Kirchenstaat, die er als Herzog der Toskana begangen hatte.

1201 sprach sich Innozenz III. zugunsten des Welfen aus. Ein päpstlicher Legat proklamierte ihn in Köln zum Römischen König und verhängte über alle den Bann, die sich ihm entgegenstellen würden. 1204 änderte sich die Lage im Reich, und der Kölner Erzbischof krönte im Januar 1205 Philipp und seine Gemahlin in Aachen noch einmal. Eine Änderung der päpstlichen Politik war allerdings damit nicht verbunden, weil Philipp nichts Eiligeres zu tun hatte, als sofort ein Heer nach Italien zu schicken, das die Mark Ancona und das Herzogtum Spoleto für das Reich zurückgewinnen sollte.

Erst Anfang 1207 löste ein päpstlicher Legat Philipp vom Bann und führte einen Waffenstillstand zwischen Otto und Philipp herbei. Wenig später wurde dem Staufer die Kaiserkrone in Aussicht gestellt; Otto IV. sollte eine Entschädigung erhalten. Ehe aber Endgültiges geschah, wurde Philipp im Juni 1208 vom Pfalzgrafen Otto von Wittelsbach aus persönlicher Rache ermordet. Die Fürsten und die Ministerialen gingen zu Otto über. Die Aussöhnung zwischen Welfen und Staufern wurde durch eine Heirat besiegelt: Otto IV. heiratete die älteste Tochter des Ermordeten, Beatrix. Der Mörder wurde vom König mit der Reichsacht belegt.

Otto IV.

Ehe Otto die Kaiserkrone erhalten konnte, musste er auf den Kirchenstaat und die mathildischen Güter, auf das Spolienrecht und auf den Einfluss bei den Bischofswahlen verzichten. Im Spätsommer 1209 trat Otto IV. seine Romfahrt an; bei seiner ersten persönlichen Begegnung mit dem Papst weigerte er sich, seine Zusagen zu wiederholen, weil er sie ohne Befragen der Reichsfürsten gemacht habe. Der Papst führte die Kaiserkrönung im Oktober 1209

Die Wachssiegel Philipps von Schwaben (links) und Ottos IV. (rechts) stammen jeweils aus dem Jahr 1198, da beide Könige zur gleichen Zeit, mit dem gleichen Herrschaftsanspruch, jedoch an unterschiedlichen Orten gekrönt wurden.

Papst Innozenz III. fällt ein eindeutiges Urteil über die beiden aus der Doppelwahl von 1198 hervorgegangenen deutschen Könige, den Welfen Otto IV. und den Staufer Philipp von Schwaben (Dekretale Venerabilem):

Aber von denjenigen, denen in erster Linie die Wahl des Kaisers zusteht, haben, wie bekannt ist, ebenso viele oder sogar mehr für Otto als für Philipp gestimmt; außerdem ist in solchen Fällen die Eignung und die Würdigkeit des Gewählten mehr zu berücksichtigen als die Zahl der Wähler, und von den Wählern wird nicht so sehr die Mehrheit im Sinne der bloßen Zahl gefordert als ein gesunder Verstand hinsichtlich ihrer Überlegungen, und so ist Otto geeigneter zur Regierung des Reiches als Philipp.

dennoch durch. Es zeigte sich aber, dass Otto nicht bereit war, auf die umstrittenen Reichsrechte zu verzichten. 1210 rückte er dann sogar ins Königreich Sizilien ein. Daraufhin wurde Otto im November 1210 gebannt. Dennoch gelang es dem Kaiser, Apulien und Kalabrien zu erobern. Als er nach Sizilien übersetzen wollte, erreichte ihn die Nachricht, dass die Fürsten im September 1211 in Nürnberg auf Empfehlung des Papstes und des französischen Königs Friedrich von Sizilien, den Sohn Heinrichs VI., zum deutschen König gewählt hatten.

Kaiserin Konstanze, die normannisch-sizilische Thronerbin und Gemahlin Heinrichs VI., übergibt ihren neugeborenen Sohn Friedrich (II.) an die Gemahlin Konrads von Urslingen, des Herzogs von Spoleto, während sie ihrem Gemahl nach Süditalien folgt (1195). Kolorierte Federzeichnung aus dem »Liber ad honorem Augusti« des Petrus von Eboli (Bern, Burgerbibliothek).

Die Anfänge Friedrichs II.

Friedrich befand sich damals noch in Sizilien. Er brach im Frühjahr 1212 aus Palermo auf und wurde in Rom als zukünftiger Kaiser gefeiert; im Dezember wurde er in Mainz zum König gekrönt. Im Juli 1213 akzeptierte er alle Zusagen, die Otto IV. gegenüber der Kurie gemacht hatte; auch die Fürsten mussten sie bestätigen.

Die Entscheidung zwischen Friedrich II. und Otto IV. fiel nicht in Deutschland, sondern in Flandern. In der Schlacht von Bouvines am 27. Juli 1214 erlitt ein Heer der Engländer, in dem auch Otto IV. kämpfte, eine schwere Niederlage durch die Franzosen; Otto IV. selbst geriet beinahe in Gefangenschaft. Friedrich II. wurde im Juli 1215 noch einmal am traditionellen Krönungsort Aachen gekrönt; im Anschluss daran nahm er das Kreuz, als Zeichen für ein Kreuzzugsgelöbnis, was noch viele Verwicklungen zur Folge haben sollte.

Im August 1220 brach er nach Italien auf, um die Kaiserkrone zu erlangen. Vorher musste er dem Papst noch einmal versprechen, dass es keine Vereinigung zwischen dem Reich und Sizilien geben werde; außerdem musste er das Obereigentum der römischen Kirche über Sizilien anerkennen. Im November 1220 wurde Friedrich in der Peterskirche zum Kaiser gekrönt. Dabei nahm er noch einmal das Kreuz, diesmal aus der Hand des Kardinalbischofs von Ostia, des

Kaiser Friedrich II. begründet die Notwendigkeit königlicher Herrschaft mit einem sehr modern anmutenden Sachargument und erkennt ihr eine geradezu gottähnliche Funktion zu (aus der Vorrede zu den Sizilien betreffenden Konstitutionen von Melfi 1231):

So sind aus zwingender Notwendigkeit der Dinge ... den Völkern Fürsten entstanden, durch welche die Willkür der Verbrechen gezügelt werden sollte. Sie sollten als Richter über Leben und Tod, gleichsam als Vollstrecker des göttlichen Gerichts, für die Völker festsetzen, welches Schicksal, welchen Rang und Stand jeder Einzelne haben sollte.

späteren Papstes Gregor IX. Im August 1221 sollte der Kreuzzug beginnen. Nachdem der Kaiser seinen Aufbruch mehrmals verschoben hatte, wurde dann im Juli 1225 ein Vertrag geschlossen, in dem der Kaiser unter Eid versprach, im August 1227 die Kreuzfahrt anzutreten. Die Stärke seiner Flotte und die Größe seines Heeres wurden genau festgelegt. Bei Nichterfüllung des Vertrags sollte der Kaiser dem Bann verfallen.

Kampf mit dem Papst und den lombardischen Städten

Der neue Papst Gregor IX. (1227–41) war ein Verwandter Innozenz' III. Er bannte den Staufer, als der den Kreuzzug abermals aufschob. Der gebannte Kaiser zog dann 1229 ins Heilige Land, während päpstliche Truppen sein unteritalienisches Königreich verwüsteten. Nach der Rückkehr des Kaisers kam es zu einem Frieden mit dem Papst, in dem Friedrich zusagte, das Herzogtum Spoleto und die Mark Ancona als päpstliche Gebiete zu achten und die kirchlichen Wahlen in Kirchen und Klöstern Siziliens frei von seinem Einfluss durchführen zu lassen. Die Kirche sollte in Sizilien Steuerfreiheit und das Recht auf eigene Gerichtsbarkeit besitzen. Im August 1230 wurde der Kaiser daraufhin vom Bann gelöst.

Bereits 1226 hatten sich die lombardischen Städte gegen den Kaiser zusammengeschlossen; 1236 forderte Friedrich II. den Papst auf, mit Kirchenstrafen gegen die Städte vorzugehen. Gregor IX. beantwortete diese Bitte mit Beschwerden über die Bedrückung der Kirche in Sizilien durch den Kaiser und führte unter Berufung auf die Konstantinische Schenkung aus, der Stellvertreter Petri besitze die Herrschaft über Menschen und Dinge auf dem gesamten Erdkreis. Das Papsttum nahm also die weltliche Herrschaft über alle, auch über den Kaiser, in Anspruch.

Eine Verwirklichung dieses Anspruchs lag aber noch in weiter Ferne. Kaiser Friedrich konnte nämlich die Lombarden trotz ihrer zahlenmäßig überlegenen Heere 1237 bei Cortenuova vernichtend schlagen. Mailand war bereit, alle Forderungen des Kaisers zu akzeptieren; Friedrich aber forderte die Unterwerfung auf Gnade und Ungnade. Dem wollten die Mailänder nicht zustimmen. Der Krieg ging also weiter, und Friedrichs Belagerung Brescias im Jahre 1238 war ein erster Rückschlag. Die Belagerung schlug fehl, obwohl die Könige von Frankreich, England und Kastilien, der Kaiser von Nikaia und der ägyptische Sultan Al-Malik al-Kamil Hilfstruppen geschickt hatten, um für das monarchische Prinzip und gegen das städtische Freiheitsstreben zu kämpfen.

Die Kamee aus Süditalien (um 1230–40) stellt die Verherrlichung eines weltlichen Herrschers, wahrscheinlich Kaiser Friedrichs II., dar. Die eher als Viktorien denn als Engel gekennzeichneten geflügelten Wesen können nur im Rahmen der Wiederaufnahme des spätantiken Herrscherkultes durch Friedrich II. verstanden werden.

Die so genannte Büste von Barletta (Kalkstein, 2. Viertel des 13. Jahrhunderts) stellt einen Imperator dar, wie das Gewand, die Schließe mit dem SPQR (senatus populusque Romanus) und der Lorbeerkranz erkennen lassen. Ob es sich dabei um Friedrich II. handelt, ist umstritten; die nur unvollständig erhaltene Inschrift der Sockelplatte lässt sich unterschiedlich deuten (Barletta, Museo Civico).

DIE FALKNEREI

Der mittelalterlichen Gesellschaft galt die Falknerei als die edelste aller Jagdarten, als »königliche Jagd« schlechthin. Sie war der Lieblingssport der adligen Gesellschaft. Mit dem hoch fliegenden Falken, der mit scharfen Augen aus der Höhe nach Beute späht, blitzschnell auf diese herabstößt und sie noch in der Luft schlägt, verbanden sich Vorstellungen von Kraft, Schönheit, Adel und Freiheit, die ihn auch zu einem der wichtigsten Herrschaftssymbole machten.

Die Falknerei hat als ausgesprochen konservative Kunst bis heute kaum Veränderungen erfahren;

ihre Utensilien und Methoden sind im Wesentlichen gleich geblieben. Der zahme, mit einer Haube bedeckte Vogel (Bild Mitte) wird auf der durch den Falkenhandschuh (Bild rechts) geschützten Faust getragen und vor dem »Anwerfen« an das zuvor aufgescheuchte Wild »abgehaubt«. Nach der Jagd kehrt er, angelockt durch ein in der Falkentasche (Bild links) mitgeführtes Fleischstück (Zieget), auf die Faust zurück.

Der Endkampf mit dem Papst

Gregor IX. bestärkte die lombardischen Städte in ihrem Widerstand und erreichte ein Bündnis der beiden Seestädte Genua und Venedig gegen Friedrich, das dessen wichtigste Machtbasis gefährdete, weil die Flotten dieser Städte Sizilien vom Meer her erreichen konnten. Als der Kaiser seinen Sohn Enzio mit einer sardischen Prinzessin vermählte, ihn als König von Sardinien bezeichnete und damit den päpstlichen Herrschaftsanspruch auf Sardinien ignorierte, bannte Gregor IX. im März 1239 den Kaiser erneut. Er warf ihm vor, die Kirche in Sizilien unterdrückt und Empörungen in Rom angestiftet zu haben, um Papst und Kardinäle aus Rom zu vertreiben, außerdem habe er sich geweigert, im Heiligen Land und in Konstantinopel mit Waffengewalt gegen die Feinde der Christenheit vorzugehen.

Friedrich rief im Gegenzug die Fürsten und die Kardinäle dazu auf, gegen den seines Amtes unwürdigen Papst ein Konzil einzuberufen. Der Papst antwortete mit einem offenen Brief, in dem er den Kaiser als Ungläubigen und Gotteslästerer bezeichnete. Am Ende dieses Manifestes wird Friedrich unterstellt, er habe behauptet, die Menschheit sei von drei Betrügern, Jesus Christus, Moses und Mohammed, hintergangen worden, von denen zwei in Ehren, einer aber am Kreuz gestorben sei. Außerdem habe der Kaiser die Inkarnation Gottes und die Jungfrauengeburt als Ammenmärchen bezeichnet. Friedrich wies diese Anschuldigungen zurück und bezeichnete Gregor IX. als den Antichrist. Um seine christliche Gesinnung zu demonstrieren, ignorierte Friedrich am Weihnachtstag 1239 nicht nur das Interdikt und betrat eine Kirche, sondern er bestieg im Pisaner Dom sogar die Kanzel und hielt eine Predigt.

Die deutschen Fürsten lehnten es ab, den Bann verkündigen zu lassen, und boten sich als Vermittler an. Auch König Ludwig IX. von

Frankreich wollte den Anklagen des Papstes gegen den Kaiser keinen Glauben schenken. Er betonte vielmehr, Friedrich habe einen Kreuzzug auf sich genommen und sei ein frommer Mann. Ludwig weigerte sich, für den Papst gegen den Kaiser Krieg zu führen, was nur den Stuhl des Papstes erhöhen werde, der alle weltlichen Fürsten als seine Knechte ansehe.

Neben diesem Propagandakampf gab es auch politische und militärische Maßnahmen des Kaisers. Er annektierte die Mark Ancona und das Herzogtum Spoleto und plante, auch Rom und den Rest des Kirchenstaats einem zentralistisch regierten Königreich Italien einzuverleiben. Die Einwohner Roms waren schon bereit, dem Kaiser die Tore zu öffnen, als der Papst in einer großartigen Inszenierung die Reliquien der Apostel Petrus und Paulus aus der Lateranbasilika in die Peterskirche trug und die Heiligen anrief: »Verteidigt Ihr Euer Rom, wenn es die Römer nicht verteidigen wollen!« Das Volk war tief beeindruckt und nahm aus der Hand des Papstes das Kreuz zum Kampf gegen den Kaiser. Friedrich zog darauf nach Süditalien ab.

Castel del Monte, das Jagdschloss Friedrichs II. in Apulien, südlich von Andria, etwa 1240–50 errichtet. Der monumentale oktogonale Bau, von acht ebenfalls oktogonalen Türmen umgeben, lässt antike, byzantinische und gotisch-zisterziensische Einflüsse erkennen.

Auch in Deutschland war ein päpstlicher Legat bemüht, ein Bündnis gegen den Kaiser zustande zu bringen und die Erhebung eines Gegenkönigs zu erreichen – vorerst aber ohne Erfolg.

Ein allgemeines Konzil sollte den Bann gegen den Kaiser unterstützen; es wurde für Ostern 1241 einberufen. Friedrich war sich darüber klar, dass dieses Konzil über ihn zu Gericht sitzen werde; er drohte, er werde es zu verhindern wissen. Als die Prälaten aus Spanien, Frankreich und Oberitalien per Schiff nach Rom kommen wollten, griffen die Flotten Pisas und Siziliens diese am 3. Mai 1241 bei der Insel Montecristo, südöstlich von Elba, an. Mehr als 100 Prälaten wurden gefangen genommen und nach Apulien gebracht. Dieser Erfolg erwies sich aber als Pyrrhussieg: Die Beeinträchtigung der Freiheit der Kirche, indem der Kaiser die Reise der Bischöfe zu ihrem Oberhaupt verhinderte und das Zustandekommen eines Konzils unterband, empörte die kirchlich Gesonnenen im gesamten abendländischen Westen. Aber noch war Friedrich militärisch erfolgreich; er eroberte den Kirchenstaat und war gerade im Begriff, Rom einzunehmen, als im August 1241 Gregor IX. starb.

Unam sanctam – Höhepunkt und Fall der päpstlichen Macht

Die Absetzung Kaiser Friedrichs II.

Nach dem Tode Gregors IX. dauerte es zwei Jahre, bis im ersten Konklave der Papstgeschichte der Genuese Sinibaldo Fieschi zum Papst erhoben wurde. Er hatte im Kardinalskolleg bis dahin nicht zu den Feinden des Kaisers gezählt, aber schon die Wahl des Namens Innozenz (IV., 1243–54) deutet seine Absichten an.

Am 28. Juni 1245 eröffnete der neue Papst in Lyon ein Konzil, auf dem über Hilfe für das Heilige Land und das Lateinische Kaiserreich,

Der neugewählte Papst Innozenz IV. setzt auf dem Konzil in Lyon 1245 ein Absetzungsurteil gegen Friedrich II. wegen Meineids, Sakrilegs und Häresie durch – ein unerhörtes Geschehen, das das päpstliche Bestreben, Macht im weltlichen Bereich auszuüben, überdeutlich werden lässt.

über Maßnahmen gegen die Mongolengefahr und endlich über den Zwist zwischen Papst und Kaiser verhandelt werden sollte. Etwa 150 Bischöfe waren anwesend, vor allem aus Frankreich, England und Spanien; die meisten deutschen und italienischen Bischöfe waren nicht erschienen. Von den weltlichen Fürsten waren Kaiser Balduin von Konstantinopel und die Grafen von Toulouse und von der Provence zugegen; die Könige von Frankreich und England hatten Gesandte geschickt. Der Kaiser, den Innozenz IV. aufgefordert hatte, selbst zu erscheinen, hatte seinen Großhofrichter entsandt.

Die Kurie hatte ein Absetzungsurteil gegen Friedrich II. vorbereitet, das folgendermaßen begründet wurde: Der Kaiser habe mehrere Verträge verletzt, die er mit der Kirche geschlossen hatte; dies sei Meineid. Er habe Prälaten gefangen genommen, die zum Konzil fahren wollten; dies sei ein Sakrileg. Er verachte Bann und Interdikt, lasse sich mit Sarazenen ein und habe ein Bündnis mit dem Sultan geschlossen; dies sei Häresie. Und er bedrücke das Königreich Sizilien, das er vom Papst zu Lehen trage, und habe seit neun Jahren keinen Lehnszins mehr entrichtet. Als Strafe folgte der Bann durch Papst und Konzil. Die Untertanen wurden von ihren Eiden entbunden. Wer den Kaiser unterstützte, sollte selbst dem Bann verfallen. Die zuständigen Fürsten wurden zu einer Neuwahl aufgefordert.

Die Absetzung eines Kaisers war etwas Unerhörtes. Zwar hatte Gregor VII. Heinrich IV. als deutschen König abgesetzt, und Innozenz III. hatte gegen Otto IV. Friedrich von Sizilien erhoben, aber noch nie war ein Römischer Kaiser abgesetzt worden. Als Rechtsgrundlage für seinen Eingriff in den weltlichen Bereich nannte der Papst seine geistliche Schlüsselgewalt (Matthäus 16,18f.). Schon Christus habe das Recht gehabt, alle Fürsten abzusetzen, und dieses Recht habe er an Petrus und dessen Nachfolger weitergegeben.

Die stärkste Anklage gegen Friedrich war der Häresievorwurf. Schon Innozenz III. hatte den Grundsatz aufgestellt, dass ein Fürst, der Ketzer begünstigte oder nicht zu bekämpfen bereit war, selbst exkommuniziert sei. Wenn er sich nicht um Absolution vom Bann bemühte, geriet er in den Verdacht, selbst ein Ketzer zu sein. Nach diesem Muster ging Innozenz IV. gegen Friedrich II. vor. Der kaiserliche Beauftragte erhob gegen das Urteil Protest, weil das Konzil kein allgemeines und der Kaiser nicht ordnungsgemäß vorgeladen worden sei. Friedrich II. selbst griff nicht nur die formalen Mängel des Verfahrens an, sondern bestritt dem Papst grundsätzlich das Recht, den Kaiser zu richten und abzusetzen, weil dieser in weltlichen Dingen keinen Menschen über sich habe. Vor allem den Häresievorwurf wollte der Kaiser keinesfalls auf sich sitzen lassen. Er unterzog sich daher vor einigen Bischöfen und Äbten einer Glaubensprüfung und beschwor seine Rechtgläubigkeit. Der Papst lehnte die Gültigkeit dieser Prüfung ab und beharrte trotz eines Vermittlungsversuchs Ludwigs IX. von Frankreich auf der Absetzung.

Gegenkönige in Deutschland und Tod des Kaisers

Im Mai 1246 wählten die Erzbischöfe von Mainz und von Köln zusammen mit einigen Grafen und Herren auf Geheiß des Papstes bei Würzburg den Landgrafen Heinrich Raspe von Thüringen zum König gegen Konrad IV., den Sohn Friedrichs. Von den mächtigen weltlichen Fürsten war an dieser Wahl keiner beteiligt. Trotz militärischer Erfolge gegen Konrad IV., die dem reichlich fließenden päpstlichen Geld zu verdanken waren, konnte der Gegenkönig nicht einmal seine Krönung erreichen. Er starb bereits am 16. Februar 1247. Im Oktober 1247 wurde dann der junge Graf Wilhelm von Holland zum König erhoben. Nach seiner Approbation durch den Papst konnte er am 1. November 1248 in Aachen gekrönt werden.

Nachdem ein neuer Vermittlungsversuch Ludwigs IX. gescheitert war, plante Friedrich, mit einem Heer nach Lyon zu ziehen. Als aber die strategisch wichtige Stadt Parma an seine Gegner fiel, versuchte er zuerst, Parma zurückzuerobern. Das Unternehmen misslang jedoch völlig, und der Staatsschatz und die Kaiserkrone fielen sogar in die Hand der Gegner. Anfang 1250 trat zwar wieder ein Umschwung

Das Absetzungsurteil des Konzils von Lyon gegen Kaiser Friedrich II. 1245 endet mit folgenden Worten:

Da wir nun, obwohl unwürdig, die Stellvertretung Jesu Christi auf Erden innehaben, ... so setzen wir den genannten Fürsten, der sich im Reich und in seinen Königtümern als unwürdig erwies aller Ehren und Würde, der auch wegen seiner Missetaten von Gott verworfen wurde, auf dass er nicht mehr herrsche und regiere, ... mit diesem unserem Urteil ab. Alle, die ihm durch Lehnseid verbunden sind, lösen wir für immer von diesem Eid, und kraft apostolischer Autorität verbieten wir nachdrücklich, dass ihm irgendjemand fernerhin als Kaiser oder König gehorche, ... und wir setzen fest, dass alle, die ihm hinfort als Kaiser oder König Rat und Hilfe gewähren, ipso facto dem Kirchenbann verfallen sollen.

STAUFERGRÄBER IN PALERMO

Schon bald nachdem Friedrich II. deutscher König geworden war (1215), ließ er im Dom von Palermo, der sizilischen Krönungskirche, eine Grablege für sich und seine Familie errichten. Der gerade 21-jährige Herrscher wollte damit deutlich machen, dass er den eigentlichen

Mittelpunkt seiner Macht in Sizilien sah.

Die Gebeine seiner Mutter Konstanze und ihres Vaters König Roger II. wurden hierher überführt, um die rechtmäßige Erbfolge Friedrichs im ehemals normannischen Südreich zu veranschaulichen. Den prächtigen Porphyrsarkophag Rogers, dessen purpurfarbener Stein und altrömische Form das römische Kaisertum heraufbeschworen, ließ er unter einem Baldachin für sich selbst herrichten (rechts). Um Friedrichs kaiserliches Geblüt herauszustellen, verlegte man auch die sterblichen Reste Heinrichs VI. in die Herrschergruft.

Die aragonesischen Könige verwiesen gern auf ihre Verwandtschaft mit dem normannisch-staufischen Hause (links die Krone von Friedrichs Frau Konstanze von Aragon im Domschatz von Palermo), die Habsburger sahen die historische Verbindung der Krone

Siziliens und der Kaiserherrschaft mit Wohlwollen. Erst die spanischen Bourbonenkönige des 18. Jahrhunderts verbannten die staufische Grablege in eine enge Seitenkapelle.

---

zugunsten des Kaisers ein, doch da starb Friedrich am 13. Dezember 1250 in Castel Fiorentino bei Lucera in Apulien.

Kampf mit Friedrichs Erben

Die Auseinandersetzung des Papsttums mit den Staufern war damit allerdings noch nicht beendet. Der Papst kehrte 1251 nach Italien zurück und hoffte, seine Oberherrschaft über Sizilien wieder zur Geltung bringen zu können. Dort konnte sich aber der natürliche Sohn des Kaisers, Manfred, als Statthalter für Konrad IV. durchsetzen, der Anfang 1252 selbst nach Italien kam, aber im Mai 1254 überraschend im Alter von erst 26 Jahren starb. Manfred verband sich mit den staufertreuen Sarazenen in Lucera und konnte das päpstliche Heer besiegen. Als der kranke Innozenz von dieser Niederlage erfuhr, starb er am 7. Dezember 1254 in Neapel.

Nachfolger wurde ein Neffe Gregors IX., Alexander IV. (1254–61). Er war ein kompromissloser Gegner der Staufer und ging mit kirchlichen Strafmitteln gegen Manfred und seine Anhänger in Italien vor. Sein Nachfolger Urban IV. (1261–64) belehnte 1263 Karl von Anjou, den jüngeren Bruder Ludwigs IX., mit Sizilien. Dieser besiegte 1266 Manfred in der

Statue Karls von Anjou aus dem späten 13. Jahrhundert. 1266 wurde er zum König von Sizilien gekrönt. Unter seiner Herrschaft entwickelte sich das Königreich zu einer bedeutenden Macht des Mittelmeerraums (Rom, Konservatorenpalast).

Schlacht bei Benevent und konnte sich anschließend Siziliens bemächtigen. Als 1268 der Sohn Konrads IV., Konradin, nach Italien kam, wo er zahlreiche Anhänger fand, schlug ihn Karl bei Tagliacozzo und nahm ihn wenig später gefangen. Konradins Hinrichtung auf dem Marktplatz von Neapel (29. Oktober 1268) bedeutete das Ende der staufischen Herrschaft in Italien.

Sizilianische Vesper 1282

Im Jahr 1271 wurde Gregor X. zum Papst gewählt. Auf einem Konzil, das er für das Jahr 1274 nach Lyon einberief, sollte ein großes Kreuzzugsunternehmen vorbereitet werden. Vor zahlreichen Bischöfen aus allen europäischen Ländern anerkannte der oströmische Kaiser zusammen mit vielen Bischöfen aus der Ostkirche auf diesem Konzil den Primat des Papstes; damit waren die seit 1054 getrennten Kirchen des Westens und des Ostens wenigstens nominell wieder vereint. Diese Union wurde allerdings schon 1283 durch eine Synode von Konstantinopel wieder aufgekündigt. Auch den erstrebten Kreuzzug brachte das Konzil nicht zustande.

Wenige Jahre nach dem Tod Gregors X. erlitt die Herrschaft Karls von Anjou über das sizilische Reich einen schweren Rückschlag. 1282 brach in Palermo ein Volksaufstand aus, in den König Peter von Aragon, der Schwiegersohn Manfreds, eingriff. Als Folge dieser »Sizilianischen Vesper« ging die Insel Sizilien den Anjou verloren. Für das Papsttum war dies jedoch nicht unbedingt ein Nachteil, da sich jetzt zwei Mächte, Anjou und Aragon, die Herrschaft im südlichen Italien teilten. Es waren eher die kurzen Pontifikate der folgenden Zeit, die sich negativ auf die politische Macht des Papsttums auswirkten. So konnte nicht verhindert werden, dass es nach dem Tod Karls von Anjou (1285) zu einem Ausgleich zwischen Aragon und Anjou kam.

Sehnsucht nach einem Engelpapst

In dieser Situation wuchs die Sehnsucht nach einem Papst, der weniger als politischer Machthaber, sondern als geistliche Potenz sein Amt ausüben werde. Die Vorstellung von einem »Engelpapst« geht auf den kalabresischen Mönch Joachim von Fiore (†1202) zurück, der für die Zeit nach 1260 das Zeitalter des Geistes, in dem die Mönche die Kirche beherrschen würden, vorhergesagt hatte.

Als sich die Kardinäle zwischen 1292 und 1294 wieder einmal sehr lange nicht auf einen Papst einigen konnten, wählten sie zuletzt den 85-jährigen Einsiedler Pietro del Murrone, der seit über 50 Jahren in den Abruzzen lebte. Er besaß durchaus Organisationstalent, denn er hatte einen Eremitenorden ins Leben gerufen, der sich weit ausgebreitet hatte. Am Beginn seines Pontifikats standen bedeutsame symbolische Handlungen: Er nannte sich Cölestin (»der Himm-

Mit der Hinrichtung des erst 16-jährigen Konradin in Neapel im Jahre 1268 ging die staufische Herrschaft in Italien zu Ende. Die Miniatur aus der »Manessischen Handschrift« zeigt Konradin mit einem Gefährten auf der Falkenjagd; 1. Hälfte des 14. Jahrhunderts (Heidelberg, Universitätsbibliothek).

lische«), zog auf einem Esel reitend in die Stadt L'Aquila ein und ernannte als Erstes zwölf (!) Kardinäle, unter denen fünf Mönche waren, die das neue Zeitalter des Geistes repräsentieren sollten. Auch als Papst lebte Cölestin V. wie ein einfacher Bauer; Latein konnte er wenig, daher war er bei seinen Regierungshandlungen in extremer Weise von den Einflüsterungen anderer abhängig.

Die erhoffte innere Erneuerung der Kirche konnte dieser Papst nicht voranbringen. Im Dezember 1294 kündigte er seinen Rücktritt an, der durch ein Gutachten des Kardinals Benedetto Caetani abgesichert wurde. Dieser formulierte auch die Verzichterklärung, die Cölestin verlas. Darauf stieg Papst Cölestin V. vom Thron, legte Ring, Tiara und Mantel, die Insignien seiner Würde, ab, schlüpfte wieder in die graue Kutte der Eremiten und setzte sich auf die unterste Stufe des Throns.

Papst Bonifatius VIII.: Höhepunkt und Fall

Das Giotto zugeschriebene Fresko in der Lateranbasilika (Rom) zeigt Bonifatius VIII. bei der Ausrufung des ersten Heiligen Jahres 1300. Das Kämpfen Bonifatius' VIII. für den Machtanspruch des Papsttums in weltlichen Dingen führte in seiner Auseinandersetzung mit Philipp IV. von Frankreich letztlich zu seiner Gefangennahme in Agnani.

Kurz danach wurde Benedetto Caetani zum neuen Papst gewählt. Er nahm den Namen Bonifatius VIII. (1294–1303) an und versuchte noch einmal, die Ansprüche des Papsttums auf direkte Herrschaft im weltlichen Bereich durchzusetzen. Aber nicht einmal gegenüber dem Reich ist dies gelungen. Nach zähen Verhandlungen anerkannte der Papst im Frühjahr 1303 den Habsburger Albrecht I. (1298–1308) als Römischen König und künftigen Kaiser; Bonifatius erklärte dabei, dass die Franzosen rechtmäßig dem Kaiser unterständen. Auch in Sizilien musste Bonifatius 1303 den Status quo anerkennen.

Zum Hauptgegner des nach Oberherrschaft strebenden Papsttums wurde nun aber Frankreich. Mit König Philipp IV., dem Schönen (1285–1314), brachen langjährige Kämpfe aus, die vom Papst mit in herrischem Ton formulierten Bullen, vom französischen König durch Mobilisierung der Öffentlichkeit geführt wurden. 1296 erneuerte der Papst die alte Forderung, dass das Kirchengut steuerfrei sein

In der Auseinandersetzung Philipps IV. von Frankreich und Papst Bonifatius VIII. spielten Bullen eine wichtige meinungsbildende Rolle. Das Original der entscheidenden päpstlichen Bulle Unam sanctam (1302), in der Bonifatius VIII. den kirchlichen Machtanspruch unmissverständlich formulierte, ist verloren. Im Bild eine Bulle Klemens' IV. mit dem päpstlichen Mandat an den Bischof von Rieti, Karl von Anjou gegen Konradin zu unterstützen (22. August 1268; Berlin, Deutsches Historisches Museum).

müsse. Philipp der Schöne verbot daraufhin die Ausfuhr von Edelmetall aus seinem Reich und untersagte den Aufenthalt von Fremden. Damit waren die päpstlichen Legaten und Kollektoren getroffen, die die Abgaben der französischen Kirche einsammeln und nach
Rom schicken sollten. Als sich die französischen Bischöfe auf die
Seite des Königs stellten, musste Bonifatius seine Bulle zurückziehen.

Als 1301 der französische König einen Bischof wegen Hochverrats
zu Kerkerhaft verurteilte, betonte Bonifatius, dass auch der König
von Frankreich dem Papst unterworfen sei, da Gott den Nachfolger
Petri über Völker und Könige gesetzt habe. Aus der päpstlichen
Bulle fabrizierte der königliche Jurist Pierre Flote eine zugespitzte
Kurzfassung, die in Frankreich verbreitet wurde. Dass damit ein Pro-
pagandakrieg geradezu modernen Ausmaßes begonnen hatte, zeigte
sich auch darin, dass in Paris zum ersten Mal eine Versammlung der
Stände einberufen wurde, die sich – mit Ausnahme der Bischöfe –
hinter den König stellte.

Nicht gerade als direkte Reaktion auf diese Demonstration des
französischen Widerstands gegen die Ansprüche des Papstes, aber
als Grundsatzerklärung Bonifatius' VIII. ist dann die Bulle *Unam
sanctam* vom 18. November 1302 aufzufassen. Hier wird die Behauptung von der direkten Gewalt des Papstes in weltlichen Dingen in
Zusammenfassung älterer Theorien noch einmal zugespitzt: Die
geistliche Gewalt darf nur von Gott gerichtet werden; Widerstand
gegen sie ist Widerstand gegen Gott; es ist für jeden Menschen heilsnotwendig, dem römischen Bischof untertan zu sein.

Bald nach dieser Verlautbarung kam es im Verhältnis zu Frankreich zur Katastrophe: Zum einflussreichsten Berater des Königs
war Guillaume de Nogaret aufgestiegen, der aus einer Familie
stammte, deren Mitglieder wegen Häresieverdachts von der Inquisition verfolgt worden waren. Nogaret formulierte eine Anklage gegen den Papst, der durch ein vom König einberufenes Konzil als er-
wiesener Simonist abgeurteilt werden müsse. Um den Papst festzu-
nehmen, reiste Nogaret nach Anagni; bei der Festnahme am 7. September kam es sogar zu Tätlichkeiten. Bonifatius wurde zwar durch
die Bürger von Anagni aus seiner schmachvollen Gefangenschaft befreit, aber kurz nach seiner Rückkehr nach Rom starb er (12. Oktober
1303).

Auch nach dem Tod des Papstes blieb die Absicht bestehen, ihm
den Prozess zu machen. Philipp der Schöne verlangte von Klemens V. (1305–14) schon bei dessen Krönung in Lyon, ein Konzil
einzuberufen, das nachträglich über Bonifatius richten sollte. Der
von Philipp abhängige Papst verlegte 1309 den Sitz der Kurie nach
Avignon. Als im Oktober 1311 das Konzil in Vienne eröffnet wurde,
war nicht mehr der Prozess gegen den toten Papst, sondern der Prozess gegen die Templer der wichtigste Verhandlungspunkt. Aber
auch in dessen Verlauf zeigte sich, wie stark der Papst vom französischen König abhängig war: Unter der beständigen Drohung eines
Prozesses gegen Bonifatius VIII. war Klemens V. genötigt, den

Papst Bonifatius VIII. gibt in der Bulle
Unam sanctam von 1302 seine Sicht
des Verhältnisses der zwei Schwerter
zueinander wieder:

*Beide sind also in der Gewalt der Kirche,
das geistliche Schwert und das irdische.
Dieses aber ist für die Kirche, jenes von der
Kirche zu führen. Jenes liegt in der Hand
des Priesters, dieses in der der Könige und
Ritter, aber zur Verfügung und mit
Erlaubnis des Priesters. Es ziemt sich, dass
das eine Schwert unter dem anderen stehe
und dass die weltliche Macht der geistlichen
Gewalt unterworfen sei.*

Templerorden aufzuheben, obwohl die Beweislage äußerst problematisch war. Philipp der Schöne hatte jetzt freie Hand, um das riesige Vermögen dieses Ordens einzuziehen. Die »babylonische Gefangenschaft« des Papsttums in Avignon hatte begonnen.

Beschluss des Konzils von Clermont 1095 über den 1. Kreuzzug:

Wenn einer allein aus religiösen Motiven, nicht zum Erwerb von Ruhm oder Geld, zur Befreiung der Kirche Gottes nach Jerusalem aufgebrochen ist, so soll das alle für irgendwelche Vergehen nötigen Bußleistungen aufwiegen.

Mit Feuer und Schwert – Die Kreuzzüge

Die Anfänge der Kreuzzugsbewegung

Nach den türkischen Eroberungen des 11. Jahrhunderts in Kleinasien war das Oströmische Reich in seinem Bestand gefährdet. Außerdem drohte der Pilgerweg nach Jerusalem abgeschnitten zu werden. Daher hatte bereits Gregor VII. 1074 geplant, unter seiner persönlichen Führung die heiligen Stätten zu erobern. Im Frühjahr 1095 erschien eine byzantinische Gesandtschaft in Piacenza, wo Urban II. ein Konzil abhielt, um Hilfe zu erbitten. Als der Papst anschließend zu einem weiteren Konzil nach Clermont reiste, sollte dieses nicht nur die Kirchenreform voranbringen, sondern auch einen Kreuzzug vorbereiten.

Bei der Eröffnung des Konzils von Clermont am 18. November 1095 waren 13 Erzbischöfe, 225 Bischöfe und 90 Äbte sowie zahlreiche niedrige Kleriker anwesend; außerdem soll eine ungeheure Menge von Laien teilgenommen haben. Obwohl kein Bischof aus dem Reich und aus England vertreten war, war dies die bis dahin größte abendländische Kirchenversammlung. Am 27. November hielt Urban eine Predigt, in der er mit bewegenden Worten die Lage der Christen im Orient und die Unterjochung der Heiligen Stadt Jerusalem schilderte. Als Ziel des Kreuzzugs wurde die Befreiung der orientalischen Christen und der heiligen Stätten in Jerusalem genannt. Als der Papst den Teilnehmern eines Kreuzzugs einen Ablass versprach, kannte die Begeisterung keine Grenzen mehr: »Gott will es!«, riefen die Anwesenden und drängten sich sogleich, um vom Papst selbst ein weißes Kreuz zum Zeichen der Teilnahme an der Kreuzfahrt angeheftet zu bekommen.

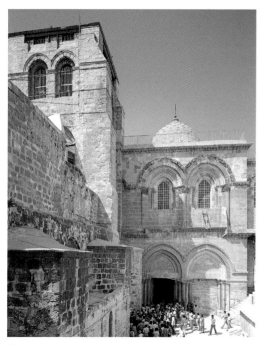

Über dem vermuteten Felsengrab Christi auf dem Golgathagelände in Jerusalem wurde die Grabeskirche errichtet (im Bild der noch aus Kreuzfahrerzeit stammende Eingangsbereich). Als eine der heiligsten Stätten der Christen war das Grab Christi wesentliche Motivation für die Eroberung Jerusalems. Seine Bedeutung wird auch in der Titelwahl Gottfrieds IV. von Bouillon als Vogt (Beschützer) des Heiligen Grabes deutlich.

Der Bauernkreuzzug

Eigentlich galt der Kreuzzugsaufruf allein den christlichen Fürsten und Rittern, die sich einem geistlichen Anführer unterstellen sollten. Umherziehende Kreuzzugsprediger mobilisierten aber auch die kleinen Leute. Diese besaßen keine Vorstellung von den wirklichen Entfernungen. Daher ist es nicht verwunderlich, dass sie sich schon nach wenigen Tagesmärschen fragten, warum man eigentlich so weit gehen müsse, um die Feinde Gottes zu vernichten, wo doch die »Christusmörder«, die Juden, im eigenen Land saßen.

Den aus Frankreich kommenden Scharen, die bereits die Juden von Rouen erschlagen hatten, schlossen sich im Rheingebiet zahlreiche verarmte Adlige und andere Gruppen an. Unter Führung eines Grafen Emicho fielen sie über die großen jüdischen Gemeinden am Rhein her. Trotz der Gegenwehr der rheinischen Bischöfe vernichteten sie die blühenden Judengemeinden am Rhein von Speyer bis nach Xanten.

Dann zogen diese »Kreuzfahrer« nach Südosten weiter. Als sie in Ungarn dazu übergingen, ihren Unterhalt durch Raub und Plünderung zu sichern, wurde ein Teil von ihnen erschlagen. Andere gelangten im August 1096 unter der Führung Peters von Amiens nach Byzanz. Ihre Ungeduld führte zur Katastrophe: Als sie trotz der Warnungen der Byzantiner nach Kleinasien vorrückten, um dort den Kampf mit den Türken zu suchen, wurden sie von diesen fast ausnahmslos niedergemetzelt (Oktober 1096).

Der Verlauf des 1. Kreuzzugs

So wie dieser Bauernkreuzzug ein Symptom einer tief gehenden Krise der Gesellschaft war, so ist auch der Zulauf des Adels zum ritterlichen Kreuzheer u. a. damit zu erklären, dass sich die wirtschaftliche Situation der kleinen adligen Grundbesitzer in Burgund, Lothringen und Nordfrankreich krisenhaft zugespitzt hatte. Die Bevölkerungsvermehrung hatte dazu geführt, dass nicht mehr alle Familienmitglieder ernährt werden konnten; viele Ritter zogen in den Orient, um dort Landbesitz zu erwerben.

Diese symbolische Weltkarte veranschaulicht den zentralen Platz, den Jerusalem, seine heiligen Stätten und seine religiöse Bedeutung in der Vorstellung des christlichen Mittelalters besaß. Miniatur aus einem englischen Psalter des 13. Jahrhunderts (London, British Library).

KARTOGRAPHIE

Die mittelalterlichen Karten verharrten in dem von der Kirche vorgegebenen Weltbild und wirkten so eher künstlerisch orientiert und schematisierend. Die Genauigkeit der abendländischen Kartographie

verbesserte sich erst mit zunehmender Seefahrt, insbesondere im Zeitalter der Entdeckungen.

Die arabische Kartographie des Mittelalters dagegen bezog, wie die arabische Wissenschaft überhaupt,

antike Lehren wie die des Ptolemäus mit ein. Arabische Forscher nutzten astronomische Instrumente, zum Beispiel das unten abgebildete Astrolabium (11. Jahrhundert, Museum der Wissenschaften, Florenz), und erweiterten auf vielfältigen Reisen überliefertes Wissen. Die südorientierte Karte (links) des Geographen Idrisi aus dem Jahr 1154 vermittelt die arabischen Kenntnisse der bis dahin bekannten, die europäischen und afrikanischen Mittelmeerländer und das südöstliche Küstenland Asiens umfassenden Welt.

Nach neunmonatigen Vorbereitungen marschierten zuerst die Franzosen im Herbst 1096 unter Führung des Bischofs Ademar von Le Puy und des Grafen Raimund von Toulouse ab; mit ihnen zogen nahe Verwandte der Könige von Frankreich und von England sowie als einziger Reichsfürst der Herzog von Niederlothringen, Gottfried IV. von Bouillon, und seine beiden Brüder. Aus Süditalien kamen kampfgeübte Normannen unter der Führung Bohemunds und Tankreds von Tarent.

Im Mai 1097 erreichte das Kreuzheer Konstantinopel. Wenig später begann der Vormarsch nach Kleinasien, wo sofort große militärische Erfolge erzielt wurden: Festungen wurden eingenommen, die Türken mehrfach im Felde besiegt. In Syrien musste Antiochia sieben Monate lang belagert werden (1097/98); durch Verrat wurde die hauptsächlich von Christen bewohnte Stadt genommen, und ein heranrückendes Entsatzheer der Muslime wurde geschlagen.

Kurz darauf starb Bischof Ademar von Le Puy, und damit brachen die bisher unterdrückten Gegensätze zwischen den christlichen Fürsten offen auf. Nur die Ungeduld der Truppen, die endlich Jerusalem erreichen wollten, brachte die streitenden Fürsten dazu, im Januar 1099 in Richtung Jerusalem aufzubrechen, das am 14. und 15. Juli 1099 erobert wurde. Dabei zeigten sich die Kreuzfahrer von ihrer abstoßendsten Seite: Sie plünderten und mordeten hemmungslos, so als ob die Anspannung der Entbehrungen und der Angst, die sie in dem fremden Land mit seiner fremdartigen Bevölkerung empfunden hatten, auf diese Weise ausgeglichen werden könne.

Die Kampfbereitschaft der Kreuzfahrer musste immer wieder angestachelt werden: Die berühmteste Episode ist die Auffindung der Lanze, mit der Christus am Kreuz in die Seite gestochen worden sein soll. Obwohl eine derartige Lanze bereits im Reliquienschatz von Konstantinopel lag, konnte ein Visionär namens Peter Bartholomaeus den Ort angeben, an dem die Lanze zu finden war. Dieser Fund bestärkte die Kreuzfahrer in einer verzweifelten Situation: Kurz nach dem Fall von Antiochia wurde man in der von Hunger geplagten Stadt selbst von einem muslimischen Ersatzheer eingeschlossen; die durch das »Wunderzeichen« neu entfachte Begeisterung verhalf den Kreuzfahrern zum Sieg. Auch bei der Belagerung von Jerusalem half eine Vision über einen Tiefpunkt hinweg; durch Fasten und Umzüge um die Stadt gewannen die Kreuzfahrer neuen Mut.

Nach der Eroberung von Jerusalem brach der Zwiespalt zwischen weltlichen Erfordernissen und religiösen Antrieben auf. Als man Graf Raimund von Toulouse die Krone eines Königs von Jerusalem anbot, lehnte er mit dem Hinweis ab, er wolle nicht König sein, wo Christus mit der Dornenkrone gekrönt worden sei. Er beabsichtigte mit dieser Antwort wohl auch, es den anderen Fürsten unmöglich zu machen, die Herrschaft über Jerusalem anzunehmen. Herzog Gottfried von Bouillon fand jedoch einen Ausweg; er nannte sich Vogt des Heiligen Grabes, war damit praktisch weltlicher Beherrscher der Stadt und hatte dennoch ihrem geistlichen Charakter Rechnung getragen. Erst seine Nachfolger nannten sich Könige von Jerusalem.

Die Grausamkeit und Hemmungslosigkeit der Kämpfe während der Kreuzzüge veranschaulicht diese Darstellung der Belagerung von Nikaia im Jahre 1097: Die Kreuzfahrer beschießen die belagerte Stadt mit den abgeschlagenen Köpfen ihrer Feinde.

Die Kreuzfahrerstaaten im 12. Jahrhundert

Der Erfolg des 1. Kreuzzugs mit der Eroberung Jerusalems und der Schaffung einer Reihe von christlichen Staaten in Syrien war möglich geworden, weil die islamischen Staaten des Vorderen Orients miteinander verfein-

det waren. Vor allem der Gegensatz zwischen dem schiitischen Kalifat in Kairo und dem sunnitischen in Bagdad spielte dabei eine wichtige Rolle.

Für das Überleben der neuen christlichen Kleinstaaten im Nahen Osten war es unerlässlich, dass über die Häfen am Mittelmeer Nachschub aus Europa kommen konnte. Ohne Flotte konnten aber diese Küstenstädte nicht erobert werden. Daher war es entscheidend, dass die italienischen Seemächte – Genua, Pisa und Venedig – Flotten ins Heilige Land entsandten. Zwischen 1100 und 1111 gelang es den vereinten Anstrengungen der Kreuzfahrer und der Italiener, die Städte an der Küste Syriens, Libanons und Palästinas einzunehmen. Dabei wurden die muslimischen Einwohner grausam niedergemacht.

Auch im Landesinnern wurde die christliche Herrschaft konsolidiert, indem die Grenzen des Heiligen Landes im Nordosten bis zu den Höhen des Golans ausgedehnt wurden. Dort stießen die Christen auf die Machtsphäre von Damaskus. Im Osten reichte der christliche Einfluss nach Transjordanien hinein; die ehemals muslimischen Festungen zwischen Amman und Akaba wurden von den Christen ausgebaut und modernisiert. Damit beherrschten die Kreuzfahrer die Straße zwischen Damaskus bzw. Bagdad und Ägypten bzw. den Pilgerstätten von Mekka und Medina und damit die wichtigste Verkehrsader des Islams. Für die innere Entwicklung der Kreuzfahrerstaaten ist wichtig, dass es trotz der grausamen Exzesse bei der Eroberung zu einem Neben- und sogar

Der Krak des Chevaliers in Westsyrien ist ein wichtiges und gut erhaltenes Beispiel der Festungsarchitektur des 12./13. Jahrhunderts. Die Kreuzfahrer errichteten solche Befestigungsanlagen im östlichen Mittelmeerraum, um ihren während der Kreuzzüge errungenen Herrschaftsanspruch zu sichern.

Miteinander zwischen Christen und Muslimen kam. Größer als die Gegensätze zwischen den großen Religionen waren die Verschiedenheiten zwischen den zahlreichen Bekenntnissen innerhalb der Christen.

Dieses Kapitell aus der Kirche Notre-Dame-du-Port in Clermont-Ferrand zeigt das Ziel der neu gebildeten Ritterorden, als Streiter Gottes die Kirche und ihre Güter gegen Angreifer, Andersgläubige und Laster zu schützen und Gottes Ordnung auf Erden durchzusetzen.

Ritterorden

Zu den folgenreichsten Entwicklungen in der Zeit König Balduins II. von Jerusalem (1118–31) gehört die Entstehung der geistlichen Ritterorden, die eine neuartige Verbindung von monastischen Lebensformen mit einem zum Heidenkampf verpflichteten Rittertum darstellten. Die Mitglieder des Templerordens leisteten die Gelübde von Armut, Keuschheit und Gehorsam. Zusätzlich verpflichteten sie sich, die Pilger auf der Straße vom Hafen Jaffa nach Jerusalem zu schützen. Balduin II. wies den Templern den ehemaligen Tempel Salomos, also die Al-Aksa-Moschee, als Sitz an; von diesem Gebäude erhielten sie ihren Namen. Von den Zisterziensermönchen übernahmen sie als Tracht den weißen Mantel; um sich von diesen zu unterscheiden, versahen sie ihre Mäntel mit einem roten Kreuz. Der Johanniterorden war anfangs eine Vereinigung zur Pflege von erkrankten Pilgern; erst 1137 übernahm er zusätzlich Aufgaben des Grenzschutzes. Templer und Johanniter unterstanden dem Papst.

Der 2. Kreuzzug

Der Widerstand der Muslime gegen die christlichen Staaten ging von Mosul (nördlich von Bagdad am Tigris gelegen) aus. Bereits 1113 stieß der Statthalter von Mosul zum See Genezareth vor und belagerte das Kreuzfahrerheer bei Tiberias. Dabei zeigten sich erstmals die Schwäche und Verwundbarkeit der Kreuzfahrer: Um den großen Heeren aus dem volkreichen Mesopotamien gewachsen zu sein, mussten bei einem ernsthaften Angriff praktisch sämtliche waffenfähigen Männer aufgeboten werden. Eine Niederlage konnte daher zugleich das Ende der christlichen Staaten bedeuten.

Die Eroberung von Edessa durch den Emir von Mosul 1144 war das Ereignis, das den Anstoß zum 2. Kreuzzug gab. Bernhard von Clairvaux vermochte mit seinen Werbepredigten sowohl den französischen als auch den deutschen König zur Kreuznahme zu begeistern. Obwohl die beiden Herrscher mit großen Heeren aufbrachen, wurde das Unternehmen ein völliger Fehlschlag. Konrad III. erlitt gegen die Türken eine schwere Niederlage, und auch die Franzosen

Ostern 1146 rief Bernhard von Clairvaux in Vézelay im Beisein des französischen Königs Ludwigs VII. dazu auf, das Heilige Land von den Heiden und damit gleichzeitig die Seelen der Kreuzfahrer von der Sünde zu befreien. Miniatur um 1490 (Paris, Bibliothèque Nationale).

waren nicht erfolgreich. Als die Reste der Kreuzheere 1148 die Kreuzfahrerstaaten erreichten, griffen sie Damaskus an, das die Christen als heilige Stadt verehrten, weil Paulus dort sein Bekehrungserlebnis hatte. Bis dahin hatte das neutrale Damaskus ein Vordringen der Herrscher von Mosul auf Jerusalem unmöglich gemacht. Der christliche Angriff trieb Damaskus nun in die Arme Mosuls; damit war es nur noch eine Frage der Zeit, bis Jerusalem selbst bedroht wurde. Als nach dem Tode des letzten Kalifen von Ägypten 1171 der aus Mosul kommende Kurde Saladin dort die Macht ergriff und auch das islamische Syrien eroberte, war das Ende abzusehen.

Der Fall von Jerusalem und der 3. Kreuzzug

Saladin schlug die Kreuzritter am 3. und 4. Juli 1187 bei Hattin westlich des Sees Genezareth vernichtend; damit war auch Jerusalem verloren, denn die Christen besaßen nun kein Heer mehr. Jerusalem fiel am 9. Oktober in die Hand der Muslime; Saladin ließ sofort alle Kreuze an den Kirchen entfernen und vor allem die christlichen Spuren am Felsendom und an der Al-Aksa-Moschee tilgen. Dem Siegeslauf Saladins widerstand nur die Stadt Tyrus.

Im Abendland rief die Katastrophe eine heftige Reaktion hervor. Nicht nur Kaiser Friedrich Barbarossa, sondern auch die Könige von Frankreich und England nahmen das Kreuz. Barbarossa wählte den Landweg; im Mai 1189 brachen unter der Führung des Kaisers etwa 20000 Ritter von Regensburg nach Osten auf; den Widerstand des oströmischen Kaisers und des türkischen Sultans von Konya konnte Barbarossa überwinden, und er hatte fast schon die Meeresküste erreicht, als er am 10. Juni 1190 im Fluss Saleph ertrank. Das deutsche Kreuzfahrerheer war aber nach dem Tod des Kaisers nicht mehr zu selbstständigen Aktionen fähig.

Die bestimmende Figur des 3. Kreuzzugs wurde jetzt Richard Löwenherz. Wie der französische König war auch Richard erst 1191 auf dem Seeweg ins Heilige Land gekommen. Im Juli 1191 konnte die bedeutende Hafenstadt Akko zurückerobert werden. Während der französische König anschließend wieder in seine Heimat zurückkehrte, errang Richard eine Reihe von Siegen und erreichte einen dreijährigen Waffenstillstand mit Saladin, durch den die Küste von Tyrus bis Jaffa wieder christlich wurde und der Pilgerweg nach Jerusalem wieder offen stand. Wenige Monate nachdem Richard Palästina verlassen hatte, starb Saladin im März 1193. Da sein Reich alsbald zerfiel, hatte die ungeheure Anstrengung des 3. Kreuzzugs immerhin zur Folge, dass der Restbestand der Kreuzfahrerstaaten für ein weiteres Jahrhundert gesichert war, obwohl es nicht gelungen war, Jerusalem zurückzuerobern.

Papst Innozenz III. und der 4. Kreuzzug

Bereits am Beginn seines Pontifikats war Papst Innozenz III. entschlossen, in einem weiteren Kreuzzug dieses Ziel zu erreichen. Dabei wollte er jedoch nicht den Königen die Führung überlassen. Den Kreuzfahrern wurde ein vollkommener Nachlass aller Sündenstrafen versprochen, und den Geistlichen wurde auferlegt, ein Vierzigstel ihrer Einkünfte für den Kreuzzug abzuliefern.

Die Marbacher Annalen berichten über die Katastrophe des 3. Kreuzzugs 1187:

In diesem Jahr fiel Saladin … mit einem Heere in das Land der Christen ein und erkämpfte einen blutigen Sieg. Mehr als dreißigtausend Menschen wurden niedergemetzelt, Jerusalem zur Übergabe gezwungen und bald darauf von den Heiden besetzt, nachdem alle Bewohner der Stadt entweder gefangen oder nach Bezahlung eines Lösegeldes freigelassen und ausgewiesen worden waren. Auch das hoch zu verehrende heilige Kreuz wurde geraubt, Akko und alle Städte in der Umgebung mit der einzigen Ausnahme von Tyrus erobert und unzählige, unerhörte Gräuel begangen.

Die Miniatur aus dem im Londoner Britischen Museum aufbewahrten Luttrell-Psalter (vor 1340) zeigt Richard Löwenherz im Kampf gegen Saladin, den Sultan von Ägypten und Syrien, während des 3. Kreuzzugs.

Diesmal wollte man zuerst die Muslime in Ägypten angreifen und war dazu auf die Hilfe Venedigs angewiesen. Der betagte Doge Enrico Dandolo handelte für seine Stadt einen günstigen Vertrag aus: Nicht nur eine riesige Geldsumme (85 000 Mark Silber), sondern auch die Hälfte der Eroberungen und der Beute sollte der Republik zufallen. Da die hohe Schifffahrtsgebühr trotz der Sondersteuern nicht aufgebracht werden konnte, schlug Dandolo vor, die Kreuzfahrer sollten durch Kriegsdienste ihre Schiffspassage abdienen. Die Kreuzfahrer zogen also – entgegen einem ausdrücklichen Verbot des Papstes – gegen die an der Adria gelegene Stadt Zadar, die zu Ungarn gehörte, dessen König selbst das Kreuz genommen hatte, eroberten, plünderten und zerstörten sie (November 1202).

Die Einbindung Venedigs und seiner Flotte in die Kreuzzüge erlaubte es der Republik, ihre Seeherrschaft auszudehnen und ihre Macht und ihren Wohlstand zu mehren. Miniatur aus dem Marco-Polo-Codex, 14. Jahrhundert (Oxford, Bodleian Library).

Der Papst hatte auch ausdrücklich verboten, das Byzantinische Reich anzugreifen oder griechische Gebiete zu besetzen; das Verbot blieb aber unbeachtet. Die venezianische Flotte segelte mit den Kreuzfahrern nach Konstantinopel, das im Juli 1203 und nochmals 1204 erobert wurde. Dabei wurde eine ungeheure Beute gemacht. Als »lateinischer« Kaiser wurde von den Venezianern Balduin IX. von Flandern eingesetzt, dem aber nur ein Viertel des Reiches blieb. Die übrigen drei Viertel teilten sich die Venezianer und die Kreuzfahrer auf. Venedig erhielt u. a. die östliche Adriaküste und eine Anzahl von Inseln als Stützpunkte für Handelsfahrten im östlichen Mittelmeer; zahlreiche französische Adlige errichteten Herrschaften in Mittelgriechenland und auf der Peloponnes.

Der Papst hoffte, durch diese Eroberungen könnte die Christenheit wieder vereint und später auch Jerusalem erobert werden. An die Wiedergewinnung der heiligen Stätten war jedoch nicht zu denken, vielmehr brauchte das Lateinische Kaiserreich selbst Hilfe, um sich gegen innere Unruhen, gegen die Bulgaren und gegen das neu entstandene byzantinische Kaiserreich zur Wehr zu setzen.

Der Kinderkreuzzug und der 5. Kreuzzug

Im Juni 1212 trat in einem Dorf bei Vendôme ein Hirtenjunge namens Stephan auf, der von sich behauptete, er sei bestimmt, die Christen ins Heilige Land zu führen. Hauptsächlich Kinder, aber auch Erwachsene schlossen sich ihm an; angeblich 30 000 Personen gelangten nach Marseille, wo sie von Schiffen aufgenommen und in Ägypten als Sklaven verkauft wurden. Auch in Deutschland trat damals ein junger Mann namens Nikolaus auf, dem 20 000 Jungen und Mädchen über die Alpen gefolgt sein sollen. Der Bischof von Brindisi war so vernünftig, den Kindern die Abreise in den Osten zu verbieten; die Deutschen endeten daher nicht als Sklaven im islamischen Bereich, gingen aber im Westen zugrunde. Dass es zu solchen Unternehmungen kommen konnte und sich ihnen – mit wenigen Ausnahmen – weder die weltliche noch die geistliche Obrigkeit entgegenstellte, hing damit zusammen, dass schon bei der Propaganda für den 4. Kreuzzug der Armutsgedanke herausgestellt worden war. Nur unschuldige und waffenlose Kinder – so meinte man – könnten Jerusalem wiedergewinnen.

Unter Papst Honorius III. wurde der 1215 beschlossene Kreuzzug verwirklicht. Sein Hauptstoß richtete sich gegen Ägypten. Dort sollte der am Nil gelegene Hafen Damiette erobert werden, was auch für kurze Zeit gelang (1219); aber das ganze Unternehmen endete unglücklich. Die hochfliegenden Pläne zur Eroberung Kairos scheiterten. Die päpstliche Propaganda machte Kaiser Friedrich II. für das Scheitern verantwortlich, weil er 1221 nicht entsprechend seinem Gelübde nach Ägypten gezogen war.

Friedrich II. gewinnt Jerusalem ohne Kampf

Papst Gregor IX. mahnte den Kaiser schon gleich nach seiner Wahl, sein 1215 abgegebenes Kreuzzugsversprechen endlich einzulösen. Als dann auch das im Sommer 1227 in Brindisi zur Abfahrt bereite Heer nicht losfuhr, weil der Kaiser an einer Seuche erkrankt war, sprach der Papst den Bann über Friedrich II. aus.

Im Gegenzug machte Friedrich bekannt, er werde im Mai 1228 nach Osten aufbrechen. Im September 1228 erreichte seine Flotte Akko; aber der Papst untersagte den Kreuzfahrern, dem gebannten Kaiser Gehorsam zu leisten, sodass Friedrich seine Befehle »im Namen Gottes und der Christenheit« ausgeben musste. Obwohl das Heer der Christen nur klein war und also nicht als Druckmittel eingesetzt werden konnte, brachte Friedrich einen Vertrag mit Sultan al-Kamil zustande, der den Christen einen beträchtlichen Teil des Königreichs Jerusalem auf zehn Jahre zusicherte. Obwohl die Muslime den Tempelplatz mit dem Felsendom und der Al-Aksa-Moschee in ihrer Hand behielten, hatte Friedrich II. mit dieser Übereinkunft mehr erreicht als alle Kreuzzüge seit 1187. Aber in Rom war man nicht zufrieden. Den Patriarchen von Jerusalem, der ein fanatischer Sarazenenhasser war, störte besonders, dass eine islamische Enklave in der Heiligen Stadt erhalten geblieben war und dass die Gebiete in der Umgebung von Jerusalem, in denen der größte Teil des Besitzes seiner Kirche lag, nicht zu dem an die Christen ausgelieferten Landesteil gehörten. Er beschimpfte Friedrich II. als »Schüler Mohammeds«. Diese Angriffe gründeten darauf, dass der Kaiser mit Muslimen verkehrte und seine gesamte Leibwache dem Islam anhing. Nach dem Ablauf des Waffenstillstands machten die Christen Anstrengungen, Jerusalem zu halten; es ging aber 1244 endgültig verloren.

Die Kreuzzüge Ludwigs des Heiligen

Im Dezember 1244 nahm der französische König Ludwig IX. das Kreuz. Nach gründlicher Vorbereitung segelte er im August 1248 vom eigens dafür angelegten Hafen Aigues-Mortes in der Provence ab, um zuerst auf Zypern zu überwintern und dann Ägypten anzugreifen. Obwohl der ägyptische Sultan Zeit genug gehabt hatte, um die Verteidigung seines Landes zu organisieren, gab er relativ

Der Felsendom ist das Wahrzeichen des modernen Jerusalem und das bedeutendste Bauwerk der frühislamischen Zeit; er wurde über einem Felsen, der als Stätte des Abrahamsopfers verehrt wurde, 688 bis 692 errichtet. Von den Muslimen wurde der Felsen mit der visionären Himmelfahrt Mohammeds verbunden, weshalb der Felsendom zu den heiligen Stätten des Islams gehört. Der untere Teil der Fassade des Oktogons zeigt ein Marmormosaik im byzantinischen Stil, der blaue Fliesendekor im oberen Teil geht auf die osmanische Zeit zurück.

Der französische König Ludwig IX., der Heilige, suchte nach dem gescheiterten 6. Kreuzzug den äußeren Frieden und das Ziel einer geeinten Christenheit mithilfe von Verträgen zu erreichen. Er starb 1270 auf dem 7. Kreuzzug. Die Miniatur in einer Vita Ludwigs IX. zeigt den König während einer Überfahrt (um 1330; Paris, Bibliothèque Nationale).

Die Taufe Christi wurde im Mittelalter häufig dargestellt (hier eine Miniatur aus dem Evangeliar der Äbtissin Hitda, Anfang des 11. Jahrhunderts; Darmstadt, Hessische Landesbibliothek). Die Bedeutung dieser Taufe wird auch im Adoptianismus hervorgehoben, der Jesus als Vorbild des Menschen konzipiert, der von Gott in der Taufe adoptiert wurde.

rasch die Hafenstadt Damiette preis. Hier begründete Ludwig ein Erzbistum, in der Hoffnung, bald ganz Ägypten erobern zu können. Der Vormarsch nach Kairo wurde aber gestoppt; der König und viele Kreuzfahrer gerieten in Gefangenschaft. Damiette musste gegen die Person des Königs ausgetauscht werden. Nach diesem Misserfolg kehrte Ludwig nicht sofort nach Frankreich zurück, sondern fuhr zu Schiff nach Akko, von wo aus er die christlichen Befestigungen wieder instand setzte. 1270 unternahm Ludwig der Heilige einen weiteren Kreuzzug, der diesmal nach Tunis führte, doch erlag der König im August desselben Jahres einer Seuche; sein Bruder Karl von Anjou, der Herrscher über Unteritalien und Sizilien, besiegte zwar den dortigen Emir, gab sich aber mit Tributzahlungen zufrieden; weitere Ziele als Kreuzfahrer verfolgte er nicht.

Die Kreuzzugsbewegung war mit dem Fall Akkos, das als letzte Bastion im Heiligen Land 1291 von den Muslimen erobert wurde, nicht beendet. Im 14. und 15. Jahrhundert gab es nicht nur immer wieder Schriften, die zum Kreuzzug aufriefen, sondern es wurden auch mehrere Versuche unternommen, die einstmals christlichen Gebiete des Nahen Ostens wieder zu erobern, jedoch ohne Ergebnis.

Der eine Glaube? – Ketzer im Mittelalter

Karolingerzeit: Vereinzelte Ketzer

Die ersten Ketzer, von denen wir im Mittelalter erfahren, sind im 8. Jahrhundert ein gallischer Priester namens Aldebert, der sich als Wundertäter wie ein Apostel und ein Heiliger verehren ließ, und ein Ire namens Clemens, der die Schriften und Lehren der Kirchenväter verworfen haben soll. Beide wurden mit ihren Anhängern, über deren Zahl wir nichts wissen, durch die Synode von Rom 745 exkommuniziert, über ihr weiteres Schicksal ist nichts bekannt.

Mehrere fränkische Synoden Ende des 8. Jahrhunderts hatten sich mit einer Adoptianismus genannten Häresie zu befassen, die von Spanien aus ins südwestliche Frankenreich vorgedrungen war. Der Adoptianismus versuchte das Verhältnis zwischen menschlicher und göttlicher Natur in der Person Christi zu erklären, indem er Jesus als von Gott in der Taufe adoptierten vorbildlichen Menschen ansah. Vielleicht hängt die Entstehung dieser Lehre damit zusammen, dass sich im damals von den Muslimen beherrschten Spanien das Problem des Monotheismus verschärft stellte. Ob diese Lehre weiter verbreitet war, wissen wir nicht; jedenfalls griff auch hier der Papst ein, indem er auf der Synode von Rom 798 den Hauptvertreter des Adoptianismus, Bischof Felix von Urgel, als Ketzer bannte.

Zweifellos in die Breite wirkte der Mönch Gottschalk von Orbais (†868/869), ein Sachse, dem es zum Problem geworden war, dass seine Vorväter als Heiden ohne persönliche Schuld in Ewigkeit verdammt sein sollten, während er selbst der Seligkeit teilhaftig werden konnte. Aus diesem persönlichen Hintergrund wird verständlich, dass Gottschalk aus Aussagen des Kirchenvaters Augustinus schloss,

Gott habe die Menschen sowohl zum Heil als auch zur Verdammnis vorherbestimmt. Wenn mehrere Konzilien zwischen 848 und 860 diese Lehre verdammten, so auch deshalb, weil man durch Gottschalk, der seine Lehre auch in Predigten in Italien und im Frankenreich verbreitet hatte, die öffentliche Moral gefährdet sah. Er wurde gezwungen, seine Schriften zu verbrennen, und dann in ein Kloster eingewiesen, wo er Schreibverbot erhielt.

Weitere, häufig nur regional auftretende Ketzereien beschäftigten meist nur den ansässigen Klerus bzw. regionale Synoden. Allen Häretikern dieser Zeit ist dabei gemeinsam, dass sie zwar von Synoden verurteilt und teilweise auch körperlich gezüchtigt wurden, aber nicht – wie in späteren Zeiten – hingerichtet wurden.

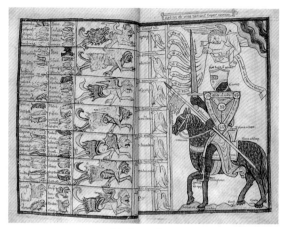

Erste Ketzerbewegungen im 11. Jahrhundert

Erst am Beginn des 11. Jahrhunderts erfahren wir wieder von Ketzern, und zwar diesmal aus Frankreich. Zwischen 1022 und 1025 traten in Orléans, Toulouse, Arras und Lüttich Männer und Frauen auf, die alle Sakramente, auch die Priesterweihe und die Ehe, ablehnten und Kirche und Klerus als unnötig ansahen. Auch das Essen von Fleisch sollen sie abgelehnt haben. Ein vom König geleitetes Gericht verurteilte die Gläubigen aus Orléans als Ketzer zum Feuertod.

1050 ließ Kaiser Heinrich II. aus Lothringen stammende Ketzer in Goslar hängen. Es ist sicher kein Zufall, dass in Frankreich und in Lothringen zuerst solche »Ketzer« auftraten, denn ihr Auftreten hängt mit der durch die Klosterreform ausgelösten religiösen Laienbewegung zusammen. Diese manifestierte sich auch in einer großen Zahl von Konversionen, das heißt von persönlichen Bekehrungserlebnissen, nach denen Adlige und Bauern ins Kloster eintraten.

Der Appell an die Laien, die Einhaltung der Reinheitsvorschriften durch die Kleriker zu kontrollieren, der im Aufruf zum Boykott von Messen verheirateter Priester gipfelte (1059), verschärfte die Kritik an der Kirche, die ein wesentlicher Antrieb der Ketzerbewegung des ausgehenden 11. und des 12. Jahrhunderts war. Noch innerhalb der Kirche blieb diese Kritik in Mailand, wo die Bewegung der Pataria in der Mitte des 11. Jahrhunderts versuchte, die Gebote der Reinheit und das Verbot des Ämterkaufs innerhalb der Kirche durchzusetzen. Wenn die Wortführer dieser Bewegung davon sprachen, die von verheirateten Priestern gespendeten Sakra-

Die Darstellung von Lastern und Häretikern als teufelsähnliche, fratzenhafte Mischwesen war in der mittelalterlichen Ikonographie durchaus geläufig. Der Ritter, der gegen diese Wesen kämpft, kann nicht nur als Verkörperung der Kreuzzugsidee, sondern auch als symbolische Darstellung der das Mittelalter durchziehenden Ketzerverfolgung verstanden werden. Englische Miniatur aus dem 13. Jahrhundert (London, Britisches Museum).

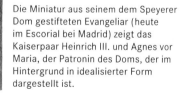

Die Miniatur aus seinem dem Speyerer Dom gestifteten Evangeliar (heute im Escorial bei Madrid) zeigt das Kaiserpaar Heinrich III. und Agnes vor Maria, der Patronin des Doms, der im Hintergrund in idealisierter Form dargestellt ist.

mente seien »Hundekot« und die von ihnen versorgten Kirchen »Viehställe«, so verweisen diese Angriffe zurück auf die französischen Häresien der 1020er-Jahre und voraus auf die Katharer des 12. Jahrhunderts.

Eremitenbewegung in Frankreich

U m 1100 erfasste eine Eremitenbewegung den Norden und den Westen Frankreichs, die gegen den Reichtum der cluniazensischen Klöster und gegen die sich in weltliche Dinge einmischenden Priester gerichtet war. Im Westen wirkte Robert von Arbrissel, der als Wanderprediger die Laien zur Nachfolge der Apostel und zu einem Leben in Armut aufforderte. Im Norden predigte Norbert von Xanten gegen die Unmoral und den Reichtum der kirchlichen Hierarchie. Er wurde vom Bischof von Laon gedrängt, sein Dasein als Wanderprediger aufzugeben und ein Kloster zu gründen; damit wurde er zum Begründer des Prämonstratenserordens.

Robert von Arbrissel wurde ebenfalls von einigen Bischöfen aufgefordert, eine dauernde Niederlassung zu suchen. Anstoß hatte nämlich erregt, dass sich ihm zahlreiche Frauen angeschlossen hatten, die zum Teil ihren Männern davongelaufen waren. Es kamen Gerüchte über sexuelle Exzesse im Umkreis der wandernden Armen auf. Roberts Anhänger ließen sich 1100 in Fontevrault nieder, wo 1101 ein Doppelkloster eingerichtet wurde, das von einer Äbtissin geleitet werden sollte.

Nach 1115 trat – wieder im Bistum Le Mans, wo auch Robert von Arbrissel gewirkt hatte – der Wanderprediger Heinrich von Lausanne auf, der anfangs mit Billigung des Bischofs predigte. Seine Predigten riefen jedoch einen Aufruhr gegen die Geistlichkeit hervor, der mit der Mailänder Pataria vergleichbar ist. Auch Heinrich nahm sich besonders der armen Ehefrauen und der Prostituierten an, die er mit Anhängern verheiratete. Nach seiner Vertreibung aus Le Mans wandte sich Heinrich nach Südfrankreich, wo er noch viel radikalere Anschauungen verbreitete: Er lehnte das Alte Testament und die Kirchenväter ab und akzeptierte allein die Evangelien. Die kirchliche Priesterschaft bezeichnete er als unnütz. Eucharistie spenden und Messe lesen dürfe nur ein Mensch, der ohne Sünde ist. Die Ehe betrachtete er als Vertrag zwischen zwei Personen, mit dem die Kirche nichts zu tun habe, und die Taufe lehnte er ab, da er nichts von der Erbsünde hielt. In der Provence vermochte Heinrich längere Zeit diese Lehre mit Erfolg zu predigen, ohne dass er vor ein bischöfliches Gericht gestellt worden wäre; noch 1145 predigte in Toulouse Bernhard von Clairvaux gegen ihn.

Die Katharer: Ein neuer Glaube

D as 12. Jahrhundert wurde zum Jahrhundert der Ketzer vor allem durch das Auftauchen der Häresie der Katharer, die zuerst 1143 in Köln belegt ist. Der griechische Name, aus dem die Bezeichnung »Ketzer« entstanden ist, bedeutet »die Reinen«, und aus dem griechischen Osten kommt dieser Glaube auch. Im 2. Viertel des

Die französische Benediktinerabtei Fontevrault im Département Maine-et-Loire wurde von Robert von Arbrissel 1101 gegründet.

10. Jahrhunderts hatte der bulgarische Dorfpriester Bogomil dem Kleinadel und den Bauern gepredigt, dass man sich von der Welt abwenden und das fromme Leben der Apostel führen solle. Die Ablehnung des kirchlichen Prunks, der Bilder, der Gebete und der Sakramente wurde verstärkt durch eine Ablehnung der Welt überhaupt. Diese sei nämlich böse, weil sie von Satan, dem anderen Sohn Gottes, geschaffen worden sei. Diese dualistische Anschauung, wonach die sichtbare Welt böse, die unsichtbare aber gut ist, wurde mit einem ganz spiritualistisch verstandenen Christentum verbunden und andere Elemente aus nichtchristlichen Religionen des Ostens, wie die Seelenwanderung, wurden aufgenommen. Als seit 1140 die Bogomilen im Byzantinischen Reich verfolgt wurden, zogen sie sich in die slawischen Gebiete außerhalb dieses Machtbereiches zurück und begannen mit einer Mission, die vor allem Italien und Frankreich ergriff.

Die Anhänger der katharischen Lehre unterschieden sich deutlich von den schwärmerischen Anhängern einzelner Prediger, wie wir sie am Beginn des 12. Jahrhunderts kennen gelernt haben. Sie hatten nämlich eine Organisation, hatten Bischöfe und Glaubenslehrer und bildeten damit eine regelrechte Gegenkirche mit eigener Taufe und Handauflegung als Symbolen der Aufnahme und der Segnung.

Von Anfang an hatte die neue Lehre ihren Schwerpunkt in Südfrankreich; dort lernte sie bereits zwischen 1144 und 1147 Bernhard von Clairvaux kennen; dort wurden Kleriker und zahlreiche Adlige, aber auch einfache Weber und Weberinnen Anhänger der neuen Lehre. 1165 lud der Graf von Toulouse zu einem Rededuell zwischen Katharern und sieben katholischen Bischöfen nach Albi ein. Es sollte sich zeigen, wer die wahren Christen sind, denn die Katharer nannten sich auch »wahre« oder »gute Christen«. In der Diskussion versuchten die Katharer, die nicht vom Evangelium gedeckte prunkvolle Lebensführung der Bischöfe zu brandmarken, während die Bischöfe die Katharer zu Aussagen über ihren Lehrinhalt verlocken wollten, um deutlich zu machen, dass sie Ansichten vertraten, die nicht mehr als christlich bezeichnet werden konnten. Die Katharer vermieden es aber geschickt, ihr Dogma zu verraten; sie gaben nur zu, dass sie das Alte Testament verwarfen.

Das Katharerkonzil, das 1167 in Toulouse stattfand, bekannte sich zum radikalen Dualismus. Von einem engen Kreis der Anhänger dieses Glaubens, den *perfecti*, wurde verlangt, dass er sich von Frauen fern halten und kein Fleisch essen dürfe, weil in den Tieren erlöste Menschenseelen eingeschlossen sein könnten. Da die Katharer nicht schwören und nicht in den Krieg ziehen durften, waren sie in der mittelalterlichen Umwelt leicht zu identifizieren.

Die Waldenser: Laienpredigt und Armutsideal

Kurz nachdem auf dem Katharerkonzil von 1167 der nichtchristliche Charakter dieser Lehre offenbar geworden war, breitete sich im Rhônetal und in Oberitalien eine neue Laienbewegung aus, deren Lehre ganz und gar christlich blieb. Ein Kaufmann aus Lyon

Das Heinrichskreuz ist das Prunkstück des Fritzlarer Domschatzes. Es wurde der Stiftskirche 1020 von Kaiser Heinrich II. überreicht. Das wertvoll gearbeitete Reliquiar zeigt sowohl die große Bedeutung, die der Reliquienverehrung beigemessen wurde, als auch den überaus weltlichen Reichtum der Geistlichkeit, den die so genannten Ketzer rigoros ablehnten.

Oben: Ein geschorener Ketzer im Büßerhemd wird von der kirchlichen der weltlichen Obrigkeit übergeben. Unten: Der Ketzer wird verbrannt, ein Engel bringt die gerettete Seele in den Himmel. Holzschnitt aus dem 15. Jahrhundert.

Aus dem Ketzerdekret des 4. Laterankonzils von 1215:

Wir verwerfen und verurteilen jede Häresie, die sich gegen den heiligen, rechten und katholischen Glauben erhebt. Wir verurteilen alle Häretiker, wie immer man sie bezeichnen mag ... Die verurteilten Häretiker aber sollen den weltlichen Obrigkeiten ... zur gebührenden Bestrafung übergeben werden.

namens Waldes hatte sich von Lateinkundigen das Neue Testament und einige Bücher des Alten Testaments in seine provenzalische Muttersprache übertragen lassen und beschlossen, ein Leben als Wanderprediger zu führen. Sein Vermögen verschenkte er, nachdem er Frau und Töchter versorgt hatte. Auf Straßen und Plätzen, in Häusern und Kirchen predigte er die apostolische Armut und die Nachfolge Christi. Als Papst Alexander III. diese Predigten verbot, ließ sich Waldes nicht beirren und prangerte nun auch das ungeistliche Leben der Kleriker an.

1184 bannte das Konzil von Verona die Anhänger des Waldes, die Waldenser, zusammen mit den Katharern, was zu einer Radikalisierung auch der Waldenser führte, die jetzt wie die Katharer die Lehrautorität der Kirche, die Sakramente, die Heiligenverehrung mit Bildern und Reliquien verwarfen und auch Eid und Todesstrafe ablehnten. Auch gegen Ablass, Zehntleistung und Kriegsdienst wandten sie sich. Wie die Katharer bildeten die Waldenser eine eigene kirchliche Organisation mit Bischöfen, Priestern und Diakonen aus.

Da neben dem Rhônetal und Oberitalien auch Flandern und das Rheinland die Hauptschwerpunkte dieser Häresien waren, hat man immer wieder auch wirtschaftliche Ursachen für ihre Ausbreitung verantwortlich gemacht. Zweifellos waren es vor allem Landschaften mit vielen Städten und einer beweglicheren Bevölkerung, in denen sich die Kritik an der Kirche und an den herkömmlichen gesellschaftlichen Normen ausbreitete. Im Süden Frankreichs waren es allerdings weniger die Städte als die auf dem Lande lebenden Adligen, die der Ketzerei Rückhalt gaben. Die Ausbreitung der Katharer und der Waldenser macht aber vor allem deutlich, wie wenig die Ideale der Kirchenreform des 11. und beginnenden 12. Jahrhunderts die Masse der Geistlichen wirklich ergriffen hatten.

Der Beginn der systematischen Ketzerverfolgung

Schon 1143 in Köln, 1162 in England und 1163 wieder in Köln wurden Katharer verbrannt. Eine systematische Ketzerverfolgung betrieben aber erst die Päpste des ausgehenden 12. Jahrhunderts. 1184 beschlossen Papst Lucius III. und Kaiser Friedrich I. ein gemeinsames Vorgehen gegen die Ketzer, und Papst Innozenz III. nahm gleich am Beginn seines Pontifikats die Ketzerbekämpfung auf.

Bereits 1194 hatte König Alfons II. von Aragonien verfügt, dass alle, die Ketzer bei sich aufnähmen, ihnen zu essen gäben und ihre Predigt anhörten, ihre Güter verlieren sollten. Damit waren die Sanktionen, die von den römischen Kaisern der Spätantike gegen Majestätsbeleidiger erlassen worden waren, auf Häretiker übertragen worden. Diese Analogie wurde von Innozenz III. noch ausgebaut: Es sei schlimmer, die ewige Majestät Gottes zu beleidigen als die zeitliche, und daher seien die gleichen Strafen für Häresie und für Majestätsbeleidigung mehr als berechtigt. Der Papst forderte 1199 die Fürsten auf, das Vermögen der Ketzer und ihrer Freunde zu konfiszieren. Wenn ein Fürst in Häresie verfiel, beanspruchte der Papst, seine Länder den rechtgläubigen Nachbarn zur Eroberung anzubieten.

Die weltliche Obrigkeit solle die Ketzer bestrafen, ihr Eigentum zu gleichen Teilen an die Denunzianten, an das Gericht und an die örtliche Gemeinde fallen. Im Süden Frankreichs wurde dieses neue Recht zum ersten Mal angewandt: Weil die Grafen von Toulouse, von Foix und von Béziers und Carcassonne den Katharern wohlwollend gesonnen waren, wurden sie vom päpstlichen Legaten Peter von Castelnau gebannt. Als ein Ministeriale des Grafen Raimund VI. von Toulouse diesen Legaten am 15. Januar 1208 ermordete, bannte der Papst den Grafen, entband dessen Untertanen vom Treueid und gestattete jedermann, sich des Landes des Grafen zu bemächtigen.

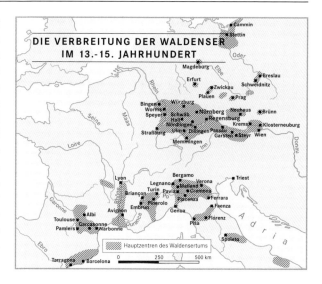

Die Albigenserkriege

Innozenz III. ließ sodann den Kreuzzug predigen, um die Ketzer auszurotten. In Nordfrankreich hatte dieser Aufruf großen Erfolg. Der Abt von Cîteaux und zwei Bischöfe setzten sich an die Spitze des Kreuzheeres. Bei der Eroberung des belagerten Béziers soll das Wort gefallen sein: »Schlagt sie alle tot, Gott wird die Seinen schon erkennen!« Dieses Wort entspricht sicher der Haltung vieler Kreuzfahrer. Mit der Übernahme der Führung durch den Normannen Simon IV., Graf von Montfort, rückten aber zunehmend politische und militärische Ziele in den Vordergrund. Es ging nun verstärkt darum, den Einfluss des aragonesischen Königs in Südwestfrankreich zurückzudrängen. Dies gelang Simon zunächst auch, indem er Peter II. von Aragonien 1213 besiegte, anschließend Toulouse eroberte und den Grafen von Toulouse zwang, nach England zu fliehen.

Nachdem Simon von Montfort im Juni 1218 vor Toulouse gefallen war, bemühte sich der Papst, den französischen König zur Fortsetzung des Kampfes zu gewinnen. Doch weder dem Thronfolger noch Simons Sohn Amalrich gelang es, die Grafschaft Toulouse gegen die angestammten Grafen zu halten. Erst 1229 wurden die Kämpfe in Südfrankreich beendet, wobei der Graf von Toulouse das Gebiet nördlich der Garonne an Frankreich abtreten musste. Vor allem aber musste er sich verpflichten, die Ketzer zu bekämpfen und zu bestrafen. Daraufhin griffen die Katharer zu den Waffen und hielten sich fast zehn Jahre (1234–44). Erst mit dem Fall ihrer Festung Montségur war ihre äußere Macht gebrochen; die Sekte selbst blieb aber bis ins 14. Jahrhundert hinein lebendig.

Die Burg Montségur nordöstlich der gleichnamigen Ortschaft im französischen Département Ariège, auf einem steilen Berg gelegen, war 1234–44 die letzte Zufluchtsstätte der Katharer. Der letzte Aufstand endete mit der Eroberung von Montségur und der Verbrennung von 205 Katharern, die sich weigerten, ihren Glauben aufzugeben.

Die Ketzerinquisition

Das 4. Laterankonzil von 1215 hatte die zuständigen Diözesanbischöfe beauftragt, die Ketzer aufzuspüren, zu überführen und abzuurteilen. Wenn sie ihrem Auftrag nicht nachkamen, sollten päpstliche Legaten als außerordentliche Richter tätig werden.

»Inquisitionsgericht unter Vorsitz des heiligen Dominikus«. Gemälde von Pedro Berruguete, um 1500 (Madrid, Prado).

Der Erlass Friedrichs II. gegen die Ketzer von 1232 entspricht den Forderungen des 4. Laterankonzils:

Wir bestimmen daher, dass Ketzer, welchen Namens auch immer, wo sie innerhalb des Reiches von der Kirche verdammt und dem weltlichen Gericht überwiesen sind, mit der gebührenden Strafe belegt werden. Wenn aber welche von ihnen nach der Verhaftung aus Furcht vor dem Tode zur Einheit des Glaubens zurückkehren wollen, so sollen sie ... lebenslänglich in den Kerker geworfen werden.

Das Siegel des deutschen Mystikers Meister Eckhart (Wolfenbüttel, Niedersächsisches Staatsarchiv).

Papst Gregor IX. befahl im Juni 1227 dem Marburger Propst Konrad, wahrscheinlich einem Prämonstratensermönch, seine Suche nach Ketzern fortzusetzen und die überführten Ketzer von dem bischöflichen Gericht aburteilen zu lassen. Im Oktober 1231 wurde er bevollmächtigt, gerichtlich gegen Ketzer vorzugehen. In den kommenden Jahren verfolgte Konrad von Marburg Ketzer mit einer neuartigen Sondergerichtsbarkeit, die noch für lange Zeit die Ketzerinquisition auszeichnen sollte und sie als Unrecht erscheinen lässt, obwohl sie sich in prozessrechtlich genau festgelegten Bahnen vollzog. Dabei hatten die Angeklagten von Anfang an nur die Wahl zwischen Geständnis der Schuld (dann mussten sie auch Mitwisser nennen) und Leugnung mit Todesfolge, da sie dann als hartnäckige, unbußfertige Ketzer galten. Geständige Ketzer wurden zu Gefängnis- und Bußstrafen verurteilt und mussten ein Büßerkreuz auf ihrer Kleidung tragen. Wer nicht geständig war, wurde verbrannt. Dabei war es schon Konrad von Marburg klar, dass unter den Verbrannten auch Unschuldige waren. Diese bezeichnete er als Märtyrer. Die Zeitgenossen erkannten die Neuartigkeit des Vorgehens Konrads durchaus und erhoben daher auch gegen diese Inquisition massiven Einspruch. Als Konrad von Marburg am 30. Juli 1233 von einem Beschuldigten aus dem hohen Adel ermordet wurde, war die Ketzerinquisition in Deutschland denn auch für einige Zeit beendet.

Eine neue Phase wurde dann durch die Bulle *Ad extirpanda* eingeleitet, die Papst Innozenz IV. 1252 erließ. Mit diesem Gesetz sollte eine feste Organisation für eine systematische Ketzerverfolgung geschaffen werden. Die Inquisitoren sollten jede Stadt und jedes Dorf visitieren und dort die Einwohner zur Denunziation auffordern. Die weltliche Gewalt wurde verpflichtet, die Verdächtigen einzukerkern und diejenigen foltern zu lassen, die nicht gestehen und keine Mitschuldigen benennen wollten. Auch lange Kerkerhaft wurde angewandt, um die Angeklagten zu einem Geständnis zu zwingen.

Nach der Niederlage der Staufer in Italien hatte auch hier die Kirche die Hände frei, um gegen die Häretiker vorzugehen, die besonders in Oberitalien bis in die 2. Hälfte des 13. Jahrhunderts recht stark waren. Die Inquisition erreichte es bis zum Ende des 13. Jahrhunderts, die Katharer und die Waldenser in abgelegene Regionen (Pyrenäen, Alpentäler, Südböhmen) abzudrängen. Ihre Kritik an einer reichen Kirche war schon seit dem Anfang des 13. Jahrhunderts von den Bettelorden, vor allem den Franziskanern, übernommen worden, und diese neuen Orden hatten es auch geschafft, die Bedürfnisse weiter Kreise nach einem religiösen Leben aufzufangen. Die Ketzerei als Massenbewegung war damit vorläufig beendet.

Die Entwicklung des 13. und 14. Jahrhunderts ist dadurch gekennzeichnet, dass einzelne Theologen, aber auch Gruppen von Gläubigen, wie Beginen oder Begarden, der Häresie bezichtigt und auch verurteilt wurden.

Ein wichtiges Ereignis war die Verurteilung von 219 Sätzen von Pariser Professoren durch den Bischof von Paris im Jahre 1277. Auch gegen den deutschen Mystiker Meister Eckhart wurde 1326 ein Inquisitionsverfahren eröffnet. Erst nach seinem Tod (1328) verurteilte eine päpstliche Bulle 17 Sätze Eckharts als häretisch, durch die er das einfache Volk verwirrt habe.

Am Ende des 14. Jahrhunderts entstanden dann neuartige häretische Bewegungen, die auf das Zeitalter der Reformation vorausweisen. Hier sind vor allem John Wycliffe (Wyclif) und seine Anhänger in England und die Hussiten in Böhmen zu nennen. Wycliffe wollte allein die Bibel als Grundlage des Glaubens gelten lassen; die Amtskirche mit dem Papst, den Kardinälen, Bischöfen und den Mönchsorden hielt er für sündhaft; dagegen glaubte er, dass der König die irrende Kirche korrigieren und ihren Besitz wegnehmen dürfe. Obwohl eine Reihe von Wycliffes Anschauungen seit 1377 verurteilt wurden, blieb er bis zu seinem Tod 1384 unbehelligt.

In Böhmen waren bereits seit etwa 1360 Volksprediger aufgetreten, die gegen den Reichtum des Klerus und für eine neue Struktur der Kirche predigten. Böhmische Studenten brachten auch die Anschauungen Wycliffes nach Prag. Zu den böhmischen Wycliffiten gehörte Jan Hus, der seit 1402 als Prediger an der Bethlehemkapelle in Prag einen großen Kreis von Zuhörern erreichte. Hus wurde vom Konstanzer Konzil verhört und verurteilt, weil er sich weigerte, als häretisch geltende Sätze aus seinen Schriften zurückzunehmen. Erst nachdem Hus am 6. Juli 1415 in Konstanz verbrannt worden war, formierte sich in Böhmen eine Bewegung, die den Adel und das Volk weiter Teile des Landes ergriff und trotz gewaltsamer Unterdrückungsversuche bis zur Reformation die prägende religiöse Kraft blieb. Zum Symbol wurde der Kelch, den die Hussiten beim Abendmahl auch an die Laien austeilten.

WILFRIED HARTMANN

Gegen John Wycliffe, dessen scharfe Angriffe auf die Amtskirche schon 1377 verurteilt worden waren, wurden, aufgrund seiner Protektion durch das Haus Lancaster, erst dann konkrete Maßnahmen ergriffen, als man seine Lehre für den Bauernaufstand von 1381 mitverantwortlich machte und einige seiner Artikel für häretisch erklärte. Er wurde aus seiner Pfarrei verwiesen, bis zu seinem Tod 1384 jedoch nicht persönlich verurteilt oder exkommuniziert. Erst das Konstanzer Konzil erklärte ihn 1415 zum Ketzer und ließ 1418 seine Gebeine verbrennen.

Die Verbrennung von Jan Hus auf dem Scheiterhaufen, dargestellt in der »Spiezer Chronik« von Diebold Schilling dem Älteren, 1473 (Bern, Burgerbibliothek).

Judentum zwischen Spätantike und Aufklärung

Siedlungsschwerpunkte

Während in der Antike der Schwerpunkt jüdischer Ansiedlung im nahöstlichen Raum (Mesopotamien, Kleinasien, Palästina/Land Israel) lag, verlagerte er sich vom 6. Jahrhundert an allmählich Richtung Westen. Die jüdischen Gemeinden in Süditalien und Südfrankreich blühten auf. Mit der muslimischen Eroberung Spaniens im Jahr 711 wurde Spanien zu einem Zentrum jüdischen Lebens, bis die christliche Reconquista diesem im 15. Jahrhundert ein Ende setzte. Von Süditalien wanderten Juden Richtung Norden, nach Nordfrankreich und Deutschland. Die ersten Spuren kontinuierlicher Anwesenheit von Juden in Deutschland gehen auf das 10. Jahrhundert zurück. Von hier wanderten sie Richtung Osten. Vertreibungen und Zuwanderungen vom Balkan verstärkten die jüdische Gemeinschaft in Osteuropa. Im 16. und 17. Jahrhundert war Polen neben dem osmanischen Reich größtes jüdisches Zentrum. Hier hatten die 1492/96 aus Spanien und Portugal vertriebenen Juden Zuflucht gefunden. Andere wandten sich nach Nordafrika, vor allem in den Maghreb. Vertreibungen führten zum Ende jüdischer Anwesenheit in England (1290), Frankreich (1394; nicht aus dem päpstlichen Besitz um Avignon!) und Süditalien (1541). Deutschland war eines der wenigen europäischen Gebiete, in dem Juden vom 10. Jahrhundert ununterbrochen bis zur Zeit der Aufklärung leben konnten. Die föderalistische Struktur des Reiches ließ ihnen Zufluchtsorte offen, die in den Staaten mit starker Zentralgewalt nicht vorhanden waren. Mit der Aufklärung sollten die Juden des deutschsprachigen Raums wichtige Funktionen bei der Modernisierung des Judentums bis ins 20. Jahrhundert übernehmen.

In Babylonien und im Land Israel

Die Entstehung des Christentums war zu seiner Zeit kein bedeutendes Ereignis für die jüdische Geschichte. Einige Juden hielten sich in verschiedenen Epochen für den Messias. Auch existierte schon seit der Deportation der Juden nach Babylon im Jahr 586 v. Chr. die jüdische Diaspora. Für die Juden bedeutend wurde das Christentum erst als Staatsreligion im Römischen Reich (4. Jahrhundert). Zur selben Zeit grenzte sich die christliche Kirche immer schroffer gegen das Judentum ab. Die byzantinischen Kaiser erließen viele Bestimmungen, die zum Ziel hatten, den gesellschaftlichen Umgang von Juden und Christen zu verringern und den schlechteren Status der jüdischen Religion öffentlich hervorzuheben. Justinian schützte zwar die Synagogengebäude, gestattete die Beschneidung und gewährte den Juden eine interne Rechtsprechung, doch durften sie keine öffentlichen Ämter ausüben (425), keine christlichen Sklaven halten, keine Konvertiten aufnehmen und keine neuen Synagogen bauen. Besonders judenfeindlich eingestellt war Kirchenvater Hieronymus (um 347–419). Aber auch Augustinus (354–430) war nur bereit, die Juden, die er als mit Blindheit geschlagen betrachtete, in einer schlechten Lage als »Zeugen des Sieges der christlichen Wahrheit« zu dulden. Die unter dem Titel »Adversus iudaeos« (gegen die Juden) zu bezeichnende Literatur wurde zu einem festen Bestandteil christlicher Tradition. Einige Päpste nahmen jedoch Juden gegen physische Übergriffe und Zwangstaufen in Schutz. Diese Vorschriften gegenüber Juden, 1215 erneut zusammengestellt, wurden nicht überall gleich streng durchgesetzt. In den neu missionierten Gebieten Europas befürchteten einige Bischöfe eine jüdische Konkurrenz, wie etwa Agobard von Lyon (769–840). Im nichtchristlichen Bereich geht allem Anschein nach ein nicht unbedeutender Teil der Juden Marokkos, Äthiopiens (*Falascha*), Südarabiens und Jemens auf jüdische Missionare zurück, die dort in der Spätantike und im Frühmittelalter gewirkt haben müssen. Ein Konvertit, König Jusuf Dhu Nuas aus dem südarabischen Haimar, führte 525 sogar Krieg gegen das Byzantinische Reich, weil es judenfeindliche Bestimmungen erlassen hatte.

In Mesopotamien und in Tiberias am See Genezareth befanden sich in der Spätantike bedeutende Gelehrtenschulen, durch die die »mündliche Lehre«, Kommentare zum biblischen Recht, weiterentwickelt und schließlich um 200 (*Mischna*) und 500 (*Gemara*) schriftlich festgelegt worden waren. Diese beide Teile bilden den Talmud, eine

Art Enzyklopädie jüdischen Wissens, die neben Bibelexegese, philosophischen Abhandlungen, ethischer Literatur, Erzählungen *(Haggada)* auch Diskussionsprotokolle über rechtliche Fragen enthält. Der Talmud war und blieb die Basis der religiösen jüdischen Kultur bis heute. Zwei Versionen wurden formuliert, der umfangreichere babylonische und etwas vorher der unvollständig gebliebene Jerusalemer Talmud. Weiter entstanden aramäische Übersetzungen der Bibel, rabbinische Gleichnisse *(Midraschim)* und liturgische Gedichte *(Piutim)*. Im römischen Palästina lag nach der Zerstörung des (zweiten) Tempels (70 n.Chr.) bis zum Jahr 425 der Sitz des jüdischen Patriarchen zunächst in Jamnia (heute Yavne), dann an anderen Orten. Er war der Vertreter der Juden beim römischen bzw. byzantinischen Kaiser. Auch in Mesopotamien existierte eine hierarchische Struktur der jüdischen Gemeinschaft, allerdings in doppelter Ausprägung: Der Nasi oder Exilarch entsprach dem Patriarchen des Römischen Reiches. Sein Amt hatte etwa bis zum Jahr 850 reale Macht. Nachher war es ein bloßer Ehrentitel. In gewisser Konkurrenz dazu befanden sich seit Ende des 6. Jahrhunderts die Vorsteher *(Gaon)* der Talmudhochschulen von Sura und Pumbeditha. Kriegerische Auseinandersetzungen beendeten im 11. Jahrhundert die Blütezeit der babylonischen Juden. Allerdings lebten sie dort ununterbochen bis zum Jahr 1948, dem Zeitpunkt ihrer Vertreibung durch die Baath-Partei. Als besonderes Zeugnis dieser Epoche hat sich die Synagoge von Dura-Europos (3. Jahrhundert) erhalten, die 1932 ausgegraben wurde und zur Überraschung der Archäologen reich ausgemalt war.

Im islamischen Bereich

Wichtig für den entstehenden Islam war die Begegnung von Mohammed mit Juden auf der arabischen Halbinsel. Viele Elemente dieser älteren Religion übernahm er, so das Prinzip der Wallfahrten, des Fastens, des Ruhetages und einige Speisevorschriften. Zuerst sollten die Muslime Richtung Jerusalem und nicht Mekka beten. Allerdings sah der Islam das zeitgenössische Judentum als verderbte Religion an: Seiner Überzeugung nach hatte der Engel Gabriel den wahren Text direkt Mohammed offenbart. Juden und Christen wurden von den muslimischen Herrschern als »Schutzverwandte«, teilweise in Anlehnung an das ältere kanonische Recht, geduldet. Sie mussten in »demütiger« Weise eine Kopfsteuer sowie spezielle Abgaben zahlen und besondere Kennzeichen an den Kleidern tragen. Symbolisch zeigte sich ihr schlechterer Status darin, dass Juden keine Pferde reiten, Christen keine Glocken läuten durften. Nichtmuslimische Gotteshäuser mussten immer niedriger als die nächste Moschee gebaut sein. Auf die Beschuldigung der Blasphemie des Islams hin erfolgte die Zwangskonversion oder Hinrichtung. In der frühen Zeit (9.–11. Jahrhundert) waren die Lebensbedingungen für Juden in Bagdad und in Andalusien trotz dieser Einschränkungen relativ gut. Als Beispiel diene der in Mesopotamien lebende Religionsphilosoph Saadja ben Josef al-Faijumi (882–942), der in seinem Buch »Glauben und Wissen« eine jüdische Antwort auf die damalige arabische Hochkultur formulierte. Viele seiner Werke verfasste er in Arabisch, nicht Hebräisch, denn Arabisch war die Umgangssprache der Juden in Mesopotamien, das nun »Irak« genannt wurde. Diese kulturelle Nähe zwischen Islam und Judentum macht es schwierig zu entscheiden, ob beispielsweise in Bezug auf die Lehrmethode getrennte analoge Entwicklungen oder wechselseitige Beeinflussungen vorliegen. Aus Córdoba stammte der Arzt und Philosoph Moses Maimonides (1135–1204), der nach dem Einfall der maurischen Almohaden aus Spanien flüchten musste und in Fustat (heute zu Kairo) lebte. Er fasste das gesamte jüdische Recht in seinem Werk »Mischne Thora« (Wiederherholung der Lehre) zusammen, das zu den wichtigsten mittelalterlichen jüdischen Büchern gehört. Maimonides war stark von der aristotelischen Tradition beeinflusst und verfasste einen »Führer der Verirrten«, ein Buch, das die Probleme der Bibelexegese in rationalistischer Weise anging. Man spricht daher in der Forschung oft von der »mittelalterlichen Aufklärung« unter den Juden. Gegen diese Seite des Schaffens von Maimonides erhob sich Protest, doch blieben seine anderen Werke maßgeblich.

Juden betätigten sich in Spanien auch prominent am Übersetzungswerk der griechisch-römischen Autoren ins Arabische und Lateinische. Sie haben somit wesentlichen Anteil an der Schöpfung der »abendländischen« Kultur. Dies wird oft nicht entsprechend gewürdigt. Zur Blütezeit des Kalifats in Córdoba (9./10. Jahrhundert) waren Juden der Oberschicht Teil der höfischen Gesellschaft. Sie konnten eine Lücke bei den qualifizierten Berufen ausfüllen, die unter den erobernden Berberstämmen nur schwach vertreten waren. Zudem waren sie zu muslimischen Herrschern loyal, denn sie verfügten nicht wie Christen über ein Hinterland in Nordspanien, wo sich christliche Fürstentümer halten konnten. So betätigten sie sich als Berater, Verwaltungsexperten, Schreiber, Steuer- und Zollpächter, Astronome, Mathematiker, Ärzte und Dichter. Hier durften sie auch Grundbesitz erwerben. Typisch für ihre tief gehende Integration in die arabische Kultur war das Werk Jehuda ben Samuel Hallevis (1075–1144), der auf Hebräisch und Arabisch dichtete, oder das ethische Werk »Pflichten des Herzens« des Religionsphilosophen und Dichters Bachja ben Joseph ibn Paquda (11. Jahrhundert). Es gab sogar einen jüdischen General, Samuel ha-Nagid (993–1056). Die Mittelschicht betätigte sich im Handwerk als Schmiede, Maurer und Wollweber, aber auch im Textilhandel. Besonders die jüdischen Lederbearbeiter waren bekannt. In Spanien entwickelten sich regional unterschiedliche Formen der Liturgie, die auch Jahrhunderte nach ihrer Vertreibung von den Juden beibehalten worden sind.

Juden im christlichen Spanien und in Portugal

Mit der christlichen Reconquista verschlechterte sich die Lage der Juden in Spanien nach dem Fall Toledos im Jahr 1085. Zwangsdisputationen verschärften die Gegensätze. Als Folge wandten sich viele spanische Juden der Innerlichkeit, der Mystik, der *Kabbala*, zu. Ein Hauptwerk ist hier Ende des 13. Jahrhunderts entstanden, das »Buch des Glanzes« (Sohar, verfasst wahrscheinlich von Mose Ben Schem Tov de Leon). 1391 kam es nach Hetzpredigten christlicher Geistlicher zu Ausschreitungen in Sevilla, die sich über die ganze Südküste bis nach Barcelona hinzogen. Die Judenviertel (*juderías*) wurden nun zu Zwangsquartieren. Viele Juden wurden zur Konversion gezwungen. Auch nach dem Abebben der Ausschreitungen wurde ihnen die Rückkehr zur jüdischen Religion nicht gestattet. Nun entstand das Phänomen der *conversos*: Einige dieser Neuchristen blieben insgeheim ihrem Judentum treu. Die spanische Kirche sah sich dadurch herausgefordert und er-

langte 1481 beim Papst die Erlaubnis zur Errichtung einer Untersuchungsbehörde, der Inquisition. Diese zögerte nicht, Menschen lebendigen Leibes zu verbrennen. Der Kontakt zwischen den übrig gebliebenen Juden und den *conversos* diente als Vorwand zur Vertreibung der Juden aus Spanien im Jahr 1492. In Wirklichkeit diente sie der Durchsetzung königlicher Macht gegenüber den Adligen, die Juden oft in Schutz genommen hatten, und der Bereicherung des Besitzes der Krone. Die nach Portugal Geflüchteten wurden 1496 zwangsgetauft. Trotzdem blieb die spanisch-portugiesische Gesellschaft vom Geist der Inquisition geprägt. Ein allgemeines Denunziantentum entstand und kryptorassistische Vorstellungen waren weit verbreitet. Blutreinheitsstatuten (*limpieza de sangre*) wurden verordnet und Anwärter auf kirchliche oder Ordensämter mussten nachweisen, dass sie Generationen zurück nicht von *conversos* abstammten. In der Forschung wird diskutiert, ob die Inquisitionsprotokolle ernst genommen werden dürfen oder ob die durch Folter erpressten Geständnisse bloße Erfindungen sind. Nach einer erneuten Verschärfung der Inquisition in Portugal setzen sich um 1570 von hier zahlreiche Converso-Familien Richtung Frankreich ab. Die jüdischen Gemeinden von Bordeaux, Bayonne und Biarritz entstanden so. Um 1600 fanden *conversos* ihren Weg nach Amsterdam, wo die größte sefardische Gemeinde Nordeuropas entstand, und Hamburg sowie 1653 nach London. Nach einem biblischen geographischen Ausdruck bezeichnete man im Mittelalter die Iberische Halbinsel mit dem Ausdruck *Sefarad*. Davon leitet sich die noch heute verwendete Bezeichnung der *Sefaradim* oder sefardischen Juden ab. Allerdings wird der Begriff heute oft fälschlicherweise auf alle nordafrikanischen und orientalischen Juden ohne spanische Vorfahren angewendet.

Juden im Deutschen Reich

Ein anderer biblischer geographischer Ausdruck, *Aschkenas*, wurde etwa zur selben Zeit mit Deutschland gleichgesetzt. Zur Karolingerzeit waren die jüdischen Fernhändler sehr angesehen. In lateinischen Urkunden wird oft nicht zwischen Kaufleuten und Juden unterschieden und Bischof Rüdiger von Speyer schrieb im 11. Jahrhundert, er wolle seine Stadt durch die Präsenz der Juden ehren. In Speyer, Worms und Mainz entwickelten sich bedeutende jüdische Gelehrtenschulen. Aus dieser Zeit haben sich in Worms der Friedhof – der älteste Europas – und die in großen Teilen 1961 rekonstruierte Synagoge erhalten. Hier entstand das aschkenasische Judentum, das noch heute die größte Gruppe unter den Juden bildet. Für das

Auf dem 4. Laterankonzil 1215 wurde nicht nur das Vorgehen der Inquisition festgelegt, sondern auch die Diskriminierung der Juden forciert, indem für sie eine Kennzeichnungspflicht vorgeschrieben wurde. Zu den so genannten Judenkennzeichen gehörte auch der Judenhut, wie er auf der Miniatur des Süßkind von Trimberg (rechts), eventuell einziger Jude unter den Minnesängern, in der »Manessischen Handschrift« dargestellt ist (Heidelberg, Universitätsbibliothek).

mitteleuropäische Judentum prägend waren die Statuten dieser drei rheinischen Gemeinden *(Takkanoth Schum)*. Die bedeutendste Persönlichkeit war Rabbi Salomo ben Isaak (1040–1105), kurz Raschi genannt. Er kommentierte fast die gesamte Bibel und den Talmud. Aus dem nordfranzösischen Troyes stammend, wirkte er einige Jahre in Worms. In Nordfrankreich hatte sich eine weitere Gelehrtenschule gebildet, die »Weisen Zarfats«, das heißt Frankreichs. Ihr Werk floss in das Erbe des aschkenasischen Judentums ein, wie sich auch viele französische Juden durch die Vertreibungen im 14. Jahrhundert nach Deutschland wandten. Unter den Juden Deutschlands entwickelte sich eine elitäre Frömmigkeitsbewegung, die »Frommen Aschkenas«, deren Anführer Juda he-Chassid aus Regensburg (um 1200) war.

Die Judenviertel des frühen Mittelalters basierten auf Freiwilligkeit und waren nicht etwa aufgezwungen. Zudem befanden sich viele der frühen Judengassen in angesehenen Wohngegenden. Dies sollte sich mit der allgemeinen Verschlechterung des Rechtsstatus der Juden jedoch ändern. 1236 entwickelte Kaiser Friedrich II. die Ideologie von der Kammerknechtschaft der Juden. Er definierte sich als Nachfolger der römischen Kaiser, die die Juden nach der Zerstörung des Tempels in Jerusalem als Sklaven der kaiserlichen Kammer behandelten. Er wollte nun alleine – ohne den Papst – über das Recht, Juden anzusiedeln, verfügen. Dieses »Judenregal« verkauften die deutschen Kaiser in der Folge an kleinere Territorialherren. Daraus entwickelte sich der »Judenschutz«. Äußeres Zeichen für die Verschlechterung der Rechtslage waren auch die Zutaten zum Judeneid, die teilweise sehr diskriminierende Formen annahmen (z.B. Stehen auf einer Schweinehaut). Diese Eidformeln haben sich in vielen deutschen Staaten erstaunlicherweise bis Mitte des 19. Jahrhunderts erhalten.

Einen Einschnitt für die Geschichte der Juden im Deutschen Reich bedeutete die Verfolgung durch die Kreuzritter im Jahr 1096. Von diesem Schlag erholten sich die rheinischen Gemeinden erst allmählich im 12. Jahrhundert. Verfolgungen ereigneten sich 1298 in Franken und 1336/38 im Elsass, Schwaben und der Steiermark. Einen besonders tiefen Einschnitt bildeten die Zerstörungen im Gefolge des schwarzen Todes der Jahre 1348/49. Den Juden wurde unterstellt, durch Brunnenvergiftung schuld an der Pest zu sein. Hunderte jüdischer Gemeinden wurden zerstört und Tausende Menschen ermordet. Zwischen 1350 und 1519 drängte das erstarkende christliche städtische Bürgertum die überlebenden Juden aus Konkurrenzgründen endgültig aus den meisten deutschen Städten.

Hier war die Zunftverfassung stark entwickelt. Als christliche Brüderschaft konzipiert, ließen die Zünfte keine Juden zu. Deshalb finden wir im mittelalterlichen und frühneuzeitlichen Deutschland, im Gegensatz zu Osteuropa, keine jüdischen Handwerker. In Prag gab es zwar jüdische Zünfte, doch durften ihre Mitglieder nur für jüdische Kunden arbeiten. Vom 12. bis 15. Jahrhundert war der Geldhandel die in den Quellen am häufigsten belegte Tätigkeit der deutschen Juden. Städtische jüdische Ansiedlungen blieben nach 1519 nur noch in Worms, Frankfurt am Main, der Reichsburg Friedberg in Hessen und Prag auf der Basis kaiserlichen Schutzes übrig. Das Stadtpatriziat in Frankfurt drängte die Juden 1462 in die »Judengasse« ab und nahm damit die Entwicklung des Jahres 1516 in Venedig voraus, für die das Wort Ghetto verwendet wird. Die Ansiedlung auf dem Land wurde in Süddeutschland (Hessen eingeschlossen) und Elsass-Lothringen, aber auch in Böhmen und Mähren dominant. Ein anderer Teil der Juden wandte sich nach Osteuropa und Norditalien. Hierhin nahmen

In der karolingischen Buchmalerei und Elfenbeinkunst wurde das in der Kunst weit verbreitete Motiv »Ecclesia und Synagoge« entwickelt, weibliche Personifikationen von Altem und Neuem Testament, die den Sieg des Christentums über das Judentum symbolisieren. Die Darstellung war oft verbunden mit antijüdischer Polemik: Ecclesia (Kirche, das heißt: die katholische Kirche), zur Rechten Christi (im Bild also links) wird von Christus gekrönt, sie trägt das Kreuzbanner, neben ihr ein Taufbecken; Synagoge (das Judentum), ohne Krone, steht neben dem rechts aufklaffenden Höllenrachen, in den sie von Christus fast hineingestoßen wird; ihr Bannerstab ist zerbrochen (Miniatur um 1200; Gent, Universitätsbibliothek).

sie ihre Gruppensprache, das Jiddische, mit. In Italien übernahmen sie bald das Italienische, im polnisch-russischen Raum dagegen behielten sie das Jiddische bis zur Zerstörung des europäischen Judentums durch die Nationalsozialisten bei.

Beziehungen zwischen Christen und Juden

Die Kirche haftete den Juden im 13. Jahrhundert das Odium des Wuchers an, obwohl auch christliche Händler immer Zinsen nahmen. Volkstümlicher Aberglaube unterstellte, Juden

würden insgeheim Hostien schänden und kleine Kinder töten, um das Blut für ihre ungesäuerten Brote (*Mazzot*) zu verwenden, und überhaupt in Verbindung mit dem Teufel stehen. An vielen mittelalterlichen Kathedralen findet sich noch heute die Darstellung einer »Judensau«. Allerdings gab es im Bereich der Magie gegenseitige Berührungspunkte. Christen behalfen sich der angeblichen Kräfte jüdischer Amulette. Umgekehrt wirkten christliche Bräuche auch auf Juden. Das symbolische Sündenwegwerfen, das unter orthodoxen Juden zur Zeit der hohen Feiertage im Herbst üblich ist, soll auf einen Brauch von Kölner Christen zurückgehen wie auch das Anzünden eines »Jahrzeitlichts« für Verstorbene. Interessant ist auch, dass einige hebräische bzw. jüdisch-deutsche Ausdrücke in die allgemeine deutsche Umgangssprache eingingen. Dies ist schon seit Beginn des 16. Jahrhunderts zu beobachten.

Während die Humanisten ein positives Interesse am Hebräischen zeigten, Sebastian Münster (1488–1552) eine gewisse Meisterschaft entwickelte und Johannes Reuchlin (1455–1522) schwere hebräische mystische Schriften lesen konnte, gingen von der Reformation kaum positive Signale für die Juden aus. Während sich Johannes Calvin und Ulrich Zwingli mit Äußerungen über Juden und Judentum zurückhielten, brach der alternde Martin Luther 1543 in zornige Ausfälle aus (»Von den Juden und ihren Lügen«). Er wollte die Synagogen verbrennen, die Rabbiner vertreiben sowie die Juden zu schwerer Landarbeit zwingen. Die Fürsten nahmen seine drakonischen Vorschläge allerdings nicht ernst. Nur bei Landgraf Philipp I. von Hessens Judenordnung aus dem Jahr 1539 mag man schon frühe lutherische Einflüsse verspüren. Die Abgaben der Juden waren für die Fürsten und Ritter eine willkommene Geldquelle und überwogen theologische Ressentiments. Josel von Rosheim (um 1478–1554) wirkte zu Luthers Zeit als Interessenvertreter der Juden und hatte direkten Zugang zum Kaiser. Versuche, eine reichsweite Organisation der Juden aufzubauen, scheiterten jedoch zu Josels Zeit oder wurden verboten (1603).

Wirtschaftliche Tätigkeit

Mit der Vertreibung aus den Städten suchten sich die Juden Nischen in der ländlichen Wirtschaft: Der Agrarhandel (Vieh-, Pferde-,

Wein-, Getreide- und Hopfenhandel) breitete sich neben dem Hausieren allmählich aus. Sie nahmen im Gegensatz zu landläufigen Vorurteilen eine von ihren bäuerlichen Kunden erwünschte geographische Vermittlungsfunktion wahr und unterschieden sich von ihren christlichen Berufskollegen auch hinsichtlich der früher üblichen Lieferung auf Kredit nicht. Die Landjuden waren meist arm und nur ein breit abgestütztes Fürsorgewesen konnte den Ortsarmen und herumziehenden Bettlern eine kärgliche Existenz ermöglichen. Meist erhielten sie Leistungen in Form von Naturalien, einer Beherbergung für einen Tag bei einer jeweils anderen Familie. Durch die natürliche Vermehrung muss um die Mitte des 18. Jahrhunderts ein immer größeres Problem entstanden sein, das mit den herkömmlichen Strukturen fast nicht mehr zu lösen war. Einige völlig verarmte Juden, die das Schutzgeld nicht mehr zu bezahlen vermochten und deshalb kein Wohnrecht mehr hatten, schlossen sich Gaunerbanden an.

Jüdische Kunst

Im Milieu der Landjuden entstand eine jüdische Volkskunst: Geschickte Frauen verzierten Thorawimpel, die zum Zusammenhalten der Thorarollen aus Pergament dienten, mit bunten Stickereien oder stellten Mäntelchen und Kronen für sie her. An einigen ländlichen Orten wurden repräsentative Synagogen gebaut. Nur sehr wenige Beispiele sind nicht von den Nationalsozialisten zerstört worden, etwa die barocke Synagoge Ichenhausen in Bayerisch-Schwaben. Bunte barocke Wandmalereien haben sich in der kleinen Holzsynagoge zu Unterlimpurg im Stadtmuseum von Schwäbisch Hall erhalten. Reste finden sich in den renovierten Synagogen von Odenbach bei Kaiserslautern und in Mainz-Weisenau.

Lebensbedingungen der Juden

In vielen Territorien entstanden »Landesjudenschaften«, meist ein fiskalisches Instrument der Obrigkeit zum Eintreiben der Judenschutzgelder und anderer Abgaben. Die Schutzherren waren hier sehr erfinderisch: Ein Leibzoll und höherer Warenzoll verschlechterte die Wirtschaftsbedingungen für jüdische Händler, neben den Schutzgeldern waren noch »Geschenke« an die Beamten und Abgaben an die politischen Gemeinden (Wei-

de-, Brunnengelder), ja sogar an Pfarrer üblich. In den kleinen Reichsritterschaften galt ein »Schutzbrief« für alle jüdischen Familien eines Ortes. Hier konnte der jüdische Bevölkerungsanteil teilweise recht hoch sein. In Süddeutschland gab es einige Dutzend Orte, wo die Juden fast die Hälfte der Dorfbevölkerung ausmachten. Vereinzelt hatten sie sogar eine Art politisches Mitspracherecht (Orte in Bayerisch-Schwaben und Fürth). Der Schutzbrief wurde auf eine befristete Zeit (acht bis sechzehn Jahre) ausgestellt und konnte erneuert werden. Vertreibungen kamen nur noch lokal vor. Berühmtestes Beispiel ist diejenige von Wien, wo 1670 die meisten jüdischen Familien aus dieser Stadt ausgewiesen wurden. Ein Teil von ihnen bildete den Kern der damals neu entstehenden Berliner jüdischen Gemeinde. Auch bei Neugründungen von Städten wurden Juden beigezogen, hier wäre auf die Beispiele Mannheim (1660/92) und Karlsruhe (1715/22) hinzuweisen.

Juden in Osteuropa

Die ersten Spuren fester Ansiedlung von Juden in Polen gehen auf das 11. Jahrhundert zurück. Hier boten sich ihnen bessere wirtschaftliche Möglichkeiten, da die Zünfte weniger stark ausgebildet waren. So betätigten sich Juden in Gewerbe und Handwerk. Die jüdische Elite pachtete vom polnischen Adel landwirtschaftliche Güter. Diese Arbeit erachteten die Aristokraten nicht als standesgemäß. Damit verbunden war oft eine Konzession zum Betreiben einer Schenke und zur Herstellung von Branntwein. Der jüdische Gastwirt wurde zu einer typischen Erscheinung der Berufsstruktur der Juden Osteuropas. Polen war zwischen 1500 und 1648 ein bedeutendes geistiges jüdisches Zentrum. Die Rabbiner Moses ben Israel Isserles (1525–72) und Salomo Luria (1510–73) leiteten als hoch angesehene Autoritäten Gelehrtenschulen mit internationaler Ausstrahlung. Die Großgemeinden Krakau, Lemberg, Lublin und Posen dominierten das jüdische Leben im Königreich Polen. Ihre Gemeindestruktur war im Großen und Ganzen dem Magdeburger Städterecht nachgebildet. Zwölf angesehene Juden bildeten den Vorstand. Jeden Monat diente ein anderer als Vorsteher. Die Versammlung der Haushaltsvorstände bildete eine Art Legislative und Wahlbehörde für die Fürsorgeinstitutionen. Religiöse Autorität waren die Rabbiner, die zu dieser Zeit meist von den Gemeinden angestellt wurden.

Ein fiskalischen Zwecken dienendes Gremium (Einzug der Kopfsteuer zugunsten der polnischen Krone), die Vierländer-Synode (so genannt nach den vier traditionellen polnischen Landschaften), entwickelte sich nach 1580 zu einem innerjüdischen Koordinationsinstrument, das bis 1764 bestand. Eine ähnliche Organisation existierte zwischen 1623 und 1761 unter den litauischen Juden, die ihr Zentrum in Wilna hatten. Im Gebiet der heutigen Ukraine hatte sich in den 1640er-Jahren ein heftiger Gegensatz zwischen ukrainischen Bauern und jüdischen Pächtern entwickelt, der im großen Kosakenaufstand von Hetman Sinowji Bogdan Chmelnizkij im Jahr 1648 zur Entladung kam. Dies bedeutete das Ende des »goldenen Zeitalters« für die Juden in Polen, wenn auch die zeitgenössischen Schilderungen die Auswirkungen der Pogrome etwas zu drastisch beschrieben haben. Ein Teil der Juden ließ sich in weiter östlich und nördlich gelegenen Gebieten (Litauen) nieder. Mit den polnischen Teilungen wurden sie nun österreichische, russische und preußische Untertanen.

Juden in Italien

Süditalien war vom 9. bis 13. Jahrhundert ein jüdisches Zentrum. In Rom waren Juden sogar seit der Epoche von Kaiser Augustus ununterbrochen wohnhaft. Da das Königreich Neapel seit dem 15. Jahrhundert dynastisch mit Spanien verbunden war, wurden die Juden 1541 ebenfalls vertrieben. In Mittel- und Norditalien konnten sie dagegen weiter wohnen. Früher als für Polen kann hier von einer Blütezeit jüdischer Kultur (1230–1550) gesprochen werden. In Mantua im 16. Jahrhundert, in Livorno (seit 1597), einem Umschlagplatz des Levantehandels, und später in Venedig entwickelten die italienischen Juden eine vielfältige Tätigkeit. Die italienische Renaissance zeigte Interesse an der hebräischen Sprache und umgekehrt waren die dortigen Juden mit der höfischen Kultur gut vertraut. Es gab jüdische Tanzlehrer, Dichterinnen, wie Sara Copia Sullam (um 1590–1641), und sogar Komponisten, wie Salomone de' Rossi (um 1570–1630), der zur Entstehung der Gattung der Oper beitrug, aber auch den synagogalen Gesang auf zeitgenössisches Niveau

heben wollte (»Die Lieder des Salomon«, Venedig 1622). Interessant ist auch, dass wir in Italien die ersten jüdischen Beerdigungsbruderschaften (*Chewra Kadischa*) antreffen, aus denen sich das differenzierte jüdische Fürsorgewesen entwickeln sollte. Erst die schärfere Haltung der Gegenreformation gegenüber Nichtkatholiken drängte die Juden in der 2. Hälfte des 16. Jahrhunderts auch in Italien in Ghettos ab. Besonders rigoros verfuhr der Kirchenstaat, der mittelalterlichen Schikanen gegen die Juden wieder Geltung verschaffte.

Juden im Osmanischen Reich

Im Osmanischen Reich wurde die schon lange vor der Invasion der Türken in Istanbul wohnende jüdische Bevölkerung (griechischsprachige »Romanioten« mit einem eigenen byzantinisch-jüdischen Ritus) von der Zuwanderung der spanischen Juden nach 1492/96 sehr beeinflusst. In Saloniki sprachen die spanisch-jüdischen Emigranten noch bis ins 20. Jahrhundert Ladino, ein mit hebräischen Wörtern durchmischtes Kastilianisch des 15. Jahrhunderts. Istanbul, Saloniki und İzmir waren die »Mutterstädte in Israel« im Osmanischen Reich. Doña Gracia Mendes-Nassí (1510–69), eine Fernhändlerin mit Sitz in Istanbul, versuchte sich 1556/57 gegen die päpstlichen Judenverfolgungen mit einem Handelsboykott von Häfen des Kirchenstaates zu wehren, doch ohne Erfolg. Mitte des 17. Jahrhunderts verwirrte ein Pseudomessias namens Sabbatai Zwi (1626–76) die Geister. Er trat zum Entsetzen der jüdischen Autoritäten im Jahr 1666 zum Islam über. Eine kleine Gruppe hielt ihm dennoch die Treue. Sie existierte bis ins 20. Jahrhundert. Die Juden formten wie alle nichtmuslimischen Minderheiten im osmanischen Reich eine ethnisch-religiöse Gruppe, ein *Millet,* dem weitgehende innere Autonomie zugesprochen wurde. Versuche, ein Oberrabbinat zu errichten, scheiterten im 16. Jahrhundert an innerjüdischen Widerständen. Zu stark war die autonome Tradition der einzelnen Gemeinden. Die Hoheit des Osmanischen Reiches erstreckte sich zu dieser Zeit bis nach Tunesien und Libyen. Man weiß mangels Quellen nur sehr wenig über die Lage der dortigen Juden in dieser Zeit. Europäische Reisende berichten im 17. und 18. Jahrhundert von willkürlichen Bedrückungen durch die lokalen Herrscher. Letzteres galt auch für das unabhängige Sultanat Marokko. Hier waren im Norden die ladinosprachigen Juden dominant, im Süden arabischsprachige. Ein jüdischer Aufklärer aus Mantua, Samuel Romanelli, verfasste Ende des 18. Jahrhunderts einen kritischen Reisebericht.

Obwohl nur wenige Juden im Palästina des 16. Jahrhunderts lebten, war neben Jerusalem die Stadt Safad oberhalb des Sees Genezareth ein geistiges Zentrum. Hier verfasste der Rechtsgelehrte Josef Karo (1488–1575) sein Werk »Schulchan Aruch« (Gedeckter Tisch), eine praktisch orientierte Zusammenfassung des jüdischen Rechts. Der oben erwähnte polnische Rabbiner Moses ben Israel Isserles verfasste einen ergänzenden Kommentar (*Mappá,* Tischtuch) dazu, der die Annahme des Werkes unter den aschkenasischen Juden förderte.

Neue Entwicklungen im 18. Jahrhundert

In der ersten Hälfte des 18. Jahrhunderts entstand eine neue Bewegung im polnischen Judentum, der Chassidismus. Rabbiner Israel ben Eliezer, genannt Baal Schem Tov (Meister des guten Namens, um 1700–60), entwickelte sich zum sagenumwobenen Gründervater. Nun sollte der neue Typ des charismatischen Wunder-»Rebbe« eine Herausforderung für das Gemeindeestablishment darstellen. Mystisches Erleben und ekstatische Zusammenkünfte waren Merkmale dieser Form jüdischer Frömmigkeit. Die Chassidim wählten sogar eine andere Variante der Liturgie aus, die spanisch-jüdische, und bauten eine eigene Gemeindeinfrastruktur (z. B. eigene Schlachtereien) auf. Diese Bestrebungen traten in einen scharfen Gegensatz zur litauisch-jüdischen Gelehrsamkeit, wo allen voran der Gaon Elia aus Wilna (1720–97) die Chassidim mit scharfen Mitteln (Eheverbote, Bannflüche, Bücherverbrennungen) bekämpfte. Erst die Ausbreitung der Aufklärung unter den osteuropäischen Juden schwächte diese Gegensätze zu Beginn des 19. Jahrhunderts ab. Sie sind jedoch im orthodoxen jüdischen Milieu bis heute zu erkennen.

Etwas phasenverschoben zur Entstehung des Chassidismus bahnte sich eine andere Entwicklung in Deutschland an. Moses Mendelssohn (1729–86) aus Dessau erwarb sich autodidaktisch eine breite allgemeine Bildung, die weit über den Rahmen des unter deutschsprachigen Juden bisher Üblichen hinausging. Seine Aufsätze wurden vom christlichen Bildungsbürgertum geschätzt, und Mendelssohn wurde zum *célèbre juif* (gefeierten Juden) in Berlin. Aufklärerischer Kritik am Judentum hielt er 1783 sein Alterswerk »Jerusalem oder über religiöse Macht und Judentum« entgegen und erregte damit größte Aufmerksamkeit. Die Aufklärer begannen, die Theorien über die »Regeneration« der Gesellschaft nun auch auf die Juden anzuwenden. Der Gelehrte Christian Wilhelm Dohm (1751–1820) spielte 1781 in seiner bahnbrechenden Schrift »Über die bürgerliche Verbesserung der Juden« sogar mit dem Gedanken, den Juden Bürgerrechte zu erteilen. Es folgte eine aufgeregte Diskussion über die zukünftige Rechtsstellung der Juden.

Moses Mendelssohn gehörte zur schmalen städtischen Elite unter den deutschen Juden. Diese hatte sich vom 17. Jahrhundert an neu gebildet, als sich einige Dutzend jüdische Händler als Hoflieferanten (»Hoffaktoren«) betätigten und ihren Wohnsitz in den städtischen Residenzen nehmen durften. Die jüdischen »Hoffaktoren« verschafften sich oft mehr Rechte, als die übrigen Juden hatten. Dies unterhöhlte den althergebrachten Rechtsstatus der Juden, und so darf man diese »Hofjuden« bis zu einem gewissen Grad als Vorbereiter der späteren Emanzipation des 19. Jahrhunderts sehen. Eine interessante Quelle zur Familien-, Kultur- und Wirtschaftsgeschichte der jüdischen Mittelschicht bilden die Erinnerungen der Schmuckhändlerin Glückel von Hameln (1645–1724), die im norddeutschen Bereich tätig war. Die größte jüdische Stadtgemeinde in Deutschland im Jahr 1800 war Hamburg mit wohl an die 7000 Angehörigen. Allerdings blieben die ländlichen Juden bis lange nach der Aufklärung die dominante Gruppe unter den deutschen Juden.

In der Folge der spätestens seit dem ausgehenden 18. Jahrhundert unterschiedlichen Entwicklung sollten sich die Juden des deutschsprachigen Raums von denjenigen Osteuropas stark unterscheiden. Sie entwickelten eine moderne jüdische Pädagogik, die »Wissenschaft des Judentums« (Judaistik), drei moderne religiöse Strömungen (liberal, konservativ, neo-orthodox), kämpften jahrzehntelang um ihre Gleichberechtigung und verbesserten die Stellung der jüdischen Frau.

Uri R. Kaufmann

Vielfalt in der Einheit

Der heilige Dominikus rettet Pilger aus den Fluten der Garonne (Ausschnitt aus einem Altarbild, Barcelona, Abadia de Santa Clara).

Mitte des 13. Jahrhunderts war den Bettelorden das Recht zur Abnahme der Beichte nach einigen Widerständen zugesprochen worden. Relief mit Beichtszene von Alberto di Arnoldo (Florenz, Dommuseum).

Arm oder reich – Der Armutsstreit

Im 12. und 13. Jahrhundert entstand in Europa eine Vielzahl religiöser Bewegungen gerade unter Laien. Einen hohen Stellenwert besaß dabei die Forderung nach persönlicher Armut in der Nachfolge Jesu und der Apostel, die bereits Zisterzienser und Prämonstratenser beeinflusste. Dabei bestand zwischen der Armut als religiösem Ideal und der Armut als bitterer Lebensrealität für weite Teile der Bevölkerung eine widersprüchliche Spannung.

Zunehmend konnte die Kirche die neuen Orden einbinden, zumal auch deren Gründer häufig die offizielle Bestätigung suchten. Schließlich zählte man vier große Bettel- oder Mendikantenorden: die Dominikaner aus eher traditioneller Wurzel, die außerhalb der Amtskirche entstandenen Franziskaner, die aus der kirchlich betriebenen Vereinigung bestehender italienischer Einsiedlerorden erwachsenen Augustinereremiten und die ursprünglich in Palästina ansässigen Karmeliter. Andere, aber nicht alle Orden mit gleichfalls weiterer Verbreitung löste 1274 das zweite Lyoner Konzil entsprechend den Beschlüssen des Laterankonzils von 1215 auf. Außer der Tatsache, dass die Bettelorden Unruhepotenzial banden, besaßen sie für die römische Zentrale den Vorteil, dass ihre Mitglieder vom Papst direkt an der bestehenden kirchlichen Hierarchie vorbei für bestimmte Zwecke eingesetzt werden konnten. Die Stellung der Beginen und Begarden innerhalb der Amtskirche blieb dagegen unsicher, der Häresieverdacht, d.h. der Vorwurf der Ketzerei, lag stets nahe.

Dominikaner und Franziskaner

Schon die Gründer lassen die Unterschiede beider Orden erkennen: Dominikus war Regularkanoniker, bevor er im Languedoc gegen Albigenser wirkte und schließlich als Wanderprediger agierte. Seiner 1215 gegründeten Gemeinschaft verlieh der Papst 1216 zunächst eine modifizierte Augustinerregel, 1217 folgte dann die Ausweitung zum allgemeinen Orden durch Dominikus. Auf dem ersten Generalkapitel in Bologna 1220, neben Paris Ordenszentrum, beschloss man vollkommene Armut sowie Bettel- und Predigttätigkeit der Mönche. Dagegen löste sich Franz von Assisi von seiner Kaufmannsfamilie und beschloss 1208, gemeinsam mit anderen in Armut und Heimatlosigkeit zu leben und durch das eigene Vorbild zur Buße aufzurufen. Bereits 1210 erkannte Papst Innozenz III. die gemeinsame Lebensführung an und integrierte so diese Laienbewegung. Der Lebensunterhalt sollte mit (Hand-)Arbeit, erst in zweiter Linie mit Almosen bestritten werden. Schon 1230 konnte die zunächst untersagte Annahme von Geld durch die Einschaltung von Treuhändern ermöglicht werden. 1212 schloss sich Klara von Assisi der Bewegung an. Die schnell wachsende Gemeinschaft führte letztlich zu ordensähnlichen Strukturen, auch wenn die erste, bis 1219 entstandene Ordensregel erst dank deutlicher Modifizierungen 1223 Anerkennung fand, nachdem sich Franz von Assisi bereits weitgehend aus der Ordenspolitik zurückgezogen hatte. Die Klerikalisierung und Akademisierung des Ordens – wie bei den Dominikanern legte man Wert auf eine umfassende theologische Ausbildung – beschränkte die Handarbeit zunehmend auf die Laien, das Betteln trat in den Vordergrund.

Die von Franz von Assisi vorgegebene Ordensregel wurde 1223 von Papst Honorius III. bestätigt. Die Mitglieder des Bettelordens verpflichten sich zu einem mittellosen Leben nach dem Evangelium und zum Dienst am Mitmenschen durch Arbeit und Predigt. Die Regel befindet sich heute in der Schatzkammer von San Francesco in Assisi.

Das nach 1317 gemalte Fresko von Giotto di Bondone in der Bardikapelle von Santa Croce in Florenz zeigt den Ordensgründer Franz von Assisi beim Verzicht auf irdische Güter.

In dem vom Papst verworfenen Testament des Franz von Assisi plädierte dieser dafür, zu der Gemeinschaft der frühen Zeit zurückzukehren; er vertrat einen engen Armutsbegriff und beeinflusste den strengeren Teil der Mitglieder, die Fraticelli oder Franziskanerspiritualen. Gegen den Widerstand des Weltklerus konnten die Bettelorden mit päpstlicher Unterstützung ihre Predigttätigkeit und die Abnahme der Beichte Mitte des 13. Jahrhunderts durchsetzen, auch Lehrstühle an der Pariser Universität sprach ihnen Rom zu. Einen weiteren gemeinsamen Gegensatz zum traditionellen Mönchtum bildete die Stadtsässigkeit der neuen Orden. Zu einem zentralen Wirkungsbereich der Dominikaner entwickelte sich die 1231 vom Papst übertragene Inquisition zunächst im deutschen Regnum, in Frankreich, in Oberitalien und im Languedoc.

Neu und radikal war Franz von Assisis Forderung nach Ausdehnung der Armut vom einzelnen Mitglied auf den Orden als solchen: Das sollte zu Konflikten innerhalb der Gemeinschaft selbst und mit der Amtskirche führen. Der Besitz von Kirchen und Konventen war den Orden als materielle Basis der Predigttätigkeit bereits im

Den Besitz von Geld lehnt Franz von Assisi für die Franziskaner unmissverständlich ab:

Ich gebiete allen Brüdern streng, auf keine Weise Münzen oder Geld anzunehmen, weder selbst noch durch eine Mittelsperson.

Klara von Assisi (hier auf einem Fresko dargestellt) gründete den Klarissenorden, den Zweiten Orden der Franziskaner, der dem franziskanischen Armutsideal folgt, aber entgegen franziskanischen Vorstellungen in strenger Klausur ein kontemplatives Leben führt.

In einer Bulle zur Königs- und Kaiserwahl vom 13. Mai 1300 formuliert Papst Bonifatius VIII. die päpstliche Vorrangstellung:

Der Apostolische Stuhl – er ist von Gott gesetzt über die Könige und Reiche, um auszureißen und zu verderben, zu bauen und zu pflanzen – er hat die Herrschaft über das Haus des Herrn und die Herrenrechte über all ihren Besitz inne – ihm muss jede Seele als der höchsten Würde untertan sein.

13. Jahrhundert zugesprochen worden. Dass die Dominikaner bereits 1276 und 1303 bis 1304 mit Innozenz V. und Benedikt XI. zwei Päpste stellen konnten, beweist ihre feste Einbindung in kuriale Strukturen. Dementsprechend fehlen auf ihrer Seite zugespitzte Auseinandersetzungen mit der Papstkirche. Das schnelle Wachstum der Bettelorden zeigt zunächst eine breite Akzeptanz in der Bevölkerung, auch wenn Kritik wegen des Widerspruchs von Anspruch und Wirklichkeit bald folgen sollte.

Mit den Zweiten Orden entstanden in allen Bettelorden Frauenkonvente. Bei den Franziskanern bildete die Frauengemeinschaft der Klara von Assisi die Keimzelle, unter Gregor IX. wurden andere Gruppierungen mit dieser vereinigt und bereits 1263 Güterbesitz und »Dienerinnen« zugelassen. Dominikus wandte sich sogar entschieden der Organisation von Frauengemeinschaften zu. Laien, die ohne den Orden beizutreten ganz oder teilweise entsprechend den Regeln leben wollten, standen die Dritten Orden (Terziare) offen.

Der Armutsstreit – Wer soll arm sein?

Innerhalb des Franziskanerordens entzündete sich der praktische Armutsstreit, die Frage nach dem Grad der Armut von Mitgliedern und Orden, wobei nur ein kleinerer Teil des mittlerweile hierarchisch verfassten Ordens an den Forderungen des Gründers festhielt, die zudem durch Rezeption und Interpretation der Schriften Joachims von Fiore teilweise unter Häresieverdacht gerieten. Zwar konnte unter dem Generalminister Bonaventura auf dem Generalkapitel von Narbonne 1260 bei Anpassung der Ordensregeln eine Spaltung vermieden werden, da man auch extremere Armutsformen zuließ. Doch gelang es in der Folgezeit, Eigentum im juristischen Sinne zu umgehen: Das Eigentum an überlassenen Sachen und Immobilien fiel 1279 an den Papst bei Ausdehnung der Gebrauchsrechte des Ordens an diesen. Im Orden forderte besonders Petrus Johannis Olivi eine strengere Befolgung der Armutsregel und konnte seine Vorstellungen 1287 in Montpellier rechtfertigen; noch war die Situation also relativ offen. Zu Beginn des folgenden Jahrhunderts ging allerdings die Kommunität des Ordens verstärkt gegen die Spiritualen vor und 1309 gelangte der Streit vor die Kurie. Mit dem Amtsantritt von Johannes XXII. 1316 veränderte sich die Situation dann grundlegend. Gemeinsam mit dem Generalminister Michael von Cesena ging er gegen die Spiritualen vor und forderte deren bedingungslosen Gehorsam. Bereits 1318 ließ man in Marseille vier Spiritualen verbrennen, die anders als mitangeklagte Franziskaner bis zuletzt an ihrer Überzeugung festgehalten hatten. Auch wurden Teile der Schriften der Spiritualen für häretisch erklärt.

Eine neue Qualität gewann der Streit um die Armut mit der Verteidigung der These eines Begarden durch den Franziskaner Berengar von Talon gegenüber dem dominikanischen Inquisitor Johannes von Bela 1321, die besagte, dass Christus und die Apostel arm und ohne jeglichen individuellen oder gemeinsamen Besitz gewesen seien. Dies markiert den Beginn des theoretischen Armutsstreites.

Der Papst zog den Fall an die Kurie, denn bei positivem Entscheid wären weder der Reichtum der Kirche noch ihre weltliche Macht weiterhin zu rechtfertigen gewesen. Führende Franziskaner verteidigten die Ansichten Berengars, Bonagratia von Bergamo als Prokurator des Ordens und entschiedener Gegner der Spiritualen versuchte den Konflikt mit unterschiedlichen Formen des Besitzes zu erklären: Jesus und seine Jünger hatten Gemeineigentum an den Dingen, ohne sich diese aneignen zu wollen. Das Kardinalskollegium war in der Antwort auf die Frage gespalten, reagierte aber mit dem Verzicht auf das Eigentum des Ordens und traf diesen damit an zentraler Stelle. Bonagratia legte Protest ein, wurde aber schließlich von Papst Johannes inhaftiert. 1323 beendete Johannes seinerseits den Konflikt, indem er verkünden ließ, die Auffassung der persönlichen Armut von Christus und den Aposteln sei häretisch. Auch Thomas von Aquino hatte Johannes kurz zuvor kanonisiert, der im Gegensatz zur Patristik Privateigentum im Rahmen des standesgemäßen Lebens uneingeschränkt als positiv bewertete; Gleiches galt für Ordensbesitz in beschränktem Umfang.

Johannes XXII. zitierte Michael von Cesena 1328 nach Avignon und warf ihm schließlich häretische Ansichten vor. Michael legte eine geheime Appellation gegen alle Maßnahmen des Papstes ein, bevor er mit Bonagratia von Bergamo, Wilhelm von Ockham und anderen über Aigues Mortes nach Oberitalien floh, wo sie den deutschen König Ludwig IV. und in seiner Begleitung den vor der Inquisition geflohenen Marsilius von Padua trafen. So hatte der Konflikt eine politische Dimension erreicht: Die Geflohenen, 1329 exkommuniziert, unterstützten in einem Zweckbündnis das deutsche Königtum in seinem Konflikt mit der Kurie, während die Mehrheit der Ordensmitglieder sich den päpstlichen Anweisungen fügte.

Dennoch lebten die Forderungen nach einer Kirchenreform fort, zumal die Kurie mehr und mehr kritisiert wurde; diese Entwicklung wurde forciert durch das avignonesische Papsttum und das Schisma (Kirchenspaltung). Eine Rückkehr zu den Ursprüngen der Bettelorden war aber kaum mehr möglich, auch wenn im 15. Jahrhundert die dem Armutsideal näher stehenden Observanten Anerkennung erfuhren.

Papst Klemens V. reitet mit einem Jagdfalken, Symbol weltlicher Interessen, nach späterem Verständnis als erster Papst in die »Babylonische Gefangenschaft« nach Avignon. Betrübt schaut ihm Ecclesia (die Personifikation der Kirche) nach. Miniatur in einer Handschrift mit pseudo-joachimitischen Papstprophezeiungen (1449, London, British Museum).

Babylonische Gefangenschaft – Die Päpste in Avignon (1309–76)

N ach dem Tod Kaiser Friedrichs II. 1250 schien das Papsttum die einzige übergeordnete Macht des Abendlandes zu sein. Die übersteigerten Ansprüche auf Suprematie gegenüber jeder weltlichen Gewalt, schon von Gregor VII. erhoben, wirkten nicht mehr so utopisch. Aber mit dem zunächst bedingungslos unterstützten französischen Königtum

Marmorstatue von Papst Bonifatius VIII. (Florenz, Dommuseum).

der Anjou erwuchs rasch ein neuer Konkurrent. Der unvermeidbare Konflikt, vordergründig ausgelöst durch die Steuererhebung König Philipps IV., die auch den Klerus einbezog, gipfelte päpstlicherseits in der Bulle *Unam sanctam* (1302) und der geplanten Absetzung des Herrschers. Dieser antwortete mit dem »Attentat von Anagni« (1303), der Gefangennahme Papst Bonifatius' VIII. Letztlich ging es bei dieser Auseinandersetzung um die seit dem 11. Jahrhundert immer deutlicher hervortretende Unterscheidung von »Staat« und Kirche. Sie führte zur weiteren Entsakralisierung der Herrscher und zu deren Widerstand gegen kirchlich-kuriale Eingriffe in ihren Machtbereich.

Vor die Wahl gestellt, Papst Bonifatius VIII. noch nach seinem Tod verurteilen zu lassen oder im Prozess gegen den Templerorden den Wünschen Philipps IV. zu folgen, gibt Papst Klemens V. 1312 auf dem Konzil von Vienne die ihm unterstellten Templer zur Verfolgung frei. Die Miniatur zeigt Templer auf dem Scheiterhaufen (Besançon, Stadtbibliothek).

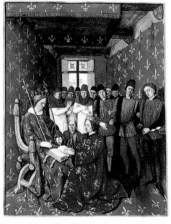

Vor Philipp IV., dem Schönen, huldigt König Eduard I. von England (Buchmalerei, Paris, Bibliothèque Nationale).

Nach dem Tod Bonifatius' VIII. (1303) und nach dem kurzen Pontifikat Benedikts XI. wurde 1305 schließlich als Kompromisskandidat Bertrand de Got, der Erzbischof des unter englischer Herrschaft stehenden Bordeaux, zum Papst gewählt (Klemens V., 1305–14) und in Lyon gekrönt. Klemens V. beabsichtigte, nach Rom zu ziehen, blieb aber in Südfrankreich und traf 1309 in Avignon ein, ohne dort dauerhaft zu residieren. Dem englischen König Eduard I. kam er bei dessen Auseinandersetzung mit Kirche und Adel entgegen, indem er den oppositionellen Erzbischof von Canterbury suspendierte und Eduards Zugeständnisse an den Adel für nichtig erklären ließ. Das bisher von Italienern dominierte Kardinalskollegium wurde nun mehrheitlich französisch. 90 von insgesamt 110 bis 1375 eingesetzten Kardinälen waren Franzosen – Zeichen regionaler Verbundenheit, aber auch des Einflusses der französischen Könige. Klemens V. erkannte das Vorgehen Philipps IV. gegen Papst Bonifatius VIII. als weitgehend rechtmäßig an und ließ die gegen Frankreich gerichteten Bullen in den Registern tilgen.

Überschattet wurde das Pontifikat Klemens' V. durch sein Verhalten bei der Vernichtung des Templerordens, der durch Reichtum und Macht Begehrlichkeiten geweckt hatte und in den Augen Philipps IV. durch seine exemte Stellung, d.h. die direkte Unterstellung unter den Papst, in Konkurrenz zum Aufbau der Nationalstaaten geriet. Philipp IV. ließ 1307 alle französischen Templer verhaften, die unter der Folter die ihnen vorgeworfenen moralischen Vergehen zunächst gestanden, später jedoch größtenteils widerrufen hatten. Klemens schloss sich dem Vorgehen Philipps an, konnte aber die angestrebte alleinige päpstliche Zuständigkeit für den Templerprozess nicht durchsetzen. Besonders schreckte Klemens die Drohung des französischen Königs, gegen Bonifatius VIII. einen Ketzerprozess eröffnen zu lassen. Noch vor dem Beginn des Konzils von Vienne (1311) – die Templer, nicht die innerkirchlichen Reformfragen waren das zentrale Thema –, begannen Hinrichtungen auf französischem Boden. Schließlich hob Klemens V. im April 1312 den Orden auf, da das Konzil den Tempelrittern eine nicht chancenlose Verteidigung gestatten wollte; der Templerbesitz wurde größtenteils den sich der Krankenpflege widmenden Hospitalitern zugesprochen. Vor allem in Frankreich verlief die Übergabe an die Johanniter gegen Entschädigungsleistungen für die Krone schleppend, soweit die Güter nicht ohnehin beim Krongut verblieben.

Die Kaiserkrönung des deutschen Königs Heinrich VII. 1312 in Sankt Johann im Lateran durch päpstliche Legaten war auch Ausdruck des Bestrebens Klemens', ein Gegengewicht zum französischen König zu schaffen. Mit der Ernennung Roberts I. von Neapel zum Reichsvikar für Italien 1314 machte Klemens die päpstlichen Ansprüche auf Suprematie erneut deutlich. Zur Steigerung der Einnahmen forderte der Papst 1306 von allen in England, Schottland und Irland vakanten (unbesetzten) oder vakant werdenden Benefizien, d.h. Kirchenämtern, die für den Amtsinhaber mit Einkünften verbunden waren, die Einnahmen des ersten Jahres, die Annaten. 1326 dehnte Johannes XXII. diese Bestimmung als willkommene Einnahmequelle auf alle an der Kurie vakanten Pfründen aus.

Auf erheblichen Druck des französischen Königs hin hebt Papst Klemens V. am 22. März 1312 den Templerorden auf:

... in Erinnerung daran, dass sonst, auch ohne dass eine Schuld der Brüder vorlag, die römische Kirche bisweilen andere heilige Orden aus unvergleichlich geringfügigeren Gründen, als sie hier vorliegen, aufgehoben hat: In Anbetracht alles dessen heben wir nicht ohne bitteren Seelenschmerz, nicht im Sinne einer richterlichen Entscheidung, sondern kraft unseres apostolischen Amtes und päpstlicher Vollmacht den vorgenannten Templerorden und seine Satzungen, seine Tracht und seinen Namen durch diese unverbrüchliche und ewig gültige Verordnung auf.

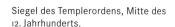

Siegel des Templerordens, Mitte des 12. Jahrhunderts.

Die Etablierung in Avignon

Nach dem Tod Klemens' V. gelang erst nach zwei Jahren, in denen das Amt des Papstes unbesetzt blieb (Sedisvakanz), die Nachfolgeregelung: Im August 1316 wurde Jacques Duèse (Johannes XXII.) gewählt. Der bereits zweiundsiebzigjährige vermeintliche Übergangskandidat sollte den Stuhl Petri 18 Jahre besetzen. Unter seinem Regiment wurden die Finanzverwaltung und andere Teile der päpstlichen Regierung zentralisiert, die häufig kritisierte kirchliche Bürokratie ausgebaut. Zur Reizfigur wurde er indes wegen seiner politischen Vorgehensweise.

Johannes XXII. hielt an dem Anspruch fest, dass der Papst nicht nur den Kaiser, sondern auch den deutschen König erst approbieren (anerkennen) müsse, bevor dieser sein Amt rechtmäßig ausüben könne. Nach der Doppelwahl von 1314 sandten Ludwig IV., der

In einem Traktat gegen Papst Johannes XXII. spricht sich Wilhelm von Ockham um 1330 gegen die weltliche Macht des Papsttums aus:

Die weltliche Gewalt ist älter als die geistliche, folglich unabhängig vom Papst. Dieser besitzt auch nicht das Recht, eine Fürstenwahl zu bestätigen: nicht aus Staatsrecht, denn kein Staat würde das konzedieren; nicht aus Kirchenrecht, denn dieses gilt im Staate nur so weit, als es der Fürst bewilligt; nicht aus Gewohnheit, denn sie ist ungültig, wenn sie dem Gemeinwohl schadet.

Goldsiegel Ludwigs IV. (München, Staatliche Münzsammlung).

Am 6. August 1338 erlässt Ludwig IV. das Reichsgesetz Licet iuris, mit dem die päpstlichen Ansprüche auf Approbation der deutschen Königswahl zurückgewiesen wurden:

... erklären Wir mit Rat und Zustimmung der Kurfürsten und anderen Fürsten des Reiches: Die kaiserliche Würde und Amtsgewalt stammt unmittelbar von Gott allein; und nach dem Recht und dem seit alters anerkannten Herkommen des Reiches gilt Folgendes: Sobald jemand von den Kurfürsten des Reiches einmütig oder von einer Mehrheit von ihnen zum Kaiser oder König gewählt wird, ist er sofort allein aufgrund der Wahl wahrer König und Römischer Kaiser, als solcher anzusehen und zu benennen; ... und weder vonseiten des Papstes oder des Apostolischen Stuhles noch irgendwessen sonst bedarf er der Anerkennung, Bestätigung, Ermächtigung oder Zustimmung.

Bayer, und Friedrich der Schöne ihre Wahlanzeigen an die Kurie, ohne dass nach Beendigung der Sedisvakanz Reaktionen erfolgten. Auch in Oberitalien engagierte sich der Papst mithilfe französischer Truppen, besonders im Konflikt mit den Mailänder Visconti. Rechtsgrundlage seines Vorgehens war der Anspruch auf die Besetzung des Reichsvikariates, da es keinen legitimen Herrscher gebe. Als Ludwig IV. in Oberitalien auf Seiten Mailands militärisch eingriff, ging der Papst in die Offensive und ließ einen Prozess gegen ihn eröffnen. Ludwig verteidigte sich zunächst mit der Nürnberger Appellation und rief ein Konzil an, da er im Papst – sicherlich zu Recht – keine unabhängige Person sah. Trotz des Einspruchs Ludwigs und etlicher formaler Verfahrensfehler der Kurie setzte Johannes XXII. ihn 1324 ab und bannte ihn, allerdings ohne größere Folgen: Schon zu viele Herrscher waren exkommuniziert worden. Sämtliche anderen Rechte sprach ihm Johannes XXII. 1327 nach einer Verurteilung als Ketzer ab. Letztlich war es wohl ein Fehler Ludwigs gewesen, sich auf ein kirchenrechtliches Verfahren überhaupt eingelassen zu haben, zumal der Ablauf der juristischen Auseinandersetzung immer von Avignon bestimmt wurde und Ludwig stets in der formal schwächeren Stellung verblieb, selbst wenn er sich nie unterwarf.

1328 ließ sich Ludwig in Rom durch Repräsentanten der Stadt zum Kaiser krönen, erklärte Johannes für abgesetzt und ließ einen sich nur kurz behauptenden Gegenpapst ausrufen. In der politisch-theologischen Auseinandersetzung konnte sich Ludwig IV. u. a. auf Marsilius von Padua, der die weltlichen Herrscher als alleinige rechtmäßige Inhaber der Gewalt sah, Wilhelm von Ockham und Michael von Cesena berufen. Bereits Dante leitete das Kaisertum direkt von Gott ab, betonte das höhere Alter des Kaiserthrones gegenüber dem Stuhl Petri. Konträr dazu hatte Ägidius von Rom eine ausgesprochen papalistische Position vertreten. Im Reich selbst entstand eine wachsende Distanz zur Kurie, die Beziehungen von Reich und Kirche konnten den veränderten Verhältnissen nicht angepasst werden. Mit den Beschlüssen des Kurvereins von Rhense und Ludwigs Reichsgesetz *Licet juris* von 1338 wurde bekräftigt, dass ein mehrheitlich gewählter König auch ohne päpstliche Approbation rechtmäßiger Herrscher war und die Kaiserkrone an die Königswahl gebunden blieb.

Nachfolger Johannes' XXII. wurde der eng mit den Problemen der Kurie vertraute Kardinal und Zisterzienser Jacques Fournier als Benedikt XII. (1334–42). Im Reich verlor auch dieser Papst deutlich an Ansehen und Einfluss, Edikte der Kurie konnten kaum noch verkündet werden, während seine Anlehnung an die französische Politik in England zu ausgeprägter Distanz zu Avignon führte.

Trotz der angeblichen Absicht, seinen Sitz wieder in Rom zu nehmen, begann Benedikt kurz nach seiner Amtsübernahme mit dem

Bau des Papstpalastes in Avignon, wohin auch das päpstliche Archiv verlegt wurde. Sein Nachfolger Klemens VI. vollendete den neuen Palast, den Schauplatz prunkvollen Hoflebens Mitte des 14. Jahrhunderts. Grundsätzlich behielt Benedikt XII. die Benefizienpolitik seiner Vorgänger bei, verringerte aber etliche Missstände des Pfründenwesens, was zu deutlichen Einnahmeeinbußen führte. Neben diesen Reformansätzen gab er Erlasse (Konstitutionen) für Zisterzienser, Benediktiner, Franziskaner und Regularkanoniker heraus, die zwar innerhalb der Orden nicht nur auf Zustimmung stießen, aber in Teilen bis ins 16. Jahrhundert gültig blieben.

Avignonesische Blütezeit

Unter dem Pontifikat Klemens' VI. (Pierre Roger, 1342–52) erreichte die Kurie einen Höhepunkt demonstrativer Machtentfaltung, was wiederum höhere Einnahmen erforderlich machte. Neben dem Rückgriff auf vorhandenes Vermögen wurde besonders das Provisions- und Expektanzenwesen ausgedehnt. Die Stadt Avignon wurde 1348 erworben und wuchs unter Klemens VI. zu einem der führenden Wirtschaftsplätze heran, an dem sich italienische Handels- und Bankgesellschaften ansiedelten. Der Papst, die Kardinäle und das gesamte Kurienpersonal bildeten ein kaufkräftiges Nachfragepotenzial.

Die von Papst Benedikt XII. in Auftrag gegebene Dekoration des Papstzimmers im Engelsturm des Papstpalastes von Avignon (1336/37) weist französische und italienische Elemente der Innenraumgestaltung auf.

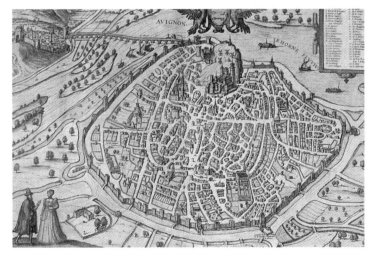

Auch auf der historischen Karte von 1573 ist der Papstpalast das dominierende Bauwerk von Avignon.

Politisch blieb Klemens VI. der französischen Krone verbunden: Als Erzbischof von Rouen war er Kanzler König Philipps VI. gewesen und als Papst förderte er Verwandte sowie Parteigänger aus dem Limousin, seiner Heimat. Im Konflikt mit Ludwig IV. verurteilte Klemens VI. diesen 1346 endgültig. Ludwigs Nachfolger, Karl IV., war ein Jugendfreund des Papstes, der seine Wahl zum Gegenkönig begünstigte. Rom und der Kirchenstaat wurden 1350 mit der Ausrufung des zweiten Heiligen Jahres – Bonifatius VIII. hatte es 1300 eingeführt – zufrieden gestellt; für die stadtrömische Bevölkerung war ein solches Jubeljahr finanziell attraktiv.

Der von seinem Vorgänger protegierte Innozenz VI. (Étienne Aubert, 1352–62) reduzierte zwar wieder den höfischen Aufwand, ließ aber am Papstpalast weiterbauen. Immerhin traf er die Vorbereitungen für die Rückkehr der Päpste nach Rom. Unter dem Kardinallegaten Gil Álvarez Carillo de Albornoz wurde der Kirchenstaat unter Einsatz erheblicher finanzieller Mittel weitgehend befriedet. Das Verhältnis zum Reich gestaltete sich weiterhin konfliktfrei: Innozenz ließ Karl IV. in Rom zum Kaiser krönen und die Goldene Bulle von 1356, mit der päpstliche Ansprüche bei der Königswahl endgültig zurückgewiesen wurden, blieb zumindest offiziell unkritisiert.

Kopf der Liegefigur von Innozenz VI. in der Kartause in Villeneuve-lès-Avignon (vor 1362).

KATHARINA VON SIENA

Katharina von Siena wurde am 25. März 1347 geboren. Bereits früh von tiefer Religiosität geprägt, schloss sie sich 1364/65 einem Dritten Orden der Dominikaner an und widmete sich neben geistigen Tätigkeiten der Armen- und Krankenpflege. In den 1370er-Jahren entstanden und vertieften sich ihre Kontakte zum Papst, zunächst zu Gregor XI., dann zu Urban VI. Ihre eigenen Vorstellungen konzentrierten sich auf einen Kreuzzug, die Rückkehr der Kurie nach Rom und die Kirchenreform. Für ein Vierteljahr hielt sich Katharina 1376 in Avignon auf, gleich nach dem Ausbruch des großen Schismas 1378 reiste sie nach Rom. Ihr Einfluss auf die Verlagerung eines Teils der Kurie nach dort ist in der

Forschung umstritten, ihre Erwartungen und Hoffnungen sollten sich jedenfalls nicht erfüllen. 1380 starb Katharina in Rom. Giovanni di Paolo di Grazia malte sie in ihrer Vermittlerrolle vor Papst Gregor XI.

Vorbereitungen zur Rückkehr nach Rom

Urban V. (Guillaume Grimoard, 1362–70) konnte auf den Erfolgen seines Vorgängers bei der Reorganisation des Patrimonium Petri (Kirchenstaats) aufbauen. Endgültig reservierte er für die Kurie die Besetzung aller Patriarchal- und Bischofssitze, der Männer- und Frauenklöster ab einer bestimmten Höhe der Einkünfte. Als Hauptfeind in Italien sah auch er die sich in Oberitalien ausbreitenden Visconti, gegen die er sogar zum Kreuzzug aufrief. Nach dem Scheitern derartiger Pläne zeigte sich Urbans politische Lernfähigkeit: Unter Umgehung des stets gegen die Visconti eingestellten Albornoz erfolgte ein Friedensschluss mit Mailand. Trotz zahlreicher Widerstände verließ er 1367 Avignon und erreichte im Oktober Rom. Kaiser Karl IV. sollte als Schutzherr der römischen Kirche die Bemühungen unterstützen, zog aber erst im folgenden Jahr nach Italien. In Rom bereitete Urban V. erneut ein Bündnis gegen Mailand vor, aber auch die anderen italienischen Staaten befürchteten ein Vordringen des Kirchenstaates. Die ausbleibenden militärischen Erfolge gegen die Visconti führten letztlich zu einem für Urban enttäuschenden Friedensschluss. Die italienischen Konflikte trugen ebenso wie der neu ausgebrochene Krieg zwischen Frankreich und England zur Rückkehr Urbans V. nach Avignon 1370 bei, entscheidend war aber wohl das Scheitern seiner politischen Pläne.

Trotz der Rückkehr Urbans V. konnte Avignon nicht mehr gegen Rom bestehen. Auch der Ende 1370 zum Papst gewählte und kurienerfahrene Kardinal Petrus Rogerii, ein Neffe Papst Klemens' VI., war zur Verlegung der päpstlichen Residenz entschlossen. Erst nach seiner Wahl wurde er Priester, erhielt die Bischofsweihe und nahm den Namen Gregor XI. an. Nach dem Bündnis zwischen Mailand und Florenz, das zudem die Aufständischen im Kirchenstaat unterstützte, verhängte der Papst das Interdikt über die toskanische Stadt, deren Handel empfindlich getroffen wurde. Gegen entschiedenen Widerstand auch der französischen Krone brach Gregor XI. im September 1376 von Avignon auf und zog im Januar 1377 in Rom ein, wohin zuvor schon Teile der Administration verlegt worden waren. Die Lage in Rom blieb wegen Auseinandersetzungen über das Stadtregiment kritisch und Gregor XI. schloss eine Rückkehr nach Avignon nicht aus, starb aber 1378. Mit Mailand und Florenz konnte sein Nachfolger Urban VI. kurze Zeit später Frieden schließen.

Ein wesentliches Anliegen des avignonesischen Papsttums war der Ausbau der Kurie zu einer zentralen Kirchenregierung mit starker Bürokratie und ausgeprägter Finanzverwaltung, eine im Trend der Zeit zur allgemeinen Verwaltungsdifferenzierung und -modifizierung liegende Entwicklung. Umstritten blieben das zum Teil rigide Eintreiben von Finanzmitteln unter Verwendung geistlicher Strafen und die Zwecke der eingetriebenen Gelder, aber auch die Eingriffe in Abts- und Bischofswahlen und die trotz aller Spannungen verschieden stark ausgeprägte Abhängigkeit von der französischen Krone. Mit dem Wegzug aus dem italienischen Kirchenstaat hatte dieser seine Bedeutung als Finanzquelle verloren, während die Ausgaben stiegen und so neue Quellen erschlossen werden mussten.

Zu den wichtigsten Einnahmeposten zählten die Abgaben von Äbten und Bischöfen (Servitien) und der halbe oder ganze Jahresertrag eines neu besetzten Benefiziums (Annaten); mit deutlichem Abstand folgten Zehnte, der bewegliche Nachlass von Klerikern (Spolien) und bestimmte Steuern (Subsidien). Auf der Ausgabenseite forderte neben Hofhaltung, Bauaufwendungen und laufenden Gehältern die Beteiligung an den italienischen Kriegen große Summen. Mit dem Transfer der durch Kollektoren eingezogenen Gelder waren zumeist die führenden italienischen »Bankhäuser« betraut. Trotz dieser Strukturveränderungen und breiter politischer Handlungsfelder agierten die avignonesischen Päpste natürlich auch weiterhin auf ihrem ureigenen theologischen Sektor; signifikante Unterschiede zu anderen Perioden dürften hierbei die Ausnahme geblieben sein.

Im Januar 1377 kehrt Papst Gregor XI. von Avignon nach Rom zurück. Gemälde von Benvenuto di Giovanni (Siena, Societa degli Esecutori di Pie Disposizioni).

Rom, Avignon, Pisa – Das Schisma der abendländischen Kirche (1378–1417)

Eine zeitgenössische Quelle berichtet über den Ausbruch des Großen Schismas 1378:

Noch in demselben Jahre kam es zu einem heftigen Konflikt zwischen dem Papst (Urban VI.) und den Kardinälen, von denen ihm nur wenige treu blieben; von den anderen wurde behauptet, er sei nicht kanonisch gewählt worden und zum Papste erhoben, weil ihn die Kardinäle unter dem Druck der Römer erkoren hätten. Der Papst setzte die Kardinäle, die ihn gewählt hatten, ab und ernannte andere, weil die ihm nicht gehorchen wollten. Daraufhin traten alle Kardinäle, die ihn erhoben hatten, zusammen und wählten einen anderen Papst ... und nannten ihn Klemens VII.

--- Grenze der römischen Christenheit
römische Obödienzen um 1390
avignonesische Obödienzen um 1390
wechselnde Obödienzen

OBÖDIENZEN DES ABENDLÄNDISCHEN SCHISMAS

Nach dem Tod Gregors XI. in Rom am 27. März 1378 wuchsen die Spannungen. Die Römer forderten einen der Ihren oder zumindest einen Italiener zum Papst, favorisierten wohl Giacomo Orsini. Das am 7. April zusammengetretene Konklave mit 16 Kardinälen – sechs weitere waren in Avignon geblieben – war intern zerstritten, musste aber wegen des Drucks von außen schnell einen gemeinsamen Kandidaten präsentieren. Nach tumultuösen Unterbrechungen wählten am folgenden Tag nur noch zwölf Kardinäle Bartolomeo Prignano, den Erzbischof von Bari und kommissarischen Leiter der päpstlichen Kanzlei, zum Papst. In den ersten Schreiben und Wahlanzeigen bezeichnete man den als Urban VI. inthronisierten Prignano zumindest nach außen hin als kanonisch gewählten Amtsinhaber. Der Wahlverlauf hatte schon bei Zeitgenossen Zweifel an der Rechtmäßigkeit geweckt, zu dem sich die Kardinäle aber weder während noch direkt nach dem Konklave äußerten. Spätere Aussagen nach Beginn der Kirchenspaltung, des Schismas, über die damalige Situation spiegeln natürlich auch die jeweiligen, zum Teil veränderten Standpunkte wider. Urban VI. gelang es nicht, nach der Wahl konsensstiftend zu wirken, im Gegenteil. Seine vermutlich übersteigerten Vorstellungen von der Autorität verschärften rasch die Konflikte mit der Spitze der Kirchenhierarchie und mit weltlichen Herrschern.

Der Beginn des Schismas – Die Wahl von Papst Klemens VII.

Innerhalb kurzer Zeit führte das Auftreten Urbans zu dem Vorwurf der *incapacità*, der persönlichen Unfähigkeit bzw. Ungeeignetheit zum Papst. Im Sommer verließen die nichtitalienischen Kardinäle die Stadt Rom mit Zustimmung Urbans wegen der ungünstigen klimatischen Verhältnisse – was kein bloßer Vorwand war – und gingen nach Anagni; von den italienischen Kardinälen war wohl zudem Orsini ein Gegner Urbans. Mit zunehmender Distanz betrachteten sie die Wahl als ungültig, zum einen wegen der Umstände des Wahlaktes, zum anderen wegen des Irrtums in der Person des Gewählten und dessen Eigenschaften. Am 20. Juli erklärten sie schließlich offiziell die Unrechtmäßigkeit der Wahl, nachdem man sich nicht auf ein Konzil als Schiedsinstanz hatte einigen können. Urban forderte nach vorübergehendem Zögern die absolute Anerkennung, die Kardinäle reagierten mit einem neuen Konklave in Fondi, wo sie am 20. September Kardinal Robert von Genf zum Papst wählten. Klemens VII., der nach Avignon ging, wurde unterstützt von sämtlichen Kardinälen und dem größten Teil der kurialen Verwaltung. Er schien zunächst die besseren Chancen zu besitzen, konnte sich aber letztlich in Italien nicht durchsetzen.

Die Frage nach der Gültigkeit der ersten Wahl und der Rechtmäßigkeit der zweiten war schon bei den Zeitgenossen und ist bis heute kirchenrechtlich wie in der Forschung umstritten. Wie auch immer, das (Große) Abendländische Schisma war Realität geworden, und die Kritik an der Person und der Wahl Urbans erscheint durchaus berechtigt. Im Gegensatz zu den früheren Schismen, entstanden aus Interessenkonflikten zwischen Kaisern und Päpsten, entwickelte sich dieses aus der Kirche selbst. Aber es war in keiner Phase ein religiös begründeter Konflikt, kein Streit über verbindliche Dogmen oder differierende Auslegungen der Bibel oder kirchlicher Autoritäten. In den folgenden Jahren residierte Klemens wieder in Avignon, Urban in Rom, wo er eine neue Kirchenadministration aufbauen musste, in der dann die Neapolitaner wachsenden Einfluss gewannen.

Nach einer Zeit der Unklarheit oder des Wechsels kristallisierte sich heraus, dass Urban VI. in Italien, im Reich, genauer im Machtbereich König Wenzels, in England, Ungarn sowie im Norden und Osten Europas anerkannt wurde; die Parteigänger Klemens' VII. waren Schottland, Frankreich, Burgund, Savoyen, Neapel, südwestdeutsche Gebiete und Österreich. Erst nach zum Teil langen Untersuchungen über die Legitimität der Päpste schlossen sich die Reiche der Iberischen Halbinsel ebenfalls Avignon an. Entscheidend waren neben den kanonistisch-rechtlichen Überlegungen die politischen Standpunkte: England und Frankreich mussten vor dem Hintergrund des Hundertjährigen Krieges verschiedene Lager wählen. Insgesamt führte das Schisma zu einem erheblichen Autoritäts- und Ansehensverlust des Papsttums und begünstigte den weiteren Ausbau der Nationalkirchen in Westeuropa. Die häufig kritisierte, in Avignon entwickelte kuriale Finanzpolitik wurde nun, soweit es die wachsenden Widerstände erlaubten, von beiden Seiten in ihrer jeweiligen Obödienz (Anhängerschaft) fortgeführt und teilweise noch intensiviert. Auch die Praxis, Verwandten und Freunden günstige Positionen und damit Einnahmen zu sichern, setzten die Päpste während des Schismas fort.

Urban VI., der sich an den italienischen Auseinandersetzungen in wechselnden Bündniskonstellationen beteiligte – immerhin konnte er seinen Kandidaten Karl von Durazzo in Neapel durchsetzen –, verließ 1383 heimlich Rom und residierte in verschiedenen Städten Italiens. Nach seiner Flucht aus der belagerten Burg von Nocera, wohin er sich 1384 von Neapel aus gewandt hatte, ließ Urban 1385 in Genua vier seiner eigenen Kardinäle wegen einer angeblichen Verschwörung hinrichten. Wie auch Klemens VII. versuchte er, militärisch Tatsachen zu schaffen, die zu seiner allgemeinen Anerkennung führen sollten.

Nach dem Tod Urbans (†1389) wählte das Konklave in Rom den neapolitanischen Kardinal Pietro Tomacelli, der als Bonifatius IX. geweiht wurde. Bemühungen, das Schisma durch eine Aussetzung der Neuwahl zu beenden, scheinen nicht unternommen worden zu

Neben konziliaren Bestrebungen förderte das Schisma auch die Ausbildung des Landeskirchen- bzw. Nationalkirchentums. Dennoch bestand der Wunsch, das Schisma zu beseitigen, wie es der Maler der Miniatur aus dem »Decretum cum glossa« aus dem 14. Jahrhundert ausdrückt, indem er die Rivalität zweier hoher kirchlicher Würdenträger darstellt, von denen einer handgreiflich verstoßen wird (Neapel, Nationalbibliothek).

sein. Bonifatius IX. gab die sprunghafte Politik seines Vorgängers auf, wandte sich gegen Frankreich und die Anjou. Der Kirchenstaat und Rom mussten die päpstliche Oberhoheit wieder anerkennen, das in Avignon entwickelte Finanzsystem konnte Bonifatius für sich nutzen, Ablässe wurden als Einnahmequelle verstärkt gewährt und der Nepotismus (Vetternwirtschaft) blühte. Bei seinem Tod war die Hälfte des kleinen Kardinalkollegs mit ihm verwandt oder verschwägert. Primär blieb Bonifatius ein weltlicher Fürst, der Kirchenstaat war eben auch stets ein Faktor im italienischen Mächtespiel, eine Beschränkung auf rein geistliche Aufgaben war im politischen Kräftespiel kaum zweckmäßig und auch nicht angestrebt.

Fortsetzung der Spaltung

In den theologischen Gutachten zur Lösung des Schismas standen zunächst die Möglichkeit einer Einigung oder die Abdankung der konkurrierenden Päpste im Vordergrund. Die französische Regierung zielte wohl auf eine Verzögerung der Neuwahl nach dem Tod Klemens' VII. (†1394), doch bestieg Kardinal Pedro de Luna, der bereits 1378 mitgewählt hatte, nach Empfang von Priester- und Bischofsweihe als Benedikt XIII. im selben Jahr den päpstlichen Stuhl in Avignon. Sowohl Bonifatius IX. als auch Benedikt XIII. sahen sich als zweifelsfrei legitime Päpste. Weder in Verhandlungen mit der Gegenseite noch unter politischem Druck war einer von ihnen zum Nachgeben bereit; selbst seine endgültige Absetzung in Konstanz 1417 erkannte Benedikt nicht an.

Für die französische Politik gegenüber beiden Päpsten erhielt die Pariser Universität zentrale Bedeutung. Auf drei Synoden des französischen Klerus und der Universitätsmitglieder in Paris beschlossen die Anwesenden zunächst 1395 die Abdankung der Päpste als Lösungsmöglichkeit und entzogen 1398 nach verweigerter Zustimmung Benedikts XIII. mit großer Mehrheit gegen vor allem südfranzösischen Widerstand die Obödienz. Diese Entscheidung übernahm und verkündete auf Weisung hin der nur zeitweise regierungsfähige französische Kö-

Amtleute der Stadt Paris leisten öffentliche Abbitte und das Versprechen der Wiedergutmachung einer Verletzung der Universitätsprivilegien (Relief; Paris, École des Beaux-Arts).

nig Karl VI. nach vorheriger politischer Einigung mit England. Neben dem Benefizien- und Gehorsamsentzug war dem Papst so die finanziell wichtige Besteuerung des französischen Klerus genommen, was ihn zur Abdankung zwingen sollte. Außerdem stärkte dies Krone und Nationalkirche gegenüber den Ansprüchen des Papsttums. Die Mehrzahl der Kardinäle verließ als Konsequenz die Kurie und übersiedelte nach Villeneuf-lès-Avignon auf französischen Boden. Aufseiten der Anhänger Bonifatius' IX. folgte allerdings niemand dem französischen Vorgehen.

Seit dem Herbst 1398 wurde der Papstpalast in Avignon ohne Erfolg belagert, was nicht zuletzt auf die mangelhafte Durchschlagskraft der Artillerie zurückzuführen war, damals ein prinzipielles Problem beim Angriff auf Befestigungen. Trotz eines Waffenstillstandes im folgenden Jahr blieb Benedikt XIII. ein »Gefangener«, bevor er im März 1403 in die Provence fliehen konnte, deren Grafen ihn im Vorjahr wieder als Papst anerkannt hatten. Seiner Obödienz unterstellte sich im Mai 1403 auch Frankreich wieder. Die Konkurrenzsituation zwischen Avignon und Rom nutzten manche Landesherren dazu, massiv in die Besetzung geistlicher Positionen einzugreifen, gerade im Finanzsektor übernahm besonders der französi-

Die Brücke von Avignon (eigentlich Pont Saint-Bénézet, errichtet 1175–85) stellte die Verbindung zwischen dem Königreich Frankreich und dem Gebiet des Papstes dar. – Die Abbildung zeigt die wehrhafte Anlage des Papstpalastes mit der Brücke im Vordergrund.

sche König Funktionen der Kurie. Benedikt XIII. ließ Bonifatius IX. Vorschläge zur gemeinsamen Abdankung vorlegen, die aber, wie wohl von ihm erhofft, abgelehnt wurden.

Nach dem Tod Bonifatius' (1404) folgte Innozenz VII. als neuer Papst nach, der jedoch keine Initiativen zur Beilegung des Schismas entfaltete. 1406 folgte ihm der hochbetagte Gregor XII. (Angelo Correr, 1406–15, †1417). Zu seiner Wahlkapitulation gehörten ein Verhandlungsangebot an Avignon und die auch öffentlich verkündete Bereitschaft zum Rücktritt – freilich nur gemeinsam mit Benedikt XIII. Die Abgesandten beider Päpste einigten sich schließlich 1407 in Marseille auf ein Treffen im südwestlich von Genua gelegenen Savona. Benedikt XIII. erschien immerhin zum Verhandlungstermin, weigerte sich aber, seine mündlich zugesicherte Abdankungsbereitschaft schriftlich zu fixieren; Gregor XII. blieb in Lucca, zu tief war das gegenseitige Misstrauen.

Das 1. Konzil von Pisa (1409) – Auf dem Weg zur Beendigung des Schismas

D ie entscheidenden Schritte zur Behebung des Schismas unternahmen andere: Nach dem Scheitern der Unionsverhandlungen im Mai 1408 verließen die Kardinäle Gregor XII. und flohen nach Pisa. Frankreich erklärte sich im Mai 1408 gegenüber beiden Päpsten für neutral, im Januar schon hatte man diesen Schritt bei

Nichterreichen der Kirchenunion angedroht und kündigte Benedikt XIII. erneut die Obödienz auf. Benedikt reagierte mit Exkommunikation und Interdikt, während die französische Krone die bereits im Vorjahr erlassenen Ordonnanzen mit dem Verbot päpstlicher

Der romanische Kirchenkomplex auf dem Campo dei Miracoli in Pisa mit dem Dom, dem Baptisterium (nicht im Bild) und dem Campanile, dem »Schiefen Turm«, war zur Zeit des Konzils fast vollendet.

Die Päpste zur Zeit des Abendländischen Schismas:

Römische Obödienz:
Urban VI.   1378–1389
Bonifatius IX.   1389–1404
Innozenz VII.   1404–1406
Gregor XII.   1406–1415, †1417

Avignoneser Obödienz:
Klemens VII.   1378–1394
Benedikt XIII.   1394–1417/1423

Pisaner Konzils-Obödienz:
Alexander V.   1409–1410
Johannes XXIII.   1410–1415, †1419

Steuererhebung und der Wiederherstellung des Wahlrechts der Kapitel in Kraft setzte. Benedikt XIII. verließ das für ihn nunmehr unsichere Oberitalien und kündigte ein Konzil in Perpignan an, wo er im Sommer 1408 eintraf. Nach Pisa kamen nun auch sieben Kardinäle Benedikts, die gemeinsam mit denen Gregors über den Ort des geplanten Konzils verhandelten. Die auch von den politischen Verhältnissen Italiens verursachten Hindernisse konnten mühsam überwunden werden und im Spätsommer erzielte man Einigkeit: Für den März des kommenden Jahres wurde die Kirchenversammlung nach Pisa einberufen. Dagegen diente die Synode Benedikts XIII. vor Prälaten aus Spanien und Südfrankreich primär der Rechtfertigung seiner Bemühungen zur Beilegung des Schismas, bevor sie dann von 1409 bis 1416 unterbrochen wurden. Gregor XII. strebte gleichfalls eine Versammlung in Cividale an, die aber, da sich viele italienische Bischöfe nach Pisa gewandt hatten, als Misserfolg endete.

Das Konzil mit seinen etwa fünfhundert geistlichen Würdenträgern, Theologen, Juristen sowie Abgesandten der Fürstenhöfe repräsentierte den größeren Teil der abendländischen Christenheit, allerdings ließ der deutsche König Ruprecht von der Pfalz Protest einlegen, weil er weiterhin Gregor XII. anhing. Ablehnend verhielten sich dazu die Königreiche Aragón, Kastilien und Schottland sowie Ladislaus von Neapel. Die Leitung des Konzils lag wohl beim Kardinalskollegium, ohne dass dies offiziell solche Funktionen übernahm. Ziel war die Durchführung eines Prozesses gegen beide Päpste und die Neuwahl bei der zu erwartenden Verurteilung. Gregor XII. und Benedikt XIII. wurden mehrfach geladen, zunächst zum Konzil, dann zur Verteidigung, erschienen jedoch aus verständlichen Gründen nicht. Ein knappes Vierteljahr nach Eröffnung des Konzils wurden beide Päpste am 5. Juni 1409 als notorische Schismatiker, Eidbrecher und Häretiker abgesetzt, der päpstliche Stuhl für vakant erklärt.

Das Konklave, 24 Kardinäle, 14 der ehemals avignonesischen, 10 der zuvor römischen Obödienz, wählte am 26. Juni 1409 einstimmig den Kardinal und Franziskaner Petros Philargis zum neuen und, wie man hoffte, allgemein anerkannten Papst (Alexander V.). Die Neuwahl bildete den eigentlichen Abschluss des nun von Alexander V. geleiteten Konzils. Diskussionen über notwendige Reformen der Kirche wurden verschoben; ein neues Konzil wurde für das Jahr 1412 geplant.

Nicht unumstritten ist die Bewertung Pisas, insbesondere wird dem Konzil teilweise der ökumenische Charakter abgesprochen, was aber so auch auf andere derartige, offiziell anerkannte Kirchenversammlungen des Mittelalters zutreffen würde. In der offiziellen Zählung der katholischen Kirche wurde es dann auch nicht den ökumenischen Konzilien zugeordnet. Zwar konnte die Kirchenunion nicht erreicht werden, aber man hatte doch günstige Vorbedingungen geschaffen, die in Konstanz schließlich zum Erfolg führen sollten. Zunächst aber gab es statt zwei nunmehr drei Päpste, wenn auch mit unterschiedlich großen Obödienzen. Zu Gregor XII. bekannten sich eine eher geringe Zahl italienischer Anhänger, vorerst das deutsche Reich und Ungarn. Benedikt XIII. war in Schottland, weiten Teilen Spaniens sowie in südfranzösischen Regionen anerkannt. Die größte Obödienz blieb so für den neu gewählten Alexander V.

Metallene Bulle des Pisaner Papstes Johannes XXIII.

Alexander V. ging zu dem Kardinallegaten von Bologna, Baldassare Cossa, wo er bereits im Mai 1410 starb. Cossa, eine der treibenden Kräfte der Konzilseinberufung, wurde noch im gleichen Monat in Bologna zum Nachfolger Alexanders gewählt, obwohl dem einem neapolitanischen Adelsgeschlecht entstammenden Johannes XXIII., wie er sich nannte, nachgesagt wurde, in seiner Jugend Seeräuber gewesen zu sein. Auch ihm gelang es nicht, die Absetzung seiner Konkurrenten zu erzwingen, im Patrimonium setzte sich Johannes XXIII. aber zunächst durch, so wie die Konklaveteilnehmer erhofft hatten.

Um die Einheit der Kirche – Die Konzilien des 15. Jahrhunderts

Um die Wende zum 15. Jahrhundert erschienen Konzilien als einzige Möglichkeit, die Kircheneinheit wiederherzustellen, da die konkurrierenden Päpste – auch entgegen der Hoffnung gelehrter Theologen – nicht zum Rücktritt bereit waren. Auch die gewaltsame Durchsetzung eines Papstes, die Anerkennung eines Kommissionsurteils, die persönliche Zusammenkunft der Kontrahenten oder der Gehorsamsentzug waren gescheitert. In den Vordergrund trat die Frage nach der Superiorität, der Überlegenheit von Papst oder Konzil angesichts von zwei, später drei Päpsten, die jeweils für

Anfang 1415 einigten sich die Teilnehmer des Konzils von Konstanz auf eine Abstimmung nach »Nationen«:

Donnerstag, am 7. Februar, versammelte sich die französische Nation in ihrem gewohnten Hause und beriet darüber, ob nach Stimmen beziehungsweise Köpfen oder nach Nationen verfahren werden sollte, und sie kam dazu, man solle nach Nationen und nicht nach Stimmen oder Köpfen vorgehen, wie schon vorher die englische und die deutsche Nation gefordert und beschlossen hatten. Dieser Beschluss wurde von allen Klugen für einen sehr guten Anfang zur Einheit der Kirche gehalten.

Eine große internationale Konferenz, wie sie das Konzil von Konstanz darstellte, hatte natürlich auch wirtschaftliche Auswirkungen, die Ulrich Richental in seiner Chronik des Konzils u. a. wie folgt beschreibt:

Während dieser Zeit schlugen die fremden Handwerker ihre Werkstätten auf, und zwar auf dem unteren Hof die Krämer, Gürtler, Schuhmacher und Bader. Sie stellten Buden und Zelte auf und machten dort auch die Wirte. Das Gleiche geschah auch noch auf dem oberen Hof und auf dem Platz vor dem Zeughaus. Die Metzger hielten dort allerlei Fleischspeisen und allerlei Wildbret feil. Vor St. Stephan auf dem Barfüßerkirchhof und drin im Kreuzgang saßen Krämer und Schreiber und bauten sich ihre Buden, hielten auch nachts selbst Wache, und überall, wo nur irgendein Winkel zu finden war, bauten sie ihre Häuser. Die Wirte, ehrliche und unehrliche, erhielten Wohnung in der Vorstadt Stadelhofen, oder wo sie sonst unterkommen konnten, angewiesen.

sich die höchste Autorität und Gehorsam sowie Finanzmittel beanspruchten. Konkrete, den Einzelnen beeinträchtigende Folgen waren vor allem in den Grenzgebieten der jeweiligen Obödienzen (Anhängerschaft eines Papstes) zu spüren, wo die Konflikte bis in die untere Ebene hineinreichten; gegenseitige Exkommunikationen und Interdikte (Verbote geistlicher Handlungen) erschwerten zumindest das geregelte kirchliche Leben, es herrschte Unsicherheit über die Wirksamkeit der Sakramente.

Schon die Lehrer des kanonischen Rechts, die Dekretisten, später die Dekretalisten, beurteilten die Frage nach der Überordnung von Papst oder Konzil uneinheitlich. Einen Einschnitt markierte, teilweise unter Aufnahme älterer Überlegungen, der »Defensor pacis«, eine Schrift des Marsilius von Padua: Das Konzil repräsentiere die Kirche und damit die Gläubigen, der Papst sei untergeordnet und dem Kaiser könne eine wichtige Rolle zukommen. Für Wilhelm von Ockham war die Rechtgläubigkeit das entscheidende Kriterium, Papst und Konzil könnten prinzipiell irren. Beide gelten aber nicht mehr als die Väter des Konziliarismus, sondern dieser ohnehin nicht homogene Ideenkomplex speiste sich aus einer Vielzahl von Quellen und blieb in die zeitgenössischen politischen Auseinandersetzungen eingebunden.

Das Konstanzer Konzil (1414–18)

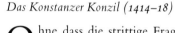

Ohne dass die strittige Frage nach der Überordnung von Papst oder Konzil entschieden war, begann am 5. November 1414 das Konstanzer Konzil mit der feierlichen Eröffnung durch den Pisaner Papst Johannes XXIII. Im Jahr darauf erreichte man die volle Teilnehmerstärke, die Konstanz zur größten »internationalen Konferenz« des Mittelalters werden ließ. Ihr Förderer und Schirmherr, König Siegmund, traf an Weihnachten 1414 ein. Vorausgegangen waren zähe diplomatische Verhandlungen besonders zwischen Siegmund und Johannes. Von beiden gingen auch die Einladungen für das Konzil aus, von dem sich der Papst die Bestätigung seines Pontifikats erhoffte.

Neu war die Abstimmung nach »Nationen« (nicht nach Nationalitäten), angelehnt an universitäre Einrichtungen: Jede Nation, Italiener, Engländer, Franzosen und Deutsche sowie später auch Spanier, hatte nur eine Stimme, bei Abstimmungen nach Anzahl der Anwesenden hätten wohl erneut die italienischen Würdenträger die Versammlung dominiert; eine weitere Stimme erhielt das Kardinalskollegium. In die Diskussionen griffen auch die Vertreter der theo-

Die Initiatoren des Konstanzer Konzils Papst Johannes XXIII. und der Römische König Siegmund. Holzschnitte aus der Chronik des Konstanzer Konzils (1414–18) von Ulrich Richental, um 1430/40 (Konstanz, Rosgartenmuseum).

logischen Fakultäten entscheidend ein, genannt sei stellvertretend nur Jean de Gerson, Kanzler der Pariser Universität. Das Konzil besaß eine enorme Anziehungskraft. Um den (nicht exakt zu beziffernden) Andrang zu bewältigen, wurden seitens der Stadt umfassende Preistaxen erlassen, die Gewerbeausübung erleichtert, Beschäftigung für Mittellose angeboten.

Die Kircheneinheit

V erhandlungsgegenstände im Konstanzer Münster waren Glaubensfragen, die Frage der Kircheneinheit und Reformfragen. Bei der Frage der Kircheneinheit waren weltliche Herrscher miteinbezogen und stimmberechtigt. Zunächst befasste man sich auch mit diesem Thema. Entgegen den Erwartungen Johannes' XXIII. wurde seine Stellung rasch geschwächt. Es setzte sich die Überzeugung durch, dass keiner der drei Päpste zweifelsfrei legitimiert sei. Johannes erklärte sich zum Verzicht bereit, wenn dieser Schritt auch von den beiden anderen Päpsten vollzogen würde. Einer erzwungenen Abdankung entzog er sich durch die Flucht, wurde aber trotz der Unterstützung durch Herzog Friedrich IV. von Österreich gefangen genommen und im Mai 1415 nach einem Prozess in erster Linie wegen moralischen Fehlverhaltens vom Konzil abgesetzt. Das Konzil erklärte seine Überordnung in Glaubensfragen und seine Legitimität unmittelbar durch Christus. Mit dem Dekret »Frequens« sollten zudem regelmäßige Konzilien eingerichtet werden. Nachdem die Teilnehmer Gregor XII. zugestanden hatten, nachträglich das Konzil mit einzuberufen, erklärte er im Juli 1415 seinen Rücktritt. Nur noch Benedikt XIII. mit seinem Anhang in Südfrankreich und Spanien beharrte auf seiner Position. Dieses Problem konnte politisch gelöst

Mit dem Dekret »Frequens« vom 9. Oktober 1417 versuchte das Konstanzer Konzil regelmäßige Konzilien festzuschreiben:

Daher entscheiden, verfügen, bestimmen und verordnen wir durch diesen ewigen Erlass, dass künftig allgemeine Konzilien folgendermaßen abgehalten werden: Das erste fünf Jahre unmittelbar nach Ende dieses Konzils, das folgende aber sieben Jahre unmittelbar nach dem Ende jenes Konzils, danach sollen sie jeweils fortwährend alle zehn Jahre abgehalten werden, und zwar an Orten, die zu bestimmen und festzulegen der Papst – bei seinem Fehlen das Konzil selbst – einen Monat vor Ende eines jeden Konzils mit Billigung und Zustimmung des Konzils gehalten ist.

Das Konstanzer »Kaufhaus« am Hafen, in dem während des Konstanzer Konzils der neue Papst gewählt wurde.

werden. Es gelang, die spanischen Reiche in das Konstanzer Konzil zu integrieren, und dort setzte man Benedikt nach einem Prozess 1417 ab.

Mit dem Anschluss der Spanier war eine gesamtkirchliche Papstwahl möglich geworden. Nach lang dauernden Auseinandersetzungen beschloss man, sowohl das Kardinalskollegium (23 Mitglieder) als auch Vertreter der Nationen (je 6 Abgeordnete) zu beteiligen. Damit sollten nachträgliche formale Einwände ausgeschlossen werden. Das Konklave begann am 8. November 1417 im innen komplett umgebauten Konstanzer »Kaufhaus«; gewählt wurde bereits am 11. November der Kardinal Oddo Colonna, Mitglied einer der führenden römischen Adelsfamilien. Als Papst nahm er den Namen Martin V. an.

Für John Wycliffe war allein die Bibel Grundlage des Glaubens. Seine englische Übersetzung des Neuen Testaments erschien 1383. Bei der abgebildeten Seite (links) aus einer Handschrift dieser Bibelübersetzung handelt es sich um den Beginn der Apostelgeschichte. Die rechte Abbildung, ein Blatt aus Ulrich Richentals Chronik des Konstanzer Konzils, zeigt, wie Jan Hus vor der Verbrennung entweiht wurde, indem man ihn seiner Priestergewänder entledigte und ihn stattdessen in einen schwarzen Mantel und eine Mütze mit der Aufschrift »Erzketzer« kleidete.

Über den Bruch des königlichen Geleitsversprechens für Jan Hus berichtet Aegidius Tschudi in seinem »Chronicon Helveticum«:

Wie nun der römisch künig Sigmund (der noch nit im concilio war) vernam das der Huss gefangen wer, was er nit wol zefriden das durch das collegium imm sin küngklich gleit sölt gebrochen werden, dann er ouch besorgt sins bruoders küng Wentzelaws ze Behem zorn und der Behemern ungunst dero huld er nit gern verlor, dann sin bruoder hat kein kind // und was er des selben richs künfftiger erb, und hieltend imm die behemischen herren ernstlich für er hetti inn gen Costentz gebracht uff zuosagung sins verschribnen gleitz, das sölti er nun an im halten und inn nit uff den fleischbank durch sin gleit bringen. Aber die gelerten vom collegio gesandt kamend zum künig und underrichtetend inn uss den geistlichen rechten das man keinem kätzer gleit ze geben noch ze halten schuldig wer.

Glaubensfragen: Wycliffe und Hus

Die strittigen Glaubensfragen waren auf die Reformforderungen des englischen Philosophen und Theologen John Wycliffe und des tschechischen Reformators Jan Hus konzentriert. Wycliffes Angriffe auf die kirchliche Hierarchie, den Reichtum der Kirche sowie deren weltliche Herrschaftsrechte trafen die Grundlagen der mittelalterlichen Amtskirche und waren bereits mehrfach verurteilt worden, sodass Konstanz keine wesentlichen Neuerungen brachte.

Für das Reich und für Böhmen folgenreich war dagegen die Verbrennung des Jan Hus im Juli 1415. Die Gedanken Wycliffes waren in Böhmen auf fruchtbaren Boden gefallen, Hus übernahm sie und entwickelte sie wie andere Prediger zu einem populären Programm. Bis 1412 genoss er den Schutz des böhmischen Königs Wenzel, obwohl er im Vorjahr exkommuniziert worden war. Zur Verteidigung seiner Ansichten reiste er nach Konstanz, geschützt durch einen Geleitbrief König Siegmunds, wurde aber vom Konzil auf Betreiben seiner böhmischen Gegner im Klerus gefangen gesetzt und verurteilt. Für Siegmund als Erben Böhmens war dies ein Affront, aus politischen Rücksichten griff er jedoch nicht ein. Im Juni 1415 hatte das Konzil bereits den in Böhmen populären Laienkelch verboten.

Die Verbrennung von Hus löste Proteste aus, der Adel sandte geschlossen einen Protestbrief nach Konstanz. Von diesem Zeitpunkt an lässt sich von »Hussitismus« sprechen, freilich nicht im Sinne einer in sich geschlossenen Bewegung. Die Hinrichtungen des Jan Hus und seines Schülers Hieronymus von Prag konnten den Konflikt natürlich nicht lösen: Den Laienkelch erkannte die Prager Universität 1417 als rechtmäßig an, alle von Papst Martin V. forcierten Kreuzzüge gegen die Hussiten scheiterten. Erst mit der Annahme der Prager Kompaktaten 1433, beruhend auf einem in Basel gefundenen Kompromiss, kam der Streit vorläufig zur Ruhe. Zu den Verlierern zählte der böhmische Klerus, der Adel hingegen konnte seine Stellung insbesondere durch die Säkularisierung von Kirchengütern erheblich ausbauen.

Verzögerte Reformen

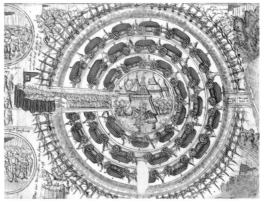

Die militärischen Erfolge gegenüber den kaiserlichen Truppen verdankten die Hussitenheere einer besonderen Kriegstechnik, der Wagenburg (Österreichische Nationalbibliothek, Wien).

D as breiteste Feld beanspruchten die schon seit Jahren diskutierten Vorschläge über eine von fast allen als notwendig erachtete innerkirchliche Reform. Diskutiert wurden u. a. die Pfründenkumulation und damit verbundene seelsorgerische Defizite, mangelnde Bildung von Teilen des Klerus, die Verhängung von Kirchenstrafen in weltlichen Auseinandersetzungen und als äußerlicher Aspekt der Lebensstil vieler hoher Geistlicher. Ein zentrales Thema war natürlich auch der ausufernde kuriale Fiskalismus.

Mit seinen Reformbemühungen scheiterte das Konzil, die mit den einzelnen Nationen abgeschlossenen Konkordate führten zu ganz unterschiedlichen Entwicklungen. In England und Frankreich zielten sie auf eine größere kirchliche Selbstständigkeit gegenüber Rom. Immerhin untersagte das Konzil in einem Reformdekret die Versetzung von Bischöfen und Prälaten gegen deren Willen, ein von der Kurie zuvor durchaus genutztes Fiskalinstrument, da von der neuen Position gleichfalls Annaten zu zahlen waren. Man reduzierte auch die Exemtionen, die direkte Unterstellung unter den Papst, sowie die Möglichkeiten zu Zehntforderungen. Durch ein weiteres Dekret verlor der Papst das Recht auf Spolien (klerikaler Nachlass) und Prokurationen (Gebühren). Mit der Wiederherstellung der Kircheneinheit erzielte das

Ablieferung des Kirchenzehnts an Papst und Kleriker. Aus einer der ersten Druckausgaben des Decretum Gratiani (Mainz, 1473). Der Jurist Gratian fasste im 12. Jahrhundert die damals zerstreute Materie des kirchenrechtlichen Stoffes zum kurz als Decretum Gratiani titulierten Rechtsbuch zusammen (Privatbesitz).

Konzil seinen größten Erfolg. Er wurde erreicht trotz scharfer Auseinandersetzungen bis hin zu Handgreiflichkeiten und trotz machtpolitischer Einflüsse von außen – alles in allem doch eine imponierende Leistung.

Das nächste Konzil rief Papst Martin V. nach den Bestimmungen des Dekrets »Frequens« für 1423 nach Pavia ein. Die bald darauf nach Siena verlegte Synode brachte kaum Ergebnisse und wurde im folgenden Jahr aufgelöst. Papst Martin V. nahm wegen der Bedrohung des Kirchenstaates durch das Königreich Neapel nicht teil. Möglicherweise handelte es sich nur um einen Vorwand, denn der poli-

Nach 39 Jahren der Spaltung und Wirrnisse hatte die Kirche wieder ein allgemein anerkanntes Oberhaupt: Papst Martin V. Rechts die Platte seines Grabes in der Kirche San Giovanni in Laterano in Rom.

Speziell für die Bediensteten und Begleiter der in Basel versammelten Kleriker wurde 1432 ein »Studium generale« geschaffen. Eine Gruppe von Basler Bürgern bereitete nach dem Ende des Konzils die Gründung einer Universität vor, die 1460 eröffnet wurde. Als erster Rektor wurde der Dompropst Hieronymus von Weyblingen vereidigt, dessen Wappen hier zu sehen ist (Miniatur von 1485 aus dem ersten Matrikelbuch, Basel, Universitätsbibliothek).

tisch gestärkte Papst stand der Konzilsidee skeptisch gegenüber. Die Konstanzer Bestimmungen über regelmäßige Kirchenversammlungen wurden aber zunächst befolgt: 1431 berief Martin das Konzil von Basel ein.

Das Konzil von Basel und seine Fortsetzung in Ferrara/Florenz

Martins Nachfolger, Eugen IV., von der unanfechtbaren Stellung des Papsttums zutiefst überzeugt, wollte das anfangs schwach besuchte Konzil von Basel auflösen, musste es aber 1432 doch anerkennen. Inzwischen war die Versammlung stark angewachsen und hatte sich eine eigene Organisation geschaffen. Abstimmungen nach »Nationen« fanden nicht mehr statt, an ihrer Stelle installierte man vier thematisch gebundene Delegationen mit strikter zeitlicher Begrenzung von Amtsaufträgen. Dennoch fielen innerhalb der »Nationen« zahlreiche Vorentscheidungen, das Stimmverhalten wurde abgesprochen. Stimmberechtigt waren grundsätzlich alle Inkorporierten, unabhängig vom persönlichen Status; Laien blieben allerdings eine Ausnahme. Das Zusammentreffen vieler Gesandter ermöglichte quasi als Nebenprodukt eine politische Diplomatie.

Auch die Böhmen hatten die Einladung zu Verhandlungen angenommen, die 1433 zu einem jedoch Jahrzehnte später von der Kurie aufgehobenen Ausgleich führten. Deutlich eingeschränkt wurden die Eingriffsmöglichkeiten der Päpste bei der Besetzung von Bischofs- und Prälatenstellen, Annatenzahlungen bei der Besetzung von Benefizien wurden verboten. Ebenso schränkte man die Zuständigkeit der kurialen Gerichtsbarkeit ein, Regionalsynoden wurden vorgeschrieben, die Papstwahl sollte in Zukunft wieder von den Kardinälen allein vorgenommen werden, deren Zahl auf 24 begrenzt wurde und von denen höchstens acht einer »Nation« angehören durften. Das Problem der Pfründenakkumulation wurde zwar behandelt, ein Dekret zur Abschaffung jedoch nicht akzeptiert, wohl auch aus der Erkenntnis, dass diese den Teilnehmern, soweit keine andere Versorgung gewährleistet war, überhaupt erst die dauernde Teilnahme am Konzil sicherte.

Die von ihm forcierten Unionsverhandlungen mit der Ostkirche benützte Eugen IV. dazu, um gegen die Mehrheit der Basler Versammlung ein eigenes Konzil nach Ferrara einzuberufen. Die in Basel verbliebenen Delegierten erklärten förmlich die Superiorität des Konzils, aber die Absetzung Eugens (1439) und die Erhebung Herzog Amadeus' VIII. von Savoyen zum Gegenpapst Felix V. blieben ohne große Wirkung. Allerdings übernahm der französische König Bestimmungen des Basler Konzils. In der Pragmatischen Sanktion von Bourges sicherte er sich die Stellung eines Oberherren der »Gallikanischen Kirche«. Im Reich verhielt man sich zunächst neutral, verwendete aber in der »Mainzer Akzeptation« 1439 ebenfalls Konzilsdekrete. Allerdings baute das Wiener Konkordat von 1448 die päpstlichen Einflussmöglichkeiten wieder aus, nur für seine eigenen Territorien hatte Kaiser Friedrich III. günstigere Bedingungen ausgehandelt. Der Einfluss der Papstkirche verstärkte die in der Bevölkerung des Reiches weit verbreiteten Aversionen, vor allem fühlte man sich finanziell ausgebeutet. Auf offizieller Ebene waren die *gravamina nationis Germanicae* Ausdruck der Kritik an der Kurie. Eine veränderte politische Einstellung auf breiter Front signalisierte der Übergang des neapolitanischen Königs Alfons I. zu Eugen, das Basler Konzil wurde durch den Verlust von weltlichen Parteigängern letztlich bedeutungslos. Das 1448 aus Basel vertriebene Konzil löste sich 1449 auf, Felix V. hatte zuvor Verzicht geleistet. Die Versammlung bedeutete wohl den Höhepunkt konziliarer Vorstellungen, im Endergebnis führte sie aber paradoxerweise zum Sieg des Papsttums.

Das aus finanziellen Gründen 1439 von Ferrara nach Florenz verlegte Konzil Eugens IV. beschloss die Vereinigung der seit 1054 getrennten Ost- und Westkirche. Ein nur scheinbarer Erfolg, denn schon auf der Heimreise zogen Vertreter der Ostkirche ihre Zustimmung wieder zurück. Die vom letzten byzantinischen Kaiser 1452 doch noch verkündete Union hatte zur Folge, dass nun die russische Kirche die alleinige Vertretung der Orthodoxie für sich beanspruchte, weil die Byzantiner mit ihrer Vertragszustimmung Verrat begangen hätten. Nur mit kleineren vorderasiatischen Kirchen und den zypriotischen Maroniten erzielte man wirkliche Unionsvereinbarungen. Nachdem Eugen IV. 1443 nach Rom zurückkehren konnte, verlegte er das Konzil ebenfalls dorthin; ein offizieller Abschluss ist nicht überliefert.

Die Unionsvereinbarungen mit der koptischen, der armenischen und der byzantinischen Kirche, die Papst Eugen IV. auf dem Konzil von Florenz bewirkte, blieben alle ohne Bestand. Das nach 1587 entstandene Fresko aus dem Konzilienzyklus im so genannten Salone Sistino der päpstlichen Bibliothek im Vatikan zeigt den Papst in Florenz mit den ihm huldigenden Vertretern der genannten Kirchen: einem Äthiopier, einem Armenier und einem Griechen.

Aus dem Konflikt mit dem Konzil ging der Papst zwar als deutlicher Sieger hervor, gleichzeitig war aber seine Stellung gegenüber den »National«- bzw. Landeskirchen geschwächt. Da in Ferrara/Florenz keine Reformen eingeleitet wurden, blieb dieses Problemfeld akut. Forderungen nach Konzilien wurden weiterhin gestellt, zum Teil als politisches Instrument der Herrscher gegenüber dem Papsttum. Auch noch Luther appellierte an ein einzuberufendes Konzil. Solche Appellationen hatte Papst Pius II. 1460 wie auch schon Benedikt (XIII.) zuvor und andere Päpste im 15. und 16. Jahrhundert verboten. Das nächste offizielle Konzil fand dann von 1512 bis 1517 wieder im Lateran statt, die wenigen Reformdekrete blieben erneut wirkungslos.

Textilmarkt in Bologna (oben). Die Errichtung von Ständen oder Geschäften in speziellen Straßen gab den Kaufleuten die Möglichkeit gegenseitiger Kontrolle. Miniatur in einer Anfang des 15. Jahrhunderts in Oberitalien entstandenen Handschrift (Bologna, Museo Civico). Das Steinrelief (unten) auf einer von der Tuchmacherzunft gestifteten Säule im Dom von Piacenza (12. Jahrhundert) zeigt das Prüfen des gewebten Stoffes.

Kommunale Bewegung – Städte und Städtebünde auf dem Höhepunkt ihrer Macht

Trotz blühender spätmittelalterlicher Städtelandschaften lebte, von regionalen Ausnahmen abgesehen, die überwiegende Mehrheit der Einwohner West- und Mitteleuropas auf dem Lande, und dies blieb so bis in das 19. Jahrhundert hinein. Aber selbst Bürger der vielen kleineren und mittleren Städte betrieben häufig noch Landwirtschaft.

Städtelandschaften in Oberitalien und Flandern

Die frühesten und die am stärksten verdichteten Städtenetze bildeten sich in Oberitalien und dann in Flandern. Oberitalienische Kommunen waren bereits im Verlauf des Hochmittelalters teilweise zu unabhängigen, miteinander rivalisierenden und das Umland dominierenden Stadtrepubliken geworden, deren Führungsschicht sich aus altem Stadtadel und reichen Kaufleuten rekrutierte; der Einfluss der Zünfte variierte, als Herrschaftsform setzte sich im Verlauf des Spätmittelalters zumeist die *signoria,* die monokratische Herrschaft eines Einzelnen oder eines einzelnen Geschlechts, durch.

Der Einfluss äußerer Mächte auf die italienischen Kommunen blieb bis zum Ende des 15. Jahrhunderts, dem Beginn der habsburgisch-französischen Auseinandersetzungen in und um Oberitalien, auf ein Minimum beschränkt. Denn die Versuche Friedrichs II. zur Wiederherstellung der Reichsansprüche waren letztlich gescheitert, auch wenn man die Parteinamen Guelfen und Ghibellinen bei geändertem Bedeutungsgehalt für in erster Linie innerstädtische Parteiungen weiter verwendete und formale Ansprüche der römisch-deutschen Kaiser aufrechterhalten wurden. Während des Spätmittelalters konnte sich ein gewisses Gleichgewicht der führenden Kommunen herausbilden, wobei sich die Stellung einzelner Städte beträchtlich verändern konnte. So geriet etwa die zuvor bedeutende Handelsstadt Pisa nach der Unterwerfung 1406 unter den Einfluss der Stadt Florenz.

Hohe Profite waren im Fernhandel zu erzielen, gerade auch bedingt durch die energisch verteidigte Mittlerstellung für (Luxus-)Waren aus dem Orient und deren Weiterverkauf in das übrige Europa. Es entstanden aber auch eigene Produktionszentren im Exportgewerbe (z. B. Wollverarbeitung). Für den Fernhandel eigneten sich besonders teure, haltbare und gut transportierbare Güter mit einer günstigen Gewicht-Preis-Relation, wie z. B. Gewürze und kostbare Stoffe.

In Nordwesteuropa war der Aufstieg des Städtewesens eng verbunden mit der Herstellung von teurem, schwerem Tuch. Es entstanden Tuchreviere mit ausgebildeten Fachkräften, günstigen Rohstoffbezugs- (englische Wolle) und Absatzmöglichkeiten (zunächst Champagnemessen) sowie hohem technischem Standard. Bereits früh wurde das Umland der flandrischen Städte in die Produktion einbezogen, wobei allerdings die höher qualifizierten Tätigkeiten zumeist städtischen Handwerkern, die ihrerseits verstärktem Druck seitens der großen Unternehmungen ausgesetzt waren, vorbehalten blieben. Die Position des ehemals exklusiven Patriziats wurde durch Landesherrschaft und Zünfte von oben wie von unten geschwächt. Nicht die Tuchherstellung – vor allem mittlerer und leichterer Qualitäten – in kleineren Städten und auf dem Land löste die Krise im 14. Jahrhundert aus, ihre Ursachen lagen wohl eher in einer veränderten Nachfragestruktur und in den neu entstandenen Produktionszentren in den ehemaligen Rohstoffimport- bzw. Absatzgebieten. Brügge, das im 14. Jahrhundert zumindest außerhalb des Mittelmeerraums der wichtigste europäische Handelsort war, verlor gegenüber Antwerpen und schließlich Amsterdam an Boden. Außerdem wurde die Region durch innerstädtische Konflikte, den Kampf gegen auswärtige Ansprüche und den auf flandrischem Boden ausgetragenen

Die für den Export bestimmten Tuche wurden einer strengen Qualitätskontrolle, der so genannten »Schau« unterzogen. Qualität und Ort der Stoffschau wurde durch Tuchplomben (Bleisiegel), die an den Stoffballen angebracht waren, wiedergegeben. Die abgebildeten Tuchplomben stammen aus Konstanz (Stuttgart, Landesdenkmalamt Baden-Württemberg).

Platz in Brügge, der nach der Herberge »Zur Börse« benannt wurde, die das Patriziergeschlecht van der Buerse dort vom Ende des 13. bis zum Ende des 15. Jahrhunderts betrieb. In Brügge benutzten die fremden Kaufleute ihre Herbergen auch als Geschäftsstelle, daraus ergab sich, dass der Name »Börse« für die entsprechende Institution in Verwendung kam (Gravur von Sanderus, Brügge, Stadtbibliothek).

Domus Genuensium — *Domus Florentinorum* — BYRSA BRUGENSIS

Konflikt zwischen Frankreich und Habsburg um das burgundische Erbe Ende des 15. Jahrhunderts geschwächt.

Dass die mittelalterlichen Städte auch ein bedeutender politischer Faktor waren, zeigt nach dem lombardischen Städtebund des Hochmittelalters der letztlich jedoch gescheiterte Rheinische Städtebund von 1254, dem sich neben geistlichen Landesherren auch zahlreiche Adlige anschlossen. Ziel waren die Landfriedenswahrung und die Verhinderung neuer Zollstellen, beides wichtige Bedingungen für den gewachsenen Handel.

Der nach dem Tod des römisch-deutschen Königs Wilhelm von Holland 1256 gefasste Beschluss, bei einer Doppelwahl keinen der Thronprätendenten anzuerkennen, sollte sich wegen der auseinander strebenden Interessen gerade auch der einzelnen Städte als wir-

Guelfen und Ghibellinen hießen in Italien die beiden großen Parteien, deren Entstehung auf die Kämpfe zwischen Anhängern des Welfen Otto IV. und des Staufers Friedrich II. in den Jahren 1212–18 zurückging. Die Geschlechternamen »Welfen« und »Waiblinger« (nach dem alten staufischen Besitz Waiblingen) wurden im Italienischen zu Guelfi und Ghibellini. Die päpstlich gesinnten Gegner des Kaisertums, die Guelfen, standen den Anhängern des Reiches, den Ghibellinen, gegenüber, zuerst um 1240 in Florenz. Nach dem Untergang der Staufer (1268) wurde die Bezeichnung auf andere politische und soziale Gegensätze übertragen, so auf die ständischen zwischen Volkspartei (Guelfen) und Adel (Ghibellinen). Beide Bezeichnungen wurden auch im 14. Jahrhundert beim Streit zwischen dem Kaiser und der Kurie gebraucht. Obwohl 1334 von Papst Benedikt XII. verboten, blieben sie als Namen der unversöhnlichen Gegensätze in den italienischen Städten bis ins 17. Jahrhundert lebendig.

DIE HANSE

Die Hanse war kein Städtebund im eigentlichen Sinne, vielmehr ist sie entstanden aus dem Zusammenschluss von west- und niederdeutschen Fernkaufleuten. Ihre Ursprünge liegen in der Privilegierung dieser Genossenschaften im englischen Raum, die sich zur Wahrung ihrer Rechte gebildet hatten. Im Zuge der deutschen Siedlung östlich der Elbe verlagerte sich das Gewicht der Hanse in den Ostseeraum bis nach Nowgorod. Aus Norwegen und Schweden wurden Heringe und der besonders in der Fastenzeit geschätzte Stockfisch importiert (siehe das Wappen der Lübecker Bergenfahrer mit dem Stockfisch als Erkennungszeichen; Lübeck, Museum für Kunst und Kulturgeschichte). Unter der Führung des 1158/59 gegründeten Lübeck vollzog die Hanse den Schritt vom lockeren Zusammenschluss als Kaufmanns-Hanse zur Städte-Hanse im Jahre 1356, der zur Blütezeit etwa 200 Städte – auch im Binnenland – angehörten. Zentren waren jedoch die großen Hafenstädte, in denen die Koggen, die typischen hansischen Transportschiffe, anlegen konnten (Szene aus dem Hamburger Hafen um 1487; Hamburg, Staatsarchiv).

Im Gegensatz zu den süddeutschen Städtebünden, die sich zur Verwirklichung politischer Ziele zusammenschlossen, waren die Aktivitäten der Hanse wirtschaftlicher Natur. Gleichwohl verfügte die Hanse über ein erhebliches politisch-militärisches Potenzial, wie besonders der dänische König Waldemar IV. Atterdag erfahren musste, als ihm nach seiner Niederlage gegen die Hanse 1370 der Friede von Stralsund aufgezwungen wurde. Die Vormachtstellung der Hanse besonders im Ostseeraum wurde im 15. Jahrhundert durch das Vordringen der Engländer und vor allem der Holländer untergraben,

der Niedergang des Bundes zusätzlich durch eine national-protektionistische Handelspolitik in Russland, Holland und England beschleunigt. Als im Jahre 1603 der »Stalhof«, das Hansekontor in London, geschlossen wurde, bedeutete dies faktisch das Ende der Hanse, wenn diese auch nominell noch bis ins 17. Jahrhundert fortbestand.

Die Gründungsurkunde des Rheinischen Städtebundes von 1254 gibt folgende bezeichnende Begründung für die Schaffung des Bundes:

Weil die Gefahren, die über dem Lande drohen, und die Verbrechen auf den Landstraßen schon viele von uns fast vernichtet haben und gute und tüchtige Leute in großer Zahl an den Ruin gebracht worden sind, weil Unschuldige ohne vernünftigen Grund Gewalt leiden müssen, ist es notwendig zu fragen und zu untersuchen, ob es nicht ein Mittel gibt, sich diesen Sturmwirbeln zu widersetzen, ein Mittel, durch das wenigstens unsere Grenzen und Gebiete zu den Wegen des Friedens zurückgerufen werden könnten, wenn auch sonst keine Billigkeit mehr gilt.

kungslos erweisen. Ein überregionales dauerhaftes Bündnis kam nicht mehr zustande. Immerhin reichte der Bund 1256 von Bremen und Lübeck im Norden bis Basel und Zürich im Süden, während Aachen im Westen sowie Mühlhausen (Thüringen), Nürnberg und Regensburg im Osten die Grenzen der Ausdehnung markierten. Aber auch nach dem Scheitern des Rheinischen Städtebundes spielten die Städte in der Landfriedenspolitik immer wieder eine führende Rolle und schlossen vor allem regionale Bündnisse (z.B. Schwäbischer Städtebund von 1376). Die Hanse blieb dagegen von handelspolitischen Interessen der Mitglieder dominiert; sie konnte wegen der Vielzahl der angeschlossenen Territorialstädte keinen auch politisch als Ganzes agierenden Städtebund bilden.

Zur sozialen Gliederung

Sicherlich waren Städte keine Inseln von Gleichberechtigten inmitten einer sonst ständisch geprägten Gesellschaft, aber im Unterschied zum agrarischen Umland waren Bürger und zumindest teilweise die sonstigen Einwohner der größeren Städte persönlich frei. Zusätzlich gewann das Vermögen, wenn auch häufig traditionell in Landbesitz angelegt, eine steigende Funktion für die Gliederung der sozialen Hierarchie, da formal-rechtlich kaum Unterschiede zwischen den Bürgern bestanden. Die deutlichsten besitzbedingten Sozialdifferenzierungen dürfte es in den Fernhandelszentren gegeben haben, weil hier die besten Voraussetzungen zur Akkumulation beträchtlicher Vermögen bestanden. Überhaupt stellte die Beteiligung am Handel die wohl größte Chance zur Kapitalbildung und damit zum sozialen Aufstieg dar. So wurden teilweise auch die Faktoren, die Leiter der großen Handelsgesellschaften, von diesen mit zunächst kleinen Beträgen an den Unternehmungen und damit am Gewinn beteiligt, sicherlich auch um das Eigeninteresse an den Geschäften zu wecken. Weiterhin entschieden die Ehre bzw. die Ehrbarkeit (äußerlich verdeutlicht z.B. in Statussymbolen und Prozessionsordnungen) und die regional unterschiedliche soziale Bewertung des Berufs über die soziale Stellung. Hinweise auf die Vermögen bieten überlieferte Steuerverzeichnisse, die jedoch bei weitem nicht flächendeckend vorliegen; in nicht wenigen Fällen lassen sie auch nicht die Art und Weise der Steuererhebung und die eventuell unterschiedliche Belastung von immobilen und mobilen Vermögenswerten erkennen.

Hermann Rinck und seine Frau Sibylle Kannengiesser, Kaufleute aus Korbach, die 1432 die Bürgerrechte von Köln erhielten, bezogen ihren Reichtum aus dem Handel mit Danzig und England. Von 1439 an saßen sie im Rat der Stadt Köln. Porträts von Bartholomäus Bruyn, dem Älteren, um 1525/30 (Köln, Stadtmuseum).

Mit der modellhaften Vorstellung (Erich Maschke) von der Drei- bzw. Vierteilung der städtischen Gesellschaft – Oberschicht, (obere und untere) Mittelschicht und Unterschicht – lassen sich wohl noch am ehesten überregionale Vergleiche anstellen; die Diskussion um die soziale Schichtung und die zu verwendenden Modelle ist jedoch keineswegs abgeschlossen. Allgemein zu beobachten sind, wenn auch mit deutlichen Unterschieden, die Tendenz zur Abschließung der Oberschicht, des in der frühen Neuzeit so bezeichneten Patriziats, bzw. die Aufnahme nur weniger neuer Familien in die städtische Führungsschicht und ihr Bestreben, die eigene Lebensführung an die des Adels anzugleichen, was mitunter zum Verlassen der Stadt führte. Auch der in etlichen Städten im Spätmittelalter beginnende Verdrängungsprozess der zeitlich ersten Führungsschicht verlief uneinheitlich. Die ursprünglich machtbesitzende Oligarchie konnte sich in der herkömmlichen Form meist nicht behaupten.

Die in den Steuerlisten als »arm« bezeichneten Bürger sind dies zunächst nur in steuertechnischer Hinsicht, d.h., sie wurden nicht zur Vermögenssteuer veranlagt. Von ihnen zu unterscheiden ist die oft große Gruppe der von einer nach wie vor stark kirchlich geprägten Almosenvergabe oder Ähnlichem abhängigen Bewohner, deren Eigenmittel sie stets an oder schon unter der Grenze des Existenzminimums leben ließ. Allerdings konnten in den immer wieder auftretenden Krisen der vorindustriellen Agrarwirtschaft große Teile der Einwohnerschaft, gerade auch der Handwerker, ihre materielle Lebensgrundlage verlieren. In solchen Zeiten wurde die verbilligte Ausgabe von Lebensmitteln, vor allem von Brot, als Aufgabe des Rates angesehen, der seinerseits Hungerrevolten besonders zu fürchten hatte. Nicht im Besitz des (vollen) Bürgerrechts waren Geistlichkeit

Der Gedenkstein zur Gründung des Ulmer Münsters 1377 illustriert die Ungleichheit der Menschen im Mittelalter: Der Patrizier und seine Frau nehmen den Verwaltungsakt vor; dem Baumeister wird die Arbeit aufgelastet.

1368 kam es in Augsburg zu einem Handwerkeraufstand gegen das patrizische Stadtregiment:

Nach Christi gepurt 1368 jar an sant Severi episcopi, was an ainem suntag, und an sant Severinus abent in derselben nacht wapnoten sich hie zuo Augspurg alle hantwerck und namen die nacht alle thor ein und besatzten die mit iren hantwerckern und giengen all die nacht auf der straß umb ... sie wöllten nach guotem frid stellen und zunft haben der stat zuo eern und zuo nutz. des wurden wir (der Rat) mit in überain mit guotem willen, das sagten sie den hantwerckern. da kamen sie herwider und sprachen, sie wölten haben die slüssel zuo dem Berlachthurn, datzuo die slüssel zuo dem gewelb, und der stat insigel und das buoch. das ward in alles schön geantwurt von den baumaistern und siglern.

Im Hamburger Ratssaal sitzen die Ratsherren um einen Tisch, auf dem ein Reliquiar zum Schwören steht. In der Mitte die vier Bürgermeister. Die Hunde im Vordergrund sollen die Öffentlichkeit der Ratssitzung andeuten. Darstellung aus der Bilderhandschrift des Hamburger Stadtrechts von 1497 (Hamburg, Staatsarchiv).

und, soweit sie in den Städten geduldet wurden, die Juden. Beide Gruppen zählten aber keineswegs zur Unterschicht, zu der Gesellen, Knechte, Mägde sowie Randständige (z.B. Angehörige unehrlicher Berufe) und Außenseiter gehörten, die nicht in jedem Fall ökonomisch arm sein mussten.

Innerstädtische Unruhen

Die ausgeprägte Sozialdifferenzierung der Einwohnerschaft war eine wesentliche Voraussetzung für die zahlreichen Stadtunruhen des Spätmittelalters. Meist ging es dabei entweder um die Teilhabe ökonomisch aufsteigender Gesellschaftsgruppen an der Macht oder aber um Aktionen gegen obrigkeitliche Tendenzen des Stadtregiments. Auch die Steuer- und Finanzpolitik des Rates konnte Konflikte auslösen. Um überhaupt führende städtische Ämter wahrnehmen zu können, war ein gewisses Vermögen unabdingbar, denn bei diesen meist ehrenamtlichen, aber zeitaufwendigen Tätigkeiten durfte man nicht auf tägliches Einkommen angewiesen sein. Häufig stand am Ende der Konflikte eine Erweiterung des Kreises der ratsfähigen Familien unter Beibehaltung der bestehenden politischen Strukturen. Beispielsweise öffnete der nach der Beseitigung der Geschlechterherrschaft in Köln 1396 erlassene Verbundbrief den Rat ebenso wie sonstige Gremien potenziell allen Mitgliedern der Gaffeln, bei denen es sich in diesem Fall um eine Art politischer Zünfte handelte. Allerdings zeigten sich bald Probleme, für die zu besetzenden Positionen und zu bewältigenden Aufgaben geeignete Personen zu finden, die über genügend Zeit (Vermögen) und Wissen verfügten. Auch dies erleichterte im folgenden Jahrhundert eine allmähliche Rücknahme von einzelnen Bestimmungen durch die sicherlich breiter gewordene, nicht mehr homogene Führungsschicht. Es handelte sich bei allen diesen innerstädtischen Unruhen noch nicht um schichtenspezifische Auseinandersetzungen oder gar »Klassenkämpfe«, zu unterschiedlich waren gerade die aufständischen Gruppen zusammengesetzt; Ansätze zu solchen schichtenspezifischen Konflikten sind am ehesten in den hoch entwickelten norditalienischen Kommunen zu erkennen.

Weit verbreitet war die Entwicklung von berufsorientierten Handwerkerverbänden, deren Hauptaufgabe die Regelung ökonomischer Interessen innerhalb des jeweiligen Verbandes war. Hinzu kamen die Außenvertretung gegenüber anderen Zünften und dem Stadtregiment sowie geistliche Aufgaben (z.B. Stiftungen für das Totengedenken verstorbener Mitglieder) und soziale Verpflichtungen (z.B. Unterstützung kranker Mitglieder). Waren die Zünfte zu Beginn noch relativ offen, schlossen sie sich gegen Ende des Mittelalters immer stärker ab, um die Interessen der augenblicklichen Mitglieder auch gegen (ungewollte) potenzielle Konkurrenz beitrittswilliger Interessenten zu verteidigen; das Problem der Überbesetzung bestimmter Berufe stellte sich regional unterschiedlich dar. Allerdings empfanden auch Teile der Mitgliedschaft die Regelungsdichte und die Beschränkungen der Produktionsausweitung und -intensivierung als hinderlich für ihre wirtschaftlichen Interessen.

Ähnliche Organisationsformen kannten die Kaufleute bereits seit dem Hochmittelalter mit den ursprünglich stärker bruderschaftlich denn ökonomisch ausgerichteten Gilden. Die ältesten Statuten von Kaufmannsgilden sind aus Saint Omer und Valenciennes vom ausgehenden 11. Jahrhundert überliefert. Letztlich änderte sich an den realen Machtstrukturen innerhalb einer

Das Wiegen eines Warenballens durch den Waagmeister zeigt das Hauszeichen (links) der alten Nürnberger Stadtwaage, eines Amtsgebäudes, wie die städtischen Wappenschilde belegen. Die Inschrift »Dir als ein andern« verkündet die unterschiedlos für alle wirksame Gerechtigkeit des Stadtregiments (Relief von Adam Krafft, 1497; Nürnberg, Germanisches Nationalmuseum).

Stadt aber auch dann nur wenig, wenn es gelang, die führenden Stadtbürger dem Zunftzwang zu unterwerfen, da diese sich in eigenen Gruppen wie den Basler Herrenzünften zusammenschlossen und ohnehin für die Masse der Handwerksmeister eine hochrangige Ratsposition schon wegen ökonomischer Zwänge nicht wirklich erreichbar war.

Häufig boten neben allgemeinen Krisen die Finanzpolitik, insbesondere Steuererhöhungen oder steigende Ungeldbelastungen (indirekte Steuern) durch den Rat, den Anlass für innerstädtische Unruhen, wobei das zentrale Problem wohl die Geheimhaltung der kommunalen Finanzen gegenüber der Bürgerschaft war und nicht ein prinzipiell verantwortungsloser oder gar korrupter Umgang mit den Haushaltsgeldern. Allerdings konnten unglücklich gewählte »außenpolitische« Optionen erhebliche finanzielle Belastungen für die gesamte Bürgerschaft nach sich ziehen. Die Mehrzahl der kleineren und mittleren Kommunen war dagegen in die Territorial- bzw. Landespolitik eingebunden, ihr Freiraum war gering.

Die Zunftlade (hier die der Osnabrücker Schuhmacher von 1476) ist durch ein mit zwei Schlüsseln zu öffnendes Schloss gesichert und konnte also nur in Anwesenheit beider Zunftmeister geöffnet werden. Sie diente hauptsächlich zur Aufbewahrung der Zunftordnung.

Der florentinische Ciompi-Aufstand und der Braunschweiger Aufstand

Der florentinische Ciompi-Aufstand von 1378 folgte auf eine Versorgungskrise in der ersten Hälfte des Jahrzehnts und anschließende kostspielige militärische Auseinandersetzungen mit päpstlichen Truppen sowie mit Mailand. Die städtische untere Mittelschicht hatte sich noch vor der Jahrhundertmitte in *arti minori* (niedere Zünfte) organisiert und einzelne Vertreter der kleinen Handwerker und Kaufleute waren in die traditionell von Bankiers und Großhändlern bzw. Unternehmern, dem *popolo grasso,* gebildete Führungsschicht gelangt. Zahlreiche Handwerker im dominierenden Wollgewerbe waren von Unternehmern abhängig geworden. In der schlechtesten ökonomischen Situation befanden sich die Lohnarbeiter, die der Erhebung den Namen gebenden *ciompi* (»Wollkämmer«). Zunächst setzte sich Salvestro Medici an die Spitze des Aufstandes, ein Indiz für die tief greifenden Spannungen zwischen den

Ausschnitt aus dem so genannten »Bäckerfenster« im Freiburger Münster, um 1320. Die Brezel weist das Fenster als Stiftung der Bäckerzunft aus und ist damit ein Beleg für die geistlichen und religiösen Aufgaben, die die Zünfte auch für ihre Mitglieder wahrnahmen.

Die Woll- und ab 1421 auch die Seidenproduktion waren die dominierenden Wirtschaftszweige in Florenz. Vor allem Merinowolle aus Spanien wurde für die Herstellung leichter und eleganter Kleidungsstücke verwendet, wie sie die beiden Männer tragen. Detail eines Freskos von Masolino und Masaccio in der Kapelle der Brancacci.

Die Flagellanten (Geißler) sahen in der Pest eine Strafe Gottes und glaubten, öffentlich Buße durch Selbstgeißelung tun zu müssen, um diese Strafe abzuwenden. Ausschnitt aus einer Weltchronik, wohl Ende des 14. Jahrhunderts (München, Bayerische Staatsbibliothek).

Familien der Oberschicht, bevor sich die einer Eigendynamik folgende Bewegung gegen die ökonomisch dominierenden Familien richtete. In dieser Situation zeigten sich typische Differenzen zwischen radikaleren und verhandlungsbereiten Aufständischen, letztere zielten zumeist auf konkrete Verbesserungen ihrer sozialen Lage, weniger oder kaum auf umfassende politische Reformen. Die *ciompi* wurden geschlagen, aber erst 1382 konnte das alte Regiment wiederhergestellt werden.

Die Bemühungen um verstärkte Teilhabe am städtischen Regiment konnten auch einander benachbarte Städte zum indirekten Eingreifen veranlassen: Der Braunschweiger Aufstand von 1374 in finanziell gespannter Lage – Anlass war nach dem Bericht des Chronisten ein Gerücht, dass der Rat die zu gemeinsamen Verhandlungen erschienenen Gildemeister verhaften lassen wollte – gipfelte in der Hinrichtung einiger und der Vertreibung weiterer Mitglieder der städtischen Führungsschicht. Diese erreichten von anderen Hansestädten, so Lübeck, Hamburg und Lüneburg, deren Rat natürlich ähnliche Vorkommnisse fürchtete, den Ausschluss Braunschweigs aus der Hanse, die Verhansung, die erst nach Wiederherstellung des inneren Friedens und Ausgleichsverhandlungen aufgehoben wurde.

Die Pest

Einen scharfen demographischen Einschnitt brachte sowohl auf dem Land wie auch in fast allen Städten die Große Pest von 1347/52, auch wenn das Bevölkerungswachstum bereits zuvor zurückgegangen war. Europäischen Boden erreichte die Pest nach den Epidemien des Frühmittelalters erstmals wieder 1347 über Caffa, eine genuesische, von den Tataren belagerte Handelsniederlassung auf der Krim. Mit den fliehenden, bereits infizierten Kaufleuten und Schiffsbesatzungen kam die Seuche 1347/48 als Lungen- und Beulenpest zunächst in die italienischen Seehäfen und verbreitete sich rasch über Europa. Die Erkrankung war weder medizinisch bekannt noch irgendwie heilbar, als wirksamster Schutz erwies sich die Flucht auf das dünn besiedelte Land. Die Seuche folgte den wichtigen Handelswegen, über See schneller als über Land. Noch 1348 war Spanien erreicht, ebenso Paris und die kontinentalen Häfen am Ärmelkanal, von wo aus England, Skandinavien und Teile Norddeutschlands infiziert wurden. Im Reich begann das Große Sterben 1349, wobei einige Städte wie höchstwahrscheinlich das zentral gelegene Nürnberg, wo die Pest erstmals 1359 sicher nachgewiesen ist, und weite Teile Ostfrankens, Böhmens und Schlesiens verschont blieben. Verlässliche Angaben über die Zahl der Pesttoten fehlen meistens und dürften auch nicht mehr rekonstruierbar sein. Meist rechnet man mit Bevölkerungsverlusten von 20 bis 50 Prozent, eine Annahme, die wohl zu hoch gegriffen ist. Generell unvereinbar sind die quantitativen Angaben zeitgenössischer Quellen und der Historiker mit den Überlegungen der Mediziner über die Verbreitungs- und Ansteckungsmöglichkeiten, die auf diesem Weg zu deutlich niedrigeren Zahlenwerten kommen.

Auf jeden Fall dürfte die herannahende Katastrophe erhebliche psychische Belastungen verursacht haben, während die fast überall im Reich initiierten Judenpogrome zumeist vor dem Auftreten der Seuche in der jeweiligen Stadt begannen. Die Vermögen wurden in großem Maße erbrechtlich umverteilt und konzentrierten sich auf überlebende Familienmitglieder, die Nachfrage nach Arbeitskräften und die Bereitschaft zur Zahlung höherer Löhne wuchs, trotz der zahllos erlassenen Lohntaxen. Allgemein von einem »goldenen Zeitalter« der Lohnarbeit oder der Handwerker zu sprechen dürfte jedoch übertrieben sein, zu bescheiden blieben die materiellen Bedingungen, zu allgegenwärtig trotz gelegentlicher Üppigkeit die Gefahr des Absinkens in Armut. Auch fielen die Getreidepreise erst mit zeitlicher Verzögerung, allerdings anhaltend. Nach 1352 periodisch folgende Epidemien sind nicht immer als Beulenpest identifizierbar; das in den Quellen der Zeit benutzte Wort »Pestis« bedeutet ganz allgemein »Seuche«. Jedenfalls trugen sie bei zum anhaltenden Bevölkerungsrückgang; die Städte blieben auf Zuwanderung dringend angewiesen.

Auch wenn es den Anschein erwecken könnte, ist die Geschichte einer Stadt im Spätmittelalter keine Geschichte der fortdauernden kommunalen Krise. Allerdings wurden die Störfaktoren von den Zeitgenossen (wie heute noch) aufmerksam registriert. Die Städte

Der Ausschnitt »Siegesritt des Todes« aus der Wandmalerei im Dom zu Palermo (spätes 14. Jahrhundert) illustriert eindrucksvoll das Vordringen der Pest mit ihren verheerenden Auswirkungen.

Das gotische Rathaus der Hansestadt Stralsund (13. Jahrhundert) zeugt von städtischem Selbstbewusstsein und Finanzpotenzial. Zusammen mit der Nikolaikirche bildet es ein reizvolles Bauensemble. Die spätgotische Fassade wurde nach 1450, nach dem Vorbild des Lübecker Rathauses, errichtet.

konnten vielmehr ihre ökonomische Stellung noch ausbauen. Die Vielzahl neu erbauter Rathäuser und weiterer repräsentativer Gebäude wie auch Ansätze zur Verbesserung der hygienischen Verhältnisse und des Wohnumfeldes bezeugen nicht zuletzt städtisches Selbstbewusstsein und finanzielle Leistungskraft.

Auf dem Weg zur Nation – Frankreich und England im Hochmittelalter

Frankreich – Von bescheidenen Anfängen zum zentralen Königtum

Mit der Wahl Hugo Capets durch westfränkische Große 987 endete auch hier die Herrschaft der Karolinger. Zwar blieb Hugo Capet den Ottonen verbunden, gab diesen Verdun kurz nach seiner Inthronisation zurück, doch war die Abhängigkeit bei weitem nicht so ausgeprägt wie bei dem karolingischen Thronkandidaten Karl von Niederlothringen, der schließlich 991 in die Hände Capets geriet und kurz darauf als dessen Gefangener starb. Nun wird auch die Trennung von »deutschem« und »französischem« Reich stärker fassbar. Bereits Ende 987 konnte Hugo die Krönung seines Sohnes Robert II. zum Mitkönig erreichen, ein Ansatz zur dynastischen Stabilisierung, wie sich überhaupt im Westen der Erb- gegenüber dem Wahlgedanken durchsetzte.

Hugo Capet, der erste König in Frankreich aus dem Hause der Kapetinger, erhält den Schlüssel der Stadt Laon, um dort den letzten Karolinger zu bestatten (Buchmalerei des 15. Jahrhunderts).

Unverändert gering blieb der direkte, stark auf Zentralfrankreich (Paris, Orléans) beschränkte Einflussbereich der kapetingischen Herrscher, aber immerhin konnten die Auflösungsprozesse, der Verfall der Zentralmacht in spätkarolingischer Zeit beendet werden. Daneben etablierten sich die großen Fürstentümer wie Flandern, Anjou oder Toulouse im Süden. Für die Zerschlagung dieser bedeutenden Grafschaft sollten dann im 13. Jahrhundert die Albigenser den Vorwand liefern. Die wichtigste Teilmacht aber war das Herzogtum Normandie: So wurde Heinrich Plantagenet, bereits Herzog der Normandie und Graf von Anjou, 1154 König von England; er verfügte damit über eine dem französischen König deutlich überlegene Machtfülle. Als Mediatgewalten entstanden im gesamten Territorium, freilich mit regional unterschiedlicher Bedeutung, Burgbezirke, deren Inhaber ihre vererbbare Funktion erst nach der Mitte des 12. Jahrhunderts zugunsten von Fürsten und Königen verloren; die Befestigungen bildeten häufig Keimzellen städtischer Siedlungen.

Siegel Heinrichs II., des ersten englischen Königs aus der Dynastie der Plantagenets. Durch Erbschaften sowie durch seine Heirat mit der Erbtochter von Aquitanien wurde der englische König zeitweise Herrscher eines Drittels von Frankreich.

Da weder Hochadel noch Königtum den inneren Frieden sichern konnten oder wollten, übernahmen zunächst in Südfrankreich seit dem Ende des 10. Jahrhunderts geistliche Institutionen die Aufgabe der Errichtung von Sonderfrieden, indem man den Adel eidlich an die auf bestimmte Tage befristete Friedenswahrung band und Zuwiderhandlungen mit geistlichen Strafen belegte; besonders geschützt werden sollten u. a. Kleriker, Kaufleute, Bauern und Kirchen. Daneben darf nicht übersehen werden, dass mit dieser Friedenswahrung auch die Stärkung bischöflicher und weltlicher Herrschaft gegenüber adligem Selbstständigkeitsstreben beabsichtigt war. Ihre breiteste Ausformung erlebten die Gottesfrieden *(treuga Dei)* seit dem

Ende des ersten Drittels des 11. Jahrhunderts. So schuf u. a. der Erzbischof von Bourges 1038 eine Friedensmiliz, bevor solche Einrichtungen in Landes- und Königsfrieden aufgingen. Mit dem für ganz Frankreich gültigen Frieden, unter Zustimmung der Großen erlassen und an die Karolinger anknüpfend, griff Ludwig VII. 1155 tendenziell über sein direktes Einflussgebiet hinaus, doch erst im folgenden Jahrhundert sollte die Monarchie stark genug sein, solche Ansprüche auch durchzusetzen. In Frankreich spielte der Investiturstreit kaum eine Rolle und das cluniazensische Reformmönchtum war zunächst vom Königtum gestützt worden. Während des 11. Jahrhunderts verblieb das Königtum in einer schwachen Stellung, u. a. fiel das familiär verbundene Burgund an den römisch-deutschen König Konrad II.

Der altfranzösische Dichter Chrétien de Troyes ist der bedeutendste Vertreter des höfischen Versromans. Abgebildet ist die Miniatur »König Artus jagt den Weißen Hirsch« aus der Pergamenthandschrift »Érec et Énide« (13. Jahrhundert, Paris, Bibliothèque Nationale).

Im Norden des Reiches verbreitete sich die Vasallität zügig, charakterisiert durch *consilium et auxilium,* Rat und Tat. Auch die klassische Ständelehre mit ihrer Dreiteilung in Klerus, Adel und Bauern als idealisierende Schichtung fand Eingang in die Vorstellungswelt und legitimierte vor allem die Abgaben- und Arbeitspflicht der Bauern, während sich die beiden anderen Stände auf Gebet bzw. Kampf zurückziehen konnten, sich dem Adel zudem mit dem 1. Kreuzzug neue Chancen boten. Literarische Werke stilisierten ritterliches Leben in bestimmten Formen zum Ideal. Seit der Mitte des 11. Jahrhunderts begann zunächst in klimatisch günstigeren Gebieten die Neulandgewinnung. Ohnehin hatte im 10. eine bis zum Ende des 13. Jahrhunderts reichende Wärmeperiode begonnen, und Ansätze agrartechnischer Fortschritte verbreiteten sich in der Folgezeit schneller; allerdings spürten die Bauern deutliche Entlastungen erst im 13. Jahrhundert. Die fortschreitende Urbanisierung bedeutete eben auch neue Nachfragezentren, wobei die Handels- und Gewerbetätigkeit der Bürger zwar von Königtum und Territorialherrschaften gefördert, ihre Autonomiebestrebungen dagegen behindert wurden. Nur im Süden folgten etliche Kommunen mit dem Konsulat italienischem Vorbild, konnten sich aber gleichfalls nicht aus den regionalen Herrschaften lösen. Die Loire blieb noch jahrhundertelang eine innere Grenze zwischen Frankreichs Norden und Süden. Eine zentrale Funktion im Handel von Nord- und Südeuropa erreichten schließlich die Champagnemessen.

Erster Höhepunkt französischer Machtstellung

Legitimitätsfördernd wirkte die unter Ludwig IX. erfolgte Neuordnung der ursprünglich merowingischen, dann karolingischen Grablege in Saint-Denis. Die Kapetinger beanspruchten die direkte Nachfolge Karls des Großen, wie man auch mit den Patronen Dionysius und Remigius karolingische Traditionen aufgriff. 1211 begann man mit dem Bau der Kathedrale von Reims, der künftigen Krönungskirche. Während des 12. Jahrhunderts stabilisierte sich die französische Monarchie langsam, auch wenn es nicht gelang, die Normandie in den Herrschaftsbereich einzubeziehen, diverse militärische Unternehmungen scheiterten und weitere Gebiete sich der

Der 44 m hohe »Tour César«, ein achteckiger Donjon (Haupt- und Wohnturm der Burg) aus dem frühen 12. Jahrhundert, ist Wahrzeichen der Stadt Provins und war bis zum Ende des 13. Jahrhunderts Wohnstätte der Grafen der Champagne, unter denen rege Handelstätigkeit die Stadt zu einem der vier berühmten Standorte der Champagnemessen werden ließ.

Die Erzbischöfe von Reims hatten 1179 das alleinige Recht erworben, die Könige von Frankreich zu krönen. Nachdem der Grundstein der Kathedrale von Reims nach dem Brand eines Vorgängerbaus 1211 gelegt worden war, wurden bereits 1223 Ludwig VIII. und 1126 Ludwig IX., der Heilige, in der Kathedrale gekrönt, obwohl der Bau noch nicht abgeschlossen war.

In der Kirche der Benediktinerabtei Fontevrault wurden gegen Ende des 12. Jahrhunderts die englischen Könige aus dem Geschlecht der Plantagenets begraben. Hier abgebildet sind die Grabmäler Eleonores von Aquitanien, Ehefrau König Heinrichs II. (ebenfalls in Fontevrault begraben), und ihres Sohnes Richard Löwenherz.

Lehnshoheit entzogen. Dagegen konnte die Vorrangstellung in der Île-de-France gesichert werden. Viele hochadlige Ratgeber büßten zunehmend ihre Stellung in unmittelbarer Umgebung des Königs ein, ihre Ämter reduzierte man stärker auf die Titulatur. Stattdessen gelangten die eigentlichen Verwaltungsaufgaben in die Hände »königlicher Ritter«, der *chevaliers royaux,* die aus dem stadtsässigen Niederadel rekrutiert wurden. Seit 1145 wurden sie als *baron* bezeichnet. Schließlich gelang es, die Zuständigkeit der Könige als oberster Gerichtsinstanz auszudehnen, und Paris entwickelte sich mit der Universität zum geistigen Zentrum des Landes.

Eine erneute Schwächung bedeutete 1152 die Scheidung Ludwigs VII. von Eleonore von Aquitanien und die nur zwei Monate später folgende Heirat Eleonores mit Heinrich Plantagenet. Im ökonomisch noch expandierenden Süden gewannen die Katharer mit ihrer dualistischen Theologie wichtigen Einfluss; 1167 gründeten sie eigene Bistümer. Besonders ihr asketischer Lebensstil beeindruckte gegenüber der Pracht und Machtentfaltung der Vertreter der Amtskirche. Zu Beginn des nächsten Jahrhunderts erfolgte dann mit politisch motivierten Kreuzzügen die Eroberung von Frankreichs Süden, wo die Heere grausam wüteten. Große Teile des Gebietes gingen direkt oder im späteren Erbgang an die Krone über.

Selbst die Normandie konnte weitgehend zurückgewonnen werden. Als englischer König hatte Johann I. Ohneland im Jahre 1200 für seinen Festlandbesitz dem französischen König Philipp II. Augustus gehuldigt und dieser verwickelte ihn nach Klagen von Grafen aus dem Anjou und dem Poitou in einen Prozess. Weil Johann Ohneland nicht vor Gericht erschien, rückte Philipp in die Normandie vor und eroberte die Gebiete bis 1204. Auf beiden Seiten begannen Söldner gegenüber Lehnsaufgeboten zu dominieren. Unterstrichen wurde die neu gewonnene Position durch den französischen Sieg von Bouvines 1214. Auf der Basis des bereits Erreichten konnte die Verwaltung ausgebaut, das ligische Lehnssystem, d.h. der Vorrang des Königs bei Doppelvasallität, teilweise durchgesetzt werden. Frühstaatliche Strukturen schienen realisierbar, Institutionen siedelten sich dauerhaft in Paris an und gerade Ludwig IX., der Heilige, gewann durch seine Persönlichkeit über sein Amt hinaus Ansehen. Ende des 13. Jahrhunderts unternahm man dann erste Versuche, die Kaiserkrone zu erlangen, zudem war man über Karl von Anjou in die süditalienischen Konflikte eingebunden. Gerade am römischen Recht geschulte adlige und bürgerliche Juristen untermauerten die Ansprüche des Herrschers auf Vorrangstellung und ein allgemeines Gesetzgebungsrecht. Unter Philipp IV., dem Schönen, gelang es auch, gegen päpstliche Ansprüche vorzugehen, die Besteuerung des Klerus durchzusetzen und so wichtige Barrieren gegen die Einflussnahme auswärtiger Mächte in die innere Politik zu errichten, auch wenn eine Kirchenhoheit noch nicht erreicht wurde. Dennoch sollten sich bald Grenzen des nur scheinbar unaufhaltsamen Aufstiegs der französischen Krone zeigen. Schon Philipp IV. konnte seine Ziele in Flandern und der südwestfranzösischen Guyenne nicht erreichen, wenngleich bestimmte Grundlagen des Staates wie Rechtsprechung, Generalstände oder Finanzbeschaffung sich als ausreichend fest erweisen sollten.

Angevinisches Reich ist die Bezeichnung für die Herrschaft des Hauses Anjou in England und weiten Teilen Frankreichs unter den englischen Königen Heinrich II., Richard I. Löwenherz und Johann I. Ohneland (1154-1204/06). Heinrich II. hatte 1150 von seiner Mutter Mathilde, Tochter des englischen Königs Heinrich I., die seit 1066 mit England verbundene Normandie geerbt und 1151 von seinem Vater Gottfried V. von Anjou die gleichnamige westfranzösische Grafschaft (mit Maine und Touraine). Seine Heirat mit Eleonore, der Erbin von Aquitanien, brachte ihm 1152 auch dieses Herzogtum einschließlich der Gascogne ein. Dadurch wurde Heinrich auf dem Boden Frankreichs, wenn auch als Lehnsmann des französischen Königs, mächtiger als dieser selbst. Philipp II. von Frankreich eroberte 1204/06 einen Großteil der französischen Gebiete zurück, wodurch er das Angevinische Reich zerstörte.

England – Die Etablierung der normannischen Herrschaft

Mit der Schlacht bei Hastings (1066) besiegte der Normannenherzog Wilhelm der Eroberer zwar den englischen König Harold II., doch musste nun der Anspruch auf den englischen Thron im ganzen Land durchgesetzt werden. Schon die Krönungszeremonie an Weihnachten 1066 endete in handgreiflichen Auseinandersetzungen und 1068 wurden zunächst der Süden und Südwesten unterworfen, bevor Wilhelm I. im folgenden Jahr weite Teile des Nordens verwüsten ließ und schließlich 1072 den letzten Widerstand brechen konnte. Von entscheidender Bedeutung war die flächendeckende Einführung des Lehnssystems auf der Insel. Bereits kurz nach der Eroberung hatte Wilhelm Güter gegnerischer Adliger einziehen und zum Teil an Gefolgsleute ausgeben lassen. Im Gegensatz zum Kontinent gelang die Einbeziehung des gesamten Territoriums in die Krondomäne bzw. den Lehnsver-

Der Ausschnitt des Teppichs von Bayeux (Bayeux, Musée de la Tapisserie) zeigt die Überfahrt der Normannen nach England und die Schlacht von Hastings. Der letzte angelsächsische König Englands, Harold II., sinkt - tödlich getroffen - über seinem Pferd zusammen.

Die Miniaturen aus dem »Greater Chronicle« (13. Jahrhundert; London, Britisches Museum) des englischen Benediktinermönches Matthew Paris zeigen die normannischen Könige Englands (von links oben im Uhrzeigersinn): Wilhelm I., der Eroberer (die Überfahrt aus der Normandie wird durch das Boot in seiner rechten Hand symbolisiert), Wilhelm II. Rufus, Heinrich I. und Stephan I. von Blois.

Im 12. Jahrhundert gelang es den französischen Königen Ludwig VI. (1108–37) und Ludwig VII. (1137–80), die **Kronverwaltung** auszubauen und dabei die Großen, die hochadligen Ratgeber, aus ihren bisher eingenommenen Stellungen in der Regierung zu verdrängen. Stattdessen gelangten die eigentlichen Verwaltungsaufgaben in die Hände »königlicher Ritter«, der chevaliers royaux, die aus dem stadtsässigen Niederadel rekrutiert wurden. Seit 1145 wurden sie von der königlichen Kanzlei mit dem Titel baro, französisch **Baron,** belegt und damit als Vasallen, also als abhängig, charakterisiert. Später wurden auch die Großen als barones bezeichnet und damit, im Hinblick auf die allen gemeinsame Abhängigkeit vom König, Standesunterschiede eingeebnet.

Das Fenster im nördlichen Seitenschiff der Kathedrale von Canterbury zeigt den Schrein Thomas Beckets, der hier 1170 von vier Rittern König Heinrichs II. getötet wurde. Der Schrein und Beckets Reliquien waren Wallfahrtsziel und wurden 1538 von Heinrich VIII. zerstört, sodass das Fenster die älteste Darstellung des Schreins des Heiligen Thomas bietet.

band. Adliger Besitz war vom König abhängig und Untervasallen mussten dem Herrscher einen allen anderen Bindungen vorrangigen Treueid schwören. Auch die Kirche war einbezogen, wenngleich ihr eine eigene Gerichtsbarkeit zugestanden wurde. Dies führte zu erheblichen sozialen Veränderungen. An die Spitze der Gesellschaft trat nun eine schmale normannisch-französische Oberschicht, die auch in die wichtigen geistlichen Positionen rückte und seit dem 12. Jahrhundert ihre Ländereien verstärkt in Eigenwirtschaft zu betreiben begann. Als Folge verschlechterte sich die Stellung der freien Bauern erheblich. Daneben war das Land, an angelsächsische Traditionen anknüpfend, mit wenigen Ausnahmen in Grafschaften unterteilt, in denen die Herrschaft (u. a. Finanz- und Gerichtswesen) von *sheriffs* ausgeübt wurde. Auch der systematische Burgenbau diente der Herrschaftssicherung.

Zwischen Krone und Adel

Nachfolger Wilhelms des Eroberers wurden in England Wilhelm II. Rufus, in der Normandie Robert II., während der dritte Sohn Heinrich finanziell abgefunden wurde. Wilhelms II. Fiskal- und Machtpolitik machten ihn ausgesprochen unbeliebt; hinzu kamen Konflikte mit der Kirche. Als er unter ungeklärten Umständen im Jahr 1100 während einer Jagd starb, nahm Heinrich sofort seine Stelle ein. Auch die Teilung des Territoriums beabsichtigte Heinrich rückgängig zu machen. Zunächst aber ging er mit seinem vom Kreuzzug zurückgekehrten Bruder, der ihn als englischen König anerkannte, einen Vergleich ein. Dennoch setzte er mit einem englischen Heer in die Normandie über und schlug Roberts Aufgebot, der seine restlichen 28 Lebensjahre in Haft verbringen musste. Taktisch geschickt ließ Heinrich den Konflikt mit der Kirche um Bischofseinsetzungen nicht eskalieren. 1107 schloss er das »Konkordat« von Westminster ab, was aber massive Eingriffe Heinrichs in innerkirchliche Verhältnisse nicht ausschloss. Diese Phase zeigt eine schon fest etablierte normannische Herrschaft, die von langen Wirren nicht mehr zu erschüttern war. Finanztechnisch bedeutsam war die Einführung des Schatzamtes in Westminster als zentraler Kasse mit weitgehend lückenlos überlieferten Aufzeichnungen *(pipe rolls);* daneben sollten Reiserichter die Amtsführung der *sheriffs* überwachen und die königliche Macht demonstrieren.

Heinrichs Tod führte zu lang dauernden Auseinandersetzungen. Neben 20 illegitimen Kindern überlebte ihn nur seine Tochter Mathilde, verheiratet mit Gottfried V. Plantagenet. Hauptprotagonisten der Thronstreitigkeiten waren der Neffe und Nachfolger Heinrichs I., Stephan von Blois, und Heinrichs Tochter Mathilde. Adel und Kirche profitierten von den Wirren. Heinrich II., Sohn Mathildes und Herzog der Normandie, setzte sich nach seiner Landung in England 1153 schnell durch, ging aber mit Stephan, der ihn adoptierte und als Nachfolger bestimmte, einen Vergleich ein, sodass er bereits im folgenden Jahr nach dem Tod Stephans (†1154) den Thron besteigen konnte. Unter seiner Herrschaft belebten sich die Handelsbeziehungen zum Kontinent, auch wenn einheimische Kaufleute erst seit dem Ende des 13. Jahrhunderts eine aktive Rolle im Fernhandel spielten. Auch die Städte prosperierten.

Heinrich II. konsolidierte die königliche Herrschaft, indem er die königliche Gerichtsbarkeit mit neuen Prozessformen modernisierte und durch eine Neuordnung des Reiserichterwesens ausbaute; zentrale Hofgerichte wurden in London eingerichtet. Das Lehnswesen wurde weiter fiskalisiert, an die Stelle der persönlichen, zeitlich begrenzten Feldzugsteilnahme traten nun Geldleistungen. Trotz unbestreitbarer Erfolge überschatteten Auseinandersetzungen mit der Kirche, die in die Ermordung seines Kanzlers, des Erzbischofs Thomas Becket mündeten, und Erhebungen seiner Söhne, deren dritte schließlich 1189 erfolgreich war, seine Regierungszeit.

Auf den lange abwesenden Richard Löwenherz folgte mit Johann Ohneland einer der am negativsten bewerteten englischen Herrscher: Unter ihm ging der Festlandsbesitz mit Ausnahme südwestfranzösischer Gebiete verloren. Der Widerstand vieler Barone, dem sich London anschloss, kumulierte nach der Niederlage von Bouvines in der Aufsagung der Lehnsbindung. 1215 rangen Adel und Klerus Johann I. schließlich die *Magna Charta libertatum* ab, mit der zunächst wohl nur konkrete Missstände beseitigt werden sollten. Neben Gerichts- und Lehnsproblemen umfasste das Privileg u. a. günstige Bestimmungen für Kaufleute und die Londoner Bürgerschaft, Regelungen zum Schutz der Freien mit dauerhaften Folgen für die Entwicklung des *common law,* des Gewohnheitsrechts, sowie ein Zurückdrängen fremder Amtsträger. Zwar gelang es Johann, den Papst, den er als Lehnsherrn anerkannt hatte, zur Annullierung der Urkunde zu bewegen, doch bildete sie nach Johanns Tod 1216 und 1217 in modifizierter Form fortan die Grundlage des Verhältnisses von Krone und Reich. Dennoch kamen im 13. Jahrhundert Konflikte zwischen Königen und Baronen auf, auch weil Heinrich III. weiterhin mit vor allem französischen Funktionsträgern ohne einheimische Größe zu regieren versuchte.

Von der Magna Charta libertatum, der »großen Urkunde der Freiheiten«, sind noch vier Abschriften erhalten, von denen zwei im Britischen Museum und jeweils eine in den Dombibliotheken von Salisbury und Lincoln zu finden sind. Diese Abschrift der insbesondere das Lehensrecht betreffenden 63 Artikel befindet sich im Britischen Museum, London.

Neben zahlreichen anderen Regelungen enthält die Magna Charta libertatum von 1215 auch eine Bestätigung der kommunalen Freiheiten:

Und die City of London soll alle ihre alten Freiheiten und das Recht zur freien Zollerhebung sowohl zu Land als auch zu Wasser haben. Außerdem gewähren wir, dass alle anderen Cities, Boroughs, Towns und Häfen alle ihre Freiheiten und das Recht zur freien Zollerhebung haben sollen.

Wichtigste Institution für Rechtsprechung und Regierung war in Frankreich das **Hofgericht**, bis ins 13. Jahrhundert Teil der curia regis, der königlichen Regierung und Verwaltung. Die Bezeichnung **Parlament**, französisch parlement, meinte ursprünglich jede Art von Versammlung, auf der allgemein Wichtiges beraten wurde, auch das Zusammentreten des Hofes zur Gerichtssitzung. Erst allmählich, mit der Zunahme und Länge der Prozesse und der Unmöglichkeit für den König, jedesmal persönlich zu erscheinen, ging die Verbindung zwischen Hof und Gericht verloren, und das Parlament, der königliche Gerichtshof, entwickelte sich im 14. Jahrhundert zur selbstständigen Institution. Neben dem Parlament in Paris bildeten sich im Laufe der Zeit auch in anderen Städten Parlamente; 1789 gab es 14 von ihnen.

Da England im Mittelalter der größte Wollproduzent der Erde war, wurden die politischen Beziehungen zu Frankreich und anderen Ländern auch von ökonomischen Gesichtspunkten geprägt. Hier eine Darstellung der Wollverarbeitung aus einem Manuskript des 15. Jahrhunderts, die das Weben, Spinnen und Krempeln von Wolle zeigt.

Wenn zwei sich streiten, freut sich der Dritte – Der Hundertjährige Krieg sowie der Aufstieg und Niedergang Burgunds (1337–1477)

Im Vertrag von Paris hatte die englische Krone 1259 auf den größten Teil ihres Festlandbesitzes verzichtet und leistete für das Herzogtum Guyenne (Aquitanien) den Lehnseid. Dies bewirkte gemeinsam mit dem Verzicht König Jakobs I. von Aragonien auf die Lehenshoheit im Languedoc – Frankreich zog im Gegenzug Ansprüche auf Kastilien zurück – eine territoriale Stabilisierung des französischen Königreiches. Ziel Philipps IV. blieb der Ausbau der Königsmacht. Allerdings war die Verwirklichung seiner Ansprüche besonders in den großen Lehnsherrschaften und -fürstentümern vorerst nicht zu erreichen; besonders die Guyenne und Flandern strebten nach mehr Eigenständigkeit. Bei Kortrijk scheiterte 1302 der Versuch, die aufständischen flandrischen Städte militärisch zu besiegen. Deren Ziele blieben stark von handelspolitischen Motiven bestimmt: Die freie Einfuhr englischer Wolle war existenznotwendig und so sollte auch in der Folgezeit die ökonomische Ausrichtung auf die Britische Insel das Verhältnis zu Frankreich bestimmen. Dagegen gelang es der Krone gegenüber den hegemonialen Ansprüchen des Papsttums, die eigenen Vorstellungen in hohem Maße durchzusetzen und dem König Eingriffsmöglichkeiten in die französische Kirche zu eröffnen bzw. zu sichern. Unterstützt wurden die Könige außer von den adligen Ratgebern zunehmend durch studierte Juristen.

Einen entscheidenden Faktor bei der Staatswerdung bildete das Hofgericht, das Parlament *(parlement),* dessen Urteile als oberste Instanz in der ersten Hälfte des 14. Jahrhunderts im gesamten Territorium Gültigkeit besaßen. Auch auf regionaler Ebene konnten königliche Funktionsträger in wachsendem Maße außerhalb der Krondomäne eingesetzt werden, wo sie mit den Amtsträgern des Adels konkurrierten und zunehmend auf deren Kosten Kompetenzen gewannen. Die Herrscher beriefen die Stände *(états)* zunächst nur zur zusätzlichen Legitimation ihres Handelns in Fragen von grundsätzlicher Bedeutung oder zur Erlangung von Finanzmitteln ein, ohne gerade im letzteren Fall immer erfolgreich zu sein. Als wichtiger Machtfaktor konnten sich die Stände aber erst in den Krisen des Hundertjährigen Krieges, allerdings nur zeitweise, etablieren.

Neben den Einkünften aus der Krondomäne, Zöllen sowie dem königlichen Kanzlei- und Gerichtswesen gewannen zunehmend Steuern an Bedeutung für die Staatsfinanzen. In erster Linie zur Kriegsfinanzierung bestimmt, wurde die Kopfsteuer direkt durch königliche Amtsträger eingezogen. Von der fiskalischen Abschöpfung ausgenommen waren die Einkünfte der Lehnsfürstentümer und die Apanagen, d. h. die Ausstattung der nachgeborenen Königssöhne und deren Familien. Individuell befreit waren der Adel und aktiv Kämpfende. Durch die Steuererhebung war eine direkte Ausübung der Herrschaft über die »Untertanen« möglich. Zusammen mit weiteren gleichgerichteten Maßnahmen wird die Entwicklung zum stär-

ker zentralisierten und bürokratisierten »Staat«
augenfällig. Die ordentlichen Einnahmen flossen
zentral in die *chambre des comptes* in Paris, die außer-
ordentlichen Einkünfte, zu denen auch Verbrauch-
steuern traten, verwalteten die mit Standesvertre-
tern beschickte *généraux des finances* und die *chambre
des aides*. Dagegen schwächte die Vergabe von Apanagen zunächst die Zentralgewalt. Im Militärsektor
gewannen die Soldtruppen, die durchaus aus Adligen bestehen konnten, auf Kosten des Lehnsauf-
gebots an Bedeutung.

Nach dem Tod Ludwigs X. 1316, dem Sohn Philipps IV., konnte sich Ludwigs Bruder Philipp V.
auf Kosten Johannas, der Tochter Ludwigs, durchsetzen. Trotz der im Königreich sonst üblichen
weiblichen Erbfolge, von der auch die Kapetinger
bereits profitiert hatten, erklärte eine von Philipp V. einberufene Versammlung, dass Frauen von
der Folge auf dem Königsthron ausgeschlossen
seien. Als Philipp 1322 ohne männlichen Erben
starb, ging die Krone an seinen Bruder Karl IV.
Auch bei dessen Tod 1328 ergab sich eine ähnliche
Konstellation, selbst wenn zunächst eine Regentschaft eingesetzt werden musste, da seine Witwe
schwanger war, sodass man noch auf einen nachgeborenen Sohn hoffen konnte. Als Regent trat

Philipp von Valois, ein Neffe Philipps IV., in den Vordergrund, der
einerseits persönlich über eine starke Machtstellung verfügte und
andererseits von Karl IV. für dieses Amt vorgesehen worden war.
Nachdem die Witwe Karls eine Tochter geboren hatte, konnte Philipp von Valois als Philipp VI. mit breiter Unterstützung des Adels
den Thron besteigen. Dies markiert den ersten Wechsel der Herrscherdynastie, seit die Kapetinger 987 die Karolinger abgelöst hatten.
Bereits zu dieser Zeit zeichneten sich die Auseinandersetzungen mit
England ab, da auch Eduard III., der im Vorjahr den englischen
Thron bestiegen hatte, als Enkel Philipps IV. Ansprüche auf die französische Krone erhob. Letztlich schloss man nun auch die Nachkommen in weiblicher Linie, dazu zählte Eduard III., von der Nachfolge
aus, zumal auf diesem Weg auch Ansprüche weiterer Bewerber
zurückgewiesen werden konnten. Mit der Huldigung Eduards III.
für die Guyenne schien dieser Philipp VI. anzuerkennen.

Erste militärische Auseinandersetzungen

Der englische König Eduard III. huldigt
dem französischen König Philipp VI.
für das Lehen Aquitanien. Die in
dieser Miniatur (Paris, Bibliothèque
Nationale) zum Ausdruck kommende
Unterordnung des englischen
Königshauses blieb die Ausnahme
und konnte kriegerische
Auseinandersetzungen nicht
verhindern.

P hilipp VI. war in einer krisenhaften demographischen und ökonomischen Situation zum König gewählt worden, die sich noch
verschärfen sollte. Militärisch gelang es einem Heer des Königs, den
Aufstand in Flandern – die Städte wandten sich an den englischen
König um Unterstützung und hätten dessen Oberhoheit akzeptiert –
1328 niederzuschlagen und die französische Oberherrschaft mit der

Rückkehr des profranzösischen Grafen Ludwig von Nevers als Landesherrn wieder zu etablieren. Nachdem Eduard III. 1336 wegen der frankreichfreundlichen Haltung des Grafen eine Handelsblockade gegen Flandern verhängt hatte, verschärfte sich die dortige Situation, und unter Führung des Genter Tuchhändlers Jakob van Artevelde schlossen sich die Städte zusammen; Ludwig von Nevers floh nach Paris. 1339 landete schließlich eine englische Armee in Brabant, nachdem die französische Krone mit der Konfiskation der finanziell ertragreichen Guyenne 1337 die Lage deutlich verschärft hatte. Bei Sluis gelang es den Engländern 1340, den größeren Teil der französischen Flotte im Hafen zu zerstören, während Eduard III. nun seine Ansprüche auf die französische Krone verstärkt erhob und sich als König von England und Frankreich bezeichnete. Angesichts der unentschiedenen Situation – die Versorgung der Heere blieb ein Problem – schloss man zunächst einen auf zwei Jahre befristeten Waffenstillstand.

Im 14. und 15. Jahrhundert wurde das niederländische Wirtschaftsleben von der Textilproduktion bestimmt. Insbesondere Luxustextilien wie Brokat wurden hergestellt. Das Gemälde des Tuchmarktes in s'Hertogenbosch war von der Zunft der Tuchhändler bestellt worden, ein nordbrabantischer Meister malte es um 1530 (s'Hertogenbosch, Noordbrabants Museum).

Die entscheidenden englischen Siege über französische Ritterheere im Hundertjährigen Krieg konnten durch den neuartigen Einsatz von Bogenschützen erreicht werden. Die Buchillustration aus der 2. Hälfte des 14. Jahrhunderts (Wien, Österreichische Nationalbibliothek) zeigt die Konfrontation der unterschiedlichen Kampftechniken in der Schlacht von Maupertuis (bei Poitiers) am 19. September 1356.

In dem 1342 einsetzenden bretonischen Erbfolgekrieg ergriffen beide Seiten Partei: Philipp VI. für Karl von Blois, Eduard III. dagegen für Johann von Montford. Trotz anfänglicher Misserfolge setzte sich nach jahrelangen Auseinandersetzungen der Sohn Johanns von Montford in der Bretagne durch und fand 1365 die Anerkennung der Krone. In Flandern war die englische Position durch den Tod Jakobs van Artevelde 1345 gefährdet. Ludwig von Male, seit 1346 als Graf von Flandern Nachfolger Ludwigs von Nevers, konnte seinem Territorium während des beginnenden Krieges eine weitgehend neutrale Stellung sichern. Im Juli des gleichen Jahres landete ein englisches

Heer in der Normandie und konnte rasch vordringen. Der zunächst befürchtete Angriff auf Paris fand nicht statt, die Engländer zogen nach Osten. Bei Crécy wurde mithilfe der entscheidenden englischen Bogenschützen ein französisches Heer geschlagen. Mit der Eroberung von Calais 1347 gewannen die Engländer eine Hafenstadt, die bis 1559 einen strategisch wichtigen Brückenkopf bildete. Die militärischen Niederlagen machten Philipps Herrschaft für weite Kreise fragwürdig; immerhin waren für die Aufstellung der Heere hohe Steuerzahlungen gefordert worden. Der Krieg zwang vor allem in den 1340er-Jahren viele Städte dazu, ihre vernachlässigten Befestigungsanlagen unter hohen Kosten wieder instand zu setzen, um gegen Plünderungen geschützt zu sein.

Nach dem Tod Philipps VI. 1350 folgte sein Sohn Johann II. auf dem Thron, während dessen Regierungszeit sich die Lage für Frankreich weiter verschlechterte: Zunächst verfeindete sich Johann durch eine ungeschickte Personal- und Territorialpolitik mit seinem Schwiegersohn Karl II. von Navarra. Zwischen Karls Familie und den Valois bestanden wegen deren Thronfolge 1328 ohnehin beträchtliche Spannungen. Karl II. von Navarra versicherte sich der Unterstützung des englischen Königs, der den Feldzug von Süden her führte. Ein Teil der Stände schloss sich der Opposition an; überall wurden grundlegende Reformen der Herrschaftspraxis gefordert. Das taktisch ungeschickte und disziplinlose französische Heer unterlag den zahlenmäßig deutlich schwächeren Engländern 1356 bei Maupertuis (bei Poitiers); Johann II. geriet in Gefangenschaft. Die erneute Niederlage stellte auch die Sonderstellung des Adels infrage, der seine militärischen Schutzverpflichtungen nicht erfüllt hatte, während die Bürger die finanziellen Lasten zu tragen hatten.

Innere Krisen und vorübergehende Stabilisierung

Schwere innere Kämpfe prägten die nächsten Jahre. Die Stände strebten die Kontrolle der königlichen Regierung an, die Johanns Sohn Karl (V.), Herzog der Normandie, für den in England festgehaltenen Vater übernommen hatte. Als es in Paris unter dem Vorsteher der Kaufmannschaft der Stadt, Étienne Marcel, zu einem Aufstand kam, musste Karl (V.) die Stadt verlassen, allerdings blieb die Metropole isoliert. Unklar sind die Zusammenhänge zwischen den Vorgängen in Paris und dem Ausbruch der Jacquerie, einem Bauernaufstand im Jahre 1358. Die teilweise von den Städten unterstützten Bauern wurden am Ende aber von dem um seine Vorrechte kämpfenden Adel um Karl von Navarra geschlagen. Dieser zog mit englischen Truppen in Paris ein. Étienne Marcel wollte die übrigen Kommunen zur Unterstützung seiner Bewegung und zur Anerkennung

In der Schlacht von Crécy(-en-Ponthieu) 1346 richteten die englischen archers, die **Bogenschützen,** ein furchtbares Blutbad unter der französischen Ritterschaft an. Erst Ende des 13. Jahrhunderts hatten die Engländer den Langbogen (bis zu 2 m) als Waffe für die nichtritterlichen Truppen eingeführt, von dem geübte Schützen 12 Pfeile in der Minute abschießen konnten. Einer so schnellen und, angesichts ihrer Durchschlagskraft, tödlichen Waffe waren die französischen Ritter, von denen 1500 fielen, nicht gewachsen. In Crécy siegten die leicht beweglichen Fußkämpfer mit Pfeilen und Äxten über die schweren Reiter mit Lanze und Schwert.

Der französische König Johann II., der Gute, wurde erst vier Jahre nach seiner Gefangennahme bei Maupertuis vor allem aufgrund einer hohen Lösegeldzahlung freigelassen (Tafelgemälde, Girard d'Orléans zugeschrieben; Paris, Louvre).

So gefürchtet Eduard, der »Schwarze Prinz«, Sohn des englischen Königs Eduard III., auf französischer Seite auf dem Schlachtfeld war, so populär war er als Held des Hundertjährigen Krieges bei den Engländern. Sein Grabmal in der Kathedrale von Canterbury zeigt ihn in Kriegsrüstung in Bronze gegossen auf einem Sockel aus Purbeck-Marmor.

1369 nahm der englische König
Eduard III. den Titel des Königs
von Frankreich an:

*Deshalb kamen alle im gegenwärtigen
Parlament versammelten Prälaten und
Magnaten und Gemeinen der Grafschaften
Englands mit der Zustimmung des ganzen
Parlaments überein, dass der König von
England den Namen eines Königs von
England und von Frankreich wieder
annehmen solle, wie er ihn vor dem Frie-
densschluss [von Brétigny] geführt hatte,
und dass er sich in seinen Urkunden und
auf seinen Siegeln König von England und
von Frankreich nennen und dass er diesen
Namen und Titel zukünftig benutzen solle.*

Wegen seiner Bildung und Belesenheit
erhielt Karl V. von Frankreich (Statue,
Paris, Musée National des Monuments
Français) den Beinamen »der Weise«.
Seine Büchersammlung bildete
den Kern der späteren königlichen
Bibliotheken und war damit ein
Vorläufer der heutigen
Nationalbibliothek.

des mit ihm verbündeten Karl von Navarra bewegen, wurde aber
von der innerstädtischen Opposition ermordet. Das Bündnis Karls
mit den Pariser Aufständischen brachte ihn in Opposition zum Adel,
der sich wieder dem Regenten zuwandte, während Karls Zusammengehen mit England bei den Bürgern Misstrauen erweckt hatte.

Die Verhandlungen über die Freilassung Johanns blieben zunächst erfolglos. Eduard wollte gegen erhebliche Landgewinne auf
dem Festland auf seine Kronansprüche verzichten, was die französischen Stände ablehnten. Nach dem letztlich erfolglosen, aber verheerenden Vorrücken englischer Truppen auf Reims kam es 1360
zum Friedensschluss von Brétigny, der England für die Freigabe
Johanns nicht nur ein hohes Lösegeld einbrachte, sondern auch erhebliche Gebietsgewinne im Südwesten. Eduard verzichtete auf seinen Anspruch auf den französischen Thron, während Frankreich von
seinen Forderungen hinsichtlich der Souveränität der abgetretenen
Gebiete zurücktrat. Johann II. begab sich 1360 nach Paris zurück. Da
aber einer seiner ebenfalls gefangenen Söhne sein Versprechen brach
und seinen Urlaub zur Flucht nutzte, kehrte Johann II. nach London
zurück, wo er 1364 starb.

Die Belastungen gingen auf Karl V. über, der unter formaler Berücksichtigung der Forderungen der Stände aus den Jahren 1356/57
die Beschaffung von Finanzmitteln intensivierte. Sein Heer konnte
erste Erfolge erringen. Das navarresische Aufgebot wurde 1364 geschlagen, die Lehen Karls von Navarra 1378 konfisziert und bis
auf das an England verkaufte Cherbourg zurückgewonnen. In
Kastilien konnte der Frankreich freundlich gesonnene Heinrich II. (Trastámara) den Thronkonflikt 1369 siegreich beenden. Ein zunehmendes Problem stellten die entlassenen Söldner dar, die nach jahrelangen Kriegen den Weg in eine »bürgerliche Existenz« nicht mehr finden konnten und, in Banden zusammengeschlossen, auf eigene Faust operierten.

Als 1369 die Kampfhandlungen wieder aufgenommen
wurden, änderte sich die Kriegführung. Die französischen Heerführer wollten nun mittelfristige Erfolge
und verzichteten zumeist auf große Schlachten. So
konnten sie allmählich Territorialgewinne verbuchen.
Bis 1380 verlor England den Festlandsbesitz mit Ausnahme der wichtigen Stützpunkte Bayonne, Bordeaux,
Brest, Cherbourg und Calais. Trotz der militärischen
Erfolge wuchs bis zum Tod Karls V. 1380 die Unzufriedenheit weiter Bevölkerungskreise, deren Belastungen
rapide zugenommen hatten. Die Steuerpolitik führte in
vielen Städten 1382 zu Unruhen. In Flandern versuchten
die Kommunen unter Philipp van Artevelde, Herzog
Ludwig von Male zu vertreiben, der Brügge auf Kosten
von Gent und Antwerpen hatte stärken wollen. Ludwig
bat seinen Schwiegersohn Philipp von Burgund um Hilfe,
der den Aufstand niederwarf und zwei Jahre später dessen
Besitzungen als Erbe übernahm.

Der Aufstieg Burgunds

Philipp II., der Kühne, Sohn Johanns II., war 1363 zum Herzog von Burgund erhoben worden. Die Angliederung an die Krondomäne nach dem Tod des letzten kapetingischen Herzogs Philipp von Rouvres scheiterte am Widerstand der Stände und Philipp II. baute seinen Herrschaftsbereich als Vertreter des Königs im Osten des Reiches zielstrebig aus. Was zunächst wie ein erheblicher Gewinn zugunsten der französischen Krone aussah, sollte das Kräfteverhältnis durch den neu entstehenden Staat bald erheblich verändern. Bereits 1384 besaß Philipp Herzogtum und Freigrafschaft Burgund, Nevers, Artois und Flandern, wo sich der Herzog trotz englischer Angriffe in den beiden folgenden Jahren durchsetzen konnte. Mit den Heiraten seiner Kinder und Enkel versuchte Philipp das Erreichte zu stabilisieren. Die ökonomische Situation Flanderns und dessen Abhängigkeit vom Englandhandel führten zu einer auf Ausgleich mit

Philipp II., der Kühne, erhielt von seinem Vater, König Johann II. von Frankreich, 1363 das Herzogtum Burgund, dessen spätere Macht er durch zahlreiche Gebietserwerbungen vorbereitete. Das Porträt ist eine Kopie des verloren gegangenen Originals aus dem späten 14. Jahrhundert (Dijon, Musée des Beaux-Arts).

England bedachten Politik. Für Philipp stellte sich wie für viele mittelalterliche Herrscher das Problem, die nur durch seine Person zusammengehaltenen Gebiete stärker zu integrieren, wobei zwischen diesen große ökonomische und verfassungsmäßige Unterschiede bestanden. Im Süden waren die Stände primär mit Steuerfragen beschäftigt, ihre Zustimmung erleichterte die Eintreibung von Finanzmitteln erheblich. Die flandrischen Leden, Regional- und Städtevertretung, besaßen ähnliche Rechte. Grundsätzlich betrieb Philipp die Reorganisation der Verwaltung nach französischem Vorbild. Die Institutionen wurden innerhalb der einzelnen Landesteile zentralisiert. Die Rechtsprechung sollte nach und nach angeglichen werden, wobei aber in den Niederlanden die Vorrechte der großen Städte nicht grundsätzlich eingeschränkt werden konnten. In beiden Gebietskomplexen sollten die Finanz- und die politische Verwaltung zudem nochmals in eigenen Räten zentralisiert werden, wogegen sich langfristig Ablehnung artikulierte. Der »Gesamtstaat« repräsentierte sich zuerst in der herzoglichen Hofhaltung, die sich wie Philipp meistens in Paris befand.

Problemlos konnte Johann Ohnefurcht 1404 das Erbe seines Vaters übernehmen. Seine beiden jüngeren Brüder wurden mit Johanns Oberherrschaft unterstehenden Grafschaften ausgestattet. In großen Zügen führte er die politischen Vorgaben seines Vaters fort, kam aber den Bewohnern Flanderns, deren Sprache er beherrschte, entgegen und residierte häufiger in den Stammlanden. Schon die

Im 14. und 15. Jahrhundert erlebte Brügge seine Blütezeit als Handelszentrum und Hafenstadt. Die Miniatur des flämischen Buchmalers Simon Bening zeigt einen durch ein Tretrad angetriebenen Hafendrehkran inmitten reger Handelstätigkeit im Stadtzentrum (um 1540, Fragment eines Stundenbuches, München, Bayerische Staatsbibliothek).

Ein Goldstück wie der »Goldene Löwe« (1454; Brügge, Oudheidkundig Genootschap) geriet selten in die Hände einfacher Menschen. Für die blühenden Handelszentren aber spielten Münzen und Währungen als Angelpunkt ihrer Tätigkeit eine große Rolle.

Zeitgenossen bewunderten die Prachtentfaltung seines Hofes, die sich besonders bei großen Festen und Turnieren zeigte.

Kampf um die Macht

Turniere waren große gesellschaftliche Ereignisse im mittelalterlichen Leben, die den Herrschern erlaubten, sich mit dem gebotenen Prunk darzustellen, und die den Rittern eine Vorbereitung auf das Kriegshandwerk waren. Miniatur aus dem »Buch der Turniere«, das von René von Anjou, dem König von Sizilien, um 1460 verfasst wurde.

Mit der Heirat des englischen Königs Richard II. mit Isabella, der Tochter Karls VI. von Frankreich, sollten die Waffenstillstandsabkommen zwischen den beiden Ländern, die gegen Ende des 14. Jahrhunderts wiederholt getroffen wurden, gestützt und eine generelle Aussöhnung der beiden Länder vor dem Hintergrund des Hundertjährigen Kriegs ermöglicht werden.

D er Erwerb Flanderns führte bei der französischen Krone zu Überlegungen, von Sluis aus mit einem französischen Heer in England zu landen. Die Flotte stand 1386 bereit, als der König das Unternehmen abbrach. 1388 konnte sich Karl VI., der zunächst noch unmündige Sohn Karls V., aus der Vormundschaft befreien; er berief die Ratgeber seines Vaters zurück, die sich umfangreichen Reformvorhaben zuwandten. Eine seit 1392 auftretende Geisteskrankheit, die letztlich zur Regierungsunfähigkeit führte, machte jedoch die Hoffnungen in seine Herrschaft zunichte. Mit England wurden seit 1389 längere Waffenstillstandsperioden vereinbart. Der englische König Richard II. heiratete 1396 Isabella, die Tochter Karls VI. Ein echter Ausgleich kam jedoch nicht zustande. Die Politik der französischen Krone wurde geprägt vor allem durch den zwischen Philipp II., dem Kühnen, und Johann Ohnefurcht einerseits und Louis I. von Orléans, dem Bruder Karls VI., andererseits ausgetragenen Konflikt. Dabei ging es vorrangig darum, die Mittel und Möglichkeiten der Krone zum eigenen Interesse einzusetzen.

Louis I. konnte den Tod Philipps des Kühnen nutzen, um zunächst an die Spitze des Hofes zu gelangen; beide Seiten ließen Truppen aufmarschieren, um ihre Ansprüche zu untermauern. Zunächst schnitt der Friedensschluss Johann von den Finanzmitteln der Krone ab; die von ihm angestiftete Ermordung Louis' 1407 spaltete Frankreich in zwei als Armagnacs und Bourguignons bezeichnete Lager. Johann verließ Paris, konnte aber bereits im folgenden Jahr zurückkehren. Er ließ die Ermordung Louis' von Orléans durch den

Universitätstheologen Jean Petit als Tyrannenmord rechtfertigen und sich selbst als Verteidiger des Königs und Garant von Reformen darstellen. Die Gegenpartei formierte sich unter Charles d'Orléans und besonders dessen Schwiegervater, Graf Bernhard VII. von Armagnac. Trotz der zwischenzeitlich günstigen Position verlor Johann 1413 seine Stellung in Paris.

Heinrich V. von England war bestrebt, von den innerfranzösischen Konflikten zu profitieren. Er wollte die ehemaligen englischen Festlandsbesitzungen zurückerobern, wobei das Reich der Plantagenets des 12. Jahrhunderts wohl die Zielvorgabe war. Burgund verhielt sich de facto neutral. Nach der Landung der englischen Armee 1415 zeigte die Schlacht von Agincourt (heute Azincourt) das aus dem vergangenen Jahrhundert gewohnte Bild, die Taktik bei den französischen Erfolgen schien vergessen: Die englischen Bogenschützen verhinderten jegliche Entfaltung der durch starke Regenfälle ohnehin beeinträchtigten Ritter, die anschließend von der englischen Kavallerie überrollt wurden. Nur wenige Hochadlige blieben verschont, falls sie hohe Lösegelder versprachen. Charles d'Orléans, dessen Familie die erforderlichen Mittel nicht aufbrachte, musste immerhin 25 Jahre in England verbringen. Auch wenn Heinrich V. noch im gleichen Jahr nach Hause zurückkehrte, war die Grundlage für die Eroberung der Normandie gelegt, die zwei Jahre später planmäßig aufgenommen wurde. Auf englischer Seite traten an die Stelle der Reiterzüge, die sich auf Plünderungen und Verwüstungen konzentriert hatten, Heere mit dem Ziel der Unterwerfung Frankreichs. Die französische Politik bestimmte nun Bernhard VII. von Armagnac. Doch parallel zum englischen Vormarsch in der Normandie führte Bern-

Der englische König Heinrich V. (Porträt eines unbekannten Malers; London, National Portrait Gallery) nahm den Hundertjährigen Krieg gegen Frankreich wieder auf. Dem Sieg bei Agincourt 1415 folgten weitere Gebietseroberungen; Heinrichs Erfolge erreichten mit der Anerkennung seines Erbanspruchs auf die französische Krone ihren Höhepunkt.

hards Gegenspieler Johann Ohnefurcht ein Heer gegen Paris. Die Flucht der Mutter des Königs an den burgundischen Hof stärkte seine Position zusätzlich. 1418 etablierten sich die Burgunder wieder in der Hauptstadt. Der Dauphin Karl betrieb von Bourges aus die Wiederherstellung seiner Macht. Ein Vermittlungsversuch – Johann und Karl trafen sich mit je zehn Begleitern in einem eigens errichteten Raum auf der Brücke bei Montereau – endete mit der Ermordung des burgundischen Herzogs im Beisein und wohl mit Zustimmung Karls. Frankreich war de facto dreigeteilt.

Sicherlich erkannte Philipp III., der Gute, von Burgund 1420 im Vertrag von Troyes Heinrich V. von England nicht nur aus Rache für die Ermordung seines Vaters Johann Ohnefurcht als französischen Regenten an; diese Konstellation versprach endlich Frieden, und Heinrich garantierte die Integrität Frankreichs. Dieser sollte mit einer Tochter Karls VI. verheiratet werden und nach dessen Tod sein

1415 besiegten die Engländer unter Heinrich V. bei Agincourt in einer blutigen Auseinandersetzung das stärkere französische Heer. Französische Buchmalerei um 1484 (links). Die Ermordung von Johann Ohnefurcht auf der Brücke von Montereau (rechts) ist als Rache an der Ermordung des französischen Regenten Louis I. von Orléans zu sehen, die Johann initiiert hatte (Miniatur aus der Chronik von Enguerrand de Monstrelet, Mitte des 15. Jahrhunderts.; beide Abbildungen Paris, Bibliothèque Nationale).

JEANNE D'ARC

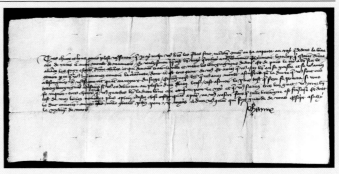

Die um 1410 im Dorf Domrémy geborene Bauerntochter Jeanne d'Arc
gab an, dass sie schon im Alter von
zwölf Jahren Visionen gehabt habe.
1428 fühlte sie sich von »Stimmen«
berufen, Frankreich von den
Engländern zu befreien und den
Dauphin Karl zur Krönung nach
Reims zu führen. Sie suchte Karl
auf und überzeugte ihn und
eine Theologenkommission
von ihrer Sendung, so-
dass sie – bewaffnet und
in Männerkleidung – mit
einem kleinen Aufgebot
aufbrechen konnte. Die
Abbildung oben rechts
zeigt einen eigenhän-
digen Brief Jeannes
an die Bürger von

Reims mit der Bitte um Unterstützung. Jeanne wirkte an der Befreiung der von den Engländern
belagerten Stadt Orléans mit und
wurde als Heldin verehrt, als sich
diese Befreiung als Wendepunkt im
Hundertjährigen Krieg erwies:
Seitdem war das Kriegsglück auf
der Seite Frankreichs.

Nach der Krönung Karls VII. in
Reims begann sich gegen Jeanne
wachsender Widerstand zu regen,
auch militärisch war sie weniger
erfolgreich. Schließlich geriet sie
1430 in burgundische Gefangenschaft und wurde an die Engländer
ausgeliefert, die ihr den Prozess
als Hexe und Ketzerin machten,
sicherlich auch, um Frankreichs
militärische Erfolge und die feierliche Krönung Karls VII. als das

Werk einer Hexe bloßstellen zu können. Der französische Hof setzte
sich nicht für sie ein. Am 30. 5. 1431
wurde Jeanne nach der Rücknahme
des ihr abgepressten Widerrufs
ihrer Sendung auf dem Marktplatz
von Rouen als Ketzerin verbrannt.
Weiterhin von vielen verehrt, wurde
ihre Verurteilung 1456 kirchlich aufgehoben; 1920 wurde sie heilig gesprochen und zur zweiten Patronin
Frankreichs erklärt.

Erbe als französischer König übernehmen. Allerdings hatte man den
Widerstand vor allem in Mittel- und Südfrankreich unterschätzt,
wo der Dauphin weiterhin die Regierungsgeschäfte wahrnehmen
konnte. Nach dem Tod Heinrichs V. und Karls VI. erhoben nun
sowohl der Herzog von Bedford – als Statthalter und Onkel zugunsten des erst zweijährigen Königs Heinrich VI. von England – wie
auch Karl VII., der Sohn König Karls VI., Anspruch auf den französischen Thron. Das englisch-burgundische Verhältnis verschlechterte sich rasch, da John Plantagenet, Herzog von Bedford, die Sonderstellung Burgunds nicht zu akzeptieren bereit war. Weitere Ex-
pansionsbemühungen John Plantagenets scheiterten vor Orléans.
Die Belagerung der Stadt konnte ein Heer unter Jeanne d'Arc beenden, wobei der psychologische Erfolg sicherlich um einiges höher
einzuschätzen ist als der konkrete militärische Sieg. Die Königs-
weihe Karls VII. 1429 in Reims symbolisierte dessen neu gewonnene
Position, während die Krönung Heinrichs VI. in Paris in Abwesenheit des Adels vorgenommen wurde.

Französische Gegenstöße und das Ende des Krieges

S treitigkeiten innerhalb des Beraterkreises um Karl VII., die erst
1433 endeten, behinderten zunächst ein gezieltes Vorgehen.
Schließlich brachte nach langen Verhandlungen der Vertrag von Arras eine entscheidende Wendung des Kräfteverhältnisses: Philipp der
Gute von Burgund, der seinen Herrschaftsbereich gegen Widerstände König Siegmunds bis 1433 um Holland-Seeland, Namur und
Brabant erweitert hatte, und Karl VII. schlossen 1435 Frieden. Das
Herzogtum wurde unabhängig, auch wenn die Nachfolger Philipps
wieder den Lehnseid leisten sollten. Damit war für Karl der Weg zur
Herrschaft über Paris wieder frei, der hier umfangreiche Amnestie-
versprechen verkündete, um neuerlichen Konflikten vorzubeugen
und um den politischen Ausgleich zu fördern. Mit der Pragmatischen
Sanktion von Bourges festigte das französische Königtum seine Stel-
lung gegenüber der Papstkirche. Neben ersten Erfolgen bei der
Rückeroberung der englischen Besitzungen modernisierte die Regierung die Verwaltung und das Finanzwesen. 1439 billigten die
Stände dem König eine Dauersteuer zum Aufbau eines stehenden
Heeres zu, wie auch das gesamte Heerwesen reformiert und die Artillerie verstärkt wurde. Karl VII. konnte sich von den Ständen lösen,
die eigene Machtstellung sichern, während die damit verbundene
Schwächung der Feudalmächte zu letztlich erfolglosen Aufständen
mächtiger Adliger führte wie der Praguerie von 1440. Die Erfolge des
französischen Heeres im Südwesten zwangen England zu neuen
Verhandlungen. Für einen Friedensschluss waren die Positionen
aber weiterhin zu unterschiedlich, sodass 1444 nochmals einer der
vielen Waffenstillstände vereinbart und bis 1449 mehrfach verlängert
wurde.

Bereits 1434 war in der Normandie ein Aufstand ausgebrochen,
der zeigte, dass die englische Position auch hier nicht unangefochten
war. Im Sommer 1449 begann ein rascher, erfolgreicher französischer
Heereszug in die Normandie; 1450 umfasste das Herrschaftsgebiet
des französischen Königs wieder ganz Nordfrankreich mit Ausnahme von Calais. Dagegen blieb in der Guyenne die Akzeptanz der
englischen Herrschaft ungebrochen, zumal gerade Bordeaux durch
den Weinhandel eng mit England verbunden war. Dennoch führte
auch hier der 1452 begonnene Feldzug schnell zu Erfolgen; die Steuerforderungen schufen in Bordeaux allerdings sofort eine Opposi-
tionsstellung. Zwar konnten im Herbst englische Truppen nochmals
in die Stadt einziehen, sie wurden aber im folgenden Frühjahr bei
Castillon geschlagen. Bordeaux verlor nach der Kapitulation seine
Freiheiten.

Die Erfolge in der Normandie und der Guyenne beendeten de
facto den Hundertjährigen Krieg, auch wenn kein förmlicher Frieden mehr geschlossen werden sollte; die englischen Expeditions-
heere von 1475 und 1492 blieben Episode. Im Inneren konnte die
französische Monarchie ihre Herrschaft weiter ausbauen. Die regionalen Herrschaften hingegen, die lange ohne die Hilfe der Zentral-

England versuchte mit der Krönung
des noch minderjährigen Königs
Heinrich VI. von England in Saint-Denis
zum König von Frankreich seinen
Anspruch auf den französischen
Thron öffentlich zu demonstrieren
(Manuskript, 15. Jahrhundert;
Paris, Bibliothèque Nationale).

Nachdem die Engländer 1453 bei
Castillon von den Truppen Karls VII.
geschlagen worden waren, besetzten
die Franzosen die Stadt Bordeaux.
(Miniatur; Paris, Bibliothèque
Nationale).

Der Schwur der Herzöge von Berry, der Bretagne und von anderen Adligen, mit dem sich diese zur »Ligue du Bien Public« zusammenschlossen. Buchmalerei von Jean de Valognes, 1502 (Paris, Bibliothèque Nationale).

Unter den Ahnenstatuen am Grab Kaiser Maximilians I. in der Innsbrucker Hofkirche finden sich auch die des burgundischen Herzogs Philipp des Guten (Abbildung rechts) und seines Sohns Karl des Kühnen. Maximilian erwarb 1477 durch seine Heirat mit Maria von Burgund, der Erbtochter Karls des Kühnen, die Ansprüche auf alle burgundischen Besitzungen. Das Bild oben zeigt Karl den Kühnen in einem Porträt aus der Werkstatt des Rogier van der Weyden (um 1454–60; Berlin, Gemäldegalerie).

macht hatten auskommen müssen, versuchten ihre Eigenständigkeit zumindest teilweise zu behaupten. Gestärkt wurde die Durchsetzungsfähigkeit der Krone durch die englischen Rosenkriege, welche die Invasionsgefahr bannten. Karl VII. zog die Dauphiné nach der Flucht seines Sohnes Ludwig zu Philipp dem Guten von Burgund, der ihn auch 1461 in Reims krönte, zum Krongut. Dieser Ludwig XI., persönlich umstritten, geriet nach der Thronbesteigung in Konflikt mit dem mächtigen Adel, der sich zur *Ligue du Bien Public* zusammenschloss und sich den Zentralisierungstendenzen entgegenstellte, da auch alte Vorrechte, wie besonders die eigene Steuerfreiheit, bedroht waren. Militärisch endete die Auseinandersetzung unentschieden, allerdings verlor Ludwig den Zugriff auf Nordfrankreich, konnte aber seine Stellung in den folgenden Jahren durch diplomatische Einzelverhandlungen wieder stärken, zumal seine Gegner keine homogene Gruppe bildeten.

Das Ende des burgundischen Reiches

In Burgund folgte 1467 Karl der Kühne seinem Vater, der ihn nach Zerwürfnissen zuvor erst seit 1464/65 stärker an der Politik beteiligt hatte. Karl versuchte, seine Territorien weiter zu vereinheitlichen. So sollten nur noch zwei Parlamente zuständig sein, Territorial- und Stadtrechte zurückgedrängt werden. Bereits unter seinem Vater war der *grand conseil* zur zentralen Justiz- und Beratungsinstanz des Herzogs geworden. Der Ausbau Brüssels zur Residenz unter Philipp dem Guten anstelle des zunächst favorisierten Dijon seit 1455 hatte eine Ursache in den politischen Spannungen innerhalb der Niederlande, die eine erhöhte Präsenz des Herzogs ratsam erscheinen ließen. Karls Ziel dürfte die endgültige Souveränität Burgunds gewesen sein; er verweigerte dem französischen König die Huldigung und löste seine von Frankreich und vom Heiligen Römischen Reich verliehenen Lehen aus der jeweiligen Oberherrschaft; die Gründung eigener Parlamente in Mecheln und Beaune verdeutlichten die Ansprüche. Jedoch erlangte Karl nicht die angestrebte Königskrönung. Die Ordonnanzkompanien, Ansätze eines stehenden Heeres aus überwiegend italienischen Söldnern, konnten nur über Steuern und Kredite finanziert werden, sodass sich an dieser Stelle den Ständen Einflussmöglichkeiten eröffneten.

Zusätzlich hatten die übermächtige Stellung Karls als Herzog und seine in Krisensituationen errungenen Autonomierechte seit 1470 den Konflikt mit dem französischen König Ludwig XI. verschärft, der ihm die französischen Lehen aberkannte. Die sich anschließenden, aber nicht energisch geführten Kämpfe gefährdeten den Bestand Burgunds jedoch nicht. Verhandlungen mit dem englischen König brachten keine greifbaren Erfolge, und die Grenzen der militärischen Macht Burgunds zeigte bereits die erfolglose Belagerung von Neuss 1474/75. Auch die Verwaltung des ehemals habsburgischen Pfandbesitzes im Oberelsass durch den burgundischen Rat und Hofmeister Peter von Hagenbach führte nach dem Zusammenschluss der oberrheinischen Städte und Gegner Karls zum Aufstand. Angesichts der Bedrohung durch Burgund fanden selbst die Eidgenossenschaft und die Habsburger einen Ausgleich. Der Aufstand verlief erfolgreich, Peter von Hagenbach wurde hingerichtet, die Expansion Burgunds kam vorerst zum Stillstand. Mit der Eroberung Lothringens – René II. von Lothringen hatte die vertraglich zugesicherte Durchzugsgarantie widerrufen – konnte 1475 die Landbrücke zwischen beiden Gebietskomplexen, den *pays de la delà* (Burgund) und den *pays de par deçà* (Niederlande), geschlossen werden. Nun gerieten jedoch die Feldzüge gegen die Eidgenossenschaft 1476 bei Grandson und Murten zum Fiasko. Das immer noch beträchtliche burgundische Aufgebot verlor auch beim Versuch der Rückeroberung von Nancy die Schlacht. Der dort gefallene Karl der Kühne wurde von René II. von Lothringen in Nancy beigesetzt. Das burgundische Erbe ging zum größeren Teil an die Habsburger, doch auch der französische König konnte deutliche Territorialgewinne verbuchen.

Ludwig XI. nutzte die gewonnene Stellung, um das Herzogtum Anjou nach dem Aussterben des gleichnamigen Hauses sowie die Grafschaften Maine und Mortain in die Krondomäne einzubeziehen, an die auch die rechtlich weiterhin zum Imperium gehörende Provence fiel. Die Städtepolitik zielte auf eine Stärkung der ökonomischen Möglichkeiten der fest in den Staat integrierten Kommunen, während beispielsweise das Verbot, wertvolle Metalle auszuführen, die Wirtschaft hemmte. Nochmals stärkte die Regentschaftsregierung für Karl VIII. nach dem Tod Ludwigs die Position der Stände, die aber sozial und regional zersplittert waren. Mit dem Versprechen einer deutlichen Steuersenkung konnte ihr Widerstand beseitigt werden. Sieger der langen Auseinandersetzungen mit England und den rivalisierenden großen Fürsten- bzw. Herzogtümern blieb letztlich die Krone, die trotz Rückschlägen den Verdichtungsprozess vorantrieb und die eigene Stellung autonomer gestalten konnte. Die Bevölkerung wird für die Mitte des 15. Jahrhunderts auf etwa zehn Millionen geschätzt und war damit gegenüber dem ersten Drittel des vorigen Jahrhunderts um gut 30 Prozent zurückgegangen; dazu hatte neben dem in ganz Westeuropa zu beobachtenden demographischen Einbruch sicherlich der Hundertjährige Krieg seinen Teil beigetragen, wenn wohl auch weniger direkt als durch seine Auswirkungen, wie beispielsweise die reduzierte Lebensmittelproduktion. Eine nationale Komponente dürfte wohl erst im 15. Jahrhundert relevant geworden sein, deutlich nach Beendigung der innerfranzösischen

Der burgundische Chronist Philippe de Commynes berichtet über die Niederlage Karls des Kühnen gegen die Schweizer bei Grandson 1476:

Um es kurz zu machen: Als sie bis zu ihrem Lager gekommen waren, versuchten sie nicht mehr, sich zu verteidigen und machten sich alle auf die Flucht. Die Alemannen erbeuteten sein (Karls) Lager, seine Artillerie, alle großen und kleinen Zelte von ihm und seinen Leuten, von denen er eine große Anzahl hatte, und andere unendliche Güter, da nichts als nur die Menschen gerettet wurden. Alle die großen Kleinode des Herzogs gingen verloren, aber an Leuten verlor er dieses Mal nur sieben Reisige. Alle Übrigen flohen und er auch.

Obwohl die Burgunderkriege 1476/77 letztlich mit Siegen der besser organisierten Schweizer Eidgenossen über das überlegen ausgerüstete burgundische Heer endeten, konnte Karl der Kühne Grandson zunächst einnehmen, wobei er große Grausamkeit walten ließ: Eine große Zahl der Eidgenossen wurde ertränkt oder an Bäumen erhängt (Holzschnitt; Stumpfsche Chronik).

Konflikte zwischen den Armagnacs und Bourguignons durch den Vertrag von Arras. Begonnen hatte dagegen der Konflikt als typisch dynastische Auseinandersetzung.

Streit um den Thron – England bis zum Ende der Rosenkriege

Schottland erhob sich in kriegerischen Auseinandersetzungen gegen den englischen König Eduard I., der den schottischen Thron beanspruchte. Robert Bruce, 1306 zum schottischen König gekrönt, konnte in der Schlacht von Bannockburn (1316) die schottische Unabhängigkeit wieder herstellen. Daran erinnnert die Statue am Ort seines Sieges.

1371 rang das englische Parlament dem König das Zugeständnis ab, dass ohne seine Zustimmung keine Steuer auf Wolle erhoben werden sollte:

Außerdem ist man übereingekommen und es wurde festgeschrieben, dass in keiner Art Abgaben oder Gebühren auf Wolle, Felle oder Leder erhoben werden dürfen ohne die Zustimmung des Parlaments, mit Ausnahme der gewohnheitsrechtlich und als Subsidien dem König gewährten; und falls irgendeine solche Abgabe erhoben werden sollte, soll sie zurückgewiesen werden und als null und nichtig gelten.

Das englische Territorium war vorerst abgerundet, als Wales nach zwei Kriegen, 1277 und 1283/84, unterworfen worden war und weitere Aufstände, 1287/88 und 1294/95, erfolglos geblieben waren; das eroberte Gebiet fiel direkt an die Krone. Dagegen scheiterte der Zugriff auf Schottland. Die hier gewonnenen militärischen Erfahrungen, insbesondere die Erkenntnisse über die Möglichkeiten des Einsatzes von Langbogenschützen und über die Grenzen des traditionellen ritterlichen Kampfstils, sollten sich im Hundertjährigen Krieg als vorteilhaft erweisen. Verlorene Kronrechte versuchte Eduard I. mittels umfassenden Untersuchungen in Form der *writ of quo-warranto* wiederzuerlangen: Die Rechtsinhaber mussten den legalen Besitz ihrer auch finanziell nutzbaren Gerichts- oder Herrschaftsrechte durch königliches Privileg nachweisen. Eine konsequente Durchsetzung des Beschlusses musste trotz Erfolgen am Widerstand des Adels scheitern, sodass schließlich eine Ausübung der Rechte seit 1189 als Legitimation genügte. Dennoch zeigt der Versuch eine zunehmende Verrechtlichung in den Beziehungen zwischen Krone und Adel, einhergehend mit der Einrichtung einer königlichen Juristenausbildung. Auch das Verbot von Landschenkungen an die Kirche hatte in der Realität keinen Bestand.

Die Stärkung des Parlaments

Außerordentliche Steuern hatte der Herrscher prinzipiell in Krisenzeiten erheben können, seit dem 13. Jahrhundert war dazu jedoch der Konsens der Untertanen über das Vorhandensein einer solchen Notlage erforderlich, aus der sich zunehmend das Recht auf die Bewilligung derartiger Forderungen entwickelte. Neben dem Hochadel, der ohnehin schon aufgrund des Lehnsrechts zum Beraterkreis zählte, wurden 1265 erstmals zusätzlich je zwei Ritter pro Grafschaft *(shire)* und zwei Bürger jeder Stadt zum Parlament *(parliament)* geladen. Auch wenn zunächst häufig Parlamente ohne eine derart breite Basis einberufen wurden, setzte sich die Einbeziehung der vom König persönlich eingeladenen *Lords,* dem englischen Hochadel *(peers),* und der gewählten *Commons,* also Niederadel, Bürgertum und Freibauern, als Mitglieder der Parlamente mit der Zeit durch. Den Anspruch, das Volk zu vertreten, verloren die *Lords* um die Mitte des 14. Jahrhunderts gegenüber den gewählten Mitgliedern des Parlaments; die *Commons* waren nun ein fest etablierter politischer Faktor. Als eine zentrale Aufgabe sahen die *Commons* den Ausbau eines geregelten Gerichtswesens, die Durchsetzung der Friedensrichter in den Grafschaften und die Besetzung der Gerichte auch mit Personen des eigenen Standes. Ab 1429/30 mussten die Vertreter der Grafschaften ein bestimmtes Mindesteinkommen aus freiem Besitz nachweisen, um für das Parlament gewählt werden zu können. Obwohl breitere Einwohnerschichten zugelassen waren, blieb die Institution doch deutlich von demokratischen Strukturen entfernt. Das Parlament musste vom König einberufen werden und konnte erst dann seine Tätigkeit aufnehmen. Die Zusammentritte erfolgten daher unregelmäßig, gehäuft dann, wenn der Herrscher Finanzmittel benötigte. 1376 benutzte das *Good Parliament* erstmals das Verfahren des *impeachment:* Die *Commons* erhoben Anklage, die *Lords* fungierten als Richter, um Korruptionsvorwürfe gegen Berater und Vertraute König Eduards III. zu erheben und diese zu verurteilen. Einen Teil der Beschlüsse machte aber bereits das folgende Parlament zunichte. Grundsätzlich blieb das *impeachment* ein machtvolles Instrument gegen den König, wurde jedoch selten genutzt.

Sozioökonomische Veränderungen

Von der Agrarkrise des 14. Jahrhunderts blieb das Inselreich nicht verschont. Auf den Rückgang der Bevölkerung nach der Pest reagierte die Krone mit scharfen Preis-, Lohn- und Arbeitsgesetzen sowie Versuchen, die Mobilität vor allem der Landbewohner zu beschränken, was mittelfristig erfolglos blieb. Der Bauernaufstand von 1381, eine Reaktion auf soziale Spannungen und politische Krisen, konnte niedergeschlagen werden, markiert aber das Ende einer Epoche. Der von John Ball, neben Wat Tyler bedeutendster Führer der Aufständischen, in einer Predigt benutzte Spruch »Als Adam grub und Eva spann, wer war denn da ein Edelmann?« dürfte für viele den zugrunde liegenden gesellschaftlichen Gegensatz treffend erfasst haben. So zielte auch die Bauernerhebung auf eine Auflösung der Feudalstrukturen. Die Stellung der Bauern hatte sich immerhin als Folge der Verknappung der Arbeitskraft nach der Großen Pest verbessert; für die Überlassung von Land konnten die Bauern nun höhere Löhne fordern. Vielfach gaben die Grundherren daher die Selbstbewirtschaftung auf und gingen dazu über – zumal der Bevölkerungsrückgang die Agrarpreise fallen ließ –, Land zu verpachten. Eine weitere Auswirkung der Arbeitskraftverknappung war die Aufgabe des Getreideanbaus zugunsten der Weidewirtschaft; die nun (teils) privaten Parzellen wurden zum Schutz gegen fremde Nutzung mit Hecken *(enclosures)* umgeben. Im Unterschied zum Kontinent schwand in England während des 15. Jahrhunderts die persönliche Abhängigkeit der Bauern, ohne dass dies allein grundlegend bessere Lebensbedingungen

König Eduard I. berief 1295 das so genannte »Model Parliament« ein (Buchmalerei, um 1524), das als repräsentative Ständeversammlung gedacht war. Die niedrigeren Bevölkerungsschichten waren allerdings nicht vertreten.

Eine neu eingeführte Kopfsteuer und andere Versuche der Herrschenden, ihre finanziellen Engpässe zu beheben, lösten den Bauernaufstand von 1381 aus. Die Miniatur (London; British Library) zeigt den Prediger John Ball vor einer Gruppe von Aufständischen, angeführt vom Bauernführer Wat Tyler.

Die zum »Manor House« gehörende Ländermasse wurde in kleinere Parzellen aufgeteilt und Leibeigenen überlassen, die sich verpflichteten, das Land zu bearbeiten und Abgaben zu leisten (Miniatur).

Das englische Königshaus **Plantagenet** oder **Anjou-Plantagenet** regierte von 1154 bis 1399 in direkter Linie und von 1399 bis 1485 in den Linien Lancaster und York. Der Name stammt vom Ginsterbusch, lateinisch planta genista, den Gottfried V., Graf von Anjou (1113–51), genannt Gottfried Plantagenet, als Helmzier trug. Sein Sohn Heinrich aus der Ehe mit Mathilde, der Tochter Heinrichs I. von England und Witwe Kaiser Heinrichs V., bestieg 1154 als Heinrich II. den englischen Thron und begründete die Dynastie Plantagenet. Diese erlosch 1499 mit Edward, Earl of Warwick.

Das Originalporträt Richards II., die Vorlage dieser Kopie, ist in der Westminster Abbey, London, zu sehen. Dieses älteste Königsporträt Englands wurde zu Lebzeiten Richards II. geschaffen, vermutlich vom Hofmaler des französischen Königs Karl V.

für den Einzelnen bedeutet hätte. Zusätzlich veränderten Ausbau und Intensivierung der gewerblichen Produktion spätmittelalterliche ökonomische Strukturen. So löste die Textilproduktion den zuvor betriebenen Export des Rohprodukts Wolle ab.

Bis zur Mitte des 15. Jahrhunderts blieb die »Außenpolitik« durch den Hundertjährigen Krieg mit Frankreich und dessen Bündnis mit Schottland bestimmt. Außenpolitische Erfolge und Misserfolge wirkten auch direkt im Inneren. Im Anschluss an die erfolgreichen Schlachten auf dem kontinentalen Festland konnte der Herrscher seine Steuerforderungen in der Regel problemlos durchsetzen und seine Position stabilisieren. Dazu bot der Krieg vielen Adligen Beschäftigungsmöglichkeiten, neben zum Teil hohen Lösegeldeinnahmen konnten sie von Einkünften aus Verwaltung und Verteidigung des englischen Festlandbesitzes profitieren. Eine Vielzahl von Soldverträgen zwischen der Krone und dem Adel mit genauen Angaben über Dienstpflichten, Sold, Beute sowie Größe des Verbandes sind überliefert; sie stellten das wichtigste Rekrutierungssystem jenseits traditioneller und kaum noch aktivierter Lehnsbindungen dar. Gegenüber der Papstkirche, die als Verbündeter Frankreichs betrachtet wurde, beschloss das Parlament 1366 die Aufhebung der von Johann 1213 zugestandenen päpstlichen Lehenshoheit und verbot zehn Jahre später die Besteuerung des englischen Klerus durch den Papst.

Wechselnde Machtverhältnisse

Die Stabilität des Herrschaftssystems blieb eng an die Loyalität mächtiger Adliger gegenüber dem König gebunden, die dieser auch durch Vergabe von Ämtern und Besitz erhalten musste, zumal im 14. Jahrhundert durch das Aussterben etlicher Familien und durch

Heiraten große Herrschaftsbereiche rivalisierender Magnaten entstanden waren, die in den folgenden Jahrzehnten die Politik mitbestimmen sollten. Von Richard II., der mit seiner Krönung als Zehnjähriger 1377 die volle königliche Gewalt übernommen hatte, erzwang das Parlament in Erwartung einer französischen Invasion 1386 ein Kontrollgremium. Im folgenden Jahr verlor sein Heer eine Schlacht gegen die Magnaten. Dennoch wandte man sich nicht gegen Richard II. selbst, sondern gegen dessen engste Berater, die so offiziell als Verantwortliche für die Probleme galten, und verurteilte diese wegen Hochverrats. Die Rückkehr seines Onkels John of Gaunt 1389 ließ Richards Einfluss wieder wachsen, die Kontrollkommission hatte er bereits aufgelöst. 1394 konnte Richard erfolgreich in Irland intervenieren und die königliche Verwaltung straffen.

Im Innern sah sich Richard der Opposition von Teilen des Adels gegenüber. Gegen die Appellanten, die adligen Ankläger von 1387, ging Richard ab 1397 offensiv vor: Thomas Woodstock, Earl of Gloucester, ein Onkel Richards, starb im Gefängnis in Calais. Er wurde vermutlich auf Richards Anweisung ermordet. Richard Fitz-Alan, Earl of Arundel, ließ er wegen angeblichen Hochverrats hinrichten, Thomas, Earl of Warwick, verbannen. Schon zuvor waren die beiden anderen Appellanten, Heinrich Bolingbroke und Thomas Mowbray, auf die Seite des Königs gewechselt, wurden dann aber beide wegen eines Streites 1398 verbannt. Allerdings nahm Bolingbroke die Umwandlung der ursprünglich zehnjährigen Verbannung

John of Gaunt (Miniatur aus einer englischen Handschrift; 14. Jahrhundert) ist der Stammvater des Hauses Lancaster. Er war bis 1386 der Vormund Richards II.; Johns Sohn, der spätere König Heinrich IV., zwang Richard zur Abdankung und ließ ihn vermutlich im Tower ermorden.

in eine lebenslängliche und die Konfiskation des Besitzes der Lancaster nach dem Tod seines Vaters John of Gaunt zum Anlass, seinerseits aktiv zu werden. Gemeinsam mit dem verbannten Bruder und dem Sohn des hingerichteten Richard FitzAlan – anschließend einer seiner wichtigsten Militärbefehlshaber – landete er in Yorkshire, wo die Gruppe sofort Zulauf vom nordenglischen Adel erhielt. Zwar kehrte Richard II. aus Irland zurück, doch nach der Landung in Wales löste sich sein Anhang weitgehend auf. Heinrich Bolingbroke konnte nach Darlegung seiner nicht unumstrittenen Erbansprüche im Parlament und der Zustimmung der *Lords* 1399 selbst den Thron besteigen. Etliche Anhänger Richards versuchten erfolglos eine Verschwörung, nach deren Beendigung der ehemalige König in der Haft getötet wurde. Zwar folgten dem Regierungsantritt Heinrichs IV. außen- und innenpolitische Krisen, doch konnte sich der Lancasterkönig trotz vorhandener Legitimationsprobleme und trotz der Kritik des Parlaments – die bis 1405 unternommenen und meist erfolglosen Feldzüge gegen Schottland waren kostspielig – durchsetzen und auch nach einer schweren Erkrankung seine Position wieder festigen.

Die Gefangennahme von Thomas Woodstock, Earl of Gloucester (Miniatur; London, Britisches Museum).

Mit der Krönung Heinrichs IV. im Jahr 1399 (französische Buchmalerei aus den »Chroniques« des Jean Froissart; 15. Jahrhundert) kam das Haus Lancaster auf den Thron.

Die Regierungszeit seines Sohnes, Heinrichs V., war von der Wiederaufnahme der Kämpfe in Frankreich geprägt. Der Sieg bei Agincourt 1415 und das planmäßige Vordringen ab 1417 schlossen Adel und Krone enger zusammen. Die Anerkennung Heinrichs durch Burgund verbesserte die Perspektiven auf den Erwerb der französischen Krone. Ein Aufstand von Lollarden, Wanderpredigern und Anhängern Wycliffes, scheiterte ebenso wie eine Verschwörung etlicher Magnaten 1415. Als Heinrich 1422 starb, musste für seinen erst einjährigen Sohn und Thronfolger ein Regentschaftsrat eingesetzt werden: In Frankreich konnte Herzog John von Bedford, Bruder Heinrichs V., die Rolle des Regenten unangefochten übernehmen, während in England der jüngste Bruder Humphrey, Herzog von Gloucester, rasch in Konflikt mit den mächtigen Mitgliedern des Regentschaftsrates geriet, die de facto die Regierungsgewalt innehatten.

Nach der persönlichen Regierungsübernahme Heinrichs VI., der wohl labil und leicht beeinflussbar war, versuchten die *Lords* dessen Freigebigkeit gegenüber seinen Günstlingen weitgehend erfolglos zu bremsen. Die Vergabe von Krongut war bereits seit Jahrzehnten angesichts der desolaten Finanzsituation der Krone und der Steuerforderungen Kritikpunkt der *Commons*. Entscheidenden Einfluss gewann der königliche Rat zunächst unter der Führung von Henry Beaufort und nach dessen Tod 1447 unter der des Herzogs von Suffolk, William de la Pole. Gloucester, um dessen Person sich die zunehmende Unzufriedenheit hätte kristallisieren können, starb nach einer vom Herzog von Suffolk initiierten Verhaftung unter ungeklärten Umständen. Im Unterschied zum 2. Jahrzehnt des 15. Jahrhunderts wirkten nun die Erfolge Frankreichs negativ auf die Insel zurück. De la Pole wurde 1450 einem Impeachmentverfahren unterworfen und auf seinem Weg ins Exil getötet. Eine Revolte von Bauern und Handwerkern unter dem militärisch begabten Jack Cade, dessen Herkunft ungeklärt ist, blieb erfolglos, erinnerte aber an die bäuerlichen Unruhen gegen Ende des 14. Jahrhunderts.

Der »Court of Chancery« (Miniatur), das englische Kanzleigericht, dargestellt auf einer Miniatur. Der »Chancellor« war der Verwahrer des zur Urkundenausfertigung notwendigen königlichen Siegels.

Die Rosenkriege

Weiterhin rivalisierten Adlige um die Macht als Ratgeber des seit 1453 aus gesundheitlichen Gründen regierungsunfähigen Königs. Zunächst konnte Edmund Beaufort, Herzog von Somerset, die führende Rolle übernehmen. Er war ein erbitterter Gegner des Herzogs Richard von York, der die »Nachfolge« des Herzogs von Gloucester angetreten hatte. 1454 wurde Richard von der Ratsversammlung der *Lords* zum Protektor ernannt. Auch die Adels-

Die Bezeichnung »Rosenkriege« wurde erst nach der eigentlichen Kriegszeit verwendet. Eine direkte Verbindung zwischen der Einführung der damals seltenen Zucht der roten Rose durch Edmund Lancaster im 13. Jahrhundert in seinem zeitweiligen Besitz Provins (Frankreich, Département Seine-et-Marne; hier: die Stadtmauer aus dem 12./13. Jahrhundert) und deren symbolische Zuordnung zum Haus Lancaster ist somit historisch nicht belegbar.

auseinandersetzungen im Norden des Landes verwiesen auf die unsichere Lage. 1455 konnte Richard von York mit den verbündeten Neville bei Saint Albans seinen Rivalen, der in diesem Kampf fiel, und dessen Anhang schlagen. Dies gilt als der Beginn der Rosenkriege, die zu diesem Zeitpunkt wohl noch kein Kampf um die Krone waren. Der Name »Rosenkriege« ist nicht zeitgenössisch, sondern dürfte bald nach Beendigung der Kämpfe aufgekommen sein und basiert darauf, dass beide rivalisierenden Geschlechter die Rose als Symbol (York: weiße Rose, Lancaster: rote Rose) im Wappen führten. Nach dem Verlust der Besitzungen in Frankreich konzentrierte sich der Adel wieder auf die Interessen im Inneren, auf den Kampf um die Beteiligung an der Macht, begünstigt durch die

Schwäche Heinrichs VI., dessen Sohn Eduard 1453 geboren wurde. Die führenden hochadligen Dynastien hatten sich mit Gefolgsleuten umgeben, um ihre Positionen auszubauen; der jeweilige Anhang sah in ihnen den eigentlichen Garanten der Sicherheit angesichts einer krisenhaften Situation auch in der Justiz, die auf höchster Ebene zunehmend parteilich agierte.

1460 konnte Richard von York die Niederlage des Vorjahres und die Ächtung der Yorkisten durch ein königstreues Parlament militärisch wettmachen und in London einziehen, das Richard Neville, Earl of Warwick, von Calais aus besetzt

Die englische Königin Margarete von Anjou (Ausschnitt aus einer Miniatur, Handschrift des 15. Jahrhunderts; London, Britisches Museum) kann als die eigentliche Führerin der Lancasterpartei während der Rosenkriege angesehen werden. Ihr Mann Heinrich VI. litt nicht nur an Willensschwäche, sondern auch an einer in Schüben auftretenden Geisteskrankheit und war somit größtenteils regierungsunfähig.

hatte. Der König befand sich in seinen Händen und Richard von York erhob offen den Anspruch auf die Königswürde. Nach zähen Verhandlungen mit *Lords* und *Commons* einigte man sich darauf, dass

Die »Guildhall«, das Londoner Rathaus, wurde 1411–40 erbaut. Die Pracht des Gebäudes bezeugte den Wohlstand und das Selbstbewusstsein der Londoner Bürger, die schon während der Rosenkriege Einfluss auf das politische Geschehen zu nehmen suchten.

Eduard IV. schlug den für die Lancasterpartei kämpfenden Richard Neville, den Earl of Warwick, in der Schlacht von Barnet (heute zu London gehörig) am 14. April 1471 (Miniatur aus einer flämischen Handschrift; Gent, Universitätsbibliothek).

Richard als Erbe Heinrichs eingesetzt werde. Das erstrebte Ziel vor Augen wagte Richard mit unterlegenen Kräften eine weitere Schlacht gegen die Lancaster im Norden, die unter der Führung Königin Margaretes von Anjou, von walisischen und schottischen Einheiten unterstützt, das Schlachtfeld siegreich verließen; Richard selbst starb. Noch im gleichen Jahr musste sich auch Richard Neville, langjähriger Verbündeter des Hauses York, geschlagen geben; Heinrich VI. konnte befreit werden. Doch erwiesen sich die Erfolge der Lancaster rasch als kurzlebig: London versperrte der siegreichen, aber hier unbeliebten Königin den Einzug, zumal ihre Truppen den Zug nach London für Plünderungen nutzten. Das war ungewöhnlich, die Kämpfe blieben sonst weitgehend auf die beteiligten Armeen selbst beschränkt, sodass die Bevölkerung nicht in dem auf dem Kontinent üblichen Maße Verheerungen ausgesetzt war. Auch militärisch wendete sich das Blatt, als das Aufgebot Eduards von York, des Sohns Richards, und Richard Nevilles nun seinerseits das Lancasterheer vernichtend schlug. Heinrich VI. und Margarete flohen nach Schottland. Im Sommer 1461 proklamierten die Londoner Einwohnerschaft und sein Heer Eduard IV. zum Gegenkönig. Gegen ihn formierte sich im Norden für drei Jahre der Widerstand, erst dann konnte er sich durchsetzen. Nach einem Friedensschluss mit Schottland wurde Heinrich VI. 1465 gefangen genommen und in den Londoner Tower gebracht.

Zwischen Richard Neville, der nicht ohne Grund als »Königsmacher« bezeichnet wurde, und Eduard kam es jedoch anschließend wegen der Heirat des Königs mit der nicht dem Hochadel entstammenden Elisabeth Woodville und der Entlassung des Kanzlers George Neville 1467 zum offenen Konflikt. Der Earl of Warwick verbündete sich mit Eduards Bruder George und besetzte London. Zunächst schien der Earl of Warwick, der ins Lager der Lancaster wechselte, die Oberhand zu behalten, und Heinrich VI. wurde erneut als König eingesetzt. Doch auch die neue Machtverteilung war nicht von Dauer. Bereits 1471 gelang es dem Heer des aus Burgund zurückgekehrten Eduard – er war an den Hof Karls des Kühnen geflohen –, die Gegner bei Barnet und Tewkesbury getrennt zu schlagen; die Königin Margarete wurde gefangen genommen und Heinrich VI. im Tower ermordet.

Danach war die Position Eduards IV. gefestigt. Die bisher in Nevillebesitz befindlichen Grafschaften Warwick und Salisbury gingen zudem nach dem Aussterben der männlichen Linie in den Kronbesitz über. Vorrangiges Ziel musste nun die Reorganisation von Verwaltung und Justiz sowie die Stabilisierung des Königtums sein. Noch einmal unternahm man 1475 bei sonst eher vorsichtiger Expansionspolitik einen Versuch, die Festlandsterritorien zurückzugewinnen. Er blieb zwar erfolglos – das geplante gemeinsame Vorgehen mit Karl dem Kühnen kam nicht zustande –, führte aber doch zu dem Zugeständnis von Geldzahlungen. Im Inneren baute Eduard seine Position mit der Einrichtung der königlichen Kammer aus, wobei die Krondomäne finanziell intensiver genutzt wurde und aufgrund der ökonomischen Erholung auch sonstige Einnahmen anstiegen. Dadurch entfielen in der Regel weitere Steuerforderungen und damit ein potenzieller Konfliktfaktor. Da so das Parlament kaum zusammengerufen werden musste, konnte es auch nur in geringem Umfang aktiv werden. Durch die Besetzung des *councils* (»Gerichtshof«) mit Juristen und weiteren Beamten verlor der Hochadel weiter an Einfluss auf die Politik.

Trotz der Erfolge zeigte sich beim Tod Eduards IV. 1483 die vorhandene Instabilität: Sein gleichnamiger Sohn war zunächst bei den Woodville verblieben, während sein Bruder Richard von Gloucester als Protektor vorgesehen war. Im Bündnis mit dem Herzog von Buckingham, Heinrich Stafford, bemächtigte sich Richard seines Neffen und übernahm zwei Monate später selbst die Königskrone. Als Rechtfertigung diente die Behauptung, dass die Ehe seines Bruders ungültig gewesen sei und damit keine Ansprüche der Kinder Eduards bestünden. Eduard V. und sein Bruder Richard wurden kurz darauf im Tower umgebracht. Die mit Usurpation und Mordvorwurf begründeten Erhebungen, an denen sich auch der anschließend hingerichtete Stafford beteiligte, hatten keinen Erfolg. Dennoch konnte sich die Opposition rasch formieren. Im Zentrum stand der in die Bretagne geflüchtete und mütterlicherseits von John of Gaunt abstammende Heinrich VII., der Begründer der Tudordynastie, der die Lancasteransprüche repräsentierte. Mit Unterstützung des französischen Königs Karl VIII. landete Heinrich mit einem kleinen Kontingent in Wales, das rasch durch unzufriedene Adlige anwuchs. Der Tod Richards III. 1485 in der Schlacht von Bosworth beendete die Rosenkriege.

In der folgenden, mit Heinrich VII. beginnenden Tudorherrschaft wurde die Macht der Krone unter Anknüpfung an Eduard IV. weiter auf Kosten der Magnaten gestärkt und so ein Grundstein für die expansive Politik der folgenden Jahrhunderte gelegt. Das Bild der Rosenkriege und das der Yorkkönige blieb lange durch die negative Chronistik der Tudorhistoriographen gezeichnet. Diese Chronistik war dazu bestimmt, die Leistungen des Hauses Tudor zu dessen Legitimation hervorzuheben, zumal die Kronansprüche Heinrichs VII. mit Unsicherheiten behaftet blieben und letztlich nur auf dem Sieg von Bosworth beruhten.

Die ältere Forschung hält Richard III. für einen grausamen, mit Gewalt zur Macht strebenden Menschen, der den Thron durch Einkerkerung und Ermordung von Gegnern – er ließ wohl seine zwei kleinen Neffen im Tower ermorden – erreichte. Neuere Überlegungen sehen in ihm einen auch von den Umständen geformten König (Gemälde eines unbekannten Künstlers aus dem späten 16. Jahrhundert; London, National Portrait Gallery).

Die weiße Rose, die Elisabeth von York auf diesem Porträt eines unbekannten Malers in Händen hält, weist die Nichte Richards III. als Angehörige der in den Rosenkriegen unterlegenen Familie aus. Durch die Heirat mit ihr strebte der vom Haus Lancaster abstammende Heinrich VII. eine Aussöhnung der verfeindeten Parteien an.

Eine Großmacht entsteht – Die Iberische Halbinsel im Zeichen der Reconquista

Das Königreich Portugal

DIE IBERISCHE HALBINSEL
IM ZEICHEN DER
RECONQUISTA

christliches
Spanien 1150:

Kastilien und
León

Aragonien

Portugal

Navarra

Reconquista
1150-1212:

durch Kastilien

durch Aragonien

durch Portugal

Reconquista
1212-1275:

durch Kastilien

durch Aragonien

durch Portugal

Reconquista
1492:

durch Kastilien
und Aragonien

Um die Mitte des 13. Jahrhunderts waren die Eroberungen der christlichen Reiche auf der Iberischen Halbinsel vorläufig abgeschlossen, einzig das nasridische Granada im Süden blieb muslimisch und erlebte im 14. Jahrhundert nochmals eine Blütezeit. Das 1179 endgültig als Königreich anerkannte Portugal dürfte schon früh ein zunächst von Adelsgruppen getragenes Gefühl von Eigenständigkeit entwickelt haben. Der Versuch Johanns I. von Kastilien – des Gemahls von Beatrix, der Tochter des portugiesischen Königs Ferdinand I. –, nach dem Tod Ferdinands (1383) Nachfolgeansprüche auf den portugiesischen Thron anzumelden, scheiterten noch im gleichen Jahr an einem von Adel und Städten getragenen Aufstand gegen die landfremde Dynastie. Schließlich wählten die *Cortes,* die Ständevertretung, 1385 einen unehelichen Sohn Peters I., Johann I. zum König. Ihm gelang es im August des Jahres, ein kastilisches Heer seines Konkurrenten zu schlagen und seine Stellung zu sichern. Die Verhandlungen über die Beilegung der gegnerischen Ansprüche zogen sich allerdings noch Jahrzehnte hin. Noch im ausgehenden 13. Jahrhundert wurde mit dem Beginn des Flottenbaus die Basis für die atlantische Expansion Portugals gelegt.

Das Königreich Kastilien

Als größte Territorialmacht hatte sich Kastilien etabliert, das seit 1230 definitiv mit dem Königreich León verbunden war. Gestützt u. a. auf westgotische Traditionen konnte das Königtum hier

Nach dem Vorbild der maurischen Herrscher förderte König Alfons X., der Weise, das Geistesleben bei Hofe. Es entstanden Dichtungen in der galicischen Volkssprache, eine Gesetzessammlung auf der Grundlage des römischen Rechts, naturwissenschaftliche und historische Werke sowie Übersetzungen aus dem Arabischen (Escorial, Bibliothek).

seine dominierende Stellung trotz des Gegengewichts von Adel, Kirche und Städten sowie der Rechte der *Cortes* letztlich wahren. Besonders unter der Herrschaft Alfons' XI. (1312–50) stabilisierte sich das in den etwa 50 vorangegangenen Jahren von Adelsauseinandersetzungen geprägte Reich wieder. Die *Hermandades,* zur Interessenwahrung einzelner Gruppen entstandene ständeübergreifende Einungen, denen auch Städte angehörten, büßten nun ihren Einfluss wieder ein. Mit der Übernahme der ursprünglich arabischen *alcabala,* einer indirekten Sonder- bzw. Handelssteuer, und ihrer Ausdehnung auf das gesamte Königreich konnte die Finanzsituation deutlich gebessert werden. Besonders belastet war der den Handel dominierende Hochadel, der aber im Gegenzug die Steuererhebung von der Krone pachten konnte. Auch die in der zweiten Hälfte des 13. Jahrhunderts begonnene Rechtsvereinheitlichung konnte mit den *Ordenamiento de Alcalá* 1348 zu einem Abschluss gebracht werden. Gestärkt wurde die Zentralgewalt dadurch, dass viele ältere Hochadelsgeschlechter ausstarben. Die bisher praktizierte Neutralität im Hundertjährigen Krieg zwischen Frankreich und England gab Peter I., der Grausame, mit seiner Anlehnung an England auf; seinen Thronrivalen und Halbbruder Heinrich II. von Trastámara unterstützte Frankreich. Zwar konnte Peter 1367 mit englischer Hilfe einen deutlichen militärischen Sieg erringen, zwei Jahre später jedoch fiel die Entscheidung zugunsten der von französischen Truppen unterstützten neuen Dynastie Trastámara, die sich politisch an Alfons XI. anschloss. Die Bemühungen Johanns I. um die portugiesische Krone blieben, wie bereits erwähnt, erfolglos.

Eine entscheidende Niederlage erlitten die Mauren 1212 in der Schlacht von Las Navas de Tolosa gegen Alfons VIII. von Kastilien. Als Zeichen des Sieges erbeuteten die Kastilier das reich bestickte Seidenbanner (Burgos, Kloster Huelgas).

Den *Consejo Real* ordnete man 1385 neu als ständige Zentralbehörde; die *Audiencia* als oberster Gerichtshof wurde zwei Jahre später installiert, und die Finanzverwaltung wurde modernisiert, alles Maßnahmen unter Einbeziehung der *Cortes,* die in der außenpolitischen Krise an Gewicht gewannen. Gegen Ende des Jahrhunderts rückte der Hofadel in den politischen Mittelpunkt. Eine gegenläufige Tendenz zeigt das 15. Jahrhundert. Als Heinrich III. bei seinem Tod 1406 einen einjährigen Sohn, Johann II., hinterließ, begann eine Zeit zunehmender Krisen, in der die differierenden Interessen des Adels das Königreich beherrschten. In dem immer stärker innerlich zerrissenen Reich brach schließlich 1464 der Bürgerkrieg aus.

Das Königreich Aragonien

Gänzlich anders waren die Voraussetzungen im Königtum Aragonien. Barcelona bzw. Katalonien und Aragonien waren zunächst nur durch die Person des Herrschers verbunden; daraus erwuchs aber bald mehr als eine reine Personalunion. Die *Cortes* – seit 1283 mussten sie, ohne dass dies wirklich eingehalten wurde, regelmäßig einberufen werden – tagten normalerweise getrennt. Eine eigenständige Rolle behielt auch Valencia nach der Eroberung von 1238. Jedoch beschränkte sich die Funktion der *Cortes* seit der Mitte des 14. Jahrhunderts weitgehend auf Petitionen und das stets wichtige und an Bedeutung zunehmende Bewilligungsrecht für Sondersteuern. Abgaben hatten auch die hinzugekommenen, für den Mit-

Seit dem späten 12. Jahrhundert wurden in der Ständevertretung, den Cortes, nicht nur Adel und Geistlichkeit, sondern auch die Städte zugelassen. Die Cortes bewilligten Steuern und hatten erhebliche Mitspracherechte in Gesetzgebung und Politik.
Eine Buchmalerei zeigt eine Sitzung der katalanischen Cortes unter Vorsitz von Jakob I., dem Eroberer, König von Aragonien (1213–76).

Das Widmungsbild des Buches »Über die Privilegien des Königreiches von Mallorca« stellt die Krönung Jakobs II. durch Engel dar. Der Herrscher leistet den Königseid gegenüber einem Bischof. Trotz des himmlischen Personals streicht die Miniatur also heraus, dass der katalanische König auch an irdische Instanzen gebunden ist (Palma de Mallorca, Casa de Cultura).

Als wichtige Zwischenstation für die Schifffahrt im westlichen Mittelmeer wurde Mallorca bereits 1229 unter König Jakob I. erobert. Ein um 1280 entstandenes Fresko aus einem Palast in Barcelona stellt die maurischen Verteidiger dar (heute Barcelona, Museu d'Art de Catalunya).

telmeerhandel wichtigen Balearen mit Mallorca zu entrichten wie auch das 1325 endgültig eroberte Sardinien und Sizilien. Die *Cortes* spiegelten unterschiedliche ökonomische Strukturen und differierende Grade der Urbanisation wider; die Städte konnten nur in Katalonien und Valencia Bedeutung erlangen. Ungeachtet der Auseinandersetzungen des Königtums mit dem Adel im Inneren führte die expansive Außenpolitik dazu, dass die Stände nicht geschwächt wurden, da sie stets die benötigten Mittel bewilligen mussten.

In der zweiten Hälfte des 14. Jahrhunderts verschärften die Kämpfe mit Kastilien die ökonomische Krise, dazu gingen im Mittelmeer kleinere Herrschaftsbereiche verloren. Als 1410 Martin I. sowohl erbenlos als auch ohne eindeutiges Testament starb, setzten die *Cortes* unter der Führung Aragoniens 1412 im Kompromiss von Caspe mit Ferdinand I., der der vorigen Dynastie mütterlicherseits verwandt war und zudem Favorit des aus Aragonien stammen-

den avignonesischen Papstes Benedikt XIII. war, ein Mitglied der bereits in Kastilien regierenden Familie Trastámara durch. Als kritisch erwiesen sich bald die Versuche des neuen Herrschers und dann seines Sohnes Alfons V., den Einfluss der *Cortes* zu beschneiden bzw. ohne diese zu regieren. Alfons, gleichzeitig König von Sizilien – in Katalonien amtierten als Statthalter zunächst seine Frau, schließlich 1452 sein Bruder Johann (II.), der bereits seit 1425 Aragonien und Valencia regierte –, setzte erneut auf Expansion nach außen, während der Monarch im Inneren unfreie Bauern und die Handwerker Barcelonas gegen Adel und Patriziat unterstützte. Johann II. folgte seinem Bruder 1458 und führte dessen Politik fort. Da er seinem Sohn, Karl von Viana, den Thron von Navarra versperrte, geriet er in einen schweren Konflikt mit den Ständen. Wegen Johanns II. autoritärer Haltung gegenüber den katalanischen Ständen kam es 1462 bis 1472 zu einem blutigen Bürgerkrieg, an dessen Ende er die tradierten Rechte der *Cortes* anerkennen musste. Als entscheidender, wenngleich so nicht geplanter Schritt für die zukünftige Entwicklung sollte sich die Heirat des aragonesischen Thronfolgers Ferdinand mit der Prinzessin und Thronerbin Isabella I. von Kastilien 1469 erweisen.

Das Königreich Navarra

Anders als die drei bisher behandelten Reiche war das kleine Königreich Navarra seit Ende des 13. Jahrhunderts von den französischen Kapetingern mitregiert worden. 1328 etablierte sich mit den Évreux, einer kapetingischen Seitenlinie, eine eigene Dynastie. Das Königreich mischte intensiv in den Konflikten der Iberischen Halbinsel wie auch in Frankreich mit. Navarresische Söldnertruppen nahmen äußerst aktiv an den Auseinandersetzungen zwischen katalanisch-aragonesischen Prätendenten und den Anjou in Südosteuropa teil. Seit 1425 – den Thron hatte die mit dem aragonesischen Infanten Johann (II.) verheiratete Blanka, Tochter Karls III. inne – war die Lage des Reichs instabil. Es entwickelten sich lange innere Kämpfe zwischen den führenden Familien einerseits, Johann II. und seinem Sohn Karl von Viana andererseits, bevor nach dem Tod Karls 1461 die Thronansprüche an seine Schwester Eleonore, mit Gaston de Foix verheiratet, fielen und Navarra unter französischen Einfluss geriet. Die Unabhängigkeit sollte nun nicht mehr lange gesichert werden können, der Druck Frankreichs und Kastilien-Aragoniens sollte sich als übermächtig erweisen.

Der Beginn der Einigung der Halbinsel

N icht im Einzelnen nachgezeichnet werden können die inneren Kämpfe in Kastilien und Aragonien, die zudem rasch internationale Dimensionen erlangten. Die Kapitulation des seit dem 14. Jahrhundert immer wieder von wirtschaftlichen Krisen getroffenen Barcelona beendete 1472 die Kriege in Aragonien mit einem Sieg des Königs. Die bestehenden Rechte blieben jedoch fast vollständig erhalten, und den Aufständischen wurde Straffreiheit zugesichert. Der Widerstand von Teilen des Adels gegen den kastilischen Herrscher Heinrich IV. führte 1465 zur Krönung von Alfons XII. als Gegenkönig, der aber bis zu seinem Tod drei Jahre später die Macht nicht erlangen konnte. Schließlich einigten sich die Parteien 1468 auf die Erbfolge Isabellas, der Schwester Heinrichs, deren Heirat nun zu einem politisch brisanten Thema wurde. Isabella musste sich verpflichten, für ihre Hochzeit das Einverständnis ihres Bruders einzuholen, der sie wiederum nicht gegen ihren Willen verheiraten durfte. Dennoch entschloss sich Isabella entgegen den Absichten

Eine Darstellung in der »Genealogie der Könige Spaniens« zeigt das Reiterbildnis König Heinrichs IV. unter dem Wappen von Kastilien mit dem Zeichen der Burg und León mit dem Zeichen des Löwen (Madrid, Biblioteca Nacional).

ihres Bruders zur Hochzeit mit Ferdinand II. von Aragonien, die 1469 in kleinem Kreis und weitgehend geheim in Valladolid vollzogen wurde; der wegen zu enger Verwandtschaft notwendige päpstliche Dispens (Ausnahmegenehmigung) wurde gefälscht. Heinrich versuchte noch mal, seine Tochter Johanna la Beltraneja als Thronerbin durchzusetzen, erkannte aber schließlich Isabella wieder an. Nach Heinrichs Tod im Dezember 1474 rief man die politisch energische

Die Gleichberechtigung der »Katholischen Könige«, wie das Herrscherpaar offiziell tituliert wurde, hatte als Bedingung Isabellas Eingang in den Ehevertrag gefunden. Dort war auch die gleichwertige Gegenüberstellung beider Eheleute im Formular des Münzbildes festgeschrieben, wie es Buchmalereien in Form von Porträts (links) und Monogrammen (rechts) zeigen.

Isabella I. zur Königin aus, während ihr Gemahl Ferdinand II. sich mit einer formal schwächeren Stellung in Kastilien begnügen musste. Nachdem sich Johanna mit Alfons V. von Portugal verlobt hatte, griff dieser in den ausbrechenden Erbfolgekrieg ein. Ein Vertrag zwischen Alfons und dem französischen König über ein gemeinsames Vorgehen erwies sich als folgenlos, zumal nach dem Tod des Burgunderherzogs Karl des Kühnen 1477 die französischen Kräfte auf die dortigen Auseinandersetzungen konzentriert waren. Nach dem Scheitern der portugiesischen Interventionen einigte man sich in den Verträgen von Alcáçovas 1479 auf die gegenseitige territoriale Integrität und die Abgrenzung der Interessensphären im Atlantik; Portugal bekam dabei wirtschaftliche Vorteile für den Verzicht auf Erbansprüche zugesprochen. Die Matrimonialunion von Kastilien und Aragonien wurde im Todesjahr Johanns II. von Aragonien 1479 Realität, ohne dass zu diesem Zeitpunkt bereits von einem geeinigten Spanien gesprochen werden kann; Kastilien war politisch und ökonomisch deutlich gewichtiger. Nach wie vor blieb die Herrschaftsausübung in Kastilien ambulant. Wichtigste zentrale Behörde blieb der *Consejo Real,* der königliche Rat, der gleichzeitig als oberstes Justiztribunal fungierte. Das oberste Appellationsgericht war seit 1475 in Valladolid ansässig, während eine mittlere Verwaltungsebene nur rudimentär existierte. Mit der zunehmenden Bürokratisierung gerieten auch hohe Amtsträger in eine stärkere Abhängigkeit von Bestimmungen und damit auch vom König. Dem Ziel der inneren Befriedung diente die Neuschaffung der *Santa Hermandad* als nunmehr auf die Monarchen ausgerichtete

Valladolid wurde im späten 15. Jahrhundert zur Metropole Kastiliens, wo man die Hochzeit zwischen Isabella und Ferdinand feierte und wo der spätere König Philipp II. geboren wurde. Das 1488 gegründete Colegio de San Gregorio war eine der wichtigsten Bildungsstätten auf der Iberischen Halbinsel. Sein Innenhof ist ein Musterbeispiel des so genannten Platereskenstils, dessen gotischer Architekturaufbau von Renaissanceornamenten überwuchert wird.

Das Grabmal des Martin Vazquez de Arce zeigt das von persönlicher innerer Haltung bestimmte, selbstbewusste Ideal des in frommen Studien vertieften Ritters in der zweiten Hälfte des 15. Jahrhunderts, als in Spanien die Renaissance Einfluss gewinnt (Siguenza, Kathedrale).

und primär der Sicherung des Landfriedens dienende Einung. Der Widerstand der Städte, die ihre Position gefährdet sahen, gegen diese zentrale Institution nahm aber rasch zu, ohne jedoch eine Auflösung vor 1498 durchsetzen zu können.

Dagegen blieben die Verhältnisse im Königreich Aragonien wesentlich stärker von den überkommenen Formen geprägt. Die Herrscher besaßen wegen der Stellung der Stände und weitgehenden rechtlichen Fixierung von Kompetenzen nur wenig Gestaltungsspielraum, auch wenn die *Cortes* immer weniger die Gesamtinteressen vertraten. Einwirkungsmöglichkeiten der Stände boten zunächst Verhandlungen über die in den inneren Kämpfen von den verschiedenen Gruppen besetzten Gebiete; die jeweiligen Ansprüche mussten ausgeglichen werden. Auch gelang es Ferdinand II. in der nordkatalanischen Frage der *remensa,* dem Problem der Schollengebundenheit der Bauern, deren Aufstand 1484 niedergeschlagen worden war, als Schiedsinstanz anerkannt zu werden: Nach dem Kompromiss von 1486 konnten die Bauern die Verpflichtungen gegen die Zahlung hoher Summen ablösen. Im Übrigen blieb allerdings die Sozialstruktur unangetastet, bäuerliche Besitzverhältnisse verschlechterten sich eher noch.

Durch die Besetzung der Großmeisterstühle in den drei großen Ritterorden von Santiago, Calatrava und Alcántara mit Ferdinand II. selbst zwischen 1485 und 1497 konnten diese bisher weitgehend autonomen Instanzen in den »Staat« eingebunden und deren Einnahmen für die Krone nutzbar gemacht werden, zumal der Papst diese Stellung schließlich den kastilischen Herrschern dauerhaft einräumte. Auch in den Ländern der Krone Aragoniens installierte Ferdinand das Vizekönigtum zur Ausübung der Kronrechte. Im Gegenzug residierte ein mehrheitlich aus Mitgliedern der *Cortes* gebildeter *Consejo de Aragón* zumeist in Kastilien, dem bevorzugten Aufenthaltsort Ferdinands II.

Das Ende der Reconquista und der Beginn der Inquisition

Parallel zur Stärkung der Zentralmacht konnte die Reconquista, die Rückeroberung der von den Mauren besetzten Iberischen Halbinsel durch christliche Heere, abgeschlossen werden. Zwar eroberte der Herrscher Granadas 1481 überraschend das kastilische Zahara, doch bereits im nächsten Jahr nahm der Marqués von Cádiz Alhama ein; das strategisch bedeutsame Gibraltar war bereits 1462 definitiv für Kastilien gewonnen worden. Trotz der inneren Zerrissenheit Granadas – auch angesichts der drohenden Gefahr stellte man die Kämpfe zwischen den Parteien nicht ein – und trotz der militärischen Überlegenheit dauerte es noch zehn Jahre, bevor 1492 die Eroberung Granadas die jahrhundertelange muslimische Präsenz auf der Iberischen Halbinsel beendete.

Eine wichtige Rolle in der Innenpolitik der Katholischen Könige – dies ein vom Papst als Reaktion auf die Gewinnung Granadas verliehener Ehrentitel für Isabella und Ferdinand – spielte die Kirchenpolitik: 1478 hatte Papst Sixtus IV. den spanischen Königen eine eigene Inquisition zugestanden, die als einzige Zentralbehörde beide Landesteile umfasste und das Bild Spaniens in der frühen Neuzeit nachhaltig verdunkeln sollte. Nach anfänglicher Vorsicht begannen 1481 Verfolgungen in großem Rahmen, die sich besonders gegen getaufte Juden richteten. Die Position der Juden allgemein hatte sich seit dem 14. Jahrhundert drastisch verschlechtert, und nach dem Pogrom von 1391 wiederholten sich derartige Ausschreitungen. 1492

Die öffentliche Verkündung, später auch die feierliche Vollstreckung eines Inquisitionsurteils (Freispruch oder Todesurteil) nach einem Gottesdienst wurde in Spanien und Portugal Autodafé genannt (zu portugiesisch Auto-da-fé »Glaubensakt«, aus lateinisch *actus fidei*). Der zum Feuertod Verurteilte wurde der weltlichen Obrigkeit übergeben und in Gegenwart der geistlichen und weltlichen Obrigkeit hingerichtet. Das erste Autodafé soll 1481 in Sevilla, das letzte 1815 in Mexiko abgehalten worden sein.

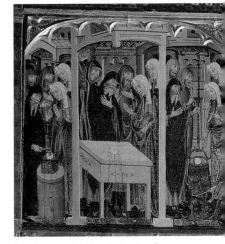

Bereits im 14. Jahrhundert nahm die christliche Polemik gegen die bisher von den Mauren tolerant behandelten Juden auf der Iberischen Halbinsel groteske Formen an. Die Darstellung auf einem Altarbild behauptet, die Juden würden die geweihte Hostie rauben, um sie zu quälen (Villahermosa del Río, Ermita de San Bartolomé).

schließlich wurden die noch verbliebenen Juden aufgefordert, den christlichen Glauben anzunehmen oder das Land zu verlassen, was sich auf die ökonomische Entwicklung hemmend auswirken sollte. Zur Jahrhundertwende änderte sich dann auch das Verhalten gegenüber der muslimischen Bevölkerung in Kastilien grundlegend. Diese wurde trotz der bei der Eroberung Granadas erlangten Zugeständnisse vor die Wahl der Vertreibung oder der Konversion gestellt, was zu Aufständen führte, die letztlich niedergeschlagen wurden. Gerade die Konvertiten blieben zudem bevorzugtes Opfer der Inquisition. Mit diesen Maßnahmen war zumindest vordergründig die religiöse Einheit des Landes hergestellt. Innerkirchlich trieb man Reformen energisch voran, mit denen vor allem die Bildung des Klerus verbessert werden sollte, zum anderen aber auch zu weltliche Tendenzen des Klosterlebens beseitigt wurden. Als besonders problematisch erwies sich die Beschneidung kirchlicher Immunitäten und weiterer Vorrechte der Kleriker sowie die Eingrenzung der kirchlichen Gerichtsbarkeit, der mit dem *Recurso de Fuerza* eine weltliche Appellationsinstanz quasi übergeordnet wurde.

Gegen Ende des Jahrhunderts lässt sich auch in den katalanischen Handelsstädten ein ökonomischer Wiederaufschwung erkennen, wohl zum Teil ermöglicht durch eine Wirtschaftspolitik, die merkantilistische (den Außenhandel fördernde) Maßnahmen vorwegnahm. Die folgenden Jahrzehnte prägten das zunächst wohl freiwillige Fernbleiben Aragoniens vom Atlantikhandel und die Betonung der traditionellen Mittelmeerbindungen, die es den kastilischen Städten ermöglichte, ihre Vormachtstellung im Handel mit den Überseebesitzungen auch gesetzlich festzuschreiben. Gefördert wurde die in Nordspanien typische Transhumanz der Schafherden, eine halbnomadische Fernweidewirtschaft – Wolle war das wichtigste Exportgut – zulasten der Ackerbau treibenden Bauern.

Philipp I., der Schöne, und seine Schwester Margarete sind auf einem Doppelbild von 1494, das dem so genannten Meister der Sankt-Georgs-Gilde zugeschrieben ist, als habsburgische Prinzen dargestellt (Innsbruck, Schloss Ambras).

Die beginnende Eroberung Süd- und Mittelamerikas – von Beginn an im Namen Kastiliens – hatte zur Zeit der Katholischen Könige noch kaum wirtschaftliche Auswirkungen, während sich der vorwiegend portugiesische Handel mit der Atlantikküste Afrikas und den vorgelagerten Inseln, dessen Unternehmungen immerhin finanziell von der Krone unterstützt wurden, im Verlauf des Jahrhunderts deutlich intensiviert hatte. Die Kanarischen Inseln waren Kastilien bereits 1479 von Portugal zugestanden worden, und 1494 teilte man sich unter Vermittlung des Papstes in Tordesillas den Atlantik in Nord-Süd-Richtung mitsamt den angrenzenden, nur teilweise bekannten Gebieten. Vorausgegangen waren Ansprüche Portugals auf die unentdeckten Länder nach der Rückkehr von Kolumbus.

Die Habsburger als Erben

Als letztlich nicht planbar erwiesen sich wieder einmal familien- bzw. dynastiepolitische Absichten, die schließlich zur ungewollten habsburgischen Thronfolge führten. 1496 sollte die Heirat zwischen Erbprinzessin Isabella, der ältesten Tochter der Katholischen Könige, und dem portugiesischen König Emanuel I. die politische Lage auf der Halbinsel weiter stabilisieren. Nach Isabellas schnellem Tod – ihr Sohn Miguel wäre Erbe in Portugal, Aragonien und Kastilien geworden, starb aber zweijährig – folgte mit Maria eine weitere Tochter der Katholischen Könige als portugiesische Königin.

Die Doppelhochzeit zwischen dem Habsburger Philipp dem Schönen und Johanna der Wahnsinnigen einerseits, Margarete von Österreich und dem spanischen Thronfolger Don Juan andererseits war deutlich von der gemeinsamen antifranzösischen Politik bestimmt. Juan starb einige Monte später, und nach dem erwähnten Tod Miguels wäre Johanna Thronerbin gewesen, bei der sich Zeichen einer Geisteskrankheit mehrten und die seit 1502 regierungsunfähig war. Verkompliziert wurde die Lage durch die Anlehnung Philipps an Frankreich, der dadurch auch innenpolitisch schwer durchsetzbar wurde. Dagegen wurde der Erwerb Neapels gegen französische Ansprüche 1503 militärisch gesichert. Vor ihrem Tod 1504 setzte Isabella die Katholische ihren von den Städten unterstützten Gemahl Ferdinand als Regenten für ihre Tochter Johanna in Kastilien ein, während der Adel Philipp favorisierte. Ferdinand suchte und erreichte den Ausgleich mit Frankreich, ohne Philipp isolieren zu können. Vor der drohenden Gefahr eines Bürgerkriegs verzichtete Ferdinand schließlich 1506 auf Kastilien, konnte aber nach dem Tod Philipps noch im gleichen Jahr die Regentschaft wieder antreten. Nach außen trat die nordafrikanische Küste vorübergehend wieder in den Vordergrund, wo, wenn auch teilweise nur kurzfristig, Gebiete erworben werden konnten. Ferdinand rückte wieder von Frankreich ab, um Interessen in Italien durchsetzen zu können; erstes Ergebnis war aber 1512 die Besetzung des südlichen Teils von Navarra, dessen Herrscher auf der französischen Seite stand und das in Kastilien aufging. Zu seinem Nachfolger in seiner Funktion als Regent für Johanna in ganz Spanien bestimmte Ferdinand trotz Bedenken seinen Enkel Karl (als Kaiser Karl V.). Dieser ließ sich 1516 in Brüssel zum kastilischen König krönen, konnte seine Stellung aber insbesondere erst nach dem 1522 niedergeschlagenen Aufstand der *Comuneros,* der sich gegen die von Karl von den spanischen Städten geforderten Abgaben richtete, sichern.

Comuneros wurden die spanischen Aufständischen der »Guerra de los Comunidades de Castilla« genannt, des Krieges der kastilischen Städte 1520–22. Als König Karl I. von Spanien (als Kaiser Karl V.) in den 1520 zusammengetretenen Cortes hohe Abgaben von den spanischen Städten forderte, rebellierten Toledo und Segovia, denen sich bald weitere kastilische Städte anschlossen. Die Comuneros gewannen Verbündete im niederen Adel, jedoch nur wenige Angehörige des Hochadels. Sie vertraten vor allem die Interessen des städtischen Bürgertums und Handwerks. Nach anfänglichen Siegen unterlagen die Aufständischen unter Juan de Padilla in der Schlacht von Villalar am 23. April 1521 den königlichen Truppen. Als letzte Stadt ergab sich Toledo im Februar 1522.

Königin Johanna verbrachte nach dem Tode Philipps des Schönen 46 Jahre im Kloster bei Tordesillas in geistiger Umnachtung und erhielt daher den Beinamen »die Wahnsinnige«. Vermutlich ein Jugendbildnis von ihr malte der flämische Maler Juan de Flandes (Madrid, Museo Thyssen-Bornemisza).

Du, glückliches Österreich, heirate – Der Aufstieg Habsburgs (bis 1556)

Erster Höhepunkt

Mit der Wahl und Krönung Rudolfs I. 1273, eines energischen und erfolgreichen Territorialfürsten im Südwesten des Reiches, trat die Familie der Habsburger in die Reihe der Herrscherdynastien ein, obwohl Rudolf selbst kein Reichsfürst war. Die Familie lässt sich bis in die zweite Hälfte des 10. Jahrhunderts zurückverfolgen, der Titel »Graf von Habsburg« ist erstmals 1108 belegt. Rudolfs stärkster Rivale um den Thron und zugleich der mächtigste Reichsfürst, König Ottokar II. Přemysl von Böhmen, der auch große Teile Österreichs und Gebiete in Oberitalien beherrschte, bezeichnete Rudolf in einer an den Papst gerichteten Beschwerde denn auch als armen Grafen; eine im Vergleich zu sich selbst sicherlich richtige, sonst aber unzutreffende Charakterisierung. Der habsburgische Besitz konzentrierte sich auf das Eigengut zwischen Aare und Reuß mit der namensgebenden Habichtsburg und das Gebiet zwischen Basel und Straßburg, ergänzt bis 1273 um das Kirburger Erbe, auf das auch der Graf von Savoyen Anspruch erhob.

Albrecht Altdorfer zeichnete um 1514/16 den Stammbaum des habsburgischen Herrschergeschlechtes. In Anlehnung an mittelalterliche Darstellungen der alttestamentarischen Wurzel Jesse erscheinen die Herrscher als Blüten einer üppigen Ranke. Die Verzweigung des Herrscherhauses in die Nebenlinie Albrechts II. erscheint rechts unten, die Hauptlinie kulminiert in der Herrschaft Friedrichs III. und Maximilians I. (Wien, Österreichisches Staatsarchiv).

Rudolf war bei der Wahl mit 55 Jahren ein für die Zeit alter Mann. Die Kurfürsten versprachen sich aber von ihm die Gewinnung des staufischen Anhangs, ein problemloses Verhältnis zum Papsttum, das seit 1198 das Approbationsrecht für sich reklamierte, und Durchsetzungsfähigkeit bei der Revindikation, der Rückgewinnung des Reichsgutes. Die Kurstimme des Böhmenkönigs war für diese Wahl auf den Herzog von Niederbayern übertragen worden, um eine einstimmige Wahl zu ermöglichen; die Ansprüche des 1257 in einer Doppelwahl gemeinsam mit Richard von Cornwall gewählten Alfons von Kastilien überging das Kurkolleg. Neben der Revindikation blieb die Friedenssicherung eine der Hauptaufgaben des Herrschers. Ein zentrales Problem der angestrebten Revindikation lag in den wohl nur geringen Kenntnissen über den Umfang des Reichsgutes, auch wenn besonders durch die Einrichtung von Landvogteien in den staufischen Kerngebieten Erfolge erzielt werden konnten; der Übergang zum auf eigenen Territorialbesitz – die Hausmacht – gestützten Königtum fand dann im 14. Jahrhundert statt. Eingefordert werden sollten alle seit 1245, dem Jahr der Absetzung Friedrichs II., dem Reich unrechtmäßig entfremdeten Güter, mit bezeichnender Ausnahme derer, die in die Hände der Kurfürsten, unter Ausschluss des Böhmenkönigs, gelangt waren. Das Stichjahr wählte man wohl mit Rücksicht auf die Kurie, aber Rudolf konnte so dennoch direkt an die Herrschaft seines Vorgängers anknüpfen, dessen Parteigänger er geblieben war, ohne sich bei der Kurie zu diskreditieren.

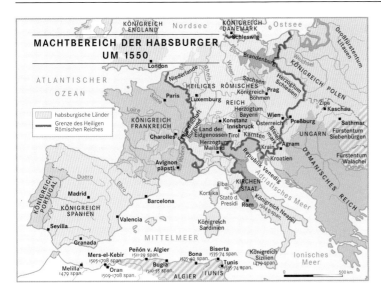

Die Revindikationspolitik und die von Ottokar II. verweigerte Lehnsnahme boten Rudolf die Möglichkeit, rechtlich gegen diesen vorzugehen, seine Lehen aberkennen und die Reichsacht verhängen zu lassen; allerdings mussten die getroffenen Entscheidungen militärisch durchgesetzt werden. Schließlich fiel die Entscheidung 1278 in der Schlacht bei Dürnkrut; Ottokar wurde auf der Flucht erschlagen. Neben den Herzogtümern Österreich und Steiermark fielen die Windische Mark sowie Krain an die Habsburger, während Kärnten 1286 wieder an Graf Meinhard II. von Tirol ausgegeben wurde. Mit den Erwerbungen belehnte Rudolf seine Söhne Albrecht I. und Rudolf II. zur gesamten Hand, ein alemannisches Rechtsinstitut, und erhob sie gleichzeitig in den Reichsfürstenstand. Damit hatte sich der territoriale Schwerpunkt der Dynastie deutlich nach Osten in den späteren zentralen Herrschaftsbereich verschoben, die Habsburger traten das Erbe der Babenberger an. Erfolge im Arelat bzw. in Burgund kamen gleichfalls der Hausmacht zugute. In der Reichspolitik bezog Rudolf erstmals die Städte und das Bürgertum systematisch mit ein. Allerdings konnte er die Kaiserkrönung, Voraussetzung für die Krönung eines Sohnes zu seinen Lebzeiten, trotz vielfacher Bemühungen nicht erreichen. Seine Beurteilung fiel bereits bei den Zeitgenossen ambivalent aus: Einerseits ließen ihn die primär von den Bettelorden verbreiteten Anekdoten zu einem der populärsten Herrscher werden, andererseits bestand jedoch ein großes Unbehagen an seinem nüchternen Königtum – das beweist nicht zuletzt das Auftreten von Personen, die mit ihrer Behauptung Resonanz fanden, sie seien Friedrich II.

Auf dem Reichstag zu Augsburg von 1282 belehnte König Rudolf I. seine Söhne mit den für das Reich eingezogenen Herzogtümern Österreich und Steiermark und begründete so die habsburgische Hausmacht. Das Aquarell schmückt den »Ehrenspiegel der Fugger« von 1555 (Wien, Österreichische Nationalbibliothek).

Zwischen Herrschaftsausbau und Krisen

Nach dem Tod Rudolfs 1291 wurde zunächst Adolf von Nassau zum König gewählt. Dagegen wurde Albrecht I., Rudolfs seit 1283 die Hausgüter allein beherrschender Sohn, erst 1298 König,

Ein Aquarell im »Ehrenspiegel der Fugger« von 1555 stellt dar, wie der enterbte Johann Parricida in auswegloser Situation das Attentat auf König Albrecht I. beim Übergang über die Reuß verübte (Wien, Österreichische Nationalbibliothek).

Aegidius Tschudi berichtet in seiner »Schweizer Chronik« im 16. Jahrhundert über die Ermordung König Albrechts I. 1308:

Und wie der künig durch die saamen über das veld zwüschent Windisch und Bruck rijtet ... und sich keins argen versach, do ward er angerennt von sinem vettern hertzog Hansen und sinen helffern, und stacch hertzog Hans dem künig die gurgeln ab und sprach: »Du hund, jetzt wil ich dir diner schmach lonen die du mir bewisen, und sechen ob mir min vätterlich erb werden mög.« ... Also kam der künig von sins grossen gijts und kargheit wegen umb sin leben, das er in sinem erblichen eigenthumb sins erbstammens und namensin der grafschafft habsburg in und uff dem sinen und von den sinen erschlagen ward ...

nachdem der abgesetzte König Adolf in der Schlacht von Göllheim getötet worden war und die Kurfürsten ihn, Albrecht, im Juli 1298 zum zweiten Mal wählten. Albrecht, in vielem das Gegenteil seines eher leutseligen Vaters und mit einem wohl weniger ansprechenden Äußeren gesegnet, ging 1301/02 wegen Verstoßes gegen die Zollbestimmungen in den Landfriedensordnungen gegen die vier rheinischen Kurfürsten militärisch vor – mit Erfolg. Die Befürchtungen, die sie wohl schon bei der Wahl hegten, bestätigten sich damit; bereits 1300 beabsichtigten sie deswegen Albrechts Absetzung. Sein Ausgreifen auf das Rheinmündungsgebiet, möglich geworden durch den erbenlosen Tod Graf Johanns von Holland, Seeland und Friesland, brach er schließlich folgenlos ab. Mit der anschließenden Konzentration auf die östlichen Reichsgebiete wurde das Eger- und Pleißnerland erworben, 1306 konnte er sogar seinen Sohn Rudolf mit dem Königreich Böhmen belehnen. Jedoch ging dieser Besitz bereits im folgenden Jahr trotz günstiger Erbverträge mit dem Tod Rudolfs wieder verloren, sodass die dortige Herrschaft vorerst eine Episode blieb; Böhmen fiel 1310 an die Luxemburger, von denen die Habsburger finanziell entschädigt wurden. Bevor Albrecht den Territorialbesitz weiter ausbauen konnte und das wohl beabsichtigte hegemoniale Königtum errichten konnte, ermordete ihn sein Neffe Johann Parricida 1308 wegen familieninterner Erbauseinandersetzungen.

1314 wählten die Kurfürsten sowohl Herzog Friedrich den Schönen von Österreich als auch Herzog Ludwig von Oberbayern zum König, ohne dass sich zunächst einer der beiden durchsetzen konnte; die Stadt Frankfurt am Main als Wahlort konnten beide Wählerparteien nicht betreten. Endgültig wurde die Königswahl erst in der Goldenen Bulle 1356 verbindlich geregelt: Das Mehrheitswahlrecht wurde fixiert und der Wählerkreis festgeschrieben. Eine Vorentscheidung zugunsten Ludwigs IV., des Bayern, fiel in der Schlacht von Mühldorf am Inn 1322; Friedrich geriet in bayerische Gefangenschaft. Der Konflikt Ludwigs mit der Kurie verschärfte sich jedoch nach dessen Intervention in Oberitalien und 1325 erkannte Ludwig Friedrich als Mitkönig an, ohne dass dieser jedoch in der Folgezeit in größerem Rahmen aktiv wurde.

Die Herrschaft in Österreich

Nach dem Tod Friedrichs verzichtete sein Bruder Herzog Albrecht II., der Weise, im Vertrag von Hagenau 1330 auf eine Beteiligung an der Reichsherrschaft; er konnte so seine Kräfte auf den Ausbau der Hausterritorien konzentrieren. 1335/36 fiel Kärnten endgültig an die Habsburger. Neben der Burgenpolitik umfasste die Herrschaftsverdichtung die Einbeziehung von Allodialgütern des Adels in das Lehnssystem. Das Finanzwesen wurde ausgebaut und

außerordentliche Steuern zur Geldbeschaffung ausgeschrieben, daneben sind wirtschaftspolitische Ansätze erkennbar. Die Stände waren seit dem 13. Jahrhundert an der Regierung des Landes beteiligt. Albrechts Sohn Rudolf heiratete 1353 die Tochter König Karls IV. Wenig erfolgreich war zunächst die Gründung der Universität in Wien 1365. Karl IV. wehrte sich mit Rücksicht auf Prag erfolgreich gegen die Einrichtung einer theologischen Fakultät; sie wurde erst 1384 erreicht und leitete den Aufschwung der von den Herzögen kontrollierten Institution ein.

Mit den Urkundenfälschungen von 1358/59, dem *Privilegium maius*, sicherte Herzog Rudolf IV. sich und dem Herzogtum Österreich weitgehende Sonderrechte: U. a. minimierten die Fälschungen die Pflichten gegenüber dem Reich, der Herzog erscheint als oberster Lehnsherr, die weibliche Thronfolge sollte beim Aussterben der männlichen Linie gelten und man erklärte die Unteilbarkeit des Landes sowie die Primogenitur (Thron- und Erbfolge durch den Erstgeborenen). Die weit reichenden Absichten konnten allerdings zunächst nicht nur wegen des Widerstands Kaiser Karls IV. nicht realisiert werden, erst der Habsburger Friedrich III. erkannte sie reichsrechtlich an. Nicht ganz eindeutig ist die Stellung der Privilegien zur Goldenen Bulle. Traditionell werden sie als Reaktion auf den Ausschluss der Habsburger von der Kurfürstenwürde bewertet, eventuell richteten sie sich auch nur gegen die Privilegierung der Wittelsbacher (als Pfalzgrafen, nicht als bayerische Herzöge) und der Böhmen.

Der Erwerb Tirols 1363 wurde trotz militärischen Eingreifens der Wittelsbacher, die ebenfalls Anspruch auf die Grafschaft erhoben, 1369 vertraglich gesichert und stellte die Landverbindung zwischen den westlichen und östlichen Besitzkomplexen her. Albrecht III. und Leopold III. setzten sowohl den inneren Staatsausbau als auch die Erwerbspolitik mit Gebietsarrondierungen (u. a. Vorarlberg,

RudolfusʔArchiduxʔAustrieʔ1czʔ

DIE GOLDENE BULLE

Auf den Reichstagen in Nürnberg und Metz wurde 1356 das »Reichsgrundgesetz« Karls IV. angenommen, das die Einsetzung des deutsch-römischen Königs verbindlich regelte. Das Mehrheitswahlrecht, der Wahlort Frankfurt, der anschließende Reichstag in Nürn-

berg, bei dem die Reichskleinodien öffentlich gezeigt wurden, und andere formale Regelungen verhinderten fortan Doppelwahlen und beugten königslosen Zeiten vor.

Sieben Kurfürsten hatten das Wahlrecht: die Erzbischöfe von Mainz, Trier und Köln sowie der Pfalzgraf bei Rhein, der Herzog von Sachsen und der Markgraf von Brandenburg. Der König von Böhmen, der in dem für den Prager Hof König Wenzels angefertigten Prachtexemplar zusammen mit dem Kölner Erzbischof dargestellt ist (rechts), besaß Sonderprivilegien. Der päpstliche Einfluss wurde weitgehend zurückgedrängt.

Bis 1452 fand die Kaiserkrönung zunächst jedoch noch in Rom statt. Der Name geht auf das goldene Siegel des Kaisers zurück, das allen Ausfertigungen der Urkunde angeheftet war.

Freiburg im Breisgau, Triest) fort. Den Terminus »Herrschaft ze Oesterreich« löste in der zweiten Hälfte des 14. Jahrhunderts allmählich der Begriff »Haus Österreich« ab, der Dynastie und Territorium umfasste. Die auch durch die Ausdehnung der Eidgenossenschaft seit dem frühen 14. Jahrhundert (Schlacht am Morgarten, 1315) erzwungene Schwerpunktverlagerung von den Stammlanden hin nach Osten drückte sich auch in dem weiteren Ausbau Wiens zur Residenz aus. Vorsichtig passte man die unterschiedlichen Verwaltungs- und Rechtstraditionen der Herrschaftsgebiete unter Beibehaltung von Eigenheiten einander an, unterstützt durch gelehrte Juristen, denen zunehmend mehr Verwaltungsaufgaben zufielen.

Trotz der erklarten Unteilbarkeit und der Primogenitur nahm man 1379 eine zeittypische Realteilung vor, auch wenn man eine formale Einheit – gegenseitiges Erbrecht beim Aussterben einer Linie, gemeinsame Titelführung – festschrieb. Zu Beginn des 15. Jahrhunderts waren dann nach internen militärischen Auseinandersetzungen, die schließlich durch die Stände beigelegt werden konnten, sogar drei eigenständige Gebietskomplexe vorhanden. Herzog Albrecht V. schloss sich an König Siegmund an, während die Leopoldiner Ernst der Eiserne und Friedrich IV. mit der leeren Tasche zu diesem in Opposition standen und erst 1425 einen endgültigen Ausgleich herbeiführten. In den 1380er-Jahren erweiterten die Eidgenossen ihr Territorium auf Kosten der Habsburger, deren militärische Gegenwehr (Schlacht bei Sempach, 1386, und bei Näfels, 1388) sich als unzureichend erwies; die gegenseitigen Besitzstände sicherte man sich im Waffenstillstand von 1389 zu.

Der Wiedererwerb der Krone

Die seit dem 14. Jahrhundert dominierende Rolle der Habsburger im Reich fasste der Augsburger Maler Jörg Breu um 1530 in ein allegorisches Bild: Die Stände des Reiches huldigen den Königen und Kaisern Albrecht II., Friedrich III., Maximilian I. und Karl V. (Wien, Graphische Sammlung Albertina).

Endlich zahlten sich die Heiratsverbindungen mit den Luxemburgern 1437 aus. Albrecht II., der mit der Luxemburgerin Elisabeth, der Tochter Kaiser Siegmunds, verheiratet war, wurde in

Ungarn und in Böhmen, hier allerdings nicht unangefochten, Nachfolger Kaiser Siegmunds; von ihm »erbte« er schließlich 1438 auch die Reichskrone. Seine Wahl erfolgte einstimmig. Vor dem Hintergrund der Probleme in den eigenen Territorien und im Reich – der Ruf nach grundlegenden Reformen artikulierte sich deutlich – zögerte Albrecht aber zunächst, die Wahl anzunehmen. Bis zu seinem Tod im folgenden Jahr auf einem letztlich erfolglosen Feldzug gegen die vordringenden Osmanen blieb er mit den Problemen in den neu erworbenen Ländern beschäftigt. Dem zunächst auf Innerösterreich beschränkten Friedrich III., Sohn Herzog Ernsts des Eisernen, gelang es, als Erbe und Vormund zum Senior des Hauses aufzusteigen. 1440 wählten ihn die Kurfürsten zum König. Die Bevölkerung setzte durchaus Hoffnungen in Friedrichs III. Regierungsantritt, da der Name an die Staufer anknüpfte und er bei der Zählung Friedrich den Schönen überging.

Ein Hauptproblem war zunächst die Vertretung der Ansprüche von Ladislaus V. Postumus, nachgeborener Sohn König Albrechts II., in Böhmen und Ungarn, wo sich Georg von Podiebrad und Kunštát bzw. János Hunyadi durchsetzten. Die zahllosen inneren Konflikte der habsburgischen Linien im 15. Jahrhundert können hier nicht in allen Einzelheiten nachgezeichnet werden. Erwähnt sei lediglich, dass Friedrichs III. Bruder Albrecht ihn 1462 in der Wiener Hofburg belagerte, jedoch kurze Zeit später ohne Erben starb. Auch Matthias I. Corvinus, König von Ungarn und Böhmen, konnte Wien 1485 erobern und Friedrich vertreiben; 1487 gelangte dieser in den Besitz von Wiener Neustadt. Hauptresidenzen Friedrichs waren neben Wiener Neustadt zunächst das innerösterreichische Graz und schließlich Linz. Auf kirchenpolitischem Gebiet sicherte Friedrich den Habsburgern in Anknüpfung an seine Vorgänger wichtige Vorrechte bei der Besetzung geistlicher Stellen. Die 1442 gescheiterten Reichsreformpläne *(reformatio Friderici)* blieben für lange Zeit das einzige Engagement in der Reichspolitik, bevor ab 1471 neue Ansätze erkennbar sind. Lösungsmöglichkeiten konnten nur in Übereinstimmung von König und Reichsständen gefunden werden. Allerdings hielt Friedrich III. an allen denkbaren Herrscherrechten fest und versuchte, sie in Anspruch zu nehmen. Einen erheblichen Ansehensverlust brachte das Anwerben der Armagnaken 1443/44 gegen die Eidgenossenschaft, die den Südwesten des Reiches unter Einschluss der habsburgischen Besitzungen verwüsteten. Friedrichs Kaiserkrönung 1452 war die letzte in Rom.

Ein für den Aufstieg der Habsburger zentrales Heiratsprojekt wurde nach mehreren gescheiterten Versuchen schließlich 1476/77 realisiert: Karl der Kühne, Herzog des zur europäischen Großmacht aufgestiegenen Burgund, bekräftigte im Mai 1476, als er bereits unter erheblichem militärischen Druck der nun mit Österreich verbündeten Eidgenossenschaft (»Ewige Richtung«) stand, eidlich die Zusage zur Verlobung seiner Tochter und Universalerbin Maria von Burgund mit Friedrichs Sohn Maximilian. Der Tod Karls in der Schlacht bei Nancy im Januar 1477 führte zur Erbauseinandersetzung zwi-

»Der taylbrief zwischen herzog Albrecht und herzog Leopolt« von 1379 wurde von beiden Brüdern mit Wachsbullen gesiegelt, welche die Herzöge in ritterlicher Rüstung zu Pferde zeigen.

Das um 1457 von einem unbekannten österreichischen Maler angefertigte Porträt des Habsburgers Ladislaus V. Postumus zeigt den etwa siebenjährigen König kurz vor seinem Tode. Seine Herrschaft in Ungarn wurde seit 1444 anerkannt, jedoch vom Reichsverweser Hunyadi geführt. In Böhmen führte Georg von Podiebrad die Regierungsgeschäfte (Innsbruck, Schloss Ambras).

Das habsburgische Sippenbild von Bernhard Strigel wurde 1515 anlässlich der Eheverbindung mit dem ungarischen Königshaus gemalt und verdeutlicht die Größe des habsburgischen Familienreiches. Links Kaiser Maximilian, rechts seine damals bereits verstorbene Frau Maria von Burgund und hinter ihr der kastilische König Philipp der Schöne, vorn Philipps Söhne Ferdinand (links) und Karl V. sowie der angeheiratete König Ludwig II. von Ungarn (Wien, Kunsthistorisches Museum).

CLEOPHAS · FRATER · CARNALIS · IO= SEPHI · MARITI · DIVAE · VIRG · MARIAE.

IACOBVS · MINOR · EPVS · MARIA · CLEOPHAE · SOROR HIEROSOLIMITANVS · VIRG · MAR · EVTATINA · MA TEFTERA · D · N

IOSEPH IVSTVS · SLION ZELOTIS CONSO= BRINVS · DNI · NRI

Der burgundische Chronist Philippe de Commynes berichtet über die Hochzeit Maximilians I. mit Maria von Burgund 1477:

Von sieben- bis achthundert Rossen begleitet wurde der Sohn des Kaisers nach Gent geführt, und die Ehe wurde vollzogen. Auf den ersten Blick war sie den Untertanen des Fräuleins nicht sehr nützlich: denn anstatt Geld zu bringen, brauchte Maximilian etwas. Seine Leute waren für eine solche Macht wie die des Königs nicht zahlreich genug, und ihre Gewohnheiten vertrugen sich mit denen der Untertanen des Hauses Burgund nicht sehr; diese hatten unter reichen Fürsten gelebt, die gute Ämter vergaben und ein ehrenvolles und prunkhaftes Haus hielten ... Die Deutschen sind ganz entgegengesetzter Natur, denn sie sind rau und leben auch so.

schen Frankreich unter Ludwig XI. und den Habsburgern. Zunächst sicherten die im August 1477 in Brügge geschlossene Heirat, der Sieg über ein französisches Heer 1479 und die Geburt der Kinder Philipp und Margarete die neue Dynastie gegen die innerburgundische Opposition. Nach dem Tod der Herzogin 1482 brachen die Auseinandersetzungen aber wieder auf: Die Stände forderten die Regentschaft über Philipp und lieferten Margarete nach Frankreich aus, wo sie mit dem Dauphin vermählt werden sollte; die geplante Mitgift umfasste große Teile des burgundischen Erbes. Erst nach weiteren Kämpfen – die Niederlande erlitten in diesem Zeitraum erhebliche ökonomische Einbußen – konnte Maximilian die Herausgabe seines Sohnes erzwingen, endgültig durchsetzen konnte er seine Ansprüche jedoch erst 1493 im Frieden von Senlis unter Aufgabe des Herzogtums Burgund und der Picardie, nachdem er 1488 sogar vorübergehend von Brügger Bürgern eingekerkert worden war.

Bereits 1486 war der 1459 geborene Maximilian zum römischdeutschen König gewählt worden, nicht ohne versprechen zu müssen, die Regierungsgewalt des Kaisers nicht zu beschränken. Ab 1489 konzentrierte sich Maximilian auf die österreichischen Besitztümer. 1490 gelang es ihm, seinen Onkel Siegmund zur Abtretung Tirols mit seinen reichen Bergschätzen zu bewegen. Mit dem Tod des Matthias Corvinus 1490 war auch die ungarische Gefahr gebannt, allerdings konnte Maximilian nicht, wie 1463 vereinbart, seine Nachfolge antreten. Der Böhmenkönig Wladislaw sicherte sich auch die Stephanskrone, nachdem ein Feldzug Maximilians nach der Rückeroberung Wiens wegen ausstehender Soldzahlungen abgebrochen werden musste. Auch der Friede von Preßburg von 1491 sah, wie schon der von 1463, vor, dass Wladislaw und seine männlichen Erben Könige von Ungarn blieben, beim Aussterben in der Manneslinie aber die Habsburger die Nachfolge antreten sollten.

Ein weiteres Heiratsprojekt scheiterte 1491: Nachdem Maximilian im Vorjahr Anna, die Herzogin der Bretagne, durch Stellvertretung geheiratet hatte, ging Karl VIII. von Frankreich in die Offensive und eroberte die Bretagne. Anna heiratete noch im Dezember des gleichen Jahres Karl, der seinerseits seine Verlobte Margarete, Tochter Maximilians, verstieß, aber in ehrenvoller Gefangenschaft behielt, und den Vater damit doppelt kränkte. Darauf reagierten die Habsburger mit der Propaganda des Brautraubs, um so die Reichsöffentlichkeit zu mobilisieren, was aber misslang, da die Stände das Heiratsprojekt als Problem der Dynastie betrachteten. Der Streit wurde in einem Zusatzvertrag zum Frieden von Senlis beigelegt, zumal Maximilian bereits auf eine Ehe mit Bianca Maria Sforza abzielte. Es handelte sich um eine politische Zweckheirat. Maximilian war an der Mitgift und am Einfluss in Oberitalien interessiert, die Sforza an der Legitimation ihrer Stellung in Mailand.

Auf dem Wormser Reichstag 1495 fielen zukunftsweisende Entscheidungen. Der Ewige Landfriede – die Fehde wurde prinzipiell als illegitim erklärt – wurde ebenso wie das Reichskammergericht zu dessen Wahrung beschlossen; der Gemeine Pfennig wurde zwar als Reichssteuer zur Sicherung des Reichskammergerichts festgelegt, entfaltete jedoch nicht die volle Wirkung. Den Gemeinen Pfennig leitete selbst Maximilian nicht an das Reich weiter. Maximilian gelang es, die de jure bestehenden Reichsansprüche in Oberitalien aufrechtzuerhalten, wenn auch nicht zu reaktivieren. Aber immerhin konnte sich so später Karl V. außer auf seine von Spanien ererbten Ansprüche auch auf die Reichsansprüche als Legitimation für sein dortiges Vorgehen stützen. Hier entstand in der Folge ein neues Dauerkonfliktfeld mit Frankreich bis zur politischen Selbstständigkeit Italiens im 19. Jahrhundert.

Das spanische Erbe

Die Doppelhochzeit seiner Kinder Philipp I. und Margarete eröffnete 1496/97 auch die Thronfolge in Spanien. Philipp, der sechzehnjährig die Regentschaft in den Niederlanden (wo er von den Ständen erzogen worden war und ein distanziertes Verhältnis zu seinem Vater behielt) übernommen hatte, heiratete die spanische Infantin Johanna und Margarete (die Habsburger schlossen sich an die burgundische Namenstradition an) den Erbprinzen und letzten männlichen Thronfolger Don Juan von Spanien. Es war sicherlich

Im Zuge der Auseinandersetzungen um sein burgundisches Erbe wurde König Maximilian I. 1488 vorübergehend von Brügger Bürgern gefangen genommen:

Diese Genter Ankömmlinge stachelten das Volk von Brügge derart auf, dass der Zunftmeister mit einer entarteten Rotte von 17 Handwerkern, genannt »Nerunghen«, in wilder Grausamkeit zur Unterkunft des Königs zog, wo seine Majestät in seiner Stube weilte. Sie sagten ihm, das Mindeste sei, wenn er größeren Ärger vermeiden wolle, unter ihre Gewalt in eine andere Unterkunft zu übersiedeln. Der König hielt es für klug, dem Haufen zu gehorchen.

Die Hand der Bianca Maria Sforza war das Unterpfand für die politische Verbindung zwischen Habsburg und den Sforza: Ihr Onkel Ludovico Sforza, genannt il Moro, erhielt dafür das Herzogtum Mailand zum Reichslehen. Das Renaissanceporträt der Kaiserin fertigte der Porträtmaler Maximilians I., Bernhard Strigel, kurz vor 1510 (Innsbruck, Schloss Ambras).

ein Zufall, dass Don Juan bereits nach einem halben Jahr und auch alle weiteren Thronprätendenten relativ kurzfristig verstarben. So fielen alle spanischen Länder an Philipp und Johanna bzw. an ihren im Februar 1500 geborenen Sohn Karl, den späteren Kaiser Karl V.

Margarete von Österreich als Statthalterin der spanischen Niederlande zeigt dieses Gemälde ihres Brüssler Hofmalers Bernart von Orley. In dieses Amt wurde sie von ihrem Vater 1507 eingesetzt (Brüssel, Musées Royaux des Beaux-Arts de Belgique).

Philipp übernahm nach dem Tod Isabellas I., der Katholischen, 1504 das Königreich Kastilien, starb aber bereits 1506, sodass die Lage wieder offen war, zumal König Ferdinand II., in der Hoffnung auf Sicherung der eigenen Dynastie, eine neue Ehe schloss. Nach dem Tod Ferdinands 1516 konnte Karl sein Erbe, wenn auch zu Beginn nicht unangefochten, antreten. Zum raschen Erfolg wurde eine weitere Doppelhochzeit. Verehelicht wurden die Kinder des ungarischen Königs mit den Enkeln Maximilians, Ferdinand und Maria. Der Erbfall trat bereits 1526 ein und begründete die Donaumonarchie, wenn auch die Ansprüche auf die ungarische Herrschaft erst fast dreißig Jahre später durchgesetzt wurden.

Im Reich und in Italien war die Position Maximilians dagegen nicht unangefochten. Der Dualismus zwischen Herrscher und Reichsständen verschärfte sich. Auch die Trennung der Eidgenossenschaft vom Reich (Schwabenkrieg bzw. Schweizerkrieg) und damit der Verlust von großen Teilen der Stammlande einschließlich der Habichtsburg musste endgültig akzeptiert werden. Immerhin konnte Maximilian aber 1518/19 unter dem Einsatz erheblicher finanzieller Mittel, die größtenteils von den Fuggern kreditiert worden waren, die Wahl Karls zum künftigen König erreichen. Als Erben bezeichnete Maximilian seine Enkel Ferdinand und Karl. Zu Maximilians Lebzeiten stieg das Habsburgerreich zur Weltmacht auf, die Idee des von ihm verfolgten Weltreiches, begründet auf seiner Hausmacht in Österreich, Burgund und Spanien, war aber sicherlich rückwärts gewandt, zudem hinterließ er immense Schulden.

Ausschnitt aus dem Bundesbrief der drei Orte Uri, Schwyz und Nidwalden – der Gründungsurkunde der Schweiz – Anfang August 1291:

Das öffentliche Ansehen und Wohl erfordert, dass Friedensordnungen dauernde Geltung gegeben werde. Darum haben alle Leute der Talschaft Uri, die Gesamtheit des Tales Schwyz und die Gemeinde der Leute der unteren Talschaft von Unterwalden im Hinblick auf die Arglist der Zeit zu ihrem besseren Schutz und zu ihrer Erhaltung einander Beistand, Rat und Förderung mit Leib und Gut innerhalb ihrer Täler und außerhalb nach ihrem ganzen Vermögen zugesagt gegen alle und jeden, die ihnen oder jemand aus ihnen Gewalt oder Unrecht an Leib oder Gut antun.

Weltherrschaft

Karl V. wurde 1519 von den Kurfürsten zum römisch-deutschen König gewählt. In der Wahlkapitulation, einem Vertrag mit ihnen, band er sich bei zahlreichen Regierungshandlungen an ihre Zustimmung bzw. an die der Reichsstände. Die Titulatur des neuen Königs lässt die gewaltigen Dimensionen seiner Herrschaft deutlich werden, auch wenn nicht alle Titel einen realistischen Hintergrund besaßen: Römischer König, künftiger Kaiser, immer Augustus, König von Spanien, Sizilien, Jerusalem, der Balearen, der kanarischen und indianischen Inseln sowie des Festlands jenseits des Ozeans, Erzherzog von Österreich, Herzog von Burgund, Brabant, Steyr, Kärnten, Krain, Luxemburg, Limburg, Athen und Patras, Graf von Habsburg, Flandern, Tirol, Pfalzgraf von Burgund, Hennegau, Pfirt, Roussillon, Landgraf im Elsass, Fürst in Schwaben, Herr in Asien und Afrika. Alle Ansprüche wurden durch die Person Karls zusammengehalten, ein Anachronismus vor dem Hintergrund der Nationalstaaten, und sie sollten ihn auch nicht überdauern. Insbesondere Frankreich gelangte durch die geographische Umklammerung fast zwangsläufig in einen Gegensatz zu Karl und den Habsburgern.

Das Reich geriet in eine Nebenrolle habsburgischer Politik. 1521 übernahm Ferdinand die Statthalterschaft im Heiligen Römischen Reich, der ebenso wie sein Bruder Karl kaum deutsch sprach. Er beauftragte den Spanier Gabriel Salamanca mit der Schuldentilgung, die äußerst umstritten verlief, da primär weniger Mächtige auf ihre Forderungen ganz oder teilweise verzichten mussten. Die Teilung der Hausgüter zwischen beiden Brüdern begründete die Trennung der Dynastie in eine österreichische und eine spanische Linie. 1530 nahm Karl V. am Augsburger Reichstag teil, die Verständigung der noch nicht formierten Konfessionsgruppen gelang aber nicht. Die Wahl Ferdinands zum römisch-deutschen König im folgenden Jahr in Köln kostete wohl noch mehr Mittel als die Wahl Karls 1519.

Außenpolitisch trat die Gefahr des osmanischen Vormarschs weiter in den Mittelpunkt. Belgrad fiel 1521; 1529 wurde Wien belagert und weite Teile Ungarns gingen nach und nach verloren. 1547 beendete ein Friedensvertrag zeitweise den Vormarsch. Häufig verweigerten die Reichsstände die Unterstützung oder machten sie von anderen Zugeständnissen abhängig, da sie die Auseinandersetzungen weiterhin als ein spezifisch habsburgisches Problem bewerteten. Ähnlich beurteilten sie die Kriege mit den französischen Königen um Oberitalien, aber auch um die burgundische Erbschaft, die 1559 mittelfristig mit dem Verzicht auf die Reichsrechte im heutigen Ostfrankreich gegen Zugeständnisse in Italien beigelegt werden konnten.

Die Brüder entfremdeten sich einander zunehmend, beschleunigt durch das Vorhaben Karls, seinen Sohn Philipp (II.) als alleinigen Nachfolger durchzusetzen. Außerdem stand Ferdinand durch seine Tätigkeit im Reich den Reichsständen deutlich näher. Erst der Sieg über den protestantischen Schmalkaldischen Bund festigte die Stellung Karls wieder. Die gewonnene Stellung ging aber nach der erfolglosen Belagerung Magdeburgs wieder verloren, zumal die Reichsstände gegen die Tendenzen Karls zur Aufrichtung einer starken kaiserlichen Macht im Reich Widerstand leisteten. An den Verhandlungen zum Augsburger Religionsfrieden 1555 – die Lutheraner wurden als zweite Konfession anerkannt – war Karl nicht mehr beteiligt. Der Kaiser dankte im Jahr darauf ab; die Anerkennung der Abdankung durch die Kurfürsten erfolgte erst 1558. Letztlich konnte Karl seine Idee eines universalen Kaisertums nicht realisieren, nach seinem Tod war das Haus in eine spanische und eine habsburgisch-»deutsche« Linie zweigeteilt.

Der Wiener Hofkünstler Francesco Terzio malte im Auftrag von Erzherzog Ferdinand den fünfzigjährigen Karl V. in der schwarzen Hoftracht der spanischen Granden. Die Darstellung in voller Lebensgröße und der Orden vom Goldenen Vlies auf seiner Brust verdeutlichen den herrscherlichen Rang des habsburgischen Kaisers (Innsbruck, Schloss Ambras).

Neue Zentren – Herausbildung der europäischen Staatenwelt und veränderte Herrschaftsformen

Neue Staatenwelt

Im Spätmittelalter veränderte sich die politische Landkarte West- und Mitteleuropas ganz erheblich, ohne dass man sich die Entwicklung zu den neuzeitlichen Staaten als linear verlaufend vorstellen darf. Das französische Königtum konnte, von der Île-de-France ausgehend, sein direktes Herrschaftsgebiet zunächst erheblich ausweiten. Im Hundertjährigen Krieg gingen aber große Teile des Territoriums an die Herrscher Englands verloren, zu Beginn des 15. Jahrhunderts war das Reich faktisch dreigeteilt. Der am Ende für die Krone Frankreichs doch noch glückliche Ausgang der Kämpfe schuf dann die Voraussetzung zur weiteren Expansion der Königsmacht, zunächst im Süden. Umgekehrt wirkte der Verlust der Festlandsposition destabilisierend auf die inneren Verhältnisse Englands. Die Schwächung der Zentralgewalt mündete in die Thronstreitigkeiten der Rosenkriege.

Zusätzlich begünstigt wurde die französische Position durch den Tod Karls des Kühnen und den damit gescheiterten Versuch, ein souveränes Burgund zu etablieren. Burgund, ein anschauliches Beispiel für Entwicklungsbrüche, stieg in kurzer Zeit zu einer der führenden europäischen Mächte mit großem Wirtschaftspotenzial auf, jedoch nur durch die Person des Herzogs zusammengehalten. Nach dem Tod Karls des Kühnen fiel der überwiegende Teil des Erbes in die Hände der Habsburger. Die französischen Herrscher profitierten nur in geringerem Maße, und ein neues Konfliktpotenzial war entstanden, verstärkt durch die konträren Ansprüche beider Mächte auf Oberitalien. Auf der Iberischen Halbinsel war die Teilung in Portugal und Spanien erst ein Ergebnis des späten 15. Jahrhunderts, wobei die Herrscher nur mit der Inquisition über eine das gesamte Land umfassende Zentralbehörde verfügten.

Spätestens seit dem Tod Friedrichs II. 1250 konnten die römisch-deutschen Herrscher ihre Ansprüche auf Oberitalien nicht mehr durchsetzen. Innere Probleme, Dynastiewechsel oder die räumliche Ausdehnung des Reiches bei den infrastrukturellen Gegebenheiten der Zeit ließen die tatsächliche oder auch nur behauptete Vorrangstellung obsolet werden. Dennoch blieb die Kaiserkrone noch jahrhundertelang Ziel nicht nur der deutschen Könige. Auch die französischen Herrscher bemühten sich mehrfach um ihren Erwerb. Dazu hätten sie aber zuerst die Wahl zum römisch-deutschen König durchsetzen müssen. Man sieht, welche Bedeutung die Verbindung von deutschem Königtum und Kaiserkrone weiterhin besaß. Besonders England und Frankreich mit der zeitweise, jedoch nie vollständig abhängigen Kurie in Avignon – überhaupt blieb die Kirche ein nicht zu unterschätzender Machtfaktor – gewannen weiter an politischer Bedeutung. Ein weitgehend selbstständiges politisches Gewicht gewann die Schweizer Eidgenossenschaft.

Beinahe bis zur Unkenntlichkeit von Wölfen entstellt, wurde der Leichnam Karls des Kühnen zunächst in Nancy beigesetzt. Erst unter Philipp II. erhielt Karl in der Brügger Liebfrauenkirche ein Grabmal (von Jacob Jonghelinck, 1559) neben dem seiner Tochter.

Wirtschaft und Bevölkerung

Trotz des zu Beginn des 14. Jahrhunderts einsetzenden, von einem Temperaturrückgang begleiteten sowie durch die Pest und andere Epidemien verstärkten demographischen Rückgangs intensivierten sich die Handelsbeziehungen in Europa weiter. Das Messe- und Märktesystem wurde mit Schwerpunktverlagerungen ausgebaut und vonseiten der Territorien intensivierte man »wirtschaftspolitische« Maßnahmen. So wuchs beispielsweise Lyon unter dem Schutz und der Förderung des französischen Königs auf Kosten von Genf zu einer der zentralen Messestädte heran. Allerdings sollten die im Fernhandel umgesetzten Warenmengen nicht überschätzt werden, auch wenn er zweifellos die Chancen zu bedeutenden Vermögensakkumulationen bot.

Verstaatlichung und Verrechtlichung

Neben den territorialen Veränderungen kam es zu deutlichen Wandlungen der inneren »Staats«-Strukturen bei allerdings unterschiedlicher Intensität der Modernisierungstendenzen. Überall verdichtete sich Herrschaft, erkennbar u.a. am unmittelbaren Zugriff von Herrschern auf die Bewohner und insbesondere auf deren Steuerkraft unter Umgehung von Mediatgewalten, am Aufbau eines zentralen, den lokalen und regionalen Gewalten übergeordneten obersten Gerichts- und Justizwesens, an der Errichtung zentraler Finanzbehörden oder an der Verfügungsgewalt über die militärischen Aufgebote bis hin zum Aufbau eines stehenden Heeres. Dazu kamen die »Nationalisierung« kirchlicher Strukturen, die Zurückdrängung des unmittelbaren kurialen Einflusses und die Einbeziehung des Klerus in das Steuer- und Abgabensystem. Stark unterschiedlich blieb die Position der Stände in den einzelnen Reichen. Parallel zu diesen Entwicklungen lassen sich im 15. Jahrhundert zunehmend Belege für »Nationalgefühl« im Sinne des Bewusstseins einer überregionalen Identität in der sich neu formierenden Staatenwelt finden.

Eine Etappe auf dem Weg zur Zentralisierung bildete die Einrichtung von übergeordneten Behörden gerade im Finanz- und Justizwesen an möglichst wenigen Orten oder in nur einer Stadt eines Königreiches. Diese Behörden folgten den Herrschern nicht mehr bei der ansonsten weiterhin mobilen Herrschaftsausübung und sorgten so für kontinuierlicheres administratives Handeln. Das wachsende Gewicht dieser »Hauptstädte« zeigt sich z.B. an der Bedeutung von

Nach der Heirat der Herzogin Maria von Burgund mit dem späteren Kaiser Maximilian I. fiel das Herzogtum Burgund durch ihren frühen Tod im Jahre 1482 an das Haus Österreich. Die Miniatur aus der »Chronik der Burgunderkriege« (Zürich, Zentralbibliothek) zeigt ein Festessen während der Heiratsverhandlungen.

In England wurde die Bedeutung der Schriftlichkeit als Herrschaftsinstrument und Organisationsmittel früher erkannt als auf dem Kontinent: Bereits in angelsächsischer Zeit wurden so genannte writs, also mit Wachssiegel beglaubigte Urkunden, ausgestellt.

In der Miniatur aus »Songe du vieil
pèlerin« des Philippe de Mézières
(Handschrift, 1470; Wien,
Österreichische Nationalbibliothek)
präsidiert Vérité (Wahrheit) einer
französischen Parlamentsversammlung.
Im Vordergrund disputieren Hardiesse
(Kühnheit) und ein Parlamentsvertreter
über politische Missstände, was auch
von König Karl VI. und Louis von
Orléans (rechts im Bild) verfolgt wird.

Paris oder London während der Konflikte des 15. Jahrhunderts. Auch das englische *parliament* als Vertretung
bestimmter Bevölkerungsschichten und das französische *parlement,* zunehmend als oberster Gerichtshof anerkannt, entwickelten sich zu zentralen Institutionen von Staatlichkeit. Dagegen verloren die französischen Stände ihren Einfluss auf
die Steuererhebung. Nach 1439 wurden die Generalstände des Nordens weder bei der Erhebung
direkter noch indirekter Steuern konsultiert, die
des Südens waren letztlich einflusslos. Eng verbunden mit diesen regelmäßigen Einkünften waren erste Ansätze stehender Heere. 1445 schuf
man in Frankreich 15 »Ordonnanzkompanien«. In
Burgund setzten sich diese Truppen anfangs
überwiegend aus italienischen Söldnern zusammen. Überhaupt ging während des Spätmittelalters die Bedeutung des Lehnswesens im Krieg
gegenüber Söldneraufgeboten beträchtlich zurück, wobei das Problem der regelmäßigen Soldzahlungen und der
Auflösung der Verbände nach Beendigung der Kampfhandlungen
nicht gelöst werden konnte und marodierende Söldnertruppen eine
Plage der Einwohner blieben. Zu den gefragtesten und teuersten
Söldnern stiegen im 15. Jahrhundert
die eidgenössischen Reisläufer auf.

Darstellung der eidgenössischen
Söldner in der Luzerner Chronik
des Diebold Schilling
(Luzern, Burgerbibliothek).

Wenn über die Entwicklung von
Staatlichkeit gesprochen wird, kann
das Sizilianische Königreich Friedrichs II. nicht unerwähnt bleiben. Er
entwickelte die Reformen seiner normannischen Vorgänger weiter zu einer klar gegliederten Verwaltung mit
breitem Regelungsanspruch. Dazu
zählten beispielsweise auch wirtschaftspolitische Maßnahmen und
hygienische Vorschriften. Außerdem
sollte das öffentliche Inquisitionsverfahren ältere Verfahrensformen ablösen. Allerdings dürften viele Bestimmungen nicht durchgesetzt worden sein.
Der Einsatz von am römischen Recht geschulten Juristen führte
zwar zu weiteren Vereinheitlichungstendenzen in den »Staaten«,
dennoch regelten die nun häufiger schriftlich fixierten sowie modifizierten Lokal- und Regionalrechte noch bis in die frühe Neuzeit hinein viele Lebensbereiche; in Frankreich existierten weit über 200
derartiger Rechte, während in England starke Traditionen des *common law* bestanden. Zentrale Bedeutung erlangte das römische Recht
wohl im bisher nur ungenügend geregelten Vertrags- und Handelsrecht. Es eröffnete den Herrschern aber theoretisch die Möglichkeit,

Gesetze für alle Bereiche zu erlassen. Die Verschriftlichung der Verwaltung war eine weit verbreitete Erscheinung, die sich zunehmend auch auf die unteren Ebenen erstreckte. Ein sehr frühes Beispiel bildet das unter normannischer Herrschaft erstellte Domesday Book, aus späterer Zeit sind in West- und Mitteleuropa unzählige Aufzeichnungen über Grundbesitz, Einkünfte, Rechte u. Ä. der lokalen und regionalen, z. T. auch der zentralen Behörden oder von Privatpersonen überliefert.

Gerade Justiz und Verwaltung eröffneten Nichtadligen Aufstiegsmöglichkeiten. Mit Guillaume de Nogaret gelangte bereits 1310 ein Bürgerlicher unter Philipp IV. nach Absolvieren einer Ämterkarriere

Nach dem normannischen Sieg 1066 ließ Wilhelm der Eroberer detaillierte Aufstellungen über die Besitz- und Wertverhältnisse Englands anfertigen, um zu erfahren, welche Abgaben er erwarten konnte. Die Ergebnisse sind im Domesday Book von 1086 zusammengetragen.

als Großsiegelbewahrer in das höchste Verwaltungsamt Frankreichs. Bedeutung und Zahl der Universitäten als Ausbildungsstätten auch für »Staatsbeamte« stiegen erkennbar an. Dennoch blieben Vorrechte des Adels bestehen und prestigeträchtige Titularämter blieben ihm vorbehalten. Allerdings reichte diese Qualifikation jetzt nicht mehr generell für eine Tätigkeit an der Verwaltungsspitze aus; für die meisten Adligen dürfte ohnehin die Kriegführung auch im Rahmen von Solddiensten die standesgemäße Beschäftigung geblieben sein.

Anders als in fast allen westeuropäischen Staaten, wo die Modernisierungstendenzen schließlich zu einer Stärkung der Zentralgewalt führten, blieben diese im Heiligen Römischen Reich weitgehend auf die Territorien beschränkt. Die vielfach geforderten Reformen führten nicht zu weiterer Zentralisierung, wie auch die Umsetzung der Beschlüsse des Wormser Reichstags von 1495, eventuell als eine Art staatlichen Überbaus zu bezeichnen, noch Jahrzehnte dauern sollte. Der Dualismus von Reichsständen und Krone entwickelte sich weiter. Bereits mit der Goldenen Bulle von 1356 waren die Rechte von Herrscher und Kurfürsten abgegrenzt worden. Dennoch ist eine derartige Machtverteilung auf mehrere Zentren nicht nur negativ zu beurteilen: Die kulturelle Vielfalt in den zahlreichen Residenzstädten hat hier ihre Wurzel.

ULF DIRLMEIER UND BERND FUHRMANN

Reislaufen hieß seit dem Spätmittelalter das Eintreten in besoldeten fremden Kriegsdienst (abzuleiten von Reise, d. h. Kriegszug). Bis in das 18. Jahrhundert war es vor allem in der Schweiz weit verbreitet. Wiederholte Verbote der eidgenössischen Orte blieben erfolglos, eine gewisse Ordnung gelang erst durch die »Kapitulationen« (eidgenössische Soldverträge mit auswärtigen Mächten). 1859 wurde das Reislaufen durch Bundesbeschluss endgültig untersagt.

Die Stadt in der europäischen Geschichte

Mit dem Ende des Weströmischen Reiches lassen sich für die Stadtgeschichte zwei Regionen in Süd-, Mittel- und Westeuropa unterscheiden. In Italien mit Ausnahme des Südens, Südfrankreich und auch in Spanien blieben städtische Strukturen häufig bis ins 8. Jahrhundert bestehen. Die Einwohnerzahl verminderte sich zwar teilweise drastisch, doch waren die Städte weiterhin weltliche und geistliche Zentren, getragen auch durch die Vielzahl von Bischofssitzen. Ravenna (ab 540 Hauptstadt des byzantinischen Herrschaftsbereichs in Italien) und schließlich Pavia wurden Residenzen der Ostgotenherrscher; Rom weitete sich, allerdings unter erheblicher Verminderung der benutzten Fläche, auf die Ufer des Tibers aus. Antike Arenen wandelten sich zu Festungen, indem man vorhandene Öffnungen zumauerte. Neugründungen wie Reccopolis in Kastilien griffen als Bergstädte spätantike Entwicklungen auf, was mehrfach zu beobachten ist. Der Bevölkerungsrückgang wurde durch das Auftreten der Pest ab 542 noch erheblich beschleunigt; ein Wachstum setzte erst wieder in der 2. Hälfte des 7. Jahrhunderts ein.

Anders verlief die Entwicklung zwischen Seine und Rhein. Östlich des Rheins gab es wie bereits in der Antike kaum urbane Zentren. Im Rheinmoselgebiet, genannt seien nur Köln, Bonn, Mainz, Worms und Trier, bestanden die *civitates* fast nur der äußeren Form nach weiter, auch wenn von merowingischen Großen Städte zeitweise als Residenzen genutzt wurden. Oft kam es zu Verlagerungen der Wohnbereiche nach außerhalb oder an die Peripherie der Mauern in die Nähe von Kirchen oder Nekropolen. Unterschiede zwischen den ehemaligen Zentral- und Kleinstädten verschwanden weitgehend; eine große Bedeutung hatte der Festungscharakter. Eine für die Weiterexistenz zentrale Rolle nahm die Kirche ein: einerseits als religiöser Mittelpunkt, andererseits als Nachfrage- und – eingeschränkt – als Produktionszentrum; daneben übernahmen Bischöfe zunehmend auch stadtherrliche Funktionen, wieder eingeschränkt unter den ersten Karolingern.

Im nordwestlichen Raum des europäischen Kontinents lassen sich seit dem 7. und dann verstärkt im 8. Jahrhundert mit den Emporien (Handelsplätzen) neuartige städtische Vorformen erkennen. Ansiedlungen wie Domburg auf Walcheren, Dorestad, Haithabu, Birka (mit dem Vorläufer Helgö) oder Kaupang wurden zu Handelszentren mit beruflich spezialisierter Einwohnerschaft und ortsansässigen Handwerkern. Der Fernhandel war auf Sklaven und Luxuswaren wie Bernstein, Felle, Waffen, Edelmetall, (friesische) Tuche, Wein, Glas- und Tonwaren beschränkt; im regionalen bzw. lokalen Handel kamen weitere Produkte hinzu. Es handelt sich aber nicht um Städte, die durch rechtliche Kriterien abzugrenzen sind, wie schon die spätantiken Städte weitgehend ihres Sonderstatus beraubt worden waren. Als Abgrenzungsmerkmale bieten sich vor dem 11./12. Jahrhundert verdichtete Bebauung, differenzierte Gewerbe- und Sozialstruktur, ein überwiegend nichtagrarischer Charakter, Handels- oder Produktionszentren, kirchlicher sowie administrativer Mittelpunkt (zentralörtliche Funktionen) an. Stadtrecht und Mauer traten später hinzu. Über die innere Struktur der Emporien fehlen gesicherte Erkenntnisse; herrschaftliche und genossenschaftliche Elemente sind nebeneinander anzunehmen. Im 10. Jahrhundert wurden Birka und Haithabu mit Halbkreiswällen, aber auch Ansiedlungen jüngeren Datums wie Hamburg, Ribe und Århus befestigt. Dennoch blieben diese küstennahen städtischen Frühformen nur jeweils etwa 200 Jahre bestehen.

Allgemein belebte sich das Städtewesen in Nordwesteuropa ab dem 9., verstärkt im 10. und 11. Jahrhundert. Nach einer Zeit relativer Ruhe wurden wegen der Bedrohung durch die Normannen, die u. a. 845 Paris und 848 Bordeaux plünderten und später bis ins Mittelmeer vordrangen, Befestigungen neu angelegt oder vorhandene instand gesetzt. Für das Binnenland wurde die Verbindung von Burg und unbefestigter Siedlung prägend, häufig traten eine Kirche oder ein Stift hinzu. Auch in den alten Bischofsstädten findet sich eine derartige Verbindung von befestigtem geistlichem Bereich und Händler- bzw. Handwerkersiedlung(en). Im angelsächsischen Bereich boten gleichfalls Burgen, falls sie mit einem Markt in Verbindung traten, wichtige Ansätze für das Städtewesen; ähnliche Konstellationen kannte auch der westslawische Raum. Im Ostfränkischen Reich entwickelte sich die klassische Dreiheit von Markt, Münze und Zoll, wobei gerade Lokalmärkte siedlungsfördernde Wirkungen besaßen. Die Rechte wurden vom Herrscher an Grundherren vergeben; die Marktsiedlungen blieben herrschaftlich organisiert. Wichtig für das Wachstum waren eine günstige Verkehrslage, die Anlehnung an Herrschersitze als Nachfrageinstitutionen und teilweise die Anknüpfung an Ansiedlungen, die bereits zentrale Bedeutung besaßen, wie es beispielsweise bei Würzburg, Erfurt, Magdeburg oder Utrecht der Fall war. Ende des 10. Jahrhunderts bildeten sich Stadtrechtskreise heraus; die Privilegien ausgewählter Städte gaben das Vorbild für weitere Stadtrechtsverleihungen. In Nordostfrankreich und Flandern waren befestigte Sitze geistlicher und weltlicher Herren Kristallisationspunkte, wobei für den belgisch-niederländischen Raum kaum direkte Kontinuitätselemente zu antiken Städten bestanden. Von großer Bedeutung für die weitere Entwicklung erwies sich die Herausnahme des Marktes, der Stadt aus dem Landrecht, die Entstehung gesonderter Rechtsbereiche und der Übergang dieser Lokal- in Personalrechte und damit die Sicherung einer rechtlich herausgehobenen Stellung der Stadtbewohner.

Die hochmittelalterliche Wachstums- und Blütephase

Bei weiter andauernden günstigen klimatischen Bedingungen setzte wohl ab der 2. Hälfte des 10. Jahrhunderts zuerst in Italien ein deutliches Bevölkerungswachstum ein, auch die Methoden der Bodenbearbeitung wurden verbessert (Dreifelderwirtschaft). Diese Voraussetzungen führten neben einer Intensivierung des Handels und der Geldwirtschaft zu einem bis zum Ende des 13. Jahrhunderts dauernden Aufblühen des Städtewesens, begleitet von der Binnenkolonisation. Die Nachfrage nach Handwerksprodukten wuchs, was zu einer Intensivierung und Differenzierung der zunehmend auf die Städte konzentrierten Produktion führte. In Flandern entwickelte sich ein erstes Zentrum der Tuchherstellung mit Brügge als wichtigstem Handelsort, über den englische Wolle importiert wurde. Ein sichtbares Zeichen der Trennung von Stadt und Land waren die nun entstehenden Mauern. Eng verbunden mit dem Befestigungsbau war das Aufkommen erster indirekter Steuern, die den Kommunen vom Stadtherren als Finanzierungsquelle zugebilligt wurden; das waren Ansätze zur Entwicklung städtischer Finanzverwaltung, ein Schritt hin zu weiterer Autonomie.

Am schnellsten wuchsen die oberitalienischen Städte und entwickelten sich teilweise zu Stadtstaaten, am glänzendsten repräsentiert von Venedig. Im 11. Jahrhundert hatten sich die Kommunen, dem Vorbild Cremonas (um 1030) folgend, nach und nach und erfolgreich gegen ihre bisherigen geistlichen Stadtherren erhoben. Auch den römisch-deutschen Kaisern gelang es nicht mehr, ihre Autonomiebestrebungen längerfristig zu unterbinden und ihnen gegenüber die eigenen formal weiter bestehenden Rechte durchzusetzen. Friedrich Barbarossas Ritterheer unterlag beispielsweise 1176 bei Legnano dem Mailänder Aufgebot. Daneben waren Genua und zunächst Pisa bedeutende Seehandelsstädte ebenso wie Marseille und Barcelona; aber auch Mailand, Bologna oder Florenz gewannen rasch an Bedeutung. Nicht zufällig setzte die Neuprägung von Goldmünzen nach den ersten Ansätzen Friedrichs II. in Florenz und Venedig ein. Das äußere Erscheinungsbild der Städte war außer durch Befestigung und Sakralbauten geprägt von den Geschlechtertürmen der führenden Familien.

Die Herrschaft der lombardischen Städte lag ab dem Ende des 11. Jahrhunderts nach Erringung der städtischen Freiheit zunächst in der Hand der Konsuln, häufig auf Schwurverbänden beruhend, aus den Reihen der kommunalen Oberschicht entstammend und für eine begrenzte Amtsdauer durch Wahlmänner gewählt. Allerdings förderte die Vielzahl von Auseinandersetzungen innerhalb der Führungsschicht sowie der Aufstieg weiterer sozialer Gruppen und deren Anspruch auf Machtteilhabe die Entwicklung der *podestà*, die Wahl eines stadtfremden Beamten, häufig eines Juristen, mit in der Regel nur kurzer Amtsdauer zum Oberhaupt der Kommune, um die Rivalitäten zu unterdrücken. Anders verhielt es sich in Venedig: Hier regierten seit dem 8. Jahrhundert Dogen, in einer komplizierten zehnstufigen Wahlhandlung erhoben; in den anderen Kommunen änderten sich

Wahlverfahren häufig, bevor bestimmte Führungsgruppen ihre Macht durch konstantere Wahlmodi absicherten. Da die zunehmenden Probleme durch den *podestà* nicht mehr gelöst werden konnten, bildete sich schließlich im Spätmittelalter nicht nur in Mailand eine *signoria,* hier dominiert zunächst von der Familie della Torre, dann von den Visconti und nach einem kurzen republikanischen Zwischenspiel von den Sforza; für Florenz seien die Medici erwähnt. Die *signoria,* bei der anders als beim Amt des *podestà* Wiederwahl oder lebenslängliche Amtsdauer bis hin zur Vererbung möglich waren und deren Träger meist der jeweiligen Stadt entstammten, war nicht nur tyrannische Alleinherrschaft, sondern sicherte auch den innerstädtischen Frieden der zum Teil vollkommen zerstrittenen Geschlechter und weiterer Kreise der Einwohnerschaft, die sich vielerorts Mitspracherechte erkämpft hatten. Daneben errangen nicht nur die sich häufig bekämpfenden Städte Mailand mit dem gleichnamigen Herzogtum und Venedig mit der *terra ferma,* dem Festlandbesitz, große Territorien. Erst nach dem Fall Konstantinopels einigte man sich 1454 in Lodi auf einen Friedensvertrag, der die Abgrenzung der Gebietsansprüche und damit der Einflusssphären beinhaltete. Das Gleichgewicht der fünf dominanten Mächte Venedig, Mailand, Florenz, Kirchenstaat und Königreich Neapel wurde bei Sicherheitsgarantien für die kleineren Staaten nochmals bestätigt. Die ständig wiederkehrenden Versuche des Volkes, aktive Regierungsbeteiligung zu erkämpfen, waren höchstens, wie in Florenz, von kurz- oder mittelfristigem Erfolg gekrönt. Nachdem die Medici an die Spitze des städtischen Regiments gelangt waren, unterschied sich die Herrschaftspraxis kaum von der der Vorgänger, wiewohl die Tendenz zu zumindest oligarchischen Systemen ein allgemeines Phänomen war. In Venedig hatte man bereits 1297 mit der Schließung des »Großen Rates« die Herrschaft einer begrenzten Zahl von Familien gesichert, auch wenn in der Führungsgruppe Veränderungen stattfanden, neue Familien hinzustießen. Die süditalienischen Kommunen wie Neapel blieben dagegen fest in den »Staat« eingebunden, auch wenn dies sicher kein spannungsfreies Verhältnis bedeutete.

Paris als politisches Zentrum Frankreichs wuchs nur langsam aus verschiedenen Siedlungskernen zur einheitlichen Stadt. Mit dem Bau von Notre-Dame begann man 1163; die Stadtmauer wurde zwischen 1180 und 1210 errichtet und um 1370 erweitert, dazu kam die Universität. Bereits um 1200 erhielt Paris deutliche Hauptstadtfunktionen wie Kanzlei und Finanzverwaltung. An den großen Flüssen förderte der Brückenbau die Entwicklung der Städte wie etwa von Tours an der Loire. Die französischen Kommunen blieben herrschaftsgebunden, unterstanden dem regionalen Adel oder in zunehmendem Maße den Königen. Das bedeutende Stadtrecht von Rouen kannte bei aller Modernität öffentlicher Einrichtungen nur eine begrenzte Autonomie. Die konkrete Ausgestaltung war von den jeweils gegebenen Machtverhältnissen abhängig. In Zentralfrankreich ist ein Bischof nur für Le Puy und Clermont als alleiniger Stadtherr nachgewiesen, im Osten war dies analog zu den Verhältnissen im Heiligen Römischen Reich häufiger der Fall. In Toulouse beendeten die Albigenserkriege den Aufstieg zum autonomen Stadtstaat. In der Champagne bildete sich ein zentrales Messenetz heraus, das den Norden mit dem Süden Europas verband.

England kannte im 11. Jahrhundert nur wenige größere Städte wie London, Exeter, Norwich oder York. In London, 1077 und 1087 von Stadtbränden verheert, wurde das Königskloster Westminster Zentrum der Herrschaft; der Tower manifestierte den Machtanspruch der englischen Könige.

Die Entwicklung im Reich

Im rechtsrheinischen Gebiet vergrößerten sich die Siedlungen, und auch hier entstanden Städtelandschaften, wenngleich in unterschiedlicher Ausprägung. Der Aufschwung Magdeburgs war eng mit den Ottonen verbunden, die im Norden wie die Salier im Südwesten das Städtewesen förderten. Nur in wenigen Fällen konnte im Donaugebiet wie in Augsburg oder Regensburg an spätantike Städte angeknüpft werden. In den Bischofsstädten blieb das geistliche Oberhaupt zunächst fast immer Stadtherr, bevor es etlichen Kommunen wie Basel, Straßburg, Speyer, Worms, Mainz oder Köln auf friedlichem oder militärischem Wege gelang, sich die Unabhängigkeit zu sichern. Trier hingegen musste sich trotz jahrhundertelanger Auseinandersetzungen letztlich der Herrschaft des Erzbischofs beugen, und die Mainzer verloren ihre Rechte wieder. Für ihre erste Erhebung gegen Erzbischof Anno II. mussten die Kölner 1074 noch einen hohen Preis zahlen, doch im folgenden Jahrhundert erweiterte die Bürgerschaft ihre Befugnisse allmählich, bevor der Bischof 1288 nach der verlorenen Schlacht von Worringen endgültig seine Macht einbüßte. Häufiges Mittel zum Erwerb weiterer Rechte war die Pfandnahme durch die Kommunen von den in Finanznöten steckenden Stadtherren.

Die Reichsstädte, konzentriert im oberdeutschen Raum, unterstanden dirckt dcn Hcrrschcrn, die zunächst die konkrete Stadtherrschaft und die Gerichtsbarkeit kontrollierten (Vogt, Schultheiß), bevor Autonomiebestrebungen, begünstigt durch das Interregnum, die Beziehungen häufig auf eine fiskalische Ebene reduzierten. Neben der Finanzkraft hing die Qualität der Beziehungen zum König wie bei den Territorien von der geographisch-politischen Lage ab, sodass z. B. Lübeck wie weite Teile Norddeutschlands zum königsfernen Bereich zählten. Der Terminus Reichsstadt (civitas imperii) anstelle von »Königsstadt« o. Ä. wurde seit Rudolf von Habsburg gebräuchlich, wohl auch ein Ausdruck des gewandelten Verhältnisses. Im Gegensatz zu vielen Territorial- oder Landstädten gelang es diesen zumeist, eine quasi-autonome Stellung zu erreichen, auch wenn alle Städte Selbstverwaltungsorgane kannten, zunächst wohl stärker durch Wahlen besetzt, dann vom Kooptationsprinzip dominiert, bevor häufig innerstädtisch wieder eine weitere Öffnung erzwungen wurde. Der Vergleich mit oberitalienischen Stadtstaaten dürfte aber nur bei den wenigsten Kommunen wie Nürnberg, Augsburg oder Köln angebracht sein, häufig fehlten neben dem Faktor Größe ein Territorium und vor allem die direkte, auch ökonomische Beherrschung des Umlandes. An der Ostsee entstand im Gefolge Lübecks seit dem 12. Jahrhundert eine Vielzahl von Städten deutschen Rechts.

Einige Anmerkungen zur Sozialstruktur

Nur annähernd lässt sich die soziale Schichtung der mittelalterlichen Stadt beschreiben, eine Gesamtanalyse ist auch aufgrund der Quellenlage nicht zu leisten. Neben dem an Bedeutung zunehmenden Vermögen – auch die Partizipation an der Stadtverwaltung setzt dies wegen der Abkömmlichkeit voraus – sind Kriterien wie Ehre/

Ehrbarkeit, berufliche Stellung oder sozialer Status des Berufs als Schichtungskriterien zu nennen. Das Vermögen der Stadtbewohner lässt sich anhand von Steuerlisten trotz einer Vielzahl von Einzelproblemen teilweise rekonstruieren; deutlich werden zumindest relative Abgrenzungen. Zur Oberschicht gehören nach dem Schichtenmodell Erich Maschkes (Groß-)Kaufleute und Rentenbezieher, die Mittelschicht ist nochmals in eine obere und eine untere gegliedert, zur ersten gehören aufsteigende Händler sowie Handel treibende Handwerker, zur unteren die manuell tätigen Handwerker. Die Handwerker organisierten sich zumeist in Zünften oder ähnlichen Organisationen, die mehr waren als nur ein ökonomischer Interessenverband, während die Unterschicht schließlich eine heterogene Gruppe von Gesellen, Lohnempfängern, Bettlern, Armen und anderen umschloss. Außerhalb der eigentlichen Stadtgemeinde standen die in ihrem Handlungsspielraum immer stärker beschnittenen, falls überhaupt geduldeten, Juden und die Geistlichkeit. Möglichkeiten zum Aufstieg in die Oberschicht boten im Wesentlichen nur die Teilnahme am Fern- und Großhandel, auch wenn »die« mittelalterliche Stadtgesellschaft keine statische war, regionale und soziale Mobilität wichtige Faktoren bildeten. Die Oberschichtangehörigen der großen Handelsstädte waren sicherlich absolut einer anderen Kategorie zuzuordnen als die in kleineren Mittelstädten oder in agrarisch geprägten Kleinstädten. Zur Oberschicht, ab dem 16. Jahrhundert als Patriziat bezeichnet, zählten auch die ehemals unfreien Ministerialen. Reiche Kaufleute gingen mit dem Landadel Verbindungen (Konnubium) ein, zogen sich partiell selbst auf ihren zum Teil ausgedehnten Landbesitz zurück. Dagegen blieb in Oberitalien ein Teil vor allem des niederen Adels stadtsässig und an der Stadtherrschaft beteiligt.

Spätmittelalterliche Tendenzen

Die urbane Expansion, erkennbar an der Neuanlage von Städten, dem teils rasanten Wachstum von Siedlungen und der mehrmaligen Erweiterung des Mauerrings, fand im 14. Jahrhundert ihr Ende. Den ohnehin schon bestehenden Bevölkerungsrückgang beschleunigten die erstmals seit dem Frühmittelalter 1347/48 in Europa wieder einsetzenden Pestepidemien drastisch.

Während des gesamten Mittelalters und darüber hinaus blieben die Städte auf den Zuzug von Landbewohnern angewiesen, um die Bevölkerungszahl wenigstens konstant zu halten. Allerdings übten die Städte auch eine erhebliche Anziehungskraft aus: Die Möglichkeit, persönliche Freiheit zu erlangen und die eigene finanzielle Lage zu verbessern, dürfte für viele Landbewohner neben der günstigeren Infrastruktur der Städte ausreichendes Motiv für die Zuwanderung gewesen sein. Daneben setzte sich gerade in den Städten die Rationalisierung und Säkularisierung der (erlebten) Zeit als Ausdruck eines gewandelten Verständnisses der Umwelt durch.

Parallel zum Aufblühen des Städtewesens hatte zunächst eine besonders von kirchlichen Kreisen getragene Städtekritik eingesetzt, wonach die Städte fast bis zur Gegenwart als Orte des Übels, der Laster und der Sünde gebrandmarkt wurden. Demgegenüber war das Städtelob, natürlich primär von Bürgern vorgebracht, eine Neuerung des Spätmittelalters; allerdings bewertete bereits der Theologe und Philosoph Thomas von Aquino im 13. Jahrhundert die Stadt als durchaus positiv.

Trotz der Bedeutung der Städte lebte in Europa auch am Ende des Mittelalters noch die Mehrzahl der Bewohner auf dem Land, in den urbanisierten Gebieten Oberitaliens und Flanderns war der Anteil der Landbewohner wohl am niedrigsten. Im Reich war zudem die überwiegende Menge der Kommunen Klein- und Kleinststädte mit bis zu 2000 Einwohnern. Von Großstädten wird allgemein erst ab 10000 Einwohnern gesprochen. Die Zahlenangaben zu Bewohnern sind weitestgehend Schätzungen, Zählungen blieben Ausnahmen. Anhaltspunkte bieten u.a. Steuerverzeichnisse und Musterungslisten, wobei meist die Haushaltsvorstände mit einem Faktor zwischen 4 und 5 multipliziert werden, um verlässliche Größenordnungen zu erhalten. Problematisch bleibt der Umfang der methodisch so nicht zu erfassenden Angehörigen der Unterschicht. In Nürnberg, Augsburg, Wien, Prag oder Lübeck zählte man im 15. Jahrhundert etwa 25000, in Köln als der größten Stadt im Reich wohl über 40000 Einwohner, in Frankfurt am Main und Basel dagegen weniger als 10000. In den südlichen Niederlanden waren die Einwohnerzahlen höher: Gent erreichte im 14. Jahrhundert etwa 60000, Brügge, Tournai und

Löwen zählten etwa 40000 bis 50000 Einwohner. In den deutlich dichter besiedelten Städten Oberitaliens lagen die Zahlen nochmals darüber: Im 1. Drittel des 14. Jahrhunderts dürfte Florenz mehr als 100000 Einwohner gehabt haben, bevor die Seuchenausbrüche die Zahl drastisch reduzierten; der Kataster von 1427 weist 38000 Einwohner aus. Mailand dürfte bereits um 1300 über 100000 Einwohner in seinen Mauern beherbergt haben, Venedig nur geringfügig weniger. In London lebten 1377 etwa 35000 Menschen, in Paris zu Beginn des 14. Jahrhunderts wohl 80000. Im frühen 16. Jahrhundert zählten Konstantinopel, Paris und Neapel als bevölkerungsreichste Städte Europas zwischen 150000 und 200000 Einwohner, Venedig und Mailand über 100000.

Wie erwähnt, stagnierte ab dem 14. Jahrhundert zunächst das urbane Größenwachstum, während Entwicklungen der städtischen Ökonomie weniger oder nicht betroffen waren. Der von Karl IV. betriebene Ausbau Prags war eine der wenigen Ausnahmen, auch Avignon dürfte zunächst als päpstliche Residenz profitiert haben. Der Aufstieg Frankfurts am Main zu einem Messezentrum fiel gleichfalls in diesen Zeitraum. Vorangetrieben wurde dagegen die innere Gestaltung der Städte. Man errichtete repräsentative Gebäude in privatem oder öffentlichem Auftrag; besonders die Rathäuser besaßen als Ausdruck bürgerlichen Selbstverständnisses einen hohen Symbolwert; unter hygienischen Aspekten ist die Bedeutung der Intensivierung bzw. des Beginns der Straßenpflasterung hoch einzuschätzen.

Seit dem Spätmittelalter lässt sich eine Entwicklung der führenden Familien hin zur Obrigkeit erkennen. Die eigene sozial-politische Stellung sicherten sie nach unten ab; in ihrem Lebensstil ahmten sie den des Adels nach. Der Rat als Institution entwickelte sich trotz der Abhängigkeit seiner Mitglieder von Wahlen stärker als zuvor zur »Herrschaft«, die Gehorsam einforderte. Seit der Mitte des 13. Jahrhunderts fand die soziale Unzufriedenheit breiter Einwohnerschichten zunächst in Oberitalien und in den Niederlanden in Aufständen gegen die führenden Familien ihren Ausdruck. Letztlich führten die innerstädtischen Unruhen des Spätmittelalters zur Verbreiterung der Führungsschicht in den einzelnen Städten, ohne dass jedoch die Mehrzahl der Handwerker oder gar der abhängig Beschäftigten mittelfristig aktiv in das Stadtregiment eingebunden worden wäre. Für den Wandel zur Obrigkeit spielte es kaum eine Rolle, ob das Stadtregiment formal von Zünften getragen wurde oder nicht.

Einen deutlichen Ausdruck fand der Abschluss nach unten im Nürnberger Tanzstatut von 1521. Mit dem Zugang zum Tanz auf dem Rathaus wurde quasi der Zugang zum städtischen Rat geregelt, da der Tanz nur ratsfähigen Geschlechtern gestattet war, die zum Teil über erheblichen Landbesitz verfügten und sich aus dem aktiven Handel zurückgezogen hatten. Das hier aus 42 Familien bestehende Patriziat versuchte mit Geschlechterbüchern seine altadlige Herkunft und Adelsgleichheit zu belegen, und in den folgenden 200 Jahren gelang dann auch nur noch einer Familie die Aufnahme in diesen Kreis. Nürnberg bildete jedoch einen Sonderfall, weil hier die Geschlechter nach den Unruhen 1348/49 das Stadtregiment in ihrer Hand hatten, Zünfte verboten wurden und die Zusammenschlüsse der Handwerker obrigkeitlich reguliert waren. Soziale Differenzen und Schichtungen lassen sich auch anhand des Zugangs zu den verschiedenen Trinkstuben mit zum Teil ausgeprägter Exklusivität erkennen. Herrschaft bedeutete aber nicht nur Ausbeutung und Unterdrückung. In Krisenzeiten mussten Teile der Stadtbevölkerung mit Lebensmitteln unterstützt werden, eine der Legitimationen für steuerliche Belastungen der Einwohnerschaft. Nach der Reformation wurden die Disziplinierungsmaßnahmen mit religiösem Überbau intensiviert. Nach außen verdeutlichte sich der soziale Rang in vielen Fällen durch das Tragen bestimmter Kleidung bei ebenfalls zunehmender Reglementierung nach unten. Das Verlagswesen als System dezentraler Gütererzeugung verzahnte Teile der Produktion in Stadt und Land enger, die entstehenden Abhängigkeiten traten deutlicher hervor, als dies davor der Fall war.

Für die kommunale Administration gewannen studierte Juristen zunehmend an Bedeutung, hier boten sich später ebenso wie in den protestantischen Kirchen neue Möglichkeiten für das Bürgertum. Ende des 15. Jahrhunderts begann man zudem, die Städte mit restriktiveren Aufnahmebedingungen vor ungewolltem Zuzug vor allem armer Landbewohner zu verschließen. Neben einer Verfestigung sozialer Strukturen, man denke

an die zunehmend strikter gehandhabte Aufnahmepraxis der Zünfte, gelangten gerade in Residenzstädten oder Kommunen mit zentralen juristischen oder administrativen Instanzen landesherrliche Funktionsträger in führende Positionen der städtischen Verwaltung, wie überhaupt der Fürstendienst sich zu einer weiteren Möglichkeit des Aufstiegs auch für Nichtadlige entwickelte. Am Ende des Alten Reiches erwiesen sich die meisten Reichsstädte als vollkommen überschuldet, verursacht durch das Fehlen zentraler Finanzinstitutionen. Zudem verloren die oberdeutschen Städte im 17. Jahrhundert weitgehend den Anschluss an neue ökonomische Entwicklungen, während es beispielsweise Hamburg gelang, sich den veränderten Umständen anzupassen. Ungünstig für sie war weiterhin die merkantilistische Politik, mit der die Territorien ihre Wirtschaft flächendeckend unter Ausschluss der Reichsstädte zu fördern versuchten.

Am Beginn der Neuzeit – Altes und Neues

Auch mit Beginn der Neuzeit änderte sich zunächst nur wenig, wobei erhebliche Unterschiede zwischen den einzelnen Städten bestanden. Die zentralen Orte auch nördlich der Alpen wiesen zunehmend mehr Steinhäuser auf, vom Stadtregiment zum Teil nur verordnet, aber immer wieder auch finanziell gefördert; trotzdem gelang es nicht, Feuersbrünste zu verhindern. Als Antwort auf die effizientere Artillerie entstanden bei ausreichender Finanzlage riesige Befestigungsanlagen, wobei das Schussfeld vor den Mauern der Stadt freizuhalten war.

Neue Stadttypen waren im nordwesteuropäischen Raum die bereits ins Mittelalter zurückreichenden Bergstädte, die im Zuge der Konfessionsspaltungen entstehenden Exulantenstädte für die wegen ihrer Konfessionszugehörigkeit Vertriebenen und die vom Militär geprägten Garnisonsstädte. Die nun vermehrt in den Städten zu findenden landesherrlichen Residenzen führten nicht nur zu teilweise beträchtlichen Veränderungen der baulichen Gestalt, sondern partiell zu einem erheblichen Wachstum und zu sozialen Umschichtungen. Die Integration der »Beamten« in die städtischen Gesellschaften war eine nicht leicht zu bewältigende Aufgabe. Differenzen zur eingesessenen Bürgerschaft besonders im Hinblick auf bürgerliche Lasten konnten nur langsam abgebaut werden. Die Trennung von nun teilweise stadtsässigem Adel und Bürgertum zeigte sich baulich und sozialtopographisch. Zusätzlich entstanden befestigte Grenzstädte, wenn auch nicht immer in so exponierter Lage wie La Valetta, die neue Zentrale des Johanniterordens auf Malta nach dem Fall von Rhodos; in Frankreich war der Festungsbau eng mit dem Namen des französischen Baumeisters und Marschalls Vauban verbunden.

Neugründungen ermöglichten es Stadtplanern, ihre Vorstellungen von geometrischer Regelmäßigkeit, wohl als Ausdruck von Aufklärung und Rationalisierung, zumindest partiell zu realisieren. Die Literatur beschrieb gleichzeitig derartige Idealtypen, erwähnt seien nur die »Utopia« des Thomas More oder Dürers Stadtentwurf. Andere Städte erfuhren eine planmäßige Erweiterung wie Amsterdam; Haarlem »nutzte« einen Stadtbrand zum planvollen Wiederaufbau, und auch in Rom versuchte man regelmäßige Formen und lange Achsen in das Stadtbild baulich einzufügen, bevor die erneute Blüte im 17. Jahrhundert unterbrochen wurde. Versailles entwickelte sich binnen weniger Jahre zur Residenz der französischen Könige, ausgebaut zum Sitz von Hof und Verwaltung, die 1682 dorthin übersiedelten; es war Vorbild auch für Karlsruhe, Rastatt und Lunéville.

Viele Metropolen wuchsen mit atemberaubendem Tempo: Paris vom Ende des 16. Jahrhunderts bis zur Mitte des folgenden etwa auf das Doppelte, von etwa 200 000 auf über 400 000 Einwohner, und London wirkte gleichfalls wie ein Magnet. Lebten zwischen 1550 und 1574 etwa 2,7 Prozent der Bewohner Englands in der Hauptstadt, so waren es zwischen 1675 und 1724 schon 11,4 Prozent. Vergleichbar ist Amsterdam, wenn auch bei absolut niedrigeren Zahlen (um 1600: 50 000, um 1700: 200 000 Einwohner). Die Stadt profitierte u. a. von der Eroberung Antwerpens durch die Spanier – viele der dort ansässigen Kaufleute ließen sich nun in Amsterdam nieder – sowie vom Aufstieg der Niederlande zu einer führenden Handelsmacht. Die *Vereenigde Oost-Indische Compagnie* wurde mithilfe der Stadt Amsterdam 1602 gegründet, um die Aktivitäten der Kaufleute zu koordinieren. In gewisser Weise trat Amsterdam die Nachfolge Venedigs, Antwerpens oder Genuas an. Die überseeische Expansion führte allgemein zu einer Verlagerung der Handelszentren und -wege, von der in erster Linie die günstig zum Atlantik gelegenen Städte profitierten, während die italienischen Handelsmächte unaufhaltsam an Bedeutung verloren. Innerstädtisch bildeten die im 17. Jahrhundert aufkommenden und sich rasch ausbreitenden Kaffeehäuser eine Neuerung, die auch zu einem wichtigen Diskussionsforum wurden. Für die weiterhin ausbrechenden Unruhen lassen sich vier Hauptmotive ausmachen: Hunger, Lohnstreitigkeiten, Steuerproteste und in gemischt-religiösen Städten religiöse Verfolgungen.

Die Städte im Reich fielen im europäischen Vergleich deutlich zurück. Einerseits wirkte sich die unterschiedliche Bevölkerungsentwicklung vor dem Hintergrund des Dreißigjährigen Krieges aus, zum anderen fehlte ein Zentrum wie London oder Paris. Als die Städte expandierten, geschah dies, mit Ausnahme Wiens und Berlins, auf niedrigerem Niveau; bemerkenswert ist dabei der durch die Messe begünstigte Aufschwung Leipzigs. Daneben banden die (Territorial-)Staaten die Kommunen mit wenigen Ausnahmen immer stärker ein, wenn auch die politische Selbstverwaltung nicht vollständig aufgelöst wurde und die Städte durchaus vom Fürstenstaat profitieren konnten. Das weitere Wachsen der modernen Staaten, insbesondere die zunehmend auch realisierte und nicht mehr nur beanspruchte Übernahme der Friedenswahrung, ließ dann im 18. Jahrhundert erste urbane Agglomerationen ohne Mauern entstehen.

Industrialisierung: Wachstum und neue Probleme

Ein neues Kapitel der Stadtgeschichte begann mit der Industrialisierung. Es entstanden Agglomerationen bisher nicht bekannten Ausmaßes und in Gebieten, die vorher kaum Städte kannten, wie den Kohle- und Stahlrevieren in England, Belgien, Frankreich oder im Ruhrgebiet; andere bestehende Zentren verloren dagegen an Bedeutung. Manchester wuchs, begünstigt zunächst durch die Wollindustrie – der die Schwerindustrie folgte – und infolge der schnellen Schaffung von Eisenbahnverbindungen, vom letzten Drittel des 18. bis zur Mitte des 19. Jahrhunderts von 41 000 auf 300 000 Einwohner, Essen zwischen 1850 und 1910 von 9 000 auf 295 000. Die Urbanisierung, verstanden als quantitativer Prozess der Verstädterung und als Durchsetzung der städtischen Lebensform, schritt rasant voran. Auch sozialtopographisch lassen sich Veränderungen feststellen: Die Innenstädte, früher bevorzugte Wohnquartiere, wurden von den vermögenderen Schichten verlassen, die sich in der ruhigeren und gesünderen Atmosphäre der Peripherie niederließen. Selbst im Gebiet des Deutschen Reiches verlor die Stadt ihre rechtliche Sonderstellung, und der Begriff Bürger musste mit neuen Inhalten gefüllt werden; der Wandel vollzog sich vom Stadt- zum Staatsbürger.

Die dichter werdende Besiedlung, das ungeregelte Wachsen von Vorstädten forderten von den städtischen Magistraten ebenso wie vonseiten des Staates Eingriffe gerade unter hygienischen Gesichtspunkten; das verseuchte Trinkwasser ließ die Cholera im 19. Jahrhundert immer wieder ausbrechen. Ungesunde Wohnverhältnisse in den zunehmend standardisierten Mietwohnungsbauten sowie hohe Belegungszahlen förderten die Verbreitung weiterer Seuchen, die unzureichende Ernährungslage führte zu Mangelerkrankungen. Die gesamte Infrastruktur wie die Zu- und Ableitung von Wasser, der Straßenbau, die Versorgung mit Elektrizität, aber auch Schulen und Krankenhäuser, musste den veränderten Bedingungen angepasst werden. Die Wohnverhältnisse waren zu verbessern, aber auch der wachsende Eisenbahn- und schließlich der Kraftfahrzeugverkehr mussten integriert werden. Bis zum Beginn des 20. Jahrhunderts war das Problem der Wasserver- und -entsorgung in den meisten nordwesteuropäischen Städten weitgehend akzeptabel gelöst, wobei dieser Prozess sicherlich auch durch die bakteriologischen Entdeckungen von Robert Koch und Louis Pasteur gefördert wurde. Einen Sonderfall hinsichtlich der Neuerungen bildeten die noch vorhandenen Festungsstädte, hier mussten zunächst die umfangreichen Bastionen geschleift werden, deren Grundflächen zum Teil für die Anlage von Ringstraßen oder als Grüngürtel genutzt wurden.

Eines der ambitioniertesten Programme verfolgte sicherlich der Präfekt George Eugène Haussmann in Paris: Ganze Straßenzüge wurden hier 1853 bis 1870 mit Wasserleitungssystemen neu angelegt, alte mitsamt der Bebauung beseitigt. Die Stadt zählte um 1850 bereits über eine Million und 1880 über zwei Millionen Einwohner, London 1850 etwa 2 600 000, und auch Wien und Berlin erreichten zu Beginn des 20. Jahrhunderts die Zweimillio-

nengrenze. Ende des 19. Jahrhunderts begannen auf breiter Front planmäßige Stadtentwicklungen, zu denen auch der Bau von Untergrundbahnen zählte. Dem wachsenden Verkehr standen häufig die noch vorhandenen Stadttore im Wege, die in der 2. Hälfte des 19. Jahrhunderts vielfach abgerissen wurden. Bereits vor dem Entstehen von Arbeiterorganisationen galt die Stadt als Hort revolutionärer Ansichten: Hier trafen die sozialen Gegensätze auf engem Raum aufeinander und führten zu Unruhen, und hier lebten geringer integrierte und lohnabhängig beschäftigte Bevölkerungsgruppen – das sich formierende »Proletariat«.

Die Entwicklungen des 20. Jahrhunderts differieren stark. Ein gemeinsames Kennzeichen scheint der Rückzug der Industrie aus den urbanen Kernen zu sein, die Stadt wird zum Wohnort und zum Sitz des Dienstleistungsbereiches, des tertiären Sektors, und beide Funktionen treten in Konkurrenz. Dadurch sinkt teilweise in den alten Industriestädten die Bevölkerungszahl, und Zentren veröden, während soziale Spannungen wieder wachsen. Die Regulierungen durch Staat und Kommunen werden intensiver, und die Akzeptanz für derartige Maßnahmen wächst zumindest zunächst gleichfalls. In den Randzonen der Städte wird die Unterscheidung von Stadt und Land schwieriger, traditionelle Grenzen verwischen, zumal auch große Teile der Landbevölkerung nicht mehr in der Agrarproduktion tätig sind. Einschneidende Folgen für die Stadt besonders in Deutschland brachte der Zweite Weltkrieg mit sich. Die Zerstörungen mussten beseitigt, der Wiederaufbau betrieben werden. Unter derartigen Zwängen erscheint es nicht immer berechtigt, die entstandenen, sicher in vieler Hinsicht verbesserungswürdigen Bauten, unter ästhetischen Gesichtspunkten zu kritisieren, sogar zu verdammen. Funktionale Kriterien führen natürlich zu einer weitgehend gleichförmigen Bauweise; individuelle städtische Konturen gehen dabei verloren, und dies lässt bei großflächiger Bebauung derartige Siedlungen mittelfristig zu sozialen Brennpunkten werden. Andererseits scheint jedoch auch die viel zitierte »Krise der Stadt« ein Phänomen von nur begrenzter Dauer zu sein. Ob deren Lösung freilich das »postmoderne« Bauen bringen kann, bleibt offen.

Ulf Dirlmeier und Bernd Fuhrmann

Aufbruch zu neuen Horizonten

Der Holzschnitt des französischen Populärwissenschaftlers Camille Flammarion zeigt für die Zeit um 1500, wie der Mensch schon früh versuchte, über seinen Horizont hinauszublicken.

Die Globalisierung Europas – Eine Einleitung

Zwischen dem 13. und dem 16. Jahrhundert vollzog sich in Europa ein epochaler Wandel. Das Wachstum der Bevölkerung, die Stadtentwicklung mit dem Aufkommen eines selbstbewussten Bürgertums, die globale Ausweitung des Handels, neue Techniken und nicht zuletzt ein zunehmend säkularisiertes Menschen- und Weltbild bildeten die Grundlage für diesen Umbruch. An seinem Ende stand die moderne Welt mit ihren neuen Vorstellungen von Philosophie und Religion, ihrer starken Hinwendung zu den Realitäten von Natur und Welt, ihren vielfältigen Erfindungen und Entdeckungen, ihren veränderten politischen und wirtschaftlichen Systemen, ihren expansiven und progressiven Kräften.

Mit dem Aufbruch Europas im geistigen, wirtschaftlichen und technischen Bereich begann zugleich die europäische Ausbreitung über die Welt. Die Entdeckung Amerikas durch Christoph Kolumbus 1492 und die Landung Vasco da Gamas in Indien 1498 markieren einen welthistorischen Wendepunkt. War den Europäern zu Beginn des 15. Jahrhunderts noch der weitaus größte Teil der Erde unbekannt, so setzte nunmehr eine

Die Fortschritte der Weltkenntnis im Zeitalter der Entdeckungen zeigt die von dem flämischen Kartographen Abraham Ortelius 1579 geschaffene Karte »Typus orbis terrarum«.

Erweiterung des Gesichtskreises ein, die schließlich den gesamten Planeten umfasste.

Zunächst einmal vollzog sich in dieser Revolution das, was man den Umschlag vom Mythos zur Realität genannt hat. Gemeint sind hiermit das Ende der von Mythen, Legenden und biblischen Vorstellungen bestimmten Versuche in Antike und Mittelalter, die unbekannte Welt zu entschleiern, und die nunmehr systematisch und rational betriebene Erweiterung der geographischen Kenntnisse und des von der Kugelgestalt der Erde bestimmten Weltbildes. Zugleich wuchs das Bewusstsein globaler Zusammenhänge.

Diese Globalisierung der Weltgeschichte vollzog sich allerdings unter europäischen Vorzeichen. Auch wenn andere Kulturen neue Siedlungsräume erschlossen, kolonisierten und Reiche bildeten – der Expansionismus allein war kein schlechthin europäisches Phänomen – so haben letztlich doch nur die christlich-abendländischen Wert- und Zielvorstellungen eine derartige wirtschaftliche, technisch-militärische und geistige Dynamik freigesetzt. Weder Araber, Mongolen oder Türken, obgleich sie weit nach Europa vorstießen, noch Chinesen, die zu Anfang des 15. Jahrhunderts in mehreren Expeditionen bis zu den Küsten Ostafrikas vorgedrungen waren, prägten die Weltgeschichte, sondern das christliche Europa. Die Dynamik Europas war es, die alle Kontinente miteinander in Verbindung brachte.

Die Karte aus dem 15. Jahrhundert folgt der Weltsicht des alexandrinischen Geographen und Astronomen Ptolemäus (2. Jahrhundert n. Chr.). Europa und der Mittelmeerraum sind relativ genau wiedergegeben, Afrika hat eine zu große Ausdehnung und der Indische Ozean ist als Binnenmeer gesehen, der von der geheimnisvollen Terra Australis Incognita im Süden begrenzt wird (Venedig, Markusbibliothek).

Zentrale Voraussetzung für diesen expansiven Prozess war der Übergang von der Universalmonarchie des Mittelalters zu den nationalen Staatsformen der Neuzeit. Ihre Ausbildung auf der Basis einer sich formierenden Bürokratie und im Bündnis mit dem aufsteigenden Bürgertum gegen Klerus und Adel führten zu jenem modernen Staat, der Expansion als ein Mittel der Stabilität begriff.

Eine Folge der europäischen Expansion war das Ausgreifen europäischer Handelsinteressen auf die übrige Welt. Auch die Migration europäischer Siedler, die zur Entstehung »europagener Gesellschaften« in Nordamerika, Teilen Iberoamerikas, Südafrikas, Australiens, Neuseelands und Sibiriens geführt hat, gehört zu den Auswirkungen der europäischen Expansion. »Europäisierung der Erde« meint ferner die Ausbreitung europäischer Sprachen, Institutionen, Technologien und Produktionsweisen über Europa hinaus. Die Erfindung des Buchdrucks mit beweglichen Lettern Mitte des 15. Jahrhunderts bereitete den Weg zur weltweiten Informationsgesellschaft. Auf diese Weise sind wiederum europäische Rechts- und Staatsvorstellungen, aber auch die modernen Individualitäts- und Menschenrechte außerhalb Europas bekannt geworden. Schließlich beinhaltete die Ausweitung Europas auch einen Prozess der geistig-kulturellen Expansion und »spirituellen Eroberung«; stand das europäische Abendland doch noch immer unter dem Weltbild des *orbis christianus* und einer – seit der Reformation – auch verinnerlichten Sendungsidee.

Freilich wäre es verfehlt, die Globalisierung der Erde einseitig unter europäischen Vorzeichen zu sehen. Andere Kontinente und fremde Kulturen haben ihrerseits auf Europa zurückgewirkt, angefangen von veränderten Ernährungsgewohnheiten über differenziertere Wirtschaftsstrukturen bis hin zu religiös-kulturellen Synkretismen (Verschmelzungen). Zudem waren auch nahezu alle von europäischem Kolonialismus, Imperialismus und abendländischer Zivilisation betroffenen Völker durchaus als Handelnde an den his-

Der Buchdruck war eine äußerst wichtige Erfindung der Renaissance. Die Miniatur aus dem 16. Jahrhundert zeigt links den Meister, einen Gesellen an der Presse, rechts drei Gelehrte mit Korrekturbögen.

torischen Prozessen beteiligt, die sie in nicht geringem Umfang nach ihren Vorstellungen und Möglichkeiten zu gestalten wussten. Erst aus dieser wechselseitigen Beeinflussung und Befruchtung ist die moderne Welt hervorgegangen.

Künder von wundersamen Dingen – Europäische Weltreisende des Mittelalters

Europa und die Welt vor dem Entdeckungszeitalter

Um 1400 waren in Europa nur zwei weitere Kontinente bekannt: Afrika und Asien. Vieles von dem, was man in Europa in der Antike über die außereuropäische Welt wusste, war im Mittelalter wieder verloren gegangen. Was in gelehrten Kreisen um 1400 von der Welt bekannt war, beruhte im Wesentlichen auf den Kenntnissen des antiken Astronomen, Mathematikers und Geographen Claudius Ptolemäus, der im 2. Jahrhundert n. Chr. in Alexandrien lebte. Das ptolemäische Weltsystem, das die Erde als Kugel und Mittelpunkt der Welt ansah und das bis zur kopernikanischen Wende (heliozentrisches Weltsystem) Gültigkeit behalten sollte, hatte der letzte große Naturwissenschaftler der Antike in seinem »Almagest«, sein geographisches Weltbild in den acht Büchern seiner »Geographie« ausführlich dargelegt. Für Afrika beschränkte sich sein Wissen allerdings auf den nördlichen und nordöstlichen Teil des Kontinents.

Dabei ist der afrikanische Kontinent möglicherweise bereits von phönikischen Seeleuten nach 600 v. Chr. zum ersten Mal umsegelt worden. So jedenfalls überliefert es der Bericht des griechischen Historikers Herodot. Im Jahre 461 v. Chr. gelangte der Karthager Hanno bis an die Guineaküste. Auch die Griechen besaßen Kenntnisse von Nordost- und Westafrika und unternahmen Forschungsfahrten nach Afrika. Umstritten ist zwar die Umsegelung Afrikas durch Eudoxos von Kyzikos um 110 v. Chr., belegt sind dagegen die Segelfahrten ptolemäischer Seeleute von Ostafrika aus nach Ostindien. Die Römer gliederten nach der Zerstörung Karthagos Nordafrika in ihr Provinzsystem ein. Ebenfalls nach Afrika kamen Wandalen und Byzantiner, aber auch das Christentum, bevor der Vorstoß des Islams im 7. Jahrhundert Afrika bis zum 15. Jahrhundert abriegelte.

Aufgrund des islamischen Sperriegels, der sich über das gesamte Ost- und Nordafrika bis zur Iberischen Halbinsel erstreckte, existierten im mittelalterlichen Europa keine Reiseberichte über den Kontinent. Die Anschauungen über Afrika beruhten daher nicht auf eigenen Erfahrungen, sondern waren im Wesentlichen von zwei Überlieferungssträngen abgeleitet: zum einen von römischen Autoren, vor allem spätantiken Kompilatoren; ihre Vorstellungen wurden wiederum von christlichen Autoren übernommen. Ein zweiter Überlieferungsstrang ergab sich aus der biblischen Geographie, besaß die Bibel im Mittelalter doch höchste Autorität auch in naturwissenschaftlichen Fragen. Dazu gehörte etwa die Vor-

Der kolorierte Holzschnitt zeigt Ptolemäus und seine in Grade eingeteilte Erdkugel, mit deren Hilfe genaue Positionen festgelegt werden konnten.

Schematische Weltkarte (T-Karte) Isidors von Sevilla, als Holzschnitt veröffentlicht in der Erstausgabe (Augsburg 1472) seines enzyklopädischen Werkes »Etymologiae«.

stellung von einem im Osten gelegenen irdischen Paradies, vor allem jedoch die Auslegung der mosaischen Völkertafel (Genesis 9, 18–27) auch für geographische und rassische Aspekte. So wurden den Noahsöhnen Sem, Jafet und Ham die Kontinente Asien, Europa und Afrika zugeordnet – mit der bis ins 19. Jahrhundert nachwirkenden Folge, dass mit dem Fluch Noahs über Ham bzw. dessen Nachkommen die Verurteilung der schwarzen Rasse ihren Anfang nahm.

Im Gegensatz zu Afrika war Asien den Europäern um 1400 schon in größeren Umrissen bekannt. Auch hier waren es phönikische Seeleute im Dienste Ägyptens, die bereits seit dem 7. Jahrhundert v. Chr. Indien bereisten. Ebenfalls im 7. Jahrhundert soll der griechische Poet Aristeas bis an die Grenzgebiete Chinas, vielleicht bis China selbst, vorgedrungen sein. Im Jahre 327 v. Chr. stieß Alexander der Große auf seinem berühmten Indienfeldzug über den Hindukusch hinaus bis in den heutigen Pandschab vor. Spätestens seit dem 2. Jahrhundert v. Chr. existierte ein Karawanenweg durch Zentral- nach Ostasien, der in einem nördlichen und einem südlichen Zweig die Wüste Ostturkestans umging (Seidenstraße).

Die Lage des Paradieses beschäftigte zahlreiche Gelehrte. Auch Beato de Fernando I y Sancha lokalisierte es in seiner Weltkarte. Kolumbus glaubte, das Paradies erreicht zu haben, als er 1498 den Orinoco entdeckte.

Im Mittelalter lebte das aus der Antike überlieferte Bild des exotischen und mythischen Asien fort. Das meiste Interesse erweckten das »Wunderland« Indien und das »ferne« China. Hinzu kamen allerdings drei für die europäische Expansionsgeschichte zentrale Mythen, die zum Teil einen realen Hintergrund besaßen. Sie bezogen sich allesamt auf die Erwartung von Christen »im Rücken des Islams«, die als »Verbündete« in der Auseinandersetzung mit dem »Erzfeind des Abendlandes« gesucht wurden. Da waren die »Thomaschristen«, persische monophysitische Christen, die um oder nach 300 n. Chr. an die Malabarküste Indiens gelangt waren und die indische Lebensweise angenommen hatten. Da waren des Weiteren die Nestorianer, die einer nach dem Patriarchen von Konstantinopel, Nestorius, benannten, auf dem Konzil von Ephesus 431 n. Chr. verurteilten Lehre anhingen, der zufolge Christus nur eine göttliche Natur besaß. Von Mesopotamien aus gelangten die Nestorianer bis nach China. Und da war schließlich jener »Priesterkönig Johannes«, dessen wirkungsmächtige Gestalt auf einer um die Mitte des 12. Jahrhunderts entstandenen Legende von einem

Aus einem Brief des im Fernen Osten missionierenden Franziskaners Johannes von Montecorvino vom Dezember 1291:

Nach den Wunderwesen, die teils Mensch, teils Tier sind, und nach dem irdischen Paradies fragte und suchte ich viel; ich konnte nichts finden.

Die Inschrift der Nestorianersäule, die 1625 in Xi'an in China entdeckt wurde, gibt in chinesischer Sprache einen Abriss des christlichen Glaubens nach der Lehre der Nestorianer. Die Säule stammt aus dem Jahr 781, ein Abguss befindet sich im Musée Guimet in Paris.

Europäische Phantasien über Fabelwesen Asiens zeigen sich in der Miniatur aus dem 14. Jahrhundert: Ein Kopfloser mit dem Gesicht auf der Brust, ein »Schattenfüßler« und ein Kyklop.

In der Schedelschen Weltchronik von 1493 finden sich u. a. Holzschnitte mit dem Titel »Von mancherlei Gestalt der Menschen«, die die zeitgenössischen Vorstellungen über das Aussehen der Menschen in fremden Ländern wiedergeben.

reichen, mächtigen und vor allem christlichen Herrscher irgendwo im Osten beruhte.

Missionsreisen nach Asien im Zeichen der »Pax Mongolica«

E in Wandel im Kontakt mit Asien zeichnete sich im Gefolge der mongolischen Eroberungszüge unter Dschingis Khan und seinen Nachfolgern ab, die bis weit nach Europa hinein vorstießen. Nach ihrem Sieg auf der Walstatt bei Liegnitz (1241) zogen sie sich aber, vermutlich als Folge des Todes ihres Großkhans Ögädäi, zurück. In dieser Situation mochte bei den vom Islam bedrängten Kreuzfahrerstaaten und ihren europäischen Verbündeten erstmals der Gedanke aufgetaucht sein, die Mongolen als Verbündete gegen den Islam zu gewinnen. Ihre definitive Ausformung erhielt diese Idee 1245 auf dem Konzil von Lyon. Hier ließ Papst Innozenz IV. beschließen, eine Anzahl von Franziskaner- und Dominikanerbrüdern an den Hof des Großkhans zu entsenden, um das Terrain für eine mögliche antiislamische Zusammenarbeit zu sondieren.

Die erste und zweifellos wichtigste Delegation stand unter der Führung des Franziskaners Giovanni del Pian del Carpini. Über Breslau und Kiew reiste der Ordensbruder an die untere Wolga und weiter über die Dsungarei nach Karakorum, der Residenz des Großkhans, etwa 300 km westlich des heutigen Ulan-Bator gelegen. Im Gepäck führte er ein päpstliches Schreiben mit, das ihn als Gesandten Innozenz' IV. auswies und das den Großkhan aufforderte, von weiteren Einfällen ins Abendland Abstand zu nehmen, sich vielmehr taufen zu lassen und Christ zu werden. Die Antwort des Mongolenherrschers fiel nicht minder eindeutig aus: Großkhan Göjük verlangte seinerseits vom Papst, mit allen Königen des Abendlandes nach Karakorum zu kommen und ihm zu huldigen. Über seine insgesamt dreijährige Reise (1245–48) fertigte Carpini einen detaillierten, weitgehend zuverlässigen Bericht an. Unvoreingenommenheit, ja Anerkennung und sogar Bewunderung zeichnen die Schilderung der Lebensart der Mongolen, ihrer Fertigkeiten und ihrer politischen Organisation aus, Ablehnung finden naturgemäß ihre religiösen Vorstellungen. Carpini berichtet wohl auch als erster Europäer von den Japanern, die er »Volk der Sonne« nennt.

Teilweise die gleiche Route wie Carpini schlug wenige Jahre später sein Ordensbruder Wilhelm von Rubruk ein. Der Flame, der im Auftrag Ludwigs IX. von Frankreich, des Papstes und des lateinischen Kaisers Balduin II. von Konstantinopel reiste, war 1253 aufgebrochen und hatte sich sechs Monate in Karakorum aufgehalten, bevor er 1255 zurückkehrte. Rubruks Sprachkenntnisse, die freilich stets durch Dolmetscher – aus Europa während der Mongolenzüge verschleppte Gefangene – unterstützt wurden, erlaubten es ihm auch, in Karakorum an einem großen Religionsgespräch (30. Mai 1254) mit Vertretern des Islams, der buddhistischen Geistlichkeit und der nestorianischen Kirche teilzunehmen. Die Disputation, die in Anwesenheit des Großkhans Möngke stattfand – die religionstoleranten Großkhane neigten zum Islam, zum Teil auch zum Buddhismus – fand ein tumultuarisches Ende.

Rubruks Bericht zählte bis ins 18. Jahrhundert zu den genauesten Beschreibungen Zentralasiens. Das Mongolenreich schilderte auch er als ein wohl geordnetes Staatswesen. Darüber hinaus brachte er viele neue geographische und ethnographische Erkenntnisse nach Europa, so etwa die Kunde, dass man im Fernen Osten Papiergeld verwendete, dass die Chinesen keine Buchstaben-, sondern eine Symbolschrift benutzten und dass das Kaspische Meer keine Bucht des südlichen Ozeans, sondern ein großes Binnengewässer war. Hinsichtlich der Bekehrung der Mongolen war er realistisch genug, von weiteren diesbezüglichen Anstrengungen abzuraten.

Die kunstvoll verzierte Initiale E einer mittelalterlichen Handschrift zeigt zwei Szenen aus dem Leben des Wilhelm von Rubruk: Im oberen Feld erhält er vom französischen König Ludwig IX. den Auftrag, den Mongolenherrscher aufzusuchen; darunter ist abgebildet, wie er sich mit einem Begleiter auf den Weg nach Asien macht.

Nicht so sein Ordensbruder Johannes von Montecorvino, der aufgrund von Gerüchten über die angebliche Taufe des neuen Großkhans Kubilai den Plan zu einer umspannenden Ostasienmission fasste. 1294 erreichte er Khanbalyk, das heutige Peking, die neue Hauptstadt der mongolischen Dynastie. Bis 1299 soll es bereits 6000 Christen in Peking gegeben haben. Im Jahre 1307 wurde Johannes zum Erzbischof von Peking und Patriarchen von Ostasien geweiht. Er hatte die mongolische Sprache erlernt, Psalter und Neues Testament übersetzt und zwei Kirchen in Peking gebaut. Sein Bischofssitz befand sich in direkter Nähe des kaiserlichen Palastes, dotiert vom Herrscher. Im Jahre 1328 starb der Erzbischof, dessen Briefe nach Europa weitere Informationen über das ferne Asien lieferten.

Der Großkhan in herrschaftlicher Haltung, dargestellt in einer Handschrift des 14. Jahrhunderts nach dem Bericht von Odorico da Pordenone (Rom, Vatikanische Bibliothek).

Zu den namhaften Missionsreisenden gehört schließlich der Franziskaner Odorico da Pordenone, der fast zwölf Jahre, von 1318 bis 1330, in Indien, Afghanistan, China und Tibet unterwegs war. Über seine Erfahrungen veröffentlichte er nach seiner Rückkehr einen in zahlreichen Handschriften überlieferten und in verschiedene Volkssprachen übersetzten Bericht. Im Hinblick auf China findet sich viel Bewunderung für den Überfluss an Nahrungsmitteln, die Kunstfertigkeit und die politisch-soziale Stabilität; selbst der Vergleich mit Europa fällt keineswegs zu dessen Gunsten aus. Allein die religiösen Vorstellungen der Asiaten finden keine Gnade vor seinen Augen. Der letzte vom Papst entsandte Franziskaner, Giovanni dei Marignolli, kehrte schließlich 1353 aus China zurück.

Marco Polo und die Wunder des Ostens

Mit der weitgehenden Sicherheit, die die mongolische Herrschaft für Reisende gewährte, aber auch als Folge des aufkommenden Handelskapitalismus in Italien, machten sich auch Vertreter einer anderen Gruppe auf den Weg nach Asien: Kaufleute und Handelsagenten. Fasziniert vom Reichtum Asiens, suchten sie den direkten Kontakt zu den asiatischen Produzenten und Händlern ohne den teuren Umweg über den arabischen Zwischenhandel.

Der Stich aus dem Jahr 1850 zeigt Marco Polo.

Die ersten westlichen Handelsvertreter, die in diesem Zusammenhang an den Hof des Großkhans gelangten, waren die Brüder Niccolò und Maffeo Polo aus Venedig, die Geschäftsbeziehungen bis nach Südrussland und in die westlichen Mongolengebiete unterhielten. Wahrscheinlich nach Konstantinopel unterwegs und von mongolischen Diplomaten zur Weiterreise überredet, gelangten sie zwischen 1250 und 1269 in die Residenz Kubilais in Peking und wohlbehalten wieder nach Venedig zurück. Im Jahre 1271 brachen sie erneut auf, dieses Mal begleitet von Niccolòs Sohn Marco Polo.

Die Reise führte zu Schiff und über Land bis Hormus, dann auf dem Landweg über Persien und das Pamirgebirge und schließlich auf der alten Seidenstraße bis nach Xanadu (Shang-tu), der Sommerresidenz des Großkhans nördlich von Peking. 17 Jahre sollten die Polos in China bleiben, beschirmt vom Wohlwollen des Großkhans, aber vorerst auch ohne eine Chance zur Rückkehr. Marco Polo avancierte zum persönlichen Berater des Herrschers, in dessen Auftrag er fast alle chinesischen Provinzen bereiste, ja er will sogar drei Jahre Statthalter der Stadt Yangzhou gewesen sein, obgleich die chinesischen Quellen keinen Beleg dafür bieten. Mit dem Auftrag, eine mongolische Prinzessin als Braut zu einem persischen Fürsten zu geleiten, gelangten die Polos schließlich durch die Malakkastraße und über Vorderindien, Persien und Trapezunt am Schwarzen Meer 1295 wieder in Venedig an. Während eines venezianisch-genuesischen Krieges geriet Marco Polo in Gefangenschaft. In dieser Zeit (1298/99) diktierte er seinem Mitgefangenen Rusticiano da Pisa seine asiatischen Erlebnisse.

Dieser Reisebericht, der als Manuskript weit verbreitet war und seit dem 15. Jahrhundert in vielen europäischen Sprachen als gedruckte Übersetzung vorlag, ist das wichtigste mittelalterliche Zeugnis über Asien, das zugleich zu einer zentralen Quelle für die Entdeckungsfahrten der Neuzeit wurde. Marco Polos Bericht über das Grab des Apostels Thomas an der Koromandelküste und die Gemeinden der Thomaschristen an der Malabarküste Indiens verstärkten die Erwartungen der Portugiesen im Hinblick auf christliche Verbündete im Rücken des Islams, und seine Nachrichten über das angeblich an Gold überreiche Japan, das er »Zipangu« nannte, sollten eine einzigartige Faszination auf Kolumbus ausüben. Andererseits erweckten seine Schilderungen vom Reichtum Chinas, von der Größe seiner Städte, seinem fortgeschrittenen Handel und Handwerk, seiner reichen und hoch entwickelten Kultur sowie seiner festgefügten politischen Ordnung immer wieder Zweifel. Tatsächlich wird man einige seiner Aussagen relativieren oder gar als erfunden bezeichnen müssen. Insgesamt haben spätere Forscher den Reisebericht des Marco Polo jedoch viel ernster genommen als seine Zeitgenossen.

Dass die Kontakte in den Fernen Osten um die Mitte des 14. Jahrhunderts abrissen, hängt vor allem mit der Ausbreitung der Beulenpest seit 1340 in Asien zusammen, die als »schwarzer Tod« bald auch Europa erreichte. Hinzu kamen politische Wirren am Ende der Mongolenherrschaft, die schließlich von der »nationalen« und isolationistischen Mingdynastie (1368) in China abgelöst wurde. Lassen sich heute für die Zeit zwischen 1242 und 1448 insgesamt 126 Chinareisen nachweisen, davon nach 1371 allerdings nur noch sechs.

Darstellung von Marco Polo auf dem Titelblatt des deutschen Erstdrucks seines Reiseberichts aus dem Jahre 1477.

Die Miniatur oben zeigt die Polos, wie sie dem Großkhan ein Buch und ein Kreuz überreichen. Bei ihrer Abreise erhalten sie von Kubilai die goldene Tafel als Garant für sicheres Geleit (beide Miniaturen aus dem »Livre des merveilles«, Paris, Bibliothèque Nationale).

Im Zuge der Missionsreisen und des Fernhandels waren die Schilderungen Asiens jedenfalls sehr viel realistischer geworden. Die Folge war eine bedeutende Erweiterung des Wissens über den Fernen Osten sowie eine Entmystifizierung des Asienbildes. Alles in allem war dieses positiv bestimmt. Hervorgehoben wurden die gute Herrschaft und Administration, nicht gesehen wurden die Grenzen und Mängel des monarchischen Despotismus. Die Menschen etwa in China erschienen als hellhäutig (nicht gelb!), wohlgestalt, zum Teil schön. Weniger Eindruck hinterließen die religiösen Anschauungen und Riten. In erster Linie bestimmten aber Reichtum und Wohlstand

Europas Bild von Asien, womit zugleich das wichtigste Motiv für den Expansionismus des 15. und 16. Jahrhunderts gegeben war.

Italienische Anfänge – Die Grundlagen des europäischen Expansionismus

Für das Jahr 1291 enthalten die Annalen der Seestadt Genua einen Eintrag über den ersten bezeugten Versuch des mittelalterlichen Europa, vom Abendland aus auf dem Seeweg nach »Indien« zu gelangen. Andere Entdeckungs- und Handelsreisen unter italienischen Vorzeichen folgten. Ohnehin spielten italienische Kaufleute und Seefahrer in portugiesischen und spanischen, später auch in englischen und französischen Diensten eine überragende Rolle bei den frühen Entdeckungsreisen. Mindestens ebenso entscheidend war italienisches Kapital. Von Bedeutung war außerdem das geographische und nautisch-technische Wissen der Italiener. Handelsrevolution und nautisch-technische Revolution hingen wiederum eng zusammen mit jenen geistigen Umwälzungen zu Beginn des neuzeitlichen Europa, die als »Renaissance« und »Humanismus« bekannt sind und deren Wiege ebenfalls in Italien stand.

Das neue Menschenbild in Renaissance und Humanismus

Das Entdeckungszeitalter wird vielfach mit dem historischen Epochenbegriff der Renaissance in Zusammenhang gebracht, sei es auch nur, um die kühnen Taten der Entdecker und Eroberer und ihr Streben nach Ruhm mit dem neuzeitlichen Typus des »Renaissancemenschen« zu umschreiben. Tatsächlich ist dies nur ein Aspekt. Insgesamt entwickelte sich in jener Epoche ein Bild vom Menschen und seiner Umwelt, das durch ein neues Selbstbewusstsein bestimmt war. Streben nach wirtschaftlichem Gewinn, sozialem Aufstieg und politischer Macht zeichnen diesen »neuen Menschen« ebenso aus wie das Streben nach neuen Erkenntnissen und nach der Entdeckung fremder Horizonte. Mit seinen bis ins 10. Jahrhundert zurückreichenden Wurzeln und seiner Ausbreitung in Europa bis zum 16. Jahrhundert stellt dieser Umbruch nur bedingt eine Revolution dar, sondern eher eine Periode des Übergangs. Aufs Ganze betrachtet resultierte aus ihm jedoch eine neue historische Epoche, die mit jahrhundertealten Denktraditionen brach und ein verändertes Welt- und Menschenbild hervorbrachte.

Grundlage und zugleich Medium dieses Wandlungsprozesses war die Klassik der griechischen und römischen Antike. Die Beschäftigung mit der griechischen und lateinischen Literatur bestärkte das Vertrauen in die eigenen Fähigkeiten, ermutigte Kritik und regte neue Fragestellungen an. Den Zugang zur Antike fanden die Humanisten zunächst über die lateinischsprachigen Autoren. Latein war auch die Sprache an den neu gegründeten Universitäten, und die lateinischen Klassiker standen auch anfangs im Mittelpunkt jener zentralen Idee, die die Bildungsrevolution ausmachte: der Erkenntnis und Wertschätzung der Würde des Menschen als eines Lebe-

Die Miniatur aus dem 14. Jahrhundert zeigt den italienischen Humanisten und Dichter Petrarca in seinem Studierzimmer.

Der florentinische Platonübersetzer Masilio Ficino gab dem Menschenbild der Renaissance treffend Ausdruck:

Der Mensch ist an Macht schier vergleichbar der Natur, was Gott in der Welt schafft durch den Geist, das begreift der Mensch im Akt der Erkenntnis, das drückt er durch die Sprache aus und stellt durch die Gestaltung im Stoff der Welt dar ... Der Mensch ist der Gott aller stofflichen Wesen, die er verändert und verwandelt ... Wer könnte also leugnen, dass er den Genius des Schöpfers besitzt?

wesens mit Verstand, Gefühlen, Willen und mit dem Recht, von seinen Fähigkeiten Gebrauch zu machen. Leonardo Bruni in Florenz verwendete um 1400 erstmals das Wort *humanitas* zur Bezeichnung der neuen Bildung, und in Giovanni Pico della Mirandolas »Rede über die Würde des Menschen« (um 1486) fand das individualistische Menschenbild des Renaissance-Humanismus seinen vollkommensten Ausdruck. Zugleich wurde Ende des 14. Jahrhunderts durch die Vermittlung byzantinischer Gelehrter in Italien auch das Studium des Griechischen angeregt, dessen Früchte neben der Übersetzung der Werke der griechischen Tragödien- und Komödiendichter die Platon- und Aristotelesrezeption sowie zu Anfang des 15. Jahrhunderts die Übertragung der für das Entdeckungszeitalter so grundlegenden Werke des alexandrinischen Astronomen, Mathematikers und Geographen Ptolemäus ins Lateinische waren. Antike Vorbilder bestimmten seit dem späten 12. Jahrhundert auch zunehmend die Regeln für die darstellende Kunst. Die Sichtweise des *humanum* führte so zu einer intensiven Beschäftigung mit der Perspektive, der Naturtreue und dem nackten Körper. Dieses Studium der menschlichen Anatomie, das die Grundlage für die moderne Medizin bildete, förderte nicht nur die Erfindung neuer Instrumente, sondern unterstrich auch den Anspruch, Fragen an die Natur zu stellen und sie experimentell zu beantworten. Eine Betrachtungsweise, die das mündige und selbstverantwortliche Individuum in den Mittelpunkt stellte, das mittelalterliche Verbot der Neugier aufhob und die Einheit von Glauben und Wissen zugunsten von Naturbeobachtung, Erfahrung und Experiment aufgab, wurde somit auf alle Bereiche der Geistes- und Naturwissenschaften übertragen. Frage, Hypothese und Experiment bzw. Suche bilden seither das unverzichtbare geistige Instrumentarium Europas. Dieser Wunsch nach neuen Erfahrungen und Entdeckungen sowie das grundsätzliche Interesse am Fremden und Exotischen erlaubten es nun zudem, andere Völker und Menschen unbefangener wahrzunehmen. Auch das Wissen über die Erdoberfläche suchte man zu erweitern. So ermöglichten die kritischen Übersetzungen der Texte des Ptolemäus und Strabons die Ausmessung der Erdkugel und die eindimensionale Darstellung der Erdoberfläche. Alles in allem suchten eine humanistisch inspirierte Geographie, Kartographie und Enzyklopädik, das Wissen der Alten mit den Erkenntnissen der Moderne in Einklang zu bringen.

Dieser sich von Italien über ganz Europa ausbreitenden geistigen Umwälzung lagen zentrale materielle Bedingungen zugrunde. Denn

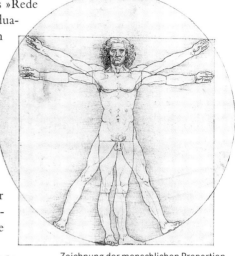

Zeichnung der menschlichen Proportion von Leonardo da Vinci, Illustration zu Luca Paciolis Werk über den goldenen Schnitt »De divina proportione« (1496).

Die Beschäftigung mit dem menschlichen Körper findet ihren Niederschlag auch in der Marmorstatue »David« von Michelangelo (1501–04; Florenz, Galleria dell'Accademia).

die neuen mentalen Dispositionen standen in wechselseitiger Abhängigkeit vom Wachstum der Bevölkerung, der Ausweitung des Handels und dem Anwachsen der Städte. Humanisten, Literaten und Künstler waren zumeist Stadtbewohner, und zu ihren Gönnern gehörten das neue, mächtige Bürgertum und die am Handel partizipierende Aristokratie. Dabei lag der Schwerpunkt der politischen Veränderungen (politische Renaissance) zunächst in Italien.

Etwa seit dem ausgehenden 11. Jahrhundert setzte in den oberitalienischen Stadtstaaten jener gesellschaftliche Wandel ein, der zur Grundlage neuer politischer Entwicklungen führte, wobei auch hier die attische *polis* und die römische *res publica* die argumentativen Vorbilder lieferten. Eine reich gewordene Schicht von bürgerlichen Laien und stadtsässigem Adel nahm allmählich die Geschicke der Politik in die Hand und füllte das Verlangen nach persönlicher und kommunaler Freiheit mit »demokratischen« Inhalten. Rechtsstaatlichkeit, Gewaltentrennung, Machtbegrenzung, Minderheitenschutz und Parteienpluralismus, Wahl- und Rotationsprinzip – diese neuzeitlichen politischen Forderungen waren in den italienischen Kommunen vorgeformt oder zumindest vorgedacht, ohne dass man allerdings zu dieser Zeit von einer modernen Demokratie sprechen könnte. Ohnedies setzte schon bald der Übergang von der republikanisch-freien Kommune zur autoritär-tyrannischen *signoria* ein. Schließlich legitimierten die neuen Potentaten ihre Herrschaft nicht zuletzt durch das Bestreben, für Ruhe und Ordnung zu sorgen. In Frieden arbeiten und Handel treiben zu können war aber nicht zum wenigsten eine der Voraussetzungen des gleichzeitig in Gang gekommenen kapitalistischen Prozesses.

Die Handelsrevolution

Zu den wichtigsten Folgen der politischen und sozialen Veränderungen, die sich seit dem 11. Jahrhundert in Italien vollzogen, gehörte die Entstehung eines selbstständigen Kaufmannsstandes. Bei der Entwicklung neuer Organisationen, Instrumente und Ideen, die seinen Aufstieg kennzeichnen, haben möglicherweise Einflüsse aus der byzantinischen und islamischen Welt mitgespielt. Dennoch liegen die Anfänge des modernen europäischen Kapitalismus, aber auch des europäischen Expansionismus in Italien.

Ausgangspunkt für die kommerzielle Revolution war die Verfügbarkeit von Kapital. Dieses lag im Mittelalter fast ausschließlich in den Händen der Agraristokratie und der Kirche. Händler und Handelskaufleute standen in einem geringen Ansehen, und erworbenes Vermögen diente in erster Linie dazu, um in die Aristokratie

Die Miniatur aus dem späten 14. Jahrhundert zeigt die Geschäftigkeit in einem italienischen Bankhaus (London, British Library). Oben ist der Raum dargestellt, in dem die Goldtruhen aufbewahrt und die Münzen gezählt werden, der untere Bildabschnitt zeigt das Tätigen von Einlagen oder Überweisungen.

aufzusteigen. Allmählich wurden jedoch größere Kapitalien verfügbar, zum einen aus den üblichen feudalen Quellen und aus dem Vermögen der vom Handel angelockten städtischen Aristokratie, zum anderen aus den Expeditionen der Fernhändler.

Um mit diesen Kapitalien »international« arbeiten zu können, mussten sie mit anderen Währungen tauschbar sein. Der Transferierbarkeit von Kapital diente der Übergang zur Goldwährung, die nunmehr die vorher in Europa dominierende Silberwährung ablöste. Vor allem verlangte der islamische »Handelspartner« Gold. Anfang des 13. Jahrhunderts wurden in Genua die ersten Goldmünzen geprägt, seit der zweiten Hälfte dieses Jahrhunderts zahlte man in Italien mit Goldmünzen, seit dem 14. Jahrhundert in ganz Europa.

Vielleicht noch entscheidender für den Aufbau des schließlich weltumspannenden Handelsnetzes war, dass sich das mitgeführte Bargeld in zunehmendem Maße durch Kredite und Wechsel ersetzen ließ. Der Kredit sollte dem chronischen Mangel an Kapital abhelfen, vor allem jedoch Geld an jedem Ort verfügbar machen. Kredite waren gemeinhin knapp. Außerdem lagen auf ihnen geradezu wucherische Zinsen. Zinsen wiederum standen unter dem Verdikt der Kirche. Scholastisches Denken hatte allerdings das kanonische Zinsverbot schon früh ausgehöhlt. So begann man zwischen Wucher und Zins zu unterscheiden und Letzteren zu gestatten, wenn das Darlehen für den Geldgeber mit einem Risiko verbunden war. Zudem sanken in dem Maße, in dem Risiken und Gewinne zurückgingen, die Zinsen. Hatten sie auf Handelsdarlehen im 12. Jahrhundert in Venedig noch über 50 Prozent betragen, so beliefen sie sich Ende des 13. Jahrhunderts oft auf weniger als 10 Prozent.

»Der Geldwechsler und seine Frau«, Gemälde von Quentin Massys (1514; Paris, Louvre).

Der Kredit gab dem Geld eine Art Allgegenwart. Vor allem stellte er eine Vertrauensbekundung dar. Beide Funktionen erfüllte auch der im 13. Jahrhundert in Italien aufgekommene Wechsel. Er erlaubte einen bargeldlosen Geschäftsverkehr. Eng verbunden mit Zins und Wechsel war die Entstehung des modernen Bankwesens. Die Banken ermöglichten nicht nur bargeldlose Überweisungen, sie gestatteten ihren Kunden auch, ihr Konto zu überziehen, während sie selbst mit dem deponierten »Buchgeld« zu arbeiten begannen. Eine andere Wurzel des modernen Bankwesens waren die Einnahmeverpachtungen, Zwangsanleihen und Staatsverschuldungen, die in Krisenzeiten auf enorme Höhen anstiegen.

Diese Veränderungen in der Geldpolitk wurden begleitet von Neuerungen im Handelswesen. Wichtigstes Ziel war die Verlagerung des kaufmännischen Risikos auf mehrere Schultern und die Ausweitung des Geschäftsbereichs. Letzterem diente die Möglichkeit der Stellvertretung. Die Prokura, die vom Inhaber des Handelsgeschäfts auf Vertreter übertragene handelsrechtliche Vollmacht, erlaubte es dem Kaufmann, persönlich oder in Vertretung an vielen Orten gegenwärtig zu sein. Dem gleichen Zweck dienten auch die neu entstehenden Handelsgesellschaften, sei es in Form der Kommende oder der Gesellschaft. Während in der Kommende ein

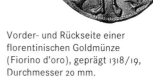

Vorder- und Rückseite einer florentinischen Goldmünze (Fiorino d'oro), geprägt 1318/19, Durchmesser 20 mm.

reisender, am Gewinn beteiligter Kaufmann hinzutrat, stellte die Gesellschaft einen Zusammenschluss von Personen dar, die bestimmte Kapitalien auf eine begrenzte Dauer einbrachten und im Maße ihrer Einlagen an Gewinn und Verlust beteiligt waren und kam damit eher dem Landhandel entgegen.

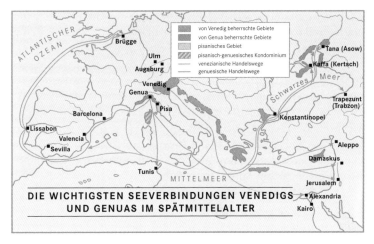

DIE WICHTIGSTEN SEEVERBINDUNGEN VENEDIGS UND GENUAS IM SPÄTMITTELALTER

Der Franziskaner Luca Pacioli, der in einem mathematischen Sammelwerk erstmalig die doppelte Buchführung beschrieb, führt einen Schüler in die Planimetrie ein. Gemälde von Jacopo de' Barbari, 1495 (Neapel, Museo e Galleria Nazionali di Capodimonte).

Zu einer Rationalisierung des Geschäftsbetriebs trug die gegen Ende des 13. Jahrhunderts in Florenz nachgewiesene, möglicherweise aber schon weit früher entstandene doppelte Buchführung bei. Sie erlaubte durch die doppelte Eintragung der Geschäftsbewegungen – auf einer Haben- und auf einer Sollseite –, Gewinn und Verlust jederzeit ersichtlich zu machen und Bilanz zu ziehen. Für den reibungslosen Geschäftsablauf sorgten ferner Geschäftsordnungen und hilfreiche Kaufmannshandbücher.

Mittelpunkt all dieser Entwicklungen war die Stadt. Bei einer rasanten Zunahme der Bevölkerung entwickelte sich hier gleichzeitig eine neue Lebensweise, mit der eine zunehmende Wertschätzung des Geldes und des Reichtums bei gleichzeitiger Kritik am untätigen adligen Leben einherging. Im Zentrum dieser frühkapitalistischen Kultur stand der zeitgenössische Satz: »Zeit ist Geld«. Die Kehrseite des Aufschwungs war eine zunehmende soziale Differenzierung in ein reiches Patriziat und wohlhabendes Bürgertum einerseits und arme Unterschichten andererseits. Erste Aufstände waren Ausdruck sozialer Unzufriedenheit.

Trumpfkarte der Italiener war der Fernhandel. Auf ihm beruhte nicht nur der Reichtum der oberitalienischen Seerepubliken Venedig und Genua, er legte auch den Grundstein für das erste Kolonialreich der modernen europäischen Expansionsgeschichte. Im 12. Jahrhundert hatten Venezianer und Genuesen zunächst in vielen muslimischen Häfen des Mittelmeeres, im Byzantinischen Reich und in den Kreuzfahrerstaaten durch Zollbefreiungen und andere Privilegien bevorrechtigte Warenlager und Handelsstützpunkte erhalten. Im 13. Jahrhundert entstand vornehmlich im östlichen Mittelmeer und am Schwarzen Meer ein ausgesprochenes Kolonialreich, das sowohl auf dem Austausch von Handelsgütern als auch auf der Anlage von Plantagen, vor allem für den Anbau von Zucker mithilfe von Sklaven, beruhte. Das Netz von Warenlagern und festen Kolonien erstreckte sich bei den Genuesen vom muslimischen Spanien über Persien bis nach China, während die Venezianer vor allem das östliche Mittelmeer beherrschten. Im nördlichen Atlantik fuhren venezianische und genuesische Schiffe bis nach Flandern und England, im südlichen bis an die Küsten Marokkos. Gehandelt wurde mit allem, was zwischen Newcastle und Peking zu finden war, an der Spitze orientalische Gewürze und Seide. Die Gewinnspannen im Fernhandel waren enorm. Profite zwischen 300 und 1000 Prozent waren keine Ausnahme. Auf diesen Gewinnen beruhte nicht zuletzt der Reichtum Venedigs und Genuas. Hierzu ein Beispiel: Im Jahre 1293 wurde der Wert der steuerpflichtigen Waren, die im Hafen von Genua eingingen, auf 3 822 000 genuesische Pfund geschätzt. Im gleichen Jahr betrugen die Einnahmen des französischen Königreichs nur ein Drittel dieser Summe.

Für das Jahr 1291 enthalten die Annalen Genuas folgenden Eintrag:

In demselben Jahr schickten sich Tedisio Doria, Ugolino Vivaldi und dessen Bruder zusammen mit einigen anderen Bürgern (der Stadt) Genua an, eine Fahrt zu unternehmen, wie sie bis dahin noch kein anderer gewagt hatte: Sie rüsteten nämlich zwei Galeeren aufs trefflichste aus, versahen sie mit Proviant, Wasser und sonstigem Bedarf und sandten sie im Monat Mai in Richtung der Meerenge von Ceuta (Meerenge von Gibraltar) aus, damit sie durch den Ozean nach den Gestaden Indiens führen, um von dort Gewinn versprechende Handelsgüter zu holen. An Bord begaben sich auch die besagten beiden Brüder Vivaldi selbst sowie zwei Minoritenbrüder. Dies dünkte freilich nicht nur denen wunderbar, die es selber sahen, sondern auch denen, die (nur) davon hörten. Und seitdem sie die Stelle, die Gozara (Kap Juby etwas nördlich von Kap Bojador an der marokkanischen Küste) heißt, passiert haben, ist keine sichere Kunde mehr von ihnen zu uns gelangt. Der Herr aber möge sie behüten und sie gesund und unversehrt in die Heimat zurückkehren lassen.

Das Gemälde des späten 16. Jahrhunderts zeigt die Ansicht des Arsenals von Venedig (Venedig, Museo Correr e Quadreria Correr).

Schiffsbau, Kartographie, Navigation

Die im 15. Jahrhundert beginnende maritime Expansion stellt einen der folgenreichsten Prozesse der Weltgeschichte dar; denn »Seeherrschaft« bedeutete bis ins 20. Jahrhundert nicht nur einen machtpolitischen Vorsprung gegenüber konkurrierenden Mächten in Europa, sondern auch eine Vorherrschaft im Welthandel und in der Weltbeherrschung. Neben Risikobereitschaft und der Überwindung psychologischer Barrieren gehörten eine Reihe weiterer Voraussetzungen zur damaligen Seefahrt. In Festlandnähe war dies die Kenntnis der Küstenlinien, vorgelagerter Inseln und Riffe, auf dem Meer benötigte man hochseetüchtige Schiffe, Erfahrung mit

Ausschnitt aus einem Altarbild (Sevilla) von Alejo Fernández mit der Darstellung einer atlantischen Naue.

den Wind- und Meeresströmungen sowie ihrem jahreszeitlichen Verhalten. Von entscheidender Bedeutung war indessen die Bestimmung der Schiffsposition.

Lösungen für diese Probleme wurden in drei Bereichen gesucht: im Schiffsbau, in der Kartographie und in der Schifffahrtskunde (wissenschaftliche Navigation). Wegbereiter des Fortschritts waren nicht mehr allein die Italiener. Namentlich die Iberer entwickelten ihr eigenes Know-how, wobei viele technische Neuerungen der Europäer vor allem auf Chinesen und Araber zurückgingen. Sie wurden indessen von den Europäern weiterentwickelt, eigenständige Erfindungen kamen hinzu (nautisch-technische Revolution).

Von der Galeere zur Galeone

Traditioneller Schiffstyp im Mittelmeer war die Galeere. Sie wurde gerudert, besaß aber eine zusätzliche Besegelung. Eine Weiterentwicklung erfolgte – wie bei der im Nordseeraum seit dem 12. Jahrhundert verwendeten einmastigen Kogge – durch die Verlegung des Ruders von der rechten Seite (Steuerbord) zum Heck, durch einen geraden statt eines gewölbten Kiels sowie Aufbauten an Bug und Heck. Im 14. Jahrhundert trat die Karacke als großes Segelschiff an die Stelle der Galeere. Ihr besonderes Kennzeichen war die Kombination des traditionellen viereckigen Rahsegels mit einem – von den Arabern übernommenen – dreieckigen Lateinsegel, was die Wendigkeit erhöhte. Auch besaß die Karacke bereits mehrere Masten und konnte eine Ladung von mehr als 1000 Tonnen aufnehmen. Sie diente den Portugiesen anfangs für ihre Indien- und Ostasienfahrten. Wesentlich kleiner, dafür schneller und wendiger war die Karavelle *(carabela)*. Dreimastiger Standardtyp mit Rahsegeln an Fock- und Großmast und Lateinsegel am Besanmast war die *carabela*

Modell einer Galeone des späten 16. Jahrhunderts (London, Science Museum).

redonda. Die Karavelle wurde von den Portugiesen bei ihren Afrikafahrten sowie zur Sicherung ihrer Konvois verwendet. Reines Transportschiff war die Naue, ein besonders stabiles Schiff mit vier bis fünf Decks, das eine Ladung von bis zu 2000 Tonnen an Bord nehmen konnte. Entscheidend war, dass die seit dem 14. Jahrhundert mit Kanonen bestückten Segelschiffe der Europäer ihre asiatischen Konkurrenten an Kampfkraft übertrafen. Am Ende dieser Entwicklung stand die von Spaniern und Portugiesen gebaute Galeone, ein hochbordiges Kriegs- und Handelsschiff von etwa 800 Tonnen mit drei bis fünf Masten. Sie diente u.a. als Begleitschutz bei den portugiesischen und spanischen Konvois nach Amerika und Asien. Die Galeone war auch Vorbild der späteren Ostindienfahrer der Holländer und Engländer.

Von den Portolanen zur Mercatorprojektion

Zunehmende Wichtigkeit für die Hochseefahrten erlangten die Seekarten und Segelhandbücher, die die Erfahrungen früherer Fahrten enthielten. Völlig unbrauchbar für die Schifffahrt waren die mittelalterlich-christlichen, die Welt als Scheibe darstellenden Karten *(mappae mundi)*, zumal für jeden Seemann die Kugelgestalt der Erde augenfällig war. Mit der Weltumsegelung durch Magalhães und Elcano (1519–22) war sie auch faktisch bewiesen. Nützlich waren dagegen Ptolemäus' Anleitung zur Anfertigung von Karten und die Angaben in seiner »Geographia«, die u. a. die Längen- und Breitengrade von rund 300 Städten, bestimmt vom alexandrinischen Meridian aus, enthalten, sowie sein Handbuch der mathematischen Astronomie (»Almagest«). Diese Daten flossen wiederum ein in die Portolane.

Portolane waren Seefahrerhandbücher des Mittelalters, die Küstenbeschreibungen in fortlaufender Folge enthielten. Zu ihnen gehörten Portolankarten, auch Rumben- oder Windstrahlenkarten, um 1300 in Italien entstandene, genordete Karten, auf denen die entsprechenden Gebiete sowie Häfen, Ankerplätze und zum Teil auch Entfernungen eingetragen waren. Außerdem waren auf ihnen mehrere miteinander verbundene Windrosennetze eingezeichnet. Mit ihrer Hilfe ließ sich zumindest der Kurs und – bei maßstabgerechter Karte – auch die Entfernung festlegen. Sie waren in küstennahen und ruhigen Gewässern (Mittelmeer) durchaus brauchbar. Nach den Erfahrungen bei der Afrikaumrundung wurden sie von den Portugiesen weiterentwickelt.

Ausschnitt aus einer Portolankarte von Calciro Placido y Oliva (Venedig, Biblioteca del Museo Correr).

Als Problem für die Navigatoren blieb die Krümmung der Erde. Hier schuf die Mercatorprojektion Abhilfe. Diese für die Belange der Seefahrt von Gerhard Mercator 1569 mit geometrischen Mitteln entwickelte und später von Edward Wright mathematisch exakt bestimmte Projektionsart erlaubt es, die Krümmung der Erdoberfläche auf planen Karten zu berücksichtigen, das heißt den Schiffskurs als gerade Linie darzustellen. An die Stelle der Portolankarten traten Karten in rechteckiger Form mit einem Netz von Längen- und Breitengraden, das nun viel präziser die Proportionen der Erde darstellte.

Vom Quadranten zum Sextanten

Die traditionelle Navigation beruhte darauf, dass sich der Kapitän möglichst nahe an der Küste hielt, sich an bestimmten Landmarken orientierte und auf seine Erfahrung mit Strömung, Winden und Gestirnen vertraute. Einziges Instrument war das Lot zur Tiefenmessung. Zur wichtigsten Neuerung im 13. Jahrhundert wurde der Kompass, für den sich erste Erwähnungen bereits im 11. und 12. Jahrhundert finden. Er dürfte mit einiger Sicherheit von den Chinesen über Inder und Araber nach Europa gelangt sein. Im 14. Jahrhundert gehörten Kompass, Log oder Logleine, Sanduhr und Koppeltafeln zur Berechnung der Abweichung zwischen optimalem und tatsächlich gesegeltem Kurs sowie Seeroutenbeschreibungen zum Rüstzeug des Schiffsführers. Die Art der Navigation bestand darin, dass mit dem Kompass die Richtung festgelegt und mithilfe von

Auf den Portolankarten sind zahlreiche Windrosen eingetragen, deren sich netzartig überschneidende Windstrahlen die Navigation ermöglichten.

Log und Sanduhr die zurückgelegte Strecke berechnet wurde. Das geknotete Log – daher der Ausdruck »Knoten« für die Schiffsgeschwindigkeit – war erst seit dem 16. Jahrhundert in Gebrauch. Seit dieser Zeit führten portugiesische und spanische Schiffe auch gedruckte Deklinationstabellen mit, die die Bewegungen der Himmelskörper in ihrem zeitlichen Ablauf festhielten.

Wichtigstes Problem war und blieb die Standortbestimmung auf See. In der traditionellen Navigation ergab sich die Position ungefähr aus Richtungs- und Geschwindigkeitsangaben. Für eine exakte Ortsbestimmung war indessen die Kenntnis von Längen- und Breiten-

Bestimmung der Polhöhe mit dem Astrolabium, Illustration aus dem Seefahrtshandbuch »Regimiento de Navigación« von Pedro de Medina, 1567.

NAUTISCHE INSTRUMENTE

Eine wesentliche Voraussetzung für die weltumspannende europäische Seeherrschaft war die Fähigkeit, auch auf hoher See navigieren zu können. Erst die dazu seit dem 13. Jahrhundert entwickelten Techniken ermöglichten die Überquerung der Ozeane. Den ersten wesentlichen Fortschritt in der mittelalterlichen Nautik brachte der Kompass (unten rechts ein Taschenkompendium von 1579), mit dessen Hilfe auch auf hoher See die Himmelsrichtung bestimmt werden konnte.

Um die eigene Position aber genau zu ermitteln, bedurfte es der Bestimmung der Längen- und Breitengrade. Hierzu wurden seit dem 15. Jahrhundert das Astrolabium (oben rechts, von 1582) und der Quadrant (unten links, um 1560) verwendet, deren Weiterentwicklungen zusammen mit dem Schiffschronometer seit der zweiten Hälfte des 18. Jahrhunderts genaue Positionsbestimmungen ermöglichten.

graden vonnöten. Eine Methode zur genauen Festlegung des Längengrades zur See gab es aber bis in die Mitte des 18. Jahrhunderts nicht, da hierzu die Kenntnis der jeweiligen Ortszeit und der Zeit eines Nullmeridians notwendig ist. Die Lösung bestand schließlich in der Erfindung des Schiffschronometers. Von daher konzentrierten sich für fast 300 Jahre die Bemühungen auf die Berechnung der Breitengradposition des Schiffes.

Grundlage für die Bestimmung des Breitengrades war der Stand geeigneter Fixsterne. War dies auf der nördlichen Erdhalbkugel der Polarstern, nahm man auf der südlichen Halbkugel die Mittagshöhe der Sonne zum Ausgangspunkt. Dazu bedurfte es allerdings komplizierter Berechnungen. Die Portugiesen lösten das Problem gegen Ende des 15. Jahrhunderts. Überdies erlaubte es die Weiterentwicklung und Erfindung immer präziser arbeitender Instrumente, die Fehlertoleranz bei der Breitengradbestimmung von etwa 111 km bis auf eine nautische Meile (1,852 km) einzugrenzen.

Am Anfang der neuzeitlichen Seefahrt stand der Seequadrant. Im Gebrauch war er frühestens seit der Mitte des 15. Jahrhunderts. Die Mess(un)genauigkeit lag bei einem Grad gleich 111 km. Nur unwesentlich genauer war das Seeastrolabium. Es war über die Araber nach Europa gelangt und seit dem ausgehenden 15. Jahrhundert gebräuchlich. Wahrscheinlich auf jüdische Gelehrte in der 1. Hälfte des 14. Jahrhunderts geht der Jakobsstab zurück. Nach 1500 wurde er zunächst in der portugiesischen Schifffahrt üblich, im 16. Jahrhundert war er das wichtigste und genaueste Instrument überhaupt. Die durch die Sonnenblendung sich ergebende Messungenauigkeit beseitigte seit Ende des 16. Jahrhunderts der Davisquadrant. Auf der in der 2. Hälfte des 17. Jahrhunderts entdeckten Spiegelreflexion beruhte die Weiterentwicklung zum Oktanten. Seit den 1740er-Jahren ist er auf holländischen Schiffen nachgewiesen. Mithilfe des aus dem Oktanten abgeleiteten Sextanten sowie des Marinechronometers gelang in den Fünfzigerjahren des 18. Jahrhunderts auch die Bestimmung des Längengrades.

Die Probleme der Hochseeschifffahrt stellten eine Herausforderung für die gesamten an ihrer Lösung beteiligten modernen Naturwissenschaften – Astronomie, Physik, Mathematik und Geographie – dar; insofern bedeutete dieser Modernisierungsschub einen enormen Impuls für das Know-how Europas und zugleich für dessen Vorsprung in der Moderne. Mit der Beherrschung der Meere erschienen europäische Schiffe an allen Küsten der Erde. Die Folge waren: koloniale Herrschaft, Handelsdominanz, Kulturimperialismus.

Unverändertes Titelblatt der zweiten Ausgabe des 1595 vollendeten Werkes von Gerhard Mercator, auf dem erstmals die Bezeichnung »Atlas« für eine umfassende Kartensammlung erscheint.

Der Weg ins Dunkle – Portugal auf dem Weg nach Indien

Warum Portugal?

Von entscheidender Bedeutung für den Vorsprung Portugals im neuzeitlichen europäischen Expansionismus war die staatliche Entwicklung dieses kleinen Landes an der Atlantikküste der Iberischen Halbinsel. Portugal verfügte bereits vor den Entdeckungen über ein ethnisch homogenes und eigenstaatliches Territorium. Im Kastilischen Erbfolgekrieg hatte sich das Haus Avis 1385 durchgesetzt, und seit der zweiten Hälfte des 14. Jahrhunderts konnte Portugal als sprachlich geeint gelten. Überdies hatte bereits 1249 die muslimische Herrschaft auf portugiesischem Boden ihr Ende gefunden. Die Reconquista, die Rückeroberung des eigenen Landes, war also nahezu 250 Jahre früher als in Spanien abgeschlossen.

Das Ende der Reconquista und der Abschluss der Auseinandersetzungen mit Kastilien hatten allerdings eine Schicht von »Rittern« hinterlassen, die auf ein neues militärisches Betätigungsfeld brannten, zumal die Inflation des 15. Jahrhunderts auf der gesamten Iberischen Halbinsel ihre festen Geldeinkünfte reduzierte. Sie verfielen daher – wie im spätmittelalterlichen Europa allgemein üblich – auf Raub und Plünderung, um ihren Lebensstandard zu wahren. Hinsichtlich des neuen überseeischen Expansionismus mussten sie sich allerdings umorientieren; denn Portugals Zukunft lag nicht auf dem Rücken der Pferde, sondern auf den Planken seiner Schiffe.

Wichtiger für den portugiesischen Expansionismus im Sinne eines vorwärts drängenden Moments war daher auch das neue städtische Bürgertum, das im Bündnis mit der aufsteigenden absolutistischen Monarchie gegen den Adel seine Position gefestigt hatte. Ohnehin zeichnete sich die portugiesische Monarchie durch ein hohes wirtschaftliches und handelspolitisches Engagement aus. Mit Recht hat man hinsichtlich der iberischen Monarchen von den »gekrönten Kapitalisten« gesprochen, die später ihre Profite aus der überseeischen Expansion durch Gewinnbeteiligung (Fünften) oder Monopole (Gold, Sklaven, Gewürze, Elfenbein) zu sichern suchten. Darüber hinaus standen Portugal das Know-how und das Geld vornehmlich der Genuesen zur Verfügung. Die verhältnismäßig stark geldwirtschaftlich organisierte Wirtschaft und die ebenso starke Verstädterung der Bevölkerung liefern weitere Erklärungen für den Vorsprung Portugals im europäischen Expansionismus.

Hinzu kamen erste Engpässe in der Versorgung der Städte mit Getreide und Zucker sowie mit Fisch und Fleisch als wichtigen Eiweißquellen. Die Erschließung neuer Fischfanggebiete, wie sie an der afrikanischen Nordwestküste vor der Tür lagen, war daher unzweifelhaft ein weiteres Motiv der frühportugiesischen Expansion. Das Fleisch bedurfte wiederum der Konservierung durch die Gewürze des Orients. Holz war ein weiterer Rohstoff, der angesichts der Entwaldung Südeuropas knapp wurde.

Die begehrtesten Produkte der Zeit waren jedoch die Edelmetalle Gold und Silber. Im letzten Viertel des 14. Jahrhunderts und zu Beginn des 15. Jahrhunderts erlebte Portugal eine Goldknappheit wie nie zuvor. Zwischen 1383 und 1435 wurde keine einzige Goldmünze geprägt. Ebenso kam es zu einer Verknappung des Silbers. Der Grund für diesen Mangel an Edelmetallen lag zum einen in den Bedürfnissen der Krone, etwa den Rüstungskäufen im Zuge der Thronwirren, vor allem jedoch in den vorgenannten Versorgungsengpässen, die wiederum zu einem Abfluss von Gold und Silber und zu einer nationalen Geldkrise geführt hatten. Von daher war es nur natürlich, dass das Handel treibende Bürgertum im kolonialen Expansionismus einen Ausweg aus der Wirtschaftskrise sah.

In dieser Beziehung wies auch das Gold aus dem westlichen Sudan auf den afrikanischen Kontinent. Da der Islam der Gegner war, konnten die Wirtschaftsinteressenten zudem der Unterstützung von kirchlicher Seite sicher sein. Eine weitere Grundlage für den portugiesischen Expansionismus dürfte in den Fortschritten der nautischen Technik und in der zielstrebigen finanziell-organisatorischen Planung der überseeischen Unternehmungen zu finden sein, für die der Name »Heinrich der Seefahrer« steht, der wohl nicht zu Unrecht als »Vater des Entdeckungszeitalters« gilt.

MERCATORPROJEKTION

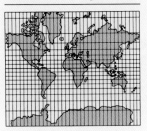

Die Mercatorprojektion verwendet für Seekarten die Vorstellung von einem um die Erdkugel gelegten Zylindermantel. Die parallel als Geraden laufenden Meridiane und die Breitenkreise schneiden sich rechtwinklig. Nach den Polen zu wird die Verzerrung immer größer (die Pole werden als Geraden von derselben Länge wie der Äquator abgebildet), weshalb diese Karten meist nur bis 70° nördlicher oder südlicher Breite laufen.

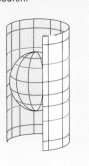

Rund um Afrika

Die Eroberung Ceutas an der Nordspitze Afrikas durch die Portugiesen im Jahre 1415 bedeutete das erste Ausgreifen auf einen Kontinent außerhalb Europas und eine Stützpunktbildung in einem fremden Kulturkreis. Unzweifelhaft hatte die wohlhabende Stadt Ceuta als Endpunkt transsaharischer Handelswege den Ausschlag dafür gegeben. Weitere Versuche zur Eroberung Marokkos scheiterten indes. Die Portugiesen wählten daher den Seeweg entlang der Küste, wobei nicht zuletzt psychologische Barrieren zu überwinden waren. Der südlich des Kap Bojador gelegene Bereich galt nach damaligen Vorstellungen als eine Zone des Schreckens. Von unvorstellbarer Hitze, einem »Magnetberg«, der die Schiffe anziehe, dem Absturz ins Nichts, Monstern und Seeungeheuern, Windstille ohne die Chance zur Rückkehr und anderen Schrecknissen war die Rede. Sandstürme von der Sahara her, Nebel, wandernde Sandbänke und gefährliche Küsten- und Gegenströmungen – die später zur »Volta«, der weiten Verlegung der Seerouten nach Westen führten – mochten der reale Hintergrund dieser Mythen und Ängste gewesen sein. Im Jahre 1434 gelang schließlich Gil Eanes im zweiten Anlauf die Überwindung des Kap Bojador. Danach drangen die Portugiesen ziemlich kontinuierlich entlang der afrikanischen Küste vor.

1436 erreichte Afonso de Baldaia den Rio de Oro (Goldfluss), 1441 Nuno Tristão das Kap Blanco, von wo er die ersten Sklaven nach Lissabon mitbrachte. Nach 1442 öffnete sich den Portugiesen der Zugang zu den afrikanischen Goldmärkten, die bis zur Entdeckung Amerikas Hauptversorger Europas mit diesem begehrten Edelmetall blieben. Bis 1460, dem Todesjahr Heinrichs des Seefahrers, waren die Portugiesen über das Kap Verde, die Senegal- und Gambiamündung und die östlichen Kapverdischen Inseln bis etwa auf die Höhe des heutigen Sierra Leone vorgedrungen, immer auf der Suche nach Gold und Sklaven, aber auch immer mit dem Auftrag, das Reich des »Priesterkönigs Johannes« ausfindig zu machen.

Nach dem Tod Heinrichs setzte sich das Kap- und Inselspringen im Bereich der Pfeffer-, Elfenbein-, Gold- und Sklavenküste fort, also vom heutigen Liberia bis zu den Regionen am Golf von Guinea mit seinen vorgelagerten Inseln (Fernando Póo, São Tomé), wobei die Namen der Küsten für die Produkte stehen, die man suchte bzw. fand. Inzwischen hatte man ganze Küstenabschnitte an einen Lissabonner Unternehmer verpachtet, mit dem Auftrag, jährlich 100 Leguas (etwa 550 km) der afrikanischen Küste zu entdecken. Mit der Anlage des Forts »São Jorge da Mina« (El Mina)

Der Ausschnitt aus einer Tafel des Vinzenzaltars von Nuno Gonçalves zeigt Heinrich den Seefahrer (um 1465, Lissabon, Museu Nacional de Arte Antiga).

Der Ausschnitt aus der 1502 entstandenen Karte von Alberto Cantino zeigt das Schloss des portugiesischen Außenpostens São Jorge da Mina (El Mina) am Golf von Guinea.

im heutigen Ghana 1482 besaßen die Portugiesen nicht nur ihr Depot für das Gold aus dem westlichen Sudan und Nigerbogen, sondern auch ihre zentrale Zwischenstation auf dem weiteren Weg um Afrika.

Die Entdeckung der Kongomündung und die Erforschung der Küste bis zur Walfischbucht ist mit dem Namen Diogo Cão verbunden. Auf seinen beiden Reisen (1482–83/84 und 1485–86/87) führte er zum ersten Mal die neuen steinernen Wappenpfeiler *(padrãos)* mit: Zeichen der portugiesischen Besitzergreifung und des gleichzeitigen Missionsanspruchs. Päpstliche Bullen aus den Jahren 1455 und 1456 hatten den portugiesischen Herrschern sowohl die weltliche Souveränität als auch die geistliche Jurisdiktionsgewalt über alle Gebiete vom Kap Bojador südwärts bis »Indien« auf ewige Zeiten übertragen, einschließlich des Handelsmonopols und des Rechts, die »Ungläubigen« in die Sklaverei zu führen.

Am Kongo ergaben sich erstmals intensivere Beziehungen zur afrikanischen Bevölkerung, die nicht nur ausgesprochen friedlich verliefen, sondern deren Ergebnis die Etablierung einer – anfänglich – partnerschaftlichen »Religions- und Handelsgemeinschaft« war. Auf die Taufe des Herrschers, des Manikongo, folgten ein reger Austausch zwischen beiden Königshäusern, die Einrichtung eines »Entwicklungshilfeprogramms« sowie 1521 sogar die Weihe des ersten – und für Jahrhunderte letzten – schwarzafrikanischen Bischofs. Die Hauptursache für das letztlich erfolgte Scheitern der Begegnung war vor allem, dass die Portugiesen nun bald ihr Augenmerk auf die Schätze Indiens und des Fernen Ostens richteten und am Kongo einzig und allein nur noch wegen des Sklavenhandels interessiert waren.

1487 begannen zwei entscheidende Entdeckungsfahrten, die auf unterschiedlichem Wege dasselbe Ziel »Indien« hatten und die strategisch eine Art Zangenbewegung darstellten. Während Bartolomeu Diaz an der Westküste Afrikas entlang segelte, 1488 das Südkap erreichte und den Seeweg nach Indien öffnete, versuchten Pêro da Covilhã und Afonso de Paiva – als Muslime verkleidet – von der »anderen« Seite, das heißt auf dem Wege über Ägypten und die arabische Halbinsel, ihr Ziel zu erreichen. Während Paiva unterwegs nach Äthiopien in Kairo starb, gelangte Covilhã auf See- und Landwegen bis an die Malabarküste Vorderindiens, später nach Sofala an der südlichen Ostküste Afrikas und schließlich nach Äthiopien (1496) zurück.

Portugiesischer Wappenpfeiler am Kap Cross an der Atlantikküste des südlichen Afrika.

Mit der Kontaktaufnahme zum äthiopischen Königshof endete auch die fast einhundertjährige Suche nach dem Reich des »Priesterkönigs Johannes«, den man nunmehr im Negus gefunden zu haben glaubte. Trotz der Enttäuschung am portugiesischen Hof über das christliche Land war Äthiopien doch als Stützpunkt für die Portugiesen zu wichtig, als dass sie zu diesem Zeitpunkt schon den Plan fallen gelassen hätten, gemeinsam gegen den Islam vorzugehen. 1543 gelang den vereinigten portugiesisch-äthiopischen Truppen ein allerdings nur kurzfristiger Sieg gegen den Emir von Harar. Mombasa war im Grunde Portugals nördlichster Stützpunkt an der Ostküste Afrikas, und auch der rigorose Versuch der Missionare, den römisch-katholischen Ritus gegenüber der äthiopisch-koptischen Kirche durchzusetzen, scheiterte.

Der Kupferstich aus dem Jahre 1597 zeigt die Taufe des Manikongo.

Empfang einer portugiesischen Delegation durch den Manikongo, Kupferstich von 1597.

Ein drittes »Nebenprodukt« der Bemühungen um den Seeweg nach Indien stellte neben den Vorstößen am Kongo und in Äthiopien die vorübergehende Festsetzung der Portugiesen im Südosten Afrikas, im heutigen Simbabwe, dar; identifizierten sie diese Region doch mit dem sagenhaften »Goldland Ophir«, aus dem Salomo dem Alten Testament nach zu Schiff Edelsteine und Gold nach Jerusalem hatte holen lassen. Sie legten daher ein Netz von Handelsplätzen nahe den Goldfundstätten über das Land, für die sie allerdings den örtlichen Herrschern eine Pacht zahlen mussten. Gelegentlich nutzten sie »Militärhilfen« auch zur Erlangung von Bergwerksrechten und zur Erlaubnis, mit Sklaven betriebene Plantagen einzurichten. Kein Vorstoß ins Innere Afrikas hatte aber zu einer dauernden Etablierung geführt. Der portugiesische Handelsexpansionismus, ohnehin nicht auf Siedlung ausgerichtet, blieb auf Militär- und Handelsstützpunkte längs der Küste beschränkt, die in erster Linie als Stationen auf dem Weg nach Indien dienten.

DER PRIESTERKÖNIG JOHANNES

in Zentralasien, angereichert mit fantastischen Ausschmückungen, Anlass für die Legendenbildung waren. Auf der Titelseite eines 1540 in Lissabon erschienenen Werkes von Francisco Alvares, der von der Auffindung des Priesterkönigs in

Wohl niemals in der Geschichte hat ein Phantom so reale Bedeutung angenommen wie die Gestalt des »Priesterkönigs Johannes« (oben auf einer alten Portolankarte). In dem legendären christlichen Herrscher in Asien oder Afrika erhoffte das europäische

Abendland einen Verbündeten gegen die Moslems zu finden, um die Vorherrschaft des Christentums auf der gesamten bekannten Welt durchzusetzen. Es wird vermutet, dass Nachrichten von christlichen Königen Äthiopiens oder Kenntnisse von nestorianischen Christen

Äthiopien berichtet, ist dieser in der Haltung eines spanischen Edelmannes dargestellt.

»Christen und Gewürze«

Bei der Landung in Indien glaubte Vasco da Gama zunächst, auf Christen getroffen zu sein (Auszug aus dem Bordbuch):

Die Stadt Calicut ist christlich. Diese Christen sind Menschen von brauner Hautfarbe, und ein Teil von ihnen trägt große Bärte und lange Haare. Andere tragen das Haar kurzgeschnitten, und wieder andere haben den Kopf glatt geschoren und tragen zum Zeichen, dass sie Christen sind, nur auf dem Wirbel einen Haarbüschel und dazu Schnurrbärte.

Im Jahre 1498 erreichten die Portugiesen schließlich ihr eigentliches Ziel: Indien. Am 8. Juli 1497 war Vasco da Gama, ein bewährter Seefahrer, der wie die meisten der Entdecker und Eroberer aus dem niederen Adel stammte, mit vier Karavellen von Lissabon aufgebrochen, hatte im weiten Bogen das Kap der Guten Hoffnung umfahren und war – nach gelegentlichen Zwischenlandungen an der ostafrikanischen Küste – von Malindi aus in Richtung Indien in See gestochen. Unter Führung eines arabischen Lotsen und unter Ausnutzung des Südwestmonsuns überquerten seine Schiffe in nur 23 Tagen den Indischen Ozean. Dem Landgang am 18. Mai 1498 im südwestindischen Calicut ging eine Szene voraus, die der Chronist der Fahrt überliefert hat und die auf einprägsame Weise die Motive der Portugiesen verdeutlicht. Vorsichtshalber soll der Kapitän zunächst einen der mitgenommenen Sträflinge an Land geschickt haben. Prompt traf dieser auf maurische Händler aus Tunis, die der kastilischen und der genuesischen Sprache mächtig waren. Verblüfft stellten sie die Frage: »Hol dich der Teufel! Wer hat dich (denn) hierhergebracht?« Die ebenso knappe wie aufschlussreiche Antwort lautete: »Wir kommen, um Christen und Gewürze zu suchen.«

Was die Christen betraf, so stand am Anfang der Begegnung ein groteskes Missverständnis; hielt man die Einwohner der Stadt Calicut doch für die erwarteten Christen und feierten die Portugiesen doch, ohne es zu bemerken, den ersten Gottesdienst auf indischem Boden nicht in einer christlichen Kirche, sondern in einem Hindutempel. Auch ein politischer Erfolg war Vasco da Gama auf dieser ersten Fahrt noch nicht beschieden, da sich das Zusammentreffen mit dem Herrscher von Calicut sowie mit den dort im Handel vorherrschenden Arabern alles andere als friedlich vollzog. Erst die anschließende Fahrt unter Pedro Álvares Cabral (1500) mit bereits 13 Schiffen und 1500 Mann Besatzung und die zweite Fahrt des Vasco da Gama (1502) gestalteten sich insofern erfolgreich, als die Portugiesen nunmehr rücksichtslos ihre Überlegenheit zur See einsetzten und die Rivalitäten indischer Herrscher, aber auch den indisch-arabischen Gegensatz zu ihren Gunsten auszuspielen vermochten.

Die mit Gewürzen und anderen Produkten des Orients reich beladenen Schiffe hatten die Hoffnung auf das bewährte Zusammenwirken von Handel und Mission auch im Fernen Osten gestärkt. Der portugiesische König nannte sich fortan: »König von Portugal und Algarve diesseits und jenseits des Meeres, Herr von Guinea und der Eroberung, Schifffahrt und des Handels von Äthiopien, Arabien, Persien und Indien«. Voraussetzung dieses eher programmatischen Titels blieb die Beseitigung der arabischen Handelsvorherrschaft in Asien.

Vasco da Gama, dargestellt in einer Malerei aus einem portugiesischen Manuskript des 17. Jahrhunderts (Paris, Bibliothèque Nationale).

DIE FAHRTEN VON VASCO DA GAMA UND PEDRO ÁLVARES CABRAL

Gama 1497-99
Cabral 1500/01

Über die Strapazen der ersten Indienfahrt des Vasco da Gama entnehmen wir dem Bordbuch über die Rückfahrt nach Portugal:

Für diese Überfahrt brauchten wir ... drei Monate weniger drei Tage, bis wir wieder Land sahen. Die Ursache dafür waren häufige Windstillen und Gegenwinde, die unser Vorankommen so behinderten, dass uns die ganze Mannschaft krank wurde. Das Zahnfleisch wucherte ihnen so über die Zähne, dass sie nicht mehr essen konnten; außerdem schwollen ihnen die Beine an, und sie bekamen auch sonst am ganzen Körper große Geschwüre, die einen Mann so weit herunterwirtschafteten, bis er starb ... Auf diese Weise starben uns während der Zeit der Überfahrt dreißig Leute, unerachtet derselben Zahl, die bereits gestorben waren, ehe wir unsere Rückreise angetreten hatten.

Zumindest teilweise ausgeschaltet wurde die arabische Konkurrenz im Indischen Ozean durch den Sieg des mit der Sicherung des Gewürzhandels beauftragten ersten Vizekönigs Francisco de Almeida 1509 über die vereinigten Flotten von Ägypten und Gujarat vor Diu. Es folgte die Niederlassung in Goa (1510). Dann eroberten

Der Holzschnitt von Hans Burgkmair dem Älteren ist eine Illustration zu dem 1508 erschienenen Reisebericht von Balthasar Springer, der als Bevollmächtigter des deutschen Handelskonsortiums der Welser an der portugiesischen Indienexpedition von 1505 teilgenommen hatte. Dargestellt ist der König von Gutzin (Cochin in Südindien) mit Gefolge.

Der Stich zeigt Macao zur Zeit seiner Gründung. Gut zu erkennen ist die strategisch günstige Lage auf einer Halbinsel.

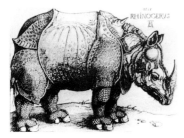

Das Nashorn war als Geschenk des Königs von Kambodscha am 20. Mai 1515 in Lissabon eingetroffen und von dort auf dem Seeweg zu Papst Leo X. geschickt worden. Unterwegs erlitt man Schiffbruch, das tote Tier wurde jedoch ausgestopft nach Rom gebracht. Albrecht Dürer hat es nach genauen Beschreibungen gezeichnet.

die Portugiesen Malakka (Melaka; 1511), wodurch die Verbindung zwischen dem Golf von Bengalen und dem Südchinesischen Meer geschaffen war. Große Teile des indisch-chinesischen Handels gerieten damit unter ihre Kontrolle. Unter Ausnutzung der Gegensätze

der Molukkenreiche von Tidore und Ternate etablierten sie sich auf den eigentlichen Gewürzinseln des Ostens. Mit der Einnahme von Hormus (1515) beherrschten sie auch die Schlüsselstellung am Eingang des Persischen Golfes, die zugleich Umschlagplatz zwischen Indien und Persien war, nachdem mit der Besetzung Sokotras (1507) schon vorher die Pforte zum Roten Meer gesichert worden war.

Im gleichen Zeitraum erfolgten die ersten Kontaktaufnahmen mit China (1514). Aber erst 1557 gelang es den Portugiesen, auf der Halbinsel Macao – gegen Zahlung einer Grundrente – eine Niederlassung einzurichten, die 1582 offiziell von den Chinesen genehmigt wurde. Sie sollte zum einen zum Eingangstor für die Chinamission der Jesuiten im 17. Jahrhundert werden, zum anderen Ausgangspunkt für den Handel mit Japan. Japan hatten 1543 erstmals desertierte portugiesische Chinaschmuggler, die durch einen Sturm an die Küste des Inselreichs verschlagen worden waren, betreten. Ihnen folgten Händler und Missionare. Zentrum der Japanmission sowie des lukrativen portugiesischen Monopolhandels zwischen China und Japan wurde die Stadt Nagasaki. So wie Kaufleute und christliche Sendboten Hand in Hand die etwa ein Jahrhundert währenden portugiesischen Beziehungen zu Japan eröffneten, so sollten sie auch gemeinsam das Land wieder verlassen müssen (1639).

Der »Estado da India«

Mit der Gründung Macaos und der Niederlassung in Nagasaki war der Schlussstein des asiatischen Imperiums der Portugiesen gelegt. Es folgte der Ausbau durch eine lockere, den gesamten süd- und ostasiatischen Raum umspannende Kette von Stützpunkten – erkennbar an den Festungsmauern und den sie überragenden Kirchen –, die für ein Jahrhundert die Seeherrschaft der Portugiesen in Ostasien begründeten. Sie erreichten diese überlegene Stellung durch ihren militärisch-technischen Stand, insbesondere durch die Schiffsartillerie und die Festungskanonen, sowie mithilfe des bewährten Prinzips, lokale und regionale Konflikte auszunutzen.

Mittelpunkt des Seereichs, das seit 1509 durch den zweiten Vizekönig Afonso de Albuquerque politisch und administrativ ausgebaut wurde, war das stark befestigte Goa (Lissabon des Ostens), auf einer geschützten, leicht zu verteidigenden Insel im Mündungsgebiet zweier Flüsse gelegen. Um ihn nicht übermächtig werden zu lassen, wurde der Vizekönig, dem ein Staatsrat (seit 1563) und eine unabhängige Finanzverwaltung zur Seite standen, alle drei Jahre abgelöst. Ihm unterstanden die Gouverneure von Moçambique, Maskat, Hormus, Colombo und Malakka. Kaum mehr als 6000 bis 7000 Personen haben dieses weitläufige Imperium *(Estado da India),* dessen Kontrolle durch die Metropole gering war und in dem sich jeder auf Kosten der Krone – und natürlich der Einheimischen – zu bereichern trachtete, mehr schlecht als recht verwaltet.

Oberstes Ziel der Portugiesen blieb die Monopolisierung des Gewürzhandels von Asien nach Europa, der zukünftig einen jährlichen Durchschnittsgewinn von etwa 150 Prozent erbringen sollte. Freilich waren am Anfang der *carreira da India,* der etwa zweijährigen Fahrt einschließlich Liegezeit zwischen Lissabon und dem ökonomischen Zentrum Goa, die Verluste an Mensch und Material noch sehr hoch. Während die Portugiesen in der Hauptsache Personal, Kapital und »Nürnberger Tand« nach Asien brachten, machten den Hauptteil der Waren aus Asien Pfeffer und andere Edelgewürze, Salpeter, Indigo, Harthölzer, Seide, Porzellan, Stoffe und die Kaurimuschel als Zahlungsmittel in Afrika aus. Neben dem direkten Handel richteten sie ein Zollsystem ein, aus dem sie im 16. Jahrhundert etwa 65 Prozent ihrer Gesamteinnahmen erzielten.

Entscheidend war, dass es den Portugiesen gelungen war, sich in das bestehende inneraasiatische Handelssystem zu integrieren, ohne dass sie den Handel von Chinesen, Japanern, Javanern, Thai, Indern und Arabern ausgeschaltet hätten. Die Krone hat von diesen Gewinnen nur bedingt profitiert. Außerdem hat sie wegen ihrer ständigen Finanznot zunehmend lukrative Monopole auf asiatische Produkte gegen feste Abgaben an Pächter abgetreten und somit selbst dem allgemeinen »Parasitismus« Vorschub geleistet. Ohnehin ging das meiste Geld aus Asien in den Luxus der Oberschichten und den Schuldendienst des Staates für Auslandsanleihen.

Den Torre de Belém in Lissabon ließ König Manuel I. zur Erinnerung an die Entdeckungsfahrten Vasco da Gamas mit dem Gewinn aus dem Gewürzgeschäft erbauen.

Goa wurde 1510 Zentrum von Portugiesisch-Indien. Aus dem kleinen Handelshafen wurde in wenigen Jahren eine blühende Kolonie und eine Festung, von der aus die Portugiesen die Handelsrouten über den Indischen Ozean kontrollierten.

Goa, seit 1534 Bistum, seit 1557/58 Metropolitanbistum für den gesamten Fernen Osten, war schließlich auch Zentrum der missionierenden Kirche. Auch in Asien suchten die Portugiesen mithilfe der staatlichen Mission die eigenen Herrschaftsstrukturen durch eine einheimische Klientel zu untermauern – mit insgesamt geringem Erfolg. Einzig in Goa vermochten eine militante Mission und eine bis 1774 tätige Inquisition in der Bevölkerung ein christliches Übergewicht zu erzielen, sodass hier eine portugiesisch geprägte Enklave entstand. Über Goa hinaus blieb der religiös-kulturelle Einfluss der Fleisch essenden »Parangi« (Portugiesen) bei den kastenbewussten Hindus gering, mit Ausnahme der bedrängten Fischerkaste der »Paraver«, die sich aus politischen Motiven zu einem – in der Folge indisierten – Christentum bekannten. Mit den einst so sehnlich gesuchten, aber schismatischen und als Kaste lebenden Thomaschristen rieb man sich an kleinlichen kirchenrechtlichen Fragen, wobei es 1599 für kurze Zeit zu einer erzwungenen Unierung mit Rom kam.

Japanischer Wandschirm aus dem 16. Jahrhundert. Dargestellt ist die Ankunft portugiesischer Kaufleute auf einem schwarzen Schiff; sie werden von japanischen Beamten begrüßt.

Gerade der anfänglichen kulturellen und rituellen Anpassung verdankte die Japan- und Chinamission der Jesuiten ihren hoffnungsvollen Beginn. Während sich die Missionare in Japan im Zuge des portugiesischen Handelssystems Zugang zu den »Landesfürsten« verschafften, traten sie in China als »abendländische Gelehrte« auf, die Mathematik, Technik, Astronomie und Philosophie vermittelten. Um 1580 soll es in Japan 150000, um 1700 in China 300000 Christen gegeben haben. Eine rigoros europazentrische Interpretation der einheimischen Riten, die enge Verbindung mit dem europäischen Imperialismus sowie letztlich wohl der unüberbrückbare Unterschied zwischen weltimmanenter Kosmologie des Ostens und dem metaphysischen Weltbild des Westens brachten das vorläufige Ende der Japan- und Chinamission.

Dependance Brasilien

Im April 1500 berührte Pedro Álvares Cabral eher zufällig – er war auf der Fahrt nach Indien zu weit nach Westen abgetrieben worden – die Küste Brasiliens (in der Gegend des heutigen Porto Seguro) und taufte das Gebiet in der Meinung, es handele sich um eine Insel, auf den Namen Ilha da Vera Cruz (Insel des Wahren Kreuzes). Ihm war jedoch die strategische Bedeutung des innerhalb der portugiesischen Tordesillas-Zone liegenden Gebietes für die Indienfahrt durchaus bewusst, das spätestens 1511 nach dem vorerst wichtigsten Exportprodukt, dem Brasilholz, aus dem eine wertvolle rote Beizfarbe erzeugt wurde, seinen Namen *(Terra do Brasil)* erhielt.

Von einem chinesischen Künstler stammt die Darstellung des Kölner Jesuiten Johann Adam Schall von Bell, kaiserlicher Astronom und Ratgeber am Hofe in Peking, die den abendländischen Gelehrten in der Kleidung eines chinesischen Mandarins zeigt.

Um das Territorium sowohl vor spanischen als auch vor französischen Begehrlichkeiten zu schützen, ging die Krone Anfang der dreißiger Jahre dazu über, das gesamte Küstengebiet von der Amazonasmündung bis zum heutigen Staat Santa Catarina in 15 erbliche, mit Hoheitsrechten ausgestattete Kapitanien einzuteilen, wobei die Ausdehnung in das Landesinnere offen blieb. Den privaten Besitzern wurde das Gebiet mit der Verpflichtung zur Erschließung und Besiedelung übertragen, gleichzeitig mit dem Recht, Indianer zu versklaven und auf dem Markt anzubieten. Nach dem Zuckerboom führte dies zu regelrechten Sklavenjagden. Bei diesen Zügen machten die in kleinen Gruppen *(bandeiras)* operierenden *bandeirantes,* aufgrund ihrer Zusammensetzung aus Mischlingen aus der Gegend von São Paulo auch *mamelucos* oder *paulistas* genannt, selbst vor den wenigen Indianerschutzgebieten der Jesuiten (Missionsdörfer) nicht halt. Diese später als »Pioniere« gefeierten Konquistadoren drangen bis weit in das spanische Gebiet vor.

Da sich die Privatkolonisation infolge von Kapitalmangel, fehlenden Siedlern, äußerer Bedrohung und Desinteresse an der Erschließung des Landes nicht bewährte und die spanischen Entdeckungen der Silbervorkommen in Potosí zudem Hoffnungen auf Edelmetalle weckten, entschloss sich die Krone seit der Jahrhundertmitte, mit dem Aufbau einer Kolonialverwaltung den staatlichen Zugriff auf Brasilien zu verstärken und die Gemengelage von Faktoreien, Kapitanien und nach fünf Jahren frei werdenden Siedlerhöfen *(sesmarias)* allmählich abzulösen oder zu überlagern. Inzwischen war auch ein Kolonialprodukt auf den fruchtbaren Böden des nordöstlichen Brasiliens heimisch geworden: der Zucker. Er sollte die Wirtschaft Brasiliens bis in die zweite Hälfte des 17. Jahrhunderts dominieren. Zu seinem Anbau reichten die Indianer bald nicht mehr aus, sodass schwarzafrikanische Sklaven an ihre Stelle traten. Mit ungefähr 3,5 Millionen zwangsimportierten Afrikanern nahm Brasilien, das auch als letzter westlicher Staat die Sklaverei abschaffte (1888), ein Drittel der im Wege des transatlantischen Dreieckshandels nach Amerika gelangten Sklaven auf.

Brasilien lag im 16. Jahrhundert nicht nur an der Spitze der Weltzuckerproduktion, der Zucker bestimmte auch das politische, soziale und gesellschaftliche Leben Brasiliens. Denn die Zuckerplantage mit der Zuckermühle, den Werkstätten und dem zum Teil verpachteten Land war nicht nur ein Produktions-, sondern auch ein patriarchalisches Sozialsystem. Sie war Festung, Pfarrei, Schule, Bank, Friedhof und Asyl in einem, dominiert vom Herrenhaus und umgeben von den Sklavenhütten. Wenn auch der Lebensstil der Zuckerbarone oft nur Fassade war und ihre Einkünfte meist nur knapp über den Aufwendungen lagen, blieb der Zuckerrohranbau doch bis heute einer der wichtigsten wirtschaftlichen und gesellschaftlichen Faktoren in der durch den hohen Sklavenimport bei gleichzeitig geringer Zahl der Portugiesen und Resten der ehemaligen Indianerbevölkerung rassisch stark gemischten Gesellschaft Brasiliens.

Zuckerrohrarbeiter

Pächter

Zuckerrohr

Jesuitendorf

indianische Lohnarbeit

Vieh und Ochsen

Zuckerrohrplantage mit 120 Sklaven, 10–15 Techniker und Spezialisten

nach Salvador
Zucker, Rum

Feuerholz

Saubara

Maniok

Vieh

von Salvador
Ausrüstung, Wein, Kleidung, Sklaven, Handwerker

Funktionsschema der Zuckerrohrplantage Sergipe do Conde in Bahia, um 1600

Brasilien auf einer alten Landkarte.

Die Erde ist rund – Die Entdeckung Amerikas und die erste Weltumsegelung

»Die Welt ist rund und kugelförmig«

Christoph Kolumbus, der als erster Europäer nach dem folgenlosen Vorspiel der Wikinger um 1000 n. Chr. den amerikanischen Kontinent betrat, wurde wahrscheinlich zwischen dem 25. August und dem 31. Oktober 1451 als ältester Sohn des Wollwebers Domenico Colombo in Genua geboren. Ob seine Vorfahren Korsen, Galicier oder katalanische Juden waren, die Ende des 14. Jahrhunderts von der Iberischen Halbinsel geflohen waren, ist umstritten. Gesichert ist seine Herkunft aus einer frommen Handwerkerfamilie des traditionellen gewerblichen Mittelstandes, die ihm offenbar den Glauben an Fleiß und harte Arbeit, aber auch Religiosität, kirchlichen Gehorsam und einen ausgesprochenen Familiensinn vermittelte. Genua, die »Herrin der Meere«, sollte dagegen sein Berufsziel des Kaufmanns bestimmen. Sehr wahrscheinlich hat er eine Schule besucht, ein Universitätsstudium dürfte er allerdings nicht absolviert haben. Einen großen Teil seiner Bildung, aber auch seiner nautischen Kenntnisse hat er sich im Selbststudium angeeignet.

Bei seiner Lektüre konsumierte er ebenso antike, mittelalterliche und zeitgenössische Autoren wie mit Legenden und Mythen durchsetzte Schriften. Die christlichen Wundergeschichten von den sagenumwobenen Inseln Sankt Brendan und »Antilia«, der »Insel der sieben Städte«, gegründet von sieben im Jahre 711 aus Spanien vor den Mauren geflohenen Bischöfen, nahm er ebenso ernst wie die Fabelwesen der antik-mittelalterlichen mythologischen Welt. Während seiner späteren Fahrten hielt er immer wieder Ausschau nach den Kyklopen, Sirenen und Amazonen sowie den legendären Ländern und Inseln, von denen er gelesen oder gehört hatte.

Der zweitälteste erhaltene Globus stammt von Johannes Schöner (1520). Er zeigt bereits den amerikanischen Kontinent, allerdings fast nur Südamerika. Wegen der zu großen Darstellung Europas und des Mittelmeerraums wurde der Pazifische Ozean viel zu schmal (Nürnberg, Germanisches Nationalmuseum).

Die höchsten Instanzen stellten für ihn jedoch die Bibel und die Kirchenväter dar. Kolumbus hegte in seiner tiefen Religiosität und großen Autoritätsgläubigkeit nie einen Zweifel an den Aussagen der kirchlichen Schriften und suchte seine Argumente immer wieder mit Bibelstellen zu belegen.

1473 ging Kolumbus als Vertreter Genueser Bank- und Handelshäuser nach Lissabon und nahm von dort aus erstmals an Hochseefahrten teil. Wahrscheinlich gelangte er auf Westafrikareisen bis auf die Höhe von El Mina und im Nordatlantik bis nach England und Island. In Lissabon, einem Zentrum des italienischen Handelskapitals, lernte Kolumbus auch seine spätere Frau kennen, deren Vater die erbliche Statthalterwürde der Insel Porto Santo bei Madeira besaß. Durch seine Heirat gelangte er nicht nur zu Ansehen und Vermögen, die Bibliothek seines früh verstorbenen Schwiegervaters erlaubte ihm auch eine Fortsetzung und Vertiefung seiner Studien. Um 1480 nahm er Kontakt zu dem berühmten Florentiner Arzt, Astronomen und Geographen Paolo dal Pozzo Toscanelli auf, der bereits 1474 dem portugiesischen König Alfons V. seine Vorstellung über die Möglichkeit einer Westfahrt nach Asien dargelegt hatte.

Über Toscanelli übte schließlich Marco Polo einen großen Einfluss auf Kolumbus aus. Dessen Reisebeschreibungen über China und Japan, die seit 1485 auch gedruckt vorlagen, faszinierten ihn derartig, dass die Fahrt in das Reich des »Großkhans« für ihn feststand. Aber anders als Marco Polo war Kolumbus überzeugt, dessen Reich von Westen her erreichen zu können, insbesondere da Marco Polo die Ostausdehnung Asiens gewaltig überschätzt hatte – die gedankliche Voraussetzung dafür, die Westfahrt wesentlich kürzer zu veranschlagen, als sie in Wirklichkeit war.

Kolumbus äußerte sich mit Blick auf die Heilige Schrift folgendermaßen über den Anteil von Wasser und Land an der Erde:

Und die Welt ist klein: Das Trockene an ihr macht sechs Teile aus, nur der siebte (Teil) ist mit Wasser bedeckt. Die Erfahrung hat dies bewiesen, und ich habe in anderen Briefen, ausgeschmückt mit Stellen aus der Heiligen Schrift, davon berichtet, gleichzeitig mit dem Hinweis auf den Ort des irdischen Paradieses, was die Heilige Kirche billigt.

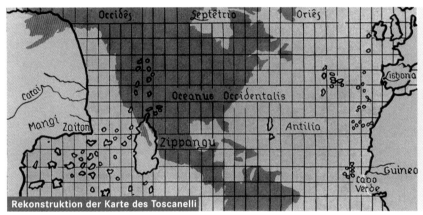

Rekonstruktion der Karte des Toscanelli

Lisbona = Lissabon
Cabo Verde = Kap Verde
Zippangu = Japan
Mangi = Indien

Die dunkel getönte Fläche gehört nicht zu der Karte des Toscanelli. Sie zeigt das von Kolumbus entdeckte Amerika.

Die Ansicht von der Kugelgestalt der Erde teilte Kolumbus mit seinen gebildeten Zeitgenossen. Sie stand ja schon für Babylonier, Griechen und Römer außer Zweifel – sogar der Gedanke der »Westfahrt« findet sich erstmals bei dem griechischen Gelehrten Eratosthenes im 3. Jahrhundert v. Chr. – und war auch im Mittelalter nicht verloren gegangen. Spätestens seit der Aristotelesrezeption im 12. Jahrhundert besaß sie Allgemeingültigkeit. Kolumbus' konkrete Anschauungen über Größe und Gestalt der Erde entstammten denn auch vor allem dem Traktat »Imago Mundi« (1410) des französischen Kardinals Peter von Ailly, der Asien von Europa nur durch einen schmalen Ozean getrennt sah, und der »Historia Rerum Ubique Gestarum« (1461) des Enea Silvio Piccolomini, des späteren Papstes Pius II., die er mit Randbemerkungen wie »Die Welt ist rund und kugelförmig« versehen hat. Während Piccolomini schrieb, dass sich Asien bis zur Breite von Thule, also Islands, erstrecke, stützte Ailly seine Berechnungen des Erdumfangs auf Ptolemäus, wobei er um ein Drittel unter dem tatsächlichen Wert blieb. Am Ende berechnete Kolumbus die Strecke von den Kanarischen Inseln nach Japan auf 4445 km, während die

Eigenhändige Randbemerkungen des Kolumbus in seinem Exemplar der Weltgeographie »Imago Mundi« des Kardinals Peter von Ailly (1410).

tatsächliche Entfernung 19 631 km beträgt, also mehr als das Vierfache. Die »fruchtbaren Irrtümer« des Kolumbus hätten demnach ihn und seine Leute das Leben gekostet, wenn es nicht jenen Kontinent zwischen Europa und Asien gegeben hätte, den der Genueser in spanischen Diensten für die europäische Welt öffnete.

Für seine Westfahrt hatte Kolumbus in beinahe ganz Europa geworben, zunächst in Lissabon, dann in Madrid und zwischenzeitlich auch – durch seinen Bruder Bartolomeo – in London und Paris. Aber erst nach dem Fall Granadas, der letzten Bastion der Mauren auf spanischem Boden, am 2. Januar 1492 fand er am kastilischen Hof Gehör, zumal das Ziel der Spanier – »Indien« mit seinen begehrten Produkten – das gleiche wie dasjenige der Portugiesen war. Ohnehin ähnelten die Ausgangsbedingungen für den spanischen Expansionismus in vielfacher Weise denjenigen Portugals. Aus der gesamteuropäischen »Krise des Feudalismus« im Spätmittelalter waren auch in Spanien gestärkte Königtümer hervorgegangen. Die Vereinigung von Kastilien und Aragonien (1469) hatte die beiden modernsten Staaten der hispanischen Halbinsel in Verbindung gebracht. Wie in Portugal begünstigte der kastilisch-aragonesische Staat den Aufstieg eines an Expansion interessierten, handelskapitalistischen Bürgertums. Und wie in Portugal gab es eine militant-missionarische Kirche. So erhielt Kolumbus unbedingte Unterstützung vonseiten einflussreicher Franziskanermönche. Fiskalische Überlegungen gaben indes den Ausschlag, dass die Krone schließlich seinen Plänen zustimmte.

Im Franziskanerkloster La Rábida (Südspanien) erklärt Kolumbus Mönchen und Besuchern seine Pläne vor der ersten Reise in die Neue Welt. Gemälde von Eduardo Cano de la Peña, um 1856.

Von den für die Reise veranschlagten Kosten von zwei Millionen Maravedís brachte die Krone etwas mehr als die Hälfte auf, Kolumbus selbst, zum größten Teil durch genuesische Kredite, etwa ein Viertel und die Stadt Palos de la Frontera als Begleichung von Kronschulden den Rest in Form zweier Schiffe. Bei seinen Abmachungen mit der Krone (Kapitulation von Santa Fé vom 17. April 1492) verlangte Kolumbus für sich die Großadmiralswürde, das Vizekönigtum, die Aufnahme in den Adelsstand und einen zehnprozentigen Anteil am Gewinn. Daneben erhielt er einen Schutzbrief der »Katholischen Könige« für die bevorstehende Reise nach Asien sowie ein Empfehlungsschreiben an asiatische Fürsten.

Keramik mit den Schiffen von Kolumbus, »Pinta«, »Niña« und »Santa María« (Madrid, Seefahrtsmuseum).

Am 3. August 1492 stachen die drei Schiffe »Pinta«, »Niña« und die »Santa María« als Flaggschiff des Kolumbus mit 90 Mann Besatzung von Palos aus in See. In der Nacht zum 12. Oktober sichtete der Ausguck der »Pinta« Land: die Insel Guanahaní in der Bahamagruppe, die Kolumbus am nächsten Morgen als Erster betrat und die er sofort in San Salvador umtaufte und für Spanien in Besitz nahm.

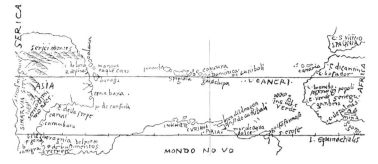

Die vom Bruder des Kolumbus, Bartolemeo, 1505 angefertigte Skizze (links) zeigt die zu dieser Zeit noch herrschende Verwirrung über die Neue Welt: Südamerika ist von den Inseln (Hispaniola, Guadeloupe und Dominica) weit entfernt, aber mit Asien verbunden. Dass Amerika ein eigener Kontinent ist, erkannte zur gleichen Zeit der Italiener Amerigo Vespucci, dessen Vorname der Neuen Welt den Namen geben sollte. Rechts eine von Kolumbus angefertigte Skizze der Küste von Hispaniola.

Während der Kontakt mit den Indianern vorerst friedlich verlief, war der Ertrag der Reise, gemessen an den hohen Erwartungen, ernüchternd. »Entdeckt« wurden Kuba und Haiti (Hispaniola), wenig Gold, erst recht nicht China oder Japan. Kolumbus war indessen überzeugt – und er sollte es bis zum Ende seines Lebens bleiben –, sich in der Nähe »Indiens« zu befinden. Die von den Spaniern bis ins 18. Jahrhundert beibehaltene Bezeichnung *las Indias* für den Kontinent und der Name Indianer für seine Bewohner sind Ausdruck dieser ursprünglichen Zielsetzung. Auf einem nördlicheren Kurs gelangte Kolumbus über die Azoren und Lissabon nach Südspanien zurück, wo nach Verlust der »Santa María« die beiden übrig gebliebenen Schiffe am 15. März 1493 in den Hafen von Palos einliefen.

Während der zum »Admiral des Ozeanischen Meeres« ernannte Kolumbus bereits im September 1493 erneut aufbrach, dieses Mal mit 17 Schiffen und über 1200 Menschen an Bord, ließ sich Spanien, das die Tragweite der Fahrt Kolumbus' durchaus erkannte, den Anspruch auf die neu entdeckten Gebiete durch Papst Alexander VI. bestätigen. Machtpolitisch entscheidender als diese oft fälschlich »Alexandrinische Schenkungen« genannten westindischen Edikte war indes der ein Jahr später mit Portugal geschlossene Vertrag von Tordesillas (7. Juni 1494). Er teilte die außereuropäische Welt durch eine Demarkationslinie in eine westliche, spanische und eine östliche, portugiesische Hälfte (Weltteilungsvertrag).

Kolumbus hatte unterdessen weitere Inseln der Antillen – nach der sagenhaften Insel Antilia benannt – entdeckt und erste Siedlungen anlegen lassen. Vorwürfe von Misswirtschaft und Machtmissbrauch ließen ihn 1496 nach Spanien zurückkehren. Er vermochte sich zu rechtfertigen und konnte im Mai 1498 seine dritte Reise antreten. Diesmal wählte er eine südlichere Route, auf der er auf der Höhe der Orinocomündung und am Golf von Paria erstmals südamerikanisches Festland betrat. Da er alle neu entdeckten Gebiete für sich beanspruchte und deshalb auch nicht die Autorität des wegen der Missstände auf Hispaniola eingesetzten königlichen Untersuchungsrichters Francisco de Bobadilla anerkennen wollte, wurde er in Ketten nach Cádiz zurückgebracht und nahezu seiner sämtlichen Würden entkleidet. In den Jahren 1502/04 durfte er dennoch zu einer vierten Fahrt aufbrechen, während der er die Küste Mittelamerikas von Yucatán bis zum Golf von Darién auf der Suche nach einer Passage nach Indien kartographisch erfasste.

AUFTEILUNG DER WELT

Tordesillas (1494)

Alcáçovas (1479)

Spanien

Portugal

Spanien

Portugal

Die Aufteilung der Welt nach den Verträgen von **Alcáçovas** und **Tordesillas**.

Brief des Kolumbus an seinen Sohn vom 5. Februar 1505, in dem er diesem über ein Zusammentreffen mit Amerigo Vespucci berichtet. Das Kryptogramm Xroferrens (Christoferrens »Christusträger«) als Unterschrift ist zu erkennen (rechts).

Darstellung des Johann Theodor de Bry »Kolumbus ergreift Besitz von der Insel Hispaniola« (veröffentlicht 1594). Im Hintergrund wird das Kreuz aufgerichtet, die Ureinwohner bringen Geschenke.

Verbittert und enttäuscht verbrachte er die letzten Lebensjahre bis zu seinem Tod am 20. Mai 1506 in Valladolid mit Prozessen um seine Rechte. Selbst der Name des neu entdeckten Kontinents geht auf einen anderen zurück, seinen Landsmann Amerigo Vespucci. Der Florentiner Kaufmann, Navigator und Humanist hatte nach 1499 nicht nur an spanischen und portugiesischen Entdeckungsfahrten teilgenommen, sondern auch erstmals hinsichtlich der neu entdeckten Gebiete von einer »Neuen Welt« gesprochen. 1507 gaben daraufhin die beiden Kosmographen Martin Waldseemüller und Matthias Ringmann im Anschluss an den latinisierten Vornamen Vespuccis und in Anlehnung an die weiblichen Bezeichnungen der Kontinente Europa und Asia Südamerika den Namen America, der sich mit der Weltkarte Gerhard Mercators von 1538 für den gesamten Kontinent durchsetzte.

Kolumbus – Kreuzfahrer oder Kolonialkonquistador?

Welches waren die Triebkräfte, die hinter den Plänen des Kolumbus standen und die ihn alle Rückschläge, sowohl diejenigen vor dem Aufbruch zu seiner Westfahrt als auch diejenigen während und nach seinen vier Amerikareisen, auf sich nehmen ließen? Wenn es ein Motiv gibt, das sein gesamtes »Bordbuch«, das Tagebuch seiner ersten Reise, durchzieht und das sich auch an anderen Stellen immer wieder findet, dann ist es materieller Wohlstand für Spanien und sich selbst. Schon in Marco Polos Reisebeschreibungen und in dem »Imago Mundi« des Peter von Ailly hatte er insbesondere jene Stellen mit zahlreichen Randbemerkungen versehen, die sich auf Gold- und Silbervorkommen, Gewürze und Edelsteine bezogen.

DIE REISEN DES KOLUMBUS

Bahamas
San Salvador
Kuba
Hispaniola
Puerto Rico
Jamaika
Martinique
HONDURAS
Karibisches Meer
VENEZUELA

ATLANTISCHER OZEAN   Azoren   Lissabon / Palos / Cadiz
Madeira
Kanarische Inseln
AFRIKA
Kapverdische Inseln
PAZIFISCHER OZEAN
SÜDAMERIKA

1. Reise 1492–1493
2. Reise 1493–1496
3. Reise 1498–1500
4. Reise 1502–1504
Hinreise
Rückreise

Wenn man indes die Entwicklung des Kolumbus verfolgt und die vorhandenen Zeugnisse genauer prüft, entsteht ein differenzierteres Bild. Im Prolog seines »Bordbuchs« sieht Kolumbus etwa sein Unternehmen in die spanische Reconquista eingebettet und stellt es in die universale Verbreitung des Christentums. Das Bekehrungsmotiv ist hier unmissverständlich ausgesprochen. Und es ist gekoppelt an das bekannte Thema der Suche nach dem Reich des »Priesterkönigs Johannes«. Dessen Herrschaftsbereich lokalisierte er in unmittelbarer Nähe des Reiches des Großkhans, des Kaisers von China, von dem Marco Polo berichtet hatte, dass er den Wunsch nach christlichen Gelehrten geäußert habe.

Amerigo Vespucci und die von ihm entdeckten Gebiete Südamerikas. Ausschnitt aus einer Karte des deutschen Kartographen Martin Waldseemüller, auf dessen Karten erstmals der Name America (zu Ehren Amerigo Vespuccis) verwendet wurde.

Ziel dieser Verbindung mit dem Großkhan war für Kolumbus ein gemeinsames Kreuzzugsunternehmen gegen den Islam zur Wiedereroberung des Heiligen Landes. Auch die Schätze Indiens waren für ihn nur Mittel zum Zweck, das heißt, sie sollten der Befreiung Jerusalems dienen und dem Christentum weltweit zum Sieg verhelfen. Als er während seiner dritten Reise im Mündungstrichter des Orinoco das irdische Paradies gefunden zu haben glaubte, ging er davon aus, dass dessen Reichtümer ausreichen würden, den entscheidenden Kreuzzug zur Wiedereroberung des Heiligen Grabes zu finanzieren.

Seinen Namen hatte er inzwischen in Cristóbal Colón geändert, was programmatisch auf den »Evangelisator« (Cristóbal »Christusträger«) und »Kolonisator« (Colón »Siedler«) verwies. In der Wiedereroberung Jerusalems und der Christianisierung der Welt sah er wohl das letzte Ziel seiner Bemühungen um die Westfahrt nach Indien. Franziskanische Spiritualität, Kreuzfahrermentalität und Goldhunger bildeten bei Kolumbus mithin eine Einheit; so war er verspäteter »Kreuzfahrer« und moderner »Konquistador« zugleich.

Magalhães und der verlorene Tag

S chon während der zweiten Reise des Kolumbus hatte die spanische Krone die neuen Gebiete auch für andere Entdeckungsfahrten freigegeben. Die »kleinen Entdecker«, oft ehemalige Begleiter des Kolumbus, konzentrierten sich zunächst auf die Erforschung der nördlichen Küste Südamerikas. Zwischen 1500 und 1519 sind rund 500 Schiffe von spanischen Häfen aufgebrochen, wobei der Schwerpunkt der Erforschung im Bereich der Küsten Mittel- und Südamerikas lag. Zunehmend beteiligten sich auch Portugiesen, gelegentlich Franzosen, an den Erkundungsfahrten. Ziel aller Unternehmungen war letztlich die Westpassage, die »Durchfahrt« durch die Landmassen Amerikas zu den Gewürzinseln. Mit der Entdeckung des Pazifik von den Höhen der Landenge von Panama »im Süden« – daher zunächst »Südmeer« genannt – durch Vasco Núñez de Balboa erhielt

Im Prolog seines Bordbuches stellt Kolumbus sein Unternehmen in die Tradition der spanischen Reconquista:

Also erwogen Eure Hoheiten (Isabella und Ferdinand) in ihrer Eigenschaft als katholische Christen, als Freunde und Verbreiter des heiligen christlichen Glaubens und als Feinde der Sekte Mohammeds und jedes anderen Götzendienstes und Sektiererwesens, ernstlich den Gedanken, mich, Christoph Kolumbus, nach den vorgenannten Gegenden Indiens zu entsenden, um jene Fürsten, Völker und Orte aufzusuchen und die Möglichkeiten zu erwägen, wie man sie zu unserem heiligen Glauben bekehren könnte.

die Suche nach der Westpassage neuen Auftrieb. 1515 scheiterte die Fahrt des Juan Díaz de Solís, diese über den Río de la Plata zu finden. An diesen Versuch knüpfte Magalhães an, der schließlich die Idee des Kolumbus, Asien von Westen her zu erreichen, verwirklichen sollte.

Fernão de Magalhães (deutsch Magellan), um 1480 in Trás-os-Montes geboren, entstammte einer adligen normannischen Familie, die sich Mitte des 13. Jahrhunderts in Portugal niedergelassen hatte. Im Dienst der portugiesischen Krone hatte er an Fahrten nach Ostasien bis über die Malakkastraße hinaus teilgenommen, war dann aber in Ungnade gefallen. Er wandte sich daraufhin mit seinem Plan, die Molukken, die eigentlichen Gewürzinseln, auf dem Westweg zu erreichen, an Spanien. Am 20. September 1518 brach er mit fünf Schiffen und 265 Teilnehmern zu seiner Suchfahrt auf.

Porträt des portugiesischen Seefahrers Fernão de Magalhães.

Unter schwierigsten Witterungsbedingungen und aufgehalten durch eine Offiziersmeuterei gegen den »portugiesischen« Generalkapitän segelte Magalhães an der südlichen Ostküste Amerikas entlang. Während des Winterquartiers in einem Puerto de San Julián benannten Naturhafen ereignete sich die berühmte Begegnung mit den »patagonischen Riesen«, angeblich so großen Menschen, »dass unser Kopf bis an (ihren) Gürtel reichte«, wie es in den Tagebuchaufzeichnungen des mitreisenden italienischen Humanisten Antonio Pigafetta hieß. Einen von den Patagoniern taufte man auf den Namen Johann, zwei andere wollte man nach Spanien mitnehmen; sie starben indessen auf der Fahrt. Die Legende von den patagonischen Riesen sollte sich bis ins 18. Jahrhundert halten.

Am 21. Oktober 1520 fand man die Bucht, die den Eingang zur später so genannten Magellanstraße bildete. An Feuerland vorbei – nach den zahlreichen Feuern, die nächtens zu sehen waren, benannt – erreichte die Expedition am 28. November den Pazifik (*mar pacífico,* »stilles Meer«), den Magalhães so nannte, »weil wir während der ganzen Fahrt keinen Sturm erlebten«. Nach vorübergehender Nordfahrt kreuzten die vier verbliebenen Schiffe den mittleren Pazifik, drei Monate und zwanzig Tage ohne Landberührung und frische Nahrung.

Auf den Marianen kamen die Europäer erstmals mit Menschen der Südsee in Kontakt. Mit Erreichen der Philippinen am 16. März 1521 war der größte Ozean überquert. Als sich Magalhães auf der Insel Cebú auf eine aggressive Christianisierung einließ und aufseiten des zuvor getauften Herrschers in einen lokalen Streit mit dem Raja der benachbarten Insel Mactan eingriff, fand er hier am 27. April 1521 den Tod. Da der vielfach als »größter Seeentdecker der Geschichte« bezeichnete portugiesisch-spanische Seefahrer bereits 1511/12 die Höhe von Amboina (Ambon) erreicht hatte, ist ihm tatsächlich die erste Weltumrundung nicht abzusprechen. Vollenden sollte die begonnene Weltumsegelung sein Führungsoffizier Juan Sebastián Elcano, nachdem der Herrscher von Cebù seine Meinung geändert und die Spanier nach der Ermordung mehrerer Offiziere mit drei Schiffen fluchtartig die Philippinen verlassen hatten. Nach Aufgabe eines weiteren Schiffes und nachdem das vorletzte Schiff bei dem Versuch, auf einer nördlicheren Route zurückzufahren, in japanischen Gewässern von den Portugiesen aufgebracht worden war, erreichte die »Victoria« unter Elcano über die Molukken und das Kap der Guten Hoffnung mit nur noch 18 Überlebenden am 6. September 1522 spanischen Boden.

Die »Victoria«, das einzige Schiff aus Magalhães' Flotte, das am 6. September 1522 nach Spanien zurückkehrte.

Trotz dieses Erfolgs und der mitgebrachten reichen Gewürzfracht blieben Elcano und seinen Leuten Vorwürfe nicht erspart; denn mit ihren Eintragungen im Logbuch lagen sie einen Tag hinter dem gültigen Datum zurück. Das Rätsel ließ sich jedoch bald lösen: Auf der Fahrt gegen Sonnenuntergang hatte die Expedition wegen der längeren Tage ständig »Zeit gewonnen«, in der Summe bei der Weltumrundung einen ganzen Tag. Damit stellte sich das Problem der Datumsgrenze, die erst mit einem internationalen Abkommen im Jahre 1845 auf 180 Grad Länge festgelegt wurde.

Mit der Weltumsegelung durch Magalhães und Elcano hatte sich der Weltkreis insofern geschlossen, als die Spanier auf dem Westweg den Anschluss an die Ostfahrt der Portugiesen gefunden hatten. Dabei hatten sie den tatsächlich einzigen Durchgang durch die Landmassen Amerikas im Süden entdeckt, während im Norden die Suche nach der Westpassage noch Jahrhunderte weiterging. Die wirkliche Südausdehnung Amerikas erkannte im Jahre 1616 der Holländer Jakob Le Maire, als er Feuerland umfuhr und die Südspitze nach dem Geburtsort seines Navigators Willem Schouten auf den Namen Kap Hoorn taufte. Ein Problem war indessen geblieben: Wem gehörten die Gewürzinseln und wo lag die Grenze der portugiesischen bzw. spanischen Ansprüche im Osten? Im Vertrag von Saragossa (1529) einigten sich die iberischen Konkurrenten schließlich auf eine Abgrenzung, die – in etwa – die Tordesillas-Linie über die Pole hinaus verlängerte und die 297$\frac{1}{2}$ Leguas oder 17 Grad ostwärts der Molukken verlief. Karl V. hatte sich sein Nachgeben mit 350 000 Golddukaten bezahlen lassen. Allerdings vermochten die Spanier die zum portugiesischen Bereich gehörenden Philippinen (nach Philipp II. von Spanien benannt) durch effektive Besetzung für sich zu behalten.

Bild eines »patagonischen Riesen«.

Das Reich, in dem die Sonne nicht untergeht – Das spanische Weltreich

»Bis an die Grenzen der Erde«

Am 12. Juli 1519, unmittelbar nach dem Eintreffen der Nachricht über die Wahl zum König des »Heiligen Römischen Reiches Deutscher Nation«, legte Mercurino de Gattinara, Großkanzler und engster Berater des soeben Gewählten, dem künftigen Karl V. eine programmatische Denkschrift vor. Darin schlug er dem Monarchen, der erst wenige Monate zuvor als König Karl I. in den Reichen der Kronen von Kastilien und Aragonien Anerkennung gefunden hatte, die Formulierung vor: »Römischer König, künftiger Kaiser, immer Augustus, König von Spanien, Sizilien, Jerusalem, der Balearen, der kanarischen und indianischen Inseln, sowie des Festlandes jenseits des Ozeans, Erzherzog von Österreich, Herzog von Burgund, Brabant, Steier, Kärnten, Krain, Luxemburg, usw., Herr in Afrika und Asien.«

In der Tat reichte das von Karl V. beherrschte Reich, in dem, wie er selbst sagte, »die Sonne nicht unterging«, über die bisher die Grenzen der »Welt« markierenden »Säulen des Herkules«, die Straße von Gibraltar, hinaus. Zu den Gebieten, die einst das Imperium Romanum ausmachten, waren die bis dahin unbekannten und neu entdeckten Länder jenseits der Ozeane hinzugekommen. Zusammen mit dem europäischen Erbe sollte die Führung bei der Entdeckung und Eroberung der neuen Welten nicht nur die Wiederbelebung der mittelalterlichen Vorstellung von einem geeinten christlichen Europa unter der Herrschaft eines christlichen Regenten augenfällig unterstützen, sondern die Eingliederung der »heidnischen« Völker in die Gemeinschaft der Gläubigen bedeutete auch die gleichzeitige Umsetzung des universalen Heilsanspruchs der als Fundament der imperialen Herrschaft dienenden katholischen Kirche. Eroberung, Missionierung und Kolonisierung gehörten folglich aufs Engste zusammen. Das neue Weltreich sollte sowohl die Einheit des Abendlandes wiederherstellen als auch die neu entdeckten und eroberten Länder in den *orbis christianus* integrieren.

Was den Aspekt der Integration in den imperialen Herrschaftsverband betraf, haben die spanischen Könige daher auch immer darauf geachtet, dass die neu eroberten Gebiete Besitzungen der Krone waren. Die »Königreiche der Indien«, wie sie offiziell genannt wurden, waren daher auch den anderen selbstständigen Teilreichen formal gleichgestellt und wurden wie diese durch Vizekönige repräsentiert. Die Gesetzgebung erfolgte durch königliche Ordonnanzen, Instruktionen und Erlasse. Zum Selbstverständnis des frühabsolutistischen, auf ungeteilte Souveränität bedachten Staates gehörte es ferner, das Macht- und Selbstständigkeitsstreben der Konquistadoren in der Neuen Welt einzudämmen und dem eigenen Herrschaftswillen unterzuordnen. Die spanische Krone hat daher gegenüber den Eroberern nie wieder so weit reichende Zugeständnisse gemacht, wie sie diese Kolumbus gewährt hatte.

Der zweite Aspekt der Herrschaftssicherung der Krone in der Neuen Welt betraf die Indianer. Wurden die eroberten Gebiete staatsrechtlich als Teil des Imperiums, als »Kronland« betrachtet, so ihre Bewohner, die Indios, als freie Untertanen der Krone, gleichberechtigt mit den Untertanen der europäischen Reichsteile. Überdies legitimierte ja erst die Eingliederung der »indianischen« Völker in die Gemeinschaft der Gläubigen den kirchlich sanktionierten imperialen Herrschaftsanspruch. Fiskalische Aspekte nach der Devise

Während eines Aufenthalts in Augsburg 1548 porträtierte Tizian Karl V. in der Gestalt eines humanen Herrschers (München, Alte Pinakothek).

Mercurino de Gattinara, Großkanzler Karls V., formuliert den imperialen Herrschaftsanspruch seines Souveräns:

Sire, da Euch Gott diese ungeheure Gnade verliehen hat, Euch über alle Könige und Fürsten der Christenheit zu erhöhen zu einer Macht, die bisher nur Euer Vorgänger Karl der Große besessen hat, so seid Ihr auf dem Wege zur Weltmonarchie, zur Sammlung der Christenheit unter einem Hirten.

»Ohne Indianer kein Amerika« kamen hinzu. Von ihrem Selbstverständnis her konnte die spanische Krone daher die Misshandlung, Versklavung und Vernichtung der Indianer nicht akzeptieren. Die Wirklichkeit in der Neuen Welt sah indessen anders aus.

Auf der Suche nach Eldorado

Während in Europa mit der Wahl Karls V. zum Römischen König die politisch-religiösen Konflikte des Reformationszeitalters vorgezeichnet waren, begann in der Neuen Welt das wohl spektakulärste Unternehmen der *conquista,* die Eroberung des Aztekenreiches durch Hernán Cortés. Der aus einer reichen Familie des Kleinadels der Estremadura stammende und auf Kuba zu Vermögen gelangte Cortés hatte auf die Kunde vom Goldreichtum des Aztekenherrschers Moctezuma eine unter dem Kommando des Gouverneurs von Kuba, Diego de Velázquez, stehende Expedition verlassen und war, ohne den vorgeschriebenen Vertrag mit der Krone und damit zum Erfolg »verdammt«, zum Festland übergesetzt. Von der als Stützpunkt angelegten Stadt Veracruz brach er mit 663 Mann, 16 Pferden, 10 Feldgeschützen und 4 kleinen Kanonen nach Tenochtitlán auf, dem Zentrum des aztekischen Reiches. Durch geschicktes Taktieren gelang es ihm, mit der Herrschaft der kriegerischen Azteken unzufriedene Völker wie die Tlaxcalteken auf seine Seite zu bringen. Diese erwiesen sich von großem Nutzen, als die Azteken nach der Gefangennahme Moctezumas, provoziert durch die hemmungslose Plünderung der Gold- und Silberschätze und die brutale Unterdrückung ihrer Kulte durch die Spanier, zum Gegenschlag ausholten. Unter hohen Verlusten mussten sich die Spanier in der »traurigen Nacht« des 30. Juni 1520 auf das Gebiet ihrer Verbündeten zurückziehen. Danach setzte die planmäßige Eroberung der Lagunenstadt unter Einsatz von 13 Brigantinen und mit einer auf über 1 400 Mann verstärkten Truppe sowie der Unterstützung der Tlaxcalteken ein. Sie endete nach fast dreimonatiger Belagerung am 13. August 1521 mit der Gefangennahme des neuen Herrschers Cuauhtémoc, nachdem eine Pockenepidemie die einheimische Bevölkerung um über die Hälfte dezimiert und ihre Widerstandskraft gebrochen hatte. Von Tenochtitlán aus, das nahezu vollständig zerstört wurde und auf dessen Ruinen die neue Hauptstadt México entstand, wurden unter dem zum Generalkapitän von »Neuspanien« ernannten Cortés, der in mehreren Briefen an Karl V. seine Tat rechtfertigen konnte, in den folgenden Jahren große Teile Mittelamerikas unterworfen. Der Traum, »weitere Mexikos« mit ähnlich reichen Schätzen zu finden, bestimmte die folgende *conquista,* so den Zug des Cortésbegleiters Pedro de Alvarado nach Guatemala und

Die Federzeichnung von 1530 (Haarlem, Teylers Museum) ist eine Nachzeichnung des Reliefs vom Schild Karls V., das als Motiv den Säulen verrückenden Herkules zeigt. Karl V. erscheint in antiker Rüstung als legitimer Nachfolger der römischen Kaiser mit dem Motto »Plus ultra« (rechts im Bild).

Der Bildschnitzer und Zeichner Christoph Weiditz zeichnete 1529 in Spanien dieses Bildnis von Cortés, das die einzig erhaltene authentische Darstellung ist (Nürnberg, Germanisches Nationalmuseum).

Diese goldene Katze (links) ist ein Meisterstück der peruanischen Chimúkultur. Die Fülle von Gold gab den Spekulationen über Eldorado Nahrung.

El Salvador (1524). Von Panamá aus, dem nach Santo Domingo und México dritten großen städtischen Zentrum, erfolgte die Erschließung von Costa Rica, Nicaragua und Honduras, aber auch der Pazifikküste nach Süden. Nach der Zerstörung des Inkareiches durch Francisco Pizarro (1531–33) in einer mit dem Unternehmen Cortés' vergleichbaren Aktion bildete die Hauptstadt des peruanischen Reiches Cuzco einen weiteren Mittelpunkt, von dem aus das westliche Kolumbien, Chile und Bolivien und schließlich von Santiago de Chile aus der Anschluss über die Anden an die spanischen Gebiete im Osten Südamerikas (Argentinien) erreicht wurden. Bereits in den Zwanziger- und Dreißigerjahren waren von den Antillen aus das östliche Kolumbien und Venezuela erschlossen worden, wobei dem Augsburger Handelshaus der Welser – für finanzielle Dienste bei der Wahl Karls V. – die »Statthalterschaft« über Venezuela (1528–56) zufiel. Um die Mitte des 16. Jahrhunderts

Ein Muisca-Häuptling, der mit dem sagenhaften Eldorado in Verbindung gebracht wurde, wird mit Goldstaub überblasen. Radierung von Johann Theodor de Bry, 1599 (Hannover, Niedersächsische Landesbibliothek).

Die Zeichnung von Hieronymus Köler dem Älteren von 1560 zeigt Gouverneur Georg Hohermuth (rechts) und Philipp von Hutten (Mitte) anlässlich der Musterung der Welsertruppe vor der Einschiffung nach Venezuela (London, British Library).

Der Codex Florentino berichtet im Buch XII u. a. vom Versuch Moctezumas, die Spanier unter Cortés durch Zauberei abzuwehren:

Motecuhzoma hatte die Magier beauftragt, auszuforschen, wer die Fremden wären. Zugleich sollten sie trachten, sie zu verzaubern, irgendein Unheil auf sie herabzuziehen, den bösen Wind gegen sie lenken, schlimme Geschwüre und Wunden aufbrechen lassen oder mit einem Zauberspruch Krankheit, Tod oder Umkehr der Fremden zu beschwören. Die Zauberer taten ihr Werk, sie besprachen die Fremden, aber die Wirkung blieb aus. Die Sprüche versagten, sie hexten den Fremden nichts an. Da kehrten die Zauberer eilig zurück und berichteten Motecuhzoma, wie stark und unverwundbar die Fremden wären.

hatte das spanische Kolonialreich in Mittel- und Südamerika in etwa seine äußeren Umrisse erreicht. Im Norden gelangten Entdecker wie Hernando de Soto auf der Suche nach einem neuen Eldorado bis zu den Appalachen und in die Prärien des Mittleren Westens. Den Bereich der kalifornischen Küste erschlossen Missionare.

Bleibt die Frage, wie die Eroberung dieses weiträumigen, von Florida und Kalifornien bis Feuerland reichenden, teilweise dicht besiedelten Raumes mit so geringen Kräften möglich war. Sieht man einmal von den hohen Verlusten und der wilden Entschlossenheit der Konquistadoren ab, die auf Gedeih oder Verderb kämpften, schon weil ihr Sold allein in der Beute bestand, so ist zunächst einmal die technische und taktische Überlegenheit der mit einer besseren Panzerung und Bewaffnung versehenen Spanier zu nennen. Von größerer Wirkung waren allerdings die in der Neuen Welt unbekannten Pferde und die abgerichteten Bluthunde. Hinzu kam, dass die Spanier situationsbedingt agierten, während die »göttlichen« Führer und herrschenden Eliten der ritualisierten und überstrukturierten Gesellschaften, wie sie das Azteken- und Inkareich darstellten, für den Einbruch des völlig Neuen keine Verhaltensmuster besaßen. Zumindest anfangs wird das lähmende Trauma von der »Rückkehr der Götter« mitgespielt haben. Innere Konflikte in den indianischen Staatswesen erleichterten den Spaniern ihr Vorgehen. Unterworfene Völker waren zur Zusammenarbeit bereit, leisteten Kundschafter- und Trägerdienste, stellten beachtliche Hilfstruppen (bis zu 30000 Krieger) und gewährleisteten durch logistische Maßnahmen das Überleben der von jedem Nachschub abgeschnittenen Spanier. Auf die Dauer noch entscheidender dürften aber die von den Spaniern eingeschleppten Bakterien gewesen sein. Sie vor allem führten zum zahlenmäßigen Niedergang der Indianer und der Lähmung ihrer Widerstandskraft.

Francisco Pizarro, porträtiert von einem unbekannten Maler, 1540 (Madrid, Museo de América). Pizarro konnte wie viele seiner Zeitgenossen nicht schreiben. Er bediente sich als Unterschrift der Schnörkel, den Namen selbst setzte dann ein Schreiber dazwischen.

»Kannibalen« oder »wahre Menschen«?

Im Jahre 1537 erließ Papst Paul III. eine Bulle, in der die Indianer als »wahre Menschen« bezeichnet wurden, die wie alle anderen menschlichen Geschöpfe der Annahme »des katholischen Glaubens und der Sakramente fähig« seien. Der christliche Oberhirte hätte kaum so ausdrücklich auf die Einheit des Menschengeschlechts verwiesen, wenn es nicht offenbar Zeitgenossen gegeben hätte, die anderer Auffassung waren. Tatsächlich wurden die Indianer als Kannibalen bezeichnet, mit wilden Tieren verglichen und als »dreckige Hunde« beschimpft – und eben auch so behandelt. Dem gegenüber stand allerdings auch schon das Bild des »edlen Wilden«. Bereits in dem Brief des Kolumbus an seinen Gönner am spanischen Hof, Luís de Santángel, vom 4. Februar 1493, der in publizierter Form Europa Nachricht von der Tat des Entdeckers gab, findet sich dieses gegensätzliche Bild des einerseits in paradiesischer Unschuld und Naturnähe lebenden »Wilden« und das des »Menschenfressers« andererseits. Der Vorwurf des Kannibalismus wird künftig das zentrale Argument für die Rechtfertigung der Eroberung, der Versklavung der Indianer und ihrer Zwangsmissionierung liefern.

Das sich für den neuen Kontinent durchsetzende Bild des Indianers als »Kannibalen« sollten indessen die in ganz Europa nach 1503/04 weit verbreiteten Vespuccibriefe prägen, die sich aufgrund

Aus dem Schatz des Moctezuma, dessen Goldstücke fast alle eingeschmolzen wurden, blieben die Federkrone und ein Federfächer erhalten (Wien, Völkerkundemuseum).

**EROBERUNG AMERIKAS
IM 16. JAHRHUNDERT**

Die rechte Darstellung zeigt, wie sich ein unbekannter Künstler aus Deutschland im frühen 16. Jahrhundert einen Indianer als »wilden Mann« vorstellte (Berlin, Kupferstichkabinett).

zugkräftigerer Titel und ihrer geradezu genüsslichen Detailschilderungen des vorgeblich durch den Verfasser selbst beobachteten Kannibalismus von dem eher nüchternen Kolumbusbericht unterschieden. Bei dem gelehrten Humanisten findet sich das gesamte, von antiken und mittelalterlichen Topoi mitbestimmte Arsenal des »barbarischen« Indianers: Nacktheit, libidinöse Sexualmoral, das Fehlen jeder politischen und sozialen Ordnung, keine Religion, ständige Fehden und Kriege und allgemein üblicher Kannibalismus. Nicht anders sieht das Indianerbild des italienischen Humanisten Pietro Martire d'Anghiera aus, der mit seinen seit 1511 in Briefform erschienenen »Acht Dekaden über die Neue Welt« der neben Vespucci meistgelesene Autor von »Americana« war. Auch d'Anghiera, der nie in Amerika war, aber als Chronist der spanischen Krone und Sekretär des Indienrates persönlichen Kontakt zu den Entdeckern besaß, spricht immer wieder von den Indianern als »ekelhaften Menschenfressern«. Schließlich haben nicht zuletzt in spanischen oder portugiesischen Diensten stehende deutsche Konquistadoren wie Ulrich Schmiedel und Hans Staden zur Verbreitung des Kannibalismus-Topos beigetragen. Stadens Bericht über seinen neunmonatigen Aufenthalt bei den brasilianischen Tupinambá im Jahre 1553 enthielt 54 Holzschnitte, nicht weniger als 30 von ihnen waren Abbildungen kannibalistischer Szenen. Selbst das Indianerbild der Missionare war zwiespältig, insgesamt bestimmt von einem paternalistischen Denken, das die Indianer im Stadium der Kindheit sah. Andererseits setzte eine ganze Reihe von ihnen

sich noch am ehesten für die unterdrückten und ausgebeuteten Ureinwohner ein.

Ihr »kolonialer Protest« setzte 1511 mit der Adventspredigt des Dominikaners António de Montesinos in der Kirche von Santo Domingo auf Hispaniola ein, der den verantwortlichen spanischen Kolonialbeamten die ewige Verdammnis wegen ihrer Verfehlungen gegenüber den Indios prophezeite. Der Missionar, der den Widerspruch der Kirche am schärfsten formulieren sollte, war allerdings der Dominikaner und spätere Bischof von Chiapas (Mexiko), Bartolomé de Las Casas. Als Sohn eines wohlhabenden Adligen, der an der Universität Salamanca Theologie und Jura studiert hatte, lebte der spätere »Apostel der Indianer« zunächst wie die anderen Kolonialspanier auf Hispaniola, bevor das gewalttätige Vorgehen seiner Landsleute ihn dazu führte, über die ethische Rechtfertigung der spanischen Kolonisation und Mission nachzudenken. Die Folge war, dass er auf seinen großen Indianer- und Landbesitz verzichtete und 1515 die erste von insgesamt 14 Seereisen nach Spanien im Einsatz für die Rechte der Indianer antrat. In mehreren Berichten über Amerika übte er heftige Kritik am Verhalten der Spanier und vor allen Dingen an der Missionsmethode. Wichtigste Frucht seines Engagements für die Indianer dürften zweifelsohne die Neuen Gesetze von 1542 gewesen sein, die die Abschaffung der Indianersklaverei dekretierten.

Las Casas bezog sich in der Fundierung seiner Argumente stark auf die Vertreter der spätscholastischen Kolonialethik. Es handelte sich bei diesen Spätscholastikern um führende Theologen Spaniens des 16. Jahrhunderts, überwiegend Dominikaner, die an der Universität von Salamanca lehrten (daher auch »Schule von Salamanca«), von denen einige enge Berater Karls V. und Philipps II. waren. Dem Standpunkt der von der päpstlichen Weltherrschaft ausgehenden Theokraten setzten die spätscholastischen Kolonialethiker das Naturrecht und die christliche Offenbarung entgegen. So unterlag es für sie keinem Zweifel, dass es auch bei den »Heiden« rechtmäßige Fürsten und Herrscher gab. Im Hinblick auf das kirchliche Missionsrecht und die Theorien vom »gerechten Krieg«, den die Theokraten bereits durch den Unglauben legitimiert sahen, vertraten sie den Standpunkt, dass weder das Heidentum noch die Ablehnung des christlichen Glaubens einen hinreichenden Grund zum Krieg darstellten. In dem dritten Streitpunkt der kolonialethischen Diskussion der Zeit, nämlich der Frage, ob es »Sklaven von Natur aus« gäbe, betonten sie die grundsätzliche Freiheit aller Menschen.

Eine positive Folge der engagierten Kolonialdiskussion stellte schließlich die relativ große Freiheit dar, die den Jesuiten im 17. Jahrhundert für ihr »heiliges Experiment« in Paraguay zugestanden wurde. Dieses bekannteste, in die Geschichte als »Jesuitenstaat« eingegangene Projekt der »Zusammenführung« der Indianer in abgeschlossenen Siedlungen (Reduktionen) bestand rund 160 Jahre und umfasste in seiner Blütezeit 30 Städte mit etwa 140 000 indianischen Bewohnern.

Der Kupferstich von Johann Theodor de Bry (1592) illustriert die europäischen Fantasien über den Kannibalismus bei den Indianern.

1566 malte Antonio Lara das Porträt (links) von Bartolomé de Las Casas (Sevilla, Biblioteca Colombina).

Mit der Predigt vom 21. Dezember 1511 kritisierte der Dominikaner António de Montesinos die von den Spaniern betriebene Unterdrückung der Indianer:

Ihr seid alle in Todsünde und lebt und sterbt in ihr wegen der Grausamkeit und Tyrannei, die ihr gegen jene unschuldigen Völker gebraucht ... Seid sicher, dass ihr in diesem Zustand, worin ihr euch befindet, genauso wenig das Heil erlangen werdet wie Mauren und Türken, die den Glauben an Jesus Christus nicht haben und auch nicht danach fragen!

Die Säulen der Herrschaft

Der Durchsetzung des Herrschaftsanspruchs der Krone in der Neuen Welt diente zunächst der Aufbau eines zentralisierten, bürokratischen Verwaltungsapparates. Schon seit 1492 war ein königlicher Kommissar für Überseefragen zuständig. Aus dieser Einrichtung entwickelte sich bis 1524 der *Consejo Real y Supremo de las Indias* – kurz Indienrat –, ein Kollegialorgan mit umfassender Zuständigkeit. Er war oberste Verwaltungsbehörde, oberstes Gericht, Finanzbehörde und Leitungsinstanz der kolonialen Kirche. Unter seiner Aufsicht stand auch die bereits seit 1503 existierende *Casa de la Contratación de las Indias* in Sevilla (ab 1717 in Cádiz), eine Auswanderungs-, Zoll- und Warenumschlagsbehörde. Sevilla entwickelte sich so zum zentralen Anlaufpunkt sämtlicher Kontakte mit Spanischamerika.

In Spanischamerika repräsentierten die Vizekönige für Neuspanien (1535) in México und für Peru (1543) in Lima den monarchischen Absolutismus, ergänzt im 18. Jahrhundert durch die Vizekönigreiche Neugranada (1739) und Río de la Plata (1776). Die zunächst rein repräsentative, zeitlich begrenzte Funktion der Vizekönige erfuhr eine Machtstärkung durch die Anhäufung mehrerer Ämter der obersten Verwaltung, aber auch eine Eingrenzung durch die seit 1511 eingerichteten *audiencias.* Als kollegiale Behörden waren sie oberste Instanz in Zivil- und Strafrechtssachen sowie Verwaltungsangelegenheiten und bildeten mit dem Vizekönig den Staatsrat. Sie sicherten nicht nur den königlichen Willen, durch Visitationen überwachten sie auch die Einhaltung der Indianerschutzgesetzgebung und stellten damit ein gewisses Korrektiv gegenüber den Kolonialübeln dar.

Unter den Vizekönigen rangierten die Provinzgouverneure – im 17. Jahrhundert gab es 39 Provinzen –, darunter folgten die Selbstverwaltungsorgane der Städte, kontrolliert von einem königlichen Beamten, dem *corregidor de españoles,* während die *corregidores de indios* als staatliche Bindeglieder zu den nach spanischem Vorbild eingerichteten indianischen Munizipien fungierten. Wichtigste Aufgabe der direkt dem Mutterland unterstellten Finanzbehörden war die Einziehung des königlichen Fünften (später Zehnten) sowie der Erträge der Monopole der Krone, der Verkaufssteuer, der Indianertribute sowie des Kirchenzehnten. Im Jahr 1557 machten diese Abgaben elf Prozent der gesamten Kroneinkünfte aus. Ohnehin bestimmte der ständige Finanzbedarf der Krone das Verwaltungshandeln, was dazu führte, dass die meisten Ämter käuflich und erblich waren und im 17. Jahrhundert, trotz formaler Autorität der Krone, für die Verwaltung die Maxime »Gehorchen, aber nicht ausführen« galt. Hinzu kam eine allgegenwärtige Korruption.

Städtegründungen und das damit in unmittelbarem Zusammenhang stehende System der *encomienda* stellten eine weitere Säule des

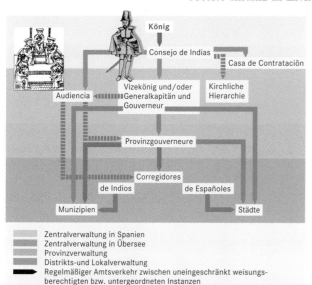

König

Consejo de Indias

Casa de Contratación

Vizekönig und/oder Generalkapitän und Gouverneur

Kirchliche Hierarchie

Audiencia

Provinzgouverneure

Corregidores
de Indios   de Españoles

Munizipien   Städte

Zentralverwaltung in Spanien
Zentralverwaltung in Übersee
Provinzverwaltung
Distrikts-und Lokalverwaltung
Regelmäßiger Amtsverkehr zwischen uneingeschränkt weisungsberechtigten bzw. untergeordneten Instanzen
Weisungsbefugnis in bestimmten Angelegenheiten gegenüber Behörden derselben oder einer untergeordneten Verwaltungsebene

Die Verwaltungsorganisation des spanischen Kolonialreichs zu Beginn des 17. Jahrhunderts

Einsetzung indianischer politischer Beamter durch den Vizekönig.

spanischen Kolonialstaates in der Neuen Welt dar. Von Städten gingen sowohl die Eroberung des Kontinents als auch die dauerhafte Etablierung der Herrschaft aus. Zwischen 1521 und 1572 wurden 200 der wichtigsten Städte Spanischamerikas gegründet. Diese schachbrettartig mit einer von Rathaus und Kirche beherrschten großen *plaza* in der Mitte angelegten Städte sorgten nicht nur für die Wiedereingliederung der Konquistadoren in ein ziviles Leben, sie entwickelten sich auch zum Sitz der politischen und kirchlichen Verwaltung sowie zu regionalen Wirtschafts- und Kulturzentren.

War die Stadt spanisch, so das Land indianisch. Miteinander verbunden waren beide durch die *encomienda*. Denn da die Spanier zwar für Spanien zu sterben bereit waren, aber nicht zu arbeiten beabsichtigten, wie es ein Historiker im 19. Jahrhundert ausdrückte, sollten die Indianer die eigentliche Arbeit leisten. Als sie dazu nicht freiwillig bereit waren, institutionalisierte die Krone 1503 das bereits zuvor praktizierte Verfahren der »Verteilung« von Indianern, das nunmehr den Spaniern eine Anzahl von ihnen unter Leitung eines Kaziken (Häuptlings) »anempfahl« (spanisch *encomendar,* daher die beschönigende Bezeichnung *encomienda*) mit der gleichzeitigen Verpflichtung, ihre »Schützlinge« im christlichen Glauben zu unterweisen. Die *encomienda* trug entscheidend zur Auflösung des indianischen Sozialsystems und zur Etablierung einer spanisch dominierten Kolonialgesellschaft bei.

Den religiös-kulturellen Wandlungsprozess unter kolonialen Vorzeichen bewirkte dagegen die Kirche, die den dritten Stützpfeiler des spanischen Kolonialreiches darstellte. Wenn die Spanier nur eine schwache Kolonialarmee besaßen, dann gab es doch die »Armee« der Missionare und ihrer Helfer. Von 1493 an, als der erste Geistliche Hispaniola betrat, bis zur Unabhängigkeit Spanischamerikas zu Anfang des 19. Jahrhunderts gingen mehr als 15 000 Missionare in die Neue Welt. Sie erfüllten neben ihrem Glaubensauftrag eine wichtige Funktion bei der Kontaktaufnahme selbst zu den entlegensten indianischen Völkerschaften, bei deren Zusammenziehung in Dörfern und bei deren Erziehung zu hispanisierten Untertanen, wobei die

Diese frühe Karte von Tenochtitlán basierte auf Informationen, die Hernán Cortés in einem Brief an Karl V. übermittelte.

DAS ENCOMIENDA-SYSTEM

und Leuten mit Arbeits- und Tribut-pflicht für die Indianer und der Christianisierungsaufgabe aufseiten der Spanier. Zwar besaß die Enco-mienda, die die Indianersklaverei allmählich ablöste, auch eine militärische Seite, insofern sie den materiellen Unterhalt des städti-schen Milizaufgebotes sicherte. In erster Linie diente sie aber der wirtschaftlichen Absicherung einer herrschaftlichen Lebensweise der Spanier. In der Regel wurde eine Encomienda für Verdienste bei der Eroberung, der Verwaltung oder der Besiedelung des Landes auf »zwei Leben« vergeben und um-fasste zwischen 50 und 2000 India-ner. Praktisch bedeutete das

Encomienda-System eine mehr oder weniger gewaltsame Rekrutie-rung von Arbeitskräften und deren weitgehend ungeschützte Aus-beutung. Die Illustrationen aus der indianischen Handschrift des Poma de Ayala gelten als zuverlässige Quellen; das Bild links zeigt einen Ratsschreiber, der im Auftrag des Kolo-nialstaats einen India-ner zur Abgaben-zahlung (paga) auffordert. Der Encomendero (rechts) miss-handelt einen Indianer.

Das Encomienda-System war eine quasifeudale Aufteilung von Land

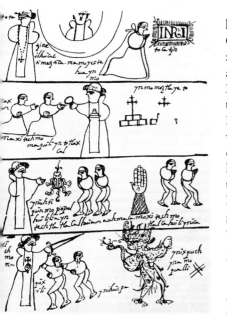

Auf einem Blatt aus dem nur fragmentarisch erhaltenen Lehrbuch des spanischen Franziskaners Bernardino de Sahagún zur christlichen Unterweisung der Azteken ist das »Vaterunser« bildhaft in deren Sprache Nahuatl umgesetzt (London, Britisches Museum, Kopie datiert aus dem Jahr 1714).

Missionsmethode lange Zeit in der radikalen Zerstörung einheimi-scher Kulte und Kultstätten bestand.

Kam es mit der Ankunft der großen Missionsorden der Franzis-kaner, Dominikaner und Jesuiten bald zu einer flächendeckenden Gemeindebildung, auf deren Basis die »geistliche Eroberung« einset-zen konnte, so baute die amtskirchliche Hierarchie auf der Pionier-arbeit der Missionare auf. Die Einrichtung von 35 Diözesen und fünf Erzdiözesen bis 1620 war Ausdruck dieses kolonialen Staatskirchen-tums. Denn mit den »westindischen Edikten« von 1493, die in der Neuen Welt zum »königlichen Universalpatronat« (1508) erweitert wurden, besaß die Krone nicht nur die oberste weltliche Gewalt in den Kolonien, sondern ihr Inhaber war auch das Haupt der koloni-alen Kirche, deren Amtsträger somit Funktionäre des kolonialen Staa-tes waren. So gerieten alle Angelegenheiten der Kirche unter staat-liche Aufsicht, während sie selbst als »staatliche« Einrichtung die Auf-gabe der Eingliederung der Indianer in den kolonialen Untertanen-verband und in den europäischen Kulturbereich übernahm.

Rassen und Kasten

Mit der Freigabe der Entdeckungsfahrten und dem Auftrag an private »Kriegsunternehmer«, Land in der Neuen Welt »zu entdecken, zu erobern und zu besiedeln«, vollzog sich in Spanisch-amerika der Übergang zur Siedlungskolonisation. Damit stellten sich auch die für eine Siedlungskolonie typischen Probleme von Rassen-mischung und Rassentrennung. An der Spitze der politisch-gesell-schaftlichen Pyramide standen die spanischen Eroberer. Etwa 95 Pro-zent von ihnen, vom niederen Adligen bis zum einfachen Hand-werker, kamen aus Kastilien, ungefähr drei Prozent waren Auslän-der (Portugiesen, Italiener, Deutsche), die Ausnahmegenehmigungen von der *Casa de la Contratación* erhalten hatten, während Mauren, Juden, Zigeunern, »Häretikern« (Protestanten) und selbst »Neuchristen«, also getauften Juden und Mauren, der Zugang nach Amerika verwehrt war. Dennoch gelangten Angehörige dieser Gruppen, teils heimlich über Brasilien, aber auch, weil man Siedler benötigte, in die Neue Welt. Als Strafkolonie wurde Spanischamerika nie in Betracht gezogen, ebenso wie es hier keine »weißen Sklaven«, das heißt zur Ableistung ihrer Überfahrt auf bestimmte Zeit verpflichtete Arbeitskräfte, gab. Dagegen waren schon seit der dritten Fahrt des Kolumbus Frauen an der Auswanderung beteiligt. Zwischen 1560 und 1579 betrug ihr Anteil an der spanischen Bevölkerung fast 30 Prozent. Bereits nach 1560 übertraf der natürliche Zuwachs der Spanier die Einwanderung. Ihre Zahl lag 1570 bei 118000 (1,25 Prozent der Bevölkerung).

Der ansteigenden Kurve für die Europäer entsprach die absinkende Kurve für die Indianer. Bei aller Unsicherheit hinsichtlich der Zahlen ging nach heutigem Stand der Forschung die Anzahl der ursprünglichen Einwohner Amerikas zwischen 1500 und 1600 von etwa

70 Millionen auf 10 Millionen zurück, in Mexiko, Mittelamerika und Peru um über 90 Prozent. Entscheidender für den Bevölkerungsrückgang als die brutale Unterwerfung und anschließende rigide Behandlung der Indianer waren die epidemischen Auswirkungen des Kontaktes zwischen den Europäern und den amerikanischen Ureinwohnern. Zu den »importierten« Infektionskrankheiten mit verheerenden Auswirkungen gehörten Pocken, Diphtherie, Beulenpest, Cholera, Amöbenruhr, Masern, Windpocken,

Eine Folge der Kolonialisierung war die Vermischung der Rassen und die Herausbildung der unterschiedlichsten Kasten. Dazu gibt es einen 16-teiligen Bildzyklus aus dem 18. Jahrhundert, abgebildet sind daraus »Nr. 7 Aus Spanier und Albina entsteht Torna atrás« (oben) und »Nr. 1 Aus Spanier und Indianerin entsteht Mestize« (links).

Scharlach, Keuchhusten, ja selbst grippale Infekte. Der verbliebenen Indianer harrte das Schicksal kolonisierter Völkerschaften, was aber auch hieß, dass sich Teile erfolgreich in die koloniale Gesellschaft zu integrieren vermochten. Eine christianisierte indianische Führungsschicht etablierte sich als koloniales Bindeglied zu den »Untertanen«, ihre Angehörigen konnten bis in den spanischen Niederadel aufsteigen. Das bedeutete für sie das Recht, den Titel »Don« zu führen und ein Schwert zu tragen, eigenen Gerichtsstand und das Vorrecht, ihre Kinder auf höhere Bildungsanstalten zu schicken. Frauen des indianischen Adels vermochten gar bis in die Oberschicht aufzusteigen, ihre Kinder galten bereits in der zweiten Generation wieder als Spanier.

Auf der untersten Stufe der sozialen Hierarchie standen die aus Afrika zwangsimportierten Sklaven. Hispanisierte Schwarze waren als Diener schon mit den ersten Konquistadoren in die Neue Welt gekommen. Nach 1520 setzte dann aufgrund des Rückgangs der Indianer die direkte Zufuhr von Sklaven aus Afrika ein. Insgesamt nahm Spanischamerika etwa 1,5 Millionen Afrikaner auf, das sind 15 Prozent der in die Neue Welt verbrachten Sklaven. Sie arbeiteten vor allem in den Gold- und Silberminen, auf den Farmen und Plantagen, aber auch für ihre Besitzer als Handwerker und Tagelöhner in den Städten. Freilassung und Verkauf waren möglich, auch gar nicht so selten. Während es zumindest eine Indianerschutzgesetzgebung gab, waren die schwarzen Sklaven ihren Herren aber nahezu schutzlos ausgeliefert.

Aus diesen drei die koloniale Sozialordnung bestimmenden Gruppen erwuchs die multirassische und multiethnische Gesellschaft Iberoamerikas. Zentrales politisch-ideologisches Mittel, mit dem sich die herrschende Minderheit sozial abschloss, war das im 13. Jahrhundert in der Auseinandersetzung der Spanier mit Mauren

Das Bild, datiert 1599, sollte an die friedliche Unterwerfung einer Siedlung entflohener Sklaven erinnern. Es zeigt drei Mulatten, denen der Titel »Don« zugeschrieben ist, gekleidet nach der Art der Spanier mit Goldschmuck aus vorkolumbischer Zeit.

und Juden entstandene Prinzip der »Blutreinheit«, das rigoros in die Neue Welt übertragen wurde. Nur »altchristlichen« Spaniern blieben die höchsten Stellungen in Staat, Verwaltung, Armee und Kirche vorbehalten. Selbst Zünfte und Korporationen, die für sich ein höheres Ansehen beanspruchten, wie die Goldschläger, verlangten den Nachweis altspanischer und altchristlicher Herkunft. Von daher war die Heirat mit einer spanischen Frau – als Garantin der »Reinheit des Blutes« – Grundlage des sozialen Status. Die Eurospanier grenzten sich sogar gegenüber den in Amerika geborenen Spaniern, den Kreolen, ab. Vermögen und Förderung durch die Krone ließen die oft von den Konquistadoren abstammende kreolische Oberschicht zwar an gesellschaftlicher Stellung gewinnen. Aber die Realität sah dennoch so aus, dass von den 166 Vizekönigen und 588 Generalkapitänen, Gouverneuren und Präsidenten nur 18 Kreolen waren. Ihre politische Unzufriedenheit war Initialzündung der Unabhängigkeitsbewegung im 18. Jahrhundert.

Während die Verbindungen von Spaniern mit Afrikanern, aus denen die Mulatten hervorgingen, gesellschaftlich nicht akzeptiert wurde, hatte die Krone, schon um Christianisierung und Hispanisierung der neuen Untertanen zu fördern, bereits 1501 und nochmals 1514 Mischehen zwischen Spaniern und Indianern, die die Mestizen hervorbrachten, erlaubt. Daneben existierte das aus Altspanien bekannte, dort jedoch inzwischen verbotene Institut der *barraganía,* eine freie Ehe mit privatem Vertragscharakter. Die meisten Verbindungen mit indianischen Frauen waren indes illegitim.

Waren es anfangs noch geraubte und vergewaltigte indianische Frauen, so gab es doch auch freiwillige Verbindungen mit den Spaniern. Für diese bedeutete ein Zusammenleben etwa mit einer Kazikentochter eine reichliche Mitgift, nicht zuletzt in Form von Land. Mit der Zuwanderung europäischer Frauen und dem sich seit der 2. Hälfte des 16. Jahrhunderts verschärfenden Rassismus sanken die aus illegitimen Verbindungen stammenden Mestizen in eine zunehmend untergeordnete Position. Sie besaßen keinen Zugang zu den öffentlichen Ämtern, wurden nicht zum Priesteramt zugelassen oder in Klöster aufgenommen und blieben von den Universitäten ausgeschlossen. Als Farbige durften sie sogar an den Schandpfahl gestellt und ausgepeitscht werden. Aber wie in anderen Bereichen sorgten Einfluss und vor allem Geld (»sich weiß kaufen«) für Ausnahmen.

So gut wie keine Ausnahmen gab es hingegen für die gesellschaftlich nicht anerkannten und verachteten Mulatten sowie die verschiedenen, von den einzelnen Rassenmischungen hervorgebrachten Kasten. Namentlich die aus der Verbindung von Indianern und Afrikanern hervorgegangenen Zambos wurden grausam bekämpft. Die ständige Zunahme der Mischlings- und die langsame Erholung der Indianerbevölkerung bei gleichzeitiger Abnahme der »reinblütigen« Spanier führten auch in dieser Siedlungskolonie zu einer Fülle von diskriminierenden Gesetzen und Erlassen und der Sorge bei den herrschenden Eurospaniern, eines Tages die Macht zu verlieren.

Im Schloss zu Brüssel präsentierte Karl V. 1520 nach seiner Rückkehr aus Spanien den Schatz der Azteken, der ihm von Hernán Cortés zugesandt worden war, einem ausgewählten Publikum. Dort hat auch Albrecht Dürer ihn gesehen:

Auch hab jch gesehen die dieng, die man dem könig auß dem neuen gulden land hat gebracht: ein gancz guldene sonnen, einen ganczen klaffter braight, deßgleichen ein gancz silbern mond, auch also groß, deßgleichen zwo kammern voll derselbigen rüstung, desgleichen von allerleÿ jhrer waffen, harnisch, geschucz, wunderbahrlich wahr (Wehr, Schilde), selczamer klaidung, pettgewandt und allerleÿ wunderbahrlicher ding zu maniglichem brauch, das do viel schöner an zu sehen ist dan wunderding. Diese ding sind alle köstlich gewesen, das man sie beschäczt vmb hundert tausent gulden werth. Und ich hab aber all mein lebtag nichts gesehen, das mein hercz also erfreuet hat als diese ding. Dann ich hab darin gesehen wunderliche künstliche ding und hab mich verwundert der subtilen jngenia der menschen jn fremden landen.

Geld regiert die Welt – Frühkapitalismus und europäische Expansion

Die Jagd nach Gold und Silber

Der direkte Zugang zu den Luxusgütern und zum »Goldreichtum« Asiens war das primäre Motiv des europäischen Expansionismus. Bevor jedoch die Portugiesen den Seeweg nach Indien entdeckten, schienen die Spanier auf den »neu gefundenen Inseln« erfolgreicher zu sein. So berichtete Kolumbus bereits während seiner ersten Reise (1492/93) von einem Fluss auf Hispaniola, »ganz durchsetzt mit Gold«, einige Körner seien »so groß wie Linsen«. Das auf den Großen Antillen geschürfte Gold erwies sich jedoch fast ausnahmslos als Waschgold, das zudem bald erschöpft war.

Tauschhandel, mehr noch Raub und Plünderung von Gebrauchs-, Kunst- und Kultgegenständen befriedigten daraufhin die Gier der Spanier nach Gold. 1520 präsentierte Karl V. bei einem Aufenthalt in Brüssel einem faszinierten Publikum die ihm von Cortés übersandten Schätze des Aztekenherrschers Moctezuma, die er anschließend

Der Holzschnitt aus der Indianergeschichte »La Historia General y Natural de las Indias« von Gonzalo Fernándes de Oviedo y Valdes zeigt Gold waschende Indianer.

Unter den Illustrationen von Poma de Ayala findet sich auch die Darstellung der grausamen Ermordung des Inkaherrschers Atahualpa. Historisch belegt ist, dass er am 29. August 1533 von Spaniern erdrosselt wurde.

bis auf den »wertlosen« Federschmuck einschmelzen ließ. Den Höhepunkt des »Goldrausches« stellte die Ermordung des Inka Atahualpa dar, der vergeblich versucht hatte, sich durch etwa 5 Tonnen Gold und 12 Tonnen Silber Lösegeld freizukaufen. Da selbst noch auf einen einfachen Fußsoldaten der 168 Mann starken Truppe Pizarros ein Anteil von 2 673 Goldpesos entfiel, löste diese Beute einen erneuten Wettlauf bei der Suche nach Eldorado aus. In den Vierzigerjahren versiegten jedoch die Quellen des Indianergoldes. Die »Goldwirtschaft« beruhte fortan auf dem teuren Bergbau, dessen Förderung eine gewisse Bedeutung behielt und der inzwischen auch das afrikanische Gold mengenmäßig übertraf. Zwischen 1503 und 1660 trafen 181 Tonnen Gold in Sevilla ein.

Überflügelt wurde das amerikanische Gold nach der Mitte des 16. Jahrhunderts vom Silber, das zwar in jener Zeit in einem Wert von 1:10 bis 1:15 zum Gold stand, das aber aufgrund der ungeheuren Menge den bei weitem größten Teil des Weltsilbervorrats ausmachte. Zwischen 1503 und 1660 trafen 16 887 Tonnen Silber aus Spanischamerika in Sevilla ein. Damit war Silber eindeutig das Hauptexportprodukt Spanischamerikas; im 16. Jahrhundert betrug sein Anteil am Export über 80 Prozent, im 17. Jahrhundert um 75 Prozent.

Der Silberboom hatte eingesetzt, als 1545 durch Zufall die Silbervorkommen des Cerro Rico (Reicher Berg) im heutigen Bolivien entdeckt wurden. Das Wappen der im gleichen Jahr gegründeten Stadt Potosí pries den Berg als »Schatzkammer der Erde, König aller Berge, Traum aller Könige«. Wenn auch später andere Silberbergbaugebiete wie zum Beispiel Zacatecas in Nordmexiko hinzukamen, bildete Potosí doch das ökonomische Zentrum Spanischamerikas. Der Reichtum und Luxus dieser in 4 100 m Höhe gelegenen Stadt, die bis 1650 auf 160 000 Einwohner anwuchs, besaß indessen eine Kehrseite. Denn der wirtschaftliche Erfolg wurde zu einem großen Teil mit indianischer Zwangsarbeit *(mita)* erkauft.

Für die Krone ging es bei der Duldung dieser und anderer Formen von Indianertributen in erster Linie um die möglichst kurzfristige Realisierung von Einnahmen für die stets leeren Staatskassen. Das Geld aus Spanischamerika blieb denn auch nur zum geringeren Teil im Mutterland. Da waren zunächst die Ausgaben für die kostspieligen Kriege Spaniens mit Frankreich, England und vor allem in den Niederlanden. Aber auch die Verwaltungs- und Verteidigungskosten in der Neuen Welt verschlangen immer größere Summen. Hinzu kamen die teure Hofhaltung und die Errichtung repräsentativer Bauwerke sowie, was das »Privatsilber« anbetraf, der Luxus der feudalen Oberschichten. Außerdem flossen große Teile des amerikanischen Silbers durch den Handelsverkehr nach Ostasien ab, weil vom europäischen Warenangebot her Gold und Silber die nahezu einzigen attraktiven Tauschmittel für die asiatischen Handelspartner darstellten. Schließlich gelangte ein Teil des amerikanischen Silbers mit der »Manila-Galeone« direkt nach Asien, ein anderer – mindestens zehn Prozent – erreichte als Schmuggelgut erst gar nicht Sevilla.

Das in Europa verbleibende Geld reichte indessen aus, um zu einem Anstieg der Warenpreise, der Kreditnachfrage, der Erhöhung der Geldmenge und der Umlaufgeschwindigkeit des Geldes zu führen. Die Folge war die Preisrevolution des 16. Jahrhunderts mit einer Inflationsrate von 400 Prozent. In Spanien bewirkte die einseitige Orientierung der Finanzpolitik überdies eine Vernachlässigung der Entwicklung einer ökonomisch-sozialen Binnenstruktur, in der Neuen Welt bewirkte sie mit der gesellschaftlichen Tabuisierung der Arbeit zukünftige Strukturprobleme Lateinamerikas.

> Wie wichtig die Suche nach Gold für Kolumbus war, kommt u. a. in seinem Eintrag im Bordbuch zum 15. Oktober 1492 zum Ausdruck:
>
> *Es gibt hier sicherlich eine Unmenge Dinge, die ich nicht kennenlernte, weil ich nicht Zeit verlieren wollte, um viele andere Inseln anzusteuern, wo ich Gold zu finden hoffte.*

Der »Cerro Rico de Potosí« im heutigen Bolivien mit Menschen- und Pferdekolonnen.

Kolonialwaren

Mit den europäischen Eroberern kamen nicht nur ihre Goldgier und ihre Bazillen in die Neue Welt, sondern auch ihre Tiere und Pflanzen. Schon in den Dreißigerjahren des 16. Jahrhunderts durchstreiften verwilderte Pferde- und Rinderherden die Gebiete Neuspaniens und breiteten sich schließlich bis in die Pampas Argentiniens und die Prärien Nordamerikas aus. Aus der Alten Welt kamen ebenfalls Schweine, Schafe, Ziegen, Hühner, Tauben, Hunde und Katzen. Die Folge für Amerika war die Umorientierung von pflanzlicher Kost zu Fleisch als Volksnahrung, während in Europa amerikanische Kolonialwaren wichtige Veränderungen im Speiseplan in umgekehrter Richtung bewirkten. So gelangten von Amerika nach Europa u. a. Kartoffeln, Paprika, Tomaten, Tabak, Kakaobohnen und Mais.

Andere exotische Früchte und Anbauprodukte hatten bereits einen langen Weg hinter sich, als sie in Amerika heimisch wurden und dann wiederum als Kolonialwaren nach Europa kamen. Das gilt etwa für die südostasiatische Banane, die sich zum einen ostwärts auf der pazifischen Inselwelt ausbreitete, zum anderen westwärts über Indien nach Afrika gelangte, wo sie portugiesische Seefahrer in der 2. Hälfte des 15. Jahrhunderts kennen lernten und auf ihren atlantischen Inseln anpflanzten. Von den Kanaren 1516 nach Hispaniola verbracht, gelangte sie innerhalb weniger Jahre von hier auf das Festland, wo sie Bestandteil der indianischen Ernährung wurde.

Hieronymus Köler der Ältere hat den Goldschatz des Atahualpa vermutlich selbst gesehen. Ausgesuchte Stücke wurden nach ihrer Überbringung nach Spanien 1534 ausgestellt, bevor man sie in Münzen umschmelzen ließ. Kölers Zeichnung (um 1560) zeigt die Landung der bewaffneten Konquistadoren in einem Land, in dem der Goldschatz geradezu auf dem Weg lag.

Die Bedeutung, die die Banane für Mittelamerika gewinnen sollte (Bananenrepubliken), besaß das Zuckerrohr für Brasilien und die Karibik. Um 1000 n. Chr. von Arabien in die Levante gebracht, fand es über die Mittelmeerländer und die portugiesischen Kolonien im Atlantik 1532 den Weg nach Brasilien und von dort in die Karibik. 1570 arbeiteten in Brasilien 60 Zuckermühlen, die pro Jahr über 2600 t produzierten. Während sich die Verdienstspannen der unmittelbaren Produzenten in Grenzen hielten (zwischen 3 und 10 Prozent), saßen die eigentlichen Gewinner in Europa. Antwerpen und nach 1590 Amsterdam wurden wichtigste Zentren der Zuckerraffinerien und Finanzmetropolen des Zuckerhandels.

Neben den ausgesprochenen Kolonialwaren nahmen vom Wert her noch Farbstoffe einen hohen Rang ein. Die Palette der amerikanischen Exportartikel wurde ergänzt durch Naturprodukte wie Häute und Felle, Produktionsgüter wie Kupfer, Blei und Zinn, ferner Kräuter, Gewürze und Arzneien sowie schließlich exotische Tiere wie Affen und Papageien, wohingegen Spanien in erster Linie Manufaktur- und Luxusprodukte lieferte.

Während Zucker aus dem Vorderen Orient, Kaffee aus Äthiopien und Arabien sowie Tee aus China in die Neue Welt kamen, stellten die Portugiesen den direkten Kontakt zu den ursprünglichen Produzenten her. Schon Afrika hatte ihnen nicht nur Getreide, Gold und Elfenbein geliefert, sondern in Form des westafrikanischen Malaguettepfeffers auch eine Sorte der in Europa heiß begehrten Gewürze. Gewürze dienten als Konservierungsmittel für Fleisch und Fisch, aber auch zur Verfeinerung der europäischen Küche. In einigen Gebieten Europas war der Pfeffer sogar als Währung gebräuchlich. Mit dem Aufbau ihres asiatischen Imperiums übernahmen die Portugiesen den lukrativen Transport dieser Kolonialwaren über die maritime »Seidenstraße«: Pfeffer von der Malabarküste, Zimt aus Ceylon, Muskatnüsse und -blüten sowie Nelken von den Molukken.

Die »Seidenstraße der Meere«

W ährend der Goldhandel Europa zunächst mit Afrika, dann mit Amerika in Verbindung brachte, stellte der Gewürzhandel die Beziehung zu Asien her. Die asiatischen Waren, die bis um 1500 allenfalls streckenweise auf dem Seeweg nach Europa gelangt waren, wurden nach der Entdeckung der Seeroute nach Indien größtenteils auf die neue Welthandelsstraße um das Kap der Guten Hoffnung umgeleitet. Es waren jetzt allein die europäischen Transporteure, die den Handel mit Asien beherrschten. Lissabon avancierte zu dem europäischen Hafen, von wo aus die Güter des Orients dann weiter, zunächst nach Antwerpen und von dort über die internationalen Messen, in das nordeuropäische Handelsnetz gingen. Zwischen 1500 und 1595 sind 705 Asienreisen von Lissabon nach Goa nachgewiesen.

Während die Portugiesen in erster Linie Geld in Form von Gold und Silber nach Asien brachten, bestand die Rückfracht überwiegend aus Gewürzen. Von der Produktion dieses wichtigsten asiatischen Handelsgutes gelangten allerdings nur etwa 14 Prozent in den europäisch-asiatischen Fernhandel, das heißt über drei Viertel wurden im innerasiatischen Handel umgeschlagen. Da sich die Portugiesen erfolgreich in diesen innerasiatischen Handel integriert hatten – die Handelssprache in Asien blieb bis ins 18. Jahrhundert Portugiesisch –, waren sie es, die mit ihrem Zwischenhandel die Gebiete zwischen Ostafrika und Japan in einen regen Austausch brachten.

Während Portugal schon ab 1500 die *carreira da India,* das Konvoisystem mit Geleitschutz zwischen Lissabon und Goa, einrichtete, schuf Spanien die Organisation von Schiffsverbänden, die von Kriegsschiffen begleitet wurden, erst nach einigen unliebsamen Erfahrungen mit Freibeutern. Seit 1564 bestand die spanische *carrera de Indias* in der Idealform aus jährlich zwei Flottenverbänden, die Sevilla verließen: im April die *flota,* die nach dem neuspanischen Veracruz aufbrach, und die *galeones,* die in erster Linie für den indirekten Handel mit dem Vizekönigreich Peru bestimmt waren und die im August nach Nombre de Dios bzw. Portobelo an der Landenge von Panamá segelten. Im folgenden Sommer traten beide Verbände die gemeinsame Heimfahrt von Havanna aus an. Zwischen 1504 und 1650 sind auf der Westindienroute 10 635 Schiffe – im Rekordjahr 1608 über 200 – in Sevilla registriert worden.

Durch die Eroberungs- und Entdeckungsreisen hat die Kenntnis über tropische Pflanzen wie Kokospalmen, Bananen, Betelnuss und Pfeffer auch die Alte Welt erreicht; Stich von 1614.

1500

Auch mengenmäßig übertraf der transatlantische Handel die Indienroute der Portugiesen um ein Vielfaches. Ursache für dieses Übergewicht war der Edelmetallreichtum der Neuen Welt, aber natürlich auch die spanische Kolonialpräsenz und das Handelsverbot für Ausländer, während die Portugiesen nur Teilnehmer am asiatischen Handel waren. Trotz einiger spektakulärer Aktionen von Freibeutern waren die Fahrten relativ sicher. Den zunehmenden Schleich- und Schmuggelhandel konnte Spanien allerdings nicht unterbinden. Dagegen vermochten die Spanier auf dem von Magalhães entdeckten westlichen Seeweg nach Asien der Ostroute der Portugiesen nie Konkurrenz zu machen.

Teil des europäisch-amerikanischen Seeverkehrs war schließlich der transatlantische Dreieckshandel, der auf dem von der spanischen Krone konzessionierten Sklavenhandel der Portugiesen, Franzosen, Holländer, Engländer und anderer Nationen beruhte. Während von Europa Textilien, Waffen, Branntwein, Metalle, Schmuck und Tand im Austausch gegen Sklaven nach Afrika gingen, nahmen die Sklavenschiffe Zucker, Tabak, Kaffee und Edelmetalle aus der Neuen Welt mit zurück nach Europa. Unter volkswirtschaftlichen Aspekten war nach heutiger Erkenntnis die Bedeutung des Sklavenhandels eher marginal. Den nicht in besonderem Maße über andere zeitgenössische Gewinnmargen herausragenden Gewinnen zwischen 5 und 10 Prozent, die die europäischen Geldgeber realisierten, stand allerdings »das größte Verbrechen der Geschichte« gegenüber.

Die Folge dieses zunehmend weltumspannenden Personen- und Warenverkehrs war die Herausbildung eines Weltverkehrssystems, das die entlegensten Zonen der Erde miteinander in Kontakt brachte. Die Umschlagszentralen der Güterströme lagen in Europa in den Handelsmetropolen des Nordwestens und der westlichen

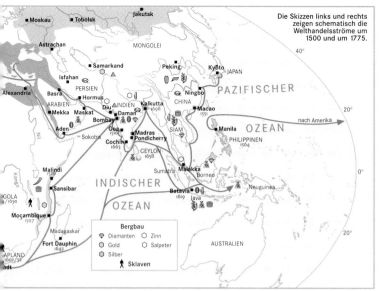

Die Skizzen links und rechts zeigen schematisch die Welthandelsströme um 1500 und um 1775.

1775

Mittelmeerländer. Zugleich trugen die hohen Gewinnspannen im Überseehandel, aber auch die Preisrevolution des 16. Jahrhunderts, die Kaufleute und Bankiers gegenüber Beziehern fester Einkünfte und Renten begünstigte, zur Förderung des europäischen Handelskapitalismus bei.

Das Ausgreifen europäischer Handelsinteressen auf die übrige Welt und das Entstehen eines Weltverkehrssystems bedeuteten vorerst jedoch nur bedingt die Etablierung eines europazentrischen »kapitalistischen Weltmarktes«. Denn der Kontakt mit den Europäern löste regional und lokal sehr differenzierte Prozesse aus, wobei die Erweiterung des afrikanischen Sklavenmarktes aufgrund der europäischen Nachfrage sicherlich das fragwürdigste Ergebnis war. Ansonsten blieb Afrika jedoch bis zum Ende des 19. Jahrhunderts weitgehend von den Europäern unberührt. In Asien trugen die Portugiesen zwar zur Erweiterung des innerasiatischen Handelsnetzes bei, tangierten das bestehende Wirtschaftssystem aber kaum. In Iberoamerika bewirkte die europäische Nachfrage nach Gold und Silber zweifelsohne schwerwiegende Veränderungen im ökonomischen und sozialen Gefüge Altamerikas. Eine Integration in das »Weltwirtschaftssystem« fand allerdings nur für einige Produkte statt, während sich seit dem 17. Jahrhundert eigenständige wirtschaftliche Binnenstrukturen entwickelten. Die ökonomische Stoßkraft des europäischen Aufbruchs richtete sich ohnedies nicht in erster Linie auf die Suche nach Märkten für eigene Waren, vielmehr ging es darum, außerhalb Europas liegende Ressourcen in das europäische Handelssystem zu integrieren. Der aufkommende Kapitalismus hat diesen Prozess begleitet und ist von ihm gefördert worden, er war aber noch keineswegs weltbeherrschend.

HORST GRÜNDER

Der Buchdruck

Um die Mitte des 15. Jahrhunderts kamen zwei verschiedene Verfahren auf, Texte handwerklich-mechanisch zu vervielfältigen, um der drängenden Nachfrage nach Information besser entsprechen zu können. Einerseits bediente man sich als Neuerung der seit dem späten 14. Jahrhundert bereits für Einblattdrucke benutzten Holzschnitttechnik, um Bücher herzustellen, andererseits gelang Johannes Gutenberg (um 1397–1468) die Entwicklung des zukunftsweisenden Buchdrucks.

Bücher in Holzschnitttechnik: Blockbücher

Da nur sehr wenige der erhaltenen Blockbücher datiert sind (das früheste auf 1470) und sich wohl nur ein Bruchteil der Gesamtproduktion erhalten hat, ist die Entstehungszeit dieser Gattung schwer zu bestimmen. Aufgrund von Wasserzeichenforschung und anderen Indizien geht man heute davon aus, dass die Herstellung von Blockbüchern kaum vor der Mitte des 15. Jahrhunderts begonnen hat. Im Unterschied zur früheren Auffassung, die sie als »Vorläufer« der Erfindung Gutenbergs einordnete, ist eher von einer annähernden Gleichzeitigkeit auszugehen.

Auch wenn der Holzschnittdruck ein allgemein verbreitetes und geläufiges Verfahren war, erwies sich die damit bewerkstelligte Buchherstellung als recht aufwendig und auch als fehleranfällig. Vervielfältigt wurden vor allem christliche Werke wie Armenbibeln *(biblia pauperum),* die Apokalypse, Sterbeanweisungen *(ars moriendi)* oder der »Antichrist«, daneben auch viel gefragte Werke profanen Inhalts, zum Beispiel Jahreskalender, Almanache, Reiseführer für Pilger, Anweisungen zur Handlesekunst und lateinische Grammatiken. Aus überkommenen Exemplaren kennt man heute noch insgesamt über 30 unterschiedliche Titel, von denen weit mehr als 100 verschiedene Ausgaben vorliegen. Blockbücher lassen sich noch bis in die Zeit um 1530 nachweisen. Im Allgemeinen war der Umfang wegen der umständlichen Herstellungstechnik recht begrenzt. Die überwiegende Zahl ist in niederländischer, deutscher oder lateinischer Sprache verfasst; als Ursprungsland werden allgemein die Niederlande vermutet. Als Käufer kamen, auch wenn der Preis (bedingt durch die schnellere Mengenherstellung) unter dem vergleichbarer bebilderter Handschriften lag, wohl nur begüterte Bevölkerungsschichten (Adel und wohlhabende Bürger) oder solche Besitzer infrage, die sie berufsbedingt benötigten, wie Geistliche und Schulmeister.

Gutenbergs Erfindung: Der Buchdruck

Der Beginn des Buchdrucks mit beweglichen Lettern ist nicht unmittelbar durch Quellen belegt. Materialien eines Prozesses, der gegen Johannes Gutenberg aus Mainz 1439 in Straßburg angestrengt wurde, sowie die Tatsache, dass schon im 16. Jahrhundert die Wiederkehr der Erfindung der Buchdruckerkunst auf das Jahr 1440 gelegt wurde, lassen die Anfänge um 1440 vermuten. Allerdings sind für Straßburg, wo sich Gutenberg nachweislich bis 1444 aufhielt, keine Drucke erhalten. Die ersten datierbaren Werke wurden in Mainz im Jahre 1454 gedruckt (Zyprischer Ablassbrief und 42-zeilige Bibel). Ihnen muss aber eine größere Zahl anderer Druckschriften vorausgegangen sein.

Die verschiedenen Einzelschritte der Erfindung, die von Gutenberg in einer Werkgenossenschaft von spezialisierten Handwerkern und Geldgebern realisiert wurde, bestehen aus dem Guss der Schriftzeichen (Lettern oder Typen) und des »Blindmaterials«, dem Erstellen einer Druckform und der Konstruktion einer präzis arbeitenden Druckerpresse. Während in China und Korea bereits seit dem 12. Jahrhundert Stempel einzelner Zeichen zu Texten zusammengesetzt und als so genannte Reiberdrucke (ohne Presse) vervielfältigt wurden, sind die bahnbrechenden Weiterentwicklungen in Europa in der seriellen Produktion der Lettern mittels des Handgießgerätes sowie im Einsatz einer Presse zu sehen – beides absolute Neuerungen. Aus dem unmittelbaren Zusammenhang mit Gutenbergs Werkstatt sind als »Zeitzeugen« ausschließlich Druckwerke überliefert; Geräte, Werkstatteinrichtung oder Druckerpressen sind erst aus sehr viel späteren Zeiten erhalten, sodass die Anfänge der Entwicklung nur erschlossen werden können. Weil das Erscheinungsbild von

Gutenbergs Drucken, besonders der 42-zeiligen Bibel, schon in jeder Hinsicht ausgereift ist, liegt aber der Schluss nahe, dass Gutenberg technisch schon den Standard späterer Zeit erreicht haben muss.

Schrift- und Satzherstellung

Grundgedanke der Erfindung war die Zerlegung des Textes in alle Einzelelemente (Klein- und Großbuchstaben, Satzzeichen, weiterhin Ligaturen und Abbreviaturen, also feste Buchstabenverbindungen und Abkürzungen, wie sie aus der Tradition der mittelalterlichen Schreiber in dieser Zeit allgemein üblich waren), die als seitenverkehrte Lettern in beliebiger Anzahl gegossen und zu Wörtern, Zeilen und Seiten zusammengefügt wurden. Die Lettern konnten nach Abschluss eines Werkes oder einzelner Bogen wieder verwendet werden. Urform oder Prototyp für jedes Zeichen war der Stempel. In die Stirnseite eines länglichen Stahlstiftes wurde das Zeichen (die Figur) als seitenverkehrtes Relief geschnitten. Nun wurde der Stempel (die Patrize) in einen rechteckigen Block aus weicherem Metall, in der Regel wohl Kupfer, senkrecht mit dem Schlag eines Hammers eingetieft (abgeschlagen). Die derart erzeugte Matrize musste nun nachbearbeitet (justiert) werden. Das durch die mechanische Einwirkung verformte Metall wurde begradigt, sodass wieder ein rechtwinkliger Kubus mit geraden Seiten entstand. Das eingetiefte, seitenrichtige Bild musste eine einheitliche Tiefe haben, deswegen wurde die Oberfläche so lange gefeilt und geschliffen, bis dieses Maß erreicht war.

Um den Guss einer Letter zu bewerkstelligen, wurde das Handgießinstrument entwickelt. Zusammengesetzt aus zwei Teilen, umschloss es einen rechteckigen Gießkanal, dessen eines Ende durch Einsetzen der Matrize verschlossen wurde. Dabei musste sich das eingetiefte Zeichen genau über der Öffnung des Kanals befinden. Nach dem Guss der Lettern im Handgießgerät musste der so genannte Angusszapfen entfernt werden, sodass nach Entfernen des überschüssigen Teils alle Lettern automatisch die gleiche Höhe erhielten. Das Handgießgerät, wohl der bedeutendste Teil der Erfindung Gutenbergs, machte es möglich, im schnellen Wechsel die jeweils benötigten Mengen an unterschiedlichen Figuren zu gießen. Das

Schriftmetall war eine Legierung aus Blei, Zinn und weiteren Beimischungen, deren Zusammensetzung ein schnelles Erkalten und damit Erstarren beim Guss und ausreichende Dauerhaftigkeit im Gebrauch, also unter dem hohen Druck der Presse, gewährleistete. Nach den ältesten Funden aus dem späten 15. und dem 16. Jahrhundert wies die Zusammensetzung Anteile aus Blei (um 80 Prozent), Zinn und Antimon auf.

Die Lettern einer Schriftart und -größe wurden dann in Setzkästen eingeordnet. Großbuchstaben (Versalien) kamen in den oberen Teil des Kastens, die Kleinbuchstaben (Gemeinen) in den unteren. Zum Erstellen der Druckform fügte der Setzer im Winkelhaken (einer seitlich abgeschlossenen Winkelleiste mit Griffstück) die Lettern zu Wörtern und Zeilen des Textes zusammen. Da die Lettern seitenverkehrte Figuren trugen, wurde jede Zeile auf dem Kopf stehend zusammengesetzt, von links nach rechts, in Lese- bzw. Schreibrichtung. Der Wortzwischenraum wurde durch »Blindmaterial« gebildet, das niedriger als die Schrifthöhe war. Anschließend schob man die Zeilen auf ein an drei Seiten mit einer Leiste begrenztes Holztablett, das Schiff. War der Satz, die »Form«, für eine ganze Seite komplett, wurde er mit einer Schnur zusammengehalten (ausgebunden) und war damit für den Druck vorbereitet.

Weiterentwicklung einer alten Erfindung: Die Buchdruckerpresse

Die Druckerpresse war eine Spindelpresse mit spezieller Ausrüstung für die Übertragung des Druckbildes von der Form auf den Bedruckstoff, gewöhnlich Papier, gelegentlich auch Pergament. Hölzerne Spindelpressen waren bereits seit antiker Zeit eingesetzt worden, um Öl, Wein und seit dem 13. Jahrhundert auch Papier zu pressen. Zwischen zwei senkrechten Streben, den Presswänden, die mit Querverstrebungen verbunden waren, wurde eine kräftige hölzerne Schraube, die Spindel, mittels eines durchgesteckten Holmes (Bengel) gedreht, sodass ein nach unten wirkender Druck erzeugt wurde. Für die Druckerpresse war entscheidend, dass zwei waagerechte Flächen genau parallel zueinander angeordnet waren, sodass ein gleichmäßig wirkender Druck auf eine größere Fläche ausgeübt werden konnte. Folgende Anordnung gewährleistete dies: Der von oben erzeugte

Druck wurde auf den Tiegel übertragen, eine rechteckige Platte aus Holz (später Metall). Um zu verhindern, dass der Tiegel die Drehbewegung der Spindel übernahm, sorgte eine spezielle Vorrichtung, die Büchse, ein länglicher Holzkasten von quadratischem Querschnitt, dafür, dass der Tiegel sich nur senkrecht bewegen konnte.

Die Form, die beim Druck von Büchern je nach Format aus zwei, vier, sechs, acht oder mehr Seiten bestehen konnte, wurde in die Presse »eingehoben«, das heißt auf das »Fundament« gestellt, eine plane Fläche aus Stein, Messing, Eisen oder Holz, auf einem »Karren« oder »Schlitten«, der auf dem unteren Teil des Pressengestells waagerecht vor- und zurückbewegt werden konnte. Da die Kraft einer hölzernen Presse nicht für eine ganze Form ausreichte, wurde nach dem Einfärben der gesamten Form mit Druckerballen und dem Schließen des Deckels, in dem sich der zu bedruckende Bogen aus Papier oder Pergament befand, nur die erste Hälfte der Form unter den Tiegel geschoben. Danach wurde der Karren weiterbewegt, um die zweite Hälfte der Form unter den Tiegel zu bringen. Auf diese Weise konnten zwei Drucker, die sich beim Einfärben und Drucken abwechselten, in einer Stunde etwa 80 einseitig bedruckte Bogen fertig stellen. Die feuchten Druckbogen wurden auf Leinen oder mit Makulatur durchschossen zum Trocknen gebracht und konnten anschließend vom Buchbinder weiterverarbeitet werden.

Die frühen Druckwerke: Inkunabeln

Die frühesten Druckwerke – alle im 15. Jahrhundert gedruckten Bücher werden als »Wiegendrucke« oder Inkunabeln bezeichnet – erinnern in formaler Hinsicht noch stark an Handschriften. Anfänglich hatten diese Bücher keine Titelseite, keine Überschriften, und die Ausschmückung, Initialen wie Illustrationen, wurde von Illuminatoren in traditioneller Weise von Hand gemalt oder geschrieben. Die wachsende Konkurrenz der Buchhersteller führte dazu, dass die Titelseite mit Angabe der Druckerei und des Druckortes üblich wurde. Die Verbindung von Buchdruck und druckgrafischer Illustration wird auf 1461 datiert, als Albrecht Pfister in Bamberg Holzschnitte in den Text eines Buches eindruckte. Die Integration von schrifthohen Holzstöcken in die Druckform, wodurch Schrift und Illustration in einem Arbeitsgang gedruckt werden konnten, erforderte Aufwand und Erfahrung, sodass die Umstellung nur allmählich vor sich ging. In der Regel waren diese Illustrationen zum anschließenden Kolorieren vorgesehen. Eine Seitenzählung wurde in Deutschland erstmals in dem in Köln von Nikolaus Goetz gedruckten weltgeschichtlichen Handbuch Werner Rolevincks »Fasciculus temporum« (1474) vorgenommen.

Die Drucker, gleichzeitig Verleger, verkauften ihre Werke meist ungebunden, sodass der Kunde selbst einen Buchbinder mit dem Binden beauftragen musste. In gewissem Umfang wurden aber auch schon fertig gebundene Exemplare von bedeutenderen Drucker-Verlegern oder von Buchhandel treibenden Buchbindern angeboten. Während die umfangreiche Bibel Gutenbergs mit etwa 170 Exemplaren aufgelegt wurde, wurden bei anderen Inkunabeln bald Auflagenhöhen von 250 bis 300 üblich, in besonderen Fällen stiegen diese dann auch auf 1000 und mehr Exemplare.

Durch eine Rationalisierung der Arbeitsvorgänge löste man sich mehr und mehr von der mittelalterlich geprägten Herstellung. Die Verwendung von Ligaturen und Abbreviaturen sowie sonstigen Varianten eines Zeichens wurde nach und nach aufgegeben. Experimente wie der Mehrfarbenhochdruck der Initialen beim »Mainzer Psalter« von 1457 und 1459 wurden wegen des hohen Zeit- und Kostenaufwands nicht wiederholt.

Ein neues Gewerbe erobert Europa

Zunächst gelang es Gutenberg und ab 1455 seinem Geldgeber Johann Fust, an den er in einem Prozess seine Druckwerkstatt für die Bibel verloren hatte, das Geheimnis der Drucktechnik zu bewahren. Mit der Plünderung der Stadt Mainz im Jahre 1462 wurden Gutenberg und seine Gesellen aus der Stadt vertrieben; diese verbreiteten daraufhin die Kenntnis des Buchdrucks in kürzester Zeit in ganz Europa. Druckerpressen wurden vor allem in Handels- und Universitätsstädten aufgestellt: in Köln 1466, in Rom 1467, in Basel 1468, in Venedig 1469, in Paris 1471, in Utrecht 1473, in Krakau und Brüssel 1476, in London 1477, in Wien 1482, um nur die wichtigsten Städte zu nennen. Man schätzt, dass bis zum Jahre 1500 in etwa 270 Druckorten nahezu 40000 Titel in 10 Millionen

Exemplaren gedruckt wurden. Das Einrichten und Betreiben einer Offizin (Druckwerkstatt) war außerordentlich kapitalintensiv. Nachdrucke von Werken durch andere Verleger konnten den Ertrag empfindlich schmälern; ein Urheberrecht gab es noch nicht. Immer wieder kam es vor, dass sich Drucker mit der Auswahl ihrer Titel verkalkulierten und Konkurs machten.

Während die Vorteile des Buchdrucks, nämlich die im Vergleich zur Handschrift schnellere Herstellung in größeren Mengen, von Anfang an – auch und gerade von der Kirche – begrüßt wurden, wirkte die Erfindung sicherlich auch irritierend auf manche Zeitgenossen: Es entsprach einer völlig neuen Vorstellung vom Buch, dass nun – im Gegensatz zu Handschriften – identische Kopien ohne Abweichungen, Änderungen oder Fehler der Schreiber hergestellt werden konnten. Allerdings wurde die Handschrift als Träger von Textüberlieferungen nicht sofort und ausschließlich vom Buchdruck abgelöst. Aus ästhetischen und bibliophilen Gründen wurden noch viele Bücher für weltliche und geistliche Würdenträger bis ins 16. Jahrhundert hinein von Hand geschrieben. Auch viele Klöster pflegten nach den Reformen im 15. und 16. Jahrhundert wieder ihre Skriptorien. Einige Orden errichteten aber auch sehr bald eigene Druckereien.

Der Drucker-Verleger im 15. Jahrhundert musste auch für den Vertrieb seiner Bücher sorgen. Große Verleger wie Anton Koberger in Nürnberg oder Aldus Manutius in Venedig hatten gegen Ende des 15. Jahrhunderts ein europaweites Handelsnetz und besaßen Niederlassungen und Lager in verschiedenen Städten und Ländern. Schon bald entstand der Beruf des Buchführers, mit den Aufgaben des Buchhändlers und Kolporteurs. Er übernahm die Bücher vom Drucker und vertrieb sie auf eigene Rechnung. Der Verkauf wurde durch Plakate mit den angebotenen Titeln forciert. Traditionelle Verkaufsorte für Bücher waren Messen und Jahrmärkte, das Wirtshaus, die Kirchentür, in Universitätsstädten die Kollegien.

Das gedruckte Wort: Massenmedium und Instrument der öffentlichen Kritik

Die Einschätzung des Buchdrucks durch die kirchliche und weltliche Macht änderte sich nach anfänglich positiver Einstellung sehr rasch, als man sich der Gefährlichkeit des neuen Mediums bewusst wurde, erreichten doch nun auch unerwünschte Schriften in bislang ungekannter Schnelligkeit und zu relativ niedrigem Preis ein breites Publikum. Schon 1479 wurde der Kölner Universität vom Papst die Befugnis zur kirchlichen Zensur ketzerischer Schriften erteilt. 1486 erging durch eine päpstliche Bulle das generelle Verbot des Drucks solcher Bücher, die gegen die kirchliche Institution gerichtet waren. Das erste kaiserliche Bücherverbot erfolgte 1512 durch Kaiser Maximilian I. gegen die »den Juden günstigen, dem Christenglauben nachteiligen Bücher« eines Druckers. Seit 1521 wurde durch kaiserliches Edikt eine Vorzensur eingeführt, es durfte von nun an nur noch gedruckt werden, was durch autorisierte Personen genehmigt wurde. Wirkliche Sprengkraft gewann der Buchdruck durch die kämpferischen, in vielem frontal gegen die Kirche gerichteten Schriften Martin Luthers. Die schnelle und weite Verbreitung seiner Schriften brachte eine völlig neue Qualität in die Auseinandersetzung zwischen der Kirche und einzelnen Reformatoren. Zum ersten Mal kam hier die Massenwirksamkeit des gedruckten Wortes zum Zuge.

Gegen Ende des 16. Jahrhunderts gab es, bei einer Bevölkerungszahl von etwa 20 Millionen, etwa 400 000 bis 800 000 Lese- und Schreibkundige in Deutschland. Eine neue Form der Publikation war die Flugschrift, ein Einblattdruck oder Druck von geringem Umfang, in dem aktuelle Ereignisse übermittelt und kommentiert wurden. Auch wer selbst nicht lesen konnte, erhielt Kunde von diesen Neuigkeiten durch Vorlesen oder gemeinsames mühsames Entziffern. Aus handschriftlichen Nachrichtenzetteln, die persönlichen oder geschäftlichen Briefen von Kaufleuten oder anderen weit gereisten Personen beigelegt wurden, entwickelten sich gedruckte Nachrichtenblättchen, die »Neuen Zeitungen« (seit 1502). Sie berichteten vor allem über das große Weltgeschehen, über Kaiser und Papst, Schlachten und Friedensschlüsse, Unwetter, Katastrophen und Missgeburten, Morde und Hinrichtungen. Zeitungen im eigentlichen Sinn des Wortes gab es erst hundert Jahre später, nachweislich seit 1605. Sie definieren sich, als ungebundenes Druckwerk von mäßigem Seitenumfang zu geringem Preis, vor allem durch die Regelmäßigkeit ihres Erscheinens.

Im 16. und 17. Jahrhundert ersetzte das Tiefdruckverfahren des Kupferstichs mehr und mehr die vorher übliche Holzschnittillustration. Die Kupferstiche konnten detail- und damit auch informationsreichere Darstellungen liefern; nachteilig war, dass für den Druck spezielle Tiefdruckpressen benötigt wurden. Text und Illustration konnten somit nicht zusammen gedruckt werden. Im 17. und 18. Jahrhundert wurde das Stechen durch die Radierung, das Ätzen von Linien mittels Säure, ergänzt bzw. ersetzt, eine chemische Methode, die zeitsparender war, aber nicht die gleiche Präzision wie der (mechanische) Stich erreichte.

Die zweite Phase der Druckgeschichte:
Vom mechanischen zum maschinellen Druck

Fortschreitend stieg die Nachfrage nach Büchern an, wobei viele Faktoren, vor allem die Zunahme der Bevölkerung generell und der Lesefähigkeit im Besonderen, eine Rolle spielten. Der Wandel in der Zusammensetzung des Lesepublikums und eine allmähliche Umstellung der Lesegewohnheiten und -bedürfnisse wirkten mit, die Produktion von Druckwerken zu steigern. Während noch in der 1. Hälfte des 18. Jahrhunderts theologische Schriften mengenmäßig weit an erster Stelle der Buchproduktion lagen, nahmen um 1800 die schönen Künste und die Wissenschaften den ersten Rang ein, bei gleichzeitiger Zunahme der Unterhaltungsliteratur und praktischer Anleitungen für Beruf, Haus- und Hofhaltung. Das überwiegend gelehrte Publikum früherer Zeiten wurde von neuen Leserkreisen zurückgedrängt.

Die technischen Errungenschaften der industriellen Revolution ermöglichten, dass dem steigenden Bedarf schrittweise durch eine Beschleunigung der Herstellung und durch eine quantitative Steigerung entsprochen wurde. Zu Beginn des 19. Jahrhunderts gelangen wichtige Verbesserungen im Druck- und Papierbereich. Seit den Zeiten Gutenbergs war die Druckerpresse fast gänzlich aus Holz gebaut worden. Zwar wurden im Laufe der Zeit Details verbessert und mehr Einzelteile aus Metall gefertigt, doch erst mit dem Bau gusseiserner Pressen – seit 1800 in England durch Charles Earl of Stanhope – konnten die Nachteile der Holzpressen grundlegend überwunden werden. Auf die neuen stabileren Pressen ließen sich auch neue Prinzipien der Kraftübertragung anwenden.

Um den Tiegel auf- und abzubewegen, konnten nun neben der Schraube auch einfache und zusammengesetzte Hebel, Systeme von Keilen, die sich gegeneinander verschieben, oder so genannte Kniehebel eingesetzt werden, bei denen zwei im stumpfen Winkel zueinander stehende Streben oder Schenkel durch Ziehen des »Bengels« im Bereich des »Gelenks« in eine senkrechte Position gebracht werden, wodurch ein enormer Druck entsteht. Dadurch konnte der Tiegel doppelt so groß, gleich groß wie die Druckform, ausgelegt werden; diese konnte nun in einem Zug gedruckt werden, was den Vorgang sehr beschleunigte. Bedeutende Pressenkonstruktionen waren die Columbia-Presse von George Clymer, um 1813 in den USA konstruiert, sowie Kniehebelpressen wie die Albion-Pressen in England (um 1820) und die Varianten der Dingler-Pressen in Deutschland (seit 1836), um nur die bekanntesten zu nennen. Der deutsche Erfinder Friedrich Koenig konnte 1810 in England eine erste ganz aus Eisen gebaute und von einer Dampfmaschine angetriebene Tiegeldruckpresse verwirklichen. Koenigs entscheidende Neuerung war dann, den flachen Tiegel durch einen rotierenden Zylinder zu ersetzen, um den Druckvorgang zu beschleunigen (1812). Diese Zylinderdruckmaschine wurde das Vorbild für den nachfolgenden Druckmaschinenbau.

Wie der Buchdruck war auch die Papierherstellung jahrhundertelang nahezu unverändert geblieben. Jedes Blatt wurde mit einem Sieb aus der Bütte geschöpft, die den mit Wasser versetzten Faserbrei aus Hadern (Leinenlumpen) enthielt. Gegen Ende des 18. Jahrhunderts machte sich immer häufiger Papierknappheit bemerkbar, die zur Erprobung neuer Herstellungsmaterialien und -techniken führte. 1799 erhielt Nicolas Louis Robert in Paris das erste Patent für die maschinelle Herstellung von Papier auf einer so genannten Langsiebmaschine. Friedrich Gottlob Keller gelang 1840 die Erzeugung von Papier aus Holzschliff, womit man der Knappheit an Leinenlumpen begegnen konnte, und den Engländern Hugo Burges und Charles Watt die Papierherstellung aus Zellstoff.

Letterngießmaschinen wurden 1838 eingeführt und im Laufe der Zeit verbessert, um die Schriftherstellung zu steigern und damit auch zu verbilligen. Auch in der Buchbinderei wurden seit 1875 Maschinen eingesetzt. Nachdem so in allen Zweigen des Druckgewerbes leistungssteigernde Neuerungen eingeführt worden waren, bildete der Handsatz noch lange Zeit einen Engpass; auf einen Buchdrucker kamen sechs Schriftsetzer, was besonders in der mit stärkstem Zeitdruck verbundenen Zeitungsherstellung ein schwerwiegender Nachteil war. Erst 1886 wurde in den USA die erste brauchbare Setzmaschine in Betrieb genommen, das Vorbild für die später Linotype genannten Maschinen. 1894 kam eine erste Linotype-Maschine nach Europa. Die Umstellung auf diese und andere Setzmaschinentypen erfolgte in den Jahren vor dem Ersten Weltkrieg.

Als neue grafische Techniken kamen im 19. Jahrhundert die Lithographie, der Stahlstich (ein Tiefdruckverfahren) und der Holzstich (Stich auf Hirnholz, als Hochdruckverfahren) auf. Die Lithographie, ein Flachdruckverfahren, wirkte nicht durch die Erzeugung eines Reliefs, sondern mittels chemischer Reaktionen.

Die dritte Phase der Druckgeschichte:
Vom Offsetdruck zur digitalisierten Schrift

Kurz nach der Wende zum 20. Jahrhundert wurden in Deutschland erste Offset-Bogenrotationsmaschinen aufgestellt. Der Offsetdruck ist eine Weiterentwicklung des lithographischen Maschinendrucks, bei dem statt vom Stein von einer Metallplatte gedruckt wird, die auf einen Zylinder aufgespannt ist. Der Druck erfolgt von der Platte auf ein Gummituch, das auf einen zweiten Zylinder gespannt ist; ein dritter Zylinder, der das Papier zuführt und den Gegendruck ausübt, sorgt dann für den eigentlichen Druck. Das Offsetverfahren war zunächst in Bezug auf Plattenart (Zink), Plattenkopie und die Wasser-Farbe-Bedingungen für bestimmte Arbeiten problematisch und nicht universell anwendbar, hatte aber besonders für den großformatigen Bilderdruck (zum Beispiel Plakate) seine Vorzüge. Um 1960 wurden neue Druckplatten (Aluminium), neue Kopierschichten und Druckmaschinen für kleinere Formate entwickelt und damit das gesamte Verfahren verbessert und vereinfacht, sodass beinahe jede Druckerei von Buchdruck auf Offsetdruck umstellte, der weniger aufwendig und preisgünstiger war. Sollte in Offsetdruck Schrift gedruckt werden, musste zunächst der Satz in Blei (Handsatz oder Maschinensatz) hergestellt und im Buchdruckver-

fahren abgezogen werden, dann wurde er fotografisch auf die Druckplatte übertragen. Es lag also nahe, Setzmaschinen zu entwickeln, die als Endprodukt einen Film lieferten. Seit den 1960er-Jahren gab es in Deutschland zunächst ein Nebeneinander von Blei- und Filmsatz, bis in den 1970er-Jahren der Bleisatz verdrängt war.

1965 wurde von der Firma Hell in Kiel eine Fotosatzanlage gebaut, bei der die Schrift nicht mehr auf einem materiellen Träger (Positiv oder Negativ) aufgebracht, sondern jedes Zeichen digitalisiert abgespeichert war. Für die Belichtung wurde das Zeichen mittels eines Linsensystems in der gewünschten Größe Zeichen für Zeichen auf den Film übertragen. Diese Digiset-Anlagen wurden besonders von großen Zeitungsdruckereien benutzt. Aber die digitalisierte Schrift wurde bald auch in kleineren Anlagen Standard. Fortschritte in der Mikroelektronik, in der Datenverarbeitung und speziell im Zusammenhang mit Personalcomputern ermöglichten bei minimalem finanziellem Aufwand, dass auch außerhalb der Druckereien mit solchen Geräten Satz von hoher Qualität geliefert werden konnte.

Seit Mitte der 80er-Jahre werden keine Fotosatz- bzw. Lichtsatzanlagen, sondern nur noch Belichtungsanlagen (als Endausgabe zum Zweck des qualitätvollen Drucks) von den ehemaligen Setzmaschinenherstellern gebaut und verkauft. So gesehen gibt es heute im kommerziellen Bereich auch kaum noch Foto- bzw. Lichtsatzanwendung. Das bedeutet aber nicht, dass es den Buchdruck nicht mehr gibt. Die Formherstellung erfolgt dann über Fotopolymerplatten (z. B. Nyloprint). Deren Schichten werden über fotografische Negative belichtet, diese härten an den belichteten Stellen aus, die unbelichteten werden mit Wasser herausgewaschen, sodass ein Relief entsteht. Die Platten haben ein hohes Auflösungsvermögen, und die Druckergebnisse sind sehr gut. Im Bereich der Buchherstellung und der Akzidenzen (Druckwerke wie Formulare, Prospekte, Plakate) wird heute ausschließlich das Offsetverfahren eingesetzt. Buchdruck wird noch bei vielen Tageszeitungen sowie im Flexodruck, einer speziellen Form des Rotationsbuchdrucks, im Bereich des Verpackungsdrucks praktiziert.

Eva-Maria Hanebutt-Benz

Das Ringen um den rechten Glauben

Die wachsende Popularität Luthers verlangte nach massenhafter Verbreitung seiner Bildnisse. Der Kupferstich von Hans Baldung, genannt Grien, von 1521 nach einer Vorlage Lucas Cranachs des Älteren charakterisiert Luther durch Redegestus und aufgeschlagenes Buch als dozierenden Gelehrten. Dieser Typus wurde zum ersten offiziellen Bildnis Luthers.

Papst Klemens VII. und Ablasshändler zeigt dieser Holzschnitt von Hans Holbein dem Jüngeren um 1524.

»Wenn du werest in deiner tauff ersoffen« – Reich und Reformation bis zum Augsburger Religionsfrieden 1555

Martin Luther

Bis 1517 hatte er in der Studierstube gekämpft, der junge Mönch Martin Luther – gegen seine »Anfechtungen«, wie er zu sagen pflegte. Was Luther umtrieb, war vor allem die Frage der Heilsgewissheit: Kann ich Gottes Forderungen wirklich genügen, mit meinem unsteten Willen, meinen kärglichen Verdiensten? Woher weiß ich, ob Gott mir gnädig ist? Nicht, weil ich mir das durch gute Werke »verdient« habe, so Luthers Antwort nach langem Ringen mit der spätmittelalterlichen »Werkgerechtigkeit«; Gott selbst ist es, der alle Glaubenden (aber auch nur sie!) durch einen Gnadenakt – »verdient« ist es nicht! – gerecht macht.

Nicht derlei Grübeleien in der Mönchszelle machten Luther zu einem bekannten Mann, zum Hoffnungsträger von Millionen. Es war seine Stellungnahme zur Ablasspraxis der Zeit. Was der »Ablass« genau sei, war damals lehramtlich noch gar nicht festgelegt. Die volkstümliche Auffassung war die folgende: Man entrichtet eine bestimmte Geldsumme an die Kirche und ist dafür besser vor den Ge-

fahren des Fegefeuers, des Ewigen Gerichts geschützt. Luther trug
1517 in 95 Thesen gewisse Zweifel an der Ablasspraxis seiner Zeit zusammen und erregte damit ungeheures Aufsehen. Warum? In was
für einer Zeit hat Luther gelebt? Zunächst einmal in einer Zeit verbreiteter Kirchenkritik: Dass das Renaissancepapsttum zu viel Geld
verschlinge, die Bischofssitze »Spitäler des Adels« seien und die Seelsorge vor Ort, in den Händen ungebildeter Priester mit oft fragwür-
digem Lebenswandel, ganz unzureichend sei, fanden viele, fanden
die meisten. Jene Kritiker waren aber nicht etwa areligiös – fromm
waren ohnehin nahezu alle Menschen des Mittelalters und der frühen Neuzeit, aber fast hat man den Eindruck, als seien sie es an der
Schwelle zum 16. Jahrhundert noch über das sonst übliche Maß hinaus gewesen, wie trunken vor Erlösungssehnsucht, Sinnverlangen.

Im Oktober 1517 verschickte Luther seine 95 Thesen an den Erzbischof von Magdeburg und einige Kollegen. Ohne sein Wissen wurden sie mithilfe des neuartigen Buchdrucks vervielfältigt und in Massen verbreitet, hier der Ausschnitt eines Erstdrucks aus Nürnberg aus dem Jahr 1517.

Heiligen- und Reliquienverehrung florierten wie selten, riesige
Menschenmassen strömten zu den allfälligen Wallfahrten, glaubten
an allerlei alte und neue »Wunder«: Das war die Basis für die ungeheure Resonanz, die Luthers Lehren alsbald finden würden, der
Schwingboden dafür – so, wie die notorische Abwesenheit des Kaisers Karl V., ein gewisses Führungsvakuum also, eine politische
Voraussetzung für die Ausbreitung dieser Lehren darstellte.

Dass Luther seine 95 Thesen an die Tür der Schlosskirche zu Wittenberg angeschlagen habe, ist eine lieb gewordene, populäre Vorstellung, aber wahrscheinlich falsch – frühe Legendenbildung gewissermaßen. Er wird jene Thesen seinen gelehrten Korrespondenzen
mit gebildeten Briefpartnern beigelegt haben, alsbald waren sie in
Humanistenkreisen bekannt. Freilich nicht nur dort: Weil der Ablass
reichlich Geld nach Rom fließen ließ, war auch die Kurie hellhörig –
Ketzerprozess, Verhör, Androhung des Kirchenbanns. Die Auseinandersetzung eskalierte: In einer »Disputation« ließ sich Luther zu
der Behauptung hinreißen, dass Päpste und Konzilien irren könnten,
allein die Bibel, die »Schrift«, sei maßgeblich; das »Schriftprinzip«
wurde später zu einem Grundpfeiler lutherischer Theologie. Seit
dem 5. Januar 1521 war Martin Luther offiziell zum Ketzer erklärt
und dem Kirchenbann unterworfen.

Ein Vierteljahr danach kam es zur direkten Konfrontation zwi-
schen dem Augustinermönch und Karl V. – auf dem Reichstag zu
Worms. Dabei stand der Fall Luther eigentlich gar nicht auf der
Wormser Tagesordnung: Für Karl gab es da nichts mehr zu bereden,

Kaiser Karl V. konnte sich aufgrund seiner häufigen Abwesenheit nur selten um die inneren Probleme des Reichs kümmern. Das Gemälde von Jakob Seisenegger, das von Ferdinand I. in Auftrag gegeben worden war, zeigt Karl in repräsentativer, aber nicht zeremonieller Kleidung mit seiner Ulmer Dogge im Jahre 1532.

»Hier stehe ich, ich kann nicht anders.« Die populäre Version von Luthers Verteidigung vor Kaiser und Reich auf dem Wormser Reichstag von 1521, die dieser Straßburger Holzschnitt aus dem Jahre 1557 aufgreift, kam erst zehn Jahre nach seinem Tod auf.

Das Gemälde Lukas Cranachs des Älteren von 1522 zeigt Luther als »Junker Jörg« mit Vollbart und dichtem Haupthaar.

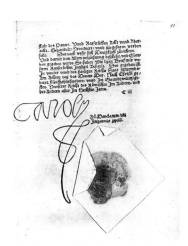

Das Wormser Edikt Kaiser Karls V., das die Reichsacht über Martin Luther verhängte, war erst nach Abreise der Mehrzahl der Reichsstände erlassen worden. Die Schlussseite dieses Wormser Druckes aus dem Jahr 1521 zeigt die faksimilierte Unterschrift des Kaisers »Carolus«.

dem Kirchenbann hatte die Ächtung seitens des Heiligen Römischen Reiches auf dem Fuße zu folgen. Er hatte eine noch ganz mittelalterliche Vorstellung vom Reich, sah sich als Inhaber der höchsten weltlichen Würde überhaupt, als »Herr des christlichen Abendlandes«, damit auch als Schutzherr des einen, wahren Glaubens. Da ließ er sich weder von irgendwelchen deutschen Fürsten oder Markgrafen dreinreden noch gar von einem kleinen Mönchlein etwas sagen.

Die Reichsacht, ein heute unbekanntes Vollstreckungsmittel, eine der schlimmsten Bestrafungsmöglichkeiten nach frühneuzeitlichem Reichsrecht: Sie machte den Geächteten vogelfrei, rechtlos. Freilich, die Wahlkapitulation, die Karl V. 1519 unterzeichnet hatte, forderte vor der Ächtung rechtliches Gehör, und so musste er es schließlich hinnehmen, dass Luther nach Worms geladen wurde. Der Reformator versteifte sich auf das Schriftprinzip und die Gewissenspflichten: »Solange mein Gewissen durch die Worte Gottes gefangen ist, kann und will ich nichts widerrufen.« Karl ging auf Luthers Argumente nicht wirklich ein, konnte sie wohl auch nicht verstehen. Er sah sich als Schutzherr der römischen Kirche durch diesen starrköpfigen Neuerer herausgefordert. Stand, wenn sich ein Einzelner gegen die abendländische Christenheit und die ehrwürdige Tradition von Jahrhunderten stellte, nicht von vornherein fest, wer die Wahrheit auf seiner Seite hatte? Das Wormser Edikt verhängte die Reichsacht über Luther. Mit dessen Einverständnis, unter stillschweigender Duldung durch den Landesherrn, Friedrich III., den Weisen, von Sachsen, inszenierten Freunde eine »Entführung« des Geächteten. Als »Junker Jörg« lebte er für einige Zeit auf der Wartburg bei Eisenach.

Eine Massenbewegung

Der Ausbreitung seiner Anschauungen tat das keinen Abbruch. Lutherlektüre und »lutherische« Predigt vor allem in den größeren Städten machten die Reformation zu einer (zunächst städtischen) Massenbewegung. In großer Auflage gedruckte, populär geschriebene »Flugschriften« taten das Ihre dazu; hier ist die noch junge Technik des Buchdrucks geschichtsmächtig geworden. In verschiedenen Reichsstädten wurde die neue Lehre in aller Form, per Stadtratsbeschluss, eingeführt.

Freilich, gerade in jener Zeit, da »Junker Jörg« auf der Wartburg verborgen wurde, durchlief die junge Bewegung auch eine Reihe von Irrungen und Wirrungen. Unter allerlei Schwarmgeistern und Weltuntergangspropheten wurde Thomas Müntzer der gewichtigste Gegenspieler Luthers. Im Kern liegt der Auseinandersetzung zwischen den beiden Reformatoren die Frage zugrunde, ob die Bibel konkrete Handreichungen, Rezepte für die Gestaltung der sozialen, ökonomischen, politischen Wirklichkeit biete. Luther hielt diese Annahme für kurzschlüssig, der Christ lebte für ihn in zwei deutlich geschiedenen Lebenskreisen – neben dem Reich Gottes existiert das der Welt, und die Welt kann nicht mit dem Evangelium regiert werden, in ihr schaltet und waltet die (von Gott eingesetzte!) weltliche Obrigkeit, sie gewährleistet Ordnung und Ruhe und hat deshalb Anspruch auf Gehorsam. Jener irdische Bereich ist nicht völlig autonom, eigengesetzlich, aber er kennt doch ihm eigene – ja, heute würden wir wohl sagen: »Sachzwänge«. Für Müntzer fielen die beiden »Reiche« im Grunde in eins, die irdische Wirklichkeit war genau und konkret nach den Vorgaben der Bibel (wie er sie verstand) umzugestalten, notfalls mit Gewalt. Die sozialistische Geschichtsschreibung pries Müntzer stets als den eigentlich bedeutenden unter den deutschen Reformatoren, als den »ersten Revolutionär der deutschen Geschichte«. Tatsächlich war Müntzer aber wenig an utopischen Zukunftsentwürfen gelegen, er rechnete mit dem unmittelbar bevorstehenden Weltende und wollte den Boden für die nahe Herrschaft Christi bereiten.

Der Bauernkrieg

Auch soziale Anliegen benachteiligter, sich bedrängt fühlender Teile der frühmodernen Gesellschaft konnten sich mit der neuen religiösen Bewegung verbinden. Ein Beispiel dafür ist der Bauernkrieg von 1524/25. Was waren seine Ursachen? Nicht nur blanke materielle Not, der Kampf ums tägliche Brot. Der Bauernstand war wegen verschiedener Neuerungen beunruhigt, die der Aufbau frühmoderner Staatlichkeit mit sich brachte: Verstärkung des obrigkeitlichen Zugriffs, Abbau von Sonderrechten, Einschränkung des Gemeinbesitzes, Steuern. Überall schwanden Freiräume. Überall Neuerungen, die verstörten – wurde nicht alles immer nur schlechter, verstieß es nicht überhaupt gegen die göttliche Ordnung, Zustände zu reformieren, die »schon immer so gewesen waren«? Jenes fortschrittsgläubige 18. Jahrhundert, das uns die Zuversicht vererbt hat, dass Reformen Fortschritt bedeuten, war ja noch weit. Man fühlte sich überfahren, gegängelt, behelligt, ausgenutzt, kämpfte für sein »gutes, altes Recht«, für die Abschaffung aller unbilligen – aber auch aller unbiblischen Lasten. Das »gute, alte Recht« war je und je ein etwas anderes, die konkreten Missstände variierten von Dorf zu Dorf. Die Berufung auf die Bibel, das »reine, unverfälschte Wort

Für Luther lebt der Christ in zwei deutlich geschiedenen Reichen, unter zwei verschiedenen »Regimenten«, wie er in der 1523 erschienenen Schrift »Von weltlicher Obrigkeit, wie weit man ihr Gehorsam schuldig sei« erklärt:

Darum hat Gott die zwei Regiment verordnet: das geistliche, welchs Christen und fromm Leut macht durch den Heiligen Geist, unter Christo, und das weltliche, welchs den Unchristen und Bösen wehret, dass sie äußerlich müssen Fried halten und still sein ohn ihren Dank.
Daraus leitet Luther die Gehorsamspflicht des Christen gegenüber der weltlichen Obrigkeit ab, deren Herrschaft allerdings vor Glauben und Gewissen der Untertanen Halt machen muss.

Thomas Müntzer, der zu den frühen Anhängern Luthers gehörte, entwickelte radikale Ideen und verkündete die Verwirklichung des Gottesreichs auf Erden in einer Gemeinschaft freier und gleicher Menschen. Nach seinem endgültigen Bruch mit Luther nahm er aktiv am Bauernkrieg teil, wurde gefangen genommen und hingerichtet.

Aus dem kursächsischen Allstedt, wo Thomas Müntzer 1523 Pfarrer geworden war, schrieb der dortige Steuereinnehmer im Juli 1524 einen warnenden Bericht an seinen Dienstherrn:

Und der Prediger hat am letzten Sonntag ausgeschrien und gepredigt, er wolle ein öffentlicher Feind sein allen Tyrannen, die sich wider das Evangelium setzen, und sehe man öffentlich, dass sich einige Herren wider das Evangelium und den christlichen Glauben setzten, wolle er dieselben gerne austilgen. Und er hat das Volk nochmals heftig ermahnt, dass es sich zusammen verbinde und sein Schwert auch dagegen rücke und zeige, wenn die Gewalt ihr Schwert ziehe.

Die »Zwölf Artikel der Bauernschaft«, abgefasst von dem Kürschnergesellen Sebastian Lotzer und dem Prediger Christoph Schappeler in Memmingen im März 1525, waren programmatischer Ausdruck des bäuerlichen Protestes gegen herkömmliche Dienste und Abgaben und fanden durch tausendfachen Druck rasche Verbreitung.

Die »Zwölf Artikel der Bauernschaft in Schwaben« vom März 1525 greifen auf reformatorisches Gedankengut zurück, so im ersten Artikel, in dem die Bauern das Recht der freien Pfarrerwahl durch die Gemeinde fordern:

Derselbe erwählte Pfarrer soll uns das heilige Evangelium lauter und klar predigen, ohne jeden menschlichen Zusatz, Lehre und Gebot. Denn wenn uns der wahre Glaube stets verkündigt wird, gibt uns das eine Ursache, Gott um seine Gnade zu bitten, uns denselben wahren Glauben vor Augen zu halten und ihn in uns zu festigen. Denn wenn seine Gnade nicht in uns eingeprägt wird, so bleiben wir stets Fleisch und Blut, das dann zu nichts nütze ist, wie deutlich in der Schrift steht, dass wir allein durch den wahren Glauben zu Gott kommen könnten und allein durch seine Barmherzigkeit selig werden müssen.

Gottes« aber verstand man überall; das begünstigte eine überregionale Ausbreitung der Unruhen. Luthers tatsächlichem Anliegen wurde man dabei nicht gerecht – ein eklatantes Missverständnis und ein folgenreiches! Denn die innige Verbindung der »altrechtlichen« mit der religiösen Begründung war außerordentlich brisant, sie war das Besondere am Bauernkrieg von 1524/25, das, was ihn von all den vielen anderen, lokalen, allenfalls regionalen Bauernrevolten des Mittelalters und der frühen Neuzeit unterscheidet.

Ausgebrochen ist der Bauernkrieg im Südosten des Schwarzwaldes. Die Bewegung breitete sich rasch über ganz Oberschwaben aus, erfasste Franken, Thüringen, Teile Sachsens, um schließlich an einer genau kalkulierten Mischtaktik der betroffenen Regenten zu zerschellen: Verträge, begrenzte Reformzusagen – und brutale Gewalt gegen all diejenigen, die sich nicht aus der bäuerlichen Aufstandsfront herausbrechen ließen. In regelrechten »Bauernschlachten« wurden die Aufständischen niedergemacht. Allein die Schlacht von Zabern soll rund 18 000 Menschenleben gekostet haben, bei Königshofen wurden 7 000, vor Würzburg 5 000 Bauern niedergemetzelt. Bei Frankenhausen hatten sich die Aufständischen um Thomas Müntzer geschart, der ihnen wortgewaltig versicherte, Gott sei mit den Untertanen, die Kugeln der Obrigkeit könnten ihnen nichts anhaben. Als die fürstlichen Geschütze ihr furchtbares Werk begannen, sangen die Aufständischen einen Müntzerschen Pfingsthymnus: »Komm, heiliger Geist, Herre Gott«. An die 6 000 fielen, das fürstliche Heer zählte nur sechs Opfer. Die Obrigkeit kannte kein Pardon, und sie hatte ein langes Gedächtnis. Den Anführer der Tiroler Aufständischen, Michael Gaismair, ereilte der Tod durch die Hand gedungener Mörder 1532 in Padua.

Luther fand es unerhört, dass sich die Bauern unterstanden, die von Gott eingesetzte weltliche Obrigkeit herauszufordern. Er mutete den Bauern leidenden Gehorsam zu, die Landesherren ermunterte er in seiner Kampfschrift »Wider die räuberischen und mörderischen Rotten der Bauern«, mit allen Mitteln und nur ja nicht zimperlich gegen die Aufrührer vorzugehen. Diese Parteinahme für die Obrigkeit führte im Volk vielerorts zu einer gewissen Ernüchterung, während sich Luther selbst durch das traumatische Erlebnis des Bauernkriegs in der Ansicht bestärkt sah, dass die Reformation »von oben« eingeführt werden müsse, in bürokratischer Reglementierung und mithilfe des jeweiligen Landesherrn. Die »wilden Jahre« der Reformation waren vorüber, die »Volksbewegung« verlor an Bedeutung. Zu »reformieren«, das war von jetzt an eine Sache vor allem der jeweiligen Territorialobrigkeit, der Fürsten, Grafen, reichsstädtischen Magistrate.

Die »Fürstenreformation«

Diejenigen Landesherren, die sich 1526 bereits von der alten Kirche abgewandt hatten, konnten am Speyerer Reichstag desselben Jahres einen bedeutenden Erfolg verbuchen. Warum dies? Karl war mit seinen Kriegen gegen Frankreich beschäftigt; der Statthalter im Reich und jüngere Bruder des Kaisers aber, Ferdinand I., erbte 1526 mit dem Tod Ludwigs II. von Ungarn die Stephanskrone und damit die Aufgabe, das »christliche Abendland« gegen das islamisch regierte Osmanische Reich zu verteidigen; die hart umkämpfte Grenze verlief mitten durch Ungarn. Ferdinand, der zwar gemäß dem Wormser Edikt grundsätzlich daran festhielt, eine Ausbreitung des reformatorischen Glaubens zu verhindern – »wenn du werest in deiner tauff ersoffen!«, sollte Luther einmal polemisieren –, konnte daher keine zweite Front im Rücken brauchen, ja, er war auf finanzielle Unterstützung auch durch lutherische Reichsglieder angewiesen. Die offene Konfrontation im Innern des Reiches wurde erst einmal vertagt; wie die notorische Abwesenheit Karls so gehört auch die Türkengefahr im Osten zu den politischen Voraussetzungen für den raschen Erfolg des Luthertums in Mitteleuropa. Der »Abschied« des Speyerer Reichstags erklärt, jede Territorialobrigkeit solle sich in Sachen Wormser Edikt (damit aber doch im Grunde in der Konfessionsfrage überhaupt!) so verhalten, wie sie es vor Gott und Reichsoberhaupt »hoffe und vertraue zu verantworten«. Fast »lutherisch« wurde hier auf die individuelle Verantwortung vor Gott verwiesen – auf die individuelle Verantwortung des Regenten, nicht die jedes einzelnen Bewohners des Reiches! Auf den Landesherrn kam es künftig an.

In aller Form »lutherisch« gewordenen Reichsstädten folgten die ersten Fürstentümer und Grafschaften. Den Reigen eröffnete das einstige Deutschordensland Preußen. Dort und in vielen anderen

Titelblatt eines Drucks von Luthers Kampfschrift »Wider die räuberischen und mörderischen Rotten der Bauern« (hier: »Wider die Mordischen und Reubischen Rotten der Bawren«) von 1525.

Ferdinand I., der jüngere Bruder Kaiser Karls V., gelangte während dessen häufiger Abwesenheit vom Reich rasch zu Einfluss, der sich nach seiner Wahl zum Römischen König 1531 noch steigerte. Nach der Abdankung Karls V. 1556 trat er dessen Nachfolge an. Gemälde von Hans Schwarz, 1524.

Aus der »Protestation« der evangelischen Reichsstände vom 20. April 1529 gegen den Speyerer Reichsabschied:

(Es muss) in den Angelegenheiten, die Gottes Ehre sowie unserer Seelen Heil und Seligkeit angehen, ein jeder für sich selbst vor Gott stehen und Rechenschaft geben ..., sodass sich da keiner mit Mehrheitsbeschlüssen entschuldigen kann und damit, dass er überstimmt worden sei ... (Sollten unsere Beschwerden nicht fruchten), so protestieren wir und bezeugen wir hiermit öffentlich vor Gott, unserem alleinigen Schöpfer, Beschützer, Erlöser und Heilsbringer (der, wie schon gesagt, allein unser aller Herzen erforscht und erkennt, auch demnach recht richten wird), auch vor allen Menschen und Kreaturen, dass wir ... in alle Rechtshandlungen und angebliche Reichstagsbeschlüsse, die, wie oben angedeutet, in den angeführten oder anderen Angelegenheiten wider Gott, sein Heiliges Wort, unser aller Seelenheil und gutes Gewissen ... verfertigt werden, nicht ... einwilligen, sondern ... (dass wir sie) für nichtig und nicht verbindlich halten.

Der Humanist und reformatorische Theologe Philipp Melanchthon war Martin Luther in tiefer Freundschaft verbunden. Da Luther in Acht und Bann stand, vertrat Melanchthon diesen in der Reichspolitik und galt als einer der gesuchtesten Vermittler auf der evangelischen Seite. Das Gemälde aus der Cranach-Werkstatt aus der Mitte des 16. Jahrhunderts charakterisiert ihn als Gelehrten, der sich schlichter Lebensweise gewidmet hat.

Territorien des Reiches wurde das Luthertum nun in geregelten, bürokratischen Bahnen »von oben« her eingeführt. Die Methoden waren im Prinzip überall dieselben. Man zog zunächst einmal die Besitzungen der alten Kirche, ihre Klöster und die dazu gehörenden Ländereien ein; es folgten Kirchenvisitationen und, je nach deren Resultaten, mehr oder weniger durchgreifende »Säuberungen«; schließlich errichtete man neue geistliche Aufsichtsbehörden (sie hießen in lutherischen Territorien oft Konsistorium), neue Hierarchien, an deren Spitze nun freilich der Landesherr stand. Als »Notbischof« leitete er »seine« Landeskirche.

Verhärtung der Fronten: Protestation, Konfession, Schmalkaldischer Bund

In der Reichspolitik kam es 1529 und 1530 zu schmerzlichen Rückschlägen für die Lutheraner, die ja im Reichstag noch immer eine deutliche katholische Mehrheit gegen sich hatten. Der Speyerer Reichsabschied von 1529 verlangte von denjenigen Landesherren, die sich bislang ans Wormser Edikt gehalten hatten, dies auch künftig zu tun, die anderen sollten »alle weitere Neuerung« unterbinden, auch bei ihnen (also in längst lutherischen Gebieten!) müsse die (katholische) Messe zugelassen sein: Expansionsstopp, Unterminierung des schon Erreichten! Die meisten lutherischen Reichsstände setzten dagegen ihre förmliche »Protestation« (der heute geläufige Ausdruck »Protestanten« geht darauf zurück, seit 1529 wurden Lutheraner in den katholischen Akten so bezeichnet). Weil »in den sachen gottes ere und unser selen haile und seligkeit belangend ain jeglicher fur sich selbs vor gott steen und rechenschaft geben mus«, akzeptierten sie die Mehrheitsentscheidung nicht als für sie verbindlich. Kein Überstimmen in Glaubensfragen – das war für die deutsche Geschichte folgenreich. Was war damals nicht alles Glaubenssache! Der Glaube war ja nicht irgendetwas »Privates«, vom Öffentlichen, von der Politik Geschiedenes. Die »Protestation« von 1529 machte den Glaubenszwiespalt zum Riss in der Reichsverfassung, der Reichstag war langfristig in seiner Funktionsfähigkeit bedroht. Die ganze Tragweite, die Brisanz dieser Durchlöcherung des Mehrheitsprinzips würde erst siebzig, achtzig Jahre später deutlich werden. Am Augsburger Reichstag von 1530 nahm Karl V. nach langen Jahren der Abwesenheit vom Reich persönlich teil. Er wünschte »eines jeglichen Gutbedünken, Opinion und Meinung« in der Glaubensfrage »zu verstehen und zu erwägen«. Die Protestanten erhielten also die Chance, ihr Bekenntnis, ihre *confessio,* darzulegen und zu rechtfertigen. Letzteres ist den Lutheranern mit ihrer *confessio Augustana* nach

Karls Auffassung nicht gelungen. Der Reichstag klang in scharfen Vorwürfen, in Ultimaten und Drohungen aus. Wer die Zeichen der Zeit zu deuten wusste, konnte seit 1530 zumindest ahnen, dass früher oder später ein gewaltsamer Lösungsversuch ins Haus stehen mochte.

Der Kaiser zeigte sich feindselig, die Reichsjustiz parteiisch – konnte man noch auf den Friedens- und Rechtsschutz des Reichsverbandes bauen? Musste man sich selbst behelfen? Nicht wenige der mittlerweile protestantischen Landesherren suchten Rückhalt in einem konfessionellen Sonderbündnis, dem Schmalkaldischen Bund. Was diesem zeitweise erhebliches reichspolitisches Gewicht gab, war die Unterstützung durch alle Feinde des Hauses Habsburg in Europa, von Frankreich über England bis hin zu den mit Ferdinand unzufriedenen ungarischen Magnaten. Auch innerhalb des Reichsverbandes betrachteten viele Landesherren, und zwar beider Konfessionen, das habsburgische Regiment mit Missmut. Man argwöhnte, Karl wolle die »viehische spanische servitut« einführen, wolle das Reich zur Erbmonarchie machen. Der Kampf für die »teutsche libertät«, gegen eine zu starke Zentrale, und der Kampf der Lutheraner um ihre reichsrechtliche Anerkennung befruchteten sich eine Zeit lang wechselseitig.

Nach dem Frieden von Crépy 1544 mit Franz I. von Frankreich hatte Karl V. den Rücken frei, um militärisch gegen den von Kursachsen und Hessen geführten Schmalkaldischen Bund vorzugehen. 1546 eröffnete er den Donaufeldzug. Der Stich des Meisters H. D. von 1546 zeigt den Kriegsrat des Bundes während der Belagerung der Stadt Landshut.

Schmalkaldischer Krieg, Augsburger Interim und Fürstenkrieg

Solange Karl mit seinen europäischen Kriegen beschäftigt war, musste er die deutschen Angelegenheiten schleifen lassen. Mal wieder im Reich, hat er es 1541 mit Religionsgesprächen versucht. Am Rand des Regensburger Reichstags loteten Theologen der alten Kirche wie der Augsburger Konfession – unter ihnen Philipp Melanchthon und der Straßburger Reformator Martin Bucer – Kompromissmöglichkeiten aus. Zum erhofften Durchbruch fand man nicht. Wahrscheinlich war Karl seitdem entschlossen, die Sache gewaltsam in seinem, im altkirchlichen Sinne zu entscheiden. Aber erst

Der für die Publikation gearbeitete Holzschnitt von Lucas Cranach dem Jüngeren um 1553 zeigt Moritz von Sachsen, der die Fürstenallianz gegen Kaiser Karl V. anführte, obwohl er diesem wegen seiner Beteiligung im Schmalkaldischen Krieg den Kurfürstentitel verdankte, als Feldherrn in Prunkrüstung und mit geschulterter Streitaxt. Die gekreuzten Schwerter im kurfürstlichen Wappen dokumentieren das mit der Kurwürde verbundene Ehrenamt des Erzmarschalls.

Auf dem Ausschnitt eines Gemäldes aus der Cranach-Werkstatt nach 1554 wird das Schicksal des Kurfürsten von Sachsen, Johann Friedrichs I., des Großmütigen, eines der Führer des Schmalkaldischen Bundes, während der Schlacht bei Mühlberg am 24. April 1547 dargestellt. Es werden der überraschende Angriff des Kaisers, die Gefangennahme des Kurfürsten und der Kniefall seiner Ehefrau Sybille vor dem Kaiser gezeigt.

musste er die wichtigsten der damals virulenten europäischen Konfliktherde entschärfen, um den Rücken frei zu haben. Das dauerte noch Jahre. Nachdem er das umstrittene niederrheinische Herzogtum Geldern erobert und Friedensverträge mit Frankreich sowie den Osmanen abgeschlossen hatte, rüstete er für die militärische »Lösung« der deutschen Konfessionsquerelen. Im protestantischen Herzog Moritz von Sachsen gewann er einen wichtigen Verbündeten – Moritz stach die Kurwürde ins Auge, die die andere regierende Linie des Hauses Wettin besaß. Während Karl den Krieg im Süden, an der Donau eröffnete, marschierte Moritz im Kurfürstentum Sachsen ein.

Den militärischen Triumph im Schmalkaldischen Krieg (1546/47) suchte Karl am »geharnischten« Reichtag zu Augsburg in einen politischen umzumünzen – der Reichstag debattierte, während die siegreichen kaiserlichen Truppen (in ihren »Harnischen«) noch im Reich standen! Trotzdem konnte Karl weder die Macht- noch die Glaubensfrage in seinem Sinne entscheiden. Er ließ eine angeblich vermittelnde, tatsächlich aber weitgehend katholische Bekenntnisformel ausarbeiten; sie sollte bis zur endgültigen Beilegung des Konfessionsstreits auf einem Reformkonzil für jedermann im Reich verbindlich sein. Es ist bezeichnend für das Amtsverständnis Karls, dass er allen Ernstes glaubte, er könne, als Kaiser und Herr des christlichen Abendlandes, den Reichsbewohnern ihren Glauben vorschreiben! Wo Karls bewaffnete Truppen standen, musste man dieses »Augsburger Interim« zähneknirschend akzeptieren, anderswo scherte man sich keinen Deut darum. Dass jene Zwangsformel eine tragfähige Lösung des Konfessionsproblems sei, glaubte außer dem Kaiser niemand. Und die Machtfrage? Karl wollte nicht weniger als einen Verfassungsumsturz ins Werk setzen, das Reich in einen »Kaiserlichen Bund« verwandeln, der straff, zentralistisch von ihm geleitet worden wäre. Nichts davon ließ sich realisieren.

Warum? Hatte Karl nicht soeben auf dem Schlachtfeld triumphiert? Freilich, eben deshalb drohte er nun auch seinen katholischen Bundesgenossen zu mächtig zu werden. Dem Schulterschluss zwischen katholischen Landesherren und katholischem Kaiser folgte der Schulterschluss aller Landesherren, gleich welcher Konfession, gegen kaiserliche Machtansprüche auf dem Fuße. Die konfessionelle Frontlinie und die zwischen »teutscher libertät« und Zentralismus verliefen mal parallel, mal überkreuzten sie sich. Diese auf den ersten Blick verwirrende Zweifrontensituation prägt die frühneuzeitliche deutsche Geschichte.

In einer ungemütlichen Lage befand sich um 1550 herum Moritz, der »Judas von Meißen«. Zwar hatte ihm sein Engagement an der Seite des katholischen Kaisers Landgewinne und den ersehnten Kurfürstentitel eingebracht. Aber die Glaubensgenossen schäumten; würden sie, würden habsburgfeindliche Kräfte eines Tages vollends die Oberhand im Reich gewinnen, würde die Rache fürchterlich sein. Der geniale Taktiker Moritz stellte sich da lieber selbst an die Spitze der Bewegung. In einer atemberaubenden Kehrtwendung rüstete er für einen Kriegszug gegen Karl. Frankreich unterstützte ihn finanziell. Zusammen mit dem Landgrafen Wilhelm von Hessen und dem Kulmbacher Markgrafen Albrecht Alcibiades schlug er im Frühjahr 1552 los. Für Karl war es eine unliebsame Überraschung. Er stand ohne Truppen da, hatte gar nicht recht mitbekommen, was sich da im Reich gegen ihn zusammengebraut hatte –

Kaiser Karl V. war nach der siegreichen Schlacht von Mühlberg 1547 auf dem Höhepunkt seiner Macht und wurde in zahlreichen Triumphdarstellungen gefeiert. Zu den bekanntesten zählt dieses Gemälde von Tizian im Prado in Madrid.

vielleicht zeigt nichts deutlicher, wie ihm die Zügel zu entgleiten begannen. Die Truppen der Fürstenallianz stießen über Augsburg nach Tirol vor, Karl floh aus Innsbruck, um in Villach zitternd und zagend abzuwarten, ob die feindlichen Truppen auch noch die letzten Alpenpässe überqueren würden. Moritz dachte gar nicht daran. Sein Ziel war letztlich kein militärisches, er bildete sich nicht ein, die europäische Großmacht Habsburg dauerhaft auf dem Schlachtfeld niederhalten zu können. Er wollte das kurzfristige Dilemma Karls für Verhandlungen über die Konfessionsfrage nutzen, hat sich im »Fürstenkrieg« eine günstige Ausgangslage dafür geschaffen.

Vom Passauer Vertrag zur Abdankung Karls V.

Als im Frühjahr 1552 die Fürstenallianz gegen Karl V. losschlug und den »Fürstenkrieg« entfesselte, stand dieser ohne Truppen in Innsbruck. Der zeitgenössische Stich nach Maarten van Heemskerck zeigt Karl V. in einer Sänfte bei seiner Flucht vor Moritz von Sachsen am 9. September 1552, verabschiedet von seinem Gefangenen Johann Friedrich I. von Sachsen.

In Linz, dann in Passau verhandelten die Kriegsfürsten mit mehreren neutral gebliebenen Landesherren und mit Ferdinand. Mündlich hatte man sich bereits auf eine dauerhafte Lösung, einen »Religionsfrieden«, verständigt. Aber Karl, der als Reichsoberhaupt denn doch zustimmen musste, tat genau das nicht. Mit dauerhaften Zugeständnissen an die Ketzer wollte er sein Gewissen nicht belasten. So war der Passauer Vertrag am Ende doch wieder nur eine Übergangslösung, ein Waffenstillstand – bis zum nächsten Reichstag, der darüber befinden sollte, ob er selbst, ein Gelehrtenkolloquium oder ein Konzil die endgültige Entscheidung herbeizuführen habe. Derartige

Nach seiner Flucht vor der Fürstenallianz 1552 und dem Augsburger Religionsfrieden 1555 legte Karl V. 1556 resigniert die Kaiserkrone nieder und überließ die spanischen Herrschaften seinem Sohn Philipp II. Der Ausschnitt aus einem zeitgenössischen Stich von Franz Hohenberg zeigt die Einsetzung Philipps und das Abtreten Karls V.

Der Reichsabschied von 1555 begründet mit folgenden Worten, warum ein Religionsfriede geschlossen werden muss:

Weil auf allen Reichstagen der letzten dreißig oder mehr Jahre ... von einem allgemeinen, beharrlichen und beständigen Frieden, wie er ... wegen der strittigen Religion aufgerichtet werden muss, vielfältig verhandelt und beratschlagt worden ist und weil etliche Male Fried-Stände (befristete Waffenstillstände) aufgerichtet worden sind, die aber zur (dauerhaften) Erhaltung des Friedens nie hinreichend gewesen sind ... Sofern nun nicht ... eine zusätzliche Friedensverhandlung ... vorgenommen wird, ... (können sich) die Reichsstände und Untertanen nicht auf beständige, untrügliche Sicherheit verlassen ... Um solche bedenkliche Unsicherheit aufzuheben, die Gemüter der Reichsstände und Untertanen wieder in Ruhe und Vertrauen gegeneinander zu stellen, die deutsche Nation, unser geliebtes Vaterland, vor endgültiger Zertrennung und dem Untergang zu bewahren, (hat man sich auf einen Religionsfrieden geeinigt).

Provisorien kannte man schon; sie durchziehen das ganze Reformationszeitalter. Immer wieder kam man überein, sich für ein paar Jahre zu vertragen. Aber ein Waffenstillstand ist kein Friede! Immerhin, in Passau war man einem tatsächlichen »Frieden« doch schon sehr nahe gekommen. Die bislang maßgebliche Überzeugung, dass jeder Friede die vorherige Wiedervereinigung der Konfessionen voraussetze, wich der Einsicht, dass jetzt die Zeit für einen »äußerlichen«, »politischen« Frieden gekommen sei. Es galt, die jeweiligen Besitzstände abzugrenzen und vor gewaltsamen Übergriffen zu schützen. Also mussten sich beide Seiten auch fürs Erste mit dem momentan Erreichten zufrieden geben, musste der Katholizismus seine Hoffnungen fahren lassen, verlorenes Terrain zurückzuerobern, der anscheinend immer noch dynamischere Protestantismus aber weitere Expansionsgelüste. Die Theologen konnten sich ja weiter zanken, sich vielleicht auch eines Tages wieder vertragen... Abwarten wollte man das nicht, jetzt waren zunächst einmal die Politiker gefragt. Sie saßen drei Jahre später wieder beisammen, auf dem Augsburger Reichstag. Die Zeiten waren nicht ruhiger geworden, im Gegenteil. Dem Fürsten- folgte der Markgrafenkrieg auf dem Fuße. Er zeigte, wie gefährdet das Landfriedensgebot der Reichsverfassung war, das vermeintlich Geschädigte auf den ordentlichen Rechtsweg verwies, das ihnen untersagte, dem Übeltäter den Fehdehandschuh hinzuwerfen, sich auf eigene Faust an ihm, an seiner Sippe schadlos zu halten, derart auf Unrecht nur immer schlimmeres Unrecht zu häufen. Ganz im Stil mittelalterlicher Fehdekriege machte der Kulmbacher Markgraf Albrecht Alcibiades die nähere und weitere Umgebung unsicher, durch Raubzüge, Erpressungen, Brandschatzung. Moritz von Sachsen versuchte ihn zur Räson zu bringen – und fiel auf dem Schlachtfeld. Der Kaiser aber, der Friedenswahrer, der vermeintliche Herr des christlichen Abendlandes, lavierte hin und her und verlor dadurch vollends seine Glaubwürdigkeit. Er hatte keine Lust mehr. Alles zerrann ihm zwischen den Fingern. Keines seiner hoch gesteckten Ziele hatte er erreicht. Auf dem Augsburger Reichstag von 1555 vertrat ihn bereits Ferdinand – sollte sich dieser durch etwaige Zugeständnisse an die Ketzer doch die Seele beschweren! Karl resignierte, seinen Lebensabend verbrachte er in einem spanischen Landhaus, das er neben ein Kloster bauen ließ.

Der Augsburger Religionsfriede

Ein Reich in Auflösung und Streit, ein Kaiser, der nicht mehr regieren wollte – am Ende mussten auch Ferdinand und die katholischen Fürsten einsehen, dass das eigentlich Undenkbare unausweichlich geworden war. Man musste mit den Ketzern Frieden schließen. Man tat es, in jenem Teil des Augsburger Reichsabschieds, der bald als Religionsfriede bezeichnet werden sollte. Gewiss, es war ein »äußerlicher«, ein »politischer« Friede. Die Konfessionen sollten durch den Augsburger Reichsabschied nicht wieder vereinigt werden, er stellte vielmehr Regeln auf für ein friedliches Miteinander »in währender Spaltung der Religion«. Der Religionsfriede war nicht wieder ein Provisorium; er sollte gelten, bis sich die Theologen eines Tages zusammengerauft haben würden – die Utopie einer Wiedervereinigung der Konfessionen wurde nicht preisgegeben, aber für den Moment doch hintangestellt. Der Religionsfriede ist ein sehr schwieriger Text, viele diffizile Auslegungsfragen haben später das Verhältnis der Konfessionen zueinander belastet. Dabei sind die Grundgedanken an sich einfach. Die Anhänger des Augsburger Bekenntnisses wurden reichsrechtlich den Katholiken gleichgestellt. Die jeweilige Obrigkeit – der Landesherr beziehungsweise, in Reichsstädten, der Stadtrat – konnte sich frei für eine der beiden Konfessionen entscheiden. Diese Entscheidung war keine private, sie band das ganze Territorium. Die Obrigkeit entschied darüber, welcher Konfession man in ihrem Herrschaftsbereich anzuhängen hatte. Und wenn sich ein Untertan nicht fügen wollte, fügen konnte? Dann durfte er immerhin auswandern; Zwangsbekehrungen waren somit ausgeschlossen. Er durfte – in der Praxis hieß das freilich fortan: Er musste! Man brauchte sich seinen Glauben nicht vorschreiben zu lassen, wohl aber hatte man, so man sich mit der Entscheidung des Landesherrn nicht abfinden konnte, sein Bündel zu packen, sein Glück und Seelenheil woanders zu suchen. Die Grundgedanken des Religionsfriedens sind, wie gesagt, einfach und klar. Der Teufel steckte im Detail. Aber das sollten erst spätere Generationen schmerzlich erfahren.

Die Urkunde des Augsburger Religionsfriedens von 1555, der die Gleichberechtigung der beiden Konfessionen, zugleich aber auch den Verzicht auf die Glaubenseinheit im Reich brachte, trägt die Siegel von Ferdinand I. und sieben der Reichsstände.

Johannes Calvin, der Begründer der reformierten Kirche. Noch zu seinen Lebzeiten verbreitete sich der reformierte Glaube in der Schweiz, in Frankreich, den Niederlanden, in England, Schottland, Polen, Ungarn, Siebenbürgen sowie in der Pfalz und im Niederrheingebiet (Genf, Musée d'Art et d'Histoire).

Erwählte und Verdammte – Die Genfer Reformation Calvins strahlt auf Westeuropa aus

Calvin und der Calvinismus

Was Luther für das Reich und Skandinavien, das war Johannes Calvin für Westeuropa. Calvin löste sich hauptsächlich unter humanistischem Einfluss von der römischen Kirche, musste deshalb 1534 unter falschem Namen aus Frankreich fliehen und beendete eine unruhige Wanderzeit 1536 in Genf, wo man den Durchreisenden drängte, dem erst kürzlich eingeleiteten Reformationswerk theologische Substanz zu verleihen. Nach einigen schwierigen An-

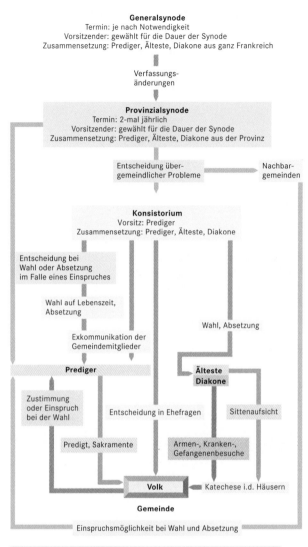

Generalsynode
Termin: je nach Notwendigkeit
Vorsitzender: gewählt für die Dauer der Synode
Zusammensetzung: Prediger, Älteste, Diakone aus ganz Frankreich

Verfassungs-
änderungen

Provinzialsynode
Termin: 2-mal jährlich
Vorsitzender: gewählt für die Dauer der Synode
Zusammensetzung: Prediger, Älteste, Diakone aus der Provinz

Entscheidung über-
gemeindlicher Probleme   Nachbar-
gemeinden

Konsistorium
Vorsitz: Prediger
Zusammensetzung: Prediger, Älteste, Diakone

Entscheidung bei
Wahl oder Absetzung
im Falle eines Einspruches

Wahl auf Lebenszeit,
Absetzung

Wahl, Absetzung

Exkommunikation der
Gemeindemitglieder

Prediger   **Älteste
Diakone**

Zustimmung
oder Einspruch
bei der Wahl   Entscheidung in Ehefragen   Sittenaufsicht

Predigt, Sakramente   Armen-, Kranken-,
Gefangenenbesuche

Volk   Katechese i.d. Häusern

Gemeinde

Einspruchsmöglichkeit bei Wahl und Absetzung

Die Verfassung der reformierten Kirche Frankreichs 1559

fangsjahren stieg Calvin zum unumstrittenen Herrn Genfs auf, durch seine Glaubenslehre wie durch das Beispiel der Genfer Gemeinde hat er nachhaltig auf Westeuropa gewirkt. Die Theologie Calvins unterschied sich in mehreren wichtigen Punkten von der Luthers, nicht aber in der für den deutschen Reformator so zentralen Überzeugung von der allein, ohne menschliche Verdienste, ohne »gute Werke« gerecht machenden Gnade Gottes. Entschiedener als Luther freilich verband Calvin diese Auffassung mit der Prädestinationslehre: Gott hat alle irdische Wirklichkeit vor dem Anfang der Zeit geschaffen und vollkommen gekannt, mithin gewusst, was aus allem einmal würde und erwüchse. Also steht auch schon immer fest, welche Menschen für das Heil vorgesehen, »prädestiniert« sind und welche verworfen. Erkennungszeichen war für Calvin der rechte Glaube an Jesus Christus, ihn flößte Gott den von ihm Erwählten ein, verweigerte er den Verworfenen. Der Verworfene mochte sich noch so sehr um ein moralisch einwandfreies Leben bemühen, es würde nie ein Erwählter aus ihm. Zu den von Gott Auserwählten zu gehören, das ließ sich nämlich nicht im Nachhinein erzwingen, ließ sich nicht »verdienen«. Zum alles beherrschenden Kernstück calvinistischen Glaubens wurde die Prädestinationslehre freilich erst nach Calvins Tod, und weil auch Calvinisten in Heilsgewissheit leben wollten, verbreitete sich die alsbald so typische, aber gegenüber Calvins eigenen Anschauungen doch vergröbernde Auffassung, man könne Erwähltheit oder Verdammnis eines Menschen zuverlässig an seinem Lebenserfolg, an Reichtum und Glück ablesen.

Für Calvin war die Kirche ganz wesentlich eine disziplinarische Institution, sie hatte strenge Sittenzucht zu gewährleisten. Das Konsistorium überwachte das gesamte Leben der Gemeinde, ahndete Vergehen wie Trunksucht oder Kartenspiel; auf Gotteslästerung, Ehebruch und Unzucht stand die Todesstrafe, mit eiserner Faust wurde die Vielfalt der Meinungen ausgerottet. Für die Exekution schwerer Strafen nahm die Kirche die weltliche Obrigkeit in Dienst; ein umgekehrtes Unterordnungsverhältnis, wie es, jedenfalls aus Genfer Sicht, in den lutherischen Landeskirchen zu beobachten war, kam für Calvin nicht infrage. Natürlich brauchte das Konsistorium für die Sittenkontrolle Spitzeldienste, oft genug waren die Strafen kleinlich, mischte sich der Wunsch nach Reinheit und Sittenzucht mit der Freude am Elend der »Verworfenen«, ihrer Demütigung. Heiterkeit, Gelassenheit, sie suchte man vergeblich in der Stadt psalmsingender Kirchgänger, die sich gegenseitig vor dem Konsistorium anzeigten. Doch machte die Ernsthaftigkeit, mit der man dort gegen Laster und Laxheiten anging, auf viele Zeitgenossen Eindruck.

Der Calvinismus in Westeuropa

Die Genfer Kirchenverfassung ließ sich nicht unbesehen auf andere Länder übertragen. Wo der Calvinismus im Reich Fuß fasste, geriet er unter den Einfluss des Landesherrn, seines Kirchenregiments. In Westeuropa aber, in Frankreich etwa oder in den Niederlanden, waren die Calvinisten gerade noch geduldete, später verfolgte Minderheiten. Bestimmte Züge des Calvinismus waren geeignet, jene Minderheiten zu schwierigen, hartnäckigen, zum Äußersten entschlossenen Gegnern der katholischen Obrigkeit zu machen. Luther hatte den leidenden Gehorsam gelehrt, die lutherischen Landeskirchen waren fest im Griff des jeweiligen Landesherrn – wenig erbaulich für Menschen, die sich gerade gegen ihre Regierungen auflehnten. Die bedrängten evangelischen Minderheiten Westeuropas schauten nach Genf, sie schlossen aus der von Calvin so strikt betonten Unterordnung der weltlichen Gewalt unter die Souveränität Gottes, dass sie verpflichtet seien, ihre irrgläubige Obrigkeit zu bekämpfen, sie durch eine rechtgläubige zu ersetzen. Man praktizierte das Widerstandsrecht, sprach von Tyrannenmord – für das politische Denken Westeuropas wichtige Entwicklungen wurden dadurch angestoßen. Die Überzeugung, auserwählt, zum Heil prädestiniert zu sein, ließ Selbstzweifel nicht aufkommen und verlieh die unerschütterliche Gewissheit, auch als Minderheit auf der »richtigen« Seite zu stehen. Die straff organisierten Gemeinden waren effektive Kampforganisationen, subversive Zellen gewissermaßen. In Genf hielt man Gewissensfreiheit für eine muslimische Irrlehre, jede Abweichung im Glauben und im Lebensstil wurde konsequent geahndet, jeder Stein des Anstoßes durch Verbannung oder Hinrichtung eliminiert. Ausgerechnet jenes Genf aber stieß eine Bewegung an, die in Westeuropa, unter den Bedingungen des Glaubenskampfes, antiautoritär wirkte – im Frankreich der Hugenottenkriege, beim Freiheitskampf der Holländer, auch bei den englischen Puritanern. Axel Gotthard

Der spanische Humanist und Kritiker der Dreieinigkeitslehre Michel Servet wurde nicht nur von der Inquisition verfolgt, 1553 wurde ihm im calvinistischen Genf der Prozess gemacht. Die Abbildung zeigt ein Porträt Servets aus dem Jahr 1608 von Christoffel van Sichem aus Amsterdam. Im Bildhintergrund ist die Verbrennung Servets dargestellt.

In seinem theologischen Hauptwerk, dem »Unterricht in der christlichen Religion«, legt Calvin seine »Genfer Kirchenordnung« dar:

Es sind zwölf Männer von ehrbarem Lebenswandel, dazu gottesfürchtig und ausgestattet mit geistlicher Klugheit, auszuwählen, und zwar so, dass sie sich auf die vier Stadtviertel verteilen. Im Laufe des Jahres soll in jedem Hause eine Visitation veranstaltet werden, um jeden Einzelnen ... zu examinieren ... Jeder Geistliche nimmt einen Ältesten mit sich, damit sie dem Konsistorium diejenigen, an denen sie Unwissenheit oder schlechten Lebenswandel feststellen, überweisen ... Wenn jemand gegen die anerkannte Kirchenlehre spricht, so werde er vorgeladen zur Verhandlung; und wenn er sich bessert, so nehme man ihn ohne Ärgernis ... wieder auf. Wenn er verdächtig ist, so ermahne man ihn einige Mal, damit er sieht, dass die Sache ernst wird.

König Blaubart und die Feenkönigin – England unter Heinrich VIII. und Elisabeth I. (1509–1603)

Der Bruch mit Rom

Selbst in dem an farbigen Persönlichkeiten so reichen Zeitalter der Renaissance war der seit 1509 regierende König Heinrich VIII. von England eine auffallende Erscheinung: von ausladender Körperlichkeit, den Freuden der Sinne mit der ganzen Fülle seines Leibes

Das Gemälde von Hans Holbein dem Jüngeren aus dem Jahre 1540 zeigt Heinrich VIII., eine der schillerndsten Herrscherfiguren der Renaissance – nicht nur wegen seiner sechs Ehen –, im Alter von 49 Jahren auf dem Höhepunkt seiner Macht (Rom, Galleria Nazionale d'Arte Antica).

Katharina von Aragonien, die Tochter Ferdinands II. von Aragonien und Isabellas I. von Kastilien, war seit 1509 in zweiter Ehe mit Heinrich VIII. verheiratet. Seit 1526 betrieb Heinrich die Annullierung der Ehe, die er nach der Trennung Englands von der römischen Kirche 1533 vollzog. Bis zu ihrem Lebensende blieb Katharina, die dieses Gemälde um 1510 vermutlich zeigt, in Haft (Wien, Kunsthistorisches Museum).

Mit der Suprematsakte vom November 1534 bestätigte nun auch das Parlament Heinrich VIII. und seinen Nachfolgern die Würde eines Oberhaupts der Kirche von England, die im Januar 1535 in die königliche Titulatur aufgenommen wurde:

(Der König wird anerkannt als) das einzige Oberhaupt auf Erden der Kirche von England, genannt Anglicana Ecclesia, und soll in Verbindung und Vereinigung mit der Krone dieses Reiches sowohl den entsprechenden Titel als auch alle dazugehörigen Ehren, Würden, Vorrechte, Zuständigkeiten, Privilegien, Vollmachten, Freiheiten, Vorteile und Güter haben und genießen.

und mit der Unrast seiner Seele zugetan; zugleich ein Monstrum an fühlloser Selbstsucht, das sich unliebsam gewordener Ehefrauen auf dem Schafott entledigte. Dieser Gargantua auf dem Thron lebte gewaltig und gewalttätig, aber er herrschte eigentlich nicht. Auch an der Kunst und den Wissenschaften interessiert, widmete er sich den Reizen des Daseins, nachdem ein Feldzug gegen die Franzosen in den Jahren 1512 bis 1514 seinen jugendlichen Tatendrang gestillt hatte. Die Staatsgeschäfte Englands überließ er derweil seinem Kanzler Thomas Wolsey, einem ehrgeizigen Kirchenmann, der Land und Kirche straffer Kontrolle unterwarf und außenpolitisch das Papsttum nach Kräften unterstützte. 1525 vollzog Wolsey die Wendung des Papstes Klemens VII. gegen das Haus Habsburg mit, dessen Übermacht die Kurie fürchtete. Die neue Frontstellung Englands gegen Kaiser Karl V. wirkte sich störend auf das Privatleben Heinrichs VIII. aus. Der König wünschte die Scheidung von seiner Gemahlin Katharina von Aragonien, einer Tante des Kaisers, die ihm auch nach zwanzig Ehejahren noch nicht den ersehnten Thronfolger geboren hatte, sondern lediglich eine Tochter, die spätere Königin Maria I. Von Karl V. gedrängt, verweigerte der Papst die von Heinrich gewünschte Auflösung der Ehe. Der verzweifelte König, der darauf brannte, endlich seine Geliebte Anna Boleyn zu heiraten, schenkte daraufhin den Einflüsterungen von Gegnern Wolseys und des englischen Klerus Gehör. Sobald er die päpstlichen Rechtsbefugnisse in England abgeschafft haben würde, könne er sich Katharinas mühelos entledigen. Heinrich entließ Wolsey und stützte sich fortan auf seinen neuen Mitarbeiter Thomas Cromwell, der bereit war, mithilfe antiklerikaler Kräfte im Unterhaus des Parlaments den Bruch mit Rom unter dem Anschein von Legitimität zu vollziehen. 1532 wurde die englische Geistlichkeit gesetzlich verpflichtet, Heinrich VIII. als »Oberstes Haupt der Kirche« *(supreme head)* anzuerkennen. Damit erlangte der englische Monarch eine Stellung als Leiter des Kirchenwesens in seinem Lande, wie sie auf dem Kontinent die lutherischen Reichsfürsten innehatten. Eine Reform theologischer Lehre und geistlichen Lebens ging mit diesem Schritt jedoch nicht einher.

Nachdem das Parlament im *Act of Appeals* die Appellationen in Fragen des Eherechts nach Rom untersagt hatte, konnte der neue, selbst lutherisch gesinnte Erzbischof von Canterbury, Thomas Cranmer, Heinrichs Ehe mit Katharina im Mai 1533 endlich annullieren. Dies schien dringend geboten, denn im Januar hatte der König bereits die schwangere Anna Boleyn geheiratet. 1534 verpflichtete der *Act of Succession* des Parlaments alle Untertanen zum Eid auf die neue Kirchenverfassung und die Thronfolge. Eidverweigerer, die ihren

Gewissenspflichten folgten, wurden hingerichtet, so der Bischof von Rochester, John Fisher, und der Humanist Thomas More. Cromwell sah große außenpolitische Chancen für England als künftige Führungsmacht der Protestanten Europas; deshalb bekämpfte er unerbittlich jede Regung des altkirchlichen Widerstandes. Viele romtreue »Hochverräter« endeten auf dem Schafott. Auch Anna Boleyn starb auf dem Blutgerüst. Heinrich war darüber erbittert, dass sie ihm nur eine Tochter, die spätere Königin Elisabeth I., geboren hatte, und ließ sie wegen angeblichen Ehebruchs und Inzests hinrichten. Kaum war das Haupt seiner Frau gefallen, heiratete er Johanna (Jane) Seymour, die 1537 bei der Geburt des ersehnten Sohnes Eduard (VI.) starb. Da Cromwell immer mehr in den Dimensionen europäischer Politik dachte, überredete er Heinrich zu einer Ehe mit der deutschen Prinzessin Anna von Cleve, die im Oktober 1539 gefeiert wurde. Maßlos enttäuscht von seiner neuen Frau vom Niederrhein, begann der König Cromwell zu hassen, den er für den Schuldigen an seinem ehelichen Unglück hielt. Dessen Feinde hatten nun leichtes Spiel. Im Juli 1540 kam es zum Sturz und zur Hinrichtung des Mannes, der den Abfall Englands von Rom ermöglicht hatte. Heinrich VIII. regierte fortan selbst. Jugendliche Unruhe bemächtigte sich des alternden Berserkers, und so brach er 1542 einen Krieg gegen Schotten und Franzosen vom Zaun. Die zweijährigen Kämpfe ruinierten die Finanzen Englands, sodass das Königreich eine schwere Krise durchlebte, als Heinrich im Januar 1547 starb.

Nach der Hinrichtung Anna Boleyns 1536 heiratete Heinrich VIII. Johanna (Jane) Seymour. Sie starb jedoch bereits 1537 bei der Geburt des Thronfolgers Eduard VI. Hans Holbein der Jüngere porträtierte Johanna Seymour in ihrem Krönungsjahr 1536 (Wien, Kunsthistorisches Museum).

Krise und Sieg der englischen Reformation

Der neue König Eduard VI. zählte erst zehn Jahre. Die Regentschaft führte sein Onkel Edward Seymour, Herzog von Somerset, ein überzeugter Protestant. Kirchenpolitisch warf er das Steuer

Nach dem Tode Eduards VI. bestieg dessen ältere Halbschwester Maria I., die Katholische, den Thron. In ihrer fünfjährigen Regierungszeit kam es zu scharfen Protestantenverfolgungen, die ihr den Beinamen »die Blutige« eintrugen. Das Gemälde von Anthonis Mor entstand 1554 (Madrid, Prado).

1559 führte Elisabeth I. das »Common Prayer Book« Eduards VI. von 1552 mit wenigen Änderungen wieder ein. Dadurch wurde die anglikanische Kirchenordnung wiederhergestellt, die im Wesentlichen bis heute besteht:

Es wird durch Ihre Königliche Hoheit mit Zustimmung der Lords und Gemeinen des hier versammelten Parlaments und kraft der Autorität desselben zum Gesetz erhoben, dass alle Geistlichen in sämtlichen Kathedralen oder Pfarrkirchen oder sonstwo im Königreich England, Wales oder den übrigen Herrschaftsgebieten der Königin vom nächstkünftigen Fest der Geburt St. Johannis des Täufers an verpflichtet sein sollen, die Morgen- und Abendgebete, die Abendmahlsfeiern und die Verwaltung jeglichen Sakraments sowie alle gemeinsamen und öffentlichen Gebete in derjenigen Ordnung und Form zu halten, wie sie in dem erwähnten, im fünften und sechsten Jahr der Regierung König Eduards VI. vom Parlament bestätigten Buch festgelegt ist.

herum und sorgte für die Zerstörung der traditionellen, im Kern noch katholischen Kultformen. Vom Genfer Reformator Johannes Calvin beeinflusst, ordnete der Regent die Entfernung der Heiligenbilder aus den Kirchen an. Dagegen erhob sich das Landvolk in Cornwall und im Norden, wo sich die wirtschaftliche Krise besonders gravierend auswirkte. Diese Widerstände hatten zur Folge, dass Somerset von der Regierung verdrängt, später gar hingerichtet wurde. Sein Nachfolger, John Dudley, Herzog von Northumberland, förderte gleichfalls die calvinistischen Einflüsse auf Dogma und Praxis der Kirche von England, ging dabei aber behutsamer vor. Da starb im Frühsommer 1553 der fünfzehnjährige König. Ihm folgte seine 37 Jahre alte Halbschwester Maria, die Tochter Katharinas von Aragonien. Vom Vater Heinrich VIII. schlecht behandelt, hatte sie ihren Trost im katholischen Glauben der Mutter gefunden. Als sie den Thron bestieg, fühlte sich Maria I. berufen, England nach den Jahren der Ketzerei wieder zur römischen Kirche zurückzuführen. Northumberland wurde hingerichtet, Erzbischof Cranmer von Canterbury verhaftet, die protestantischen Bischöfe entlassen, verheiratete Pfarrer aus dem Amt gejagt. Im November 1554 ließ Maria ein ihr gefügiges Parlament wählen, das den Papst wiederum als geistliches Oberhaupt anerkannte, falls die Säkularisierungen von Kirchengut der vergangenen zwanzig Jahre seitens der Kurie in Rom bestätigt würden. Gerade die Gentry, der Niederadel in Südengland, hatte sich am Klosterbesitz bereichert und wollte nichts von seinen Gütern zurückgeben. 1555 begannen im ganzen Land verschärfte Protestantenverfolgungen; standhafte Männer wie Erzbischof Cranmer bestiegen den Scheiterhaufen. Mit diesen Grausamkeiten wie mit der Beteiligung am Krieg Spaniens gegen Frankreich machte sich Maria die »Blutige« *(Bloody Mary)* bei den Untertanen verhasst. Kaum jemand in England trauerte, als sie Ende 1558 starb.

Als letzte Überlebende des Hauses Tudor bestieg nun ihre Halbschwester Elisabeth I. den Thron, die 1533 geborene Tochter der Anna Boleyn. Von einem trotz ihrer Jugend schon recht wechselhaften Schicksal zu Vorsicht und politischer Klugheit erzogen, nahm Elisabeth den von den Umständen geforderten Kurswechsel englischer Politik vor. Sie beendete den Krieg mit Frankreich und ordnete die aufgrund des vielfältigen Widerstandes gegen die Rekatholisierung völlig verwirrten Kirchenverhältnisse. Anknüpfend an die Maßnahmen ihres Vaters erließ sie schon im April 1559 zusammen mit dem neu gewählten Parlament eine erneuerte Suprematsakte. Obwohl der Monarch nun nicht mehr »Oberhaupt«, sondern »oberster Verwalter« *(supreme governor)* des Kirchenwesens genannt wurde, handelte es sich doch um eine Wiederherstellung des Zustandes der Zeit Heinrichs VIII. Die wieder gegründete anglikanische Staatskirche unterstand der Krone, die alle geistlichen Würdenträger ernannte. Lehre und Liturgie dieser Kirche unterlagen der Gesetzgebung des Parlaments, das sich in einigen dogmatischen Punkten, beispielsweise bei der Auffassung vom Heiligen Abendmahl, an Calvin anlehnte. Hingegen blieben die katholischen Verfassungsstrukturen in den Bistümern erhalten, altkirchliche Kultformen überlebten in der Liturgie, auch der Heiligenkalender galt weiter. Der Anglikanismus etablierte sich als Staatskonfession, die keinen Anspruch auf Geltung außerhalb des Königreichs England erhob, ein Kontrast

Elisabeth I., die Tochter von Anna Boleyn, knüpfte an die Politik ihres Vaters Heinrich VIII. an. Die »Feenkönigin« wurde in ihrer 45 Jahre währenden Regierungszeit als »Mutter Englands« verehrt. Das Gemälde von Robert Peake um 1580 zeigt eine Prozession, die Elisabeth in einer Sänfte nach Whitehall bringt (Sherborne Castle, Dorset).

zum konfessionellen Eroberungsdrang des Zeitalters. Allerdings verpflichtete der Gehorsam gegenüber der Krone alle englischen Untertanen, der anglikanischen Kirche anzugehören. Bei Verstößen gegen dieses Prinzip verfuhr Elisabeth aber zunächst vergleichsweise tolerant. Sie war selbst humanistisch erzogen und reich gebildet, konfessioneller Fanatismus lag ihr fern. Dennoch kam es unter ihrer Herrschaft zu einer Eskalation des Konflikts mit Rom, weil sich Papst Pius V. in englische Angelegenheiten einmischte, nachdem die Krone einen Aufstand katholischer Adliger niedergeschlagen hatte. 1570 exkommunizierte er Elisabeth als Ketzerin und »falsche Königin von England«, der alle aufrechten Untertanen den Gehorsam aufkündigen müssten. Rechtmäßige Herrscherin des Landes sei nämlich nicht die einer illegitimen, sündhaften Ehe entsprossene »Bastardin« Elisabeth, sondern die katholische Königin Maria Stuart von Schottland, eine Urenkelin Heinrichs VII. Tudor. Diese Einlassung des Papstes zeitigte unglückliche Folgen, zunächst für Maria Stuart, die sich seit ihrer Flucht 1568 vor dem rebellischen

In Maria Stuart, Königin von Schottland und Urenkelin Heinrichs VII., sah die katholische Seite die rechtmäßige Königin Englands. Diese Konkurrenz zu Elisabeth kostete sie schließlich das Leben (London, Victoria and Albert Museum).

Adel Schottlands in englischem Gewahrsam befand. Die misstrauische Elisabeth verschärfte sofort die Haftbedingungen ihrer schottischen Cousine, in der sie eine ständige Bedrohung ihrer eige-

Philipp II., König von Spanien, war als Verteidiger der alten Kirche und Herrscher über das spanische Weltreich der mächtigste Widersacher Elisabeths I., musste es aber hinnehmen, dass England in der Neuen Welt immer mehr Fuß fasste und dass seine Umsturzversuche in England keinen Erfolg hatten. Das Gemälde von Tizian zeigt ihn in ganzfigurigem Porträt um 1553 (Florenz, Palazzo Pitti).

nen Herrschaft sehen musste. Erschwert wurde nach dem päpstlichen Missgriff aber auch das Überleben für die Angehörigen der katholischen Minderheit Englands, die als Gemeinschaft potenzieller Staatsfeinde nur noch im Untergrund existieren konnte. Auf dem Höhepunkt des Kampfes zwischen London und Rom litten die englischen Katholiken unter dem erbarmungslosen Terror der Obrigkeit, während Papst Gregor XIII. einen politischen Mord an Elisabeth für gerecht erklärte und ein päpstliches Heer nach Irland schickte, um dort einen Aufstand gegen die Engländer auszulösen. Die große Mehrheit des Volkes und das Parlament standen aber hinter der Königin, sodass sie im Laufe ihrer langen Regierungszeit bis 1603 zuletzt der konfessionellen Abweichler Herr werden konnte. Dazu bediente sie sich der 1583 geschaffenen *High Commission,* eines königliches Glaubenstribunals, das die Methoden der spanischen Inquisition übernahm.

England erobert das Meer

Der schwierigen Stabilisierung elisabethanischer Herrschaft im Inneren entsprach eine prekäre Stellung Englands zu seiner europäischen Umwelt. Der heftige Konflikt mit dem Papsttum konnte nicht ohne Auswirkung auf das Verhältnis zu den katholischen Mächten bleiben. Nach außen hin bemühte sich Elisabeth zwar um korrekte Beziehungen zu König Philipp II. von Spanien, dem mächtigen Verteidiger der alten Kirche, dessen Heiratsantrag sie ausgeschlagen hatte. Unter der Hand freilich förderte sie den Kampf gegen die spanische Hegemonie nach Kräften. So unterstützte sie insgeheim die niederländische Erhebung gegen Spanien und schloss 1585 sogar einen Beistandspakt mit den rebellischen Holländern. Im französischen Bürgerkrieg half sie den bedrängten Hugenotten, sei es auch nur, um das Kriegsfeuer beim alten festländischen Rivalen Frankreich nicht erlöschen zu lassen. Trotz trügerischer Freundlichkeit gegen den Hof in Madrid verstärkte England seine Nadelstiche gegen das spanische Weltreich, das es an seiner verwundbarsten Stelle traf, in der Neuen Welt. Das iberische Imperium, das sich 1580 auch Portugal einverleibte, beherrschte ganz Süd- und Mittelamerika. Von dort bezog es unermessliche Reichtümer. Ein Handelsmonopol schloss andere Nationen von den überseeischen Märkten aus. Feinheiten des Völkerrechtes hintansetzend, ließ Elisabeth die Vorstöße ihrer Seehelden Humphrey Gilbert, John Hawkins und Francis Drake in diese Räume zu.

Der berühmteste Seefahrer des Elisabethanischen Zeitalters war der Engländer Francis Drake. Für seine Kaperfahrten, die große Reichtümer nach England brachten und der spanischen Krone schweren Schaden zufügten, wurde er 1580 von Elisabeth I. geadelt (London, Victoria and Albert Museum).

Bei den Engländern berühmt und bei den Spaniern berüchtigt ist bis heute die Weltumsegelung Drakes von 1577 bis 1580, in deren Verlauf er die völlig ungeschützten Pazifikhäfen Spanisch-Amerikas zwischen Peru und Mexiko planmäßig ausplünderte. Selbst führende Berater Elisabeths wie Lord Burghley hatten gegen diese Raubaktion plädiert, weil sie Spanien zum Krieg reizen musste.

Die Königin ließ ihren Piraten aber dennoch ziehen, und als er nach drei Jahren mit Beute schwer beladen wieder heimkehrte, schlug sie ihn noch an Bord seines Flaggschiffes »Golden Hind« zum Ritter. König Philipp musste seinen Zorn zügeln, da Spanien an zu vielen Fronten engagiert war, um sogleich zurückschlagen zu können. Dafür förderte sein Botschafter in London insgeheim Umsturzpläne gegen Elisabeth mit Geld und Waffen. Die Machenschaften zielten alle darauf ab, die gefangene Maria Stuart auf den englischen Thron zu heben, sobald dessen derzeitige Inhaberin aus dem Weg geräumt wäre. Die Schottin ließ sich zu ihrem eigenen Verderben bereitwillig in die Verschwörungen und Intrigen einspannen. Sie setzte die größten Hoffnungen in die von Anfang an zum Scheitern verurteilte Verschwörung des jungen Ritters Anthony Babington, der 1586 Elisabeth ermorden und Maria befreien wollte. Nach Verhaftung und Hinrichtung Babingtons verurteilte ein Sondergericht Maria Stuart ebenfalls zum Tode, da sie in das Komplott verwickelt war. Elisabeth hatte verständliche Scheu, das Urteil exekutieren zu lassen, zugleich wusste sie nur zu gut, dass der Tod Marias sie von einer schweren Sorge befreien würde. Nachdem der Kopf der Stuart am 8. Februar 1587 unter dem Beil des Henkers gefallen war, versuchte die Königin, sich vor der Öffentlichkeit und vielleicht auch vor dem eigenen Gewissen zu rechtfertigen, indem sie ihrem Sekretär Davison und dem Berater Burghley alle Schuld zuschob, doch wollte ihr niemand diese schäbige Ausrede glauben.

Einen Tag nach der Überbringung ihres Todesurteils schrieb Maria Stuart an ihren Verwandten Henri de Lorraine, Herzog von Guise, den Vorkämpfer der katholischen Partei im französischen Religionskrieg, folgenden Brief (19. November 1586):

Mein guter Cousin, Euch, der mir das Teuerste auf Erden ist, sage ich Lebewohl, denn ich bin bereit, aufgrund eines ungerechten Urteils hingerichtet zu werden. Einen solchen Tod hat eine Person unseres Geschlechtes noch nie erlitten, noch weniger jemand meines Ranges. Aber, mein guter Cousin, preist deswegen Gott, denn ich wäre in dem Zustand, in welchem ich mich befinde, für seine Sache und die der Kirche nicht mehr von Nutzen. Doch ich hoffe, dass mein Tod meine Standhaftigkeit im Glauben erweisen wird und meine Absicht, an der katholischen Kirche festzuhalten, um sie auf dieser unseligen Insel wieder aufzurichten. Obwohl der Henker noch niemals Hand an jemanden unseres Blutes gelegt hat, empfindet dies nicht als Schande, mein Freund. Denn das Urteil der Ketzer und Feinde der Kirche und derjenigen, die kein Recht haben, mich zu verurteilen, mich, eine freie Königin, ist für die Kinder meiner Kirche von Vorteil.

Nach dem Ende Marias, für deren Leben sich Philipp II. verwandt hatte, wurde der offene Krieg mit Spanien unvermeidlich, den der wiederum rastlos tätige Drake eröffnete, indem er eine spanische Flotte im Hafen von Cádiz vernichtete. Die Antwort Madrids war der Plan einer großen Invasion in England, um die ständigen Provokationen des Inselvolkes zu rächen. Im Sommer 1588 lief die »unbesiegbare« Armada, eine Flotte von 130 Schiffen, in den Atlantik aus. Sie sollte eine spanische Armee von den Niederlanden nach Britannien übersetzen, doch das ganze Unternehmen war schlecht vorbereitet, sodass hellsichtige Mitarbeiter Philipps II. bereits mit einem Fiasko rechneten. Kaum im Kanal angekommen, wurde die Armada auch schon von den Engländern überfallen und unter schweren

Der Versuch Philipps II., Truppen in Britannien zu landen, scheiterte am Widerstand der Engländer und an der stürmischen See, der ein Großteil der »unbesiegbaren« Armada letztlich zum Opfer fiel. Gleichwohl wurde der Untergang der Armada von Engländern und in der protestantischen Welt als überragender Sieg über das katholische Spanien in zahllosen Kunstwerken, wie hier von Nicholas Hilliard, gefeiert.

1599 fanden sich englische Kaufleute zusammen, um eine gemeinsame Handelsfahrt nach Indien zu organisieren. Dazu gründeten sie eine Handelsgesellschaft, die dann unter dem Namen »East India Company« berühmt wurde. Die Gesellschafter beschlossen unter anderem:

Die Versammlung wählt ... fünfzehn Personen als Beauftragte oder Direktoren dieser Reise, damit sie alle dazugehörigen Angelegenheiten vorbereiten, anordnen und regeln. Dahin gehören ein Gesuch an Ihre Majestät, den Unternehmern ein ausschließliches Privileg für so viele Jahre, als man erreichen kann, und so viele Gerechtsame, Zollbefreiungen und sonstige Vergünstigungen und Gnaden, als man bekommen kann, zu gewähren sowie die Beschaffung der Schiffe, Waren und Tauschgüter, die für die genannte Reise investiert werden sollen.

Das Armada-Juwel aus mit Rubinen und Diamanten besetztem Gold, das um 1600 gefertigt wurde, scheint ein Geschenk Elisabeths I. an ihren Kriegsschatzmeister Thomas Heneage für seine Verdienste gewesen zu sein. Die hier abgebildete Rückseite wird von einer Miniatur von Nicholas Hilliard aus dem Jahr 1580 geziert (London, Victoria and Albert Museum).

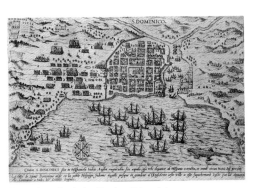

Der zeitgenössische Kupferstich zeigt den Angriff Drakes auf die spanische Stadt Santo Domingo auf Hispaniola 1586. In den Jahren 1585/86 unternahm er gezielte Kaperfahrten gegen spanische Schiffe und Städte in Westindien, die seinen Geldgebern in London oft riesige Gewinne einbrachten (London, British Library).

Kämpfen in die Nordsee abgedrängt. Den Spaniern blieb nichts anderes übrig, als bei widrigsten Windverhältnissen um Schottland und Irland nach Hause zu segeln, wobei sie in der stürmischen See weitere Schiffe verloren. Diese Verluste waren schmerzhaft für Philipp II., der selbst höchste Erwartungen in die Unternehmung gesetzt hatte, aber sie stellten doch keine vernichtende Niederlage seiner Seemacht dar, wie die Engländer im Überschwang der Gefühle glauben wollten.

Das Reich der Feenkönigin

Dem Selbstbewusstsein der englischen Nation gab der Sieg über die Armada aber einen gewaltigen Auftrieb. Spätere britische Historiker sollten von der 1588 offenbarten Berufung des insularen Volkes zu maritimer Vormacht sprechen. Dem Drang Englands auf die Weltmeere fehlte unter Elisabeth I. aber noch die imperialistische Komponente künftiger Zeiten, vielmehr waren merkantile Interessen in dieser ersten Phase der Expansion bestimmend. Der allgemeine Wohlstand wuchs in den letzten Jahrzehnten des 16. Jahrhunderts, wenn auch nicht so sehr dank redlicher Arbeit, sondern aufgrund erfolgreicher weltumspannender Raubzüge. Im Lande selbst veränderte sich die Gesellschaft. Die einstmals Mächtigen aus dem Hochadel, die Peers, fielen zurück, da sich bei ihnen allzu häufig zügellose Verschwendungssucht mit ökonomischem Ungeschick verband. Dagegen gewann der kleine Landadel, die Gentry, auf wirtschaftlichem wie politischem Feld immer mehr an Boden. Diese Herrschaften bestimmten das Geschehen im Unterhaus, sie beherrschten die grafschaftlichen Selbstverwaltungen und hatten so in ihren Countys fast uneingeschränkt das Sagen. Zielgerichtet hatte die Gentry während der Säkularisierungen unter Heinrich VIII. billiges Klosterland erworben, das sie zu ansehnlichen Besitzkomplexen zusammenschloss. Mit den »Einhegungen« *(enclosures)* verwandelten die Herren Ackerland in Weidegründe für die lukrative Schafzucht, wobei es sie wenig bekümmerte, dass damit der ländlichen Bevölkerung die Nahrungsgrundlage entzogen wurde. Die Folgen waren Verelendung und Landflucht. Dem Adel brachte der Wollexport aber kleine Vermögen ein, die er wieder Gewinn bringend in den Londoner Handelsgesellschaften investierte. Diese »ehrenwerten Kompanien« finanzierten die Piraterie eines Drake oder eines Hawkins. Bei erfolgreichen Kaperfahrten rentierten sich die Aufwendungen für Schiffe und Mannschaften oft mit einigen Tausend Prozent. Zum Teil floss das gewonnene Kapital in heimische Industrie wie den Schiffbau und die Tuchproduktion, die kräftig florierten.

Der einströmende Reichtum machte das ärmliche London des Mittelalters zu einer leuchtenden Metropole der Renaissance, von der aus der Glanz eines goldenen Zeitalters über das ganze Land strahlte. Nach der großen Königin heißt dieses Zeitalter zu Recht auch »Elisabethanisch«. Wenngleich die Zeitgenossen selbst vor allem vom Goldglanz der geraubten spanischen Dukaten geblendet waren, so lagen die unvergänglichen Leistungen der Engländer doch auf den Gebieten der Lyrik, der Musik und in erster Linie des Theaters. Der Humanismus, von dem Heinrich VIII. und Elisabeth I. auch persönlich geprägt waren, hatte den Boden ebenso bereitet wie die am Hof der Tudors eifrig rezipierte Kultur der italienischen Renaissance. Die Dramen eines William Shakespeare und seiner unbekannteren Zeitgenossen waren in ihrer Massenwirkung ein englisches Phänomen. London entwickelte sich zum Theatermittelpunkt Europas, wo die Mimen wöchentlich vor Tausenden von Zuschauern aus verschiedenen Gesellschaftsschichten agierten. Englische Schauspielertruppen reisten als gern gesehene Gäste durch den Kontinent, um dort in Darbietungen vor Adligen und Bürgern den Ruhm ihrer Bühnen zu verbreiten. Als Shakespeare 1616 starb, hatte sich das goldene Zeitalter des Theaters schon zum Ende geneigt, da unter Elisabeths Nachfolger Jakob I. die Puritaner den Ton angaben, geschworene Feinde der dramatischen Kunst, die sie für sinnbetörend und sündenfördernd hielten.

Ein Porträtstich William Shakespeares von Martin Droeshout schmückt die Titelseite der ersten Gesamtausgabe seiner Werke von 1623. Dieser Stich zählt mit der Porträtbüste seines Grabmals zu den einzigen Bildnissen Shakespeares, die eine gewisse Authentizität beanspruchen können.

Nach Elisabeths Tod im März 1603 zeigte es sich, wie sehr dem Land ihre in unermüdlicher Selbststilisierung und von rastloser Propaganda glorifizierte Herrschergestalt fehlte. Obwohl das Königreich zu Beginn des neuen Jahrhunderts von Krise zu Krise taumelte, da der Adel wieder Anspruch auf die Regierung des Landes erhob, erfreute sich die Königin gerade in ihrem hohen Alter der Zuneigung des Volkes, das sie als feenartiges Wesen, als *Fairy Queen,* verehrte. Angesichts so vieler Gefahren und Bedrohungen vertrauten die Engländer erst recht der geliebten *Virgin Queen,* ihrer jungfräulichen Königin. Dieser Beiname traf insofern zu, als Elisabeth alle Heiratskandidaten vom Kontinent, die sich in London einstellten, verschmäht hatte und ehelos geblieben war. Ihre persönliche und ihre politische Freiheit wollte sie nicht verlieren. Damit gab sie dem Volk das Recht, sie als »Mutter Englands« zu lieben, wie sie auch von Dichtern besungen wurde. Den Schatten der hingerichteten Maria Stuart verscheuchte sie, indem sie deren Sohn Jakob ausdrücklich zu ihrem Nachfolger bestimmte. Seit 1603 herrschte der Stuart über Engländer und Schotten, was wesentlich zur Versöhnung der beiden verfeindeten Völker beitrug. Elisabeth hatte sich mit ihrem Volk identifiziert wie nur wenige Herrscher. England dankte es ihr mit wachsender Zuneigung zur Krone und aufblühendem Nationalstolz.

Königin Elisabeth I. tanzt mit ihrem Günstling Robert Dudley, Earl of Leicester, den Volta, einen aus der Provence stammenden höfischen Paartanz, der in der 2. Hälfte des 16. Jahrhunderts sehr verbreitet war. Charakteristisch sind – wie auf dem zeitgenössischen Gemälde gut zu erkennen ist – heftige Sprünge und Drehungen bei engem Kontakt der Partner.

Im Zeichen der Bartholomäusnacht – Konfessioneller Bürgerkrieg in Frankreich (1562–98)

Aus der sechsunddreißigjährigen Ära des konfessionellen Bürgerkrieges in Frankreich von 1562 bis 1598 ragt das Ereignis der Bartholomäusnacht vom August 1572 hervor, bis heute der Inbegriff eines unmenschlichen, mordenden Fanatismus. In dieser Nacht vor dem Tag des heiligen Bartholomäus wurden in Paris Tausende Protestanten von einem aufgehetzten Pöbel niedergemetzelt. Wie eine

FRANKREICH ZUR ZEIT DER RELIGIONSKRIEGE

Flutwelle breitete sich die Gewalt in ganz Frankreich aus und leitete in einen neuen Bürgerkrieg der verfeindeten Konfessionsparteien über. In den Ländern Europas entsetzten sich die Protestanten über das Blutbad, besonnene Fürsten wie Kaiser Maximilian II., der über Angehörige beider Glaubensgemeinschaften herrschte, distanzierten sich nachdrücklich von den Vorgängen. Hingegen soll König Philipp II. von Spanien angesichts der Berichte aus Paris herzlich gelacht haben, was bei diesem strengen Monarchen selten vorkam. Papst Gregor XIII. schließlich, dem man das Massaker als einen Akt staatspolitischer Notwehr darstellte, ließ aus Freude über den Verbleib Frankreichs bei der alten Kirche Kanonen abfeuern und Rom festlich illuminieren. In Frankreich selbst aber fragten sich die Vernünftigen, die nicht von Hass und Vernichtungswut geblendet waren, wie es mit ihrem Land so weit hatte kommen können.

Auf dem Weg zur Bartholomäusnacht

Zwanzig Jahre früher galt das Königreich noch als ein sicherer Hort des katholischen Glaubens. Einige Gebildete aus Adel und Bürgertum waren zwar von den Anstößen der protestantischen Lehre aus Deutschland und der Schweiz angerührt, doch blieben diese evangelisch Gesinnten zumeist im Verborgenen. Wagten sie sich hervor, so riskierten sie ihr Leben. Das französische Königtum ging nämlich unerbittlich gegen alle Regungen konfessioneller Abweichung vor. Die Scheiterhaufen loderten hell, allen »Ketzern« zur Warnung. Aufgrund eines 1516 mit dem Papst geschlossenen Konkordates war der König von Frankreich praktisch Herr über die Kirche in seinem Land. Wenn die Evangelischen die Kirche als Institution infrage stellten, so griffen sie damit zugleich die Macht der Krone an, die sich mit allen Mitteln wehrte. Vor dem Flammentod war auch der Student Johannes Calvin aus Frankreich geflohen, nachdem er sich zu den Gedanken Luthers bekannt hatte. In seinem Genfer Exil wurde er zum führenden Theologen der Reformation, der dem Protestantismus eine klare Lehre und eine wirkungsvolle Organisation aufprägte. Der Erfolg machte staunen. Im engen geistigen Bezug auf den Reformator in Genf breitete sich das neue Bekenntnis in den 1550er-Jahren rasch in Frankreich aus. Besonders der Adel, stets in Opposition zum Königtum, und die wohlhabenden Stadtbürger wandten sich der Lehre Calvins zu. Die reformierten Gemeinden nahmen untereinander Verbindung auf und organisierten sich. Vor Ort traten sie zu Kreissynoden zusammen, die wiederum die Provinzsynoden beschickten. In Paris bildeten sie eine Nationalsynode, die erstmals 1559 tagte. Im Verlauf weniger Jahre hatte die alte Kirche eine starke Rivalin erhalten. Eine unerwartete Schwäche der Monarchie kam hinzu. König Heinrich II., der Protestantenverfolger, kam 1559 bei einem Turnier ums Leben. Als auch sein ältester Sohn

Das Königtum ging mit großer Entschiedenheit gegen konfessionelle Abweichler in Frankreich vor. Der nachträglich kolorierte Kupferstich von Matthäus Merian dem Älteren aus dem Jahre 1630 schildert auf drastische Weise die »Verfolgung in Franckreich« im Jahr 1534, vor der auch der spätere Reformator Calvin fliehen musste.

Franz II. im Dezember 1560 starb, folgte der erst zehnjährige Karl IX. auf dem Thron. Damit war die Machtfrage in Frankreich offen, um die fortan fast vier Jahrzehnte gerungen werden sollte. In diesem Kampf setzten sich die Calvinisten ein hohes Ziel. Sie wollten das ganze Land für ihren »wahren Glauben« und für »das Königreich Gottes« gewinnen, was die Vernichtung der katholischen Kirche bedeuten musste. An ihrer Spitze standen mächtige Adelsfamilien wie das Haus Bourbon, das dem Herrschaftswillen der Krone stets Widerstand entgegengesetzt hatte. Religiöser Eifer und traditionelles Machtstreben verbanden sich. Dagegen wandte sich die altgläubige Mehrheit der Franzosen – über 20 Millionen Katholiken standen

etwa einer Million Reformierter gegenüber. In ihren Augen gefährdete diese umtriebige Minderheit, der so viele Reiche und Mächtige angehörten, mit ihrem Ehrgeiz die Ruhe Frankreichs. Die Katholiken erklärten die Gegenpartei zu Unruhestiftern und Fremden im eigenen Land, die man als »Hugenotten« bezeichnete, wohl eine Abwandlung von »Eidgenossen« – *eygenôts* –, denn ihr Bekenntnis stammte schließlich aus dem Schweizer Ausland. So wie bei den Protestanten setzte sich auch an die Spitze der katholischen Gegenbewegung eine ambitionierte Adelsfraktion, in der das Haus Guise, eine Nebenlinie des Hauses Lothringen, die Führung übernahm. Als weitere Mitspielerin auf dem

Katharina von Medici übte als Regentin und Mutter der letzten drei Könige aus dem Haus Valois großen Einfluss auf die französische Politik aus. Versuchte sie zunächst noch aus machtpolitischen Gründen zwischen Katholiken und Protestanten zu vermitteln, so veranlasste ihr misslungener Anschlag auf den Hugenottenführer Coligny schließlich das Blutbad der Bartholomäusnacht.

Schachbrett Frankreichs trat Katharina von Medici auf, die Witwe Heinrichs II. und Mutter König Karls IX. Katharina wollte die beiden Adelsparteien ausmanövrieren, dem Land den Frieden und ihrem schwachen Sohn die Macht erhalten. Auf Anraten ihres Kanzlers Michel de L'Hôpital, eines eifrigen Anwalts für konfessionellen Ausgleich, erließ sie im Januar 1562 ein Toleranzedikt zugunsten der Hugenotten, die sich nun kurz vor dem endgültigen Griff nach der Macht wähnten. Die Guise wollten diesen vermeintlichen Sieg der Gegenpartei nicht hinnehmen. In einer Art von Staatsstreich brach-

Mit allen Mitteln damaliger juristischer Verfahrensweisen wollte der Staat die Ausbreitung des Protestantismus in Frankreich verhindern. Dabei bediente sich die Justiz, wie zu dieser Zeit üblich, auch der Folter, um von den Beschuldigten ein Geständnis zu erzwingen.

Im März 1560 hatten einige hugenottische Adlige und Prediger versucht, den jungen König Franz II. in ihre Gewalt zu bringen, um so die Macht des Hauses Guise zu brechen. Der Anschlag misslang und die Urheber des Planes wurden vor dem Schloss von Amboise hingerichtet (Dresden, Staatliche Kunstsammlungen).

Der spanische Gesandte berichtete im August 1562 über die Folgen des beginnenden Krieges in Frankreich:

Das Jahr rückt vor. Sollten Ausländer den Rebellen zu Hilfe kommen, käme das Königreich in eine höchst bejammernswerte Lage, denn Freund und Feind richten großen Schaden an, und er würde noch größer, wenn die Truppen hier Winterquartiere beziehen müssten. Keine Stadt, kein Dorf, wo nicht die bösen Folgen der Pest zu spüren wären. Getreide und Wein werden täglich teurer, eine befremdende Tatsache für die Jahreszeit, in der wir uns befinden, und es ist zu fürchten, dass es in Zukunft nicht besser wird.

ten sie den Hof unter ihre Kontrolle und zwangen den jungen König, das Edikt zu widerrufen. Ihre Gefolgsleute verübten im Städtchen Wassy in der Champagne ein grausiges Massaker an der hugenottischen Gemeinde. Dies war das Fanal für den Bürgerkrieg zwischen beiden konfessionellen Lagern, der sogleich mit äußerster Grausamkeit losbrach. Bedeutende militärische Auseinandersetzungen hat es dabei kaum gegeben, dafür aber umso mehr Gemetzel an Wehrlosen, Raub und Plünderung. Frankreich versank in Gesetzlosigkeit, und weite Landstriche fielen unter die Herrschaft von Dieben und Mördern. Zwar wurden immer wieder kurzlebige Waffenstillstände und heuchlerische Friedensabkommen geschlossen, sobald sich die Parteien aber von ihrer Erschöpfung erholt hatten, schlugen sie wieder los. Wenn in einigen Provinzen Ruhe herrschte, gab es gleichzeitig in anderen heftige Scharmützel und Verheerungen. Der Adel kämpfte auf beiden Seiten vorne mit und schonte sich nicht. Herzog Franz von Guise und sein Sohn Heinrich erhielten beide wegen ihrer starken Gesichtsnarben den Beinamen *Balafré* (der Narbige). Viele Adlige kamen in Gefechten um oder wurden gefangen genommen und dann erschlagen, wie 1569 der hugenottische Anführer Prinz Condé. Während der Adel selbst die Reiterei stellte, bestand das Fußvolk zumeist aus Söldnern. Oft handelte es sich um im Ausland angeworbene Deutsche und Schweizer, die wegen ihrer Habsucht und Grausamkeit bei der französischen Bevölkerung besonders gefürchtet waren. Um diese Armeen finanzieren zu können, waren beide Konfessionsparteien auf die Unterstützung auswärtiger Mächte angewiesen, die ihren jeweiligen Glaubensbrüdern in Frankreich halfen und damit natürlich auch eigene Interessen verfolgten. Die Katholiken besaßen Rückhalt am spanischen König und am Papst, während die Hugenotten sich der Unterstützung protestantischer Herrscher wie der Königin von England oder des Kurfürsten von der Pfalz erfreuten.

Das Massaker

Dennoch waren beide Parteien im Sommer 1570 erschöpft, sie hatten ihre materiellen und teilweise auch ihre personellen Ressourcen aufgebraucht. So erhielt der Frieden eine Chance, die Katharina von Medici sogleich begierig aufgriff. Am 8. August 1570 ließ sie den Frieden von Saint-Germain verkünden, der den Hugenotten die freie Ausübung ihres Kultes und Sicherheitsplätze garantierte, in die sich diese bei Gefahr zurückziehen konnten. Die Reformierten waren so entkräftet, dass sie es zumindest bis zur Rückgewinnung ihrer alten Stärke mit der friedlichen Koexistenz versuchen wollten. Der erfahrenste hugenottische Anführer, Admiral Gaspard de Coligny, seit den Zeiten Heinrichs II. mit den Zuständen am Hof vertraut, wollte gerade den Frieden zur calvinistischen Machtübernahme nutzen, die der Krieg bisher nicht gebracht hatte. Er kehrte nach Paris zurück und sicherte sich, psychologisch geschickt, die Zuneigung des nervenleidenden, schwachen Königs, der den Admiral bald verehrungsvoll *mon père* (mein Vater) nannte. Katharina nahm die Bindung ihres Sohnes an Coligny zunächst in Kauf, da sie dem großen Ziel der Versöhnung beider Lager diente. Zu diesem Zweck hatte sie auch die Heirat zwischen dem protestantischen König von Navarra, dem achtzehnjährigen Heinrich III. aus dem Haus Bourbon, und ihrer eigenen gleichaltrigen Tochter Margarete (Margot) eingefädelt. Die

Gaspard de Coligny, Admiral von Frankreich, gehörte zu den wichtigsten Anführern der Hugenotten. Als es ihm gelungen war, politischen Einfluss auf den labilen König Karl IX. zu gewinnen, erteilte dessen Mutter Katharina von Medici den Auftrag zu seiner Ermordung (Paris, Louvre).

Wenige Tage nach der Hochzeit zwischen Margarete von Valois, einer Schwester des Königs, und dem Protestanten Heinrich von Navarra kam es in Paris zum Massaker an den Hugenotten in der berüchtigten Bartholomäusnacht 1572. Das Gemälde von François Dubois aus demselben Jahr lässt das grausame Abschlachten in dieser Nacht erahnen (Lausanne, Musée Cantonal des Beaux Arts).

Hochzeit im August 1572 sollte als großes Friedensfest in die Geschichte eingehen. Zu den Feiern reisten Vertreter beider Konfessionen in großer Zahl an, mit dem Bourbonen kamen die wichtigsten Häupter der Hugenotten. Nach der Trauung der Eheleute, die einander vollkommen gleichgültig waren, erkannte die Brautmutter Katharina mit Schrecken, wie weit die Pläne Colignys bereits gediehen

Unter dem Eindruck der Bartholomäusnacht lieferte Theodor Beza, Nachfolger Calvins in Genf, in einer Aufsehen erregenden Abhandlung den französischen Hugenotten die Argumente, sich faktisch von der Krone Frankreichs loszusagen (Wittenberg, Lutherhalle).

waren. Dieser nahm vor seinen Glaubensgenossen kein Blatt mehr vor den Mund. Er wollte den König und das Land zum Krieg gegen die Spanier mitreißen, um nach dem Schlag gegen die katholische Vormacht im Süden ganz Frankreich zum Calvinismus zu führen. Katharina fürchtete die Militärmacht Spaniens und bangte um ihren eigenen Einfluss auf den königlichen Sohn. Ihr italienisches Temperament geriet in Wallung, sie wollte den verhassten Coligny beseitigen. Ihr Anschlag misslang. Zwar traf die Kugel eines gedungenen Mörders den Admiral, jedoch nicht tödlich. Die Hugenotten scharten sich daraufhin um ihren verwundeten Anführer und gerieten in Aufruhr. Nun fühlte sich der Hof seinerseits bedroht. In der fiebrigen Sommerhitze des Abends vor dem Bartholomäustag, dem 24. August, bereitete er einen gewaltigen Schlag vor. Katharina hatte ihrem irrsinnigen Sohn einen folgenschweren Entschluss entrissen. Mitten in der Nacht stürzten Garden des Königs und des Herzogs von Guise in das Haus des verletzten Admirals Coligny und töteten ihn. Dies war das Fanal für den wilden und grausigen Totentanz, der nun begann. Die im Louvre einquartierten hugenottischen Adligen wurden auf Befehl des Königs massakriert. Nur seinen Schwager Heinrich von Navarra verschonte Karl IX. gnädig. Der Bourbone wurde in einer Kammer eingeschlossen und beobachtete von einem Fenster aus, wie seine Gefährten niedergemetzelt wurden. Vom Schloss aus schwappte das Blutbad durch die Stadt. Die Stadtverwaltung bot eiligst alle Waffen tragenden Bürger auf, um die Protestanten zu ermorden. Man hetzte sie auf die Hausdächer und erschoss sie im fahlen Licht des Morgens, andere jagte die Meute in die Keller und erschlug sie dort. Ganzen Familien, auch den Kindern, wurden die Kehlen durchgeschnitten, die Leichen warf man in die Seine. Es war die Stunde eines blutwütigen Pöbels von Kriminellen, der zügellos mordete und plünderte. Kein Gesetz und keine Achtung vor dem Leben galten mehr; der Mob fiel auch in die Häuser reicher Katholiken ein, um deren Besitz zu rauben. Als der Morgen des Bartholomäustages heraufdämmerte, lagen Massen von Leichen auf den Straßen; man schätzt die Zahl der Opfer auf viertausend. Die Wahnsinnstaten fanden Nachahmung in der Provinz, wo nochmals Tausende ihr Leben verloren. Sogleich brach der konfessionelle Bürgerkrieg von neuem los.

Mit seiner Verwicklung in das Massaker der Bartholomäusnacht hatte das Königtum jede Regung von Loyalität bei den Protestanten eingebüßt. Der Freund und Nachfolger Calvins in Genf, Theodor Beza, reagierte auf das Ereignis mit einer viel gelesenen Abhandlung, in der er die folgenreiche These vertrat, wonach die Krone ihre Rechte der Zustimmung des Volkes verdanke, das sie ihr auch wieder entziehen könne. Tatsächlich sagten sich weite Landstriche im Süden und Westen, in denen die Hugenotten die Oberhand behielten, faktisch von der Monarchie los und bildeten fortan einen eigenen Staat im Staate. Karl IX. starb 1574, sehr zur Genugtuung der Protestanten, eines qualvollen Todes. Sein Bruder und Nachfolger Heinrich III. hatte die aufrichtige Absicht, Frankreich unter seiner Krone zu einigen. Da ihm eigene Machtmittel weitgehend fehlten, blieb er jedoch auf die Unterstützung der Katholiken angewiesen. Diese organisierten sich unter der energischen Führung des Herzogs Heinrich von Guise zu einer schlagkräftigen »Liga«, die ihre stärksten Positionen im Norden und Osten Frankreichs, besonders in der Île-de-France mit der Hauptstadt Paris, hatte. Das Land wurde somit in zwei Teile gespalten, die sich unversöhnlich gegenüberstanden.

1576 wurde in Paris unter der Führung des Herzogs Heinrich von Guise die katholische »Liga« gegründet. Sie bekämpfte König Heinrich III. und – nach dessen Tod – mit militärischer Hilfe Spaniens dessen Nachfolger Heinrich IV. Das Gemälde zeigt einen Aufmarsch der Liga auf der Place de Grève in Paris (Paris, Musée Carnavalet).

Der »Krieg der drei Heinriche«

Im Jahr 1584 ergab sich mit dem plötzlichen Tod von Heinrichs III. letztem Bruder eine Wendung. Der König blieb nun als letzter der Valois übrig. Folglich würde die Krone gemäß geltendem Gesetz nach seinem Tod an den nächsten erbberechtigten Verwandten aus dem Haus Bourbon übergehen. Dies war aber kein anderer als König Heinrich von Navarra, der Bräutigam der Pariser Bluthochzeit von 1572. Nachdem er die Bartholomäusnacht überlebt hatte, war der Bourbone gezwungen worden, zum Katholizismus überzutreten. Er lebte als persönlicher Gefangener seines Schwagers Karl IX. im Louvre. Die Gefangenschaft endete im Winter 1576, als Heinrich von Navarra einen Jagdausflug zur Flucht nutzte. In seinem heimatlichen Königreich in den Pyrenäen wurde er wieder Calvinist, der sich als tapferer Truppenführer der Reformierten in den zahlreichen Scharmützeln des Konfessionskrieges bewährte. In seiner lustorientierten Lebensführung vom moralischen Rigorismus der Calvinisten denkbar weit entfernt, trat er zugleich als gemäßigter Hugenottenführer hervor, der die Erwägungen politischer Vernunft dem blinden konfessionellen Eifer vorzog. Obwohl er bereit war, auf die Katholiken zuzugehen, wies die Liga jeden Gedanken an ein Königtum des Protestanten von sich. Sie verbündete sich mit Spanien und dem Papst. Auf der anderen Seite unterstützten die Niederlande und die Königin von England als Gegner Spaniens sowie einige protestantische deutsche Reichsfürsten den Bourbonen. Im »Krieg der drei Heinriche« kämpften die Namensvettern aus den Häusern Valois, Bourbon und Guise um die Macht im Königreich. Der schwächste der Konkurrenten war der nominelle Träger der Krone, König Heinrich III., der keine kampferprobte Konfessionspartei hinter sich wusste. Unglücklich verlief sein Versuch, sich von der Übermacht

Ein halbes Jahr nachdem sich König Heinrich III. durch Mord seiner Widersacher, der Herzöge von Guise, entledigt hatte, wurde er selbst Opfer eines Attentats. Der nachträglich kolorierte Kupferstich Matthäus Merians des Älteren schildert die Ermordung Heinrichs im Lager von Saint-Cloud im August 1589 durch den Dominikanermönch Jacques Clément.

Heinrich IV. belagerte zweimal vergeblich die Hauptstadt Paris, die von der Liga mit spanischer Unterstützung verteidigt wurde. Rodrigo de Holandas Gemälde schildert den Entsatz von Paris durch den Herzog von Parma im September 1590 (Madrid, Escorial).

Protestantisch erzogen war Heinrich von Navarra einer der Führer der Hugenotten. Als Gefangener überlebte er die Bartholomäusnacht und bekämpfte nach seiner Flucht die Liga. Nach dem Aussterben des Hauses Valois und seinem Übertritt zum katholischen Glauben wurde er als Heinrich IV. von den Franzosen als König anerkannt (Paris, Louvre).

der Liga zu befreien. Unter dem Vorwand von Verhandlungen lockte er die Brüder Heinrich und Ludwig von Guise in sein Schloss von Blois und ließ sie dort von der Leibwache niederstechen (Dezember 1588). Dieser politische Mord gab der Liga weiteren Auftrieb und führte dazu, dass der Volkszorn in Paris überkochte. Am 2. August 1589 verschaffte sich der junge Dominikanermönch Jacques Clément Zugang zum König und erdolchte ihn.

Frieden für Frankreich

Der Bourbone Heinrich IV. war nun König von Frankreich, aber ein großer Teil des Landes verweigerte sich ihm, voran die Hauptstadt Paris. Militärisch konnte sich die Liga gegen ihn behaup-

ten, da sie sich weiterhin massiver spanischer Unterstützung erfreute. Doch hatte sie nach dem Tod der Guise keine überzeugenden Anführer mehr. Davon profitierte Heinrich von Bourbon, der immer mehr gemäßigte Katholiken auf seine Seite zog, denen das Machtstreben der Spanier zuwider war. Er musste aber noch einen entscheidenden Schritt tun, wollte er die katholische Mehrheit mit sich aussöhnen. Am 25. Juli 1593 kniete er vor dem Portal der ehrwürdigen Abteikirche von Saint-Denis nieder, um wieder in den Schoß der römischen Kirche zurückzukehren. Die Türen des Gotteshauses öffneten sich, und der Bourbone trat in feierlicher Zeremonie zum katholischen Glauben über. Auch wenn er das Ereignis tatsächlich mit den zynischen Worten »Paris ist eine Messe wert« kommentiert haben sollte, so wurde er später doch ein aufrichtiger, wenngleich im Fleische sündiger Katholik.

Für Frankreich wirkte diese Konversion wie eine Erlösung. Nachdem Heinrich IV. im Februar 1594 in der Kathedrale von Chartres auch geweiht und gesalbt worden war, hatte sein Königtum im mittelalterlich geprägten Denken der Zeit eine höhere Würde erhalten. Das katholische Frankreich trat zu ihm über, das protestantische blieb ihm trotz aller Zweifel und Bedenken treu. Noch vor Ostern 1594 konnte er auch in seiner Hauptstadt Paris einziehen, wo er sich mit einer Amnestie für alle Gegner sogleich das Vertrauen des Volkes erwarb. Die Menschlichkeit und das joviale, bewusst um Volkstümlichkeit bemühte Wesen des Königs eigneten sich dazu, die Abgründe des Hasses zu überbrücken und Frankreich nach drei Jahrzehnten des Bürgerkriegs unter dem Vorzeichen nationaler Einheit mit sich selbst zu versöhnen. Weiter in Opposition zu ihm verharrende ligistische Adlige gewann er oft im vertrauten Gespräch für sich, wobei üppige Geldgeschenke und ehrenvolle Titel als Köder dienten. Den Krieg gegen Spanien beendete Heinrich im Mai 1598 mit dem für sein Land ehrenvollen Frieden von Vervins. Das Jahr 1598 brachte Frankreich nicht nur den äußeren Frieden, sondern auch den Abschluss seiner Befriedung im Inneren.

Das Ende der Hugenottenkriege: Nach seinem Übertritt zum katholischen Glauben bestätigte Heinrich IV. im Edikt von Nantes das katholische Bekenntnis als Staatsreligion, gewährte aber den Reformierten neben Gewissens- und örtlicher Kultfreiheit auch rund hundert Sicherheitsplätze.

Heinrich IV. sah klar, dass er seinen einstigen hugenottischen Glaubensgenossen Garantien für ihre Sicherheit geben musste, die ihr Vertrauen zur Krone stärken und es ihnen erleichtern würden, als loyale Untertanen zu leben. Am 13. April 1598 erließ er das Edikt von Nantes als königliches Privileg zugunsten der Protestanten. Sie erhielten die Gewissens- und die eingeschränkte Kultfreiheit. Nur in Paris und Umgebung durfte kein reformierter Gottesdienst stattfinden. Daneben gewährte das Edikt der Minderheit die Rechtsgleichheit und den freien Zugang zu allen öffentlichen Ämtern im Königreich. Ferner erhielten die Hugenotten für die Frist von acht Jahren mehr als hundert feste Sicherheitsplätze im ganzen Land. Frankreich wurde wieder eins, die Franzosen traten aus dem Schatten der Bartholomäusnacht heraus. Thomas Nicklas

Erneuerung des Alten – Katholische Reform und Kampf der Konfessionen im Reich

»Konfessionelles Zeitalter«

Die abendländische Christenheit war in mehrere Kirchengemeinschaften auseinander gefallen, das stand um die Mitte des 16. Jahrhunderts fest; in Gemeinschaften, die sich daran machten, ihre unterschiedlichen Bekenntnisse zu formulieren, dogmatisch festzuzurren, die sich nach innen verfestigten, nach außen polemisch abgrenzten. Man unterstrich oft genug mehr das Trennende als das Gemeinsame, pflegte sorgsam seine Unterscheidungsmerkmale – seit der Gregorianischen Kalenderreform (1582) datierten Katholiken sogar anders als evangelische Christen, und dass die Lutheraner Prozessionen und Wallfahrten ablehnten, machte diese der katholischen Welt nur noch unentbehrlicher, jede einzelne davon war eine pompöse Demonstration eigener Stärke. Oft hatte die Konfession die nationale oder territoriale Identität zu stützen, sie wurde im jeweiligen Verbreitungsgebiet durch die Obrigkeit mittels syste-

Mit dem Edikt von Nantes (13. April 1598) versuchte König Heinrich IV. einen Modus vivendi zwischen den Religionsparteien in Frankreich herzustellen:

Wir befehlen, dass die katholische, apostolische, römische Religion an allen Orten und Stellen Unseres Königreichs und Machtgebiets, wo ihre Ausübung unterbrochen worden ist, wiederhergestellt und aufgerichtet wird ... Um keinen Anlass zu Unruhen und Streitigkeiten zwischen Unseren Untertanen bestehen zu lassen, ... erlauben Wir den Anhängern der so genannten reformierten Religion, in allen Städten und Ortschaften Unseres Königreichs und Ländern Unseres Machtbereichs zu leben und zu wohnen, ohne dass dort nach ihnen gesucht wird oder sie bedrückt und belästigt und gezwungen werden, etwas gegen ihr Gewissen zu tun.

matisch betriebener Personalpolitik, Propaganda und Zensur durchgesetzt. Auch die Bildung erhielt dadurch einen neuen Stellenwert;
sie sollte dafür sorgen, dass die Normen der jeweiligen Konfession
von den Heranwachsenden verinnerlicht wurden – die Jesuiten-
kollegien haben hier ihren hochpolitischen Ort.

Neue katholische Stoßkraft

Zum wesentlichen Träger der
katholischen Reform wurde der
Jesuitenorden, dessen erste Regel
1540 von Papst Paul III. mit einer Bulle
bestätigt wurde. Der Orden sah seine
Hauptaufgabe in der Verteidigung und
Verbreitung des Glaubens und – damit
verbunden – im christlichen Unterricht.
Dargestellt ist die Übergabe der Bulle
durch Paul III. an den Ordensgründer
Ignatius von Loyola.

W ichtige Voraussetzungen für eine Revitalisierung des deutschen Katholizismus wurden anderswo geschaffen: in Spanien, der Heimat des Gründers des Jesuitenordens, Ignatius von
Loyola, in Rom, wo sich ein neuer »Papsttyp« etablierte – die Erneuerung der alten Kirche hatte fortan nicht mehr mit theologisch
unbedarften Renaissancefürsten im Papstkleid zu kämpfen. Und in

In den Jahren 1545 bis 1563 tagte in Trient
das 19. allgemeine Konzil in drei
Sitzungsperioden. Eines der großen
Verdienste dieses Reformkonzils war
die Findung eines Kompromisses
zwischen radikalen nationalen
Forderungen und der Tradition der
römischen Kirche, es brachte aber
nun auch die deutliche Abgrenzung
der katholischen Kirche von anderen
Konfessionen. Der zeitgenössische
Kupferstich zeigt eine Sitzung in der
Kathedrale von Trient.

Trient, auf einem Konzil, von dem zwei Botschaften ausgingen:
begrenzte Reformbereitschaft – insbesondere die Seelsorge wollte
man sanieren (Einrichtung von Priesterseminaren!) – und fast unbe-
grenzte Kampfbereitschaft. Diese Reformen zielten nicht auf Öffnung, die auf Erleichterung einer friedlichen Wiederannäherung der
Konfessionen; die alte Kirche sollte neue Stoßkraft gewinnen, durch
bessere Disziplin auf allen Ebenen, durch Vereinheitlichung, Zentralisierung. Man formierte sich zum Gegenschlag.

Wie war es um den deutschen Katholizismus nach der Jahrhun-
dertmitte bestellt? Kurz gesagt: sehr schlecht! Der venezianische
Gesandte Federigo Badoaro behauptete 1557, im Reich seien sieben
Zehntel der Bevölkerung lutherisch und nur noch eines katholisch.
Immer mehr Obrigkeiten traten zur neuen Lehre über, immer mehr
Untertanen altgläubig gebliebener Landesherren wandten sich von
der katholischen Lehre ab. Noch um 1600 konnte kaum irgendwo im
Reich davon die Rede sein, dass auch nur die Grundelemente der ka-
tholischen Reform realisiert worden wären. Eine der wenigen Aus-
nahmen war das Hochstift Würzburg. Energisch verhalf der dortige
Fürstbischof, Julius Echter von Mespelbrunn, dem nach den Trienter

Vorgaben reformierten Katholizismus in seinem Territorium zur alleinigen Geltung. Evangelisch gesinnte Geistliche wurden vertrieben, das sinnenfrohe Schauspiel prächtiger Prozessionen, pompöser Messen, von Heiligenfesten und Ablässen sollte den Untertanen imponieren, aber auch das soziale Engagement ihres Landesherrn (»Juliusspital«). Wer sich nicht beeindrucken und auch nicht einschüchtern ließ, wurde aus dem Land gejagt.

Evangelische Divergenzen

Schloss man in der katholischen Welt die Reihen, um hie und da bereits zum Gegenangriff überzugehen, war die evangelische Bewegung durch theologische und politische Differenzen gespalten; Martin Luther war 1546 gestorben, es gab seitdem keine unumstrittene Führungsfigur mehr. Die Streitpunkte waren mannigfaltig, die zunehmende dogmatische Fixierung des Glaubens auch auf evangelischer Seite produzierte immer neue, heute kleinlich anmutende, aber mit Eifer ausgefochtene publizistische Kleinkriege. Wenn Luther betonte, dass der Glaube ausschlaggebend sei fürs Heil des Menschen, dass sich Gottes Gnade nicht »verdienen« lasse – hieß das dann, dass die »guten Werke« trotzdem nützlich waren und ihren Platz in der Heilsordnung besaßen? Oder waren jene gar schädlich, weil sie von der vollen Konzentration auf den Glauben ablenkten? Nicht alle Streitpunkte lassen sich so einfach skizzieren; jedenfalls war die lutherische Bewegung immer wieder vom Auseinanderfallen bedroht. Sodann erfasste der Calvinismus Teile des Reiches – früh schon die Kurpfalz, dann, seit der Mitte der Siebzigerjahre, in rascher Folge weitere Territorien: die der Wetterauer Grafen zum Beispiel, Zweibrücken, Anhalt, Hessen-Kassel.

DIE KONFESSIONEN UM 1555

Für die sich in der 2. Hälfte des 16. Jahrhunderts ausbildende lutherische Orthodoxie wurde der Reformator zum unangreifbaren »Kirchenvater«. Der Leipziger Theologieprofessor Nikolaus Selnecker, Mitverfasser der Konkordienformel von 1577 und Kirchenlieddichter (»Lass mich dein sein und bleiben«), schreibt in seiner »Historica oratio« (deutsch 1576):

Was Luther einmal gelehrt,
bei dem bleiben wir unverkehrt.
Wir beurteilen Luthers Schriften nicht nach
denen anderer Leute, sondern wir verstehen
die Schriften anderer Leute nach denen
Luthers, und was mit Luther nicht über-
einstimmt, das verwerfen wir, es habs
geschrieben, wer da wolle.

Auch ganz unterschiedliche politische Lageeinschätzungen und Empfehlungen zerklüfteten die evangelische Bewegung. Protagonisten der einen Richtung waren die Kurpfälzer. Für sie war gute Reichspolitik Europapolitik. Der deutsche Protestantismus stand in Heidelberger Sicht einem europaweit organisierten, von Rom und Madrid aus gelenkten, fast monolithischen Block von Feinden gegenüber. Zur Eindämmung der allgegenwärtigen katholischen Aggression hieß es ein Netz von Allianzen über den ganzen Kontinent zu knüpfen. Überall suchte man nach Ansatzpunkten dafür, nach

Eine katholische Karikatur von 1579 nimmt die Uneinigkeit der protestantischen Bewegung aufs Korn: Luther (rechts vorn) und Calvin (dahinter) ziehen den Karren der Reformation in zwei verschiedene Richtungen. Gerechtigkeit, Friede und Glaube fliehen, während unter der Fahne der Ketzerei Armut, Verwüstung und Grausamkeit das Gefolge bilden.

etwaigen Verbündeten, Waffenbrüdern. Der große europäische Glaubenskrieg war ja doch unvermeidlich, man musste sich dafür rüsten.

Viele andere protestantische Höfe glaubten an die Chance einer reichsinternen und friedlichen Konfliktlösung. Man durfte die Katholiken eben nicht reizen, erst recht nicht das Ausland zur Einmi-

Der niederländische Kupferstich aus dem 17. Jahrhundert zeigt Vorläufer und Repräsentanten der verschiedenen reformatorischen Richtungen einträchtig. In der Mitte sitzen Luther, zu seiner Rechten Melanchthon, zu seiner Linken Calvin. Kardinal, Papst, Mönch und ein dämonischer Lügengeist versuchen das Licht, das Symbol des Wortes Gottes, auszublasen (Genf, Universitätsbibliothek).

Der Augsburger Religionsfriede von 1555 war, ähnlich wie die Goldene Bulle von 1356, ein »Grundgesetz« des Heiligen Römischen Reiches und wurde daher 1558 von Ferdinand I. anlässlich seiner Kaiserwahl, dann auch von seinen Nachfolgern (nach 1648 mit Ergänzungen) in der Wahlkapitulation, einem Vertrag mit den Kurfürsten, bestätigt:

Wir sollen und wollen auch insbesondere die schon genannte Goldene Bulle, den Frieden in Glaubens- und weltlichen Dingen, auch den Landfrieden, samt der Handhabung desselben, die auf dem jüngst, im Jahr 1555 in Augsburg abgehaltenen Reichstag aufgerichtet, angenommen, verabschiedet und verbessert worden sind, stetig und fest halten, handhaben und (den genannten Grundgesetzen) entgegen niemand beschweren oder durch andere beschweren lassen und die anderen Ordnungen und Gesetze des heiligen Reichs, insofern sie dem genannten, 1555 in Augsburg aufgerichteten und angenommenen Reichsabschied nicht zuwider sind, bekräftigen, erneuern und, wo es notwendig sein sollte, mit Rat unserer und des Reiches Kurfürsten, der Fürsten und anderer Stände verbessern, wie das jeweils der Zustand des Reiches erfordern wird.

schung in die deutschen Angelegenheiten einladen. Die Spielregeln des Reichsverbandes würden es mit der Zeit schon richten, vor allem aber war der Kaiser gefragt, als derjenige, der die verschiedenen Interessen ausbalancierte. Anstatt seine Autorität zu untergraben, galt es ihn zu stärken. Dass sich Rudolf II. tatsächlich nicht als Schiedsrichter über den Fronten verstand, sondern als Parteiführer der katholischen Seite, wollte man nicht sehen, am wenigsten in Dresden, wo man eine Politik betrieb, die »reichstreu« sein wollte, dies mit prokaiserlich gleichsetzte – und im Endeffekt prokatholisch war. Im Böhmisch-Pfälzischen Krieg seit 1618 würde Kursachsen an der Seite des Kaisers gegen die protestantische Union kämpfen.

Zeit des Ausgleichs

Wie war nun das Verhältnis zwischen den beiden konfessionellen Lagern nach dem Religionsfrieden von 1555? Zunächst recht entspannt. Eine Generation lang konnte man den Eindruck gewinnen, als wirke der »Religionsfriede« tatsächlich befriedend. Kampfmüde, aus Schaden klug geworden, suchte die Generation derer, die den Schmalkaldischen, den Fürstenkrieg miterlebt hatte, ein Auskommen auf der Basis des Status quo. Das taten auch die beiden Kaiser, die auf Karl V. folgten. Das große Ziel Ferdinands I. (1558–64) war und blieb die Wiedervereinigung der Konfessionen. Von ihm angeregte Religionsgespräche brachten freilich den ersehnten Durchbruch nicht. Im Übrigen war Ferdinand ein friedliebender alter Herr, der mit den meisten protestantischen Fürsten ausgesprochen gut auskam.

Von Maximilian II. (1564–76) lässt sich nicht einmal mit Bestimmtheit ausschließen, dass er sich innerlich als Protestant fühlte. Es gibt Indizien für protestantische Anschauungen, die Maximilian freilich tief in seinem Herzen vergrub. Nach außen hin hatte ein habsburgischer Kaiser gut katholisch zu sein, Maximilian fügte sich den Erwartungen und Notwendigkeiten, dem »Sachzwang«. Er gab sogar, um seine Katholizität zu demonstrieren, den ältesten Sohn, Rudolf, zur Erziehung an den Madrider Hof Philipps II. Rudolf II., der Nachfolger im Kaiseramt (1576–1612), wurde so im Geiste des spanischen Katholizismus erzogen, er konnte und wollte die konfessionelle Polarisierung des Reichsverbandes nicht aufhalten.

Der Religionsfriede wird zum Zankapfel

S eit den späten Siebzigerjahren verschlechterte sich das Verhältnis zwischen den Konfessionen im Reich zusehends. Man begann sich vor allem um die rechte Interpretation des Augsburger Religionsfriedens zu streiten. Dieser war vielfach undeutlich und in sich widersprüchlich. Die Redakteure hatten, wie man damals sagte, »dissimuliert«, mit undeutlichen und doppeldeutigen Begriffen jongliert, um nur überhaupt einen kompromissfähigen Text zustande zu bekommen. Beide Seiten hatten sich damals nach einem tragfähigen

Seit etwa 1540 stellten Religionsgespräche das Forum für den Ausgleich zwischen den Konfessionen dar. Noch 1601 wurde in Anwesenheit des Katholiken Maximilian I. von Bayern und des Protestanten Philipp Ludwig von Pfalz-Neuburg im Reichssaal von Regensburg vierzehn Sitzungen lang ohne Ergebnis disputiert, ob die Bibel allein oder auch die kirchliche Tradition Quelle der Glaubenswahrheit sei; kolorierter Stich des Monogrammisten HW von 1606 (Regensburg, Museum der Stadt).

Frieden gesehnt, ohne wirklich für alle Zeiten eine Veränderung des Status quo ausschließen zu wollen. So hatte man sich schließlich zusammengerauft, ohne im Letzten einig zu sein – wo es nicht anders ging, auf Kosten der Klarheit und Wahrheit. Eine Zeit lang schien es so, als würde sich dieses Spiel auszahlen, aber langfristig überwogen doch die Nachteile des damals gewählten Verfahrens. Wenn man nur suchte, entdeckte man genug unklare Stellen im Vertragstext, aus denen sich vielleicht Kapital schlagen ließ, mittels deren man die Gegenseite ärgern konnte.

Ungesichert war zum Beispiel die Stellung des Calvinismus im Reich. Der Religionsfriede akzeptierte nur Katholizismus und Augsburger Konfession. Der Calvinismus ließ sich letzterer eigentlich nicht subsumieren. Aber wenn die Nagelprobe anstand, zum Beispiel, weil die Katholiken am Reichstag das ausdrückliche Verbot des Calvinismus im Reich durchzusetzen versuchten, nahmen die Lutheraner die verhassten »Calviner« eben doch unter den dann sehr

Rudolf II. führte die spanische Hofetikette am habsburgischen Kaiserhof ein. Eine 1590 entstandene Miniatur (links) zeigt den Ritterschlag der beiden Erzhöge in spanischer Hoftracht (Wien, Österreichische Nationalbibliothek).

1555 versuchte Herzog Albrecht V. von Bayern die kritische Frage des Laienkelches zu entschärfen, was jedoch von der Kurie empört zurückgewiesen wurde. Ein um 1550 entstandener Holzschnitt propagiert die lutherische Auffassung, dass auch den Laien der Wein als Blut Christi gespendet werden soll. Sinnbildlich geben Luther und Hus den Angehörigen des kursächsischen Herrscherhauses die Eucharistie. Der Kelch und die Abendmahlskanne des 17. Jahrhunderts aus Zinn sind von protestantischer Schlichtheit (Berlin, Märkisches Museum).

weit gefassten Schutzmantel einer angeblichen Zugehörigkeit zur Augsburger Konfession.

Ausnahmen schaffen Probleme

Die anderen Streitpunkte betrafen allesamt unklar gefasste Ausnahmebestimmungen zu jenem Grundprinzip, wonach fortan die Obrigkeit bestimmte, was in ihrem Territorium zu glauben war. Mancher protestantische Landesherr hatte Klöster und andere fromme Einrichtungen der alten Kirche in seinem Territorium nicht einfach rücksichtslos beseitigt. Klöster zum Beispiel ließ man manchmal »aussterben«, die Mönche durften keine Novizen mehr annehmen, aber ihr Leben in gewohnter Weise zu Ende leben. Irgendwann würde der letzte gestorben sein, dann würde man das Kloster einem anderen, »nützlichen« Zweck zuführen. Rächte sich derlei Rücksichtnahme nun? Nach katholischer Lesart untersagte es der Augsburger Religionsfriede, fromme Einrichtungen, die zur Zeit des Passauer Vertrages noch katholisch gewesen waren, der alten Kirche zu entziehen. Diejenigen protestantischen Landesherren, die nicht rabiat genug reformiert hatten, würden also auf alle Zeiten katholische »Inseln« in ihrem Territorium hinnehmen müssen! Sie taten es tatsächlich nicht, aber es hat viel Hader und Zank deshalb gegeben.

Auch eine Sonderregelung des Religionsfriedens für die Reichsstädte hat notorischen Streit und chronische Erbitterung verschuldet. Die meisten Reichsstädte hatten sich ja früh dem Luthertum geöffnet, waren insofern seit Jahrzehnten evangelisch; aber die siegreichen kaiserlichen Truppen des Schmalkaldischen Kriegs, sodann das »Augsburger Interim« hatten dafür gesorgt, dass in verschiedenen Reichsstädten vor allem Süddeutschlands zuletzt wieder kleine katholische Minderheiten existierten. Zu ihren Gunsten legte der Religionsfriede fest, dass in allen Reichsstädten, in denen gerade Lutheraner und Katholiken lebten, beide Konfessionen weiterhin zuzulassen seien. Hier hatte die Obrigkeit, der Stadtrat, also nicht das Recht, den Glauben der Bürgerschaft zu bestimmen – eine Zwangskoexistenz! Was heute fortschrittlich anmuten mag, konnte unter den damaligen Umständen nicht funktionieren. Religion war nicht etwa »Privatsache«, war etwas höchst Politisches. Für die Lutheraner war es eine unerträgliche Provokation, wenn die katholische Minderheit mit fliegenden Fahnen Prozessionen in der Stadt veranstaltete. Welche Festtage sollten gelten? Dann datierte man ja auch bald nicht mehr einheitlich. Wenn der Stadtrat am 24. Dezember Weih-

nachtspause einlegte, zählte der katholische Kalender bereits den
3. Januar des folgenden Jahres! Eine vermeintliche oder tatsächlich so
gemeinte Provokation jagte die andere. Weil die immer triumphaler
inszenierten Prozessionszüge des angren-
zenden Benediktinerklosters zum Heiligen Kreuz durchs Donauwörther Stadt-
gebiet von den überwiegend protestantischen Reichsstädtern gestört wurden,
verhängte Kaiser Rudolf II. 1607 die Acht
über Donauwörth, bayerische Truppen
marschierten ein, um sie zu vollziehen
und die Reichsstadt zur – natürlich katholischen – bayerischen Landstadt zu
»degradieren«. Hatten reichsstädtische
Magistrate womöglich überhaupt nicht
und nirgends das Recht, den Glauben der
Bürgerschaft festzulegen, weil das dem
Reichsoberhaupt, dem Kaiser, zustand?
Die Katholiken behaupteten es alsbald.
Pech für die Reichsstadt Aachen! Immer

In der lutherischen Kirche besaß der jeweilige Landesherr eine starke Stellung. So führte der sächsische Kurfürst die kirchliche Oberaufsicht, besetzte die von Weltlichen geleiteten führenden Gremien (oval) und bestimmte auch die Superintendenten (Spezialsuperintendenten in den Amtsstädten unter der Leitung von zwei Generalsuperintendenten). Durch Visitationen (blau) und verschiedene Exekutiv- und Aufsichtsrechte (rot) fand eine hierarchische Kontrolle statt. Die Gemeinde konnte lediglich Einspruch bei der Synode gegen die Bestellung (grün) der Pfarrer erheben.

Die lutherische Kirchenverfassung Sachsens von 1580

wieder sickerten niederländische Glaubensflüchtlinge, Calvinisten
oft, in die Stadt ein, sie gingen dort ihrem Glauben nach, wurden in
den Stadtrat gewählt. Mehrmals reagierten die katholischen Nachbarn darauf mit Truppeneinmärschen, stellten sie die Alleinherrschaft des Katholizismus in der Reichsstadt gewaltsam und blutig
wieder her.

Auch für die geistlichen Fürstentümer galten strittige Ausnahmebestimmungen. An sich hätte der Fürstbischof, als Obrigkeit, ja die
freie Wahl haben müssen, ob er bei der alten Kirche blieb oder aber
zur Augsburger Konfession überwechselte, und alle Untertanen hätten sich nach ihm richten müssen. Eine Sonderregel, der »Geistliche
Vorbehalt«, besagte aber etwas anderes: Wechselte der Fürstbischof
zum evangelischen Glauben über, ver-
lor er Amt und Würden; das Domkapitel konnte einen katholischen Nachfolger wählen. Die protestantische Minderheit hatte dieser Ausnahmebestimmung schon auf dem Reichstag von
1555 nicht zugestimmt, behauptete deshalb seitdem, jene Klausel ginge sie gar
nichts an. Später zeigte sich noch ein
weiteres Schlupfloch: Viele geistliche
Fürstentümer Norddeutschlands gingen der alten Kirche nicht deshalb verloren, weil da etwa der Fürstbischof
Protestant geworden wäre. Nach und

1582 trat der Kölner Erzbischof Gebhard Truchseß von Waldburg zum Protestantismus über, um das Verhältnis zu seiner Geliebten legitimieren zu können, und versuchte, das Erzstift zu säkularisieren. Er ist in weltlicher Tracht und mit der Bischofsmütze in der Rechten gezeigt (oben; Köln, Stadtmuseum). Im Kölnischen Krieg wurde er durch den bayerischen Herzog Ernst verdrängt, der die Kölner Kurfürstenwürde im Sinne der katholischen Partei vertrat (links; München, Nationalmuseum).

nach protestantisch gewordene Domkapitel wählten, wenn wieder
einmal eine Bischofswahl anstand, einfach einen Lutheraner an die
Spitze des Territoriums. Dieses wurde also fortan von einem protes-

tantischen »Bistumsadministrator« regiert. Die katholische Seite hielt jene Wahlpraxis für unzulässig, die Protestanten verwiesen darauf, dass sie nach dem Wortlaut des Religionsfriedens nicht verboten sei – der sprach ja schließlich nur vom Konfessionswechsel eines zunächst katholischen Fürstbischofs! Blieben also nicht einmal die geistlichen Territorien bei der alten Kirche? Gelang es dem protestantischen Hochadel, seine Söhne in die Domkapitel einzuschleusen, gar auf Bischofsstühle zu befördern? Grob gesagt, er hat es in Norddeutschland in der Regel geschafft, südlich des Mains nicht. Es gab erbitterte Auseinandersetzungen, und es floss sogar Blut: beim Kampf um Straßburg, dem um Köln (»Kölnischer Krieg«).

Um den Protestanten den »Geistlichen Vorbehalt« etwas erträglicher zu machen, hatte man sich 1555 eine weitere Ausnahmebestimmung ausgedacht. Musste der Fürstbischof schon katholisch bleiben, räumte man doch, quasi zum Ausgleich, denjenigen Adligen, Städten und Gemeinden in geistlichen Territorien, die schon längst protestantisch geworden waren, ein, ihren von der Konfession der Obrigkeit abweichenden Glauben zu behalten. Freilich, jene nachgeschobene Regelung *(Declaratio Ferdinandea)* war nicht Bestandteil des offiziellen Gesetzestextes, ihre Verbindlichkeit war zwischen Katholiken und Protestanten alsbald strittig. Julius Echter scherte sich bei der schon erwähnten Rekatholisierung seines Fürstbistums Würzburg keinen Deut um die *Declaratio,* jagte Andersgläubige einfach aus dem Land, ohne dass bedeutende lutherische Territorien, wie Kursachsen, dagegen eingeschritten wären. Das musste eventuelle katholische Nachahmer natürlich sehr ermuntern.

Da in der Reformationszeit praktisch keine Kirchen neu gebaut wurden, teilte man in Städten mit verschiedener Konfession die Gotteshäuser. Im sächsischen Bautzen, einer habsburgisch-bömischen Exklave, verhinderte der Landesherr die vollständige Reformierung der Gemeinde, sodass der Petridom bis heute gemeinsam benutzt wird. Der vordere Bereich ist protestantisch, der hintere mit dem Hochaltar katholisch.

Die Lähmung der Reichsorgane

Die wachsende konfessionelle Polarisierung hatte verhängnisvolle Auswirkungen auf die Reichspolitik. Nacheinander fielen die wichtigsten Reichsorgane aus, mangels Konsensfähigkeit. Den Reichshofrat, das weitgehend kaiserliche unter den beiden obersten Reichsgerichten, »politisierte« Rudolf bewusst; er zog alle brisanten Streitfragen vor dieses Forum, die Urteile fielen regelmäßig prokatholisch aus, wie zuletzt im Fall Donauwörth. Bald schimpften die Protestanten über die ihrer Ansicht nach unstatthaften »Hofprozesse«, sie wollten die Urteile nicht mehr akzeptieren. Das andere, ständische Reichsgericht, das Reichskammergericht, war gelähmt, weil sich die Konfessionen nicht mehr über die Zusammensetzung der »Visitationskommission« einigen konnten; jene sollte jährlich die Gerichtsakten überprüfen und war auch so etwas wie allerletzte Berufungsinstanz. Nach einem bestimmten Turnus waren jedes Mal einige andere Reichsstände an der Reihe, so 1588 unter anderem Magdeburg. Dort freilich regierte mittlerweile nicht mehr ein katholischer Erzbischof, sondern ein protestantischer »Bistumsadministrator«. Solche durfte es indes nach katholischer Lesart des Religionsfriedens gar nicht geben. Die Visitation konnte nicht durchgeführt werden, nicht jetzt, nicht in den folgenden Jahren. Immer mehr Kammergerichtsprozesse blieben unerledigt. Die Reichsjustiz lag darnieder. Auch die zehn Reichskreise funktionierten nicht mehr recht, anstelle der herkömmlichen Kreistage gab es fast nur noch protestantische oder katholische Teilkonvente.

1528/29 wurden in Kursachsen die ersten Kirchenvisitationen durchgeführt. Die Aufgabe der Visitatoren bestand darin, die Qualifikation der Pfarrer zu überprüfen, den sittlich-religiösen Zustand der Gemeinde zu kontrollieren und das Kirchengut zu inventarisieren, wie dieser Kupferstich aus dem 17. Jahrhundert veranschaulicht.

Blieb immerhin noch der Reichstag! Auch hier waren Kompromisse immer schwerer zu erzielen. Einig war man sich selten, und das Mehrheitsprinzip, seit der »Protestation« von 1529 prekär, wurde immer weiter ausgehöhlt. Um 1600 setzten die Pfälzer und ihr Anhang den Grundsatz durch, man dürfe »anderen nicht in den säckel votieren«, jeder müsse nur die Reichssteuern bezahlen, die er auch selbst bewilligt habe – man wollte sich nicht von der katholischen Mehrheit durch exorbitante Steuerbewilligungen »ausmatten« lassen. Der Reichstag, die letzte Bühne des friedlichen Interessenausgleichs im Reich, war schwer angeschlagen. Wie sollten Konflikte fortan noch geschlichtet werden, wenn der Reichstag auch noch ausfiel? Im Jahr 1608 war es so weit, ist ein Reichstag vollständig gescheitert. Über den bayerischen Einmarsch in Donauwörth erregt, forderten die Protestanten eine förmliche Bestätigung des Religionsfriedens. Die Wittelsbacher und andere militant gesinnte Katholiken reagierten uneinsichtig, drohend, provozierend. Die Atmosphäre war bald vollständig vergiftet – in Berichten vom Reichstag wurde bereits vor einem nahe bevorstehenden, nun unvermeidlich gewordenen Krieg gesprochen. Die Pfälzer und ihr Anhang wollten sich die Auftritte der katholischen Mehrheit schließlich nicht mehr bieten lassen, sie reisten einfach ab, zögernd folgte ihnen das »reichstreu«-lutherische Lager mit den Dresdnern. Der Reichstag konnte kein einziges Gesetz verabschieden. Es ist kein Zufall, dass sich zahlreiche evangelische Reichsstände nur wenige Wochen nach der Sprengung des Reichstags zu einem Schutzbündnis, zur »Union«, zusammenschlossen. Ein Jahr später zogen die Katholiken mit der »Liga« nach. Beide Bündnisse behaupteten von sich, Hilfsorgane der beschädigten Reichsverfassung zu sein, Streben, die man ins morsche Gebälk des Reichsverbandes einziehe. Zehn Jahre später würden sie sich als Kriegsallianzen gegenüberstehen. Axel Gotthard

1561 nahm Regensburg protestantische Glaubensflüchtlinge aus vornehmen Häusern des Erzbistums Salzburg auf, denen weitere Verfolgte aus habsburgischen Landen folgten. Die oberösterreichische Familie Flußhart stiftete 1645 die Taufschale der evangelischen Neupfarrkirche. Die freie Reichsstadt in Altbayern hatte erst 1542 die Reformation angenommen, ein starker Bevölkerungsanteil blieb katholisch.

Die spanischen **Könige** aus dem Haus Habsburg

1504–06	Philipp I., der Schöne (König von Kastilien)
1516–56,	Karl I.
†1558	(als Kaiser: Karl V.)
1556–98	Philipp II.
1598–1621	Philipp III.
1621–65	Philipp IV.
1665–1700	Karl II.

»Noch weiter« lautete die Devise Karls V. Zusammen mit dem Symbol der Säulen des Herkules (der Straße von Gibraltar) wurde so der Gedanke weltumspannender Herrschaftsaufgaben des Königs und Kaisers ausgedrückt. Das Emblem befindet sich in der Alhambra von Granada.

1525 wurde der französische König Franz I. in der Schlacht bei Pavia von den Truppen Karls I. (V.) geschlagen. Diesen Sieg verherrlicht eine Serie von sieben Gobelins, die die Brüsseler Kaufmannschaft Karl V. als Huldigung überreichte. Die Szene hier zeigt die Gefangennahme des französischen Königs (Neapel, Museo e Gallerie Nazionali di Capodimonte).

Katholische Vormacht – Hegemonie Spaniens im 16. und 17. Jahrhundert

Der Herrschaftsbereich der spanischen Habsburger bestand in Europa im Wesentlichen aus dem Teil der zu Beginn des 16. Jahrhunderts habsburgisch gewordenen Länder, die in den Wormser und Brüsseler Hausverträgen von 1521/22 an den Römischen König und späteren Kaiser Karl V. gefallen waren: die Königreiche Kastilien und Aragonien auf der Iberischen Halbinsel und den Inseln des westlichen Mittelmeeres, die Königreiche Sardinien, Sizilien und Neapel, die Freigrafschaft Burgund (Franche-Comté) und die in viele Herrschaften aufgeteilten Niederlande im Westen und Nordwesten des Heiligen Römischen Reiches Deutscher Nation. 1535 kam nach dem Aussterben des Hauses Sforza das Herzogtum Mailand als Reichslehen hinzu, 1580 das Königreich Portugal.

Über die Habsburger, vor allem über den seit 1516 zusammen mit seiner regierungsunfähigen Mutter Johanna (der Wahnsinnigen) herrschenden König Karl I., den späteren Kaiser Karl V., wurde das Erbe der »Katholischen Könige«, Isabella I. von Kastilien und Ferdinand II. von Aragonien, stärker als jemals zuvor in die gesamteuropäische Politik hineingezogen. Bevor Karl I. (V.) dabei allerdings eine aktive Rolle spielen konnte, musste er sich 1517/18 erst einmal bei den kastilischen und aragonesischen Ständen (*Cortes*) durchsetzen und 1520 bis 1522 den vorwiegend auf Kastilien beschränkten Aufstand der Städte niederschlagen.

Der Aufstieg König Karls I.

Vom innenpolitisch bedeutsamen Sieg der königlichen Truppen über die Aufständischen (*comuneros*) bei Villalar am 23. April 1521 an hatte Karl I. den Rücken frei für die Sicherung der habsbur-

gischen Vormachtstellung in Europa. In vier Kriegen zwischen 1521 und 1544 gegen König Franz I. von Frankreich behauptete er seinen Besitz an der spanisch-französischen Grenze, auf der Apenninenhalbinsel und in den burgundischen Niederlanden; in Oberitalien konnte er durch den Erwerb Mailands den spanischen Einfluss sogar stärken, indem er dort 1540 seinen Sohn Philipp als Herzog einsetzte.

Weniger erfolgreich war er in dem Bestreben, das westliche Mittelmeer vom osmanischen Einfluss zu befreien und die Seewege zwischen Spanien, Sardinien, Sizilien und Süditalien gegen die von Frankreich unterstützten Störungen durch die türkische Flotte unter Cheireddin Barbarossa vollständig unter seine Kontrolle zu bringen.

Zwar konnte Karl 1535 mithilfe des genuesischen Admirals Andrea Doria Tunis und Biserta erobern, aber nach seiner 1541 verlustreich gescheiterten Expedition nach Algier musste er sich damit abfinden, dass die nordafrikanische Küste unter islamischer Vorherrschaft blieb. Erst der Seesieg einer gemeinsamen Flotte der von Venedig, dem Papst und Spanien gebildeten »Heiligen Allianz« bei Lepanto am 7. Oktober 1571 unter dem Oberbefehl Juan d'Austrias, des Sohnes Kaiser Karls V. und der Regensburger Bürgertochter Barbara Blomberg, leitete den Niedergang der osmanischen Vorherrschaft im Mittelmeer ein, ohne dort eine spanische zu begründen.

Die Schlacht von Lepanto (Naupaktos) 1571 war die letzte mit geruderten Galeeren geschlagene Seeschlacht der Geschichte. Als fromme Geste führt ein zeitgenössisches venezianisches Gemälde (Venedig, Museo Correr e Quadreria Correr) den Sieg über die »Ungläubigen« unter dem Oberbefehl des unehelichen Sohns Karls V., Juan d'Austria (oben; Parma, Galleria Nazionale), auf himmlischen Beistand zurück.

Höhepunkt unter König Philipp II.

Als 1574 nach fast vier Jahrzehnten spanischer Herrschaft Tunis und Biserta wieder an türkische Vasallen fielen, war das außenpolitische Interesse Spaniens schon längst auf Kontinentaleuropa gerichtet. Der älteste Sohn Karls I. (V.) hatte als König Philipp II. 1555 in den Niederlanden sowie 1556 in Spanien und allen dazugehörenden Besitzungen die Nachfolge angetreten und sollte das Werk seines Vaters mit der Verwirklichung der Hegemonie Spaniens und seiner katholischen Vormachtstellung vollenden. Begünstigt wurde diese Entwicklung durch die Beendigung des noch von Karl V. begonnenen Krieges gegen Frankreich im Frieden von Cateau-Cambrésis am 3. April 1559 und die nach dem plötzlichen Tod König Heinrichs II. im Nachbarland ausbrechenden Hugenottenkriege. In Cateau-Cambrésis erhielt Philipp II. seine italienischen und burgundischen Besitzungen bestätigt und konnte mit seiner dritten Heirat mit der katholischen Elisabeth von Valois, der Schwester der französischen Könige aus dem Haus Valois (bis 1589), den Ausgleich mit Frankreich und seine

Im Frieden von Cateau-Cambrésis mit Spanien 1559 verzichtete Frankreich gütlich auf eine Reihe von Eroberungen, die es seit 1552 gemacht hatte, sodass beide Partner freie Hand für die Bekämpfung der Protestanten erhielten.

Die mangelnde staatliche Geschlossenheit der Herrschaftsbereiche des spanischen Königs schlug sich auch in der **Verwaltung** nieder. Unter Karl I. und Philipp II. waren zwar zahlreiche Behörden (Consejos) ausgebildet worden, aber sie standen, nur durch die Person des Königs verbunden, mehr oder weniger lose nebeneinander. Für die Gesamtmonarchie zuständige Räte waren zum Beispiel der Consejo de Estado (Staatsrat), der von ihm abgelöste Consejo de Guerra (Kriegsrat) und der Consejo de la Suprema, die oberste Instanz im Inquisitionsverfahren. Mit den Angelegenheiten einzelner Königreiche befasst waren Räte wie der Consejo Real de Castilla, dem die gesamte innere Verwaltung Kastiliens, Leóns, Galiciens, des Baskenlandes, Toledos, Jaens, Sevillas, Granadas und der Kanaren unterstand und der gleichzeitig höchstes Gericht war, der für alle Überseekolonien zuständige Consejo de Indias, der Consejo de Aragón (Aragonienrat) und die von Philipp II. neu errichteten Räte für Neapel, Flandern und Portugal.

In der herrscherlichen Repräsentation erscheint die englische Königin Maria I., die Katholische, ihrem Prinzgemahl Philipp übergeordnet. Das Doppelporträt von Hans Eworth zeigt sie unter dem königlichen Wappen thronend (Woburn Abbey, Sammlung Marquis von Tavistock).

Stellung weiter festigen. Schon seine erste Ehe mit Maria von Portugal hatte außenpolitischen und dynastischen Interessen mit dem Ziel der Vereinigung aller Königreiche der Iberischen Halbinsel in einer Hand gedient, das 1580 nach dem Aussterben der portugiesischen Königsfamilie Avis erreicht wurde. Indem Philipp II. von der portugiesischen Ständeversammlung als Thronfolger anerkannt wurde, wurde nicht nur er zum mächtigsten europäischen Herrscher, sondern Spanien auch zur größten Kolonialmacht Europas.

Beginnender Niedergang

In dem Maße, in dem sich Spanien im Mittelmeerraum nicht durchzusetzen wusste, verlagerte es nach Herstellung der Personalunion mit Portugal seine Interessen zum Atlantik. Dabei war der Konflikt mit England unvermeidlich, wo mit Königin Elisabeth I. 1558 eine Herrscherin an die Macht gekommen war, die zugleich an der Spitze der antirömischen anglikanischen Kirche stand. Die Hoffnungen Philipps II., die er und sein Vater 1554 in seine zweite Ehe mit Elisabeths Vorgängerin Maria I. aus dem Hause Tudor gesetzt hatten, hatten sich nicht erfüllt. Mit deren Tod endeten die Bemühungen, England wieder zur katholischen Kirche zurückzuführen, und mit der Hinrichtung Maria Stuarts, der Königin von Schottland, verlor Philipp II. 1587 eine politische Alternative auf der Britischen Insel. Elisabeth I., die einen Heiratsantrag Philipps II. abgelehnt hatte, wurde zur großen Gegenspielerin des Habsburgers, die – wie der spanische König – der Epoche der 2. Hälfte des 16. Jahrhunderts in ihrem Land und in Europa ihren Namen gegeben hat. An keinem Ereignis ist dies deutlicher geworden als am Untergang der großen, 130 Kriegsschiffe mit 2500 Kanonen und 22000 Mann Besatzung umfassenden und als unschlagbar geltenden spanischen Armada im Ärmelkanal 1588. Zwar vermochte Spanien auch danach durch verstärkten Schiffsbau und Modernisierung seiner Flotte die Wege zu seinen Kolonien in Mittel- und Südamerika zu sichern, aber es war bei wachsender englischer Konkurrenz anfälliger geworden und blieb vor allem auf dem Seeweg von seinen niederländischen Besitzungen abgeschnitten. Nicht nur, aber auch aus diesem Grund konnte Philipp II. ihre Teilung nach 1581 in nördliche und südliche Provinzen nicht verhindern, und sein Sohn Philipp III. musste die Selbstständigkeit der Republik der Vereinigten Niederlande anerkennen. Dies bedeutete zugleich, dass den Spaniern neben den Engländern ein zweiter Konkurrent auf den Weltmeeren erwuchs.

Katholische Vormacht

So wie Spanien unter Philipp II. eine hegemoniale Stellung in Europa erreichte, so begann unter diesem König auch bereits wieder der Niedergang. Im Verhältnis zu Frankreich kam er über den Frieden von Cateau-Cambrésis nicht hinaus; denn am Ende verlor er den Kampf um den französischen Thron des kinderlosen Königs Heinrich III. (†1589) gegen den Bourbonen Heinrich IV. und musste im Frieden von Vervins 1598 nicht nur auf alle Thronansprüche in

Frankreich verzichten, sondern auch das Ziel der Ausrottung der Hugenotten aufgeben. Gleichwohl leistete Philipp II. insgesamt seinen Beitrag, den Vormarsch des Protestantismus in Europa zu stoppen und Frankreich dem Katholizismus zu erhalten. Wie sein Vater hatte er sich dem Schutz der katholischen Kirche verschrieben und von den Beschlüssen des 1563 beendeten Konzils von Trient vor allem jene begrüßt, die den Katholizismus klar umschrieben und seine Glaubensinhalte fixierten. Zu ihrer Durchsetzung diente in erster Linie die erneuerte Inquisition, die in Spanien seit 1478 unter einem stark vom König abhängigen Großinquisitor tätig war. Hauptträger war die »Gesellschaft Jesu« (Societas Jesu; SJ), die, von dem aus baskischer Familie stammenden Ignatius von Loyola 1534 gegründet, 1540 vom Papst anerkannt wurde und in der 2. Hälfte des 16. Jahrhunderts von etwa 1000 auf über 10000 Mitglieder anwuchs (1608). Unter dem Wahlspruch *omnia ad maiorem Dei gloriam* (alles zur größeren Ehre Gottes) wirkten die Jesuiten gegenreformatorisch in ganz Europa im Sinne der katholischen Reform. Über Schul- und Universitätsgründungen prägten sie Bildung und Wissenschaft sowie das kulturelle Leben insgesamt und gewannen zunehmenden Einfluss auch auf die Politik katholischer weltlicher Herrscher.

»Erbarmen und Gerechtigkeit« lautet das Motto auf der Fahne der Inquisition nach einem anonymen Kupferstich des 17. Jahrhunderts.

Unaufhaltsamer Abstieg

D er offensichtlich am Ende des 16. Jahrhunderts beginnende Niedergang Spaniens wurde zu Beginn des 17. Jahrhunderts von König Philipp III. weiter beschleunigt. Die höchsten Gewinne aus amerikanischem Silber konnten nicht verhindern, dass nahezu die Hälfte der Staatseinnahmen zur Schuldentilgung benötigt wurde. Darüber hinaus führte der junge, an den Herrschaftsgeschäften nicht interessierte König, der bis 1618 ganz unter dem Einfluss des verschwenderischen Herzogs Francisco von Lerma, des »größten Diebes Spaniens« stand, ein höchst kostspieliges Hofleben, das die durch die Auseinandersetzungen vor allem in den Niederlanden und mit Frankreich fortgesetzt angespannten Staatsfinanzen weiter in Mitleidenschaft zog.

Und so konnte der leitende Minister Gaspar de Guzmán, Graf von Olivares, zu Beginn der langen Regierungszeit König Philipps IV. nur eine deprimierende, in zahlreichen Denkschriften dokumentierte Bestandsaufnahme der innen- und außenpolitischen Situation Spaniens vorlegen, die noch dadurch verschärft war, dass Günstlingswirtschaft, Patronage und Ämterhandel weltliche wie geistliche Handlungsebenen des Staates moralisch diskreditiert hatten. Olivares betrachtete es als die wichtigste Aufgabe des jungen Königs, die Vielzahl seiner verschiedenen Monarchien und Herrschaftsgebiete zusammenzufassen

Ein Bild von Francisco Rizi stellt ein Autodafé unter Vorsitz von Karl II. und seiner Familie in Madrid dar. Bei einem solchen »Glaubensakt« wurden die Ketzer (in roter Kleidung) öffentlich verurteilt und gegebenenfalls hingerichtet, ihr Vermögen fiel in Spanien zu einem großen Teil an die Krone, was der Inquisition hier eine besondere politische Rolle verlieh (Madrid, Prado).

Der Kammerherr Herzog Francisco von Lerma stieg als persönlicher Freund König Philipps III. zum »Valido« auf, zum Günstling des Königs bzw. ersten Minister. Hier eine vergoldete Bronzestatue von Pompeo Leoni (Madrid, Museo Municipal). Diego Velázquez porträtierte den Grafen von Olivares mehrfach. Das Rundbild rechts befindet sich in den Staatlichen Kunstsammlungen, Dresden.

Philipp II. hinterließ seinen Nachfolgern **zerrüttete Staatsfinanzen.** Die zahlreichen kriegerischen Aktivitäten des Königs erforderten auf Dauer höchste Militärausgaben. Allein der Unterhalt von Flotten im Mittelmeer und im Atlantik verschlang immense Geldsummen, die nicht nur mittels der regulären Steuereinnahmen und der Einkünfte aus dem Gold- und Silberzufluss aus den amerikanischen Kolonien aufgebracht werden konnten, sondern auch vermehrte Kreditaufnahmen notwendig machten. Diese konnten jedoch nicht verhindern, dass Philipp II. in den Jahren 1560, 1575 und 1596 insgesamt dreimal den »Staatsbankrott« erklären musste. Das bedeutete die Einstellung des Zinsdienstes mangels Masse und die Prolongierung der Schulden zu reduzierten Zinssätzen.

und die übermäßige Teilhabe vor allem des Adels und der Geistlichkeit an der königlichen Macht erheblich einzuschränken, also die Staatsgewalt zu zentralisieren. Aber er zog daraus nicht die Konsequenz, zunächst nur eine innere Reform Spaniens in Angriff zu nehmen, sondern ihm ging es zugleich um die Wiederherstellung der einstmals erreichten außenpolitischen Vormachtstellung. Indem er den zwölfjährigen Waffenstillstand mit der Republik der Vereinigten Niederlande von 1609 nicht verlängerte und gleichzeitig an der Seite der deutschen Habsburger im Dreißigjährigen Krieg aktiv wurde, kehrte er zur alten Kriegspolitik Spaniens, aber nicht zu den alten Erfolgen zurück.

Im Dreißigjährigen Krieg

Zwar gelang es, den für eine Behauptung der Niederlande – angesichts der von den Engländern versperrten Seewege – notwendigen Landweg durch Graubünden als Verbindung zwischen dem Herzogtum Mailand, der Freigrafschaft Burgund und den Spanischen Niederlanden zu halten und das Veltlin mit den wichtigen Alpenpässen für freie Truppendurchzüge unter spanische Militärverwaltung zu stellen, aber die Feldzüge in den Niederlanden in den 1620er Jahren waren nur unter äußersten militärischen und finanziellen Kraftanstrengungen möglich. Die von Diego Velázquez gemalte »Übergabe von Breda« nach dem Erfolg des spanischen Generals Ambrosio Spínola im Jahre 1625 und die Rückeroberung der Stadt 1637 durch die Niederländer stehen für die wechselvolle Geschichte der Auseinandersetzungen in dieser Zeit. Sie endeten schließlich mit dem Spanisch-Niederländischen Vertrag vom 30. Januar 1648 (auch 1. Westfälischer Friede genannt), in dem die Republik der Vereinigten Niederlande endgültig ihre Unabhängigkeit von der spanischen Krone bestätigt erhielt.

Weitreichender waren die neuerlichen Auseinandersetzungen mit Frankreich, die nach dem Aussterben der in Mantua regierenden Gonzaga (1627) zunächst im Mantuanischen Erbfolgekrieg von 1628 bis 1631 eskalierten. Im Vertrag von Chierasco (1631) erreichte Karl I. von Nevers die Belehnung mit den heimgefallenen Reichslehen Mantua und Monferrato, während Graubünden von französischen Truppen besetzt wurde. Damit verlor Spanien bis 1637 die Kontrolle über die Alpenpässe und das Veltlin. Die französische Kriegserklärung an Spanien vom Mai 1635, der im September die an Kaiser Ferdinand II. folgte, aber leitete einen Krieg ein, der erst im Pyrenäenfrieden vom 7. November 1659 seinen Abschluss fand. Die das Land überanstrengende Kriegspolitik entlang einer Linie von den Niederlanden bis zu den Pyrenäen führte zu einer Destabilisierung der Gesamtmonarchie. 1640 löste sich das Königreich Portugal aus der seit sechzig Jahren bestehenden Personalunion mit Spanien, weil es sich der expansiven Politik des Grafen Olivares nicht länger unterordnen wollte. Im selben Jahr begann der sich über ein Jahrzehnt erstreckende katalanische Aufstand, der sich gegen die Madrider Zentrale richtete und das von Olivares angestrebte gesamtspanische Einheitsbewusstsein entscheidend infrage stellte. Es war nur konsequent, dass Olivares wegen Erfolglosigkeit entlassen wurde.

Der niederländische Stadtkommandant Justinus von Nassau überreicht dem spanischen General Ambrosio Spínola die Schlüssel der Stadt Breda in Nordbrabant. Das Zeichen der Unterwerfung wird vom Sieger gnädig aufgenommen. Der Hofmaler Diego Velázquez vollendete das große Historiengemälde, wegen der aufgerichteten Lanzen der siegreichen Spanier »Las Lanzas« genannt, um 1635 (Madrid, Prado).

Die Bedeutung des Pyrenäenfriedens von 1659

Mit dem auf der Fasaneninsel im französisch-spanischen Grenzfluss Bidasoa abgeschlossenen Pyrenäenfrieden wurde nicht nur ein über zwanzigjähriger Krieg beendet, sondern zugleich das Ende der Hegemonie Spaniens in Europa im 16. und 17. Jahrhundert markiert. Weniger die Gebietsverluste an Frankreich (Roussillon, Cerdagne, Conflans, Teile von Flandern, Hennegau, Artois und weitere südliche Teile der verbliebenen Niederlande) als vielmehr die Art und Weise des innen- wie außenpolitischen Niedergangs über Jahrzehnte hinweg setzten diese Zäsur, die für Frankreich zugleich eine erste wichtige Station auf dem Weg zur Erlangung einer Vormachtstellung in Europa war. Die als Bestandteil des Friedens getroffene Heiratsvereinbarung zwischen dem französischen König Ludwig XIV. und Maria Theresia, der Tochter Philipps IV., sollte zudem am Ende des Jahrhunderts für Europa bedeutsam werden, als mit Karl II. die spanischen Habsburger im Mannesstamm ausstarben. 1665, im Alter von vier Jahren, als Nachfolger Philipps IV. König von Spanien geworden und selbst kinderlos geblieben, setzte er den Abstieg in seiner Regierungszeit weiter fort. Alle Vorkehrungen, den sich abzeichnenden europäischen Krieg um das noch immer große spanische Erbe zu verhindern, blieben erfolglos. Der Spanische Erbfolgekrieg von 1701 bis 1713/14 leitete eine neue Epoche in der Geschichte Europas ein. Helmut Neuhaus

Auf der Medaille erscheint das regierende Königspaar, Philipp IV. und seine zweite Frau Maria Anna von Österreich. In der Herrscherrepräsentation nach spanischem Hofzeremoniell spielt das Bildnis der Königin meist eine untergeordnete Rolle.

Um Gold und Freiheit – Die Entstehung der niederländischen Republik

Die Spanischen Niederlande

In der Mitte des 16. Jahrhunderts waren die Niederlande ein wohlhabendes, dicht bevölkertes Gebiet im Nordwesten Europas, zwischen Ardennen und Nordsee, mit zahlreichem Adel, reichen Städten und mit einer komplizierten Verfassung. Die Zentren von Politik, Wirtschaft und Kultur lagen im Süden, in Brüssel, Antwerpen oder Gent. In Gent wurde 1500 der künftige Kaiser Karl V. geboren, der große Herrscher des Abendlandes, den die Niederländer als einen der ihren betrachteten und dem sie trotz häufigen Zwists wegen Fragen der Besteuerung gerne gehorchten. Fremd blieb ihnen hingegen Karls Sohn Philipp II. von Spanien, der im Oktober 1555 die Regierungsgeschäfte in den Niederlanden übernahm. Dessen ernstes und nüchternes Naturell störte die lebensfrohen und genießerischen Niederländer. An der gegenseitigen Abneigung zwischen Souverän und Untertanen hatte sich nichts geändert, als Philipp im Sommer 1559, nach erfolgreichem Abschluss des Krieges gegen Frankreich, seine Residenz Brüssel verließ, um sein spanisches Königreich künftig von Kastilien aus zu regieren. Es kränkte den Stolz der selbstbewussten Niederlande nicht wenig, dass sie nun als Nebenbesitz Spaniens und entlegener Außenposten der Gesamtmonarchie regiert wurden. Philipp hatte aber vor der Abreise sein niederländisches Haus gut bestellt, wobei er auf die Stimmung im Lande klugerweise Rücksicht nahm. Zur Generalstatthalterin über alle siebzehn Provinzen mit Sitz in Brüssel ernannte er seine Halbschwester Margarete von Parma, eine gebürtige Flämin. Ihr zur Seite stand ein Geheimer Rat mit dem klugen Antoine Perrenot de Granvelle, dem Bischof von Arras, an der Spitze. In den Provinzen, die alle ihre eigenen Verfassungen und Vorrechte besaßen, setzte Philipp einheimische Adelsführer als Statthalter ein, die sich zuvor in den Kämpfen gegen die Franzosen bewährt hatten. Diese Männer trugen berühmte Namen wie Egmont, Horne, Oranien oder Mansfeld. Sie gaben sich volkstümlich und waren bei den Niederländern viel beliebter als der König. Daher verwundert es nicht, dass sie großen Ehrgeiz entwickelten, der bald für Reibungen sorgte.

Der burgundische Geistliche Granvelle wurde 1550 zur dominierenden Figur der Politik in den Niederlanden. Bei der Neuordnung der Bistümer versuchte er, auch das Amt des Sprechers der einflussreichen Provinz Brabant zu vereinnahmen. Sein Bildnis als Bischof von Arras malte der von ihm protegierte Utrechter Künstler Anthonis Mor 1549 (Wien, Kunsthistorisches Museum). Als illegitime Tochter Karls V. und einer Teppichweberstochter aus Nijkerk hatte die Generalstatthalterin Margarete von Parma durch ihre zweite Heirat den Titel einer Herzogin erworben. Das 1562 entstandene Porträt (rechts) gehört zum Zyklus biblischer und historischer Szenen der Glasfenster in der Sint-Janskerk von Gouda, die von niederländischen Städten und Adligen gestiftet wurden.

Die Unruhe beginnt

D ie 2. Hälfte des 16. Jahrhunderts war ein Zeitalter verschärften
Kampfes zwischen Adel und Königtum um die Macht im
Staat. Dies gilt für den Westen, für Frankreich, ebenso wie für Länder in der Mitte und im Osten Europas. Beschleunigt wurde diese
Entwicklung vom konfessionellen Zwiespalt. Besonders der Calvinismus, die Lehre des Genfer Reformators Johannes Calvin, die sich
in den 1550er-Jahren rasant über den ganzen Kontinent verbreitete,
vertiefte mit ihrem intoleranten Radikalismus die bereits vorhandenen Gegensätze. Auch in den Niederlanden wandten sich Adlige
und Stadtbürger in großer Zahl der Reformation von Genf zu.
Zwar galten immer noch die strengen Ketzergesetze aus der
Zeit Kaiser Karls V., der einen konsequent katholischen
Kurs eingeschlagen hatte; dem in seinen Haupt-
strömungen duldsamen Katholizismus der Niederländer lagen blutige Glaubensverfolgungen
aber fern, sodass die wegen ihrer Veröffentli-
chungsform »Plakate« genannten Gesetze häufig ignoriert wurden und nur selten Strafmaß-
nahmen gegen Protestanten zur Folge hatten.
Damit nicht genug, die so maßvollen niederländischen Katholiken gerieten ihrerseits in einen Streit
mit der spanischen Krone, der sich an der von Granvelle betriebenen Neugliederung der Bistümer im
Lande entzündete. Gegen die Bistumsreform regten
sich aber heftige Widerstände, die sich die Adelsopposition um Wilhelm I. von Oranien und die Grafen von Egmont
und von Horne sogleich zunutze machte. In ihrem Machtkampf mit
dem spanischen König, den sie nun planmäßig forcierten, wussten sie
sowohl die unzufriedenen Katholiken als auch die renitenten Calvinisten hinter sich. Um alleinigen Einfluss auf die Generalstatthalterin Margarete zu gewinnen, erzwangen die Adligen von Philipp II.
die Abberufung Granvelles (1564). Dann erhob man die auch bei den
toleranten Katholiken nicht unpopuläre Forderung nach Aufhebung
der »Plakate«. Hier blieb Philipp II. aber hart, weil er keinen weiteren Gesichtsverlust in dieser für ihn wichtigsten aller Fragen mehr
hinnehmen wollte. Der offene Machtkampf bahnte sich an. Wilhelm
von Oranien, der politisch talentierteste von allen Adelsführern, organisierte eine vielschichtige Protestbewegung, die zuletzt die gesamten Niederlande erfasste. Er bot einige Hundert Adlige auf, die
im April 1566 nach Brüssel marschierten und die Generalstatthalterin
zwangen, die Plakate »abzumildern«. Dies wurde im Volk als Triumph der Opposition und als weiteres Zeichen für den Machtverlust
der Krone gewertet. Die Aktivitäten der Calvinisten nahmen an
Ausdehnung und Schärfe zu. Die reformierten Bekenner fühlten
sich in ihrem ungeheuren Sendungsbewusstsein berufen, das »Königreich Gottes« aufzurichten und ihrer »wahren Lehre« zum Sieg
zu verhelfen, was nicht weniger bedeutete als die völlige Vernich-

FREIHEITSKAMPF DER
NIEDERLANDE

Habsburgische Niederlande

Republik der Vereinigten
Niederlande nach der Utrechter
Union 1579

Geistliche Gebiete

Grenze des Heiligen Römischen
Reiches Deutscher Nation

Lamoraal Graf von Egmont vertrat
1565 die Sache der Niederlande in
Madrid, stieß dort jedoch auf taube
Ohren. Er blieb Katholik und war auf
Ausgleich zwischen den Parteien
bedacht (zeitgenössischer
Kupferstich).

Der vom Herzog von Alba verbannte niederländische Maler und Verleger Franz Hogenberg beschreibt die spanisch-niederländischen Auseinandersetzungen in einer Folge von Kupferstichen. Oben die Petition von 1566 an die Generalstatthalterin, unten der bald darauf stattfindende Bildersturm: Die Calvinisten reißen in der Kirche Statuen herunter, zerschlagen und übertünchen Bilder, zerstören Kirchenfenster und verschleppen kostbare Bildwerke.

Der spanische Feldherr und Staatsmann Herzog von Alba hatte vor seiner Berufung in die Niederlande in Nordafrika und Frankreich, gegen die Protestanten des Schmalkaldischen Bundes und als Vizekönig von Neapel sogar gegen den Papst die Sache der spanischen Krone kriegerisch vertreten (Anonymes Gemälde in Dessau, Anhaltische Gemäldegalerie, Schloss Georgium).

tung des katholischen Kultes. Im August 1566 schritten extremistische Calvinisten zur Tat. Sechs Tage lang wütete ein Kirchen- und Bildersturm im ganzen Land, in dessen Verlauf die Ausstattung von mehr als vierhundert Gotteshäusern demoliert wurde. Nebst so vielen anderen »Götzenbildern« fielen auch die unglaublich reichen Kunstschätze der Kathedrale von Antwerpen dem Wüten der Bilderstürmer zum Opfer. Altäre, Heiligenstatuen, Gemälde und Wandteppiche verschwanden. Allerdings waren nicht nur religiöse Eiferer am Werk, sondern auch gewöhnliche Kriminelle, die sich die Gelegenheit zum Rauben und Plündern nicht entgehen ließen. Philipp II. kam zu dem Schluss, dass die Niederlande nicht mehr länger »den schwachen Händen einer Frau« anvertraut bleiben dürften, und berief deshalb Margarete ab. An ihre Stelle trat im Sommer 1567 der für seine eiserne Faust berüchtigte Fernando Álvarez de Toledo, Herzog von Alba, der mit einem Kontingent spanischer Elitetruppen in Brüssel einzog. König Philipp wünschte die strenge Bestrafung aller am Aufruhr Schuldigen. Während Oranien zu seinen nassauischen Verwandten ins Reich geflüchtet war, blieben Egmont und Horne im Land, weil sie glaubten, dass Alba ihren privilegierten Stand respektieren und nichts gegen sie unternehmen werde. Darin irrten sie sich. Die Spanier setzten ein Sondergericht, den *Conseil des Troubles* (Rat der Unruhen), ein, der mehr als tausend Todesurteile verhängte, über Adlige wie über einfache Leute. Dies entsprach damaligem Rechtsverständnis, nach dem jeder Hochverräter sein Leben verwirkt hatte. Auch Egmont und Horne wurden im Juni 1568 auf dem Brüsseler Marktplatz öffentlich hingerichtet. Diese »Blutjustiz« steigerte noch den Hass auf die Spanier. So hoffte Wilhelm von Oranien, dass sich die Nie-

derländer gegen die Herrschaft Albas erheben würden, als er im Sommer 1568 mit einem in Deutschland angeworbenen Heer in die Lande einfiel. Seine Rechnung ging aber nicht auf. Militärisch wurde er von der bestens trainierten spanischen Infanterie mühelos aus dem Feld geschlagen, während die Bevölkerung völlig passiv blieb. Dieses oranische Debakel festigte Albas Regime in Brüssel zusätzlich.

Krieg und Spaltung

Da begingen der Herzog und König Philipp den Fehler, sich mit den Erfolgen nicht zufrieden zu geben, sondern den Bogen zu überspannen. Um ihr Militär in den Niederlanden zu finanzieren, wollten die Spanier eine zehnprozentige Umsatzsteuer *(tiende pening)* auf den Verkauf aller Güter einführen. Diese Maßnahme musste den Handel lähmen, von dem große Seestädte wie Antwerpen und kleinere Handelsmetropolen wie Amsterdam bisher glänzend gelebt hatten. Zumal in der nordwestlichen Provinz Holland, die sich auf Kosten der Dänen und der deutschen Hanse eine bedeutende Stellung im Nord-Ostsee-Handel errungen hatte, führte der befürchtete Rückgang der Umsätze zu großer Erbitterung bei den Kaufleuten. Es kam hinzu, dass die holländischen Städte Hochburgen der Calvinisten waren, die eifrig gegen Spanien agitierten. Dieser Widerstandsgeist sprang auf die Seeleute über, die als »Wassergeusen« von englischen, französischen und deutschen Häfen aus einen Kaperkrieg gegen spanische Schiffe führten. Der Oranier hatte sie in seiner Eigenschaft als souveräner Fürst von Orange zu den Piratenaktionen ermächtigt, was nach dem Völkerrecht der Zeit als statthaft galt. Anders als 1568 fand Wilhelm nun bei seinem zweiten Einfall in die Niederlande im Jahr 1572 Verbündete im Volk. Das steuerfeindliche Handelsbürgertum, die calvinistischen Eiferer und die auf Seeraub erpichten Wassergeusen sammelten sich hinter ihm. Da Wilhelms Bruder Ludwig von Nassau-Dillenburg zugleich im Süden, von Frankreich her, einen Entlastungsangriff vornahm, konnten sich die Aufständischen im Norden, in den Provinzen Holland und Seeland, gegen die Truppen Albas behaupten. Sobald die calvinistische Opposition in diesen Gebieten zur Macht gelangt war, beseitigte sie dort den Katholizismus, der ihrer Alleinherrschaft im Wege stand, und verbot die Messe. Der tolerante Oranier missbilligte dies zwar, doch trat er 1573 aus politischen Gründen selbst zum Calvinismus über. Die katholische Mehrheit im Süden neigte nun eher zu einer Verständigung mit dem spanischen König. Philipp II. kam dem entgegen, indem er 1573 Don Luis de Requeséns y de Zúñiga, einen kompromissbereiten Mann, zum Nachfolger des gescheiterten Generalstatthalters Alba ernannte. 1575 bahnte Don Luis Friedensverhandlungen an. Philipp II. war bereit, die Autonomie der einzelnen Provinzen und ihren föderativen Zusammenhang untereinander auf Kosten der königlichen Prärogativen zu stärken. Hier schien ein Ausgleich möglich. Sein Selbstverständnis als katholischer Herrscher erlaubte es ihm aber nicht, die von den Calvinisten betriebene Vernichtung der römischen Kirche hinzunehmen. So gab es keine Verständigung, und der Krieg ging weiter.

Noch einmal versuchten die Niederländer, gemeinsam ihr Schicksal in die Hand zu nehmen. Nach dem plötzlichen Tod des Generalstatthalters Requeséns stürzte sich ein führerloser spanischer Söldnerhaufen auf die reiche Handelsstadt Antwerpen und plünderte sie tagelang aus. Im Laufe der Plünderung kam es zu unvorstellbaren Grausamkeiten, an die 8000 Einwohner Antwerpens sollen ermordet worden sein. Die Exzesse der »spanischen Furie« vereinigten die

Ein zeitgenössisches Gemälde zeigt die Niederlande als Kuh, die von Philipp II. geritten und vom Herzog von Alba gemolken wird. Wilhelm von Oranien versucht, sie zu führen, Elisabeth von England gibt ihr Futter, während der Repräsentant Frankreichs, Franz von Anjou, damals Herzog von Alençon, sie am Schwanz zieht.

Kürbisflasche und Schale der Bettler waren die Zeichen der Geusen, denn am Brüsseler Hof hatte man die Gesandten der niederländischen Provinzen spottend als Bettler (französisch »gueux«) bezeichnet. Im 16. Jahrhundert entstanden die beiden aus silberbeschlagenem Holz gearbeiteten symbolischen Bettlerattribute (Amsterdam, Rijksmuseum).

entsetzten Niederländer über die Konfessionsgrenzen hinweg in gemeinsamer Trauer und Empörung. Um die fremden Soldaten aus dem Land zu vertreiben, schlossen sich die Provinzen des Nordens und des Südens in der Genter Pazifikation zusammen (November 1576). Die Generalstaaten als gemeinsame Vertretung aller siebzehn Provinzen beriefen den österreichischen Erzherzog Matthias (den späteren Kaiser, einen Neffen Philipps II.) zum Statthalter. Der junge, unerfahrene Habsburger war aber nur eine Marionette an der Hand Wilhelms von Oranien, der im Herbst 1577 als tatsächlicher Machthaber der Niederlande triumphal in Brüssel einzog. Die radikalen Calvinisten wähnten sich vor ihrer endgültigen Machtübernahme und entfesselten einen neuen Bildersturm, der sich mit terroristischen Ausschreitungen gegen Andersgesinnte verband. Dies ließ die gemäßigten Katholiken des Südens am Sinn einer gesamtniederländischen Einheit zweifeln. Der neue spanische Generalstatthalter Alessandro Farnese nutzte die heftigen Spannungen innerhalb der Generalstaaten geschickt für seine Zwecke aus. Klug taktierend, brachte er die katholischen Flamen und Wallonen auf seine Seite, mit denen er im Januar 1579 die Union von Arras schloss. Die in der Union vereinigten Provinzen des Südens, in denen das heutige Belgien vorgebildet war, söhnten sich mit dem spanischen König aus, der ihre Rechte auf Selbstregierung großzügig bestätigte. Im Norden

Ein Gemälde des Brüsseler Malers Daniel van Heil zeigt, wie die marodierenden spanischen Söldner bei der Plünderung Antwerpens 1576 das Rathaus der Stadt anzünden (Berlin, Deutsches Historisches Museum).

In der Allegorie »Die Seelenfischer« von Adriaen van de Venne versuchen links vorn die Protestanten, rechts dahinter die Katholiken, die Niederländer in ihr Boot zu ziehen. Das Bild entstand 1614, während des spanisch-niederländischen Waffenstillstandes (Ausschnitt; Amsterdam, Rijksmuseum).

vollzog sich ein paralleler Vorgang der Konzentration. Holland, Seeland, Utrecht, Geldern und das Groninger Umland gründeten die Union von Utrecht, die sich als Bund zur Verteidigung gegen Spanien verstand. Die Abgrenzung zwischen beiden Unionen formte sich im Laufe der Zeit, die Spaltung verfestigte sich.

Eine Republik entsteht

Der Norden unter Hollands Führung sagte sich am 26. Juli 1581 mit dem *Placaat van verlatinge* demonstrativ von der spanischen Krone los. Trotz der Absetzung Philipps II. wollten die nördlichen Niederlande zunächst nicht auf einen monarchischen Repräsentanten ihres neuen Staatswesens verzichten, dessen Befugnisse freilich zugunsten der Provinzen und ihrer ständischen Versammlungen stark eingeschränkt sein sollten. Nachdem die Generalstaaten den enttäuschten Erzherzog Matthias 1580 nach Hause geschickt hatten, wählten sie sich den Herzog Franz von Anjou aus dem französischen Königshaus Valois als ihren formellen Souverän aus. Nach dessen Tod 1584 dienten die Generalstaaten die wenig begehrte Monarchenwürde Heinrich III. von Frankreich und Elisabeth I. von England an, die beide dankend abwinkten. Elisabeth empfahl aber ihren Günstling Robert Dudley, Earl of Leicester, der tatsächlich von den Staaten zum Generalstatthalter berufen wurde. Doch als er sich als Versager erwies, sandten sie ihn 1587 wieder zu seiner Königin nach London zurück. Nun beendeten die Holländer ihre monarchischen Experimente und entschieden sich für die republikanische Staatsform. Die aus der Union von Utrecht hervorgegangenen Vereinigten Niederlande konstituierten sich als ein Bund von sieben Provinzen, deren Leitung den Staaten als provinzialen Ständeversammlungen oblag. Die gemeinsamen Generalstaaten entschieden über Krieg und Frieden und andere Angelegenheiten, die alle Provinzen betrafen. Trotz ihrer fragilen Verfassung meisterten die Vereinigten Niederlande die schwere Krise der 1580er-Jahre.

Das Wappen des steigenden Löwen als karthographisches Bild der wehrhaften Niederlande veröffentlichte der Amsterdamer Kupferstecher und Verleger Claes Jansz. Visscher mit einer Widmung an Moritz von Oranien, den »Verteidiger unseres Vaterlandes«.

Seinen führenden Kopf hatte der niederländische Aufstand schon 1584 verloren. Oranien war von Philipp II. geächtet und für vogelfrei erklärt worden, auf sein Leben war eine Prämie von 25000 Dukaten ausgesetzt. Am 10. Juli 1584 schoss ein Attentäter den Prinzen im Treppenhaus seiner Wohnung in Delft nieder. Das politische und militärische Geschick des Oraniers fehlte den Provinzen, als Farnese zur Rückeroberung des Nordens ansetzte. Die Republik litt unter schwerster Bedrängnis, bis sich Philipp II. zur Intervention in den französischen Bürgerkrieg entschloss, weshalb die Spanier ihre Kräfte aufsplittern mussten. Alessandro Farnese, Hollands gefährlichster Feind, erlag 1592 einer Verwundung, die er während der Kämpfe in Frankreich erlitten hatte. Dagegen fanden die Niederländer in dem Oranier Moritz, einem Sohn Wilhelms, einen ausgezeichneten militärischen Anführer, der die Spanier nach Süden über den Rhein zurückdrängte. Die Republik hatte sich endgültig als Faktor des europäischen Mächtesystems etabliert. Dem trug eine 1596 geschlossene Allianz mit England und Frankreich Rechnung.

»Yo el Rey – Ich, der König« unterzeichnete Philipp IV. in der traditionellen Form die Friedensurkunde, in der Spanien 1648 die Souveränität der Generalstaaten endgültig anerkannte.

König Philipp III. von Spanien, der im Herbst 1598 auf den Thron gelangte, musste einsehen, dass die nördlichen Niederlande nicht zu bezwingen waren. Freilich tat sich der Stolz der Spanier schwer mit der Erkenntnis, dass sie von einem kleinen Volk am Rande Europas besiegt worden waren. Weil sich die spanisch-holländischen Friedensverhandlungen als sehr problematisch erwiesen, schlossen die Diplomaten 1609 keinen Frieden, sondern lediglich einen auf zwölf Jahre befristeten Waffenstillstand. THOMAS NICKLAS

Verfeindete Brüder – Dänemark und Schweden, die protestantischen Mächte im Norden

Von der Kalmarer Union zur dänisch-schwedischen Rivalität

Die skandinavischen Länder – Dänemark mit den Färöern und später Grönland, Norwegen mit Spitzbergen und Island, Schweden mit Finnland – waren zwischen 1397 und 1523 in der Kalmarer Union unter einem König vereint. Die in der Neuzeit getrennten Monarchien Dänemark-Norwegen und Schweden mit Finnland gingen bis zu ihrer außenpolitischen Neuorientierung im Zuge des Skandinavismus im 19. und 20. Jahrhundert meistens unterschiedliche, ja entgegengesetzte Wege und führten bis 1720 oft Krieg gegeneinander. Die Konflikte rührten aus der Konkurrenz um die Beherrschung der Ostsee und teils der Nordsee.

Schloss Kalmarhus in Kalmar, Südschweden. Die fünftürmige Renaissaceanlage am Kalmarsund entstand im 16. Jahrhundert unter Gustav I. Wasa und seinen Söhnen. In der Burg, die vor dem Umbau an dieser Stelle stand, wurde 1397 die Kalmarer Union besiegelt.

Christian II., König von Dänemark-Norwegen und König von Schweden (links). Er versuchte, die dänische Vorherrschaft in Schweden wiederherzustellen, und ging dabei grausam gegen seine politischen Gegner vor. Porträt von Lucas Cranach dem Älteren, 1523 (Leipzig, Museum der Bildenden Künste). Rechts der schwedische König Gustav I. Eriksson Wasa, Stammvater des königlichen Hauses Wasa. Stich nach einem zeitgenössischen Gemälde.

In Europa entwickelten sich Dänemark und Schweden zu geachteten, auch gefürchteten Großmächten. Dänemark wurde durch den Erwerb des Herzogtums Holstein 1460 sowie der Grafschaften Oldenburg und Delmenhorst 1667 nicht nur Mitglied im Heiligen Römischen Reich Deutscher Nation, sondern eröffnete sich mit diesen Machtpositionen die Aussicht auf Herrschaft über die nördliche Nordsee. Allerdings wurde durch die Teilung der Herzogtümer Schleswig und Holstein 1544 in königliche und herzögliche Anteile die Stellung Dänemarks langfristig und bedrohlich geschwächt, weil der dadurch in den herzöglichen Gebieten entstehende Staat unter Regierung des Hauses Gottorp sich auf Kosten der dänischen Krone profilierte und im 17. Jahrhundert zum engsten Verbündeten Schwedens wurde.

Schweden hatte seit der Mitte des 16. Jahrhunderts die baltischen Provinzen (Ostkarelien, Ingermanland, Estland, Livland) gewonnen und erhielt im Westfälischen Frieden 1648 mit den Herzogtümern Pommern und Bremen-Verden sowie der Stadt Wismar ebenfalls die Mitgliedschaft im Reich mit der Option, von den Mündungen der Elbe und Weser aus am Kampf um die Nordsee teilzunehmen. Zusätzlich erweiterte Schweden sein Gebiet auf Kosten seines Nachbarn durch militärisch erzwungene Abtretung der Inseln Gotland und Ösel, der norwegischen Landschaften Jämtland und Härjedalen 1645 sowie Bohuslän und der dänischen Länder Halland, Blekinge und Schonen 1658. Damit hatten sich territorial wie machtpolitisch die Gewichte im Norden verschoben.

Das war kein Zufall, ebenso wenig eine notwendige Folge der landschaftlichen Unterschiede. Dänemark war Agrarland und exportierte hauptsächlich Getreide und Rinder. Mit der Hoheit über den Öresund und den Großen Belt – die Eingänge zur Ostsee – kontrollierte es den internationalen Ostseehandel und erhob den lukrativen Sundzoll. Norwegen zeigte sich wald- und fischreich, musste hingegen regelmäßig mit Getreide versorgt werden. Island gewann durch aufstrebenden Fisch- und Walfang an Bedeutung, blieb dabei ebenfalls auf Zufuhr von Getreide angewiesen. Schweden erzielte Agrarüberschüsse in der Viehwirtschaft, hatte ausgedehnte Wälder mit wachsendem Holzexport und verfügte über reiche Bodenschätze (Eisen, Kupfer, Silber), die es konsequent zum Aufbau einer leistungsfähigen Montan- und Rüstungsindustrie nutzte.

Die Dynastien

S eit der Wahl Christians I. 1448 besetzt das Haus Oldenburg den dänischen Thron; die Oldenburger waren zugleich Unionskönige: bis 1523 für Schweden, bis 1814 für Norwegen. Ihre Dynastie zeichnet sich durch ungewöhnliche Stabilität aus. Lediglich Christian II., von den Schweden mit dem Beinamen »Tyrann« versehen, war eine Ausnahme: Er wurde abgesetzt; seine politischen Fehler (unter anderem 82 politische Morde im Stockholmer Blutbad 1520) besiegelten Schwedens Abkehr von der Union. Seit 1523 regieren in Dänemark-Norwegen (ab 1814 nur Dänemark) Könige namens Friedrich und Christian in regelmäßigem Wechsel – bis zur 1972 gekrönten Königin Margarete II.; der Wechsel vom Wahl- zum Erbkönigtum 1660 brachte für die Dynastie keinen Einschnitt.

Bei den schwedischen Königen ging es viel dramatischer zu. Gustav I. Wasa, 1523 aus dem Adel zum König aufgestiegen, zeichnete

Gustav II. Adolf, König von Schweden, der das Land zur (vorübergehenden) Großmacht an der Ostsee aufbaute. Das Porträt stammt von Matthäus Merian dem Älteren, entstanden 1631/32 (Schloß Skokloster, Uppland). Links Christine, Königin von Schweden; die mehr wissenschaftlich und künstlerisch interessierte Königin dankte 1654 zugunsten ihres Vetters Karl X. Gustav aus dem Hause Pfalz-Zweibrücken ab.

sich durch besondere militärische wie politische Fähigkeiten aus. Nach ihm regierten drei seiner Söhne. Erich XIV. wurde 1568 wegen Unfähigkeit vom schwedischen Reichstag abgesetzt, der an seiner Stelle Johann III. wählte, obgleich seit 1544 das Erbkönigtum galt. Johanns Heirat mit der Jagiellonin Katharina von Polen eröffnete die Aussicht auf den Erwerb Polens; ihr katholischer Sohn Sigismund wurde 1587 polnischer, 1592 schwedischer König. Doch verspielte er die Chance zur Großmachtbildung durch seine Rekatholisierungspolitik in Schweden, die zu seiner Absetzung durch den Reichstag 1599 führte. Dieser wählte nun den jüngsten Sohn Gustavs I. Wasa zum Erbfürsten, 1604 als Karl IX. zum Erbkönig. Dessen Sohn, Gustav II. Adolf, führte Schweden mit bewunderten militärischen Erfolgen in den Kreis der europäischen Großmächte, doch fiel er auf dem Höhepunkt seiner Macht 1632 in der Schlacht von Lützen und hinterließ als Nachfolgerin seine unmündige Tochter Christine. Sie dankte 1654 zugunsten ihres Vetters Karl X. Gustav aus dem Hause Pfalz-Zweibrücken ab, konvertierte zum Katholizismus und begab sich nach Rom. Wenn Schweden trotz dynastischer Turbulenzen zur beherrschenden Macht im Norden aufsteigen konnte, Dänemark hingegen bei Stabilität im Königshaus in der Konkurrenz unterlag, dann sind die Gründe nicht nur in den politisch handelnden Personen, sondern auch in den inneren Strukturen beider Länder zu suchen.

Die Reformation in den skandinavischen Ländern

Dieser vergoldete Silberbecher ist wahrscheinlich ein Ehrengeschenk Gustavs I. Wasa an Martin Luther aus dem Jahr 1536 (Leipzig, Stadtgeschichtliches Museum).

Die Reformation bedeutete in dreierlei Hinsicht einen Modernisierungsschub: Die Verstaatlichung der Kirche (einschließlich Gerichtsbarkeit, Bildungswesen und Armenfürsorge) verbreiterte staatliche Aktivitäten. Die neue Kirche vermittelte in der Muttersprache kulturelle wie sprachliche Normen und förderte damit die Nationsbildung. Schließlich erweiterte die Säkularisierung des Kirchengutes den finanziellen Spielraum des Staates und führte zu einer Verwaltungsreform.

In Dänemark folgte die Reformation dem Muster der deutschen Territorialstaaten. Nach zögernden Anfängen einer Gemeindereformation in Malmö und Kopenhagen ließ Christian III. durch Reichstagsbeschluss 1536 die Fürstenreformation durchführen. Die Bischöfe wurden durch evangelische Superintendenten ersetzt, Klöster aufgelöst, das Kirchengut der Krone übertragen. Als Berater kam der Reformator Johannes Bugenhagen für ein Jahr in die Hauptstadt; die mit seiner Hilfe verfasste Kirchenordnung erging 1537; im gleichen Jahr nahm die Universität Kopenhagen den Lehrbetrieb wieder auf, nunmehr als Landesuniversität zur Ausbildung rechtgläubiger Pastoren und loyaler Staatsdiener. Eine dänische Bibel lag 1550 vor. Die neue Kirche vertrat einen patriarchalischen Royalismus; ihre Pastoren erfüllten neben der Seelsorge auch staatliche Verwaltungsaufgaben: Sie führten mit den Kirchenbüchern Personenstandsregister, hatten Gesetze wie Verordnungen von der Kanzel zu verkünden und bei Steuerveranlagungen mitzuwirken. Zudem waren sie für die Elementarbildung und die Armenfürsorge in ihren Kirchspielen zuständig. Die Träger dieser Staatskirche waren bürgerlich, sie bildeten einen wichtigen Teil des entstehenden Bildungsbürgertums.

Schweden ist eher dem englischen Modell der Reformation zuzurechnen, weil zunächst fiskalische Gründe überwogen, nicht theologische. Wegen drückender Schulden gegenüber Lübeck, die aus dem 1523 siegreich beendeten Unabhängigkeitskrieg stammten, ließ Gustav I. Wasa den Reichstag von Västerås 1527 die Einziehung der Kirchengüter beschließen. Zugleich wurde er Oberhaupt der Kirche, änderte aber wenig an ihrer Verfassung: Das Erzbistum Uppsala blieb ebenso bestehen wie die anderen Bistümer. 1536 wurde eine einheitliche Messe, 1540 eine Kirchenordnung eingeführt. Die schwedische Bibel erschien bereits 1541. Der neue Glaube war jedoch noch nicht gefestigt; 1571 wurde eine neue Kirchenordnung erlassen, 1593 die Augsburger Konfession der Lutheraner ausdrücklich bekräftigt. Die Universität Uppsala, unter Johann III. wegen theologischer Streitigkeiten geschlossen und unter Sigismund 1593 wieder eröffnet, erlebte unter Gustav II. Adolf einen steilen Aufstieg zu europäischem Rang. Die Pastoren der neuen Kirche entstammten, wie in Dänemark, dem Bürgertum und erfüllten sogar noch weiter gehende staatliche Funktionen als diese, indem sie seit dem 17. Jahrhundert auch an Musterungen von Rekruten teilnahmen, sozusagen als beste Kenner ihrer Gemeinde. Sie entwickelten sich rasch zu einer königstreuen Bürokratie.

Könige von Schweden 1523 bis 1660 (Haus Wasa, ab 1654 Pfalz-Zweibrücken):	
1523–60	Gustav I. Wasa
1560–68	Erich XIV.
1568–92	Johann III.
1592–99	Sigismund (1587–1632 auch König von Polen)
1599–1611	Karl IX.
1611–32	Gustav II. Adolf
1632–54	Christine
1654–60	Karl X. Gustav

Verfassung und Verwaltung

E rfolgreiche Teilnahme am europäischen Wettstreit der Mächte erforderte ganz erhebliche Ressourcen, die nur eine leistungsstarke Bevölkerung erbringen und eine rationale Organisation staatlicher Verwaltung mobilisieren konnten. Das erwies sich in der frühen Neuzeit sowohl in monarchischen wie parlamentarischen als auch gemischten Regierungssystemen als möglich, wofür Spanien, die Niederlande und England als Beispiele stehen mögen. Verfassung und Verwaltung in Dänemark und Schweden entstammten zwar einem ähnlichen Grundmuster im Mittelalter, entwickelten sich aber in der Neuzeit unterschiedlich, ja gegensätzlich. König, Reichstag aller Stände und hochadliger Reichsrat waren in beiden Ländern die Faktoren politischer Entscheidungsfindung.

Dänemark war bis zur Einführung des Absolutismus 1660 ein Wahlreich. Der Reichsrat wählte den König, der in einer Handfeste die Bedingungen seiner Wahl anzuerkennen hatte. Dem Reichstag verblieb nur die Funktion der Huldigung; darüber hinaus musste er in allen Grundsatzfragen des Landes – wie etwa bei der Konfession oder bei hohen Sondersteuern – einberufen und gehört werden. Dynastische wie politische Stabilität machten – durchaus auch im Interesse des konkurrierenden Reichsrates – den Reichstag in Dänemark

Christian IV., König von Dänemark und Norwegen. Ausschnitt aus einem Gemälde von Peter Isacsz, 1610.

Blick auf die im 13. Jahrhundert an der engsten Stelle des Öresunds entstandene Stadt Helsingør mit Schloss Kronborg (16. Jahrhundert). Die Dänen erhoben seit 1429 den Sundzoll, den fortan jedes den Sund passierende Schiff in Helsingør zu entrichten hatte. Er wurde erst 1857 abgeschafft.

Das Familienwappen der Wasa (Kopie). Zwei Putten halten jeweils in der einen Hand einen Olivenzweig, in der anderen das bekrönte Wasawappen mit der goldenen Getreidegarbe (schwedisch »vase«). Das Original des Wappens befindet sich am Heckspiegel des nach dem Herrscherhaus benannten Kriegsschiffs »Wasa«. Es sank 1628 bei seiner Jungfernfahrt im Stockholmer Hafen (Stockholm, Vasamuseet).

lange entbehrlich und verhinderten seine institutionelle Verfestigung: Er trat nach 1536 erst wieder 1570 (Finanzkrise nach dem Dreikronenkrieg) und 1627 (Finanzkrise im Dreißigjährigen Krieg) zusammen; zu Letzterem wurden die Bauern jedoch nicht mehr geladen. Hingegen sicherte sich der hochadlige Reichsrat ständige politische Mitbestimmung als oberstes Beratungsgremium des Königs und höchstes Gericht des Reiches. Mit seinem Alleinrecht auf die hohen Reichsämter (Hofmeister, Kanzler, Marschall, Admiral) behielt er maßgeblichen Einfluss auf die Zentralverwaltung. Als zentrale Behörden bestanden die Dänische Kanzlei (eine Art Innenministerium), die Deutsche Kanzlei (eine Art Außenministerium) und die Rentekammer (Vorläufer des Finanzministeriums). Die Lokalverwaltung in den Ämtern lag in den Händen des Adels. Christian III. unterwarf die adligen Amtsträger verschärfter Aufsicht, kürzte ihre Gehälter und zwang sie zu jährlicher schriftlicher Abrechnung über Einnahmen wie Ausgaben. Wenn sich die Einkünfte der Krone aus den Ämtern von 1533 bis 1574 verdreifachten, dann ist das zum einen auf die Gewinne aus der Reformation, zum anderen auf die Verwaltungsreform Christians III. zurückzuführen. Da der König zugleich den Sundzoll auf den wachsenden Ostseehandel kräftig anhob, gewann Dänemark im 16. Jahrhundert erweiterten finanziellen und damit politischen Handlungsspielraum.

Königswahlen hatten in Schweden den Reichstag entstehen und sich verfestigen lassen. Gustav I. Wasa erlangte 1544 durch Beschluss des Reichstages die Erblichkeit der Krone (bestätigt 1604 auch für die weibliche Nachfolge), sodass ein wesentliches Recht politischer Mitbestimmung entfiel. Doch erzwangen die dynastische Instabilität, Finanzkrisen und die Konfessionsfrage nach Gustav I. Wasa immer wieder die Einberufung des Reichstages, dem die vier Stände Geistlichkeit, Adel, Städte und Bauern mit Bergleuten angehörten. Der schwedische Frühparlamentarismus war so stark, dass er selbst eine Unterbrechung im Absolutismus des ausgehenden 17. Jahrhunderts überstehen und in der Freiheitszeit nach 1718 aktiviert werden konnte. Entsprechend schwächer – wiewohl keineswegs unbedeutend – war die Stellung des schwedischen Reichsrates. Er nahm ähnliche Funktionen wie in Dänemark wahr und besetzte ebenfalls die hohen Reichsämter: Kanzler, Drost, Marschall – später kamen der Admiral und der Schatzmeister hinzu.

Als Zentralbehörden gab es die Kanzlei mit einer eigenen Abteilung für deutsche und lateinische Korrespondenz (ein Innen- und zugleich Außenministerium), den Kriegsrat (eine Art Verteidigungsministerium), eine Rentekammer und eine Rechenkammer als Rechnungshof – institutioneller Ausdruck des strengen schwedischen Fiskalismus, den Gustav I. Wasa begründet hatte. Diese außerordentlich leistungsfähige Zentralverwaltung baute Gustav II. Adolf weiter aus. In der Lokalverwaltung, die sich ähnlich wie in Dänemark in Ämter und Vogteien gliederte, setzte mit Gustav I. Wasa eine grundlegende Reform ein, die den Adel verdrängte und durch bürgerliche Vögte ersetzte. Diese unterstanden strenger Kontrolle der Zentralverwaltung, hatten maximale Erträge zu erzielen und darüber jährlich schriftlich Rechnung zu legen. Stärker noch als in Dänemark gelang in Schweden eine Steigerung der Kroneinnahmen aus der lokalen Ebene, die ebenfalls auf Zugewinne durch die Reformation und auf die Verwaltungsreform zurückzuführen sind. Ergänzt durch steigende Einnahmen aus Staatshandel und Metallgewinnung wie -verarbeitung erweiterte auch Schweden seine finanziellen und politischen Optionen.

Symbolische Darstellung der schwedischen »monarchia mixta«, einer Mischform aus Erb- und Wahlmonarchie: zuunterst Bauernstand und Bergleute, symbolisiert durch Axt und andere Werkzeuge, darüber der Bürgerstand (Waage und Messlatte), dann die Geistlichkeit (Bibel und Kelch) und schließlich der Adel (Lanze und Schwert); obenauf liegt die Königskrone. Die Waage mit der Krone auf der einen Seite und den Emblemen der Stände auf der anderen sollte sich idealerweise im Gleichgewicht befinden. Rechts hängt vom Himmel an vier Kettengliedern das Königszepter herab, ein weiterer Hinweis auf die verfassungsmäßige Bindung der Krone an den Konsens der Stände. Grafik aus dem »Hortus Regius« von Schering Rosenhane dem Älteren (Stockholm, Kungliga Bibliotek).

Wirtschaftspolitik, Urbanisierung

Das frühneuzeitliche Bevölkerungswachstum in Mittel- und West- wie auch in Nordeuropa war Herausforderung und Chance zugleich. Denn die damit wachsenden Elementarbedürfnisse wie Nahrung, Kleidung, Wohnung bewirkten auf der einen Seite expandierenden Austausch von Rohstoffen, Agrarprodukten und Fertigwaren über kleine wie große Entfernungen, brachten jedoch auf der anderen Seite Probleme der Versorgung und Beschäftigung mit sich, wenn zunehmende Einwohnerzahl in Überbevölkerung umschlug, wie es von etwa 1540 bis zum Beginn des Dreißigjährigen Krieges der Fall war.

Dänemark und Norwegen konnten an den Gewinnen aus dem im 16. Jahrhundert wachsenden Bedarf an Agrarprodukten, Fisch und Holz teilhaben. Diese Exportgewinne kamen den Grundherren zugute – das waren in erster Linie der König und erst in zweiter Linie der Adel. Aktivitäten in Handel und Gewerbe konzentrierten sich in der Hauptstadt Kopenhagen, während die übrigen Städte meistens nicht über regionale Bedeutung hinauskamen. Frühmerkantilistische Wirtschaftsförderung begann erst unter Christian IV., der im Wesentlichen drei Ziele verfolgte: Urbanisierung, Aufbau von Manufakturen und Montanindustrie, Errichtung von Kolonien. Zahlreiche Stadtneugründungen sollten – wie die Erweiterung und Befestigung der Hauptstadt Kopenhagen – die militärische Sicherheit und nichtagrarischen Erwerb fördern; als wichtigste Beispiele sei auf Christianstad in Schweden (1614), Glückstadt an der Elbe (1616) und Christiansand in Norwegen (1641) verwiesen. In Norwegen hatte die Suche nach Bodenschätzen Erfolg, die Entdeckung von Silbererz 1624 führte zur Gründung der Bergstadt Kongsberg, wo später auch Eisen verarbeitet wurde. Textilmanufakturen entstanden mit staat-

Die Börse in Kopenhagen ließ Christian IV. 1619–40 zur Förderung des Handels erbauen. Das lang gestreckte, im Stil der niederländischen Renaissance gehaltene Gebäude bot Raum für eine Verkaufshalle, für Lagerräume sowie für Läden und Büros.

licher Hilfe in Kopenhagen seit 1605, 1620 sogar eine Seidenmanufaktur. Handelskompanien sollten den Fernhandel erweitern. Als berühmteste ist die dänische Ostindische Kompanie von 1616 zu nennen, die bereits 1618 eine erfolgreiche Expedition nach Indien und Ceylon durchführte. Die staatliche Wirtschaftsförderung wurde während der Kriege Christians IV. – 1611 bis 1613 gegen Schweden und 1625 bis 1629 gegen kaiserliche Truppen – unterbrochen, sodass die wirtschaftliche Modernisierung im Sinne der gezielten Ausweitung nichtagrarischer Aktivitäten in Ansätzen stecken blieb.

Seit dem Ende des 11. Jahrhunderts wird in Falun Kupfer abgebaut. Die Kupfergrube Falun (zeitgenössischer Stich) ist damit die älteste Industrieanlage Schwedens, die ununterbrochen bis heute betrieben wird. Bei der um 1280 gegründeten Grubengesellschaft handelt es sich um die älteste Aktiengesellschaft der Welt. Im 16. und 17. Jahrhundert war sie der größte Kupferproduzent der Welt und Falun die zweitgrößte Stadt Schwedens.

Die schwedische Wirtschaftsstruktur war vielfältiger als die dänische, die wirtschaftspolitischen Ziele jedoch ähnlich. Seit dem Mittelalter exportierte man auch Holz und Bergbauprodukte (Eisen, Kupfer). Eisen, eines der wichtigsten Exportprodukte, wurde als Halbfabrikat ausgeführt, bis im frühen 16. Jahrhundert die Weiterverarbeitung zu Stangeneisen in wassergetriebenen Hammerwerken aufkam. Stangeneisen war eine Art Stahl, der auf dem europäischen Markt hohe Preise erzielte. Gustav I. Wasa förderte den Bau von Hammerwerken und ließ auch eigene errichten. Besonderen Bergsegen bescherte dem König die 1510 entdeckte Silbergrube Sala. Steigende Preise auf dem europäischen Markt sowie verbesserte Bergbautechnik führten um 1570 zu einem bedeutenden Aufschwung in der Kupferproduktion. Im 17. Jahrhundert avancierte Schweden – mit niederländischer Hilfe – zu einem bedeutenden Rüstungsfabrikanten und schuf damit eine Voraussetzung für seine militärischen Erfolge.

Im Zusammenhang mit der Ausweitung der Aktivitäten in Handel und Gewerbe betrieb Schweden seit dem frühen 17. Jahrhundert eine konsequente Urbanisierungspolitik durch Neugründung von Städten. Als erfolgreiche Beispiele seien die Handelsstadt Göteborg (1603/19) und die Bergbaustadt Falun (1618) genannt, ebenso der repräsentative Ausbau der Hauptstadt Stockholm.

Ansicht Stockholms im 16. Jahrhundert. Links die Burg Tre Kronor (Drei Kronen), der Vorläuferbau des heutigen Schlosses; die Storkyrkan Sankt Nikolai in der Mitte trägt zu jener Zeit noch einen gotischen Turm. Kolorierter Kupferstich von Franz Hogenberg, um 1580.

Militärsystem, Außenpolitik

Im frühneuzeitlichen Europa entschieden zunehmend große Söldnerheere über das Kriegsglück. Dänemark setzte in seinen eher seltenen militärischen Konflikten auf dieses neue, aber enorm teure Instrument, während Schweden es möglichst mied und aus Kostengründen ein Verteidigungswerk mit einheimischen Rekruten aufbaute, das im 17. Jahrhundert im »Einteilungswerk« eine feste Form fand. Die Regimenter wurden nach Landschaften aufgestellt, indem die Dörfer Rekruten stellten und sie mit Kleinbauernstellen versorgten. Im Frieden verursachte dieses stehende Heer so gut wie keine Kosten, im Krieg wurde es von Schweden aus versorgt und wesentlich geringer besoldet als geworbene fremde Truppen. Zwar ließ die militärische Leistungskraft noch zu wünschen übrig, aber Gustav II. Adolf schaffte es, mit einer am niederländischen Vorbild orientierten Heeresreform diesen Nachteil auszugleichen. Das zugleich kostengünstige und krisenfeste schwedische Militärsystem war dem dänischen schließlich überlegen, wie der Ausgang ihres Konkurrenzkampfes um die Ostseeherrschaft zeigen sollte.

Hatten Christian III. und Gustav I. Wasa in der Grafenfehde 1533 bis 1536 den abgesetzten Unionskönig Christian II. noch gemeinsam abgewehrt, gerieten ihre Söhne im Kampf um den Gewinn baltischer Provinzen (1559 Ösel und Kurland dänisch, 1561 Estland und Reval schwedisch) in den Dreikronenkrieg (1563–70), den der Friede von Stettin unentschieden beendete. Schweden setzte seinen Kampf gegen Russland mit beachtlichen Gebietsgewinnen fort (1570–83, 1590–95, 1609–17). Dänemark hingegen hielt sich Jahrzehnte zurück und führte erst 1611 bis 1613, nach Konflikten um das nördliche Norwegen, den siegreichen Kalmarkrieg gegen Schweden. Hier bewährten sich die geworbenen Söldnertruppen Christians IV. gegenüber der Rekrutenarmee des jungen Gustav II. Adolf, und die Schweden abverlangte Kriegsentschädigung enthob den Sieger Dänemark aller Kosten. Doch sollte sich das Blatt wenden. Im Dreißigjährigen Krieg erlitt Christian IV. als Kreisobrist des Niedersächsischen Reichskreises 1625 bis 1629 mit Söldnertruppen empfindliche Niederlagen und musste im Frieden von Lübeck 1629 sein Ausscheiden aus dem Kampf um Norddeutschland besiegeln. Dagegen konnte Gustav II. Adolf das schwedische Heer nach gründlicher Reform 1621 bis 1629 erfolgreich gegen Polen führen; er trat 1630 seinen unerwarteten und bestaunten Siegeszug in Deutschland an. Er fiel bereits 1632, sodass die politische Umsetzung seiner militärischen Erfolge dem schwedischen Kanzler, Axel Oxenstierna, oblag. Seit 1635 mit Frankreich verbündet, behauptete sich Schweden im Dreißigjährigen Krieg und erlangte im Westfälischen Frieden 1648 beachtliche Landgewinne. Noch im Rahmen des großen Krieges überfiel die schwedische Armee unter General Lennart Torstenson 1643 Dänemark, verdrängte es aus Bremen und Verden und erzwang im Frieden von Brömsebro 1645 weitere Gebietsabtretungen. Schwedens Überlegenheit, gestärkt durch ein enges Bündnis mit Schleswig-Holstein-Gottorp, blieb unumkehrbar und gipfelte mit weiteren Gebietsgewinnen im 1. Nordischen Krieg (1655–60) in den Friedensschlüssen von Roskilde 1658 und Kopenhagen 1660. Dänemark war auf den zweiten Rang im Norden verwiesen. KERSTEN KRÜGER

Kriege Dänemarks und Schwedens 1563 bis 1660:

1563–70 Dreikronenkrieg (Dänemark-Schweden)
1570–83 Schwedisch-Russischer Krieg
1590–95 Schwedisch-Russischer Krieg
1609–17 Schwedisch-Russischer Krieg
1611–13 Kalmarkrieg (Dänemark-Schweden)
1621–29 Schwedisch-Polnischer Krieg
1625–29 Teilnahme Dänemarks am Dreißigjährigen Krieg
1630–48 Teilnahme Schwedens am Dreißigjährigen Krieg
1643–45 Torstensonkrieg (Schweden-Dänemark)
1655–60 1. Nordischer Krieg (1655–57 Schweden-Polen, 1657–58 und 1658–60 Schweden-Dänemark)

Den Tod des Schwedenkönigs Gustav II. Adolf in der Schlacht bei Lützen 1632 schildert der Ausschnitt des Gemäldes von Jan Martszen dem Jüngeren (datiert 1636). Den tödlichen Schuss gibt der kaiserliche Obristleutnant Moritz von Falkenberg ab, der wenig später selbst erschossen wird.

Ohnmächtiger Riese – Das Heilige Römische Reich Deutscher Nation (1495–1618)

Der Reichsritter Götz von Berlichingen (1480–1562) trug zahlreiche Fehden aus und führte u. a. 1525 kurzzeitig die aufständischen Bauern im Odenwald an. Mehrmals geächtet und eingekerkert, zog er sich schließlich zurück, um seine Memoiren zu schreiben. Der Stahlstich nach seinem Grabstein in der Klosterkirche Schöntal/Jagst zeigt ihn als frommen Beter.

Die Reformpläne des Reichsritters und Humanisten Ulrich von Hutten (1488–1523; rechts oben ein Holzschnitt um 1520 von Erhard Schön) sahen ein starkes, auf die Ritterschaft gestütztes Kaisertum in einem von der römischen Kirche unabhängigen Reich vor. Er scheiterte ebenso wie sein zeitweiliger Weggefährte, Franz von Sickingen (1481–1523), dessen Fehde u. a. gegen den Erzbischof von Trier sich zu einem Aufstand der südwestdeutschen Ritter ausweitete (rechts ein Holzschnitt um 1520 von Hieronymus Hopfer).

Ich glaube fürwahr« – so formulierte der aus Wendelstein bei Nürnberg stammende Theologe und Humanist Johannes Cochläus in seiner im Jahr 1512 in lateinischer Sprache publizierten »Kurzen Beschreibung Deutschlands« –, »dass kein Gebiet in Europa größeren Umfang einnimmt als Deutschland.« Er sah es im Süden bis nach Italien und Dalmatien reichen, im Osten an Ungarn und Polen grenzen, im Norden von Ost- und Nordsee eingeschlossen, im Westen vom »britischen Meer« und von Frankreich. Dieses ausgedehnte Heilige Römische Reich Deutscher Nation – wie es seit dem Ende des 15. Jahrhunderts hieß – lag im Zentrum Europas, hatte – außer im Norden – keine natürlichen Grenzen und war ein übernationales Gebilde mit einer höchst komplizierten Herrschaftsstruktur.

Diese Gegebenheiten hatte schon kein Geringerer als Niccolò Machiavelli, der sich im Jahr 1508 in diplomatischer Mission für seine Heimatstadt Florenz im Reich aufgehalten hatte, in seinem Bericht über den »Politischen Zustand Deutschlands« widersprüchlich beschrieben: »Die Macht Deutschlands ist groß, aber so, dass man sich ihrer nicht bedienen kann.« Einerseits empfahl der Politiker und Staatstheoretiker, dass »an der Macht Deutschlands ... niemand zweifeln« dürfe, da es »Überfluss an Menschen, Reichtümern und Waffen« habe. Andererseits sah er die große »Uneinigkeit der Fürsten und Städte«, deren Ursache »in dem vielfach entgegengesetzten Streben« liege, »das man in diesem Lande findet«.

Kaiser und Reich

In einem zentralen Bereich »staatlichen« Handelns lagen die Defizite offen zutage. Auf dem Wormser Reichstag 1495, dem ersten nach dem Regierungsantritt Maximilians I. (1493–1519), war es zwar zur Verkündung des »Ewigen Landfriedens« gekommen, aber es war ungeklärt, wie dieser im Heiligen Römischen Reich Deutscher Nation wiederhergestellt werden sollte, wenn es auf juristischem Wege über das eigens eingerichtete, ständig tagende Reichskammergericht als oberstes Reichsgericht nicht gelang, Landfriedensbruch zu bestrafen und zu beseitigen. Die zwischen Maximilian I. und den Reichsständen auf dem Wormser Reichstag ausgehandelte, umständlich »Handhabung Friedens und Rechtens« genannte Vereinbarung war keine umgehend anzuwendende Exekutionsordnung, sondern lediglich die Verpflichtung zur – mindestens – jährlichen Einberufung eines Reichstages, der die Angelegenheiten des Reiches beraten und entscheiden sollte. Sie wandte sich mehr dem Weg als dem Ziel der Wiederherstellung des Landfriedens zu und blieb wirkungslos, wie nicht nur die Aufstände von Reichsrittern wie Franz von Sickingen oder Götz von Berlichingen und die zahllosen Bauernrevolten bis zum Bauernkrieg von 1524/25 zeigen. Mit dem »Ewigen Landfrieden« von 1495, der Fehde und Eigenhilfe unter Strafe stellte, wurde dem Heiligen Römischen Reich Deutscher Nation gleichsam das alleinige Gewaltmonopol eingeräumt. Seine Anwendung aber wurde zum alles überlagernden politischen Thema im Reich und bestimmte die grundsätzliche Auseinandersetzung zwischen Römischem König bzw. Kaiser und den Reichsständen um eine mehr monarchisch-zentralistische oder eine mehr ständisch-föderalistische Ausgestaltung der Reichsverfassung. Reichsstände waren – neben Reichsstädten – mit Landbesitz, Herrschaftsgewalt, besonderen Rechten und Privilegien ausgestattete geistliche und weltliche Personen, die allein dem Kaiser unterworfen und keinem anderen Herrn verpflichtet waren. Bezeichnenderweise waren sie erstmals in Matrikeln und Reichskriegssteuer-Ordnungen zum Beispiel der Jahre 1422, 1427 oder 1471 aufgeführt. Darin wurden ihre Kaiser und Reich in Form von Truppen oder Geld zu erbringenden Leistungen im Zusammenhang der Abwehr der von den Hussiten und von den Türken ausgehenden Gefahren festgestellt.

Ein Holzschnitt des Augsburger Malers Hans Burgkmair (1510) zeigt den Leib des Reichsadlers als allegorisches Bild des Kaiserreiches im Zeichen des gekreuzigten Heilands. Das Gefieder bildet eine Auswahl von Wappenschilden der verschiedenen weltlichen, geistlichen und städtischen Herrschaften, unter denen die Kurfürsten zu oberst stehen.

Der Reichstag

Ausgetragen wurden diese verfassungspolitischen Auseinandersetzungen auf dem Reichstag, der sich in den beiden letzten Jahrzehnten des 15. Jahrhunderts aus den Hoftagen der Römischen Könige und Kaiser entwickelte. Auf ihm, der zwischen 1495 und 1653/54 mehr als 40-mal in unregelmäßigen Zeitabständen an verschiedenen Orten im Heiligen Römischen Reich Deutscher Nation zusammentrat, versammelten sich Römischer König und Kaiser und nahezu 400 höchst unterschiedliche Reichsstände. Nur wenn sich die in geistliche und weltliche Kurfürsten, geistliche und weltliche Reichsfürsten, Reichsprälaten, Reichsgrafen und Reichsstädte einzuteilenden Reichsstände und der Kaiser in reichsrechtlich verbindlichen Reichstagsabschieden über grundsätzliche oder aktuelle Fragen der Reichspolitik verständigt hatten, war das Reich als Ganzes handlungsfähig. Dies bedeutete ein Höchstmaß an reichsständischer Par-

Niccolò Machiavelli beschreibt in seinem Bericht über den »Politischen Zustand Deutschlands« die Auswirkungen des Mangels an Einigkeit im Reich König Maximilians I.:

Wer daher der Meinung ist, die Unternehmungen Deutschlands seien kräftig und könnten leicht gelingen, bedenkt zwar, dass es in Deutschland jetzt keinen Fürsten gibt, der sich den Plänen des Kaisers zu widersetzen vermöchte ...; aber er bedenkt nicht, dass es für einen Kaiser Hindernis genug ist, wenn ihm die Fürsten in der Ausführung seiner Pläne nicht beistehen. Wer nämlich nicht wagt, mit dem Krieg anzufangen, wagt nicht, ihm Hilfsvölker zu versagen; und wer sie ihm nicht zu versagen wagt, hat, wenn er sie versprochen hat, Mut genug, sie nicht zu schicken; und wer auch das nicht wagt, wagt doch, die Absendung so zu verzögern, dass sie zu spät kommen, um etwas zu nützen.

tizipation an der königlichen/kaiserlichen Herrschaft im Reich. Anders als die in den Jahren 1500 und 1521 den Römischen Königen Maximilian I. und Karl V. (1519–56) abgerungenen Reichsregimenter, die bereits 1502 bzw. 1530 ihre Arbeit einstellten, konnte sich der Reichstag als mitregierende Verfassungsinstitution behaupten und entwickelte sich ab 1663 von der nicht permanenten zur – in Regensburg ansässigen – immerwährenden obersten Reichsversammlung.

 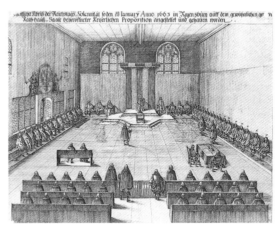

Die beiden Kupferstiche zeigen die Eröffnung des letzten Reichstages der alten Art als Versammlung der Reichsstände durch Kaiser Ferdinand III. (1653; links) und die Eröffnung des Regensburger Reichstags am 20. Januar 1663, der sich zum dauernd tagenden Gesandtenkongress entwickelte (rechts). Dort wurde der Kaiser durch einen Prinzipalkommissar vertreten.

König Karl V. verpflichtete sich in seiner Wahlkapitulation vom 3. Juli 1519 für sich und seine Nachkommen, das Heilige Römische Reich Deutscher Nation nicht in eine Erbmonarchie verwandeln zu wollen:

Und in sonderheit sollen und wellen Wir Uns auch keiner Succession oder Erbschaft des oft ernennten Römischen Reichs anmaßen ... oder darnach trachten ..., sondern Wir, dergleichen Unser Kinder, Erben und Nachkomen (wollen) die Churfürsten, ir Nachkomen und Erben zu jeglicher Zeit bei ierer freien Wael ... beleiben und ganz unbetrengt lassen.

Wahlmonarchie

Aber der ständestaatliche Charakter des Heiligen Römischen Reiches Deutscher Nation wurde nicht nur von jedem Reichstag durch seine Beratungen und Entscheidungen immer wieder neu hervorgehoben, sondern er war begründet in der Tatsache, dass dieses Reich eine Wahlmonarchie war. Die Goldene Bulle Kaiser Karls IV. von 1356 stellte das wichtigste, bis zum Ende des Alten Reiches im Jahre 1806 gültige Reichsgrundgesetz dar und beinhaltete zugleich seine Königswahlordnung. Nach ihr waren sieben Fürsten des Reiches, nämlich die Erzbischöfe von Mainz, Köln und Trier, der König von Böhmen, der Pfalzgraf bei Rhein, der Herzog von Sachsen und der Markgraf von Brandenburg, allein zur Wahl eines Römischen Königs berechtigt. Als reichsrechtlich bestimmte Kurfürsten hatten sie nach dem Tod eines regierenden Römischen Königs und Kaisers unter dem Vorsitz des Mainzer Erzbischofs, der zugleich Reichskanzler war, im Dom Sankt Bartholomäus zu Frankfurt am Main einen Nachfolger zu wählen und damit das Interregnum als königslose Zeit zu beenden.

Von der Wahl König Karls V. im Jahr 1519 an, der 1530 als letztes Oberhaupt des Heiligen Römischen Reiches in Bologna vom Papst zum Kaiser gekrönt wurde, hatte jeder Römische König eine Wahlkapitulation auszufertigen, einen zwischen Kurfürsten und König ausgehandelten, das Reich als Ständestaat kennzeichnenden Herrschaftsvertrag. In ihm musste der zukünftige Römische König den Kurfürsten immer wieder neu ihr freies Wahlrecht gemäß der Goldenen Bulle von 1356 bestätigen und sich verpflichten, das Heilige

Römische Reich nicht in eine Erbmonarchie verwandeln zu wollen. Insgesamt wurde in den Wahlkapitulationen der Römischen Könige und Kaiser bei jeder Wahl die politische Partizipation der korporativ handelnden Reichsstände festgeschrieben, um die monarchische Macht und Gewalt des Reichsoberhauptes zu beschränken. Die sehr unterschiedlichen Rechte und Privilegien der Reichsstände sowie die Territorialstruktur des Reiches waren in den Wahlkapitulationen ebenso zu bestätigen wie das reichsständische Mitspracherecht in allen Reichsangelegenheiten, insbesondere in Fragen der Außenpolitik, bei Abschlüssen von Bündnissen, Entscheidungen über Krieg und Frieden, Maßnahmen zur Wiederherstellung des Landfriedens und Erhebungen von Reichssteuern. Ohne Zustimmung der Kurfürsten durfte ein Römischer König noch nicht einmal einen Reichstag einberufen.

Die Kurfürsten als »Säulen des Reiches«

Überhaupt gewannen die Kurfürsten vom Ende des 15. Jahrhunderts an in dem Maße an Bedeutung, in dem sie sich ihrer gemeinschaftlichen Verantwortung für das Heilige Römische Reich als Ganzes bewusst wurden und sich – wie in der Goldenen Bulle von 1356 festgestellt – als »Säulen des Reiches« verstanden. Sie waren nicht nur in Kurvereinen (zum Beispiel von 1502/03, 1521, 1558) zusammengeschlossen, bildeten auf den Reichstagen von Anfang an einen eigenen Kurfürstenrat und versammelten sich zu Kurfürstentagen, die vor allem in der Zeit des Dreißigjährigen Krieges den nicht mehr handlungsfähigen Reichstag ersetzen konnten, sondern sie waren auch bereit, schon zu Lebzeiten eines Kaisers einen Römischen König zu seinem Nachfolger zu wählen, wenn es ihnen geboten erschien, das Reich nicht den Gefahren eines Interregnums auszusetzen. Dies geschah zum Beispiel in den innen- wie außenpolitisch unsicheren Zeiten der 2. Hälfte des 16. Jahrhunderts, als sie 1562 zu Lebzeiten Kaiser Ferdinands I. (1556/58–64) dessen Sohn Maximilian II. (1564–76) zum Römischen König wählten und 1575 zu dessen Lebzeiten dessen Sohn Rudolf II. (1576–1612). Nachdem sich Rudolf II. seinerseits bis kurz vor seinem Tod geweigert hatte, den Kurfürsten seine Einwilligung zu einer solchen Wahl zu geben, setzten sie gleichwohl einen Wahltag an und ließen sich von König Matthias (1612–19) im Jahr 1612 in der Wahlkapitulation reichsgrundgesetzlich bestätigen, dass sie das Recht hätten, auch ohne Zustimmung eines regierenden Kaisers zu dessen Lebzeiten *(vivente imperatore)* einen Nachfolger zu wählen, wenn sie eine solche Wahl im Interesse des Reiches für notwendig und nützlich erachteten. Auf

Ein zeitgenössischer Holzschnitt des Augsburger Künstlers Hans Tirol stellt die Belehnung des Herzogs August von Sachsen mit der Kurwürde (1566) dar. Die Zeremonie findet vor einer breiten Öffentlichkeit auf dem Augsburger Weinmarkt statt. Vor dem Portal des städtischen Tanzhauses nimmt Kaiser Maximilian II. den Lehnseid entgegen.

Kaiser Rudolf II. gehört zu den bis heute in seinem politischen – auch konfessionspolitischen – Handeln nur schwer einschätzbaren Kaisern, war aber ein besonders engagierter Förderer von Kunst und Wissenschaft. Der Prager Hofmaler Giuseppe Arcimboldo gestaltete die bizarre Allegorie auf das Wachsen des Landes unter dessen Regentschaft (Stockholm, Königliche Rüstkammer; rechts), in der das Kaiserbildnis erkennbar ist, wie der Vergleich mit dem von Hans von Aachen gemalten Porträt zeigt (Wien, Kunsthistorisches Museum).

Das Porträt Kaiser Ferdinands II. von dem flämischen Maler Justus Sustermans entstand um 1624 (Wien, Kunsthistorisches Museum).

dem Regensburger Kurfürstentag des Jahres 1630 lehnten sie einen entsprechenden Wunsch Kaiser Ferdinands II. (1619–37) zugunsten seines Sohnes Ferdinand III. (1637–57) ab, weil sie das Haus Habsburg nicht stärken wollten, aber 1636 schritten dieselben Kurfürsten dann doch zu seiner Römischen Königswahl *vivente imperatore*, weil sie das Heilige Römische Reich außenpolitisch nun nicht mehr nur von Schweden (seit 1630), sondern offen auch von Frankreich (seit 1635) gefährdet sahen. Neben den Reichstagen boten die Verhandlungen zu den individuellen Wahlkapitulationen den Kurfürsten immer wieder die Möglichkeit, den ständischen Charakter des Reiches zu betonen.

Um die Vormachtstellung in Europa

Ein so kompliziert zusammengesetztes »staatliches« Gebilde wie das Heilige Römische Reich Deutscher Nation war nur auf der Grundlage des über Kompromisse herbeigeführten Konsenses zwischen König bzw. Kaiser und Reichsständen politisch handlungsfähig. In unterschiedlicher Weise mussten das alle Kaiser von Maximilian I. an erfahren, der 1508 im Dom von Trient den Kaisertitel annahm. Seine Auseinandersetzungen mit Frankreich um die Vorherrschaft in Oberitalien, insbesondere um das Herzogtum Mailand, betrachteten die Reichsstände weniger als eine Reichsangelegenheit denn als Teil der dynastischen Politik des Hauses Habsburg; sie verweigerten ihm ihre Unterstützung. Ebenso musste sein Enkel und Nachfolger Karl V. seinen Kampf mit dem französischen König Franz I. um die Vormachtstellung in Europa in vier Kriegen ohne Unterstützung des Reiches führen. In einem fünften Krieg gegen Heinrich II. in den Jahren 1552/53 sah er sich sogar reichsständischen Verbündeten des französischen Königs gegenüber.

Das Reich und die Türken

Ganz anders verhielten sich die Reichsstände dagegen zunächst in der Frage der Abwehr der seit der 2. Hälfte des 15. Jahrhunderts immer bedrohlicher werdenden Türkengefahr, die mit der Belagerung Wiens im Jahr 1529 ihren ersten Höhepunkt erreichte. Ohne institutionell und organisatorisch darauf vorbereitet zu sein, sahen sie darin nicht nur einen Angriff auf das Reich, sondern auf die gesamte lateinisch-abendländische Christenheit, den es abzuwehren galt. Während Kaiser Karl V. vor allem in den 1530er-Jahren an einer maritimen Türkenfront im westlichen Mittelmeer zur Sicherung der Verbindungswege zwischen seinen iberischen und süditalienischen Herrschaftsbereichen aktiv wurde, hatte sein Bruder Ferdinand I., 1531 zum Römischen König *vivente imperatore* gewählt und gekrönt, die Kämpfe an einer kontinentalen Türkenfront östlich von Wien zu führen. Darin wurde er nach 1522 (in Kroatien) finanziell und militärisch von den Reichsständen unterstützt, die auf Reichstagen etwa für die Auseinandersetzungen der Jahre 1529, 1532 oder 1542 immer wieder

Nach der Unterwerfung Ungarns belagerten die Türken unter Süleiman I., dem Prächtigen, 1529 Wien, hier dargestellt in einer türkischen Buchmalerei von 1588 (Istanbul, Topkapı Sarail). Die Bedrohung des Reiches verschärfte sich trotz der erfolgreichen Abwehr der Osmanen durch ein Bündnis des Sultans mit dem französischen König Franz I.

Türkenhilfen bewilligten, auch noch für den Türkenfeldzug unter Kaiser Maximilian II. im Jahr 1566. Für den großen Türkenkrieg von 1592 bis 1606, den Kaiser Rudolf II. zu führen hatte, stellte das Reich allerdings nur noch Geld zur Verfügung und überließ dem Habsburger die Kriegführung. Dieses Verhalten entsprach dem grundsätzlichen Bekenntnis der Reichsstände zur Friedfertigkeit des Heiligen Römischen Reiches Deutscher Nation. Sie beteiligten sich am Kampf gegen die Türken nur so lange aktiv, wie sie ihn als eine innere Angelegenheit des Reiches zur Verteidigung des seinem besonderen Schutz anvertrauten Christentums verstanden. In dem Maße, in dem das Verständnis eines inneren Krieges dem eines äußeren wich, schwand die Bereitschaft, sich an einem »Staaten«-Krieg gegen die Türken zu beteiligen, ohne dass die von ihnen ausgehende Bedrohung negiert wurde. Anders als beim Haus Habsburg, das die ständige Bedrohung seiner österreichischen Besitzungen zum Anlass nahm, über die Intensivierung der Landesverteidigung seine Herrschaft im Sinne frühmoderner Staatsbildung auszubauen, fehlte beim ständestaatlichen Reich der Konsens dazu.

Landfriedenswahrung über die Reichskreise

N icht der Aufbau einer nach außen gerichteten Machtposition, sondern die Bewahrung des Landfriedens im Innern war das Hauptanliegen des Heiligen Römischen Reiches Deutscher Nation. Gerade weil es 1495 auf dem Wormser Reformreichstag nicht zur Verabschiedung einer in der Konsequenz der übrigen Beschlüsse liegenden Reichsexekutionsordnung gekommen war, wurde diese zu einem reichspolitischen Hauptthema des 16. Jahrhunderts. Bei ihrer Ausgestaltung spielte die Frage der Berücksichtigung monarchisch-zentralistischer und ständisch-föderalistischer Vorstellungen eine

KREISEINTEILUNG DES REICHES IM 16. JAHRHUNDERT

entscheidende Rolle; sie wurde in der 1555 auf dem Augsburger Reichstag verabschiedeten Reichsexekutionsordnung, die im Wesentlichen bis zum Ende des Alten Reiches gültig blieb, mehr im Sinne der Reichsstände als des Kaisers beantwortet. Grundlage war die auf dem Kölner Reichstag von 1512 beschlossene Einteilung des Reiches in zehn Reichskreise, die in der Tradition der mittelalterlichen Landfriedensbezirke standen: Schwäbischer, Fränkischer, Bayerischer, Oberrheinischer, Niederrheinisch-Westfälischer, Niedersächsischer, Obersächsischer, Kurrheinischer, Österreichischer und Burgundischer Reichskreis. Als regionale Zusammenschlüsse der Reichsstände (ohne Berücksichtigung Böhmens, der italienischen Reichslehen und der Gebiete der Reichsritterschaft) sollten sie nach ihrer endgültigen Konstituierung in den 1530er-Jahren die Hauptlast bei der Wiederherstellung des Landfriedens tragen, während sie bei der Bekämpfung von Bauern- und Ritteraufständen im ersten Jahrhundertviertel noch nicht funktionsfähig waren.

Ihre großen Bewährungsproben bestanden die Reichskreise u.a. bei der Zerstörung des Täuferreiches im westfälischen Münster (1534/35) und im Kampf gegen Markgraf Albrecht Alcibiades von Brandenburg-Kulmbach (1522–57), dessen landfriedensbrecherische Aktivitäten die Entstehung der Reichsexekutionsordnung von 1555 maßgeblich beförderten. Indem sie in einem abgestuften Verfahren, das von den Maßnahmen eines Reichskreises bis zum Zusammenwirken aller reichte, zu Exekutivorganen für das Reich wurden, erhielten sie als Friedenssicherer zugleich eine die Einheit fördernde Funktion und stellten als Bindeglied zwischen dem Reich als Ganzem und der ständisch-territorialen Ebene ein wichtiges föderatives Element dar. Landfriedenswahrung war primär eine reichsständische Angelegenheit, an der der Kaiser lediglich in seiner Eigenschaft als Erzherzog von Österreich oder Herzog von Burgund beteiligt war. Versuche, die Reichskreise im monarchischen Sinne zu instrumentalisieren, waren unter Maximilian I. und Ferdinand I. ebenso gescheitert wie die Bemühungen Karls V. von 1547, das Reich im Zuge der Organisation eines kaiserlichen Reichsbundes umzugestalten. Unübersehbar entsprach die Exekutionsordnung des Reiches seinem differenzierten und dadurch so komplizierten Gesamtgefüge, das keine vom Kaiser dominierte, nach innen wie nach außen anwendbare Kriegsverfassung erlaubte.

Mit der »Peinlichen Gerichtsordnung« Karls V. war 1532 das grundlegende deutsche Strafrechtsbuch erschienen. Da nach dem Rechtsverständnis der Zeit ein Indizienbeweis keine Gültigkeit hatte, musste oft das Geständnis des Angeklagten erzwungen werden. Die dazu nötigen Folterinstrumente, wie sie in der so genannten Fragstatt eingesetzt wurden, sind auf dem Titelblatt abgebildet.

Reichssteuern

So wie die Kaiser über keinerlei Reichsmilitär verfügten und damit – wollten sie nicht aus eigenen Kräften aktiv werden – in ihrer Handlungsfähigkeit von den Reichsständen abhängig waren, so war ihnen auch kein Rückgriff auf Reichsfinanzen möglich. Der vom

Wormser Reichstag des Jahres 1495 beschlossene »Gemeine Pfennig«
als eine jedem Untertanen im Reich auferlegte kombinierte Kopf-
und Vermögenssteuer konnte sich als
Reichssteuer nicht durchsetzen. Vielmehr
behauptete sich zur Finanzierung von
punktuell beschlossenen Reichsaktivitäten
wie Türkenhilfen oder Maßnahmen zur
Wiederherstellung des Landfriedens die
Steuererhebung aufgrund einer Reichsmatrikel. Maßgeblich für die gesamte
frühneuzeitliche Reichsgeschichte wurde
die 1521 vom Reichstag verabschiedete
Wormser Reichsmatrikel, in der sämtliche
Reichsstände mit ihren in unterschiedlicher Höhe zu erbringenden Leistungen
verzeichnet waren. Dies entsprach den sich
verfestigenden territorialen Herrschaftsstrukturen innerhalb des Reiches weitaus
mehr als eine Steuererhebung unter Umgehung der reichsständischen Gewalten, wie sie der »Gemeine Pfennig« vorsah. Dass das
Reich im Übrigen über keinerlei Institutionen zur Erhebung und
Verwaltung von Reichssteuern verfügte und zur Kontrolle der Einnahmen und Ausgaben von Matrikularbeiträgen lediglich das Amt
des Reichspfennigmeisters schuf, unterstreicht einmal mehr seine
rudimentäre staatliche Ausgestaltung.

Ein allegorischer Kupferstich des
17. Jahrhunderts setzt den Papst an die
Spitze der Ständeordnung im Reich, an
deren unterem Ende Bauer und Soldat
stehen und von der Kind und Narr
ausgeschlossen sind. Barocke
Vergänglichkeitssymbolik zeigt sich im
Auftreten des Todes, vor dem alle gleich
sind.

Die Reformation und die Einheit des Reiches

Z u den überaus bemerkenswerten Erkenntnissen der Reichsgeschichte gehört, dass das Heilige Römische Reich
Deutscher Nation in der von Martin Luther
ausgelösten Reformation und trotz der aus
ihr entwickelten unterschiedlichen reformatorischen Bestrebungen seine Einheit
bewahren konnte. Bei allen sich allmählich
entwickelnden und politisch wirksam werdenden Gegensätzen zwischen römisch-katholischen und lutherischen Reichsständen
zerbrach der Reichstag als wichtigste Verfassungsinstitution nicht. Das 1521 erlassene
reichsgesetzliche Wormser Edikt, mit dem
Luther in die Reichsacht erklärt wurde,
verfehlte seine Wirkung und wurde bereits 1526 auf einem Reichstag
zu Speyer weitgehend außer Kraft gesetzt. Die sich gegen eine Rücknahme dieser Entscheidung wendende Protestation evangelischer
Reichsstände (»Protestanten«) auf einem zweiten Speyerer Reichstag im Jahre 1529 verhinderte den angesichts der Türkengefahr für
1530 nach Augsburg einberufenen Reichstag nicht. Er wurde allerdings zu einem Markstein für den Prozess der Konfessionalisierung:

Der Reichstag von 1530, von einem
vermutlich fränkischen Maler des
späten 16. Jahrhunderts. Sechs
lutherische Fürsten und Vertreter
zweier Reichsstädte knien vor Kaiser
Karl V., der sächsische Kurfürst Johann
hält das Augsburger Bekenntnis in
Händen. Im Hintergrund findet ein
protestantischer Gottesdienst statt.

In Münster kamen 1534/35 die Täufer an die Macht. Ihr gewaltsames Regiment kennzeichneten Gemeinbesitz der Güter und Polygamie sowie Ablehnung aller kirchlichen und weltlichen Obrigkeit; der Anführer Johann Bockelson ließ sich als gottgesandter Prophet und König der Welt ausrufen (Stich von Heinrich Aldegrever). Nach der Rückeroberung der Stadt wurde der Münsteraner Bischof wieder in sein Amt eingesetzt, die Leichen der hingerichteten Täufer in Käfigen am Turm der Lamberti-Kirche zur Schau gestellt.

Der aus den Niederlanden stammende Petrus Canisius organisierte als führende Persönlichkeit u. a. der Ingolstädter Universität sowie als Provinzial der Jesuiten die »Gegenreformation« in Süddeutschland. Das Porträt von 1546 stellt ihn vermutlich als 25-Jährigen dar (München, Alte Pinakothek).

Der maßgeblich auf Philipp Melanchthon zurückgehenden lutherischen *Confessio Augustana* stellten die Anhänger der alten Kirche ihre als Widerlegungsschrift verstandene *Confutatio* entgegen, die aber nicht zu der von Kaiser Karl V. angestrebten Unterwerfung der Protestanten führte; außerdem legten die südwestdeutschen Reichsstädte Straßburg, Konstanz, Lindau und Memmingen mit der *Confessio tetrapolitana* ihre eigene Bekenntnisschrift vor, die zusammen mit dem Glaubensbekenntnis *Ratio Fidei* des Schweizer Reformators Ulrich Zwingli auf die Zersplitterung des Protestantismus verweist.

Die Wiederbelebung des Wormser Edikts vertiefte zwar die Kluft zwischen den Konfessionsparteien, zumal jeder Widerstand dagegen als Landfriedensbruch gelten sollte, führte aber ebenso wenig zur Handlungsunfähigkeit des Reiches wie der Zusammenschluss lutherischer Reichsstände unter der Führung des Kurfürsten von Sachsen und des Landgrafen von Hessen zum Schmalkaldischen Bund (1531). Angesichts der Türkengefahr kam es sogar zu einem ersten befristeten Religionsfrieden, dem Nürnberger »Anstand« (1532), der 1539 als Frankfurter »Anstand« unter Einbeziehung aller neuen Anhänger des Augsburger Bekenntnisses verlängert wurde. Und auch im Kampf gegen das Täuferreich von Münster fanden sich 1534/35 Katholiken und Protestanten zusammen. Mehrere Religionsgespräche vermochten es allerdings nicht, die theologischen Gegensätze zu überbrücken. Der schließlich unvermeidliche deutsche Religionskrieg, der Schmalkaldische Krieg von 1546/47, brachte Kaiser Karl V. und den Katholiken zwar einen militärischen Sieg, aber politisch widersetzten sich auch die altkirchlichen Reichsstände mit den Kurfürsten an der Spitze seinen Bestrebungen, die Monarchie im Reich zulasten der Reichsstände und ihrer »Libertät« zu stärken. Außerdem scheiterte er Anfang der 1550er-Jahre mit seinem Plan, seinen Sohn, den späteren spanischen König Philipp II., zum zweiten Römischen König *vivente imperatore* und damit zum Nachfolger Ferdinands I. – also auch zu Lebzeiten des Königs *(vivente rege)* – wählen zu lassen (»spanische Sukzession«).

Der Augsburger Religionsfriede und seine Folgen

Der durch den Passauer Vertrag (1552) vorbereitete Augsburger Religionsfriede von 1555 kam ohne Beteiligung des Kaisers zustande und war das Werk König Ferdinands I. sowie einer friedliebenden Generation katholischer und lutherischer Reichsfürsten. Mit ihm wurde reichsrechtlich auf Dauer das Nebeneinander beider Konfessionen – unter Ausschluss der auf Johannes Calvin zurückgehenden Reformierten – geregelt, ohne die Hoffnung auf einen theologischen Ausgleich zwischen ihnen aufzugeben. Er stellte also eine weltliche Friedensordnung dar, die den Weg in die Verrechtlichung von Konfessionskonflikten wies. Indem den Obrigkeiten – nicht den Untertanen im Sinne individueller Glaubensfreiheit – das Recht eingeräumt wurde, die Konfession frei zu wählen *(ius reformandi),* verlor das Reich die Religionshoheit an die Territorialstaaten, was der lutherische Kirchenrechtler Joachim Stephani zu Beginn des 17. Jahrhunderts in die Formel *cuius regio, eius religio* kleidete. Damit war ein enormer Schub für den Staatswerdungsprozess auf der Ebene der Territorien verbunden, während das Heilige Römische Reich Deutscher Nation als Ganzes zu konfessioneller Neutralität verpflichtet war und einmal mehr an dieser Entwicklung keinen Anteil hatte. Um den Preis der Stärkung der Landesherrschaft blieb die Einheit des Reiches erhalten.

Über die unterschiedliche Interpretation des Augsburger Religions- und Landfriedens kam es in den folgenden Jahrzehnten zu zahlreichen Konflikten. Auslöser dazu war vor allem der »Geistliche Vorbehalt« *(Reservatum ecclesiasticum),* wonach ein geistlicher Reichsfürst Land und Herrschaft, Rechte und Einkünfte verlor, wenn er zum Protestantismus übertrat. Damit sollte die Säkularisation geistlicher Fürstentümer verhindert und der katholische Besitzstand im Reich gesichert werden, was zum Beispiel im Kölner Krieg (1583–85) oder im Straßburger Kapitelstreit (1583–1604) auch gelang. Mit der unter Führung der Jesuiten vorangetriebenen Rekatholisierungsmaßnahmen nach Abschluss des Konzils von Trient (1545–63), mit der Schaffung eines einheitlichen Lehrbekenntnisses der lutherischen Orthodoxie (»Konkordienformel« von 1577) und mit der Ausdehnung der Lehre Calvins (u.a. Kurpfalz) verschärften sich die konfessionellen Auseinandersetzungen im Reich zu einer Zeit, in der in Frankreich die Hugenottenkriege tobten. Im Zusammenhang mit politischen Fragen führten sie über den Zusammenbruch der bis dahin bewährten Reichsjustiz an der Wende zum 17. Jahrhundert schließlich auch zur Lähmung des Reichstages (1613). Mit den

Im Erbfolgestreit um das Herzogtum Jülich-Kleve (1609–14) wurde nach dem Eingreifen der Niederlande, Englands und Frankreichs die Herrschaft zwischen dem katholisch gewordenen Wolfgang Wilhelm von Pfalz-Neuburg und dem zum Calvinismus übergetretenen Johann Sigismund von Brandenburg geteilt. Der Stich von Johann Ludwig Gottfried zeigt die Belagerung von Jülich (1610; links unten).

Zusammenschlüssen vorwiegend süddeutscher protestantischer Reichsstände in der »Union« (1608) unter kurpfälzischer Führung und katholischer Reichsstände unter der Führung Bayerns in der »Liga« (1609) formierten sich die Konfessionsparteien, die sich dann auch im Dreißigjährigen Krieg gegenüberstanden. In ihm war das Heilige Römische Reich Deutscher Nation freilich mehr Objekt als Subjekt des Geschehens, sein Raum – in Umfang und Intensität – Schauplatz bis dahin unbekannter kriegerischer Aktivitäten und unbekannten Leidens.

Ein Flugblatt des Jahres 1620 mahnt vor dem »geistlichen Raufhandel«, in den sich päpstliche, lutherische und reformierte Kirche verstrickt haben (symbolisiert durch die Hauptvertreter der Konfessionen), und stellt dem Religionsstreit die schlichte Einfalt der Herzensfrömmigkeit gegenüber.

Um Religion und Macht – Der Dreißigjährige Krieg

Fenstersturz mit Folgen

Nach erregtem Wortwechsel wirft eine Gruppe böhmischer Adliger die habsburgischen Statthalter aus dem Südwestfenster des Grünen Zimmers der Böhmischen Kanzlei im Prager Hradschin. Der in Frankfurt wirkende Baseler Kupferstecher Matthäus Merian der Ältere hat den Moment für das zeitgeschichtliche Monumentalwerk »Theatrum Europaeum« gestochen.

D as war kein Unglücksfall, kein zufälliges Ereignis, dass am 23. Mai 1618 mit Jaroslaw Graf von Martinitz und Wilhelm Graf von Slawata zwei der Statthalter des Königs von Böhmen aus den Fenstern der Prager Burg stürzten. Das war eine geplante Aktion der verbitterten nichtkatholischen Ständevertreter, die zwei der verhasstesten Repräsentanten des Hauses Habsburg traf, beide zugleich Anführer kompromissloser, streng gegenreformatorischer Katholiken und erklärte Feinde der Stände. Dass es auch den böhmischen Landtafelschreiber Philipp Fabricius erwischte, der 1623 sinnigerweise als Ritter von Hohenfall geadelt wurde, mag eher Zufall gewesen sein, eben so der glimpfliche Ausgang: Die drei Männer überlebten ihre Stürze durch weiche Landungen auf Misthaufen im Burggraben, auch wenn Martinitz in seiner Schilderung der Ereignisse die Gottesmutter Maria für seine Rettung in Anspruch nahm.

Fensterstürze sind in der Geschichte Böhmens nichts Seltenes. Hatte der vom 30. Juli 1419 das Signal zu den Hussitenkriegen gegeben, so markiert die 200 Jahre spätere Defenestration den Beginn des Dreißigjährigen Krieges. Stets waren sie Ausdruck des Widerstandes der Stände gegen die ihre Rechte verletzende monarchische Herrschaft, hoch brisant in der Verknüpfung mit spezifisch böhmischen konfessionellen Auseinandersetzungen. Die Schließungen protestantischer Gotteshäuser in Braunau an der Grenze zu Schlesien und in Klostergrab nahe der Grenze zum Kurfürstentum Sachsen waren als Verstöße gegen den Böhmischen Majestätsbrief des Römischen Kaisers und böhmischen Königs Rudolf II. von 1609 Anlässe für ständische Beschwerden. Sie bekamen sofort eine politische Dimension, als dessen Nachfolger Matthias sie mit seinem »Schweren Schreiben« vom 21. März 1618 als unbegründet zurückwies und nicht genehmigte Ständeversammlungen verbot. Diese protestanten- wie ständefeindliche Haltung eskalierte im Fenstersturz, Höhepunkt eines jahrhundertealten Kampfes um eine mehr ständische oder mehr monarchische Ausgestaltung des Königreiches Böhmen.

Von Anfang an ging es im Dreißigjährigen Krieg um Religion und um Macht, zunächst nur in Böhmen, dann im gesamten Heiligen Römischen Reich Deutscher Nation. Was mit dem Prager Fenstersturz begann, mündete in einen großen europäischen Krieg, der trotz seiner Unterbrechungen schon von den Zeitgenossen als Einheit erlebt und begriffen wurde. Bei den Friedensverhandlungen 1648 etwa war vom »uf die 30 jahr sich erstreckenden krieg« die Rede – so der bam-

Der fromme Katholik Wilhelm von Slawata gab ein Votivbild in Auftrag, das die wundersame Errettung der Opfer des Prager Fenstersturzes durch Engel und die Mutter Gottes darstellt. Es befindet sich bis heute in seinem Schloss in Teltsch (Mähren).

bergische Gesandte – und davon, dass »das arme Teutschland den kriegsschwall bereits 30 gantzer Jahr auff dem halß gehabt« habe – so der nürnbergische Vertreter.

Das ständische Programm

W as die böhmischen Aufständischen politisch wollten, berieten sie auf zahlreichen Versammlungen und legten sie endgültig in ihrer »Konföderationsakte« vom 31. Juli 1619 nieder. Diese gehört mit ihren 100 Paragraphen zu den ganz wenigen grundgesetzlichen Dokumenten der europäischen Geschichte, die detailliert Auskunft darüber geben, welche Vorstellungen Stände – im Gegensatz zu Monarchen – vom Staat hatten. Zwar hielten sie an der Staatsform der Monarchie fest, weil der Ständestaat des Monarchen als Legitimationsquelle der lehnsrechtlich mit ihm verbundenen Stände bedurfte, aber sie wollten einen Wahlmonarchen, der von ihnen abhängig war, gegen den sie ein Widerstandsrecht hatten und der in seinem gesamten staatlichen Handeln ihrer Kontrolle unterlag. In dem Maße, in dem er bei Personalentscheidungen in Regierung und Verwaltung, Justiz und Militär lediglich ein Bestätigungsrecht hatte, war ihm in allen Politikbereichen eigenständiges Handeln verwehrt. Ohne Beteiligung der Stände durfte er weder außenpolitisch aktiv werden, Krieg erklären oder Frieden schließen, noch Schulden machen oder in ständische Obliegenheiten eingreifen. Selbst seine Ratgeber sollte der böhmische König nicht frei auswählen können, schon gar keine Jesuiten, die für die Zustände im Königreich verantwortlich gemacht wurden. Mit der Einziehung ihrer Besitzungen und dem Verbot ihres Ordens sollte eine Begünstigung der Protestanten einhergehen, unter anderem auch in der Weise, dass für die Kronländer Mähren, Ober- und Niederlausitz Majestätsbriefe erlassen werden sollten, wie sie für Böhmen und Schlesien bereits 1609 ausgestellt worden waren. Die Böhmische Konföderationsakte wurde bis Mitte August 1619 von den Ständen aller Länder der »Krone Böhmens« unter Herausstellung ihrer jeweiligen besonderen Privilegien angenommen. Indem ihr am 16. August 1619 auch die Stände Ober- und Niederösterreichs beitraten, wurde nicht nur die Basis über Böhmen hinaus verbreitert, sondern auch der Angriff auf das Haus Habsburg verstärkt. Ferdinand II. wurde in der Konsequenz der Konföderationsakte schon am 19. August 1619 als König von Böhmen abgesetzt, als welcher er zwei Jahre zuvor, noch zu Lebzeiten Matthias', angenommen und gekrönt worden war. Bereits am 26. August 1619 folgte die Wahl des

Wir sind doch nunmehr ganz, ja mehr denn
ganz verheeret!
Der frechen Völker Schar, die rasende
Posaun,
Das vom Blut fette Schwert, die donnernde
Karthaun*
Hat allen Schweiß und Fleiß und Vorrat
aufgezehret.

Die Türme stehn in Glut, die Kirch ist
umgekehret,
Das Rathaus liegt im Graus, die Starken
sind zerhaun,
Die Jungfrau'n sind geschänd't, und wo wir
hin nur schaun,
Ist Feuer, Pest und Tod, der Herz und Geist
durchfähret.

Hier durch die Schanz und Stadt rinnt
allzeit frisches Blut;
Dreimal sinds schon sechs Jahr, als unsrer
Ströme Flut,
Von Leichen fast verstopft, sich langsam
fortgedrungen;

Doch schweig ich noch von dem, was ärger
als der Tod,
Was grimmer denn die Pest und Glut und
Hungersnot:
Dass auch der Seelen Schatz so vielen
abgezwungen.
*Karthaun ist ein schweres
Vorderladergeschütz.

Matthias, der Bruder Kaiser Rudolfs II., wirkte seit 1606 als Führungsfigur des Hauses Habsburg. Er löste seinen zunehmend regierungsunfähigen Bruder Schritt für Schritt ab und wurde nach dessen Tod auch im Reich sein Nachfolger. Das Porträt als Kaiser entstand 1614/15 in der Prager Malerschule (Berlin, Museum für Deutsche Geschichte).

calvinistischen Kurfürsten Friedrich V. von der Pfalz zum neuen König von Böhmen, der am 3. November 1619 zusammen mit seiner Gemahlin Elisabeth, der Tochter König Jakobs I. von England, an traditioneller Stelle im Prager Veitsdom gekrönt wurde. Die Dramatik dieser raschen Abfolge der Ereignisse wurde noch dadurch gesteigert, dass Ferdinand II. – seit dem 16. Mai 1618 auch König von Ungarn neben seinem Vetter Matthias – nicht nur nicht auf seine böhmischen Ansprüche verzichtete, sondern vielmehr die Wahl zum König und Kaiser des Heiligen Römischen Reiches Deutscher Nation anstrebte und am 28. August 1619, nur neun Tage nach seiner Prager Absetzung, in Frankfurt am Main erreichte. Und wenige Wochen später, im Münchner Vertrag vom 8. Oktober 1619, gelang dem Habsburger auf der Rückreise nach Wien der Schulterschluss mit dem wittelsbachischen Herzog Maximilian I. von Bayern, dem Oberhaupt des sich gerade erst wieder neu bildenden Bündnisses der katholischen »Liga« von 1609.

Während die katholische Seite sich Ende 1619 formierte und die »Liga« unter Johann Tserclaes Graf von Tilly ein Heer aufstellte, war es für den neuen Böhmenkönig weitaus schwerer, die Reihen der Protestanten zu schließen. In dem Maße, in dem Bündnisse mit dem türkischen Sultan oder dem Fürsten von Siebenbürgen nicht zustande kamen, militärische oder finanzielle Hilfen aus England, Dänemark, Schweden und den Niederlanden ausblieben, gerieten Friedrich V. und die böhmischen Aufständischen in die Isolation. Trotz traditioneller habsburgisch-bourbonischer Gegnerschaft konnte der protestantische Wittelsbacher vom Franzosenkönig Ludwig XIII. keine Unterstützung erwarten, da er mit Ferdinand II. einen legitimen Träger der Wenzelskrone verdrängt hatte. Und besonders schwer wog, dass sich die evangelischen Reichsstände mehrheitlich weigerten, Widerstand gegen den rechtmäßigen Römischen Kaiser Ferdinand II. zu üben. Die in sich gespaltene und kaum handlungsfähige protestantische »Union« ging ebenso auf Distanz zu ihrem Direktor, dem Kurfürsten von der Pfalz, dessen böhmisches Königtum sie nicht unterstützt hatte, wie der protestantische Kurfürst Johann Georg I. von Sachsen, der ihr nie beigetreten war und der an der herkömmlichen kaisertreuen Politik seines Landes festhielt.

Den »Winterkönig« Friedrich V., Kurfürst von der Pfalz, malte der Utrechter Maler Gerard Hermansz. van Honthorst um 1630 in der Zeit seines niederländischen Exils (oben). Ein um 1621 entstandener Kupferstich karikiert die Flucht Friedrichs, die ihn mit seiner Familie über Breslau, Berlin und Küstrin bis ins »Stockfischlandt« führte. Der böhmische Thron im Hintergrund mit vier Spielkarten verspottet ihn als »Kartenkönig«.

Die **Phasen** des Dreißigjährigen Krieges:

23. Mai 1618	Prager Fenstersturz
1618–20/23	Böhmischer Aufstand und Böhmisch-Pfälzischer Krieg
1625–29	Dänisch-Niedersächsischer Krieg
1630–35	Schwedischer Krieg
1635–48	Schwedisch-Französischer Krieg
24. Oktober 1648	Westfälischer Friede

Der Sieg der Monarchie

Das Ergebnis dieser ungleichen Konfrontation zwischen Katholiken und Protestanten war, dass Friedrich V. von der Pfalz nur einen Winter (1619/20) König von Böhmen war, zum »Winterkönig« wurde, denn in der Schlacht am Weißen Berg (8. November 1620) endete nicht nur der Böhmische Aufstand, sondern auch seine Herrschaft. Die schwere Niederlage eines in jeder Beziehung den vereinigten habsburgischen und ligistischen Truppen Tillys unterlegenen böhmischen Ständeheeres unter Christian I. von Anhalt-

Bernburg im Westen Prags bedeutete für den König Flucht und für seine Wähler den Verlust jeglicher politischer Zukunft, ihrer sozialen Stellung und ökonomischen Basis. Nach der Hinrichtung von 27 Anführern des Aufstandes am 21. Juni 1621 am Altstädter Ring in Prag verloren etwa 700 Adlige sowie 50 Städte ihren Besitz und mussten etwa 150 000 Menschen das Land verlassen.

Für Kaiser Ferdinand II. und die katholische Sache leitete der Sieg am Weißen Berg dagegen ein erfolgreiches Jahrzehnt ein. Bereits fünf Tage danach wurde der Habsburger wieder als rechtmäßiger König von Böhmen anerkannt und konnte die monarchische Position gegenüber der ständischen im Königreich Böhmen grundlegend stärken. Höhepunkt und Abschluss dieser Entwicklung war der Erlass der umfassenden »Verneuerten Landesordnung des Erbkönigreichs Böhmen« am 10. Mai 1627, mit der Ferdinand II. seine beinahe unumschränkte Machtstellung als König festschrieb. Sie drückte im Vergleich zur Konföderationsakte von 1619 genau gegenteilige Vorstellungen vom Staat aus, die nicht nur im folgenreichen Wechsel von der Wahl- zur Erbmonarchie ihren Ausdruck fanden.

Das Königreich Böhmen erlebte in den ersten Jahren des Dreißigjährigen Krieges den epocheprägenden, die Jahrhundertmitte übergreifenden Wechsel vom Ständestaat zum dynastischen Fürstenstaat, wie er sich mit zeitlichen Verzögerungen in vielen Staaten Europas vollzog und das Zeitalter des Absolutismus einleitete.

Die Schlacht am Weißen Berg 1620 mit der Silhouette von Prag im Hintergrund brachte der flämische Maler Peter Snayers im Auftrag der Habsburger auf die Leinwand. Der Blick folgt den vorrückenden Truppen der Liga, vor der Kutsche der Bayernherzog Maximilian und seine Begleiter zu Pferde (Paris, Louvre).

Vom Böhmischen Aufstand zum Krieg im Reich

Auch das Heilige Römische Reich Deutscher Nation hatte Anteil an dieser Entwicklung, ohne selbst zum absoluten Fürstenstaat mit einem Erbkaiser an der Spitze zu werden. Ferdinand II. festigte allerdings seine Stellung im Reich sukzessive. Die Eroberung Heidelbergs und Mannheims im Herbst 1622 durch Tilly brachte den Abschluss der zum Böhmisch-Pfälzischen Krieg ausgeweiteten Auseinandersetzungen. Mit der Residenz des inzwischen geächteten Kurfürsten Friedrich V. von der Pfalz fiel das geistige und politische Zentrum des deutschen Calvinismus. Die wenigen Parteigänger des flüchtigen »Winterkönigs« – Graf Ernst II. von Mansfeld, Markgraf Georg Friedrich von Baden-Durlach und Herzog Christian von Braunschweig, der »tolle Halberstädter«, weil er Administrator des Bistums Halberstadt war – vermochten es trotz eines Sieges über Tilly bei Wiesloch (1622) nicht, die Rheinpfalz vor den kaiserlich-ligistischen und den aus den südlichen Niederlanden kommenden spanischen Truppen zu schützen.

Das Bildnis des Herzogs von Braunschweig, Christians des Jüngeren, malte der Utrechter Paulus Moreelse 1619 während dessen Dienstzeit am Hof der Oranier in Holland. Als draufgängerischer und grausamer Söldnerführer berühmt geworden, zog er sich 1625 an den Hof seines Onkels Christian IV. von Dänemark zurück (Braunschweig, Herzog-Anton-Ulrich-Museum).

Der Abtransport der »Bibliotheca Palatina« aus der Heidelberger Heilig-Geist-Kirche als Geschenk des Bayernherzogs Maximilian an den Papst in Rom markierte den Erfolg der katholischen Seite. Der bayerische Wittelsbacher profitierte davon am meisten, denn der zur Dankbarkeit verpflichtete Kaiser musste ihm am 25. Februar 1623 auf einem Deputationstag zu Regensburg die Oberpfalz als Pfandbesitz überlassen sowie die pfälzische Kurwürde übertragen. Dies bedeutete einen gravierenden Verstoß gegen die Festlegungen der als unantastbar geltenden Goldenen Bulle von 1356, des wichtigsten Reichsgrundgesetzes. Trotz aller in- und ausländischen Kritik an der Handlungsweise des Kaisers blieb offener Widerstand – auch seitens der lutherischen Kurfürsten von Brandenburg und Sachsen – aus, was die gestärkte Position des Habsburgers unterstreicht.

Die um 1640 entstandene Bronzebüste des bayerischen Kurfürsten Maximilian I. steht in der Münchener Residenz. Auf dem anonymen Gemälde um 1624/25 kniet er zum Schwur vor dem Kaiser. Die Kurfürsten waren bis auf den Kölner und den Mainzer Erzbischof der rechtlich fragwürdigen Zeremonie aus Protest ferngeblieben, sind hier jedoch dargestellt (Kloster Scheyern in Oberbayern, Kapitelkirche).

Sie verbesserte sich im Dänisch-Niedersächsischen Krieg weiter, zu dem die Ereignisse der Jahre von 1625 bis 1629 zusammengefasst werden und in dem es zwar auch noch um Religion, aber immer stärker um Macht ging. Mit ihm wurde der Norden des Heiligen Römischen Reiches Deutscher Nation erfasst, wohin sich Mansfeld und der Halberstädter zurückgezogen hatten und wo es für die Katholiken darum ging, ihre Bastionen an Lippe und Ems nicht nur zu verteidigen, sondern zum Ausgangspunkt gegenreformatorischer Aktionen zu verstärken. Hier stellte sich dem erfolgreichen Tilly mit dem Dänenkönig Christian IV. ein ehrgeiziger Herrscher entgegen, der als Herzog von Holstein zugleich Reichsstand war und als frisch gewählter Oberst des Niedersächsischen Reichskreises vom Frühjahr 1625 an gegen die Rekatholisierung Norddeutschlands kämpfte. Allerdings bekam er es in Albrecht von Wallenstein mit einem kaiserlichen Heerführer zu tun, dem er nicht gewachsen war.

Wallensteins Einnahmen aus seinen Gütern beliefen sich auf mehr als eine halbe Million Gulden im Jahr. Landwirtschaft, Bierbrauerei, Handel, Bergbau trugen dazu bei, aber auch die Geldprägung als Landesherr. Ein Golddukat zeigt das Bildnis des Fürsten auf der Vorderseite, ein silberner Reichstaler sein Wappen auf der Rückseite, der Büffelkopf links oben weist auf das Herzogtum Mecklenburg hin (1629; Frankfurt am Main, Deutsche Bundesbank).

Wallenstein

Wallenstein stammte aus einer protestantischen, ursprünglich begüterten böhmischen Adelsfamilie und wurde nach seinem Übertritt zum Katholizismus infolge zweier günstiger Heiraten zu einem vermögenden Mann. Seine Besitzungen in Böhmen und

Mähren vergrößerte er im Zuge der Besitzumschichtungen nach der Schlacht am Weißen Berg erheblich und fasste sie zu einem Herrschaftskomplex, dem Herzogtum Friedland, zusammen. Von dort aus versorgte er seine Truppen mit Lebensmitteln und Kleidung, Waffen, Ausrüstung und Munition und machte den Krieg über Armeeaufträge zum Geschäft. Um seinen Finanzbedarf für die Kriegführung über Kredite zu decken und sein Vermögen zu vergrößern, arbeitete er sowohl mit dem calvinistischen Bankier Hans de Witte als auch mit dem jüdischen Finanzmann Jakob Bassevi, dem Vorsteher der jüdischen Gemeinde in Prag, eng zusammen. Im Übrigen hatten die Gebiete, durch die seine Armeen zogen und in denen sie kämpften, deren Versorgung nach dem Prinzip »Der Krieg ernährt den Krieg« sicherzustellen und durch hohe Kontributionsleistungen weiteren Finanzbedarf zu decken, der regelmäßige und vergleichsweise hohe Soldzahlungen ermöglichte. Insgesamt war Wallenstein in der Lage, einem Kriegsherrn voll funktionierende Armeen zur Verfügung zu stellen, gegen Rechnung eine Dienstleistung anzubieten, auf die der Herrscher mangels eines eigenen Heeres zurückzugreifen gezwungen war. Nur der militärisch und wirtschaftlich denkende Kriegsunternehmer konnte das Defizit eines verstaatlichten Militärwesens ausgleichen. Und da der Friedländer der herausragendste Vertreter dieses Unternehmertyps war, sicherte sich Kaiser Ferdinand II. im April 1625 seine Dienste. Wallenstein stellte in kürzester Zeit ein 24000-Mann-Heer auf, vergrößerte es noch 1625 um 40000 Söldner und im folgenden Jahr auf 100000 Mann. Mit den Erfolgen dieser Armee (etwa 1626 an der Elbbrücke bei Dessau) weitete Ferdinand II. die Befehlsgewalt Wallensteins über alle kaiserlichen Truppen aus und machte ihn nach den Besetzungen Jütlands, Mecklenburgs und Pommerns am 21. April 1628 zum »Generalissimus« und »General des Ozeanischen und Baltischen Meeres«. Zwar war die Eroberung Norddeutschlands auch Tillys Werk, unter anderem durch seinen Sieg bei Lutter am Barenberg 1626, aber Wallenstein wusste sie, trotz erfolgloser Belagerung Stralsunds 1628, besser für sich zu nutzen, sodass er schließlich vom Kaiser mit dem Herzogtum Mecklenburg belehnt wurde, damit ein zweites Territorium erhielt und zum misstrauisch beobachteten Reichsfürsten aufstieg.

Ein kriegsversehrter Landsknecht ist unter die Bettler geraten und hat sich die Jakobsmuschel der Pilger angesteckt. Die Holzstatuette geht auf einen Stich von Jacques Callot aus der Zeit des Dreißigjährigen Krieges zurück (Amsterdam, Rijksmuseum).

BEVÖLKERUNGSVERLUSTE IM DREISSIGJÄHRIGEN KRIEG

Steiler Aufstieg und tiefer Fall des Kaisers

Im Sog der Erfolge der »katholischen« Armeen erreichte Ferdinand II. den Höhepunkt seiner kaiserlichen Machtstellung Ende der 1620er-Jahre. Noch bevor der Dänisch-Niedersächsische Krieg im Mai 1629 mit dem Frieden von Lübeck beendet wurde, hatte der Kaiser in seinem »Restitutionsedikt« vom 6. März desselben Jahres seine konfessionspolitischen Ziele festgeschrieben: die Rückgewinnung der nach dem Passauer Vertrag von 1552 protestantisch gewordenen Reichsgebiete. Er legte den Augsburger Religionsfrieden von 1555 streng katholisch aus und drohte jedem die Reichsacht an, der sich dem aus eigener Machtvollkommenheit und ohne reichsständische Mitwirkung erlassenen »Restitutionsedikt« widersetzte. Seine Realisierung hätte einen Umsturz der seit den 1550er-Jahren zwei christliche Konfessionen anerkennenden Reichsverfassung zur Folge gehabt und barg die Gefahr einer so eindeutigen Stärkung des Kaisers, dass auch katholische Reichsstände um ihre »Libertät« fürchteten.

So zog Ferdinand II. Kritik auf sich, der sein Feldherr Wallenstein wegen seiner immer größer gewordenen militärischen Macht und seines gewachsenen politischen Einflusses schon länger ausgesetzt war. Für beide wurde der Regensburger Kurfürstentag des Jahres 1630 zum Desaster, auf dem der Kaiser angesichts der stärker werdenden außenpolitischen Bedrohungen das Heilige Römische Reich Deutscher Nation hinter sich einen wollte. Aber die Kurfürsten folgten ihm nicht und forderten unter der Führung des katholischen Herzogs Maximilian I. von Bayern die Entlassung Wallensteins. Ferdinand II. musste ihr – wie auch der Vereinigung der kaiserlichen Truppen mit dem Heer der Liga – ebenso zustimmen wie er hinnehmen musste, dass die Kurfürsten nicht bereit waren, seinen Sohn Ferdinand III. zu seinen Lebzeiten zum Römischen König und damit zu seinem Nachfolger zu wählen. Im Übrigen verpflichtete er sich, Kriegführung und Außenpolitik des Reiches wieder reichsständischer Kontrolle zu unterwerfen.

»Der Löwe aus Mitternacht« und das Ende der Helden

Im selben Augenblick, in dem die kaiserliche Macht entscheidend geschwächt wurde, landete der Schwedenkönig Gustav II. Adolf auf der Insel Usedom, um nach dem Krieg mit Polen (bis 1629) seine Herrschaft im gesamten Ostseeraum zu stabilisieren. Damit war der Dreißigjährige Krieg als »Schwedischer Krieg« (1630–35) endgültig zu einer europäischen Angelegenheit geworden. Auf diese Ausweitung hatten einerseits bereits die gegen den Kaiser gerichtete Haager

---

Die **Akteure** des Dreißigjährigen Krieges (Auswahl):

Katholische Seite

1578–1637	Ferdinand II., 1617 König von Böhmen, 1618 von Ungarn, 1619 Kaiser
1608–57	Ferdinand III., 1625 König von Ungarn, 1627 von Böhmen, 1636 Römischer König, 1637 Kaiser
1573–1651	Maximilian I. von Bayern, 1597 Herzog, 1623 Kurfürst; Oberhaupt der Liga
1559–1632	Johann Tserclaes Graf von Tilly, Feldherr
1583–1634	Albrecht Wenzel Eusebius von Wallenstein, 1625 Herzog von Friedland, 1629 von Mecklenburg, Feldherr

Protestantische Seite

1596–1632	Friedrich V. von der Pfalz, 1610–23 Kurfürst, als Friedrich I. 1619/20 König von Böhmen (Winterkönig)
1577–1648	Christian IV., 1588 König von Dänemark und Norwegen, Herzog von Schleswig und Holstein
1594–1632	Gustav II. Adolf, 1611 König von Schweden
1585–1656	Johann Georg I. von Sachsen, 1611 Kurfürst
1580–1626	Ernst II., Graf von Mansfeld, Söldnerführer
1573–1638	Georg Friedrich von Baden-Durlach, 1595–1622 Markgraf, bis 1634 Heerführer
1599–1626	Christian der Jüngere, Herzog von Braunschweig-Wolfenbüttel, Heerführer
1568–1630	Christian I. von Anhalt-Bernburg, 1603 Fürst, seit 1595 in kurpfälzischen Diensten (Oberpfalz), Heerführer
1604–39	Bernhard von Sachsen-Weimar, Herzog, Feldherr
1585–1642	Armand-Jean du Plessis, Herzog von Richelieu, französischer Staatsmann unter Ludwig XIII., Verbündeter Gustavs II. Adolf von Schweden

Allianz zwischen England, den niederländischen Generalstaaten und Dänemark von 1625 sowie die Aktivitäten König Christians IV. hingedeutet, andererseits die auch das Reich berührenden spanisch-niederländischen Auseinandersetzungen und ab 1628 das Eingreifen Ferdinands II. in den Mantuanischen Erbfolgestreit, in dem es um die Behauptung eines Reichslehens gegen Frankreich ging. Aber erst der Siegeszug Gustav Adolfs nach Süden machte das, was 1618 mit dem Prager Fenstersturz begonnen hatte, zu einem Ereignis der europäischen Geschichte, zumal von Kardinal Richelieu, dem Leiter der französischen Politik, bei aller finanziellen Unterstützung seit dem Bündnisvertrag von Bärwalde (1631) misstrauisch beobachtet.

Dem Erfolg der Schweden konnte nach kaiserlicher Überzeugung nur Wallenstein Einhalt gebieten. Unter dem Eindruck der schweren Niederlage Tillys bei Breitenfeld (nahe Leipzig) im September 1631 berief Ferdinand II. den großen Organisator zurück und stattete ihn in seiner offensichtlichen Not mit weitreichenden Vollmachten aus (Generalat *»in absolutissima forma«*). Zwar konnte Wallenstein nach Tillys Tod (infolge der Schlacht bei Rain am Lech, April 1632) Gustav Adolfs Einmarsch in München nicht verhindern, aber er erreichte nach manchen Rückschlägen Anfang November 1632 einen unentschiedenen Schlachtenausgang bei Lützen, wo der Schwedenkönig den Tod fand. Der große Sieg über die Schweden blieb dem Friedländer versagt, der im Übrigen angesichts seines Zauderns und Zögerns sowie seiner immer größer werdenden Passivität auch in Wien mit wachsendem Misstrauen beobachtet wurde. Die vernichtende Niederlage der Schweden unter Bernhard von Sachsen-Weimar bei Nördlingen am 6. September 1634 erlebte er nicht mehr: Des Verrats der kaiserlichen wie der katholischen Sache verdächtig, war er am 25. Februar 1634 in Eger ermordet worden.

Der Zwischenfriede von Prag

Angesichts der immer offensichtlicher werdenden Kriegsvorbereitungen Frankreichs, die im Mai 1635 in eine Kriegserklärung an Spanien und dann auch an den Kaiser mündeten, wuchs im Heiligen Römischen Reich Deutscher Nation die Bereitschaft zum Frieden. Kurfürst Johann Georg I. von Sachsen suchte ihn seitens der Protestanten ebenso wie Ferdinand II., um das Reich von ausländischen Truppen zu befreien und im Kampf um die Vorherrschaft in Europa nicht gänzlich zum Spielball der Mächte werden zu lassen. Im Prager Frieden vom 30. Mai 1635, dem später nahezu alle Reichsstände beitraten, gelang es vor allem, sich wieder über die ständestaatlichen Grundlagen der Reichsverfassung sowie die seit 1555 reichsrechtlich verbindliche Bikonfessionalität zu verständigen. Musste der Kaiser hinsichtlich der konfessionellen Besitzstände die Situation des Jahres 1627 akzeptieren und für 40 Jahre auf die Durchführung seines »Restitutionsediktes« von 1629 verzichten, so gewann er als nomineller Oberbefehlshaber einer zu bildenden Reichsarmee auf militärischem Gebiet größere, wenn auch von den Kurfürsten von Sachsen und Bayern eingeschränkte Handlungsfähigkeit. Wie

Das Porträt Wallensteins (auf der gegenüberliegenden Seite) von Christian Kaulfersch befindet sich auf Schloss Friedland, das nach dem Tode des Generalissimus der Familie wieder entzogen wurde.

Ein Stich von Lucas Schnitzer zeigt, wie das Haus des evangelischen Glaubens vom Drachen des Papsttums bedroht wird. Rettung naht jedoch vom »Löwen aus Mitternacht«, dem schwedischen Wappenlöwen, der zur See kommt. Der gallische Hahn am Mastkorb hält einen Geldbeutel, denn seit 1631 leistete Frankreich den Schweden Hilfszahlungen (Berlin, Kupferstichkabinett).

Aus dem Prager Frieden von 1635:

§ 65: Dann dieser Friede wird zu dem Ende gemacht / damit die werthe Teutsche Nation zu voriger Integritet, Tranquillitet, Libertet und Sicherung reducirt / und die Roem. Kays. Maj. und Dero hohes Erzhauß / auch alle Churfuersten und Staende des Reichs / so nicht davon ausgenommen / und sich dazu bekennen, ohne Unterschied der Catholischen Religion und Augspurgischen Confession zu dem ihrigen restituirt, und darbey erhalten werden. So lang und viel auch, biß dasselbige zu Werck gerichtet, soll nicht geruhet und gefeyert werden.

Ein Kriegsbericht von 1634 veranschaulicht die Leiden vor allem der ländlichen Bevölkerung, wenn sie in die Hände der Soldateska fiel:

Bald fielen die Schweden über den Rhein herüber und jagten die Kaiserlichen aus ihren Quartieren, bald jagten diese wieder jene hinaus. Dadurch wurde das ganze Land zwischen Rhein und Main verelendet, und kein Mensch durfte sich auf dem Lande blicken lassen, denn dann wurde ihm nachgejagt wie einem Wild. Fing man ihn, so wurde er unbarmherzig misshandelt, und damit er Geld, Vieh und Pferde verriete, ... geknebelt nackt an den heißen Ofen gebunden, aufgehängt ... oder mit Wasser und Jauche getränkt (der so genannte Schwedentrunk, weil von den Schweden zuerst angewandt), worauf man ihnen mit Füßen auf die dicken Bäuche sprang.

Den Westfälischen Frieden 1648 schloss der Kaiser in Münster mit dem französischen König, in Osnabrück mit der schwedischen Königin. Die Reichsstände schlossen sich durch Siegel und Unterschrift dem Vertrag an. Die hier gezeigte Vertragsurkunde wurde für den sächsischen Kurfürsten ausgefertigt (Dresden, Staatsarchiv).

eng man im Reich wieder zusammenrückte, belegt vor allen Dingen die Tatsache, dass dieselben Kurfürsten, die 1630 eine Wahl Ferdinands III. zum Römischen König abgelehnt hatten, diese 1636 – immer noch zu Lebzeiten seines Vaters Ferdinand II. – in Regensburg vornahmen, weil sie das Reich nicht den Unsicherheiten eines eigentlich vorgeschriebenen Interregnums aussetzen wollten.

Der in sich brüchige und nur schwer realisierbare Prager Frieden verhinderte allerdings nicht, dass das Reich im Schwedisch-Französischen Krieg (1635–48), der letzten Etappe des Dreißigjährigen Krieges, vornehmliches Schlachtfeld Europas blieb. Die französischen Feldzüge gegen Heere der Bayern und Spanier vor allem im Westen und Süden, die schwedischen im Norden des Reiches und in Böhmen gegen kurbrandenburgische, sächsische und kaiserliche Truppen führten über zahlreiche Schlachten zu Erschöpfung und Ermattung auf allen Seiten und schon zu Beginn der 1640er-Jahre zu Friedensinitiativen.

Friede für das Reich – Neuordnung für Europa

N och mitten im Krieg begannen 1644 in Münster und Osnabrück die Verhandlungen Kaiser Ferdinands III. und des Reiches mit den Franzosen einerseits und den Schweden andererseits, die am 24. Oktober 1648 in den Westfälischen Frieden mündeten. Abgeschlossen kurz nach dem ebenfalls in Münster ausgehandelten Frieden zwischen Spanien und den Vereinigten Niederlanden, schrieb er jene Ordnung für das Heilige Römische Reich Deutscher Nation und für Europa fest, die im Wesentlichen bis zur Wende vom 18. zum 19. Jahrhundert Bestand haben sollte. In ihren reichsverfassungsrechtlichen Bestimmungen bestätigten die Verträge von Münster und Osnabrück im Kern den Zustand der Zeit vor dem Dreißigjährigen Krieg, was sich schon darin andeutete, dass der Kaiser die maßgebliche Beteiligung der Reichsstände an den Verhandlungen in Westfalen nicht verhindern konnte. Anders als das Königreich Böhmen blieb das Reich ständestaatliche Wahlmonarchie und wurde nicht zum dynastischen Fürstenstaat. Abgesehen von der reichsrechtlichen Anerkennung der Reformierten war die Pflicht zur konfessionsparitätischen Besetzung der obersten Reichsinstitutionen neu, vor allem aber das Verbot politischer Entscheidungen durch konfessionelle Majorisierung. Dem hatten das Instrument der »Trennung nach Gruppen« (*itio in partes*) und als dessen Folge die Teilung der Reichsstände in ein *Corpus Evangelicorum* und ein *Corpus Catholicorum* als neue Gremien des Reichstages ebenso zu dienen wie die Verpflichtung zur »freundschaftlichen Vereinigung« (*amicabilis compositio*). Für den konfessionellen Besitzstand wurde 1624 als Normaljahr festgelegt, aber gegenüber dem Augsburger Religionsfrieden von 1555 das Recht der Territorialherren eingeschränkt, die Konfession ihrer Untertanen zu bestimmen. Dabei wurden Ausnahmen festgeschrieben, die insbesondere den Katholizismus im habsburgischen Herrschaftsbereich begünstigten. Mit der Einführung einer achten Kurwürde für die Rheinpfalz wurde deren Übergang 1623 an

DEUTSCHLAND NACH DEM DREISSIGJÄHRIGEN KRIEG

Die VEREINIGTEN NIEDERLANDE lösen sich vom Reich

DÄNEMARK

SCHWEDEN gewinnt Vorpommern und die Weser-Elbe-Mündung

Holstein

Nordsee

Mecklenburg

Lüneburg

Brandenburg

Osnabrück

Münster

Münster

Hessen

Sachsen

Schlesien

Preußen

POLEN

Reichsgrenze

habsburgische Besitzungen

spanische Linie

österreichische Linie

DEUTSCHLAND besteht aus über 300 Einzelstaaten

Böhmen

FRANKREICH rückt an den Rhein heran

Kurpfalz

Württemberg

Bayern

Wien

UNGARN

Budapest

Die SCHWEIZER EIDGENOSSENSCHAFT löst sich vom Reich

Salzburg

OSMANISCHES REICH

VENEDIG

0   200 km

Danklied für die Verkündigung des Friedens von Paul Gerhardt (1648):

Gott Lob! Nun ist erschollen
Das edle Fried- und Freudenwort,
Dass nunmehr ruhen sollen
Die Spieß und Schwerter und ihr Mord.
Wohlauf und nimm nun wieder
Dein Saitenspiel hervor,
O Deutschland, und sing Lieder
Im hohen vollen Chor.
Erhebe dein Gemüte
zu deinem Gott und sprich:
Herr, deine Gnad und Güte
Bleibt dennoch ewiglich!

Bayern bestätigt und die katholische Mehrheit im Kollegium der Kurfürsten gefestigt. Auch wenn die Reichsstände das Bündnisrecht untereinander und mit ausländischen Mächten erhielten, wurden sie damit nicht souverän, denn der Abschluss von Bündnissen durfte sich nicht gegen Kaiser und Reich richten, die in allen reichspolitischen Fragen zum Konsens verpflichtet blieben. Volle Souveränität erhielten nun allerdings die Schweizer Eidgenossenschaft und die Vereinigten Niederlande, die damit endgültig aus dem Reichsverband ausschieden. Indem Schweden erhebliche Landgewinne in Vorpommern und an den Flussmündungen in Norddeutschland zugesprochen bekam, wurde es im Unterschied zu Frankreich zugleich Reichsstand, denn dessen Erwerbungen, etwa im Elsass, gingen dem Reich auf Dauer verloren. In Münster und Osnabrück schlossen beide Königreiche zwar mit Kaiser und Reich Frieden und

Flugblätter verbreiteten 1648 die Nachricht vom Friedensschluss: Der Münsteraner Postillon reitet durch das Land und verkündet den Frieden, während Fama ihn mit der Posaune unterstützt und der Gott Hermes den Friedensbrief bringt. Aber an vielen Orten traute man dem Frieden erst mit Abzug der Soldaten.

wurden zu seinen Garantiemächten, ihre Auseinandersetzungen mit Spanien bzw. Polen fanden allerdings erst ein Jahrzehnt später ihren Abschluss: Mit dem Pyrenäenfrieden von 1659 löste Frankreich Spanien endgültig als europäische Hegemonialmacht ab, während Schweden gegenüber Polen im Frieden von Oliva 1660 seine Vormachtstellung im Ostseeraum behauptete. Erst da endete die Epoche des Dreißigjährigen Krieges im europäischen Kontext, an dessen Folgen das Heilige Römische Reich Deutscher Nation freilich noch länger zu leiden hatte. HELMUT NEUHAUS

Blutige Spur – Die Verfolgung der »Hexen« und »Zauberbuben«

»Weiße« und »schwarze« Magie

Zu »zaubern« – vor dem Siegeszug der Aufklärung im 18. Jahrhundert hielt das praktisch jedermann für möglich. Sogar die vormodernen intellektuellen Eliten bedienten sich bei ihrer Weltinterpretation, bei der Daseinsbewältigung der »Magie«, deren etwas vornehmere Spielarten Alchimie und Astrologie hießen. Jenes magische Weltbild war in zweifacher Hinsicht dualistisch. Es setzte, erstens, die stete Präsenz magischer Eigenschaften in den Dingen dieser Welt voraus und ebenso die Möglichkeit, mit Wesen einer anderen, einer Geister- und Dämonenwelt in Kontakt zu treten; wer um die diesseitigen magischen Mittel (Kräuter, Steine, Tierklauen), die ihnen angemessenen Rituale, ihre Wirkungen wusste und Zugang zu den Geistern des Jenseits hatte, war als Magier, Schamane, Druide, Yogi akzeptiert. Zweitens zerfielen die magischen Welten überall in eine gute und eine böse Sphäre, es gab »weiße Magie« und »schwarze«, magische Heilkünste standen gegen Schadenzauber (»Hexenschuss«). Die weltliche Obrigkeit verfolgte ausschließlich

Der vormoderne Alltag war von magischen Praktiken, Erklärungen, Befürchtungen geradezu durchtränkt. Wer glaubte, Opfer schwarzer Magie zu sein, versuchte sich selbst mit einfachen Formen der Gegenmagie zu schützen, oder er beauftragte jemanden, der als Experte auf diesem Gebiet galt – wozu die Kenntnis wundersamer Säfte und Salben gehörte, für die man auch Pflanzen aus den verbreiteten »Kräutergärtlein« verwandte. Links das Titelblatt des »Liber de cultura hortorum« des Walahfrid Strabo (9. Jahrhundert, Kloster Reichenau); rechts ein Ausschnitt aus dem Kräuterbuch »Liber herbarius unacum rationibus conficiendi medicamenta« von Rizzardo (Paris, Bibliothèque Bertoliana).

schwarze Magie, zum Beispiel zauberischen Erntediebstahl. Die antiken und mittelalterlichen Rechtskodifikationen enthalten entsprechende Strafvorschriften.

Zauberei im Bannkreis der Inquisition

Für die geistliche Rechtsprechung des europäischen Mittelalters wurden zwei interessante Tendenzen herausgearbeitet: Sie neigte dazu, weiße und schwarze Magie in eins zu setzen, Magie war für sie Teufelsanrufung, mithin Abfall vom Gottesreich, also grundschlecht. Und sie vermengte die Tatbestände Zauberei und Ketzerei. Damit geriet Zauberei ins Blickfeld der Inquisition, der im 13. Jahrhundert, im Zuge der Waldenser- und Albigenserverfolgung entstandenen, zunächst bischöflichen, dann päpstlichen Ketzerverfolgung, die sich bald behördlich ausformte. Für die Inquisitoren waren Zauberer Mitglieder einer Verschwörung gegen das Christentum, einer neuen Sekte, die den Teufel anbetete. Diese Sekte galt es mit

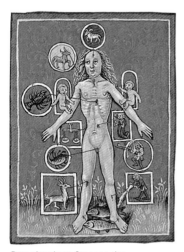

Den einzelnen Organen des »Tierkreiszeichenmannes« werden bestimmte Tierkreiszeichen zugeordnet (Miniatur; Zürich, Zentralbibliothek).

Stumpf und Stiel auszurotten – dass bald nicht mehr der einzelne (nachzuweisende) Schadensfall interessierte, sondern die ganze Sekte, war ein wichtiger Zwischenschritt hin zu den neuzeitlichen Verfolgungswellen mit ihren Massenexzessen.

Diese etikettieren wir heute gewöhnlich als »Hexenverfolgungen«. In der Tat wurde im Lauf des 15. Jahrhunderts für weibliche Angehörige der neu entdeckten »Teufelssekte« die Bezeichnung »Hexe« gebräuchlich, viele ältere Begriffe für unheimliche Wesen (wie »Furia«) wurden aufgesogen – nicht vollständig freilich: Gerichtsakten zu Prozessen, die wir heute den Hexenverfolgungen zurechnen, sprechen nicht selten etwa von der »Unholde«, und für männliche Opfer bediente man sich weiterhin älterer Ausdrücke wie »Zouberer« oder »Truttner«, auch dann, wenn man die Angeklagten, ganz im Sinn der Inquisitoren, als Mitglieder der Verderben bringenden Teufelssekte ansah. Dass es gegen jene Sekte ging, dass man den Teufelspakt unterstellte, nach den »Mitverschwörern« fahndete (Hexen und Hexer waren nie »Einzeltäter«!), das macht »Hexenverfolgungen« aus; angebliche magische Praktiken sind dafür nicht hinlänglich, von ihnen war ja der ganze frühneuzeitliche Alltag gewissermaßen durchtränkt, und es hat neben den neuartigen Hexen- auch die traditionellen Schadenzauberprozesse weiterhin gegeben. Nicht selten endeten sie mit eher milden Strafen, nie mündeten sie in Massenverfolgungen, lösten sie Massenhysterien aus. Die großen Wellen und Kampagnen, regelrechte Ausrottungsfeldzüge – das galt der »Verschwörung«, der Sekte, finsteren Machenschaften nicht eines einzelnen Menschen, sondern des Teufels.

Die Hexenlehre

Über die unheilvolle Teufelssekte glaubte man bald recht genau Bescheid zu wissen; noch im ausgehenden Mittelalter etablierte sich in der gelehrten Welt eine detailliert ausgearbeitete »Hexenlehre«. Wichtige Elemente des neu entdeckten *crimen exceptum* (Superverbrechen) oder *crimen atrocissimum* (des furchtbarsten aller Verbrechen) waren der Abfall zum Teufel (Teufelspakt), der zur Bekräftigung des neuen Bundes ein Zeichen auftrug oder einritzte (Hexenmal), ferner Geschlechtsverkehr mit dem Teufel (Teufelsbuhlschaft), sodann nächtliche Luftfahrten, Hexentänze und orgiastische Ausschweifungen (Hexensabbat). Die bekannteste, in vielen Auflagen verbreitete Anleitung zur Bekämpfung des Hexenunwesens, der »Malleus maleficarum« (Hexenhammer) von 1487, stammt aus der Feder zweier Inquisitoren. Der einfache Mann las derartige

In der Vorstellung des Mittelalters war der Teufel die Verkörperung der widergöttlichen Macht, des absolut Bösen. Er wurde in Tier- oder Menschengestalt dargestellt, letzteres häufig mit Hörnern, Vogelkrallen, Bocksbeinen, Hufen und Schwanz. Hier eine Darstellung aus einer nordfranzösischen Handschrift des 12. Jahrhunderts (Wolfenbüttel, Herzog-August-Bibliothek).

In bildlichen Darstellungen der Teufelsbuhlschaft tritt uns das gelehrte Konstrukt vom Teufelspakt besonders lebendig vor Augen. Die Verteufelung der Magie war ein wichtiger Schritt von den traditionellen Schadenzauberprozessen hin zu den neuzeitlichen Massenverfolgungen von »Hexen« (Holzschnitt um 1520).

Traktate freilich nicht, die alte volksmagische Gedankenwelt wurde durch die neue kirchliche Hexenlehre auch nicht wirklich umgestülpt; aber vielleicht haben Sickerprodukte des gelehrten Hexenbegriffs doch dazu beigetragen, dass man auch »unten«, im Dorf, für

Der Holzschnitt von Hans Baldung (1510, Dresden, Staatliches Kupferstich-kabinett; links) zeigt die »Hexe« – einer verbreiteten Typisierung gemäß – als wollüstige Frau, unbekleidet und mit aufgelöstem Haar. Der erstmals 1487 publizierte »Hexenhammer« (Titelblatt der Ausgabe Lyon, 1669; rechts) fasste die »Hexenlehre« des ausgehenden Mittelalters zusammen und gab Anregungen für die Prozesspraxis. Es existierten eine ganze Reihe derartiger lateinischer Traktate, sie verbreiteten das Konstrukt von der »Teufelssekte« in der gelehrten Welt.

vermeintliche Verschwörungen sensibilisiert wurde, dass man bald überall Schadenzauber witterte und sich zur Denunziation ermuntert sah.

Verfolgungswellen

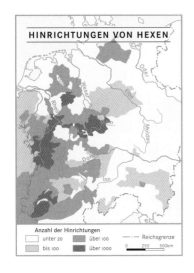

Wandern wir kurz über die europäische Landkarte und durch jene Jahrhunderte, die man heute spätmittelalterlich beziehungsweise frühneuzeitlich nennt. Erste Massenverfolgungen von »Zauberern« traten im 2. Viertel des 14. Jahrhunderts in Südfrankreich auf. Bis zum 15. Jahrhundert entstand eine zusammenhängende Verfolgungszone, die von Nordostspanien über Südfrankreich nach Burgund und hinauf bis zum Sankt Gotthard reichte. Die benachbarten italienisch- und deutschsprachigen Gebiete wurden berührt, aber nicht wirklich »infiziert«. Bis ungefähr 1480 blieben Hexenverfolgungen, etwas überspitzt ausgedrückt, eine französische Spezialität. Danach traten sie ihren Weg nach Norden an, durchs Heilige Römische Reich Deutscher Nation bis hinauf nach Dänemark, um scheinbar allmählich zu verebben.

Seit 1560 kam es zu einer (schon für manche Zeitgenossen) überraschenden Wiederbelebung des Verfolgungswahns, auch in den alten Kerngebieten, zudem und vor allem aber im Alten Reich. Die schlimmsten Exzesse, regelrechte Ausrottungskampagnen fanden in den Jahren 1626 bis 1630 statt, in Franken, im Rheinland. Danach gingen die Reichsfürsten und auch, viel zu wenig beachtet, der Reichshofrat ernsthafter gegen den Verfolgungswahn der Untertanen vor – nicht, weil die Obrigkeit etwa die Existenz von Hexen bezweifelt hätte, das tat damals praktisch niemand; doch traf es ihr zu viele Unschuldige, auch waren Hexenprozesse teuer. Einzelne »Hexen« und, vor allem, »Hexer« hat man weiterhin hingerichtet, große, ökonomisch wie moralisch verheerende Exzesse wurden selten. Als die Frühaufklärung nach 1700 begann, Hexerei grundsätzlich infrage zu stellen, waren Hexenprozesse längst selten geworden, Merkmale rückständig gebliebener Territorien. Schreckliche Einzelschicksale sah freilich auch noch das Jahrhundert der Aufklärung; die letzte Hinrichtung auf Reichsboden fand 1775 im Hochstift Kempten statt, die letzte Hexentötung überhaupt sieben Jahre später im Schweizer Kanton Glarus.

Die »Constitutio Criminalis Carolina«, zu deutsch »Peinliche Halsgerichtsordnung Karls V.« (Titelblatt des Erstdrucks von 1533) war Strafgesetzbuch und Strafprozessordnung in einem. Wie viele Strafgesetzbücher seit der Antike enthält sie Bestimmungen gegen Schadenzauber, aber die seit einigen Generationen ausgearbeitete »Hexenlehre« (Teufelspakt, Hexensabbat usw.) kennt sie nicht. Viele Territorien erließen daher, im Rahmen der ergänzenden Landesgesetzgebung, eigene »Hexenordnungen«.

Deutungsversuche

Warum hat man »Hexen« verfolgt? Die Wissenschaft vermag den einen, zündenden Grund nicht zu nennen, ja, sie ist bis heute kaum in der Lage, die Frage plausibel zu beantworten. Sicher kann man sich über so banale Sachverhalte wie den, dass Menschen Sündenböcke brauchen, besonders, wenn es ihnen schlecht geht, leicht verständigen. Das ist freilich derart allgemein gesprochen, dass es zum Beispiel auch Judenverfolgungen »erklären« kann; übrigens ist auch der Mythos von einer Verschwörung gegen »die Christenheit« beiden Verfolgungen gemein. Trotzdem waren doch Juden- und Hexenverfolgungen etwas je ganz Eigenes. Nicht, dass die Wissenschaft nicht alle möglichen Erklärungsversuche erprobt hätte. Es gab sogar so etwas wie »Moden«, die, rückschauend betrachtet, viel über den gerade etablierten Wissenschaftsbetrieb aussagen und wenig über die frühneuzeitlichen Verfolgungen. Am Beginn der seriösen »Hexenforschung« pflegte man das Phänomen theologiegeschichtlich zu behandeln, sah man auf lateinische Traktate, den gelehrten Hexenglauben. Aber ist damit der Verfolgungswunsch der einfachen Menschen vor Ort, der, wie man inzwischen weiß, fast immer auslösend und ausschlaggebend gewesen ist, wirklich zu erklären? Absurd, aber eine Zeit lang durchaus gängig der »geschlechtergeschichtliche« Ansatz: Ihm zufolge handelte es sich bei den Hexenprozessen um besonders schlimme Auswüchse von so genannten »Männerfantasien« oder gar um eine Kampagne zur Ausrottung von, wie man zu sagen pflegte,

Die als »Hexe« verbrannte Rebekka Lempin, Bürgerin der Reichsstadt Nördlingen, an ihren Mann Peter, 1590 (abgefangener Kassiber):

Mein auserwählter Schatz, soll ich mich so unschuldig von dir scheiden müssen, das sei Gott immer und ewig geklagt! Man nötigt eins, es muss eins ausreden (aussagen), man hat mich so gemartert, ich bin aber so unschuldig als Gott im Himmel. Wenn ich im Wenigsten ein Pünktlein um solche Sache wüsste, so wollte ich, dass mir Gott den Himmel versagte. O du herzlieber Schatz, wie geschieht meinem Herzen! O weh, o weh meine armen Waisen! (Gott) Vater, schick mir Etwas, dass ich sterb; ich muss sonst an der Marter verzagen. Kommst heut nicht, so tue es morgen. Schreib mir von Stund an. O Schatz, deiner unschuldigen Rebecka! Man nimmt mich dir mit Gewalt! Wie kanns doch Gott leiden! Wenn ich ein Unhold (Zauberer) bin, sei mir Gott nicht gnädig. O wie geschieht mir so unrecht. Warum will mich doch Gott nicht hören?

Die französische Buchmalerei aus dem 15. Jahrhundert (aus »Le champion des Dames« von Martin le Franc) zeigt Frauen bei der Luftfahrt mit dem Besen – ein Element des Volksglaubens, das in die gelehrte Hexendoktrin eingebaut wurde. Als Flughilfen kamen Windböen, Mistgabeln oder Dreizacke in Frage, Besenstiele waren besonders beliebt.

»weisen« Frauen. Nun wurden freilich immer auch Männer verurteilt und verbrannt! Die Hexe – das war beileibe nicht nur die alte, unansehnliche Frau. Bei den Salzburger »Zauberer-Jackl«-Prozessen im späten 17. Jahrhundert waren 70 Prozent der Opfer Männer und ebenfalls 70 Prozent jünger als 22 Jahre.

Viel Energie hat man gerade in jüngerer Zeit in den Versuch investiert, Hexenverfolgungen wirtschaftsgeschichtlich und klimatisch zu »erklären«, nachzuweisen, dass Verfolgungs- und Agrarkonjunkturen im Großen wie im Kleinen parallel verlaufen seien. Aber passt es wirklich zusammen, einerseits immer differenzierter aufzuzeigen, wie unterschiedlich Abfolge und Intensität der Verfolgungen in den einzelnen europäischen Regionen gewesen sind, um dann hinterher einen gemeineuropäischen »Rhythmus« zu konstruieren, der vom Klima abhänge? Und selbst wenn sich die »Fieberkurven« der Hexenverfolgung mit agrarischen Konjunkturkurven parallelisieren ließen, man hätte damit doch nur einen Anlass gewonnen, nicht die Ursache! Diese bleibt im Dunkeln.

Verbreitung und Umfang der Hexenverfolgungen

Das Bild eines unbekannten niederländischen Malers (Museum Leipzig) stellt einen »Liebeszauber« dar: Die junge Frau schlägt Feuer und lässt die Funken auf ein in einem Kästchen liegendes Herz fallen. Der Zauber scheint zu wirken. Die Angst vor einer als maßlos verteufelten weiblichen Sexualität und vor weiblichen Verführungskünsten kommt vielfach auch in Hexendarstellungen zum Ausdruck.

So muss man sich damit zufrieden geben zu bilanzieren, wo wer wann und wen verfolgt hat. Das Wo: »Hexen« wurden nur in christlichen Ländern verbrannt, nicht zum Beispiel im Osmanischen Reich. Kaum infiziert war auch der Nordosten Europas (Russland), wenig der Nordwesten – England zum Beispiel kannte wohl Schadenzauberprozesse, aber nicht die Vorstellung von der Teufelssekte mitsamt den entsprechenden Massenverfolgungen. Um in den Süden zu gehen: In Zentral- und Südspanien jagte man Muslime, Juden, Ketzer und Protestanten, nicht aber Hexen; Mittelitalien mit dem Kirchenstaat kannte nur Einzelprozesse, Oberitalien beruhigte sich im 16. Jahrhundert. Die schlimmsten Exzesse sahen im späten Mittelalter Frankreich und in der frühen Neuzeit das Heilige Römische Reich Deutscher Nation, sehr schlimm ging es auch in der Westschweiz zu. Die Einfallspforte ins Reich lag im Südwesten, und dort war es auch am kleinräumigsten organisiert. Die territorialen Schütterzonen im Rheinland, im Saarland, im Schwäbischen und Fränkischen haben wohl, auf die jeweilige Einwohnerschaft gerechnet, den höchsten Blutzoll entrichtet – offenbar konnten sich die Regenten dieser Kleinterritorien Verfolgungswünschen ihrer Untertanen weniger erfolgreich widersetzen als die Regierungen größerer Flächenstaaten, Fürstbischöfe waren zudem, wenn es um die Ausrottung der angeblichen Hexensekte ging, leicht bei ihren christlichen Amtspflichten zu packen.

Man schätzt, dass im Reich 15000 bis 20000 Hexen hingerichtet oder verbrannt worden sind. Wie viele »Hexen« und »Hexenmeister« hat man in Europa insgesamt getötet? Es ist schwer abzuschätzen; addiert man unsichere regionale Zahlen zusammen, muss die Gesamtsumme noch unsicherer sein. Seit man den Gang in die Archive angetreten hat und sich sein Bild von den Hexenverfolgungen nicht mehr aus den Traktaten der wenigen Verfolgungsgegner des 17., der Aufklärer des 18. Jahrhunderts zusammenschustert, werden die Zahlen immer wieder nach unten korrigiert. Wahrscheinlich wurden in Europa nicht, wie es früher hieß, Millionen, sondern deutlich weniger als hunderttausend »Hexen« hingerichtet oder verbrannt.

Täter und Opfer

Wer hat Hexen verfolgt? Das »eigentliche Kraftzentrum« (Walter Rummel) der Hexenprozesse waren oft genug die »dörflichen Hexenjäger«. Der Verfolgungswunsch entstand und organisierte sich vor Ort, freilich, ohne Mitwirkung und vielfaches Gewährenlassen der Obrigkeit ließ sich niemand zu Tode bringen. Wie weit die Obrigkeit mitmachte, gewähren ließ, das entschied darüber, ob einzelne Übergriffe zu Verfolgungswellen – und wann diese gebrochen wurden.

Wen hat es getroffen? Alter, sozialer Status und Geschlecht der Opfer waren regional wie zeitlich sehr verschieden. Begann die vor allem in Südostdeutschland verheerende Verfolgungswelle um 1590 mit einem Frauenanteil von über 90 Prozent, traf es später viel häufiger Männer, manchmal offenbar sogar mehr Männer als Frauen. Außerdem wurden die Opfer im Spätstadium der europäischen Hexenverfolgungen immer jünger. Gab es besonders betroffene Berufsgruppen? An sich ließ sich der Hexereivorwurf leicht konstruieren, so einer mit Nahrungsmitteln zu tun hatte (Vergiftung!; also Gastwirte, Metzger, Bäcker) oder aber im Dunstkreis der volksmagischen Vorstellungen wirkte (Hebamme, Apotheker); aber für manche Regionen wurde nachgewiesen, dass es ausgerechnet jene Berufsgruppen sogar weniger als andere traf! Sicherer lässt sich so etwas wie eine »soziale Kurve« für große Verfolgungswellen zeichnen. Liefen neue Verfolgungen an, traf es in der Regel zunächst die Allerärmsten, Spitalinsassen, Waisenkinder, Viehhirten. Sie konnten sich schlecht wehren, waren oft arg- und ahnungslos, bezichtigten sich auch manchmal selber, noch ehe man sie gefoltert hätte. Im weiteren Verlauf der Verfolgung gerieten dann auch die Mittel-, bisweilen sogar die Oberschichten ins Visier der Hexenjäger. Lange währte jenes Spätstadium in aller Regel nicht, denn Angehörige der Oberschichten konnten sich besser artikulieren und wehren, sie setzten die jeweiligen Regierungen massiv unter Druck, verlangten erfolgreich, dass dem Unwesen ein Ende bereitet werde, auch wenn das, man muss es objektiv konstatieren, oft genug unpopulär war.

Die Miniatur aus der Handschrift eines Pflanzenbuches (Mitte 13. Jahrhundert; Wien, Österreichische Nationalbibliothek) zeigt Geburtshilfe leistende Frauen, die Koriander einsetzen, um die Entbindung zu beschleunigen. Häufig wurde das Wissen der Hebammen in Verbindung mit magischen Kräften gebracht.

Bisweilen beantragten Opfer von Hexenprozessen, ihre Unschuld durch die »Wasserprobe« beweisen zu dürfen; ihr liegt die Überzeugung zugrunde, dass »Hexen« nicht untergingen. Obrigkeit und Justiz standen der Wasserprobe ablehnend gegenüber, ihrer Auffassung nach offenbarte sich Wahrheit nicht zuverlässig in Ritus und »Gottesurteil«, sie war vom Richter – auch mittels Folter – ans Tageslicht zu bringen.

Der Stand der Forschung erlaubt es mittlerweile, drei »Faustregeln« herauszudestillieren; überpointiert und stark vergröbernd formuliert: Verfolgungswellen begannen mit ärmeren älteren Frauen und endeten beim reichen Mann; je radikaler die Verfolgungen ins Werk gesetzt wurden, desto stärker gerieten die Oberschichten ins Visier der Hexenjäger; im Spätstadium der europäischen Hexenverfolgungen trat an die Stelle der »alten Hexe« der »Zauberbube«.

Zum Teil lassen sich diese Faustregeln sicher mit Besonderheiten der Folter erklären, jener Folter, die man zu Recht als »die Seele des Hexenprozesses« (Wolfgang Behringer) bezeichnet hat. Als Hexe verbrannt wurde nur, wer zuerst denunziert wurde und dann unter der Folter »gestand«. Weil man in der Spätphase der europäischen Hexenverfolgungen, seit 1660, 1680, Denunziation und Folter gegenüber (endlich) misstrauisch geworden ist, ging man nun fast nur noch gegen Personen vor, die von sich aus allerlei zusammenfantasierten, ungefoltert angaben, sie seien Zauberer – »Verrückte« und, vor allem, Kinder!

Die Folter im Hexenprozess

Und solange die Folter noch ganz im Zentrum des Hexenprozesses gestanden hatte? Wir müssen es kurz betrachten, jenes peinigende Treiben, um die Hexenprozesse wirklich verstehen zu können. Zu foltern war in der frühen Neuzeit normaler Bestandteil

Die von frühneuzeitlichen Gerichten ausgesprochenen Strafen (links, Holzschnitt von Hans Burgkmair dem Älteren; im Hintergrund) erscheinen uns heute oft grausam. Keine Strafe, sondern Mittel der Beweiserhebung in einer Zeit, die noch keine Fingerabdrücke kannte, war die Folter (rechts, aus der »Schau-Bühne der Märtyrer« von Jan Luyken, um 1700): Man setzte die Beschuldigten Torturen aus, von denen man annahm, dass sie nur im Gefühl völliger Unschuld zu überstehen seien.

der Strafprozessordnung. Auch Diebe und Ehebrecher wurden gefoltert. Aber es galten für jene Folter strenge Regeln – ausreichende Verdachtsmomente, keine mehrfache Tortur; Ziel waren Geständnis oder aber, gleichberechtigt daneben stehend, Reinigung vom Verdacht, der Scharfrichter konnte nicht einfach so lange weiterfoltern, bis er sein Geständnis endlich herausgepresst hatte.

Für das vermeintliche Überverbrechen der Hexerei freilich konstruierten sich viele Hexenjäger ein Notstandsrecht zusammen, man ersann immer neue Torturen, legte also nicht nur die »normalen« Daumenschrauben an, sondern beträufelte die Opfer mit brennendem Pech, brach ihnen die Arme aus den Gelenken, am schlimmsten war das *tormentum vigilarium,* permanenter Schlafentzug über Dutzende von Stunden hinweg. Nicht selten überwachten jenen Schlafentzug in der Folterkammer übrigens die dörflichen Hexenjäger selbst, Nachbarn, frühere Freunde gar, während sich die Verwandten des armen Opfers, Mutter, Gatte gegenseitig darin überboten, das

Ein erschröckliche geschicht / so zu Derneburg in der Graffschafft Reinstepn am Hartz gelegen / von dreyen Zauberin / vnnd zwapen Mannen / Jst etlichen tagen des Monats Octobris Jm 1555. Jare ergangen ist.

Gestandnis anzumahnen, man habe doch schon immer gewusst, dass da etwas nicht in Ordnung sei ... Irgendwann brach das Opfer zusammen. Mit letzter Kraft hauchte es sein »Geständnis« heraus.

Freilich, die Pein hatte erst ihr Ende, wenn die Komplizen jener Verschwörung wider die Christenheit, wenn die anderen Sektenmitglieder benannt waren! Die Hexenjäger bekamen so ihre Opferlisten zusammen, die Benennung der vermeintlichen Komplizen war das eigentlich expansive Element, das aus Einzelprozessen Verfolgungswellen werden ließ. Natürlich hatte das Opfer nicht am »Hexensabbat« teilgenommen; von einigen wenigen Geisteskranken abgesehen, sind diese Menschen ja alle im Bewusstsein ihrer Unschuld gestorben! Wen also benennen? Viele wollten sozial höher Gestellte beim Hexensabbat gesehen haben. Da mag Rache im Spiel gewesen sein, man war ja auch gar nicht mehr recht Herr seiner Sinne. Aber sozial höher Gestellte als Teufelsanbeter zu »entlarven«, das konnte vielleicht sogar dem ganzen Spuk ein Ende bereiten. Man hatte selber nichts mehr davon, aber vielleicht die Freunde und Angehörigen? Hexenverfolgungen legten entsetzliche Niedertracht gerade im Familienkreis frei, aber wir kennen auch ergreifende Zeugnisse der Sorge um die Nächsten im Angesicht des Todes, man flehte, mit der linken, weniger gefolterten Hand krakelnd, die Angehörigen an, das Verfolgungsgebiet zu verlassen, das Weite zu suchen ... Und man benannte, wie gesagt, Angehörige der sozialen Elite der Stadt, der Region. Die Verfolgungswelle erfasste höher Gestellte und brach sich daran.

AXEL GOTTHARD

In den Zeiten der Hexenverfolgungen wurden Flugblätter verbreitet, die von Verfolgungen und Hinrichtungen von Hexen berichteten. Dieses Nürnberger Flugblatt veranschaulicht, was im Text »Ein erschröcklich Geschicht, so zu Derneburg ... von dreien Zauberinnen ... des Monats Oktober 1555 ergangen« erzählt wird: Die zur Verbrennung auf dem Scheiterhaufen angebundenen Frauen werden vom Teufel in die Lüfte entführt.

Der als »Hexer« hingerichtete Johannes Junius, Bürgermeister in Bamberg, an seine Tochter Veronika, 24. Juli 1628 (aus dem Gefängnis geschmuggelter Kassiber):

Zu viel hundert tausend guter nacht hertzliebe dochter Veronica. Unschuldig bin ich in das gefengnus kommen, unschuldig bin ich gemarttert worden, unschuldig muß ich sterben. Denn wer in das haus (das Hexengefängnis) kompt, der muß ein Drudner (Hexer) werden oder wird so lange gemartert, biß das er etwas auß seinem Kopff erdachte weiß, und sich erst, daß got erbarme, uf etwas bedencke ...
Und da kam leider, Gott erbarm es in höchstem himmel, der henncker und hat mir den Daumenstock angelegt, bede hende zusamen gebunden, daß das blut zu den negeln herauß gangen und allenthalben daß ich die hendt in 4 wochen nicht brauch(en) koennen, wie du da auß dem schreiben seh(en) kannst ... Als nun der Henncker mich wieder hinwegführt in das gefengnus, sagt er zu mir: Herr, ich bit euch umb gotteswillen, bekennet etwas, es sey gleich war oder nit. Erdenket etwas, dan ir könnt die marter nicht ausstehen, die man euch anthut, und wann ir sie gleich alle ausstehet, so kompt ir doch niht hinaus ...
(Junius legt ein erfundenes »Geständnis« ab.) Nun, herzliebes kindt, da hastu alle meine Aussag und verlauf, darauf ich sterben muß und seint lautter lüg(en) und erdichte sach(en), so war mir gott helff.

Grundzüge der deutschen Militärgeschichte

Die Geschichte der menschlichen Gesellschaft ist seit ihren Anfängen immer auch eine Geschichte wechselseitiger Gewaltanwendung gewesen. Der Begriff »Militär« als Bezeichnung einer berufsspezifischen sozialen Großgruppe ist jedoch eng mit der Entstehung des modernen Staates seit dem 15. Jahrhundert verbunden. Der Versuch, ein staatliches Gewaltmonopol nach innen zu errichten, als eine Voraussetzung zur Sicherung staatlicher Existenz nach außen, hat das Militärwesen in der Neuzeit neben der allgemeinen und der Finanzverwaltung zu einem der Grundpfeiler moderner Staatlichkeit werden lassen.

Wenn aber der Militärdienst als freiwillige oder rechtlich sanktionierte Leistung des Einzelnen für den Staat anzusehen ist, dann lässt sich die Kriegs- und Heeresgeschichte des Mittelalters noch nicht unter dem Begriff Militärgeschichte subsumieren. Weder die Stämme der Völkerwanderungszeit noch die merowingischen Heerbanne und Heergeleite entwickelten erkennbare berufsspezifische Kriterien eines Kriegerstandes im Sinne einer arbeitsteilig gestalteten Gesellschaftsverfassung. Zunächst wandelten sich die Fußheere der Völkerwanderungszeit unter dem Eindruck der beweglichen arabischen Reiterscharen und später der berittenen Horden Pannoniens zu Reiterheeren, die für Jahrhunderte das Rückgrat der europäischen Kriegsmacht darstellten. Die innere Konsolidierung des mitteleuropäischen Raumes ermöglichte eine dauerhafte Grenzsicherung. Zwingende Voraussetzung dafür war eine ständige oder zumindest kurzfristig verfügbare wehrhafte Mannschaft.

Mittelalterliches Rittertum

Die Verwendung von Pferd, Steigbügel und Kettenpanzer bedeutete die Kombination von Reichweite, Geschwindigkeit und Schutzpanzerung als Grundlage einer militärischen Überlegenheit, die unmittelbar in politische Macht umgesetzt werden konnte. Der Krieger musste aber, um seine Überlegenheit zur Geltung bringen zu können, Pferd und Waffe über das für einen freien Mann übliche Maß hinaus beherrschen. Das bedeutete eine tägliche Waffenübung. Damit begann etwa seit dem 8. Jahrhundert eine allmähliche soziale Differenzierung. Die Professionalisierung in der Waffenhandhabung zog wiederum eine Verbesserung der Ausrüstung des Kriegers nach sich. Nicht jeder Freie konnte sich die höchst kostspielige Ausrüstung, die etwa einem Gegenwert von 30 bis 45 Milchkühen entsprach, leisten.

Die personenrechtlich fixierte Kriegsdienstpflicht musste zunehmend in eine sachenrechtliche Beziehung umgeformt werden. Landleihe und territoriale Expansion wurden zu den Instrumenten frühmittelalterlicher Herrschaftsausübung. Die Treue des Kriegers vergalt der Herr mit einer Versorgung aus dem Eigengut und der Zusicherung seines Schutzes. Damit wurde eine wechselseitige Abhängigkeit begründet, die die Grundlage des mittelalterlichen Lehnswesens bildete. Die Schwäche des Königtums ließ aber entsprechende Vasallitätsverhältnisse auch zwischen den Großen des Reiches und Niederfreien entstehen. Dabei bedeutete die Treuepflicht gegenüber dem unmittelbaren Lehnsherrn keinen Treuevorbehalt gegenüber dem jeweiligen Herrscher als Oberlehnsherrn. Die damit sichtbar werdenden Konturen der Lehnspyramide lassen in militärischer Hinsicht bereits auch ihre Schwächen erkennen. Das Heer des hohen Mittelalters war eben nicht ein einheitliches Instrument zur Durchsetzung des Herrscherwillens, sondern ein heterogenes Konglomerat ritterlicher Einzelkämpfer, die sich nur unter bestimmten Bedingungen und zeitlich begrenzt einer einheitlichen Führung unterordneten.

Die Auszehrung der adligen Führungsschicht durch Kriege, Seuchen, aber auch durch die Verwendung im zölibatären Dienst der Kirche erzwang spätestens seit dem 12. Jahrhundert eine soziale Öffnung des Kriegerstandes. Über die Erblichkeit der Lehen erhielten auch Niederadlige und Ministeriale Zugang zum Waffenhandwerk, dessen Ausübung zunehmend berufsspezifischen Charakter annahm. Der Sturmangriff mit eingelegter Lanze wurde über Jahrhunderte zum Merkmal ritterlicher Kampfesweise. Er war nur durch eine ständige und damit professionelle Einübung zu erlernen. Die zunächst sozial nicht völlig homogene Gruppe der Reiterkrieger definierte sich in erster Linie über das Waffenhandwerk, dessen Ausübung sie in eine spezifische Lebensform einbettete, aus der sie ihre soziale Legitimation innerhalb der mittelalterlichen Gesellschaft bezog. Dazu gehörte auch eine zunehmende Ritualisierung, mit der in romantischer Verklärung bis heute die Bezeichnung »ritterlich« verbunden wird. Dieser Prozess dürfte zu Beginn des 13. Jahrhunderts abgeschlossen gewesen sein. Der bereits seit dem 11. Jahrhundert in Mitteleuropa zu beobachtende Bevölkerungsanstieg bewirkte eine zunehmende geburtsständisch definierte soziale Abgrenzung bei gleichzeitiger sozialer Binnendifferenzierung. Etwa ein Prozent (100 000 Menschen) der Bevölkerung des Reiches dürfte zu dieser Zeit der Ritterschaft angehört haben.

Erbteilungen innerhalb dieser Gruppe reduzierten die wirtschaftliche Leistungsfähigkeit vieler Geschlechter und bildeten zusammen mit einem steigenden Bevölkerungsdruck ein Motiv für eine gewaltsame Expansionspolitik. Die deutsche Ostkolonisation wie die spanische Reconquista haben hier ebenso einen Ursprung wie die Kreuzzüge, die wie kein anderes Ereignis des europäischen Mittelalters bis heute untrennbar mit dem Begriff des *miles christianus,* des christlichen Ritters, verbunden sind. Das christlich geprägte Standesdenken des Mittelalters verlieh dem Ritter ein spezifisches Ethos, in dem die Verteidigung der Armen und Schwachen, der Kirche und ihrer Diener und schließlich des Christentums und seiner Wertvorstellungen insgesamt eine zentrale Position einnahm. Der Kampf gegen Ungläubige und ihre Missionierung gehörten in diesen Kontext ebenso wie die Sicherung des »Gottesfriedens« im Inneren der christlichen Gesellschaft.

Söldnerwesen

Die zunehmende waffentechnische Perfektionierung führte zur Ausbildung einer primär ökonomisch bestimmten Schicht innerhalb des europäischen Adels. Während die Bevölkerung ihrem Herrn für den gewährten Schutz Naturalleistungen erbrachte, sammelte sich auf der Burg eine Anzahl jüngerer oder wenig begüterter ritterbürtiger Herren, um im Lehnsverhältnis zu einem großen Herrn den eigenen sozialen Aufstieg zu erreichen. Die, die dieses Lebensziel verfehlten, verdingten sich zunehmend als Soldritter und bil-

deten damit die Grundlage der im Spätmittelalter rasch Verbreitung findenden Privatarmeen des europäischen hohen Adels. Damit begann der Niedergang des klassischen Rittertums, sank die persönliche Treuebeziehung zu einem geldwerten Lohndienst herab.

Aber auch sozial und waffentechnisch geriet das Rittertum im 14. Jahrhundert unter Druck. Die Ausbreitung des Geldverkehrs beförderte den Aufstieg der Städte und ihrer Führungsschichten, die sich bemühten, ihre Unabhängigkeit auch gewaltsam zu erreichen. Die Entwicklung von Fernkampfwaffen, wie etwa Armbrust und Langbogen, deren Einsatz dem ritterlichen Ideal des Zweikampfes völlig entgegengesetzt war, bereitete den Wiederaufstieg leicht gerüsteter Fußsoldaten vor. Die tragischen Niederlagen der europäischen Ritterheere im 14. und 15. Jahrhundert, beginnend mit der »Goldsporenschlacht« von Courtrai 1302, über Morgarten, Crécy, Sempach, Agincourt, Grandson und Murten markierten augenfällig den Anbruch einer neuer Zeit. Gleichzeitig traten im Gefolge der großen Pestepidemien Bevölkerungsverluste auf, durch die die Nachfrage nach Agrarprodukten stark verringert wurde. Der Wert des Bodens, der wirtschaftlichen Basis ritterlicher Existenz, verminderte sich erheblich. Mit dem Verlust der militärischen Vorrangstellung verband sich demnach der ökonomische Niedergang.

Die unbeschäftigten Söldnerhaufen des Hundertjährigen Krieges zwischen Frankreich und England suchten, da ihnen das Soldatenhandwerk zum Beruf geworden war, neue Beschäftigung. In großer Zahl zogen sie nach Italien, wo sie im Dienst der wirtschaftlich prosperierenden Stadtstaaten ihr Glück zu machen hofften. Hier gewährleisteten Kapitalakkumulation, die Leistungskraft überregionaler Handelsbeziehungen und die Anfänge des Bankwesens die Ausrüstung, Versorgung und Besoldung zahlenmäßig umfangreicher Truppen und den Einsatz moderner, kostspieliger Waffentechnologie. Die städtischen Wirtschaftszentren, zunächst in Flandern, dann in Oberitalien und schließlich in Oberdeutschland, beförderten auf diese Weise nicht nur den Einsatz einer größeren Zahl einheitlich ausgerüsteter und ausgebildeter Fußsoldaten, sondern schufen durch ihre weit gespannten Handelsbeziehungen, verfügbares Kapital und handwerkliches Potenzial die Voraussetzungen für eine Revolutionierung der Kriegführung.

Anfang des 14. Jahrhunderts wurde in Italien, unter Verwendung der aus China über den arabischen Raum nach Europa gelangten Rezepte zur Herstellung von Schießpulver, an der Herstellung von Schusswaffen experimentiert, denen aufgrund ihrer zunächst vasen- oder topfartigen Form die lateinische Bezeichnung *canna* (daher: Kanone) gegeben wurde. Seit der Mitte des 15. Jahrhunderts war der Siegeszug der Geschütze und in ihrem Gefolge der Handfeuerwaffen nicht mehr aufzuhalten. Die schwer beweglichen Geschütze dienten zunächst als Belagerungswaffen. Ihr Einsatz ließ die Mauern und Zinnen mittelalterlicher Burgen, die Zeichen ritterlichen Herrschaftsanspruchs, in sich zusammenfallen. Nach dem Fußsoldaten wurde der handwerklich geschulte Büchsenmacher und Feuerwerker zum gesuchten Spezialisten einer neuen Kriegstechnik. Schutz vor der zerstörerischen Wirkung der Artillerie boten von nun an nur breite, tiefe Erdwälle und gedrungene Bastionen, die zum Kennzeichen groß dimensionierter Festungen wurden. Zu derartigen Verteidigungsanlagen war ein einzelner Herrensitz weder finanziell noch personell in der Lage.

Der sich seit dem Beginn des 16. Jahrhunderts entwickelnde moderne Staat benötigte zu seiner Sicherung nach innen zunächst die Ausschaltung beziehungsweise Einbindung konkurrierender Herrschaftsträger. Der Aufbau einer modernen Armee machte in erster Linie die Verfügbarkeit erheblicher finanzieller Mittel notwendig, Summen, über die letztlich nur noch die Territorialfürsten verfügten. Ihr Aufstieg bedeutete gleichzeitig die politische Entmachtung der Ritterschaft, ein Vorgang, der sich in der Überlieferung eng mit dem Bild des Raubritters verbunden hat.

Der Aufstieg des Fußvolks im 15. Jahrhundert ging einher mit der Einführung von Handwaffen, deren massenhafte Herstellung zunehmend kostengünstiger erfolgen konnte. Der »gemeine Spieß« wurde von den bürgerlichen Milizen der italienischen Städte in der Mitte des 14. Jahrhunderts eingeführt. Schweizer Soldknechte übernahmen ihn und entwickelten auf dieser Basis im 15. Jahrhundert die gefürchtete Langspießtaktik der eidgenössischen Gewalthaufen. An den spießstarrenden »Igeln« der Schweizer zerschellten die

Ritterheere Karls des Kühnen von Burgund. Die Handhabung der zwischen 3,80 und 5,40 m langen Spieße erforderte ein erhebliches körperliches Training und entsprechende Geschicklichkeit.

Frühneuzeitliches Militär und europäische Staatsbildung

Der Einsatz von Massenheeren, die Verwendung von Schusswaffen verschiedener Kaliber, der Ausbau moderner Festungswerke und schließlich die außereuropäische Expansion mithilfe militärischer Großtechnologie, zu der die Kriegsflotten zu rechnen sind, setzten einen Prozess in Gang, der in der historischen Forschung zu Recht als »militärische Revolution« bezeichnet worden ist. Ein derartig tief greifender Wandel auf einem für die staatliche Selbstbehauptung entscheidenden Sektor musste unmittelbare Folgen für die frühmoderne Staatsbildung nach sich ziehen. Nur wer Rekrutierung, Ausrüstung und Unterhalt zahlenmäßig immer umfangreicher werdender Heere sicherzustellen vermochte, konnte sich zunächst im innenpolitischen Kampf rivalisierender Machtträger behaupten. Die innere Machtsicherung bildete damit die Voraussetzung für jede außenpolitische Positionsbestimmung. Damit wurden die Bedürfnisse des Heeres zum Motor des frühneuzeitlichen Staatsbildungsprozesses.

Die Entstehungsgeschichte des »freien Söldnertums«, zu dem auch die deutschen Landsknechtshaufen gerechnet werden müssen, verdeutlicht aber auch nachdrücklich die Strukturdefizite und Grenzen der frühmodernen Militärorganisation. Da die Steuerverwaltung und -praxis noch weitgehend ungefestigt und daher wenig effizient war, ließ sich ein dauerhaftes staatlich finanziertes Kriegswesen zunächst noch nicht realisieren. Die Landesherren mussten sich darauf beschränken, für die Dauer eines Krieges Söldnerkontingente vertraglich anzuwerben, die zum Teil sogar zwischen den Feldzügen wieder entlassen wurden und als »gartende Knechte« zu einer regelrechten Landplage werden konnten. Diese Praxis bedeutete, dass sich eine »Zunft« der Kriegsleute herausbildete, deren Angehörige sich dem Meistbietenden verdingten, die ihre eigenen Unterführer wählten und bei Soldverzug auch das Recht besaßen, den Dienst aufzukündigen.

Die Sozialstruktur dieser Verbände war weitaus breiter gefächert, als es spätere Forschungen dargestellt haben, denen es, vor dem Hintergrund des stehenden Heeres des 18. oder gar der allgemeinen Wehrpflicht des 19. Jahrhunderts, in erster Linie darum zu tun war, die soziale Randständigkeit der freien Söldnerverbände zu unterstreichen. Die handwerklich-zünftige Organisationsstruktur der Söldnertruppen, also Unterordnung und Disziplin, war jedoch nur eine Funktion des Kriegshandwerks. Eine darüber hinausgehende innere Bindung an den Kriegsherrn bestand nicht.

Die häufig beklagte Unregierbarkeit der Landsknechtsheere, die bei Zahlungsverzug unkontrollierbare Plünderungen und Exzesse verursachten und dabei den Kriegsherren bisweilen einen immensen außenpolitischen Schaden zufügten – so etwa bei der Erstürmung und Plünderung Roms 1527 (Sacco di Roma) –, erzwang geradezu die Entwicklung alternativer Wehrkonzepte. Die Überlegungen gingen dabei in zwei Richtungen: Einerseits musste die Verfügungsgewalt des Landesherrn über das bewaffnete Instrument verstärkt, andererseits versucht werden, den inneren Zusammenhalt der Söldnerhaufen und ihre Bindung an den Landesherrn zu verbessern. Das bedeutete zunächst, die Finanzverfassung und das Steuersystem des frühmodernen Staates der unmittelbaren und ausschließlichen Verfügung des Herrschers zu unterwerfen. Damit setzte eine zähe, fast zwei Jahrhunderte dauernde Auseinandersetzung zwischen Fürsten und Ständen auf dem Gebiet der Besteuerung der Untertanen ein. Die Notwendigkeit, regelmäßige Militärsteuern zu erheben, wurde zum Angelpunkt einer landesherrlichen Verwaltung. Das Streben nach uneingeschränkter Verfügungsgewalt über das Kriegswesen ging also mit der Sicherung der Steuerhoheit und dem Ausbau der Verwaltung einher.

Soldatische Professionalisierung und Disziplinierung

Die latente Gefahr, die von einer Verselbstständigung der Berufskriegerkaste ausging, veranlasste die Landesherren schon früh, neben der materiellen Absicherung der unter Waffen zu haltenden Söldnerverbände auch eine kostengünstige personelle Alternative nutzbar zu machen. So griff man immer wieder auf ältere Vorbilder einer milizgestützten Landesverteidigung zurück und

suchte während des 16. Jahrhunderts einen bestimmten Prozentsatz der Bevölkerung für den Kriegsdienst verfügbar zu halten. Das Milizkonzept, erstmals von dem Florentiner Staatstheoretiker Niccolò Machiavelli Ende des 15. Jahrhunderts propagiert, scheiterte in den folgenden Jahrhunderten in der Praxis immer wieder an der Unmöglichkeit, mit kurzfristig ausgebildeten Männern die Professionalität von Berufssoldaten zu erreichen.

Ließ sich der Milizgedanke in den kriegerischen Auseinandersetzungen nur unvollkommen umsetzen, so wurde doch das humanistisch geprägte theoretische Konzept, das diesem Wehrprinzip zugrunde lag, erfolgreich weiterentwickelt. Dabei ging man davon aus, dass die Vorläufer der Söldnerheere in den römischen Legionen zu suchen seien. In diesem Sinne suchte man die geistig-moralische Leistungsfähigkeit der Truppen zu verbessern, um ihnen auf diesem Wege eine letztlich auch militärische Überlegenheit gegenüber der Zuchtlosigkeit der ausschließlich an materiellen Vergünstigungen interessierten Söldner einzupflanzen. Im Freiheitskampf der Niederlande gegen die Truppen Philipps II. von Spanien, die sich einerseits durch die überragende Infanterietaktik ihrer geschlossenen Karrees *(tercios)* auszeichneten, andererseits aber aufgrund der finanziellen Überbeanspruchung der spanischen Krone von ständigen Meutereien geschüttelt wurden, entstand das Konzept einer Landesverteidigung, das unter der Bezeichnung »oranische Heeresreform« das Drill- und Disziplinierungsprogramm der stehenden Heere des 17. und 18. Jahrhunderts nachhaltig beeinflussen sollte. Ausgehend von den Niederlanden bestimmten die Grundprinzipien der Reform zunächst die hugenottischen Militärtheoretiker in Frankreich, später die Ausbildung der schwedischen Armee unter Gustav II. Adolf, die geharnischten Ritter *(Ironsides)* des englischen Lordprotektors Oliver Cromwell und schließlich die Ausbildung der brandenburgischen Armee unter dem Großen Kurfürsten. Die vier »kanonischen Regeln« der Reform umfassten ein beständiges Exerzieren der Truppe, eine alle Bereiche der Heeresverwaltung einschließende Organisation des Heeres einschließlich einer Hierarchisierung seiner Befehlsstrukturen, eine geistig-moralische Selbstzucht der Soldaten und schließlich eine über das Heer auf die Gesamtgesellschaft zurückwirkende Erziehung durch Belohnung und Strafe. Nach der technisch-quantitativen »militärischen Revolution« seit der Mitte des 15. Jahrhunderts folgte nun quasi in einem zweiten Schritt eine geistig-moralische Umformung des Kämpfers durch Gruppen- und Selbstdisziplin. Damit sollte die Leistungsfähigkeit größerer Truppenkörper und die Durchschlagskraft ihrer Waffen erhöht werden.

Doch bereits die Niederländer erkannten, dass diese an den Soldatenberuf gestellten ethisch-moralischen Anforderungen unter den Bedingungen der frühneuzeitlichen Gesellschaft nicht ohne weiteres zu verwirklichen waren. Die Aushebung »tugendhafter« Landeskinder hätte der Volkswirtschaft gerade die produktiven Kräfte entzogen, auf deren Steuerleistung der moderne Staat in besonderer Weise angewiesen war, wenn er das zu einer aktiven Außenpolitik notwendige militärische Potenzial schaffen wollte. So reduzierte sich die Anwendung der »oranischen Reform« zunächst nur auf die Umsetzung der unmittelbar für die Führung und den Einsatz der Truppen bedeutsamen Faktoren. Hierzu zählte in erster Linie die Zurückdrängung der vertragsrechtlich abgesicherten autonomen Entscheidungsbereiche der Soldaten. Eine rationelle Waffenhandhabung, das Zusammenwirken von Infanterie, Kavallerie und Artillerie auf dem Gefechtsfeld, die Hierarchisierung von Befehlsstrukturen und die allmähliche Ausbildung einer militärischen Infrastruktur wurden damit zum Kennzeichen der Heere des frühen 17. Jahrhunderts.

Stehende Heere

Im Dreißigjährigen Krieg hatten drei Faktoren auf alle europäischen Staatsführungen eine geradezu traumatische Wirkung: die Verselbstständigung der Kriegsfurie als Ergebnis eines privatwirtschaftlich organisierten Kriegsunternehmertums, die in ihrem Gefolge zunehmend autonome, der politischen Führung des Herrschers entzogene Kriegsmaschinerie, deren Führer zu konkurrierenden Machtträgern mit eigenen Ambitionen (Wallenstein) aufsteigen konnten, und schließlich Armeen, die als weitgehend eigenständige Verhandlungspartner im Friedensprozess auftraten und deren »Satisfaktion« erhebliche Probleme bereitete. Vor diesem Erfahrungshorizont entschieden sich

die europäischen Mächte und die großen, »armierten« Reichsstände, auf Kosten ihrer Territorien ständig unter Waffen gehaltene Kaderarmeen über den Friedensschluss hinaus beizubehalten und deren Führern einen Aufstieg im Dienst des Herrschers zu garantieren. Grundlegende Voraussetzung bildete eine garantierte soziale Exklusivität der militärischen Elite. Nicht die Unterwerfung des Adels, sondern ein Interessenausgleich zwischen dem Fürsten und dem zweiten Stand waren das Ergebnis der zum Teil gewaltsamen Auseinandersetzungen zwischen den Landesherren und ihren ständischen Vertretungen im 17. Jahrhundert.

Der Unterhalt einer ständig einsatzbereiten Armee, ihrer Waffenarsenale und Artillerieparks und der zu ihrer Sicherung notwendigen modernen Festungen war nur mehr in zentral verwalteten modernen Flächenstaaten möglich. Damit setzte zwischen 1650 und 1750 die dritte und letzte Phase der »militärischen Revolution« der frühen Neuzeit ein. Die numerische Überlegenheit auf dem Gefechtsfeld wurde zum entscheidenden Kriterium des militärischen Erfolges. Der Unterhalt von zum Teil mehreren Hunderttausend Soldaten, ihre Ausrüstung und Versorgung – Frankreich verfügte im Spanischen Erbfolgekrieg (1701–13/14) über eine Armee von insgesamt 400 000 Soldaten – führten selbst die wirtschaftlich führenden europäischen Großmächte an den Rand ihrer wirtschaftlichen Leistungsfähigkeit und bisweilen auch darüber hinaus. In keinem Staat waren in diesem Umfang Soldaten durch freiwillige Werbung zu gewinnen, zumal noch immer die Maxime galt, nur diejenigen unter die Fahnen zu nehmen, die dem Wirtschaftskreislauf des Staates ohne Schwierigkeit entzogen werden konnten. Waren die Reaktionen der freiwilligen Kriegshandwerker des 16. und 17. Jahrhunderts auf unzumutbare Existenzbedingungen der Militärstreik und die Meuterei gewesen, so trat an deren Stelle nun die massenhafte Desertion der zum Dienst gepressten Soldaten.

Eine hegemoniale Politik, wie sie Spanien im 16. und Frankreich im 17. Jahrhundert versucht hatten, scheiterte im 18. Jahrhundert am Zusammenschluss der Mächte gegen den jeweiligen Störer der kontinentalen Friedensordnung. Von nun an bestimmten Koalitionen die Kriegspolitik der Staaten, wurde das Gleichgewicht der Kräfte zum bestimmenden Faktor der europäischen Politik. Die methodische Kriegführung, ein Kind aufgeklärter Rationalität, perfektionierte den Einsatz der militärischen Macht durch kunstvolle, mathematisch konstruierte taktische Evolutionen. Der geschlossene Einsatz der Truppen im Rahmen einer geschlossenen linearen Kriegführung verminderte das Risiko der Desertion. Das Kriegshandwerk entwickelte sich im Laufe des 18. Jahrhunderts in allen Staaten zur Kriegskunst. Der letzte große Konflikt des vorrevolutionären Europa, der Siebenjährige Krieg, ging auf dem Kontinent zu Ende, ohne dass eine der Krieg führenden Mächte territoriale Gewinne zu verzeichnen gehabt hätte. Im Gegenteil, die gewaltsame Auseinandersetzung verursachte immense Kosten, die in Preußen eine tief greifende Wirtschaftskrise hervorriefen und in Frankreich die sozialen und wirtschaftlichen Bedingungen verschärften, was schließlich zur Revolution führte. Das militärische Potenzial der großen Mächte, ihr Kriegsschatz und damit die Leistungsfähigkeit ihrer Kriegsmacht waren durch die allgemein erreichte Vervollkommnung der Führungs- und Einsatzgrundsätze zu einem »Gleichgewicht des Schreckens« geworden, in dem die Armeen nur mehr als politisches Drohpotenzial und zu außenpolitischen Polizeiaktionen verwendet wurden. Die Forderungen der Aufklärer mithin ließen Kriege und Schlachten zunehmend als unvernünftig und als der sittlichen Vervollkommnung des Menschen entgegengesetzt erscheinen.

Nation in Waffen

Die Französische Revolution und ihre Vorstellung von der Nation in Waffen öffnete in Europa erneut die Büchse der Pandora, führte zwischenstaatliche Konflikte im Geiste des Nationalismus herauf, die den Kontinent bis zum Ende des 20. Jahrhunderts in seinen Bann schlagen sollten. Wenn das Vaterland zum Hort der Bürgerrechte, der politischen Partizipation und der persönlichen Freiheit geworden war, dann wurde der Schutz desselben, bisweilen auch der gewaltsame Export der Prinzipien von Freiheit, Gleichheit und Brüderlichkeit zu einer nationalen Verpflichtung. Nicht mehr der geworbene oder zwangsweise ausgehobene Soldat des Absolutismus, nicht mehr die rangierte, lineare Schlachtordnung mit ihren kunstvollen Manövern, sondern das aufgelockerte

Schützengefecht freiwilliger Kämpfer, der kraftvolle Stoß mächtiger Infanteriekolonnen und massierte Reiterattacken bestimmten nun das Kampfgeschehen, dem die Armeen der alten Mächte hilflos gegenüberstanden. Erst der Widerstand gegen die französische Fremdherrschaft im Zuge des erwachenden deutschen Nationalgefühls und – in Fortentwicklung der Ideen der Französischen Revolution – die Hoffnung, dass aufgrund einer engen Verbindung zwischen Staats- und Heeresverfassung die notwendige Veränderung der Letzteren auch größere Freiheits- und Bürgerrechte bei der Ersteren bewirken könnte, bildeten den Motor der preußischen Reformen, ließen den Gedanken der Volksbewaffnung auf fruchtbaren Boden fallen und ermöglichten die letztlich erfolgreiche Übernahme der taktisch-operativen Grundsätze der Französischen Revolution.

Der Gedanke der allgemeinen Wehrpflicht, die Vorstellung, dass der Bürger auch der geborene Verteidiger seines Vaterlandes sei, bedeutete zwangsläufig die radikale Abkehr von den stehenden Heeren des Absolutismus. Das preußische Wehrgesetz vom September 1814 stellte dem stehenden Heer, der »Linie«, die Landwehr als die Institution zur Seite, in der der Bürger seiner militärischen Dienstpflicht genügte. Die Reformversuche scheiterten jedoch, noch ehe sie ihre Leistungsfähigkeit hatten unter Beweis stellen können. Zunächst war durch die Niederlage Frankreichs die unmittelbare militärische Bedrohung der europäischen Mächte gebannt. Eine umfassende Ausbildung der wehrfähigen Bevölkerung schien aus politischen und wirtschaftlichen Gründen nicht mehr geboten. Damit stieg die Bedeutung der »Linie« als des eigentlichen Trägers der bewaffneten Macht im preußischen Staat, erhielt die Landwehr zunehmend den Status einer abhängigen Ersatzformation, deren Verbände nach einer Mobilmachung in der regulären Armee aufgehen sollten. Der innenpolitische Mehltau, der im Zuge der Heiligen Allianz (1815) und der gegen »demagogische Umtriebe« gerichteten Karlsbader Beschlüsse von 1819 die europäischen Staaten im Vormärz überzog, hinterließ auch in den Armeen seine Spuren. Die innere Struktur des militärischen Instruments, die Vorstellung von einer besonderen Ehrauffassung seiner Offiziere, die zu erfüllen nur ein Angehöriger des Adels in der Lage war, und die daraus resultierende besondere Treuebeziehung zum Monarchen brachte die Armee erneut in einen unüberbrückbaren Gegensatz zu den Vorstellungen des bürgerlichen Frühliberalismus.

Die Revolutionen von 1830 und 1848 bestätigten einerseits die Vorstellung von der Armee als unbedingtem Erfüllungsinstrument der monarchischen Reaktion, ließen aber andererseits auch die Gefahr einer bewaffneten Revolte des Industrieproletariats der Ballungszentren am Horizont aufscheinen – ein Schreckgespenst des europäischen Bürgertums, das einige Jahrzehnte später im Pariser Kommuneaufstand von 1871 Wirklichkeit zu werden schien. Die idealistische Vorstellung von der allgemeinen Wehrpflicht als dem vornehmsten Ausdruck eines bewusst wahrgenommenen Bürgerrechts und als sichtbares Zeichen der Verschmelzung von Volk und Nation wurde im Laufe des 19. Jahrhunderts vonseiten der Herrschenden wie auch der bürgerlichen Eliten zunehmend kritischer beurteilt. Zudem machten die militärtechnischen Errungenschaften der beginnenden industriellen Revolution die Aushebung von Massenarmeen noch nicht notwendig. Der Deutsch-Französische Krieg von 1870/71 entsprach hinsichtlich seiner Mobilmachung noch weitgehend den traditionellen Vorstellungen, nach denen die Kampfhandlungen zunächst durch die regulären Truppen bestritten und Reserven nur im Bedarfsfall eingesetzt wurden.

Militär und Gesellschaft im Deutschen Kaiserreich

Die Reichsgründung auf den Spitzen der Bajonette der preußischen Armee und der Kontingente der deutschen Staaten verschaffte dann am Ende des 19. Jahrhunderts der Monarchie und der bewaffneten Macht im Kaiserreich einen gesellschaftlichen Prestigegewinn, der sich über die Elite der bürgerlichen Gesellschaft bis ins Kleinbürgertum und die Arbeiterschaft fortsetzte. Eine zunehmende Technisierung des Kriegswesens ließ die Mobilisierung von zahlenmäßig umfangreichen Armeen notwendig werden, die nun mehrheitlich aus Reservepersonal bestanden, das auch Teile der Industriearbeiterschaft mit einschloss, eine Entwicklung, die die bürgerlich-aristokratischen Eliten des Reiches angesichts einer weit verbreiteten Sozialistenfurcht bedenklich stimmte.

Noch über das Ende des Ersten Weltkriegs hinaus galten die Angehörigen der ländlichen Gebiete Ostdeutschlands als die leistungsfähigsten, zuverlässigsten und gesündesten Rekruten. Der »Burgfrieden«, den Kaiser Wilhelm II. zu Beginn des Ersten Weltkriegs 1914 ausrief, macht bereits in seiner Terminologie die zeitliche Begrenzung der Einebnung von Klassenschranken deutlich. Sie sollte nur für die Zeit der unmittelbaren Bedrohung des Reiches gelten. Die Behandlung von Rekruten und die unterschiedliche soziale Akzeptanz von bürgerlichen Frontoffizieren der Reserve und den Berufsoffizieren in den höheren Stäben, Letztere zumeist von Adel, der hohe Anteil von Industriearbeitern in den technischen Waffengattungen des Heeres (Artillerie, Kraftfahrtruppe, Telegrafentruppe) und vor allem in der Flotte – all diese Spannungen innerhalb der Armee führten unter den Belastungen wachsender Entbehrungen und alle Vorstellungen übersteigender Massenverluste bei gleichzeitiger weitgehender politischer Entmündigung angesichts der nicht mehr abzuwendenden Niederlage in die Revolution.

Armee und »Volksgemeinschaft«

Das Auseinanderfallen von Regierung und Armee auf der einen und der Bevölkerung auf der anderen Seite suggerierte den gesellschaftlichen Eliten des untergegangenen Kaiserreiches die Wiederholung der sozialen und politischen Begleiterscheinungen der preußischen Niederlage von 1806 bei Jena und Auerstedt, die den Niedergang des friderizianischen Staatswesens einleitete, unter den ungleich gravierenderen Begleiterscheinungen eines industrialisierten Massenkrieges. Diese Befürchtungen haben die innenpolitischen Vorstellungen der Reichswehr- und später der Wehrmachtführung bis 1945 nachhaltig bestimmt. Während man außenpolitisch von Anfang an die Revision des Versailler Vertrages von 1919/20 mit militärischen Mitteln und damit die Wiederherstellung der deutschen Weltmachtposition der Vorkriegszeit nicht aus den Augen verlor, sah man die innenpolitischen Voraussetzungen eines derartigen Programms in einer dauerhaften Verschmelzung von Volk und Armee. Die als »Parteienhader« empfundenen politisch-parlamentarischen Auseinandersetzungen der ersten deutschen Republik schienen dazu ebenso wenig geeignet wie

die sozial elitäre monarchische Staatsform der Vorkriegszeit. Ein autoritäres, aus dem Geist der bürgerlichen Frontsoldaten geborenes Regime schien
am ehesten die Chance zu eröffnen, dass sich der
zeitlich begrenzte »Burgfrieden« zur dauerhaften
»Volksgemeinschaft« fortentwickeln konnte. Insofern hat die Reichswehr die »nationale Revolution« des Nationalsozialismus rückhaltlos unterstützt. Hitlers Kriegsziele entsprachen durchaus
den territorialen Vorstellungen der militärischen
Elite. Nur hinsichtlich des Zeitpunktes einer gewaltsamen Expansionspolitik regte sich fachlicher
Widerspruch.

Die militärischen Erfolge der ersten Kriegs-
hälfte, als Bewährungsprobe der Idee der »Volksgemeinschaft« gedeutet, verstärkten die Zustimmung zum Regime in der breiten Bevölkerung.
Insofern ist der aktive Widerstand einer wenn
auch verschwindend geringen Minderheit innerhalb der Bevölkerung bzw. der militärischen Elite
umso höher einzuschätzen, weil er unter den Bedingungen des Krieges einen ideologisch eingefor-
derten »blinden Gehorsam« durch die bewusste
Forderung nach ethisch verantwortbarem soldati-
schem Handeln relativiert hat. Die in allen Armeen der Welt nur selten befolgte Maxime »Er
wählte Ungnade, wo Gehorsam nicht Ehre
brachte« wurde hier in der letzten nur möglichen
Konsequenz menschlichen Handelns befolgt. Im
Angesicht der sich abzeichnenden Niederlage und
unter dem Druck des strategischen Bombenkrie-
ges, der soziale Reservate kaum mehr ermöglichte,
wandelte sich die »Volksgemeinschaft« zur Schick-
salsgemeinschaft, aus der es ein Entfliehen nicht
mehr gab. Damit wurde die dunkle Seite dieses
ideologischen Konstrukts, die Ausgrenzung und
Vernichtung der aus rassenideologischer Sicht zu
»Gemeinschaftsfremden« erklärten Bevölkerungsgruppen zur hingenommenen Normalität, so wie
auch der über unmittelbare militärische Notwendigkeiten hinausgehende Vernichtungskrieg zum
Überlebenskampf uminterpretiert wurde. Die daraus erwachsene Perversion nationaler Werte ließ
nach der Katastrophe von 1945 eine rückhaltlose
Integration in die Wertegemeinschaft der westlichen Welt und ihrer Verteidigungsorganisationen
ebenso notwendig erscheinen wie eine Identifikation mit den Traditionen des antifaschistischen
Widerstandes.

Nachkriegsentwicklung

Während in der Bundesrepublik als Reflex
auf die Erfahrungen des Dritten Reiches
das Recht auf die Verweigerung des Dienstes mit
der Waffe in den demokratischen Grundrechtska-
talog aufgenommen wurde, empfand die Deutsche
Demokratische Republik ein entsprechendes Verhalten als Verrat an der notwendigen Verteidigung
der Errungenschaften des Sozialismus.

Eine bipolare Weltordnung unter wechselsei-
ger atomarer Bedrohung ließ ein Gleichgewicht
des Schreckens entstehen, das als Kalter Krieg über
vierzig Jahre militärische Konflikte zwischen den
Blöcken nur als konventionelle, an der Peripherie
ausgetragene Konflikte wirksam werden ließ. In
diesem Kontext spielten die beiden deutschen Armeen nur die Rolle eines numerisch und geostra-
tegisch bedeutsamen Drohpotenzials. Der von innen heraus einsetzende Auflösungsprozess der sozialistischen Hemisphäre ermöglichte die Vereinigung der beiden deutschen Staaten und damit die
Auflösung der »ersten sozialistischen Armee auf
deutschem Boden«. Er führte aber auch zu einer
Neudefinition des Auftrages deutscher Streitkräfte
im Atlantischen Bündnis und in den Vereinten
Nationen, die erstmals seit mehr als einem halben
Jahrhundert den Einsatz auch deutscher Verbände
zur Friedenserhaltung in Krisengebieten vorsieht.

Die zahlenmäßige Verringerung der Armee
und ihre Trennung in Krisenreaktionsstreitkräfte
und Hauptverteidigungskräfte trägt dieser Entwicklung Rechnung. Gleichzeitig bricht gegen
Ende des 20. Jahrhunderts die Diskussion über
eine mögliche Abkehr von der Wehrpflicht und
die Schaffung einer Berufsarmee nicht nur in
Deutschland erneut auf, u.a. wegen der zunehmenden Zahl von Wehrpflichtigen, die den Dienst
in den Streitkräften verweigern. Dass diese Diskussion vor dem Hintergrund der Erfahrungen, die
die Weimarer Republik mit einer Berufsarmee gemacht hatte, emotionslos geführt werden kann,
zeigt den Grad an Normalität, an selbstverständ-
licher Einbindung in den demokratischen Staat, den
Streitkräfte in Deutschland trotz der langen und
schmerzhaften Phase gesellschaftlicher und politischer Sonderexistenz inzwischen erreicht haben.

BERNHARD R. KROENER

Ost- und Zentralasien

Es erging der Erlass, dass alle erwachsenen Männer des Reiches zwischen 15 und 50 Jahren sich einzufinden hatten. Falls es einen gab, der sich versteckte, so (drohte) Enthauptung für ihn, Vater, Mutter und Frau ... Man zählte 3,6 Millionen Männer; fünf Familien mussten reihum eine Person, entweder einen alten Mann, ein Kind oder eine Frau, abstellen, um (die Arbeiter) mit Essen und Trinken zu versorgen. Außerdem befahl man, 50 000 junge und schneidige Soldaten mit Prügelstöcken auszurüsten und als Unterbeamte ... einzusetzen ... In der ersten Dekade des achten Monats 609 n. Chr. begannen die Arbeiten mit Schaufel und Tragkorb ... (gegen Ende der Arbeiten) überprüfte man die Zahl der Männer; es fehlten 2,5 Millionen; von den ehedem 50 000 Soldaten, welche die Fronarbeiter befehligt hatten, fehlten 23 000.

Ein heute noch erhaltener Teil des Kaiserkanals aus der Suidynastie bei Wuxi (nordöstlich von Schanghai).

Trennung und Fremdherrschaft – China (589–1644)

Die Reichseinigung unter der Suidynastie (581–618)

Mit Gründung der Suidynastie endete die Jahrhunderte währende Zersplitterung Chinas. Dies war vor allem dem politischen und militärischen Geschick von Yang Jian, als Kaiser Wendi, zu danken. Er hatte 581 im bereits wieder vereinten Norden, der vordem von Fremdvölkern wie den Xianbi, den Toba und den Xiongnu beherrscht worden war, die Macht an sich gerissen. 589 dehnte er sein Reich mithilfe eines etwa 500 000 Mann starken Heeres, unterstützt von zahlreichen Schiffen der Binnenmarine, auf den zuletzt von der Sippe Chen beherrschten Staat aus, der Südchina und das heutige nördliche Vietnam umfasste. Ebenso wie sein berühmtberüchtigter Nachfolger Yangdi unternahm er alle Anstrengungen, das neue Einheitsreich, das sich im Westen wieder bis in das Tarimbecken erstreckte und eine Bevölkerung von etwa 48 Millionen aufwies, zu konsolidieren.

In wirtschaftlicher Hinsicht geschah dies unter anderem durch die Neuverteilung von individuell zugemessenem Ackerland, durch Reduzierung der Steuern und der jährlich für den Staat zu erbringenden Dienstpflicht sowie durch die Wiedereinrichtung einer einheitlichen Münzwährung und einheitlicher Maß- und Gewichtseinheiten zur Förderung des Handels. Politisch suchten die Himmelssöhne eine Stabilisierung zu erreichen, indem sie zum Beispiel nach den vielen Jahren des Polyzentrismus die Machtbefugnisse der nun effektiver bis zur lokalen Ebene hinunterreichenden zentralen Administration erweiterten, das Prüfungssystem für Beamte neu belebten oder auch die Neufassung eines einheitlichen, für einschlägige spätere Werke vorbildlichen Gesetzeskodex anordneten.

Aber wie schon der Erste Erhabene Göttliche, der Gründungskaiser der Qindynastie, zuvor erlagen die Suikaiser der Versuchung, zu viel zu schnell realisieren zu wollen. Vor allem waren es ihre monumentalen Unternehmungen, von denen etliche langfristig gesehen zwar von großem Nutzen für das Land waren, kurzfristig jedoch die Leidensfähigkeit der Menschen und die volkswirtschaftlichen Möglichkeiten überstiegen. Stellvertretend seien hier nur die Verlängerung der Großen Mauer um Hunderte von Kilometern sowie die Anlage des etwa 60 m breiten so genannten Kaiserkanals samt den

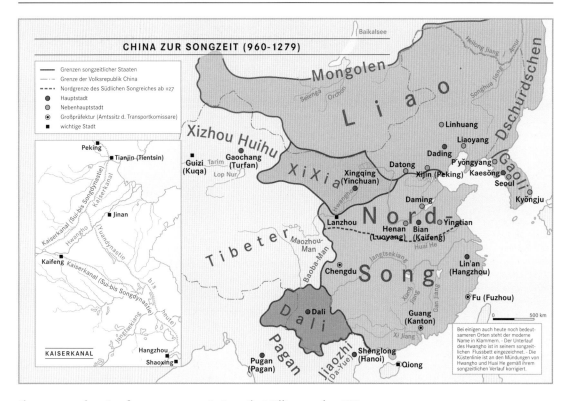

CHINA ZUR SONGZEIT (960–1279)

Grenzen songzeitlicher Staaten
Grenze der Volksrepublik China
Nordgrenze des Südlichen Songreiches ab 1127
● Hauptstadt
◉ Nebenhauptstadt
◉ Großpräfektur (Amtssitz d. Transportkommissare)
■ wichtige Stadt

Bei einigen auch heute noch bedeutsameren Orten steht der moderne Name in Klammern. - Der Unterlauf des Hwangho ist in seinem songzeitlichen Flussbett eingezeichnet. - Die Küstenlinie ist an den Mündungen von Hwangho und Huai He gemäß ihrem songzeitlichen Verlauf korrigiert.

KAISERKANAL

ihn säumenden Straßen genannt, mit jeweils Millionen der Wirtschaft entzogener Dienstverpflichteter und einer bis zu 50-prozentigen Todesrate unter Letzteren. Die neue Wasserstraße verknüpfte die (Haupt-)Städte am Gelben Fluss und am Weihe mit Yuhang (Hangzhou) und Zhuo (Peking), mithin den politisch und demographisch dominanten Norden mit dem bald zum Reisüberschussgebiet avancierenden Süden. Drei zu Wasser und zu Lande mit zeitweilig über 1,1 Millionen Mann vorgetragene Feldzüge gegen Korea überforderten die Untertanen durch gewaltige Kriegskontributionen und endeten mit dem Tod von 80 bis 90 Prozent der Invasoren sowie ungeheuren materiellen Verlusten. Das Maß war voll, allenthalben brachen Aufstände los. Der Kaiser wurde im Frühjahr 618 durch einen seiner revoltierenden Offiziere erdrosselt, weil er Angst vor dem Tod durch das Schwert geäußert hatte und der erbetene Gifttrank ihm verweigert worden war.

Die Tangdynastie (618–907) – Eine Blütezeit Chinas

Aus den Unruhen, die schon nach 610 eingesetzt hatten, ging schließlich der eigentlich als Regent im nördlichen Taiyuan eingesetzte, aus einer Aristokratensippe mit vielen Tobavorfahren stammende Li Yuan als Sieger hervor. An der Spitze eines ihm früher zur Bekämpfung der benachbarten Osttürken anvertrauten großen Heeres eroberte er, tatkräftig unterstützt von seinem Sohn Li Shimin, Chang'an und bestieg 618 als Gründungskaiser der berühmten Tangdynastie den Thron. Entschlossen wurden zunächst alle Riva-

Li Yuan, als Kaiser Gaozu, Gründer der Tangdynastie, der 626 zugunsten seines Sohnes Li Shimin abdankte. Darstellung eines anonymen Hofmalers auf einer Hängerolle.

len, von denen sich einige auch zum Kaiser erklärt hatten, entweder durch lukrative Pfründenangebote integriert oder mit militärischer Gewalt beseitigt. Den als Kaiser Gaozu und Taizong genannten ersten beiden Herrschern gelang es, die mannigfachen Vorleistungen der untergegangenen Dynastie effektiv in ihre von staatsmännischem Geschick und Weitblick zeugende Innen- und Außenpolitik einzubeziehen. China wurde innerhalb weniger Jahrzehnte zu einem wirtschaftlich blühenden, stabilen und mächtigen Reich, das sich auch an seinen vor allem durch Türkvölker und Tibeter gefährdeten Grenzen im Norden und Westen mit einer klugen Bündnispolitik und erfolgreichen Militäraktionen nachhaltig Respekt verschaffte. Daran änderte selbst die

Darstellung der Wu Zetian mit einer Dienerin (Qingzeit; rechts).

Machtusurpation der ebenso tüchtigen wie skrupellosen ehemaligen kaiserlichen Nebenfrau Wu Zetian nichts, die unter dem Namen »der weise und heilige Kaiser« von 690 bis 705 erfolgreich regierte und während dieser Zeit die Tangdynastie in Zhoudynastie umbenannte. Sie blieb die einzige Frau in Chinas langer Geschichte, die je offiziell als »huangdi« (Kaiser) inthronisiert wurde.

Neues Leben pulsierte auf der Seidenstraße, über die vor allem hochwertige chinesische Erzeugnisse wie zum Beispiel das blassgrüne Seladonporzellan, Sancai-(Drei-Farben-)Keramiken und Seidenbrokate in den Westen gelangten, aber auch alle damals bekannten Weltreligionen, einschließlich des nestorianischen Christentums, in das weltoffene China kamen.

Der erfolgreichste ausländische Glaube, der Buddhismus, erlangte in seiner sinisierten Form, den Schulen Jingtu (»Reines Land«) und Chan (japanisch Zen), bald auch über China hinaus große Bedeutung. Durch das Wohlwollen von Kaiserhäusern erreichte diese Religion zeitweilig den Rang einer Staatsreligion, zum Beispiel im 5./6. Jahrhundert, war aber auch verschiedentlich, wie Mitte des 9. Jahrhunderts, existenzgefährdenden Verfolgungen ausgesetzt, als 45 000 ihrer Sakralbauten zerstört wurden.

Die schönen Künste florierten, besonders die Dichtkunst, die wir noch heute in einer Anthologie mit knapp 50 000 Gedichten genießen können. Am berühmtesten wurden die Verse des weinseligen Li Bai, des mitfühlenden Du Fu oder des schon zu Lebzeiten äußerst populären Bai Juyi. Yan Liben, Wu Daozi und Wang Wei waren die überragenden, auf lebensnahe Personendarstellungen bzw. Landschaften spezialisierten Maler. Erst die Archäologie machte die herrlichen Wandmalereien und Skulpturen anonymer Künstler bekannt, die in Aristokratengräbern sowie in den buddhistischen Höhlentempeln von Longmen, Dunhuang und anderen geschaffen wurden.

Einen Eindruck vom Reichtum der vornehmen Gesellschaft der Tangzeit vermitteln diese beiden Beispiele hochentwickelter Goldschmiedekunst. Oben eine Silberschale mit vergoldetem Relief eines Bären aus einem 1970 bei Xi'an entdeckten umfangreichen Hort (Xi'an, Shaanxi-Provinzmuseum), rechts ein Becher aus ziseliertem und punziertem Silber, auf dem noch Reste von Vergoldung erkennbar sind (Berlin, Museum für Ostasiatische Kunst).

Ein Gedicht von Li Bai in der Übersetzung von Alfred Forke (1899):

Vor meinem Bette
Ich Mondschein seh,
Als wär der Boden
Bedeckt mit Schnee.
Ich schau zum Mond auf,
Der droben blinkt,
Der Heimat denkend,
Das Haupt mir sinkt.

*Der Niedergang der Tangdynastie und der Zerfall des Reichs
in der Wudaizeit (bis 960)*

Als fataler politischer Fehler sollte sich die Einsetzung von »jie-dushi« (Militärgouverneure) im Jahre 711 erweisen, mit denen man die Kontrolle der Grenzregionen und strategisch bedeutsamer Zentralgebiete optimieren wollte. Im Laufe der Jahre geboten viele in ihrem Amtsbereich nicht wie vorgesehen nur über das Militär, sondern auch über Finanzen und zivile Verwaltung oder beanspruchten gar die Erblichkeit ihrer Ämter, ohne dass es wirksame Gegenstrategien gegeben hätte. Einer von ihnen, An Lushan, rebellierte 755, eroberte die Hauptstadt und zwang Kaiser und Hof zur

General Gu Ziyi (697–781) gewinnt durch persönlichen Mut die Unterstützung der Uiguren zur Rettung der Tangdynastie zurück. Links der General unbewaffnet, rechts die ihm wieder huldigenden uigurischen Anführer in voller Rüstung. Tuschmalerei von Li Gonglin, Ausschnitt aus einer Querrolle (T'aipei, Nationales Palastmuseum).

Flucht. Der jahrelange Aufruhr konnte schließlich nur mithilfe verbündeter uigurischer Truppenkontingente erstickt werden. Die Dynastie wurde zwar gerettet, doch der Preis war – abgesehen von Elend und Verwüstung – eine nachhaltige Schwächung der kaiserlichen Zentralgewalt. Sie wurde zu allem Überfluss auch noch durch Cliquenkämpfe bei Hof unterminiert, bei denen in hohe Ämter berufene Eunuchen eine besonders unrühmliche Rolle spielten.

Die zurückgehenden Staatseinkünfte begann man einerseits durch Errichtung eines Monopols auf Salz, Alkohol und den populärer werdenden Tee in der 2. Hälfte des 8. Jahrhunderts zu mehren. Andererseits löste man, auch im Sinne von mehr Steuergerechtigkeit, die aus Getreide, Tuch und Dienstleistungen bestehende Kopfsteuer ab zugunsten der im Sommer und Herbst fällig werdenden, an Landbesitz und Eigentum orientierten »Zweiersteuer«. Letztlich vereitelten aber die dadurch vornehmlich betroffenen aristokratischen Großgrundbesitzer und die Militärgouverneure mit ihren separatistischen Neigungen den landesweiten Erfolg der Maßnahmen, während gleichzeitig die oft illegale, lokal verfügte Besteuerung für den »kleinen Mann« ins Unerträgliche wuchs. Die Spannung entlud sich schließlich in dem weite Landesteile verheerenden Aufstand des Huang Chao († 884). Der »himmelstürmende Heerführer«, so seine

Mit Wall, Tor- und Mauertürmen befestigte unbekannte chinesische Stadt, vor der eine Zehnerschaft gepanzerter Soldaten die Lanzenattacke und ihre Abwehr durch Schilde übt. Fresko des späten 7. Jahrhunderts aus Höhle 217 in Dunhuang (in der nordwestlichen Provinz Gansu).

Eigenbezeichnung, nahm 880/881 mit 600 000 Mann erst Luoyang, dann Chang'an ein. Wieder flüchtete der Himmelssohn und trat ein vierjähriges Exil in Sichuan an, wieder wurde das Kaiserhaus dank fremder, diesmal türkischer Truppen gerettet. Eine Restauration der Zentralgewalt misslang jedoch trotz großer Anstrengungen, und die Dynastie erlosch 907.

Das Reich zerfiel bis 960 in unabhängige, von regionalen Machthabern kontrollierte Gebiete. Diese Periode heißt in der traditionellen Geschichtsschreibung Wudai(Fünfdynastien-)zeit, da das »Mandat des Himmels« in fünf nacheinander in Nordchina sich gewaltsam ablösenden Herrscherhäusern angeblich weitergereicht worden war. Die im übrigen China gegründeten »Zehn Reiche« wurden als unrechtmäßig stigmatisiert. Hinsichtlich des Einheitsreichs war diese Zeit sicherlich ein Malheur, nicht so für große Teile der unteren Bevölkerungsschichten, denen es – ähnlich wie heute – in manchen der küstennahen Gebiete im Süden besser ging als den Untertanen des »legitimen« Himmelssohns im Norden.

Die Songdynastie (960–1279) – Der Beginn des späteren Kaiserreichs

Der von dem hohen Militär Zhao Kuangyin (postumer Name Taizu) unternommene Putsch gegen die letzte Dynastie der Wudaizeit führte zur Gründung der Songdynastie. Taizu formulierte die sympathische, berühmt gewordene Maxime »das Zivile stark, das Militärische gering gewichten«, auch wenn er und sein Nachfolger, flankiert von gewandter Diplomatie, bei dem fast 20 Jahre währenden Ringen um die neuerliche Einheit des Landes auf starke Armeen nicht verzichten konnten. Die völlige Wiederherstellung des Reichs in den tangzeitlichen Grenzen gelang nicht. Teilgebiete blieben im Norden beim militärisch ebenbürtigen Kitan- oder Liaoreich (916–1125) und im Nordwesten beim XiXia- oder Tangutenreich (1038–1227). Besonders schmerzlich war, dass ganz Nordchina bis zur Höhe des Huai He nach 1127 von den Reiterheeren des Jin- oder Dschurdschenreichs (1115–1234) erobert wurde, die vordem schon das Liaoreich überrannt hatten. Diese Zäsur ist im Übrigen gleichbedeutend mit dem Untergang der Nördlichen Songdynastie. Abkömmlingen des Herrscherhauses Zhao gelang jedoch im selben Jahr die Etablierung der über das verbliebene Rumpfchina gebietenden Südlichen Songdynastie.

Trotz der territorialen Beschneidungen, trotz der Last eines militärisch selten erfolgreichen, zeitweilig auf 1,4 Millionen Mann anschwellenden stehenden Heeres – im Gegensatz zur Tangdynastie unter wechselndem Oberbefehl von überwiegend zivilen Beamten – und trotz vieler anderer Widrigkeiten prosperierte das Songreich, wurde zum fortschrittlichsten Staat der damaligen Welt. Schon 10 Prozent der nun rund 100 Millionen zählenden Bevölkerung lebten in Städten mit ihren Zünften, die beiden Songmetropolen Kaifeng und Hangzhou waren Millionenstädte. Im Rahmen der staatlichen Armenfürsorge gab es Waisenhäuser, Altersheime und Krankenhäuser, im Idealfall bis hinunter zur Kreisstadtebene. Die Administra-

Taizu, der Gründer der Songdynastie. Anonyme Malerei auf einer Querrolle (T'aipei, Nationales Palastmuseum).

Aus einem Aufsatz des Songkanzlers Wang Anshi (1021–86):

Handwerker und Kaufleute, welche die Produktion und den Verkauf von Luxuswaren betreiben, sollen hart besteuert werden, um ihnen das Gewerbe zu erschweren und es zu stigmatisieren. Wenn das Volk merkt, dass es nutzlos ist, weiter Luxusartikel zu produzieren, und dass Bestrafung und Schande diejenigen erwarten, die damit weitermachen, so wird es sich zwangsläufig der Landwirtschaft zuwenden. Da man (dann) mehr Land kultiviert, wird es keinen Mangel an Nahrungsmitteln geben.

tion oblag Beamten, die durch Staatsexamen und nicht mehr wie bisher durch bloße Empfehlung und aristokratische Herkunft qualifiziert waren. Die schnelle Übermittlung von Anordnungen aus der Hauptstadt in alle Landesteile wurde durch zahlreiche Kurierstationen sichergestellt, welche die Hauptverkehrsstraßen des dichten Straßennetzes säumten. Der rege Buchdruck ermöglichte die Publikation des buddhistischen und daoistischen Kanons mit Hunderttausenden von Seiten, von (neo)konfuzianischen Schriften, die Chinas Geistesgeschichte und Staatsdoktrin so tief prägten, von umfangreichen historischen und enzyklopädischen Werken, von Fachbüchern zur Medizin, Landwirtschaft und Technik und schließlich im 11. Jahrhundert von staatlichen und privaten Zeitungen. Der zur Vorbeugung gegen Inflation auf Kupferkuranten basierende Geldumlauf erreichte gigantische Dimensionen. Er musste ständig, vor allem wegen des illegalen Abflusses ins Ausland – in Japan war zu dieser Zeit chinesisches Hartgeld das übliche Zahlungsmittel – und wegen verbotenen Umschmelzens zu buddhistischen Skulpturen, ergänzt werden: um 1070 zum Beispiel jährlich mit etwa 5 bis 6 Milliarden der runden Münzen mit viereckigem Mittelloch. Den Handel erleichterten gedruckte Banknoten, von denen um 1232 über 300 Millionen Stück zirkulierten. Über den ökonomisch und kulturell blühenden Südsongstaat brach ab 1235 der Mongolensturm herein, dem schon das Tanguten- und Dschurdschenreich zum Opfer gefallen waren.

Der Traum jedes Prüflings war es, das höchste Staatsexamen mit der Auszeichnung »zhuangyuan« – wie auf dem Brett zu lesen – bestehen zu können. Holzschnitt aus der Qingzeit (1644–1911/12).

Anders als auf ihren Feldzügen nach Innerasien und Europa mit außergewöhnlichen Landgewinnen in relativ kurzer Zeit brauchten die Herren der Steppe zur Eroberung Rumpfchinas über 40 Jahre. Die von brutaler Disziplin zusammengehaltene, alles niederwalzende Kavallerie der Mongolen konnte ihre Überlegenheit im für sie geomorphologisch ungünstigen Süden (bergig, fluss- und seenreich) und in den ihr aufgezwungenen Belagerungskriegen gegen die hervorragend gesicherten Stadtfestungen kaum entfalten. Der schauerlich loyale Songminister Lu Xiufu ertränkte nach einem letzten Gefecht sich und den amtierenden achtjährigen Kindkaiser, den er sich auf die Schultern gesetzt hatte, 1279 beim heutigen Macao im Meer, um ihm die schmachvolle Absetzung zu ersparen.

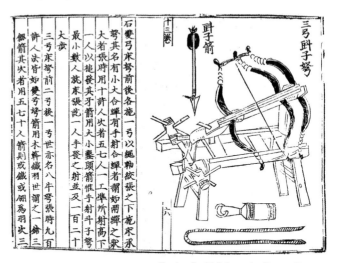

Zu den Fachbüchern der Songzeit gehört auch eine Militärenzyklopädie mit einer Fülle von Informationen über die Streitkräfte dieser Zeit. Die Abbildung zeigt eine stationäre Geschützarmbrust, bei der drei Einzelbögen zur Steigerung der Schusskraft miteinander verbunden sind.

Die Herrschaft der Mongolen: Die Yuandynastie (1271–1368)

Die Eroberer hatten schon Ende 1271 unter Kubilai, als Kaiser Shizu, die Yuandynastie ausgerufen. Peking wurde unter der Bezeichnung Daidu erstmalig Hauptstadt des Reichs und durch einen neuen, den heute noch genutzten, fast meridional verlaufenden Kaiserkanal an die agrarischen Überschussgebiete der Jangtse-Tieflandkammern angebunden. Die Mongolen errichteten eine Art Militärdiktatur, unter der durch diskriminierende Gesetze die hierarchische Sonderstellung der neuen Oberschicht samt ihren Privilegien fixiert wurde. Der ursprüngliche Plan, riesige Agrarflächen Nordchinas in Pferdeweiden zu verwandeln, wurde nur deswegen aufgegeben, weil die Ausbeutung des Landes mithilfe der übernommenen, überwiegend willig für die neuen Herren arbeitenden Bürokratie höheren Nutzen versprach.

Begünstigt durch die mongolischen Eroberungen in Eurasien blühte der Fernhandel auf, und Kaufleute wie Marco Polo waren gern gesehene Gäste. Toleranz praktizierte die Fremddynastie gegenüber allen Religionen, auch wenn ihre Angehörigen meist dem Buddhismus in Gestalt des Lamaismus zugetan waren. Das Reich der Mitte erreichte unter der Yuandynastie seine größte Ausdehnung. Alle seit der Tangzeit verlorenen Gebiete eroberten die Steppennomaden für China zurück, ergänzt um das 316 Jahre eigenständige Reich Nanzhao (ein späterer Name Dali) mit seinem Kernraum im heutigen Yunnan.

In der ländlichen Bevölkerung, die vielerorts in die Leibeigenschaft gezwungen wurde, um auf den von den mongolischen Aristokraten konfiszierten Ländereien zu schuften, hatte es nie – anders als unter der letzten Mandschu-Fremddynastie – das Maß an Zustimmung gegeben, das für eine längerfristige effektive Herrschaftsausübung unerlässlich gewesen wäre. Kleinere und größere, zum Teil durch messianische Lehren inspirierte Aufstände waren vor allem in Südchina an der Tagesordnung. Enorme volkswirtschaftliche Probleme, unter anderem hervorgerufen durch die Auswirkungen zerstörerischer Hochwasser- und Dürrekatastrophen, eine nicht beherrschbare Inflation des zum alleinigen Zahlungsmittel erklärten Papiergeldes, heftiger Dauerzwist im tonangebenden mongolischen Hochadel besonders wegen der Thronfolge, all dies und mehr ließ das »Mandat des Himmels« unaufhaltsam verblassen. Den Todesstoß gegen die Yuandynastie führte ein nach konfuzianischen Maßstäben ungebildeter Emporkömmling, der mit untrüglichem Machtinstinkt und Fortune ausgestattete Zhu Yuanzhang, als Kaiser Taizu.

Die Mingkaiser (1368–1644) –
Einheimische Autokraten

Taizu jagte aber nicht nur die Steppenaristokraten davon und gründete 1368 in Nanking (erst ab 1421 war Peking wieder Metropole) die einheimische Mingdynastie, sondern beseitigte auch die drohende Gefahr eines neuerlichen Partikularismus in Form regionaler Kriegsherren, die das Erschlaffen der Yuan-Zentralgewalt nach 1350 nutzen wollten. Taizu ließ

In der Dynastiegeschichte der Yuan (Yuanshi) sind Strafgesetze überliefert, die zum Beispiel bei Totschlagsdelikten diese Bestimmung enthalten (juan 105):

In allen Fällen, in denen ein unfähiger Arzt durch Akkupunkturnadel oder Medikamente jemanden zum Tode befördert, erhält er 107 Hiebe mit dem schweren Prügelstock und zahlt die Kosten für die Trauerfeierlichkeiten und die Beerdigung.

Taizu, der Gründungskaiser der Mingdynastie. Seidenmalerei eines unbekannten Hofmalers.

auch alte hochrangige Mitstreiter, die er einer Auflehnung für fähig hielt, reihenweise umbringen. Stets misstrauisch gegenüber der Elite mit Staatsexamen, begründete er die Tradition, die übernommene zentralistische Administration einzig auf den Himmelssohn auszurichten. Schon immer mit Weisungskompetenzen ausgestattete Spitzenbeamte degradierte er zu reinen Beratern. Ungeachtet dieser ausgeprägten Autokratie erlebte das Reich mit seinen rund 150 Millionen Einwohnern Ende des 16. Jahrhunderts eine längere wirtschaftliche Blüte. Die Grundlage hierfür schufen unter anderem Steuerprivilegien für die Inkulturnahme von Brachland, eine erfolgreiche Wasserbau- und Bodenverbesserungspolitik zur Steigerung der Ernteerträge (neben dem traditionellen Getreide jetzt häufiger auch Mais, Bataten, Erdnüsse und Baumwolle), mäßige Abgaben an den Staat sowie ein reger Handel mit Textilprodukten, Porzellan- und Lackwaren.

Im Geistesleben brachte es der in Umgangssprache verfasste Roman zu großer Popularität, der Welt größte Enzyklopädie mit dem Gesamtwissen des damaligen China wurde zusammengestellt, und Wang Yangming belebte den zur Orthodoxie erstarrten Neokonfuzianismus. Im 16. Jahrhundert kamen nach den oft rüpelhaft auftretenden europäischen Kaufleuten christliche Missionare wie zum Beispiel der sinophile Matteo Ricci ins Land, ohne allerdings je Bekehrungserfolge wie etwa die Buddhisten verbuchen zu können.

Wie immer gab es viele Gründe für den Untergang der Dynastie. Trotz Neubaus der Großen Mauer und trotz etlicher Siege der Mingfeldarmeen war eine nachhaltige Befriedung der nördlichen Nomaden nicht gelungen. Militäraktionen wie die Unterstützung des »Vasallen« Korea gegen zwei japanische Invasionen, richteten – zusätzlich zum Blutzoll – ebenso wie die Ausplünderung der südostchinesischen Küstenregionen durch japanische Seeräuber beträchtlichen volkswirtschaftlichen Schaden an. Zum wohl größten Problem entwickelte sich letztendlich die Steuereinnahmen mindernde Bodenakkumulation in den Händen weniger bei gleichzeitiger Überdrehung der Abgabenschraube zuungunsten vieler. Hinzu kam ein Verlust an politischer Handlungsfähigkeit, verursacht durch ein von den verhassten Eunuchen mitverschuldetes Kompetenzenchaos im Machtzentrum. Eine in Shaanxi ausbrechende Hungerkatastrophe war das Fanal für den von Li Zicheng geführten Aufstand. Im April 1644 besetzte sein Heer Peking, da ein Großteil des kaiserlichen Militärs zur Abwehr der sich zum Angriff auf China formierenden Mandschuren gebunden war. Der letzte Mingkaiser erhängte sich, doch konnte Li, der sich flugs zum Himmelssohn ernannte, nur kurz seinen Triumph auskosten. Er starb 1645 im Kampf, auf der Flucht vor den Mandschuren, die die letzte, bis 1911 während Qingdynastie in China gründeten. KLAUS FLESSEL

Oben eine unter anderem mit einem Phönix verzierte Porzellanvase mit durchbrochenem Dekor aus der späten Mingzeit. Die blaue Farbe ist unter, die anderen Farben sind auf der Glasur aufgetragen. Rechts eine blau-weiße Porzellanvase der Mingzeit, dekoriert mit Drachen und Blumen; Anfang des 15. Jahrhunderts (T'aipei, Nationales Palastmuseum).

Vom Absolutismus des Kaisers zur Herrschaft der Schogune – Japan (710–1603)

D as 7. Jahrhundert ist in die japanische Geschichte als ein Jahrhundert der Reformen eingegangen. Unter maßgeblicher Mitwirkung von Fujiwara no Fuhito, dessen Familie jahrhundertelang die Politik des Kaiserhauses bestimmen sollte, wurden die zahlreichen Einzelreformen 701 im Taihōkodex zusammengefasst; das Land war zu einem zentralistischen, bürokratisch organisierten Staat unter der absoluten Herrschaftsgewalt des Kaisers geworden.

Die Narazeit (710–784)

K aiserin Gemmei ließ die erste ständige Hauptstadt Japans, Heijō-kyō, das heutige Nara, anlegen; sie wurde nach kontinentalem Muster erbaut und 710 bezogen. Diese Herrscherin veranlasste auch die Aufzeichnung der besonders für die Mythologie wichtigen Reichschronik »Kojiki« und der Provinztopographien »Fudoki« mit Angaben zur Lokalgeschichte. Das »Nihon-shoki«, die erste der »Sechs offiziellen Reichsgeschichten«, sowie eine revidierte Fassung des Taihōkodex, der Yōrōkodex, wurden zwar erst nach Gemmeis Rücktritt 715 fertig, aber Fujiwara no Fuhito dürfte an ihnen noch entscheidend mitgewirkt haben.

Die Verbesserung landwirtschaftlicher Arbeitsmethoden, die Ausweitung der Anbauflächen und der Ausbau des Straßennetzes, zudem der Fortfall der hohen Kosten für Residenzneubauten führten um die Mitte des 8. Jahrhunderts zu steigendem Wohlstand der höfischen Gesellschaft und ermöglichten damit eine kulturelle Blüte (Tempyōzeit, etwa 730–770): Nicht nur die Tempelanlage des Tōdaiji in Nara mit ihrer 752 geweihten großen Buddhastatue, auch die im Tempelschatzhaus Shōsōin befindlichen kostbaren Kunstgegenstände und kunsthandwerklichen Arbeiten aus kaiserlichem Besitz machen Kunst, Geschmack und Reichtum dieser Epoche deutlich.

Geistig-religiös stand der Buddhismus im Mittelpunkt. Fuhitos Enkel, Kaiser Shōmu, verfügte 741, in jeder Provinz sei ein buddhistischer Tempel zu errichten, der Tōdaiji war als ihr Zentrum gedacht. Mit Shōmu und verstärkt nach seinem Tod 756 nahm der Einfluss der buddhistischen Geistlichkeit auf Hof und Regierung zu. Der Priester Dōkyō brachte es sogar zum Großkanzler und strebte nach der Kaiserwürde, wurde aber 770 gestürzt. Nun besetzten wieder Angehörige der Familie Fujiwara die Führungspositionen. Sie suchten den buddhistischen Klerus von den Staatsgeschäften auszuschließen, und auch Kaiser Kammu war bestrebt,

Der Tōdaiji in Nara war ursprünglich ein großer Tempelkomplex, dessen Gebäude inzwischen zum großen Teil durch Feuer zerstört wurden. Mehrmals wieder aufgebaut wurde die Halle des Großen Buddha, die als das größte Holzbauwerk der Erde bezeichnet wird. In dieser Halle befindet sich der von Kaiser Shōmu gestiftete monumentale Buddha (Höhe 16 m), der 752 im Beisein des Kaisers und einer großen Anzahl von Mönchen aus allen Teilen Japans und Asiens in einer Zeremonie des »Augenöffnens« geweiht wurde.

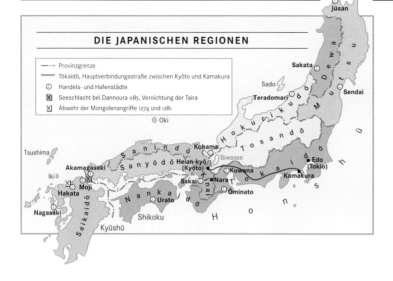

DIE JAPANISCHEN REGIONEN

- -·- Provinzgrenze
- ─── Tōkaidō, Hauptverbindungsstraße zwischen Kyōto und Kamakura
- ◎ Handels- und Hafenstädte
- ⊠ Seeschlacht bei Dannoura 1185, Vernichtung der Taira
- ⊠ Abwehr der Mongolenangriffe 1274 und 1281

den Hof aus dem Einflussbereich der großen Klöster zu entfernen. Vermutlich deswegen verlegte er 784 die Hauptstadt nach Nagaoka.

Die frühe Heianzeit (ab 794)

Im November 794 zog der Kaiser abermals um, diesmal in die neue Stadt Heian-kyō, die der folgenden Zeit (bis 1185) den Namen gab; sie heißt heute Kyōto und blieb Residenz der Kaiser bis 1869.

Die Kontrolle der Lokalverwaltungen, auch für Rekrutierungen wichtig, handhabte Kammu streng. Ebenso schritt er gegen das Anwachsen steuerfreien Großgrundbesitzes ein, besonders gegen den von Tempeln und Klöstern, allerdings ohne dauerhaften Erfolg. Wegen wiederholter Aufstände des Volksstamms der Emishi im Norden der Hauptinsel Honshū reformierte Kammu das veraltete Heerwesen. Macht und Ansehen des Thrones konnten seine Söhne jedoch nicht in dem ererbten Maß erhalten. Künste und Wissenschaften erreichten in der Heianzeit wieder ein hohes Niveau. Das Chinesische herrschte in der Literatur noch vor. Auch das Bildungswesen folgte chinesischem Vorbild.

Statue des chinesischen Mönches Chien Chen (japanisch Ganjin) im von ihm 759 gegründeten Haupttempel der Ritsu-Sekte, Tōshōdaiji in Nara.

Der Beginn der Fujiwarazeit (866)

Innenpolitisch leitete Fujiwara no Yoshifusa mit einer meisterhaften, bösartigen Intrige die beschleunigte legale Entmachtung der regierenden Kaiser ein. Mit seiner Ernennnung zum Regenten 866 beginnt die Spätphase des Absolutismus, sie wird auch als Fujiwarazeit bezeichnet. Das Regentenamt war später in der Familie Fujiwara erblich: Ihre Töchter heirateten in das Kaiserhaus, und sie verstand es, die »Herrschaft« minderjähriger Kaiser auszunutzen.

Der amtierende Kanzler am Beginn des 10. Jahrhunderts, Fujiwara no Tokihira, machte sich mit seinem Vorgehen gegen das An-

Holzstatue des indischen Priesters Muchaku, des Begründers der buddhistischen Hossō-Sekte, die sich besonders in der Narazeit in Japan verbreitete. Die Statue stammt von Unkei, dem japanischen Meister der buddhistischen Holzskulptur (um 1210; Nara, Tempel Kōfukiji).

wachsen privaten Großgrundbesitzes viele Feinde. Verdient machte er sich u. a. durch die Mitherausgabe der letzten, chinesisch abgefassten »Sechs Reichsgeschichten« (901). Unter den japanisch geschriebenen belletristischen Werken wurde eine erste offizielle Anthologie japanischer Gedichte (Kokin-wakashū) um 908 abgeschlossen, Mitherausgeber war der als Dichter berühmte Ki no Tsurayuki, der auch das älteste Reisetagebuch (Tosa-nikki) in der Landessprache verfasste; Männer schrieben sonst damals grundsätzlich chinesisch. Im 10. Jahrhundert entwickelte sich die japanisch geschriebene Prosaliteratur sprunghaft, bis zwischen 1010 und 1020 die klassische Literatur mit dem »Kopfkissenbuch« (Makura no sōshi) und dem »Genji-Roman« (Genji-monogatari) auf ihrem Höhepunkt stand; die Autoren waren Damen der höfischen Gesellschaft.

Seit dem 10. Jahrhundert gewannen die Krieger zunehmend an Bedeutung, parallel dazu verlief die Konzentration steuerfreier Latifundien. Besonders im Kantōgebiet (um das heutige Tokio) erreichten die Krieger große Macht; einer ihrer Führer wagte es sogar 940, sich zum Kaiser auszurufen. Den Westen des Landes machten Seeräuber unsicher; die Zentralregierung hatte Mühe, die Ruhe wieder herzustellen.

Die Regentschaft des Fujiwara no Michinaga (966–1028)

Ab 967 blieb die Position der Fujiwara als Großkanzler und Regenten unangefochten; mit nur kurzen Unterbrechungen war bis 1868 stets ein Mitglied ihres Hauses Regent. Die Besetzung dieses

Der Byōdōin in Uji, ursprünglich eine Palastanlage der Familie Fujiwara, ist seit 1053 buddhistischer Tempel. Das Bild zeigt die Phönixhalle »Hōō-dō«, einer der wenigen erhaltenen Bauten der Heianzeit. In dieser Halle befindet sich der vor einer flammenden Mandorla auf einer Lotusblüte thronende, 3 m hohe Amida-Buddha des Bildhauers Jōhō.

Amtes regelte die Familie mitunter intern, ohne den Kaiser zu fragen. Der bedeutendste der Fujiwararegenten, Fujiwara no Michinaga, leitete die Regierungsgeschäfte von der Hauskanzlei seiner Familie aus, die staatlichen Verwaltungsorgane wurden weitgehend bedeutungslos. Michinagas (nur teilweise) erhaltener Landsitz, der heutige Byōdōin in Uji, spiegelt die Pracht und den verfeinerten Kunstsinn seiner Zeit. Militärisch war der Kaiserhof aber, da er kein stehendes Heer unterhielt, so schwach, dass Fujiwara no Michinaga zum Schutz der Hauptstadt und zur Durchführung staatlicher

Zwangsmaßnahmen die Hilfe eines der erstarkten Kriegergeschlechter selbst benötigte, um den anderen gebührend begegnen zu können. Für ihre Unterstützung erhielten Kriegerfamilien Privilegien in den Provinzen, auch für ihre Besitzungen, und glänzende Titel. Daran änderte sich auch im folgenden Jahrhundert nichts. Gewalttätige Übergriffe waren auch von den Klöstern zu befürchten; deren größte unterhielten damals Bewaffnete, ungeachtet des buddhistischen Gebotes, nicht zu töten. So setzten, als 1039 über 3000 Mönchssoldaten des Klosters Hieizan die nahe Metropole bedrohten, Angehörige des Hauses Taira ihre Truppen gegen sie ein. Im Norden, in Mutsu, hatten die Abe ein nahezu autonomes Gebiet errichtet. Minamoto no Yoriyoshi wurde 1051 mit ihrer Niederwerfung beauftragt; dies gelang jedoch erst 1062 mithilfe der den Abe benachbarten Familie – die danach deren Gebiet dem ihren angliederte.

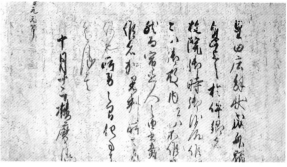

Brief des Taira no Kiyomori an den Kaiserhof, in welchem er mit seiner Unterschrift bestätigt, dass das Dorf Hoshida nicht Bestandteil des kaiserlichen Weidegeländes ist.

Der Bürgerkrieg – Taira und Minamoto

Von der Bevormundung durch die Fujiwara konnte Kaiser Shirakawa das Kaiserhaus befreien, indem er, nach seiner Abdankung 1087, eine eigene Hofhaltung und Verwaltung aufbaute und damit die Macht im Reich behielt; er hatte sie schon als regierender Kaiser tatsächlich ausgeübt. Die Fujiwara blieben als entmachtete Regenten am Hof eines nur nominell regierenden Kaisers. Die Epoche der Herrschaft der zurückgetretenen Kaiser (»in-sei«; bis ins 13. Jahrhundert) begann. Zunächst wirkte sich das System günstig aus, aber es förderte den weiteren Autoritätsverlust des Kaisers. Die Unterstützung durch den vom Hofadel im Grunde verachteten Schwertadel war jedoch keineswegs überflüssig geworden. In der 1. Hälfte des 12. Jahrhunderts errangen die Taira große Macht. Taira no Kiyomori hatte im Dienst des Exkaisers das Monopol für den Chinahandel erworben und kontrollierte die Inlandsee. Unter diesen Umständen kam es zu komplizierten Frontbildungen in der Hauptstadt. Die gleichzeitige Existenz mehrerer Exkaiser führte zu Zerwürfnissen auch in der Familie Fujiwara.

Ein Soldat der Heianzeit in seiner Rüstung.

Der erste offene Zusammenstoß ereignete sich im Juli 1156 (Hōgenaufstand) zwischen dem Kaiserhaus, den Fujiwara, Minamoto und Taira. Neue Differenzen führten zum Heijiaufstand (Januar 1160), bei dem die Minamoto Exkaiser Goshirakawa und den amtierenden Kaiser gefangen setzten. Taira no Kiyomori schlug die Erhebung nieder, befreite die Gefangenen und schickte die überlebenden Putschisten in die Verbannung, darunter Minamoto no Yoritomo und dessen Halbbruder Yoshitsune. Kiyomori brachte nun aber breite Kreise gegen sich auf, noch mehr, nachdem er 1180 seinen zweijährigen Enkel Antoku hatte inthronisieren lassen: Ein Sohn Goshirakawas und ein Minamoto riefen zum Aufstand gegen die Taira auf; damit begann der Bürgerkrieg. Minamoto no Yoritomo verließ seinen Verbannungsort und sammelte Truppen. Nach Kiyomoris Tod (1181) führte Yoritomo die Kämpfe fort und trug sie von seiner Basis im Osten aus weiter in das Zentrum und den Westen der Hauptinsel. Das organisatorische Geschick und die taktische Begabung Yoshitsunes setzten den Heeren der Taira zu und führten zu der Seeschlacht von Dannoura, die mit einem großen Sieg der Mina-

Darstellung der Seeschlacht von Dannoura auf einem Wandschirm. In dieser Schlacht im Jahre 1185 wurde die Flotte der Taira versenkt.

Kamakura- und Muromachi-Schogunat (Schogune und Shikken in Auswahl):

Kamakura-Schogunat

1192–99	Minamoto no Yoritomo (1. Schogun)
1203–05, †1215	Hōjō Tokimasa (1. Shikken)
1205–24	Hōjō Yoshitoki (2. Shikken)
1224–42	Hōjō Yasutoki (3. Shikken)
1268–84	Hōjō Tokimune (8. Shikken)
1316–26, †1333	Hōjō Takatoki (14. Shikken)

Muromachi-Schogunat

1338–58	Ashikaga Takauji (1. Schogun)
1369–95, †1408	Ashikaga Yoshimitsu (3. Schogun)
1449–74, †1490	Ashikaga Yoshimasa (8. Schogun)

moto endete (1185). Viele Taira gingen zugrunde, Kaiser Antoku ertrank. Die entscheidende Phase des Bürgerkrieges war nun beendet, mit ihm der letzte Abschnitt des Absolutismus.

Der Beginn des Kamakura-Schogunats (1192)

Schon während des Krieges hatte Minamoto no Yoritomo mit dem Aufbau einer eigenen Verwaltung in seiner Residenz Kamakura begonnen; dabei zog er erfahrene, gut ausgebildete ehemalige hauptstädtische Beamte in seinen Dienst. Mit der Ausdehnung seines Einflussbereiches stießen immer mehr Krieger zu ihm, und er fügte sie in sein aus kleinen Anfängen entwickeltes Lehnssystem ein. Den Abfall Yoshitsunes nutzte er, um dem mit diesem im Bunde stehenden Exkaiser Goshirakawa weitgehende Vollmachten abzuringen; so wurde ihm gestattet, in allen Provinzen Militärgouverneure sowie für alle Domänen Vögte einzusetzen. Kamakura wurde damit die Basis für den Aufbau einer umfassenden feudalistischen Organisation sowie eines Kontroll- und Verwaltungsapparats, der sich über fast ganz Japan erstreckte. Nur im Norden gab es noch einen starken möglichen Gegner, den Fürsten von Mutsu in Hiraizumi; mit ihm hatte sich Goshirakawa gegen Yoritomo verbinden wollen, und dorthin war auch Yoshitsune vor den Verfolgungen seines Halbbruders geflohen.

Unter einem Vorwand und ohne offiziellen Auftrag fiel Yoritomo in das Fürstentum ein, zerstörte es 1189/90 und gliederte es seinem Machtbereich an. Erst jetzt war der Bürgerkrieg abgeschlossen, ganz Japan der Militäradministration unterworfen. Aber Yoritomos unversöhnlicher Gegner Goshirakawa verweigerte ihm die erhoffte Ernennung zum Schogun. Erst der damals zwölfjährige Kaiser Gotoba sprach sie, vier Monate nach des Exkaisers Tod, aus. Am 21. August 1192 begann damit formell das Schogunat. Der Kaiser in Kyōto war entmachtet. Nur für die Bestallung der Schogune, die er verfügen musste, war seine Unterschrift erforderlich. Diese wechselseitige Abhängigkeit garantierte den Fortbestand des Kaiserhauses während der folgenden rund 700 Jahre der Kriegerherrschaft.

Machtverlust des Schogunats unter Yoritomos Söhnen

U nter den Söhnen Yoritomos (†1199) setzte sogleich der Machtverlust der Schogune ein. Hōjō Tokimasa, Großvater des 3. Schoguns, des letzten Sohnes von Yoritomo, übernahm schließlich mit der Funktion eines Militärregenten (Shikken) die Position, die bis 1333 erblich in seiner Familie blieb. Nach 1219 – Yoritomos Linie erlosch damals – ließen die Machthaber in Kamakura Angehörige des höfischen Hochadels als Schogune einsetzen, seit 1252 Mitglieder der kaiserlichen Familie. Sie waren aber nur nominell Träger eines Titels, wie es die Kaiser neben Regenten und Exkaisern waren. Die Bemühungen des Hofes, die Regierungsgewalt zurückzugewinnen, scheiterten sämtlich. Spektakulär war der Versuch von 1221: Gotoba, nun Exkaiser, wähnte sich stark genug, den Militärregenten Hōjō Yoshitoki aller seiner Ämter zu entkleiden, und erklärte ihn zum Gesetzesbrecher. Wenig später rückten die Heere Kamakuras auf Kyōto vor, drangen nach schweren Kämpfen in die Hauptstadt ein und bestraften die Verantwortlichen. Drei Exkaiser wurden verbannt, der Kaiser zum Rücktritt gezwungen und die direkt beteiligten Hofadligen hingerichtet.

Bis zum Niedergang des Kamakura-Schogunats (1333)

E iner der bedeutendsten Militärregenten, Hōjō Yasutoki, ließ einen Kodex zusammenstellen, der den besonderen Bedürfnissen der Kriegergesellschaft entsprach. Die mustergültigen Zustände in den vom Schogunat direkt beaufsichtigten Klöstern des Kantō-gebietes zogen berühmte Mönche in den Osten Japans; hier breitete sich auch die Lehre des Zen weiter aus. Der Hof rief Yasutoki 1242 sogar zur Schlichtung von Thronfolgestreitigkeiten an und beugte sich seinem Spruch. Das Ansehen des Schogunats hatte einen Höhepunkt erreicht, wie es nur noch einmal unter Yasutokis Urenkel Tokimune geschah, während dessen Amtszeit der Mongolenherrscher Kubilai Japan 1274 und 1281 vergeblich zu unterwerfen suchte.

Stilisiertes Porträt des Begründers des Kamakura-Schogunats, Minamoto no Yoritomo.

Besonders in den Zenklöstern wurde die Anlage und Pflege der Gärten weiter entwickelt. Der Klostergarten war nicht nur Ort der Meditation, seine Pflege konnte sowohl kontemplative als auch ästhetische Erfahrung bedeuten. Einen konsequenten Verzicht auf Pflanzen, Wasser und Brücken zeigt der berühmte Steingarten des Klosters Ryūanji in Kyōto (gegründet 1450). Er besteht aus geharktem Kies und 15 in fünf Gruppen gesetzten Steinen.

Der Goldpavillon (1398) gehört zu
der Palastanlage, die der Schogun
Yoshimitsu in Kyōto anlegen ließ.
Hier feierte er seine üppigen Feste
mit Tanz- und Theateraufführungen.
Der Pavillon wurde 1955 nach einem
Brand rekonstruiert.

Ein Meister der aus der Tradition des
Zen hervorgegangenen monochromen
Tuschmalerei ist der Maler, Zenpriester
und Gartenkünstler Sesshū, der sich
bei einem Aufenthalt in China im
Haboku-Stil (»Stil der aufgespritzten
Tusche«) unterrichten ließ. Sein Bild
»Landschaft im Haboku-Stil« ist der
untere Teil einer Hängerolle; in der
langen Inschrift des oberen Teils
berichtet Sesshū von seiner Chinareise.
Das Bild wird auf das Jahr 1495 datiert
und befindet sich im Nationalmuseum
in Tokio.

Der Zustand der ständigen Verteidigungsbereitschaft verschärfte, zumindest regional, die wirtschaftliche Lage. Misswirtschaft und Arroganz des Hōjō Takatoki riefen schließlich Zerwürfnisse unter den tonangebenden Gruppen Kamakuras hervor, die es Kaiser Godaigo erleichterten, zum Aufstand gegen die Hōjō aufzurufen. Thronfolgestreitigkeiten hatten zum Bruch geführt, Kōgon wurde 1331 zum Gegenkaiser eingesetzt. Ashikaga Takauji sollte mit Hōjōtruppen gegen Godaigo ziehen, wechselte aber die Front und eroberte im Juni 1333 Kyōto für Godaigo; Kamakura fiel im Juli: Das Schogunat brach zusammen, Hōjō Takatoki beging am 4. Juli 1333 mit vielen Angehörigen seiner Sippe Selbstmord.

Spaltung des Kaiserhauses

Godaigo zog Mitte Juli 1333 in Kyōto ein und übernahm die Staatsgeschäfte. Da er jedoch die höheren Positionen bevorzugt mit Höflingen, ohne Erfahrung und die nötige Ausbildung, besetzte, konnte er die Missstände nicht beseitigen. Die Unzufriedenheit wuchs, überlebende Hōjō hatten sogar Kamakura zurückgewinnen können. Gegen sie entsandte er Ashikaga Takauji, der sich jedoch nach der Einnahme des Ortes befehlswidrig darin niederließ. Godaigo befürchtete die Wiedererrichtung des Schogunats und ließ ein Heer gegen Takauji ausrücken. Es wurde geschlagen, Takauji zog nach Kyōto. 1336 errang er den entscheidenden Sieg über die Kaiserlichen und setzte Kōmyō als Kaiser ein. Godaigo floh 1337 nach Yoshino, wo er den »Südlichen Hof« gründete. Damit war das Kaiserhaus in zwei Linien gespalten. Da Godaigo die Reichsinsignien mitgenommen hatte und sie bei seinen Nachfolgern blieben, wurde seine Linie später als die legale anerkannt.

Chronische Finanznöte unter dem Muromachi-Schogunat (1338–1573)

Mit der Ernennung Ashikaga Takaujis 1338 zum Schogun beginnt das Schogunat der Ashikaga oder von Muromachi; der Bezirk Muromachi in Kyōto wurde unter dem 3. Ashikaga-Schogun Yoshimitsu Sitz der Militäradministration.

Der Südhof führte einen zunächst recht erfolgreichen Kleinkrieg gegen die insgesamt stärkeren Truppen des Schogunats, sah sich aber schließlich zu einer Einigung genötigt. 1392 übergab der Südhof dem Nordkaiser Gokomatsu die Reichsinsignien und erkannte ihn damit an. Eine wirtschaftliche Entlastung bedeutete das Ende des Erbfolgekriegs allerdings nicht: Der Schogun Yoshimitsu gab große Summen für Künste und Künstler aus. Politisch war er sehr geschickt, sowohl im Umgang mit dem Kaiserhof, der hohen Geistlichkeit und seinen mächtigen Vasallen als auch, nach der Bezwingung seines letzten bedeutenden Gegners im Westen (1400), bei den wirtschaftlich wichtigen Verhandlungen mit dem chinesischen Kaiser.

Unter seinen Nachfolgern verschlechterte sich das Verhältnis zum Hof und zu China. Familienzwist minderte ihr Ansehen und ihre Macht. Einzelne Vasallen brachten, von der schwachen Zentralverwaltung kaum gehindert, weite Ländereien an sich. Manchen trug der Überseehandel große Gewinne ein. Den Ashikaga-Schogunen gelang es dagegen nie, die Staatseinkünfte zu verbessern. Man hat die Finanz- und Staatsverwaltung ihrer Zeit als die wahrscheinlich schlechteste der ganzen japanischen Geschichte bezeichnet. Den 8. Ashikaga-Schogun Yoshimasa hinderten weder Seuchen noch Hungersnöte, Unsummen für Künstler und ihre Werke auszugeben; er ließ in Kyōto den Ginkakuji (»Silberpavillon«) errichten, der Zenmaler Sesshū schuf seine Meisterwerke. Die Politik kam dabei zu kurz; den Ausbruch des Ōninkrieges (1467–77) soll Yoshimasa so verschuldet haben. Dieser Bürgerkrieg hatte sich aus einer Fehde großer Vasallen entwickelt; bei seinem Ende war die Hauptstadt weitgehend zerstört. Aber immer noch bestimmten Chaos, Fehden, Überfälle und Feldzüge das folgende Jahrhundert (»Die Zeit der kämpfenden Reiche«, »sengoku-jidai«). Alte Geschlecher gingen zugrunde, neue politische Gebilde entstanden. Zudem waren 1542/43 Europäer nach Japan gelangt; Feuerwaffen wurden bekannt.

Die »Burg des weißen Reihers« in Himeji geht auf das 14. Jahrhundert zurück und wurde von Toyotomi Hideyoshi zur Garnison und Festungsanlage ausgebaut.

In Ostjapan brachte ab 1560 Oda Nobunaga Provinz um Provinz in seine Gewalt. Der letzte Ashikaga-Schogun musste fliehen, das Muromachi-Schogunat hörte 1573 zu bestehen auf.

Die Einigung Japans während des Interregnums Oda/Toyotomi (1573–1603)

Oda Nobunaga wandte sich nun Westjapan zu. Nach jahrelangen Kämpfen starb er 1582 durch Verrat. Toyotomi Hideyoshi, einer seiner Heerführer, führte die eingeleiteten Operationen zu Ende und gewann weitere Provinzen; 1587 wurde er zum Großkanzler ernannt und erhielt den Familiennamen Toyotomi. 1590 waren die letzten noch unbotmäßigen Landesherren bezwungen, zog er in die Burg von Odawara ein, wo er dem bereits mit Nobunaga verbündeten Tokugawa Ieyasu die Kantōprovinzen übertrug. Letzterer hielt am 30. August 1590 Einzug in die Burg Edo.

Porträt des Tokugawa Ieyasu, nach dessen Sieg in der Schlacht bei Sekigahara (1599) ein Jahrhundert der Bürgerkriege in Japan zu Ende ging.

Das geeinte Japan stand jetzt wieder unter einer Zentralregierung. Toyotomi Hideyoshi begann nun einen – allerdings glücklosen – Eroberungskrieg gegen Korea. Er führte aber auch den von Nobunaga begonnenen Ausbau der Verkehrswege und die Landvermessung fort; damit wurden sichere Maßstäbe für die Besteuerung und die Belehnung geschaffen. Die Konflikte nach Hideyoshis Tod (1598) fanden ihr Ende in der Schlacht bei Sekigahara (1600), aus der Ieyasu als Sieger hervorging.   HANS A. DETTMER

Dschingis Khan, porträtiert von einem unbekannten chinesischen Künstler, 13./14. Jahrhundert (T'aipei, Nationales Palastmuseum).

Der Kanoniker Thomas von Split (13. Jahrhundert) über das Aussehen der Mongolen:

Ihr äußerer Anblick ist von schrecklicher Wildheit. Sie haben kurze Beine, aber eine weite Brust; ihr Gesicht ist breit, die Haut weiß, die Wangen bartlos und die Nase krumm, die kleinen Augen sind durch einen größeren Abstand voneinander getrennt.

Dschingis Khan und seine Gemahlin Börte. »Er sah ein Mädchen mit Glanz im Gesicht und Feuer in den Augen, und er fand Gefallen an ihr in seinem Herzen« (Geheime Geschichte der Mongolen 66).

Aus der Jurte auf den Thron – Das mongolische Weltreich und seine Nachfolgestaaten

Das Weltreich

Zu Beginn des 13. Jahrhunderts brachte ein kleines Volk von Jägern und berittenen Hirtennomaden, beheimatet im Nordosten der heutigen Mongolischen Republik, die türkisch-mongolischen Stämme Zentralasiens unter seine Botmäßigkeit, unterwarf in den nachfolgenden Eroberungszügen die mächtigsten Kulturstaaten Asiens und drang schließlich bis weit nach Europa vor. Der Mann, der dieses Volk zum Sieg führte, hieß mit persönlichem Namen Temüdschin und trat unter seinem Titel Dschingis Khan in den Blickpunkt der Weltgeschichte.

Geboren im Jahre 1167 – nach anderer Überlieferung 1155 –, entstammte Temüdschin dem Klan der Bordschigid (»Wildentenleute«), unter dessen Führung bereits im 11. und 12. Jahrhundert eine Konföderation mit der Bezeichnung »Mongolenreich« entstanden war. Äußere Feinde und interne Uneinigkeit hatten die Gemeinschaft jedoch um 1160 wieder auseinander brechen lassen. Als Temüdschin, Nachfahre jener Reichsgründer, neun Jahre zählte, fiel sein Vater Yisügei einem Giftmord durch die feindlichen Tataren zum Opfer. Von allen Gefolgsleuten allein gelassen, brachte Temüdschins Mutter ihn und seine vier jüngeren Geschwister durch. Die bitteren Erfahrungen mit der Unbeständigkeit der Verwandtschaft, der Steppenpolitik und der stammesgebundenen Kriegführung prägten später Dschingis Khans Strategie und Organisation, die dem mongolischen Reich seinen einzigartigen Charakter gaben.

Es war dies zum einen der geschickte Einsatz traditioneller Mittel wie Heiratsverbindung, Patronage benachbarter Stammesfürsten, Allianzen durch Blutsbruderschaft (»anda«), vor allem aber die Gewinnung von Gefolgsleuten, deren Loyalität ausschließlich seiner Person galt; zum anderen waren dies bemerkenswerte Neuerungen: durch Leistung und Verdienst und nicht aufgrund herkunftsorientierter Kriterien zu Stellung und Ansehen zu kommen; den völligen Sieg über die Feinde anzustreben und nicht Beute letztendlich als Zweck eines Angriffs zu sehen; sich als alleiniger Oberherr die gesamte Kriegsbeute zu sichern und die Anteile nach Verdienst und Leistung – oder auch nach Gutdünken! – zu verteilen; das Prinzip der Fürsorgepflicht zur Anwendung zu bringen; schließlich die gewachsenen Strukturen der Klanföderationen und fremden Völkerschaften vermittels der geschaffenen Größe der Heeresorganisation zu integrieren. Durch all das – und nicht zuletzt auch durch die Ausschaltung sämtlicher konkurrierender Prätendenten der Bordschigid-Aristokratie – gelang Temüdschin zunächst die Einigung der mongolischen und die Kontrolle über die anderen mächtigen zentralasiatischen Stammesverbände. Anlässlich der Reichsversammlung im Frühling des Jahres 1206 gaben sie Temüdschin den Titel Dschingis Khan und erkannten ihn als Herrscher an.

Zunächst erweiterte Dschingis Khan das Heer auf 95 Tausendschaften und verstärkte die Elitetruppen der Wachen. Den ehemaligen Kanzler des angeschlossenen Türkvolkes der Naiman, Tatatungga, betraute er mit der Einführung der uigurischen Schrift für die mongolische Sprache. Verwaltungsaufgaben im neu geschaffenen Gemeinwesen übertrug er Fachleuten. Darüber hinaus ließ er ein Strafrecht ausarbeiten, das in Form eines Fallrechts Fragen im Zusammenhang mit Diebstahl, Betrug und Teilungsangelegenheiten betraf.

Der unmittelbare Anlass für die großen Feldzüge Dschingis Khans war wohl die prekäre Versorgungslage. Vor allem wegen der Fehden der zurückliegenden Jahre hatte der mongolische Viehbestand stark abgenommen, die geregelten Handels- und Tributbeziehungen mit dem Jinreich der tungusischen Dschurdschen in Nordchina (1115–1234) wie mit dem chinesischen Songreich in Südchina (1127–1279) waren abgerissen. Schließlich musste sich auch die neue Gesellschaftsordnung bewähren, sollte die Macht der Dschin-

Mongolischer Reiter mit Jagdbeute. Die Jagd war ein beliebter Sport, diente aber auch der Nahrungsbeschaffung und der militärischen Ertüchtigung (Paris, Musée Guimet).

gisiden erhalten bleiben. Dschingis Khan besaß keinen festen Rückhalt in einer stammesgebundenen Hausmacht. Im Gegenteil, er hatte eine vielstämmige Elite über die Familie gestellt. Rückzug oder Stillstand wären zum politischen Risiko geraten. Seine Welt war die Steppe, die sesshaften Kulturen der Grenzregionen erschienen als nützliche Anhängsel. Nicht die Eroberung als solche war das Ziel, sondern Kriegszüge als Druckmittel, um die Versorgung und Unterstützung der Mongolen mit notwendigen und angenehmen Gütern sicherzustellen.

Abgesehen davon gab es aber auch unbestreitbare politische Gründe. Dschingis Khan konnte als sicher annehmen, dass der Jinherrscher sich mit den neuen Machtverhältnissen in der Steppe nicht abfinden würde. Die Kämpfe begannen 1211 und endeten 1217 mit einer vernichtenden Niederlage der Jin. Peking, damals eine der Hauptstädte des Jinreiches, fiel 1215, nicht zuletzt dank zahlreicher unzufriedener Jinuntertanen, die sich den Mongolen angeschlossen hatten. Im Herbst 1217 übertrug Dschingis Khan den Oberbefehl über das neu gewonnene Territorium einem seiner treuesten Gefolgsleute, Mukhali. Die lokale Verwaltung gab er in die Hände

Abführung von gefesselten Gefangenen. Wie links auf der persischen Miniatur aus dem 14. Jahrhundert dargestellt, war auch Dschingis Khan in seiner Jugend als Gefangener bei den Taichigud in den Holzkragen gesperrt (Berlin, Staatsbibliothek Preußischer Kulturbesitz).

Dschingis Khans General Mukhali an den chinesischen Gesandten Zhao Hong (1221):

Du bist in unser Land gekommen, also gehörst du mit zur Familie. Jedes Mal, wenn Festversammlungen, Ballspiele, Treibjagden oder Feldjagden veranstaltet werden, musst du ohne weiteres kommen zum Mitspielen. Wozu soll ich noch einen Boten schicken und dich auffordern?

Silbermünzen Dschingis Khans, geprägt um 1220 in Afghanistan, wovon Teile in der Folge des Westfeldzuges unter mongolische Herrschaft fielen (London, Britisches Museum).

Eroberung einer Stadt durch mongolische Krieger, Illustration zur Weltchronik des Raschid od-Din (Berlin, Staatsbibliothek Preußischer Kulturbesitz).

ehemaliger Jinbeamter und Chinesen, die mit den Gegebenheiten vertraut waren. Ein solches Vorgehen sollte auch in der Zukunft mongolische Praxis bleiben.

Die Erfolge der Mongolen in China hatten in Zentralasien Aufsehen erregt. Mohammed, Sultan des Reiches Charism (Choresmien) in Mittelasien und Iran (um 900–1231), schickte eine Gesandtschaft an Dschingis Khan, um Näheres über die militärische Stärke der Mongolen auszukundschaften. Sie wurden freundlich aufgenommen, denn der mongolische Großkhan war sehr an Handelsbeziehungen interessiert. Der Sultan hingegen sah in diesem einen Rivalen. So kam es, dass 1218 eine mongolische Handelskarawane in Otrar am Syrdarja, der Spionage beschuldigt, zu Tode gebracht wurde. Die Tötung von Gesandten galt jedoch noch stets als Kriegsgrund. Der Feldzug gegen Charism endete mit einem Sieg der Mongolen. Dank übergelaufener choresmischer und chinesischer Belagerungsexperten im Heer stellten befestigte Städte für die Mongolen kein unüberwindliches Hindernis mehr dar. Darüber hinaus verstärkten Fußtruppen aus den besetzten Gebieten die mongolische Kavallerie.

Mit der mongolischen Kavallerie konnte sich keine Armee der damaligen Zeit vergleichen. Zahlenmäßig zwar oft unterlegen, herrschte in ihr strengste Disziplin. Befehligt wurde sie von hervorragenden, Dschingis Khan bedingungslos ergebenen Anführern. In den eroberten Städten erhielten verdienstvolle mongolische Gefolgsleute das Amt des Gouverneurs als Vertreter des Herrschers; die lokale Verwaltung blieb erneut in Händen einheimischer Beamter. Im Frühjahr 1225 kehrte Dschingis Khan in die heimatlichen Weidegründe zurück, nachdem ihn der Westfeldzug über Afghanistan bis nach Peshawar geführt hatte. Ein letzter Angriff richtete sich dann gegen das Reich der Tanguten (chinesisch Xixia, 1038–1227) in Nordwestchina. Jene hatten sich geweigert, Hilfstruppen zu stellen. Xixia wurde vernichtet. 1227 starb Dschingis Khan, vermutlich infolge eines Sturzes vom Pferd, im Alter von 60 Jahren. Der Begräbnisort wurde bewusst unkenntlich gemacht.

Das mongolische Großreich von Ögädäi bis Möngke (1229–59)

Das Reich erstreckte sich nach nur rund 30 Jahren nach Dschingis Khans Tod vom Pazifik bis fast zur Ostsee. Die Wahl des Nachfolgers war anlässlich der Reichsversammlung des Jahres 1229 auf Dschingis Khans dritten Sohn Ögädäi gefallen, im Einklang mit einer Bestimmung, die der Großkhan für den Fall seines Todes vor dem Westfeldzug selbst getroffen hatte. Ögädäi nannte sich nunmehr »Khagan« (Großkhan), während »Khan« für die Teilherrscher über die Lehnsgebiete stand. Zentrum des Reiches war Karakorum am Ufer des Orchon, von Dschingis Khan um das Jahr 1220 zur Hauptstadt erhoben. Ögädäi ließ sie prächtig ausbauen durch Handwerker aus aller Welt, unter ihnen auch ein gewisser Wilhelm Boucher aus Paris, der als Goldschmied, Bildhauer und Architekt für den Palast des späteren Großkhans Möngke einen goldenen Baum konstruierte, dessen schlangenförmige Äste unter Musikbegleitung die jeweils gewünschten Getränke spendeten. In Karakorum empfingen die mongolischen Herrscher Reisende und Gesandte aus aller Welt, auch aus Europa. Zwar sah man dort die Mongolen als *ex tartaro* – dem Höllenschlund entsprungen (daher die Bezeichnung »Tartaren«) –, aber doch auch als mögliche Verbündete gegen die islamischen Eroberer der heiligen Stätten in Jerusalem und nicht zuletzt als

Tatarische Krieger, Ausschnitt aus einem Fresko von Antonio Pisanello in der Chiesa di Sant' Anastasia in Verona. »Die Wangen überragen die Kinnbacken deutlich. Sie haben eine flache und kleine Nase, kleine Augen und bis zu den Augenbrauen hochgezogene Lider« (Giovanni del Pian del Carpini, 1245/46).

Handelspartner. Das von den Mongolen ausgebaute System der Relaispoststationen bot die Möglichkeit, Reisen in größere Fernen zu unternehmen als jemals zuvor. Einige der Gesandten und Kaufleute hinterließen der Nachwelt aufschlussreiche Augenzeugenberichte: Die Reisen von Giovanni del Pian del Carpini (1245–47), Wilhelm von Rubruk (1253–55) oder der Venezianer Niccolò, Maffeo und Marco Polo (1264/75) mögen hier als Beispiele stehen. Die weiteren Feldzüge des Großkhans Ögädäi führten die Mongolen im Westen gegen Iran, die türkischen Kiptschak zwischen Irtysch und Donau und die Wolgabulgaren. Bereits 1223 waren die Mongolen zum ersten Mal auf Einheiten der russischen Fürstentümer gestoßen, am südrussischen Fluss Kalka (heute Kalez). 1237 überrannten sie Rjasan, Moskau, Rostow, 1240 wurde Kiew erobert. Unter Orda, Dschingis Khans ältestem Enkel, stieß ein Teil des Heeres siegreich bis Krakau vor, fegte über Breslau hinweg und vernichtete in der Schlacht auf der Walstatt bei Liegnitz ein vereintes Ritterheer unter Herzog Heinrich II. von Schlesien. Der andere Teil des mongolischen Heeres hatte 1241 am Sajó König Béla IV. von Ungarn besiegt. Da der Schlesieneinfall nur der Flankensicherung diente und Waldland für die Mongolen uninteressant war, wurde dieser Sieg nicht weiter verfolgt. Im Osten fiel 1234 das Jinreich endgültig.

1241 starb der Großkhan Ögädäi im Alter von 55 Jahren. Zunächst übernahm seine Hauptgemahlin Töregene als Regentin die Herrschaft. Sie ließ ihren ältesten Sohn Göjük auf der Reichsversammlung zum Großkhan ernennen. Nur dessen früher Tod (1248) verhinderte eine erste kriegerische Auseinandersetzung um die Nachfolge. Im Jahr 1251 gab dann der Senior der dschingisidischen Bordschigid, Batu Khan, den Ausschlag für Möngke, den ältesten Sohn des Tului – des jüngsten Sohnes Dschingis Khans –,

Der Großkhan Möngke an den flämischen Franziskaner Wilhelm von Rubruk, der 1253–55 im Auftrag Papst Innozenz' IV. und Ludwigs IX. von Frankreich nach Karakorum reiste:

Wir Mongolen glauben, dass es nur einen Gott gibt, durch den wir leben und durch den wir sterben. Aber wie Gott der Hand verschiedene Finger gegeben hat, so hat er den Menschen verschiedene Wege gegeben. Euch nun hat Gott Schriften gegeben, ihr aber befolgt sie nicht; uns jedoch hat er Seher gegeben, und wir tun, was sie sagen, und leben in Frieden.

Brief des Großkhans Göjük an Papst Innozenz IV. vom 11. November 1246 (links), geschrieben in persischer Sprache mit arabischen Buchstaben und überbracht von Giovanni del Pian del Carpini (Rom, Vatikanische Sammlungen). Es handelt sich um eine Aufforderung an den Papst und alle Könige, persönlich zur Huldigung zu Göjük zu kommen, andernfalls werde er sie als Feinde betrachten.

als Großkhan. In Fortführung der Eroberungen teilte Möngke seine Streitmacht, und damit kam es auch zu einer ersten Teilung des Reiches: Hülägü, Tuluis dritter Sohn, wurde mit dem Westen betraut – Iran, Irak, Syrien –, der zweite Sohn Kubilai und Möngke selbst blieben im Osten, wo sie mit Erfolg gegen Songchina und Korea kämpften. Der jüngste der Brüder, Arik Böke, verblieb nach der mongolischen Tradition als Statthalter im Stammland Karakorum. Möngke starb 1259 im Alter von 51 Jahren.

Ohne die Zustimmung der wichtigsten Klanlinien ließ sich Kubilai daraufhin 1260 zum Großkhan ausrufen. Der folgende Machtkampf leitete dann das Auseinanderbrechen des Reiches ein. Aber auch eine weitere Veränderung wurde sichtbar: Arik Böke und alle »Konservativen« betrachteten die Steppe als Machtzentrum des Reiches. Die Besetzung von Städten und Ackerland war nützlich, ja notwendig, um an wichtige Versorgungsgüter zu gelangen, gehörte aber an die Peripherie. Für Kubilai und Hülägü hingegen lag der Schlüssel zur Macht in der Kontrolle über Nichtsteppengebiet. Der Einfluss der nomadischen Elite nahm hier ab, und es war die Steppe, die an die Peripherie geriet.

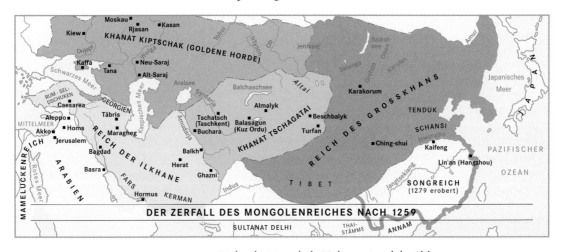

Die Teilreiche Kiptschak, Tschagatai und das Ilchanat

Als am weitesten entfernt liegendes Gebiet war das Khanat Kiptschak nach mongolischer Tradition dem ältesten Sohn Dschingis Khans, Dschötschi (†1227), zugesprochen worden. Es erstreckte sich über Südostrussland, reichte im Norden bis in die Nähe von Nowgorod und hatte seine Ostgrenze vom Aralsee bis ins westliche Irtysch-Tobol-Becken. Die Hauptstadt war Saraj an der unteren Wolga. Im Westen lag das Gebiet der russischen Fürsten, tributpflichtiger Vasallen der Mongolen. Nach den russischen Annalen hieß das Khanat Kiptschak auch »Goldene Horde« – von mongolisch »orda« (Heerlager) und dem Goldbesatz der Herrscherjurte. Von diesem Reich soll an anderer Stelle die Rede sein.

Das Khanat Tschagatai umfasste die Lehnsgebiete des zweiten Sohnes Dschingis Khans, Tschagatai (†1242), und seines Bruders

SCHNUPFTABAK

Der Austausch von Schnupftabakflaschen, diese an die Nase zu
halten und zurückzugeben, ist eine
wichtige traditionelle Begrüßungs-
geste. Auf den meisten mongolischen Schnupftabakflaschen
findet sich an den Schultern das

»Zeebat«-Dekor, ein Meeresunge-
heuer, dessen Kopf in einem Ring
endet. Schnupftabakflaschen
wurden aus den unterschiedlichsten Materialien gefertigt. Auf

dem Exemplar aus Bergkristall
(links außen) ist deutlich das
»Zeebat«-Dekor zu erkennen. Mit
Wolken-, Fledermaus- und Mün-
zenmotiven ist das Fläschchen
aus geschnitzter Koralle (links)
verziert. Aus vergoldetem Silber
ist der Flaschenkörper, der die
Form einer ledernen Reise-
flasche nachbildet und dessen
Verschlussknopf die Gestalt eines
Löwen hat. Die abgebildeten
Objekte befinden sich im State
Central Museum in Ulan-Bator.

Ögädäi. Es erstreckte sich über die relativ abgelegenen Gebirge, Steppen und Wüsten Zentralasiens. Die unklaren Grenzen der Machtbereiche führten zu dauernden Streitigkeiten. Als Staatsgebilde war das Khanat Tschagatai den drei anderen nicht vergleichbar. Herkunftshierarchisch orientierte Klanpolitik bestimmte die Verhältnisse, im Wechsel von der Ögädäi- zur Tschagatailinie, bis es 1346 endgültig in zwei Teile zerfiel: einen transoxanisch-mittelasiatischen Südweststaat, in dem bis zur Eroberung durch Timur im Jahre 1370 türkische Emire herrschten, und in einen Nordoststaat, in dem zumindest die ersten Herrscher noch mongolischer Abstammung waren. 1462 zerfiel auch dieser Teilstaat in die Herrschaftsgebiete Kaschgar und Turfan.

Dem Gelehrten Raschid od-Din zufolge sieht Dschingis Khan in der Einigkeit seiner Familie die Grundlage für das Bestehen des Mongolenreiches (Sammler der Geschichten 1, 2, 260):

Wenn die Großen ... unter den vielen Nachkommen der Herrscher, die in der Zukunft geboren werden, sich nicht streng an das Gesetz halten, wird die Macht des Staates erschüttert und ein Ende nehmen, dann wird man noch so sehr nach Dschingis Khan suchen, ihn aber nicht finden.

Die Eroberungen des Gebiets, das wir mit Ilchanat (Ilkhanat) bezeichnen, gehen auf Dschingis Khans Enkel Hülägü (†1265) zurück. Das Territorium reichte von Anatolien bis zum Schatt el-Arab am Persischen Golf, von Karatschi über Balkh bis zum Schwarzen Meer. Hauptstadt war Täbris. Nach dem Tod seines Bruders, des Großkhans Möngke, nannte Hülägü sich Il-Khan (»Friedensherrscher«). Dieses bedeutendste der mongolischen Teilreiche zeichnete sich aus durch seine Verbindungen

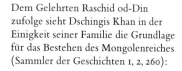

Von einem unbekannten chinesischen Künstler des 13./14. Jahrhunderts stammt das Porträt von Ögädäi Khan (T'aipei, Nationales Palastmuseum).

Porträt des Kubilai Khan, von einem unbekannten chinesischen Künstler im 13./14. Jahrhundert auf Seide gemalt (T'aipei, Nationales Palastmuseum).

Auf einer Hängerolle von 1280 findet sich die Darstellung von Kubilai auf der Jagd (T'aipei, Nationales Palastmuseum).

zum lateinischen Westen, seine Heiratspolitik mit Byzanz, seine Handelsbeziehungen mit Genua und Venedig, die prägenden Einflüsse von Christentum und Islam, die Förderung von Kunst und Wissenschaft. Auf dem Gebiet der Kultur ragt der Name des jüdischen Arztes und Gelehrten Raschid od-Din (1247–1318), Erster Minister unter drei Khanen, besonders heraus. Seiner Enzyklopädie »Sammler der Geschichten« verdanken wir viele der verlässlichsten Nachrichten über die frühen Mongolen. In der Mitte des 14. Jahrhunderts versank das Ilchanat im Bürgerkrieg.

Die Sonderstellung des Khanats China (Yuan-Khanat)

Das Khanat China war das einzige, in dem die Mongolen dank eines weitgehend neben der einheimischen Bevölkerung geführten Lebens als eigenständige Größe erhalten blieben. Die mongolische Führungsschicht der folgenden Zeit führte ihre Abstammung sämtlich über die Yuanherrscher auf Dschingis Khan zurück. Kubilai, Sieger in der Auseinandersetzung mit Arik Böke um die Nachfolge von Großkhan Möngke, war de facto nur Herrscher über das Khanat China und das Stammland. 1271 gab er seiner Herrschaft den Dynastienamen Yuan (Uranfang). Zwischen 1267 und 1272 ließ Kubilai seine neue Hauptstadt Daidu (Peking) ausbauen. 1279 unterwarf er die verbliebene chinesische Dynastie der Südlichen Song, wodurch ganz China unter mongolische Herrschaft kam. Wie in den anderen Teilreichen behielt der Herrscher auch im Yuan-Khanat die zentrale, autoritäre Kontrolle an der Spitze. Die Provinzen des Reiches unterstanden Stellvertretern des Khans, denen die lokale Verwaltung verantwortlich war. Mongolische Garnisonen sorgten für die Kontrolle. Wohl schaffte es Kubilai dank seiner Persönlichkeit, die beiden so gegensätzlichen Kulturen Chinas und der Steppe in politischer Stabilität zu halten, eine dauerhafte Synthese gelang jedoch nicht. Nach seinem Tode 1294 kam es in der mongolischen Führungsschicht zu Cliquenbildungen sowie zu Staatsstreichen und Morden. Dies begünstigte eine zunehmende Resinisierung in Führung und Verwaltung des Reiches. Unter den in der Folge zahlreich auftretenden Kriegsherren blieb im Süden schließlich Zhu Yuanzhang siegreich und wurde als Taizu Kaiser (1368–98), der erste Herrscher der neuen chinesischen Mingdynastie. Die Mongolen kehrten in die Steppe zurück und nahmen dort ihr altes Leben wieder auf.

Rückkehr zu imperialen Konföderationen

Die Schwäche des mongolischen Weltreiches lag nicht nur in der ungeheuren Ausdehnung und der geringen Anzahl der Mongolen, sondern auch in der unzulänglichen institutionellen Basis. Es gelang nicht, eine dauerhafte Identifizierung mit den zivilen Institutionen des jeweiligen eroberten Gebietes zu erreichen und den militärisch-kolonialistischen Charakter der Regentschaft zu verändern. Von Dschingis Khans einzigartigem Versuch eines Staates auf nichtföderativer Grundlage blieb der Anspruch seiner Familie auf die Erblichkeit der Würde des Großkhans aller Mongolen. Es gab aber noch keine Auffassung von Nation, die vom Volke ausging, das Konzept blieb ein aristokratisches, das lediglich das Verhältnis Herrscher-Gefolgsleute-Beherrschte sah. Somit kehrten die Mongolen zum alten Modell der Reichsbildung in der Steppe zurück, der imperialen Konföderation. Im Stammland erwartete die aus China 1368 eintreffenden Mongolen zunächst kein freundlicher Empfang durch die dort verbliebenen Stämme und Klane, vor allem die Angehörigen der Linie Arik Böke (†1266), den sein Bruder Kubilai seinerzeit ausmanövriert hatte. Die zeitgenössischen Chroniken berichten von blutigen Fehden; ein einigermaßen geordnetes Gemeinwesen schien in weite Ferne gerückt.

Die mongolischen Expansionskriege hatten kaum einen Stamm dort belassen, wo er ursprünglich beheimatet war, so auch das westmongolische Waldvolk der Oiraten. Sie waren von ihren angestammten Wohnsitzen westlich des Baikalsees in das Gebiet des Tienschan gezogen. Nun begannen sie ihre Einflusssphäre auszuweiten und gerieten bald mit den Ostmongolen in Konflikt. Diese

Die Beschläge an den Sattelknäufen des Pferdesattels für eine hochgestellte Person (links) tragen Drachen und das mit Halbedelsteinen besetzte buddhistische Symbol des »Juwels«. Die Beschlagnägel des südmongolischen Pferdesattels aus Leder (rechts) sind mit dem Symbol für Yin und Yang und Lotosblütenmuster verziert.

Kalmückisches Jurtenlager, Illustration von dem Petersburger Forscher Peter Simon Pallas; 1776.

hatten ihrerseits immer wieder Razzien in ihr früheres Herrschaftsgebiet China durchgeführt, vorwiegend um günstige Handelsbeziehungen zu erlangen, weshalb sich der 1402 bis 1424 regierende chinesische Kaiser Chengzu zu einer Reihe von unterschiedlich erfolgreichen Strafexpeditionen gegen sie genötigt sah. Die Oiraten nutzten diese Situation, um die Vormacht zu gewinnen.

Ihr Anführer Togon, dessen Mutter die Tochter des dschingisidischen Großkhans Elbeg (†1401) war, rief sich 1434 selbst zum Großkhan der Mongolen aus. Da er jedoch nicht in der männlichen Linie von Dschingis Khan abstammte, betrachteten die Ostmongolen seinen Schritt als widerrechtlich. Nach Togons Tod 1440 führte

Die perlenbesetzte Kappe (unten) weist u.a. als Ornament den »unendlichen Knoten«, ein Symbol für Glück, Festigkeit und langes Leben auf. Auch bei dem mit Goldlamé bezogenen Hut (rechts) bildet der »ewige Knoten« den oberen Abschluss.

Die pferdeköpfige Geige gilt seit Jahrhunderten als mongolisches Nationalmusikinstrument. Der Legende nach wurde die erste pferdeköpfige Geige von einem jungen Hirten nach dem Verlust seines Lieblingspferdes aus dessen Gebein geschnitzt. Das Instrument stammt aus dem Fundus des Staatlichen Zentralmuseums in Ulan-Bator.

sein Sohn Esen die Oiraten zum Höhepunkt ihrer Macht. Sein Herrschaftsgebiet erstreckte sich von Hami im heutigen Sinkiang bis zu den mandschurischen Gebieten im Osten. 1453 rief sich auch Esen zum Großkhan aus; er konnte sich aber ebenfalls nicht lange halten und fiel 1455 einem Mord zum Opfer. Es folgten erneut Jahre der Wirren und blutigen Fehden.

Die Rückkehr der dschingisidischen Ostmongolen an die Macht erfolgte unter Batu Möngke Dayan Khan (1470–1543). Er beendete die Fehden und brachte die mongolischen Stämme zur Gefolgschaft. Auch im Hinblick auf China waren seine militärischen Unternehmungen erfolgreich. 1532 konnte er Friedensverhandlungen fordern und den vorteilhaften Status eines Tributbringers – damit verbunden waren reiche Geschenke und das Privileg, Handel zu treiben – für sich erlangen. Dayan gelang es aber nicht, eine zentrale Macht im Inneren aufzubauen, die die Stämme in der Steppe auf Dauer hätte kontrollieren können. Nach seinem Tode wurde dies sofort deutlich: Der Titel des Großkhans bestand zwar fort, aber die mongolischen Völkerschaften fielen als Patrimonien (väterliches Erbgut) an die elf Söhne Dayan Khans. Es kam zu einer zunehmenden feudalen Zersplitterung.

Zu den bedeutendsten der regionalen Herrscher zählten die vier Khane der Chalcha (Khalkha) sowie Altan, Khan der Tümed. Das Chalchagebiet, Patrimonium des jüngsten Dayan-Sohnes Geresendsche († 1549), entsprach etwa dem Territorium der heutigen Mongolischen Republik. Dort bildeten sich vier Khanate heraus, die als Verwaltungseinheiten bis 1924 bestehen sollten. Die Macht im Süden von Chalcha lag in Händen Altan Khans (1507–83), eines Enkels von Dayan und Herrschers über den Stamm der Tümed. Aufgrund seiner Seniorität und seiner Fähigkeiten wurde er, obwohl nicht Großkhan der Erbfolge nach, als das eigentliche Oberhaupt der Mongolen angesehen. Im geschickten Wechsel von Diplomatie und Krieg gelang es ihm, Handelsbeziehungen mit China aufzubauen, besiegelt durch einen Vertrag 1570/71. 1560 hatte er Köke-khota, das heutige Hohhot, die erste feste mongolische Stadt der neueren Zeit, gegründet. Altan Khan förderte Ackerbau und Handwerk, unterstützt von chinesischen Flüchtlingen. Auch mit einer geistigen und kulturellen Erneuerung der Mongolen durch die Wiederbelebung des Lamaismus, der tibetischen Form des Buddhismus, steht Altan Khans Name in Verbindung. 1578 lud er den höchsten Repräsentanten des Gelugpa-Ordens nach Köke-khota ein und verlieh ihm den Titel »Dalai-Lama«. Die Inkarnationsreihe der Dalai-Lamas ist also ursprünglich eine mongolische Schöpfung, die sich in Tibet jedoch eigenständig weiterentwickeln sollte.

Der Anspruch neuer Mächte auf die Vorherrschaft

Dass allerdings auch Altan Khans Position eines Führers der Mongolen persönlich bedingt war, zeigt das Schwinden des Einflusses der Tümed nach seinem Tode 1583. Die seinerzeit vor Altan Khan nach Liaodong ausgewichenen Tschakhar, die der Herrschaft des nominellen Großkhans unterstanden, waren in den neuen Weidegründen wieder erstarkt und begannen nun ihrerseits, Führungsansprüche geltend zu machen. Inzwischen war jedoch eine weitere Macht ins Spiel gekommen, die der tungusischen Mandschu, Nachfahren jener Dschurdschen, deren Jinreich in Nordchina die Mongolen erobert hatten. Nach dem Verlust ihrer Herrschaft hatten sie als Jäger, Fischer, Ackerbauern und Viehzüchter in den alten Stammesgebieten um den Yalu gelebt. Unter der Führung Nurhachis schlossen sich die Stämme zusammen und bildeten 1616 den Staat Aisin. Im Gebiet von Liaoning kämpften somit zu Beginn des 17. Jahrhunderts drei Kräfte um die politisch-territoriale Vorherrschaft: das Tschakhar-Khanat des Ligdan Khan, Nurhachis neuer Dschurdschenstaat und das China der Ming. Einem jeden ging es zunächst um die Kontrolle der noch nicht gebundenen mongolischen Völkerschaften. Ligdan zeigte sich dabei als unnachgiebiger Verfechter eines gesamtmongolischen Herrschaftsanspruchs als Großkhan. Er strebte sein Ziel jedoch – nach anfänglichen Erfolgen – in zunehmendem Maße mit Rücksichtslosigkeit und Gewalt an, sodass die Mittel, mit denen er die Stämme zu halten suchte, sie nur umso schneller vertrieben. Der mandschurische Herrscher erschien jenen als weit besser geeigneter »Großkhan«, der ihnen Schutz und Anteil am Kriegsglück versprach, und so schlossen sich die mongolischen Stämme in der Mehrzahl ihm als Verbündete an. 1632 musste Ligdan vor den heranrückenden mandschurischen Truppen, in deren Reihen bereits mongolische Abteilungen mitmarschierten, nach Westen fliehen, mit ihm etwa 100 000 Tschakhar, Männer, Frauen und Kinder. Sie zogen in das Qinghaigebiet, wo Ligdan 1634 starb. Die zurückkehrenden Tschakhar, einschließlich Ligdans Familie, fielen Nurhachis Sohn in die Hände. Dieser zeigte sich großmütig und verheiratete eine seiner Töchter erst mit dem älteren und nach dessen Tod mit dem jüngeren Sohn Ligdans. 1669 wurde dieser der geplanten Rebellion beschuldigt und in Mukden eingekerkert. Sein Sohn bot Truppen auf, um den Vater zu befreien, konnte jedoch gegen die mandschurischen Verbände nicht bestehen. Mit seinem Tode erlosch die ältere Linie der Tului-Bordschigid im Mannesstamm. Eine Forderung nach Weitergabe des Erbanspruchs auf die mongolische Großkhanwürde wurde danach von keiner der anderen Linien mehr erhoben.   VERONIKA VEIT

Die als geharnischter Reiterkrieger dargestellte Schutz- und Kriegergottheit ist die größte Figur einer aus neun Reitern bestehenden Bronzegruppe. Sie wurde um Kriegsglück und Schutz vor den Feinden angefleht (Ulan-Bator, Staatliches Zentralmuseum).

Im Kampf gegen das Reich der Mitte – Das vietnamesische Kaiserreich (968–1672)

Epochale Zäsuren, die es erlauben, die Geschichte Vietnams in ähnlicher Weise zu gliedern wie die europäische, nämlich in Altertum, Mittelalter und Neuzeit, lassen sich in Vietnam allenfalls mithilfe dreier Jahreszahlen markieren, nämlich III v. Chr., als das Land durch China annektiert wurde, 939, als die chinesische Fremdherrschaft endete und 1873, als Hanoi durch Franzosen eingenommen wurde.

Vietnam als chinesische Kolonie

Von III v. Chr. bis zum Fall des chinesischen Weltreichs der Tangdynastie (907) war Vietnam nicht sehr viel mehr gewesen als eine chinesische Provinz (»Giao-chi«) mit Lebensformen, die vor allem bei der politischen und gesellschaftlichen Elite weitgehend sinisiert waren und gegen die sich nur von den Dörfern her, wo sich vorchinesische Traditionen erhalten hatten, Widerstand regte. Nicht ganz zu Unrecht bezeichnet deshalb die moderne vietnamesische Geschichtsschreibung das Jahrtausend der chinesischen Vorherrschaft als zehn Jahrhunderte des »Widerstands des vietnamesischen Volkes«, die von den Aufständen der Schwestern Trung (40–43 n. Chr.) bis zum Sieg Ngo Quyens über chinesische Marineeinheiten bei der Schlacht auf dem Bach-Dang-Fluss von 938 reichen – einer in jedem Schulbuch und jeder patriotischen Darstellung unverzichtbaren Episode. So stark hatte sich die tausendjährige chinesische Präsenz den Lebensgewohnheiten Vietnams eingeprägt, dass sie auch die nachfolgenden 900 Jahre weiterwirkte und erst mit der Kolonisierung Vietnams am Ende des 19. Jahrhunderts neuartige – diesmal französische – Einflüsse wirksam werden konnten.

Die vietnamesische Töpferware zeigt über Jahrhunderte hinweg starken chinesischen Einfluss. Topf mit grünlicher Craquelé-Glasur, etwa 6. Jahrhundert (rechts); Deckelurne, 12.–14. Jahrhundert (links); Lampenträger aus Keramik, vermutlich 17. Jahrhundert (oben).

Unmittelbar nach der Emanzipation von China im Jahre 939 waren es drei Aufgaben, die das selbstständig gewordene Vietnam vorrangig zu bewältigen hatte, nämlich der Aufbau einer autonomen Herrschaft, die Wahrung der Unabhängigkeit nach außen und die eng damit zusammenhängende kulturelle Verselbstständigung. Von vornherein war klar, dass Vietnam sich nur schwer vom Einfluss der damals weltweit fortgeschrittensten Zivilisation würde loslösen können. In der Tat folgte es dem Vorbild des Reichs der Mitte bereits bei der innenpolitischen Absicherung der Herrschaft, indem es versuchte, die in China so erfolgreiche Herrschaftstrias (Hof – Mandarinat – Optimatentum) nun auch im vietnamesischen Kontext nachzubilden.

Das dynastische Experiment gelang allerdings erst nach mehreren Anläufen: Zwar verlegte die Ngodynastie (939–965) ihre Hauptstadt sogleich, das heißt noch im Jahre 939, nach Co Loa, einem Vorort des heutigen Hanoi, und damit in die Metropole des einstigen Reiches Au Lac, das vor der Unterwerfung durch China 50 Jahre lang (257–208 v. Chr.) vietnamesische Hauptstadt gewesen war und daher hohen Symbolwert besaß. Doch konnte sich das neue Herrscherhaus

Van Mieu: Tempel der Literatur

erhalten oder restauriert   nicht erhalten

1 Stele, auf der Reiter gebeten werden abzusteigen
2 Haupteingang, dreiteiliges Tor Van Mieu
3 Dao-Trung-Tor
4 Dai-Tai-Tor
5 Thanh-Duc-Tor
6 Khue-Van-Cac-Tor mit hölzernem Pavillon
7 Bi-Van-Tor
8 Cuc-Van-Tor
9 Stelenhof mit 82 Stelen von 1448 bis 1779 für 1295 Doktoren der Literatur
10 Dai-Thanh-Tor
11 Ngoc-Tran-Tor
12 Kim-Thanh-Tor
13 Ta Vu und Huu Vu, linke und rechte Räume für die 62 Nachfolger des Konfuzius
14 Bai-Duong-Haus der Zeremonien
15 Dai Thanh (Großer Erfolg) oder Thuong Cung (Großes Heiligtum) für Konfuzius und seine 4 Anhänger
16 Hinteres Tor
17 Stelen
18 Tempel für den Sonnengott
19 Ausgang für die Mandarine
20 Lager- und Wachraum
21 Steinerne Schreibzeuge
22 Tempel für die Eltern des Konfuzius

trotz dieser symbolträchtigen Wiederanknüpfung an vorchinesische Traditionen nur 26 Jahre lang halten. Ihm folgte die Dinhdynastie mit gar nur elf Jahren (968–979), in deren Verlauf sich der einzige Herrscher dieser Linie mit dem Titel »hoang de« zu schmücken begann, also mit der dem chinesischen Vorbild entlehnten Kaiserwürde (»huangdi«). Bezeichnenderweise schickte er 971 auch eine Gesandtschaft nach China.

Das Zeitalter des klassischen vietnamesischen Feudalismus

Erst nach diesen kurzlebigen Herrscherhäusern begann mit der Ly- (980–1225) und der Trandynastie (1225–1400) ein Zyklus von Herrscherhäusern, der an chinesische Dynastievorbilder denken ließ. Wesentlich geradliniger verlief der Aufbau eines bodenständigen Mandarinats, dessen Mitglieder durch eine gemeinsame Zivil-

In Thang Long, dem heutigen Hanoi, ließ nach der Legende der König Ly Thai Tong 1049 aus Dankbarkeit über die Geburt seines Sohnes eine Einsäulenpagode errichten. Nach der Zerstörung durch französische Truppen wurde sie 1955 wieder hergestellt.

theologie, durch Verwendung des Chinesischen als Verwaltungssprache, durch hierarchischen Aufbau der bürokratischen Organisation, durch einheitliche Verwaltungsmethoden und vor allem durch die gemeinsame Qualifikation mittels Staatsprüfungen zusammengehalten wurden. Unter dem neuen Beamtentum begannen Formalisierung und Zentralisierung Gestalt anzunehmen. 1010 wurde die Hauptstadt nach Thang Long (»aufsteigender Drache«), dem heutigen Hanoi, verlegt. 1070 öffnete der dem Konfuzius gewidmete Literaturtempel (Van-Mieu) in Hanoi seine Pforten und wurde zur zentralen Prüfungsstätte des Beamtentums, dessen erfolgreiche Kandidaten namentlich auf Stelen verewigt wurden.

Was die ländliche Optimatenschicht anbelangt, aus der die Mandarinatsvertreter in aller Regel kamen und in die sie nach dem Ende ihrer Laufbahn wieder zurückkehrten, so bildete sie sich auf der Basis eines schnell wachsenden Grundbesitzertums heraus. Bereits der erste Lykönig hatte seine Mitkämpfer nach dem Sieg über die

»Die feierliche Rückkehr eines zivilen Würdenträgers« ist das zentrale Motiv auf einem Rollbild des 14.-15. Jahrhunderts; nach erfolgreich abgeschlossener Beamtenausbildung kehrt er in sein Heimatdorf zurück (Hanoi, Revolutionsmuseum).

Der Literaturtempel Van-Mieu war eine zentrale Bildungsstätte und diente der Ahnenverehrung. Die Aufnahme von 1915 zeigt das Khue-Van-Cac-Tor mit dem »Brunnen des himmlischen Lichtes«.

Machtrivalen aus dem Landadel hauptsächlich mit Bodenschenkungen belohnt. Auch die Tran begannen ihre Herrschaftssicherung damit, dass sie an ihre Gefolgschaft Domänen vergaben und zuließen, dass landlose Bauern den Latifundienbesitzern hörig wurden und von ihnen außerdem zur Neulandgewinnung herangezogen werden konnten. Damit wurden bereits jene sozialen Sprengsätze gelegt, die zwei Jahrhunderte später zünden sollten, zumal die Optimaten mittlerweile nicht nur Grundbesitzer, sondern auch Vertreter der Staatsgewalt auf Dorfebene geworden waren, wo sie häufig genug ihre Doppelgewalt auf Kosten der Hörigen missbrauchten.

Die vier Jahrhunderte, in denen die Dynastien Ly und Tran Herrschaft ausübten, waren das klassische Zeitalter jener Spielart des Feudalismus spezifisch asiatischer Prägung, der seit Karl August Wittfogel die Bezeichnung »hydraulisch« trägt: Anders als im mittelalterlichen Europa war es hier nicht nur eine grundbesitzende Schicht, sondern mehr noch eine Bürokratenkaste – das Mandarinat –, die das Ruder führte und dafür sorgte, dass die Bauern öffentlichen Arbeitsdienst leisteten, und zwar hauptsächlich im Bereich der hochwassergefährdeten Regionen des Roten Flusses und seiner Nebenflüsse, die in der Monsunsaison bis zu 15 m über Normalpegel anschwellen und verheerende Schäden anrichten, aber schon wenige Monate später wieder so weit absinken konnten, dass die umliegenden Felder vertrockneten.

Kein Wunder, dass die vietnamesischen Könige, kaum dass sich ihre Herrschaft gefestigt hatte, auch bereits zum Bau gewaltiger Schutzdeiche, Wasserreservoire und eines Netzwerks von Bewässerungsanlagen für die Reisfelder übergingen. Diese Aufgabe ließ sich im überlokalen Bereich nur von der mandarinären Bürokratie bewältigen, die damit zugleich auch zu einer (»hydraulischen«) Wasserbaubürokratie wurde. Bau und Pflege der Dämme stärkten wiederum die zentralistischen Tendenzen. Lebensstil, literarische Ausbildung, gemeinsame Auslese durch eine Staatsprüfung, zwischenbürokratischer Kommunikationsstil und eine gemeinsame »Große Tradition« sorgten ferner dafür, dass die Träger dieser »hydraulischen Herrschaft«, nämlich das Mandarinat, ein Wir-Bewusstsein entwickelten und, marxistisch ausgedrückt, zu einer »Klasse für sich« zusammenwuchsen, notfalls also, ungeachtet interner Fraktionsstreitigkeiten, bereit waren, ihre Privilegien mit allen dazugehörigen Mitteln nach außen hin zu verteidigen.

Hand in Hand mit dem Deichbau entstand auch eine umfangreiche Verkehrsinfrastruktur, da die »Straßen« in aller Regel auf den Deichkuppen verliefen. Die neue Hauptstadt Thang Long wurde auf diese Weise zum systematisch geplanten Mittelpunkt eines Verkehrsspinnennetzes – und damit zugleich zum Zentrum eines verhältnismäßig einheitlich verwalteten Reiches. Auch der überdörfliche Handel geriet unter die Kontrolle der staatlichen Bürokratie, da er seinen Weg ja in aller Regel über die staatlich kontrollierten Straßen nehmen musste und dort überall mit Wegzöllen und Steuern belegt werden konnte. Straßennetzwerke entstanden auch um die provinziellen Mittelpunktstädte herum. Die Ly-Tran-Zeit wurde auf diese Weise zu

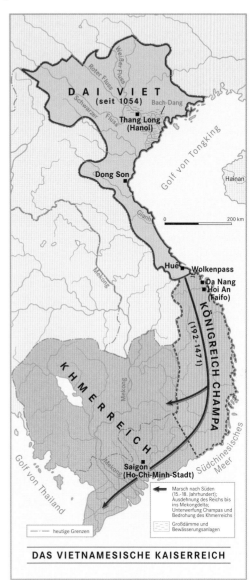

DAS VIETNAMESISCHE KAISERREICH

Im Kampf gegen die mongolischen Yuan wandten die Vietnamesen mit Erfolg die Guerillakriegstaktik an. Der erfolgreichste General, Tran Hung Dao (†1300), antwortet auf die Frage des Kaisers, was man im Falle einer neuerlichen Invasion tun solle:

Das Lange mit dem Kurzen bekämpfen – das ist das Geheimnis der Kriegskunst. Wenn der Feind wie Feuer und Wind mit großem Getöse daherstürmt, kann man ihn leicht bezwingen. Geht er aber mit Bedacht und Geduld ans Werk, wie der Seidenwurm, der am Blatt des Maulbeerbaums nagt, ... ohne einen schnellen Sieg anzustreben, müssen wir gute Generäle wählen und unsere Taktik der Lage des Augenblicks anpassen, wie beim Schachspiel. Vor allem darf die Armee nur eine Seele haben, wie Vater und Sohn in einer Familie. Schließlich ist eine humane Regierung nötig, damit man sich tief greifende Wurzeln und ein dauerhaftes Fundament schafft. Das sind die besten Methoden, um den Staat zu schützen.

einer Epoche der Städtegründungen im Planverfahren. Seit 1054 legte sich der Gesamtstaat auch einen neuen Namen zu (»Dai Viet«).

Bedrohungsvorstellungen

Die zweite Hauptaufgabe lief auf die Verteidigung der neu gewonnenen Selbstständigkeit gegen die Feinde von außen hinaus, die das junge Reich sowohl von Norden als auch von Süden bedrohten. Hauptgefahr blieb auch jetzt das Reich der Mitte: Jede der nachfolgenden chinesischen Dynastien startete nämlich mindestens einen Rückeroberungsversuch, seien es nun die Song (960–1279), die Yuan (Mongolendynastie, 1271–1368) oder die Ming (1368–1644). Vier Großangriffe mussten hierbei insgesamt abgewehrt werden: 1076 griffen die Song an und 1258 sowie 1287/88 die Mongolen, die vor allem bei ihrem zweiten Angriff eine verheerende Niederlage erlitten, und zwar wieder einmal auf dem Bach-Dang-Fluss. Die Ming allerdings konnten 20 Jahre lang (1407–27) direkte Herrschaft in Dai Viet ausüben. Von diesem Interregnum abgesehen, hat das Reich der Mitte nach 939 auf die Dauer freilich nie mehr in Vietnam Fuß fassen können.

Über der Stadt Nha Trang stehen die Überreste eines hinduistischen Heiligtums der südlichen Cham, in dessen Haupttempel noch heute von Vietnamesen und der Minderheit der Cham »Po Nagar«, die Mutter des Landes, verehrt wird.

Gefahr drohte auch von Süden her, erbten die Vietnamesen mit ihrer Abkoppelung von China doch gleichzeitig auch dessen Konflikte mit dem Königreich der Cham, Champa, das die chinesische Gefahr seit Jahrhunderten bekämpft hatte und das sich nun plötzlich mit dem neuen Staatswesen Dai Viet konfrontiert sah. Die Lydynastie nahm die südliche Herausforderung an, sandte ein Heer aus und war bei ihren militärischen Operationen so erfolgreich, dass die Truppen im Jahre 982 Indrapura, die Hauptstadt von Champa, einnehmen und den nördlichen Teil des Königreichs besetzen konnten. Dieser frühe Feldzug sollte seine Fortsetzung im 16. Jahrhundert finden, als der Klan Nguyen seinen »Marsch nach Süden« antrat und dabei nicht nur das restliche Champa unterwerfen, sondern später sogar das einst mächtige Khmerreich an den Rand der Vernichtung bringen konnte. Mit dieser nachmaligen »Süderweiterung« begann freilich auch die Spaltung des Landes in Nord- und Südvietnam. – Alle drei Grundthemen der vietnamesischen Geschichte, angefangen von der Dauerauseinandersetzung mit China über die Ausdehnung nach Süden bis hin zur Nord-Süd-Konfrontation, waren also bereits in der Ly-Tran-Periode angeschlagen worden!

Kulturelle Emanzipation

Dritte Hauptaufgabe des mittelalterlichen Dai Viet war die kulturelle Verselbstständigung, die allerdings gegenüber dem zivilisatorisch blühenden China immer nur auf Teildistanzen zu erreichen war. Die Abhängigkeit zeigte sich hier besonders ausgeprägt bei der Verwendung der Chu Han (»Schrift der Hanchinesen«), die dem vietnamesischen Mandarinat noch bis ins 20. Jahrhundert hinein als Hauptkommunikationsmittel sowohl in der Verwaltung als auch in der Literatur diente – vergleichbar etwa der Rolle des Lateinischen im europäischen Verwaltungs- und Wissenschaftsbetrieb bis ins Spätmittelalter. Erst im 13. Jahrhundert entwickelte sich eine neue Schreibvariante, die Chu Nom, bei der die Deuter (Sinnangabeelemente) zwar »chinesisch« blieben, die Lauter (Ausspracheelemente) aber der vietnamesischen Sprechweise angepasst wurden. Damit stand Schriftstellern, die sich patriotisch ausdrücken wollten, erstmals ein halbwegs bodenständiges Schreibsystem zur Verfügung, das immer dann besonders häufig benutzt zu werden pflegte, wenn wieder einmal eine Epoche des Widerstandskampfes gegen China ausgebrochen war und eine Welle der nationalen Selbstbesinnung über das Land hinwegrollte. So brachte beispielsweise der führende Staatsmann, Feldherr und Literat des 15. Jahrhunderts, Nguyen Trai, im Umfeld der Verteidigungskämpfe gegen die Ming die älteste noch erhaltene Lyrikanthologie der vietnamesischen Literatur in Nomschrift heraus.

Eigenentwicklungen auf literarischem Gebiet ergaben sich aber lediglich in drei Bereichen, nämlich erstens bei der erwähnten Nomliteratur sowie zweitens bei der Entwicklung der Versliteratur, zu der nicht nur Gedichte, sondern auch Versromane gehörten und die sich – gleichfalls in Chu Nom – erst im 15. und 16. Jahrhundert voll entfaltete. Erdverbundener als diese »Gelehrtenliteratur« war aber drittens die nur mündlich weiterüberlieferte und erst später da und dort aufgezeichnete »Volksliteratur« der Volkslieder, Sprichwörter, Rätsel oder Märchen. Da ein Großteil der vor dem 15. Jahrhundert geschriebenen Literatur während der Invasion der Ming in Rauch und Flammen aufging, hat sich die Volksliteratur wesentlich eindrucksvoller erhalten können als die Gelehrtenliteratur.

Auch in anderen Bereichen der Kultur fiel der Apfel nicht allzu weit vom (chinesischen) Stamm. Soweit sich Traditionen nicht aus

Aus der »Proklamation über die Befriedung der Ngo«, die Nguyen Trai 1428 nach dem Rückzug der Ming aus Vietnam verfasste:

Im Reich ist die Ruhe wiederhergestellt ... Das in Unordnung geratene Weltall hat seine Harmonie wieder gefunden. Sonne und Mond kehren aus der Finsternis ins Licht zurück. Das Heute erlebt die Grundsteinlegung eines grenzenlosen Friedens. Die Schande von tausend Zeitaltern ist dank der Beschirmung durch Himmel und Erde und durch unsere heiligen Vorfahren getilgt. Aus einem Krieg der Befriedung ist dieses unvergleichliche Verdienst hervorgegangen. Gegenwärtig herrscht Friede zwischen allen vier Meeren. Ich kündige eine neue Ära an. Jedermann, ob nah oder fern, nehme dies zur Kenntnis!

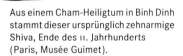

Aus einem Cham-Heiligtum in Binh Dinh stammt dieser ursprünglich zehnarmige Shiva, Ende des 11. Jahrhunderts (Paris, Musée Guimet).

Ganz im traditionellen Stil wurde dieser Dinh in Dinh Bang, dem Heimatdorf des ersten Königs der Lydynastie (Provinz Ha Bac) rekonstruiert. Lackiertes Holz, teilweise vergoldet, ziert den Innenraum des Dinh Co Loa (Bild rechts).

vorchinesischer Zeit hatten herüberretten können, wie es etwa bei der Ausgestaltung des Dinh, also des dörflichen Gemeinschaftshauses, oder aber bei sakralen Bronzekultgeräten (im Stile der Dongsonkultur) der Fall war, blieben die künstlerischen Äußerungen Vietnams auf bloße Variationen chinesischer Vorgaben beschränkt, sei es nun in der Architektur, in der Plastik oder in der Keramik. Lediglich in einigen Randbereichen wurden bodenständige Lösungen gefunden, so bei den Wasserpuppenspielen, bei der Ausgestaltung des Holzschnittes oder auch bei einigen Spielformen der Keramik.

Je mehr Vietnam vom übermächtigen Einfluss Chinas loszukommen versuchte, umso mehr verstrickte es sich in die chinesischen Vorgaben: Dies war die Tragik des »Kleinen Drachen«, die bis heute anhält und ein wunder Punkt im vietnamesischen Selbstbewusstsein geblieben ist. Gerade im kulturellen Bereich entwickelte sich ein besonders scharfer Gegensatz zwischen Dorf und Stadt, zwischen analphabetischem Bauerntum und Mandarinat sowie zwischen chinaorientierter »Großer Tradition« und der zum Teil immer noch vorchinesisch geprägten »Kleinen Tradition« der Dörfer. Die Dörfer waren es auch, die den Widerstand Vietnams gegen das Reich der Mitte immer wieder aufnahmen und denen dabei sowohl der (daoistisch verbrämte) nationale Heldenkult als auch chiliastische Vorstellungen aus der Gedankenwelt des Buddhismus als Antriebsmomente und ideologische Grundlage dienten.

Die Krise des Feudalismus

Die drei Hauptaufgaben, wie sie während der Ly-Tran-Periode so konsequent verfolgt worden waren, galten auch der dritten großen mittelalterlichen Dynastie, den Le, als heilig. Die praktische Durchsetzung scheiterte jedoch daran, dass bereits der Machtantritt der Le von einer Krise des Feudalismus überschattet war; wurde die neue Epoche doch nicht nur durch eine von außen hereingetragene Katastrophe, nämlich durch das Interregnum der chinesischen Mingdynastie, in zwei Hälften (die »Frühe«, 1400–27, und die »Späte« Ledynastie, 1428–1788) zerschnitten, sondern zusätzlich auch noch durch innere Unruhen – Diadochenkämpfe und Bauernaufstände – heimgesucht.

Die innenpolitische Krise kam offen zum Ausbruch, als die ehrgeizige Familie Mac 1527 den Thron usurpierte. Allerdings konnte der Leherrscher nach Süden entkommen und dort mithilfe zweier machtvoller Klane, der Trinh und der Nguyen, eine Widerstandsbasis aufbauen. Die Trinh starteten 1591 eine Gegenoffensive, vertrieben die Mac vom Thron und stellten die Herrschaft der Lekönige wieder her, die von nun an freilich nur noch Wachs in den Händen der Trinh waren.

Die mit den Trinh mittlerweile verfeindeten Nguyen, die 1558 die Verwaltung in der Region Thuan Quang, des heutigen Huê, und einiger weiter südlich gelegener Provinzen übernommen und zur Hausmacht ausgebaut hatten, versuchten nun die Herrschaftsanmaßung der Trinh im Norden durch Errichtung einer Gegenregierung im Süden zu kontern. Am Ende weitete sich die Rivalität beider Klane zu einem Kampf um die Oberherrschaft über ganz Dai Viet aus, wobei jeder der Konkurrenten vorgab, im Namen der Le zu handeln, die der breiten Bevölkerung nach wie vor als Symbol für die Einheit des Landes galten. Der sich aus Einzelkämpfen entwickelnde Bürgerkrieg dauerte länger als der fast gleichzeitige Dreißigjährige Krieg in Europa, nämlich von 1627 bis 1672, und führte schließlich zu einer Stabilisierung der Fronten entlang einer Demarkationslinie, die am Fluss Gianh in der Provinz Quang Binh verlief: Damit war die erste vietnamesische Nord-Süd-Teilung eingeleitet, die erst 1802 wieder überwunden werden konnte.

Seit Beginn des 16. Jahrhunderts kam es zu den ersten Berührungen mit dem Westen: Portugiesische Kaufleute errichteten um 1540 in »Faifo«, dem heutigen Hoi An (nahe Da Nang), und in anderen Teilen »Cochinchinas« (das sie durch Hinzufügung der Silbe »china« vom indischen Cochin unterschieden) ihre ersten Handelskontore.

Den Händlern folgten katholische Missionare, vor allem Jesuiten, die gerade durch ein Edikt der Tokugawa aus Japan verbannt worden waren. Hauptmissionar wurde der aus Avignon stammende Alexandre de Rhodes (1591–1660), der bis 1627 mehrere Tausend Vietnamesen getauft hatte, darunter auch einige Prinzen des Hofes. Alexandre de Rhodes schuf das erste europäisch (lateinisch-portugiesisch)-vietnamesische Lexikon und wurde außerdem zum Urahn des Quoc ngu, des latinisierten vietnamesischen Schriftsystems, das seit 1945 offiziell in ganz Vietnam verwendet wird. Mit diesen Westkontakten, denen im 19. Jahrhundert die Kolonisierung Vietnams durch Frankreich folgte, wurde ein neues Kapitel in der Geschichte des Landes aufgeschlagen, das Vietnam erstmals in seiner Geschichte ein Stück aus der politischen und kulturellen Umklammerung durch China herausführte.

OSKAR WEGGEL

Alexandre de Rhodes (zeitgenössische Darstellung links) gelang es, die vietnamesische Schrift in lateinische Buchstaben zu übertragen. 1649 wurde sein »Catechismus« in Latein und Quoc ngu gedruckt (abgebildet sind hier Titelseite und erste Seite).

Ruinen im Dschungel – Das Khmerreich von Angkor (9. bis 15. Jahrhundert)

Als Jayavarman II., Abkömmling einer früheren kambodschanischen Herrscherfamilie, um 800 n. Chr. von Java aus Kambodscha erreichte, fand er ein Land in chaotischen Zuständen und zerrissen von inneren Streitigkeiten vor. Nichts war geblieben vom Wohlstand der Reiche Funan und Zhenla, die in den ersten acht Jahrhunderten n. Chr. am Mekongfluss und am »Großen See« Tonle Sap geblüht hatten.

Auf dem Weg zur Größe

Wenig ist bekannt von diesen ersten kambodschanischen Reichen; am meisten Aufschluss geben noch die chinesischen Quellen. Selbst der Name Funan stellt vermutlich eine chinesische Übertragung des Khmerwortes »bnam«, heute »Phnom« (»Berg«), dar, ein Hinweis auf die Bedeutung des Berges in der damaligen Zeit; als »kurung bnam« (»Herrscher des Berges«) sahen sich entsprechend die Fürsten. Und auch Zhenla ist eine chinesische Bezeichnung. Obwohl die chinesischen Berichte von »Reichen« sprechen, regiert von »Königen«, geht man heute eher von einer Anzahl miteinander um die Vorherrschaft ringender kleinerer Fürsten- und Häuptlingstümer aus; gemeinsam entrichteten diese Staaten dem mächtigen chinesischen Reich ihren Tribut und wurden so als ein Reich registriert.

Allmählich wurde in diesen frühen Jahrhunderten die wirtschaftliche, ideologische und religiöse Basis gelegt, auf der die Könige von Angkor später ihre Macht gründeten. Vom einfachen Aussäen des Reises in natürlich überflutete Felder ging man nach und nach dazu über, die Setzlinge zuerst in Beeten heranzuziehen, um sie anschließend in künstlich bewässerte Felder auszusetzen. Diese Technik war sehr viel ertragreicher, aber auch arbeitsintensiver; Bau und Unterhaltung der Bewässerungsanlagen erforderten Koordination, die wiederum auch bei der Verteidigung gegen Angriffe von außen von Nutzen war.

Gefördert und ideologisch untermauert wurde die soziale Gliederung durch indische Vorstellungen, die sich mit Beginn unserer Zeitrechnung in Südostasien ausbreiteten. Ein Schriftsystem (Sanskrit), zahlreiche Wörter und Ausdrücke vor allem für die soziale Hierarchie und die Religionen, Hinduismus und Buddhismus, Vorstellungen von einem universellen Königtum, ästhetische Elemente in Architektur und Kunst und vieles mehr übernahmen die Bewohner Kambodschas aus Indien, integrierten diese Elemente in ihre Kultur und schufen so eine eigenständige Nation der Khmer. Das Konzept des Linga, des phallischen Symbols des hinduistischen Gottes Shiva, verband sich mit den einheimischen Vorstellungen eines »Herrn des Berges« und wurde identifiziert mit dem Herrscher und dessen Ahnen wie auch mit der Fruchtbarkeit des Bodens. Hinduistische und buddhistische Konzepte dienten dazu, den »König« über das

Dieser stehende Buddha, der die Geste der Darlegung der Lehre zeigt, gehört zu den schönsten Skulpturen der Vor-Angkor-Zeit. Angkor Borei, 6./7. Jahrhundert.

gemeine Volk zu erheben und seine Herrschaft zu legitimieren. Macht hieß Kontrolle über Menschen, nicht der Besitz von Ländereien.

Zu erkennen ist in dieser Zeit auch bereits der Synkretismus, die Vermischung unterschiedlicher Religionsformen, der später das religiöse System Angkors kennzeichnen sollte. Elemente aus hinduistischen, buddhistischen und lokalen Glaubensvorstellungen gingen eine Einheit ein, was häufig sogar zu Mischgottheiten führte, zum Beispiel Harihara aus einer Verbindung von Shiva und Vishnu.

Im 5. Jahrhundert scheint sich der Seehandel, dem Funan vor allem seinen Reichtum verdankte, andere Routen gesucht zu haben. Das politische Machtzentrum verlagerte sich daher weiter ins Inland; Zhenla, das bereits lange Zeit neben Funan existiert hatte und dessen Einnahmen hauptsächlich aus der Landwirtschaft stammten, gewann die Vorherrschaft. An der politischen Instabilität der Region änderte sich zunächst nichts. Nach einem kurzen Höhenflug im 7. Jahrhundert wurde Zhenla zu Beginn des 8. Jahrhunderts geteilt in Land-Zhenla und Wasser-Zhenla, auch dies wieder chinesische Bezeichnungen für Gruppen kleinerer miteinander konkurrierender Staaten. Deren Schwäche ausnutzend, drangen die Shailendra, Herrscher über Java und die Malaiische Halbinsel, in Zhenla ein, und Kambodscha geriet unter ihre Oberherrschaft. Sie brachten den Mahayana-Buddhismus mit, der am Ende des 8. Jahrhunderts in Kambodscha eine kurze Blütezeit erfuhr.

Das Reich von Angkor

D ie erste Aufgabe des nach Kambodscha heimgekehrten Jayavarman II. war es, die anarchischen Zustände zu beenden, das Land wieder zu einen und aus der Shailendraherrschaft zu befreien. Rastlos scheint er, begleitet von seinem Hofbrahmanen (Hotar) Shivakaivalya in diesen Jahren das Gebiet um den Tonle Sap durchstreift zu haben. Er unterwarf mit Waffengewalt lokale Herrscher und band andere mittels Heirat an sich. Indrapura (möglicherweise Banteay Prei Nokor), Kuti (Banteay Kdei), Hariharalaya (Roluos) und Amarendrapura (nahe Angkor Thom) waren Stätten, an denen der König für kurze Zeit regierte, bevor er seine neue Hauptstadt Mahendraparvata auf dem Berg Mahendra (Phnom Kulen) errichtete. In einer dreistufigen Pyramide, Krus Preah Aram Rong Chen, wurde das Symbol der Herrschaft, der königliche Linga, etabliert.

Und hier endlich, im Jahre 802 n. Chr., sagte sich Jayavarman II. von der Oberherrschaft der javanischen Shailendraherrscher los. In einer Tempelinschrift heißt es: »Dann kam ein Brahmane mit Namen Hiranyadama, erfahren in den esoterischen Wissenschaften, von Janapada, weil ihn Seine Majestät Parameshvara (postumer

Schon im frühen Reich Zhenla bestanden unterschiedliche religiöse Kulte nebeneinander, wie aus der chinesischen »Geschichte der Sui-dynastie« hervorgeht:

Nahe der Hauptstadt befindet sich ein Berg namens Ling-jia-bo-po (Lingaparvata), auf dessen Gipfel sich ein Tempel erhebt, der ständig von 1 000 Soldaten bewacht wird und der einem Gott namens Bo-duo-li (Bhadreshvara) geweiht ist, dem man Menschenopfer bringt. Jedes Jahr begibt sich der König persönlich zu diesem Tempel, um während der Nacht ein Menschenopfer zu bringen ... Viele der Bewohner Zhenlas folgen den Gesetzen Buddhas.

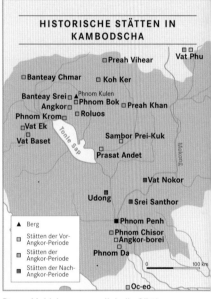

HISTORISCHE STÄTTEN IN KAMBODSCHA

Preah Vihear · Vat Phu · Banteay Chmar · Koh Ker · Banteay Srei · Phnom Kulen · Phnom Bok · Preah Khan · Angkor · Phnom Krom · Roluos · Vat Ek · Sambor Prei-Kuk · Vat Baset · Tonle Sap · Prasat Andet · Mekong · Vat Nokor · Udong · Srei Santhor · Phnom Penh · Phnom Chisor · Angkor-borei · Phnom Da · Oc-eo

▲ Berg
☐ Stätten der Vor-Angkor-Periode
☐ Stätten der Angkor-Periode
■ Stätten der Nach-Angkor-Periode

0 · · 100 km

Durga Mahishasuramardini, die Göttin Durga und Gattin Shivas, die Bezwingerin des Büffeldämons Mahishasura. Stil von Sambor Prei Kuk, 1. Hälfte des 7. Jahrhunderts, heute im Nationalmuseum in Phnom Penh.

Varman, ein Begriff des Altindischen (Sanskrit), bedeutete ursprünglich »Rüstung«, dann »Beschützer« und wird als Bestandteil von Namen mit religiöser und politischer Bedeutung verwendet.

Name Jayavarmans II.) eingeladen hatte, um die Zeremonie durchzuführen, die es diesem Land von Kambuja fürderhin unmöglich machte, Java die Gefolgschaft zu erweisen. In diesem Land sollte es von nun an nur einen Herrscher geben, einen Chakravartin (Weltenherrscher).« Auch vor den Göttern also war nun bezeugt, dass der Herrscher von Kambuja ein universeller König war, niemandem unterworfen und niemandem Rechenschaft schuldig. Aber Jayavarman ging noch einen Schritt weiter. Der Kult des Maheshvara, des Lingas Shivas (Shivalinga), den bereits die frühesten Könige Funans auf einem Berg in der Hauptstadt ausgeübt hatten, wurde uminterpretiert. Der König selbst identifizierte sich nun mit dem Gott Shiva, er war ein Devaraja, ein Gottkönig. Das ewige Wesen des Königtums war enthalten und wurde verehrt im königlichen Linga, etabliert in einer Tempelpyramide, Symbol des Weltenberges Meru, im Zentrum der Hauptstadt und damit im Zentrum des Reiches, ja der gesamten Welt. Dass der Devarajakult nicht allein mit Shiva verbunden war, zeigt bereits der Sohn und Nachfolger Jayavarmans II., Jayavarman III., dessen postumer Name Vishnuloka lautet, der also ein Verehrer des Gottes Vishnu war. Ebenso finden sich buddhistische Könige in der Dynastie von Angkor.

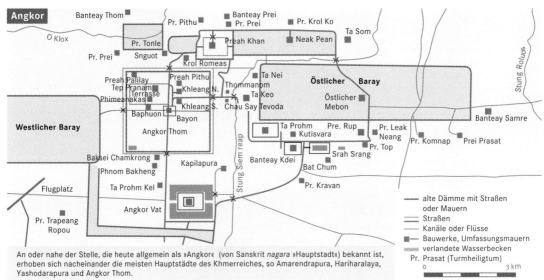

An oder nahe der Stelle, die heute allgemein als »Angkor« (von Sanskrit *nagara* »Hauptstadt«) bekannt ist, erhoben sich nacheinander die meisten Hauptstädte des Khmerreiches, so Amarendrapura, Hariharalaya, Yashodarapura und Angkor Thom.

Als Jayavarman II. im Jahre 850 in Hariharalaya, wohin er irgendwann nach seiner Etablierung als Gottkönig zurückgekehrt war, starb, hinterließ er dem Reich eine tragfähige Basis. Zwar dürfte sich sein unmittelbarer Einflussbereich kaum sehr weit über die Region am Tonle Sap hinaus erstreckt haben, doch hatte er eine Phase der Eroberung, Befriedung und Einigung eingeleitet. Die Hauptstadt des Reiches lag nun am fisch- und wasserreichen See Tonle Sap, bereits in der Nähe der Stelle, wo sich wenig später Angkor erheben sollte. Und Jayavarman hatte durch die Identifizierung des Herrschers mit einem Gott und den Kult des Devaraja dem Volk der Khmer die

Möglichkeit der Identifikation gewiesen als Untertanen Kambujas, als »Kambodschaner«. Zu Recht wurde deshalb Jayavarman II. von seinen Nachfolgern auch als göttlicher Gründerahne in dem Sinne gesehen, wie bis vor nicht allzu langer Zeit jedes Dorf Kambodschas einen Gründergeist besaß.

BRAHMA, VISHNU, SHIVA

Die Trinität Brahma, Vishnu und Shiva personifiziert im Hinduismus das Absolute, die Schöpfung, Erhaltung und Zerstörung des Universums. Während der viergesichtige Brahma, für dessen Eigenschaft als Schöpfer das mit Gangeswasser gefüllte Gefäß steht, etwas in den Hintergrund getreten ist, wurden und werden Vishnu und Shiva bis heute hoch verehrt. Vishnu, der Erhalter, kenntlich an seinen Attributen Rad, Muschel, Keule und Lotosblüte, tritt in verschiedenen Inkarnationen (Avataras) auf, um die Welt vor dem Bösen zu erretten, so z. B. als Rama, Krishna, aber auch als

Buddha. In seiner letzten, der Pferdeinkarnation (Kalki), wird Vishnu am Ende unseres Zeitalters erscheinen, um die Guten zu belohnen und die Übeltäter zu bestrafen. Der mit Dreizack, Kobra, Axt, Antilope, Trommel und Schlinge ausgestattete Shiva, der Zerstörer, der Gott mit den 1008 Namen, der im Symbol des Phallus (Linga) verehrt wird, ist die schillerndste Figur der hinduistischen Göttertrias. In einem schöpferischen Akt konstruktiver Zerstörung beendet Shiva alle Dinge und initiiert den Neuanfang, z. B. als Shiva Nataraja, als kosmischer Tänzer, der in seinem ekstatischen Tanz die in Ignoranz versunkene Welt vernichtet. Jeder der drei Gottheiten ist eine Shakti, eine Göttin als kreativer Aspekt des Gottes, zugeordnet: Sarasvati, die Göttin der Musik und Dichtung,

gehört zu Brahma, Lakshmi (oder Sri), die Göttin des Glücks, zu Vishnu, und Devi, die in ebenso vielen Formen wie ihr Gemahl auftritt, z. B. als Durga, Uma, Parvati oder die furchtbare Kali, zu Shiva.

Auch Jayavarman III. (850–877) und Indravarman I. (877–889) herrschten von Hariharayala aus. Trotz der Kürze seiner Regierungszeit war die Herrschaft Indravarmans I. sowohl in baulicher als auch in politischer Hinsicht recht erfolgreich. Indravarman I. war der erste König von Angkor, der ein groß angelegtes Bauprogramm in Angriff nahm. Unter anderem ließ er nördlich der Hauptstadt ein gewaltiges Wasserreservoir mit einer Fläche von 300 ha, das Indratataka, anlegen, das erste seiner Art und Beispiel für die folgenden Könige, das sowohl praktischen als auch rituellen Zwecken diente. Als seinen Tempelberg errichtete er 881 den Bakong, den ersten Khmertempel, der hauptsächlich aus Stein statt aus Ziegeln gebaut und der erste in einer vollkommenen Pyramidenform war. Politisch scheint sich sein Einfluss bis in das Gebiet des heutigen Nordostthailand erstreckt zu haben, wie Inschriften bestätigen.

Yashovarman I. (889–910?) verfügte offensichtlich über sehr viel mehr Menschen als seine Vorgänger, wie seine Bautätigkeit belegt. Hundert Klöster errichtete er über das Land verteilt aus vergänglichen Materialien, sodass heute nur mehr einige der Gründungsstelen erhalten sind. Und er verlegte die Hauptstadt in das Gebiet des heutigen Angkor, etwa 16 km nordwestlich der alten Stadt Hariharayala. Seinen Haupttempel baute er auf einem natürlichen Hügel, dem

Phnom Bakheng; nordöstlich der neuen Stadt Yashodharapura legte er ebenfalls ein Wasserreservoir an, Yashodharatataka, größer noch als jenes seines Vaters, 6,5 km lang und 3 km breit (heute bekannt als das Östliche Baray). Yashovarman scheint ein weitgehend toleranter Herrscher gewesen zu sein. Neben der Verehrung Shivas wurden Klöster und Tempel auch für die Verehrung Vishnus und für buddhistische Zeremonien errichtet. Wir haben Hinweise darauf, dass er die Verwaltung und den Rechtskodex reformierte.

Im Großen und Ganzen waren die über hundert Jahre zwischen Indravarman I. und Jayavarman V. (969–1001) eine Zeit der Größe und der beständigen Machtzunahme der Khmerherrscher, trotz gelegentlicher Thronfolgestreitigkeiten, die es mit sich brachten, dass die Herrscher auf dem Thron von Angkor keiner direkten Abstammungslinie folgten. Trotz ihres Gottkönigtums waren die Könige von Angkor doch keine absolu-

Angkor Vat, der dem Gott Vishnu geweihte »Stadttempel«, im 12. Jahrhundert von Suryavarman II. errichtet als Zentrum des Khmerreiches und des Universums wie auch als sein eigenes Grabmal.

ten Herrscher; gerade die Göttlichkeit schloss auch Verpflichtung mit ein, Verpflichtung zu einem »königlichen« Verhalten, zum Bewahren der Gesetze und der Ordnung, durchaus verstanden als Ordnung des Universums, und zum Verteidigen des Reiches, ja des gesamten Erdkreises, für den der König als »Weltenherrscher« die Verantwortung trug. Er hatte in allem der Erste zu sein, der Held, wie er in den großen indischen Epen geschildert wird, dessen Überlegenheit sich in der Schlacht ebenso erweisen musste wie in geistigen Dingen, im Besitz, im Ritual, ja auch in der Sexualität. Und der König hatte natürlich die ganz normalen Aufgaben eines Verwalters des Reiches zu erfüllen: die Verleihung von Ämtern und Titeln, die Zuteilung von Land und Sklaven, die Sorge für den Bau und Unterhalt von Tempeln und Bewässerungsanlagen und die Pflege der Beziehungen zu anderen Staaten. Der Herrscher, wie es hieß, »isst das Reich«, so wie ein Gouverneur seine Provinz »isst«. Seine Hauptstadt ist die Darstellung des Universums, umgeben von einem Wassergraben und mit dem Tempelberg in der Mitte, auf dessen Gipfel das königliche Linga etabliert ist, so wie der Weltenberg Meru, auf dem die Götter wohnen, sich inmitten von Ozeanen erhebt. Diese Analogie zwischen Makrokosmos und Mikrokosmos setzt sich auf allen Ebenen des Reiches von Angkor fort.

Auf den Tod Jayavarmans V. im Jahre 1001 folgte eine Zeit der inneren Streitigkeiten und der Zersplitterung. Suryavarman I. (1011–50), dem es gelang, das Reich an sich zu reißen, versuchte seine Untergebenen durch einen Gefolgschaftseid enger an sich zu binden. Weitere Maßnahmen zur Stärkung der Macht des Herrschers dienten dem gleichen Zweck, vor allem die Institutionalisierung und Zentralisierung von klerikalen und bürokratischen Funktionen. Suryavarman I. dehnte das Reich weiter nach Westen aus. Das buddhis-

Aus dem Gefolgschaftseid, den König Suryavarman I. seinen Untergebenen abverlangte:

Dies ist der Eid, den wir ... alle schwören ohne Ausnahme ... seiner Majestät Sri Suryavarmadeya ... Wir werden niemals einen anderen König verehren, wir werden uns niemals gegen ihn feindselig verhalten noch uns einem seiner Feinde anschließen. Wir werden nicht versuchen, ihm in irgendeiner Weise Schaden zuzufügen ... Wir versprechen, im Krieg unser Leben einzusetzen im Kampf für unseren König ... Sollten wir, die wir hier persönlich versammelt sind, ihrer Majestät diesen Eid nicht halten, so möge er trotzdem lange regieren, und wir bitten darum, dass er uns seine königlichen Strafen aller Art zukommen lässt. Wenn wir uns zurückziehen, um diesen Eid nicht genauestens einhalten zu müssen, so mögen wir wiedergeboren werden in der 32. Hölle, so lange wie Sonne und Mond existieren.

tische Königreich Louvo, heute Lopburi, in Zentralthailand wurde annektiert, der Beginn einer über 200-jährigen Herrschaft der Khmer im Becken des Menam (eigentlich Maenam Chaophraya).

Das vollkommenste Bauwerk des Reiches: Angkor Vat

Ausschnitt aus einem Relief in Angkor Vat. Bis zum heutigen Tag sieht man solche Karren in Kambodscha.

Der Nachfolger Suryavarmans I., König Udayadityavarman II. (1050–66), herrschte zwar über ein größeres Gebiet, doch musste er sich mit einer Reihe von Aufständen und Rebellionen herumschlagen, und nach seinem Tod zerfiel das Reich wiederum in inneren Zwistigkeiten. Erst einem zweiten Suryavarman (1113–1150?) gelang erneut die Einigung. Und Suryavarman II. begnügte sich nicht mit dem Reich seiner Vorgänger. Er führte seine Armeen im Osten gegen Annam (Nord- und Mittelvietnam) und

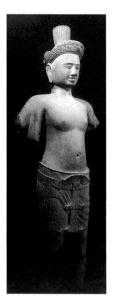

Champa, das Reich der Cham in Südvietnam, und erweiterte das Reich im Westen bis zur Grenze des Königreichs von Pagan in Birma. Ein Teil der Streitkräfte auf diesen Feldzügen bestand aus Söldnern der tributpflichtigen Gebiete im Westen; solche »Syam«-Söldner sind dargestellt auf den Reliefs von Angkor Vat.

Suryavarman II. war wohl ein noch größerer Bauherr als Feldherr. Unter seiner Herrschaft entstand das vollkommenste Bauwerk des Reiches von Angkor: Angkor Vat (»Stadttempel«), Höhepunkt und Vollendung der Khmerarchitektur. Angkor Vat, dem Gott Vishnu geweiht, ist sowohl Darstellung des himmlischen Palastes, Symbol des Berges Meru und des Universums wie Zentrum des Reiches Suryavarmans II. und auch sein Grabmal, in dem er als Vishnuraja, als Vishnuherrscher, bestattet werden sollte. Die Anlage dieses Bauwerkes, die Proportionen und das Dekor, darunter über 2 000 m² Reliefdarstellungen, erscheinen selbst in kleinsten Details perfekt ausgeführt; die Architekten beherrschten die Geometrie des Raumes ebenso makellos wie die Kunsthandwerker die Komposition der Bildszenen. Angkor Vat, heute als Kulturerbe der Menschheit unter dem Schutz der Vereinten Nationen, ist nicht nur von den Ausmaßen her das größte religiöse Bauwerk der Erde.

Obwohl Angkor Vat vor allem für seine Reliefs berühmt ist, leisteten die Kunsthandwerker auch in der Rundplastik ausgezeichnete Arbeit, wie dieser vierarmige Vishnu (links) beweist. Angkor-Vat-Stil, Mitte des 12. Jahrhunderts.

Künstlerisch war mit Angkor Vat der Höhepunkt des Reiches von Angkor erreicht. Diese Vollkommenheit in der Anlage und Exaktheit in der Ausführung gelang den späteren Königen nicht mehr. Der buddhistische Bayon (Tempelberg) Jayavarmans VII. (1181–1212), für sich selbst ein bemerkenswertes Beispiel der Khmerarchitektur, erscheint dagegen hastig, beinahe flüchtig gebaut und dekoriert. Doch politisch gelangte Angkor erst mit diesem König auf den Gipfel seiner Macht.

Dieser Kopf stellt vermutlich Jayavarman VII. dar, versunken in Meditation. Preah Khan, 16. Jahrhundert, heute im Nationalmuseum in Phnom Penh.

Die »Gesichtertürme« des Bayon, des
Tempelbergs im Zentrum von Angkor
Thom.

Für den **Unterhalt des Tempels
von Ta Prohm** (1186 erbaut) waren
3140 Dörfer verantwortlich. 79365
Menschen wurden für den religiösen
Dienst gebraucht, darunter 18 Hohe
Priester, 2740 weitere Amtsträger, 2202
Assistenten und 615 Tänzer. Der
Tempel besaß goldenes Geschirr von
über 500 kg Gewicht und ebensoviel in
Silber, 35 Diamanten, 40620 Perlen,
4540 Edelsteine, eine riesige goldene
Schale, 876 chinesische Stoffe, 512
Seidenbetten und 523 Prunkschirme.
Dazu kamen noch eine Unmenge von
Gegenständen des täglichen Gebrauchs,
darunter allein 2387 Kostüme für die
Statuen, Nahrungsmittel, Gewürze,
Wachs.

Holzfigur eines Beters, eine der
schönsten Statuen aus der
Nach-Angkor-Zeit. Angkor Vat,
16. Jahrhundert, heute im
Nationalmuseum in Phnom Penh.

Jayavarman VII., ein glühender Anhänger des Mahayana-Buddhismus, gilt als der letzte große König von Angkor. Und er war sicher, zumindest was den Umfang betrifft, der größte Bauherr aller Angkorkönige. 1177 war, nach einem überraschenden Angriff der Cham, die Hauptstadt Yashodharapura geplündert und teilweise zerstört worden. Jayavarman baute sie wieder auf, stärker und prächtiger denn je. Der Hügel Phnom Bakheng, Mittelpunkt des alten Yashodharapura, lag nun außerhalb der Mauern. Als Zentrum der neuen Stadt, bekannt als Angkor Thom, wurde der Tempelberg Bayon errichtet, dessen »Gesichtertürme« auch heute noch den Betrachter verzaubern. Auch an weiteren Bauwerken (meist Tempelanlagen) der Zeit Jayavarmans VII. – etwa Banteay Kdei, Ta Prohm, Preah Khan, Neak Pean, dem riesigen Banteay Chmar, Vat Nokor in der Provinz Kompong Cham und Ta Prohm in der Provinz Bati – erscheinen meist diese geheimnisvollen Türme, von deren vier Seiten riesige menschliche Gesichter mit einer unergründlichen Ruhe auf die Menschen herablächeln. Als buddhistischer Herrscher, der sich selbst als Bodhisattva (Daseinsform des künftigen Buddha) verstand, sah sich Jayavarman VII. darüber hinaus veranlasst, das Land aus »dem Meer des Leidens« zu befreien. Er überzog das gesamte Reich mit einem Netz von Straßen, an denen Rasthäuser – 120 wurden bisher identifiziert – den Pilgern Erholung boten. 102 Krankenhäuser, verteilt über das ganze Land, sorgten für die Gesundheit der Bevölkerung.

Politisch erreichte Kambodscha in der Zeit Jayavarmans VII. seine größte Ausdehnung. Jayavarman schlug die Cham zurück und unterwarf Champa, unter anderem in einer berühmten Schiffsschlacht, die auf den Reliefs des Bayon dargestellt ist. Am Ende des 12. und in der 1. Hälfte des 13. Jahrhunderts war das Reich der Khmer unbestritten die stärkste Macht Südostasiens. Champa war eine Provinz des Reiches (1103–20), im Norden lagen die Grenzen bei Vientiane am Mekong, im Westen und Süden erstreckte sich das Herrschaftsgebiet bis hinein nach Birma und auf die Malaiische Halbinsel. Und doch begann auf dem Höhepunkt der Macht bereits der Niedergang. Champa konnte nicht gehalten werden. Feldzüge gegen das aufstrebende Vietnam endeten für die Khmer katastrophal. Im Westen erstarkten die Thai; bereits gegen Ende des 13. Jahrhunderts hatten sich zwei Thaikönigreiche etabliert, Sukhothai und Lanna. In der Folge sollten sich die Thaistaaten als übermächtige Gegner Angkors erweisen. Aus den Eroberungszügen der Khmer wurden im Verlauf des 13. Jahrhunderts immer mehr Abwehrschlachten. Als sich der chinesische Gesandte Zhou Da-guan 1296/97 in Kambodscha aufhielt, waren die Zeichen des Niedergangs bereits sichtbar. Doch noch war Angkor reich und mächtig. Zhou liefert uns den ausführlichsten Bericht über das tägliche Leben im Reich von Angkor im ausgehenden 13. Jahrhundert. Er erzählt über Religion, Gerichtswesen, Königtum, Schrift und

Zeremonien ebenso wie über Landwirtschaft, Sklaven, Kleidung, Handel, Gerätschaften, die Sitten beim Baden oder bei der Geburt.

Der Niedergang

Der Umschwung setzte um die Mitte des 14. Jahrhunderts ein. Die Gründe für den Niedergang des Khmerreiches sind vielschichtig und noch immer nicht vollständig verstanden. Die veränderte politische Situation in Ostasien trug genauso dazu bei wie innere Entwicklungen.

Stehender Buddha. Preah Khan, 13./14. Jahrhundert, heute in Paris, Musée Guimet.

Die mongolische Dynastie der Yuan (1279–1368) in China und die darauf folgende der Ming (1368–1644) intensivierten den Seehandel; dadurch erhielten die Küstenstädte einen entscheidenden Vorteil gegenüber den im Inland liegenden Ländereien. In Thailand nutzte vor allem das neue Reich Ayutthaya (1351–1767), das Sukhothai ablöste, die erweiterten Handelsmöglichkeiten; es schwang sich zur Vormacht im Becken des Menam auf. Wiederholt griff es das Khmerreich an, zum ersten Mal bereits 1352.

Durch die gigantischen Baumaßnahmen innerhalb der so kurzen Zeitspanne von Suryavarnam II. bis Jayavarman VII., die ständigen Kriege und Eroberungsfeldzüge und die immensen Kosten, die der Unterhalt der zahlreichen Tempel und Klöster verursachte, waren sowohl die Khmerbevölkerung als auch die Wirtschaft des Landes an die Grenzen ihrer Leistungsfähigkeit gezwungen worden. Sie hatten dem dynamischen und aggressiven Vorgehen der Thai nicht mehr viel entgegenzusetzen. Die dezimierte und überbeanspruchte Bevölkerung scheint sogar, zum Teil jedenfalls, die neuen Herren begrüßt zu haben, die sie von den gierigen alten Göttern und machtbesessenen Herrschern befreiten. Viel zu dieser Einstellung trug der Theravada-(Hinayana-)Buddhismus bei, der sich über ganz Südostasien auszubreiten begann und dem die Thai anhingen.

Die Eroberer boten eine sanfte Religion, zugewandt einer Erlösung, die nicht auf dieser Welt stattfand. Pompöse Bauten, ausufernde Zeremonien, die Darstellung eines Himmels auf Erden waren nicht erforderlich. Diese Religion, die die Besitzlosigkeit propagierte, bot dem Volk eine besinnliche und vor allem ökonomische Alternative zu seiner alten Religion. Doch die Legitimation des Herrschers war damit infrage gestellt. Die Könige von Angkor schafften den Wandel vom Devaraja, dem Gottkönig, zum Dharmaraja, dem »König des Gesetzes Buddhas«, nicht und hatten sich damit überlebt.

1394 nahm König Ramesuan von Ayutthaya die Hauptstadt Angkor Thom ein, wobei König Dhammasoka getötet wurde. 30 Jahre später beschloss König Chao Ponhea Yat, der letzte Herrscher von Angkor, aus strategischen Gründen die Stadt aufzugeben und weiter südlich an der Stelle des heutigen Phnom Penh eine neue Stadt zu errichten. Zurück blieben ein buddhistisches Kloster in Angkor Vat und der Dschungel, der die alten Bauwerke nach und nach überwucherte.   Xaver Götzfried

Aus dem Bericht des chinesischen Gesandten Zhou Da-guan über das Leben im Reich von Angkor im ausgehenden 13. Jahrhundert:

Kambodscha ist ein sehr heißes Land und man übersteht unmöglich den Tag, ohne mehrmals zu baden. Selbst nachts badet man ein- oder zweimal. Es gibt keine Badehäuser, Becken oder Kübel; jede Familie besitzt jedoch einen Teich, oder manchmal besitzen mehrere Familien zusammen einen. Männer und Frauen steigen nackt in diesen Teich. Wenn aber gerade die Eltern oder ältere Personen baden, halten sich die Jüngeren fern. Wenn umgekehrt die Jüngeren baden, warten die Älteren ab, bis sie an die Reihe kommen. Wenn alle Badenden das gleiche Alter haben, gibt es keine Etikette. Die Frauen verdecken lediglich mit der linken Hand ihr Geschlecht, wenn sie ins Wasser steigen. So einfach ist das.

Afrika

Aus dem Dunkel der Zeiten – Afrikanische Gesellschaften in der Geschichte

Afrika – nach heutigem Forschungsstand wahrscheinlich die Wiege der Menschheit – wurde von der europäischen Geschichtsschrei- bung bis in die Mitte des 20. Jahrhunderts hinein vernachlässigt. Insbesondere den Gebieten südlich der Sahara, die als Menschenreservoir für den transatlantischen Sklavenhandel und Rohstofflieferanten den Aufstieg Europas zur Weltmacht befördert haben, ist unter dem Eindruck kolonial geprägter Vorurteile jegliche historische Bedeutung abgesprochen worden. Berichte europäischer Handels- und Entdeckungsreisender, Missionare und Kolonialbeamter schienen die Annahme zu rechtfertigen, es mit einem geschichtslosen Erdteil zu tun zu haben.

Durch kritische Prüfung schriftlicher Quellen, durch Heranziehung mündlicher afrikanischer Überlieferungen und in Zusammenarbeit mit anderen Disziplinen (Archäologie, Linguistik, Ethnologie, Kunstgeschichte, Agrar- und Medizinforschung) ist es der Geschichtswissenschaft in der Zwischenzeit gelungen, dieses klischeehafte Afrikabild aufzubrechen. Gleichzeitig verstärkte sich die Einsicht, dass die Kooperation mit afrikanischen Wissenschaftlern unumgänglich ist, um die koloniale Geschichtsschreibung korrigieren und die Geschichte afrikanischer Gesellschaften vor deren Begegnung mit Europa »wieder entdecken« zu können.

Dabei führen insbesondere Überreste materieller Natur mitunter zu völlig neuen Erkenntnissen. So belegen Weizenkörner, die im Sudan an der Grenze zu Tschad bei der Ausgrabung einer etwa 17000 Jahre alten Siedlung gefunden worden sind, entgegen bisherigen Annahmen, dass Weizen in Afrika früher angebaut wurde als in Mesopotamien. Überreste von Bewässerungssystemen am Oberlauf des Nils (Sudan) und Untersuchungen an den Nilquellen (Uganda) sowie in den Gebieten um den Tschadsee weisen auf afrikanische Wurzeln der altägyptischen Hochkultur hin.

Wie Felsmalereien bereits vermuten ließen und Klimaforschungen inzwischen bestätigten, war die Sahara vor 10000 Jahren noch ein fruchtbarer Siedlungs- und Kulturraum. Die ab dem 4. Jahrtau-

Nach mündlichen Überlieferungen der Bambara (Mali) brachte ihnen einst der Antilopenmensch die Landwirtschaft. Diese bei Zeremonien gebrauchte hölzerne Figur soll die Menschen daran erinnern. Sie zeigt den mythischen Vorfahren – halb Mensch, halb Tier – und symbolisiert darüber hinaus die Abfolge der Generationen, ihre Gemeinsamkeiten und Unterschiede.

send v. Chr. rasch zunehmende Austrocknung löste Völkerwanderungen u. a. nach Westafrika aus und führte langfristig zu tief greifenden historischen Veränderungen, die das Gesicht des Kontinents neu geprägt haben. Da die Dauer und der Verlauf dieser Wanderungsbewegungen bislang erst ansatzweise rekonstruiert werden konnten, ist z. B. noch unklar, inwieweit sich der Exodus aus der Sahara auch nach Osten erstreckte und welche Einflüsse er auf die Kultur des Niltales ausübte.

Obwohl sich unsere Kenntnisse über Wirtschaftsweisen, Staats- und Gesellschaftsstrukturen in den verschiedenen Regionen Afrikas stark erweitert haben, gibt es nach wie vor »weiße Flecken« auf der historischen Landkarte dieses Kontinents. Von zahlreichen Völkern wissen wir nur wenig, da sie keine Zentralstaaten gegründet, sondern sich in kleinräumigen Gemeinwesen organisiert haben, in denen Vertreter von Berufsständen, Ältestenräte oder Geheimgesellschaften die politische Macht ausübten und juristische Aufgaben wahrnahmen. Die Geschichte dieser schriftlosen Kulturen lässt sich anhand ihrer mündlichen Überlieferungen sowie ihrer bildnerischen Selbstzeugnisse erschließen.

Ebenfalls erst am Anfang stehen Untersuchungen über die Beziehungen zwischen diesen gemeinhin als »Gesellschaften ohne Staat« bezeichneten Völkern und den verschiedenen Großreichen, deren Entstehung und Ausbreitung aufgrund archäologischer und schrift-

Tierno Bokar, mündlicher Überlieferer aus Mali (†1940):

Die Schrift ist eine Sache und das Wissen eine andere. Die Schrift ist die Fotografie des Wissens, aber nicht das Wissen selbst. Das Wissen ist ein Licht, das sich im Menschen befindet. Es ist das Erbe von allem, was die Vorfahren erkennen konnten und uns im Keim übermittelt haben, ganz so wie der Affenbrotbaum, der im Samenkorn in all seiner Mächtigkeit enthalten ist.

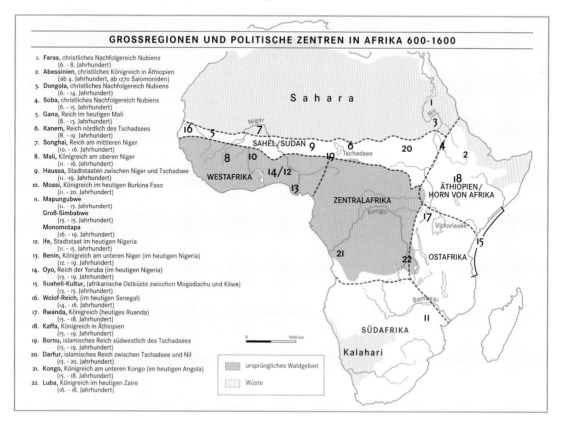

GROSSREGIONEN UND POLITISCHE ZENTREN IN AFRIKA 600-1600

1. **Faras**, christliches Nachfolgereich Nubiens (6. - 8. Jahrhundert)
2. **Abessinien**, christliches Königreich in Äthiopien (ab 4. Jahrhundert, ab 1270 Salomoniden)
3. **Dongola**, christliches Nachfolgereich Nubiens (6. - 14. Jahrhundert)
4. **Soba**, christliches Nachfolgereich Nubiens (6. - 15. Jahrhundert)
5. **Gana**, Reich im heutigen Mali (8. - 13. Jahrhundert)
6. **Kanem**, Reich nördlich des Tschadsees (8. - 19. Jahrhundert)
7. **Songhai**, Reich am mittleren Niger (10. - 16. Jahrhundert)
8. **Mali**, Königreich am oberen Niger (11. - 16. Jahrhundert)
9. **Haussa**, Stadtstaaten zwischen Niger und Tschadsee (11. -19. Jahrhundert)
10. **Mossi**, Königreich im heutigen Burkina Faso (11. - 20. Jahrhundert)
11. **Mapungubwe** (11. - 13. Jahrhundert)
    Groß-Simbabwe (13. - 15. Jahrhundert)
    Monomotapa (16. - 19. Jahrhundert)
12. **Ife**, Stadtstaat im heutigen Nigeria (11. - 15. Jahrhundert)
13. **Benin**, Königreich am unteren Niger (im heutigen Nigeria) (12. - 19. Jahrhundert)
14. **Oyo**, Reich der Yoruba (im heutigen Nigeria) (13. - 19. Jahrhundert)
15. **Suaheli-Kultur**, (afrikanische Ostküste zwischen Mogadischu und Kilwa) (13. - 15. Jahrhundert)
16. **Wolof-Reich**, (im heutigen Senegal) (14. - 16. Jahrhundert)
17. **Rwanda**, Königreich (heutiges Ruanda) (15. - 18. Jahrhundert)
18. **Kaffa**, Königreich in Äthiopien (15. - 19. Jahrhundert)
19. **Bornu**, islamisches Reich südwestlich des Tschadsees (15. - 19. Jahrhundert)
20. **Darfur**, islamisches Reich zwischen Tschadsee und Nil (15. - 20. Jahrhundert)
21. **Kongo**, Königreich am unteren Kongo (im heutigen Angola) (15. - 18. Jahrhundert)
22. **Luba**, Königreich im heutigen Zaire (16. - 18. Jahrhundert)

S a h a r a

SAHEL/SUDAN

WESTAFRIKA

Tschadsee

ZENTRALAFRIKA

Kongo

ÄTHIOPIEN/ HORN VON AFRIKA

Victoriasee

OSTAFRIKA

Sambesi

SÜDAFRIKA

Kalahari

0   1000 km

ursprüngliches Waldgebiet

Wüste

Die Gürtelmaske aus Elfenbein symbolisierte das Gottkönigtum Benins; als bärtige Köpfe, zum Teil mit Hut, erscheinen die Europäer (Portugiesen) in Kopf- und Bartkranz der Maske; 15.–16. Jahrhundert (New York, Metropolitan Museum of Art).

licher Zeugnisse besser belegbar sind: das alte Ägypten und die Zivilisationen von Kusch und Meroe (Nubien, Sudan), die mittelalterlichen Großreiche der westlichen Sudanzone Gana, Mali und Songhai, die Staaten von Ife, Oyo und Benin (im heutigen Nigeria), das Reich Kongo (Angola), die Suahelikultur an der Küste Ostafrikas sowie Groß-Simbabwe und Monomotapa im südöstlichen Afrika, um nur die wichtigsten zu nennen.

Die wirtschaftliche, politische und kulturelle Vielfalt der afrikanischen Gesellschaften, die auch in ihren Beziehungen untereinander zum Ausdruck kam, bildete sich im Verlauf großer Zeiträume auf einem Kontinent enormer geographischer Ausdehnung. Der folgende Überblick nennt einige Faktoren, die aus heutiger Kenntnis die Strukturen und Beziehungen ausschlaggebend geprägt haben. Wie sich einige dieser Gesellschaften zu großen politischen Einheiten verdichtet, sich am Fernhandel beteiligt und durch militärische Eroberungen ihre Einflusszonen erweitert haben, wird in den anschließenden Kapiteln anhand von Beispielen erörtert.

Afrika nördlich des Äquators: Handelswege und islamische Einflüsse

Grundlegend für die Staatenbildung in der westlichen Sudanzone waren der hohe Stand der Entwicklung von Viehzucht und Ackerbau, die Kenntnis der Eisenverhüttung sowie die Verbreitung von Pferd und Kamel ab der Zeitenwende. Mit dem Transsaharahandel intensivierten sich ab dem 8. Jahrhundert n. Chr. die Handels- und Kulturkontakte zwischen dem muslimischen Nordafrika und dem subsaharischen Gebiet zwischen Kanem im Osten und Tekrur im Westen. Die Erlöse aus dem Fernhandel und die Entstehung einer höfischen islamischen Kultur begünstigten den Aufstieg der Großreiche Gana, Mali und Songhai sowie die Entwicklung der Stadtstaaten der Hausa. Der unverkennbare Einfluss, den der Islam auf die wirtschaftliche und kulturelle Entwicklung der nordwestafrikanischen Großregion ausgeübt hat, spiegelt sich auch im Aufstieg von Karawanenstationen zu Städten wider, deren Namen bis heute nachklingen: Kairouan, Fès, Timbuktu, Gao, Djenné, Kano.

Ähnlich wirkten sich Fernhandelsbeziehungen und islamische Kultureinflüsse auf die Küste Ostafrikas aus. Hier ließen sich seit dem 7. Jahrhundert Emigranten aus Arabien, Persien und Indien nieder und begründeten gemeinsam mit der bantusprachigen einheimischen Bevölkerung die Suahelikultur, zu deren wichtigsten politischen und kulturellen Zentren Mogadischu, Mombasa, Sansibar und Kilwa gehörten. Sie verdankten ihren Aufstieg insbesondere dem Überseehandel mit Indien, China und Indonesien, der mithilfe der Daus, arabischen Segelschiffen, abgewickelt wurde.

Diese arabische Karte stammt aus dem 10. Jahrhundert. Die Kenntnis des Mittelmeers war Voraussetzung für die Ausbreitung des Islams. Der Norden liegt rechts. Links sind die Küsten von Nordafrika und Libanon dargestellt, dazwischen das Nildelta.

Im Nordosten des Kontinents, dem Horn von Afrika, nahm Äthiopien in mehrfacher Hinsicht eine historische Sonderstellung ein. Nach dem Niedergang des Reiches von Aksum begründete sich hier im 5. Jahrhundert Abessinien – der erste christliche Staat außerhalb des Römischen Reiches –, dem es gelang, sich inmitten einer muslimischen Umgebung zu behaupten. Aus den Auseinandersetzungen mit den islamischen Küstenkulturen ging ab 1270 unter der Dynastie der Salomoniden eine militärisch und politisch expandierende Kultur hervor, deren religiöse und geistige Zentren die christlichen Klöster bildeten.

Zahlreiche schriftliche Zeugnisse arabischer Autoren erleichtern die historische Rekonstruktion der islamisch geprägten Kulturen West- und Ostafrikas. Das Gleiche gilt für Äthiopien, dessen Geschichte in den schriftlichen Chroniken der Klöster überliefert worden ist und sich darüber hinaus in zahlreichen Bauwerken und Zeugnissen bildender Kunst widerspiegelt.

Afrika südlich des Äquators: Völkerwanderungen und Mauern aus Stein

Das quadratische Minarett der Großen Moschee von Kairouan, deren Bau 836 begonnen wurde, beeinflusste mit seiner gedrungenen Form die islamische Architektur in Nordafrika und Andalusien.

Angefangen bei den Terrakottafiguren der Nokkultur auf dem Josplateau, die bereits seit dem 3. Jahrhundert v. Chr. die Eisenverhüttung beherrschte, weisen zahlreiche Zeugnisse materieller Natur darauf hin, dass der Unterlauf des Nigerflusses ein weiterer Ausgangspunkt menschlicher Zivilisation gewesen ist. Auf dem Gebiet des heutigen Nigeria siedelten sehr unterschiedliche Kulturen: so die Ibo, eine Agrargesellschaft »ohne Staat«, die Yoruba, die etwa im 11. Jahrhundert n. Chr. die Staaten von Ife und Oyo begründeten und heute vor allem durch ihre meisterhaften Bronzeköpfe bekannt sind, oder die Edo, deren Bronzereliefs und Plastiken Zeugnis über ihr militärisch straff organisiertes Reich Benin ablegen.

Nok-Kopf aus Lehm, 2.–5. Jahrhundert v. Chr., mit einer Stufenhaartracht, die auf eine hoch gestellte Persönlichkeit hinweisen könnte (Lagos, Nationalmuseum).

In jahrhundertelangen Wanderungen haben sich bantusprachige Agrarvölker, vermutlich ausgehend vom Grenzgebiet zwischen dem heutigen Kamerun und Nigeria, über das südliche Drittel des Kontinents in Richtung Süden und Osten ausgebreitet und dabei der riesigen Region vom Victoriasee (Uganda) bis zum südafrikanischen Kap ihren kulturellen Stempel aufgedrückt. Über ihre Anzahl und die Beweggründe ihres Aufbruchs besteht bis heute ebenso wenig Klarheit wie über die genauen Wegstrecken. Archäologische Funde lassen lediglich Rückschlüsse darauf zu, dass sie sich mit den jeweils ansässigen Bevölkerungen vermischt haben, Ackerbau und Viehhaltung betrieben sowie die Eisenverarbeitung kannten. Seit dem 1. Jahrhundert n. Chr. sind solche Siedlungen auf dem südostafrikanischen Hochplateau nachweisbar. Günstige geographische und Umweltbedingungen führten hier ab dem frühen 11. Jahrhundert zur Begründung der Kultur von Simbabwe. Als deren größte und bedeutendste städtische Siedlung gilt Groß-Simbabwe,

DIE PLASTIK DER IFE

Die sehr naturalistisch wirkenden lebensgroßen Köpfe der Ife waren vermutlich Teile hölzerner Figuren – idealisierte »Doubles« von Angehörigen des Herrscherhauses, die bei öffentlichen Anlässen gezeigt und nach deren Tod symbolisch beerdigt wurden. Die ältesten dieser Werke sind Terrakotten, wie der Kopf links, der von dem deutschen Ethnologen Leo Frobenius 1910 in Ife ausgegraben wurde und heute im Berliner Museum für Völkerkunde aufbewahrt wird. Ab dem 11. Jahrhundert wurden Königsporträts auch in Bronze, selten auch in Kupfer hergestellt. Der gekrönte Kopf (rechts) aus Kupfer und Zink stammt aus dem 12.–15. Jahrhundert (Ife, Musée des Antiquités).

Der Herrscher (Oba) von Benin mit Pagen und Kriegern; Messingplatte, vermutlich aus dem 17. Jahrhundert. Der soziale Rang der um den berittenen Souverän gruppierten Personen lässt sich an ihrer Größe und Bekleidung ablesen. Die Reliefplatten aus dem 16.–19. Jahrhundert erschließen politische und militärische Veränderungen in Benin und zeigen äußere Einflüsse durch die Portugiesen.

die 1250 gebaute Residenz eines der mächtigsten Herrscher in Südostafrika. Gegen Ende des 15. Jahrhunderts wurde diese Großstadt verlassen. Ihr Erbe trat das weiter nördlich gelegene Reich Monomotapa (im heutigen Moçambique) an, das 1629 unter portugiesische Herrschaft geriet. BRIGITTE REINWALD

Zwischen Regenwald und Wüste – Die Großreiche der westlichen Sudanzone

Staatengründungen südlich der Sahara

Nach weit verbreiteter Ansicht entstanden die Großreiche südlich der Sahara durch den Aufschwung des Transsaharahandels in der Zeit nach der arabisch-islamischen Eroberung Nordafrikas. Das Schweigen der antiken Autoren und die Befunde der Archäologie belegen die Isolation des Schwarzen Kontinents vor dem 7. Jahrhundert n. Chr. Gleichzeitig legen frappierende Parallelen zwischen den Mythen und Riten verschiedener Völker Westafrikas auf der einen Seite und den Hebräern und benachbarten Völkern des Vorderen Orients auf der anderen nahe, dass weit südlich der großen Verkehrswege des Mittelmeerraumes staatliche Organisationsformen schon vor unserer Zeitrechnung existiert haben müssen. Wie anders soll man die gleichartigen Königsfeste zu Beginn des neuen Jahres, die Drachentötungsmythen und -riten sowie die gemeinsame Verehrung eines Fruchtbarkeitsgottes Baal oder Schango und dessen Inkarnation in dem König deuten, wenn nicht als Überreste einer prähellenistischen Kulturübertragung aus dem kanaanäischen Raum, die in Afrika auf fruchtbaren Boden fiel? Offensichtlich konnten sich diese orientalischen Kulturelemente, die den sakralen Königtümern zugrunde liegen, in Afrika weitgehend unverändert halten, bis sie durch den Aufschwung des transsaharanischen Handels in neue Funktionszusammenhänge gestellt wurden. Einige Kleinkönige erkannten die neuen Möglichkeiten, die sich mit der Kontrolle der Handelsströme boten, und brachten deshalb die jeweilige südliche Endstation der Karawanenwege unter ihre Herrschaft. Dadurch wurden ethnische Grenzen überschritten und manchmal kam es sogar zu einer Verlagerung der königlichen Residenz. Durch diese Veränderungen entwickelten sich mehrere alte Kleinkönigtümer unter Beibehaltung der sakralen Organisationsformen kanaanäischer Prägung zu den Großreichen, von denen die arabischen Geographen seit dem 9. Jahrhundert berichten. Mit Erstaunen schreiben sie von der »Religion des Königs«, der die Einwohner dieser Reiche anhängen, und prägnant formuliert al-Muhallabi: »Ihre Religion besteht in der Verehrung ihrer Könige, denn sie glauben, dass die Könige Leben und Tod, Krankheit und Gesundheit bringen.« Ähnliche Definitionen des sakralen Königtums finden wir in modernen Ethnographien. In beiden Fällen bleibt unbeachtet, dass die göttliche Verehrung nicht dem König selbst zukommt, sondern dem Gott, den er repräsentiert.

Erst die Einführung des Islams infolge der intensiven Handelsverbindungen mit dem Norden führte zu einer gewissen Säkularisierung der tief verwurzelten sakralen Institutionen. Aber ebenso wie die heidnischen Götter innerhalb der muslimischen Glaubensvorstellungen zunächst als gute, dann als böse Geister ihren Platz fanden, wurden die grundlegenden Institutionen des sakralen Königtums nur so weit reformiert, dass sie noch in Einklang mit der herkömmlichen Staatsform gebracht werden konnten. Dagegen mussten sich die immer seltener werdenden Anhänger heidnischer Vorstellungen mit der fortschreitenden Aushöhlung ihrer spirituellen Lebensform abfinden. Obgleich dieser Prozess der Säkularisierung heute weitgehend abgeschlossen ist, finden sich bei vielen muslimischen Völkern Westafrikas noch Überreste des sakralen Königtums. Dazu gehören insbesondere die überragende Stellung der »amtlichen« Königinmutter, die Installationsriten des Königs und die Prozessionen der jährlichen Feste. Naturgemäß sind diese Institutionen nur dort bei den Muslimen zu beobachten, wo das Königtum, wie bei den Hausa und den Kanuri des Zentralsudans, bis in unsere Zeit erhalten blieb. Viel deutlicher treten uns die Züge des sakralen Königtums allerdings bei den weiter im Süden

Gedenkkopf aus Bronze vom Altar der Königinmutter von Benin, Anfang des 16. Jahrhunderts. Der Legende nach soll er von dem Oba Esigie in Verehrung für seine Mutter Idia errichtet worden sein (London, Britisches Museum).

schon im Bereich des tropischen Regenwaldes lebenden Yoruba und Ashanti entgegen, bei denen der Islam oder das Christentum erst seit dem 19. Jahrhundert Eingang fanden. Dass es auch andere Prozesse der Säkularisierung gegeben haben muss, zeigt das Beispiel der Mosi, bei denen die Mythologie ganz vor dem Ritual zurücktritt. Aus diesen Bemerkungen ergibt sich, dass die Geschichte der westafrikanischen Großreiche nicht allein durch den Transsaharahandel und das Vordringen des Islams geprägt wurde, sondern ebenso durch den Widerstand des sakralen Königtums. Wie in anderen Teilen der Welt unterlag auch in Afrika der historische Wandel dem zähen Kampf des Neuen gegen das Alte. Die zur Verfügung stehenden Quellen fließen reichlich genug, um diesen Wandel zu dokumentieren und zu zeigen, dass die afrikanische Geschichte mehr ist als die passive und bedingungslose Übernahme fremder Kulturgüter.

Der Bronze-Ibis aus dem 11. Jahrhundert wurde bei der Freilegung eines Grabhügels in der Region Gao in Mali geborgen. Wegen seiner angeblichen Weissagekraft wurde der Ibis verehrt.

Gana und Mali

Seit dem 9. Jahrhundert n. Chr. berichten die arabischen Geographen kontinuierlich von dem sagenumwobenen Goldland Gana. Nach ihren Angaben lag das Reich südlich von Marokko, irgendwo zwischen dem Senegal und dem Niger. Erst al-Bakri konnte zur Mitte des 11. Jahrhunderts Genaueres in Erfahrung bringen: Der König war von einer zahlreichen Priesterschaft umgeben, die meisten seiner Amtsträger am Hof waren aber bereits Muslime; dennoch wurden die Könige weiterhin in riesigen Hügelgräbern mit einem Jenseitsgefolge feierlich bestattet; die Gräber lagen in heiligen Hainen, die nur für die Priester zugänglich waren. Aus einer mündlichen Quelle erfahren wir außerdem, dass man in Gana ein großes Neujahrsfest *(tabaski)* feierte.

Um nach Gana zu gelangen, reisten die Kaufleute mit ihren Karawanen zunächst nach Awdaghost. Nach fünfzehn Tagen – so die schriftlichen Quellen – erreichten sie dann die Hauptstadt des Reiches, was auf den Fundplatz Koumbi Saleh hinweist. Da auch die mündliche Überlieferung des Volkes der Soninke Gana mit Koumbi Saleh in Verbindung bringt, war man bisher der Ansicht, in diesem Ort die Hauptstadt des Ganareiches vor sich zu haben. Neben der Stadt der nordafrikanischen Händler, deren urbane Anfänge von Archäologen auf das 11. Jahrhundert datiert wurden, entdeckte man aber weder Anzeichen für eine Königsstadt noch für Königsgräber. Dagegen fand man in Tendirma am westlichen Nigerknie Hügelgräber, von denen eins auf das 11. Jahrhundert datiert wurde und die von der Forschung schon früh mit den Königsgräbern al-Bakris in Verbindung gebracht wurden. Dieser Widerspruch zwischen den Schriftquellen und dem archäologischen Befund sowie andere Hinweise lassen vermuten, dass es in Wirklichkeit zwei Zentren des Ganareiches gab: das ältere in Tendirma, wo die landwirtschaftlichen Ressourcen ausreichten, um eine sesshafte Lebensform zu garantieren, und das jüngere in der Mitte des unwirtlichen Senegal-Niger-Gebietes, wo nur die Kontrolle des lukrativen Goldhandels der

Teile der im Stadtviertel der nordafrikanischen Händler ausgegrabenen Moschee sowie Überreste eines Wohnhauses in Koumbi Saleh (250 km nördlich von Bamako). Die im Verlauf des 13. Jahrhunderts verlassene Siedlung war vermutlich eine der beiden königlichen Residenzstädte des Reiches Gana und bedeutender Umschlagplatz im Transsaharahandel.

Grund für die Errichtung einer königlichen Residenzstadt gewesen sein kann. Zu diesem Schritt wurden die Könige von Gana wohl hauptsächlich durch die Wangara bewogen, die als Händler das Gold aus Faleme und Bure bis an den Rand der Sahara transportierten. Ursprünglich stammten diese Händler, die zu den Soninke gehörten und deren Aktivitäten sich bis in das Hausaland erstreckten, aus Dia südlich von Tendirmâ.

In Koumbi Saleh wurde das Gold gegen die Waren aus dem Maghreb, Pferde, Stoffe und Waffen, aber auch gegen das Salz der Sahara getauscht und von berberischen und arabischen Händlern weiter nach Nordafrika und in den Orient geschafft. Dort diente es der Prägung der Dinare und blieb entweder im Lande, oder es wurde zum Einkauf indischer Waren verwendet und gelangte so noch weiter nach Osten.

In Gana lag die Macht in den Händen der Dynastie der Soso. Herrscher dieser Dynastie, die den Beinamen Sisse trugen, hatten Anspruch auf die Ehrenbezeichnung Tunkara, die in dem Namen des letzten heidnischen Königs, Tunka-Manin, wieder zu finden ist. Aus einem weiteren Königstitel ist der Name des Landes hervorgegangen. Auch die im Reich Gao gebräuchlichen Dynastiebezeichnungen Za und Sonni scheinen letztlich Beinamen der Könige von Gana gewesen zu sein. So ist es jetzt auch zu verstehen, worauf der Name Soninke beruht: Die Soninke waren eben die Leute des Sonni-Königs von Gana. Genau genommen gab es auch für das größte vorislamische Reich Westafrikas keinen einheitlichen Namen: Die arabischen Geographen nannten es Gana, die persischen Geographen Reich des Zaghe ibn Zaghe und die Chronisten von Timbuktu Reich des Kaya Magha Sisse.

Mit der Entstehung der militanten islamischen Almoravidenbewegung entwickelte sich in der westlichen Sahara eine eminente Bedrohung für den heidnischen Staat Gana. Die Almoraviden eroberten 1054 Sidjilmasa und Awdaghost am Nord- und Südende der großen westsaharanischen Goldroute. Danach konzentrierten sie sich aber auf Nordafrika, sodass Gana zunächst nicht direkt unter den Druck der berberischen Glaubenskämpfer geriet. Eine gefährliche Situation für das sakrale Königtum Ganas entstand erst nach der Entmachtung des Almoravidenführers Abu Bakr ibn Omar durch seinen Vetter Jusuf ibn Taschfin im Jahre 1071: Abu Bakr übernahm nun die Kontrolle des Südflügels der Almoraviden und machte bis zu seinem Tod 1087 seinen Einfluss auch bei einigen schwarzafrikanischen Völkern südlich der Sahara geltend.

Es liegt nahe, die Eroberung Ganas im Jahre 1076, von der einige Autoren berichten, und die damit verbundene Einführung des Islams mit den Aktivitäten Abu Bakrs in Verbindung zu setzen. Aber wenn es wirklich eine militärische Eroberung des Ganareiches gegeben hat, warum fand dieses Ereignis dann so wenig Widerhall in den ara-

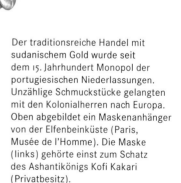

Der traditionsreiche Handel mit sudanischem Gold wurde seit dem 15. Jahrhundert Monopol der portugiesischen Niederlassungen. Unzählige Schmuckstücke gelangten mit den Kolonialherren nach Europa. Oben abgebildet ein Maskenanhänger von der Elfenbeinküste (Paris, Musée de l'Homme). Die Maske (links) gehörte einst zum Schatz des Ashantikönigs Kofi Kakari (Privatbesitz).

bischen Schriftquellen? Dieses Kernproblem der mittelalterlichen Historiographie Westafrikas kann jetzt dahin gehend gelöst werden, dass man zwischen vier Ereignissen unterscheidet: der Übertritt zum Islam des Kronprinzen von Gana, Kema Magha, die Krönung seines heidnischen Bruders Tunka-Manin im Jahre 1063 zum König von Gana an seiner Stelle, die Krönung Kema Maghas 1076 im Anschluss an einen Staatsstreich, an dem auch die Almoraviden mitgewirkt ha-

Der Ort Kangaba (etwa 100 km südlich von Bamako) ist nach der Überlieferung der Malinke Königsresidenz der Dynastie Keita gewesen, deren berühmtester Abkömmling, der sagenumwobene Sundjata Keita, das Reich Mali begründete. Die »Heilige Hütte«, der Schrein der Keita in Kangaba, wird alle sieben Jahre neu instand gesetzt. Zu diesem Anlass findet eine öffentliche Rezitation der Geschichte Malis statt.

Der arabische Historiker Ibn Chaldun schreibt Ende des 14. Jahrhunderts über die Geschichte von Gana und Mali:

Später wurde die Macht der Leute von Gana schwächer und ihre Autorität schwand dahin. Gleichzeitig wuchs die Autorität der Schleierträger (Almoraviden), welche nördlich von ihnen in der Nachbarschaft der Berber lebten ... Sie zogen zu den Schwarzen hinüber und gaben deren Weide- und Ackerland frei. Sie forderten von ihnen Tribut und Kopfsteuer und konvertierten viele von ihnen zum Islam, zu dem sie dann auch standen ... Später übertrafen die Einwohner von Mali die Völker der Schwarzen in jenen Gegenden an Zahl, und sie unterwarfen die benachbarten Völker ... und übernahmen deren gesamten Herrschaftsbereich ... und das (Königreich) von Gana.

ben, der Abfall Kema Maghas von den Almoraviden nach dem Tod des Abu Bakr im Jahre 1087. Doch der Soso-König konnte die Unabhängigkeit Ganas nicht mehr durchsetzen: Geschlagen vom Nachfolger des Almoravidenführers suchte er Zuflucht in Gao. Anstelle der Soso übernahm zunächst der neue Almoravidenführer die Macht. Er musste jedoch auch anderweitig militärisch eingreifen, um den Fortbestand des Südflügels der Almoraviden unter der Vorherrschaft des Berberklans der Lamtuna zu sichern. Deshalb ernannten die Lamtuna schon bald die Ture, einen aus soninke-arabischen Mischehen hervorgegangenen Klan, zu ihren Stellvertretern in Gana. Diese erbauten 1116 in Tendirma einen prunkvollen Herrscherpalast, um ihren eigenen Machtanspruch zu demonstrieren.

Zur Mitte des 12. Jahrhunderts, als die Almoraviden bereits von den Almohaden aus dem Maghreb und aus Andalusien vertrieben worden waren, hörten auch die arabischen Geographen nichts mehr von den berberischen Glaubenskämpfern des Südens. Am Ende des 12. Jahrhunderts gelang es den heidnischen Soso sogar, das Reich ihrer Vorfahren zurückzuerobern. Zu dieser Zeit waren die Institutionen des sakralen Königtums allerdings schon so weit durch die säkularistischen Tendenzen des Islams zersetzt worden, dass die Rückkehr zum Status quo ante nicht von Dauer sein konnte. In den Dreißigerjahren des 13. Jahrhunderts kam es im Süden von Gana zu einer islamischen Reaktion mit weit reichenden Folgen: Unterstützt von

Truppen des Kleinkönigs von Mema marschierte der Heerführer Sundjata Keita gegen den Hauptrepräsentanten der Soso, Sumanguru Kanté. Er besiegte ihn in der Schlacht von Kirina, übernahm dessen Herrschaftsattribute und gründete das muslimische Reich Mali. Anschließend eroberte er auch den nördlichen Teil des Reiches, vertrieb erneut die Soso und machte Mali damit zum Nachfolgereich Ganas. Sein Nachfolger Mansa Wali konnte deshalb die Pilgerfahrt nach Mekka unternehmen, ohne im Sudan das Territorium eines Nachbarstaates durchqueren zu müssen. Zweifellos die bedeutendste Pilgerfahrt aller westafrikanischen Könige aber unternahm Mansa Musa, auch Kankan Musa genannt, im Jahre 1324. Mehrere ägyptische Chronisten berichten übereinstimmend, dass durch die Einkäufe des Königs von Mali und seiner Begleiter so viel Gold auf den Markt von Kairo kam, dass der Goldpreis drastisch fiel.

Darstellung des Reiches Mali auf der katalanischen Karte von Abraham Cresques (1375). Zwischen Timbuktu (tenbuch) und Gao (gougou) thront Mansa Musa, König von Mali von 1307 bis etwa 1332, laut der Legende »der reichste und angesehenste Herrscher in diesem ganzen Land wegen der Überfülle an Gold, das man in seinem Land findet«.

Als der große arabische Reisende Ibn Battuta 1352/53 nach Mali kam, herrschte dort Mansa Musas Bruder Mansa Suleiman. Er hatte den Eindruck, dass schon zu dieser Zeit die Einwohner des Landes tief vom Islam geprägt waren. Nach seinen Beobachtungen verrichteten die Bewohner der Hauptstadt Niani regelmäßig die fünf täglichen Gebete, sie beteiligten sich auch zahlreich an den islamischen Festen, Eltern legten großen Wert darauf, dass ihre Kinder den Koran auswendig lernten, Rechtsstreitigkeiten wurden teilweise von den Kadis geregelt und nicht von den politischen Autoritäten. Daneben gab es allerdings auch Bräuche, die einen gläubigen Muslim wie Ibn Battuta schockierten: Sklavinnen bedienten ihre Herrn völlig unbekleidet und erschienen auch so in der Öffentlichkeit; zur Begrüßung des Königs streuten sich die Leute Sand und Asche auf ihr Haupt, eine Ehrerbietung, die nach muslimischen Verständnis höchstens Allah angemessen ist, nicht aber einem Menschen; grotesk und unangemessen erschienen ihm ebenfalls die Preislieder zu Ehren des Königs, bei denen die Barden in einer eigenartigen Verkleidung auftraten. Aber diese Erscheinungen ändern nichts daran, dass der Islam in Mali von der städtischen Bevölkerung bereits zur Mitte des 14. Jahrhunderts mit großer Hingabe praktiziert wurde. Wie Ibn Battuta außerdem lobend hervorhebt, herrschten im gesamten Machtbereich der Keita-Herrscher friedliche Verhältnisse.

Gegen Ende des 14. Jahrhunderts zeigten sich jedoch erste Verfallserscheinungen. Hauptgrund dafür waren die dynastischen Konflikte, von denen der arabische Historiker Ibn Chaldun ein beredtes Zeugnis ablegt: Innerhalb von dreißig Jahren herrschten sechs Könige. Dazu kam die De-facto-Herrschaft eines mächtigen Amtsträgers, der für einige Zeit den rechtmäßigen König in Gewahrsam nahm und an seiner Stelle die Macht ausübte. Es ist kaum anzunehmen, dass diese Entwicklung in der Folgezeit rückgängig gemacht werden konnte, denn 1433 mussten die Keita Timbuktu aufgeben; auch die Handelsstadt Djenné konnten sie nicht mehr halten. Der Niedergang des großen Malireiches wird indirekt durch die Portugiesen bestätigt. Nach ihren Erkundungen in Senegambien herrschte ein großer Malikönig irgendwo im Inneren des Landes. Diesem waren zwar die Könige der Malinke am Fluss Gambia untertan, aber er residierte zurückgezogen am Oberlauf des Niger. Schon lange hatte er die Kontrolle über den transsaharanischen Goldhandel verloren.

al-Maghili berichtet über die Anfänge Sonni Alis:

Sonni Alis Vater war der König dieser Leute und seine Mutter war aus dem Land von Far. Sie sind ein heidnisches Volk, und sie verehren Götzen in Form von Bäumen und Steinen ... Sonni Ali verbrachte von klein auf viel Zeit bei ihnen; ja er wuchs sogar bei ihnen auf und wurde durch ihre Götzendienerei und ihre Gebräuche stark geprägt. Nach dem Tod seines Vaters beanspruchte er die Macht; deshalb erhob er sich gegen die Songhai, bekämpfte und besiegte sie, so wie es vor ihm sein Vater und die anderen Könige von Songhai gemacht hatten.

Songhai und Kebbi

Aus Berichten europäischer Kaufleute geht hervor, dass der Nigerbogen im 2. Drittel des 15. Jahrhunderts von Turbulenzen heimgesucht wurde, deren Ursache gewiss nicht nur in ethnischen Konflikten zu suchen ist. Im Reich Gao hatten die Sonni die ältere Dynastie der Za gegen Ende der Herrschaft Malis über dieses Gebiet abgelöst. Neueren Forschungen zufolge handelte es sich nicht um eine fremde Nachfolgedynastie der Za, wie man bisher annahm, sondern um heidnisch orientierte Nachkommen der einstigen Soso-Herrscher von Gana, die in Gao Zuflucht gefunden hatten.

Die »Einwanderung« des Volkes der Songhai aus dem Osten in das Gebiet von Gao ist von diesen dynastischen Entwicklungen weitgehend zu trennen. Auf der Grundlage der Chroniken aus Timbuktu ging man bisher davon aus, dass die Besiedlung des Nigerbogens durch die Songhai schon in vorislamischer Zeit stattgefunden hat. Da sich die entsprechenden Nachrichten jedoch auf die Dynastie der Za beziehen und nicht auf das Volk der Songhai, ist diese Ansicht nicht haltbar. Vielmehr sollte unter Berücksichtigung der Mythen und Traditionen der Songhai die Ankunft des letzten großen Reichsvolkes des Nigerbogens auf die Verfallsperiode des Malireiches datiert werden. An der Spitze dieser Bewegung stand die Volksgruppe der Songhai sprechenden Sorko-Faran, die zu Beginn des 15. Jahrhunderts machtvoll aus dem Osten hereinbrachen; ihr Ursprungsland war das Reich Kebbi, für das schon im 14. Jahrhundert der Name Songhai bezeugt ist. Die Könige von Kebbi beriefen sich auf einen

Ahnherrn namens Kanta und vertraten ein sakrales Königtum. Es ist anzunehmen, dass die Sorko-Faran kein unabhängiger Stammesverband waren, sondern die Speerspitze einer Expansionspolitik des heidnischen Herrschers von Kebbi, der sich den Zerfall des Malireiches zunutze machte. Am Nigerbogen besiegten diese Truppen den Za-Herrscher Zinki-Baru und übernahmen in Gao für kurze Zeit die Macht. Ihre Gegenspieler auf dem Niger, die Sorko-Fono, die ebenfalls Songhai sprachen, aber nicht Träger des Namens Songhai waren, verdrängten sie nach Westen.

SIEDLUNGSFORMEN DER SONGHAI

Songhai-Siedlungen am Nigerfluss zwischen Gao und der heutigen Grenze zu Niger (Bild unten). Der »joliba« (mandinka, der Große Fluss), drittgrößter Fluss Afrikas, spielte als Verkehrs- und Lebensader in der Geschichte der Sudanreiche eine wichtige Rolle. Infolge seiner alljährlichen Überschwemmungen bildeten sich halbnoma-

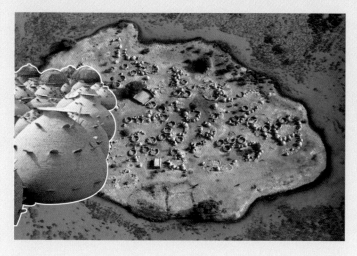

dische Landwirtschafts- und Siedlungsweisen aus. In den Ortschaften überwiegen Hütten aus geflochtenen Strohmatten (Bild oben). In dem während des Hochwassers vorübergehend verlassenen Dorf verbleiben lediglich die von oben zugänglichen Lehmspeicher; Höhe über 2 Meter (im linken Bild links).

Wie ist nun die Verbindung der Sorko-Faran mit den Sonni zu verstehen? Irgendwie muss es den Sonni gelungen sein, die Kebbi-Führung zu beseitigen und in einem Zusammengehen mit den Sorko-Faran die Macht an sich zu reißen. Grundlage dafür war vermutlich die gemeinsame Gegnerschaft zum orthodoxen Islam der Keita und der Za. Zudem ist auch bei den Sonni eine gewisse Nähe zu Kebbi zu erkennen, dem letzten Pol des heidnischen Widerstandes im Westsudan. Nach al-Maghili verbrachte der große Eroberer Sonni Ali (1465–92) seine Kindheit in dem heidnischen Land Far, welches vermutlich mit Kebbi identisch ist. Dort hatte er Gelegenheit, sich mit den Mythen und Riten des sakralen Königtums vertraut zu machen. Später war es ihm dann ein Leichtes, in die Doppelrolle des sakralen und des muslimischen Königs zu schlüpfen, was ihm von den Songhai-Chronisten des 17. Jahrhunderts bitter vorgeworfen wurde.

Grabstätte der Askia in Gao.

Das Minarett der Sankoremoschee
in Timbuktu, eines vermutlich im
14. Jahrhundert errichteten Lehmbaus.
Das gleichnamige Stadtviertel
beherbergte mehrere höhere
Bildungsstätten mit Bibliotheken,
die unter der Dynastie der Askia ab
Beginn des 16. Jahrhunderts zum
weithin bekannten Zentrum geistiger
und geistlicher Gelehrsamkeit wurde.

Gestützt auf die Songhai eroberte Sonni Ali große Teile des Westsudans. Mit eigenen Truppen unterstützte er den König des Hausa-
staates Katsina, Mohammed Korau, bei seinem Angriff auf den Herrscher von Kebbi. Der letzte heidnische Herrscher von Kebbi war den
vereinten Kräften der beiden muslimischen Könige nicht gewachsen
und wurde vernichtend geschlagen. Teile der alten Dynastie konnten
nach Süden fliehen, wo wir heute ihre Nachkommen bei den Shan-
gawa wieder finden. Nutznießer dieses Sieges war zunächst Mohammed Korau, der einen Statthalter in Kebbi einsetzte. Doch weil er
sich selbst bald darauf dem Herrscher von Bornu, Ali Gaji (1455–87),
unterwerfen musste, konnte er Kebbi nur für kurze Zeit unter Kontrolle halten. Deshalb bildeten sich in Kebbi schon bald unter den
Vertretern der Katsina-Herrscher zwei gegnerische Klans. In diesem
Wirrwarr kam die Stunde Sonni Alis, der Kebbi so fest an Songhai
binden konnte, dass die neuen Herrscher trotz der räumlichen Nähe
zu Katsina ihrer Tributpflicht gegenüber Songhai nachkamen. Ungeachtet dieses veränderten Abhängigkeitsverhältnisses wurde in
Kebbi die Kultur der Songhai allmählich von der der Hausa verdrängt. Nur im Bereich des Königsrituals und der dynastischen Ur-
sprungslegende blieben Restelemente des sakralen Königtums der
Songhai bis in unser Jahrhundert erhalten.

Nach 27 Jahren rastloser Feldzüge unter Sonni Ali waren die
Songhai völlig erschöpft. In dieser Situation organisierte der Heerführer Askia Mohammed Touré, der zum Volk der Soninke gehörte,
einen erfolgreichen Aufstand der muslimischen Kräfte gegen das Regime der Sonni. Sonni Baro, der erst seit wenigen Monaten inthro-
nisierte Sohn des Sonni Ali, wurde geschlagen, und fortan mussten
alle Sonni sich der islamischen Herrschaft des Askia Mohammed
Touré (1493–1528) beugen. Schon bald nach seinem Machtantritt unternahm der neue Herrscher eine Pilgerfahrt nach Mekka. Aufgrund
seiner begrenzten Mittel konnte er zwar weniger Aufmerksamkeit
erwecken als Mansa Musa, die späteren Chronisten hielten dem
Gründer der Dynastie Askia aber immer seine islamische Gesinnung
zugute. Man hat sich manchmal gewundert, wieso Askia Mohammed so kurz nach seiner Machtergreifung das Land verlassen konnte.
Dazu ist zu bemerken, dass nicht nur die Askia gegenüber den
Songhai Fremdherrscher waren, sondern auch die Sonni. Außerdem
erwirkte sich Askia Mohammed zu Beginn seiner Herrschaft die
Unterstützung der islamischen Partei innerhalb des alten Herrscherklans des Gaoreiches. Doch sobald seine eigene Herrschaft ausreichend gefestigt war, entledigte er sich dieser lästigen Bundesgenossen, die ihm eines Tages hätten gefährlich werden können.

Der Niedergang des Songhaireiches ist vor allem mit den unzähligen Thronstreitigkeiten zu erklären, von denen die beiden Son-
ghai-Chroniken aus dem 17. Jahrhundert freimütig berichten. Mit
einer Ausnahme waren alle acht Könige, die nach Askia Mohammed
bis zur marokkanischen Eroberung im Jahre 1591 über Songhai
herrschten, direkte Nachkommen des Dynastiegründers. Nur drei
der neun Askias starben eines friedlichen Todes in ihrem Amt: Ismail

(1537–39), Ishak (1539–49) und Dawud (1549–82), die anderen wurden von nahen Familienangehörigen entmachtet oder starben im Verlauf eines Machtkampfes. Nach Askia Mohammed gelang es nur Askia Dawud, eine lange Zeit des Friedens und Wohlstandes für die Einwohner des Reiches herbeizuführen.

In den Achtzigerjahren des 16. Jahrhunderts erwuchs den Songhai in Sultan Ahmed al-Mansur von Marokko ein mächtiger Gegner. Sobald dieser von dem Druck seiner Feinde im Norden befreit worden war, versuchte er seine Herrschaft nach Süden auszuweiten. Im Jahre 1585 unternahm er einen ersten Versuch, Songhai zu erobern, der jedoch scheiterte. Ein Jahr später gelang es ihm aber, die Salzminen von Teghazza zu besetzen und damit eine wichtiges Unterpfand für den Handel mit dem Westsudan in seine Hand zu bringen. Fünf

Jahre später stellte er ein mehr als 5000 Mann starkes Heer zusammen, welches mehrheitlich aus europäischen Renegaten bestand, die mit Feuerwaffen ausgerüstet waren. Die Songhai glaubten sich durch die Sahara ausreichend geschützt und unternahmen keinerlei ernsthafte Gegenmaßnahmen. Ihr Heer war zwar zwanzigmal zahlreicher, aber nur mit Lanzen, Pfeilen und Bogen bewaffnet konnten sie gegen die Feuerwaffen der Marokkaner in der Entscheidungsschlacht von Tondibi nichts ausrichten. Der Askia, seine Armee und viele der Stadtbewohner von Gao setzten nach der Niederlage auf die rechte Nigerseite über und flohen in Richtung Dendi.

Die Marokkaner erbeuteten zwar eine beträchtliche Menge Goldes, aber dennoch erwies sich die Eroberung des Reiches Songhai für sie sehr bald als äußerst kostspielig, denn Jahr für Jahr mussten neue Truppen in den Sudan geschickt werden. Als diese Unterstützung nach dem Tode al-Mansurs 1603 ausgesetzt wurde, erklärten sich die verbliebenen Truppen unter ihrem eigenen Pascha bald für unabhängig. Die vor den Marokkanern geflohenen Songhai führten in Dendi einen erbitterten Kleinkrieg gegen die Fremdherrscher, ohne dass es ihnen jemals gelang, Gao oder Timbuktu zurückzuerobern. Da die Askia auch in Dendi ihre Thronstreitigkeiten nicht beilegen konnten, mussten sie bald den Gedanken an die Wiederaufrichtung des großen Songhaireiches aufgeben. Als die Songhai-Chronisten zur Mitte des 17. Jahrhunderts versuchten, wenigstens die Erinnerung an die Großreiche Westafrikas festzuhalten, taten sie dies

Eine verkleinerte Nachbildung der großen Moschee von Djenné entstand in den Dreißigerjahren des 20. Jahrhunderts in Mopti. Hier lassen sich alle Charakteristika der historischen sudanischen Lehmarchitektur erkennen: die Betonung der Vertikalen in der durch drei Minarette und Pfeilerreihen gegliederten Fassade, durch die das Gebäude höher erscheint – und in der man eine architektonische Nachahmung von Termitenhügeln vermutet –, die regelmäßig angeordneten, aus dem Lehmputz ragenden Holzbalken und die mit übereinander gesteckten Straußeneiern geschmückten Turmzinnen. Der 150 m lange und 20 m hohe festungsartige Lehmbau der Moschee von Djenné wurde 1907/09 nach dem Vorbild der ursprünglich im 15. Jahrhundert errichteten Moschee wieder aufgebaut.

bereits im Bewusstsein, dass die große afrikanische Staatstradition, auf deren Grundlage die Reiche von Gana, Mali und Songhai prosperiert hatten, unwiderruflich der Vergangenheit angehörte.

Kanem-Bornu

Neben den turbulenten Ereignissen der Geschichte des Westsudans gerät die Geschichte des Zentralsudans leicht in Vergessenheit. Hier ist außer dem großen Reich Kanem-Bornu, welches die arabischen Geographen ebenso wie Gana und Mali regelmäßig erwähnen, auch die Staatenwelt der Hausa zu nennen, welche erst zu Beginn der Neuzeit in das Blickfeld fremder Autoren geriet. In der vorislamischen Zeit war Kanem, östlich des Tschadsees, bekannt als das Land des Volkes der Zaghawa. Hier herrschte das Geschlecht der Magumi unter Berufung auf ihre vorderorientalischen Ahnherrn Sef und Dugu. Wie in Gana so wurde auch in Kanem der Islam durch einen Konvertiten des alteingesessenen Herrscherklans eingeführt und nicht durch die Konversion eines heidnischen Herrschers. Ein weiterer Bruch erfolgte acht Jahre später, als Mai Hume (1068–80), der nur noch Sef als Ahnherrn gelten ließ, an die Macht kam und die Herrschaft der Sefuwa begründete; ihr Herrschertitel ist Mai. Inwieweit diese Ereignisse durch die Almoravidenbewegung des Westsudans beeinflusst wurden, ist ungewiss.

Der Prozess der Islamisierung verlief auch im Zentralsudan nicht geradlinig: Das wichtigste Symbol des sakralen Königtums, die Munestatue, wurde zwar von Mai Dunama Dibalemi (1203–42) zerstört, aber im Anschluss daran kam es zu einer Revolte der heidnischen oder nur oberflächlich islamisierten Bulala. Der nicht enden wollende Widerstand der Bulala zwang die Sefuwa zunächst, ihren Regierungssitz von Kanem im Osten des Tschadsees nach Bornu im Westen des Sees zu verlegen. Als die Bulala sich außerdem in der zweiten Hälfte des 14. Jahrhunderts mit den arabischen Einwanderern aus dem Niltal verbündeten, mussten die Sefuwa ihre alte Hauptstadt in Kanem, Njimi, endgültig aufgeben und sich ganz nach Bornu zurückziehen. Doch auch westlich des Tschadsees wurden sie von Angriffen ihrer Erzfeinde heimgesucht. Zudem zerrütteten Thronstreitigkeiten die Einheit des restlichen Bornustaates: Nach den Angaben der Chronik aus Bornu herrschten zwischen 1381 und 1455 insgesamt sechzehn Könige, von denen einige nicht zu den Sefuwa gehörten. Die meisten dieser Könige starben eines gewaltsamen Todes. Vieles deutet darauf hin, dass diese Kämpfe letztlich durch die Einführung des Islams ausgelöst wurden. Für die Magumi stellte sich wie für die Soso in Gana die Frage, wie das sakrale Königtum reformiert werden sollte, ohne dass es in seinen Grundfesten erschüttert wurde und der Staat als solcher zerfiel.

Erst Mai Ali Gaji konnte die Zerwürfnisse beilegen und eine neue Grundlage für das Verhältnis von Tradition und Modernität schaffen. Am Ufer des Flusses Komadugu errichtete er die befestigte Hauptstadt Gazargamo und gab damit dem Volk der Kanuri seit dem Beginn des 13. Jahrhunderts erstmalig wieder eine feste Hauptstadt. Von hier aus dehnte er die Herrschaft der Sefuwa über die Hausastaaten aus und bedrohte sogar Kebbi im Grenzgebiet zu Songhai. Doch die Rückeroberung Kanems blieb seinem Sohn und Nachfolger Mai Idris Katakarmabe (1487–1509) vorbehalten. Stolz vermerkt der einheimische Chronist Ibn Furtu, dass nun endlich nach 122 Jahren die Sefuwa wieder ihre alte Hauptstadt Njimi betreten konnten.

Doch nach diesen beiden großen Königen gab es wieder Rückschläge. Mai Idris Alauma (1564–96) gelang es schließlich, die Herrschaft der Sefuwa so weit zu sichern, dass er die Pilgerfahrt nach Mekka antreten konnte. Er verstärkte außerdem das Korps der einheimischen Musketiere, welches schon sein Vorgänger mithilfe türkischer Instrukteure aufgestellt hatte. Dann wandte er seine Aufmerksamkeit dem Stammgebiet der Sefuwa zu und organisierte sieben Heereszüge, um die Bulala zu unterwerfen. Gegen Ende seiner Regierungszeit gelang es ihm schließlich, die Bulala aus Kanem zu vertreiben und die Herrschaft Bornus durch die Einsetzung eines Statthalters zu sichern. Nur im Norden musste Mai Idris Alauma sich den Osmanen beugen, die nach ihrer Besetzung der Küstengebiete Nordafrikas bis in den Fessan vorstießen und dort die große Grenzfestung der Sefuwa in Besitz nahmen. Danach waren die Osmanen allerdings bestrebt, ihre Beziehungen zu den Nachbarn im Süden so zu gestalten, dass im Handel keine unnötigen Einbußen entstanden. An eine weitere militärische Expansion war jedenfalls nicht zu denken, denn im Gegensatz zu den Askia von Songhai waren die Sefuwa nicht untätig geblieben: Sie hatten Teile ihrer Armee mit modernen Waffen ausgerüstet und waren damit fremden Aggressoren nicht schutzlos ausgeliefert.　　DIERK LANGE

Steinerne Zeugen der Größe – Simbabwe und Monomotapa

D ie auf dem Staatsgebiet des modernen Staates Simbabwe in der Nähe der Stadt Masvingo gelegenen Ruinen einer städtischen Siedlung, die von 1250 bis etwa 1550 von zeitweise bis zu 18 000 Menschen bewohnt war, gehören zu den großartigsten Bauwerken Afrikas. Ihr Name – Simbabwe – leitet sich aus der Shonasprache ab und bedeutet entweder »Häuser aus Stein« *(dzimba dza mbabwe)* oder »Häuser, Gräber von Oberhäuptern« *(dzimba woye).* Sie sind die am besten erhaltenen und räumlich ausgedehntesten – aber nicht die einzigen – steinernen Zeugen einer technisch wie politisch ausgereiften Kultur, deren materielle Überreste an mehr als 100 Plätzen im heutigen Simbabwe und in Moçambique gefunden wurden.

Groß-Simbabwe – so wird diese Siedlung in der Forschung genannt, um sie von den anderen Simbabwes zu unterscheiden – ist

Luftaufnahmen der Talruinen von Groß-Simbabwe. Im Inneren der großen Einfriedung sind mehrere kleine Steinwälle zu erkennen, die die Gehöfte der Herrscherfamilie abgrenzten. Außerhalb sind die Reste der Wohnanlagen von Angehörigen der Führungsschicht sichtbar.

eine archäologische Fundgrube, deren reichhaltiges Material die Fragen der Geschichtswissenschaft allerdings nur begrenzt beantworten kann. Da keine schriftlichen und mündlichen Zeugnisse für das 13. bis 16. Jahrhundert existieren, können über die Hintergründe des Aufstiegs wie auch des Niedergangs dieser frühen Hauptstadt nur Vermutungen angestellt werden.

Über die Bestimmung des konischen Turms im Innern der großen Einfriedung gehen die Meinungen der Forscher auseinander. Manche deuten ihn als Getreidespeicher, eine Metapher für Manneskraft.

Detailansichten der Mauer der großen Einfriedung mit dem zweireihigen Zickzackfries.

Über eine Fläche von 3 km² erstrecken sich geschwungene Granitmauern aus behauenen Steinen, ohne Mörtel teilweise bis zu einer Höhe von zehn Metern und einer Dicke von mehr als fünf Metern am Fuß und drei Metern am oberen Ende aufgeschichtet. Die ältesten Bauteile, die bei Radiocarbonuntersuchungen auf 1250 bis 1300 n. Chr. datiert worden sind, befinden sich auf einem 80 m hohen Granitrücken, von europäischen Forschern »Akropolis« getauft, während die große Einfriedung im Tal vermutlich zwischen 1300 und 1400 errichtet worden ist. Diese elliptische Mauer von 255 m

Umfang und von einem zweireihigen Zickzackfries aus schräg gestellten Steinen gekrönt, umschließt unter anderem den konischen Turm, dessen Nutzung bislang nicht geklärt ist, sowie mehrere kleine Einfriedungen, innerhalb derer sich wahrscheinlich die Anwesen der Führungsschicht befunden haben. Ungeklärt ist bis heute auch die Funktion der acht abstrakten Vogelskulpturen aus Speckstein, die auf in die Mauerkrone eingelassenen Säulen saßen.

König Salomos Goldminen? – Groß-Simbabwe zwischen Mythos und Geschichte

Als der schwäbische Naturforscher Karl Mauch am 5. September 1871 als erster Europäer vor den Ruinen Groß-Simbabwes stand, war er sich sicher, das sagenhafte Goldland Ophir entdeckt zu haben, von dem die Bibel berichtet und dessen Erinnerung auch portugiesische Berichte des 16. und 17. Jahrhunderts wachhielten. Die Königin von Saba habe an dieser Stelle von phönikischen Baumeistern Palast und Tempel König Salomos nachahmen und von hier aus riesige Goldschätze nach Jerusalem schicken lassen. Simbabwe sei darüber hinaus auch der Heimatort eines der Heiligen Drei Könige. Die Zweifel, die Mauch kurz vor seinem Tod 1875 an seiner eigenen These äußerte, konnten die Verbreitung dieser Gründungslegende nicht mehr aufhalten.

Unter Cecil Rhodes, dem Eroberer und späteren Namensgeber der britischen Siedlungskolonie Rhodesien, verband sich der mystische Aspekt mit handfesten wirtschaftlichen Interessen: Ab 1891 wurden bei der vergeblichen Suche nach den vermeintlich reichen Goldvorkommen Groß-Simbabwe und zahlreiche weitere Simbabwes im Land systematisch geplündert und den Bauwerken dabei unwiederbringliche Schäden zugefügt.

Auch nachdem sachverständige Archäologen die Vorfahren des einheimischen bantusprachigen Volkes der Karanga eindeutig als Schöpfer Groß-Simbabwes identifiziert hatten, hielt die rhodesische Apartheidregierung den Mythos von der fremden Gründerkultur aufrecht, um ihre Kolonialherrschaft ideologisch zu rechtfertigen. Obwohl die haltlosen bis absurden Theorien im Nachhinein lächerlich anmuten, so haben sie doch lange Zeit vorurteilsfreie Forschung sehr erschwert. Nicht zuletzt wurde dadurch das Stellen ungleich wichtigerer Fragen nach den historischen Zusammenhängen der Stadtgründung und Reichsentwicklung hinausgezögert.

Das Leben in Groß-Simbabwe

Die am südwestlichen Rand des Hochplateaus ausgegrabene, nahe dem Limpopofluss im heutigen Grenzgebiet der Republik Südafrika gelegene Stadt Mapungubwe war vermutlich die erste Hauptstadt Simbabwes. In diesem auf 1075 datierten und aus noch nicht geklärten Gründen um 1250 wieder verlassenen städtischen Zentrum wurden erstmalig Steinmauern errichtet. Darüber hinaus lassen sich hier bereits die wesentlichen Merkmale wirtschaftlichen Reichtums und politischer Macht finden, denen später auch Groß-

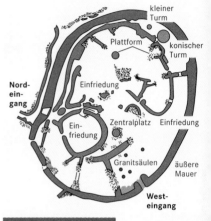

Die große Einfriedung

Die Wirtschaft in Groß-Simbabwe

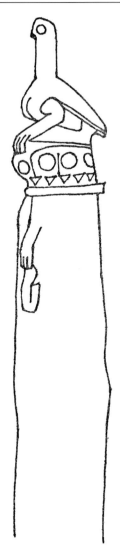

Simbabwe seinen Aufstieg verdanken sollte: große Rinderherden, Gold- und Elfenbeinschmuck und aus Übersee importierte Luxusgüter, welche auf rege Handelsbeziehungen schließen lassen. Mit dem Rückgang dieses Handels – genauer mit der ab Beginn des 13. Jahrhunderts erstarkenden Konkurrenz Groß-Simbabwes – lässt sich möglicherweise auch der Niedergang Mapungubwes erklären.

Groß-Simbabwe geht auf eine Ackerbausiedlung des 11. und 12. Jahrhunderts zurück, die sich auf dem Hügel befand und deren Bewohner Sorghum- und Fingerhirse anbauten, Ziegen, Schafe und Rinder hielten. Da in der näheren Umgebung kaum Bodenschätze vorkommen, ist ebenso wie im Falle Mapungubwes davon auszugehen, dass der Rinderreichtum die Grundlage der wirtschaftlichen und politischen Entwicklung war. Rinderherden verliehen ihrem Besitzer Macht und Ansehen: Mit ihnen ließen sich nicht nur Ehefrauen gewinnen (Brautgabe) und somit die Nachkommenschaft sichern, sondern auch loyale Gefolgsleute heranziehen, mit denen wiederum Beutezüge nach mehr Rindern und Gefolgsleuten bzw. Tributpflichtigen unternommen werden konnten.

Große Rinderherden auf teilweise entfernten Plätze zu weiden, erforderte darüber hinaus zum einen die Einrichtung von Kontrollsystemen, die zu übergreifenden politischen und juristischen Prinzipien weiterentwickelt wurden. Zum anderen wird angenommen, dass die für die auswärtige Weidung zuständigen Männer zu den Arbeitskräften zählten, welche die Granitmauern Groß-Simbabwes errichteten.

Zu den wenigen Fundstücken der plastischen Kunst im Umkreis von Simbabwe gehört ein Vogel aus Speckstein, in vereinfachtem Pfahlstil gearbeitet (Nachzeichnung).

Das Gelände, auf dem Groß-Simbabwe steht, war ursprünglich von großen Granitblöcken bedeckt.

Und nicht zuletzt stand Rindfleisch bei den etwa 300 Angehörigen der Führungsschicht Groß-Simbabwes ganz oben auf dem Speiseplan – neben Bier, wie sich aus der in ihren Anwesen gefundenen Töpferware schließen lässt. Mahlsteine, bauchige Töpfe und andere Küchenutensilien, die in den einfachen Wohnvierteln entdeckt wurden und die darauf hindeuten, dass sich der größte Teil der Bevölkerung überwiegend von Hirsegrütze und gelegentlich vom Fleisch von Schafen, Ziegen und Wild ernährt hat, sind hier kaum benutzt worden. Weitere Hinweise auf die soziale Schichtung der Bevölkerung geben die architektonischen Besonderheiten Groß-Simbabwes. Die große Einfriedung, bei der es sich nicht um eine Befestigungsanlage handelte, umschloss die Residenz des Oberhauptes, umgeben von den Wohnhäusern seiner Familie und jenen der Familien seiner Höflinge und Handwerker, sowie die Anwesen tributpflichtiger Provinzchefs. In ihrer privaten Sphäre durch ein ausgeklügeltes System kleinerer Granitmauern im Innern der Anwesen sozusagen doppelt abgeschirmt, lebte die Führungsschicht in geräumigen strohgedeckten Hütten aus Lehm und Flechtwerk, die in Farbtönen von hellem Ocker bis dunkelrot angemalt und mit Lehmreliefs aus Tiermotiven und abstrakten Mustern geschmückt waren. Die räumliche Distanz zum größten Teil der Bevölkerung, der außerhalb der Mauern in einfachen Lehmhütten das Tal besiedelte, und die importierten Luxusgüter, die ihnen zur Verfügung standen – buntes Glas aus Syrien, chinesisches Tafelporzellan und persische Fayencen –, verdeutlichen, dass Groß-Simbabwe ein hierarchisch organisierter Stadtstaat war, in dem eine kleine Elite über beträchtlichen Reichtum verfügte.

Der Handel mit den muslimischen Händlern, die von der Küstenstadt Sofala aus die Export- und Importgeschäfte lenkten, scheint indes sehr diskret abgewickelt worden zu sein: Groß-Simbabwe besaß weder einen Marktplatz noch breite Straßen und somit keine öffentlichen Ausstellungs- und Handelsplätze.

Ein Abguss des Simbabwe-Vogels aus Speckstein befindet sich heute im Britischen Museum in London.

Staatsbildung

Der Verkehr von Waren und Rohstoffen lässt erste Rückschlüsse auf den außenpolitischen Einflussbereich Groß-Simbabwes zu. So wurde Gold, noch vor Elfenbein das wichtigste Exportgut, im 200 km westlich gelegenen Matabeleland aus Minen und Flüssen gefördert. Auch die anderen Rohstoffe, die spezialisierte Handwerker in Groß-Simbabwe zu Gebrauchs- und Schmuckgegenständen verarbeiteten, stammten nachweislich aus anderen Gegenden: Speckstein (25 km entfernte Lagerstätten), Kupfer und Eisenerz aus Urungwe (500 km nördlich!) und Baumwolle aus dem Sambesiflusstal.

Nimmt man nun die zahlreichen kleinen Simbabwes im Umkreis von ungefähr 150 km hinzu, so lässt sich das System der politischen Herrschaft als Konföderation bezeichnen, die durch die Tributpflicht der regionalen Chefs gegenüber Groß-Simbabwe zusammengehalten wurde. Woraus die Dominanz Groß-Simbabwes und die Loyalität der regionalen Chefs sich letztendlich ableiteten, bleibt Gegenstand kontroverser Hypothesen. Einige regionale Oberhäupter waren vermutlich ausgesiedelte Angehörige der Elite Groß-Simbabwes oder durch Einheirat mit ihr verbunden, manche wurden vielleicht vom lukrativen Außenhandel angezogen, andere wiederum sind wahrscheinlich durch Beutezüge zu Vasallen der Hauptstadt geworden. Eine weitere Forschungshypothese betont die spiri-

Die Pfeile zeigen die Handelswege entlang der südostafrikanischen Küste und die günstige Lage von **Mapungubwe**, **Groß-Simbabwe** und **Mutapa (Monomotapa)**, die ausschlaggebend für ihre Beteiligung am Fernhandel über den Indischen Ozean war.

STAATENBILDUNG UND HANDEL IN SÜDOSTAFRIKA BIS 1500

tuelle Macht von Priestern und Medien, die mit dem Jenseits und den Vorfahren Kontakt aufnehmen, aber auch im praktischen Sinne eingreifen konnten, um z. B. Regen zu beschwören. Die Lösung liegt möglicherweise im Zusammenwirken aller erwähnten Faktoren, das heißt in der Schaffung eines Systems von Gratifikationen (Geschenke, Ämter, Prestige, spiritueller Beistand) und mehr oder minder großen Zwängen (Beutezüge, Handelsmonopol), mit dem es der Elite von Groß-Simbabwe im Verlauf von 300 Jahren gelungen ist, ihre Führungsansprüche nach innen und außen durchzusetzen.

Spätestens um 1550 wurde die Stadt verlassen. Obwohl sich die genauen Gründe nicht ermitteln lassen, ist leicht vorstellbar, dass das ökologische System einer rasch zunehmenden Bevölkerung nicht mehr gewachsen war: Ausgelaugte Böden, Überweidung, erschöpfte Brennholzvorräte sowie der (nachgewiesene) drastische Rückgang der Elefantenpopulation haben die Bevölkerung vermutlich zum Aufbruch gezwungen. Eventuell ist der Exodus – ähnlich wie in Mapungubwe – auf eine Verlagerung der Handelswege nach Norden zurückzuführen, wo mit dem Staat Mutapa ein Rivale Groß-Simbabwes heranwuchs, der es 1490 schließlich beerben sollte.

Das Reich Monomotapa und die Portugiesen

Mündlichen Überlieferungen der Shona zufolge hat Mutota, ein Emigrant aus Groß-Simbabwe, auf der Suche nach Salz und Weidegründen zwischen 1425 und 1450 am Nordrand des Hochplateaus das Reich Mutapa gegründet. Obwohl Mutota wahrscheinlich ebenso der Legende angehört wie die riesenhafte Ausdehnung des Reiches, könnten sich durchaus Groß-Simbabwer unter den Gründern dieses einflussreichen Staates befunden haben, der bis 1550 die Küstenregion südlich des Sambesiflusses unter seine Kontrolle gebracht hatte und militärische Expansionszüge in südlicher und westlicher Richtung (Küste und Hochplateau) unternahm.

Im Unterschied zu Groß-Simbabwe ist das Mutapareich aufgrund mündlicher Überlieferungen der Shona und portugiesischer Schriftquellen (ab 1518) historisch dokumentiert. Portugiesen – zu Beginn des 16. Jahrhunderts in der Region angelandet – gaben ihm schließlich den Namen Monomotapa, abgeleitet aus den Shonaworten *mwene* (Herr), *tapa* (gefangen nehmen, plündern), *mutapwa* (Gefangener, Vasall), die zusammengesetzt *mwenemutapa* (Herr über die im Krieg unterworfenen Vasallen) ergeben. Nomen est omen: Die Geschichte Monomotapas ist geprägt von militärischer Expansion, die aufgrund des Widerstandes der unterworfenen Gebiete in vielen Fällen nicht in eine dauerhafte

Konischer Turm und Vogel zieren heute das Staatswappen der Republik Simbabwe.

politische Herrschaft einmündete. So spalteten sich im Zuge von Aufständen bis 1609 drei große Südprovinzen wieder ab und konstituierten sich als autonome Reiche.

Monomotapas wirtschaftliche und politische Entwicklung glich in vielerlei Hinsicht derjenigen Mapungubwes und Groß-Simbabwes, mit einer Ausnahme: Es baute nachweislich nicht in Stein. Landwirtschaft und Rinderhaltung waren die wirtschaftlichen Grundsäulen des Staates; der Export von Elfenbein und Gold sowie eine 15-prozentige Transitsteuer auf Gold anderer Herkunft, welches durch das Staatsgebiet an die Küste transportiert wurde, schufen die Voraussetzungen für seine Entfaltung.

Unter diesen Bedingungen waren die am Handel äußerst interessierten Portugiesen zunächst gern gesehene Gäste, deren Wirtschafts- und Machtgebaren Monomotapa in den folgenden einhundert Jahren jedoch bis in die Grundfesten erschüttern sollte. Vordringliches Handelsmotiv und Objekt der portugiesischen Begierde waren die Goldvorkommen. Durch eine militärische Intervention Portugals (1572) in die Knie gezwungen, gewährte der Herrscher Monomotapas den portugiesischen Kaufleuten weit reichende Handelsprivilegien: die Einrichtung mehrerer *feiras*, fest installierter großer Märkte mit Läden und Kirchen zur Missionierung der Bevölkerung und die Ernennung des »Kapitäns der Türen«, eines portugiesischen Handelsdelegierten, der die Oberaufsicht über den Handel zwischen Einheimischen und Fremden führte und der die dem Herrscher Monomotapas zuerkannten Steuern auf Importgüter sowie die von den Portugiesen zu entrichtende *curva*, den Tribut für ihr Recht, sich überall im Lande frei zu bewegen, eintrieb.

Ab Beginn des 17. Jahrhunderts spitzten sich die Verhältnisse in Monomotapa dramatisch zu. Konfrontiert mit schier unersättlichen Ansprüchen der Portugiesen, die sich fortgesetzt weigerten, die *curva* zu zahlen, gleichzeitig aber mehr und mehr auf sie angewiesen, um Aufstände der Provinzen niederzuschlagen, trat der *mwenemutapwa* 1607 zunächst sämtliche Minen an Portugal ab. Dennoch überzogen die Portugiesen das Land mit Krieg und ersetzten 1627 den amtierenden Herrscher Capranzine durch seinen gefügigeren Onkel Mavura. Der Vertrag vom 24. Mai 1629, in dem sich der mittlerweile katholisch getaufte Marionettenkönig zum Vasallen Portugals erklärte, besiegelte schließlich das Ende der staatlichen Souveränität Monomotapas.

BRIGITTE REINWALD

Der Herrscher Mavura von Monomotapa auf einem Kupferstich von 1631 (Paris, Bibliothèque Nationale). Während dieser als Vasall Portugals den Ausverkauf seiner Schätze hinnehmen musste, nahmen in Europa die Legenden um den »mächtigen und reichen Goldkaiser« ihren Anfang.

Vertrag zwischen dem Herrscher Monomotapas und dem König Portugals vom 1. August 1607:

Ich, Herrscher von Manamotapa (!), schwöre, dass es mir beliebt, Seiner Majestät alle Gold-, Kupfer-, Eisen-, Blei- und Zinnminen, die sich in meinem Königreich befinden, zu schenken, unter der Bedingung, dass der König von Portugal, dem ich die besagten Minen gebe, mir meinen Staat belässt, auf dass ich dort unumschränkt regieren kann wie bisher, und wie es schon meine Vorfahren getan haben.

Christliche Insel in Ostafrika – Äthiopien im Mittelalter (12. bis 19. Jahrhundert)

Die mittelalterliche Klosterkirche Enda Abuna Aragawi zeigt die von den altaksumitischen Palastbauten bekannte Holz-Stein-Konstruktion (Detail links) mit ihren charakteristischen Querhölzern, den »Affenköpfen«. Sie gilt als der älteste bekannte frei stehende Kirchenbau Äthiopiens.

Die altamharischen Kaiserlieder aus dem 14. und 15. Jahrhundert, die ältesten geschriebenen Zeugnisse des Amharischen, der heutigen äthiopischen Staatssprache, zeichnen das Bild einer elementaren Königsvorstellung, fern der christlichen Religion. Hier ein Lied auf Kaiser Yeshak (Isaak):

Das Antlitz des Kaisers Isaak, sein Antlitz gleicht der Pforte zum siebenten Himmel.
Es gleicht einer lodernden Flamme und ist wie eine schwankende Waage.
Auf dass sein Antlitz Schrecken errege ...
Einem Löwen gleicht der Kaiser, wenn er einen Stier erlegt und sich mit seiner Beute schmückt,
wenn er einen Stamm in der Mitte zerhaut,
wenn er seine Haarpracht schüttelt.
Auf dass er Schrecken errege.
Wie sehr man dich doch fürchtet.

Der Übergang vom antiken Reich von Aksum (etwa ab dem 7. Jahrhundert n. Chr.) im Norden Äthiopiens bis zum mittelalterlichen Reich der Dynastie der Zagwe (12./13. Jahrhundert) in Zentraläthiopien mit der Hauptstadt Lalibela vollzog sich im Dunkel quellenloser Jahrhunderte. Kurze Notizen in der Patriarchengeschichte von Alexandria, die für diese Jahrhunderte ab und zu angeben, dass wieder ein ägyptischer Mönch als Oberhaupt der äthiopischen Kirche in ein fernes, dunkles Land entsandt wurde, sind neben wenigen Stellen bei arabisch-muslimischen Geographen fast die einzigen Nachrichten. In diese Zeit fiel der Niedergang des Transithandels zwischen Indien, Afrika und dem Mittelmeerraum durch das Rote Meer, das zum »Binnensee« der Muslime wurde, und der nachfolgende Verfall der Geldwirtschaft in Äthiopien. Doch gleichzeitig dehnte sich auch, in Klostergründungen nachweisbar, das Christentum aus, weitergetragen von einzelnen asketischen Mönchen und nachfolgend deren Klostergemeinschaften, zunächst entlang dem Ostrand des Hochlandes, von dort aber westlich ausstrahlend bis in das heutige Schoa (Region um Addis Abeba).

Im gleichen historischen Halbdunkel liegen die Anfänge muslimischer Staaten in Südostäthiopien. Hier verbreitete sich der Islam entlang den traditionellen Handelswegen mit Städte- und Stadtstaatengründungen (etwa Bailul in der Nähe von Djibouti) von den Häfen des Horns von Afrika bis zum somalischen Plateau und erreichte, vom Awasch-Becken ausgehend, von Südosten her das äthiopische Hochland. Die Gründung von Sultanaten in Schoa im 12. Jahrhundert brachte schließlich den Wechsel von Koexistenz und Konfrontation mit dem christlichen Reich, der für vier Jahrhunderte die Geschicke Äthiopiens bestimmen sollte.

Ab dem 11. Jahrhundert geben Quellen verschiedener Art (Chroniken, Heiligenleben, aber auch Rechtsdokumente, meist als Beischriften zu Evangelienhandschriften) Auskunft über die Geschichte Äthiopiens bis zum 19. Jahrhundert, freilich zunächst nur bruchstückhaft. Erst ab dem 16. Jahrhundert erlaubt die Quellendichte eine kontinuierliche Beschreibung. Die Königslisten, von Adam bis Salomo biblische Chronologie, tragen für die Zeit von Salomo bis zur Zagwedynastie legendären Charakter und bieten erst ab 1270, mit der Thronbesteigung des Hauses Israel, verlässliche Zeugnisse.

Wegbereiter des neuen Reiches: Die Dynastie der Zagwe

Die von der nationalen äthiopischen Geschichtsschreibung als Usurpatoren geächteten Könige der Zagwedynastie (um 1140–1270) standen in Wirklichkeit in der Kontinuität der christlichen Reichsidee Aksums. Noch gab es eine feste Residenz: Lalibela, das neue geistlich-politische Zentrum in der Provinz Lasta. Die monolithischen Felsbauten dort, Teil des Weltkulturerbes wie der spätere Palastbezirk von Gondar, sind nach neueren Forschungen nicht nur als Kirchen, sondern auch als Paläste anzusehen.

Die Dynastie selbst hatte ihre ethnische Basis in den Agauvölkern, die bis heute mit eigenen Sprachen und kulturellen Traditionen in Äthiopien leben. Darin und in der Verlegung des Reichszentrums von Aksum nach Süden ist der Grund für ihre spätere Ächtung zu sehen, obwohl es unter den Zagwe zu einer religiösen und kulturellen Blüte kam. Sie hinterließen nicht nur die berühmten Felsbauten, sondern leiteten durch Übersetzungen von religiösen Werken eine literarische Renaissance ein. Die Vita ihres größten und heiligen Königs Lalibela, nach dem die Stadt der Felskirchen benannt ist, ist eine der persönlichsten Stücke der Literatur in der als Kirchensprache weiterlebenden alten Sprache Geez. Drei der Zagwekönige gelten als Heilige der äthiopischen Kirche.

Die Herrscher des **Hauses Israel** (Auswahl):

1270–85	1) Yekuno-Amlak (Gotthelf)
1314–44	9) Amda-Seyon I. (Zionssäule)
1382–1411, †1413	12) Dawit (David) I.
1414–29	15) Yeshak (Isaak)
1434–68	19) Zara-Yakob (Same Jakobs)
1468–78	20) Ba-Eda-Maryam (Durch die Hand Mariens)
1508–40	24) Lebna-Dengel (der Heiligen Jungfrau Weihrauch)
1540–59	25) Galawdewos (Claudius)
1603–04	29) Za-Dengel (... der Heiligen Jungfrau)
1607–32	30) Susneyos (Susneyos/Sisinius)
1632–67	31) Fasiladas (Basilidus)
1667–82	32) Yohannes (Johannes) I.
1682–1706	33) Iyasu (Joschua) I.
1855–68	59) Tewodros (Theodor) II. (nicht aus dem Haus Israel)
1889–1913	62) Menilek (Menelik) II.

Die Nummerierung folgt der offiziellen Zählung durch Haile Selassie I. (1928/30–74), den letzten Kaiser Äthiopiens. – Jeder Herrscher trägt in der Regel mehrere Namen: den christlichen Taufnamen, einen Rufnamen, den religösen Königsnamen, einen Programmnamen und in der frühen Neuzeit auch einen Kriegsnamen. Nicht alle diese Namen sind für die einzelnen Herrscher überliefert. Hier wird nur der jeweils gebräuchlichste Name aufgeführt.

Das Haus Israel: Der Aufstieg der Salomoniden

W arum scheiterten die Zagwe? Vielleicht, weil die strukturellen Voraussetzungen für ein städtisches Zentrum wie Lalibela, Handel und Geldwirtschaft, nicht mehr gegeben waren. Der Aufstieg der Salomoniden – die sich wie die Könige von Aksum auf Salomo und das »Haus Israel« zurückführten – war die richtige Antwort auf die Situation: eine Dynastie mit Hausmacht in Amhara, aber durch ein mobiles Hoflager im noch heidnischen Süden präsent, wo sie als Träger und Förderer der Mission wirkten, im direkten Kontakt mit dem sich ausbreitenden Islam.

Erster König der neuen Dynastie war Yekuno-Amlak (1270–85). Seine Heimatregion Amhara, die auch dem Reichsvolk den Namen gab, wurde unter ihm mit königlichen Klöstern als Stammsitzen der Dynastie ausgestattet. Das berühmteste davon, Amba Geschen, diente auch als luxuriöses Prinzengefängnis für die Brüder und anderen männlichen Verwandten des jeweiligen Herrschers. Schon die

Die wohl »gelungenste« Monolithkirche Beta Giyorgis in Lalibela bohrt sich in Form eines Templerkreuzes, das Aussehen eines hölzernen Tragealtars (Manbar) imitierend, 12 m tief in den Fels.

Die **äthiopische Kirche,** die orthodoxe Kirche in Äthiopien, stand bis 1951
unter der Leitung eines vom koptischen
Patriarchen von Alexandria eingesetzten Bischofs (Abuna); seit 1959 hat
sie einen eigenen Patriarchen. Durch
die politische Entwicklung weitgehend
von den übrigen christlichen Kirchen
isoliert, blieben in ihr viele ältere Traditionen in Ritus und kirchlicher Praxis
lebendig.

Das Gemälde eines äthiopischen
Künstlers (um 1907) zeigt ein Bankett
bei Kaiser Menelik II. (oben in der
Bildmitte). Unterhalb von ihm sitzen
die hohen »Adligen«, in der dritten
Ebene der niedere Adel und darunter
Hofdiener, Beamte und Gefolgsleute
des Kaisers (München, Staatliches
Museum für Völkerkunde).

In die Regierungszeit Amda-Seyons I.
und Zara-Yakobs fallen zahlreiche
Klostergründungen im Tanasee. Wie
fast jedes Kloster besitzt auch Daga
Istephanos sehr alte, wunderschön
gearbeitete Heiligenkalender
(Bild oben rechts).

nächste Generation mit ihren raschen Königswechseln – eine Folge
des unklaren Erbrechts und der im Prinzip bestehenden Wahlmonarchie – bewies die Notwendigkeit, den jeweiligen König vor Rivalen zu schützen.

Für die nächsten dreieinhalb Jahrhunderte waren die Aufgaben
des Reiches vorgegeben, wie sie sich beispielhaft in der Regierungszeit Amda-Seyons I. (1314–44) darboten. Die agrarische Feudal-
monarchie mit dem wandernden Königshof und Klöstern als Stützpunkten musste gefestigt und nach
Süden erweitert werden. Wehrbauern (Kolonen), angesiedelt in Militär-
garnisonen, sicherten die neuen Gebiete und verbreiteten als Herrenschicht die christlich-amharische Kultur. Die Garnisonen und die mobile
Zentrale – eine Zeltstadt mit etwa
30 000 Bewohnern, perfekt organisiert durch eine detaillierte Hoford-
nung – sollten das Reich zusammenhalten. Eine weitere Aufgabe war die
Einbeziehung und Bändigung des
traditionsreichen, widerspenstig auf
Restauration sinnenden Nordens mit
dem alten Zentrum Aksum, das wei-
terhin Krönungsstadt war. Amda-Seyon unterwarf unbotmäßige
Statthalter südlich des Tanasees und die islamischen Staaten an der
Südostgrenze des Hochlandes, trug die Expansion durch einzelne
Feldzüge bis weit in das Awasch-Becken und auf das somalische Plateau hinaus. Vielleicht widmen wir diesem Herrscher zuviel Aufmerksamkeit, nur weil einer seiner Feldzüge in einem literarischen
Meisterwerk, einem Heldenpos, überliefert worden ist, der »Chronik des Amda-Seyon«. Doch ist er auch in Chroniken der ägyptischen Mamelucken als mächtiger Herrscher erwähnt.

Kulturell setzte sich besonders die literarische Blüte der Zagwe-
zeit fort. Wichtige theologische Werke wurden aus dem Arabischen
übersetzt; der Text der Bibel wurde revidiert, und es entstanden
äthiopische Originalschriften in der Kirchensprache Geez, vor allem
historischen Inhalts.

Wenn auch Stütze des Reichs, so erwies sich die Kirche durchaus
als konfliktbereiter Partner, wie dies gerade Amda-Seyon erfahren
musste, dessen Auseinandersetzungen von der Tradition als »private
Affären« (z.B. Polygamie, Schwesternehe) dargestellt werden, aber
Reflex prinzipieller Auseinandersetzungen um die Gestaltung einer
christlichen Gesellschaft waren. In der Folge entwickelte sich eine
asketische, radikal-fundamentalistische Mönchsbewegung, die das
enge Bündnis und Zusammenwirken von Königsmacht und Kirche
infrage stellte. Einen anderen Weg religiös-politischer Opposition
gingen wohl ethnisch und landschaftlich isolierte Gruppen, bei denen der Protest gegen die christliche Monarchie die Form einer

buchstabengetreuen Befolgung des Alten Testaments annahm; für manche Gelehrte liegt hier der Ursprung der Falascha, der »äthiopischen Juden«.

Die Nachfolger Amda-Seyons sind in den Quellen vor allem als Vorkämpfer gegen die Muslime bekannt. Dies mag eine historische Verzerrung sein, da eine arabische Chronik die Hauptquelle für die Zeit von 1344 bis 1434 ist. Anfang des 15. Jahrhunderts kam es zu einem flüchtigen diplomatischen Kontakt mit Aragonien/Neapel, der in eine schon seit den Kreuzzügen erträumte Allianz gegen das mamelukische Ägypten münden sollte.

Reform in Reich und Kirche: Zara-Yakob

Als gereifter Mann von fast 60 Jahren, nach einem langen Mönchsleben auf dem Berg Amba-Geschen, kam Zara-Yakob (1434–68) als Gelehrter und Eiferer auf den Thron. Er verfocht in umfangreichen Schriften, in denen er gegen die eingedrungenen heidnischen Bräuche und verbreiteten Irrglauben zu Felde zog, eine Kirchenreform. Die durch radikale Mönche ausgelösten Glaubensspaltungen in der Kirche legte er auf mehreren Konzilien bei und band die oppositionellen Mönchsorden endgültig in das vom König privilegierte System der Reichsklöster ein. Damit verlieh er der Kirche eine innere Stabilität, die es ihr erlauben sollte, die langen Zeiten der muslimischen Invasion und Verfolgung im 16. Jahrhundert, aber auch die anschließende Auseinandersetzung mit den als Helfern gekommenen katholischen Missionaren aus Portugal siegreich zu bestehen. In der Tat, unter Kaiser Fasiladas (1632–67) wurde nach einem kurzen Zwischenspiel des zum katholischen Glauben übergetretenen Kaisers Susneyos, das in offenem Bürgerkrieg endete, die Position der äthiopischen orthodoxen Kirche bis heute festgeschrieben. Daran konnten dogmatische Streitereien in den folgenden Jahrhunderten wenig ändern.

Die Rundkirche des Inselklosters Ura Kidane Mehret ist im Innern mit Wandmalereien ausgeschmückt. Eine davon zeigt, wie Kaiser Fasiladas auf einem weißen Pferd über seine Feinde reitet. Die Mützen der Besiegten weisen diese als Muslime aus, die zudem als Andersgläubige immer im Halbprofil dargestellt werden.

Zara-Yakob bemühte sich auch um eine Reichsreform. Anstelle wankelmütiger und unzuverlässiger Feudalherren versuchte er eine Zeit lang systematisch seine Töchter und Schwiegersöhne als abhängige Gouverneure in den wichtigsten Reichsteilen einzusetzen. Abgesehen von einem zähen Widerstand der Feudalaristokratie scheiterte das Experiment auf menschlicher Ebene: Der zu krankhaftem Misstrauen neigende Monarch gab Einflüsterungen und Verleumdungen nach und zerstörte in spektakulären Prozessen gegen seine eigenen Kinder die auf persönlichen Bindungen beruhende Basis für die Reform. Sein Nachfolger Ba-Eda-Maryam (1468–78), der selbst als Opfer den Prozess gegen die eigene Mutter und deren Tod zu erleiden hatte, setzte denn auch nach dem Tod Zara-Yakobs sofort das alte Feudalsystem der Provinzkönige wieder in Kraft.

So endete die glänzende Periode des Zara-Yakob mit einem raschen Verfall der königlichen Zentralmacht im Innern, wie Nachfolgewirren, z. B. Regentschaften von Frauen, anzeigen. Außenpolitisch-militärisch wirkte die Stärke fort, ja, ein späterer Nachfolger auf dem Thron, Lebna-Dengel (1508–40), konnte mit einem Feldzug zum Roten Meer den Höhepunkt der Machtentfaltung des christlichen Reiches feiern. Dies war freilich ein Triumph auf tönernen Füßen: Wenige Jahre später fegte die Invasion des Emirs von Harar, Ahmed ibn Ibrahim al-Gazi, genannt Grañ (»der Linkshänder«), in wenigen Jahren das königliche Heer hinweg. Die südlichen Provinzen wurden dabei in Schutt und Asche gelegt. Selbst Aksum wurde besetzt, und für einige Zeit schien die Existenz des Reiches bedroht. Erst der junge König Galawdewos (1540–59), unterstützt durch ein von der Regentin Eleni (Helene) schon 20 Jahre zuvor angefordertes Expeditionskorps aus Portugal, konnte Grañ besiegen und dem Reich eine Periode der Konsolidierung schenken, die im Wesentlichen bis zum 19. Jahrhundert andauerte. Freilich, der Süden mit Schoa und benachbarten Regionen ging bald darauf durch den Einbruch der heidnischen Oromovölker verloren. Diese Gebiete wurden erst durch eine zähe Christianisierungs- und Wiedergewinnungspolitik, die seit dem 18. Jahrhundert mit gezielter Amharisierung verbunden wurde, dem Reich eingegliedert.

Blick auf die Schlossanlagen von Gondar. Bibliothek und Kanzlei wurden in der Regierungszeit Kaiser Yohannes' I. (1667–82) erbaut.

Vom Ende des 16. Jahrhunderts an bildete die Region um den Tanasee, besonders im Norden Dambeya mit der bald entstehenden, von portugiesischen Missionaren, Handwerkern und Architekten geplanten Hauptstadt Gondar, das nun wieder feste Zentrum des kleiner gewordenen Reiches. Trotz religiös-politischer Isolierung besonders von Europa entwickelte sich eine kulturelle Blüte, ablesbar an verschiedenen Stilen von Gondar im Kirchenbau und der Buchmalerei, aber auch in der literarischen Produktion der Zeit. Diese Blüte überdauerte auch die »Zeit der Richter« (Anspielung auf die Bibel), eine Periode des Verfalls der königlichen Macht und endloser, undurchsichtiger Kämpfe der Regionalfürsten untereinander, die mit dem Zusammenbruch der Monarchie von Gondar

Cherubim an der Decke der Klosterkirche Debre Berhan Selassie.

1855 endete. Erst Tewodros (Theodor) II. (1855–68), aufgestiegen vom gesetzlosen Rebellen zum neuen König der Könige (*negusa nagast*), sollte es gelingen, das Reich wieder zu konsolidieren und so die staatliche Existenz Äthiopiens im kolonialen Afrika zu bewahren, bis Menelik II. (1889–1913) das Land ins 20. Jahrhundert führte.

Der Priester Johannes – Äthiopien und die Europäer

Verborgen, doch nie ganz vergessen blieb Äthiopien im Westen, in der Mittelmeerwelt. Spätestens seit dem 6. Jahrhundert n. Chr. erinnerte die Präsenz äthiopischer Mönche in Jerusalem immer wieder an das ferne christliche Reich in Afrika, wovon Pilger-

DEBRE BERHAN SELASSIE – KLEINOD ÄTHIOPISCHER SAKRALBAUTEN

Nordöstlich vom alten Palastbezirk in Gondar liegt das Kloster Debre Berhan Selassie. Die »Dreifaltigkeitskirche auf dem Berg des Lichtes« gilt als eines der schönsten äthiopischen Klöster überhaupt. Die strohgedeckte Kirche zeigt den alten, rechteckig-basilikalen Grundriss und steht in der Bautradition altaksumitischer Palastanlagen. Errichtet wurde die Kirche in der Regierungszeit Kaiser Iyasus I. (1682–1706). Von größtem Interesse sind die in wunderschönen Farben ausgeführten Wandmalereien im Innenraum. Sowohl griechisch-byzantinische Einflüsse als auch ägyptisch-koptische Einflüsse der Ikonenmalerei haben im 15. Jahrhundert zur Entstehung einer eigenständigen äthiopischen Malweise geführt, die auch heute noch ihre Fortsetzung in den Malschulen der Klöster oder den modernen Kunstakademien findet. Als wesentliches Stilmerkmal fällt zunächst die übergroße Darstellung der Augen bei den Personen auf. Diese Überbetonung beruht auf der Erkenntnis, dass das Wesen des Menschen am stärksten durch die Augen zum Ausdruck kommt. Daneben spielt die Symbolik der Farben bei der Kirchenmalerei eine weitere wichtige Rolle. Bei aller kunstgeschichtlichen Bedeutung, die dem Kloster somit zukommt, ist Debre Berhan Selassie für die äthiopischen Christen ein Ort des Glaubens, der Andacht und der Meditation.

berichte Zeugnis ablegen. Im 12. Jahrhundert sollte sich daraus und aus unklaren Nachrichten über die Christianisierung der Mongolen die Legende vom Reich des »Priesterkönigs Johannes« bilden, das man bald in Asien, bald in Afrika suchte. Heute weiß man aus den Quellen, dass die Zagweherrscher als Sakralkönige auch priesterliche Funktionen wahrnahmen. Aus ihrem Titel *djan* (Königliche Hoheit), der auch später noch gebraucht wurde, hörte man in Europa vielleicht den Namen Johannes (französisch Jean, italienisch Gianni) heraus.

Dieses Land lockte Missionare und Abenteurer. Itinerare, Reisebücher mit Angaben über Wegenetze und Stationen, die auch für mittelalterliche und frühneuzeitliche Karten als Vorlage dienten, zeigen, wie aus schemenhaften Anfängen die Kenntnis Europas von Äthiopien langsam wuchs. Einer der berühmtesten Besucher war der venezianische Maler Brancaleone, in Äthiopien bekannt als Markorewos, der Ende des 15. Jahrhunderts in Äthiopien wirkte und dessen Buchmalereien sich bis heute erhalten haben. Mit dem portugiesischen Eingreifen und der katholischen Mission begann die wissenschaftliche Erforschung des Landes. Wenig später begründete der Hofrat in sächsischen Diensten, Hiob Ludolf (†1708), mit einer monumentalen Geschichte Äthiopiens, Grammatiken und Wörterbüchern die Äthiopistik als wissenschaftliche Disziplin.

Nach der Erfahrung mit den europäischen Missionaren im 17. Jahrhundert schloss sich Äthiopien von der Außenwelt ab. Kaiser Fasiladas, der allen Europäern die Einreise untersagte, versicherte sich dabei sogar der Mitwirkung muslimischer Staaten an den Grenzen, die gnadenlos Missionare abfingen und töteten. Erst seit Menelik II., dem Begründer des modernen Äthiopien, kamen wieder Fremde ins Land. MANFRED KROPP

Zeitgenössische Darstellung des Begründers der Äthiopistik, Hiob Ludolf.

Amerika

Pyramiden und Menschenopfer – Das Aztekenreich, seine Vorgänger und Nachbarn

1975 wurden bei Cacaxtla im mexikanischen Gliedstaat Puebla sensationell gut erhaltene Wandfresken entdeckt, die seitdem die Aufmerksamkeit von Historikern auf sich ziehen: Beinahe lebensgroße Kombattanten stehen sich in einem 22 m langen Schlachtgemälde gegenüber. Die nach hitzigem Handgemenge siegreiche Truppe ist in Jaguarfelle gekleidet, trägt Stirnbänder aus Klapperschlangenhaut und im Haar Adlerfedern; Vogelhelme, wie sie in Teilen des südlichen Mesoamerika üblich waren, schmücken die unterlegenen Krieger. Nach den Fundumständen datiert man die Fertigstellung der Fresken ins ausklingende 9. Jahrhundert n. Chr. Damals verscharrten die offenbar drohendes Unheil fürchtenden Einwohner des befestig-

Ausschnitt aus einem der bei Cacaxtla (Mexiko) entdeckten Wandfresken mit einer Schlachtenszene.

Federschlangenfries an der Pyramide des Gottes Quetzalcoatl in Xochicalco (Mexiko).

ten Handelspostens Xochicalco südwestlich von Mexiko-Stadt Sakralgegenstände in einem Schatzdepot. Kurz darauf traten an die Stelle der in Xochicalco üblichen Schriftzeichen Formen, wie sie später die Azteken und ihre Nachbarn benutzten.

Solche Indizien bestätigen eine These, die schon seit längerem von Forschern vorgebracht wird: Fremde Völker verließen um 800 n. Chr. ihre nordmexikanische Heimat und überschwemmten in mehreren Wellen Mesoamerika. Dabei wandelten sich außer den ethnischen auch die soziokulturellen Verhältnisse der Region grundlegend. Mit dem Völkersturm bricht ein neues Zeitalter an, unter der Ägide von Kriegerfürsten und Reichsgründern – die Nachklassik.

Tolteken

D ie Invasoren waren überwiegend Feldbau treibende Nahua-
stämme, Volksgruppen utoaztekischer Sprachzugehörigkeit, die aus den nördlichen Randzonen des Hochkulturgebietes kamen. Auf der Suche nach Tollán, einem paradiesischen »Ort ohne Übel«, entflohen sie ihrem unwirtlicher gewordenen Lebensraum, dessen zunehmende Austrocknung mit einer weltweit greifenden wärmeren Klimaepisode, dem Neoatlantikum (800–1200 n. Chr.), zusammenhing. Tollán, die »Insel der Glückseligen«, wird heute mit Teotihuacán gleichgesetzt. Die Ausstrahlung der Metropole wirkte in Mesoamerika selbst nach ihrem Untergang fort und geriet zur Legende. Teotihuacán fanden die Wüstenkrieger nicht mehr vor, wohl aber seine Zöglinge – die zivilisierte Bevölkerung Zentralmexikos.

Die Neuankömmlinge nannten die Alteingesessenen *Tolteca* (»Städter«), ein Name, der mit handwerklichem Können und verfeinerter Lebensart einherging. In engerem Sinn war er auf die Hochland-Totonaken gemünzt, die wahrscheinlich zu den Gründern Teotihuacáns zählten und möglicherweise auch dessen Oberschicht stellten. Nach dem Brand ihres Hauptortes verteilten sie sich anscheinend in der Umgebung, besetzten frühere Handelsniederlassungen (Faktoreien) und bauten sie zu Stützpunkten aus. Diese Tolteken wurden Lehrmeister der eingewanderten Nahuastämme, die sich ihren Vorbildern rasch anglichen. In der Folge wurde *Tolteca* zum Synonym für ihre erfolgreiche Anpassung, zum Ausweis »höherer Abkunft« und von Beziehungen zu Tollán/Teotihuacán. Die ersten militär-aristokratischen Stadtstaaten und Kleinfürstentümer auf mexikanischem Boden gehen auf diese Verbände zurück. Um besser zwischen echten Tolteken und Epigonen unterscheiden zu können, brachten spätere indianische Geschichtsschreiber die Bezeichnung *Tolteca Chichimeca* auf. *Chichimeca* (»Leute, die von Hunden abstammen«) bezog sich auf alle Völker des Nordens; in Zusammenhang mit *Tolteca* verwies der Begriff auf die nördliche Herkunft bestimmter (Nahua sprechender) toltekischer Gruppen.

Zentraler Hauptplatz in Tula mit der die Atlanten tragenden Pyramide B (Tempel des Quetzalcoatl), rechts oben einer der Atlanten, die ursprünglich das Dach des Tempels stützten (Höhe fast 5 m). Die Figur stellt einen toltekischen Krieger dar.

Auf ihrer Wanderung stießen die Tolteca Chichimeca auf einen früheren Vorposten Teotihuacáns, den spätere Chronisten *Tollán Xicocotitlán* (»Stadt am Berg Xicocotl«) tauften – das heutige Tula im mexikanischen Gliedstaat Hidalgo. Dorthin hatten sich die totonakischen Nonoalca zurückgezogen. Beide Volksgruppen errichteten hier eine prächtige Stadt (Blütezeit etwa 900–1150), die rund 30 000 Einwohner ernähren konnte. Archäologen schätzen, dass fast die Hälfte der Bevölkerung mit Obsidianverarbeitung beschäftigt war. Daneben spielte auch der Abbau von Travertin eine Rolle. Handel mit diesen Gütern bestimmte die Wirtschaft Tulas, das im Nordwesten (La Quemada) und Norden (Casas Grandes, Zape) bereits bestehende Ansiedlungen nichttoltekischer Völker zu Faktoreien und Forts umrüstete.

Geräumige um den Zentralhof gruppierte Versammlungshallen, umgeben von Pfeilerreihen und saalähnlichen Vorbauten, kennzeichnen die Architektur Tulas. Dieses neue Bauschema spiegelt die sozialen und religiösen Umwälzungen in Mesoamerika seit Ankunft der Nahua. Hatten bisher die nur Eingeweihten verständlichen Riten theokratischer Machthaber (deren Herrschaft allein religiös legitimiert ist) die Konstruktion von Sakralanlagen auf zellenartige Enge der Innenräume festgelegt, erforderte jetzt die Teilnahme vieler gleichberechtigter Personen (Mitglieder der Kriegerbünde) am kultischen Geschehen großzügigere Ausführungen.

Der mixtekische Herrscher Na Cuaa (»Acht Hirsch«) erobert eine Stadt. Ausschnitt aus einem mixtekischen Codex.

Den religiösen Mittelpunkt des Ortes bildete ein Pyramidenstumpf zu Ehren von Quetzalcoatl, dem Hauptgott Tulas. Auch dessen irdischer Statthalter trug diesen Namen. Als Gottkönig lenkte jener Priesterfürst die Geschicke der Stadt. Die Herrschaft der Sakralkönige Tulas endete 987, als Kriegerbünde die Macht an sich rissen. Ce Acatl Topiltzin, der vertriebene Quetzalcoatl, soll daraufhin an der Spitze seiner Getreuen nach Yucatán geflohen sein, wo er die toltekische Dynastie von Chichén Itzá begründete. Doch das ist Legende. Wie wir heute wissen, fand dieser Machtwechsel bereits 918 statt.

Auch andernorts hatten sich inzwischen Tolteken niedergelassen, vor allem am Südrand des Beckens von Mexiko, wo mit Colhuacán ein bedeutendes Zentrum aufblühte. Das Schicksal Tulas erfüllte sich im 12. Jahrhundert, als ein Kampftrupp von Teochichimeca (Otomí) die Stadt einäscherte. Überlebende flohen in den Schutz der Mauern Colhuacáns oder verteilten sich über ganz Südmexiko und Guatemala. In Nicaragua, der südlichsten Station ihrer Odyssee, tauchten Tolteken (Nicarao) erst im 14. Jahrhundert auf.

Zapoteken und Mixteken

Weitgehend unberührt von diesen Ereignissen blieben die Zapoteken Oaxacas. Monte Albán hatte seine beherrschende Stellung zwischen 650 und 700 eingebüßt. Verschiedene zapotekische Stadtstaaten, darunter Lambityeco, Yagul, Lio Baa (Mitla) und Zaachila, traten das Erbe an. Unter äußerem Druck, namentlich der mixtekischen Expansion, rückten diese Fürstentümer zeitweilig enger zusammen, mussten aber bedeutende Landverluste hinnehmen. Die Mixteken (oder Ñuudzavui) waren im 6. Jahrhundert aus Puebla in den Westen Oaxacas vorgedrungen. Ihre Ausbreitung verlief anfangs relativ friedlich; dynastische Verflechtungen mit zapotekischen Adelshäusern begleiteten den Vorgang. Später wurden Landgewinne auch militärisch vorbereitet. Besonders zu Lebzeiten von Na Cuaa (Acht Hirsch; 1063–1115), der vorübergehend die wichtigsten mixtekischen Niederlassungen unter seine Kontrolle brachte, huldigte man der Gewaltdoktrin. Na Cuaa war eine schillernde Persönlichkeit von außergewöhnlichem politischem Format. Zahlreiche Bildchroniken – weißgegerbte, bemalte Hirschhäute, die man nach Art eines Leporelloalbums faltete – schildern seine Biographie ausführlicher als die anderer Potentaten. Wie sein Vorgänger erlitt er, 53-jährig, den Opfertod – womöglich Hinweis auf den von Mixteken praktizierten rituellen Königsmord.

Herausragende kulturelle Bedeutung erlangten die Mixteken durch Einführung und Perfektionierung der Metallurgie, die bis etwa 900 n. Chr. in Mesoamerika unbekannt war. Wahrscheinlich ist, dass mixtekische Kaufleute in Zentralamerika die Kunst der Metallverarbeitung kennen lernten und diese »Marktlücke« für sich entdeckten. Jedenfalls behaupteten sie geraume Zeit ein entsprechendes Monopol, und mixtekische Handwerker versorgten die Fürstenhöfe ganz Mesoamerikas mit ihren Produkten. Politisch war der mixtekische Siedlungsraum in mehrere autonome Kleinstaaten gegliedert, darunter Tututépec, Tilantongo, Teozacoalco und Mitla. 1521 verleibten die Spanier diese Sprengel ihrem Kolonialreich ein.

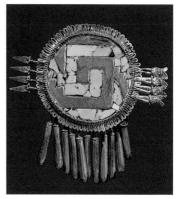

Brustschmuck der Mixteken in Form eines von Pfeilen durchbohrten Schildes. Das Pektoral besteht aus Gold mit Türkiseinlagen (Mexiko, Anthropologisches Nationalmuseum).

Tarasken

Abseits der bisher behandelten Kernzone, in den Gebirgen Westmexikos, hatten die dort ansässigen Volksgruppen nicht am allgemeinen kulturellen Aufschwung teilgenommen und Traditionen aus frühester Zeit bewahrt. Von diesem Hintergrund lösten sich im 9. Jahrhundert die Tarasken oder Phorépecha. Als politisches Zentrum wählten sie um 1200 nach anfänglicher Gewaltenteilung mit Pátzcuaro und Ihuatzio die Stadt Tzintzuntzán am Ufer des Pátzcuarosees. Initiator des ursprünglichen Dreierbundes war Tariákuri aus dem Adelsgeschlecht der Yanaseo, das sich von später mit den Tarasken zusammengetroffenen Chichimeken herleiten soll. Dank der von den Yanaseo eingeführten strengen militärischen Zucht gelang es, im 14. und 15. Jahrhundert weite Teile des westlichen Hochlandes bis in die Gegend von Querétaro zu unterwerfen. 1478 schlugen die Tarasken im Tal von Toluca den Aztekenherrscher Axayacatl vernichtend. Der Sieg sicherte ihnen die regionale Vormachtstellung im nordwestlichen Mesoamerika.

Mancher Wesenszug ihrer Kultur erklärt sich aus den naturräumlichen Gegebenheiten: dem reich bewässerten Stammland Michoacán, den vielen aktiven Vulkanen und dem gemäßigten Klima. Feldbau war dort mit weniger Risiko zu treiben als anderswo in Mesoamerika. Dichte Mischwälder lieferten Holz im Überfluss. Blockhäuser mit Holzschindeldächern und Einbäume, die man beim Fischfang im Pátzcuarosee benutzte, unterstreichen die Bedeutung

Überreste der ehemaligen Hauptstadt der Tarasken, Tzintzuntzán. Auf dem rechteckigen Pyramidenstumpf (1000 m²) stehen Ruinen von fünf kleineren Tempeln (yákatas).

dieses Materials. Aus Stein bestanden dagegen die charakteristischen Kegelstumpfpyramiden *(yákata)*, eine Kombination runder und rechteckiger Baukörper, die den Sakralanlagen ein wehrhaftes Aussehen verleiht.

Azteken

Die Pufferzone zwischen den Kulturen Westmexikos und den Zivilisationen des Ostens bewohnten vor der Jahrtausendwende kleine Gruppen von Jägern und Sammlern. Einige der Verbände gehörten zur Nahuafamilie. Sie bedienten sich einer Variante dieser Sprache, die Nahuatl genannt wird. Vielleicht durch die Ausbreitung der Tarasken ostwärts abgedrängt, trafen Nahuatleinheiten auf ihren Wanderzügen mit anderen Neuankömmlingen zusammen, den »echten« Chichimeken (Teochichimeca) oder Ñañú-Otomí. Die Otomí gelangten, angelockt von Reichtum und Pracht der urbanen Zentren, als erste in das zentralmexikanische Becken. Dichtauf folgten Nahuatlstämme, unter denen Tepaneken und Acolhua hervorzuheben sind. Zuletzt kamen die ebenfalls Nahuatl sprechenden Azteken in ihr historisches Siedlungsgebiet.

Über die Lage der aztekischen Hauptstadt Tenochtitlán inmitten eines Sees berichtete Hernán Cortés 1520:

Die Hauptstadt Tenochtitlán liegt in einem salzigen Landsee, und von jedem Punkte des Festlandes, von welcher Seite man auch kommen möge, sind es zwei Leguas (etwa 11 km). Sie hat vier Zugänge, alle über Steindämme führend, die von Menschenhand erbaut und etwa zwei Reiterlanzen breit sind. Die Stadt ist so groß wie Sevilla und Córdoba. Ihre Hauptstraßen sind sehr breit und gerade, einige sind zur Hälfte fester Boden, zur anderen Hälfte aber Wasser, auf dem die Boote fahren. Alle Straßen sind in größeren Zwischenräumen durchschnitten, sodass zwischen ihnen eine Wasserverbindung besteht. Alle diese Durchschnitte, wovon einige sehr breit sind, haben ihre Brücken aus starken, zusammenfügbaren Balken, sodass zehn Reiter in Front hinüberziehen können.

AZTEKISCHER EINFLUSSBEREICH UM 1520

Eigentlich lautet der Eigenname der Azteken *Mehitin* (»Menschen«). Die Bezeichnung *Azteca* leitet sich von *Aztlán* (»Silberreiherland«) ab, ihrem sagenhaften Ursprungsort. Als sie die geschichtliche Bühne betraten, waren die Azteken noch ein schwaches Volk, das vor seinen vielen Feinden ständig auf der Hut sein musste. Zuflucht fanden sie schließlich auf einigen Schilfinseln inmitten des Texcocosees. Hier gründeten sie 1325 die Stadt Tenochtitlán, etwas später in Sichtweite deren Dependence Tlatelolco. Im Vasallendienst des Tepanekenherrschers Tezozomoc von Azcapotzalco, dem es mithilfe der rauen Wüstenkrieger gelang, das von Otomí bewohnte Tenayuca niederzuringen, teilten die Azteken den Aufschwung seines Reiches. Ihre Stellung galt jetzt als so weit gefestigt, dass Tenochtitlán und Tlatelolco eigene Herrscherdynastien einsetzen durften. Um die Dynastien »salonfähig« zu machen, wurden Heiratsbande zu fremden Adelshäusern geknüpft: Acamapichtli von Tenochtitlán (1372–91) ehelichte eine Prinzessin aus dem toltekischen Colhuacán;

Cuacuauhpitzahuac, Führer der Schwesterstadt, nahm eine Tepane-kin zur Frau. Der Weg zur Großmacht war nun für die Azteken ge-bahnt. 1426, im Todesjahr Tezozomocs, sannen die Tepaneken nach Möglichkeiten, sich der unbequemen Emporkömmlinge zu entledi-gen. Als Chimalpopoca von Tenochtitlán Opfer eines politischen At-tentates wurde, wechselten die Azteken die Fronten und verbünde-ten sich mit den Acolhua von Tetzcoco gegen ihre einstigen Lehns-herren. 1428 triumphierte Chimalpopocas Nachfolger Itzcoatl über Azcapotzalco und zerstörte die Stadt.

Im Zuge dieses Sieges konstituierte sich eine Dreierallianz, der die Azteken, die Acolhua und das neue tepanekische Zentrum Tla-copán angehörten. Treibende Kraft des Bündnisses war Nezahual-cóyotl von Tetzcoco, ein feinsinniger Mann, den schönen Künsten zugetan und Meister diplomatischer Ränke. 1440 nahm Mocte-zuma I. die Königswürde von Tenochtitlán-Tlatelolco an. Durch ihn erhöhte sich das politische Gewicht der Azteken im Bund. Als Ne-zahualcóyotls Sohn Nezahualpilli 1515 starb, rissen sie die alleinige Macht an sich. Moctezuma II. ließ den Puffer Tlacopán annektieren und lancierte einen Marionettenfürsten auf den Thron Tetzcocos.

Mit der Zeit eroberten die Verbündeten weite Teile des zentralen Mesoamerika. Schließlich erstreckte sich ihre Herrschaft auf etwa sechs Millionen Menschen. Da weder dauernde militärische Präsenz noch durchgängige Kontrolle das Reich zusammenhielt, und vorran-giges Ziel der Bundespolitik die Beschaffung von Luxusartikeln und Gebrauchsgütern aus den abhängigen Gebieten war, was vorzugs-weise durch Abgaben geschah, umschreibt man die aztekische Hege-monialzone am besten als locker gefügtes Tributimperium.

Neben Tributleistungen dienten Handel und Märkte der Waren-zirkulation. Voraussetzung für die Nutzgüterversorgung war ertrag-reicher Gartenbau. Aus dem Zwang zur Urbarmachung der ver-marschten Seeufer hervorgegangen, fußte er auf der Bewirtschaftung von *chinampas* – Pontonbeete aus Zweigen, Schilf und Schlamm, die man durch Baumbepflanzung im sumpfigen Untergrund veran-kerte. Schiffbare Kanäle trennten die Parzellen voneinander.

Solche Chinampagärten bildeten den äußeren Kranz Tenochtit-láns. Im Innern schlossen sich Hausgrundstücke an, die in Zeilen auf den Stadtkern zuliefen. Seite an Seite geführte Straßen und Wasser-wege überzogen die Insel mit einem engmaschigen Verkehrsnetz; drei Dämme banden die Siedlung ans Festland. Der gesamte Stadt-komplex, Wohnsitz von annähernd 250 000 Menschen, gliederte sich in vier Viertel und eine Anzahl Nachbarschaften *(calpoltin,* Singular: *calpolli),* die als Verwaltungseinheiten dienten. Jedem dieser Quar-tiere stand ein Exekutivbeamter vor. Andere Administratoren wid-meten sich dem Einzug von Tributen oder der Rekrutierung von Ar-beitskräften für kommunale Dienstleistungen. Unter den Augen strenger Zuchtmeister erhielten die Söhne von Gemeinfreien im Jungmännerhaus eines *calpolli* militärischen Schliff; gleichzeitig fun-gierte die Einrichtung als Ort der Begegnung. Spartanischer ging es in den »Gymnasien« zu. Jene Eliteschulen unterrichteten adlige

Ausschnitt aus einer aztekischen Tributliste, in der Arten und Mengen der abzuliefernden Waren aufgemalt sind. Die Liste ist Teil des Codex Mendoza, der um 1540 auf Veranlassung der Spanier erstellt wurde (Oxford, Bodleian Library).

Jugendliche, die sich hier auf ihre Laufbahn als Offizier, Priester oder höherer Beamter vorbereiteten, in Militärstrategie, Naturwissenschaften, Kalenderdeutung, Rhetorik und Dichtkunst.

Die gesellschaftliche Stellung der Einwohner Tenochtitláns nahm vom Stadtkern, wo die angesehensten Bürger lebten, zu den Außenbezirken immer weiter ab. Inmitten der Metropole befanden sich das Zeremonialzentrum, der große Marktplatz, die Paläste der Edelleute und die von Parks und einem Zoo umgebene Residenz. Alle städtischen Gebäude überragte die den Göttern Huitzilopochtli und Tlaloc geweihte Doppelpyramide des Haupttempels. In der Nähe standen weitere Gotteshäuser, lagen das Ballspielfeld, die Schädelstätte, wo man die Köpfe geopferter Feinde zur Schau stellte, und ein Bad, in dem die Priesterschaft rituelle Waschungen vornahm.

Schichtung und soziale Klassen kennzeichneten die aztekische Gesellschaft. Ein grundsätzlicher Unterschied bestand zwischen Adligen und Gemeinfreien. Eine eigene Gruppe bildeten die Sklaven, bei denen es sich um Verbrecher oder Schuldner handeln konnte, aber auch um Personen, die zur Ableistung bestimmter Dienste verpflichtet wurden, ansonsten jedoch persönliche Freiheit genossen. An der Spitze jener Ordnung stand der König. Alle Monarchen entstammten dem Erbadel, den Nachkommen Acamapichtlis in männlicher Linie. Neben diesen wenigen Auserwählten gab es eine zweite Adelsschicht, eine Art Ritterorden, dem die Anführer der Kriegervereinigungen angehörten, in den aber auch Tapfere aus dem Volk aufrücken durften. Auszeichnung im Krieg sorgte also für ein gewisses Maß an sozialer Mobilität. Als Konsequenz von Normbrüchen bzw. Verfehlungen drohte gesellschaftlicher Abstieg.

Die weltliche Machtpyramide aus Herrschern und Beherrschten war undenkbar ohne einen Priesterstand, dessen vor dem Volk geheim gehaltenes Instrumentarium half, gesellschaftliche Ordnung als gottgewollt aufrechtzuhalten. Ohne die von den Priestern ständig geschürte Götterfurcht sind viele Aspekte des religiösen Kanons in Mesoamerika kaum verständlich. Heilige Handlungen zielten auf die Versicherung des Wohlwollens der Überirdischen, galten aber auch der Sorge um den Bestand der Welt, der Natur und Fruchtbarkeit oder standen in Zusammenhang mit Krankenheilung und Tod.

Bei Krönungen, Tempelweihen und religiösen Zeremonien wurden häufig Menschen geopfert, manchmal bis zu 2000. Höhere Zahlen, die oft in der Literatur erscheinen, sind wohl Übertreibungen aztekischer Geschichtsschreiber oder späterer Chronisten. Die Azteken hielten sich für die Soldaten der Sonne. Sie glaubten, dass sich das

Als besonders abstoßend empfanden die Spanier die Opferriten der Azteken. Von ihnen berichtete Hernán Cortés 1520 Folgendes:

Die Büsten und Statuen der Götzen, an die diese Leute glauben, sind weit über Menschengröße. Sie werden aus einer gemahlenen und gekneteten Masse aller Sämereien und Gemüse verfertigt, angefeuchtet mit dem Herzblut menschlicher Schlachtopfer, denen sie lebendig die Brust öffnen und das Herz herausreißen. Mit dem herausströmenden Blut mengen sie den Teig an und fahren damit fort, bis eine Masse beisammen ist, die für die Verfertigung einer so großen Bildsäule reicht. Dann wurden dem fertigen Bildwerk noch mehr Herzen geopfert, und mit dem Blute wurde ihnen das Gesicht verschmiert.

Figur des Frühlingsgottes Xochipilli. Die Skulptur ist mit Blumenmotiven geschmückt (Mexiko, Anthropologisches Nationalmuseum).

Schild eines Kriegers mit einem Federmosaik, das eine Wassergöttin, die Begleiterin des Wettergottes Tlaloc, darstellt (Mexiko, Anthropologisches Nationalmuseum).

Leben spendende Gestirn jeden Tag gegen die Mächte der Finsternis, Mond und Sterne, durchsetzen müsse. Deshalb nährten und kräftigten sie es mit dem wertvollsten Elixier, das sie kannten: mit menschlichem Blut. Doch nicht allein diese Notwendigkeit trieb die Azteken an. So beschworen die für den Wettergott Tlaloc ertränkten Opfer Regen auf die Felder herab, und die Häute der zu Ehren des Fruchtbarkeitsgottes Xipe Erschlagenen, in die sich Priester zwanzig Tage lang hüllen mussten, versinnbildlichten die abgestorbene Vegetation, aus der sich neues Leben schälte.

Den Menschenopfern vor allem begegneten die europäischen Eroberer mit Verständnislosigkeit. Während in ihrer Heimat die Schei-

Hernán Cortés berichtete 1520 über die Religion der Azteken nach Spanien:

Für jede Sache haben sie ein eigenes Götzenbild, so haben sie einen Götzen, dessen Beistand sie im Kriege erflehen, einen anderen für den Ackerbau, und so haben sie für jegliche Sache, von der sie wollen, dass sie gut vonstatten geht, ihre Götzen, die sie verehren und denen sie Opfer darbringen.

Aztekisches Menschenopfer, dargestellt im Codex Florentinus, der in der frühen Kolonialzeit entstanden ist (Florenz, Biblioteca Nazionale).

terhaufen der Inquisition loderten und Tausende von »Ketzern« und »Hexen« im Namen eines ungnädigen Christengottes verbrannten, gingen die Konquistadoren gegen die »Barbarei der Mexikaner« vor und benutzten deren Blutopfer als Vorwand für Ausrottung, Unterdrückung und Unterwerfung. 1525 stand Quauhtémoc, der letzte aztekische König, vor seinen Henkern. Zu diesem Zeitpunkt war er bereits zum Christen und Tenochtitlán zur spanischen Residenz Ciudad Real de México geworden!

Darstellung des Fruchtbarkeitsgottes Xipe als Priester mit der übergezogenen Haut eines Opfers. Steinplastik mit Resten von Bemalung aus Tetzcoco, Höhe 46 cm (Basel, Museum für Völkerkunde).

Aztekisches Opfermesser aus Stein mit eingelegten Muschelschalen aus Tenochtitlán.

Städte und Tempel – Die Maya

Mitten im wuchernden Tropenwald von Ostmexiko, Guatemala, Belize und dem westlichen Honduras stoßen Archäologen seit dem letzten Jahrhundert auf steinerne Denkmale einer Zivilisation, die scheinbar aus dem Nichts auftauchte, über Generationen die zeitgenössische Welt mit pulsierenden Städten, Ehrfurcht gebietenden Tempeln und stolzen Palästen in ihren Bann schlug, um dann, wieder gänzlich unerwartet, vom Dschungel verschluckt zu werden.

DIE MAYASTAATEN DER HOCHKLASSIK

▲ dominierende Mayastätte
▲ bedeutende Mayastätte
- - - - Grenze der Mayastaaten

Golf von Mexiko

NÖRDLICHES TIEFLAND

Chichén Itzá
Uxmal ▲ Kabah
Sayil ▲ ▲ Labná

Chicanná
Calakmul ▲ ▲ El Palmar
El Mirador
Palenque ▲ SÜDLICHES TIEFLAND
Uaxactún
Tikal ▲ Naranjo
Toniná ▲ Yaxchilán ▲ Xunantunich
Bonampak ▲ Yaxhá
Dos Pilas ▲ Seibal
Machaquilá

Quiriguá
Rio Motagua
Copán
SÜDÖSTLICHES HOCHLAND

ATLANTISCHER OZEAN

PAZIFISCHER OZEAN

Träger einer Hochkultur

Die Baumeister der pompösen Metropolen, Götterburgen und Herrensitze kennt man seit langem. Es waren Maya, Angehörige einer auch heute noch im Gebiet ansässigen Sprach- und Völkerfamilie, deren Ursprünge im Cuchumatanesbergland Guatemalas liegen. Entlang der Flüsse breiteten sich Mayapioniere ab 2000 v. Chr. über die Halbinsel Yucatán zur Karibikküste hin aus. Diese Menschen errichteten Rundbauten aus vergänglichem Material, die um einen mit Lehmestrich versiegelten Zentralplatz gruppiert waren, also bereits dem geläufigen Muster mesoamerikanischer Siedlungszentren entsprachen. Unter sich verstärkender gesellschaftlicher Differenzierung setzte zwischen 900 und 400 v. Chr. die Expansion in Landstriche abseits der Flüsse ein. Dort formierten sich erste stadtähnliche Gebilde. Neuere Forschungen lassen erkennen, dass auf Handel gestützte Beziehungen zwischen den Teilregionen der alten Mayawelt und deren Peripherie den Grundstein für die nachfolgende kulturelle Hochblüte legten. Mit den Handelsgütern nämlich verbreiteten sich auch neue Ideen. Zwar pflegte jede Region ihre eigenen Traditionen, die Bewohner aber standen untereinander in regem Gedankenaustausch und fügten jeweils andere kulturelle Mosaiksteine in das Gesamtbild ein.

Späte Vorklassik (400 v. Chr. – 250 n. Chr.)

Während der Späten Vorklassik kam es in Verbindung mit einem explosiven Bevölkerungswachstum zur Neugründung vieler Städte. Man bediente sich erstmals monumentaler Steinarchitektur als sichtbarem Ausweis gottgegebener Herrschaft einer gesellschaftlichen Elite. Die Verwendung des Kraggewölbes zur Abstützung schwerer Baulasten, Flachreliefs mit »barocken« Ausschmückungen und Stuckdekor zeugen von Ingenieurwissen und von großem handwerklichem Können. El Mirador, an der Waldgrenze Guatemalas zu Mexiko gelegen, wuchs zum größten Stadtkomplex Mesoamerikas seiner Zeit. »El Tigre« und »Los Monos«, die Kolossalpyramiden Miradors, enthalten eine Viertelmillion Kubikmeter Baumasse; die Höhe der Jaguarpyramide entsprach mit 55 m Höhe einem achtzehngeschossigen modernen Hochhaus.

Planung und Leitung solcher Bauvorhaben sowie die generelle Kontrolle der Arbeitskräfte lagen ab 219 n. Chr. in der Hand von Herrscherdynastien, einer zu dieser Zeit für Mesoamerika neuen

Eine aus spätklassischer Zeit stammende Monumentalpforte in Labná (Yucatán, Mexiko), die einst zwei Palasthöfe miteinander verband. Der aus überkragenden Mauern entstandene Bogen ist 5 m hoch und 3 m tief.

Erscheinung. Tikal, das von der Aufgabe El Miradors 50 n. Chr. profitierte, scheint hierbei eine Vorreiterposition eingenommen zu haben. Ausübung und Fortschreibung von Herrschaft, militärische Erfolge und herausragende Bauleistungen verewigten die Waldmaya auf Ruhmesstelen. Eingeführt wurden ferner eine von den olmekischen Vorbildern abweichende Schreibschrift sowie die Kunst der Kalenderdeutung, mit deren Hilfe Herrschaftsabfolgen chronologisch festgehalten, Daten für religiöse Zeremonien abgerufen und kosmische Gesetzmäßigkeiten mit Feldbauzyklen in Verbindung gebracht werden konnten.

Solche Errungenschaften sind in einem Regenwaldgebiet eher ungewöhnlich und nur mit speziellen, auf den Lebensraum zugeschnittenen ökonomischen Anpassungen zu erklären. Wie inzwischen an mehreren Fundplätzen im Nordosten der Yucatánhalbinsel nachgewiesen wurde, stützte sich die Landwirtschaft der Maya dort auf ein ausgeklügeltes System zur Entwässerung von Sumpfgelände, das die Anlage drainierter Hochbeete zuließ. Andernorts betreuten Bauern sortenreiche Hausgärten: Neben den Anwesen gediehen im Schat-

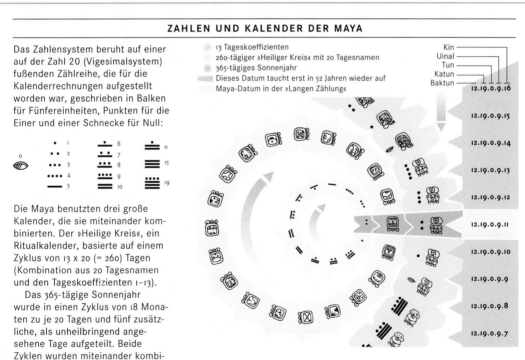

ZAHLEN UND KALENDER DER MAYA

Das Zahlensystem beruht auf einer auf der Zahl 20 (Vigesimalsystem) fußenden Zählreihe, die für die Kalenderrechnungen aufgestellt worden war, geschrieben in Balken für Fünfereinheiten, Punkten für die Einer und einer Schnecke für Null:

Die Maya benutzten drei große Kalender, die sie miteinander kombinierten. Der »Heilige Kreis«, ein Ritualkalender, basierte auf einem Zyklus von 13 x 20 (= 260) Tagen (Kombination aus 20 Tagesnamen und den Tageskoeffizienten 1–13).

Das 365-tägige Sonnenjahr wurde in einen Zyklus von 18 Monaten zu je 20 Tagen und fünf zusätzliche, als unheilbringend angesehene Tage aufgeteilt. Beide Zyklen wurden miteinander kombiniert und ließen so innerhalb eines 52-Jahres-Zyklus die Fixierung einzelner Tage zu. Zusätzlich wurde ein System der Zeitzählung entwickelt (»Lange Zählung«), um einen bestimmten Tag unverwechselbar in einem unendl. Zeitraum fixieren zu können. Dieses System

- 13 Tageskoeffizienten
- 260-tägiger »Heiliger Kreis« mit 20 Tagesnamen
- 365-tägiges Sonnenjahr
- Dieses Datum taucht erst in 52 Jahren wieder auf
  Maya-Datum in der »Langen Zählung«

nahm seinen Anfang an einem fiktiven, in der Vergangenheit liegenden Tag, am 11. 8. 3114 v. Chr., und enthielt für die Fixierung historischer Daten die folgenden fünf Zeitperioden: Baktun (144 000 Tage), Katun (7 200 Tage), Tun (360 Tage), Uinal (20 Tage),

Kin (1 Tag). Die Hieroglyphen für diese Zeitperioden erhielten Zahlenkoeffizienten, mit denen sie zu multiplizieren waren, um so die genaue Anzahl von Tagen seit dem Nullpunkt angeben zu können.

ten einzelner hoher Waldbäume Pfefferschoten, Mais, Bohnen, Papayas, Avocados, Tomaten, Kürbisse, Gewürze und Heilpflanzen. Wo Savannen vorherrschten, kultivierten Gärtner die trockenempfindlichen Kakaobäume – ihre Früchte dienten weithin als Zahlungsmittel – in feuchten Erdfällen. Reichere Erträge als die »Küchengärten« lieferten Terrassenfelder, auf deren Überreste Archäologen unlängst im Innern Yucatáns stießen. Hier hatte man an den Flanken gerodeter Hügel bis zu 50 m breite Parzellen angelegt. Steinmauern schützten das Erdreich vor Erosion. Regenwasser wurde an Steinführungen und Pfaden hangabwärts geleitet. Auf dem oberirdisch abflusslosen Kalksteinplateau der Halbinsel war Wasser ein kostbares Gut, zumal während der alljährlichen Trockenzeit. Deswegen legten die Baumeister der Maya örtlich riesige Zisternen an, in denen man darüber hinaus Speisefische züchtete.

Gegen Ende der Vorklassik ereignete sich 250 n. Chr. im Gebiet der Bergmaya Guatemalas eine folgenschwere Naturkatastrophe. Zu dieser Zeit brach in unmittelbarer Nachbarschaft der traditionsreichen Metropolen Chalchuapa und Kaminaljuyú der Vulkan Ilopango aus und verheerte mit gewaltigen Asche- und Bimsausstößen das Land im Umkreis von 75 km. Die Apokalypse, sicher schuld am Tod vieler Menschen, wirkte sich negativ auf den eingespielten Gütertransfer zwischen Hoch- und Tiefland aus. Wirtschaftliche Einbußen mussten wettgemacht, neue Handelspartner gewonnen werden. Gleichzeitig bargen der Zustrom und die Integration von Tausenden Flüchtlingen aus dem Katastrophengebiet unvorhersehbaren gesellschaftlichen Zündstoff.

Die Maya schmückten ihre Welt mit sprechenden Bildern. Ihre Schrift umfasste 800 Zeichen, die vollständige Wörter wiedergaben, daneben aber auch Silben aus jeweils einem Konsonanten und einem Vokal.

Frühklassik (250–600 n. Chr.)

Wachsender Bevölkerungsdruck, Wettbewerb unter den Zentren und schöpferische Impulse durch Zuwanderer aus dem Hochland sorgten ab Mitte des 3. Jahrhunderts n. Chr. für ein kulturelles Reizklima, in dem bewährte Traditionen ausgebaut und neue Anregungen verarbeitet wurden. In der Frühklassik entstand und

Palastszene auf der nach einem englischen Kunstsammler so genannnten Fentonvase (rechts die Abrollung). Ein Herrscher (links auf der Thronbank) empfängt offensichtlich beauftragte Tributeinnehmer, die Waren abliefern.

verbreitete sich die Staatsidee als Instrument politischer Machtausübung. An der Spitze eines solchen Stadtstaates stand der *k'ul ahaw* (»Hoher Herr«), ein Gottkönig, der sich mit allem erdenklichen Prunk umgab und über einen ansehnlichen Hofstaat gebot. Ausschnitte höfischen Lebens überlieferten die Maya der Nachwelt in szenischer Motivmalerei auf Grabkeramik. Der pralle Bilderbogen, auf Gefäßensembles oft zu Fortsetzungsgeschichten nach Art unserer Comicstrips arrangiert, spannt sich von Akrobaten, Narren, Musikanten, Tänzern und Tierbändigern zu den vornehmen Zuschauern, die bei anderer Gelegenheit Augenzeugen farbenfroher Empfänge und Prozessionen werden, dem Einzug eines Potentaten in seiner Sänfte beiwohnen oder politische Verhandlungen zwischen Lokalfürsten umrahmen. Adlige aus dynastischen Geschlechtern bildeten die »Creme« der Mayagesellschaft. Am unteren Ende der sozialen Hierarchie war das gemeine Volk angesiedelt. Die Bauern lebten in schlichten, mit Palmstroh gedeckten Häusern aus Holz oder Bambus, von denen nicht mehr erhalten blieb als der gestampfte Lehmfußboden. Zwischen diese gesellschaftlichen Pole schaltete sich ein ausgeprägter Mittelstand aus Kaufleuten, Verwaltungsbeamten, Künstlern, Architekten, Schreibern und Orakelpriestern, der es zu ähnlichem Wohlstand wie die Noblen gebracht hatte und nach dem Tode mit vergleichbaren Grabbeigaben die Reise in die Unterwelt antrat.

So wie sich die Maya in ein geschichtetes, hierarchisch gegliedertes Gesellschaftssystem eingebunden fanden, stellten sie sich auch den umgebenden Kosmos vor. Die Erde – eine riesige Schildkröte, die im Weltozean schwimmt – und mit ihr das gesamte Universum teilten sich nach allgemeinem Glauben in vier Quadranten sowie pyramidenhaft auf- und absteigende Ebenen. Innerhalb dieses Koordinatengeflechts aus dreizehn Himmels- und neun Unterweltsschichten waren den Göttern bestimmte Plätze und Funktionen zugewiesen. Bei der künstlerischen Umsetzung ihrer Erscheinungsformen spielen tier-, pflanzen- und menschenähnliche Aspekte ineinander – ein Hinweis auf die göttliche Verkörperung von Naturkräften. Auch sind einzelne Gestalten nicht immer auseinander zu halten oder nehmen scheinbar mit ihrem »Ressort« nicht vereinbare Attribute an. In der Austauschbarkeit von Attributen sahen die Maya wie auch andere außereuropäische Völker nichts Unnatürliches, da sie aus dem eigenen Lebenskreis zum Beispiel um die Polarität menschlichen Verhaltens wussten. Daher schrieben sie auch den Göttern gegensätzlich-widersprüchliche Eigenschaften und davon abgeleitete Erscheinungsbilder zu. Ähnlich dachte man über den Charakter göttlichen Wirkens, wobei sich der vermeintlich unvereinbare Gegensatz von Gut und Böse ebenso als Einheit präsentieren ließ wie zueinander in Opposition stehende Funktionen. Wenn der Wettergott Caak, von dem man sich Regen wünschte, auf einigen Darstellungen drohend seine Blitzaxt gegen den knabenhaften Maisgott Ah Mun schwingt, wird damit die Dualität des Phänomens Regens ausgedrückt: Niederschläge bedeuten eben nicht nur Fruchtbarkeit, sondern können – im Übermaß – den Erfolg des Pflanzers verderben.

Wie alle Götter Mesoamerikas dürsteten auch die der Maya nach Blut, dem »Mörtel des zeremoniellen Lebens«, der die Bausteine der kosmischen Architektur zusammenhielt. So kühlte das Opferblut von Kriegsgefangenen den Mut der streitbaren Götterarmee oder

Darstellung des Kosmos auf der Innenseite einer Opferschale. Hauptfigur ist der Wettergott Caak, der hüfttief im Schwarzen Wasser (Urozean) steht. Aus seinem Kopf erhebt sich der Weltenbaum als zentrale Achse des Kosmos.

besänftigte Ängstliche, wenn das kritische Ende eines Kalenderzyklus nahte. Blut floss auch bei Geburten, Hochzeiten und Begräbnissen. Es beschwor das Heil der Gemeinschaft und war Medium, kraft dessen jeder Einzelne in Kontakt mit jenseitigen Mächten treten konnte. Der rituelle Aderlass mit Obsidianmessern oder Rochenstacheln, vorgenommen am Penis oder an der Zunge, speiste die Göttlichen, während der Opfernde infolge des Blutverlustes Bewusstseinsveränderungen durchlebte, die ihm, wie im Drogenrausch, den Blick auf das mystische »Sein zwischen den Dingen« öffnete.

Die Beschaffung von Gefangenen, die man anlässlich einer Tempelweihe oder der Inthronisierung eines Herrschers zu opfern gedachte, aber auch Effekthascherei und Ruhmsucht der Fürsten, dürften der Grund für viele, freilich lokal begrenzte Fehden und Kleinkriege gewesen sein. Vermutlich liefen solche Konflikte streng ritualisiert ab und uferten nur gelegentlich in größere Schlachten aus. Man gewinnt den Eindruck, dass Versöhnungsverhandlungen mit ihren Lobreden und dem prunkvollen Brimborium wichtiger als der eigentliche Kriegszug waren.

Hiatus

Dies änderte sich im 6. Jahrhundert grundlegend. In einer Phase des allgemeinen kulturellen Niedergangs und der Desorientierung, von den Archäologen »Hiatus« genannt, wurde Krieg zum politischen Mittel. Symptomatisch ist der Fall Tikals. Tikal war das beherrschende Zentrum des Petén, des Mayakernlands im nördlichen Grenzgebiet Guatemalas zu Mexiko. Ihre herausragende Stellung verdankte die Stadt vor allem engen Kontakten zur Handelsgroßmacht Teotihuacán im fernen Zentralmexiko. Zeitweise ist der Druck Teotihuacáns auf Tikal und andere Metropolen so stark gewesen, dass es Marionettenfürsten in Amt und Würden bringen, eigene religiöse Vorstellungen durchsetzen, Waffentechnik, Verwal-

Darstellung eines rituellen Blutopfers auf einem Türsturz aus Kalkstein in Yaxchilán (725 n. Chr.). Der König Schildjaguar hält eine brennende Fackel, vor ihm kniet seine Frau Xoc, die das Blutopfer vollzieht, indem sie eine mit Dornen besetzte Schnur durch die Zunge zieht (London, Britisches Museum).

Die Fresken in einem kleinen Palast in Bonampak (Chiapas, Mexiko; hier nach einer Kopie von A. Tejeda) beweisen den kriegerischen Geist der Maya. Im Bild die Darstellung eines von König Caan Muan angeführten Kriegszuges Ende des 8. Jahrhunderts.

tung, Tracht und Architektur beeinflussen konnte. Als Teotihuacáns Stern um 550 sank, wirkte das bei seinen Handelspartnern wie ein Schock. Auch Tikal wankte. König Te (»Wasser«) aus Caracol im heutigen Belize nutzte die Schwäche des Rivalen. 562 führte er Krieg gegen Tikal und warf es nieder.

Hochklassik (600–910 n. Chr.)

Nach dem »Hiatus« bescherte die Hochklassik den Waldmaya eine Zeit neuen Aufschwungs. Damals wurde der Höhepunkt demographischer und künstlerischer Entfaltung erreicht. Ehemalige Ableger und Verbündete Tikals gelangten ihrerseits zu Wohlstand und Macht. Im Südwesten der Gesamtregion eroberte Palenque die Spitzenstellung, den Südosten dominierte Copán. Die wichtigste Wasserstraße, den Río Usumacinta, kontrollierten Yaxchilán und seine Vasallen. Mitte des 7. Jahrhunderts schwang sich Calakmul am Nordrand des Peténregenwaldes, seit 546 von regionaler Bedeutung, zum allüberragenden Königreich auf. In ihrer Glanzzeit bedeckte

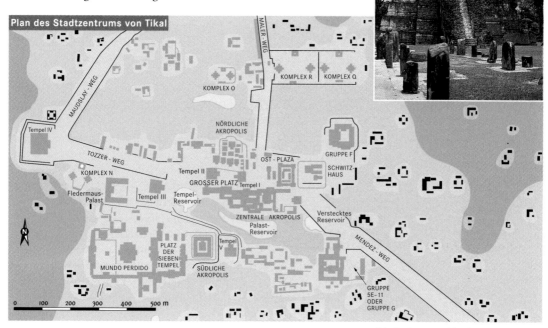

die Metropole 130 km² – die größte bekannte Mayastadt! Doch im wieder erstarkten Tikal fand sie einen ebenbürtigen Gegner. Beide Supermächte zwangen nacheinander sämtliche Staaten des südlichen Tieflandes unter ihr Joch. Calakmuls starker Arm reichte zu guter Letzt von Chicanná im Norden bis Toniná im Westen und Quiriguá im Osten, Tikal hatte seinen Einfluss auf Palenque und Copán ausgedehnt. Im Auftrag der Imperien wurden Stellvertreterkriege angezettelt, Dissidenten zur Räson gebracht und Tribute eingezogen. 695 stellten sich die Rivalen zur Entscheidungsschlacht. Tikal, geführt von dem charismatischen Hasaw Caan Kawil, trug den Sieg davon. Die Niederlage des treuesten Vasallen Naranjo 744 besiegelte den endgültigen Untergang Calakmuls, dessen Name seither nicht mehr genannt wird.

Tikal leistete sich nach seinem Triumph, nun im Zenit der Machtentfaltung, ein ehrgeiziges Bauprogramm. Allein der Stadtkern verdichtete über 3000 Tempelanlagen, Opferschreine, Observatorien,

Die Stufenpyramiden im Kernland der Maya – im Bild der Tempel i in Tikal – waren bedeutend steiler als anderswo. Mächtige Dachkämme krönten die Heiligtümer.

Paläste, Ballspielplätze und Wohnhäuser. Religiöser Mittelpunkt war »Mundo Perdido« (»Verlorene Welt«), wie Archäologen die 6 km² große, ummauerte Kultarena am westlichen Rand der Innenstadt tauften. Dort begingen die Einwohner Tikals Kalenderfeste, Siegesfeiern und Ehrentage der Herrscher, vollführten Würdenträger Trancetänze. Besessenheit, vor vielköpfigem Publikum als kultisches Theater zelebriert, diente der Kommunikation mit den Überirdischen. Eingekehrt in einen sterblichen Leib, erteilten sie Rat, äußerten Weisungen und Befehle.

Der neue Glanz Tikals erscheint aus heutiger Sicht als Abgesang der klassischen Mayakultur. Denn im Verlauf des 9. Jahrhunderts setzte im südlichen Tiefland schleppender, mancherorts auch dramatischer Kulturwandel ein. Monumentale Bauprojekte wurden eingestellt, die dem tropischen Urwald nachempfundenen, lianenhaft wuchernden Schmuckformen an Gebäuden und Skulpturen wichen nüchternen Stilelementen, sogar die bunt bemalte Grabkeramik verschwand. Überall ging die Bevölkerung rapide zurück, viele Zentren fielen wüst. Ein letztes Datum in »Langer Zählung« findet sich auf einer Stele des Jahres 909. Was war geschehen? Niedergang und Aufgabe eben noch wohlhabender, glanzvoller Gemeinwesen gaben Anlass zu allerhand Spekulationen und abenteuerlichen Erklärungen. Heute sieht die Forschung klarer. Nach gegenwärtigem Kenntnisstand führten miteinander in Wechselwirkung

Die Fassade von »La Iglesia«, einem Nebengebäude des »Nonnenhauses« in Chichén Itzá, zeigt Schmuckelemente der Mayakultur, die der floralen Fülle des Urwalds nachempfunden sind.

stehende Faktoren, deren Verknüpfung und örtliche Rückkopplung den einmal ausgelösten Trend in fataler Weise verstärkten, zum Niedergang. Ohne Zweifel stand Raubbau an der Natur am Beginn der Kette. Gleichzeitig kam es zu einem eklatanten Bevölkerungszuwachs; damit ging eine Überbeanspruchung der Ressourcen einher, die die Umwelt belastete, war doch eine naturverträgliche Nutzung nicht mehr möglich. Hinzu kam, dass die warme Klimaperiode des Neoatlantikums landwirtschaftliche Bedingungen generell verschlechterte. In dieser Situation gaben die Bauern althergebrachte Agrarmethoden auf und wandten sich dem Wanderfeldbau zu. Bei dem immer noch üblichen Verfahren werden ständig neue Waldstücke durch Brandrodung urbar gemacht. Praktisch bedeutete dies, dass sich die Untertanen weiter und weiter aus der Einflusssphäre der Metropolen entfernten. Es entstand, gepaart mit dem Verfall zentraler politischer Autorität und der Teilhabe an Macht und Titel durch mehrere Personen – meist Brüder oder nahe Verwandte –, eine Vielzahl neuer, autonomer Fürstentümer. Während dieser »Balkanisierung« des Mayagebietes nahm die Häufigkeit kriegerischer Handlungen sprunghaft zu. Gewaltspirale, ökologischer Selbstmord, ökonomische Krise und gesellschaftliche Verwerfungen summierten sich schlussendlich zum Desaster.

Nachklassik (910–1697)

Allein, die Apokalypse im Süden hatte nicht das Ende der Maya-kultur zur Folge. Nun schlug die Stunde des Nordens! Dort waren in der Hochklassik neben altangesehene Zentren wie Dzibil-chaltún städtische Neugründungen getreten, darunter Chichén Itzá. Obwohl durchaus Verbindungen zu anderen Teilen der Mayawelt existierten, nahm der Norden Züge einer wohl definierten Kultur-provinz an, die sich u. a. durch eigenständige Architekturformen und Bautechniken auszeichnete. Die Unterschiede vertieften sich noch, als um 900 toltekische Kriegermannschaften in das Gebiet einfielen und sofort ansehnliche Geländegewinne erzielten. Dabei kam ihnen ihre überlegene Bewaffnung zugute, namentlich die Verwendung von Pfeil und Bogen.

Unter den toltekischen Itzá mauserte sich Nordyucatán zum neuen Herzstück der Mayazivilisation. Zwar fehlten jetzt typische

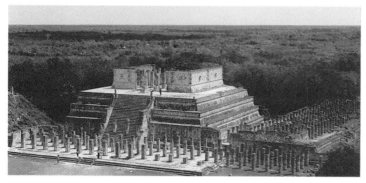

Kriegertempel und Hof der Tausend Säulen in Chichén Itzá.

Merkmale der Klassik – himmelwärts aufragende Tempelpyramiden oder reliefierte, beschriftete Steinmonumente, doch verbieten es an-dere Errungenschaften, die Nachklassik pauschal als Spanne kultu-reller Rezession und Dekadenz abzuqualifizieren. Beispielsweise kann die bereits vor Ankunft der Tolteken in Chichén verwirklichte Reichsidee – Remineszenz des Hegemonialstrebens Calakmuls und Tikals – als vielleicht bedeutendster Versuch einer politischen Verei-nigung im Mayagebiet gewertet werden. Historische Ereignisse hielt man nun in Buchchroniken (Codices) fest. Auch bei der Architektur orientierten sich die Maya stärker an zentralmexikanischen Vor-bildern. So imitieren die Kolonnaden des »Kriegertempels« von Chichén Itzá auffällig den aus Tula bekannten Bautypus der »tolte-kischen Halle«.

Chac-Mool, ein Steinskulpturentypus, mit Opferschale auf der Plattform des Kriegertempels in Chichén Itzá.

1250, nach dem Zusammenbruch des Staates von Chichén, stieg Mayapán zur beherrschenden Macht Nordyucatáns auf. Der »Liga von Mayapán« traten verschiedene Fürstentümer bei, sodass sich die Einflusszone des Bundes auf den größten Teil der Halbinsel er-streckte. 1441 zerbrach die Allianz im Streit mit Uxmal, und Yucatán wurde in eine Reihe unabhängiger Sektoren aufgeteilt.

Diesen Zustand fanden die Spanier vor, als sie 1517 an der Nord-ostküste landeten. Der nachfolgenden Eroberung, Unterwerfung und Missionierung hielt die jahrtausendealte Mayakultur nicht stand. Einzig die aus Chichén geflohenen Itzá, die sich auf einer Insel im Peténsee Guatemalas verschanzt hatten, trotzten den Eindringlingen noch eine Weile. Erst 1697 stürmten die Spanier ihre Festung Tayasal.

Die Herrschaft der Sonne – Das Inkareich

Kleinkönigreiche mit urbaner Zivilisation bestimmten im alten Peru die Jahrhunderte nach dem Niedergang der Wariherrschaft. Am mächtigsten war Chimú, dessen Einfluss sich von der ecuadorianischen Grenze bis zur nördlichen Zentralküste erstreckte. Chan Chan, die Hauptstadt, nahm 18 km² ein. Im 14. und 15. Jahrhundert lebten dort etwa eine Viertelmillion Menschen. Befestigungen und Gebäude bestanden aus Lehmziegeln oder großformatigen Stampflehmplatten. Das Herzstück der Metropole bildeten zehn umfriedete »Zitadellen« – Grabheiligtümer zur Glorifizierung der Chimúherrscher. Die Außenmauern der Grabstätten schmückte Lehmstuck, innen waren die Wände mit Tapeten aus Blattgold verkleidet; darüber hinaus fanden sich Hinweise auf kostbare Vorhänge mit eingewirkten Goldplättchen. An Markttagen muss Chan Chan ein farbenfrohes Bild geboten haben. Schausteller mit Tanzäffchen trugen zum Kolorit bei, ebenso Akrobaten, Feuerschlucker und grell geschminkte Prostituierte. Das Landvolk aus den umliegenden Flussoasen strömte herbei und verkaufte seine Waren: Gemüse, Obst, Heilkräuter, diverse magische Requisiten und – als besondere Leckerbissen – Leguane und Meerschweinchen. Leute aus dem Hochland mischten sich unter die Einheimischen. Ihre Packlamas schleppten schwer an Säcken voller Quinoakörner und Alpakawolle, die gegen Produkte der Küstenregion getauscht wurden. Am lebhaftesten ging es da zu, wo Marktschreier die Qualität des ausgeschenkten Mais- oder Erdnussbieres priesen.

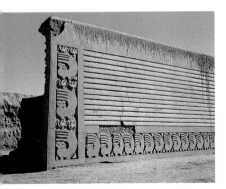

Mit Lehmstuckornamenten verzierte Lehmziegelmauer, Teilstück einer Umfriedung in Chan Chan; Chimúkultur.

Tumi (Zeremonialmesser) der Chimúkultur: Griff und Klinge bestehen aus Gold und Silber. Die Inka brachten Goldschmiede der unterworfenen Chimú nach Cuzco, wo sie für die Herrscher arbeiten mussten.

Als Begleiter des Francisco Pizarro bei der Eroberung des Inkareichs verfasste der Augustinermönch Celso Garcia ein Tagebuch, in dem er Folgendes über die Geschichte des Reiches erzählt:

Gegen Ende des 15. Jahrhunderts starb Topa Inka Yupanqui, einer der bedeutendsten Herrscher des Inkareiches. Ihm war es gelungen, seine Herrschaft auf der einen Seite bis Chile und auf der anderen bis Quito auszubreiten. Bei seinem Tode wurde in Quito noch gekämpft. Der dortige Oberbefehlshaber war sein Sohn Huayna Capac, der ihm auf dem Thron nachfolgte. Huayna Capac beendete den Krieg in Quito siegreich. Dann widmete er sich ganz der Vervollkommnung seiner Herrschaft. Er ließ große Bauwerke aufführen, verbesserte die Posteinrichtungen und trieb Ackerbau und Straßenbau voran. Unter ihm entstand die Straße, welche Quito mit der Hauptstadt verband. Das Reich erreichte damals seine höchste Blüte.

Herkunft der Inka

1470 fiel das Chimúreich in die Hände der Inka. Diese hatten nach 1438 den bestorganisierten und flächengrößten Staat des alten Amerika aufgebaut. Strenggenommen bezeichnet der Name Inka kein Volk, sondern ist ein Adelstitel, der allein den männlichen Nachkommen einiger weniger Gründerklane zukam. Jene Ursprungsbevölkerung lebte im 12. Jahrhundert südlich des Titicacasees als Lamahirten und Bauern. Der späteren Staatslegende zufolge erhielten die

Gründer, in der Mythologie vertreten durch das Urpaar Manco Capac und Mama Ocllo, den göttlichen Auftrag, sich in Cuzco, dem Mittelpunkt des künftigen Reiches, niederzulassen und ihre vorgeblich barbarischen Nachbarn zu zivilisieren.

Inwieweit diese Sage von der sendungsbewussten herrschenden Schicht konstruiert wurde, um ihre politischen Ziele zu begründen, ist gegenwärtig allenfalls zu vermuten. Historisch fassbar wird das Hoheitsgebiet mit Hatun Tupac, der sich selbst nach dem Schöpfergott Viracocha Inka nannte und die Herrschaft seiner Gruppe im 1. Drittel des 15. Jahrhunderts bis ins Urubambatal vorschob. Unter Hatun Tupac gewann das Eroberungssystem der Inka eine andere Qualität: Auf Raubzüge, beflügelt von Wagemut und Fortune, folgte die Unterwerfung und Besetzung der beanspruchten Länder. Dominanz über die Gebirgstäler um Cuzco freilich errang man erst nach Ausschaltung der rivalisierenden Chanka. Unter sich gebrauchte die regierende Kaste eine Sprache, die mit den Mundarten der heute noch im Hochland siedelnden Uru und Chipaya verwandt gewesen sein soll, für ihre expansionistischen Ambitionen indes förderten die Inka zunächst das Aru (Aimara) der vorausgegangenen Waríhegemonie als Verkehrssprache, danach die Chinchayvariante des Runasimi (Ketschua).

Reichsbildung

Manco Capac, der legendäre Gründer der Inkadynastie. Die Zeichnung gehört zu einem 1200 Seiten langen Brief, den der christianisierte indianische Adlige Felipe Guamán Poma de Ayala an den spanischen König Philipp III. schrieb (»Nueva crónica y buen gobierno«).

Den Triumph über die Chanka verbuchte Yupanqui, der fortan den Ehrentitel *Pachacutec* (»Veränderer der Welt«) beanspruchte. Mit ihm beginnt der inkaische Imperialismus. Yupanqui ließ sich 1438 zum Apu Sapã Inka krönen, dem »Einzigen obersten Herrn«. Während der König nach außen Eroberungspolitik betrieb, wobei er sich vor allem diplomatischer Kniffe bediente und Krieg nur als letztes Mittel gelten ließ, setzte er im Innern des sich rasch verfestigenden Gemeinwesens auf Reformen. Die Kodifizierung von Rechtsnormen zählt ebenso zu den von ihm eingeführten Neuerungen wie die Umorganisierung wesentlicher Teile des Verwaltungsapparates. Auf sein Machtwort hin wurde der Sonnenkult Staatsreligion. In die Regierungszeit von Yupanquis Sohn und Nachfolger Topa Yupanqui (1471–93) fällt die Unterwerfung Nordchiles und Nordwestargentiniens. Topa Yupanquis Armeen stießen nordwärts bis Manta vor und konsolidierten die Inkaherrschaft in dem bereits von seinem Vater eingenommenen Quito. Huayna Capac (1493–1527) brachte die expansive Politik seiner Vorgänger zu Ende. Darauf widmete er sich vornehmlich der Befriedung und Festigung des Reichsgebietes. Tahuantinsuyu (»Die vier vereinigten Länder«) umfasste nun 950 000 km²; es erstreckte sich vom Río Ancahmayo im heutigen Kolumbien bis zum Río Maule in Chile.

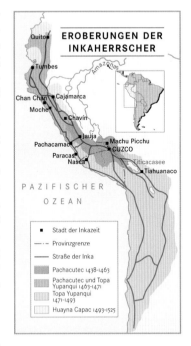

Struktur des Staates

In der Regierungszentrale Cuzco wiederholte sich die Vierteilung des Reiches: Vier Quartiere, durch Ausfallstraßen voneinander getrennt, nahmen Volksgruppen aus den Provinzen auf. Der Stadtumriss war in Form eines Pumas konzipiert, als Kopf die Zwingburg Sacsayhuamán, als Rumpf die ausufernde Unterstadt. Im Zentrum lagen Adelspaläste, Häuser für die Konkubinen der Noblen, die sich auf die Herstellung feinster Textilien verstanden, repräsentative Gebäude, in denen Provinzedelleute und Delegationen in diplomatischem Auftrag abstiegen, und schließlich die Werkstätten der Kunsthandwerker, insbesondere der Gold- und Silberschmiede. Erlesene Steinmetztechnik zeichnete den wichtigsten heiligen Ort aus, den »Goldhof«. Staunend vermerkten spanische Chronisten als Einrichtung Wandnischen und Friese, die mit Blattgold ausgelegt waren, sowie einen Garten, bevölkert von allerlei Tieren und Pflanzen in Nachbildungen aus Edelmetall. Als öffentlicher Mittelpunkt fungierte der zweigeteilte große Paradeplatz, wo das Volk dem König huldigte und er den Aufmärschen seiner Garde beiwohnte. Neuerdings wird geschätzt, dass im Zentrum Cuzcos etwa 20 000 Menschen Obdach fanden, in den Randbezirken 50 000 und weitere 50 000 bis 80 000 in der näheren Umgebung.

Unterworfene Völkerschaften regierten die Inka mit eiserner Faust. Widersetzliche Gruppen siedelten die Machthaber in die Nähe des Verwaltungssitzes um. Umgekehrt schickte man treue Gefolgsleute, meist Kriegsveteranen, an krisenanfällige Brennpunkte. Diese Wehrbauern stabilisierten dort die labile Ordnung und füllten im Bedarfsfall als schnell verfügbare Reserve das Inkaheer auf. Wo aufsässige Nachbarn hinhaltend Widerstand leisteten, errichtete man als Operationsbasen gewaltige Ringwallfestungen. Ständig wurde in einem Winkel des Reiches gekämpft, stets war ein Teil der Männer zum Militärdienst eingezogen.

Das Sozialsystem

Fundament des Staatssystems der peruanischen »Sonnenkönige« war die bäuerliche Landbevölkerung. Sie lebte in sippenartigen Solidargemeinschaften *(ayllu)*, die über gemeindeeigenes Land *(marka)* verfügten. Obwohl in einzelne Familiengrundstücke unterteilt, bestellte man den Boden nach dem Prinzip der Nachbarschaftshilfe oft gemeinsam. Aus den Sippenverbänden rekrutierten sich die »Hundertschaften« als maßgebende Verwaltungseinheiten. Innerhalb der einzelnen Markgenossenschaften war jederman einem Altersklassensystem unterworfen, das seinen männlichen Mitgliedern (Kleinkinder und Senioren ausgenommen) fest umrissene Aufgabenfelder zuwies. Dazu gehörten etwa der zivile Arbeitsdienst *(mita)*, u. a. zum Bau und zur Instandhaltung der lebensnotwendigen Wasserleitungen, oder der Einsatz auf den Äckern von Staats- und Tempeldomänen *(minka)*.

Von solchen Pflichten befreit waren die Vornehmen. Eine scharfe soziale Trennlinie schied sie von den Gemeinfreien. Neben dem Hochadel, den eigentlichen Inka, existierte eine Schicht niederer Edelleute, der Priester, Gardeoffiziere, höhere Verwaltungsbeamte und Provinzgouverneure angehörten. Schließlich gab es den Verdienstadel, in den Personen kraft herausragender Leistungen – etwa

PLAN DER STADT CUZCO

bebautes Areal
nicht bebautes Areal

Festung Sacsayhuamán

Hauptplatz

Sonnentempel

0   500 m

Grundriss der von Yupanqui nach 1438 zur Hauptstadt ausgebauten Stadt **Cuzco**. Das bebaute Gebiet bildet Rumpf und Schwanz eines Pumas, die Festung Sacsayhuamán den Kopf. Die Pfeile deuten die Ausfallstraßen an, die die Hauptstadt mit den vier Teilen des Landes verbanden.

als Baumeister oder Krieger – aufrücken durften. Außerhalb dieser Klassenordnung standen Kriegsgefangene sowie Yanakuna und Mamakuna, Auserwählte, die man ihren Familien entrissen hatte, um bei Hofe oder in Konventen Dienst zu tun.

Die Spitze der gesellschaftlichen Pyramide bildete der gottgleiche Sapã Inka. Der Legende nach war er ein direkter Nachkomme der Sonne Inti. Als Zeichen seiner Würde trug er die *maska paycha,* eine Kopfbinde aus Vikunjawolle mit prächtigem Federputz. Seine Hauptfrau, die Qoya, stand in mythischer Beziehung zur Mondgöttin Killa. Aus dieser Abstammungsherleitung ergab sich für den Regenten die Regel zur Heirat der eigenen Schwester.

Verwaltung

Befehle und Instruktionen der Obrigkeit wurden nicht einfach von »oben nach unten« weitergegeben, sondern verliefen zunächst in der Vertikalen, wanderten von Behörde zu Behörde, von einem Amtsinhaber zum nächsten, ehe sie den Bestimmungsort erreichten. Der Schwerfälligkeit dieser Verwaltungsmaschinerie suchte man durch Einschaltung von Inspektoren Herr zu werden. Jene »Alleseher« wachten über die korrekte Abwicklung der administrativen Angelegenheiten. Zu ihren wichtigsten Aufgaben gehörte die Kontrolle des Tributflusses. Agrarische Überschüsse waren nämlich, da Märkte fehlten, an den Hof in Cuzco oder seine Filialen abzuführen, wo man sie in Vorratslagern hortete. Zum Zwecke der Lagerbuchführung und zur sicheren Datenübermittlung bediente man sich einer Gegenstandsschrift aus farbigen Knotenschnüren, die der mündlichen Kommentierung bedurfte.

Entgegen einer weit verbreiteten Annahme, der Staat habe aus seinem Tributreservoir Alte, Kranke, Invalide, Witwen und Waisen gespeist, wurden die abgeführten Güter als Geschenke zurückbehalten, mit denen der Herrscher Provinzfürsten, loyale Vasallen und verdiente Untertanen belohnte. Unterhalts- wie Fürsorgepflicht

Über die Nachfolge Huayna Capacs, die zu Kämpfen seiner Söhne und schließlich zum Untergang des Inkareichs führten, berichtet der Augustinermönch Celso Garcia in seinem Tagebuch:

Atahualpa bestimmte er (Huayna Capac) zum Herrscher von Quito, Huáscar zum Beherrscher des übrigen Reiches. So säte er, ohne dies zu wollen, zugleich mit seinem letzten Atemzug einen Samen, aus dem nur Zwietracht entstehen konnte ... Fünf Jahre lang lebten die beiden Regenten miteinander in Frieden. Dann kam es zu Streitigkeiten und dann zum Krieg, weil Atahualpa stets von neuem in das Gebiet seines Bruders einfiel und dort plündern ließ. Die erste Schlacht fand bei Ambato statt. Sie dauerte einen ganzen Tag und endete mit dem Sieg Atahualpas ... Dann setzte er seinen Marsch fort, jeden Widerstand blutig beseitigend ... Auf der Ebene von Quipaypan, nahe der Hauptstadt, traten die beiden Heere zur Entscheidungsschlacht an. Es wurde vom frühen Morgen bis zum Sonnenuntergang erbittert gekämpft, und wieder hieß der Sieger Atahualpa.

Topa Yupanqui erhält von einem »Buchhalter« mit Quipuschnüren Bericht über den Bestand seiner Speicher. Illustration aus der Chronik des Felipe Guamán Poma de Ayala. Die Anlage der landwirtschaftlichen Anbauterrassen (links) aus der Inkazeit bei Moray (Cuzco, Peru) erinnert an ein Amphitheater.

lagen vielmehr in der Verantwortung von Verwandtschaftsverbänden, und nur ausnahmsweise öffnete der Hof seine Speicher bei Hungersnöten. Das Inkareich war also beileibe kein Sozialstaat, sondern eine straff und unerbittlich geführte Monarchie mit bürokratischer Planwirtschaft.

Feste als Ausdruck religiösen Lebens

Kein Jahr im alten Peru verstrich ohne zahlreiche, den Anbauzyklus begleitende Feste. Inti raymi, das als Erntedank abgestattete Sonnenfest, ragte heraus. Wesentlicher Bestandteil aller Feiern waren *tinku* genannte Schaugefechte mit Peitschen oder Schleudern, bei denen Blut fließen musste. Wieder ist Opferblut die Kraftquelle, die das rituelle Räderwerk schmierte und für das Fortbestehen der gesellschaftlichen Ordnung sorgte. Da man die Welt als Ansammlung von Gegensatzpaaren begriff, die die Wettkämpfer symbolisierten, ging es bei den Spielen vorrangig um magische Versöhnung, also Ausbalancierung dieser Kräfte. Mit *tinku*, Musik und Tanz ehrten Bauern ihre Patronin Pachamama. Den nährenden Brüsten der Erdmutter verdankte so manche Anbauterrasse ihre typische Form. Im Kampf gegen Dämonen und andere Schadensmächte bemühten Schamanen von Trank-, Rauch- und Tieropfern herbeigelockte Berggeister und Feen. In Notzeiten brachte man oft Kinder auf hohe Berggipfel und ließ sie dort erfrieren, damit ihr Klagen die überirdischen Wesen rühre. Die »offizielle« Religion, bewahrt von Kultpriestern, unterschied sich von solchen – auf dem Lande auch heute noch lebendigen – Vorstellungen durch Hervorhebung einzelner Götter und ihre Einbindung in staatstragende Ideologien.

Technologische Leistungen

Auf technischem Gebiet vollbrachten die alten Peruaner herausragende Leistungen. Dazu gehörte der Bau von Fernstraßen mit Brücken und Treppen zur Überwindung schwieriger Geländepassagen. Rast- und Vorratshäuser entlang der Straßen dienten der Einkehr reisender Adliger; nahebei befanden sich Hütten, wo Eilkuriere den Stafettenwechsel erwarteten. Für eine Strecke von 2,5 km benötigten die trainierten Boten im Mittel zehn Minuten. Einander ablösend, legten Mitglieder einer Staffel die über hohe Gebirgspässe führende Distanz von 1800 km in fünf Tagen und Nächten zurück. In ihrer genialen Verarbeitung kaum weniger beeindruckend ist die monumentale Steinarchitektur, die selbst tonnenschwere Blöcke

Mörtelloses Quadermauerwerk im Tambo (Truppenstützpunkt) Machay. Trapezförmige Türen-, Fenster- und Nischenöffnungen sind typisch für die Architektur der Inka.

Trapezförmiger Hauseingang in Machu Picchu.

Machu Picchu, Inkafluchtburg in der Cordillera de Vilcabamba; erbaut etwa um 1450

ohne Mörtelbindung perfekt zur Passform fügte. Zeugnisse dieses Baustils findet man noch heute in der Altstadt Cuzcos, in der Burg Sacsayhuamán, im Bergheiligtum Pisac oder im erst 1911 entdeckten Machu Picchu, das dem letzten Haufen Inkatreuer als Bollwerk gegen die spanischen Eindringlinge diente.

Der Untergang des Inkareichs

E s ist lange darüber gerätselt worden, wie es den gerade 167 Spaniern, die 1527 unter Francisco Pizarro peruanischen Boden betraten, gelingen konnte, ein Imperium von fast kontinentalem Ausmaß in die Knie zu zwingen. Heute weiß man, dass das Reich nach dem Tode Huayna Capacs in bürgerkriegsartige Wirren taumelte und sich sowohl unzufriedene Teile des Adels als auch Bewohner unruhiger Provinzen auf die Seite der Invasoren schlugen. Atahualpa, der im Streit um die Thronfolge gegen seinen Halbbruder Huáscar die Oberhand behielt, geriet am 16. November 1532 in spanische Gefangenschaft. Neun Monate später starb der Monarch durch das Würgeisen. Erst jetzt regte sich nennenswerter Widerstand. Ausgerechnet der von den Besatzern als oberster Inka ausgerufene Manco Capac II. ließ 1536 Cuzco belagern und die neue Hauptstadt Ciudad de los Reyes (Lima) angreifen. Nur dank ihrer indianischen Hilfstruppen hielten die Spanier stand. Eine groß geplante Rebellion in Quito sollte die Wende bringen. Verrat vereitelte jedoch das Vorhaben. Ende 1536 lag das Inkareich am Boden. Tupac Amaru, der letzte zweier »Schattenregenten«, behauptete sich in der Cordillera de Vilcabamba bis 1572. Nach seiner Hinrichtung brach auch dieser Rumpfstaat zusammen. WOLFGANG MÜLLER

Der 11. Inka, Huayna Capac, unter dem das Inkareich seine größte Ausdehnung erreichte, in der Darstellung des Felipe Guamán Poma de Ayala.

Unterdrückung und Selbstbehauptung – Die Indianer Süd- und Mittelamerikas in der Kolonialzeit

D ie Geschichte der indianischen Völker nach 1492 ist ein Politikum ersten Ranges. Noch in Erinnerung sind Protestresolutionen, mit denen die autochthonen Völker Amerikas 1992 des Kolumbusjahres gedachten und in denen sie das Jahr der ersten Begegnung mit den Europäern als Beginn einer fünfhundert Jahre während Unterdrückung geißelten. Im Zentrum der Kritik standen der von den Europäern an den Amerikanern begangene Völkermord, die Ausbeutung und die Vertreibung der Ureinwohner.

So grausam und schmerzhaft die historische Entwicklung der letzten fünf Jahrhunderte für die amerikanischen Völker war, so kann sich eine Aufarbeitung der Vergangenheit nicht allein mit den Kategorien von Unterdrückung und Völkermord begnügen. Willkür, Ausbeutung und Zwangsarbeit stellen nur die eine Seite, die des »Kulturkonflikts«, dar. Auf der anderen Seite ergaben sich, in einer Art »Kulturtransfer«, vielfältige Neuerungen auch für die indianischen Kulturen und – trotz der traumatischen Eroberung – die Chance des Weiterlebens. Dass die europäische Landnahme nicht immer mit der vollkommenen physischen und kulturellen Vernichtung der indianischen Völker einherging, zeigt der heute hohe Anteil der Indianer in Zentralamerika und einigen Andenstaaten (Ecuador, Peru, Bolivien).

Antonio de Mendoza schuf 1535–49 als erster Vizekönig von Neuspanien (Mexiko) die Grundlagen der kolonialen Ordnung. 1551–52 war er Vizekönig in Peru (Ausschnitt aus einer zeitgenössischen Darstellung, Madrid, Amerikamuseum).

Unterschiedliche Intensität der europäischen Herrschaft

D ie weitaus meisten amerikanischen Ureinwohner lebten nach der europäischen Landnahme unter spanischer Herrschaft, deren Intensität unterschiedlich war. Am stärksten spürbar war der europäische Zugriff in den hoch gelegenen Bergregionen, in denen vor 1492 die Hochkulturen beheimatet gewesen waren. Dies gilt für das Hochland von Mexiko, den Westen des Landes und den Süden bis hin zum heutigen Chiapas und Yucatán, wo die Azteken ihr Herrschafts- und Einflussgebiet hatten. Ferner gehörte die Kordillerenkette der Anden, in der das Reich der Inka beheimatet war, zu den wichtigen vorkolumbischen Kernsiedlungszonen, in denen sich seit dem 16. Jahrhundert auch die Spanier niederließen. Die dort lebenden indianischen Völker waren an komplexe Herrschaftsstrukturen gewöhnt. Entsprechend reibungslos wurden sie in die Vizekönigreiche Neu-Spanien und Peru

Eine der ersten Münzen, die von den spanischen Eroberern in Mexiko geprägt wurden (Rückseite).

eingegliedert. Da die Spanier hier die Nachfolge der indianischen Herrscher antraten und sich zum großen Teil auf deren Infrastruktur verließen, bereitete die Anerkennung der europäischen Herrschaft durch diese Völker kaum Schwierigkeiten.

Dagegen wurden die indianischen Völker der semiariden (mittel-trockenen) Zonen Nordmexikos und des heutigen Westens der USA, auf die die spanische Krone ebenfalls Anspruch erhob, kaum von der europäischen Herrschaft berührt. Dasselbe galt auch für die Ethnien des portugiesischen Brasilien. Die brasilianischen Tupí-Stämme der Küstenzone versuchten, sich vor dem Zugriff der Portugiesen an der Atlantikküste ins Landesinnere zurückzuziehen. Gänzlich von den Europäern isoliert blieben aber auch sie nicht. Portugiesen, Spanier, Engländer und Holländer befuhren auf Erkundungs- und Handelsfahrten den Amazonas. Auch Geistliche, vor allem jesuitische oder franziskanische Missionare, wagten sich in die für Europäer unwirtlichen Zonen vor.

Bevölkerungsentwicklung

Die hohe Sterblichkeit der autochthonen Bevölkerung, die in der Eroberungsphase offenkundig wurde, stellte noch gut einhundert Jahre lang ein drängendes Problem dar. Bekanntermaßen waren für die Niederlage der Azteken und Inka nicht die Truppenstärke der Spanier oder indianischer Hilfskontingente ausschlaggebend gewesen, sondern eine rasche Dezimierung der indianischen Völker durch Krankheitserreger aus der Alten Welt: Die autochthone Bevölkerung verfügte nicht über die nötigen Abwehrkräfte, um den von den Europäern eingeschleppten Bakterien und Viren Widerstand leisten zu können.

Der dramatische Bevölkerungsrückgang hielt auch nach der Eroberung Mexikos (1521) bzw. Perus (1535) an. Gut eine Generation nach der Eroberung lebte nach neuesten Schätzungen in Mittelamerika nur noch gut die Hälfte der Einwohner des Jahres 1520. Erst gegen 1620, also gut drei Generationen nach der Landnahme, war der Tiefpunkt erreicht. Die Einwohnerzahl Mittel- und Südamerikas hatte sich bei etwa zehn Prozent des Wertes stabilisiert, der zur Zeit der Eroberung bestanden hatte. Im Laufe der Kolonialzeit bis zum Beginn des 19. Jahrhunderts stieg die Zahl der Menschen dann wieder kontinuierlich an.

Doch trotz dieser demographischen Erholung hatte die europäische Landnahme mit ihrem Zustrom spanischer und portugiesischer Einwanderer und der Zwangsansiedlung afrikanischer Sklaven die

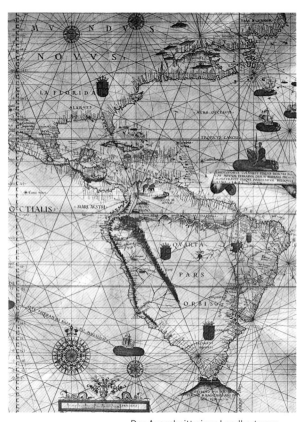

Der Ausschnitt einer Landkarte aus der 2. Hälfte des 16. Jahrhunderts zeigt schon eine relativ gute Kenntnis der Küstengewässer und des Amazonasgebietes.

rassische Zusammensetzung nachhaltig verändert. Auch wenn die indianische Bevölkerung seit dem 17. Jahrhundert wieder zunahm, ihr prozentualer Anteil ging doch immer mehr zurück.

Besondere Bedeutung erlangte der mestizische Bevölkerungsanteil. Indianische Frauen gingen oft eine Verbindung mit einem Europäer ein, die nicht immer kirchlich sanktioniert war (Konkubinat). So entstand eine neue Schicht, die Mestizen. Sie stellen heute das in vielen Ländern Lateinamerikas weitaus größte Bevölkerungssegment dar.

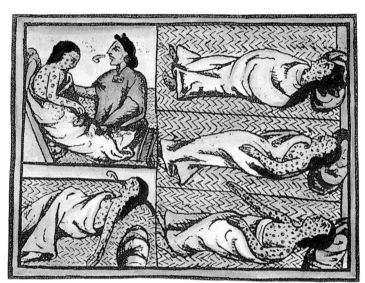

Die Darstellung aus einem aztekischen Codex zeigt die Wirkung europäischer Krankheiten auf die Indianer.

Die traditionellen Waffen der Azteken waren den Schusswaffen und der Kavallerie der Spanier weit unterlegen. So besiegte Cortés in Tlaxacala mit nur 400 Soldaten ein Heer von 40 000 einheimischen Kriegern.

Die hohe Sterblichkeit, für die die spanischen Kolonialbehörden und die königlichen Ratskollegien im Mutterland keine Erklärung hatten, ließ die Kolonialmacht keineswegs unberührt. Man glaubte ihr u. a. dadurch begegnen zu können, dass man die spanischen Siedler von der indianischen Bevölkerung fern hielt. Für die indianischen Gemeinschaften in den Hochlandzonen Mexikos und des Andenraums bedeutete dies eine Anpassung an neue Siedlungsstrukturen. Die weit verstreuten Siedlungen sollten mit dem Ziel der besseren Kontrolle zu neuen Dörfern *(reducciones)* zusammengefasst werden.

Indianerschutzpolitik

Hinsichtlich der Verwaltung und politischen Kontrolle übernahm die spanische Bürokratie nach Möglichkeit die vorkolumbischen Strukturen. Der spanische König beließ den indianischen Adligen ihren herausgehobenen sozialen Status. Sie wurden nun dem niederen Adel Spaniens *(hidalgos)* gleichgestellt. In neu geschaffenen Dörfern fungierten die indianischen Adligen als Delegierte der Krone und vertraten das Dorf nach außen. Je nach Größe und Bedeutung war die Indianersiedlung mit einer unterschiedlich hohen Zahl von Stadträten und kommunalen Beamten ausgestattet. Aus der vorkolumbischen Vergangenheit überlebte eine Reihe von

Ämtern und Institutionen. Die Tatsache, dass die indianische Bevölkerung auf lokaler Ebene Selbstverwaltung genoss, schuf jedoch nicht geringe Probleme innerhalb der Indianergemeinden. Mit der Einsetzung indianischer Funktionsträger bewirkten die spanischen Kolonialherren eine weitere soziale Differenzierung. Nicht selten kam es daher zu Konflikten zwischen indianischen Adligen und der Dorfgemeinschaft.

Nicht immer eingehalten wurde die Bestimmung, wonach man zum Schutz der indianischen Bevölkerung die Spanier aus deren Siedlungen fern halten sollte. Während in Zentralamerika und im andinen Raum diese Vorschrift weitgehend befolgt wurde, galt dies nicht für das dicht besiedelte und wirtschaftlich wichtige Hochland von Mexiko und die städtischen Zentren Hispanoamerikas. Dort kam es zu einem intensiven Zusammenleben der indianischen, mestizischen und spanischen Bevölkerung.

Das brutale Vorgehen der spanischen Kolonialherren aus der Perspektive der indianischen Bevölkerung spiegelt diese aztekische Darstellung wider.

Die Illustration aus der »Neuen Chronik« des Inka Guamán Poma de Ayala (entstanden zwischen 1580 und 1615) thematisiert die Behandlung der Indianer durch Staat und Kirche.

Indianische Zwangsarbeit: Die Mita

Kaum eine andere koloniale Institution hat das Bild spanischer Herrschaft so nachhaltig verdüstert wie der indianische Arbeitsdienst in den Silberminen des Vizekönigreiches Peru. In Potosí (Bolivien) waren die indianischen Männer zur Arbeit in den Bergwerken verpflichtet. Förderte man anfangs das Silber noch mit freiwilligen indianischen Arbeitskräften, die sogar am Gewinn beteiligt wurden, so verschärften sich seit den 1570er-Jahren die Bedingungen. Unter Rückgriff auf das indianische Zwangsarbeitssystem der *mita* wurde nunmehr eine Arbeitspflicht verfügt. Aus dem Umkreis von 16 Provinzen wurde die männliche Bevölkerung im Alter von 18 bis 50 Jahren *(mitayos)* zwangsrekrutiert. Zwar sahen die Gesetze Schutzbestimmungen vor, doch wurden diese nicht eingehalten. Auch zwang man die indianischen Bergleute, unter Tage zu übernachten. Als Folge versuchten viele Indios, sich der Zwangsarbeit zu entziehen. Die adligen Dorfvorsteher bemühten sich ihrerseits nach Kräften, die Abstellung von Arbeitskontingenten zu umgehen. Die allgemeine indianische Sterblichkeit trug ebenfalls dazu bei, dass die Zahl der rekrutierfähigen *mitayos* im Laufe des 17. Jahrhunderts immer weiter zurückging. Der sich daraus ergebende beständige Mangel an Arbeitskräften führte zu einer weiteren Verschlechterung der Arbeitsbedingungen.

Integration in das koloniale Wirtschaftssystem

Dass die Arbeit in den amerikanischen Edelmetallzentren keineswegs immer Zwangscharakter hatte, zeigen die Arbeitsverhältnisse in der zweiten großen, Silber produzierenden Region Lateinamerikas, im nördlichen Mexiko. Das Gebiet von Zacatecas, etwa 600 km von Mexiko-Stadt entfernt und in 2500 m Höhe gelegen, lag außerhalb der in vorspanischer Zeit dauerhaft besiedelten Zone. In dieser Region hatten die nomadisierenden Chichimekenvölker, die seit dem 7./8. Jahrhundert in das zentralmexikanische Hochland eingewandert waren, ihren Lebensraum. Da diese Ethnien nicht zur Arbeit rekrutiert werden konnten, warben die Spanier freiwillige Arbeitskräfte aus dem Hochland Zentralmexikos an. Insbesondere die Tlaxcalteken machten sich auf den Weg in den Norden des Vizekönigreiches, um sich dort als freiwillige Arbeitskräfte niederzulassen. Freie Lohnarbeit mit Gewinnbeteiligung bestimmte ebenfalls die Beschäftigungsverhältnisse im mexikanischen Guanajuato, das im 18. Jahrhundert Zacatecas als Zentrum der Edelmetallproduktion ablöste.

Auch in anderen Wirtschaftsbereichen und Regionen waren die indianischen Gemeinden und Arbeitskräfte auf freiwilliger Basis in den Handel integriert. So stellten sie in Mexiko und Zentralamerika mit der rot färbenden Koschinelle, dem Farbstoff einer Kaktuslaus, und mit dem blau färbenden Indigo zwei wichtige Rohstoffe für die europäische Textilproduktion her. Einen weiteren bedeutenden Wirtschaftssektor in indianischer Hand stellte die südmexikanische Kakaogewinnung dar. Im heutigen Ecuador bestand ein wichtiges Zentrum der Textilproduktion, wo Stoffe in indianischer Heimarbeit hergestellt wurden. Daneben war in den entstehenden Manufakturen überwiegend indianisches Personal in freier Lohnarbeit tätig.

Die indianische Heimarbeit gestaltete sich indes nicht konfliktfrei. In einer Art Verlagssystem *(repartimiento)* taten sich ein Unternehmer und ein königlicher Beamter zusammen und stellten der Landbevölkerung die nötigen Rohstoffe, Arbeitsmittel oder auch Bargeld zur Verfügung. Bei der Übergabe der in Heimarbeit erzeugten Waren kam es dann häufig zu Auseinandersetzungen über die Preise, die Verrechnung der Arbeitsmittel und des Vorschusses. Das Verlagssystem bildete in der gesamten Kolonialzeit einen beständigen Unruheherd. Forschungen haben jedoch gezeigt, dass die indianischen Kläger keineswegs immer so mittellos waren, wie sie sich gerne gegenüber der Krone darstellten. Entgegen dem verbreiteten Bild vom landhungrigen Spanier oder Portugiesen, der der einheimischen Bevölkerung das gesamte Land wegnahm, konnten die indianischen Gemeinden einen großen Teil ihrer Anbauflächen in der Kolonialzeit erfolgreich behaupten.

THE
DISCOVERIE AND CONQVEST
of the Prouinces of *PERV*, and
the *Nauigation in the South*
Sea, along that Coaſt.
And alſo of the ritche Mines
of *POTOSI*.

·THE·RICHE·MINES·OF·POTOSSI·

¶ *Imprinted at London by* Richard Ihones. *Febru. 6. 1581.*

Der Gedanke vom unerschöpflichen Reichtum der Silberminen von Potosí hielt sich in Europa durch Jahrhunderte. Titelblatt einer 1581 in London erschienenen Publikation über die Entdeckung und Eroberung Perus.

Übernahme europäischer Kulturelemente

Indianische Arbeitskräfte, die freiwillig in den Bergwerken Mexikos arbeiteten oder Rohstoffe und Textilien für den überlokalen Markt produzierten, zeigen, wie stark sich viele Nachfahren der autochthonen Bevölkerung in das Kolonialsystem integriert hatten. Doch finden sich weitere Akkulturationsprozesse, d. h. Vorgänge, bei denen kulturelle Elemente der Alten Welt in die indianische Kultur einbezogen wurden. Hier sind vor allem Gegenstände des täglichen Gebrauchs zu nennen. Besonders im Bereich der Landwirtschaft ergaben sich Veränderungen. So freundeten sich die indianischen

Gemeinden mit der Viehzucht an, die sie anfangs vehement abgelehnt hatten, da die Viehweiden ihre Anbauflächen einschränkten. Die vorkolumbischen Kulturen hatten – mit Ausnahme des Lamas im Andenraum – keine Zug- und Lasttiere gekannt. Das Rad und den Wagen lernten die Ureinwohner gleichfalls erst über die Spanier und Portugiesen kennen. Güter wurden von Trägern geschleppt. Zwar gab es menschliche Lastträger auch nach der Einführung des Pferdes und Maultieres, doch erwuchs den Lastträgern durch diese Tiere und den Karrentransport eine Konkurrenz. Wie sehr sich die autochthone Bevölkerung an die europäische Fauna gewöhnt hatte, zeigt die Tatsache, dass indianische Schafzüchter das mexikanische Textilzentrum Puebla mit Wolle belieferten. Auf dem Speisezettel bekam der einheimische Truthahn Konkurrenz durch die eurasische Henne. Schweinefleisch kam ebenfalls auf den Tisch der indianischen Bevölkerung. In puncto Getreide blieb jedoch der Mais bestimmend, was gelegentlich zu Mangelerscheinungen führte. Er bildete zusammen mit Bohnen und Chili die Hauptnahrungsquelle. Hingegen kleidete sich die indianische Bevölkerung zunehmend in europäische Stoffe.

Die Zeichnung aus dem Codex Osuna (1565) nach dem spanischen Franziskanermönch Francisco de Osuna zeigt Indianer, die unter der Aufsicht eines Spaniers Ackerbau betreiben. Der Grabstock (oben rechts im Bild) war vor der spanischen Eroberung das Hauptarbeitsgerät der indianischen Bevölkerung.

Missionierung: Erfolg oder Misserfolg?

Im **Synkretismus** vermischen oder verbinden sich doktrinäre oder kultische Elemente zweier oder mehrerer Religionen. In der brasilianischen **Umbanda** (Candomblé, Macumba) verschmelzen beispielsweise religiös-magische Traditionen afrikanischer Sklaven mit einheimisch-indianischen, spiritistischen und katholisch-christlichen Elementen. Gottheiten afrikanischen Ursprungs werden dabei mit katholischen Heiligen, teilweise auch mit indianischen Numina identifiziert.

Trinkbecher aus bemaltem Holz blieben auch nach der Eroberung durch die Spanier bei den Inka ein gebräuchliches Ritualgefäß. Aus ihnen tranken die Mitglieder einer Bruderschaft das leicht alkoholisierte Maisbier.

Der Franziskaner Bernardino de Sahagún berichtet über das Fortleben des heidnischen Götzendienstes trotz vordergründig erfolgter Christianisierung der Indios (Codex Florentinus):

Und dieser Brauch hat nicht aufgehört, denn im vergangenen Jahr 1569 gingen einige (katholische) Geistliche zufällig in das Gebirge von Toluca, um die Quellen zu besichtigen, und dort fanden sie ein frisch dargebrachtes Opfer, das man dort vier oder fünf Tage vorher hinterlassen hatte, und das, soviel man sehen konnte, von mehr als 15 Dörfern stammte. Und in all den genannten Bergen würde man jedes Jahr neue Gaben finden, wenn man sie im Mai besteigt.

D̲ie Reglementierung des sozialen und politischen Lebens durch die Kolonialverwaltung und das Heranziehen zu Arbeitsleistungen stellen nur die eine Seite der europäischen Herrschaft dar. Von Anfang an war es das Ziel der Spanier und Portugiesen, auch das religiöse Leben zu kontrollieren. So vernichteten die Kolonialherren die alten Kultstätten. In Massentaufen versuchten z.B. die Franziskaner, das Seelenheil der Indios zu »retten«. Scheinbar sicherster Beweis der Missionierung war die große Beliebtheit von Bruderschaften und frommen Stiftungen. Überall in Lateinamerika formierten sich Dorfgemeinden und Bewohner der Städte zu religiösen Bruderschaften. Geleitet wurden diese Bruderschaften, die vornehmlich dem Marienkult oder der Verehrung eines Heiligen dienten, häufig vom Dorfgeistlichen. Diese Institutionen hatten nicht nur religiöse Funktionen. Sie verfügten in der Regel über umfangreichen Besitz, wozu neben Ackerflächen auch Tiere oder Mühlen gehörten. Diese Güter gaben sie untereinander aus bzw. nutzten sie gemeinschaftlich. Da häufig die gesamte Dorfgemeinschaft Mitglied der Bruderschaft war, verquickten sich somit Kirchen- und Dorfgemeinde auf unauflösliche Weise. Ausdruck des mitunter beträchtlichen Wohlstandes waren oft erhebliche Geldsummen in den Dorfkassen.

Doch trotz der Zerstörung der indianischen Tempel bzw. des Verbots, an bestimmten Plätzen in der Natur den alten Göttern zu opfern, überlebten wesentliche Elemente der indianischen Religionen. Die franziskanischen Massentaufen hatten eine nur oberflächliche Wirkung. Zwar bemühten sich die Missionare, anstelle der vielen indianischen Gottheiten den Monotheismus zu setzen, doch letztlich kam es zu einer synkretistischen Verschmelzung von christlichem Gott und indianischer Religiosität. Noch heute ist augenfällig, wie wenig Erfolg den Bemühungen der Missionare beschieden war. Der Widerstand gegen die christliche Religion ging vor allem von alten Priestern aus, die ihr Wissen an die jüngeren weitergaben. Mit dem Ende der demographischen Katastrophe in den 1620er- und 1630er-Jahren erlebte die indianische Religion – und mit ihr das kulturelle Selbstverständnis der indianischen Ethnien – eine Renaissance. Im Laufe der Zeit verschmolzen in einigen Regionen altindianische Religionen mit katholischen Glaubenssätzen zu einem synkretistischen Volksglauben. Die Indianer – und später vor allem die Afrikaner – begegneten der ihnen aufgezwungenen Religion mit einer »Umkodierung«, schufen also auch in diesem Sektor etwas Eigenständiges und Neues.

Indianischer Widerstand

Manifesten Widerstand gegen die spanische Herrschaft leisteten nur die Völker in den Randzonen. Im Norden Mexikos setzten die Chichimeken dem spanischen Bergbauzentrum um Zacatecas wiederholte Male massiv zu. Vor etwaigen Verfolgungen wichen die nomadisierenden Völker meist in die semiariden Zonen des heutigen Nordmexiko und der USA aus. Endgültig konnten die dort lebenden Ethnien erst im 19. Jahrhundert besiegt werden. Bis zu diesem Zeitpunkt gab es also – wie in Nordamerika – in einzelnen Regionen eine »Indianergrenze«. Im Süden des heutigen Chile wehrten sich z.B. die Mapuche (Araukaner) gegen die spanischen Herrschaftsansprüche. Sie machten sich dabei vor allem das Pferd zunutze und leisteten den spanischen Truppen erbitterten Widerstand. Beständigen Nadelstichen sah sich die Kolonialmacht auch vonseiten der Chiriguano ausgesetzt, die im östlichen Grenzgebiet des Vizekönigreiches Peru lebten.

Gegen Ende der Kolonialzeit nahmen die Spannungen zwischen den indianischen Gemeinden und den umliegenden spanisch und mestizisch geprägten Ortschaften deutlich zu. Vor dem Hintergrund eines demographischen Zuwachses mehrten sich die Konflikte zwischen indianischen Bauern und in der Regel weißen Großgrundbesitzern um bebaubare Agrarflächen. Immer häufiger riefen die indianischen Gemeinden den Vizekönig und den obersten Gerichtshof an, wobei viele der Klagen zugunsten der indianischen Bauern entschieden wurden.

Das Gemälde zeigt Tupac Amaru (I.), den letzten Inkaherrscher von Vilcabamba (hingerichtet 1572). Er wurde zur Symbolfigur des indianischen Aufstandes von 1780 unter Tupac Amaru (II.).

Der wohl spektakulärste Aufstand gegen den seit den 1760er-Jahren wachsenden Steuerdruck durch die spanischen Kolonialherren entwickelte sich im Hochland von Peru und Bolivien. Tupac Amaru, ein indianischer Maultierunternehmer und Abkömmling der alten Inkadynastie, versuchte die indianische Bevölkerung zum Aufstand gegen die Spanier zu bewegen (1780–82). Dabei griff er bewusst auf inkaische Symbole zurück. Die Bevölkerung folgte dem Aufruf Tupac Amarus nur zum Teil. Rivalitäten zwischen den verschiedenen Ethnien und zwischen den einzelnen Dörfern verhinderten einmal mehr eine gesamtindianische Solidarität und trugen zum Scheitern der Bewegung bei. Überhaupt sind für die Kolonialzeit keine nennenswerten Selbstständigkeitsbewegungen zu verzeichnen. Durch ihren ausgleichenden Kurs konnten die spanischen und die portugiesischen Könige die Loyalität der indianischen Bevölkerung gewinnen, einen grundlegenden Gegensatz – der eher für Nordamerika typisch war – verhindern. Augenfällig wurde dies, als die Unabhängigkeitsbewegung ab 1808 begann und sich die Indios vielerorts auf die Seite des spanischen Monarchen stellten.

Die Zeichnung des Ottawa-Kriegers, der einen Tabaksbeutel und eine zeremonielle Pfeife hält, wurde um 1700 von dem französischen Priester Louis Nicolas für die heute Codex Canadiensis genannte Manuskriptsammlung angefertigt.

Kinder Manitus – Indianische Kulturen Nordamerikas (16.–18. Jahrhundert)

Kulturvernichtung und Neubesinnung

Lange Zeit vernachlässigten die Darstellungen zur Geschichte Nordamerikas die Bedeutung der indianischen Völker. Erst in jüngster Zeit treten die erstaunlichen kulturellen Leistungen der amerikanischen Ureinwohner ins Bewusstsein, wird ihre Rolle bei der Durchsetzung der europäischen Expansion in Nordamerika gewürdigt. Ohne die Hilfe der Indianer, die damit letztlich ihre eigene Vernichtung vorbereiteten, hätten viele europäische Siedlungen an der Ostküste nicht überlebt. Für die Behandlung der Geschichte der amerikanischen Ureinwohner gilt daher in noch viel stärkerem Maße als für die der Indios Mittel- und Südamerikas: Die europäische Expansion war für die indianischen Ethnien ein Prozess der kulturellen Vernichtung. Was wir heute über die Geschichte und die schriftlose Kultur der amerikanischen Ureinwohner wissen, beruht zum großen Teil auf archäologischen Funden und ethnologischen Studien über heute noch lebende Gruppen. Eine wichtige Quelle stellen weiterhin die Aufzeichnungen von Reisenden, insbesondere aber die Berichte französischer Jesuitenmissionare dar.

Wie für die indianischen Völker Mittel- und Südamerikas bedeutete das Eindringen des »weißen Mannes« für die Ethnien des nördlichen Amerika eine tiefe Zäsur. Dabei ist freilich zu betonen, dass der Grad der Begegnung bzw. des kulturellen Zusammenpralls je nach Region sehr unterschiedlich ausfiel. Die meisten Ethnien des Mittleren Westens konnten bis zur Mitte des 18. Jahrhunderts, ja manche in der Subarktis lebenden Gruppen Kanadas, die Inuit, bis zu Beginn unseres Jahrhunderts den Weißen ausweichen.

Zahl und Untergliederung der Indianer Nordamerikas

Von den schätzungsweise 54 Millionen Ureinwohnern Amerikas, die um das Jahr 1500 in beiden Subkontinenten lebten, entfielen auf die Gebiete der heutigen USA und Kanadas etwa vier Millionen bzw. zwei Millionen. Die deutlich geringere Besiedlung des nördlichen Teils des Subkontinentes gegenüber Mittel- und Südamerika liegt u. a. in den ökologischen Bedingungen begründet. Die arktische Tundra und die subarktische Vegetationszone der Taiga, die weite Teile Kanadas umfassen, erlaubten nur eine sehr dünne Besiedlung.

Von den ca. 2000 indianischen Sprachen des Doppelkontinentes entfielen auf Nordamerika etwa 250. Die Wissenschaft diskutiert aber auch Einteilungen in 500 unterschiedliche Idiome bzw. Dialekte. Diese lassen sich im Wesentlichen in zwölf große Sprachgruppen zusammenfassen. Als hauptsächliche nördliche Sprachfamilien gelten das im arktischen Kanada und Grönland beheimatete Eskaleut der Inuit und das im Westen und Nordwesten Kanadas gesprochene Athapaskan. Südöstlich bzw. östlich dieser Zone sowie am Süd- und Ostufer der Hudson Bay erstreckt sich bis an die Neuenglandküste das Sprachgebiet der Algonkin. Umgeben von algonkinschen Einflusszonen, entlang des Sankt-Lorenz-Stroms und am östlichen Ufer der Großen Seen, lag das irokesische Gebiet. Am Westufer des Sankt-Lorenz-Stromes, auch umschlossen von den Algonkin, siedelten die irokesischsprachigen Huronen. Die Sprachgebiete waren keineswegs einheitlich: Einzelne Sprachinseln waren fern von ihrem Hauptverbreitungsgebiet anzutreffen, und innerhalb einer Sprachfamilie unterschieden sich die indianischen Idiome oft radikal.

Die **Tundra** erstreckt sich jenseits der nördlichen Waldgrenze in Eurasien und Nordamerika und weist polare und subpolare Klimaverhältnisse mit niedrigen bis sehr niedrigen Temperaturen auf. Der Dauerfrostboden taut teilweise während der kurzen Sommers auf und lässt kleinblättrige Sträucher, Gräser und Stauden sowie Moose und Flechten wachsen. Das baumlose Areal ist Lebensraum von Ren, Schneehase, Polarfuchs, Moschusochse, Lemming, Raufußbussard und Schnee-Eule. In der sich von Nordeuropa über Sibirien bis Nordamerika erstreckenden **Taiga** mit ihren kühlen Sommern und sehr kalten Wintern wachsen Lärchen, Fichten, Kiefern und Tannen. Charakteristische Tiere sind Braunbär, Elch, Eichhörnchen und Raufußhühner.

Der Stich, den Theodor de Bry 1590 nach einem Gemälde fertigte, zeigt vermutlich eine relativ korrekt wiedergegebene Szene des Lebens in einem Dorf der Algonkin. Dominierend ist der Anbau von Mais.

Dass sich die Huronen zum Schutz vor der Kälte mit Leder bekleideten, fand in dieser Darstellung keinen Niederschlag. Das geschorene Haupt zeichnet den Irokesisch sprechenden Huronen wohl als Krieger aus.

Indianische Wanderungen und Binnenkontakte

Die sprachliche Zersplitterung liegt u. a. in den Wanderungen der amerikanischen Völker begründet. Waren die Ressourcen eines Landstriches erschöpft, so zogen die Gruppen in neue Gebiete. Änderten beispielsweise die Büffelherden ihre Wanderwege, folgte ihnen der Mensch nach. So waren die Navajos und die Apachen, die

Der 920 bis 1120 n. Chr. bewohnte, recht gut erhaltene Komplex von Pueblo Bonito enthielt rund 800 Räume. Er ist das größte Bauwerk der Anasazikultur im Chaco Canyon (westliches Neu-Mexiko). Der Grundriss (oben) zeigt die Geschlossenheit der Anlage.

beide zur athapaskischen Sprachgruppe gehören, bis um 1500 aus Nordkanada in das Gebiet der heutigen südwestlichen US-Bundesstaaten eingewandert, wo sie sich als Feldbauern und Jäger niederließen. Neben dieser auf Dauer angelegten Suche nach neuem Lebensraum gab es Migrationen, die durch die Jahreszeiten bedingt waren. So zog z. B. jener Teil der Algonkin und Inuit, die vornehmlich in den subarktischen Zonen lebten, im Sommer, wenn der Boden der Tundra für kurze Zeit aufweichte, südwärts in die Gegend der Großen Seen, um Wild zu jagen.

Diese Wanderungen beschworen auch Konflikte innerhalb der indianischen Gemeinschaften herauf. Doch die Beziehungen der indianischen Völker untereinander waren nicht nur von kriegerischen Auseinandersetzungen gekennzeichnet. Im Norden Amerikas florierte ein lebhafter Tauschhandel. Pelze wurden gegen die aus vulkanischem Gestein bestehenden Obsidianklingen eingetauscht, die man vornehmlich aus dem Süden bezog, oder gegen Zündsteine, die zum Feuermachen unerlässlich waren. Getrocknete Fische wechselten gegen Kupferstücke, die man für Äxte oder Pfeile verwenden konnte, ihren Besitzer.

Lebten die indianischen Gruppen in der Regel unverbunden nebeneinander, so bildeten sich im 16. Jahrhundert Konföderationen aus. Einer der bekanntesten Bünde entstand durch den Zusammenschluss fünf irokesischer Stämme (Cayuga, Mohawk, Oneida, Onandaga und Seneca) zu den »Fünf Nationen«. In Chesapeake (Virginia) brachte der Häuptling Powhatan, der den Pamumkey vorstand, eine Konföderation von etwa dreißig indianischen Gruppen zustande. Mit etwa zwanzig weiteren Stämmen schloss er Bündnisse.

Schwarzweiß gemusterte Krüge wie dieser Henkelkrug, der in Pueblo Bonito gefunden wurde, wurden in der Zeit von 1075 bis 1200 hergestellt.

Bevölkerungsdichte

Die zumeist zahlenmäßig geringe Stärke der nordamerikanischen Ethnien lässt sich insbesondere durch ihre (halb-)nomadische Lebensweise erklären. Wanderungen in größeren Verbänden waren nur schwer durchzuführen. Selbst die intensive Landwirtschaft betreibenden Stämme der Irokesen im Gebiet um New York umfassten kaum mehr als 40000 Menschen. In den Zonen, die bis zum Ende der Kolonialzeit von den Engländern eingenommen worden waren, lebten um das Jahr 1500 schätzungsweise nur etwa 150000 Menschen.

Im Gegensatz zu den süd- und mittelamerikanischen Kulturen gab es im Norden des Kontinents kaum größere Siedlungen und stadtähnliche Anlagen. Der größte Siedlungskomplex Nordamerikas – Cahokia mit gut 100 Erdhügeln – war im 16. Jahrhundert bereits verwaist. Die bei Saint Louis gelegene Stadtanlage war um das Jahr

600 n. Chr. gegründet und rund sieben Jahrhunderte lang besiedelt worden. Mit ihren pyramidenförmigen Bauten ähnelte Cahokia sehr den mittelamerikanischen Tempelbezirken. Einer Stadtanlage ähnlich waren allenfalls die etwa 70 Siedlungen der auf etwa 60 000 Personen geschätzten Puebloindianer (Neu-Mexiko).

Sozialstrukturen

Entsprechend der halbnomadischen Lebens- und Wirtschaftsweise der nordamerikanischen Völker war die soziale Organisation weniger komplex als bei den bürokratisch-hierarchisch aufgebauten Hochkulturen Mittel- und Südamerikas. In der Regel standen die Häuptlinge (*sachem*) den Verbänden vor. Sie leiteten zusammen mit dem Rat der erfahrenen Krieger und Jäger die Geschicke der Völker. Im amerikanischen Westen finden sich dagegen Ethnien mit einer annähernd egalitären Sozialorganisation. Dort wurden die Entscheidungen vom Rat aller erfahrenen Jäger gefällt. In den häufig auf Klan- und Familienbeziehungen basierenden Verbänden hatten die Frauen oft entscheidende Aufgaben und Rechte. Durch die hauptsächlich von ihnen ausgeführte Feldbestellung leisteten sie einen wesentlichen Beitrag zur Sicherung der Ernährungsgrundlage. Bei den Irokesen wurde der hohe Sozialstatus der Frauen in mehrfacher Hinsicht deutlich. So war die familiäre und soziale Zuordnung matrilinear, d. h. in der Erbfolge der mütterlichen Linie folgend, geregelt. Auch zog bei der Heirat der Mann zur Frau. Typisch für die Irokesen waren Langhäuser, in denen mehrere Familien untergebracht waren. Die Leitung des Klans, der in einem Langhaus wohnte, ruhte in den Händen einer Frau. Sie war es auch, die zusammen mit ihren Geschlechtsgenossinnen den *sachem* wählte. Umso befremdlicher wirkte auf die niederländischen, französischen und britischen Kolonisten, die im 17. Jahrhundert mit irokesischen Gruppen in Berührung kamen, dass diese nicht nur gegen rivalisierende Stämme (Mohikaner 1626), sondern auch ethnisch verwandte Großgruppen gnadenlose Vernichtungskriege (Huronen 1648–50) führten. Die Forschung hat nicht abschließend klären können, wie barbarische Grausamkeiten der Konfliktaustragung (Skalpieren, Marterpfahl-Zeremonien u. a.) zu interpretieren sind: als originäre Riten vieler Stämme oder als Folgen des europäischen Vordringens.

Grundlagen der materiellen Kultur

Die Indianer Nordamerikas wiesen hinsichtlich ihrer materiellen Kultur große Unterschiede auf. Die kulturelle Vielfalt wird vor allem an den unterschiedlichen Behausungen deutlich. Das Spektrum reichte vom aus Eis und Schnee geformten Iglu der arktischen und z. T. subarktischen Völker über das im Mittleren Westen und Osten gebräuchliche Wigwam aus Fellen, Holz oder Stroh bis zu den Lehmstein- und Felsenwohnungen der Puebloindianer. Als Siedlungsform kannten viele Völker des Ostens das Langhaus und den Schutz der Siedlung mittels Palisadenmauern.

Der Halsschmuck aus Muschelschalen, etwa aus dem Jahr 1000, wurde als ein Zeichen der Häuptlingswürde getragen. Bei dem abgebildeten Exemplar umgeben Helmspechte – ein Symbol des Krieges – die Sonne (New York, Museum of the American Indian).

Der französische Offizier und Entdecker Pierre Gaultier de Varennes et de la Vérendrye beschreibt ein Dorf des am oberen Missouri lebenden Stammes der Mandan (1738):

Ich gab Befehl, die Hütten zu zählen, und wir fanden heraus, dass es ungefähr 130 gab. Alle Straßen, Plätze und Hütten haben das gleiche Aussehen; oftmals verloren unsere Franzosen die Orientierung, wenn sie herumgingen. Sie (die Mandan) halten die Straßen und Plätze sehr sauber; die Wälle sind eben und breit; die Palisade steht auf Querbalken ... Das Fort ist mitten in der Prärie auf einer Erhebung angelegt, es hat einen Wassergraben, der über 15 Fuß tief und 15 bis 18 Fuß breit ist. In das Fort gelangt man ausschließlich über Trittbretter oder Balken, die sie einziehen, wenn der Feind sie bedroht ... Ihre Befestigung hat überhaupt nichts Primitives an sich.

Die indianischen Völker ernährten sich den klimatischen und geographischen Bedingungen entsprechend. Die Fluss- und Küstenfischerei lieferte die Hauptnahrungsmittel für die Völker Westkanadas. Mit der Jagd nach Bisons sicherten sich die Prärieindianer des Mittleren Westens ihre Existenz. Bei den Waldbauernvölkern des amerikanischen Ostens waren die Jagd und das Sammeln vom Feldbau begleitet. Für diese Zone ist der Anbau von Mais, Bohnen und Kürbissen bezeugt, der auch bei mittelamerikanischen Kulturen anzutreffen ist. Hierbei überwog der Brandrodungsfeldbau. Durch ihn bekam die Landschaft Neuenglands jenes parkähnliche Aussehen, das die Europäer immer wieder beeindruckte und das sie zumeist für »natürlich« hielten, weil sie die von den Indianern bewirkten Naturveränderungen nicht erkannten.

Der italienische Jesuit Giuseppe Bressani lebte im 17. Jahrhundert bei den Huronen. Von ihm stammt die Zeichnung einer Karte (Ausschnitt), auf der vor einem mit Rinde gedeckten Langhaus eine Frau Mais stampft.

In den Abris von Mesa Verde und im Chaco Canyon entstanden in der Anasazikultur zahlreiche Dorfsiedlungen. Über Leitern gelangt man in die Kivas genannten Zeremonialräume.

Die klimatisch härtesten Bedingungen hatten wohl die Inuit und Teile der Algonkin zu meistern. Den Winter verbrachten die Algonkin bevorzugt im eisigen Norden. Beide, Algonkin und Inuit, lebten von der Jagd auf die Grönlandwale, denen sie in ihren Kanus nachstellten. Zum Transport über Land bedienten sie sich der Polarhunde. Das Karibu, eine Unterart des Rentiers, lieferte den Menschen des Nordens eine Kleidung mit hoher Wärmeisolierung. Mehrere Schichten Pelz und Leder umgaben die Körper der Inuit, und nur dank ihrer Anoraks und Parkas – beide Worte haben wir ihrer Sprache entlehnt – konnten sie die arktischen Temperaturen überleben. Ein wichtiger Bestandteil der Ernährung waren die Robben. Robben und Wale sorgten mit ihrem Tran auch für Licht und Wärme, indem sie das Tieröl lieferten. Im Sommer folgten die Algonkin den Fährten der Elche und Karibus in südlichere Regionen. Für kurze Zeit konnte der Speisezettel durch das Sammeln von Beeren und anderen Früchten bereichert werden.

Das Gemälde von 1846 zeigt ein Ojibwa-Dorf mit den für die Algonkin typischen kuppelförmigen, aus Zweigen errichteten, mit Baumrinde, Schilfmatten oder Fellen bedeckten Wigwams.

Religiöse Vorstellungen

So vielfältig wie die Werkzeuge und Behausungen waren auch die Formen der Religiosität. Für die indianischen Völker verkörperten sich die Gottheiten stets in der Natur, vornehmlich in Bergen und in Höhlen. Aber auch in Bäumen oder Naturgewalten erkannten die Menschen sie. Bei vielen Völkern finden sich Anklänge an den Monotheismus. Vor allem die Waldbauernvölker kannten einen einzigen Gott, der häufig als Manitu bezeichnet wurde. Die Vermittler zwischen Gott, der Natur und den Menschen waren bei den nordamerikanischen Ureinwohnern die Schamanen. Diese verfügten über seherische Fähigkeiten. Auch gehörte die Heilung von Kranken in ihren Aufgabenbereich, weshalb die Weißen sie als »Medizinmänner« titulierten. Für ihre Tätigkeit brachten sie sich in einen Rauschzustand, der meist durch die Einnahme von Tabaksaft oder das Verzehren halluzinogener Pilze oder Beeren erreicht wurde. Gelegentlich sind auch religiös begründete Formen des Kannibalismus von Europäern bezeugt.

Kaum nachhaltiger Erfolg war den christlichen Missionsversuchen beschieden. Zwar konnten v. a. die im heutigen Kanada tätigen französischen Jesuiten mitunter Erfolge aufweisen. Bei den puritanischen Engländern war das Interesse an der indianischen Katechese eher gering. Dies war eine Folge der besonders bei den Puritanern verbreiteten Überzeugung, dass ihnen, dem neuen »auserwählten Volk« Amerika als »gelobtes Land« von Gott verheißen und den Indianern die Rolle der zu unterwerfenden – gegebenenfalls auszurottenden Kanaaniter – zugedacht sei.

Vermutlich wurde diese Maske (um 1200) während eines rituellen Jagdtanzes von einem Mississippi-Schamanen getragen (New York, Museum of the American Indians).

Das aus Glimmerplatten hergestellte Schlangenbildnis gehört zu den künstlerisch hochstehenden Artefakten, die von den Indianern der Hopewellkultur offenbar ausschließlich für einen aufwendigen Totenkult angefertigt wurden.

Europäisch-indianischer Kulturaustausch

Ohne das indianische Wissen um die ökologischen Möglichkeiten und klimatischen Gefahren wären die Europäer, die seit dem 16. Jahrhundert in den amerikanischen Kontinent eindrangen, verloren gewesen. Die meist französischen Waldläufer, die im 17. und 18. Jahrhundert auf der Suche nach Fellen und Pelzen, die in Europa immer beliebter wurden, in die subarktische Zone vorstießen, hätten ohne die Hilfe und die Unterweisungen der Indianer, ohne die aus Fellen bestehende Kleidung, die aus Weiden geflochtenen Schneeschuhe, die hirschledernen Beinkleider und die Lederschuhe, die Mokassins, die z. T. extremen Temperaturen nicht über-

Die zahlreichen prähistorischen Erdwallanlagen (effigy mounds) im Mittelwesten der USA in Form von Tieren oder menschenähnlichen Wesen, die nur aus der Luft zu erkennen sind, werden als Kultstätten der Indianer gedeutet, wo diese mit ihren Schutzgeistern in Kontakt traten. Der vollständig erhaltene Serpent Mound in Ohio wurde wahrscheinlich in den ersten Jahrhunderten n. Chr. errichtet.

In einem Beutel aus Zedernrinde wurde diese Spitze einer Walharpune gefunden, um 1500.

Der »Dreizack« (rechts, Punukkultur) war wohl ein Harpunenzapfen (Privatsammlung).

Der französische Franziskaner de Galinée schildert die Vorzüge des Kanus als Verkehrsmittel in den Weiten Amerikas (1669):

Diese Kanus sind sehr bequem hier auf diesen Flüssen, die voller Katarakte oder Wasserfälle und Stromschnellen sind, an denen man mit keinem Fahrzeug vorbeikommt. Wenn man (auf ein solches Hindernis) stößt, lädt man sich Kanu und Gepäck auf die Schultern und geht so weit über Land, bis das Wasser wieder gut befahrbar ist. Dann lässt man das Kanu zu Wasser und fährt weiter ... Und ich kenne kein Werk der Wilden, das meiner Meinung nach über die Aufmerksamkeit der Europäer so stark verdient wie ihre Kanus und die Schneeschuhe, mit denen sie über den Schnee laufen. Es gibt überhaupt kein besseres und schnelleres Fahrzeug als das Kanu; denn vier gute Kanufahrer brauchen keine Scheu davor zu haben, es mit ihrem Kanu gegen acht bis zehn Ruderer in der schnellsten Schaluppe, die sich finden lässt, aufzunehmen.

lebt. Beim Walfang vor Neufundland lernten baskische Fischer die indianischen Jagdmethoden mit der Harpune. Auch die Siedler, die sich 1607 unter der Führung von John Smith in Jamestown niederließen, hätten ohne die Versorgung durch die Powhatan mit Mais, Wild und anderen Gegenständen nicht überleben können.

Mit dem Einsetzen der europäischen Expansion veränderte sich die materielle Kultur der indianischen Völker grundlegend. Selbst jene Ethnien, die nicht direkt mit den Europäern in Berührung kamen, gerieten über den Zwischenhandel in den Genuss neuer Produkte. Besonders rasch ging dies bei den unmittelbar mit den Europäern handelnden Völkern an den Großen Seen und bei jenen subarktischen Gemeinschaften, die den Europäern Felle anboten. Im Gegenzug erhielten die Indianer baumwollene Gewänder, Messer, Eisenäxte und Scheren. Im Verlauf des 17. Jahrhunderts nahm im Gebiet der britischen Kolonien und des Sankt-Lorenz-Stromes die Verwendung von Feuerwaffen – auch zu Kriegszwecken – zu. Die Völker des Nordens erhielten von den baskischen Walfängern kupferne Kessel, wodurch die bis dahin verwendeten Holzgefäße außer Gebrauch gerieten. Zu den weniger segensreichen Errungenschaften, die die Europäer ins Land brachten, zählte freilich der Branntwein. Eine schnell von den Ureinwohnern übernommene Neuerung stellte schließlich das Pferd dar, das rasch Verwendung als Last- und Zugtier fand.

Verdrängung, Ausrottung und Marginalisierung

Dort, wo die Kontakte zwischen Europäern und Amerikanern im 17. Jahrhundert intensiver Natur waren, im Gebiet des Sankt-Lorenz-Stroms, im Bereich der Ostküste sowie in den von Franzosen durchquerten Gebieten des Mississippibeckens, wiederholte sich das schon aus der Karibik, aus Hispanoamerika und Brasilien bekannte Schema. Mit der Zahl der Europäer wuchs auch die Wahrscheinlichkeit, an den aus der Alten Welt eingeschleppten Krankheiten zu sterben. Während einige Völker gänzlich den Viren und Bakterien zum Opfer fielen, stabilisierten sich andere in der Regel bei etwa 10 bis 20 Prozent des Niveaus, das die Ethnien vor dem Zusammentreffen mit den Europäern erreicht hatten. Freilich führte die geringe Kopfstärke der einzelnen Gruppen häufig auch zu deren völliger Auslöschung. Die auf Neufundland lebenden Beothuk, die den Europäern die Walfangtechnik beigebracht hatten, erlagen dem Tuberkelbazillus völlig. 1824 verstarb die letzte Beothuk.

War anfangs noch ein gedeihliches Zusammenleben zwischen Indianern und weißen Siedlern möglich, so kollidierten innerhalb kürzester Zeit indianische Interessen und europäischer Landhunger. Franzosen, Angelsachsen, insbesondere englische Puritaner, Holländer und Schweden dankten den Indianern ihre Dienste nicht. Mit der Gründung Jamestowns im Jahre 1607 im Gebiet der Powhatan gewann die europäische Durchdringung an Dynamik. Schon 1622 musste Powhatans Nachfolger, Opechancanough, eine vernichtende

Niederlage einstecken. Der Expansion der weißen Siedler stand nichts mehr im Wege. Vor allem der sich in jeder Hinsicht lohnende Tabakanbau (besonders in Virginia), der von den einströmenden Kolonisten betrieben wurde, schien eine bei den Europäern populäre Überzeugung zu stützen: Die »indianischen Faulpelze« nutzten nicht die ökonomischen Chancen einer intensiven Landwirtschaft, begnügten sich allenfalls mit extensivem Feldbau. Konflikte ergaben sich nicht zuletzt aus den unterschiedlichen Vorstellungen von Grenzen, Territorien und Besitzrechten. Die nordamerikanischen Indianer konnten nicht einsehen, warum das Land nur einer Gruppe gehören sollte. Bei der Jagd kam es daher in den Augen der Weißen häufig zu Grenzverletzungen. Rivalitäten um Lebensraum und Felle taten ein Übriges. Bei den Auseinandersetzungen konnten die Weißen häufig auch innerindianische Konflikte für sich nutzen. So standen die Narragansett den Engländern gegen die Pequot bei. Im Pequotkrieg (1636/37) wurde diese Ethnie physisch fast völlig vernichtet. Kurze Zeit später (1643) gingen die Mohegan gegen die Narragansett vor. Rivalitäten der Abenaki, Pawtucket, Massachusett, Narragansett, Wampanaog untereinander spielten Engländern, Holländern und Franzosen in die Hände. Nach dem Krieg König Philipps (1675), so nannte man den Häuptling Metacomet, waren in Neuengland kaum mehr autochthone Bewohner anzutreffen.

Zu einer Rassenvermischung wie in Mittel- und Südamerika kam es kaum. Im Gegensatz zu Hispanoamerika und Brasilien gingen in den englischen Kolonien in der Regel feste Familien- und Verwandtschaftsverbände an Land. Allenfalls Weiße aus Neu-Frankreich gingen Verbindungen mit Indianerinnen ein. Die Forschung hat nachgewiesen, dass es auch eine beträchtliche Zahl von »kulturellen Überläufern« französischer Herkunft gegeben hat. Dies waren zumeist »Waldläufer«, bisweilen auch Ordensgeistliche, die zeitweise oder auf Dauer indianische Lebensformen annahmen. Das von der europäischen Aufklärung popularisierte Bild des »edlen Wilden«, der fern der Kultur ein »unverdorbenes Leben im Schoße der Natur« (Rousseau) führe, scheint hier wirkungsmächtig geworden zu sein. Insgesamt wird man dagegen die angelsächsische Kolonisation – vor allem bei den Quäkern – als wesentlich indianerfeindlicher charakterisieren müssen als die der Franzosen in Kanada. Zu den wenigen Beispielen einer Mischehe zählt die indianische Prinzessin Pocahontas, die sich mit dem englischen Siedler John Rolfe verehelichte.

Die Auseinandersetzungen des 17. und 18. Jahrhunderts gaben einen blutigen Vorgeschmack auf das, was die Prärie- und Puebloindianer im 19. Jahrhundert erwartete. Einzig in den Landschafts-, Fluss- und einzelnen Ortsnamen, die auf indianische Bezeichnungen zurückgehen und von den Europäern übernommen wurden, wird man in den USA heute noch an die indianische Vergangenheit erinnert. Mit der Westdrift der neuen unabhängigen USA gerieten auch die indianischen Völker westlich des Mississippi in die Defensive. Am Ende stand schließlich die fast völlige physische Vernichtung der nordamerikanischen Indianer. Peer Schmidt

Tabakrauchen war in der Frühgeschichte eine in Nordamerika weit verbreitete Zeremonie. Das Rauchrohr aus Stein in Form eines Menschen mit Kopfputz, Lendentuch und Ohrringen ist aus der Adenakultur, einer prähistorischen Indianerkultur im mittleren und oberen Ohiotal.

Bildquellen-
verzeichnis

National Palace Museum, Taipei: 577, 578, 581, 590, 596.
National Portrait Gallery, London: 377, 389.
National Trust of Scotland: 382.
Naukowa dumka Verlag, Kiew: 223, 233.
W. Neumeister (†), München: 64, 248.
Newberry Library, Chicago: 463, 674, 675, 678.
Niedersächs. Landesbibliothek, Hannover: 458.
Niedersächs. Hauptstaatsarchiv, Hannover: 299.
Niedersächs. Landesmuseum, Hannover: 179.
Niedersächs. Staatsarchiv, Wolfenbüttel: 33, 186, 324.
Nordam-Ullitz & Balslev, Hjørring: 196.
Öffentl. Bibliothek der Univ. Basel: 354.
Ohio Historical Society, Columbus, Ohio: 681.
G. Dagli Orti, Paris: 310, 421, 439, 450, 452, 457, 459, 468, 543, 618, 644, 647, 651, 652, 657, 658, 659, 660, 668.
Österr. Nationalbibliothek, Wien: 28, 127, 353, 402, 410, 513, 563.
Österr. Staatsarchiv, Haus-, Hof- und Staatsarchiv, Wien: 402, 403, 491.
Fotostudio Otto, Wien: 403.
R. Panjaabi, Neu-Delhi: 120.
E. Pansegrau, Berlin: 582, 584.
L. Pedicini, Neapel: 210.
Percival David Foundation, London: 595.
J. Petri, Leipzig: 532.
S.-M. Plath, Leipzig: 526.
Polska Agencja Interpress, Warschau: 249, 255.
Portugies. nat. Fotografiearchiv, Lissabon: 445.
Public Record Office, London: 409.
Dr. M. Pucciarelli, Rom: 124, 284.
Agentur RAPHO, Paris: 101, 107.
M. Renaudeau, Dakar: 628.
Rhein. Bildarchiv, Köln: 290.
L. Ricciarini, Mailand: 55, 95, 149, 151, 156, 206, 281, 437.
Rijksmuseum, Amsterdam: 527, 528, 553.
Rijksmuseum Oudheden, Leiden: 375.
Rikfoto, Stockholm: 196.
S. Ristow: 154.
Rizzoli: 170, 178, 184, 186, 262, 264, 280, 586.
Roger-Viollet, Paris: 366.
E. Rohde, Hamburg: 634.

Römisch-German. Museum, Köln: 147.
Römisch-German. Zentralmuseum, Mainz: 141, 190.
Rosgartenmuseum, Konstanz: 350, 352.
F. W. Rösing, Ulm: 359.
Dr. F. Rother, Bergisch-Gladbach: 228.
Royal Ontario Museum, Toronto: 678.
G. Ruf, Assisi: 56, 335.
Russ. Museum, Sankt Petersburg: 234.
Sächs. Hauptstaatsarchiv, Dresden: 556.
Sammlung Julian W. Rymar: 680.
Sammlung Marquis von Tavistock, Woburn: 520.
SCALA, Florenz: 47, 53, 54, 55, 57, 90, 207, 236, 288, 290, 301, 308, 311, 334, 335, 336, 343, 348, 355, 356, 362, 428, 429, 432, 433, 650, 651.
J. U. Scheffler, Hamburg: 180.
Schloß Skokloster, Uppland: 531.
Schmölz und Ullrich, Köln: 182.
Bildarchiv Schneiders, Lindau am Bodensee: 22, 351.
W. G. Schröter, Markkleeberg: 509.
Science Museum, London: 434.
M. Seidel, Mittenwald: 157.
U. Seitz-Gray, Frankfurt am Main: 152.
Servicio Geografico del Ejército, Madrid: 420.
Éditions d'Art Albert Skira, Genf: 391.
South East Asian Ceramic Society of Singapore: 600.
T. Spiegel: 189.
W. Spitta: 517.
Staatl. Münzsammlung, München: 123, 301, 340.
Staatl. Histor. Museum, Moskau: 231.
Staatl. Histor. Museum, Stockholm: 193.
Staatl. Museum für Völkerkunde, München: 640.
Staatsbibliothek, Bamberg: 60, 166, 441.
Staatsgalerie, Stuttgart: 444.
Staats- und Univ.-Bibliothek, Bremen: 61.
Stadtarchiv Freiburg im Breisgau: 42.
Stadtarchiv Worms: 293.
Stadtbibliothek, Brügge: 357.
Stadtgeschichtl. Museum, Leipzig: 532.
Städt. Reiß-Museum, Mannheim: 136, 148.
H. Stiegler, Düsseldorf: 608, 611, 613.
H. Stierlin, Genf: 79, 84, 89, 91, 97, 99, 102, 104, 131, 317, 610, 614, 619, 672.
Stiftsbibliothek, Sankt Gallen: 144, 151, 163.
Stiftung Luthergedenkstätten in Sachsen-Anhalt Lutherhalle, Wittenberg: 506.
H. Strelocke: 105.

I. Strüben: 247.
Studio Granath, Stockholm: 193.
M. Studnicki, Krakau: 250.
SuperStock, Jacksonville: 679.
K. Szelényi, Budapest: 243.
K. Szeléřiji: 237.
J. Szerencses: 238.
Tapisserie de Bayeux, Centre Guillaume le Conquérant: 203.
Teylers Museum, Haarlem: 457.
Foto Thomassin, Trier: 139.
Till und Schläger, Köln: 148.
Tiroler Volkskunstmuseum, Innsbruck: 380.
Tretjakow-Galerie, Moskau: 271, 274.
A. Tschilingirov, Berlin: 228.
E. Tweedy: 386.
U. D. F. – Photothek, Paris: 146, 165, 170, 318.
Ungar. Nationalmuseum, Budapest: 239.
University Museum of National Antiquities, Oslo: 190, 193.
Univ. Bremen: 160.
Univ. Edinburgh: 82.
Univ. Istanbul: 78.
Univ. Utrecht: 153.
Univ.-Bibliothek Erlangen: 242.
Univ.-Bibliothek Gent: 330, 341, 388.
Univ.-Bibliothek Heidelberg: 23, 30, 35, 36, 62, 182, 249, 329.
Univ.-Museum für Kulturgeschichte, Marburg: 33.
Centre de Recherches sur la Communication en Histoire, Louvain-la-Neuve: 258, 268.
Urania-Verlag, Berlin: 221, 225.
Vasamuseet, Stockholm: 534.
Vatikanische Sammlungen: 593.
Vicens Vives, Barcelona: 464.
Victoria and Albert Museum, London: 500.
Volksmuseum, Tarnowo: 229.
Weidenfeld & Nicolson, London: 527.
E. Widder: 241.
WOSTOK, Berlin: 273, 276, 279.
ZEFA, Düsseldorf: 282, 589.
Zentralbibliothek, Zürich: 381, 409, 558.
J. P. Ziolo, Paris: 90.

Weitere graphische Darstellungen, Karten und Zeichnungen
Bibliographisches Institut & F. A. Brockhaus, Mannheim.

Literaturhinweise

Allgemeines

Braudel, Fernand: *Sozialgeschichte des 15. – 18. Jahrhunderts,* 3 Bde. Aus dem Französischen. Sonderausgabe München 1990.

The Cambridge history of Africa, herausgegeben von J. D. Fage und Roland Oliver, Bd. 3 und 4. Cambridge u. a. 1975–77.

The Cambridge history of China, herausgegeben von Denis Twitchett u. a., auf zahlreiche Bde. berechnet. Cambridge 1978 ff. Teilweise Nachdruck.

The Cambridge history of Japan, herausgegeben von John W. Hall u. a., Bd. 3: *Medieval Japan,* herausgegeben von Kozo Kamamura. Neudruck Cambridge u. a. 1995.

Engel, Evamaria: *Die deutsche Stadt des Mittelalters.* München 1993.

Ennen, Edith: *Die europäische Stadt des Mittelalters.* Göttingen ⁴1987.

Europäische Wirtschafts- und Sozialgeschichte im Mittelalter, herausgegeben von Jan A. van Houtte. Stuttgart 1980.

Europäische Wirtschafts- und Sozialgeschichte vom ausgehenden Mittelalter bis zur Mitte des 17. Jahrhunderts, herausgegeben von Hermann Kellenbenz. Stuttgart 1986.

Fischer-Weltgeschichte, Bd. 18: Villiers, John: *Südostasien vor der Kolonialzeit.* Aus dem Englischen. Frankfurt am Main 64.–65. Tsd. 1993.

Fischer-Weltgeschichte, Bd. 19: Franke, Herbert/Trauzettel, Rolf: *Das chinesische Kaiserreich.* Frankfurt am Main 69.–70. Tsd. 1993.

Fischer-Weltgeschichte, Bd. 20: Hall, John Whitney: *Das japanische Kaiserreich.* Aus dem Amerikanischen. Frankfurt am Main 63.–64. Tsd. 1994.

Fischer-Weltgeschichte, Bd. 22: *Süd- und Mittelamerika,* Tl. 1: Konetzke, Richard: *Die Indianerkulturen Altamerikas u. die spanisch-portugiesische Kolonialherrschaft.* Frankfurt am Main 99.–100. Tsd. 1995.

Gurjewitsch, Aaron J.: *Das Weltbild des mittelalterlichen Menschen.* Aus dem Russischen. Lizenzausgabe München ⁵1997.

Handbuch der europäischen Geschichte, herausgegeben von Theodor Schieder, Bd. 1–3. Stuttgart ¹⁻⁴1987–96.

Handbuch der Kirchengeschichte, herausgegeben von Hubert Jedin, Bd. 2 und 3. Sonderausgabe Freiburg im Breisgau u. a. 1985.

Lexikon des Mittelalters, herausgegeben von Robert-Henri Bautier u. a., auf mehrere Bde. berechnet. München u. a. 1980 ff. Teilweise Nachdruck.

Mensch und Umwelt im Mittelalter, herausgegeben von Bernd Herrmann. Beiträge von Klaus Arnold u. a. Frankfurt am Main 8.–9. Tsd. 1993.

Schulz, Knut: ›*Denn sie lieben die Freiheit so sehr …*‹. *Kommunale Aufstände und Entstehung des europäischen Bürgertums im Hochmittelalter.* Darmstadt ²1995.

Strayer, Joseph R.: *Die mittelalterlichen Grundlagen des modernen Staates.* Aus dem Englischen. Köln u. a. 1975.

Wollasch, Joachim: *Mönchtum des Mittelalters zwischen Kirche und Welt.* München 1973.

Von Dorf und Stamm zu Stadt und Staat – Zur Sozialgeschichte Europas in Mittelalter und früher Neuzeit

Althoff, Gerd: *Verwandte, Freunde und Getreue. Zum politischen Stellenwert der Gruppenbindungen im früheren Mittelalter.* Darmstadt 1990.

Die Benediktusregel. Lateinisch–deutsch, herausgegeben von Basilius Steidle. Beuron 1963.

Boockmann, Hartmut: *Das Mittelalter. Ein Lesebuch aus Texten und Zeugnissen des 6.–16. Jahrhunderts.* München 1988.

Borst, Arno: *Barbaren, Ketzer und Artisten. Welten des Mittelalters.* Neuausgabe München u. a. ²1990.

Borst, Arno: *Lebensformen im Mittelalter.* Taschenbuchausgabe Frankfurt am Main u. a. ¹⁴1995.

Bumke, Joachim: *Höfische Kultur. Literatur und Gesellschaft im hohen Mittelalter.* München ⁷1994.

Ennen, Edith: *Frauen im Mittelalter.* München ⁵1994.

Frank, Karl Suso: *Geschichte des christlichen Mönchtums.* Darmstadt ⁵1993. Nachdruck Darmstadt 1996.

Fuhrmann, Horst: *Einladung ins Mittelalter.* München ⁴1989.

Goetz, Hans-Werner: *Leben im Mittelalter. Vom 7. bis zum 13. Jahrhundert.* München ⁵1994.

Keen, Maurice: *Das Rittertum.* Aus dem Englischen. Lizenzausgabe Reinbek 1991.

Ockham, Wilhelm von: *Dialogus. Auszüge zur politischen Theorie.* Herausgegeben von Jürgen Miethke. Darmstadt ²1994.

Piltz, Anders: *Die gelehrte Welt des Mittelalters.* Aus dem Schwedischen. Köln u. a. 1982.

Rösener, Werner: *Bauern im Mittelalter.* München ⁴1991.

Schulen und Studium im sozialen Wandel des hohen und späten Mittelalters, herausgegeben von Johannes Fried. Sigmaringen 1986.

Schulze, Hans K.: *Grundstrukturen der Verfassung im Mittelalter,* 2 Bde. Stuttgart u. a. ²⁻³1992–95.

Ullmann, Walter: *Individuum und Gesellschaft im Mittelalter.* Aus dem Englischen. Göttingen 1974.

Vorindustrielle Agrarwirtschaft

Abel, Wilhelm: *Agrarkrisen und Agrarkonjunktur. Eine Geschichte der Land- und Ernährungswirtschaft Mitteleuropas seit dem hohen Mittelalter.* Hamburg u. a. ³1978.

Ennen, Edith / Janssen, Walter: *Deutsche Agrargeschichte. Vom Neolithikum bis zur Schwelle des Industriezeitalters.* Wiesbaden 1979.

Europäische Wirtschaftsgeschichte, herausgegeben von Carlo M. Cipolla, Bd. 1 und 2. Aus dem Englischen. Neuausgabe Stuttgart u. a. 1983.

Rösener, Werner: *Agrarwirtschaft, Agrarverfassung und ländliche Gesellschaft im Mittelalter.* München 1992.

Religion auf drei Kontinenten – Der Islam

A comprehensive history of India, Bd. 5: *The Delhi sultanat (A. D. 1206–1526),* herausgegeben von Mohammad Habib. Delhi 1970. Nachdruck Delhi 1982.

Conermann, Stephan: *Die Beschreibung Indiens in der › Riḥla‹ des Ibn-Baṭṭūṭa. Aspekte einer herrschaftssoziologischen Einordnung des Delhi-Sultanates unter Muhammad Ibn-Tugluq.* Berlin 1993.

An economic and social history of the Ottoman Empire, 1300–1914, herausgegeben von Halil Inalcik und Donald Quataert. Cambridge u. a. 1994.

Faroqhi, Suraiya: *Kultur und Alltag im Osmanischen Reich. Vom Mittelalter bis zum Anfang des 20. Jahrhunderts.* München 1995.

Geschichte der arabischen Welt, herausgegeben von Ulrich Haarmann. München ³1994.

The history and culture of the Indian people, herausgegeben von Ramesh Chandra Majumdar, Bd. 6: *The Delhi sultanate.* Bombay ³1980.

Inalcik, Halil: *The Ottoman Empire. The classical age 1300–1600.* London 1994.

Julien, Charles-André: *Histoire de l'Afrique du Nord. Tunisie, Algérie, Maroc,* Bd. 2: *De la conquête arabe à 1830,* bearbeitet von Roger le Tourneau. Neuausgabe Paris 1986.

The legacy of Muslim Spain, herausgegeben von Salma Khadra Jayyusi, 2 Bde. Neuausgabe Leiden u. a. 1994.

Lévi-Provençal, Évariste: *Histoire de l'Espagne musulmane,* 3 Bde. Neuausgabe Paris 1950–67.

Matuz, Josef: *Das Osmanische Reich. Grundlinien seiner Geschichte.* Darmstadt ³1994. Nachdruck Darmstadt 1996.

Nagel, Tilman: *Der Koran. Einführung – Texte – Erläuterungen.* München ²1991.

Ronart, Stephan / Ronart, Nandy: *Lexikon der arabischen Welt. Ein historisch-politisches Nachschlagewerk.* Aus dem Englischen. Zürich u. a. 1972.

Terrasse, Henri: *Histoire du Maroc des origines à l'établissement du protectorat français,* 2 Bde. New York 1949–50. Nachdruck New York 1975.

Terrasse, Henri: *Islam d'Espagne. Une rencontre de l'Orient et de l'Occident.* Paris 1958.

Die Einheit des Abendlandes (500–1000)

Angenendt, Arnold: *Das Frühmittelalter. Die abendländische Christenheit von 400 bis 900.* Stuttgart u. a. ²1995.

Beumann, Helmut: *Die Ottonen.* Stuttgart u. a. ³1994.

Boshof, Egon: *Königtum und Königsherrschaft im 10. und 11. Jahrhundert.* München 1993.

Brühl, Carlrichard: *Deutschland – Frankreich. Die Geburt zweier Völker.* Köln u. a. ²1995.

Charlemagne's heir. New Perspectives on the reign of Louis the Pious (814–840), herausgegeben von Peter Godman u. a. Oxford 1990.

Ehlers, Joachim: *Die Entstehung des deutschen Reiches.* München 1994.

Ewig, Eugen: *Die Merowinger und das Frankenreich.* Stuttgart u. a. ²1993.

Fisher, Douglas J. V.: *The Anglo-Saxon age. C. 400–1042.* Neudruck Harlow 1993.

Fleckenstein, Josef: *Die Bildungsreform Karls des Großen.* Freiburg im Breisgau 1953.

Foote, Peter / Wilson, David M.: *The Viking achievement. The society and culture of early medieval Scandinavia.* Neudruck London 1990.

Fried, Johannes: *Der Weg in die Geschichte. Die Ursprünge Deutschlands bis 1024.* Berlin 1994.

Graham-Campbell, James: *Das Leben der Wikinger. Krieger, Händler und Entdecker.* Aus dem Englischen. Lizenzausgabe München 1993.

Jäschke, Kurt-Ulrich: *Wilhelm der Eroberer. Sein doppelter Herrschaftsantritt im Jahre 1066.* Sigmaringen 1977.

Kaiser, Reinhold: *Das römische Erbe und das Merowingerreich.* München 1993.

Karl Martell in seiner Zeit, herausgegeben von Jörg Jarnut u. a. Sigmaringen 1994.

Klindt-Jensen, Ole / Ehrén, Svenolov: *Welt der Wikinger.* Aus dem Schwedischen. Frankfurt am Main 1969.

Kluxen, Kurt: *Geschichte Englands. Von den Anfängen bis zur Gegenwart.* Stuttgart ⁴1991.

Patzelt, Erna: *Die karolingische Renaissance.* Graz ²1965.

Prinz, Friedrich: *Frühes Mönchtum im Frankenreich.* Darmstadt ²1988.

Sawyer, Peter H.: *The age of the Vikings.* London ²1971. Nachdruck London 1978.

Sawyer, Peter H.: *From Roman Britain to Norman England.* London 1978.

Schieffer, Rudolf: *Die Karolinger.* Stuttgart u. a. 1992.

Schieffer, Theodor: *Winfrid-Bonifatius und die christliche Grundlegung Europas.* Freiburg im Breisgau 1954. Nachdruck Darmstadt 1980.

Schneider, Reinhard: *Das Frankenreich.* München ³1995.

The Vikings in England and in their Danish homeland, herausgegeben von Else Roesdahl u. a. Ausstellungskatalog Nationalmuseum, Kopenhagen. London 1981.

Wikinger und Slawen. Zur Frühgeschichte der Ostseevölker, herausgegeben von Joachim Herrmann. Berlin-Ost 1982.

Wikinger, Waräger, Normannen. Die Skandinavier und Europa 800–1200, bearbeitet von Else Roesdahl. Ausstellungskatalog Grand Palais, Paris, u. a. Mainz 1992.

Wilson, David: *The Anglo-Saxons.* Harmondsworth ³1981.

Zum Kaisertum Karls des Großen. Beiträge und Aufsätze, herausgegeben von Gunther Wolf. Darmstadt 1972.

Osteuropa zwischen Abendland und Morgenland

Die altrussische Nestorchronik, herausgegeben von Reinhold Trautmann. Aus dem Russischen. Leipzig 1931.

Angelov, Dimitär: *Die Entstehung des bulgarischen Volkes.* Aus dem Bulgarischen. Berlin-Ost 1980.

Der Aufstieg Moskaus. Auszüge aus einer russischen Chronik, bearbeitet von Peter Nitsche, 2 Bde. Graz u. a. 1966–67.

Beck, Hans-Georg: *Das byzantinische Jahrtausend.* München ²1994.

Bogyay, Thomas von: *Grundzüge der Geschichte Ungarns.* Darmstadt ⁴1990.

Brown, Peter: *Die Entstehung des christlichen Europa.* Aus dem Englischen. München 1996.

Browning, Robert: *Byzantium and Bulgaria. A comparative study across the early medieval frontier.* Berkeley, Calif., 1975.

Byzanz. Geschichte und Kultur des Oströmischen Reiches, bearbeitet von Norman H. Baynes und Henry St. L. B. Moss. Aus dem Englischen. München 1964.

Cyrillo-methodiana. Zur Frühgeschichte des Christentums bei den Slaven 863–1963, herausgegeben von Manfred Hellmann u. a. Köln u. a. 1964.

Dienes, István: *Die Ungarn um die Zeit der Landnahme.* Aus dem Ungarischen. Budapest 1972.

Dittrich, Zdenek R.: *Christianity in Great-Moravia.* Groningen 1962.

Donnert, Erich: *Das alte Moskau. Kultur und Gesellschaft zwischen Großfürstentum und Zarenkrone.* Wien 1976.

Donnert, Erich: *Altrussisches Kulturlexikon.* Leipzig ²1988.

Donnert, Erich: *Das Kiewer Rußland. Kultur und Geistesleben vom 9. bis zum beginnenden 13. Jahrhundert.* Leipzig u. a. 1983.

Ducellier, Alain: *Byzanz. Das Reich und die Stadt.* Aus dem Französischen. Frankfurt am Main u. a. 1990.

Dvornik, Francis: *Byzantine missions among the Slavs. SS. Constantine-Cyril and Methodius.* New Brunswick, N. J., 1970.

Fine, John V. A. Jr.: *The early medieval Balkans. A critical survey from the sixth to the late twelfth century.* Neudruck Ann Arbor, Mich., 1995.

Fine, John V. A.: *The late medieval Balkans. A critical survey from the late twelfth century to the Ottoman conquest.* Neudruck Ann Arbor, Mich., 1994.

Die Geschichte Ungarns. Von den Anfängen bis zur Gegenwart, herausgegeben von Péter Hanák. Aus dem Ungarischen. Budapest ²1991.

Goehrke, Carsten: *Frühzeit des Ostslaventums.* Darmstadt 1992.

Györffy, György: *Wirtschaft und Gesellschaft der Ungarn um die Jahrtausendwende.* Bearbeitet von Karl Mollay u. a. Aus dem Ungarischen. Wien u. a. 1983.

Halecki, Oskar: *Grenzraum des Abendlandes. Eine Geschichte Ostmitteleuropas.* Aus dem Amerikanischen. Salzburg 1956.

Halperin, Charles J.: *Russia and the Golden Horde. The Mongol impact on medieval Russian history.* London 1987.

Handbuch der Geschichte Rußlands, herausgegeben von Manfred Hellmann u. a., Bd. 1: *Bis 1613. Von der Kiever Reichsbildung bis zum Moskauer Zartum,* 2 Tle. Stuttgart 1981–89.

Heidenmission und Kreuzzugsgedanke in der deutschen Ostpolitik des Mittelalters, herausgegeben von Helmut Beumann. Darmstadt ²1973.

Hellmann, Manfred: *Daten der polnischen Geschichte.* München 1985.

Hellmann, Manfred: *Grundzüge der Geschichte Litauens und des litauischen Volkes.* Darmstadt ⁴1990.

Hensel, Witold: *Die Slawen im frühen Mittelalter. Ihre materielle Kultur.* Herausgegeben von Siegfried Epperlein. Berlin-Ost 1965.

Herrmann, Joachim: *Frühe Kulturen der Westslawen. Zwischen Hradschin und Vineta.* Leipzig ³1981.

Hoensch, Jörg K.: *Geschichte Polens.* Stuttgart ²1990.

Hösch, Edgar / Grabmüller, Hans-Jürgen: *Daten der russischen Geschichte. Von den Anfängen bis 1917.* München 1981.

Hösch, Edgar: *Geschichte Rußlands. Von den Anfängen des Kiewer Reiches bis zum Zerfall des Sowjetimperiums.* Stuttgart u. a. 1996.

Hunger, Herbert: *Reich der neuen Mitte. Der christliche Geist der byzantinischen Kultur.* Graz u. a. 1965.

Kienitz, Friedrich-Karl: *Städte unter dem Halbmond. Geschichte und Kultur der Städte in Anatolien und auf der Balkanhalbinsel im Zeitalter der Sultane, 1071–1922.* München 1972.

Koder, Johannes: *Der Lebensraum der Byzantiner. Historisch-geographischer Abriß ihres mittelalterlichen Staates im östlichen Mittelmeerraum.* Graz u. a. 1984.

Kurze Geschichte Siebenbürgens, herausgegeben von Béla Köpeczi. Aus dem Ungarischen. Budapest 1990.

Lexikon der Geschichte Rußlands. Von den Anfängen bis zur Oktober-Revolution, herausgegeben von Hans-Joachim Torke. München 1985.

Lexikon der islamischen Welt, herausgegeben von Klaus Kreiser u. Rotraud Wielandt. Neuausgabe Stuttgart u. a. 1992.

Lübke, Christian: *Regesten zur Geschichte der Slaven an Elbe und Oder. (Vom Jahr 900 an),* 5 Tle. Berlin 1984–88.

Mazal, Otto: *Handbuch der Byzantinistik.* Graz 1989.

Meyer, Enno: *Grundzüge der Geschichte Polens.* Darmstadt ³1990.

The modern encyclopedia of Russian and Soviet history, herausgegeben von Joseph L. Wieczynski, auf mehrere Bde. berechnet. Gulf Breeze, Fla., 1976 ff. Ab Bd. 56 unter dem Titel: *The modern encyclopedia of Russian, Soviet and Eurasian history.*

Die Mongolen. Beiträge zu ihrer Geschichte und Kultur, herausgegeben von Michael Weiers u. a. Darmstadt 1986.

Die Mongolen, herausgegeben von Walther Heissig und Claudius C. Müller. Innsbruck u. a. 1989.

Moravcsik, Gyula: *Einführung in die Byzantinologie.* Aus dem Ungarischen. Darmstadt 1976.

Müller, Ludolf: *Die Taufe Rußlands. Die Frühgeschichte des russischen Christentums bis zum Jahre 988.* München 1987.

Onasch, Konrad: *Großnowgorod und das Reich der Heiligen Sophia. Kirchen- und Kulturgeschichte einer alten russischen Stadt und ihres Hinterlandes.* Leipzig 1969.

Ostrogorsky, Georg: *Geschichte des byzantinischen Staates.* Sonderausgabe München 1965. Nachdruck München 1980.

Rauchspur der Tauben. Radziwill-Chronik, aus dem Altrussischen übertragen und herausgegeben von Helmut Graßhoff u. a. Leipzig u. a. 1986.

Rhode, Gotthold: *Geschichte Polens.* Darmstadt ³1980.

Rußland-Ploetz. Russische und sowjetische Geschichte zum Nachschlagen, bearbeitet von Wolfgang Kessler. Freiburg im Breisgau u. a. ³1992.

Schreiner, Peter: *Byzanz.* München ²1994.

Senyk, Sophia: *A history of the church in Ukraine,* Bd. 1: *To the end of the thirteenth century.* Rom 1993.

Spuler, Bertold: *Die Goldene Horde. Die Mongolen in Rußland 1223–1502.* Wiesbaden ²1965.

Die Staaten Südosteuropas und die Osmanen, herausgegeben von Hans Georg Majer. München 1989.

Stökl, Günther: *Russische Geschichte. Von den Anfängen bis zur Gegenwart.* Stuttgart ⁶1997.

Studien und Texte zur Kirchengeschichte und Geschichte, Reihe 3: *Geschichte des Christentums in Österreich und Südmitteleuropa,* herausgegeben von Peter F. Barton, auf mehrere Bde. berechnet. Wien 1992 ff.

Sugar, Peter F.: *Southeastern Europe under Ottoman rule,
1354–1804.* Neudruck Seattle, Wash., u. a. 1993.

Tabula Imperii Byzantini, herausgegeben von Herbert
Hunger, auf mehrere Bde. berechnet. Wien 1976 ff.

Tschilingirov, Assen: *Bulgarien. Vom Altertum bis 1878.*
Leipzig ²1987.

Tzermias, Pavlos: *Das andere Byzanz. Konstantinopels Beitrag
zu Europa.* Freiburg (Schweiz) 1991.

Vernadsky, George /Ferdinandy, Michael de: *Studien zur
ungarischen Frühgeschichte,* 2 Tle. in 1 Bd. München 1957.

Werner, Ernst: *Die Geburt einer Großmacht – die Osmanen
(1300–1481). Ein Beitrag zur Genesis des türkischen
Feudalismus.* Weimar ⁴1985.

Wirth, Peter: *Grundzüge der byzantinischen Geschichte.*
Darmstadt ²1989.

Zernack, Klaus: *Die Burgstädtischen Volksversammlungen bei
den Ost- und Westslaven. Studien zur verfassungsgeschichtlichen
Bedeutung des Veče.* Wiesbaden 1967.

Der Kampf der zwei Schwerter – Papsttum gegen Kaisertum

Abulafia, David: *Friedrich II. von Hohenstaufen. Herrscher
zwischen den Kulturen.* Aus dem Englischen.
Taschenbuchausgabe München 1994.

Blumenthal, Uta-Renate: *Der Investiturstreit.* Stuttgart u. a.
1982.

Boockmann, Hartmut: *Stauferzeit und spätes Mittelalter.
Deutschland 1125–1517.* Neuausgabe Berlin 1994.

Borst, Arno: *Die Katharer.* Neuausgabe Freiburg im Breisgau
u. a. ³1995.

Engels, Odilo: *Die Staufer.* Stuttgart u. a. ⁶1994.

Fichtenau, Heinrich: *Ketzer und Professoren. Häresie und
Vernunftglaube im Hochmittelalter.* München 1992.

Großer Bildatlas der Kreuzzüge, herausgegeben von Jonathan
Riley-Smith. Aus dem Englischen. Freiburg im Breisgau
u. a. 1992.

Haller, Johannes: *Das Papsttum. Idee und Wirklichkeit,* 5 Bde.
Neuausgabe Reinbek 1965.

Hartmann, Wilfried: *Der Investiturstreit.* München ²1996.

Herde, Peter: *Karl I. von Anjou.* Stuttgart u. a. 1979.

Keller, Hagen: *Zwischen regionaler Begrenzung und universalem
Horizont. Deutschland im Imperium der Salier und Staufer
1024 bis 1250.* Frankfurt am Main u. a. 1990.

Koch, Gottfried: *Frauenfrage und Ketzertum im Mittelalter.
Die Frauenbewegung im Rahmen des Katharismus und des
Waldensertums und ihre sozialen Wurzeln
(12.–14. Jahrhundert).* Berlin-Ost 1962.

Mayer, Hans Eberhardt: *Geschichte der Kreuzzüge.* Stuttgart
u. a. ⁸1995.

Müller, Daniela: *Frauen vor der Inquisition. Lebensform,
Glaubenszeugnis und Aburteilung der deutschen und
französischen Katharerinnen.* Mainz 1996.

Oldenbourg, Zoé: *Die Kreuzzüge. Traum und Wirklichkeit
eines Jahrhunderts.* Aus dem Französischen. Frankfurt am
Main 1967.

Opll, Ferdinand: *Friedrich Barbarossa.* Darmstadt ²1994.

Prawer, Joshua: *Die Welt der Kreuzfahrer.* Aus dem Englischen.
Taschenbuchausgabe Bergisch Gladbach 1979.

Runciman, Steven: *Geschichte der Kreuzzüge.* Aus dem
Englischen. Taschenbuchausgabe München 1995.

Schaller, Hans Martin: *Kaiser Friedrich II. Verwandler der Welt.*
Göttingen ³1991.

Schaller, Hans Martin: *Stauferzeit. Ausgewählte Aufsätze.*
Hannover 1993.

Schimmelpfennig, Bernhard: *Das Papsttum. Von der Antike bis
zur Renaissance.* Darmstadt ⁴1996.

Tellenbach, Gerd: *Die westliche Kirche vom 10. bis zum frühen
12. Jahrhundert.* Göttingen 1988.

Werner, Ernst/Erbstößer, Martin: *Kleriker, Mönche, Ketzer.
Das religiöse Leben im Hochmittelalter.* Neuausgabe Freiburg
im Breisgau u. a. 1994.

Judentum zwischen Spätantike und Aufklärung

Ashtor, Eliyahu: *The Jews of Moslem Spain.* Einführung von
David Wasserstein, 2 Bde. Aus dem Hebräischen.
Neuausgabe Philadelphia, Pa., u. a. 1992.

Baer, Yitzhak: *A history of the Jews in Christian Spain,* 2 Bde.
Aus dem Hebräischen. Neuausgabe Philadelphia, Pa., u. a.
1992.

Baron, Salo Wittmayer: *A social and religious history of the Jews,*
Bd. 2–18 und 2 Register-Bde. New York ²1952–93, teilweise
Nachdruck.

Battenberg, Friedrich: *Das europäische Zeitalter der Juden. Zur
Entwicklung einer Minderheit in der nichtjüdischen Umwelt
Europas,* 2 Bde. Darmstadt 1990.

Dubnow, Simon: *Weltgeschichte des jüdischen Volkes. Von seinen
Uranfängen bis zur Gegenwart,* Bde. 3–7. Berlin 1926–28.

Geschichte des jüdischen Volkes, herausgegeben von Haim
Hillel Ben-Sasson. Sonderausgabe München ³1995.

Graetz, Heinrich: *Geschichte der Juden. Von den ältesten Zeiten
bis auf die Gegenwart,* Bd. 4–11. Leipzig ²⁻⁴1890–1909.
Nachdruck Berlin 1996.

Kisch, Guido: *Forschungen zur Rechts- und Sozialgeschichte der
Juden in Deutschland während des Mittelalters. Nebst
Bibliographien.* Sigmaringen ²1978.

Levy, Avigdor: *The Sephardim in the Ottoman Empire.*
Princeton, N. J., 1992.

Roth, Cecil: *The History of the Jews of Italy.* Philadelphia, Pa.,
1946. Nachdruck Farnborough 1969.

Sharf, Andrew: *Byzantine jewry from Justinian to the fourth
crusade.* London 1971.

Stemberger, Günter: *Einleitung in Talmud und Midrasch.*
München ⁸1992.

Wine, women, & death. Medieval Hebrew poems on the good life,
herausgegeben von Raymond P. Scheindlin. Philadelphia,
Pa., u. a. 1986.

Vielfalt in der Einheit

Allmand, Christopher: *The hundred years war. England and
France at war, c. 1300–c. 1450.* Cambridge u. a. 1987.
Nachdruck Cambridge u. a. 1994.

Balthasar, Karl: *Geschichte des Armutsstreites im
Franziskanerorden bis zum Konzil von Vienne.* Münster 1911.

Beiträge zur Bildung der französischen Nation im Früh- und Hochmittelalter, herausgegeben von Helmut Beumann. Sigmaringen 1983.

Boehm, Laetitia: *Geschichte Burgunds. Politik, Staatsbildungen, Kultur.* Stuttgart u. a. ²1979.

Brandmüller, Walter: *Das Konzil von Konstanz 1414–1418,* Bd. 1: *Bis zur Abreise Sigismunds nach Narbonne.* Paderborn u. a. 1991.

Brandmüller, Walter: *Papst und Konzil im Großen Schisma. (1378–1431). Studien und Quellen.* Paderborn u. a. 1990.

Contamine, Philippe: *La guerre de cent ans.* Paris ⁵1989.

Contamine, Philippe: *La vie quotidienne pendant la guerre de cent ans. France et Angleterre (XIVᵉ siècle).* Paris 1976.

Denzel, Markus A.: *Kurialer Zahlungsverkehr im 13. und 14. Jahrhundert. Servitien- und Annatenzahlungen aus dem Bistum Bamberg.* Stuttgart 1991.

Ehlers, Joachim: *Geschichte Frankreichs im Mittelalter.* Stuttgart u. a. 1987.

Eiden, Herbert: ›*In der Knechtschaft werdet ihr verharren…‹. Ursachen und Verlauf des englischen Bauernaufstandes von 1381.* Trier 1995.

Die Entwicklung des Konziliarismus. Werden und Nachwirken der konziliaren Idee, herausgegeben von Remigius Bäumer. Darmstadt 1976.

Esch, Arnold: *Bonifaz IX. und der Kirchenstaat.* Tübingen 1969.

Europa im Hoch- und Spätmittelalter, herausgegeben von Ferdinand Seibt. Stuttgart 1987.

Favier, Jean: *Frankreich im Zeitalter der Lehnsherrschaft 1000–1515.* Aus dem Französischen. Stuttgart 1989.

Favier, Jean: *La guerre de cent ans.* Paris 1980. Nachdruck Paris 1996.

Feld, Helmut: *Franziskus von Assisi und seine Bewegung.* Lizenzausgabe Darmstadt 1996.

Genèse et débuts du grand Schisme d'Occident. (1362–1394). Paris 1980.

Geschichte Englands, Bd. 1: Krieger, Karl-Friedrich: *Von den Anfängen bis zum 15. Jahrhundert.* München ²1996.

Geschichte Spaniens. Von der frühen Neuzeit bis zur Gegenwart, bearbeitet von Walther L. Bernecker und Horst Pietschmann. Stuttgart u. a. ²1997.

Heine, Hartmut: *Geschichte Spaniens in der frühen Neuzeit, 1400–1800.* München 1984.

Helmrath, Johannes: *Das Basler Konzil 1431–1449. Forschungsstand und Probleme.* Köln u. a. 1987.

Hödl, Günther: *Albrecht II. Königtum, Reichsregierung und Reichsreform 1438–1439.* Wien u. a. 1978.

Hödl, Günther: *Habsburg und Österreich 1273–1493. Gestalten und Gestalt des österreichischen Spätmittelalters.* Wien u. a. 1988.

Holt, James C.: *Magna Carta.* Cambridge ²1992. Nachdruck Cambridge 1994.

Jedin, Hubert: *Kleine Konziliengeschichte. Mit einem Bericht über das 2. Vatikanische Konzil.* Neuausgabe Freiburg im Breisgau u. a. 1990.

Kaiser Friedrich III. (1440–1493) in seiner Zeit, herausgegeben von Paul-Joachim Heinig. Köln u. a. 1993.

Krieger, Karl-Friedrich: *Die Habsburger im Mittelalter. Von Rudolf I. bis Friedrich III.* Stuttgart u. a. 1994.

Lambert, Malcolm D.: *Ketzerei im Mittelalter. Eine Geschichte von Gewalt und Scheitern.* Aus dem Englischen. Taschenbuchausgabe Freiburg im Breisgau u. a. 1991.

Meuthen, Erich: *Das Basler Konzil als Forschungsproblem der europäischen Geschichte.* Opladen 1985.

Miethke, Jürgen: *Ockhams Weg zur Sozialphilosophie.* Berlin 1969.

Moraw, Peter: *Von offener Verfassung zu gestalteter Verdichtung. Das Reich im späten Mittelalter 1250 bis 1490.* Berlin 1985.

Müller, Ewald: *Das Konzil von Vienne 1311–1312. Seine Quellen und seine Geschichte.* Münster 1934.

Paravicini, Werner: *Karl der Kühne. Das Ende des Hauses Burgund.* Göttingen u. a. 1976.

Redlich, Oswald: *Rudolf von Habsburg. Das deutsche Reich nach dem Untergange des alten Kaisertums.* Innsbruck 1903. Nachdruck Aalen 1965.

Reformbemühungen und Observanzbestrebungen im spätmittelalterlichen Ordenswesen, herausgegeben von Kaspar Elm. Berlin 1989.

Rudolf von Habsburg. 1273–1291. Eine Königsherrschaft zwischen Tradition und Wandel, herausgegeben von Egon Boshof und Franz-Reiner Erkens. Köln u. a. 1993.

Schubert, Ernst: *Einführung in die Grundprobleme der deutschen Geschichte im Spätmittelalter.* Darmstadt 1992.

Sieben, Hermann Josef: *Die Konzilsidee des lateinischen Mittelalters (847–1378).* Paderborn u. a. 1984.

Sieben, Hermann Josef: *Traktate und Theorien zum Konzil. Vom Beginn des Großen Schismas bis zum Vorabend der Reformation (1378–1521).* Frankfurt am Main 1983.

Smith, John Holland: *The great Schism 1378.* London 1970.

Thomas, Heinz: *Deutsche Geschichte des Spätmittelalters 1250–1500.* Stuttgart u. a. 1983.

Thomas, Heinz: *Ludwig der Bayer (1282–1347). Kaiser und Ketzer.* Graz u. a. 1993.

Ulrich Richental: *Chronik des Konstanzer Konzils 1414–1418,* bearbeitet von Michael Müller. Faksimileausgabe Konstanz ²1984.

Vaughan, Richard: *Charles the Bold. The last Valois Duke of Burgundy.* London 1973.

Vaughan, Richard: *John the Fearless. The growth of Burgundian power.* London 1966.

Vaughan, Richard: *Philip the Bold. The formation of the Burgundian state.* London u. a. 1962.

Vaughan, Richard: *Philip the Good. The apogee of Burgundy.* London 1970.

Vones, Ludwig: *Geschichte der Iberischen Halbinsel im Mittelalter (711–1480).* Sigmaringen 1993.

Werner, Karl Ferdinand: *Die Ursprünge Frankreichs bis zum Jahr 1000.* Aus dem Französischen. Taschenbuchausgabe München 1995.

Wiesflecker, Hermann: *Kaiser Maximilian I. Das Reich, Österreich und Europa an der Wende zur Neuzeit,* 5 Bde. München 1971–86.

Die Stadt in der europäischen Geschichte

Beiträge zur Geschichte der Städte Mitteleuropas, herausgegeben von Wilhelm Rausch, auf mehrere Bde. berechnet. Linz 1963 ff.

Benevolo, Leonardo: *Die Stadt in der europäischen Geschichte.* Aus dem Italienischen. München 1993.

Dirlmeier, Ulf: *Untersuchungen zu Einkommensverhältnissen und Lebenshaltungskosten in oberdeutschen Städten des Spätmittelalters (Mitte 14. bis Anfang 16. Jahrhundert).* Heidelberg 1978.

Frühgeschichte der europäischen Stadt. Voraussetzungen, Grundlagen, herausgegeben von Hansjürgen Brachmann und Joachim Hermann. Berlin 1991.

Die Geschichte der Stadt, bearbeitet von Leonardo Benevolo. Aus dem Italienischen. Frankfurt am Main u. a. [7]1993.

Girouard, Mark: *Die Stadt. Menschen, Häuser, Plätze. Eine Kulturgeschichte.* Aus dem Englischen. Frankfurt am Main u. a. 1987.

Histoire de la France urbaine, herausgegeben von Georges Duby, 5 Bde. Paris 1981–92. Teilweise Neuausgabe.

Hohenberg, Paul M. / Lees, Lynn Hollen: *The making of urban Europe, 1000–1950.* Cambridge, Mass., u. a. 1985.

Holbach, Rudolf: *Frühformen von Verlag und Großbetrieb in der gewerblichen Produktion (13.–16. Jahrhundert).* Stuttgart 1994.

Isenmann, Eberhard: *Die deutsche Stadt im Spätmittelalter. 1250–1500. Stadtgestalt, Recht, Stadtregiment, Kirche, Gesellschaft, Wirtschaft.* Stuttgart 1988.

Maschke, Erich: *Städte und Menschen. Beiträge zur Geschichte der Stadt, der Wirtschaft und Gesellschaft 1959–1977.* Wiesbaden 1980.

Pitz, Ernst: *Europäisches Städtewesen und Bürgertum. Von der Spätantike bis zum hohen Mittelalter.* Darmstadt 1991.

Reulecke, Jürgen: *Geschichte der Urbanisierung in Deutschland.* Frankfurt am Main [3]1992.

Die Stadt in der europäischen Geschichte. Festschrift Edith Ennen, herausgegeben von Werner Besch u. a. Bonn 1972.

Stoob, Heinz: *Forschungen zum Städtewesen in Europa,* Bd. 1: *Räume, Formen und Schichten der mitteleuropäischen Städte.* Köln u. a. 1970. Mehr nicht erschienen.

Aufbruch zu neuen Horizonten

Bitterli, Urs: *Die Entdeckung Amerikas. Von Kolumbus bis Alexander von Humboldt.* München [4]1992.

Bitterli, Urs: *Die ›Wilden‹ und die ›Zivilisierten‹. Grundzüge einer Geistes- und Kulturgeschichte der europäisch-überseeischen Begegnung.* München [2]1991.

Burckhardt, Jacob: *Die Kultur der Renaissance in Italien. Ein Versuch.* Herausgegeben und mit einer Einführung von Walter Rehm. Neudruck Stuttgart 1994.

Cortés, Hernán: *Die Eroberung Mexikos. 1520–1524. Auszug aus den Memoiren des Bernal Díaz del Castillo.* Neu herausgegeben und bearbeitet von Ernst Bartsch. Stuttgart u. a. 1996.

Dokumente zur Geschichte der europäischen Expansion, herausgegeben von Eberhard Schmitt, auf 7 Bde. berechnet. München 1984ff.

Die Entdeckung von Peru 1526–1712. Die Eroberung des Inkareiches durch Pizarro und andere Conquistadoren. Die Augenzeugenberichte von Celso Gargia, Gaspar de Carvajal und Samuel Fritz, herausgegeben von Evamaria Grün. Mit einem Nachwort von Ernst Bartsch. Stuttgart u. a. 1996.

Favier, Jean: *Gold und Gewürze. Der Aufstieg des Kaufmanns im Mittelalter.* Aus dem Französischen. Hamburg 1992.

Granzow, Uwe: *Quadrant, Kompaß und Chronometer. Technische Implikationen des euro-asiatischen Seehandels von 1500 bis 1800.* Stuttgart 1986.

Grün, Robert: *Christoph Columbus: Das Bordbuch. 1492. Leben und Fahrten des Entdeckers der Neuen Welt in Dokumenten und Aufzeichnungen.* Stuttgart u. a. [6]1986.

Gründer, Horst: *Welteroberung und Christentum. Ein Handbuch zur Geschichte der Neuzeit.* Gütersloh 1992.

Handbuch der Geschichte Lateinamerikas, herausgegeben von Walter L. Bernecker u. a., Bd. 1: *Mittel-, Südamerika und die Karibik bis 1760,* herausgegeben von Horst Pietschmann. Stuttgart 1994.

Herkenhoff, Michael: *Der dunkle Kontinent. Das Afrikabild im Mittelalter bis zum 12. Jahrhundert.* Pfaffenweiler 1990.

Lockhart, James/Schwartz, Stuart B.: *Early Latin America. A history of colonial Spanish America and Brazil.* Cambridge 1983. Nachdruck Cambridge 1989.

Mittermaier, Karl: *Die Politik der Renaissance in Italien.* Darmstadt 1995.

Reichert, Folker E.: *Begegnungen mit China. Die Entdeckung Ostasiens im Mittelalter.* Sigmaringen 1992.

Reinhard, Wolfgang: *Geschichte der europäischen Expansion,* 4 Bde. Stuttgart u. a. 1983–90.

Salentiny, Fernand: *Aufstieg und Fall des portugiesischen Imperiums.* Wien u. a. 1977.

Salentiny, Fernand: *Die Gewürzroute. Die Entdeckung des Seewegs nach Asien. Portugals Aufstieg zur ersten europäischen See- und Handelsmacht.* Köln 1991.

Schmitt, Eberhard: *Die Anfänge der europäischen Expansion.* Idstein 1991.

Todorov, Tzvetan: *Die Eroberung Amerikas.* Aus dem Französischen. Frankfurt am Main [6]1993.

Wallerstein, Immanuel: *Das moderne Weltsystem. Kapitalistische Landwirtschaft und die Entstehung der europäischen Weltwirtschaft im 16. Jahrhundert.* Aus dem Englischen. Frankfurt am Main 1986.

Wolf, Eric R.: *Die Völker ohne Geschichte. Europa und die andere Welt seit 1400.* Aus dem Amerikanischen. Studienausgabe Frankfurt am Main u. a. 1991.

Das Ringen um den rechten Glauben

Appel, Sabine: *Elisabeth I. von England. Die Biographie.* Taschenbuchausgabe Frankfurt am Main u. a. 1996.

Behringer, Wolfgang: *Hexenverfolgung in Bayern. Volksmagie, Glaubenseifer und Staatsräson in der frühen Neuzeit.* Studienausgabe München 1988.

Berner, Felix: *Gustav Adolf, der Löwe aus Mitternacht.* Taschenbuchausgabe München 1985.

Bouwsma, William J.: *John Calvin. A sixteenth-century portrait.* Neuausgabe New York u. a. 1989.

Burkhardt, Johannes: *Der Dreißigjährige Krieg.* Frankfurt am Main [6]1996.

Die dänische Reformation vor ihrem internationalen Hintergrund. Das wissenschaftliche Symposium zum 450-Jahres-Jubiläum der Reformation in Dänemark, herausgegeben von Leif Grane und Kai Hørby. Göttingen 1990.

Dankbaar, Willem F.: *Calvin, sein Weg und sein Werk.* Aus dem Holländischen. Neukirchen-Vluyn ²1966.

Dickens, Arthur G.: *The English Reformation.* University Park, Pa., ²1989. Nachdruck University Park, Pa., 1993.

Dickmann, Fritz: *Der Westfälische Frieden.* Münster ⁶1992.

Duchhardt, Heinz: *Deutsche Verfassungsgeschichte 1495–1806.* Stuttgart u. a. 1991.

Elliott, John H.: *Imperial Spain 1469–1716.* Harmondsworth 1981. Nachdruck Harmondsworth 1990.

Elton, Geoffrey R.: *England unter den Tudors.* Aus dem Englischen. München 1983.

Elton, Geoffrey R.: *Europa im Zeitalter der Reformation. 1517–1559.* Aus dem Englischen. München ²1982.

Erlanger, Phillippe: *Bartholomäusnacht. Die Pariser Bluthochzeit am 24. August 1572.* Aus dem Französischen. München 1966.

Europäische Stammtafeln, bearbeitet von Wilhelm Karl Prinz zu Isenburg, Bd. 2: *Die außerdeutschen Staaten.* Marburg ²1953. Berichtigter Neudruck Marburg 1975.

Fernández-Armesto, Felipe: *The Spanish Armada. The experience of war in 1588.* Oxford u. a. 1988.

Fuchs, Walther Peter: *Das Zeitalter der Reformation.* Taschenbuchausgabe München 1989.

Gagg, Robert P.: *Hugenotten. Profil ihres Glaubens.* Basel 1984.

Garrisson, Janine: *La Saint-Barthélemy.* Brüssel 1987.

Gotthard, Axel: *Konfession und Staatsräson. Die Außenpolitik Württembergs unter Herzog Johann Friedrich (1608–1628).* Stuttgart 1992.

Gotthard, Axel: *Protestantische ›Union‹ und katholische ›Liga‹,* in: *Alternativen zur Reichsverfassung in der frühen Neuzeit?,* herausgegeben von Volker Press. Bearbeitet von Dieter Stievermann. München 1995. S. 81–113.

Heine, Hartmut: *Geschichte Spaniens in der frühen Neuzeit. 1400–1800.* München 1984.

Héritier, Jean: *Katharina von Medici. Herrscherin ohne Thron.* Aus dem Französischen. Taschenbuchausgabe München ⁶1991.

Hexenwelten. Magie und Imagination vom 16.–20. Jahrhundert, herausgegeben von Richard van Dülmen. Frankfurt am Main 15.–16. Tsd. 1993.

Die Hugenottenkriege in Augenzeugenberichten, herausgegeben von Julien Coudy. Aus dem Französischen. Taschenbuchausgabe München 1980.

Imhof, Arthur Erwin: *Grundzüge der nordischen Geschichte.* Darmstadt ²1985.

Krüger, Kersten: *Urbanisierung in Skandinavien im 17. Jahrhundert,* in: *Recht und Alltag im Hanseraum. Gerhard Theuerkauf zum 60. Geburtstag,* herausgegeben von Silke Urbanski u. a. Lüneburg 1993. S. 301–319.

Lademacher, Horst: *Die Niederlande. Politische Kultur zwischen Individualität und Anpassung.* Berlin 1993.

Lahrkamp, Helmut: *Dreißigjähriger Krieg, Westfälischer Frieden. Eine Darstellung der Jahre 1618–1648…* Münster 1997.

Limm, Peter: *The Dutch revolt. 1559–1648.* Neudruck London u. a. 1993.

Loades, David Michael: *Maria Tudor (1516–1558). England unter Maria der Katholischen.* Aus dem Englischen. München 1982.

Lottes, Günther: *Elisabeth I. Eine politische Biographie.* Göttingen u. a. 1981.

Lovett, Albert W.: *Early Habsburg Spain. 1517–1598.* Oxford u. a. 1986.

Lutz, Heinrich: *Das Ringen um deutsche Einheit und kirchliche Erneuerung. Von Maximilian I. bis zum Westfälischen Frieden. 1490–1648.* Frankfurt am Main u. a. 1987.

Lynch, John: *Spain under the Habsburgs,* 2 Bde. Oxford ²1981.

Machoczek, Ursula: *Die regierende Königin – Elisabeth I. von England. Apekte weiblicher Herrschaft im 16. Jahrhundert.* Pfaffenweiler 1996.

Maltby, William S.: *Alba. A biography of Fernando Alvarez de Toledo, third duke of Alba. 1507–1582.* Berkeley, Calif., u. a. 1983.

Mann, Golo: *Wallenstein. Sein Leben.* Frankfurt am Main ⁶1994.

Martin Luther und die Reformation in Deutschland. Ausstellung zum 500. Geburtstag Martin Luthers, herausgegeben von Gerhard Bott. Ausstellungskatalog Germanisches Nationalmuseum Nürnberg. Frankfurt am Main 1983.

The Massacre of St. Bartholomew, herausgegeben von Alfred Soman. Den Haag 1974.

Miquel, Pierre: *Les guerres de religion.* Paris 1980.

Moeller, Bernd: *Deutschland im Zeitalter der Reformation.* Göttingen ³1988.

Neuhaus, Helmut: *Das Reich in der frühen Neuzeit.* München 1997.

Nielsen, Axel: *Dänische Wirtschaftsgeschichte.* Jena 1933.

Palliser, David M.: *The age of Elizabeth. England under the later Tudors, 1547–1603.* London u. a. ²1992. Nachdruck London 1994.

Parker, Geoffrey: *Der Aufstand der Niederlande. Von der Herrschaft der Spanier zur Gründung der Niederländischen Republik, 1549–1609.* Aus dem Englischen. München 1979.

Parker, Geoffrey: *Die militärische Revolution. Die Kriegskunst und der Aufstieg des Westens 1500–1800.* Aus dem Englischen. Frankfurt am Main u. a. 1990.

Parker, Geoffrey: *Philip II.* Chicago, Ill., u. a. ³1995.

Parker, Thomas H. L.: *John Calvin: a biography.* London 1975.

Pernot, Michel: *Les guerres de religion en France. 1559–1598.* Paris 1987.

Press, Volker: *Kriege und Krisen, Deutschland 1600–1715.* München 1991.

Rabe, Horst: *Deutsche Geschichte 1500–1600. Das Jahrhundert der Glaubensspaltung.* München 1991.

Rabe, Horst: *Reich und Glaubensspaltung. Deutschland 1500–1600.* München 1989.

Ridley, Jasper: *Elisabeth I. Eine Biographie.* Aus dem Englischen. Zürich 1990.

Roosbroeck, Robert van: *Wilhelm von Oranien. Der Rebell.* Göttingen 1959.

Rummel, Walter: *Bauern, Herren und Hexen. Studien zur Sozialgeschichte sponheimischer und kurtrierischer Hexenprozesse 1574–1664.* Göttingen 1991.

Scarisbrick, John J.: *Henry VIII.* Neuausgabe New Haven, Conn., u. a. 1997.

Schilling, Heinz: *Aufbruch und Krise. Deutschland 1517–1648.* Sonderausgabe Berlin 1994.

Schmidt, Georg: *Der Dreißigjährige Krieg.* München 1995.

Schormann, Gerhard: *Der Dreißigjährige Krieg.* Göttingen ²1993.

Schormann, Gerhard: *Hexenprozesse in Deutschland.* Göttingen ³1996.

Schulze, Winfried: *Deutsche Geschichte im 16. Jahrhundert. 1500–1618.* Frankfurt am Main ²1996.

Smith, Alan G.: *The emergence of a nation state. The commonwealth of England, 1529–1660.* Neuausgabe London u. a. ²1997.

Staedtke, Joachim: *Johannes Calvin. Erkenntnis und Gestaltung.* Göttingen 1969.

Sutherland, Nicola M.: *The Huguenot struggle for recognition.* New Haven, Conn., u. a. 1980.

Toleranzedikt und Bartholomäusnacht. Französische Politik und europäische Diplomatie 1570–1572, herausgegeben von Ilja Mieck. Göttingen 1969.

Grundzüge der deutschen Militärgeschichte

Delbrück, Hans, u. a.: *Geschichte der Kriegskunst im Rahmen der politischen Geschichte,* 7 Bde. Berlin ¹⁻³1920–36. Bd. 1–4 Nachdruck Berlin 1962–66.

Fiedler, Siegfried: *Grundriß der Militär- und Kriegsgeschichte,* 3 Bde. München ¹⁻²1976–80.

Grundzüge der deutschen Militärgeschichte, herausgegeben von Karl-Volker Neugebauer, 2 Bde. Freiburg im Breisgau 1993.

Handbuch zur deutschen Militärgeschichte. 1648 – 1939, begründet von Hans Meier-Welcker. Herausgegeben von Friedrich Forstmeier u. a., 5 Bde. und Register-Bd. München 1979–81.

Heerwesen der Neuzeit, herausgegeben von Georg Ortenburg, 10 Tle. Koblenz 1984–93.

Ost- und Zentralasien

Das alte China. Geschichte und Kultur des Reiches der Mitte, herausgegeben von Roger Goepper. München 1988.

Barfield, Thomas J.: *The perilous frontier. Nomadic empires and China.* Oxford u. a. 1989.

Barth, Johannes: *Kamakura,* Bd. 1: *Die Geschichte einer Stadt und einer Epoche.* Tokio 1969.

Bezzola, Gian Andri: *Die Mongolen in abendländischer Sicht. (1220–1270). Ein Beitrag zur Frage des Völkerbegegnungen.* Bern 1974.

Boisselier, Jean: *Le Cambodge.* Paris 1966.

Chandler, David: *A history of Cambodia.* Boulder, Colo., u. a. ²1996.

Chesneaux, Jean: *Geschichte Vietnams.* Aus dem Französischen. Berlin-Ost 1963.

Chou, Ta-kuan: *Notes on the customs of Cambodia.* Aus dem Französischen. Bangkok 1967.

Cœdès, George: *Angkor. An introduction.* Aus dem Französischen. Neudruck Hongkong u. a. 1966.

Cœdès, George: *The indianized states of Southeast Asia.* Honolulu, Ha., 1968.

Dettmer, Hans A.: *Einführung in das Studium der japanischen Geschichte.* Darmstadt 1987.

Dettmer, Hans A.: *Grundzüge der Geschichte Japans.* Darmstadt ⁵1992.

Eichhorn, Werner: *Kulturgeschichte Chinas. Eine Einführung.* Stuttgart u. a. 1964.

Fairbank, John King: *China. A new history.* Cambridge, Mass., u. a. 1992.

Franke, Otto: *Geschichte des chinesischen Reiches. Eine Darstellung seiner Entstehung, seines Wesens und seiner Entwicklung bis zur neuesten Zeit,* 5 Bde. Berlin ¹⁻²1948–65.

Die geheime Geschichte der Mongolen, herausgegeben von Walther Heissig nach der Übersetzung von Erich Haenisch. Düsseldorf u. a. 1981.

Geheime Geschichte der Mongolen. Herkunft, Leben und Aufstieg Činggis Qans, herausgegeben von Manfred Taube. Leipzig u. a. 1989.

Gernet, Jacques: *Die chinesische Welt. Die Geschichte Chinas von den Anfängen bis zur Jetztzeit.* Aus dem Französischen. Taschenbuchausgabe Frankfurt am Main ²1994.

Hall, Daniel G. E.: *A history of South-East Asia.* London ⁴1981. Nachdruck London 1985.

Huard, Pierre/Durand, Maurice: *Connaissance du Viêt-Nam.* Paris 1954.

Hurst III, G. Cameron: *Insei. Abdicated sovereigns in the politics of late Heian Japan. 1086–1185.* New York u. a. 1976.

The Khmers, Beiträge von Ian Mabbett und David Chandler. Oxford u. a. 1995.

Kuhn, Dieter: *Status und Ritus. Das China der Aristokraten von den Anfängen bis zum 10. Jahrhundert nach Christus.* Heidelberg 1991.

Ladstätter, Otto/Linhart, Sepp: *China und Japan. Die Kulturen Ostasiens.* Wien u. a. 1983.

Lê Thành Khôi: *3000 Jahre Vietnam. Schicksal und Kultur eines Landes.* Bearbeitet von Otto Karow. Aus dem Französischen. München 1969.

Mass, Jeffrey P.: *The development of Kamakura rule, 1180–1250. A history with documents.* Stanford, Calif., 1979.

Mass, Jeffrey P.: *The Kamakura Bakufu. A study in documents.* Stanford, Calif., 1976.

Mass, Jeffrey P.: *Warrior government in early medieval Japan.* New Haven, Conn., 1974.

Meyer, Milton W.: *China. A concise history.* Lanham, Md., ²1994.

Die Mongolen. Beiträge zu ihrer Geschichte und Kultur, herausgegeben von Michael Weiers u. a. Darmstadt 1986.

Morgan, David: *The Mongols.* Oxford 1986. Nachdruck Oxford 1990.

Murdoch, James: *A history of Japan,* Bd. 1: *From the origins to the arrival of the Portuguese in 1542 a. D.* Neuausgabe New York 1964.

Needham, Joseph: *Science and civilisation in China,* auf zahlreiche Bde. berechnet. Cambridge u. a. 1954 ff. Teilweise Nachdruck.

Rachewiltz, Igor de: *Papal envoys to the great Khans.* London u. a. 1971.

Ratchnevsky, Paul: *Činggis-Khan. Sein Leben und Wirken.* Wiesbaden 1983.

Rossabi, Morris: *Khubilai Khan. His life and times.* Berkeley, Calif., 1988.

Rubruk, Wilhelm von: *Reise zu den Mongolen 1253–1255.* Übersetzt und erläutert von Friedrich Risch. Leipzig 1934.

Sansom, George B.: *A history of Japan,* 3 Bde. London 1958–63. Nachdruck Folkestone 1978.

Schmidt-Glintzer, Helwig: *Das alte China. Von den Anfängen bis zum 19. Jahrhundert.* München 1995.

Spuler, Bertold: *Die Goldene Horde. Die Mongolen in Rußland 1223–1502.* Wiesbaden ²1965.

Spuler, Bertold: *Die Mongolen in Iran. Politik, Verwaltung und Kultur der Ilchanzeit 1220–1350.* Berlin-Ost ⁴1985.

Von Göttern, Königen und Menschen. Flachreliefs von Angkor Vat und dem Bayon (Kambodscha, 12. Jahrhundert), Text von Albert le Bonheur. Fotos von Jaroslav Poncar u.a. Wuppertal 1995.

Whitfield, Danny J.: *Historical and cultural dictionary of Vietnam.* Metuchen, N.J., 1976.

Wiethoff, Bodo: *Grundzüge der älteren chinesischen Geschichte.* Darmstadt ²1988.

Afrika

Arche Afrika. Ausbruch ins Eigene. Zürich 1995.

Bâ, Amadou Hampâté: *Jäger des Wortes. Eine Kindheit in Westafrika.* Aus dem Französischen. Wuppertal ²1995.

Beach, David: *The Shona and their neighbours.* Oxford u.a. 1994.

Doresse, Jean: *L'Empire du Prêtre-Jean,* Bd. 2: *L'Éthiope médiévale.* Paris 1957.

Doresse, Jean: *Histoire sommaire de la corne orientale de l'Afrique.* Neudruck Paris 1983.

Förster, Till: *Kunst in Afrika.* Köln 1988.

Garlake, Peter S.: *Great Zimbabwe.* Harare 1982.

General history of Africa, herausgegeben von der UNESCO, Bd. 3 und 4. London u.a. 1984–88.

Hable-Selassie, Sergew: *Ancient and medieval Ethiopian history to 1270.* Addis Ababa 1972.

Hammerschmidt, Ernst: *Äthiopien. Christliches Reich zwischen Gestern und Morgen.* Wiesbaden 1967.

Levtzion, Nehemia: *Ancient Ghana and Mali.* London 1973.

Methodology and African prehistory, herausgegeben von Joseph Ki-Zerbo. London 1981. Gekürzte Ausgabe London 1990.

Pankhurst, Richard K.: *A social history of Ethiopia. The Northern and Central Highlands from early medieval times to the rise of emperor Tëwodros II.* Huntingdon 1990.

Randles, William G. L.: *The empire of Monomotapa from the 15th to the 19th century.* Aus dem Französischen. Gwelo u.a. 1981.

Rouch, Jean: *Contribution à l'histoire des Songhay.* Dakar 1953. Nachdruck Amsterdam 1968.

Tamrat, Taddesse: *Church and state in Ethiopia 1270–1527.* Oxford 1972.

Trimingham, John Spencer: *A history of Islam in West Africa.* Neudruck Oxford u.a. 1985.

Amerika

Altamerikanistik. Eine Einführung in die Hochkulturen Mittel- u. Südamerikas, herausgegeben von Ulrich Köhler. Berlin 1990.

Das alte Mexiko. Geschichte und Kultur der Völker Mesoamerikas, herausgegeben von Hanns J. Prem u.a. München 1986.

Augustin, Siegfried: *Die Geschichte der Indianer. Von Pocahontas bis Geronimo, 1600–1900.* München 1995.

Dürr, Eveline: *Der Aufstand der Tzeltal (1712–1713). Analyse einer Revitalisationsbewegung im kolonialen Mesoamerika.* Münster u.a. 1991.

Farb, Peter: *Die Indianer. Entwicklung und Vernichtung eines Volkes.* Aus dem Amerikanischen. München ⁵1993.

Die Indianer. Kulturen und Geschichte, Bd. 1: Lindig, Wolfgang: *Nordamerika.* München ⁶1994.

Die Indianer. Kulturen und Geschichte, Bd. 2: Münzel, Mark: *Mittel- und Südamerika.* München ⁵1992.

Indianer. Wie die Ureinwohner Nordamerikas wirklich lebten – von den Pueblovölkern im Südwesten bis zu den Jägern des Nordens. Text von David Murdoch. Fotos von Lynton Gardiner. Aus dem Amerikanischen. Hildesheim ²1996.

Indianer-Lexikon. Zur Geschichte und Gegenwart der Ureinwohner Nordamerikas, herausgegeben von Ulrich van der Heyden. Beiträge von Anett Brauer u.a. Berlin 1992.

Inka, Peru. 3000 Jahre indianische Hochkulturen, herausgegeben von Elke Bujok, Ausstellungskatalog Haus der Kulturen der Welt, Berlin. Tübingen 1992.

Iten, Oswald: *Keine Gnade für die Indianer. Überlebenskampf von Alaska bis Bolivien.* Frankfurt am Main u.a. 1992.

Rosner, Enrique: *Missionare und Musketen. 500 Jahre lateinamerikanische Passion.* Frankfurt am Main 1992.

Die Schatz-Gräber. Archäologische Expeditionen durch die Hochkulturen Südamerikas, bearbeitet von Wolfgang W. Wurster. Hamburg 1991.

Schele, Linda/Freidel, David: *Die unbekannte Welt der Maya. Das Geheimnis ihrer Kultur entschlüsselt.* Aus dem Amerikanischen. Lizenzausgabe Augsburg 1995.

Die Welt der Maya, herausgegeben von Wolfgang Vollmert. Hamburg 1993.

Westphal, Wilfried: *Die Azteken. Ihre Geschichte von den Anfängen bis heute.* Lizenzausgabe Bergisch Gladbach 1992.

Namenregister

Historische Personen, mythologische Figuren, Götter

Das Namenregister ermöglicht den gezielten Zugriff auf den Inhalt des Bandes mithilfe der alphabetischen Anordnung aller in diesem Band erwähnten Namen. Bei Namensgleichheit werden zuerst regierende und nicht regierende fürstliche Personen aufgeführt, alphabetisch geordnet nach dem ihnen jeweils zugewiesenen Territorium; es folgen Päpste und sonstige Personen. Innerhalb eines Territoriums ist die Reihenfolge chronologisch.

Gerade gesetzte Seitenzahlen nach einem Namen bedeuten: Dieser Name ist im erzählenden Haupttext auf der breiten Mittelspalte enthalten. *Kursiv gesetzte* Seitenzahlen nach einem Namen bedeuten: Dieser Name ist in den Bildunterschriften, Karten, Grafiken, Quellentexten oder kurzen Erläuterungstexten enthalten.